Menschen
in ihrer Zeit

Die hier abgebildeten 79 Figuren sind ein anschauliches Beispiel für die Mannigfaltigkeit der menschlichen Rasse. Die Galerie der Personen zeigt Menschen aus aller Herren Länder und aus den verschiedensten Jahrhunderten in ihrer typischen Landestracht oder Berufskleidung.

Argentinischer Gaucho

Bengalischer Soldat

Europäischer Bauer

Südsee-insulaner

Arabischer Scheich

Nordamerikanischer Indianer

Menschen in ihrer Zeit

Verlag Das Beste Stuttgart · Zürich · Wien

Chinesischer Bauer

Tibetischer Hirte

Kretischer Briefträger

Japanische Geisha

Römischer Senator

Englischer Klagemann

Aztekischer Krieger

Griechischer Jüngling

Nordafrikanischer Beduine

Londoner Bobby

Somalischer Eingeborener

AUTOREN UND
WISSENSCHAFTLICHE MITARBEITER

Charles Allen, Hugh D. R. Baker, Keith Branigan, Asa Briggs, Michael Cannon, Graeme Decarie, Alan Duggan, Plantagenet Somerset Fry, George Hart, Nigel Hawkes, Tim Healey, Kathleen Hulser, Sybil M. Jack, Stefan Kaiser, Nelson Kenny, Anthony Livesey, Rowena Loverance, Tim Low, Helen McCurdy, Nick Merriman, Anne E. Millard, David Morgan, Lorna Oakes, Neil Parsons, Anne Pearson, P. G. Robb, Thomas L. Robinson, Peter Sawyer, Christa Sturm M. A., Richard Tames, Irwin Unger, Patricia Vanags, Bernard A. Weisberger

Übertragen aus dem Englischen von
Cornell Ehrhardt, Cornelia Fink, Ingrid Frieling, Ingrid Hyland, Gisela Irrgang

Redaktion: Jens Firsching (Projektleitung), Dr. Annette C. Anton, Wolfdietrich Müller, Ferdinand Schwenkner
Schlußredaktion: Birgit Scheel
Korrektur: Siglinde Huber
Grafik: Cornelia Hammer
Bildresearch: Christina Horut
Produktion: Klaus Stecher

ENTWICKLUNG SACHBUCHPROGRAMME
Redaktionsdirektor: Ludwig R. Harms

DAS BESTE SACHBUCHER
Chefredakteur: Peter Holzwarth
Stellv. Chefredakteurin: Mina Langheinrich
Senior Editors: Jens Firsching, Stefan Kuballa, Marianne Schulze

PRODUKTGRAFIK
Art Director: Werner Kustermann
Art Editor: Rudi K. F. Schmidt

MATERIALWIRTSCHAFT
Direktor Materialwirtschaft: Joachim Forster
Leitung Produktion Bücher: Alfred Wohlfart

Printed in Belgium
ISBN 3 87070 471 3

Japanischer Samurai · Englischer Seemann · Mittelalterlicher Bauer · Muslimischer Händler · Melanesische Eingeborene · Chinesischer Beamter · Niederländischer Fischer · Australischer Eingeborener · Persische Wasserträgerin · Türkischer Obstverkäufer · Hebräischer Tempelmusikant

VORWORT

Wer sich heute über die Vergangenheit informieren will, wird mit einer Fülle von nüchternen Daten und Fakten konfrontiert, die selbst dem interessierten Laien nur wenig sagen und die man schnell wieder vergißt. Geschichte, so wie man sie gemeinhin noch aus der Schulzeit kennt, ist in erster Linie eine Geschichte der Herrscher und Feldherren. Ob Julius Cäsar, Attila, Friedrich Barbarossa, Ludwig XIV. oder Peter der Große, sie beeinflußten wesentlich den Gang der Geschichte, machten hohe Politik, gründeten Staaten und eroberten Weltreiche.

Ihre Taten sind unbestritten. Doch wer erzählt die Geschichte all jener namenlosen Menschen, die ihnen zu Ruhm verhalfen oder die unter ihnen zu leiden hatten? Wer beschreibt die alltäglichen Sorgen, Nöte und Freuden der kleinen Leute, der Männer und Frauen, die zu Hause lebten und arbeiteten?

Das vorliegende Buch möchte diese Lücke schließen helfen. Es läßt den Alltag der Bauern und Bürger, der Handwerker und Kaufleute, der Mönche und Priester, der Söldner und Krieger, der Arbeiter, Ärzte und Wissenschaftler der verschiedensten Epochen und Kulturen vor Ihren Augen lebendig werden und schildert in anschaulicher Weise, wie unsere Vorfahren in vergangenen Zeiten lebten, dachten und handelten.

„Menschen in ihrer Zeit“ lädt Sie zu einer faszinierenden und abenteuerlichen Reise durch die Alltagsgeschichte der Menschheit ein. Kurzweilige Texte, abwechslungsreiche Bebilderung und eigens für dieses Buch geschaffene Rekonstruktionszeichnungen lassen die Vergangenheit lebendig werden und vermitteln dem Leser das Gefühl dabeizusein.

Der Bogen reicht vom mühsamen Tagesgeschäft der steinzeitlichen Jäger bis hin zur Wilhelminischen Epoche um die Wende zum 20. Jahrhundert. Die Darstellung beschränkt sich nicht nur auf Europa, sondern umfaßt auch all jene Kulturen und Reiche, die inzwischen untergegangen sind, deren Leistung aber bis heute Anlaß zum Staunen geben.

Die Herausgeber

Fahrradfahrer (um 1850)

Massaikrieger

Englischer Maurer

Hunnischer Reiter

Muslimische Inderin

Araber aus Oman

Römischer Legionär

Russischer Straßenkehrer

Peruanischer Indianer

Englische Lady (19. Jh.)

INHALT

DIE ANTIKE WELT 11-109

Europäische Nonne

Ägyptischer Getränkeverkäufer

Gaukler mit Tanzbär

Niederländischer Söldner

Rumänischer Schafhirte

Englischer Höfling (16. Jh.)

Japanischer Bauer

Nordamerikanischer Siedler

Englische Puritanerin

Preußischer Grenadier

Buddhistischer Mönch

Negersklave auf Zuckerrohrplantage

Russischer Kosak

Wikinger (9. Jh.)

Bolivianische Indianerin

Marketenderin (17. Jh.)

Muslimischer Religionsführer

Irische Kartoffelsammlerin

Schweizer Bergführer

Indischer Heiliger

DIE MODERNE WELT **257–363**

Britischer Soldat (19. Jh.) · Ägypterin der Antike · Mexikanischer Bauer · Mittelalterlicher Ritter · Maorihäuptling · Revolutionäre Französin · Eskimojäger · Verschleierte Marokkanerin · Englischer Berufsboxer · Steinzeitlicher Jäger · Griechin der Antike

Englischer Korbmacher · Russische Kuhmagd · Japanischer Schintopriester · Söldner (15. Jh.) · Arabischer Eselstreiber · Englischer Kaminfeger · Asiatische Nomadin · Mittelalterlicher Minnesänger · Schottisches Clanmitglied · Schwarzafrikanerin

DIE ANTIKE WELT

Die ersten Menschen auf der Erde waren Jäger und Sammler, völlig abhängig von der Natur und allein auf die eigenen Fähigkeiten angewiesen. Sie hatten kaum eine Auswahl bei der Befriedigung ihrer Grundbedürfnisse wie Nahrung, Kleidung und Behausung. Tierfelle waren ihre ersten Kleidungsstücke. Sie bewohnten Höhlen, bevor sie Häuser bauten, und beherrschten das Feuer, bevor sie Tiere zähmten.

Die erste große Revolution der Menschheitsgeschichte war die Entwicklung und Ausbreitung des Ackerbaus. Ackerbau bedeutete nichts anderes als Seßhaftigkeit und verlangte Voraussicht: Die Menschen mußten wissen, wann und wie sie säen und ernten sollten. Ackerbau erforderte aber auch harten Arbeitseinsatz. Die Frauen fanden einen neuen Platz in der Gemeinschaft. Bald entstanden Handwerke wie die Töpferei, Weberei und Schmiedekunst.

Der Fortschritt des Ackerbaus im Vorderen Orient schaffte in der Geschichte der Menschheit die Voraussetzung dafür, solche Überschüsse zu erzeugen, daß eine große Anzahl von Menschen in den ersten Städten ernährt werden konnte. In den Städten entwickelte sich darüber hinaus die Kunst des Schreibens, durch die es erstmals möglich wurde, die Geschichte des Menschen zu dokumentieren – Geschichte nicht nur der großen Ereignisse, sondern auch der alltäglichen Tätigkeiten von Schreibern, Bauern, Handwerkern, Priestern und Beamten.

Das Stadtleben vertiefte die Gegensätze zwischen Arm und Reich. Es gab diese krassen Unterschiede sogar in den Stadtstaaten der weltklugen Griechen, die als erstes Volk Fragen nach der Natur des Menschen, nach Wahrheit und Schönheit und nach dem Sinn des Lebens stellten.

Schon in frühester Zeit war die Gewalt ein Teil der menschlichen Natur, als sich die ersten Städte auf Kosten ihrer Nachbarn ausdehnten und zu Reichen heranwuchsen, die sich bald im Krieg mit anderen Reichen befanden. Auf das einfache Volk konnten die Auswirkungen des Krieges verheerend sein. Wo immer Soldaten marschierten, da raubten, vergewaltigten und zerstörten sie. Das letzte große Reich der Antike, das Römische Reich, bot innerhalb seiner Grenzen Recht und Ordnung. Der Reichtum der eroberten Länder konnte die Hauptstadt Rom ernähren, die in ihrer Blüte über eine Million Einwohner gehabt hatte. Erst im 18. Jahrhundert erreichten andere europäische Städte annähernd diese Größe.

Ein anderes großes Reich befand sich im Osten, wo sich der Lebensstil von dem in Europa grundlegend unterschied. Die Beamten, die China regierten, waren keine Priester, und doch folgten sie einem Moralkodex, der auf der Lehre des Konfuzius beruhte. Andere Moralvorstellungen predigten die großen Religionen, die die antike Welt hervorgebracht hatte. Eine davon, das Christentum, wurde die Staatsreligion des Römischen Reiches.

Der Fall Roms durch die Barbaren, wie die Römer sie nannten, wird allgemein als das Ende der Antike angesehen. Doch das Christentum überlebte den Untergang des Reiches, und im größten Teil der Welt benutzt man noch heute die christliche Zeitrechnung. Die Christen waren stolz auf ihr Erbe, dessen Auswirkungen auf das Alltagsleben sich als ebenso groß erwiesen wie sein Einfluß auf das geistige Leben.

JÄGER WERDEN BAUERN

Von ihrem ersten Auftritt auf der Erde an zeigten die Menschen, daß sie zu bleiben gedachten. Sie waren findig und geschickt, so daß sie ihren Konkurrenten im Kampf um das Überleben in einer unwirtlichen Welt überlegen waren. Sie erfanden die Speerschleuder, die Harpune, Pfeil und Bogen und setzten ihre neuen Waffen bei der Nahrungssuche nutzbringend ein. Die Männer stellten Tieren nach, die Frauen sammelten Wurzeln, Beeren und Nüsse. Außerdem entdeckten die Menschen sehr früh, daß man mit Steinen Feuer entfachen konnte. Später bauten Stammesverbände in den fruchtbaren Flußtälern des Vorderen Orients Häuser aus Schlamm und Schilf und befestigten ihre Dörfer. Sie waren die ersten, die Rinderherden besaßen, das Land bebauten und ihre Produkte gegen andere Waren eintauschten. Naturlandschaften wurden auf diese Weise allmählich in Kulturlandschaften umgewandelt.

DIE STEINZEIT 100 000–3000 V. CHR.

MIT DEM FEUERSTEIN ZUM ERFOLG

Die Erde besteht bereits seit über vier Milliarden Jahren. Erste primitive Lebensformen erschienen vor über drei Milliarden Jahren auf unserem Planeten, doch den modernen Menschen, Homo sapiens, zu dem wir gehören, gibt es erst seit der verschwindend kurzen Zeitspanne von knapp 40000 Jahren.

Die modernen Menschen erwiesen sich sehr schnell als äußerst lebenstüchtig. Nachdem sie sich in Afrika und möglicherweise auch Asien entwickelt hatten, verbreiteten sie sich rasch über den gesamten Erdball. Einige überquerten die Landbrücke, die damals an der Stelle der heutigen Beringstraße die Alte mit der Neuen Welt verband. Andere wanderten in mehreren Wellen von Südostasien über die Pazifikinseln nach Australien und Neuseeland.

Großwildjagd *Dieses Felsenbild aus Jabbaren in der Sahara stellt anschaulich mehrere Männer dar, die mit Pfeil und Bogen Großwild jagen.*

Die Welt, die unsere Vorfahren von den Neandertalern, ihren engen Verwandten, geerbt hatten, befand sich noch fest im Griff der letzten Eiszeit. Das Eis hatte sich von den Polen vorgeschoben und war an manchen Stellen so dick, daß es die Wolkenkratzer New Yorks, hätte es sie damals schon gegeben, unter sich begraben hätte. Es bedeckte den größten Teil Nordeuropas, Sibiriens, Nordamerikas und auf der Südhalbkugel Patagonien. Die Neandertaler hatten in dieser rauhen Umgebung überlebt, doch die Nachfahren taten mehr: Sie kamen so gut mit ihren Lebensbedingungen zurecht, daß sie genügend Freizeit hatten, ihre Kleider zu schmücken, Musik zu machen, Kunstwerke zu schaffen und komplizierte religiöse Glaubensformen und Rituale zu entwickeln.

Erstes Handwerkszeug

Etwa eine Million Jahre lang hatten primitive Vorfahren des Menschen Werkzeuge und Waffen aus Stein hergestellt. Während alles andere im Lauf der Zeit zerfallen ist, haben diese überlebt. Daher bezeichnet man die früheste Periode der Entwicklung der Menschheit als Steinzeit.

Überreste von den Neandertalern fand man in Afrika, Westeuropa und sogar in Zentralasien. Über diesen weiten Raum ähnelten sich ihre Werkzeuge auf bemerkenswerte Weise, und sie veränderten sich in Tausenden von Jahren so gut wie nicht. Dann kamen die modernen Menschen, und sozusagen im Handumdrehen verbesserten sich die Techniken, und viele neue Arten von Werkzeugen und Waffen wurden erfunden.

Der beste Stein für die Herstellung von Werkzeugen und Waffen war der Feuerstein, und um sich qualitativ hochwertigen Feuerstein zu beschaffen, legten die Menschen oft beträchtliche Entfernungen zurück. In Kostjonki in Rußland fand man beispielsweise Werkzeuge aus Feuerstein, den die Menschen nur an einem 145 Kilometer entfernten Ort gefunden haben konnten. Jeder einzelne muß in der Lage gewesen sein, seine Werkzeuge und Waffen selbst herzustellen und instand zu halten, denn sonst war er hilflos, wenn ihm auf der Jagd ein Speer zerbrach oder ein Messer stumpf wurde.

Die modernen Menschen wurden geschickte Feuersteinverarbeiter. Doch nur wenige können so hervorragende Stücke hergestellt haben wie die sogenannten Lorbeerblattklingen, von denen einige fast 30 Zentimeter lang und nur 13 Millimeter stark sind. Es ist allerdings bis heute unklar, wofür man diese Werkzeuge benutzte, denn für die Jagd waren sie zu zerbrechlich. Vielleicht verliehen sie ihren Eigentümern Prestige und konnten gegen andere Waren getauscht werden. Der Meißel oder Bohrer war eines der vielseitigsten Geräte der frühen Menschen. Zu den wichtigsten Erfindungen zählte die Speerschleuder, ein Stück Holz oder Geweih, das an einem Ende mit einem Haken versehen war. Man hängte das Ende des Speers in den Haken ein und schleuderte dann den Speer. Durch die Schlagkraft der Speerschleuder flog der Speer weiter als bei einem einfachen Wurf von Hand und drang auch tiefer in das Fleisch der Beute ein. Eine andere Waffe war die Harpune aus Knochen oder Geweih, deren Widerhaken verhinderten, daß sich die Beute befreien konnte. Manche Speerspitzen aus Knochen hatten Längsrillen, damit das Blut stärker abfloß und das verwundete Tier schneller starb.

Ein besonders schönes Beispiel für die Erfindungsgabe der frühen Menschen wurde bei Dolní Věstonice in Mähren gefunden. Dort mischten findige Handwerker Erde mit zermahlenen Knochen, formten daraus Tier- und Menschenfiguren, meist Frauen, und brannten sie im Brennofen steinhart. Sie wurden als Kultfiguren sehr verehrt.

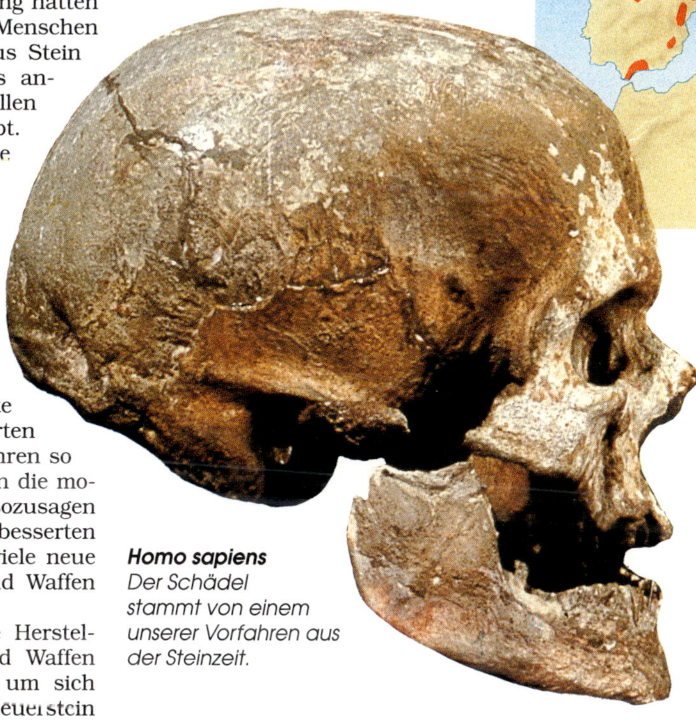

Homo sapiens *Der Schädel stammt von einem unserer Vorfahren aus der Steinzeit.*

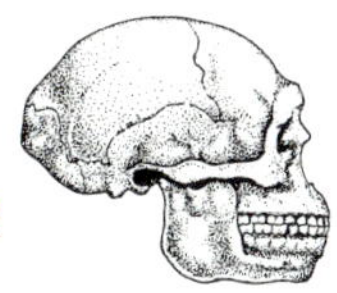

Homo erectus

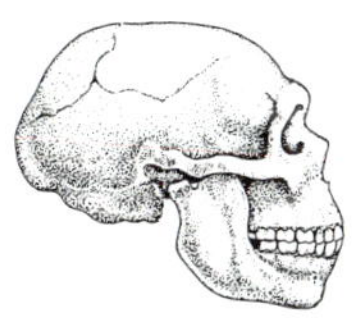

Neandertaler

KLUG UND FINDIG

Der Schlüssel zum Aufstieg der Menschheit war die Fähigkeit, sich anzupassen, Dinge zu erfinden und Probleme zu lösen, kurz: der Verstand. Der Homo erectus, der vor rund einer Million Jahren lebte, benutzte Werkzeuge und konnte mit Feuer umgehen, und der Neandertaler, der vor etwa 120 000 Jahren auftrat, entwickelte noch bessere Fähigkeiten. Als jedoch der moderne Mensch, der Homo sapiens, in Europa auftauchte, verdrängte er sehr schnell seine primitiveren Vorfahren. Mit den klügeren, gewandteren Nachkommen und deren überlegenen Werkzeugen sowie ihrem Talent, günstige Gelegenheiten beim Schopf zu packen und auch aus widrigen Umständen das Beste zu machen, konnte der Neandertaler nicht mehr konkurrieren.

Höhlenmenschen und Siedler *Die ersten, etwa 40 000 Jahre alten Spuren des Homo sapiens in Europa fand man in den Höhlen von Lascaux und Cro-Magnon in Südwestfrankreich und von Altamira in Nordspanien. Die frühen Menschen, die sich im fruchtbaren Zweistromland an Euphrat und Tigris niederließen, wurden die ersten Bauern der Erde.*

Werkzeugmacher *Die Handwerker bearbeiteten den Feuerstein mit einem meißelähnlichen Werkzeug, indem sie Splitter abschlugen. Diese Splitter wurden dann als Messer, Speerspitzen oder Schaber verwendet.*

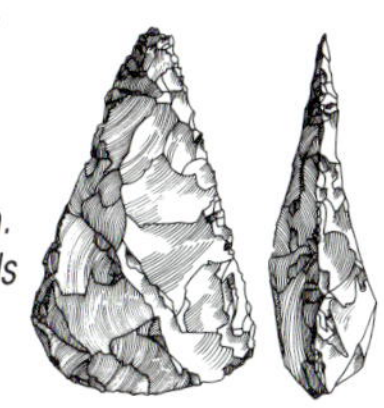

TIERE UND PFLANZEN FÜR DEN KOCHTOPF

Nicht anders als heute auch bestand das dringendste Bedürfnis unserer frühen menschlichen Vorfahren darin, sich ausreichend mit Nahrung zu versorgen. Diese Nahrung beschafften sie sich aus der Speisekammer der Natur, durch Jagen, Fischen und Sammeln.

Die Menschen vom Cromagnontypus, direkte Vorfahren der heutigen Menschen, die schon seit etwa 30000 v. Chr. in Europa und Rußland lebten, waren Nomaden. Das bedeutet jedoch nicht, daß sie tagaus, tagein ziellos umherwanderten. Vielmehr hatten sie wahrscheinlich Sommer- und Winterlager, und dazwischen, im Frühling und Herbst, befanden sie sich auf der Wanderschaft. Die Jahreszeit bestimmte ihre Nahrung.

Reiche Jagdgründe

Knochenfunde an den Lagerplätzen der Cromagnonmenschen zeigen, daß sie viele Wildarten jagten, darunter Rentiere, Wisente, Pferde, Hirsche, Elche, Wildrinder, Steinböcke und sogar die majestätischen Wollmammuts und Wollnashörner. Dazu

Kunst der Höhlenmenschen *Ein verwundeter Wisent ist das Hauptmotiv eines Höhlengemäldes in Lascaux im Südwesten Frankreichs. Es wurde vor rund 17000 Jahren mit Farben aus natürlichen Pigmenten wie rotem und gelbem Ocker gemalt. Die Maler trugen die Farben mit Pinseln aus faserig gekauten Zweigen, Tierhaaren oder Federn und mit Fell- oder Moosbüscheln auf. Auch der Auerochse oder Ur (unten), ein Vorfahr der heutigen Rinder, wurde gejagt.*

Haken und Leine *Fische fing man mit doppelzackigen Haken aus Knochen an einer Lederleine.*

Tödliche Waffen *Kein Fisch konnte sich von der Hirschgeweihharpune (oben rechts) befreien. Die Schleuder (links) erhöhte Reichweite und Wucht eines Speers.*

SCHNELLE, WILDE RENTIERJAGD

Eine Schar von Jägern schleicht durch das hohe Gras und Gestrüpp an die Beute, eine Rentierherde, heran. Mit langen, schlanken Holzspeerschleudern durchbohren die Jäger schnell ein geeignetes Opfer – vielleicht ein altes oder verletztes Tier. Die Speerschleuder, die der Jäger mit Leder- oder Sehnenstreifen am Handgelenk befestigt hat, ist ein Stab mit einem Haken, in den man das Ende des Speers einhängt, bevor man ihn wirft. Das Gerät verlängert so gewissermaßen den Wurfarm des Jägers. Flieht ein getroffenes Tier, dann schleudert ein anderer Jäger die Bola so, daß sie sich um die Beine des Rens schlingt und es zu Boden wirft.

kam noch das Kleinwild wie Hasen, Vögel, Schneehühner, Waldhühner und Wassergeflügel. Die Cromagnonmenschen waren sehr geschickte und erfinderische Jäger. Die Jagd war wohl vor allem Männersache, und zwar aus dem sehr einfachen Grund, weil die meisten erwachsenen Frauen kleine Kinder hatten, die sie versorgen mußten.

Wahrscheinlich spielte sich die Jagd so ab: Eine Gruppe von Jägern schlich sich an eine Rentier-, Wisent- oder Pferdeherde an, wählte ein Opfer aus, hetzte es müde und

Körper und Geist *Pferde und Wildziegen zieren eine Wand in einer Höhle bei Lascaux. Das Gitter könnte eine Falle darstellen, wodurch der Künstler die Herrschaft über die Beutetiere symbolisieren will.*

erstach es mit dem Speer. Doch bei dieser Methode konnte eine Menge schiefgehen. Eine geringfügige Änderung der Windrichtung oder ein kleines Geräusch konnte die Jäger verraten und die Herde in die Flucht schlagen. Es war gefährlich, sich einem großen Tier zu nähern, besonders wenn es Hörner hatte. Und wenn es verwundet war, dann war die Gefahr doppelt so groß.

Die Erfolgschancen und die Sicherheit der Menschen erhöhten sich durch die Erfindung von Speerschleuder sowie Pfeil und Bogen. Beide Waffen ermöglichten es den Jägern, aus größerer Entfernung anzugreifen.

Die Männer nahmen auf ihren Zügen jede Gelegenheit zur Jagd, die sich ihnen bot, wahr. Doch manchmal planten sie auch die Jagd auf ein bestimmtes Beutetier und führten einen solchen Jagdzug dann mit größter Geschicklichkeit und Präzision durch.

Mammuts auf der Schlachtbank

So hoben sie beispielsweise an Pfaden, die von den Tieren häufig benutzt wurden, Gruben aus, die sie mit Zweigen bedeckten. Das Opfer stürzte in die Falle und konnte nicht mehr herausklettern. Auf diese Weise war es sogar möglich, ein mächtiges Mammut zu töten.

Rentiere folgen bei ihren zweimal im Jahr stattfindenden Wanderungen festgelegten Routen. Die Jäger lauerten ihnen gewöhnlich an Stellen auf, wo sie besonders leicht anzugreifen waren, etwa wenn sie einen Fluß überquerten. Grasende Tierherden, wie Pferde und Wisente, sind äußerst wachsam. Schon beim geringsten Hinweis auf eine Gefahr stieben sie davon. Dies konnte man ausnutzen. Die Jäger lagerten sich an drei Seiten um die Herde, krochen dicht heran und sprangen auf ein Signal hin auf, machten großen Lärm, warfen Steine und schwenkten vielleicht sogar brennende Fackeln. So trieben sie die Herde über den Rand einer Klippe oder in eine Schlucht ohne Ausgang, wo die Tiere dann abgeschlachtet wurden.

An den Meeresküsten gab es eine weitere reiche Nahrungsquelle: Fische, Robben, Seevögel, Schaltiere und Seetang. Landeinwärts konnte man Süßwasserfische wie Lachse, Forellen, Aale und Hechte genießen. Eine geniale Erfindung war der Fischköder, ein mit einem Köder versehener Knochensplitter am Ende einer Leder- oder Sehnenleine. Kleine eingekerbte Steine, die als Gewichte verwendet wurden, lassen darauf schließen, daß man auch schon Netze benutzte.

Im Frühjahr zog der Lachs stromaufwärts, um zu laichen. Dies waren für die Cromagnonmenschen Festzeiten, wie die Ablagerungen von Gräten und Schuppen an manchen Fundorten bestätigen. Man konnte die Lachse mit dem Speer aufspießen, wenn sie Untiefen durchschwammen, und es ist durchaus denkbar, daß die handwerklich geschickten Jäger Steine aufschichteten, um den Fischen eine Falle zu stellen. Ein großer Teil des Fangs wurde getrocknet oder geräuchert. Alle Mitglieder einer Gruppe, ob jung oder alt, Männer oder Frauen, leisteten ihren Beitrag zur Nahrungsversorgung.

FRAUENARBEIT

Die Menschen der Steinzeit aßen nicht nur Fleisch und Fisch, sondern auch pflanzliche Speisen, wie die winzigen Kratzer auf ihren Zähnen zeigen. Die Frauen und jungen Mädchen brachen zum Sammeln in Gruppen auf und nahmen Feuersteinäxte oder hölzerne Grabstöcke, die sie im Feuer gehärtet hatten, sowie Messer und Ledertaschen oder Weidenkörbe mit. Sie besaßen ein umfangreiches überliefertes Wissen über eßbare Blätter, Gräser, Wurzeln, Blumen, Beeren und Nüsse, und sie wußten, wo und zu welcher Jahreszeit man sie fand. Die Frauen hielten auch nach anderen eßbaren Dingen Ausschau, etwa nach Vogeleiern, jungen Vögeln und Tieren, Eidechsen und Honig.

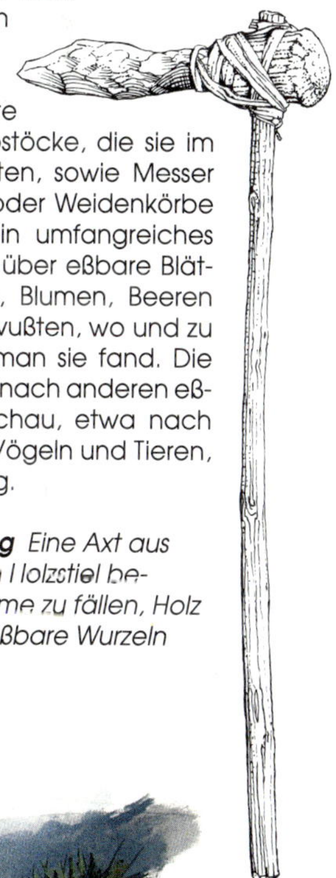

Vielseitiges Werkzeug *Eine Axt aus Feuerstein mit einem Holzstiel benutzte man, um Bäume zu fällen, Holz zu bearbeiten und eßbare Wurzeln auszugraben.*

FEUERSTELLE, HEIM UND JENSEITS

Zwar hatten die ersten Menschen das Feuer schon jahrtausendelang verwendet, doch erst die Cromagnonmenschen – benannt nach der Höhle in Südfrankreich, in der ihre Skelette gefunden wurden – entdeckten eine einfache Methode, es herzustellen. Sie schlugen einen bestimmten Stein, nämlich Pyrit, gegen Feuerstein, um Funken zu erhalten, die heiß genug waren, Zunder zu entzünden. Das war schneller und zuverlässiger, als zwei Stöckchen aneinanderzureiben.

Die Feuerstelle war der Mittelpunkt des Familienlebens. Abgesehen davon, daß die Feuerstelle Wärme und Licht spendete, benutzte man sie auch zur Zubereitung von Mahlzeiten, und außerdem hielt das Feuer hungrige Raubtiere fern. Das Sammeln von Brennmaterial war eine lebensnotwendige Aufgabe, und man mußte einen guten Vorrat für den Winter anlegen. In den meisten Gegenden verbrannte man Holz, doch in den Steppen Osteuropas und Rußlands, wo es nur wenige Bäume gab, verwendete man statt dessen Knochen. Knochen brennen nicht so leicht, und deshalb grub man flache Kanäle, um der Feuerstelle am Boden mehr Luft zuzuführen.

Einen Teil des Jahres befanden sich unsere Vorfahren vermutlich auf der Wanderschaft zwischen ihren Sommer- und Winterquartieren. So verbrachten beispielsweise die Rentierjäger die Wintermonate in schützenden Höhlen des französischen Dordognegebietes und in den Pyrenäen, und wenn die wärmere Jahreszeit kam, folgten sie den wandernden Herden zu ihren Sommerweiden an der Atlantikküste oder am Mittelmeer. Mit dem Beginn des Herbstes kehrten die Herden und ihre Verfolger zurück zu den Winterweidegebieten. Während sie unterwegs waren, mußten die Menschen ihre gesamte Habe sowie die kleinen Kinder tragen. Deshalb besaßen sie vermutlich nur sehr wenige schwere oder zerbrechliche Gegenstände. Wenn sie sich einmal in einem Basislager niedergelassen hatten, verteilten sich die Jäger und Sammler großflächig über die gesamte Umgebung, um die Nahrungsquellen nicht zu erschöpfen.

Steinzeitporträt

Ein typischer Verband von Jägern und Sammlern bestand aus etwa vier bis sechs Familien und zählte insgesamt ungefähr 30 Personen. Es gab nicht sehr viele solcher Verbände. Die Bevölkerung Europas ging damals eher in die Zehntausende denn in die Millionen, doch dies bedeutet nicht, daß die Verbände nur selten zusammentrafen.

Da oft mehrere Verbände die gleichen Nahrungsquellen benutzten – beispielsweise Rentier oder Wisent –, begegneten sie sich ganz selbstverständlich zu bestimmten Zeiten an den Orten, wo sich ihre Beute versammelte. Im Winter zogen mehrere Verbände in Gegenden, wo es bewohnbare Höhlen gab. Aus Wolfswelpen zogen sich die Cromagnonmenschen Begleiter und Helfer bei der Jagd heran: Durch Kreuzungen entstand im Lauf vieler Jahrhunderte der Hund als ältestes Haustier.

Nach heutigen Maßstäben war die Lebenserwartung gering. Nur sehr wenige Menschen wurden älter als 30 Jahre. Ein junges Mädchen aus jener Zeit saß Modell für eines der ältesten bekannten Porträts der Welt: Es ist ein winziger Elfenbeinkopf, der vor über 20 000 Jahren im Südwesten Frankreichs geschnitzt wurde und dessen Einzelheiten noch immer gut zu erkennen sind. Er zeigt, wie zumindest einige der Steinzeitmenschen aussahen.

Viele Frauen starben bei der Geburt eines Kindes, und diejenigen, die überlebten, stillten ihre Babys mindestens drei Jahre lang, bzw. bis die Kinder Zähne hatten und die Erwachsenennahrung essen konnten. Die Sterblichkeitsrate bei Säuglingen und Kleinkindern war sehr hoch, und daher vermehrte sich die Bevölkerung nur außerordentlich langsam. Schätzungen zufolge lebten am Ende der Eiszeit um das Jahr 10 000 v. Chr. auf der ganzen Erde fünf bis zehn Millionen Menschen.

Während sich die Jungen im Herstellen und Gebrauch von Werkzeugen und Waffen übten und die Kunst des Jagens erlernten, eiferten die Mädchen den Frauen nach. Sie lernten, Nahrung zu sammeln, Kinder aufzuziehen, zu kochen, Tierhäute zur Herstellung von Kleidung, Behältern und Zelten zu schaben und zu behandeln, Körbe zu flechten, Lebensmittel für den Winter richtig zu lagern und vermutlich auch Kräutermedizin zu brauen.

Musiker der Eiszeit

An langen Wintertagen erzählte man sich Geschichten. Sie gaben die alten Stammesüberlieferungen von den Geistern, die das Leben der Menschen leiteten, an spätere Generationen weiter. Natürlich wurde auch von vergangenen Jagderfolgen berichtet. Sicher sangen und tanzten die Menschen gern, vor allem wenn sich zwei Verbände trafen oder ein Ritual gefeiert wurde.

Bei solchen Gelegenheiten gab es auch Musik. Es wurden Flöten und Pfeifen aus Beinknochen gefunden, und in einer französischen Höhle grub man einen Gegenstand aus, der an das Schwirrholz der australischen Ureinwohner erinnert, das ein brüllendes Geräusch erzeugt, wenn man es herumwirbelt. In Mezin in

TRAUTES HEIM

Zum Schutz vor der Kälte hat eine Gruppe von Steinzeitfamilien ihre Zelte während der Wintermonate im Eingang einer geräumigen Höhle errichtet. Ein Windschutz aus Tierfellen wird kurz zurückgeschlagen, als Jäger nach einem Jagdzug hereinkommen. Vor den Jägern sieht man zwei Frauen über eine mit Steinen eingefaßte Feuerstelle gebeugt, die Speisen für das Abendessen zubereiten. Neben ihnen spannt ein Mann Schnüre auf einen Holzrahmen und macht sich an die langwierige Arbeit, ein Fischernetz zu knüpfen.

Der Mann mit dem erhobenen Arm in der Mitte ist ein Geschichtenerzähler, der Kinder und Erwachsene in seinen Bann schlägt. Zwei Männer sitzen an der Öllampe im Vordergrund und spielen auf Flöten aus Rentierknochen. Neben ihnen ist eine Tierhaut zur Verarbeitung auf den Boden gespannt.

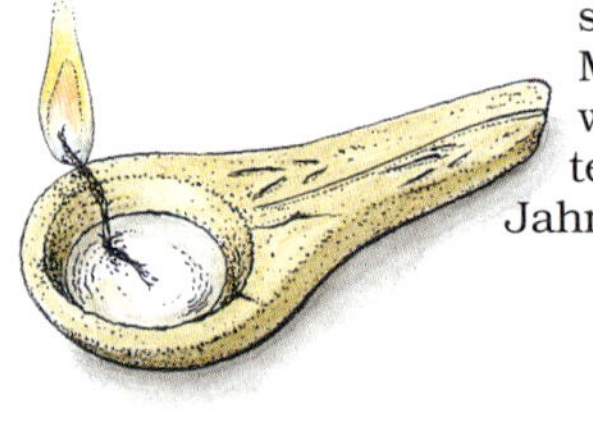

Öllampe *In einer Steinpfanne verbrannte man Tierfett.*

Tiere aus Ton *Um die beiden Wisentfiguren von jeweils etwa 60 Zentimeter Länge zu formen, verschwanden steinzeitliche Bildhauer mehrere hundert Meter unter die Erde in eine der zahlreichen Höhlen. Die zu Beginn dieses Jahrhunderts entdeckten Wisente befinden sich in einer Kammer der Höhle von Le Tuc d'Audoubert in den Pyrenäen in Südwestfrankreich. Weshalb die Künstler für ihr Werk eine so dunkle und unzugängliche Stelle wählten, ist ein Rätsel. Möglicherweise spielten die Figuren eine Rolle bei religiösen Riten.*

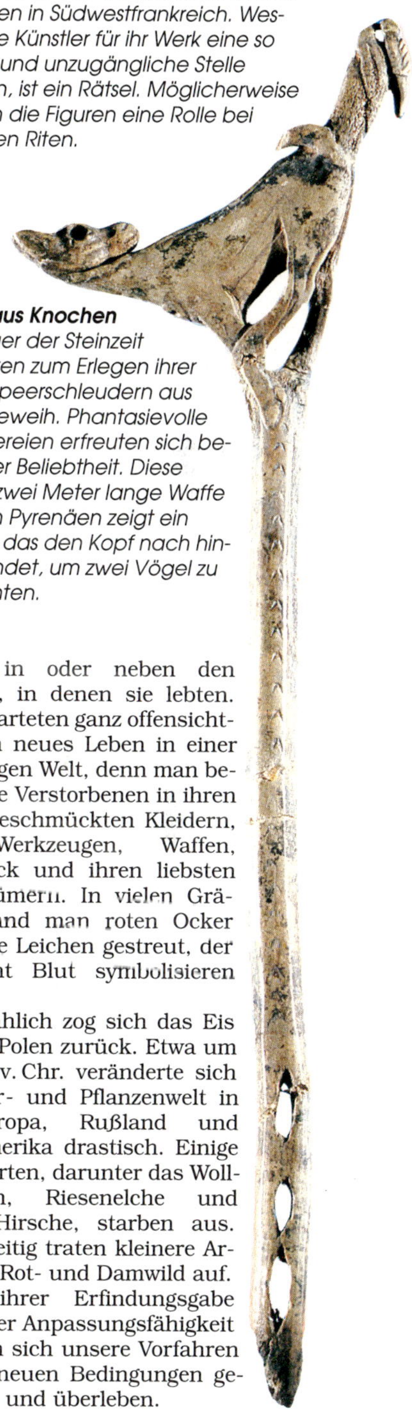

Köpfe aus Knochen *Die Jäger der Steinzeit benutzten zum Erlegen ihrer Beute Speerschleudern aus Hirschgeweih. Phantasievolle Schnitzereien erfreuten sich besonderer Beliebtheit. Diese knapp zwei Meter lange Waffe aus den Pyrenäen zeigt ein Rehkitz, das den Kopf nach hinten wendet, um zwei Vögel zu betrachten.*

Fruchtbar *Die „Venus von Willendorf", eine zehn Zentimeter hohe Kalksteinfigur, wurde vor rund 30 000 Jahren im heutigen Österreich geschaffen. Die prallen Brüste und der ausladende Unterleib symbolisieren Sexualität und Schwangerschaft. Vielleicht stellt die Figur eine Muttergottheit dar.*

der Ukraine fand man eine Trommel – das Schulterblatt eines Mammuts, das man mit einem Geweihende schlug –, Kastagnetten und Rasseln – Kieferknochen von Mammuts – und eine Art Xylophon – den Hüftknochen eines Mammuts, der, je nachdem wo man ihn anschlug, verschiedene Töne erzeugte.

Kunst in Höhlen

Mit der Entwicklung der intellektuellen und geistigen Seite des Lebens ging ein anderer entscheidender Reifeprozeß einher: Die Menschen wandten ihre handwerklichen Fähigkeiten, die sie bei der Herstellung von Werkzeugen erlernt hatten, an, um Kunstwerke zu schaffen. Ihre Gemälde, meist an den dunkelsten und unzugänglichsten Stellen der Höhlen, waren möglicherweise Bestandteil längst vergessener religiöser Rituale, die in diesen natürlichen Domen im Innern der Erde im Flüsterton durchgeführt wurden.

Die spektakulärsten Beispiele künstlerischer Eingebung und früher Religiosität der Cromagnonmenschen findet man in den Höhlen in Lascaux in Südwestfrankreich und in Altamira in Nordspanien, deren Wände und Decken mit zahlreichen Tieren bemalt sind. Menschengestalten sind dagegen auf diesen Gemälden selten.

Es wurden auch Knochen- und Geweihstücke gefunden, in die Punkte und Striche scheinbar beliebig eingeritzt sind. Die mikroskopische Untersuchung ergab, daß sie zu unterschiedlichen Zeiten gemacht wurden, so daß sie vielleicht die Tage der Mondphasen festhielten. Diese scheinbar beliebigen Markierungen könnten durchaus eine Art Zeitaufzeichnungssystem gewesen sein: der erste Kalender der Welt. Zwar sind einige Wissenschaftler skeptisch, doch ein Kalender, der sich nach den Mondphasen und Jahreszeiten richtete, wäre für die Jäger und Sammler eine nützliche Hilfe gewesen.

Ehrung der Toten

Schon die Neandertaler glaubten offenbar, daß der Tod nicht das Ende war und daß man sich um den Leichnam kümmern mußte. Die Cromagnonmenschen begruben ihre Toten in oder neben den Höhlen, in denen sie lebten. Sie erwarteten ganz offensichtlich ein neues Leben in einer jenseitigen Welt, denn man begrub die Verstorbenen in ihren perlengeschmückten Kleidern, mit Werkzeugen, Waffen, Schmuck und ihren liebsten Besitztümern. In vielen Gräbern fand man roten Ocker über die Leichen gestreut, der vielleicht Blut symbolisieren sollte.

Allmählich zog sich das Eis zu den Polen zurück. Etwa um 10 000 v. Chr. veränderte sich die Tier- und Pflanzenwelt in Nordeuropa, Rußland und Nordamerika drastisch. Einige große Arten, darunter das Wollnashorn, Riesenelche und große Hirsche, starben aus. Gleichzeitig traten kleinere Arten wie Rot- und Damwild auf. Dank ihrer Erfindungsgabe und ihrer Anpassungsfähigkeit konnten sich unsere Vorfahren an die neuen Bedingungen gewöhnen und überleben.

FESTE HÄUSER FÜR DIE ERSTEN BAUERN

Ein Verband von Jägern und Sammlern zieht durch das wasserreiche Hügelland im Norden von Mesopotamien. Wie in Nordeuropa hatte auch hier der Rückzug der Eisdecke günstigere Bedingungen geschaffen, so daß das Leben der Menschen angenehmer und die Pflanzenwelt vielfältiger geworden war. Auf ihren regelmäßigen Wanderungen haben diese frühen Völker ein geübtes Auge für Wildgräser entwickelt, deren Samen eine willkommene Bereicherung ihres Speisezettels sind. Eines Tages stößt eine Gruppe auf ein großes Feld dieser Gräser, deren Samen gerade reif sind. Während der nächsten Tage sammeln die Frauen möglichst viele von diesen Pflanzen. Die Gruppe hat nun so viel Getreide, daß sie mehrere Wochen lang an diesem Ort bleibt und erst weiterzieht, als der gesamte Vorrat aufgegessen ist. Als sie im folgenden Jahr diese Stelle wieder aufsucht, findet sie ein neues ausgedehntes Feld von Gräsern vor, deren Samen sie wieder verwenden kann.

Hüter des Korns

Der fruchtbare Hang und das Tal werden zum regelmäßigen Lagerplatz für die Gruppe. „Ihr" Getreide ist eine so wertvolle Nahrungsquelle, daß die Menschen immer längere Zeitspannen dort verweilen, damit es sich kein anderer aneignet.

Die Frauen mit ihrem über Tausende von Jahren weitervererbten Wissen um Pflanzen erkennen, daß dort, wo Getreidekörner auf die Erde

HARTE ARBEIT UND FRÖHLICHES SPIEL

Mit dem ersten Tageslicht machen sich die etwa 100 Einwohner des befestigten anatolischen Dorfes Hacılar an ihr Tagewerk. Es ist Erntezeit um das Jahr 6000 v. Chr., und eine Gruppe von Männern verläßt das Dorf durch das Nordtor, um auf den Feldern Weizen und Gerste zu ernten. Ein Wachposten schaut ihnen vom Dach eines zweistöckigen Lehmgebäudes nach. Nebenan, auf dem Dach der Getreidekammer an der Ecke, mahlen zwei Frauen Korn, um es später in dem rechteckigen Ofen unten zu backen. Im Hof bereiten zwei weitere Frauen Getreide zum Trocknen im Ofen vor.

Unterdessen bearbeiten die Töpfer des Dorfes ihre Ware im Töpferhof, wo an der etwa anderthalb Meter dicken Mauer aus Lehm eine Leiter lehnt. Lehmtöpfe stehen zum Trocknen vor einem kleinen, einstöckigen Haus, dessen Dach, wie alle im Dorf, aus Stangen besteht, die man zuerst mit einer Lage Schilf und Stroh und dann mit mehreren Schlammschichten bedeckt hat. Ein Komplex größerer Gebäude mit einem eigenen Innenhof beherbergt die Töpferei. Gegenüber, am nordöstlichen Ende des Dorfes, befindet sich eines von zwei Heiligtümern, wo die Gläubigen ihre Götter anbeten. Das andere Heiligtum liegt in der südwestlichen Ecke.

Die Dorfbewohner erhalten ihr Wasser aus einem steinernen Brunnen neben dem nordöstlichen Heiligtum. Vor dem Gebäude bereitet eine Frau in einem bienenkorbförmigen Außenofen mit einem Rauchloch in der Mitte das Essen zu. Ein Dorfbewohner trägt ein Gefäß mit Proviant zu einer einstöckigen Gemeinschaftsküche. Auf dem Dach eines Küchengebäudes trocknen zwei Tierhäute in der Sonne, und im Küchenhof bereitet eine andere Frau ebenfalls eine Mahlzeit zu.

Im südlichen Hof wird eine Kuh gemolken. Inzwischen treibt ein Hütejunge seine Ziegenherde durch das Südtor, an dem zwei weitere Schäfer stehen, um sie den Tag über draußen zu weiden. Neben dem Tor hockt ein Dorfbewohner und ruht sich aus. Er scheint neben den Kindern, die auf der Mauer Fangen spielen, der einzige im Dorf zu sein, der inmitten der harten täglichen Feld- und Hausarbeit ein wenig Freizeit erübrigen kann.

Ziegel zum Bauen *Dieser sonnengetrocknete Schlammziegel wurde vor mehr als 5000 Jahren in Jericho hergestellt.*

fallen, neue Pflanzen entstehen. Und dann kommt vermutlich ein Jahr, in dem die Frauen versehentlich eine große Menge von Körnern fallen lassen, und bei ihrer Rückkehr im folgenden Jahr sehen sie das Ergebnis. Wieder einige Jahre später legen die Frauen gezielt einen Teil der gesammelten Getreidekörner in die Erde zurück, so daß ihnen auch im folgenden Jahr die Ernte sicher ist.

Erntewerkzeug Eine Sichel mit einem Griff aus Knochen und Zähnen aus Feuerstein verwendeten die Bauern im Vorderen Orient um 4000 v. Chr. zum Ernten des Getreides.

Nun haben die Gruppenmitglieder ein Anrecht auf dieses Fleckchen Erde. Es ist ihre Ernte, ihr Land. Sie beschließen, zu bleiben und all ihre Anstrengungen auf die Pflege ihres wertvollen Besitzes zu konzentrieren. Zwar jagen und sammeln sie auch weiterhin, doch sie sind seßhaft geworden und bauen Feldfrüchte an. Dies ist einer der großen Wendepunkte in der Geschichte der Menschheit. Ohne es zu wissen, sind sie die ersten Bauern der Welt geworden.

Lebende Speisekammern

Hunde waren längst Haustiere geworden, als sich auch andere Tiere zu ihnen gesellten: Schafe, Ziegen, Rinder und Schweine. Die Jäger hatten sie als Jungtiere von ihren Jagdzügen mitgebracht, um sie im Lager aufzuziehen und damit einen gesicherten Fleischvorrat anzulegen. Irgendwann kam man nun auch auf die Idee, einige dieser wandelnden Speisekammern so lange leben zu lassen, bis sie Nachwuchs hatten, so daß man nicht mehr darauf angewiesen war, junge wilde Tiere zu suchen.

So entwickelte sich neben dem Ackerbau die Viehzucht. Große, aggressive Tiere tötete man, bevor sie sich vermehrten, so daß die entstehenden domestizierten Arten kleiner und zahmer waren als ihre wilden Vorfahren. Allmählich konnte eine Familie mehr als genug anbauen, um ihre Bedürfnisse das Jahr über zu decken, und die Tiere lieferten ihr Milch, Wolle, Fleisch und Leder. Ein kleines Gebiet, das nur einen Jäger und Sammler hätte ernähren können, konnte so eine Gemeinschaft von rund 150 Menschen versorgen. Die Bevölkerung vermehrte sich nun schneller, und die Menschen blieben in immer größeren Gruppen zusammen, so daß bald die ersten Dörfer entstanden.

Die Dorfbewohner des Vorderen Orients stellten mit der Zeit neue Werkzeuge her, die ihren veränderten Bedürfnissen angepaßt waren – Feuersteinsicheln für das Getreide und vor allem Pflüge, die ihre alten Grabstöcke ersetzten. Sie lernten, Öfen zum Brotbacken zu bauen, und bald errichteten sie nach demselben Prinzip Brennöfen, in denen man Tonschalen und -krüge zur Lagerung von Getreide und anderen Nahrungsmitteln brennen konnte.

Die Menschen entdeckten, wie man aus der Flachspflanze Leinenfäden gewann und wie man Flachs und Wolle spinnen und zu Stoff verweben konnte. Sie lernten, Stoffsegel für kleine Flöße, Kanus und Schilfboote herzustellen. Sie lernten, daß man aus Gerste auch ein wohlschmeckendes Getränk brauen konnte – nämlich Bier – und wie man den Saft von Trauben in ein noch berauschenderes Getränk verwandelte. Da die Menschen nun nicht mehr gezwungen waren, umherzuziehen und all ihre Habe mit sich zu führen, war der Menge der Güter, die sie erwerben konnten, keine Grenze gesetzt. Hierzu zählten nicht nur Werkzeuge, Waffen und Tongefäße, sondern auch Einrichtungsgegenstände.

Da die Dorfbewohner nun mehr Nahrung anbauten, als sie selbst benötigten, konnten sie andere Menschen mit Nahrungsmitteln dafür bezahlen, daß diese für sie Güter herstellten. Die Menschen tauschten auch Waren, die sie selbst hergestellt hatten, in anderen Dörfern gegen Rohstoffe, die es bei ihnen nicht gab – z. B. Obsidian zur Herstellung von Messern –, oder gegen besonders hochwertige Waren wie feine Stoffe. Die Bauern waren nun auch zu Händlern geworden.

KUNST DES TÖPFERNS

Die Töpfer im anatolischen Bauerndorf Hacılar stellten phantasievoll verzierte Gefäße her, die ihre Faszination von der Welt, in der sie lebten, widerspiegelten. Von etwa 6000 v. Chr. schöpften sie vor allem aus zwei Quellen: der Überlieferung kunstvoller Töpferarbeiten und dem fetten und geschmeidigen Ton, den es dort gab.

Zu den beliebtesten Mustern zählten Blumen in der Form von Malteserkreuzen, die vermutlich Fruchtbarkeit symbolisierten, sowie Menschen- und Tiergestalten, Gesichter und Gesten. So sollten Hände mit drei oder vier ausgestreckten Fingern möglicherweise böse Geister abwehren.

Wilder Weizen *Diese alte Weizenart, die man Einkorn nennt, wuchs vor etwa 10000 Jahren wild im Vorderen Orient.*

Töpfe aus dem Brennofen *Die buntbemalten Tontöpfe neben dem Modell eines Brennofens aus Hacılar tragen kunstvolle figürliche und abstrakte Dekorationen.*

STÄDTE AM STROM

Die ersten Hochkulturen der Erde entstanden in den Tälern der großen Ströme. Tigris, Euphrat, Indus und Nil machten das Land durch den Schlamm, der nach den periodischen Überschwemmungen zurückblieb, fruchtbar. Reiche Ernten ließen die Bevölkerung rasch anwachsen und ermöglichten größere städtische Siedlungen.

In Mesopotamien an Euphrat und Tigris blühten bereits um das Jahr 3000 v. Chr. die ersten Städte der Erde mit Werkstätten, Schulen, Ziegelhäusern und majestätischen Palästen und Tempeln. Ihre Einwohner kannten das Rad, den Pflug, ein Rechensystem und besaßen einen Kalender. Vor allem entwickelten sie eine Schrift. Im Industal entstand eine straff organisierte Gesellschaft mit planmäßig angelegten Städten, die über die erste Kanalisation der Welt verfügten.

DIE HOCHKULTUREN 3000–1500 V. CHR.

TÖPFERSCHEIBE UND WAGENRAD

Flüsse, die wie Euphrat und Tigris regelmäßig über die Ufer traten, bestimmten den Jahresrhythmus der Menschen. Die Bauern mußten lernen, Dämme zu bauen, um ihre Felder zu schützen. Und sie gruben auch Becken und Kanäle, worin sie Wasser sammelten und zu den weiter entfernten Feldern leiteten. Die Befestigung des Flußufers und das Ausschaufeln von Gräben waren ständige Aufgaben, denn Jahr für Jahr mußten die Dämme instand gehalten und die Kanäle von Schlick gesäubert werden, damit sie nicht verstopften. Die Bewässerungssysteme überspannten ganze Bezirke, so daß schließlich Tausende von Dorfbewohnern in gemeinsamer Anstrengung vereint waren.

Starke und dauerhafte Regierungsformen waren nötig, um die Zusammenarbeit zu organisieren und eine gerechte Verteilung zu gewährleisten, damit beispielsweise ein Bauer kein Wasser stahl, das für andere bestimmt war. Die Bewässerungsarbeiten bewirkten mehr als nur eine Verbesserung der Ernteerträge. Sie führten zum Gehorsam gegenüber einer politischen Autorität, und aus dieser Grundhaltung konnten sich schließlich die Stadtstaaten entwickeln und zur Blüte gelangen.

Pflüge für die Bauern
Dattelpalmen säumten die Kanäle, und auf Feldern, die zwei Ernten im Jahr brachten, wurden Weizen und Gerste angebaut. Außerdem züchteten die mesopotamischen Völker Milchvieh und Schafe: Der Rock aus Schaffell war die traditionelle Tracht. Doch ihren Wohlstand verdankte die Region vor allem dem Getreideanbau, und deshalb wurde der Pflug als Hilfsmittel zur Feldbearbeitung

Stille Anbetung *Eine sumerische Bauersfrau hält ein Gefäß in den Händen, das vielleicht auf der neuerfundenen Töpferscheibe hergestellt worden war. Die fast 19 Zentimeter hohe Alabasterstatuette stammt etwa aus dem Jahr 3000 v. Chr.*

erfunden. Vermutlich entwickelte er sich aus hölzernen Grabstöcken, die von Männern, Frauen und sogar Kindern gezogen wurden. Etwa um 3000 v. Chr. war jedoch schon ein leistungsfähigeres Gerät eingeführt worden, das zwei Ochsen zogen, hinter denen eine Person herging, die den Pflug führte und sein Holzblatt in die Erde drückte.

Zunächst wurde der Pflugbalken mit Seilen an die Hörner der Ochsen gebunden. Das Joch war dann eine weitere Verbesserung, und bald ersetzte die Bronzepflugschar das Holzblatt.

Um leichter säen zu können, wurde der ochsengezogene Saatdrill entwickelt. Mit diesem Gerät konnte man in Reihen aussäen, anstatt breit zu streuen wie zuvor mit der Hand. Das pflugähnliche Gerät grub eine Rille in den Boden, in die der Samen durch einen Trichter und ein Röhrchen hineinrieselte. Früher schrieb man die Erfindung der Saatdrillmaschine einem englischen Bauern zu, der Anfang des 18. Jahrhunderts lebte. Man kann den Saatdrill jedoch deutlich auf einem Steinsiegel aus dem antiken Sumer erkennen, dem südlichsten Teil Mesopotamiens, dessen zwölf Stadtstaaten das Herz der Zivilisation im Vorderen Orient bildeten.

Karren mit Rädern

Zwischen den Städten verkehrten Ochsen und Esel, die eine andere großartige Erfindung zogen: einen Karren mit Rädern. Das Rad selbst – die Basis so vieler späterer Technologien –, scheint erstmals in Mesopotamien in Form einer Töpferscheibe benutzt worden zu sein, die man mit der Hand antrieb.

Der früheste Nachweis für eine Töpferscheibe geht ungefähr auf das Jahr 3500 v. Chr. zurück, doch erst etwa 250 Jahre später wurde das Rad auch für den Transport eingesetzt. Die ersten Wagenräder bestanden aus massivem Holz, und die Lauffläche schützte man mit Leder. Die Karren wurden von Ochsen oder Wildeseln gezogen, da man Pferde, obwohl sie andernorts bekannt waren, in Mesopotamien noch nicht benutzte.

Die großen sumerischen Städte – Ur, Eridu, Lagasch, Nippur und andere – führten oft Kriege gegeneinander und verschmolzen nie zu einem einzigen Staat wie Ägypten. Sie verdankten ihren Wohlstand der Landwirtschaft und der Viehzucht. Bausteine, Metalle und gutes Holz waren rar in der mesopotamischen Schlammebene, doch da die Sumerer über umfangreiche Getreide- und Wollvorräte für den Export verfügten, konnten sie alle wichtigen Rohmaterialien einführen, die ihnen fehlten.

Weihrauch aus Arabien

Ur – das biblische „Ur der Chaldäer“ am Euphrat – war ein großer Stapelplatz. Hunderte von Lehmtafeln zeigen anschaulich, wie der Außenhandel organisiert war. Silber und Blei wurden den Euphrat hinab aus dem Gebirgssaum der heutigen Türkei gebracht. Bauholz kam aus Syrien und dem Hochland im Nordosten. Aus Afghanistan brachten Händler Halbedelsteine wie Lapislazuli. Steine und Kupfer kamen aus Oman, während Schiffe aus Ur regelmäßig die Küste Arabiens hinabfuhren und Gold und Weihrauch zurückbrachten. In Dilmun, auf der Insel Bahrain im Persischen Golf, richtete man einen florierenden Handelsposten ein, wo ein Teil dieser Güter umgeschlagen wurde.

Die sumerische Handelsflotte bestand meist aus schweren Lastkähnen und Schiffen mit Masten, Deck, Kajüte und Rudern, in denen sich die Seeleute über die Straße von Hormus hinauswagten, um mit den Menschen im Industal Handel zu treiben.

1977 baute der norwegische Forscher Thor Heyerdahl ein großes Schilfboot nach sumerischem Vorbild und segelte mit dem Schiff, das er *Tigris* nannte, über den stürmischen Indischen Ozean, um zu beweisen, daß eine so lange und mühsame Reise möglich war.

EINE RUNDE SACHE

Die ersten Menschen, die das Rad benutzten, waren vermutlich mesopotamische Töpfer, die um 3500 v. Chr. Gefäße auf handbetriebenen Drehtischen herstellten. Etwa 250 Jahre später besaßen sie Karren mit massiven Holzrädern. Die ersten Wagenräder bestanden aus zwei oder drei Bretterteilen, die eine Scheibe bildeten und mit Holz- oder Kupferklammern zusammengehalten wurden. Man befestigte sie mit Achsnadeln an den Achsenden. Leichtere Speichenräder kamen um das Jahr 2000 v. Chr. auf.

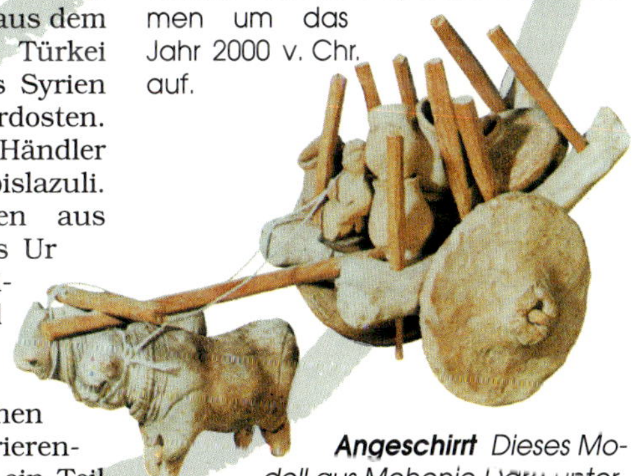

Angeschirrt *Dieses Modell aus Mohenjo Daro unterscheidet sich kaum von manchen Ochsenkarren im heutigen Pakistan.*

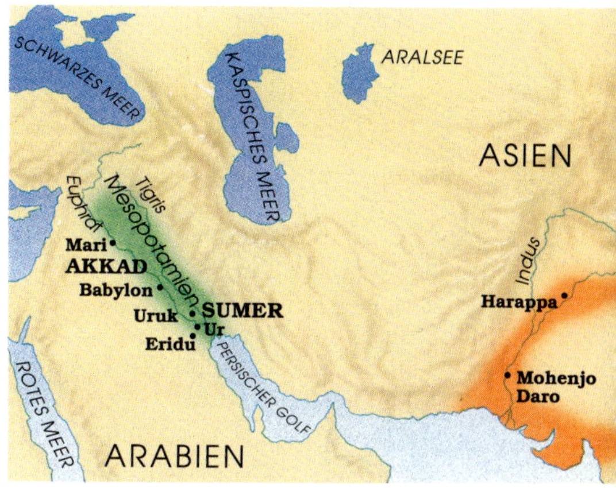

Städtisches Leben *Die ersten Städte der Welt wurden an den fruchtbaren Ufern des Tigris und Euphrat im Vorderen Orient (grün) und weiter östlich im Industal (orange) erbaut. Beide Regionen eigneten sich hervorragend für die Landwirtschaft.*

Sichel *Die ersten Bauern im Vorderen Orient benutzten zur Getreideernte Bronzesicheln mit scharfen Schneiden. Der Griff ist nachgebildet.*

Umzug der Arbeiter *Dieser Ausschnitt aus der Mosaikstandarte von Ur zeigt eine Parade von Fischern und Hirten. Sie wurde um 2500 v. Chr. einem Königsgrab in Ur beigegeben und war vielleicht der Klangkörper eines Musikinstruments. Die Perlmuttfiguren sind vor einem Hintergrund aus Lapislazuli und rotem Kalkstein in Asphalt eingelegt. Die Aufgabe der Arbeiter bestand darin, den Göttern zu dienen, indem sie die herrschende Klasse mit Fleisch und Fisch versorgten und sich um die Arbeitstiere kümmerten, die die Wagen zogen und Lasten schleppten.*

Kreisrund *Lehmmodell eines sumerischen Festungswerks oder Heiligtums.*

BIER, JUWELEN UND KOSMETIK

Wenn die Wüstennomaden auf ihren langen Wanderungen nach Mesopotamien kamen, mußte ihnen das alte Ur als eine Metropole von überwältigender Pracht erscheinen. Schon von weitem konnte man die Stadt sehen, denn sie war auf einem Hügel erbaut, und im Stadtkern ragte ein Tempel auf einer Stufenpyramide aus Ziegeln auf.

Um den heiligen Bezirk verteilten sich die Häuser der über 24 000 Einwohner, eng zusammengedrängt in verwinkelten Gäßchen, dazwischen immer wieder Geschäfte, Basare und Gasthäuser. In beiden Häfen von Ur wurden importierte Waren abgeladen, und die Straßen wimmelten von Kaufleuten und Sklaven, geschäftigen Handwerkern, Palastdienern und Priestern der Schutzgottheit der Stadt, des mächtigen Mondgottes Nanna.

Kleidung und Küche

In der Frühzeit gingen die sumerischen Männer nur mit einem Rock bekleidet und barfuß durch die Stadt. Später trugen sie ein langes, hemdähnliches Kleidungsstück, oft mit einem Fransenschal. Die Frauen kleideten sich in ein weitfallendes Gewand oder ein tailliertes Kleid. Das Haar wurde in Flechten um den Kopf gewunden, oder man trug es offen, von einem Band oder einem helmähnlichen Hut gehalten.

Die sumerischen Juweliere stellten elegante Schmuckstücke aus Gold, Silber und Halbedelsteinen her. Perlen aus Lapislazuli waren besonders beliebt und wurden oft mit rötlichem Karneol in Arm- und Halsbändern getragen.

Nachts schliefen die Menschen gewöhnlich auf Matten, denn obwohl es bereits Betten gab, war die Einrichtung der meisten Häuser recht spärlich. Sie bestand vor allem aus Kisten, niedrigen Tischen, Hockern und Stühlen. Tonwaren, in Form von Töpfen, Krügen, Vasen und dergleichen, gab es hingegen im Überfluß.

Dank der reichen Getreideernten war Brot das wichtigste Nahrungsmittel der Sumerer. Aus Weizen und Gerste bereitete man mit Wasser eine Art Brei zu. Andere Nahrungsmittel waren Zwiebeln, Lauch, Gurken, Bohnen, Knoblauch und Linsen. Ziegen und Rinder lieferten

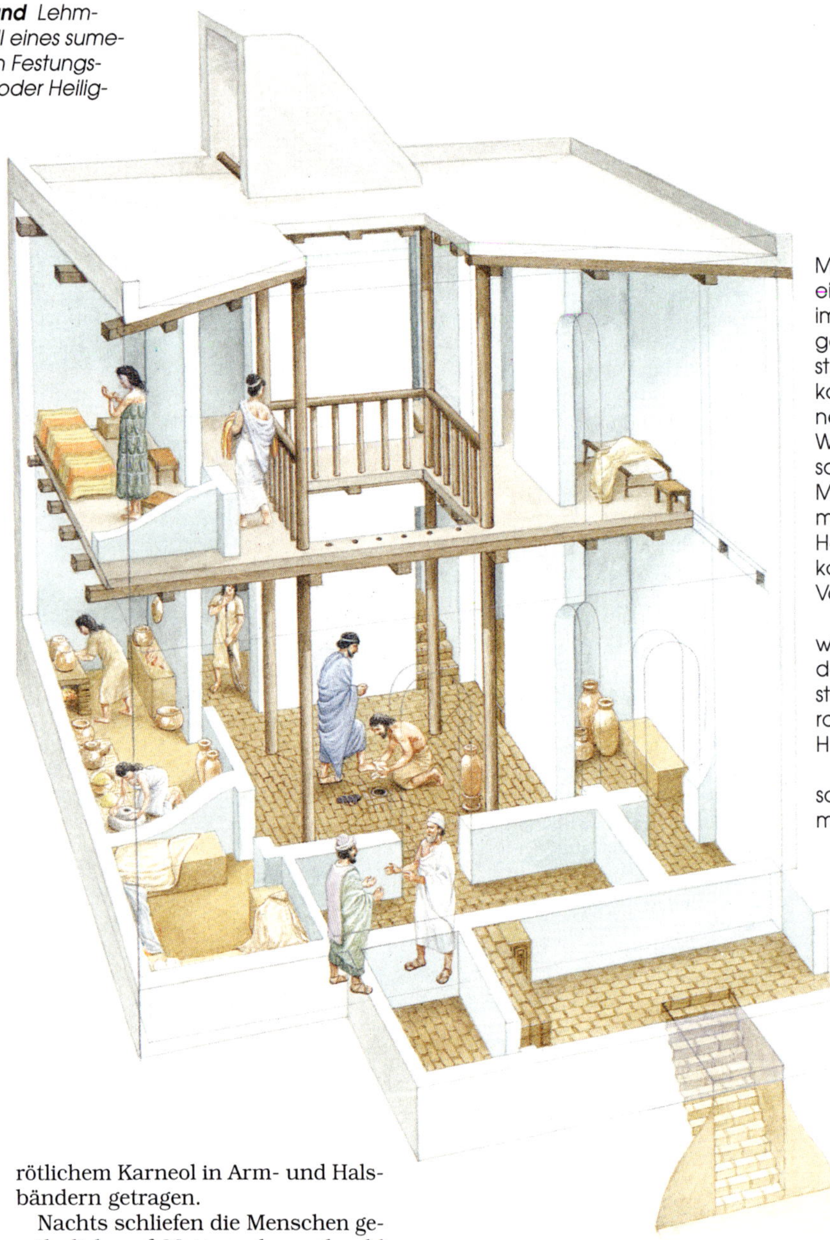

„HERZLICH WILLKOMMEN!"

Mit offenen Armen heißt der Hausherr, ein Juwelenhändler, seinen Besucher im Empfangsraum seines zweistöckigen Hauses in Ur willkommen. Das fensterlose Schlammziegelhaus mit gekalkten Wänden, das einen offenen Innenhof umschließt, ist die typische Wohnung eines wohlhabenden Geschäftsmannes. Neben den beiden Männern befindet sich ein kleines Familiengrabmal, wie es zu jedem dieser Häuser gehört. Daneben ist die Hauskapelle, von der Stufen in den großen Vorratskeller führen.

In dem mit Fliesen ausgelegten Hof wäscht ein bärtiger Sklave einem anderen Besucher die Füße. Neben ihm steht einer von mehreren großen Vorratskrügen mit Öl, die im und um das Haus verteilt sind.

Unterdessen beginnen in der langen schmalen Küche zwei Sklavenmädchen mit der Zubereitung einer Mahlzeit. Neben der Küche befindet sich ein kleines Schlafzimmer. Im Stock darüber kleidet sich die Dame des Hauses in ihrem Schlafgemach an, während ihr Sohn sein Zimmer schon verlassen hat. Im Flur trägt ein Dienstmädchen Handtücher in das Badezimmer auf der Rückseite des Hauses. Hinter dem Schlafzimmer führen Stufen auf das Flachdach, wo die Familie oft unter freiem Himmel schläft.

Küchengerät *Ein billiges Siebtöpfchen aus Ton konnte man selbst in der bescheidensten sumerischen Küche finden. Doch nur die Wohlhabenden konnten sich diesen Kessel aus Bronze mit verzierter Tülle leisten, der wahrscheinlich zum Filtern von Wasser benutzt wurde.*

Milch, Butter und Käse. Datteln aß man frisch oder getrocknet oder stellte aus ihnen einen dicken Sirup her. Rind- und Hammelfleisch stellten eine weitere Bereicherung des Speisezettels dar, und auch Fisch war sehr beliebt. Es gab sogar Restaurants, in denen man gebackenen Fisch kaufen konnte.

Bier war das bevorzugte sumerische Getränk. Das Bierbrauen begann vermutlich gleich nach der Verarbeitung der Getreideernte, denn ursprünglich war es die Aufgabe der Frauen, die auch die Getreidebreie und das Brot zubereiteten. Mesopotamische Texte erwähnen 19 verschiedene Biersorten, die sich je nach der Getreideart, aus der sie hergestellt wurden, den Pflanzen, die ihnen als Aroma- oder Konservierungsstoffe zugesetzt wurden, und ihrem Honig- und Malzgehalt unterschieden. Wein war ausschließlich den Wohlhabenden vorbehalten. Die begüterten Klassen genossen auch anspruchsvollere Unterhaltung wie Dichtung und Musik, die auf der Lyra, der Harfe und der Trommel gespielt wurde. Es gab auch Brettspiele: Ein kunstvoll gearbeitetes Spielbrett aus dem alten Sumer ist erhalten geblieben. Es besteht aus 20 Perlmuttquadraten mit eingelegten Mustern aus schwarzer und roter Glasmasse. Das sogenannte Spiel von Ur hatte eine eingebaute Schublade für die Spielsteine, die nach jedem Würfeln weitergeschoben wurden.

Brettspiel für zwei Personen

Herr und Herrin

Bei Reichen wie bei Armen war der Vater das uneingeschränkte Oberhaupt des Hauses. Er hatte das Recht, sich von einer unfruchtbaren Frau zu trennen, Konkubinen zu nehmen und unter bestimmten Umständen sogar seine Frau und seine Kinder in die Sklaverei zu verkaufen. Diese Rechte waren in der ersten bekannten Gesetzessammlung festgehalten, die um 2040 v. Chr. unter König Ur-Nammu zusammengestellt worden waren. Doch hatte in Ur auch die Frau einige Rechte. So durfte sie Besitz haben und bei Gericht als Zeugin aussagen.

Von den Sumerern sind viele Sprüche und Lebensweisheiten überliefert, etwa: „Folge dem Wort deiner Mutter, als wäre es das Wort Gottes." Sprichwörter bezogen sich oft auf den Wohlstand der Menschen, beispielsweise die auch heute noch gültige Erkenntnis: „Derjenige, der viel Silber besitzt, kann glücklich sein. Doch der, der gar nichts hat, kann nachts ruhig schlafen."

Der Reichtum der Städte ernährte Handwerker, deren verbesserte Techniken das tägliche Leben veränderten. Töpfer stellten auf der Töpferscheibe Gefäße in Massenproduktion her. Durch den Einsatz verbesserter Brennöfen gelang es den sumerischen Schmieden, importiertes Kupfer und Zinn zu schmelzen. Sie fanden heraus, wie man Bronze herstellen konnte, ein viel härteres Material als reines Kupfer. Die Bronzezeit begann um 3500 v. Chr. in Mesopotamien, und hier entwickelten die Schmiede auch die Kunst des Bronzegießens. Bei diesem Vorgang wurde ein Wachsmodell mit Lehm überzogen. Dann wurde das Wachs geschmolzen und lief aus, so daß die Hohlform mit Metall ausgegossen werden konnte. Die Goldschmiede hatten zu der Zeit schon die Kunst vervollkommnet, ihr wertvolles Metall in hauchdünne Plättchen zu schlagen, die sie zu filigranen Ketten verbanden. Die sumerischen Zimmerleute arbeiteten mit Sägen und Bohrern, und den Maurern gelang es, mit keilförmigen Ziegeln Bogen zu bauen, die kleine Kanäle im Bewässerungs- und Abwassersystem überspannten.

Edelsteine aus Glas

Die erfinderischen Sumerer nutzten auch den Asphalt, der aus der Erde trat, zur Verbindung von Ziegelmauern und zum Abdichten von Booten. Es ist nicht bekannt, wer zuerst auf das Geheimnis stieß, wie man aus Sand, Soda und Kalkstein Glas macht. Doch es ist durchaus denkbar, daß ein sumerischer Juwelier die richtige Mischung entdeckte. Sicher ist, daß die Kunst der Glasherstellung in Sumer wie in Ägypten bereits vor dem Jahr 2000 v. Chr. bekannt war.

Doch erst im folgenden Jahrtausend wurden Glasgefäße hergestellt. Es scheint, als seien Stücke aus Glas damals wie seltene künstliche Edelsteine behandelt worden.

SCHWARZE AUGEN

Inbegriff der Schönheit waren für die Sumerer stark geschminkte Augen, Gesichter und Hände. Männer und Frauen benutzten blauschwarzes Antimon, um die Augen nachzuziehen, und schwärzten ihre Augenbrauen und Augenlider. Gelegentlich trugen Könige im Vorderen Orient falsche Bärte, um würdevoller und ernster zu wirken.

Außerdem bemalten sumerische Frauen – und manchmal auch die Männer – das Gesicht gern mit weißem Blei; Lippen, Wangen, Fingernägel und Handballen dagegen färbten sie mit Henna. Sie glätteten ihre Haut mit Bimsstein, lockten und parfümierten ihr Haar und salbten ihre Körper mit Öl.

Unter den Toilettenartikeln der Frauen befanden sich Kosmetiknäpfchen, Augenbrauenpinzetten, metallene Zahnstocher und Metallstäbchen, mit denen man die Nagelhaut zurückschieben konnte.

Schönheitsmittel *Sumerische Männer und Frauen benutzten zum Schminken ihrer Augen schwarze, blaue und braune Farbe. Die Farbstücke wurden in goldenen Kosmetiktöpfchen und kleinen Muscheln aufbewahrt.*

Goldohrringe *Grabbeigabe aus Ur*

Blätter aus Gold *Der Kopfschmuck mit goldenen Blättern an einer Kette aus Karneol- und Lapislazulistäbchen aus dem Jahr 2600 v. Chr. befand sich in einem Grab in Ur.*

SUMERISCHER SCHULUNTERRICHT

In halsbrecherischem Tempo läuft Schunnu durch die Gassen, die zum großen Palast und der dazugehörigen Schule führen. Gerade noch rechtzeitig im Klassenzimmer angekommen, setzt er sich auf seinen Platz an einer Schlammziegelbank. Jeden Morgen arbeiten er und seine Klassenkameraden, viele von ihnen Söhne von Hofbeamten, an ihren Schreibübungen. Aufgabe der Schüler ist es, vom Lehrer vorbereitete Wortlisten säuberlich abzuschreiben.

Heute ist es eine Liste von Edelsteinen. Da Schunnu der Sohn eines Juwelenhändlers ist, kennt er die Wörter. Aber dennoch werden seine Finger taub vom Eindrücken des Schilfstiftes in den Ton, und das Bild verschwimmt vor seinen Augen, als er sich auf die keilförmigen Zeichen konzentriert.

In der Mittagspause ißt Schunnu die Brotrollen und getrockneten Feigen, die seine Mutter ihm zubereitet hat, und spielt mit den anderen. Am Nachmittag werden sie mündlich im Rechnen geprüft. Zwei der Jungen aus dem Palast bekommen den Rohrstock zu spüren, weil sie falsch gerechnet haben. Am Abend geht Schunnu müde und erschöpft nach Hause. Bis zum nächsten freien Tag sind es noch drei Tage.

KÖNIGSTREU BIS IN DEN TOD

Wenn ein König des sumerischen Stadtstaates Ur starb, ging er nicht allein in sein Grab. Sein gesamter Hofstaat von etwa 70 Personen wurde mit ihm begraben, um ihm ins nächste Leben zu folgen und dort so treu wie vorher zu dienen. Die Vorbereitungen für dieses Massenbegräbnis folgten genauen Regeln. Zunächst wurde ein langer, abschüssiger Schacht gegraben, der in eine Grube, die Grabkammer, führte. Dort wurde der Leichnam des Königs mit reichen Gaben zur letzten Ruhe gebettet. Dann wurde die Kammer verschlossen, und sein Gefolge ging in einer großen Prozession hinunter in den Schacht. Hierzu zählten Hofdamen mit goldenem Kopfschmuck, Wachmänner mit Degen, Musiker, die ochsenkopfverzierte Lyren zupften, Stallknechte mit Ochsen und Wagen sowie Soldaten mit Kupferlanzen.

Alle hatten einen kleinen Becher bei sich, aus dem sie einen tödlichen Trank zu sich nahmen, ehe sie sich vor die Grabkammer legten, um sich auf die Ewigkeit vorzubereiten. Die Musiker spielten bis zum Schluß. Dann wurde der Schacht unter weiteren rituellen Gaben und Trank-

VERBINDUNG ZUM HIMMEL

Die monumentale Zikkurat in Ur wurde etwa um das Jahr 2100 v. Chr. zu Ehren des Mondgottes Nanna erbaut. Man betrachtete den Stufenturm als eine Verbindung zwischen Himmel und Erde.

Die Zikkurat – von dem assyrischen Wort *ziqqurratu* oder Berggipfel – besaß einen Kern aus festen Schlammziegeln, verstärkt mit Holzbalken und verbunden mit Schilfmatten, sowie eine Umhüllung aus gebrannten, in Pech verlegten Ziegeln. An der Basis maß sie 62 auf 43 Meter, ihre Höhe betrug 24 Meter.

Die Zikkurat war das Zentrum des religiösen Lebens in Ur, und es herrschte ein ständiges Kommen und Gehen von Priestern, Tempeldienern, Sklaven und Gläubigen. Da sie sich außerdem über den höchsten vorstellbaren Wasserstand des Euphrats hinaus erhob, diente sie auch als Zufluchtsort in Hochwasserzeiten.

Bärtig und finster *Dieser hohle Kupferkopf, den man bei Ninive fand, stellt einen der Herrscher von Akkad dar, die von etwa 2300 v. Chr. an ganz Mesopotamien mit den sumerischen Stadtstaaten eroberten. Diese von König Sargon begründete Kriegerdynastie errichtete das erste Großreich zwischen Tigris und Euphrat.*

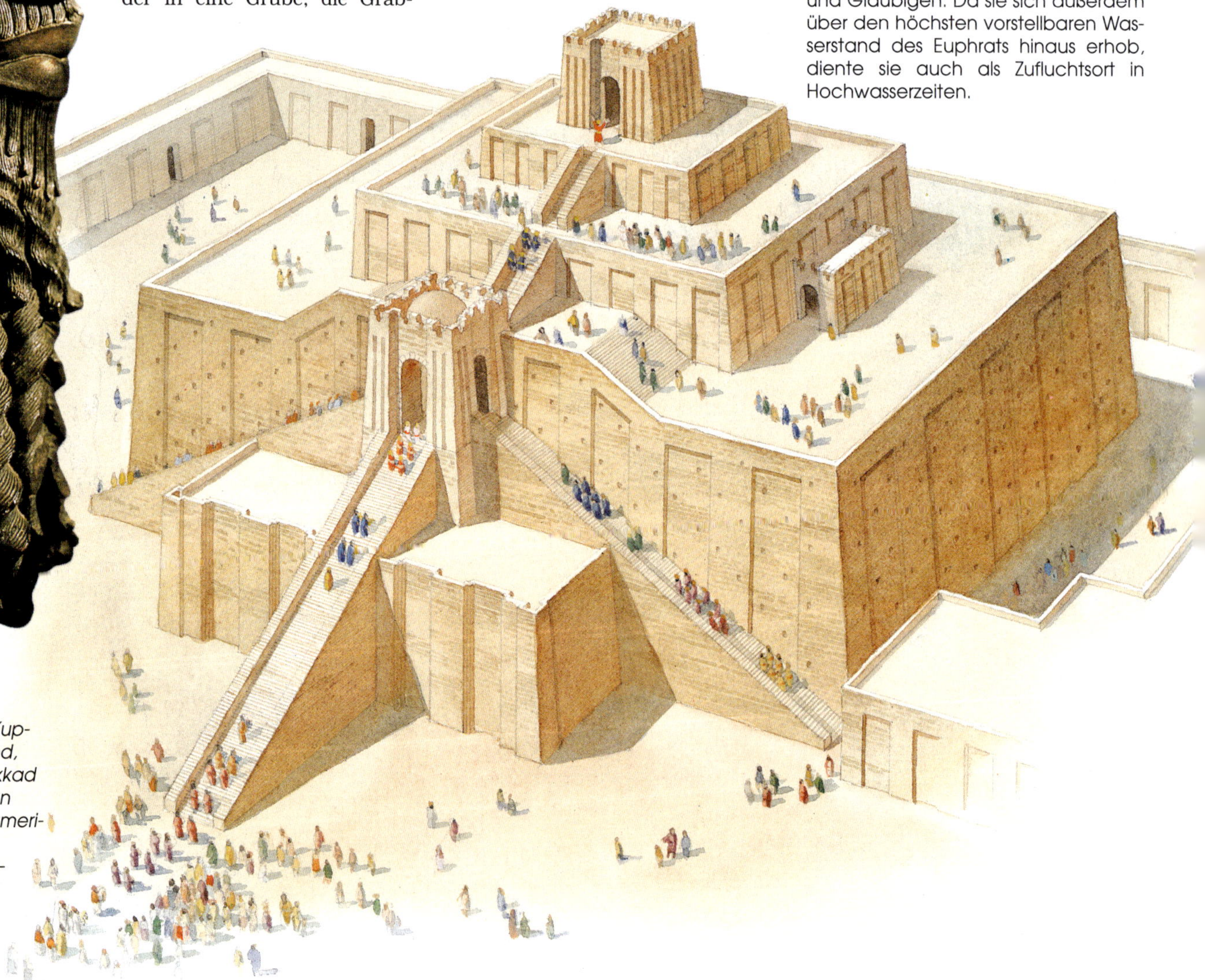

opfern zugeschüttet. Die Tatsache, daß sich das Gefolge nicht widersetzte, ist ein Zeichen für den unbedingten Gehorsam, den die Menschen sowohl ihrem Herrn als auch ihren Göttern entgegenbrachten. Die Sumerer glaubten, daß die Götter die Erde regierten und daß die Menschen als deren Diener geschaffen seien. Jede Stadt gehörte einem bestimmten Gott oder einer Göttin, deren irdische Wohnung der Tempel der jeweiligen Stadt war. Dieser war auch der Schauplatz komplizierter, von Priestern geleiteter Rituale.

Hunderte von anderen Gottheiten waren darüber hinaus für die verschiedensten Bereiche des Lebens zuständig. Die bedeutendste von ihnen war An, der Gott des Himmels. Es gab komplizierte Rangfolgen unter den Priestern und ganze Armeen von weltlichen Arbeitern und Sklaven, die sie unterstützten. Denn der Schutzgottheit einer Stadt gehörte nicht nur die städtische Gemeinde, sondern auch die bebauten Felder und Dörfer, aus denen der Stadtstaat bestand.

Ein Teil des Landes wurde von den Dorfbewohnern direkt für die Götter unter der Aufsicht von Tempelbeamten bebaut. Ein weiterer Teil wurde den Tempelangestellten als Lohn für ihre Dienste zugewiesen, und den größten Teil übergab man den Bauern, die vom Ertrag einen Pachtzins an den Tempel zahlten. Die Priester waren die führenden Steuereintreiber – schon um 2500 v. Chr. waren Steuern ein lästiger Teil des täglichen Lebens.

Worte und Bilder

Die Sumerer waren das erste Volk, das ein Rechensystem entwickelte. Für ein Volk, das mit großen Warenmengen handelte, waren Addition, Subtraktion und Multiplikation wichtige Hilfstechniken. Die Sumerer entwickelten außerdem ein brauchbares System von Maßen und Gewichten, und ihre größte Erfindung, nämlich die Schrift, entstand aus dem praktischen Bedürfnis, Aufzeichnungen über den Handel und für die Steuer zu machen.

Diese Aufzeichnungen bestanden zunächst ganz einfach aus dem Bild der Ware, und die Menge bezeichnete man mit Punkten dahinter. Man zeichnete mit Hilfe eines angespitzten Schilfrohrs auf eine weiche Lehmtafel. Die Tafel wurde dann in einem Brennofen gehärtet. Ursprünglich ordnete man die Artikellisten in senkrechten Spalten an. Um das Jahr 3000 v. Chr. fanden die Schreiber jedoch heraus, daß es viel einfacher war, wenn sie von links nach rechts in waagrechten Zeilen schrieben.

Zur gleichen Zeit ging man von einem Stift mit runder Spitze zu einem mit keilförmiger Spitze über, der ein klareres Schriftbild hinterließ. Das in Mesopotamien verwendete Schriftsystem bestand aus stilisierten Bildern, die sich vollständig aus keilförmigen Zeichen zusammensetzten.

Zeichen und Silben

Um das Jahr 2500 v. Chr. jedoch waren die ursprünglichen Bildzeichen so stark stilisiert, daß man die Objekte, die sie darstellen sollten, kaum noch erkennen konnte. Dies führte in manchen Fällen zu Unklarheiten. Außerdem konnte das Bild eines Fußes beispielsweise die Worte „kommen", „gehen", „stehen" usw. bedeuten. Tausende von verschiedenen Zeichen hätten erfunden werden müssen, um alle Wörter, aus denen die Sprache bestand, zu erfassen.

Als Ausweg aus dem Dilemma kam man auf die Idee, aus den bildhaften Wortzeichen Silbenzeichen abzuleiten, die sich nicht mehr auf den Wortsinn bezogen, sondern die Lautung wiedergaben. Nun war es mit einem einigermaßen begrenzten Repertoire von Silben möglich, jedes beliebige Wort zusammenzusetzen. Das sumerische System bestand aus rund 600 Zeichen. Es erwies sich als bemerkenswert flexibel und gestattete sogar die Entstehung einer reichen Literatur neben der Erstellung von Arbeitstexten wie Rechts- oder Kaufverträgen. Das sumerische Rechensystem basierte im Unterschied zu unserem Zehnersystem auf der Einheit 60 und hat all die Jahrhunderte hindurch in unserer Stunde aus 60 Minuten und dem Kreis aus 360 Grad überlebt.

In der Frühzeit verließen sich die sumerischen Ärzte vor allem auf die Austreibung von Dämonen durch Zauberriten, aber es gab auch schon praktische Mittel wie Verbände, Pflaster und Umschläge. Oft verwendete man Salz als Antiseptikum und Salpeter als blutstillendes Mittel, um Wunden zu behandeln und Infektionen zu bekämpfen. Eines der ersten Rezepte der Welt stammt aus der Zeit um 2100 v. Chr. und beschreibt anschaulich die Behandlung von entzündeten Gliedmaßen: „Drücke Schildkrötenschale, Salz und Senf durch ein Sieb und knete dies. Reinige die erkrankte Stelle mit gutem Bier und heißem Wasser und reibe sie mit dieser Mischung ein. Reibe dann Öl auf die Stelle und lege einen Umschlag aus zerstoßenen Kiefernnadeln auf."

Eine wichtige Rolle spielten die Astrologie und Horoskope. Astronomen, die den Himmel studierten, um jahreszeitlich bedingte und für die Bauern wichtige Gesetzmäßigkeiten zu entdecken, erarbeiteten auch einen Kalender, der auf dem Lauf des Mondes beruhte. Seine 28-Tage-Zyklen ergaben ein Jahr aus zwölf Monaten, wobei am Jahresende immer ein paar Tage übrigblieben. Der Mond durchläuft jeden Monat vier Phasen: Diese Viertel führten zur Siebentagewoche.

Gelehrter *Das Tonmodell eines Lehrers und Schreibers aus der Stadt Lagasch spiegelt die Würde wider, für die diese Schulmeister bekannt waren.*

FLUCHT VOR DER FLUT

Unter den ersten sumerischen Tontafeln fand man auch epische Erzählungen von legendären Helden. Hierzu zählt die Geschichte der Suche des Königs Gilgamesch nach dem Geheimnis des ewigen Lebens. Er findet den weisen Utnapischtim, und der erzählt ihm, daß einst eine große Flut, die die Götter als Strafe geschickt hatten, all seine Mitmenschen vernichtete. Mit Hilfe von Ea, dem Gott der Weisheit, rettete Utnapischtim sich und seine Familie in einer Arche. Diese Episode geht eindeutig auf eine gemeinsame Quelle mit der biblischen Geschichte von Noah und der Sintflut zurück. Von Utnapischtim lernt Gilgamesch, daß Unsterblichkeit ein Geschenk der Götter ist.

Volksheld *Die Skulptur aus Chorsabad zeigt Gilgamesch, den legendären König von Uruk, mit einem jungen Löwen im Arm, dem Symbol der Macht.*

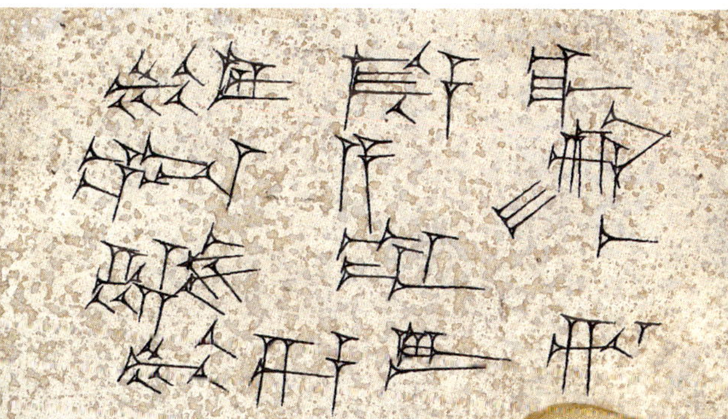

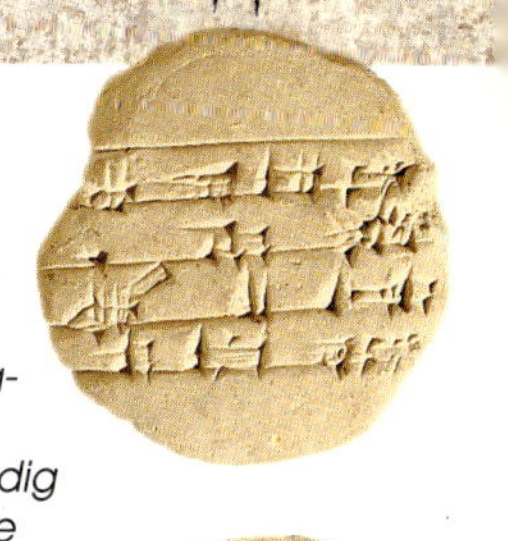

Zeichen des Wissens *Angehende Schreiber in Mesopotamien lernten am Beispiel: Der Lehrer schrieb einen von ihm ausgewählten Text (oben) auf eine Seite einer Tafel (Mitte rechts), der Schüler lernte den Text dann auswendig und gab ihn auf der Rückseite der Tafel (unten rechts) wieder. Die Zeichen bedeuten: „Ein Mann nimmt sich als Beute, was aus den Stadttoren hinausgeht." Möglicherweise sollte dies eine Mahnung sein, wertvolle Dinge zu Hause zu lassen.*

PERFEKTER PLAN

Die Sonne brennt erbarmungslos auf die langen, geraden Straßen der Stadt Mohenjo Daro im Industal herab. Scharen von Händlern und Käufern bahnen sich ihren Weg durch die beiden Hauptstraßen mit ihren Verkaufsständen, Werkstätten und Basaren zu den hohen Ziegelmauern der Zitadelle. Unmittelbar hinter den Mauern befindet sich der Getreidespeicher, wo geschäftiges Treiben beim Kauf und Verkauf von Weizen herrscht.

Die Zitadelle ist eine Art Stadt in der Stadt. In ihrer Mitte befindet sich das Große Bad, ein zentrales Wasserbecken, das rund zweieinhalb Meter in den Boden des Hofes eingelassen ist. Kleinere Baderäume sind um das Große Bad herum angeordnet.

Die dichtstehenden zweistöckigen Gebäude haben zur Straßenseite hin keine Fenster. Ihre glatten, lehmverputzten Wände sind nur von Küchenabluftöffnungen durchbrochen und von Türen, die zu den rechtwinklig von den Hauptstraßen abbiegenden Seitenstraßen führen. Das Herz eines jeden Hauses bildet der Innenhof. In der Mitte der meisten Häuser führen Stufen auf ein Flachdach, wo die Menschen oft unter freiem Himmel schlafen. In manchen Innenhöfen wachsen Palmen, die ihre grünen Wedel über die Dächer erheben und den Menschen den ersehnten Schatten spenden.

Geschickt *Die Töpfer am Indus fertigten kunstvolle Gegenstände wie diese Spielzeugtontaube, die Terrakottawürfel und verzierte Wasserkrüge.*

STÄDTISCHES LEBEN AM INDUS

Als die Menschen begannen, statt in Dörfern in dichtbesiedelten Städten zu leben, standen sie neuen Problemen gegenüber: wohin mit Küchenabwässern und Fäkalien? In Mohenjo Daro, einer der großen Städte der Kultur in der Indusebene, fanden die Herrscher eine geniale Lösung: Sie bauten die erste Kanalisation der Welt.

In den Häusern von Mohenjo Daro gab es Badezimmer und Toiletten. Die Abwässer flossen durch irdene Rohre in die Kanäle der Stadt, die unter den Straßen verliefen. Kanaldeckel wurden in regelmäßigen Abständen gebaut, so daß die städtischen Reiniger hinabklettern konnten, um mögliche Verstopfungen zu beseitigen. Schließlich wurden alle Abwässer außerhalb der Stadt an bestimmten Stellen gesammelt und abgeleitet.

Die Induskultur entstand um das Jahr 2500 v. Chr., nachdem kleine Gemeinschaften von Bergbauern allmählich das fruchtbare Tal des Indus im heutigen Pakistan besiedelt hatten.

Wie der Euphrat trat auch der Indus regelmäßig über die Ufer, und dies mit einer besonders unberechenbaren Kraft durch die Schneeschmelze im Himalaja. Deiche und Kanäle, die die Fluten unter Kontrolle halten und das lebenspendende Wasser verteilen sollten, mußten unablässig instand gehalten werden, und vielleicht entwickelte sich deshalb hier eine besonders starke Zentralregierung.

Die ersten Stadtplaner

Alles weist darauf hin, daß die Herrschenden von Mohenjo Daro ungeheuer mächtig waren: Sie regierten nicht nur ihre Städte, sie hatten sie sogar von Grund auf geschaffen. Denn während die großen Siedlungen Mesopotamiens mehr oder weniger planlos wuchsen, wurden die Städte am Indus nach festgelegten Mustern erbaut.

Für diese enorme Arbeit muß es Aufseher gegeben haben, die die vielen tausend Bauarbeiter und Ingenieure überwachten und leiteten. Über 100 Städte konnten lokalisiert werden. Die eindrucksvollsten erhoben sich wegen der Hochwassergefahr auf riesigen Hügeln aus Erde und Geröll. Die größten Städte waren Harappa und Mohenjo Daro, die beide etwa fünf Kilometer im Umfang maßen und eine befestigte Zitadelle und eine Unterstadt besaßen.

Polizei und Paraden

Wie mit dem Lineal gezogene Straßen verliefen von Nord nach Süd und von Ost nach West. Die Hauptstraßen konnten bis zu zehn Meter breit sein, was auf regen Verkehr und möglicherweise große Paraden schließen läßt. Die Seitenstraßen waren jedoch wesentlich enger, und von diesen zweigten Gassen und Gäßchen ab.

Hütten an den Hauptkreuzungen könnten vielleicht Wachposten für eine Art Polizei gewesen sein. Unser Wissen über diese Kultur weist jedoch große Lücken auf, denn die Bilderschrift der Indusvölker konnte noch nicht befriedigend entziffert werden.

Auch ihre Regierungsform ist uns ein Rätsel. Vielleicht hatten sie Könige, doch es wurden keine Königsgräber gefunden, vielleicht eine allmächtige Priesterschaft. Auf jeden Fall läßt vieles auf eine strenge soldatische Disziplin und Reglementierung schließen. Selbst die unzähligen Ziegel hatten standardisierte Größen, wobei gebrannte Ziegel für die Fundamente der Häuser und für öffentliche Gebäude verwendet wurden und sonnengetrocknete Schlammziegel für Privathäuser.

Doch ungeachtet der strengen staatlichen Ordnung gab es auch Platz für Vergnügungen. So hatten die Menschen am Indus eine Vorliebe für Würfelspiele, und sie bliesen auf Lehmpfeifen, die wie Vögel geformt waren. Zum Kinderspielzeug zählten Äffchen aus Keramik, die an Schnüren tanzten. In vielen Häusern zwitscherten Vögel in Käfigen, und anscheinend haben die Indusvölker sogar singende Insekten in kleinen Tonbehältern gehalten. Hunde und Katzen waren weitere beliebte Haustiere. Ein vielsagender Fund am Indus war ein offenbar frisch zum Trocknen in die Sonne gelegter Ziegel, der den Fußabdruck einer Katze trägt, leicht überdeckt von dem eines Hundes, der wahrscheinlich hinter ihr hergejagt ist.

Zu Wasser und zu Lande

Formschöne Boote mit hohem Bug und Heck, Hauptmast und langem Ruder befuhren die Flüsse. Kamele und Packpferde zogen über die Landstraßen, und die größten Ladungen wurden in schwerfälligen zweirädrigen Ochsenkarren befördert, wie man sie noch heute in pakistanischen Dörfern sehen kann.

Die Händler trieben einen blühenden Handel mit Mesopotamien. Sie brachten Kupfer aus Belutschistan, Blei und Silber aus Rajasthan, Gold, Zinn und Lapislazuli aus Afghanistan, Blei und seltene Muscheln aus Südindien, Türkis aus Iran und Jade aus dem Fernen Osten.

Man fand keine reichgeschmückten Tempelgebäude, und es gibt kaum Hinweise auf die Religion der Indusvölker. Während man früher annahm, daß die Indusstädte durch die Invasion der Arier um etwa 1500 v. Chr. zerstört wurden, scheinen neuere Ausgrabungen zu beweisen, daß vor allem Überschwemmungen und zunehmende Austrocknung der Flüsse den Niedergang einleiteten.

Spinnstein *Terrakottaspinnräder wurden zur Herstellung von Garnen für bunte Gewänder benutzt. Der flache, runde Stein diente als Gewicht am unteren Ende einer handbetriebenen Holzspindel.*

Tanzendes Mädchen *Diese Bronzestatuette fand man in Mohenjo Daro. Bis auf eine Halskette und zahlreiche Metallarmreifen ist diese 11,5 Zentimeter hohe Figur nackt.*

RASIERKLINGEN, SPIEGEL UND SPANGEN

Den Menschen am Indus war Eitelkeit nicht fremd. Die Männer benutzten Rasierklingen und polierte Spiegel aus Kupfer. Die Frauen zierten sich mit kunstvollen Frisuren und trugen Spangen, Halsketten und Fußringe, Ohrgehänge und Fingerringe. Sie waren die ersten, die Baumwolle anbauten, woraus sie Stoffe herstellten, die sie leuchtend bunt färbten.

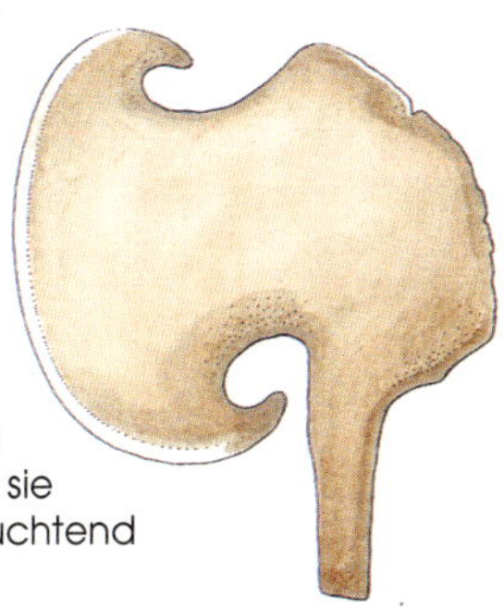

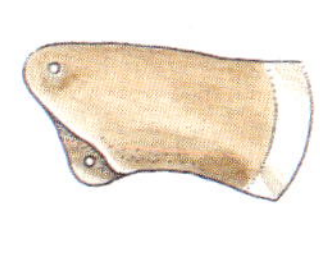

Scharfe Klinge *Diese ursprünglich an Griffen befestigten Kupferrasierer fand man in Mohenjo Daro.*

DER NIL – QUELLE DES REICHTUMS

Die alten Ägypter wußten, daß sie Lieblinge der Götter waren. Jedes Jahr überschwemmte der Nil ihr Land und lagerte fruchtbaren Schlamm ab, der die Wüste in Ackerland verwandelte. Der Fluß gab ihnen Fische und Wasservögel zur Bereicherung ihres Speisezettels, Schlamm für Ziegel und Papier aus dem Papyrusschilf, das an seinen Ufern wuchs. Sogar die scheinbar öden Wüsten jenseits des Flußtales waren tatsächlich eine Quelle natürlicher Reichtümer – man fand dort Gold und Kupfer, Halbedelsteine für Schmuck und eine Vielfalt von Bausteinen. Abgesehen von hochwertigem Bauholz schien es in der Tat, daß die Götter die Menschen Ägyptens reichlich mit allem beschenkt hatten, was sie benötigten.

Das Niltal war bereits jahrhundertelang besiedelt, als die Länder Ober- und Unterägypten um das Jahr 3000 v. Chr. unter einem König vereinigt wurden. Von da an konnte sich Ägypten seine charakteristische Kultur bewahren, bis es im Jahr 30 v. Chr. zu einem Teil des Römischen Reiches wurde. Während dieser langen Geschichte gab es mehrere Perioden besonderer Blüte. Zur Zeit des Neuen Reiches, 1551–1070 v. Chr., erreichte Ägypten seine größte Ausdehnung.

DAS ALTE ÄGYPTEN 3000–30 V. CHR.

GOTTKÖNIGE AUF DEM THRON

Die Menschen in Ägypten hatten eine solche Ehrfurcht vor ihrem König, daß sie meinten, es sei respektlos, von ihm direkt zu sprechen. Statt dessen sagten sie beispielsweise: „Das Große Haus hat beschlossen." Die ägyptischen Worte für „Großes Haus" wurden etwa wie „pera'o" ausgesprochen, daher also das Wort Pharao. Der Pharao hatte die absolute Macht. Er besaß das gesamte Land, befehligte die Armee und bestimmte die Außen- und Innenpolitik. Er war der Urheber von Recht und Ordnung, das Oberhaupt des Götterkultes und der Mittler zwischen Himmel und Erde.

Der Pharao war nicht einfach nur ein Mensch. Die Ägypter glaubten, ihre ersten Könige seien der Sonnengott Re und dessen Nachfolger Schu, Geb, Osiris und Horus gewesen. Danach ging die Königswürde auf Menschen über, doch der König war noch immer ein einzigartiges Wesen. Wenn er auf seinem Thron saß, erfüllte ihn der Geist des Gottes Horus, und er wurde ein Gott in Menschengestalt, ein Herrscher, dessen Worte das gleiche Gewicht hatten wie göttliche Offenbarungen. Um das göttliche Blut reinzuhalten, heirateten die Könige bevorzugt ihre Schwestern oder Halbschwestern.

Familiengründung

Im einfachen Volk heirateten die Männer mit etwa 20 Jahren, die Frauen waren geringfügig jünger. Von den Eltern erwartete man, daß sie die Ehepartner für ihre Kinder auswählten, doch die umfangreiche ägyptische Liebespoesie läßt darauf schließen, daß die jungen Leute auch eine Vorstellung von der eigenen Wahl ihrer Partner hatten.

Die Ehefrau brachte eine Aus-

Land des Überflusses *Eine Dienerin bringt Weinkrüge und einen Vogel zum Tisch ihres Herrn. Schmuck an ihren Hand- und Fußgelenken sowie am Hals und die durch Schminke vergrößerten Augen bezeugen den Schönheitssinn der Ägypter.*

steuer an persönlichen Dingen und Möbeln mit in das neue Heim, und der Ehemann zahlte eine Unterhaltsentschädigung für seine Frau. Das Paar bildete ein Ehevermögen, zu dem der Mann zwei Drittel beitrug, die Frau den Rest. Das Vermögen fiel an die Kinder, wenn die Eltern starben oder sich scheiden ließen.

Familienplanung
Kinder waren für die Ägypter eine Art Versicherung: Sie arbeiteten für ihre Eltern und sorgten für sie im Alter. Ganz besonders wichtig war jedoch, daß die Kinder den Eltern nach ihrem Tod ein angemessenes Begräbnis ausrichteten und regelmäßig Gaben zum Grab brachten, um ihnen eine reibungslose Reise in die nächste Welt und ein ewiges Leben in Zufriedenheit zu gewährleisten.

Kinderlose Ehepaare versuchten es mit Arzneien, Zaubersprüchen und Gebeten, um das ersehnte Baby zu bekommen. Falls all dies nicht half, konnten sie eines adoptieren. Wenn das ersehnte Kind dann endlich bei ihnen war, behüteten es die Eltern mit allen verfügbaren Amuletten, Gebeten und Zaubersprüchen.

Skarabäusamulett

Rechte der Frauen
In Ägypten nannte man die Frau die „Dame des Hauses". Sie kümmerte sich um das Haus und die Familie und hatte ein Recht auf Respekt und Rücksichtnahme. Selbst wenn sich ein Mann Nebenfrauen hielt, waren die Rechte der Ehefrau und ihrer Kinder unantastbar.

Solange eine Frau verheiratet war, blieb ihr persönliches Eigentum unter ihrer eigenen Kontrolle. Frauen konnten Testamente machen und ihr Vermögen hinterlassen, wem sie wollten. Sowohl die Frau als auch der Mann konnte eine Scheidung beantragen. Eine geschiedene Frau erhielt ihr persönliches Eigentum und ihre Aussteuer zurück, und sie behielt das Sorgerecht für die Kinder, die das Ehevermögen bekamen. Witwen und geschiedene Frauen konnten wieder heiraten, wenn sie dies wollten.

Frauen hatten keine Ämter in der Regierung inne, doch ein Beamter, der dienstlich unterwegs war, konnte sich von seiner Frau vertreten lassen. Frauen durften bei Gericht und in den Tempeln tätig sein, Güter und Bauernhöfe leiten sowie handwerklich arbeiten, beispielsweise als Weberin oder Parfümherstellerin, und natürlich konnten sie auch in typischen Frauenberufen wie Tänzerin, Musikerin und Kindermädchen wirken. Wenn Frauen Schulden machten, so waren sie allein dafür verantwortlich, und sie konnten Verträge als Zeugen unterschreiben.

Die Häufigkeit und Begeisterung, mit der einfache Ägypter vor Gericht gingen, zeigt, daß sie ein bemerkenswertes Vertrauen in ihr Rechtssystem setzten. Zu ihrer besten Zeit war das Niveau der ägyptischen Gerichtsbarkeit sehr hoch, ohne Bestechungen oder Bevorzugungen: Reiche und Arme, Männer und Frauen hatten gleiche Rechte. Eine Art Gendarmen bewachten die Grenzen und Friedhöfe und verfolgten Verbrecher. Sie kannten zumeist die Übeltäter der Gegend, doch oft handelten sie auch aufgrund von Informationen, die sie über mögliche Kriminelle erhielten, und die Rolle des Informanten war durchaus ehrbar.

Die meisten Fälle wurden vor lokalen Gerichten verhandelt, die sich in allen Siedlungen befanden, doch zur Berufung konnte man auch vor höhere Gerichte gehen. Es gab keine Rechtsanwälte, so daß Kläger und Beklagte für sich selbst sprechen mußten. Der Beschuldigte wurde für unschuldig gehalten, bis das Gegenteil bewiesen war. Zeugen schworen im Namen des Gottes Amun und des Pharaos, während die Richter – es waren immer mehrere – die Zeugen ins Kreuzverhör nahmen und die Dokumente überprüften.

Zu den häufigsten Strafen zählten Verweise, Rückgabe gestohlenen Eigentums, Schläge und Zwangsarbeit. Auf schlimmeren Verbrechen stand Exil oder Verstümmelung, auf Grabraub, Mord oder Verrat die Todesstrafe.

Segler *Nilboote besaßen Segel und Ruder sowie ein Steuerruder am Heck. Südwärts segelte man mit dem Nordwind. Nach Norden ruderte man die Boote mit der Strömung. Die meisten Boote waren aus Holz hergestellt.*

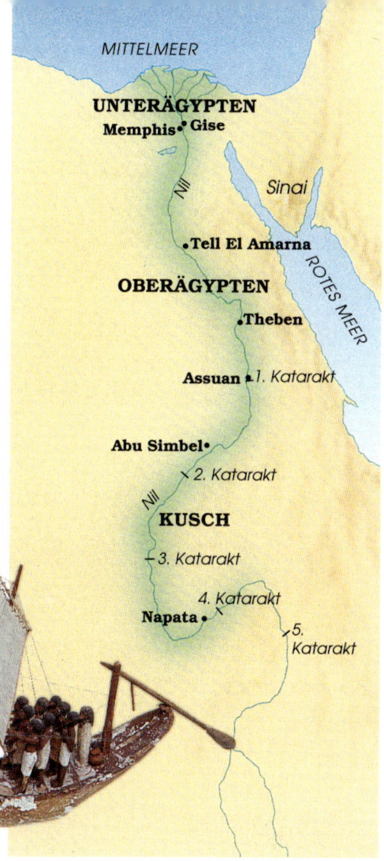

Fruchtbares Tal *Der Nil schuf einen fast 2000 Kilometer langen Streifen fruchtbaren Landes.*

SEGENSREICHE FLUT

Die Ägypter sangen Loblieder auf den „Schöpfer alles Guten", denn alles Wasser für Menschen, Pflanzen und Tiere kam vom Nil. Jedes Jahr schickten die Schneeschmelze und Regenfälle des äthiopischen Hochlandes riesige Wassermengen den Fluß hinab. Ägyptens Existenz hing völlig von der jährlichen Überschwemmung ab. Bei Assuan stieg das Wasser gewöhnlich um bis zu acht Meter. Nur ein Meter weniger bedeutete eine schwere Zeit. Stieg der Fluß dagegen nur 30 Zentimeter mehr als gewöhnlich, beschädigte das Wasser die Bewässerungskanäle. Das Flutwasser wurde in Becken und Kanälen aufgefangen, so daß man es während der Wachstumsperiode zur Bewässerung verwenden konnte. Die Gräben wurden nach Bedarf geöffnet oder geschlossen.

Gießkanne *Nach Ablauf der Flut gossen die Ägypter ihre Gärten mit dem Schaduf, einem Eimer an einer Stange, der in den Bewässerungsgraben hinabgelassen und durch ein Gegengewicht heraufgezogen wurde.*

Pflügen *Kühe oder Ochsen zogen den Pflug.*

Lohn der Arbeit *Weizen- und Gerstenähren wurden mit Holzsicheln mit Feuersteinklingen geschnitten. Das Stroh verwendete man später zur Herstellung von Matten oder Ziegeln. Frauen und Kinder sammelten das liegengebliebene Getreide, Esel trugen Körbe voller Korn zu den Tennen, wo Rinder darauf herumtrampelten, so daß die Getreidekörner herausfielen. Die Frauen worfelten dann das Getreide mit hölzernen Schaufeln.*

Getreidespeicher *Eine Kornkammer, wie sie das Holzmodell (rechts) zeigt, konnte in separaten Behältern verschiedene Getreidesorten speichern. Vor der Einlagerung registrierten Schreiber die Menge.*

ERNTE IM FRUCHTBAREN FLUSSTAL

Sorgfältig vermessene Parzellen säumten den Nil, und fast alle Ägypter arbeiteten hier. Die Grenzen zwischen den Feldern markierten die Bauern mit besonderen Steinen. Wenn die jährliche Überschwemmung alle Geländepunkte mit Ausnahme dieser Steine verwischte, konnten unehrliche Bauern die Grenzsteine zu ihren Gunsten versetzen, doch dies galt als eine der schlimmsten Sünden, die ein Ägypter begehen konnte.

Wenn der Wasserstand zu fallen begann, mußten die Bauern zuerst die Flutschäden an den Dämmen beheben. Dann wurde es Ernst mit der jährlichen Feldarbeit. Bauern mit Grabstöcken zerkleinerten die größeren Erdschollen, dann kamen Pflüge, gefolgt von Säern, die die Saat mit der Hand ausstreuten. Zuletzt trampelten Schafe oder Ziegen den Samen fest.

Während der Wachstumsperiode mußten die Bauern die Felder von Unkraut befreien und bewässern, aber auch vor Vögeln, umherstreunenden Rindern und sogar gelegentlich vor einem Flußpferd schützen.

Besuch vom Steuereinnehmer

Die wichtigsten Feldfrüchte Ägyptens waren Weizen und Gerste sowie Flachs, den man zur Herstellung von Leinen und Leinöl anbaute. Einen Teil ihrer Steuern zahlten die Bauern in Form von Getreide, und folglich mußten sie zur Erntezeit mit dem unwillkommenen Besuch der Steuerschätzer rechnen. Diese Beamten schätzten den voraussichtlichen Ernteertrag und legten die abzuliefernde Menge fest.

Getreide wurde im März oder April geerntet, wobei die gesamte Arbeit auf den Feldern und der Tenne Gemeinschaftsarbeit war. Dann kamen die Steuereinnehmer, und was nach ihrem Besuch übrigblieb, wurde sorgfältig in Kornkammern und bienenkorbförmigen Silos gespeichert. Zum Schluß feierten alle ein Fest zu Ehren von Renenutet, der Schutzgöttin der Ernte. Mitte März begann die Sommerzeit mit Dürre und Hitze. Während dieser Zeit war es wichtig, schadhafte Bewässerungskanäle zu reparieren, bevor die Erde austrocknete und zum Graben zu hart wurde. Dann hatten die Bauern eine kurze Atempause, bis einige Wochen später die Überschwemmungen wieder einsetzten.

Den Weizen, den die Ägypter in so großen Mengen anbauten, verarbeiteten sie zu etwa 40 verschiedenen Sorten Brot und Gebäck. Das Mahlen des Getreides war sehr anstrengend. Gewöhnlich war dies die Aufgabe der Frauen, die dazu zwei Steine verwendeten, und da sie es im Freien taten, konnten Sand und andere Fremdkörper in das Mehl gelangen. Derartige Verunreinigungen führten zu starken Abnutzungen an den Zähnen, und die Ägypter litten häufig an Zahnentzündungen und Abszessen.

Ihren Brotteig bereiteten die Ägypter aus Mehl und Wasser, doch ohne Hefe, so daß das Brot nicht aufging. Es wurde in flachen Fladen oder in Formen gebacken und mit Honig, Milch, Eiern, Obst, Butter und Kräutern verfeinert.

Aus Gerste stellten sie Bier her, das tägliche Getränk aller Menschen und der Götter. Das Gebräu hatte einen Alkoholgehalt von etwa acht Prozent. Die Ägypter setzten zunächst Gerste mit Wasser an und ließen sie stehen. In einem großen Gefäß mischten sie die feuchten Körner dann mit leicht gebackenen Gerstenlaiben, gossen weiteres Wasser dazu und ließen die Mischung gären. Das fertige Bier war sehr dick und mußte vor dem Trinken abgeseiht werden.

Wein für die Reichen

Anders als Bier, das jeder trank, war Wein das Getränk der Reichen. Die besten Weingärten befanden sich im Nildelta. Der Saft, der beim ersten Pressen mit den Füßen gewonnen wurde, ergab den besten Wein. Dann gab man die Trauben, Kerne und Stengel in an Stangen befestigte Tücher, aus denen der geringerwertige Saft herausgewrungen wurde. Den Saft füllte man in Krüge und ließ ihn gären. Anschließend wurden die Krüge mit einem Blätterbausch und einer Kappe aus Schlamm verschlossen. Ein kleines Loch blieb offen, bis die zweite Gärung abgeschlossen war, dann wurde auch dieses versiegelt. Jeder Krug wurde nach Jahrgang, Qualität und Herkunft gekennzeichnet. Die Ägypter tranken gern Wein, und sie servierten ihn pur. Auch aus Datteln, Granatäpfeln und Palmsaft stellten sie Wein her.

Das Land war so reich und fruchtbar, daß die Bauern sogar Anbauflächen für Blumen erübrigen konnten. Die Blumen schmückten, zu Girlanden geflochten, Menschen und Häuser. Auch den Göttern wurden Blumen geopfert, und schließlich verwendete man sie zur Herstellung von Parfüm.

Das weite Nildelta bestand aus hervorragendem Weideland, und hier hielten die Ägypter Rinder, die ihnen Milch, Fleisch und Leder lieferten sowie Pflüge und Schlitten zogen. Es gab Kurzhorn-, Langhorn- und hornlose Rinder, und während der Zeit des Neuen Reiches wurden Buckelrinder oder Zebus aus Syrien eingeführt. In Oberägypten war das Weideland rar, so daß die für den Eßtisch bestimmten Rinder in Ställen gefüttert wurden. Einige dieser Tiere wurden so gemästet, daß sie sich schließlich kaum noch bewegen konnten: Eine Schnitzerei zeigt fette, zum Opfer bestimmte Tiere, die auf fahrbaren Plattformen aus dem Stall transportiert werden mußten.

Schafe und Ziegen nahmen auch mit kargen Weiden an Rand der Wüste vorlieb. Sie lieferten Wolle, Milch, Fleisch und Häute. Schweine wurden in großer Zahl gehalten, und ihr Fleisch war ein beliebtes Gericht, obwohl es verboten war, zumindest den Priestern, da man es für unrein hielt. Das Schwein galt als ein Tier des bösen Gottes Seth. Das einheimische Lasttier war der Esel, Kamele waren zu jener Zeit noch nicht domestiziert. Das Pferd, das asiatische Eindringlinge bereits um 1700 v. Chr. nach Ägypten gebracht hatten, benutzte man ausschließlich zum Ziehen der Streitwagen.

Tagesfang *Fische aus dem Nil aß man frisch, getrocknet oder gesalzen.*

Spitzenwein *Die Weinstöcke wurden in Spalieren angebaut. Die Trauben, die für den besten Wein gedacht waren, stampfte man mit den bloßen Füßen. Im hier abgebildeten Bottich arbeiten fünf Männer (oben links).*

Bronzekanne *Neben Tonwaren hatten die Wohlhabenden auch Geschirr aus Gold, Silber und Bronze.*

Federvieh *Die Ägypter hielten Gänse, Enten und Tauben und aßen sowohl das Fleisch als auch die Eier. Auf diesem Bild werden Gänse zum Zählen zusammengetrieben. Das Huhn kam im 15. Jahrhundert v. Chr. aus Syrien und wurde als „Vogel, der sich täglich wiedererzeugt", beschrieben. Außerdem fing man Wildenten und andere Vögel mit Netzen.*

DAS TÄGLICHE BROT

Die ägyptische Erde war so fruchtbar, daß die Bauern viele verschiedene Feld- und Gartenfrüchte anbauen konnten. Aus Weizen und Gerste machten die Ägypter Brot und Bier. Zwiebeln, Lauch und Knoblauch, Erbsen und Bohnen, Sellerie, Kopfsalat, Rettiche und Gurken bereicherten die Mahlzeiten. Trauben und Datteln wurden frisch und getrocknet gegessen. Es gab außerdem Feigen und Melonen, Granatäpfel, Kürbisse und die Frucht der Doompalme mit ihrem ingwerartigen Geschmack. Als Gewürze dienten Kreuzkümmel, Majoran, Koriander, Dill, Pfefferminze und Petersilie. Safran und Sesamöl wurden zum Kochen verwendet, Oliven hingegen kaum, und zum Süßen benutzten die Ägypter nur den Honig.

Eine Vielzahl von Nilfischen und Wasservögeln sorgte für Abwechslung auf dem Tisch, ebenso Hasen, Gazellen und Antilopen, die die Jäger in der Wüste fingen.

In erhaltenen Texten sind Suppen und Soßen und die Verwendung von Öl, Milch und Butter erwähnt. Zum Kochen benutzte man Kohlenpfannen, Dreifüße und Holzöfen.

AUFWENDIGE KLEIDER, EINFACHE HÄUSER

Ägyptische Männer wie Frauen legten überaus großen Wert auf ihr Aussehen. Haare, Schmuck und Schminke waren äußerst wichtig, ebenso die Kleidung. Fast alle Kleider waren aus Leinen, das es in verschiedenen Qualitäten gab: von grobem Material wie Sackleinen bis hin zu sehr feinen, batistartigen Stoffen. Wolle hielt man für unrein, und Baumwolle fand erst 2000 Jahre später breitere Verwendung.

In der frühen Zeit kleideten sich die Ägypter noch sehr einfach. Die Männer trugen Lendenschurze und Röcke, die Frauen geradegeschnittene, knöchellange Kleider. Im Neuen Reich wurden die Gewänder jedoch aufwendiger. Bei offiziellen Anlässen präsentierten sich die Männer in einem rundum gefältelten langen Hemd, das von einer breiten Schärpe um die Taille gehalten wurde, und die Frauen in Faltenkleidern mit bunten Bändern. Bei schwerer Arbeit trugen die ägyptischen Männer allerdings lediglich einen Lendenschurz oder gar nichts und die Frauen nur einen kurzen Rock, denn den Ägyptern war Nacktheit nicht peinlich. War es kühler, dann schützte ein Schal oder Umhang. Sandalen wurden aus Schilf oder Leder hergestellt, mit einem Band zwischen den Zehen.

Modische Perücken

Alle Ägypter waren geradezu süchtig nach Schmuck. Für die, die es sich leisten konnten, gab es Pretiosen aus Gold, Silber und Kupfer, mit Halbedelstein- oder Emaileinlagen. Die weniger Begüterten kauften sich Schmuck aus Kieseln, Muscheln und Elfenbein.

Die modische Ausstattung wurde mit einer Perücke aus Menschenhaar vervollständigt. Frauenperücken waren zwar aus längerem Haar gefertigt als Männerperücken, doch waren beide kunstvoll mit Zöpfen und Locken arrangiert. Verzichtete ein Ägypter auf die Perücke, dann ließ er oft das eigene Haar mit Hilfe falscher Flechten voller wirken. Die typische Kinderfrisur war ein einzelner Zopf, der an einer Seite des Kopfes herabhing.

Hochmodern *Im Neuen Reich trug man mit Vorliebe enggefältelte Kleider.*

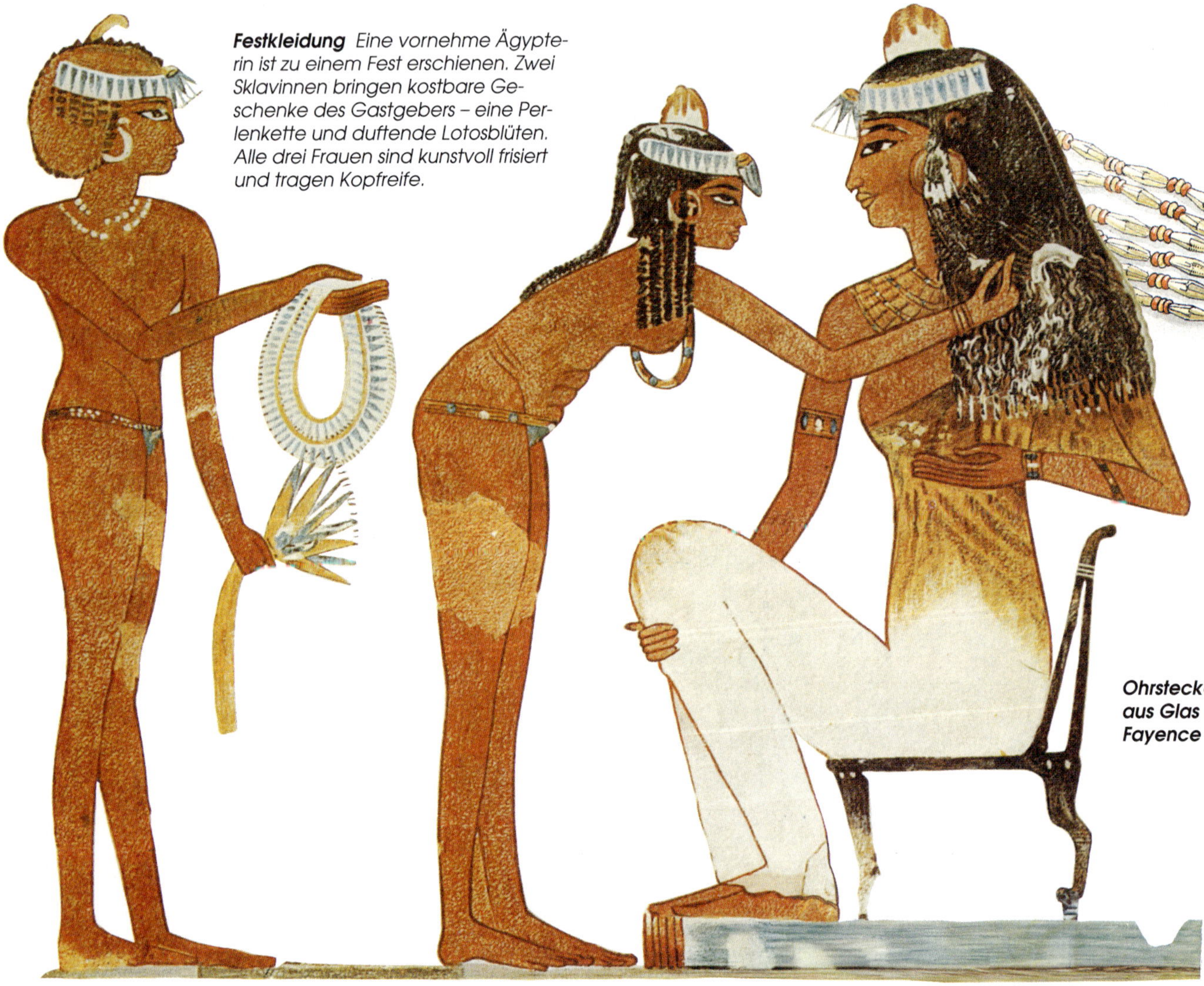

Festkleidung *Eine vornehme Ägypterin ist zu einem Fest erschienen. Zwei Sklavinnen bringen kostbare Geschenke des Gastgebers – eine Perlenkette und duftende Lotosblüten. Alle drei Frauen sind kunstvoll frisiert und tragen Kopfreife.*

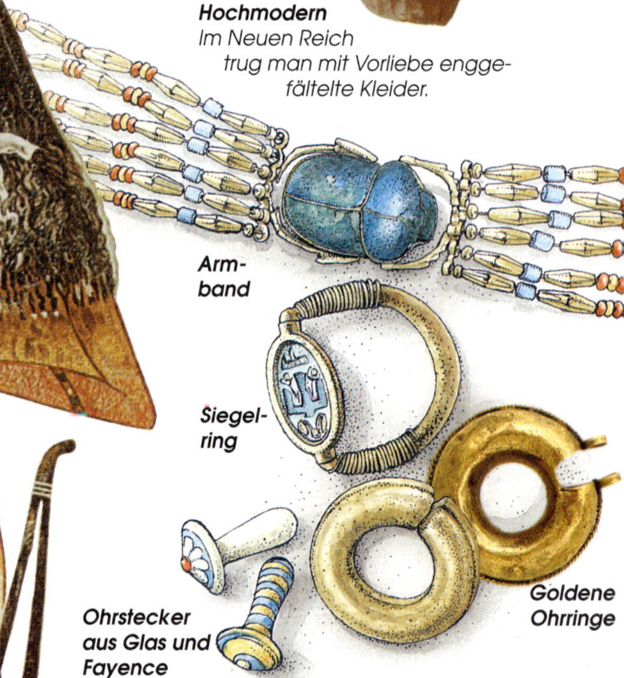

GOLD UND SILBER

Die Ägypter schmückten sich von Kopf bis Fuß. Um den Hals trugen sie Anhänger, Ketten, Brustschmuck und Perlenkragen. Hinzu kamen Finger- und Ohrringe, Armreifen sowie Arm- und Knöchelbänder. Männer trugen verzierte Gürtel, und Frauen schlangen sich Perlenschnüre um die Hüften.

Zur Reinigung der Haut benutzten die Ägypter eine Creme aus Öl, Kalk und Duftstoffen, und sie rieben ihren Körper regelmäßig mit Öl ein, um zu verhindern, daß die Haut durch die Sonne austrocknete. Sie verwendeten Pasten zur Entfernung unschöner Behaarung und zur Bekämpfung von Körpergeruch.

Der letzte Schliff

Die Ägypter liebten auch Parfüms, die sie aus Blumen und in Öl getränkten aromatischen Hölzern herstellten. Bei Banketten stellte man Kegel parfümierten Tierfetts auf die Köpfe der Gäste. Das schmelzende Fett floß über Gesicht und Nacken und hatte eine kühlende Wirkung.

Das typische, kunstvoll gefertigte Kosmetikkästchen eines Ägypters enthielt einen Spiegel, Rasierklingen zur Entfernung von Körper- und Gesichtshaaren und Pinzetten zum Zupfen der Augenbrauen. Sowohl Frauen als auch Männer trugen mit kleinen Stäbchen Augenschminke auf. Die schwarze Farbe bestand aus Malachit oder Galenit, der zu einem Puder zerrieben, dann mit Öl vermischt und schließlich in kleinen Töpfchen aufbewahrt wurde. Diese Augenschminke verschönte nicht nur, sondern sie half auch, Fliegen abzuhalten. Rouge und Lippenstifte stellte man aus rotem Ocker her, der zerrieben und mit Öl zu einer Paste verrührt wurde, die man dann entweder mit einem Tupfer oder mit einem Pinsel auftrug.

Haarausfall und Schuppen wurden mit verschiedenen Lotionen bekämpft. Die Ägypter färbten sich ihr Haar mit Henna, und die Frauen färbten auch ihre Hand- und Fußflächen damit. Für ägyptische Jugendliche gab es Rezepturen zur Heilung von Hautunreinheiten, und alternde Schönheiten konnten auf faltenglättende Cremes zurückgreifen.

Praktisches Wohnen

In krassem Gegensatz zu den aufwendigen Mitteln, mit denen die Ägypter ihren Körper pflegten, stand die Einfachheit der Materialien, aus denen sie ihre Häuser bauten. Stein benutzte man ausschließlich für den Bau von Tempeln und Grabmälern, die meist ein oder zwei Stockwerke hohen Wohnhäuser dagegen waren aus sonnengetrockneten Schlamm- und Strohziegeln gebaut.

Wenn sie es sich leisten konnten, verwendeten die Ägypter hochwertiges importiertes Zedernholz für Säulen und Türen sowie Steine für Stufen und Türeinfassungen. Die Ärmeren benutzten hierzu einheimisches Palmenholz, und Säulen stellten sie aus Schilfbündeln her, die sie mit Schlamm verputzten. Die kleinen Fenster befanden sich gewöhnlich in Deckenhöhe. Mattenrollen an Fenstern und Türen, die man herunterlassen konnte, hielten Staub und Fliegen ab und sorgten trotzdem für Belüftung. Eine andere Art der Luftzufuhr war ein Lüftungsloch in dem flachen Dach. Die Familien verbrachten viel Zeit auf dem Dach, um jede kühlende Brise zu erhaschen, und schliefen auch oft dort.

Die Wände waren innen und außen verputzt und gestrichen. Die Außenwände waren gewöhnlich weiß, doch innen konnten die Dekorationen von einfachen Farbanstrichen bis hin zu aufwendigen Malereien reichen. Während die Häuser der Reichen oft bemalte Gipsfußböden und manchmal sogar Kachelböden hatten, behalfen sich die Armen mit gestampfter Erde. Die Lampen reichten von ganz einfachen flachen Tonschalen mit in Öl schwimmenden Dochten bis hin zu herrlichen Alabastergefäßen.

Tragbare Toiletten

Manche Ägypter hatten das Glück, einen eigenen Brunnen zu besitzen, doch die meisten Menschen bezogen ihr Wasser direkt aus dem Fluß oder aus öffentlichen Brunnen an der Straße. Die Armen wuschen sich auch im Fluß, doch jeder, der es sich leisten konnte, hatte Waschbecken zu Hause. Die Wohlhabenden genossen sogar den Komfort eines Badezimmers. Ein Rohr führte das Abwasser durch die Wand hinaus in einen Krug, wo man es noch einmal zum Bewässern des Gartens verwenden konnte.

Die Reichen besaßen außerdem Toiletten, einen Holzsitz auf Ziegelträgern, unter dem ein Tongefäß stand, das nach Gebrauch geleert werden konnte. In anderen Wohnungen benutzten die Menschen eine tragbare Toilette: einen Holzstuhl, bei dem ein Teil des Sitzes herausgesägt war, mit einem Tongefäß darunter. Auf dem Land dagegen erleichterten sich die meisten einfach im Freien.

Garten Eden *Der Traum eines jeden Ägypters war ein solcher schattiger Garten mit Wasserbecken, Dattelpalmen und Obstbäumen.*

Das einfache Leben *Die meisten Häuser waren sehr einfach, wie man an diesem in einem Grab gefundenen Lehmmodell sieht.*

SCHLICHT UND SCHÖN

Ägyptische Wohnungen verfügten nur über eine spärliche Einrichtung, die aber praktisch und oft dekorativ war. Meist bestand sie aus einheimischem Holz und Schilf, aber gelegentlich auch aus eingeführtem Zedern- und Ebenholz mit kostbaren Einlegearbeiten. Die Menschen saßen meist auf Hockern und Kissen und schliefen auf dem Boden, nur die Wohlhabenden hatten auch Stühle und Betten. Die meisten Ägypter besaßen Tische, und ihre Habe bewahrten sie in diversen Kisten, Kästen und Körben auf. Die Küchenausstattung war zweckmäßig und vielfältig. Das Besteck bestand aus Messern und Löffeln.

Klappstuhl *Dieser Hocker besaß einen Ledersitz, andere hatten Binsensitze; darunter Sandalen und ein Binsenbesen.*

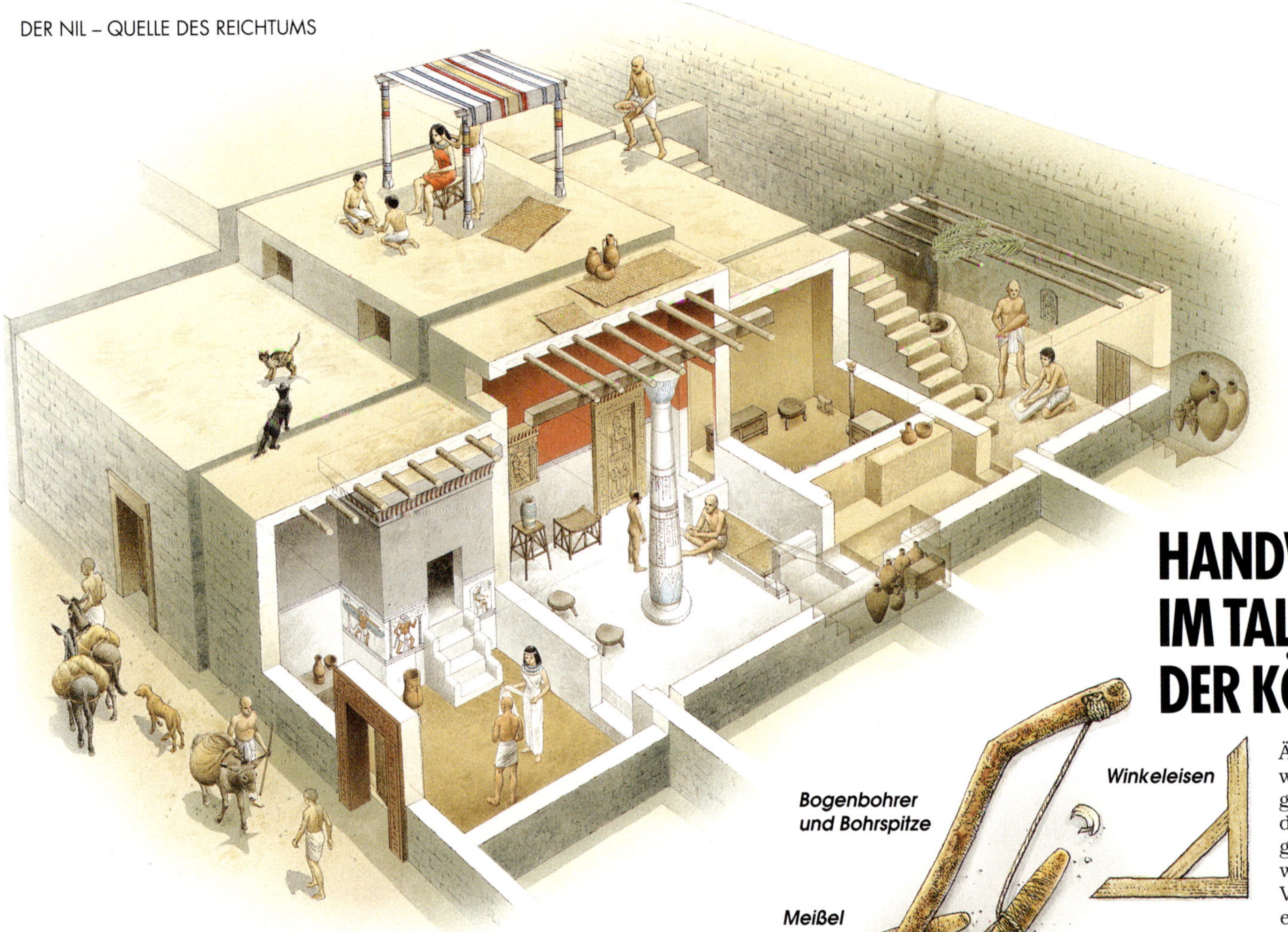

LEBEN AUF UND UNTER DEM DACH

Deir el Medinah, für die Arbeiter an den Königsgräbern gebaut, war ein wohlhabender Ort. Die Häuser aus Schlammziegeln bestanden meist aus drei Zimmern sowie einer Außenküche und zwei kleinen Kellern, wo die Familie Wertsachen, Wein und Ölkrüge aufbewahrte.

Der Haupteingang des Hauses führte von einer schmalen Gasse in einen Raum, in dem Arbeiten wie das Weben von Stoffen verrichtet wurden. Hier befand sich auch das Familienheiligtum, das man über eine kleine Treppe erreichte. Von diesem Raum aus gelangte man direkt in den Hauptraum des Hauses, der spärlich mit Hockern, Tischen und Kisten sowie einem niedrigen Podest, auf dem sich die Familie zum Essen niederließ, möbliert war. Links sieht man eine mit einem Götterbild und Hieroglyphen geschmückte Scheintür sowie einen behauenen Stein, die beide eine Rolle in der Götter- und Ahnenverehrung der Familie spielten.

Hinter dem Hauptraum befand sich ein Schlafzimmer, das mit einem Leuchter, einer Kiste und einer Kopfstütze zum Schlafen ausgestattet war. Von der deckenlosen Küche auf der Rückseite des Hauses führten Stufen hinauf auf das Dach, wo eine Markise etwas Schatten spendete.

In der Werkstatt *Handwerker bieten Ware zur Prüfung an, verpacken Schmuck und verzieren eine Sphinx.*

HANDWERKER IM TAL DER KÖNIGE

Ägyptische Handwerker waren angesehene Bürger. Ihre Arbeit war für die Wirtschaft von großer Bedeutung, obwohl es von ihnen im Verhältnis zu den Bauern nur recht wenige gab. Sie wurden Weber, Maler, Juweliere, Metall-, Glas- und Lederbearbeiter sowie Bildhauer, die ihr Steinmaterial in der Wüste fanden.

Wenn ein junger Mann ein Handwerk erlernen wollte – meist folgte er darin seinem Vater –, begann er als Lehrling, wurde dann Geselle und schließlich ein in allen Fertigkeiten seines Fachs bewanderter Meister. Die Geschickteren unter ihnen konnten in den Werkstätten der Adligen, Tempel und Könige eine ständige Beschäftigung finden.

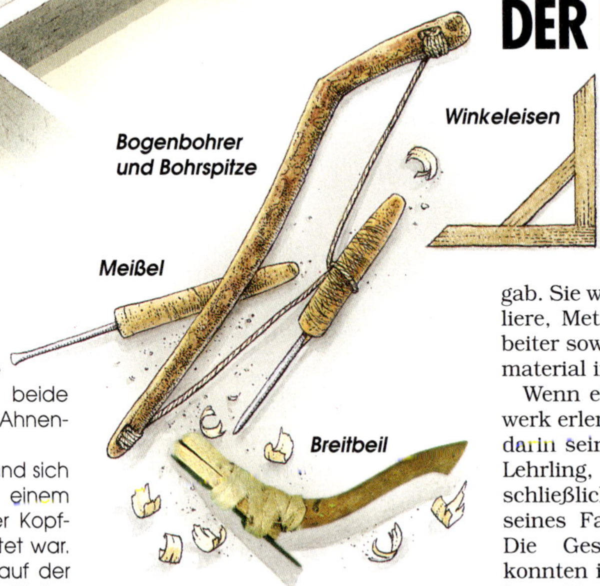

Holzbearbeitung *Mit solchen Werkzeugen verband der Zimmermann Holzteile durch Fugen und verzierte sie mit Intarsien und Furnieren.*

Schichtarbeit und Streik

Mehrere Jahrhunderte lang arbeitete eine Handwerkergemeinschaft am Westufer des Nils gegenüber Theben an den Königsgräbern im Tal der Könige. Die Männer und ihre Familien lebten im Dorf Deir el Medinah, das eigens für sie erbaut worden war. Das von einer Mauer umgebene Dorf besaß einen Tempel, ein Gericht, einen Arzt und einen Skorpionbeschwörer.

Die ägyptische Woche umfaßte zehn Tage, acht Arbeitstage und zwei

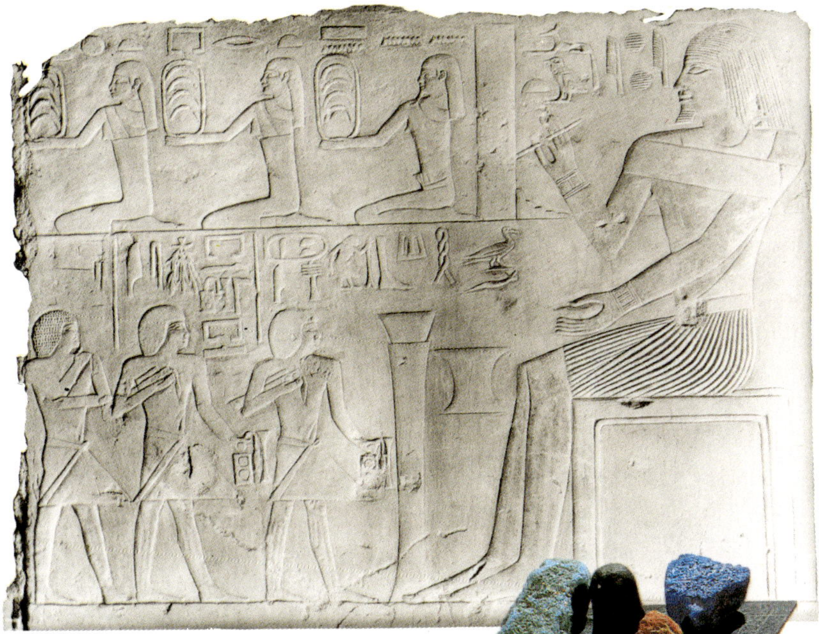

Beamtenbestechung *An der Wand seines Grabmals sieht man einen hohen Beamten bei der Aufzeichnung der Gaben, die er im Jenseits zu erhalten hofft (oben). Er schreibt mit einem Pinsel aus Schilf oder einer Palmblattrippe. Bildhauerarbeiten wie diese schufen die Künstler nach Vorzeichnungen auf Papyrus.*

Malerpalette *Um Farben herzustellen, zerrieben die Ägypter Minerale.*

Verkehrte Welt *Eine Katze hütet Gänse und ein Löwe mumifiziert einen Esel – wohl eine Parodie.*

freie Tage. An den Arbeitstagen standen die Männer morgens früh auf, um mit der Arbeit zu beginnen, solange es noch kühl war. Ihr Werkzeug, Lampen und Materialien bezogen sie aus einem Zentrallager, wo Schreiber jeden Warenein- und -ausgang schriftlich festhielten. Sie überwachten auch die Zahlung der Löhne, schrieben Briefe, fertigten Dokumente für die Dorfbewohner an und schickten dem Wesir, dem obersten Beamten des Pharaos, detaillierte Berichte über die Fortschritte der Bauarbeiten.

Die Männer arbeiteten in zwei Schichten mit einer langen Pause während der Mittagshitze. Die Bauleute der Königsgräber waren gut bezahlte Handwerker. Sie hatten reichlich Freizeit und benahmen sich ausgesprochen selbstbewußt. Als man ihnen die Knoblauchrationen kürzen wollte, legten sie die Arbeit nieder und traten kurzfristig in den Streik, angeblich den ersten in der Geschichte.

Reichlich Urlaub

Die Löhne wurden in Form von Nahrungsmitteln, Öl, Leinen und Brennholz sowie in Sonderprämien wie Salz, Wein, zusätzlichem Fleisch und Silber gezahlt. Für die schwere körperliche Arbeit gab es Sklaven.

Über das Wochenende ruhten sich die Männer aus, feierten Feste und arbeiteten an ihren eigenen Grabmälern. Zusätzlich gab es noch etwa 65 arbeitsfreie Tage im Jahr, darunter vier Tage für lokale Festlichkeiten und fünf Tage für Neujahrsfeierlichkeiten. Manche Arbeiter verlängerten ihren Urlaub auch eigenmächtig. Die Schreiber hielten die Entschuldigungen fest: Krankheit, Streit mit der Ehefrau, Bierbrauen für ein Fest, Begräbnisbesuch, „Kater" und Kindergeburtstage.

Im Tal der Könige wurden die königlichen Grabmäler in Felswände gehauen. Anderswo in Ägypten baute man Tempel und Grabmäler aus Kalk- und Sandstein, die man aus Felsen und in der Wüste gebrochen hatte. Schwerer zu bearbeitende Steine wie Granit und Alabaster wurden für dekorative Elemente verwendet. Steinblöcke ließ man so lange im Steinbruch liegen, bis die jährliche Flut den Höchststand erreicht hatte. Dann wurden sie so weit wie möglich per Boot transportiert.

Für die Ziegelherstellung gruben die Ziegelmacher mit einem Holzwerkzeug Nilschlamm aus, mischten ihn mit gehacktem Stroh und Wasser und ließen das Ganze in Holzformen unter der glühendheißen Sonne trocknen.

Reger Schiffsverkehr

Der Nil war in Ägypten der einfachste Transportweg für Lasten, Waren und Menschen. Kleine Fährboote brachten Bauern nebst ihren Erzeugnissen und Tieren von einem Ort zum anderen, während größere, schnellere Schiffe Beamte beförderten, die in Regierungsgeschäften unterwegs waren. Flache Kähne transportierten schwere Güter, und schlankere Schiffe machten sich auf den Weg in fremde Gewässer.

Die wohlhabenden Ägypter reisten in Sänften, doch die meisten Menschen waren zu Fuß unterwegs. Bauern und Händler luden ihre Waren auf Esel oder trugen sie in Körben, die an Schulterjochen hingen. Ganz selten wurden Karren auf Rädern verwendet: Im Wüstensand und im Schlamm des Ackerlandes waren sie kaum zu benutzen.

Das Kaufen und Verkaufen auf den lokalen Märkten und in den kleinen Läden fand in Form von Tauschhandel statt, wobei die Waren nach Kupfergewichten, sogenannten Deben, bewertet wurden.

Konkubinen gegen Gold

Den größten Teil des Überseehandels organisierte der Pharao im Rahmen seiner Außenpolitik. Könige schrieben an Pharaonen und baten um ägyptisches Gold, wofür ein Pharao als Gegenleistung 40 Konkubinen „ohne Makel und keine mit schriller Stimme" verlangte.

Auch Tempel und unabhängige Händler betrieben Außenhandel. Sie exportierten Gold, Weizen, Leinen, Papyrus und eine große Auswahl von Fertigwaren. Sie wagten sich in alle Himmelsrichtungen – in den Süden Afrikas, nach Libyen, nach Griechenland und in den Libanon – und brachten Bauholz, Kupfer, Sklaven, Pferde, Weihrauch, Wein, Rinder und große Mengen von Luxusgütern von ihren Fahrten mit.

ERSATZDIENST

Anstatt Steuern zu zahlen, leisteten freie Ägypter während des Nilhochwassers bei freier Kost, Logis und Kleidung einen Teil der beschwerlichen Arbeit in den Minen, Steinbrüchen und auf Baustellen. Häftlinge sowie Kriegsgefangene taten die übrige Arbeit.

Ziegelmacher *Formen aus Schlamm*

ERHOLUNG UND HEIL-BEHANDLUNG

Wenn man an die aufwendigen Begräbnisrituale denkt, könnte man den Eindruck gewinnen, die alten Ägypter seien ein sehr ernstes Volk gewesen. Tatsächlich aber trifft das Gegenteil zu. Die Ägypter genossen das Leben so sehr, daß sie die irdischen Freuden auch in der Ewigkeit fortführen wollten, und daher trafen sie sorgfältige Vorbereitungen für ihr künftiges Glück.

Schon als Kinder hatten die Ägypter viele Möglichkeiten, ihre Freizeit zu gestalten. Sie spielten mit Spielzeugbooten und -tieren, Bällen, Schleudern und Kreiseln, aber auch mit komplizierteren Spielsachen wie beispielsweise Gliederpuppen.

Schnitzereien zeigen Kinder, die laufen, springen, sich gegenseitig im Kreis herumwirbeln und offenbar Mannschaftsspiele spielen. Ein Gemälde zeigt Mädchen, die auf den Schultern ihrer Freunde huckepack reiten und sich mit Ballspielen vergnügen.

Spiel und Wettkampf

Auch als Erwachsene hatten die Ägypter viele Möglichkeiten, ihre Freizeit zu gestalten. Abenteuerlustige Adlige konnten mit anderen Männern auf die Jagd gehen oder mit ihrer Familie einen Ausflug auf dem Fluß machen, um dort zu fischen, Wildvögel zu jagen, zu picknicken und vielleicht zu schwimmen, wenn es keine Krokodile gab.

Auf dem Fluß wurden Bootswettkämpfe ausgetragen: Mannschaften von Männern, die mit Stangen ausgerüstet waren, standen in Booten, die mit großer Geschwindigkeit aufeinander zugerudert wurden. Jede Mannschaft versuchte, die gegnerische ins Wasser zu stoßen.

Ein Ägypter, der das Glück hatte, einen Garten zu besitzen, konnte sich dort zwischen Blumen und Bäumen ergehen. Wurde ihm dies zu langweilig, holte er das Spielbrett hervor. Brettspiele waren im alten Ägypten fast so etwas wie ein Volkssport. Es gab beispielsweise „Hunde und Schakale" oder „Zwanzig Quadrate", das Lieblingsspiel aller war jedoch das Senet. Jeder besaß ein Senetbrett, das es in bescheidenen Ausführungen aus Schilf und getrocknetem Schlamm gab, aber auch aus Fayence, Ebenholz oder gar aus Elfenbein und Gold für die ganz Reichen.

Wer lesen konnte, machte es sich vielleicht mit Papyrusrollen bequem und genoß die Lektüre von Reisebeschreibungen, Erzählungen oder gar Geschichten etwas schlüpfriger Art. Jeder in Ägypten hörte auch gern den professionellen Geschichtenerzählern zu. Oder man freute sich an dem Familienhaustier, denn die Ägypter hielten Katzen und Hunde, Äffchen, Gänse und Gazellen. Ein Haushund wurde mit seinem Halsband begraben, so daß er nach dem Tod wieder mit seinem Besitzer vereint sein würde.

Adlige Männer und Frauen lernten, Musikinstrumente zu spielen und zu singen. Es gab aber auch Berufsmusiker, die mit Tänzern und Akrobaten bei pri-

Familienausflug *Eine gutgekleidete Familie verbringt einen kurzweiligen Tag am Fluß. Man sieht sie auf einem Papyrusfloß, worunter sich Fische tummeln. Der Mann hält einen Wurfstock in der einen Hand und gefangene Vögel in der anderen. Die Katze sollte vermutlich das Wild aufscheuchen.*

JAGEN UND FISCHEN

Jagen war ein beliebter Sport der ägyptischen Adligen. Bewaffnet mit Lanzen sowie Pfeil und Bogen und in Begleitung von langbeinigen Jagdhunden jagten sie in den Sumpfgebieten des Nils wilde Stiere und an den Wüstenrändern Gazellen und Hasen. Einige Verwegene lauerten sogar den Löwen auf. Andere bauten Umzäunungen aus Pfosten und Netzen, in die sie das Wild trieben, so daß sie die Tiere bequem erlegen konnten. Der Nil war reich an Beutetieren jeder Art und Größe. Jäger auf Papyrusbooten harpunierten Flußpferde und Krokodile, fischten mit Angeln und Netzen und töteten Wildvögel mit Wurfstöcken.

Harpune

Jagdwaffe *Die Ägypter jagten Wildvögel mit einem Wurfstock. Einige dieser Stöcke, wie der auf dem Gemälde abgebildete, waren wie Schlangen geformt, andere eher wie Bumerangs. Der Stock wurde auf einen Vogel geworfen, um ihm das Genick oder die Flügel zu brechen.*

Brettspiel *Ein Ehepaar spielt Senet, ein Spiel, bei dem Spielsteine über ein Brett mit 30 Feldern gerückt werden. Anstelle unseres Würfels warf man Stäbchen, die auf einer Seite flach und auf der anderen halbrund waren, und zählte jeweils die flachen und abgerundeten Seiten.*

vaten und religiösen Festen sowie auf der Straße die Menschen unterhielten.

Zwar hatte Ägypten keine öffentlichen Spiele oder Theater, doch sorgten königliche oder religiöse Prozessionen für Prunk und Abwechslung. In großen Tempeln führten die Priester und Priesterinnen heilige Dramen auf. Wallfahrten zu einem der großen Kulttempel boten neben dem geistigen Gehalt auch den Reiz ununterbrochener Feierlichkeiten.

Die Ägypter liebten Feste und Unterhaltung, und sie aßen gern erlesene Speisen. Außerdem waren sie Bier und Wein sehr zugetan. Bei allen religiösen Festen floß der Alkohol in Strömen, denn die Ägypter glaubten, daß ihre Götter es gerne sahen, wenn die Gläubigen es sich gutgehen ließen. Es gab auch Weinlokale und Bordelle.

Ärzte und Hebammen

Tüchtige Zecher mochten anderntags das Gefühl haben, einen Arzt zu benötigen. Die ägyptische Medizin erreichte ein sehr hohes Niveau, und ihr Ruf verbreitete sich bis in die Nachbarländer. Angehende Ärzte lernten bei einem Meister des Fachs, vielleicht ihrem Vater, doch es scheint auch Medizinschulen gegeben zu haben, die den Tempeln angeschlossen waren, und es gab mindestens eine Hebammenschule.

Neben Allgemeinärzten in den Dörfern gab es viele Spezialärzte für einzelne Körperteile. Das Wissen der alten Ägypter bezeugen Fachbücher über jeden Teil des Körpers, Texte, die sich ausschließlich mit Frauenheilkunde befaßten, Bücher für Chirurgen, Zahnärzte und Tierärzte sowie Arzneibücher.

Die Ärzte lernten, daß sie bei ihrer Diagnosestellung zunächst den Patienten sehr genau beobachten, dann befragen, untersuchen, beriechen und abtasten mußten. Wenn sie dann glaubten, den Patienten heilen zu können, sagten sie: „Eine Krankheit, die ich behandeln werde." Handelte es sich um einen komplizierteren Fall mit einem unsicheren Ausgang, sagten sie: „Eine Krankheit, mit der ich ringen werde."

Behandlung mit Skalpell

Die ägyptischen Ärzte waren sich ihrer Grenzen jedoch sehr wohl bewußt, und sie lernten, ihren Patienten keine unnötigen Schmerzen zuzufügen. Es gab viele Fälle, bei denen sie sagen mußten, zumindest zu sich selbst: „Eine Krankheit, die nicht behandelt werden kann." Es wurde den Ärzten empfohlen, von den Behandlungsweisen und Arzneien Notizen zu machen, um später bei ähnlichen Fällen darauf zurückgreifen zu können.

Die Medikamente wurden äußerlich angewendet, eingenommen oder inhaliert. Die ägyptischen Pasten und Pulver, die man heute noch identifizieren kann, scheinen vernünftige Kräutermittel gewesen zu sein. Einige Arzneien enthielten jedoch Zutaten wie Mäuse, Käfer und Mist, um die Dämonen auszutreiben, die die Krankheit verursacht hatten.

Die Ägypter wußten durch die Mumifizierung ihrer Toten, wie die Organe im Inneren angeordnet sind. Sie wußten, daß das Herz das Blut durch den Körper pumpt und daß der Puls „Nachrichten vom Herzen" gibt. Sie wußten auch, daß Verletzungen der einen Gehirnseite Auswirkungen auf die entgegengesetzte Körperseite haben.

Die Ärzte führten auch komplizierte Operationen aus. So öffneten sie verletzte Schädeldecken, um den Druck auf das Gehirn zu vermindern. Vor einer Operation gab der Chirurg seinem Patienten ein Getränk, vermutlich ein Schmerzmittel. Im Neuen Reich könnte es Opium gewesen sein, das man aus Zypern importierte. Da die Ägypter so großen Wert auf rituelle Reinheit legten, wuschen sich der Chirurg und seine Assistenten vor jeder Operation und desinfizierten die Instrumente im Feuer.

Die Ägypter waren ein tiefreligiöses Volk, und selbst bei einfachen Beschwerden setzte man neben Medikamenten auch immer das Gebet ein. In schwierigen Fällen war es möglich, daß man bei der Magie Zuflucht suchte. Man konnte auch den Tempel eines Gottes aufsuchen, besonders des Imhotep, dessen Priester ausgebildete Ärzte waren. In einigen Tempeln durften die Kranken eine Nacht neben dem Heiligtum des Gottes verbringen. Dieser sogenannte Tempelschlaf brachte den Leidenden seelische Stärkung, wenn nicht Heilung.

Musik und Tanz *Zwei spärlich bekleidete Mädchen tanzen zur Musik einer Flöte, die eine elegant gekleidete Dame spielt. Es gab auch Lyren, Becken, Trommeln und mehrsaitige Harfon.*

Festbankett *Ein mit Speisen beladener Tisch steht für die Gäste bereit. Alle tragen parfümierte Wachskegel auf dem Kopf, die langsam schmelzen und Kühlung verschaffen. Ein Sklavenmädchen serviert.*

DIE GÖTTER HABEN DAS LETZTE WORT

Die Religion spielte in Ägypten eine wichtige Rolle, und die Götter waren für jeden Bereich des Lebens von der Geburt bis zum Tod verantwortlich. Die mächtigsten Götter, wie Amun, Hathor und Osiris, wurden im ganzen Land verehrt und besaßen riesige Kulttempel in ihren Heimatstädten. Andere hatten ihre regionalen Anhänger.

Es gab auch untergeordnete Gottheiten, die sich zumeist um häusliche Angelegenheiten kümmerten, etwa um die Geburt. Sie hatten keine eigenen Tempel, sondern wurden an kleinen Heiligtümern in den Häusern verehrt.

Die zahlreichen ägyptischen Götter und Göttinnen traten in verschiedenen Formen auf. Einige wurden in menschlicher Gestalt mit ihren charakteristischen Insignien dargestellt. Andere bildete man entweder in Form der Tiere oder Vögel ab, die mit ihnen verbunden wurden, oder mit einem menschlichen Körper und dem Kopf ihres heiligen Tieres. So wurde Sobek, der Gott des Wassers, durch ein Krokodil dargestellt, und Anubis, der Gott der Balsamierer, besaß den Kopf eines Schakals.

Ein ägyptischer Tempel war die irdische Wohnung der Gottheit, wo die Götter und Göttinnen durch die Kultstatuen, die von treuen Dienern sorgfältig gepflegt wurden, mit den Menschen in Kontakt traten. Um den Tempel befanden sich Räume der Priester, das „Haus des Lebens", wo Schriftrollen aufbewahrt und abgeschrieben wurden, Werkstätten und ein heiliger See, aus dem man reines Wasser für Zeremonien holte. Der gesamte Komplex war von einer hohen Mauer umgeben, die Unreinheit und Übel fernhielt.

Isisgürtel als Amulett

Priester und Priesterinnen

Den Tempeln standen Priester vor. Diese lebten nicht abgesondert von der Gemeinde, sondern durften heiraten und zusätzlich weltliche Posten innehaben. Große Tempel hatten einen hauptberuflichen Hohenpriester und mehrere Hilfspriester, doch in kleinen Dorfheiligtümern fungierten oft ortsansässige Handwerker und Bauern als Priester.

Ein Priester diente dreimal jährlich einen Monat lang. Während dieser Zeit mußte er absolut rein bleiben. Er rasierte sich sämtliche Körperhaare, badete mehrmals täglich, trug keine Kleidung aus Wolle und mied bestimmte Speisen. Einige Priester waren auf Gebieten wie der Astronomie oder Astrologie oder der Traumdeutung bewandert.

In den Tempeln gab es darüber hinaus noch andere Angestellte. Unter ihnen waren Priesterinnen, die während der Gottesdienste Loblieder sangen und Metallrasseln schüttelten, sowie professionelle Musiker, Sänger und Tänzer. Köche, Metzger, Bäcker und Brauer bereiteten Getränke und Speisen für den Gott; Handwerker waren in den Werkstätten beschäftigt; Wartungspersonal sowie eine große Zahl von Sklaven taten geringere Arbeiten. Die für diesen enormen Aufwand notwendigen Einkünfte stammten vor allem aus Pachtzahlungen von Pächtern, die Tempelländereien bebauten.

Einfache Ägypter durften das Innere des Tempels nur unter ganz besonderen Umständen betreten. Normalerweise richteten sie am Tempeltor ihre Gebete an riesige Standbilder des regierenden Königs. Als Kind der Götter war der König ein Vermittler zwischen ihnen und seinem Volk. Doch selbst die geringsten Bittsteller waren zuversicht-

Tränen der Trauer *Klagefrauen beschmutzen ihren Körper mit Staub. So wie der Schmutz das Gegenteil der Sauberkeit war, so war der Tod das Gegenteil des Lebens.*

Totenschiff *Die Toten wurden mit einer Barke über den Fluß des Todes in die Unterwelt gebracht, und oft legten die Ägypter das Modell eines solchen Fährschiffs (oben) in die Gräber ihrer Verwandten. Der Sohn des Toten rudert das Boot. Die Mumie liegt unter einem Baldachin, und an ihrem Kopf- und Fußende stehen die Klagefrauen, die die Schwestergöttinnen Isis und Nephthys darstellen sollen. Isis war die Gemahlin von Osiris, dem Gott der Unterwelt und des Nilhochwassers, der allen Ägyptern, gleich welchen Ranges, die Hoffnung auf ein Leben nach dem Tod gab. Die Ägypter glaubten auch, daß der Sonnengott am Tag über den Himmel segelte, bei Anbruch der Abenddämmerung sein Boot verließ und mit einem anderen Schiff durch die Unterwelt reiste, um Licht in das Reich der Toten zu bringen.*

Schakalköpfiger Richter *Bei der letzten Prüfung brachte ein sündenbeladenes Herz die Waage aus dem Gleichgewicht. Den Sünder würde ein schreckliches Ungeheuer verschlingen, doch auf die Tugendhaften wartete, zusammen mit geliebten Menschen, die Glückseligkeit.*

lich, daß die großen Gottheiten ihre Bitten erhören und sie erfüllen würden.

Jeder Ägypter, vom König bis zum Bauern, befragte Orakel: Es war eine Methode, Probleme in der Familie oder im Beruf zu lösen oder Rechtsstreitigkeiten beizulegen. Die Menschen gingen zum Tempeltor, wo ein Schreiber die Frage des Bittstellers aufschrieb und so formulierte, daß eine Ja- oder Nein-Antwort möglich war. Der Priester brachte die Frage zur Statue des Gottes im Heiligtum, und der Gott antwortete.

An Feiertagen wurde die Statue des Gottes aus dem Tempel getragen und in ein Boot gestellt, so daß jeder den Gott befragen konnte. Die Antwort wurde gegeben, indem das Boot vorwärts oder rückwärts schaukelte oder so schwer wurde, daß seine Träger in die Knie sanken. Es gab auch Menschen, die lieber ein heiliges Tier befragten. Wenn einer Gottheit ein Tier heilig war, hielt man ein lebendes Exemplar dieser Art in ihrem Tempel. Die Antworten auf die Fragen der Bittsteller deutete man aus den Bewegungen des Tieres.

Unbestechliche Priester

Natürlich konnten die Priester Antworten manipulieren, doch in den meisten Fällen funktionierte das System gut. Die Priester sahen die Probleme der Bittsteller objektiv, und in örtlichen Tempeln kannten sie vermutlich die beteiligten Menschen und Hintergründe des jeweiligen Falles. Einige Priester mögen Bestechungsgeschenke angenommen haben, doch die meisten waren ehrliche Gläubige, davon überzeugt, daß die Götter ihnen ihre Bewegungen und Gesten eingegeben hatten.

Die Ägypter verwandten viel Zeit und Energie darauf, sich auf das Leben nach dem Tod vorzubereiten. Sie sahen das irdische Leben als einen Traum, der im Handumdrehen verging, während das Leben im Westen – im Reich des Totengottes Osiris – ewig währte. Daher war eine gründliche Vorbereitung überaus wichtig.

Um die Ewigkeit richtig genießen zu können, mußte der Körper vollständig erhalten bleiben. Wenn ein Ägypter starb, holten Balsamierer den Leichnam ab und brachten ihn in ihre Werkstatt, wo sie ihn präparierten. Zu diesem Zweck entfernten sie beispielsweise das Gehirn, nahmen die inneren Organe heraus, die dann in Kanopen aufbewahrt wurden, trockneten den Körper, indem sie ihn in Natron packten, oder ölten ihn mit konservierenden Mitteln ein. Um den Leichnam für das Grab bereitzumachen, stopften sie ihn mit Leinen aus und umwickelten ihn schließlich mit langen Binden.

Speisen und Getränke sowie die persönlichen Habseligkeiten des Toten wurden mit in das Grab gelegt, um dem Verstorbenen auch im nächsten Leben Bequemlichkeit zu gewährleisten. Die Gräber reichten von einfachen Gruben im Sand bis hin zu aufwendigen Steingebäuden oder in Fels gehauenen Wohnungen, die aus mehreren Räumen bestanden, deren Wände mit Szenen aus dem täglichen Leben, vom Begräbnis und von der kommenden Welt bemalt waren. Diese bunten Szenen sollten als Zauber wirken, um den Verstorbenen im Jenseits mit allem zu versorgen, was er brauchte, falls seine Erben es versäumten, regelmäßig Opfergaben zu bringen.

Unterdessen war der Verstorbene über den Fluß des Todes gebracht worden und mußte nun die Unterwelt durchqueren, wobei er viele Gefahren zu überwinden und Dämonen zu besiegen hatte. Dabei halfen die Zaubersprüche und Instruktionen, die im sogenannten Totenbuch aufgeschrieben waren, das man mit ins Grab gelegt hatte. Wer die 42 Richter davon überzeugen konnte, daß er keine der 42 Todsünden Ägyptens begangen hatte, durfte den Gerichtssaal des Osiris betreten. Dort wurde das Herz des Verstorbenen gegen die Feder der Wahrheit gewogen und die endgültige Belohnung oder Bestrafung festgelegt.

HAUSGÖTTER UND AMULETTE

Zwei beliebte ägyptische Gottheiten, deren Statuetten zu Hause in kleinen Heiligtümern angebetet wurden, waren Bes, der Gott der Familien und neugeborenen Kinder, und Tawaret, die Göttin der schwangeren Frauen. Tawaret war in der Form eines trächtigen Flußpferdes dargestellt, und die Ägypterinnen erbaten von ihr eine sichere Entbindung. Zum Schutz in diesem wie im nächsten Leben trugen die Ägypter Amulette oder Talismane. Sie waren aus den verschiedensten Materialien gefertigt und stellten Gottheiten oder heilige Symbole dar. Einige Materialien hatten selbst schützende Eigenschaften, so der Lapislazuli. Außerdem konnten die Ägypter Zaubersprüche für die unterschiedlichsten Gelegenheiten.

Göttlicher Zwerg *Der Gott Bes war teils Zwerg, teils Löwe. Auf einer Lotosblüte balancierend hält er ein Tamburin oder oft auch ein Schwert, mit dem er die Familie beschützte.*

KARRIERE ALS SOLDAT ODER SCHREIBER

Für einen jungen Mann im alten Ägypten gab es ein Betätigungsfeld, in dem er seine Kräfte erproben konnte. Das Neue Reich verfügte nämlich über eine große und gut ausgebildete Armee, die die Grenzen schützte und die äußeren Länder des Pharaos sicherte. Der König war der Oberbefehlshaber der Armee und zog oft persönlich ins Feld.

Jede Division der ägyptischen Armee bestand aus etwa 5000 Mann, davon 4000 Infanteristen, die wiederum in Kompanien von je 200 Mann unterteilt waren. Die Kompanien, die Namen wie „Nubischer Stier" und „Beweis der Gerechtigkeit" trugen, bestanden aus Einheiten von je 50 Soldaten. Die restlichen 1000 Mann der Division bildeten einen Streitwagenflügel aus Zweiermannschaften. Es gab auch fremde Söldner, häufig leichtbewaffnete Schützen, die vor allem für Grenz- und Wüstenpatrouillen eingesetzt wurden. Die Armee bestand vor allem aus Freiwilligen, doch

Königlicher Krieger *Der Pharao zog oft persönlich in den Krieg. Doch auch wenn das nicht zutraf, porträtierte man ihn gewöhnlich als Krieger. Tutanchamun, der um 1338 v. Chr. in jungen Jahren starb, konnte nur wenig Kampferfahrung gehabt haben. Doch ein bemaltes Kästchen aus seinem Grab zeigt den jungen König, wie er Feinde von seinem Streitwagen aus vernichtet. Die Fächerträger hinter ihm und die Geiergöttin über seinem Kopf bieten ein wenig Schutz vor den Gefahren des Krieges.*

Kriegsgefangene *Auf ihren Feldzügen nahmen die Ägypter viele Feinde gefangen und machten sie zu Sklaven, wie diese gefesselten Philister.*

Tödliche Klinge *Dieses Schwert mit goldenem Heft war die Waffe eines ägyptischen Offiziers. Das Heft war so geformt, daß es sich bequem in die Handfläche fügte.*

Attacke *Die Soldaten wurden im Gebrauch von Lanzen, Kriegsbeilen, Wurfspeeren, Schwertern, Keulen sowie Pfeil und Bogen unterwiesen. Sie zogen mit einem Standartenträger und einem Trompeter, der die Befehle in Form von Signalen auf einer langen Trompete gab, in die Schlacht.*

konnten in Krisen- und Kriegszeiten auch Männer eingezogen werden. Den Rekruten wurde das Haar geschoren, und man stattete sie mit einer ledernen Rüstung, Helmen und Schilden aus. Sie lernten den Gebrauch aller Waffen der Armee, spezialisierten sich dann aber gewöhnlich auf eine bestimmte Waffengattung, so daß es beispielsweise Kompanien von Lanzenmännern und Bogenschützen gab.

Die jungen Rekruten wurden auf lange Übungsmärsche geschickt, denn bei einem Feldzug legte die Armee im Durchschnitt jeden Tag eine Entfernung von 19 Kilometern im Wüstengelände zurück. Um sie auf den Krieg vorzubereiten, wurden die Männer erbarmungslos gedrillt. In einer

Schlacht standen die jungen, unerfahrenen Soldaten in der zweiten Reihe oder waren die Reserve, während die kriegserfahrenen Soldaten die Frontlinie bildeten. Stoßtrupps waren die Elite der Armee. Streitwagen spielten in der ägyptischen Kriegführung eine wichtige Rolle. Sie mußten schnell und gut manövrierbar sein, um die feindliche Front sprengen zu können. Streitwagensoldaten standen in hohem Ansehen.

Ausgezeichnete Logistik

Die ägyptische Armee war gut organisiert. Kuriere überbrachten Botschaften und erstatteten Bericht, Kundschafter erforschten das Gelände, und Stallknechte sorgten für die Pferde und Esel, die das Gepäck schleppten. Es gab Ärzte für Mensch und Tier, Schreiber, die sich um Nachschub und Sold kümmerten und den Schlachtverlauf aufzeichneten, Priester und Zauberer, Astronomen, Astrologen, Waffenschmiede, Köche, Spione und zahlreiche Bedienstete.

Wenn sie sich nicht in ihren Heimatkasernen aufhielten, wohnten die Soldaten in Zelten, die innerhalb rechteckiger Feldschanzen aufgeschlagen wurden. Das Zelt des Königs sowie das, in dem sich das tragbare Heiligtum von Amun, dem Hauptgott des Neuen Reiches, befand, standen in der Mitte des Lagers. Die Zelte der Offiziere waren geräumig und enthielten Möbel, zu denen auch zusammenklappbare Feldbetten und Hocker zählten.

Veteranen hatten Anspruch auf eine Landzuweisung, und besondere Tapferkeit vor dem Feind wurde mit Orden und Medaillen oder auch Beförderung belohnt. Auf den Feldzügen hatte der König, normalerweise unerreichbar vom Hofprotokoll abgeschirmt, Gelegenheit, seine Offiziere kennenzulernen.

Kethy, ein Schreiber im Neuen Reich, zeichnete ein abstoßendes Bild vom Armeeleben. Ihm zufolge waren die Soldaten brutalem Drill unterworfen, das Leben im Lager war ein ständiger Kreislauf von Streit, Rivalitäten, Trunkenheit und Glücksspiel, und die Feldzüge bedeuteten Hunger, Durst, Ungeziefer, Verwundung oder Tod.

Doch mit dieser düsteren Beschreibung vom Leben in der ägyptischen Armee verfolgte Kethy einen Zweck. Er wollte seine Schüler davon abhalten, sich zum Militärdienst zu melden und damit Kethys eigenen Berufsstand zu verlassen. Schreiber im alten Ägypten war ein guter und sicherer Beruf, der einem klugen Jungen die Chance bot, seinen Weg nach oben zu machen. Die Schreiber hielten das gesamte Regierungs- und Gesellschaftsgefüge in Gang, und Schreiberstellen gab es auf allen Ebenen. Der Sohn eines Bauern konnte zwar kaum in die höchsten Ränge der Regierung aufsteigen, doch sein Enkel konnte es schaffen. Der Schlüssel zum Erfolg war die Ausbildung.

Strebsame Schüler

Arme Familien unternahmen große Anstrengungen, um wenigstens einen Sohn zur Schule zu schicken. Dorfschulen wurden gewöhnlich vom ansässigen Priester geführt oder von einem Schreiber, der sein Einkommen dadurch aufbesserte, daß er Grundwissen vermittelte. Große Tempel hatten größere und bessere Schulen, und in Anstalten wie derjenigen, die mit dem Amuntempel in Karnak verbunden war, wurde bester Unterricht in anspruchsvollen Fächern erteilt.

Für die Jungen begann die Schule mit etwa sieben Jahren. Mädchen wurden zu Hause unterrichtet. Die Disziplin in ägyptischen Schulen war streng. „Das Ohr eines Jungen befindet sich in seinem Rücken: wenn er geschlagen wird, hört er zu", lautete es in der Papyrusschrift *Eine Warnung für Schuljungen*. Um Hunderte von Hieroglyphen und deren Kurzschriftformen zu lernen, mußten die Schüler immer wieder Texte auf Stein- oder Tonscherben oder auf Holzbretter mit Wachsüberzug abschreiben, die man dann glätten und wiederverwenden konnte.

Begabte Jungen, deren Eltern die nötigen Mittel hatten, konnten mit höheren Studien fortfahren – Mathematik, Geschichte, Geographie, Fremdsprachen, Zeichnen, Landvermessung, Baukunst, Astronomie, Medizin und Literatur. Sie mußten sich vielleicht sogar Prüfungen unterziehen, denn es wurden alte Dokumente mit Aufgabenstellungen gefunden, die alle Anzeichen von Prüfungsunterlagen aufweisen.

Auch professionelle Schreiber benutzten Stein- oder Tonscherben für kurze Notizen, doch die endgültigen Dokumente wurden auf Papyrusrollen geschrieben, die aus einer bis zu drei Meter hohen Schilfart angefertigt wurden. Das weiße Innere des Schilfrohres wurde in Streifen geschnitten, die man einweichte und nebeneinanderlegte. Quer darüber kam eine zweite Schicht. Beide Schichten wurden nun geklopft und gepreßt, bis sie sich verbanden, dann schnitt man die Papyrusbogen zurecht und glättete sie, so daß man mit Pinsel und Tinte darauf schreiben konnte.

Das geschriebene Wort *Inschriften wurden in Hieroglyphen geschrieben. Die meisten davon stehen für Konsonanten, doch einige waren auch Bilder ohne Klangwert. Der abgebildete Text enthält in der ovalen Umrahmung den Namen Nefertari, Gemahlin von Ramses II.*

Hieroglyphe für „Schreiber"

Schreiber bei der Arbeit *Imhotep (oben), hoher Beamter, Schreiber und Hofarchitekt, wurde später als Gott des Lernens und der Medizin verehrt. Die Hieroglyphe, die für das Wort „Schreiber" steht, zeigt die Werkzeuge dieses Handwerks: eine Palette, die Farbpigmente enthält, einen Wassertopf und einen Pinselhalter. Schreiber des untersten Ranges erstellten Listen, schrieben Briefe und verfaßten einfache Rechtsdokumente. Für die tüchtigeren Schreiber gab es verantwortungsvolle Posten in der Verwaltung: Sie konnten beispielsweise den Einzug der Steuern überwachen. Die talentiertesten und ehrgeizigsten Männer hatten Stellungen in der Regierung inne und überwachten untergeordnete Schreiber.*

HERREN DER ÄGÄIS

Die erste Hochkultur Europas entwickelte sich um das Jahr 2500 v. Chr. auf der Mittelmeerinsel Kreta. Im Umkreis aufwendiger, herrlich geschmückter Paläste lebte eine Gemeinschaft von Bauern und Seeleuten, die religiöse Rituale und fröhliche Spiele, bunte Kleider und glitzernden Schmuck liebten. Es war die minoische Kultur, benannt nach dem sagenhaften König Minos, in dessen labyrinthartigem Palast in Knossos der Minotaurus sein Unwesen getrieben haben soll, ein Geschöpf, das teils Mensch, teils Stier war und das der griechische Held Theseus schließlich tötete.

Die Kreter waren ein friedliebendes Volk, das durch den Handel mit anderen Mittelmeervölkern reich wurde. Um 1425 v. Chr. verloren die Kreter die Vorherrschaft auf den Meeren an die neuen Herren von Mykene auf dem Peloponnes. Die festländischen Stadtstaaten regierten bis zur Zerstörung ihrer Burgen durch griechische Einwanderer um 1150 v. Chr. das Land.

KRETA UND MYKENE 2500–1150 V. CHR.

FISCHFANG UND HANDEL ZUR SEE

Die Kreter waren die erste Seemacht in der Geschichte. Wie alle Inselvölker liebten sie das Meer und nutzten es zu ihrem Vorteil. Dank ihrer nautischen Geschicklichkeit gelang es ihnen, sich vor Piraten zu schützen, Seehandel zu treiben und durch den Fischfang ihren Speisezettel zu bereichern.

Die kretische Küste mit ihren schmalen Sandstränden in den kleinen, von flachen Halbinseln geschützten Buchten bot ideale Möglichkeiten für die minoischen Seeleute. Auf den Halbinseln entstanden Hafenstädte, und die Schiffe konnten immer auf der jeweils windgeschützten Seite anlegen. Gewöhnlich wurden die Schiffe mit dem Heck zuerst an den Strand gezogen. Wenn jedoch eines nicht sofort entladen wurde, konnte es auch vor der Küste ankern. Um einige Häfen hatte man Wellenbrecher aus Felsbrocken gebaut, die zusätzlichen Schutz vor der rauhen See gewähren sollten. Sobald ein Schiff an den Strand gezogen worden war, wurde seine Fracht auf Wagen oder Maultiere geladen, die sie anschließend zu den Städten im Landesinneren brachten.

Die Kreter setzten Ruder- oder Segelschiffe in vielfältigen Formen für verschiedene Zwecke ein, und ihre Künstler ritzten deren Bilder liebevoll auf Siegelsteine und malten sie als Fresken. Die ersten minoischen Schiffe wurden von 20

Stattlicher Fang *Der Stolz des Fischerjungen auf seinen Makrelenfang ist heute noch ebenso offensichtlich wie vor etwa 4000 Jahren, als das Bild auf Thera gemalt wurde.*

oder 30 Mann gerudert, doch etwa vom Jahr 2000 v. Chr. an liefen die Kaufleute auf Schiffen mit Mittelmasten und rechteckigen Segeln aus, die mit Hilfe großer Ruder am Heck gesteuert wurden.

Auf einem Fresko aus der Zeit um 1500 v.Chr., das man bei Akrotiri auf der Insel Thera fand, sieht man die bemerkenswerte Vielfalt dieser Schiffe. Es scheint sich vor allem um Boote für zeremonielle Zwecke zu handeln, bemannt mit zwischen 30 und 40 Ruderern, die unter einem Oberdeck sitzen, auf dem acht oder zehn Personen zu sehen sind. Die Boote haben zwar Masten, doch es sind keine Segel gesetzt, und die Takelage ist mit Wimpeln geschmückt. Andere Boote sind kleiner. Sie haben nur acht oder zehn Ruderer und besitzen keinen Mast. Das wichtigste Boot scheint jedoch eines ohne Ruderer und mit einem rechteckigen weißen Segel zu sein. Auf seinem Deck stehen große braune Behälter, und zweifellos ist es ein Handelsschiff, das mit seiner Fracht eine am Hang liegende Stadt ansteuert.

Anhänger mit Bienen und Sonnenblume

Geschenke für die Pharaonen

Auf solchen Schiffen überquerten die minoischen Seeleute das Mittelmeer, um in fernen Ländern Wein, Olivenöl und Luxusprodukte zu verkaufen, die außergewöhnlich schön und kunstvoll verarbeitet waren. Bemalte minoische Tongefäße, die man auf Zypern, in Syrien, Jordanien, Ägypten und im Libanon fand, sind wahrscheinlich Überreste einer viel größeren Vielfalt von Exportartikeln. Im Gegenzug brachten die Kreter Rohmaterialien nach Kreta mit, die es auf ihrer Insel nicht gab: Zinn aus Persien, Gold und Perlen aus Ägypten und Elfenbein vermutlich aus Syrien.

Neben diesen Rohmaterialien brachten sie auch fertige Luxusgüter mit, etwa Schmuck und Töpferwaren von Zypern und den Kykladen sowie Steinvasen aus ägyptischen Werkstätten. Manche dieser Gefäße tragen die Siegel ägyptischer Pharaonen und waren vermutlich Geschenke von einem Staatsoberhaupt an ein anderes. Ägyptische Grabgemälde zeigen Abgesandte, die Gaben für den Pharao bringen. Zu diesen Besuchern zählten auch einige, die die Ägypter *keftiu* nannten, und man nimmt an, daß es sich dabei um Kreter handelte.

Es kam auch vor, daß sich Kreter, die zunächst als Händler gekommen waren, als Siedler in verschiedenen Küstenstädten auf den Inseln der Ägäis niederließen. In Siedlungen auf Thera, Melos und Kea fand man Überreste von Bauwerken, Fresken, kleine Statuen, Töpferwaren und Steinvasen, die entweder minoisch beeinflußt sind oder aus minoischer Produktion stammen. Auf diesen Inseln fand man außerdem Beispiele der minoischen Schrift sowie Hinweise auf minoische Maße und Gewichte. Das läßt darauf schließen, daß hier nach den Traditionen Geschäfte gemacht wurden, die minoische Händler eingeführt hatten.

Nahrung aus dem Meer

Während die minoischen Händler lange Mittelmeerreisen in ferne Länder unternahmen, verdienten sich andere Kreter ihren Lebensunterhalt, indem sie vor der Küste der Insel mit kleinen Ruderbooten Fischfang betrieben. Die Werkzeuge ihres Handwerks waren dreizackige Speere, Netze, an denen Steinringe als Gewichte hingen, oder einfache Angeln.

Das Meer um Kreta war sehr fischreich, und minoische Fresken und Siegelsteine zeigen Thunfische, Meeräschen, Lippfische und Makrelen. Außerdem fing und aß man Krabben und vor allem eine der Lieblingsspeisen der Kreter, nämlich Tintenfische und Kraken.

Handelszentrum *Bis zum 15. Jahrhundert v. Chr. befuhren die minoischen Kaufleute das östliche Mittelmeer. Ihr Erbe traten die Mykener an.*

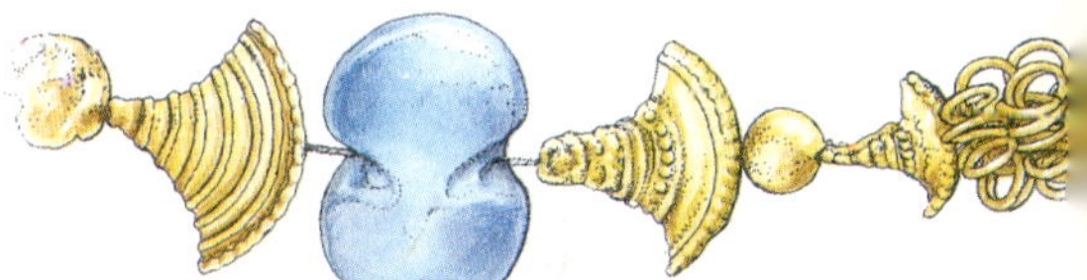

Halsband *Es bestand aus Gold und Glas.*

KUNST ALS SPIEGEL DER NATUR

Die Kreter liebten Farben und die Ausschmückung alltäglicher Gegenstände mit fast kindlicher Begeisterung. Die Kunsthandwerker waren aufmerksame Beobachter der Natur: Selbst die zartesten Goldhalsbänder waren mit Papyrusblüten, Lilien oder Schaltieren verziert. Realistische Abbildungen von Meerestieren, Vögeln, Pflanzen, wilden Tieren, Insekten, Meerespflanzen und Muscheln findet man auf vielen Vasen, Krügen und anderen Gefäßen aus Ton, Obsidian und Bergkristall.

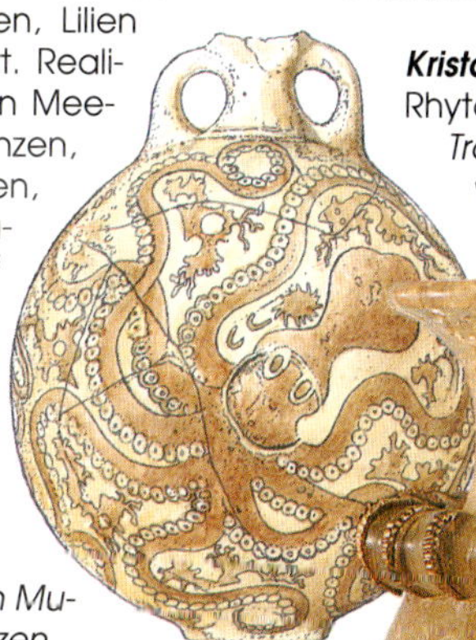

Vorratsgefäß *Ein Tintenfisch schwimmt zwischen Muscheln und Meerespflanzen.*

Kristallkrug *Der Rhyton wurde für Trankopfer verwendet.*

Glanz einer Seemacht *Ein Teil der minoischen Flotte ist auf einem Fries aus Akrotiri dargestellt. Spielerisch tummeln sich Delphine um zahlreiche Schiffe, die mit Ruderbänken und langen Steuerrudern ausgestattet sind.*

MARKTTAG IM ANTIKEN KRETA

Auf einem Höhenrücken steht der Palast, von dem zwei halbkreisförmige Hauptstraßen ausgehen, an denen die kleine minoische Stadt liegt. Alle Straßen, auch die Quergassen und Treppenwege, sind gepflastert. Die eng zusammengerückten Häuser bestehen aus groben Steinen und Schlamm, sind verputzt und gestrichen. Durch die einzige Tür gelangt man über eine Steinschwelle in die Räume des Erdgeschosses. Treppen führen zu einem Obergeschoß, dessen Dach mit Holzbalken und Pfeilern gestützt ist.

Manchmal zweigt ein schmaler Pfad von der Straße ab, der zu anderen Häusern führt, die hinter denen an der Hauptstraße liegen. Durch eine offene Tür werfen einige der Vorübergehenden einen kurzen Blick auf einen Töpfer, der an seiner Töpferscheibe arbeitet, oder auf einen Bauern, der die Oliven preßt, die er gerade geerntet hat.

In Gournia, einer kleinen Stadt an der Nordostküste Kretas, kann der Besucher heute noch durch die minoischen Straßen gehen und sich vorstellen, wie es dort vor 4000 Jahren aussah, als sich die 700 Einwohner der Stadt in den Straßen drängten. An niedrigen Mauern kann man die Umrisse der Häuser erkennen.

Wenn man auf diesen alten Straßen unterwegs ist, fällt es nicht schwer, sich einen Bauern mit einem Esel, dessen Tragekörbe von Trauben oder Oliven überquollen, vorzustellen. Wenn gerade ein Schiff im Hafen eingelaufen war, zogen viele Einwohner von Gournia mit Kupfer, Elfenbein und anderen für den Palast bestimmten Dingen die Straße hinauf. Unterdessen hatte der Kapitän des Schiffes vielleicht die Stadt erreicht und bog in eine Sackgasse ein, die über eine kurze Treppe zu einem einfachen Gebäude mit nur einem Raum führte. Hier befand sich der einzige öffentliche Tempel der Stadt. Eine erfolgreiche Reise verlangte nach einem Dankopfer im Heiligtum.

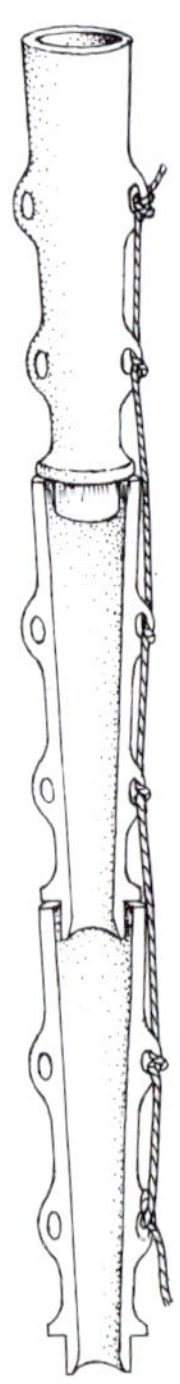

Wasserleitung *Mit durch Ösen laufenden Seilen verbundene Terrakottarohre führten das Wasser in die Paläste.*

Gournia war typisch für die kleinen Städte, in denen ein Drittel der 150 000 Einwohner des minoischen Kreta lebten. Sie waren unbefestigt, denn das Meer bot genügend Schutz vor Feinden. Der Rest der Bevölkerung lebte in Dörfern, Weilern und auf entlegenen Bauernhöfen.

Luftiger Palast

Knossos, die größte und wichtigste Stadt auf der Insel, hatte 20 000 Einwohner. Ihr Palast war der Sitz der Regierung, der Schauplatz von prunkvollen Zeremonien und der Wohnsitz der herrschenden Familien. Die erhaltenen Zimmer des mehrstöckigen Palastes lassen den Schluß zu, daß hier großzügig gelebt wurde. Lichtschächte und Falttüren zwischen Pfeilern ließen viel Licht und Luft in die kühlen Räume, die mit glatten Gipsfliesen gekachelt und mit bunten Fresken geschmückt waren. Die Palastbewohner badeten in Wannen aus bemaltem Ton, die ihre Diener mit Hilfe von Eimern gefüllt hatten. Das Wasser, das durch Tonrohre herangeführt wurde, benutzte man auch zur Spülung eines gut funktionierenden Toilettensystems.

Viele der Gefolgsleute und Beamten lebten in Häusern, die unmittelbar hinter den Palastmauern standen, und so überrascht es nicht, daß diese Häuser in ihrer Anlage und Ausschmückung dem Palast ähnelten, wenn auch in bescheidenerem Maßstab.

Außerhalb von Städten wie Knossos oder Malia waren die Häuser weniger aufwendig gebaut, doch ließ es sich in ihnen ebensogut wohnen. Viele hatten zwei oder drei Stockwerke. Auf einem kunstvollen Mosaik, das man bei Knossos fand, sieht man Häuser mit holzverstärkten Wänden, Türen in Straßenhöhe und Fenstern im ersten und zweiten Stock. Ein typisches minoisches Haus hatte Räume zum Essen und Schlafen und entweder eine Küche oder einen kleinen Hof, in dem gekocht wurde. Hier gab es vielleicht auch eine Olivenpresse und einen Mahlstein zum Kornmahlen. Oft stand hier ein großer *Pithos*, ein irdener Vorratskrug, in dem man Regenwasser sammelte. Die Wohnräume waren an den Wänden möglicherweise mit angebauten Holz- oder Steinbänken ausgestattet, und es gab zusammenklappbare Hocker und kleine, flache Tische. In den Schlafzimmern befanden sich niedrige Sofas oder einfach Matratzen auf dem Boden sowie Holzkisten zum Aufbewahren der Kleidung.

Hammelfleisch mit Bohnen

Die Mahlzeiten wurden auf Tontellern und in Schalen serviert, die meist mit bunten abstrakten Mustern verziert waren. Hammel war das verbreitetste Fleischgericht, doch auch Schweine- und Rindfleisch sowie Meeresfische wurden angeboten. An Kräutern zum Würzen der Speisen gab es ebensowenig Mangel wie an Bohnen, Erbsen und anderen Gemüsesorten als Beilagen. Der Nachtisch bestand aus Trauben, Feigen und Birnen, und die Kreter liebten den Honig. Dazu wurde reichlich Wein getrunken.

Zwar gab es in den Städten Handwerker mit einer Werkstatt im eigenen Haus, doch die meisten Städter waren wie die Dorfbewohner Bauern. Die Mühle, die Ölpresse und die Auswahl einfacher Werkzeuge, Äxte, Sicheln, Meißel und Allzweckmesser, die man in den Überresten ihrer Häuser fand, sind Zeugen ihrer täglichen beruflichen Tätigkeiten.

GESCHÄFTIGES TREIBEN

Der Hafen hallt wider vom Straßenlärm. Es ist Markttag, und ein Metzger preist die Qualität seiner Ware an, wobei er mit einem Kaufmann aus dem Vorderen Orient, der wertvollen Stoff anbietet, wetteifert. Hinter ihnen entbrennt unter einer Gruppe junger Männer ein handgreiflicher Streit vor einem Bordell, den die Bordellwirtin mit einem Guß Wasser aus dem Fenster zu beenden versucht.

Das ist Gournia, eine blühende kretische Hafenstadt um 1500 v. Chr. Etwas zurückgesetzt am Hang über der Bucht liegt der stattliche Palast ruhig in der Morgensonne, während die Städter ihren täglichen Geschäften nachgehen. Fischerboote schaukeln in der Bucht, und gerade hat ein Handelsschiff angelegt. Ein Träger, der beim Entladen hilft, schleppt einen Stoßzahn aus Elfenbein, einen kostbaren Import aus Libyen.

Frauen preisen den jüngsten Fang ihrer Ehemänner an: zahlreiche verschiedene Fische und Kraken. Ein Oliven- und Feigenhändler hat den Inhalt seiner Körbe, die ein Esel getragen hatte, auf der Straße ausgelegt. Hinter einem offenen Fenster im Erdgeschoß eines Eckhauses dreht ein Töpfer eifrig ein Vorratsgefäß. Nicht weniger als fünf Töpferscheiben wurden in Gournia ausgegraben. Heute ist nur noch ein Labyrinth von Ruinen der unteren Mauerschichten Zeuge dieses früher so geschäftigten und lebendigen kleinen Juwels der Ägäis.

Nachtlicht *Die Kreter benutzten in der Wohnung tragbare Lampen aus rotem Ton mit Griffen.*

Vorratsgefäß mit vier Henkeln

Pfanne für rituelle Zwecke

Wasserkrug

Mörser und Stößel

Miniaturhäuser *Platten aus glasierter Kalksteinmasse, die eine Kiste schmückten, deuten an, wie die Häuser der einfachen Kreter aussahen. Aus ungebrannten Ziegelsteinen erbaut, hatten sie zwei oder drei Stockwerke und waren außen bunt angestrichen.*

HÜBSCH UND PRAKTISCH

Selbst den einfachsten Gebrauchsgegenständen gaben die minoischen Handwerker einen künstlerischen Anstrich. Tönerne Weinbecher, Trinkgefäße, Wasserkrüge, Töpfe und Kannen waren weiß, orange, rot oder braun bemalt. Zum Heizen benutzten die Kreter Tonöfchen mit Löchern in den Seiten, die sie von einem Raum in den anderen tragen konnten. Als Lichtquelle dienten ihnen tragbare Öllampen aus gebranntem rotem Ton.

Nahrungsmittel wie Getreide mahlten die Kreter mit Mörser und Stößel.

Der Stößel war ein handlicher, abgerundeter Stein, doch der Steinmörser war sorgfältig geschnitten und stand fest auf Füßen. Die Bronzemesser waren meist gebogen und verjüngten sich an beiden Seiten zu scharfen Schneiden.

Tragbarer Heizofen und Bronzemesser

Olivenpresse *Die Früchte wurden in großen Gefäßen gekocht; der Saft lief in den darunterstehenden Bottich. Der dreibeinige Tontopf (rechts) diente zum Kochen.*

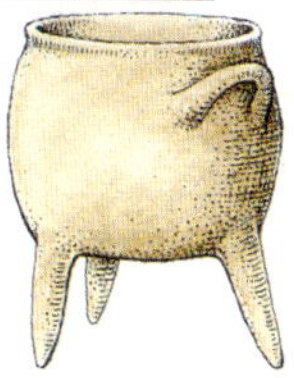

AKROBATIK ZU EHREN DER GÖTTER

Die Religion war für die Kreter eine fröhliche Angelegenheit, und zu den Zeremonien gehörten stets akrobatische Kunststücke, Tanz und Ringerwettkämpfe. Die Gottheiten, zu denen die Kreter beteten, waren vorwiegend weiblich: stolze Göttinnen, die wie ihre Priesterinnen mit bloßer Brust, doch ansonsten aufwendig gekleidet dargestellt wurden.

Die Herrscher der Stadtstaaten des minoischen Kreta waren sowohl geistliche als auch weltliche Oberhäupter, und folglich dienten die Paläste auch als Schauplatz für die häufigen religiösen Zeremonien. Besonders außergewöhnlich war das Ritual des Stierspringens, bei dem junge, nur mit einem Lendenschurz bekleidete Frauen und Männer versuchten, über den Rücken eines angreifenden Stiers einen Salto zu schlagen.

Die Stiere wurden in einer Arena im Innenhof des Palastes losgelassen. Nacheinander traten junge Männer und Frauen dem Stier entgegen, packten ihn bei den Hörnern, vollführten einen Handstandüberschlag über seinen Rücken und wurden hinter ihm von einem Gefährten aufgefangen. Die jungen Springer müssen enormen Mut gehabt haben. Heutige Stierkämpfer bezweifeln, daß diese Leistung möglich ist, doch viele erhaltene Fresken belegen, daß es gelingen konnte, und keines der Bilder zeigt einen Unfall. Dennoch muß das Risiko groß gewesen sein.

Man nimmt an, daß ursprünglich Prinzen und Prinzessinnen die Akteure bei dieser Stiersprungakrobatik waren, doch später übernahmen speziell trainierte Athleten deren Rolle. Möglicherweise erhoffte man sich von dieser Zeremonie, die männliche Potenz des Stiers würde Fruchtbarkeit und Stärke auf die Feiernden übertragen.

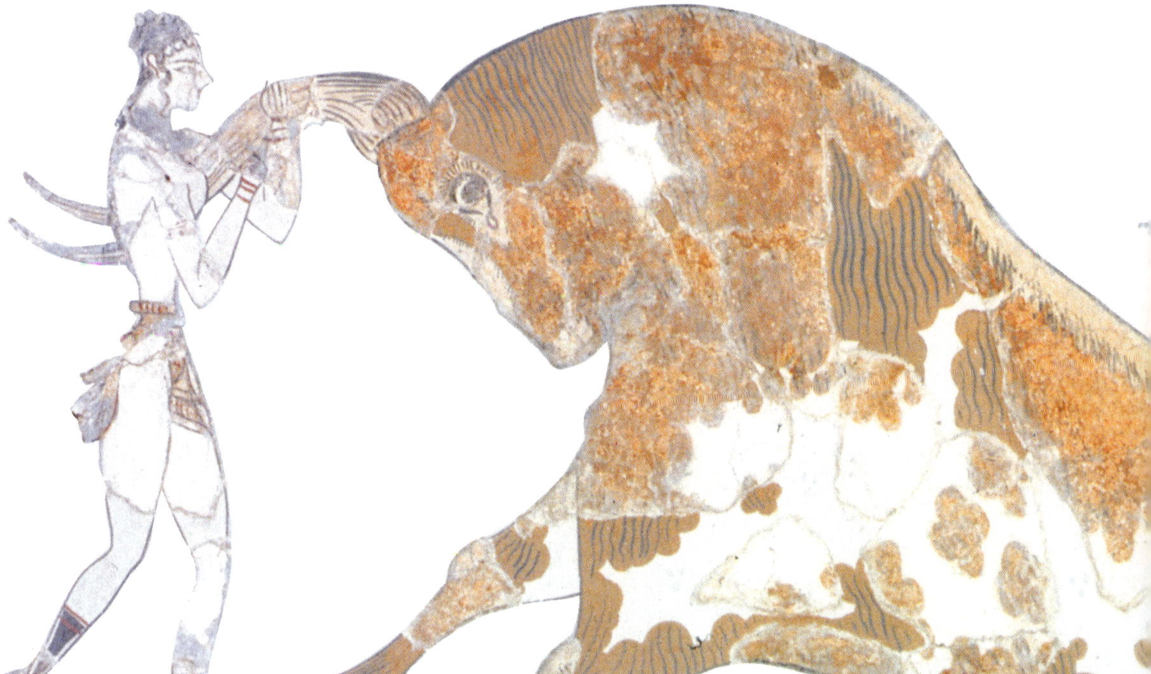

***Stierspringen** Ein Fresko aus Knossos zeigt einen Mann beim Salto. Ein Mädchen wird ihn auffangen.*

***Kein Jagdglück** Das Fangen kretischer Stiere war ebenso gefährlich wie das Stierspringen, wie man auf diesem minoischen Becher sieht.*

Boxer im Ring

Auch Boxer und Ringer maßen zu Ehren der minoischen Götter ihre Kräfte. Einige dieser Wettkämpfe waren offenbar recht brutal: Eine Darstellung zeigt Boxer, die anscheinend Schlagringe und Schutzhelme tragen. Ein weiteres Spektakel, das große Menschenmengen zu den Palasthöfen lockte, waren die Tanzvorführungen. Tanzgruppen minoischer Frauen in Kleidern mit bunten Volants und engen Miedern führten gemessene Formationstänze vor – und manchmal auch flottere Rundtänze in kleinen Kreisen aus jeweils drei oder vier Tänzerinnen. Sie drehten sich zur Musik von Flöten, Lyren und Tamburinen.

Die Priester und Priesterinnen, die diese öffentlichen religiösen Zeremonien leiteten, hielten auch privatere Rituale ab. In den dunkleren Nischen jedes Palastes gab es kleine Räume, in denen heilige Symbole wie Stierhörner, die *labrys* oder Doppelaxt, Vogelfiguren und kleine Götterstatuen aufgestellt waren. Hierher kamen die Priester und Priesterinnen, manchmal in Begleitung von Musikern, um Trankopfer aus Milch oder Wein darzubringen. Die wichtigste Gottheit, die in diesen Heiligtümern angebetet wurde, war die Beschützerin von Heim und Herd, oft Schlangengöttin genannt, weil sie auf vielen Fresken und als Elfenbein- und Goldstatuette mit Schlangen in beiden Händen dargestellt wurde. Einige der Tänze, die der Menge vorgeführt wurden, mögen der Schlangengöttin geweiht gewesen sein, andere vielleicht jenen Göttinnen, die die Tiere und Feldfrüchte schützen sollten. Viele Kreter trugen Amulette oder Talismane, um sich göttlichen Schutz zu sichern.

Heiligtümer auf dem Berg

Abseits der Städte nahmen die Bauern eifrig an zwanglosen religiösen Zeremonien teil, die auf dem Land abgehalten wurden – in Höhlen, auf Berggipfeln, auf Waldlichtungen und an reißenden Flüssen. Natürliche Höhlen, von denen es auf Kreta viele gibt, wurden zum Mittelpunkt bestimmter Mythen und Legenden, während man zahlreiche Berggipfel zu Stätten von Heiligtümern in freier Natur machte – einfache Einfriedungen mit groben Mauern, innerhalb deren man Opfer darbrachte und Feuer entfachte. An diesen Stellen wurden Bruchstücke unzähliger kleiner Tonfiguren gefunden. Die meisten stellen Rinder, Schafe und Ziegen dar, und vermutlich hatten Bauern sie dort zurückgelassen oder auf einen brennenden Scheiterhaufen geworfen, um Schutz und Segen für ihre Tiere zu erbitten.

In den Dörfern wurden vor allem zur Erntezeit andere Rituale durchgeführt. Die kunstvolle „Schnitter-Vase", die man in Hagia Triada fand, dem Herzen des Kornanbaugebietes, zeigt eine dieser Zeremonien in vollem Gange. Die jungen Männer des Dorfes führen einen rituellen

Boxkampf *Zwei Jungen auf Thera üben sich im Boxen.*

Schlangenkult *Die Göttin aus Fayence ist wie eine minoische Edelfrau gekleidet. Schlangen standen, da sie sich häuten, für die Erneuerung des Lebens.*

Tanz auf, bei dem sie in Dreier- oder Viererreihen mit ihren Mistgabeln und Dreschflegeln über den Schultern dahinspringen. Weniger wilde Tänze vollführten die Männer des Dorfes zu anderen Gelegenheiten, vielleicht bei Hochzeiten. Die im Kreis tanzenden Männer, die jeweils die Arme auf die Schultern ihrer Nachbarn gelegt haben, wie man es in einem Tonmodell aus Kamilari sieht, erinnern an heutige kretische Tänzer. Symbolische Stierhörner an einer Wand des Hofes, in dem sie tanzen, lassen auf einen rituellen Hintergrund schließen – vielleicht den Zusammenhang mit einem Begräbnis, denn man fand das Modell in einem Grab.

Tempel aus Ton *Zwei Schäfer beobachten die Schlangengöttin beim Ritual.*

Tanzende Mädchen *Tänzerinnen aus Ton drehen sich um eine Lyraspielerin.*

Gold für die Toten

Ob die Kreter an ein Leben nach dem Tod glaubten, ist nicht bekannt, doch einige wurden mit den Gegenständen begraben, die sie vermutlich in einer anderen Welt brauchen würden. Bei den hochgestellten Inselbewohnern zählten zu diesen Grabbeigaben Goldschmuck und goldene Trinkgefäße, während ein Zimmermann in Knossos mit Säge und Meißeln bestattet wurde. Die einfachen Leute konnten wohl nur ganz bescheidene Grabbeigaben erwarten und bestenfalls auf eine in Fels gehauene Grabkammer für die ganze Familie hoffen, während die Mächtigen in Grabmälern mit kunstvoller Steinmetzarbeit ruhten.

Blutopfer *Ein Stier liegt mit durchschnittener Kehle auf einem Tisch, und sein Blut wird in einem Krug aufgefangen. Rechts opfert eine Frau Früchte auf einem Altar.*

LÖWENTOR UND RIESEN-MAUERN

Befestigte Zitadelle *Das auf einem felsigen Bergrücken zwischen zwei tiefen Schluchten erbaute Mykene bestand aus zwei Städten. Die Oberstadt lag zwischen dem Palast und einem massiven Mauerring, den angeblich einäugige Riesen, die Zyklopen, errichtet hatten. Die Unterstadt erstreckte sich über die Hänge außerhalb der Mauern.*

Die Mykener, ein kriegerisches Volk, das um 1500 v. Chr. auf dem griechischen Festland zur Blüte gelangte und die Kreter als Herren in der Ägäis ablöste, lebten in stadtähnlichen Burgen auf Berghöhen, die von massiven Steinmauern umgeben waren. Ihre Soldatenkönige wohnten in großen Palästen mit freskengeschmückten Thronhallen. Zu den großen Stadtstaaten zählten Gia, Pylos, Tiryns und Mykene selbst, das der gesamten Epoche den Namen gegeben hat.

Die Ruinen von Mykene erheben sich noch heute über die Argolis im Nordosten des Peloponnes. Man betritt sie wie vor 3500 Jahren durch das Löwentor, das seinen Namen den beiden Löwinnenskulpturen auf dem Torsturz verdankt. Vom Tor führte eine Straße zum Königspalast. Dieser bestand aus mehreren Nebenhäusern und einem Hauptgebäude mit einer Reihe von Vorräumen, Schlafzimmern und Lagerräumen, die um einen Hauptsaal angeordnet waren, der in der Mitte von vier kannelierten Säulen gestützt wurde.

Königliche Gemächer

Den Hauptsaal beherrschten der Thron und ein flacher, kreisrunder Herd mit irdenem Rauchfang. An den Wänden befanden sich Fresken mit Jagdszenen, während Boden und Decke gefliest waren. Hier lebte der Herrscher, umgeben von seinen Höflingen, Leibwächtern, schönen barbusigen Frauen, Dienern und Sklaven.

Direkt unterhalb des Palastes schmiegten sich zwei- und dreistöckige Häuser terrassenförmig an den Berghang. Hier wohnten Regierungs- und Steuerbeamte, Kaufleute, wohlhabende Landbesitzer und die Gefolgsmänner.

Diese Adligen waren die engsten Freunde des Herrschers, und sie leisteten ihm bei seinen Gelagen Gesellschaft, bei denen Wildbret und Meeresfrüchte zu einheimischem Wein genossen wurden. Die Gefolgsmänner erhielten Streitwagen und Wagenlenker, Sklaven und manch-

Infanterie *Diese Vase aus der Zeit um 1200 v. Chr. zeigt bärtige Fußsoldaten.*

Bronzerüstung *Die einzelnen Teile wurden mit Riemen zusammengehalten.*

LÖWEN IN GRIECHENLAND

Ein beliebter Zeitvertreib der wohlhabenden mykenischen Adligen war die Jagd auf wilde Tiere. Jäger in Streitwagen oder zu Fuß, bewaffnet mit Pfeil und Bogen sowie Speeren, jagten Löwen, die durch das Land streiften. Auch Hirsche und Wildenten waren eine willkommene Beute. Wildschweine erlegte man vor allem wegen ihres Fleisches, aber auch wegen ihrer Hauer, die als Verzierung auf die Helme der Krieger gesteckt wurden. Ranghohe mykenische Krieger trugen außerdem Bronzerüstungen, die aus einem Panzer bestanden, der Brust und Rücken schützte, einem hohen Kragen oder Nackenschutz, Schulterstücken und breiten Bändern, die den Unterleib bedeckten. Ihre Bewaffnung setzte sich aus Pfeil und Bogen, Wurfspießen, Lanzen, Schleudern, Schwertern und Dolchen zusammen.

Jäger und Gejagte *Verzierungen auf einem Bronzedolch*

mal auch fruchtbares Ackerland, das sie wie der König selbst an Bauern verpachteten.

Haus eines Kaufmanns

Eines der Gebäude, deren Überreste in unseren Tagen in Mykene ausgegraben wurden, ist das Haus eines Ölhändlers mit zwölf Zimmern im Erdgeschoß und einem Keller darunter. Hier fand man mehrere große versandbereite Vorratskrüge oder *pithoi* voller Öl. Man hat noch weitere ähnliche Häuser freigelegt, beispielsweise das Haus der Schilde, das Haus der Sphinxe, das Haus der Säulen und den Getreidespeicher – alle nach Gegenständen, Produkten oder Fresken benannt, die in ihnen gefunden wurden.

Totenmaske eines mykenischen Königs

Wie der Palast hatten auch diese Flachdachhäuser einen geräumigen Hauptraum. Die Wände bestanden aus gipsverputzten Holzgerüsten, und Holztreppen führten zu den Schlafzimmern im oberen Stock. Abgesehen von einigen Heiligtümern auf dem Land, hatten die Mykener keine Tempel oder öffentlichen Anbetungsstätten. In den meisten größeren Häusern war jedoch ein Zimmer als Heiligtum reserviert, in dem man verschiedene Götter anbetete, etwa Poseidon, den Gott des Meeres, des Pferdes und des Erdbebens, Demeter, die Göttin der Ernte und des Getreides, Ares, den Kriegsgott, Dionysos, den Gott des Weins, und Apollo, den Sonnengott. Goldene Trinkhörner wurden auf die Gottheiten geleert, und aus Tafeln, die man bei Pylos und Theben fand, schließt man, daß den Göttern neben Schweinen, Ziegen und Schafen auch Menschen geopfert wurden.

Auch zwei runde Grabfelder, die Teil eines großen Friedhofs am Berghang waren, grub man in Mykene aus, einen davon mit den Königsgräbern innerhalb der Stadtmauern in der Nähe des Löwentors. Das Gesicht des Königs, den man gewöhnlich in seinen Prunkgewändern bestattete, bedeckte eine Totenmaske aus getriebenem Gold.

Die Toten lagen mit ihrem Kopf auf Steinkissen. Neben sie hatte man persönliche Gegenstände gelegt, die sie im nächsten Leben brauchen würden. Hierzu zählten Schüsseln, Dolche, Schilde und Spiegel aus Bronze sowie goldene Trinkbecher, steinerne Pfeilspitzen und religiöse Statuetten aus Elfenbein. In jüngeren bienenstockförmigen Gräbern, *tholoi* genannt, führte ein langer Steinkorridor oder *dromos* zur Grabkammer, und bevor diese verschlossen wurde, tranken hier die Freunde des Verstorbenen Wein zu seinem Gedenken.

Die Landwirtschaft spielte in der mykenischen Wirtschaft eine bedeutende Rolle, besonders die Schafzucht, und die Herstellung von Wolle ermöglichte es vielen Bauern, in bescheidenen, doch bequemen Steinhäusern zu wohnen, während die Landarbeiter und Kleinbauern in Einzimmerbehausungen aus ungebrannten Ziegeln lebten.

Essensration eines Hirten

Neben dem Gold und der Leinenherstellung war Olivenöl eine Hauptquelle des Wohlstands. Es wurde in großen Mengen zum Kochen und für die Beleuchtung verwendet. Weizen, Gerste und Roggen bildeten die Grundnahrungsmittel, und meist bestand die Bezahlung der Bauern aus Naturalien. Ihre Abgaben wurden von den Palastschreibern festgelegt, beispielsweise durfte der Getreideanteil eines Hirten nicht mehr als fünfmal höher sein als der eines Jungen.

Für die Mahlzeiten würzte man das Getreide mit Koriander, Fenchel oder Kresse, Ziegenmilch und Ziegenkäse sowie mit Honig gesüßter Wein waren sehr beliebt.

Die Adligen unter den mykenischen Soldaten schützten sich mit Rüstungen, wie eine Acht geformten Schilden aus Ochsenleder, das über einen Holzrahmen gespannt war, und Helmen, manche davon aus Leder und mit Wildschweinhauern geschmückt. Die Mykener eroberten minoische Kolonien und Handelsposten. Man nimmt an, daß sie auf Raubzügen häufig die Männer töteten und nur die Frauen und Kinder als Sklaven mitbrachten.

Der Fall Trojas

Um das Jahr 850 v. Chr. erweckte der griechische Dichter Homer die Kriegerkönige des mykenischen Bronzezeitalters in seiner *Ilias* wieder zum Leben. Das Epos beschreibt, wie die Mykener etwa um 1200 v. Chr. unter ihrem König Agamemnon die Stadt Troja nach zehnjähriger Belagerung endlich eroberten. Doch auch die Tage der Mykener waren bereits gezählt. Um diese Zeit unterbanden die Illyrer die Handelsverbindungen im östlichen Mittelmeer. Es kam zu Kriegen mit den Stadtstaaten. Schließlich zerstörten die von Norden vordringenden Dorer endgültig die mykenischen Burgen und Siedlungen, und um 1150 v. Chr. war das mykenische Zeitalter endgültig vorüber.

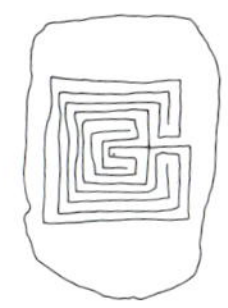

Geometrisches Gekritzel *Auf einigen Schrifttafeln findet man solche Kritzeleien ohne Bedeutung.*

ANTIKE BÜROKRATEN

Die mykenischen Herrscher verfügten über einen riesigen Beamtenapparat aus Schreibern, die jede Kleinigkeit im Leben der Bürger regelten und registrierten. Diese Schreiber führten Buch über Steuereinnahmen und -befreiungen, darüber, wieviel Wolle ein Landwirt produzieren sollte, wieviel Bronze einem Schmied zugewiesen werden mußte und wie viele Kinder in einer Stadt lebten.

Für diese Aufzeichnungen wurde eine neue Schriftart entwickelt, die sogenannte Linear B. Sie war eine der ersten bekannten Schriften der Welt, die in Zeilen geschrieben wurde. Die 1952 von Michael Ventris entzifferte Schrift besteht aus Symbolen, die sich aus einer früheren Bilderschrift entwickelt haben und die Silben des Altgriechischen darstellen.

Bronzereichtum *Eine Tontafel aus Pylos enthält eine Liste über die Bronzeabgaben von 32 mykenischen Beamten. Senkrechte Striche stehen für Einer, waagrechte für Zehner und Kreise für Hunderter.*

Buchführung *Ein Schreiber sitzt auf einem dreibeinigen Hocker, auf den die Symbole zurückgehen, die man zum Schreiben des Wortes* Tripode, *Dreifuß, benutzte (oben). Sorgfältig schreibt er die Informationen auf, die ihm ein Aufseher diktiert. Der Schreiber muß seine Fehler sofort korrigieren, denn wenn die Tafel erst einmal getrocknet ist, ist es zu spät für Änderungen. Fertige Tafeln bewahrt man in Regalen auf.*

VÖLKER DER BIBEL

Im Vorderen Orient gelangten nacheinander zahlreiche Kulturen zu hoher Blüte und zerfielen dann zu Ruinen, von denen nur Spuren im Wüstensand geblieben sind. In alle Richtungen durchzogen Stämme auf der Suche nach Sicherheit und einem besseren Leben den Fruchtbaren Halbmond – einen grünen Streifen, der den Persischen Golf über die Flüsse Tigris und Euphrat mit der Ostküste des Mittelmeeres verbindet.

Hier, im Land Kanaan, entwickelte sich das erste Alphabet, das Kaufleute in verschiedenen Formen in der damals bekannten Welt verbreiteten. In dieses Land kamen die Israeliten von Süden und Osten, um ein Königreich zu gründen und ihren Glauben an den einen wahren Gott zu verkünden. Hier enstand das Babylonische Reich, das später den Assyrern unterlag, hier ließ Nebukadnezar II. Babylon zur herrlichsten Stadt der Welt ausbauen, ehe sie von den persischen Eroberern zerstört wurde. Und in Judäa regierte ein Statthalter des Römischen Reiches, als Jesus Christus das Evangelium predigte, das sich um die ganze Erde ausbreiten sollte.

Ungeachtet all der blutigen Kriege und wechselnden Herren aber lebten die Bauern, Handwerker und Kaufleute ihr gewohntes Leben, das sich im Lauf der Jahrhunderte nur wenig veränderte.

DER VORDERE ORIENT 1800 V. CHR.–100 N. CHR.

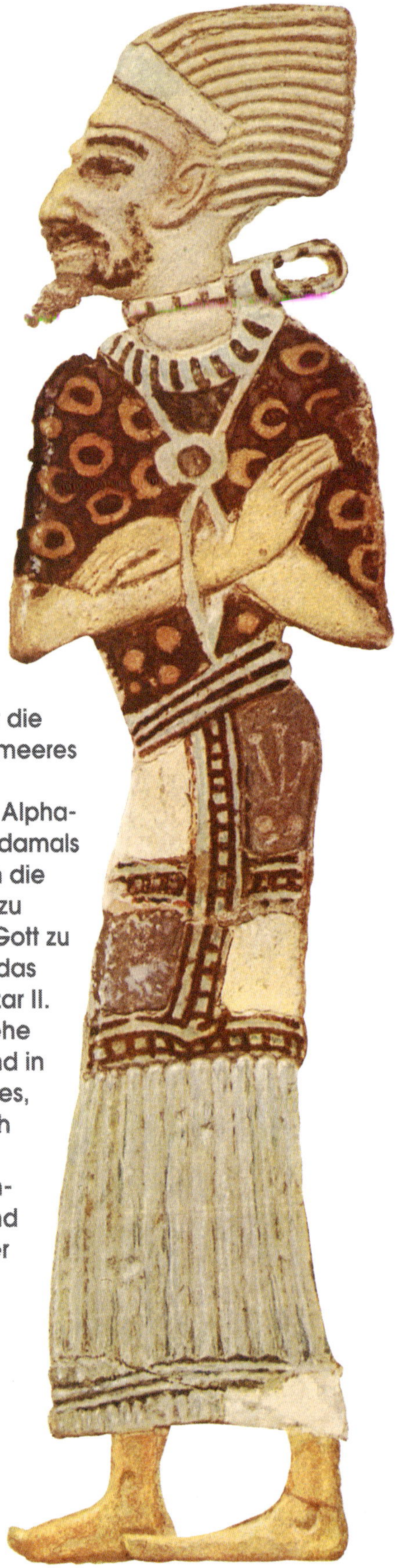

PALÄSTINA – SCHMELZTIEGEL DER KULTUREN

Zur Zeit Jesu war die Gesellschaft Palästinas bereits von einer langen und wechselvollen Geschichte geprägt. Von der Mittelmeerküste bis zum Jordan, von Galiläa bis nach Judäa spiegelte sich die komplexe und ereignisreiche Vergangenheit des Landes in den verschiedenen Lebensweisen der Menschen.

In Dörfern wie Nazareth in Galiläa lebten Ehepaare wie Josef und Maria ihr frommes Leben, während in Skythopolis am Jordan griechische Lehrer ihren Schülern die Epen Homers einpaukten. Schriftgelehrte in den Synagogen, zelotische Rebellen in den Bergen, Samariter, Priester, römische Soldaten, phönizische Händler, Bauern – sie alle trafen sich an diesem Knotenpunkt der Welt.

Die Werkzeuge hatten sich bis damals im Lauf der Jahrhunderte nur wenig verändert. Als Kind half Jesus vermutlich seinem Vater in der Zimmermannswerkstatt und benutzte dabei Breitbeil, Holzhammer und Säge, ehe er mit den anderen Knaben in der Synagoge in der Heiligen Schrift unterwiesen wurde. Die Synagoge, der Mittelpunkt des Dorflebens, war als Treffpunkt im Exil entstanden, nachdem die Babylonier Jerusalem und den Tempel zerstört und die Juden verschleppt hatten.

Eine weitere Folge der Eroberung durch die Babylonier und der anschließenden Jahrhunderte persischer Vorherrschaft zeigte sich darin, daß Jesus und seine Landsleute im täglichen Leben die aramäische Sprache Mesopotamiens sprachen und nicht das Hebräisch des Königs David und ihrer israelitischen Vorfahren. Überall um Nazareth fanden sich Spuren der ge-

Exotischer Nordländer *Ein ägyptischer Künstler bildete um 1180 v. Chr. die Gestalt eines Philisters auf einem Glasurziegel ab. Die Ägypter waren fasziniert von den fremdartigen Seefahrern, die sich an der Küste Palästinas niedergelassen hatten und zu ständigen Feinden der Juden geworden waren.*

Fruchtbarkeitssymbol *Kanaaniter vergruben diesen vergoldeten Bronzestier in einem Heiligtum in Byblos.*

schichtlichen Entwicklung. Als Jesus durch Samaria im Herzen Palästinas reiste, unterhielt er sich einmal mit einer Frau, die aus dem Brunnen Jakobs Wasser schöpfte. Die Frauen in dieser Region mußten diese Arbeit Tag für Tag tun, doch die Worte, die nach dem Johannesevangelium an jenem Tag fielen, bezeichnen das gar nicht alltägliche Verhältnis der beiden Nachbarn: „Die Juden haben nämlich keine Gemeinschaft mit den Samaritern."

Im Jahr 722 v. Chr. hatte eine assyrische Armee die Hauptstadt Samarias eingenommen, viele ihrer Einwohner deportiert und sie unter einem assyrischen Statthalter durch Deportierte aus anderen Gegenden ersetzt.

In Samaria entwickelte sich daher eine ganz charakteristische Lebensweise, in der zwar auch das Gesetz Mose Gewicht hatte, die aber viele andere Praktiken des jüdischen Glaubens ablehnte. Samariter und Juden lebten nebeneinander, doch der Konflikt brodelte immer dicht unter der Oberfläche.

Keine der beiden Gemeinden wollte etwas mit den heidnischen Griechen zu tun haben, die ganz in der Nähe lebten und an einen anderen Eroberer erinnerten, nämlich an Alexander den Großen, dessen Armee das Gebiet im Jahr 332 v. Chr. erobert hatte. In Cäsarea und Ptolemais an der Mittelmeerküste sowie in weiter östlich gelegenen Städten wie Pella, Skythopolis, Gadara, Philadelphia und Gerasa oder sogar in Sebaste, das auf den Ruinen Samarias gebaut worden war, konnten Griechen und Griechisch sprechende Menschen fast ebenso leben wie in Griechenland selbst oder in den hellenistischen Städten im ehemaligen Alexanderreich. Ihre Kultur war bewußt kosmopolitisch, und sie waren stolz auf ihre lange Tradition der städtischen Selbstverwaltung, der Kunst, der Literatur, des Theaters und der Bildung.

Viele jüdische Aristokraten, auch die königliche Familie der Hasmonäer und besonders Herodes sowie die Hohenpriester mit ihren Sippen, waren von der griechischen Kultur und Bildung angetan. Sie schockierten traditionsbewußte Juden, indem sie den kurzen hellenistischen Chiton trugen. Einige junge Priester gründeten sogar ein Gymnasium in der Nähe des Tempels, wo sie nackt trainierten.

Die Reichen hielten Festgelage, während die Bauern nur bei festlichen Gelegenheiten Fleisch – gebratenes Lamm oder Ziege – essen konnten. Ansonsten ernährten sie sich von Brot, getrocknetem oder gepökeltem Fisch, Gemüse, Obst und Käse. Über ihrem Alltagsleben lastete die Macht Roms. Herodes Antipas, ein Jude, regierte Galiläa zur Zufriedenheit des römischen Kaisers und befriedete das Land mit Hilfe seiner Steuereinnehmer, zu denen auch Matthäus, der spätere Apostel Jesu, zählte, und der römischen Soldaten. Samaria und Judäa wurden von römischen Statthaltern wie Pontius Pilatus regiert.

Die Legionäre Roms kamen oft aus fernen Ländern wie Germanien und Gallien, und sie waren von der römischen Kultur beeindruckt. Da sie die besonderen Gegebenheiten vor Ort nicht genau kannten, blieb es ihnen oftmals unverständlich, warum die Juden die Römer haßten und sie mit allen Mitteln bekämpften.

Viele Eroberer waren auf den Straßen entlanggezogen, auf denen Jesus wandelte. Alle hatten sie ihre Spuren hinterlassen, die weiterhin die Denkweise der Menschen formten. Der Babylonier Nebukadnezar, der Assyrer Sargon, Alexander der Große und der Römer Pompejus waren längst in die Geschichte eingegangen, doch noch immer trug das Land ihren Stempel.

Einer von vielen *Die persischen Könige des 6. Jahrhunderts v. Chr. schweißten alle Völker von der Ägäis bis an die Grenzen Indiens zu einem Reich zusammen. Durch dieses Gebiet zog sich die knapp 2700 Kilometer lange Königsstraße.*

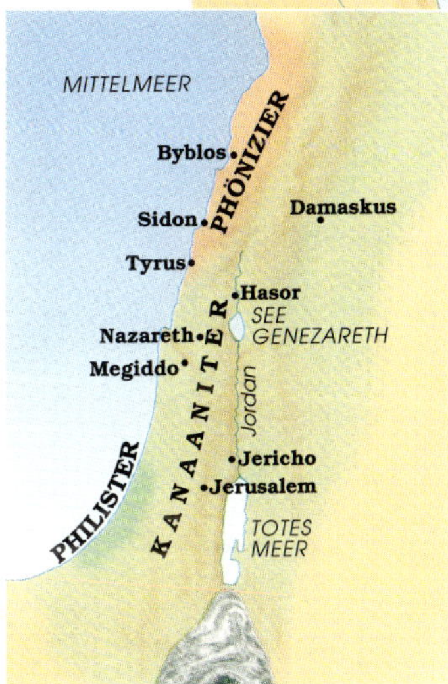

Wiege des Glaubens *Obwohl das Heilige Land recht klein war, war es doch jahrtausendelang Schauplatz weltbewegender Ereignisse. Die frühe Entfaltung der Landwirtschaft förderte das Wachstum von Städten, die noch heute blühen (links).*

Götzenbild *Die Israeliten waren umgeben von Heiden, die Götzen wie diese phönizische Elfenbeinschnitzerei einer sitzenden Göttin anbeteten (links). Moses warnte sein Volk vor dem Götzendienst, und der Prophet Jeremia verglich Götter von Menschenhand mit „Vogelscheuchen im Gurkenfeld".*

Königlicher Gesetzgeber *Mit der fortschreitenden Entwicklung der Gesellschaft wuchs der Bedarf an Gesetzen. Hammurapi, König von Babylon im 18. Jahrhundert v. Chr., ließ sie sammeln. Eingeritzt in diese zwei Meter hohe Stele sind 282 Gesetze, die Strafen für zahlreiche Vergehen festlegen, einige davon nach dem Grundsatz „Auge um Auge, Zahn um Zahn". Oben auf der Stele steht Hammurapi vor dem Sonnengott Schamasch.*

ISRAELITEN – KINDER EINES GOTTES

Dreimal jährlich hielten die Israeliten in ihren Alltagsgeschäften inne. Dann zogen die Menschen – Bauern und Handwerker, Reiche und Arme – zu dem großen, von Salomo errichteten Tempel, um Feste zu feiern, die an wichtige Ereignisse ihrer Geschichte erinnerten und zugleich die jährlichen Saat- und Erntezeiten kennzeichneten.

Die Kinder Israels hatten in den Tagen König Davids, des Vaters von Salomo, neuen Stolz und neues Selbstbewußtsein erlangt, denn er hatte die Nachbarvölker bezwungen und die zwölf israelitischen Stämme zu einem Königreich verbunden. Mit Jerusalem hatte er ihnen auch eine neue Hauptstadt gegeben.

Doch nichts verkörperte ihre Einheit und Stärke so sehr wie der Tempel, den Salomo um 957 v. Chr. hatte fertigstellen lassen. Er erstrahlte im Innern in glänzendem Zedernholz und schimmernden Goldverzierungen, so daß er dem einfachen Volk einen erhabenen Anblick geboten haben muß.

Vor allem aber enthielt der Tempel das Allerheiligste, einen verborgenen Raum, in dem Gott gegenwärtig war und wo die Bundeslade stand, in der die Zehn Gebote auf Steintafeln aufbewahrt wurden. Er führte den Menschen die Herrlichkeit ihres Gottes und die Bedeutung ihres Bundes mit

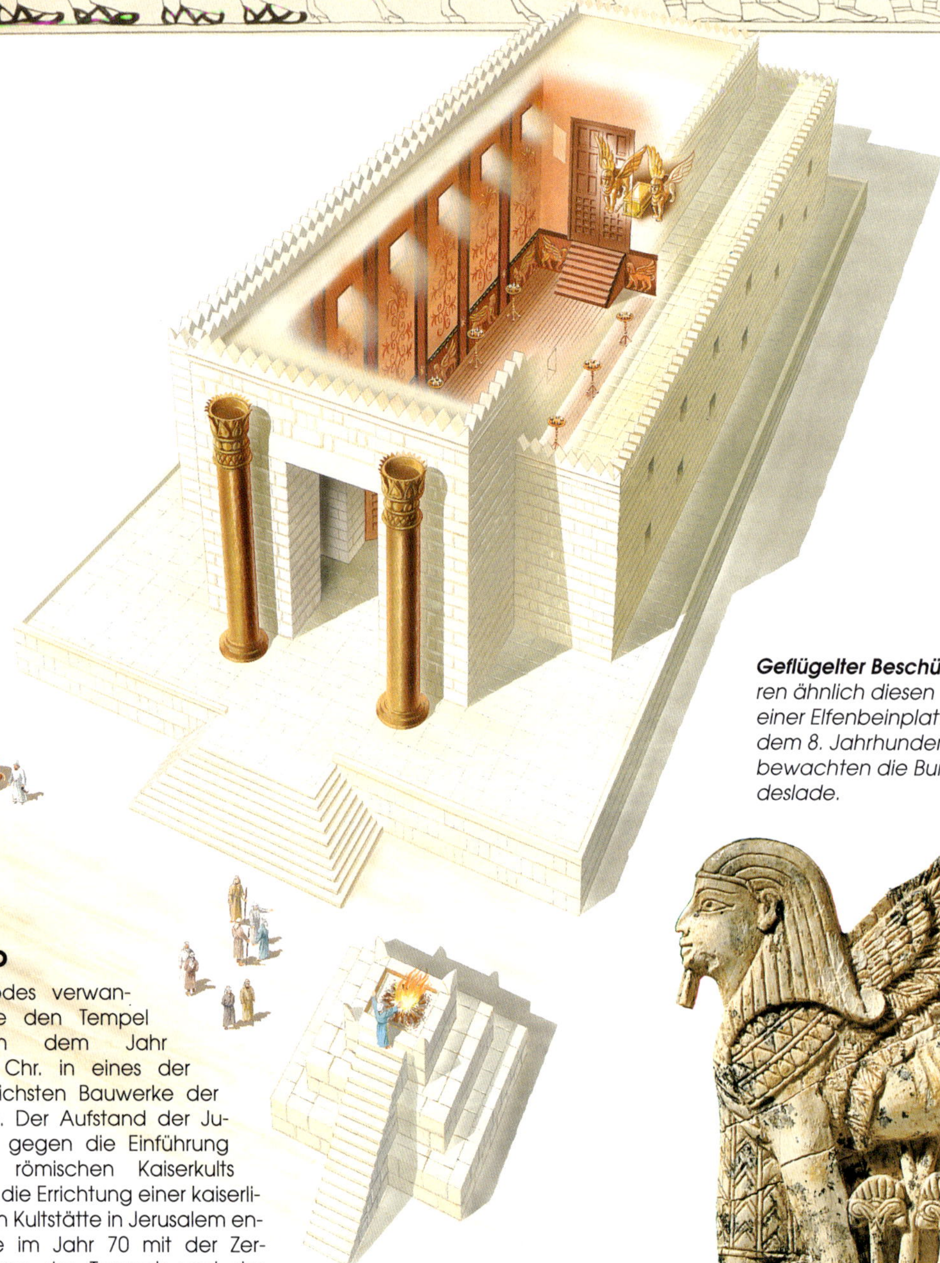

MÄCHTIGER TEMPEL DES SALOMO

Im Vorhof des aus weißem Kalkstein errichteten Tempels wird das große Bronzebecken, das zur rituellen Reinigung dient, von Helfern mit Wasser gefüllt. Auf der rechten Seite verrichtet ein Priester am Brandopferaltar seinen Dienst. Den Osteingang des Tempels flankieren zwei mächtige Bronzesäulen. Das Hauptschiff im Inneren ist am westlichen Ende aufgeteilt in die Vorhalle, den Hauptraum und das fensterlose Allerheiligste, das nur der Hohepriester einmal im Jahr betreten darf. Herodes verwandelte den Tempel nach dem Jahr 20 v. Chr. in eines der herrlichsten Bauwerke der Welt. Der Aufstand der Juden gegen die Einführung des römischen Kaiserkults und die Errichtung einer kaiserlichen Kultstätte in Jerusalem endete im Jahr 70 mit der Zerstörung des Tempels und des größten Teils von Jerusalem.

Geflügelter Beschützer *Zwei Figuren ähnlich diesen Wesen auf einer Elfenbeinplatte aus dem 8. Jahrhundert v.Chr. bewachten die Bundeslade.*

Wanderung nach Ägypten *Das Nildelta übte große Anziehungskraft auf die Menschen in Westasien und im Fruchtbaren Halbmond aus. Ein ägyptisches Grabgemälde um 1900 v. Chr. zeigt einen semitischen Stamm aus der Zeit der Erzväter auf dem Weg nach Ägypten. Zur Karawane zählen auch Frauen, Kinder und Tiere. Die Männer tragen die typischen kanaanitischen Waffen jener Zeit, nämlich Lanzen und Bogen. Der Krieger ganz links führt überdies eine Axt mit sich. Vor ihm geht ein Mann, der ein Saiteninstrument spielt.*

Himmlische Musik *Nur Adlige und Priester spielten die Harfe. Sie wurde im Tempel benutzt, und auf ihr wurde auch im Himmel musiziert.*

Bundeslade *Normalerweise trug man die Bundeslade auf Stangen, doch David ließ sie auf einem Karren nach Jerusalem bringen.*

ihm vor Augen. Während der meisten Zeit ihrer etwa 1000jährigen Geschichte bis zur Zeit Salomos hatten sie ihre Gebete zu Gott vor tragbaren Altären und in Zelten gesprochen, denn sie waren ein Volk gewesen, das sich stets auf der Wanderschaft befand.

Es muß um das Jahr 2000 v. Chr. gewesen sein, als die ersten Hebräer, wie das Volk damals noch hieß, in Richtung Kanaan gezogen sind. Sie trugen bunte Tuniken – die Männer etwa knielang und die Frauen ein wenig länger. Die meisten Männer hatten Bärte und nackenlanges Haar. Die Frauen flochten sich Zöpfe, die ihnen über den Rücken fielen.

Wenn diese Nomaden ihr Lager aufschlugen, gruppierten die sich um ein Zelt, das ihrem Stammvater Abraham gehörte. Er hatte die Sippe seines Vaters und seiner Brüder in Ur in Mesopotamien zurückgelassen und zog nun in ein Gebiet, das er nicht kannte. Seine Wanderung war der Beginn der Geschichte des israelitischen Volkes, ein Ereignis von unvorhersehbarer Tragweite für die Welt. Nachdem sie die Euphratniederung mit ihren dunklen, dickwandigen Häusern verlassen hatte, gelangte Abrahams wachsende Sippe in das Weideland Kanaans. Zu den Zeiten Abrahams, seines Sohnes Isaak und seines Enkels Jakob lebte sie hier als halbnomadische Hirten in gewissem Wohlstand.

Anbetung des einen Gottes

Die Erzväter Abraham, Isaak und Jakob waren reich, gastfreundlich, mächtig und großzügig. Für die Kanaaniter blieben sie Außenseiter, und das Land, auf dem sie lagerten und ihre Herden weideten, gehörte ihnen nicht. Doch selbst ohne Land waren sie eine Kraft, mit der man rechnen mußte. In Zeiten der Gefahr war Abraham in der Lage, 318 ausgebildete Männer aus den Reihen seiner eigenen Bediensteten als Armee aufzustellen. Der Wohlstand der Sippe beruhte auf ihren Herden, doch wenn sie auf fruchtbares Land stieß, blieb sie dort auch einige Zeit, um Feldfrüchte anzubauen.

Das Stammesvolk bewahrte seine Identität, indem es die Heirat mit Angehörigen fremder Stämme vermied. Isaak und Jakob suchten sich ihre Frauen nicht unter den Einheimischen, sondern lieber bei ihresgleichen in Mesopotamien. Ihre auffälligste Besonderheit war, daß sie nur einen Gott anbeteten, während die Kanaaniter mehrere Götter verehrten. Abrahams Nachkommen berichteten, daß der „Gott Abrahams", Jahwe, versprochen hatte, ihm und seinen Nachkommen das Land Kanaan zu geben.

Die Hebräer litten unter der Dürre und Kargheit, die das Land von Zeit zu Zeit heimsuchte. Das 1. Buch Mose berichtet, daß Abraham von Kanaan nach Ägypten ging, um der Hungersnot zu entfliehen. Später zwang der Hunger auch Jakob, mit den Hebräern nach Ägypten zu ziehen, wo sie viele Generationen lang bleiben sollten.

Sie paßten ihr Hirtenleben den seßhaften Lebensformen im Nildelta an und blieben in der Landschaft Goschen, wo ihre Zahl ständig zunahm. Die Ägypter benutzten diese Fremden als Zwangsarbeiter zur Herstellung von Ziegeln. Die Aufseher des Pharaos „machten ihnen ihr Leben sauer mit schwerer Arbeit".

Mose schließlich befreite die Israeliten aus der Gefangenschaft und führte sie 40 Jahre lang durch die Wüste. Am Anfang der Wanderschaft zog er mit seinem Volk zu dem heiligen Berg Sinai, wo sie ihren Bund mit Gott erneuerten und eine Auflistung von Gesetzen, die Zehn Gebote, erhielten. Darin wurde der Wochenzyklus von sechs Arbeitstagen und einem heiligen Ruhetag festgelegt und die Unantastbarkeit des menschlichen Lebens, der Ehe, der Gerechtigkeit unter dem Gesetz und der grundlegenden Eigentumsrechte bekräftigt.

Die Israeliten verehrten Gott in einem tragbaren Heiligtum, einem kunstvoll ausgestatteten Zelt, das man Stiftshütte nannte. Sie führten auch die Bundeslade mit sich und glaubten, daß diese nicht nur ihre Gesetze enthielt, sondern auch Gottes Gegenwart unter ihnen symbolisierte.

Einzug ins Gelobte Land

Inzwischen waren aus Abrahams Sippe zwölf große Stämme geworden. Sie erreichten schließlich die Grenze Kanaans und waren bereit, in das Land, das Gott Abraham Jahrhunderte zuvor versprochen hatte, einzuziehen. Unter der Führung Josuas, des Nachfolgers von Mose, erlangten sie nach und nach die Vorherrschaft in diesem Gebiet.

Sie behielten den lockeren Stammesverbund bei und hatten keinerlei zentrale Autorität, abgesehen von dem Glauben an ihr gemeinsames Gesetz. Es war eine Freiheit, die beinahe an Anarchie grenzte. Im Buch der Richter wird es so ausgedrückt: „Jeder tat, was ihn recht dünkte." Feindliche Nachbarn bedrängten die Israeliten mit verheerenden Feldzügen. Schließlich waren die Ältesten bereit, sich der Autorität eines Königs unterzuordnen, um das Volk zu einen und die Fremdherrschaft abzuschütteln.

Saul, der als erster König über die Stämme regierte, hatte nur teilweise Erfolg. Als er sich nach einer verheerenden Niederlage selbst tötete, stürzte das Land in einen Bürgerkrieg, aus dem David als starker und siegreicher König hervorging. David vereinigte sein Volk, bezwang die umliegenden Völker und dehnte die Grenzen des Königreichs Israel aus. Seine Leistungen ermöglichten es seinem Sohn Salomo, die Stiftshütte durch den herrlichen Tempel von Jerusalem zu ersetzen – das sichtbare Wahrzeichen eines Glaubens, der zehn Jahrhunderte überdauert hatte.

Letzte Ruhestätte des Erzvaters *Wie das moderne Hebron mögen die Städte in biblischer Zeit ausgesehen haben. Hier befindet sich Abrahams Grab.*

Friedliche Szene *Eine Dienerin fächelt einer elamitischen Frau, die gerade einen Faden um eine Spindel windet, Luft zu. Die Elamiter wurden einst von Abraham besiegt, als sie in das Jordantal eindrangen.*

HANDWERKER, HIRTEN UND OLIVENBAUERN

Armeen marschierten durch die Dorfstraßen, Regierungen kamen und gingen, Königreiche stiegen auf und zerfielen, doch das Leben der Juden in den Dörfern Palästinas wurde davon nur wenig berührt. Die alltägliche Arbeit eines Hirten, Bauern, Weingärtners oder Webers veränderte sich kaum, da die Söhne das Handwerk ihrer Väter übernahmen und die Töchter ihre täglichen Pflichten von ihren Müttern erlernten.

Die meisten Frauen und Männer lebten in unbefestigten Dörfern. Der Kreislauf von Saat und Ernte spiegelt sich im jüdischen Kalender und in den jüdischen Feiertagen wider. Die Bauernhöfe bestanden aus einem kleinen Acker, auf dem Weizen oder Gerste angebaut wurde, einem Weingarten, der Rosinen und Wein lieferte, und einem Olivenhain für die Ölgewinnung. Feigenbäume und Gemüse pflanzte man zwischen den Weinreben an.

Die meisten Bauernhäuser bestanden aus einem einzigen Raum und waren aus Schlammziegeln oder Stein erbaut. Einen Teil des Fußbodens aus gestampfter Erde bedeckte eine Plattform, auf der die Familie schlief. Der Rest bot Platz für die Tiere. In einer von Steinen eingefaßten Grube wurde das geerntete Getreide gelagert, und eine Feuermulde diente zum Kochen.

Die Familien versuchten, im Besitz der Bauernhöfe ihrer Vorfahren zu bleiben, doch zur Zeit Jesu gehörte der größte Teil des Bodens Grundbesitzern, die in den Städten wohnten, während Pächter das Land bebauten. Esel und Kamele hielt man als Lasttiere, und Ochsen spannte man vor den Pflug. Am wichtigsten war jedoch die Schaf- und Ziegenzucht, vor allem dort, wo die Erde für den Getreideanbau zu unfruchtbar war. Die Hirten führten wie ihre Vorväter ein entbehrungsreiches, einsames Leben. Nachts trieben sie ihre Herden in Steineinfriedungen mit offenen Toren. Schäferstab und Keule neben sich, so schlief der Schäfer am Einlaß, um seine Herde vor wilden Tieren zu schützen.

In den meisten Dörfern bestimmten die Grundbedürfnisse des Lebens die beruflichen Tätigkeiten. Der Töpfer fertigte aus rotem Ton Behälter für den täglichen Bedarf, während der Schmied an seinem Braunkohlefeuer aus Bronze und Eisen Werkzeuge, Pflugscharen und Gefäße anfertigte. Da allein die Schmiede in der Lage waren, Waffen und Rüstungen herzustellen, hatte ihr Gewerbe zeitweise strategische Bedeutung. Als die Israeliten vor Jahrhunderten nach Unabhängigkeit strebten, wurden sie durch die Philister, ihre Oberherren, praktisch entwaffnet, indem diese den israelitischen Schmieden verboten, ihr Handwerk auszuüben.

Neben dem Schmied gab es im Dorf noch den Zimmermann. Er arbeitete mit Säge, Hammer und Handbohrer, der mit Bogen und Lederriemen angetrieben wurde, und fertigte Joche, Pflüge und andere Werkzeuge für die Bauern und für die Haushalte des Dorfes Möbel, Türen und Dachbalken an.

Die Frauen spannen Wolle, färbten das Garn und verwoben es auf Webstühlen. Sie nähten die Kleidung für ihre Familien und wuschen sie in Flüssen oder öffentlichen Becken. Die Herrin eines großen Haushaltes konnte zahlreiche Diener unter sich haben und sogar Kleidung herstellen, die in der Stadt verkauft wurde. Oft halfen die Frauen den Männern bei der Ernte, beim Dreschen und Säubern des Getreides. Sie mahlten Mehl mit einer Handmühle oder mit Mörser und Stößel. Sie kneteten Teig und backten Brot in Tonöfen.

Zusammen mit den freien Männern und Frauen arbeiteten häufig Sklaven. Oft waren dies Kriegsgefangene oder deren Nachkommen, doch viele waren auch durch Verschuldung in die Sklaverei geraten oder als Kinder von ihren eigenen Eltern verkauft worden. Eine Witwe, deren Mann gestorben war und Schulden hinterlassen hatte, bat den Propheten Elischa um Hilfe, weil einer gekommen war, um das Geld einzutreiben: „Nun kommt der Schuldherr und will meine beiden Kinder nehmen zu leibeigenen Knechten." Um diesem Sklavendasein zu entgehen, suchten Männer oft bei gesetzlosen Banden Zuflucht.

In den meisten Gemeinden lag die Macht bei den Ältesten, die am Stadttor zu Gericht saßen. Diese Sippen- und Familienoberhäupter legten alle Probleme in der Gemeinde bei, von wirtschaftlichen Entscheidungen bis zu Rechtsstreitigkeiten. Es gab weder Rechts- noch Staatsanwälte, und jede Seite mußte die Argumente, Zeugen und Beweise selbst vorbringen. Sowohl das Gesetz als auch die Tradition begünstigten den Beklagten, denn bei Kapitalverbrechen wurden mindestens zwei Augenzeugen benötigt. Schwierige Fälle wurden vor den König oder vor Berufungsgerichte mit religiösen und bürgerlichen Würdenträgern gebracht.

Ihr schweres Leben ließ den Menschen nur wenig Zeit für das Vergnügen. Vermutlich entspannten sie sich beim Festefeiern, Singen und Tanzen, beim Geschichtenerzählen und Rätselraten.

Immer frisches Wasser

Zwischen der Schlichtheit des jüdischen Dorflebens und dem regen Stadtleben in Jerusalem lagen Welten. Nachdem David die Stadt zu seiner Hauptstadt gemacht hatte, wurde sie zu einem Wirtschaftszentrum. Die Wasserzufuhr garantierte ein unter König Hiskia gebauter Tunnel, der das Wasser von einer Quelle vor der Stadt in den Siloateich innerhalb der Mauern von Jerusalem führte.

Die Hauptstadt wurde im 6. Jahrhundert v. Chr. von den Babyloniern zerstört und erwachte erst allmählich wieder zum Leben, als die Juden im folgenden Jahrhundert nach und nach aus dem Babylonischen Exil heimkehrten und den Tempel und die Stadtmauern wieder aufbauten. Später, als es auch in Städten wie Babylon und Rom jüdische Gemeinden gab, wurde Jerusalem immer kosmopolitischer, da viele dieser Menschen in die Heilige Stadt zurückkehrten, um Wallfahrtsfeste und Feiertage wie das Passahfest zu begehen oder um ihre letzten Lebensjahre in der Nähe des Tempels zu verbringen.

EINFACHES STADTHAUS

Das Haus eines wohlhabenden jüdischen Bürgers ist Schauplatz ständiger Aktivität. Seine Mauern bieten mehreren Generationen einer Familie Schutz, wahrscheinlich auch ein oder zwei Sklaven und natürlich den Haustieren wie dem Esel, der geduldig im Stall steht. Von der Straße führt eine Tür in einen gepflasterten Hof, wo eine Frau in einem Topf rührt. In dem warmen Klima halten sich die Menschen meist im Freien auf.

Das große Familienzimmer im Erdgeschoß ist spärlich mit einer Matte und einem rohgezimmerten Stuhl möbliert. Kinder hocken neben der Feuermulde, die manchmal zum Kochen benutzt wird. Im oberen Stock, zu dem eine Leiter führt, schläft die Familie in Decken gehüllt auf Matten und Kopfpolstern. In Sommernächten bringen alle ihre Matten in der Hoffnung auf eine kühle Brise auf das Flachdach.

Tongefäß

Einfacher Bronzekrug

Teller und Löffel aus Holz

Eisenmesser *Sie waren ein wertvoller Besitz in damaliger Zeit.*

BESCHEIDENER HAUSHALT

Das Tafelgeschirr war sehr einfach: hölzerne oder irdene Teller und Schalen, Bronzekrüge, Messer und Löffel, hergestellt von Handwerkern des Dorfes. Ihre Formen waren eher praktisch als kunstvoll. Für die Frauen gab es nur wenig, was ihre harte Arbeit leichter machte. Gekocht wurde vor allem im Hof, und das Wasser mußte aus Brunnen herbeigeschleppt werden. Talglampen spendeten Licht.

Frau beim Teigkneten *Dieses Tonmodell fand man in einem galiläischen Grab.*

BUCHSTABEN AUS DEM LAND KANAAN

Wenn ein Kind das Abc aufsagt, führt es eine Tradition fort, die sich über 3500 Jahre bis zu den Kanaanitern zurückverfolgen läßt. Dieses findige Volk, das an der Ostküste des Mittelmeeres lebte, hat als erstes ein Alphabet entwickelt, mit dem man gesprochene Laute darstellte. Das Wort Alphabet kommt – über das Griechische – von den kanaanitischen Bezeichnungen der ersten beiden Buchstaben dieses neuen Systems: *alpu* und *betu*.

Der Name Kanaan wird als Purpurland gedeutet. Dies bezieht sich auf den purpurnen Farbstoff, der hier gewonnen wurde und ein wertvoller Exportartikel war. Auch die Bezeichnung der Griechen für die Kanaaniter bzw. deren Erben, die Phönizier, leitet sich von dem griechischen Wort für Purpur, *phoinix*, ab. Man gewann die Farbe aus einer Drüsenabsonderung der Purpurschnecke. Um 450 Gramm Farbe herzustellen, benötigte man 60 000 Purpurschnecken. Dies erklärt, weshalb mit tyrischem Purpur – Tyrus war ein wichtiger Exporthafen – gefärbtes Material so teuer war. Eine ebenfalls sehr wertvolle Handelsware in den Küstenstädten Kanaans war der Papyrus, der als Schreibmaterial oder für Schriftrollen verwendet wurde. Die Händler aus der Stadt Byblos wurden auf diese Weise so bekannt für ihr hochwertiges, aus Ägypten eingeführtes Papyrusschilf, daß bei den Griechen der Name Byblos gleichbedeutend für das Wort Buch stand.

Kopfschmuck *Phönizischer Adliger mit Stirnreif*

Kanaans Geschichte reicht weit in die Vergangenheit zurück. Jericho in der Jordansenke ist die älteste bekannte Stadt mit einer Stadtmauer, deren Geschichte man bis etwa 7000 v. Chr. zurückverfolgen kann. Im Lauf der folgenden 4000 Jahre entstanden viele weitere Städte, in denen die Bauern ein sicheres Leben führen konnten und durch die sie an die Handelsrouten angeschlossen waren. Die Bauern verließen die Stadt am Morgen, um auf den Feldern zu arbeiten, während innerhalb der Stadtmauern Händler aus anderen Städten ihre Waren anboten: Getreide, Wolle, Wein, Olivenöl, Elfenbein, Zedernholz, importierte Töpferwaren, Schmuck aus Muscheln oder Silber und verzierte Glasgegenstände. Als die Israeliten in mehreren Wellen ab dem frühen 15. Jahrhundert v. Chr. einwanderten, hatte die Stadt Hasor eine Bevölkerung von ungefähr 40 000 Einwohnern. Die kanaanitischen Städte befanden sich oft untereinander im Streit und erlangten nie politische Einheit. Sie waren jedoch durch ihre Kultur und Religion vereint, die man aufgrund von Inschriften in Tontafeln kennt, welche in der Stadt Ugarit gefunden wurden.

In jeder Stadt gab es zahlreiche Heiligtümer und Altäre. Der wichtigste Gott war Baal, was Herr bedeutet. Damit drückte man Baals Besitzanspruch auf Land und Volk und seine Fürsorge für Leben und Wohlergehen aus. Er gehörte zu einer Familie von Göttern unter dem höchsten Gott und Schöpfer El, was einfach Gott heißt.

Der Legende zufolge war Baal der Sohn von Els Bruder Dagon, dessen Name Korn bedeutet. Baal hatte die Menschen vor der Zerstörung durch reißende Wasserfluten bewahrt und vom Tod durch Dürre errettet. Als er selbst starb, wurde er durch die

DIE ENTSTEHUNG DES ALPHABETS

Sowohl die ägyptischen Hieroglyphen als auch die mesopotamische Keilschrift benutzten Bilder und Symbole, um ganze Wörter und Silben darzustellen. Man mußte eine riesige Zahl von Zeichen beherrschen. Der Durchbruch kam im 16. Jahrhundert v. Chr. bei den Kanaanitern, den Hebräern und Phöniziern, als man erkannte, daß sich sämtliche Wörter aus einer relativ kleinen Zahl von Grundlauten zusammensetzten. Unter Verwendung dieses phonetischen Prinzips entwickelte sich eine neue Schrift, die auf der semitischen Sprache der Region basierte. Kaufleute brachten diese neue Schrift in die westlichen Mittelmeerländer, und eine im 8. Jahrhundert v. Chr. in Griechenland benutzte Variante wurde zur Grundlage aller modernen Alphabete.

Lobpreis *Auf diesem Sarkophag Eschmunasars II. von Sidon preist eine Inschrift in der neuerfundenen Buchstabenschrift den König.*

Liebe seiner Schwester Anat wieder zum Leben erweckt. Baals Rückkehr ins Leben spiegelte den Kreislauf der Jahreszeiten wider. Für ein Volk, das zwischen der rastlosen See und der öden Wüste lebte, brachten die Mythen die Sehnsucht der Menschen nach einem beständigen Leben auf fruchtbarem Boden zum Ausdruck.

Das frühe 12. Jahrhundert v. Chr. brachte Unglück über die Kanaaniter. Während die israelitischen Stämme von Süden her eindrangen, zogen die sogenannten Seevölker von Norden her die Küste hinab und nahmen die Städte Tyrus und Sidon ein. Ein weiterer Zweig der Seevölker, die Philister, besetzte Südwestkanaan, nachdem ein Angriff auf Ägypten gescheitert war. Ein Siegesrelief, das die Ägypter in eine Tempelmauer in Medinet Habu gehauen haben, zeigt die großen, schlanken Philister. Sie gründeten einen Bund aus den fünf Städten Aschdod, Aschkelon, Ekron, Gath und Gaza und waren zur Zeit König Davids die stärkste militärische Macht in der Region.

Die Kanaaniter konnten den Israeliten und Philistern, die sich gegenseitig bekriegten, nicht widerstehen. Allmählich wurden sie nach Norden gedrängt, bis nur noch Städte wie Tyrus, Sidon, Berytus, das heutige Beirut, Byblos und Arados die Erben der alten Kultur waren, die nun von ihren phönizischen Nachkommen fortgeführt wurde. Die Phönizier bauten auf ihrer alten Tradition des Seehandels auf, wobei ihnen ihr Holzreichtum und ihre Fähigkeiten als Schiffbauer und Holzarbeiter zugute kamen.

Die Phönizier trieben im gesamten Mittelmeer Handel mit Kupfer aus Zypern, Papyrus, Elfenbein und Leinen aus Ägypten und Wolle aus Kleinasien. Sie beherrschten die Navigation und lernten, sich nachts am Nordstern zu orientieren. Um 850 v. Chr. hatten sie bereits Außenposten gegründet, die sich zu großen Städten entwickelten, darunter vor allem Karthago in Nordafrika. Sie stießen bis nach Spanien vor und über die Straße von Gibraltar hinaus, um im Süden an den Küsten Marokkos Handel zu treiben. Im Norden erreichten sie Cadiz und möglicherweise sogar Großbritannien. Sie schufen sich dauerhafte Märkte und waren auch das erste Volk, das Afrika umsegelte.

Ihre Unabhängigkeit ging im Jahr 572 v. Chr. zu Ende, als Tyrus an den babylonischen König Nebukadnezar II. fiel. Kolonien wie Karthago blühten weiter, doch die Küstengebiete Kanaans sollten von da an immer Teil eines größeren Reiches sein. Im 4. Jahrhundert v. Chr. wurde Sidon von den Persern und Tyrus von Alexander dem Großen zerstört. Im Jahr 146 v. Chr. unterlag auch Karthago der wachsenden Macht Roms.

Holzhandel *Phönizische Galeeren transportierten Zedernholz aus den Wäldern des Libanon. Das Holz wurde auch für Salomos Tempel in Jerusalem verwendet.*

Frau im Fenster *Die Elfenbeinschnitzerei könnte auf die Anbetung der phönizischen Fruchtbarkeitsgöttin Astarte in der Rolle einer Tempeldirne anspielen.*

SCHÖPFER SCHÖNER DINGE

Trotz aller politischen Umwälzungen gelang es den Phöniziern, ihren Wohlstand zu wahren, und sie waren für ihren luxuriösen Lebensstil bekannt. Die Produkte phönizischer Handwerker, ihr hochwertiges Glas, ihre Tonwaren, Textilien, Elfenbeinwaren und Metallgegenstände, wurden überall im Mittelmeerraum und Vorderen Orient verkauft.

Der Silberspiegel aus Byblos geht auf das Jahr 1250 v. Chr. zurück. Sein lotusförmiger Griff zeigt ägyptischen Einfluß. Das bronzene Rasiermesser aus Karthago, dessen Griff wie der Kopf und Hals einer Ente geformt ist, stammt aus der Zeit um 250 v. Chr. und spiegelt den Geschmack späterer Jahrhunderte wider. Das Halsband, das man in einem Grab auf Sardinien fand, ist typisch für die kleinen, zart modellierten Glasprodukte, mit denen die Phönizier handelten. Der Glaskrug wurde aus blauem Glasfluß hergestellt und anschließend dekorativ bemalt.

DIE ASSYRER – EIN VOLK VON KRIEGERN

Eines der gefürchtetsten Reiche der Antike hatte seinen Ursprung in einem semitischen Bauernvolk, das das fruchtbare nördliche Tigristal um die nach seinem Hauptgott benannte Stadt Assur bebaute. Das Land der Assyrer besaß ertragreiche Ebenen, Weideland und Berge, in denen es reiche Kupfererz-, Kalkstein-, Alabaster- und Marmorvorkommen gab. Es war von den Karawanenrouten durchzogen, die von den Hethitern in Anatolien nach Südmesopotamien oder über das Zagrosgebirge nach Indien führten.

Zunächst spielte der Krieg eine geringere Rolle im Leben der Assyrer. Die Kaufleute handelten mit Textilien aus Assur und verkauften Kupfer, das Rohmaterial für Werkzeuge und Waffen. Aus dem Osten importierten sie Zinn, das für die Herstellung von Bronze aus Kupfer notwendig war. Assyrische Kaufmannskolonien in Kleinasien dienten dem lukrativen Fernhandel.

Doch das sich ausdehnende Hethiterreich schnitt diesen Handel ab. Unter König Schamschi-Adad I. genossen die Assyrer im 18. Jahrhundert v. Chr. noch einmal eine kurze Blüte, dann folgten vier Jahrhunderte unter fremder Herrschaft.

Als die Assyrer diese Fremdherrschaft abgeschüttelt hatten, änderte sich ihre Haltung. Die Bauern und Kaufleute waren zu Soldaten geworden. Mit der Eroberung Babylons um 1250 v. Chr. endete vorerst der Rivalitätskampf mit der Macht im Süden. Während des 13. und 12. Jahrhunderts v. Chr. dehnten die assyrischen Könige die Grenzen ihres Reiches immer weiter aus. Die brutale Gewalt, mit der sie ihre Feinde einschüchterten, wurde zum Kennzeichen ihrer Kriegführung. Als erstes Volk führten die Assyrer planmäßige Massendeportationen besiegter Völker ein.

Der Staat war pyramidenförmig aufgebaut: Der König stand an der Spitze, dann folgte eine Schicht von Fürsten und darunter das einfache Volk als Basis.

Grundlage der Gesellschaft war das Dorf. Es gab kein Stammessystem und keine Klassen, abgesehen von der Unterscheidung zwischen Sklaven und Freien. Selbst als sich das Reich ausdehnte, veränderte sich das Dorfleben wenig. Das Dorf bezahlte seinen Fürsten für seinen Schutz mit Waren und Dienstleistungen, während er sein ganzes Leben am Hof zubringen konnte bzw. in großen Städten wie Assur, Ninive, Erbil und Nimrud.

Könige und Edelleute versuchten, sich gegenseitig in der Pracht ihrer Paläste zu überbieten. Ninive und Nimrud dokumentieren die Fähigkeiten der Künstler, die die Mauern mit Steinreliefs dekorierten, auf denen königliche Heldentaten dargestellt waren. König Sargon II. setzte Zehntausende von Arbeitern ein, um eine neue Hauptstadt nördlich von Ninive zu bauen, die jedoch niemals bewohnt wurde.

Die Einwohnerschaft der Städte war gemischt und schloß zahlreiche Fremde ein, die als Gefangene gekommen waren. Nur mit Gewalt konnte eine so explosive Mischung zusammengehalten werden, und unter einem schwachen König gerieten die Städte in eine schwere Krise. In solchen Zeiten innerer Unruhen waren die Assyrer weniger bedrohlich für ihre Nachbarn.

Aufstieg oder Niedergang des Reiches hing vom König ab. Man hielt ihn nicht für göttlich, doch man glaubte, sein Körper gebe eine Strahlung ab, die seine Feinde mit Angst erfüllte. Der Zugang zu ihm wurde strengstens kontrolliert. Selbst der Kronprinz mußte aufwendige Riten durchführen, um ganz sicherzugehen, daß alle Omen günstig waren, ehe er seinen Vater sehen durfte. Als Regent der Götter lebte der König inmitten einer Schar von Gottheiten und Dämonen zusammen mit Priestern, Wahrsagern, Astrologen und Teufelsaustreibern. Alles, was er tat, hing von Wahrsagungen ab, die gewährleisten sollten, daß keine seiner Handlungen gegen die Tradition gerichtet war oder die Götter beleidigte.

In vollem Galopp *Ebenso wie den Krieg liebten die Assyrer die Jagd. Dieses Steinrelief vom Palast in Ninive am Tigris zeigt König Assurbanipal als Anführer einer Jagdgesellschaft.*

Der Wille der Götter

Wenn ein Eroberungsplan alle Prüfungen durch das Orakel und das Omen bestanden hatte, waren die Assyrer wie alle anderen Völker der Antike davon überzeugt, daß der Krieg erbarmungslos geführt werden müsse. Wenn die Könige aus dem Krieg zurückkehrten, hielten sie ihre Erfolge in Inschriften fest, aus denen ihr ganzer Stolz sprach. König Tiglatpileser I. ließ im 11. Jahrhundert v. Chr. folgendes festhalten: „Im Auftrag meines Herrn Assur war ich Eroberer."

Assurnasirpal II. veranstaltete im 9. Jahrhundert v. Chr. ein zehntägiges Fest für 70 000 Menschen, um den Wiederaufbau von Nimrud zu feiern. Er hielt einen Privatzoo mit wilden Stieren, Löwen, Straußen und Affen. König Sanherib unterwarf im 7. Jahrhundert v. Chr. Juda und zerstörte Babylon. Mit Hilfe von Kriegsgefangenen baute er Ninive wieder auf. Er legte Straßen, Plätze und Gärten innerhalb einer Mauer an, deren Umfang 13 Kilometer betrug.

Sanheribs Sohn eroberte fast ganz Ägypten. Auf dem Höhepunkt seiner Macht war das Reich eine einzige Kriegsmaschine. Doch leistete es auch einen unschätzbaren Beitrag zur Kultur: Assurbanipal ließ im 7. Jahrhundert v. Chr. alte Texte aus der sumerischen Zeit in seiner Bibliothek sammeln. Unter seinen Nachfolgern begann dann der Zerfall des Reiches. Der Platz Assyriens wurde von den neu erstarkten Babyloniern eingenommen.

Der Untergang des Assyrischen Reiches wurde von den Nachbarvölkern als Befreiung empfunden. Den Schrecken, den es bei seinen Opfern hervorgerufen hatte, drückt der israelitische Prophet Nahum aus, als er über den Untergang Ninives schrieb: „Weh der mörderischen Stadt, die voll Lügen und Räuberei ist und von ihrem Rauben nicht lassen will!"

Aufgespießt *Die Assyrer waren für ihre Grausamkeit bekannt. Oft wurden Gefangene gepfählt oder lebendig gehäutet. Im 13. Jahrhundert v. Chr. verschleppte König Salmanassar I. rund 10 000 feindliche Soldaten nach Assyrien, nachdem er sie hatte blenden lassen.*

SCHLAGKRÄFTIGE ARMEE

Es ist nicht schwer, sich das Entsetzen vorzustellen, das ein assyrischer Angriff hervorrief. Um das Jahr 800 v. Chr. war die Armee so groß, daß der König 20 000 Fußsoldaten und 12 000 Reiter mit Bogen und Lanzen sowie 1200 zweispännige Streitwagen in die Schlacht schicken konnte.

Die Fußsoldaten schwangen Dolche und Schwerter aus Eisen, dem neuen Metall, das die Waffen der Assyrer überlegen machte. Ursprünglich ritten die Reiter in den Kampf, saßen ab und schossen hinter ihren Schilden vor. Später lernten die Bogenschützen jedoch, treffsicher vom Rücken ihrer Pferde in gestrecktem Galopp zu schießen.

Verfolgungsjagd *Flüchtlinge versuchen, sich mit aufgeblasenen Ziegenhäuten vor den Bogenschützen über den Fluß zu retten.*

Kriegsmaschinerie *Angriffstürme auf sechs Rädern (oben) und Sturmböcke wurden gegen Stadtmauern eingesetzt. Ein Relief aus dem Palast von König Assurbanipal in Ninive (links) zeigt, daß die Angreifer Spitzhacken und Brechstangen benutzten, um die Mauern einzureißen. Unterdessen wurden die Bürger aus der Stadt getrieben und gezwungen, die Kriegsbeute ihrer neuen Herren zu schleppen.*

DAS GOLDENE ZEITALTER BABYLONS

Im Neubabylonischen Reich Nebukadnezars II. zu Beginn des 6. Jahrhunderts v. Chr. erstrahlte Babylon in leuchtender Pracht. Neue Eroberungen und neuer Reichtum hatten seinen längst verlorengegangenen Glanz wiederhergestellt. Die große Stadt am Euphrat hatte schon vor über 1000 Jahren glorreiche Tage erlebt, doch sie hatte auch Katastrophen erlitten und war von den Assyrern unter ihrem Herrscher Sanherib sogar völlig zerstört worden.

Die erste Blüte Babylons während der langen Regierung König Hammurapis im 18. Jahrhundert v. Chr. war zur Zeit Nebukadnezars bereits ferne Vergangenheit. Am Ende der Herrschaft Hammurapis beherrschte die Stadt ein Reich, das sich im Norden fast bis zur Quelle des Euphrat erstreckte und im Süden bis an den Persischen Golf ausdehnte. In der folgenden Zeit lösten sich kurze Abschnitte der Unabhängigkeit mit der Herrschaft wechselnder fremder Herren ab. Um 1530 v. Chr. wurde Babylon von den Hethitern zerstört, spätere Herren waren Kassiten, Assyrer und andere Völker, und immer wieder kam es zu Aufständen. Im Jahr 612 v. Chr. machte sich König Nabupolassar, der Vater Nebukadnezars, eine Schwäche der Assyrer zunutze, um deren Reich zu erobern und Babylon erneut zur Hauptstadt eines Imperiums zu erheben. Ein neues goldenes Zeitalter brach an. Der Reichtum Babylons bot Arbeit für alle. Nebukadnezar war fest entschlossen, seine Hauptstadt zur glänzendsten Stadt der Welt zu machen. Das Ergebnis muß alle Besucher geblendet haben, die die Stadt durch das neue Ischtartor betraten. Hier gingen die Menschen an Mauern vorüber, die reich geschmückt waren mit glasierten Ziegeln und emaillierten Fliesen, deren blaue, gelbe, weiße und rote Oberflächen in der strahlenden Sonne Mesopotamiens glänzten.

Phantastische Gärten

Und direkt dahinter befand sich vermutlich die Phantasiewelt der Hängenden Gärten von Babylon, die über fast 25 Meter hohen Gewölbekonstruktionen angelegt waren – der Legende zufolge für eine der persischen Konkubinen des Königs, die sich nach den Bergen ihres Heimatlandes zurücksehnte. Die Menschen der Antike hielten die Hängenden Gärten für eines der Sieben Weltwunder. Scharen von Besuchern bestaunten die Terrassen mit ihren Bäumen und wuchernden Blattpflanzen, die man grün hielt, indem man Wasser aus Brunnen und Quellen nach oben pumpte.

Das Ischtartor öffnete sich auf eine Prozessionsstraße, deren Name bedeutete: „Möge der Feind nicht siegen." Sie führte zum Palast Nebukadnezars und dann bis in den Stadtkern zum großen Tempel Esagila, der dem Schutzgott Babylons, Marduk, geweiht war. Im Osten und Westen des großen Tempels erstreckten sich auf beiden Seiten des Euphrat über 400 Hektar dichtbebautes Wohngebiet mit zahlreichen kleineren Tempeln und Märkten. In dieser Stadt, die durch eine am Boden fünf Meter dicke und etwa 15 Kilometer im Umfang messende Mauer geschützt war, haben etwa 200 000 Menschen gelebt. Damit war sie die größte Stadt der damaligen Welt.

Babylon beherbergte eine buntgemischte Bevölkerung, die die Geschichte von Siegern wie von Besiegten widerspiegelte. Die gebürtigen

Prachtvolles Stadttor *Das nach der Göttin der Liebe benannte Ischtartor am Nordeingang Babylons ist 15 Meter hoch. Die Stiere symbolisieren den Gewittergott Adad, die Drachen den Hauptgott Marduk.*

DER GRUNDSTEIN VON HIMMEL UND ERDE

Die große Zikkurat, der Stufenturm, der dem Gott Marduk geweiht ist, erhebt sich über die geschäftigen Kais der Hauptstadt Nebukadnezars am Euphrat. Bauleute sind auf dem Dach eines Hauses eifrig mit Bauarbeiten in der Neustadt beschäftigt, die sich am Westufer des Euphrat erstreckt, um die wachsende Bevölkerung der Stadt aufzunehmen. Die Stadt ist so mächtig geworden, daß die Mauer, die sie umgibt, etwa 15 Kilometer lang ist.

Die neue Brücke, über die gerade hinter einer Kamelkarawane Soldaten aus der Stadt hinausmarschieren, ruht auf acht Pfeilern aus gebrannten Ziegeln und Asphalt, die man mit Stein verkleidet hat. Der Bau dieser Brücke stellt eine große technische Leistung dar. Auf der östlichen Seite betritt ein Neuankömmling die Stadt durch ein Tor in der 27 Meter hohen Innenmauer, die in gleichmäßigen Abständen von Türmen unterbrochen ist. Dahinter umringt eine weitere Mauer die heilige Stätte, in der sich der Marduktempel Esagila, der bereits im 3. Jahrtausend v. Chr. errichtet wurde, neben der großen Zikkurat befindet.

Aus Millionen von Schlammziegeln erbaut, erhebt sich die Zikkurat sieben Stockwerke hoch und bietet einen ehrfurchteinflößenden Anblick, der sich dem Näherkommenden schon aus weiter Enfernung bietet. Die Babylonier nennen ihn Etemenanki, was „Grundstein von Himmel und Erde“ bedeutet. Auf seiner Spitze in über 91 Meter Höhe steht ein Heiligtum, auf das Marduk, so nimmt man an, vom Himmel herabsteigt, wenn er zu seinem Volk kommen möchte. An heiligen Tagen steigen der König und die Hohenpriester unter den Augen Tausender Bürger die lange Treppe zu diesem Heiligtum hinauf, um Marduk um seine Gunst zu bitten.

Die Zikkurat von Babylon war Vorbild für die biblische Schilderung des Turmbaus zu Babel. Die Nachkommen Noahs wollten einen Turm bauen, der bis in den Himmel reichte. Um diese Anmaßung zu bestrafen, verwirrte Gott die Menschen, die bis dahin eine Sprache gesprochen hatten, so daß sie einander nicht mehr verstanden, und zerstreute sie in alle Länder.

Babylonier vermischten sich mit Hethitern, Assyrern, Aramäern, Chaldäern, Kassiten, Hurritern, Elamitern und nun auch den Tausenden von Juden, die Nebukadnezar aus Jerusalem verschleppt hatte.

Priesterliche Landbesitzer

Wie in den meisten anderen Städten gab es auch in Babylon scharfe Klassengegensätze, vor allem zwischen Sklaven und Freien. Außerdem wurde streng zwischen Tempelpersonal und weltlicher Gesellschaft getrennt. Die Priester Marduks im Esagilatempel kontrollierten die Hälfte des Landes und einen großen Teil der Wirtschaft des Reiches, wozu auch die Arbeit der Händler und Handwerker zählte. Tausende von Bauern bebauten tempeleigene Äcker für einen Anteil der Erträge. Sklaven bildeten die Arbeitskolonnen, die die Bewässerungskanäle in gutem Zustand erhielten.

Neben denjenigen, die an der Tempelwirtschaft beteiligt waren, gab es weltliche Arbeiter, die zumeist die gleichen Handwerke ausübten wie die priesterlichen. Die große Zahl erhaltener geschäftlicher Dokumente – in Keilschrift auf Tontafeln – erwähnen Lehrlinge, Meister und Gilden in Gewerben wie Zuckerbäcker, Bootsleute, Kupferschmiede, Ziegelmacher, Gerber, Kanalgräber, Vogelfänger, Brauer und vielen anderen. Die formelle Schulbildung war auf jene Jungen beschränkt, die sich auf eine Stelle als Schreiber an den Tempeln oder am königlichen Hof vorbereiteten.

Die Babylonier schätzten das Privatleben in der Familie, und die meisten Häuser waren um einen Innenhof gebaut, der nur eine einzige Türöffnung zur Straße hatte. Vom Innenhof gelangte man direkt in ein großes Familienwohnzimmer mit verschiedenen angrenzenden Schlafzimmern. Auf der gegenüberliegenden Seite des Hofes befanden sich die Küche und, wenn die Familie wohlhabend war, die Unterkünfte von zwei oder drei Sklaven.

Bei Tagesanbruch waren die Männer und Jungen einer frommen Familie auf den Dächern ihrer Häuser zu finden, wo sie sich auf den Knien vor der Sonne verneigten. Nach der morgendlichen Arbeit versammelte sich die Familie um die Mittagszeit wieder zum Essen und ruhte danach während der größten Hitze des Tages. Dann wurde die Arbeit vom Nachmittag bis fast zum Sonnenuntergang fortgesetzt. Am Abend plauderte man miteinander und erzählte sich Geschichten. Auch gab es viele religiöse Feste, bei denen getanzt und gesungen wurde.

Der griechische Historiker Herodot berichtet, daß der elegante babylonische Herr „einen Leinenchiton trägt, der ihm bis zu den Füßen reicht. Sein langes Haar bedeckt er mit einer Kappe. Der gesamte Körper ist parfümiert.“

Trotz ihres Wohlstandes war die Stadt von Unruhen und Intrigen geplagt, vor allem nach Nebukadnezars Tod. Zeiten der Schwäche machten sie verwundbar, und das Reich fiel 539 v. Chr. fast kampflos an Kyros II. den Großen von Persien.

Zwei Jahrhunderte später, als die Armee Alexanders des Großen die Perser überwand, hießen die Einwohner Babylons den makedonischen Eroberer willkommen. Mit der Gründung neuer Städte jedoch schwand Babylons Stärke mehr und mehr, und im 1. Jahrhundert war die herrliche Metropole am Euphrat fast vollständig verlassen.

Schutzgötter *Priester und Sterndeuter sahen in den Himmelserscheinungen Omen irdischer Ereignisse. Der Mond steht für den Gott Schamasch, der achtzackige Stern für die Göttin Ischtar. Noch heute sind uns die Überlieferungen der babylonischen Sterndeuter in den Tierkreiszeichen erhalten.*

DIE PERSER – GROSSZÜGIGE EROBERER

Die bärtigen Soldaten Kyros' II. des Großen von Persien marschierten im Jahr 539 v. Chr. als Eroberer in Babylon ein. Die Armee hatte die Stadt in einem phantastischen Überraschungsangriff eingenommen. Der griechische Historiker Herodot beschreibt, wie sie durch das Flußbett herankam, während die Babylonier ein Fest feierten, denn Kyros hatte das Wasser des Flusses in einen See vor der Stadt abgeleitet.

Als Kyros in Babylon einzog, war ihm der Ruf der Milde vorausgeeilt, den er sich während seines kometenhaften Aufstiegs vom Vasallenkönig des Königreichs Medien zum Herrscher über alle Meder und Perser erworben hatte. Als er das mächtige Babylonische Reich angriff, wurde er als Befreier willkommen geheißen. Mit Toleranz und Güte errichtete er sein Imperium.

Schon in seiner Kindheit wurde Kyros wegen seiner Weisheit bewundert. Auf dem Höhepunkt seiner Eroberungen gewann er die Babylonier für sich, indem er ihren Gott Marduk anbetete; doch auch gegenüber den Völkern, die von Babylon geplündert worden waren, zeigte er Gnade. Heilige Götterbilder gab er ihren Besitzern zurück, und im ganzen Reich erneuerte er Tempel. Besonders bemerkenswert ist es, daß er den Juden in der Babylonischen Gefangenschaft gestattete, in ihre Heimat zurückzukehren und die Tempelgeräte mitzunehmen, die Nebukadnezar beschlagnahmt hatte. Er erlaubte ihnen auch, Jerusalem wieder aufzubauen. Es verwundert daher nicht, daß der Prophet Jesaja Kyros einen „Hirten" Gottes nannte, zu dem Gott sagte: „Ich will vor dir hergehen und das Bergland eben machen."

Während der unruhigen Herrschaft von Kyros' Sohn Kambyses und der hervorragenden Regierung Darius' I. des Großen im 6. Jahrhundert v. Chr. wuchs das Reich zum Weltreich. Es erstreckte sich von Ägypten, Libyen und Makedonien bis zu den Grenzen Indiens und Chinas. Kyros hatte das Reich in 20 Provinzen aufgeteilt, die von Statthaltern, sogenannten Satrapen, regiert wurden. Darius versuchte,

Reisekleidung *Das Silbermodell aus dem 5. Jahrhundert v. Chr. zeigt einen Adligen in langem Mantel, Hosen und einer kapuzenartigen Mütze.*

DER PALAST DES STATTHALTERS

Im 5. Jahrhundert v. Chr. residiert ein persischer Statthalter in einer Villa in Lachisch bei Jerusalem. Soldaten mit Lanzen bewachen das Tor, das in einen Innenhof führt, in dessen Mitte sich ein Wasserbecken befindet. Auf zwei Seiten um den offenen Platz gruppieren sich Gästeunterkünfte, Lagerräume und die Quartiere der Bediensteten. Säulen flankieren die hohen Portale, die in die Innenräume der Villa führen. Der große Empfangsraum weist ein Tonnengewölbe auf, eine architektonische Errungenschaft, die die Perser von den Assyrern übernommen hatten. Ihr großer Vorteil bestand darin, daß man damit auch ohne mittlere Stützsäule größere Räume überspannen konnte, als es mit flachen Decken möglich gewesen wäre.

Diese Rekonstruktion basiert auf den Ruinen eines Gebäudes, das vermutlich die Residenz eines Provinzstatthalters oder Satrapen war.

Steinerner Wächter *Dieser lebensgroße Bogenschütze wachte im Palast Darius' des Großen in Susa. Er ist Teil eines Frieses aus glasierten Ziegeln von babylonischen Handwerkern.*

steuerliche Ungerechtigkeiten auszuräumen, und besteuerte Fischerei, Landwirtschaft, Bergbau und Textilherstellung mit jeweils einheitlich 20 Prozent. Gebürtige Perser waren von der Steuerpflicht ausgenommen.

Darius und seine Nachfolger wollten ihr Reich zu einer riesigen Freihandelszone machen. Sie nutzten auch eine Erfindung, die kurz zuvor in Lydien entwickelt worden war, indem sie eine amtliche Münze einführten, die sowohl den Handel als auch die Besteuerung vereinfachte. Im ganzen Land richtete man sein Augenmerk auf Wasserwege für den Handel. Die persischen Ingenieure leiteten Tausende von Arbeitern an, einen alten Kanal zwischen dem Roten Meer und dem Nil instand zu setzen, um einen Seeweg von Persien nach Ägypten zu öffnen.

Wohlstand durch Handel

Der Handel zwischen den Völkern nahm zu, und mit ihm wuchsen Wohlstand und Steuereinnahmen. Ägyptisches Glas konnte gegen indische Gewürze, anatolisches Silber, phönizische Purpurfarben und Textilien, Parfüm aus Arabien, Elfenbein aus Äthiopien, Bauholz aus Kreta oder Hunderte andere Waren getauscht werden.

Die Trachten verschiedener Völker wurden in den ständig wachsenden Städten zu einem alltäglichen Anblick, und die kapuzenartige Haube und die typischen Hosen der Perser kannte man überall. Wie in fast allen Gesellschaften der Antike gründete der Wohlstand der gehobenen Klassen auf der Landwirtschaft und der Arbeit der Dorfbevölkerung, die sich von einer Generation zur nächsten kaum veränderten. Auf jeden Edelmann oder Fernhändler kamen Scharen von Handwerkern, Pächtern, Feldarbeitern, Leibeigenen und Sklaven, die meist fest in ihrem Heimatort verwurzelt waren.

Theoretisch gehörte das gesamte Land dem König, doch Darius und spätere Herrscher teilten es für Adlige in Lehnsgüter auf, deren Größe dem Grad der militärischen Verantwortung des Fürsten entsprach. Der Herr über 20 Hektar, eine Fläche, die man Bogenland nannte, mußte einen Bogenschützen für die Armee stellen. Größere Ländereien nannte man entsprechend Pferdeland oder Streitwagenland. Leibeigene und Feldarbeiter arbeiteten auf Gütern, die kleine Welten für sich waren, und sie hatten kaum Aussicht, aus ihnen auszubrechen. Viele Adlige, deren Lehnsgüter sich weit vom Zentrum des Reiches befanden, bezogen ihr Einkommen von dort, während sie die Freuden des Stadtlebens genossen.

Die Perser leisteten einen wichtigen Beitrag zum religiösen Leben. In einem Zeitalter, das Konfuzius in China, Buddha in Indien und einige der größten Propheten Israels hervorbrachte, war Persien die Heimat des Propheten Zarathustra. Er verkündete die Verehrung eines einzigen obersten Gottes, Ahura Masda, „Weiser Herr".

Zarathustra sah das Leben als eine Schlacht zwischen Hell und Dunkel, Gut und Böse, Wahrheit und Unwahrheit. Die Menschen, so lehrte er, waren in dem Konflikt zwischen den geistigen Mächten beider Seiten gefangen. Doch sie hatten einen freien Willen und konnten zwischen Gut und Böse wählen. Die persischen Herrscher verbreiteten die neue Religion im gesamten Reich, duldeten aber auch andere Religionen.

Die Größe des Reiches war ein Hauptproblem der Regierung, vor allem unter späteren Königen, denen die Persönlichkeit und das Organisationstalent von Darius I. fehlten. Doch trotz dieser Schwierigkeiten bestand das Reich bis ins 4. Jahrhundert v. Chr., ehe ein militärisches Genie, das kaum dem Jugendalter entwachsen war, es eroberte. Mit einer disziplinierten Armee und neuen Taktiken brach Alexander der Große aus Makedonien auf. Nichts und niemand konnte ihm widerstehen. Darius III. stellte sich ihm in zwei Schlachten, doch er war dem Makedonier nicht gewachsen, der im Jahr 331 v. Chr. in Susa einzog und dort 270 Tonnen Goldmünzen und 1200 Tonnen Silberbarren in der Schatzkammer des Königs fand. Das Persische Reich hatte nun neue Herrscher und eine neue Zukunft.

Geschenke aus aller Welt *Elfenbein aus Afrika, Stoffe aus Ionien, Metall aus Lydien und Goldstaub aus dem Industal – die Völker des Persischen Reiches bringen dem König Tribut.*

KURIER AUF DER KÖNIGSSTRASSE

Ein persischer Reiter in gestrecktem Galopp bringt eine wichtige Botschaft auf der Königsstraße von Susa nach Sardis in Lydien. Darius der Große legte Wert auf gute Verbindungen, um sein ausgedehntes Reich zusammenzuhalten. An der rund 2700 Kilometer langen Königsstraße lagen 111 Poststationen, wo die Boten die Pferde wechselten, so daß sie die gesamte Strecke innerhalb einer Woche zurücklegen konnten. Alexander der Große und später auch die Römer übernahmen dieses System. Signaltürme auf den Bergen übermittelten eilige Botschaften noch schneller. Sie wurden bis zum 19. Jahrhundert benutzt.

JENSEITS DER MAUER

Die Chinesen besaßen um die Zeitenwende eine hochstehende Kultur. Sie aßen bereits mit Stäbchen, als die meisten Europäer noch ihre Finger zum Essen benutzten. Doch während in anderen Teilen der Welt der Kontakt zwischen den Völkern zu einem ständigen Ideen- und Gedankenaustausch führte, war China durch seine geographische Lage – Meere, Berge und Wüsten – von anderen Kulturen weitgehend isoliert.

Als die Chinesen dann mit anderen großen Kulturen in Kontakt kamen, hatten sie bereits eine so eigenständige und charakteristische Lebensart entwickelt, daß sie keinen Grund sahen, sie zu ändern. Also lächelten sie weiterhin, auch wenn sie traurig waren, konsultierten und bezahlten Ärzte, auch wenn es ihnen gutging, und was die Religion betraf, so vertrauten sie mehreren Glaubensrichtungen gleichzeitig.

In den vier Jahrhunderten von 221 v. Chr. bis 220 n. Chr., als der größte Teil des Reiches erstmals unter einheitlicher Herrschaft stand, hatte sich Chinas Lebensweise so fest etabliert, daß sie teilweise bis in die jüngste Zeit fortbestand.

DAS ALTE CHINA 221 V. CHR.–220 N. CHR.

HARTE ARBEIT FÜR DAS NEUE REICH

Die Chinesen nennen sich „Han-Menschen“, sie sprechen die „Han-Sprache“, und wenn ein Mann ein Held oder ein guter Freund ist, loben sie ihn als einen „guten Han“. Han war der Name der großen und glorreichen Dynastie, die China von 206 v. Chr. bis 220 n. Chr. regierte. „Han“ steht also für „Chinesen“ im Unterschied zu den vielen anderen Völkern, die innerhalb der Grenzen Chinas lebten und leben.

Die frühesten Chinesen siedelten sich in dem fruchtbaren Gebiet um den Gelben Fluß vor ungefähr 12 000 Jahren an. Überall um sie herum gab es zahlreiche andere Stämme, die eine andere Sprache hatten und deren Lebensweise sich von der der Chinesen stark unterschied. Etwa um 4700 v. Chr. hatten die Chinesen – Jäger und Fischer – begonnen, Hirse, Reis und andere Getreidearten anzubauen. Sie domestizierten den Hund, hielten Rinder, Hühner, Pferde, Schweine und Schafe und stellten Tonwaren her, die sie mit Farbe und Schnurabdrücken verzierten. Um 1500 v. Chr. beherrschten sie die Technik des Bronzegießens, hatten die Seidenherstellung gelernt und den Streitwagen erfunden. Die einzigartige Schrift, die sie entwickelten, erwies sich als so brauchbar, daß sie in abgewandelter Form bis heute überlebt hat. Sie verehrten ihre Vorfahren als Götter und traten durch die Deutung von Rissen in besonders behandelten Tierknochen mit ihnen in Verbindung. Die Paläste der chinesischen Herrscher waren von Siedlungen umgeben, und vor Angriffen schützte man sich durch Mauern aus gestampfter Erde.

Von jener Zeit an entwickelte sich die chinesische Kultur schnell. Die Chinesen besiedelten weiteres Land,

Auf Wache *Ein lebensgroßer Tonsoldat beschützt das Grab des Ersten Kaisers. Er wurde den Soldaten nachgebildet, die in grausamen Kämpfen sein Reich begründeten.*

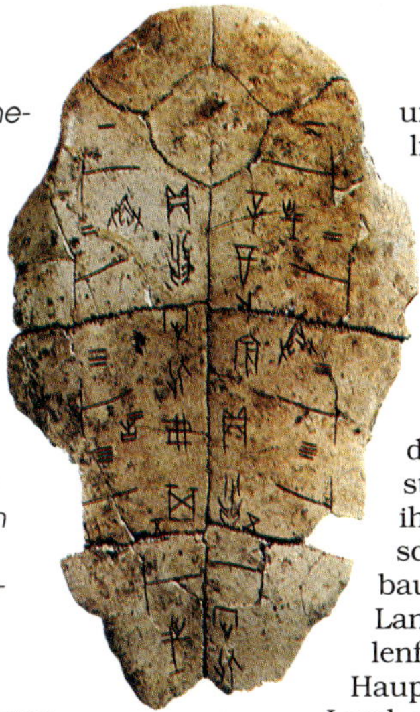

Geisterzeichen *Die Chinesen benutzten Schildkrötenpanzer wie hier rechts und Schulterblätter von Tieren, um mit ihren Vorfahren in Verbindung zu treten, indem sie die Risse deuteten, die sich beim Erhitzen zeigten. Die Wahrsagungen, die sie auf den Panzer schrieben, zählen zu den frühesten bekannten chinesischen Inschriften.*

und ihre Lebensbedingungen änderten sich ständig durch neue Techniken, wie die Eisenverarbeitung und den Einsatz von Hochtemperaturbrennöfen für Tonwaren. Im 5. Jahrhundert v. Chr. benutzten Chinas Soldaten schon Eisenwaffen und Armbrüste, und statt schwerfälliger Streitwagen setzten sie Reiter ein. Gestützt auf solche Streitkräfte, begannen die nicht sehr bedeutenden Herrscher, die bisher nur über einzelne Teile des Landes regiert hatten, China nach und nach zu erobern.

Bis 221 v. Chr. gab es mehrere unabhängige Staaten. In diesem Jahr unterwarf der Herrscher von Ch'in alle Nachbarstaaten und bildete eine starke Regierung. Er ging als Shih Huang Ti, „Erster Erhabener Kaiser", in die Geschichte ein und gilt im Volksgedächtnis als tyrannischer Herrscher.

Der Erste Kaiser stellte den Staat über alles und zwang seine Untertanen mit strengen Gesetzen und harten Strafen, den Interessen des Staates zu dienen. Hunderttausende, die die zahlreichen Gesetze brachen, wurden zu Zwangsarbeit an staatlichen Projekten verurteilt, etwa zu Bewässerungsarbeiten und zum Straßenbau. Auch wer sich keinerlei Gesetzesübertretungen zuschulden kommen ließ, mußte Fronarbeit leisten. Chinas Erster Kaiser ließ keine Opposition zu: Der allgemeinen Überlieferung nach verbot er den privaten Besitz fast aller historischen und philosophischen Schriften und ließ sie verbrennen. Verschont blieben nur Bücher über Medizin, Ackerbau und Wahrsagerei. Er ließ Gelehrte niedermetzeln, die es wagten, eigene Gedanken zu äußern. Lehrer konnten nur in staatlichen Einrichtungen arbeiten.

Auf der Habenseite des Ersten Kaisers stand dagegen, daß es ihm gelang, die chinesische Welt zu einen. Er baute 50 Schritt breite Landstraßen, die strahlenförmig von seiner Hauptstadt Hsienyang ins Land gingen. Er standardisierte Gewichte, Maße und Münzen, vereinheitlichte die chinesische Schrift und führte sogar eine Standardspurbreite für Wagen ein, so daß sie in den gleichen Spurrillen fahren konnten.

Während der zwölf Jahre, die der Erste Kaiser China regierte, verwalteten ernannte und absetzbare Beamte das Land. Der Kaiser brach die Macht des Adels, indem er alle erblichen Privilegien und Ränge abschaffte – außer den eigenen, von denen er annahm, sie würden für immer in seiner Familie bleiben. So mußten die vornehmen und reichen Familien hohe Steuern zahlen. Außerdem bestimmte ein Gesetz, daß das Vermögen eines Mannes nach seinem Tod gleichmäßig unter alle seine Söhne aufgeteilt werden sollte. Die Bauern profitierten von Bewässerungsplänen und wurden von der Leibeigenschaft befreit, um produktivere, doch stark besteuerte, freie Gutsbesitzer zu werden.

Mauer gegen die Barbaren

In den frühen Jahrhunderten bauten die Chinesen Verteidigungswälle gegen die nomadisierenden Barbaren, die im Norden lebten. Shih Huang Ti verband diese Wälle und errichtete somit eine Barriere – die sogenannte 10 000 Li lange Mauer – entlang der gesamten Nordgrenze Chinas. Die Volksgeschichte berichtet, daß eine Million Arbeiter während der Bauarbeiten ums Leben kam und daß einige geopfert und unter den Fundamenten begraben wurden, um die Mauer zu verstärken. Da die Mauer aus Lehm bestand, den man in Holzformen gepreßt hatte, hielt sie Wind und Wetter nicht lange stand, doch die Idee einer Mauer wurde dann von späteren Kaisern wiederaufgegriffen.

Doch trotz der Vorzüge der Regierung des Ersten Kaisers nahm das chinesische Volk die von ihm verordneten harten Lebensbedingungen nicht sehr lange hin. Shih Huang Tis Ch'in-Dynastie überlebte ihn lediglich vier Jahre, ehe sie 206 v. Chr. in Anarchie zusammenbrach.

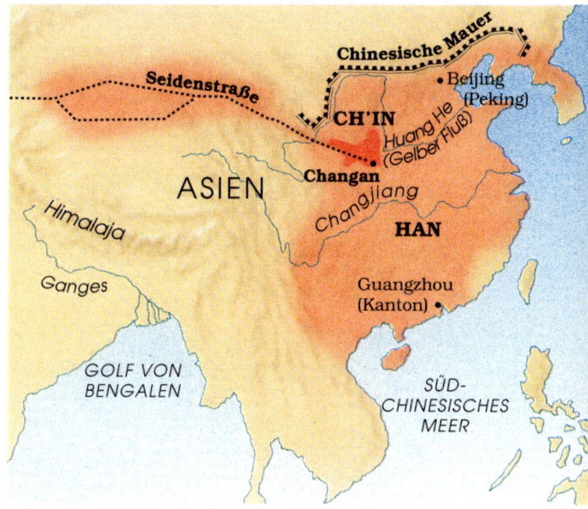

Heimat am Gelben Fluß *Von ihrem Kernland am Gelben Fluß hatte sich die Kultur der Chinesen bis zur Han-Dynastie weit über das ursprüngliche*

Ein der überragenden Persönlichkeit Shih Huang Tis angemessenes Denkmal befindet sich in der Nähe seines Grabes am Berg Li, wo eine ganze Armee von lebensgroßen Tonsoldaten, aufgestellt in Schlachtformation, mit ihren Pferden und Streitwagen den Kaiser in die nächste Welt begleitet hat. Fußsoldaten, Reiter und Armbrustschützen stehen in stummen Reihen. Einige tragen Rüstungen aus Eisenstreifen mit einem Schal um den Hals, der verhindern soll, daß das Eisen die Haut aufreibt. Andere tragen leichte Baumwollkleidung, und die Frisuren, Bärte, wattierten Hosen und Gürtel sind in allen Einzelheiten modelliert. Die Köpfe der Tonsoldaten wurden alle einzeln gefertigt, so daß über 8000 individuelle Gesichter entstanden sind.

Ochsenkraft *Ein Bauer stellt sich auf eine Egge, um ihr mehr Gewicht zu verleihen. Zugtiere wie Ochsen und Wasserbüffel ersetzten allmählich die menschliche Muskelkraft.*

Nahrung für alle *Die schweißtreibende Aufgabe, junge Reisschößlinge in Reisfeldern zu pflanzen, war das tägliche Los von Millionen chinesischer Bauern, vor allem im Süden des Reiches. Enorme Mengen Getreide wurden angebaut, um die Armee zu ernähren.*

Auf der Straße *Zwei Freunde begrüßen sich auf traditionelle Art: Sie schütteln sich selbst die Hände. Links von ihnen liest ein Gelehrter in einem Buch.*

Küchenkunst
Mehrere Köche bereiten das Essen zu, während einer das Feuer im Herd schürt. Vögel und Fische für spätere Mahlzeiten hängen hinter ihnen.

KAISER, BAUERN UND SOLDATEN

Der Respekt vor den Ahnen hat in China eine lange Tradition, und in der frühen Kaiserzeit sorgten die Familien dafür, daß es ihren Toten an nichts mangelte. Die Wohlhabenderen legten Stoffrollen und Speisen in Urnen und Krügen in die Gräber, die die Verstorbenen im nächsten Leben benutzen konnten, dazu Tonmodelle von vertrauten Dingen und Menschen: Miniaturhäuser, Mühlen und Schweineställe, Musikanten und Tänzer, Teiche und Reisfelder. Diese Modelle, die fast 2000 Jahre später wieder ans Tageslicht gebracht wurden, vermitteln einen lebendigen Eindruck vom Leben im alten China.

Die vier Jahrhunderte vom Jahr 206 v. Chr. an, als China von den Kaisern der Han-Dynastie regiert wurde, waren eine Ära der Erfindungen, des Experimentierens und der Expansion. Sie waren auch eine Zeit ausgeprägter Gegensätze zwischen Arm und Reich. Die Wohlhabenden hüllten ihre Toten in reine Seide und legten sie in teure Holzsärge. Die Armen wurden in Tonsärgen begraben, und in schweren Zeiten begrub man sie gar nicht, sondern überließ sie den wilden Tieren.

An der Spitze der Gesellschaft standen die kaiserliche Familie und der Adel. Darunter kamen die Beamten und Gelehrten, gefolgt von den Bauern, den Handwerkern, den Kaufleuten und schließlich den Sklaven.

Hinter den Palastmauern

Die Kaiserfamilie lebte in riesigen Palästen in der Hauptstadt Changan, dem Hsienyang des Ersten Kaisers. Die Paläste waren teilweise aus Ziegeln und Steinen erbaut, doch selbst bei den prächtigsten Bauwerken verwendete man auch Holz oder mit Lehm verputztes Flechtwerk. Der Komplex bestand aus Audienzzimmern und Wohnquartieren und wurde durch hohe Außenmauern mit Wachtürmen und imposanten Toreingängen abgeschirmt.

Der Kaiser bewohnte die innersten Räume, umgeben von seinen Ehefrauen und Konkubinen, umsorgt von Dienern und Eunuchen und in Obhut seiner Berater, Beamten und Soldaten. Zeremonielle Pflichten hielten ihn praktisch im Palast gefangen, doch gelegentlich besuchte er auch die kaiserlichen Lustgärten vor der Stadtmauer, wo exotische Pflanzen und Tiere zu seiner Unterhaltung gehalten wurden. Das Volk hatte große Ehrfurcht vor dem Kaiser, und ein gewöhnlicher Mensch, der ihm ins Gesicht blickte, war des Todes.

Reiche Familien bauten mehrstöckige Holzhäuser und schmückten sie mit Schnitzereien und Gemälden. Die große Mehrheit der armen Leute lebte jedoch in Hütten mit nur einem Raum, die aus Lehm und Flechtwerk gebaut waren. Sie kleideten sich in gröbste Hanfstoffe, nur die wenigsten besaßen Schuh-

HAUS UND HOF

Die meisten Chinesen lebten in Dörfern und waren von Gebäuden umgeben, die den abgebildeten Tonmodellen (oben) ähnelten. Einige Gebäude, wie der Kornspeicher und der Brunnen, wurden von der gesamten Gemeinde genutzt. Im Kornspeicher (rechts) lagerte man Getreideüberschüsse aus guten Jahren, die dann in schlechten zu amtlich festgesetzten Preisen verkauft wurden. In der Mitte ist ein typisch chinesisches Brunnenhäuschen abgebildet.

Viele Häuser jener Zeit ähnelten dem Gebäude auf der linken Seite. Es waren einstöckige Bauwerke an der Nordseite eines Hofes. Die Fenster, wenn es sie überhaupt gab, waren sehr klein und befanden sich ganz oben in der Wand. Das überstehende Ziegeldach schützte vor der Sommersonne, während die tiefstehende Wintersonne durch die Fenster fiel. Bei den einfachsten Häusern wurde auf dem Hof gekocht. Zu den Gebäuden um den Hof gehörten meist Schweinestall, Vorratshaus, Latrine und Wachturm.

werk, und sie aßen von Holz- oder Tongeschirr.

Der Kontrast zwischen Arm und Reich wurde besonders beim Essen deutlich. Die Wohlhabenden konnten sich nahrhaft und abwechslungsreich ernähren. Sie aßen Schweine-, Rind- und Lammfleisch, Wild, Huhn, Ente, Gans, Wachtel und Taube, allerdings auch Hundefleisch, Eulen, Spatzen und Elstern. Süßwasserfische und Gemüse gab es reichlich, und zur Verfeinerung der Speisen verwendete man Zimt, Ingwer, Knoblauch, Salz, Zucker, Honig und Sojasoße. Die Armen aßen nur selten Fleisch, und wenn doch, dann vermutlich nur Huhn. Ihre normale Ernährung bestand aus kaum mehr als Getreide wie Hirse und Weizen, Gemüse und gesalzenen Sojabohnen zum Würzen.

Die Bauern bauten Getreide an, das Grundnahrungsmittel und die Basis der chinesischen Wirtschaft. Doch trotz ihrer hohen gesellschaftlichen Stellung waren die Lebensbedingungen der Bauern oft recht bescheiden. Ein Bauer auf eigenem Land bebaute im Durchschnitt sieben Hektar, und selbst in einem guten Jahr reichte sein Getreideertrag nicht aus, um eine fünfköpfige Familie zu ernähren. Also verdienten die Bauern nebenher noch Geld, um Kleidung, zusätzliche Nahrungsmittel und andere notwendige Dinge zu kaufen, indem sie Seidenraupen züchteten oder Kräuter sammelten. Außergewöhnliche Belastungen, wie Dürre, eine Hochzeit oder ein Todesfall, konnten bedeuten, daß ein Bauer Land verkaufen und Felder pachten mußte, um Feldfrüchte anzubauen. Da jedoch die Pacht oft 50 Prozent des Ernteertrages betrug, machte dies alles nur noch schlimmer, und viele Bauern sanken zu Lohnarbeitern ab. Ein wenig Beistand gab die Regierung den Bauern jedoch in Form von konkreten Hinweisen auf Landwirtschaftstechniken und Fruchtwechsel.

Die Stellung der Frauen war klar: Sie gehörten ins Haus, und die Fähigkeiten, die sie haben mußten, waren häuslicher Art. Zu den Pflichten reicher Frauen gehörte Nähen und Weben. Frauen armer Familien mußten auch Gegenstände wie Stroh- und Stoffschuhe herstellen, um das Familieneinkommen aufzubessern, und Bauersfrauen halfen auf den Feldern. Es gab jedoch auch Tätigkeiten außerhalb des Hauses: So konnten Frauen kleine Läden führen, als Ärztinnen praktizieren und Zauberinnen werden, die zur Austreibung böser Geister sehr gefragt waren. Es gab auch Sängerinnen, Tänzerinnen und Prostituierte. Doch alle Frauen – selbst die aus reichen Familien – waren von Regierungsämtern ausgeschlossen.

Atempausen in der täglichen Arbeitsroutine boten Feste wie Neujahr und die jährlichen Zeremonien, bei denen die Vorfahren und Götter angebetet wurden. All diese Feste waren so gelegt worden, daß sie nicht mit dem landwirtschaftlichen Zyklus in Konflikt gerieten.

Verteidiger des Reiches

Die lange Nordgrenze des Reiches war anfällig für Angriffe nomadischer Stämme, und die Armee der Han-Dynastie versuchte, die Nomaden durch bemannte Festungen an strategisch wichtigen Punkten fernzuhalten. Etwa ein Drittel der Soldaten stand stets unter Waffen. Die anderen bebauten das grenznahe Land, um die Garnison zu ernähren, oder errichteten Wachtürme, von wo aus sie sich im Fall eines Angriffs untereinander mit Leuchtfeuern verständigen konnten.

Das größte Problem der Armee der Han-Dynastie war die Beweglichkeit der berittenen Nomaden. Die chinesischen Truppen waren fast alle Fußsoldaten, und die wenigen regulären Kavallerieeinheiten waren den Eindringlingen nicht gewachsen. Also schickte die Armee Expeditionen westwärts, um Pferde aufzutreiben, die groß genug waren, schwerbewaffnete Soldaten zu tragen. So führte der Kontakt mit anderen Völkern schießlich zur Entstehung jener Handelsroute, die als Seidenstraße berühmt wurde.

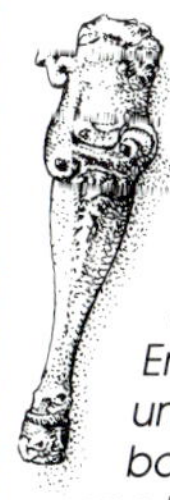

Grenzhüter *Der Soldat des Kaisers (oben) leistete wahrscheinlich den zweijährigen Wehrdienst, den man von Männern zwischen 23 und 56 Jahren erwartete. Er trägt ein Schwert und eine Hellebarde. Die bronzene Hellebarde (links) hat eine passende Hülle. Andere Soldaten benutzten Armbrüste und trugen Eisenrüstungen.*

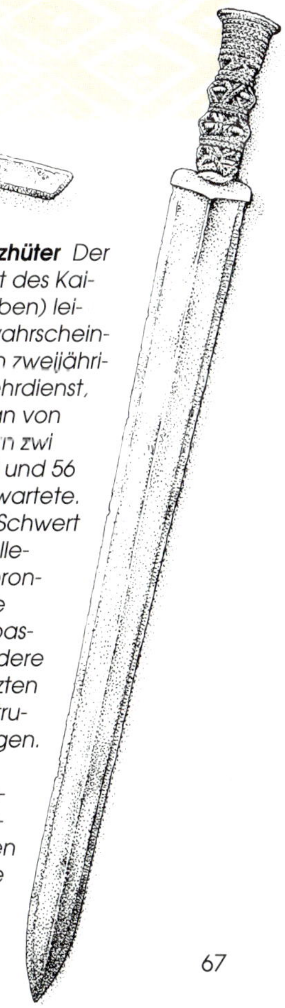

Schön und praktisch *Seidenbesätze am Heft dieses Bronzeschwertes verbesserten den Halt. Die zugehörige Scheide hat eine Spitze aus Jade.*

Angenehmes Leben *Die Herren auf dem Fliesengemälde lebten vermutlich in Häusern, die dem reichverzierten Tonmodell (links) ähnelten. Sie aßen von Lackgeschirr und trugen Seiden- und Pelzkleider, seidengefütterte Lederschuhe sowie Gold-, Silber- und Jadeschmuck. Tierhäute, Stickereien, Kissen und Wollteppiche bedeckten die Böden ihrer Häuser.*

KAUFLEUTE, STRASSEN UND MÄRKTE

Im frühen China war die gesellschaftliche Stellung einer Person genau festgelegt. Wer sein Geld durch den Handel verdiente, stand am unteren Ende der sozialen Skala. Die Kaufleute wurden als Schmarotzer betrachtet, und nur die Sklaven standen noch unter ihnen. Trotzdem wurden viele sehr reich.

Dies ärgerte einen Beamten so sehr, daß er im Jahr 178 v. Chr. an den Kaiser schrieb: „Das Gesetz sagt, Kaufleute seien minderwertig, doch statt dessen sind sie reich und angesehen. Obwohl die Männer weder pflügen noch Unkraut jäten und ihre Frauen weder weben noch Seidenraupen züchten, kleiden sie sich in feinste Seidenstoffe und essen die besten Getreide- und Fleischsorten." Und er fügte erklärend hinzu: „Sie bestehen auf 100 Prozent Gewinn."

Doch obwohl die Kaufleute von Amts wegen geringgeachtet wurden, blühte das Chinesische Reich durch den Handel. Waren jeder Art wurden im ganzen Land auf der Straße oder auf Wasserwegen transportiert, und Karawanen zogen auf der Seidenstraße bis zum Mittelmeer.

Geld aus Hirschhäuten

Einige Kaufleute trieben Tauschhandel, und vermutlich wurde der Seidenstraßenhandel auf diese Weise durchgeführt. Doch innerhalb Chinas benutzten die Händler Geld. Die Han-Dynastie ließ große Mengen Kupfermünzen prägen, die sogenannten Käsch, die Grundeinheit der Währung bis zum Ende des 19. Jahrhunderts. Ein findiger Herrscher schuf eine einzigartige Währungsform: Er verkaufte Quadrate weißer Hirschhaut für jeweils 400 000 Kupfermünzen. Da nur im kaiserlichen Park weiße Hirsche lebten, war diese Form von Geldscheinen vor Falschmünzern sicher.

Die Regierung benötigte Geld, um ihre militärischen Aktivitäten zu bezahlen und die Umsiedlung Hunderttausender Menschen in erobertes Land an der nördlichen Biegung des Gelben Flusses und in dünnbesiedeltes Gebiet am unteren Changjiang zu finanzieren.

Geld brauchte man auch, um Beamte und Truppen zu bezahlen, wenngleich einige ihren Lohn in Naturalien erhielten. Der Sold eines Offiziers betrug monatlich zwei Rollen Seide, die zusammen 900 Käsch wert waren. Die Kaufkraft, bezogen auf Artikel des täglichen Bedarfs, ist schwer einzuschätzen, doch ungefähr zur gleichen Zeit kostete ein Bauernpferd etwa 4000, ein Ochsenkarren etwa 2000 und eine Sklavin sogar 20 000 Käsch.

Getreide für die Armee

Steuern wurden in der Regel mit Getreide bezahlt. Ein großer Teil davon mußte von entlegenen Regionen in die Hauptstadt Changan gebracht werden, zum Teil auch an die Nordgrenze, um dort solche Garnisonen zu ernähren, die selbst nicht genug anbauten. Getreide transportierte man am einfachsten auf dem Wasserweg, und zu diesem Zweck ließ man in vielen Teilen des Landes durch Sträflingsarbeit und Frondienst Kanäle bauen. Der Cheng-Kuo-Kanal nördlich von Changan wurde 246 v. Chr. geöffnet. Er schuf eine Abkürzung zwischen zwei Flüssen und bewässerte weite Teile des Landes. Ein Jahrhundert später bildete der Changan-Kanal eine direkte Verbindung vom Gelben Fluß zur Hauptstadt.

Die Regierung baute und unterhielt außerdem ein Netz von Haupt- und Nebenstraßen, das von Pferde- und Ochsengespannen sowie Männern benutzt wurde, die schwere Lasten auf dem Rücken oder an

Dienstwagen *Beamte reisten in solchen Kutschen. Das Bronzemodell im Maßstab 1:2 hat über 3000 Einzelteile.*

Lastenträger
Chinesische Schubkarren gab es bereits 1000 Jahre vor den westlichen Versionen, und sie waren für unebenes Gelände bestens geeignet.

SEIDENHÄNDLER

Wertvolle Seide, deren Herstellungsmethode die Chinesen streng geheimhielten, wurde im 2. Jahrhundert um die halbe Welt transportiert, um die reichen Senatoren in Rom zu kleiden. Lange Kamelkarawanen zogen durch die Sandwüsten und Steppen und rasteten in Handelszentren wie Kaschgar und Samarkand. Neben Seide führten die Händler auch Lackarbeiten sowie Eisen- und Bronzeartikel mit. Für die Chinesen waren Pferde das wichtigste Gut, vor allem die herrlichen Tiere aus dem Ferganatal und Baktrien in Zentralasien. Die Händler brachten auch Weinstöcke aus Persien mit. Einige reisten an die indische Küste und schickten ihre Ware per Schiff nach Westen. Durch diesen Kontakt mit Indien kam der Buddhismus im 1. Jahrhundert nach China.

Auf der Seidenstraße
Eine Handelskarawane, zu der vollbeladene Kamele und Planwagen gehören, zieht durch die Hauptstraße einer chinesischen Stadt.

Neue Technik *Das erste bekannte Steuerruder der Welt hängt an diesem Bootsmodell aus dem 1. Jahrhundert.*

Wasserwege *Kanäle waren für China lebenswichtig: Sie dienten dem Transport, der Bewässerung und der Hochwasserkontrolle. Den ersten Kanal gab es bereits im 5. Jahrhundert v. Chr. Einige dieser frühen Kanäle werden noch heute benutzt.*

Kupfergeld *Die Käsch genannten Münzen hatten ein Loch in der Mitte und konnten zu je 100 Stück auf eine Schnur gereiht werden. Die Vorläufer der Münzen hatten die Form von Messern und Spaten.*

Schulterjochen schleppten. Andere machten sich die neue Erfindung des Schubkarrens zunutze. Der chinesische Schubkarren, der zunächst zum Transport von Armeeausrüstung benutzt wurde, konnte geschoben und gezogen werden. Ein an den Griffen befestiger Riemen, den man um die Schultern schlang, half, das Gleichgewicht zu halten.

Kaufleute aus dem Norden brachten Pelze und Edelsteine sowie Dinge des alltäglichen Bedarfs wie Melonen, Kohle, Hanf, Kupfer und Getreide mit. Aus dem Süden und Westen kamen Bambus und exotische Früchte wie Litschis, außerdem Orangen, Reis, Perlen, Zinn und Zimt. Händler von der Ostküste lieferten Fisch und Salz. Salz war so wichtig für das Kochen und Konservieren von Lebensmitteln, daß Produktion und Verkauf vom Staat kontrolliert wurden.

Die Märkte des Reiches waren gut ausgestattet. Dort gab es neben lebenden Tieren Fleisch, Fisch, Kleidung, Gemüse und Küchengeräte zu kaufen, außerdem Schmuck, Leder- und Metallwaren, Textilien und Sklaven. Der Marktplatz war auch das Betätigungsfeld der Geldverleiher. Ihre Habgier führte gelegentlich zu maßlosen Zinsforderungen. So erhielt ein Mann angeblich 1000 Prozent Zinsen in drei Monaten dafür, daß er der Regierung Gold geliehen hatte, um eine Rebellion niederzuschlagen. Regierungsbeamte überwachten die Märkte, damit die Standardgewichte und -maße eingehalten und auf alle Geschäfte Steuern gezahlt wurden.

EIN HAUCH VON SEIDE UND LUXUS

Der chinesischen Legende zufolge wurde die Seide um 3000 v. Chr. von der Gemahlin des legendären Kaisers Huang Ti entdeckt. Versehentlich fiel ein Seidenraupenkokon in kochendes Wasser, und als die Kaiserin ihn herausholte, stellte sie fest, daß er aus einem endlos langen und sehr zarten Faden bestand. Zur Zeit der Han-Dynastie jedenfalls webten die Chinesen bereits hochwertige Seidenstoffe mit vielfarbigen abstrakten Mustern und Vogel-, Baum- und Blumenmotiven.

Auch andere Künste wurden mit gleicher Sorgfalt gepflegt. Handwerker stellten in Lacktechnik bunte Schalen mit komplizierten Blumenmustern her, sie malten auf Seide und schnitzten Ornamente aus Jade. Ihre glasierten Tonarbeiten waren die Vorläufer des Porzellans. Bereits im 16. Jahrhundert v. Chr. beherrschten die Chinesen die Bronzeherstellung, und sie schufen Gefäße in zahlreichen verschiedenen Formen, einige standen auf drei Beinen, andere waren Tieren nachgebildet. Alle waren reich verziert, einige sogar mit Gold- und Silbereinlegearbeiten.

Um das 5. Jahrhundert v. Chr. wandten die chinesischen Metallarbeiter ihre Aufmerksamkeit dem Eisen zu. Der Han-Dynastie war das Eisen so wichtig, daß seine Verarbeitung lange Zeit ein staatliches Monopol war, und es gab insgesamt 48 Eisengießereien in China. Bereits 1500 Jahre vor dem Westen stellten die Chinesen Gußeisen her. Sie produzierten sogar Stahl, indem sie Eisen mit unterschiedlichen Kohlenstoffanteilen verbanden. Möglich wurde dies durch die Erfindung eines Blasebalgs, mit dem sehr hohe Temperaturen im Schmelzofen erzeugt werden konnten.

Das chinesische Volk war abergläubisch und fatalistisch. Die Han-Kaiser beschäftigten für viel Geld Hofzauberer, die in die Geisterwelt reisen sollten, um das Elixier der Unsterblichkeit zu suchen oder das Geheimnis der Herstellung von Gold zu entdecken. Einige von ihnen wurden getötet, als sie nicht die gewünschten Ergebnisse lieferten oder wenn man entdeckte, daß Ergebnisse gefälscht worden waren. So schrieb zum Beispiel ein Mann Botschaften auf Seide und behauptete, sie seien von den Göttern geschrieben worden.

Hand in Hand mit diesem Aberglauben versuchte man in jener Zeit des Erwachens und des Fortschritts mit großem Eifer, das Wesen des Menschen und des Universums zu erforschen. Um das Schicksal zu überlisten oder die Zukunft vorauszusagen, spielten die Chinesen mit Zahlen und Symbolen und entwickelten sozusagen als Nebenprodukt die hohe Kunst der Mathematik und Astronomie.

Lehre von Yin und Yang
Wang Ch'ung, ein Philosoph aus dem 1. Jahrhundert, zeigte, daß der Lauf der Sterne und des Mondes sowie Sonnenfinsternisse vorhersehbar sind und keine magischen Auswirkungen auf das Leben der Menschen haben können. Chang Heng errechnete einen Wert von Pi – das Verhältnis des Kreisumfangs

Bronzemaske *Um 1500 v. Chr. schufen chinesische Handwerker schon echte Porträts.*

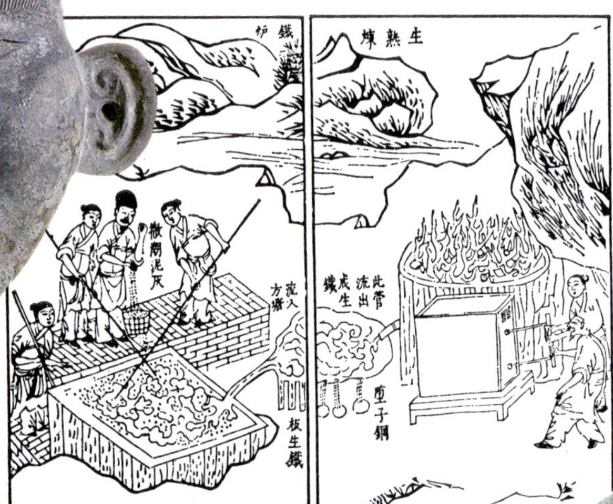

Eisengießer *Die Chinesen waren in der Lage, Eisen aus dem runden Schmelzofen (oben rechts) in Formen zu gießen, um hochwertige Werkzeuge und Waffen herzustellen. Der Kasten vor dem Ofen enthält einen Doppelventilblasebalg. Zur Herstellung von Schmiedeeisen mischten Eisenarbeiter in einem rechteckigen Trog (links) geschmolzenes Eisen mit anderen Stoffen.*

In gestrecktem Galopp *Wiehernd, mit zurückgeworfenem Kopf und erhobenem Schweif – so wurde dieses Bronzepferd aus dem 2. Jahrhundert den von den Chinesen so geschätzten großen zentralasiatischen Tieren nachgebildet. Man fand das 46 Zentimeter lange Modell im Norden Chinas an der Seidenstraße.*

zum Durchmesser –, der dem heutigen Wert sehr nahekommt. Er konstruierte auch den ersten Seismographen der Welt, mit dem man Erdbeben lokalisieren und aufzeichnen konnte. Zu etwa der gleichen Zeit erfanden die Chinesen eine Wasseruhr und stellten genaugehende Sonnenuhren her, die in 100 gleiche Einheiten unterteilt waren. Sie errechneten die Phasen des Mondes und die Länge des Sonnenjahres richtig, und sie besaßen ein System zum Schreiben von Dezimalzahlen.

Trotz aller Wissenschaft teilten die meisten Menschen den überlieferten Glauben an die Kräfte von Yin und Yang. Yin ist weich und passiv, weiblich und dunkel, wohingegen Yang stark, aktiv, männlich und hell ist. Das eine kann ohne das andere nicht existieren, und alle Dinge befinden sich in einem ständigen Fluß zwischen den beiden.

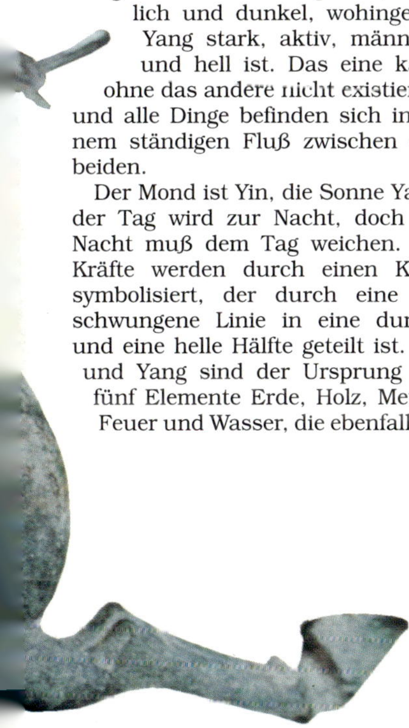

Der Mond ist Yin, die Sonne Yang; der Tag wird zur Nacht, doch die Nacht muß dem Tag weichen. Die Kräfte werden durch einen Kreis symbolisiert, der durch eine geschwungene Linie in eine dunkle und eine helle Hälfte geteilt ist. Yin und Yang sind der Ursprung der fünf Elemente Erde, Holz, Metall, Feuer und Wasser, die ebenfalls in einem endlosen Kreislauf aufeinanderfolgen. Auch die chinesische Medizin ist bestrebt, Yin und Yang und die Elemente im Körper in ein Gleichgewicht zu bringen.

Die Han-Dynastie baute ihre Regierung auf den Prinzipien des Konfuzius auf, eines 551 v. Chr. geborenen chinesischen Philosophen. Seine Lehre betonte Werte wie Selbstlosigkeit, Rechtschaffenheit und Schicklichkeit, vernachlässigte jedoch die geistigen Bedürfnisse der Menschen. Auch der alte chinesische Geisterglaube bot keinerlei Hoffnung auf persönliches Heil. So gab es ein geistiges Vakuum, das nach dem 1. Jahrhundert durch den Taoismus gefüllt wurde.

Yin und Yang

Die ersten Taoisten versuchten, den Tod durch Atemübungen, besondere Ernährungsweise, Zauberei und Drogen zu umgehen. Während der Dynastie der Han-Kaiser begannen sie, nach einem Leben der Seele nach dem Tod des Körpers zu suchen. Dieses Nachleben, so glaubten sie, könne man teilweise als Belohnung für sittliches Verhalten auf der Erde erreichen.

Im 1. Jahrhundert n. Chr. brachten Kaufleute den Buddhismus aus Indien mit. Seine Anhänger waren überzeugt, die Seele aus einem endlosen Zyklus von Wiedergeburt und Leiden erlösen zu können, indem sie gute Taten vollbrachten, auf die Erhaltung des Lebens achteten und keusch und selbstlos lebten.

Jede der großen Heilslehren, Konfuzianismus, Buddhismus und Taoismus, hatten ihre Anhänger, und vielen Chinesen muß die Entscheidung für den richtigen Glauben schwergefallen sein.

AM SEIDENEN FADEN

Dieses 20 Zentimeter lange Stück Seide fand man an der Karawanenstraße im äußersten Westen Chinas. Die Seidenraupen ernährten sich von den Blättern der Maulbeerbäume, deren Pflege Männerarbeit war, während die Frauen die Raupen züchteten, die Seidenfäden abwickelten und verarbeiteten. Es war ein unsicherer Erwerb, denn die Seidenraupen waren empfindliche Tiere, die weder Lärm noch helles Licht ertrugen. Man glaubte, sie fürchteten sich vor Fremden, und die Frauen warnten sie stets, wenn unbekannte Leute zu Besuch kamen.

Fliegender Engel *Der Spieler dieses Saiteninstruments ist ein fliegender apsara, ein buddhistischer Engel. Diese lebendige Bildhauerarbeit ist eine von über 50 000 Statuen im buddhistischen Tempel in Yunkang in Nordchina.*

Quintett *Ein Schlagzeugspieler kniet am oberen Ende der Gruppe, während die anderen Musikanten Flöte, Bambusmundharmonika und Zither spielen.*

Glockenspiel *Die Chinesen verfeinerten das Stimmen von Glocken im 6. Jahrhundert v. Chr. Manche Glocken konnten in zwei Tönen klingen.*

HELLAS' BLÜTE-ZEIT

In einer Reihe kleiner Stadtstaaten, die verstreut in der gebirgigen Landschaft Thessaliens, Attikas und des Peloponnes lagen, entfaltete sich ein Schöpfergeist, der wesentliche Grundlagen der europäischen Zivilisation schuf. Auf zahlreichen Gebieten – von der Politik über Sport, Theater, Medizin und Kunst bis zur Philosophie – folgen die Menschen noch heute einem Muster, das von den Griechen der Antike stammt, deren große Zeit um das Jahr 750 v. Chr. anbrach und im 5. Jahrhundert v. Chr. in Athen ihren Höhepunkt erreichte. In einer Zeit, als die meisten Menschen in den Augen ihrer Herrscher als bewegliches Eigentum galten, gehörte es zu einer der größten Errungenschaften der Griechen, daß sie für die Würde des Menschen und für seine Rechte eintraten. Im 4. Jahrhundert v. Chr. mußten sie sich schließlich der Übermacht der Makedonier beugen, doch ihre Kultur lebte im Hellenismus fort.

DAS ANTIKE GRIECHENLAND 8.– 4. JAHRHUNDERT V. CHR.

DIE ERSTEN DEMOKRATEN DER WELT

Das Land hier ist bergig, tief zerklüftet und ragt im Süden weit in das Mittelmeer hinein. Zwar herrscht ein günstiges Klima, doch bebaubarer Boden ist rar. Aus diesem Grund waren die ersten Siedlungen kleine unabhängige Gemeinden, durch das schwierige Gelände von ihren Nachbarn isoliert und häufig mit ihnen zerstritten. Oft waren sie nur auf dem Seeweg erreichbar.

Diese Faktoren gaben den neu entstehenden griechischen Städten ihre ausgeprägte Eigenständigkeit. Die Städte entwickelten sich zu Stadtstaaten, deren Einwohner sich ihrer jeweiligen Gemeinde stark verbunden fühlten. Sie nannten den Staat Polis und meinten damit eine Gemeinde, in der jeder Bürger an der Regierung teilhaben sollte. Somit entwickelten sich die Griechen zu einem Volk, das viel Zeit für öffentliche Angelegenheiten aufwendete. Dies galt insbesondere für die Bürger Athens.

In der Frühzeit wurde Athen von Königen und Tyrannen regiert, doch im Jahr 510 v. Chr. jagte Kleisthenes den letzten von ihnen davon und gründete die erste demokratische Regierung der Welt. Das Wort Demokratie stammt von *demos*, Volk, und *kratos*, Herrschaft. Allerdings durfte nur ein kleiner Teil der Bevölkerung wählen, nämlich die freigeborenen Männer Athens. Frauen, Fremde und deren Nachkommen oder Sklaven und deren Nachkommen, selbst wenn sie ihre Freiheit wiedererlangt hatten, besaßen kein Stimmrecht. Die Stadt war in zehn Phylen, Stämme, unterteilt. Diese wählten jeweils 50 Männer im Alter von mindestens 30 Jahren in einen 500 Mann starken Rat, der die tägli-

Jagdfieber *Ein Jäger mit breitkrempigem Hut und sein Hund halten nach einer Beute Ausschau.*

chen Regierungsgeschäfte führte. Die Ratsmitglieder dienten abwechselnd in einem Ausschuß, der Vorschläge erarbeitete, die in der Volksversammlung diskutiert wurden. Sie erhielten für ihren Dienst ein Entgelt und wurden während ihrer Amtszeit auf Staatskosten ernährt.

Die Volksversammlung oder *ekklesie* erließ Gesetze und faßte wichtige Beschlüsse, beispielsweise über Krieg oder Frieden. Alle Bürger konnten an dieser Versammlung teilnehmen, nachdem sie eine geringe Gebühr gezahlt hatten, und sie durften dort sprechen und abstimmen. Auf Pünktlichkeit wurde großer Wert gelegt: Sklaven kennzeichneten mit einem in rote Farbe getauchten Seil diejenigen, die zu spät kamen, und jeder, an dessen Kleidung man rote Farbe fand, mußte eine Strafe zahlen.

Die Versammlung traf sich etwa 40mal im Jahr auf der Pnyx, einem Berg nahe der Akropolis, dem Felsplateau, auf dem die Stadt entstanden war. Nachdem man gebetet und ein schwarzes Schwein geopfert hatte, begannen die Debatten, und danach stimmten die Mitglieder mit Handzeichen ab.

Durch das Los bestimmte Beamte bereiteten Rechtsfälle zur Verhandlung vor der Versammlung vor und organisierten religiöse Zeremonien. Die rangmäßig höchsten Beamten waren die Strategen oder Generäle, die vom Volk aus den zehn Phylen gewählt wurden. Sie blieben ein Jahr im Amt und durften im Namen des Staates militärische und wirtschaftliche Entscheidungen von größter Tragweite treffen.

Die Macht der Kurtisane

Der berühmteste Stratege war Perikles, der Führer Athens um die Mitte des 5. Jahrhunderts v. Chr., der insgesamt 15mal wiedergewählt wurde. Perikles verdankte seinen Erfolg vor allem seinen rednerischen Fähigkeiten. Man sagt, seine kluge und gebildete Geliebte Aspasia – eine Hetäre oder Kurtisane – soll ihm beim Schreiben seiner Reden geholfen haben. Dadurch gewann sie einen großen politischen Einfluß, der für Frauen im antiken Griechenland selten war.

Perikles übernahm die Macht nach den Perserkriegen und erneuerte den Attischen Seebund. Dieses Bündnis umfaßte zahlreiche griechische Staaten in der gesamten Ägäis. Jeder Staat trug Schiffe oder Geld zur gegenseitigen Verteidigung bei, wenngleich die Athener einen Teil des Geldes zum Wiederaufbau der Tempel der Akropolis verwendeten, die die Perser im Jahr 480 v. Chr. zerstört hatten. Der Glanz des neuen Parthenons vergrößerte den Einfluß und Ruhm der Stadt in der gesamten griechischen Welt. Seine Pracht und Ausstrahlung haben sich bis zum heutigen Tag erhalten.

Scherbengericht

Eine im antiken Griechenland verbreitete Methode, Kriminelle zu bestrafen und unliebsame Gestalten loszuwerden, bestand darin, sie ins Exil zu schicken. Jeder Bürger, der an der Versammlung teilnahm, ritzte den Namen des Mannes, der seiner Überzeugung nach ausgewiesen werden sollte, in eine Tonscherbe oder ein *ostrakon*. Die Tonscherben wurden in einen Topf gelegt, und der Mann, dessen Name am häufigsten vorkam, wurde verbannt.

Die Bürgerschaft übte große Macht durch die Gerichte aus. Generäle, die Schlachten verloren hatten, konnten wegen ihres Versagens vor Gericht gestellt werden. Sehr häufig waren auch Eigentumsstreitigkeiten. Jeder Bürger, der über 30 Jahre alt war, konnte als Schöffe fungieren, und die bescheidene Bezahlung von drei Oboli täglich ermöglichte es auch armen Menschen, diese Pflicht auszuüben. Bei einer Gerichtsverhandlung gab es mindestens 201 Juroren. Ein vorsitzender Richter achtete darauf, daß die Verhandlung vorschriftsmäßig ablief, doch er äußerte keine persönliche Meinung.

Begrenzte Redezeit

Jede Partei hatte gleich viel Zeit, um ihren Fall vorzubringen. Die Zeit wurde mit einer Wasseruhr gemessen: Sobald sich ein mit Wasser gefülltes Gefäß durch eine kleine Öffnung am Boden in ein darunter angebrachtes Gefäß entleert hatte, mußte der Redner seine Rede abbrechen. Man erwartete von beklagten Personen oder Parteien eines Rechtsstreits, daß sie für sich selbst sprachen, doch sie konnten Redenschreiber beauftragen, ihren Fall vorzubereiten. Einige dieser Männer entwickelten sich schließlich zu erfolgreichen Anwälten: Von dem berühmten Redner Demosthenes, der im 4. Jahrhundert v. Chr. lebte, sagt man, er konnte mühelos Reden für beide Parteien eines Streitfalls aufsetzen. Gefängnisstrafen gab es nur selten: Die häufigsten Strafen waren Verbannung sowie Bürgerrechts- oder Eigentumsentzug. Ratsmitglieder, Richter und städtische Beamte blieben jeweils ein Jahr im Amt. Jeder Bürger, ob arm oder reich, konnte eine Rolle im Staat spielen. Das System mag uns heute laienhaft anmuten, doch es erlaubte die Mitwirkung einer großen Zahl von Menschen an den Angele-

Wiege der Kultur *Homer (links), der Schöpfer der Ilias und der Odyssee, trägt bis heute zum Stolz der Griechen auf ihre Geschichte bei.*

Zeit zum Lernen *Ein Lehrer oder grammatistes lehrte Lesen, Schreiben und Rechnen. Hier rollt er für eine Leseübung eine Schriftrolle auf.*

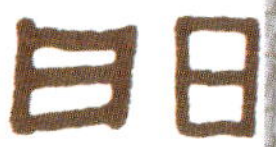

Geschichtsaufzeichnungen *Griechisch, noch immer eine lebende Sprache, ist die älteste Schriftsprache Europas. Um das 8. vorchristliche Jahrhundert schuf man ein Alphabet, das letztlich auf ein semitisches Vorbild zurückgeht. Neben den klassisch-griechischen Großbuchstaben Alpha, Eta und Pi (rechts) stehen ihre nordsemitischen, phönizischen, kretischen und frühgriechischen Vorläufer. Im Hintergrund sind die Gesetze von Gortyn auf Kreta abgebildet, die Mitte des 5. Jahrhunderts v. Chr. in Stein gehauen wurden.*

UNBESIEGT ZU LAND UND ZU WASSER

Kampfbereit *Ein Hoplit trägt einen Helm mit Helmbusch, einen Metallpanzer und Beinschienen, dazu Schild und Speer.*

Zwei Heere rücken aufeinander zu. Mit Helmbüschen geschmückte Helme und eiserne Speerspitzen funkeln in der Sonne, und aus Tausenden von Kehlen erhebt sich Kriegsgeschrei. Trompeten stoßen schrille Signale aus. Die Soldaten erheben ihre Speere und stürmen vor. Der Lärm ist ohrenbetäubend, wenn im Nahkampf Schwerter auf Schilde schlagen.

Doch das Volk im antiken Griechenland war das Kämpfen gewöhnt. Die Stadtstaaten befanden sich ständig im Krieg gegeneinander, oft aus dem geringsten Anlaß. Alle männlichen Bürger waren wehrpflichtig, nur Sparta besaß eine Berufsarmee. Die Kampfsaison dauerte von März bis Oktober, so daß die Männer anschließend nach Hause zurückkehren konnten, um ihre Wein- und Olivenernte einzubringen. In diesen von der Landwirtschaft abhängigen Stadtstaaten brauchte man nur die Ernte eines Feindes zu vernichten oder damit zu drohen, um ihn zur Schlacht zu zwingen. Doch trotz ihrer Zerstrittenheit waren die Griechen in der Lage, eine gemeinsame schlagkräftige Armee aufzustellen, wenn sie sich von außen bedroht fühlten. Etwa um 500 v. Chr. war der Hauptfeind das Persische Reich. Später konnten die Griechen stolz auf ihre Siege über das persische Heer bei Marathon 490 v. Chr. und die persische Flotte bei Salamis zehn Jahre darauf zurückblicken.

In Athen wurden junge Männer zwischen 18 und 20 Jahren in militärischen Fertigkeiten ausgebildet. Jeder Mann zwischen 18 und 60 konnte eingezogen werden. Das Bild des Soldaten, der sich von seiner Frau und seiner Familie verabschiedet, bevor er in den Krieg zieht, ist eine Szene, die griechische Künstler auf zahllosen Vasengemälden und Skulpturen gestellt haben.

Sklaven als Waffenträger

Das Rückgrat des Heeres bildeten die Fußsoldaten. Einen reichen Bürger, der sich eine Rüstung leisten konnte, nannte man einen Hopliten. Er mußte seinen Bronzehelm, den Panzer und die Beinschienen selbst kaufen. Er trug einen Umhang und Ledersandalen und führte ein kurzes Eisenschwert, einen Speer mit Eisenspitze und einen Schild mit dem

Kampfgetümmel *Bronzeschilde schützten die Fußsoldaten. Die Schilde wurden an einer Schlinge in der Mitte und einem Griff am Rand gehalten.*

Ein Wald von Speeren *Die Phalanx war die übliche griechische Schlachtformation. Die vorderen Reihen stürmten mit sechs Meter langen Speeren auf den Feind zu, während die aufrecht gehaltenen Speere Pfeile abwehrten.*

Zeichen seiner Phyle mit sich. Auf langen Märschen trug ein Sklave die schwere Ausrüstung seines Herrn. In der Schlacht wurden die Hopliten in Phalangen aufgestellt, also in Blöcken von Männern, die in Reihen hintereinander standen. Die Hopliten bildeten den Kern des Heeres. Links und rechts von ihnen kämpften leichtbewaffnete Soldaten, während die Flanken aus ärmeren Männern bestanden, die sich nur Pfeil und Bogen oder Schleudern leisten konnten.

Früher – im 8. und 7. Jahrhundert v. Chr. – spielte die Reiterei eine wichtige Rolle, doch im Lauf der Zeit übernahmen die Fußsoldaten die Führung. Die Berichte von den Perserkriegen erwähnen keine Reiterei, doch während des Peloponnesischen Krieges zwischen Athen und Sparta in der ersten Hälfte des 5. Jahrhunderts v. Chr. erlangte die Reiterei wieder größere Bedeutung.

Das hatte vermutlich wirtschaftliche Gründe, denn die Reiter mußten selbst für ihre Pferde aufkommen. Die Pferde hatten weder Sattel noch Zaumzeug. Sowohl die Reiter als auch die Tiere trugen schützende Rüstungen aus kleinen Metallschuppen, die auf Leder oder Stoff befestigt waren.

Festung Akropolis

Obwohl die Griechen ihre Schlachten vornehmlich auf dem freien Feld führten, befestigten sie ihre Städte gut. Die meisten von ihnen waren aus Burgen entstanden, die während der Bronzezeit wegen der guten Verteidigungsposition auf Berggipfeln errichtet worden waren. Das bekannteste Beispiel ist die Akropolis in Athen, wo die natürlichen Umrisse des Felsenhügels durch massive Mauern verstärkt wurden, hinter denen die Bevölkerung in Kriegszeiten Schutz suchen konnte. Nach den Perserkriegen bauten die Athener eine Mauer um ihren Hafen Piräus und verbanden ihn durch die „Langen Mauern" mit Athen, so daß ein uneinnehmbarer Festungskomplex entstand.

Manchmal belagerten die Griechen befestigte Städte, indem sie neben den Stadtmauern riesige Hügel aufschütteten. Der Historiker Thukydides beschreibt in seiner Geschichte des Peloponnesischen Krieges, wie die Spartaner im Jahr 429 v. Chr. einen solchen Hügel neben den Mauern Plataäs aufwarfen, von dem aus sie die Festungsmauern mit Speeren, Schwefel, Pech und brennendem Gestrüpp angriffen. Nach zweijähriger Belagerung ergab sich die Stadt und wurde zerstört.

Todesstoß *Zwei oder drei Bänke von Ruderern konnten eine griechische Diere oder Triere mit hoher Geschwindigkeit durch das Wasser treiben. Der bronzebeschlagene Rammsporn bohrte sich mit großer Wucht in den Rumpf des feindlichen Schiffes.*

Von Rudern gelenkte Geschosse

Anders als die Binnenstaaten Griechenlands gründete Athen seine Macht vor allem auf seine Seestreitkräfte. Nach der endgültigen Niederlage der Perser bei Plataä im Jahr 479 v. Chr. schloß sich Athen mit anderen ägäischen Staaten zum Attischen Seebund zusammen und baute eine riesige Flotte auf.

Die Kriegsschiffe waren in drei Hauptgruppen unterteilt: in Fünfzigruderer, Dieren und Trieren. Ersterer war eine Galeere mit je 25 Ruderern auf beiden Seiten, die Diere hatte zwei übereinanderliegende Ruderbänke mit einem oder mehreren Männern an jedem Ruder, während die Triere drei Ruderbänke besaß.

Die Triere, die erstmals im 6. Jahrhundert v. Chr. eingesetzt wurde, war zur Zeit der Persischen Kriege das Standardkriegsschiff. Sie war etwa 36 Meter lang, hatte eine Galionsfigur oder ein aufgemaltes Symbol am Bug und ein großes viereckiges Segel am Vordermast. Sie wurde vom Heck aus mit zwei Steuerrudern gelenkt und war mit 170 Ruderern – Bürgern, nicht Sklaven – bemannt. In der Schlacht ruderten alle drei Bänke in dem Rhythmus, den der Schiffsflötenspieler vorgab. Ziel war es, mit aller Kraft vorwärts zu rudern und den Rammsporn der Triere in die Breitseite des feindlichen Schiffes zu stoßen.

Der Rammsporn trug 480 v. Chr. bei Salamis entscheidend zum Ausgang einer Seeschlacht bei, bei der die Griechen den an Zahl überlegenen Persern eine vernichtende Niederlage zufügten. Der Sieg bei Salamis begründete endgültig Athens Rang als Seemacht.

HÄRTE UND HELDENTUM

Der Spartaner waren die gefürchtetsten Kämpfer des antiken Griechenland. Diese Bronzestatuette aus dem 6. Jahrhundert v. Chr. zeigt einen spartanischen Krieger mit einem quer angebrachten Helmbusch, möglicherweise ein Zeichen seines hohen Ranges. Mit sieben Jahren mußte ein spartanischer Junge seine Familie verlassen und kam in strenge Zucht in einer Kaserne. Mit 20 Jahren ging er in eine militärische Eß- und Schlafgemeinschaft von etwa 15 Mitgliedern. Auch hier führte er ein strenges Leben, bis er mit 30 Jahren Vollbürger wurde und heiraten durfte. Der ruhmreichste Augenblick der Spartaner kam am Thermopylenpaß im Jahr 480 v. Chr., als eine kleine spartanische Kampfeinheit unter König Leonidas die mächtige persische Armee in Schach hielt, bis der letzte Spartiat gefallen war.

FAMILIENSINN UND SPORTSGEIST

Das Herz eines griechischen Hauses war der Innenhof. Hier, vor den Blicken zufälliger Passanten geschützt, spielten Kinder, bereiteten Sklaven Speisen, wuschen Frauen Schaffelle und unterhielten sich dabei, wurden Opfer auf Steinaltären dargebracht.

Dieser Hof war von separaten Bereichen für Männer, Frauen und Sklaven umgeben. Die meisten Häuser waren einstöckig, doch gab es auch welche, bei denen die Schlafzimmer in einem oberen Stockwerk untergebracht waren. Im Gegensatz zur Pracht der Tempel und öffentlichen Gebäude waren die Wohnhäuser der Griechen bescheidene Bauten aus sonnengetrockneten Ziegeln auf einem Steinfundament. Sie hatten Ziegeldächer und Böden aus Mörtel oder gestampfter Erde.

Der Tag begann früh. Als erste standen die Sklaven auf, die für ihre Dienste bezahlt und oft freundlich behandelt wurden. Sie machten Feuer in der Küche, holten Wasser aus dem Brunnen im Hof oder auf dem Marktplatz und achteten darauf, daß die Kinder aufstanden und sich ankleideten. Das Frühstück bestand aus Brot, das man in Wein und Wasser tunkte, und anschließend aß man getrocknete Feigen und Oliven.

Später am Vormittag gingen die Männer zur Agora, dem Marktplatz,

Plauderstündchen *Die Arbeit im Haushalt ließ der Hausfrau genügend Zeit, eine junge Braut vor ihrer Hochzeit zu beraten.*

UNGESTÖRTE HÄUSLICHKEIT

Viele griechische Häuser des 5. Jahrhunderts v. Chr. besaßen keine Fenster. Selbst in dem abgebildeten Haus (oben) einer recht wohlhabenden Familie durchbrechen nur wenige kleine, von Holzläden verschlossene Fenster die lehmverkleidete, weißgetünchte Außenwand. Das Ecktürmchen ist gleichzeitig der Wachturm.

Im offenen Hof rührt eine Frau in einem Kochtopf, während Kinder mit einem Hund spielen. Auf der anderen Seite arbeitet eine Frau an einem Webstuhl an der Wand, um Stoffe für die Familie herzustellen. Andere Frauen kümmern sich um Wandbehänge im großen Speisezimmer.

Vor dem Herd in der Küche schneidet ein Sklave Gemüse, und der Hausherr nimmt eine frühe Mahlzeit ein, ehe er das Haus verläßt. Stoffballen lagern neben Vasen in einem Lagerraum oben im Turm, während im Raum darunter ein Sklave dem jungen Herrn des Hauses beim Baden hilft. Draußen wartet ein Esel, bis die großen Krüge mit Wein oder dem Honig aus den Bienenstöcken im strohgedeckten Anbau an der Hauswand gefüllt werden.

Weintrinker *Zecher, wie auf dem Weinkrug abgebildet (oben), tranken meist aus einem Becher mit zwei Griffen.*

Brotbäckerin *Das Tonmodell diente Mädchen als Vorbild.*

Reinlichkeit *Kleinkinder setzte man in ein Töpfchen, bei dem die Beine heraushingen. Dieses Kind winkt mit einer Rassel, vielleicht um befreit zu werden.*

und kauften für den täglichen Bedarf ein, beispielsweise Fisch, Hafermehl, Käse, Oliven und Gemüse. Auch Frauen konnten in Begleitung von Sklaven einkaufen gehen, doch meist verbrachten sie ihre Zeit zu Hause mit Spinnen und Weben. Sie stellten alle Kleidung, Wandbehänge, Decken und Kissen selbst her, eine Aufgabe, die sogar für adlige Frauen als vornehm galt. Die jungen Mädchen verbrachten den Tag bei der Mutter, von der sie die häuslichen Tätigkeiten lernten. In den Häusern der Reichen lernten sie auch lesen und schreiben, singen und Lyra spielen, doch nur für Jungen hielt man eine regelrechte Ausbildung für notwendig.

Fleißige Schüler

Gebildete Sklaven unterrichteten die Söhne reicher Familien zu Hause, doch im 5. Jahrhundert v. Chr. gab es bereits zahlreiche Schulen in Athen, in denen jeweils etwa ein Dutzend Schüler unterrichtet wurden. Leibsklaven brachten die Knaben von sieben Jahren an jeden Morgen zur Schule. Die Kinder saßen auf flachen Holzbänken, schrieben mit Griffeln auf Wachstafeln und lasen von Papyrusrollen.

Rechnen lehrte man mit Hilfe eines Abakus, eines Holzrahmens mit mehreren Perlenreihen. Besonderen Wert legte man auf das Auswendiglernen und Aufsagen griechischer Dichtung, das Spielen eines Instruments und sportliche Fähigkeiten. Mittags aßen die Männer und Jungen zu Hause meist eine leichte Mahlzeit aus Brot, getrocknetem Fisch und Obst.

Nachmittags gingen sie oftmals zum Gymnasion, einem öffentlichen Sportplatz mit einer Laufbahn und der Palästra, einem mit Sand bestreuten Platz, auf dem sich die jungen Männer im Ringen übten. Später wurde die Palästra von einer Säulenhalle und Übungs- und Unterrichtsräumen umgeben.

Hier gab es Wasserbecken sowie Tauch- und Dampfbäder. Die Frauen und Kinder wuschen sich zu Hause in Bronzebecken. Sie verwendeten parfümiertes Wasser, jedoch keine Seife. Gelegentlich gab es auch Sitzwannen aus Terrakotta.

Die Familie verbrachte den Tag im Hof, doch abends und in der kühlen Jahreszeit verlagerte sich die Szene nach drinnen. Die Zimmer wurden mit Öllampen aus Ton oder Bronze beleuchtet. Das Mobiliar aus Zypressen- und Olivenholz bestand unter anderem aus eleganten, mit bunten Decken behängten Sofas, Stühlen mit hohen Rückenlehnen und elfenbeinverzierten dreibeinigen Tischchen. Es gab auch Klappstühle, und die Wäsche wurde in Truhen aufbewahrt. Die Betten hatten Holzrahmen mit einem Lederriemengeflecht, auf dem die Matratzen lagen.

Der am reichsten ausgestattete Raum in einem griechischen Haus war das Speisezimmer, in dem die Männer oft und gern zum Symposion, dem Festmahl, einluden. Man aß und trank halb liegend auf einer Bank, die mit Kissen gepolster war, und vor die ein kleiner Tisch gestellt wurde. Man benutzte weder Messer noch Gabeln, denn die Speisen wurden bereits in der Küche kleingeschnitten und mit den Fingern gegessen. Nur für Suppen und Muscheln gebrauchte man Löffel.

Fisch und Wachtel waren beliebte Gerichte. Erbsen, Bohnen, Kohl, Zwiebeln, Lauch und Oliven kochte man in Soßen oder Honig. Fleisch hingegen wurde nur selten gegessen, oft nur im Zusammenhang mit Opfern zu festlichen Anlässen. Der zweite Gang einer Mahlzeit bestand aus Nüssen, Feigen, Trauben, Käse und Honigkuchen mit Wein. Dieser wurde in einer großen Schale mit Wasser gemischt, aus der die Becher gefüllt wurden. Oft spielten die Männer nach dem Essen ein Geschicklichkeitsspiel, bei dem die Neigen in den Weinbechern auf ein Ziel geschleudert wurden.

Vaters Wort war Gesetz

Das Familienoberhaupt, grundsätzlich ein Mann, übte die vollkommene Kontrolle über den Haushalt aus, zu dem auch Großeltern, verwitwete Tanten, Waisen und unverheiratete Schwestern zählten. Frauen hatten keinerlei Rechte, nicht einmal über das Schicksal eines neugeborenen Kindes. Wenn es kränklich war oder der Vater glaubte, er könne die Kosten der Erziehung nicht tragen, konnte er beschließen, das Kind auszusetzen und sterben zu lassen. Mädchen wurden viel häufiger ausgesetzt als Jungen. Die Frau war vor allem Haushälterin und Mutter. Viele Frauen waren für die Einteilung des Haushaltsgeldes verantwortlich und hatten damit großen Einfluß in der Familie. Die Kinder spielten mit Kreiseln, Steckenpferden, Puppen, kleinen Ochsenkarren und Pferdewagen. Tonfiguren von brotbackenden Frauen sollten Mädchen auf ihr Erwachsenenleben vorbereiten.

Das wichtigste Kleidungsstück von Männern, Frauen und Kindern war der Chiton, ein kurzärmeliges langes Hemd, das manchmal mit einem Gürtel getragen wurde. Safrangelb, Rot und Violett scheinen die Lieblingsfarben der Griechen gewesen zu sein. Wenn sie ausgingen, trugen sie einen Umhang, das Himation, und Ledersandalen. Im Haus liefen sie meist barfuß.

Außerhalb des Hauses bedeckten die Frauen stets ihren Kopf, entweder indem sie das Himation hochzogen oder einen Schleier trugen. Das Haar trug man lang, und oft färbte man es auch. Verheiratete Frauen steckten es hoch und hielten es mit Nadeln oder Diademen. Beliebt waren Ohrringe, Armbänder und Ringe.

Anmutige Falten *Die Männer drapierten das Himation auf verschiedene Weisen, während der ärmellose Peplos der Frauen an der Schulter mit Nadeln geschlossen und mit einem Gürtel gerafft wurde.*

Stets mit der Mode *Die Frauen verbrachten Stunden damit, kunstvolle Frisuren zu arrangieren wie diese vielen kleinen Zöpfe. Die Dame ist außerdem mit einem Halsband und Ohrringen geschmückt. Viele Frauen trugen Perücken, und oft färbten sie ihr Haar.*

Hoffen auf den Fang *Fisch war eine Delikatesse und vor allem bei Banketten begehrt. Vielleicht will der Jüngling ein Essen für seine Freunde geben.*

Reichtum aus Elend *Unter schwersten Bedingungen förderten Sklaven das Silber für die Münzen im alten Griechenland. Sehr verbreitet war das athenische Vierdrachmenstück, auf dem die Eule der Göttin Athene zu sehen war.*

BAUERN, HÄNDLER UND SKLAVEN

Bei Sonnenaufgang erwachte die Athener Agora, der Marktplatz, zum Leben. Bauern errichteten Marktstände, um Käse, Getreide, Geflügel, Obst, Eier, Schaffelle und Olivenöl feilzubieten. Da in den Bürgerhäusern die Frauen ganz auf das Haus beschränkt waren, kamen die Ehemänner, um den Familieneinkauf zu tätigen, Arbeiter einzustellen oder Sklaven zu kaufen. Wenn sie vor Gericht erscheinen mußten oder bei der Stadtverwaltung zu tun hatten, fanden sie alle Gebäude hier am Markt. Danach entspannten sie sich im Schatten der Kolonnaden und hörten den Philosophen bei ihren öffentlichen Vorträgen zu, wie etwa Sokrates, der dafür eintrat, daß Reden und Handeln des Menschen übereinstimmen sollten. Um die Agora herum befanden sich Werkstätten der Schmiede, Färber, Töpfer und Schuster. Die Arbeit wurde größtenteils in kleinen Handwerksbetrieben ausgeführt, in denen 12 – 20 Leute beschäftigt waren.

Wenig fruchtbares Land

Sobald sie ihre Produkte verkauft hatten, kehrten die Landbewohner zurück zu ihren bescheidenen Bauernhöfen. Die wichtigsten Feldfrüchte waren Getreide, Trauben und Oliven.

Fruchtbarer Boden war in diesem bergigen Land immer schon rar gewesen. Zu keiner Zeit hatten die Griechen genügend Weizen für den Eigenbedarf anbauen können, und sie mußten Getreide aus Ägypten und von der Krim importieren. Landhunger trieb viele übers Meer, wo sie Kolonien gründeten. Die griechischen Bauern kannten keinen Fruchtwechsel. Sie säten in einem Jahr und ließen das Land im folgenden Jahr brachliegen. Ochsen zogen die Pflüge, die Saat wurde von Hand ausgestreut, und man erntete mit der Sichel.

Nur wenige Bauern besaßen genügend Weideland für viele Pferde und Rinder, doch alle hatten Ochsen, Maultiere und Esel als Zugtiere sowie Schafe und Ziegen, um Milch und Käse zu gewinnen. Bergbauern hielten Bienen, die Honig lieferten, den wichtigsten Süßstoff des Landes. Linsen, Erbsen, Bohnen, Zwiebeln, Kohl und Knoblauch gab es im Überfluß. Für Abwechslung auf dem Speisezettel sorgte vor allem Fisch.

Traubenstampfen

Weintrauben und Oliven waren die Hauptquelle des ländlichen Wohlstands. Oft baute man sie auf den an Berghängen angelegten Terrassen an, um ihnen möglichst viel Sonnenschein zukommen zu lassen. Die reifen Trauben wurden im September geerntet und zu einem Stampfboden aus Holz oder Mörtel gebracht, der leicht abschüssig angelegt war und unten einen Abfluß hatte. Wenn die Arbeiter die Trauben stampften, floß der Saft in ein Faß, das in den Boden eingelassen war. Man ließ ihn in Tonfässern gären, die mit Pech oder Harz ausgekleidet waren und dem Wein den leichten Harzgeschmack gaben, der noch heute eine griechische Spezialität ist. Diese Fässer blieben sechs Monate lang in kühlen Kellern stehen. Danach wurde der Wein zum leichteren Transport in große Amphoren umgefüllt.

Gesunkene Wracks, beladen mit Amphoren für die griechischen Kolonien in Süditalien oder am Schwarzen Meer, bezeugen, daß die Griechen ihren Wein in großem Umfang exportierten. Olivenöl war ein weiterer einträglicher Exportartikel. Die Olive war heilig, und man hielt sie für ein Geschenk der Athene, der Schutzgöttin Athens, an die Bewohner ihrer Stadt. Olivenöl diente zum Kochen, zum Waschen anstelle von

Wägeamt *Der König von Kyrene, einer griechischen Kolonie in Nordafrika, überwacht das Wiegen von Waren und Lagern der Säcke.*

Neuland *Jeder Fleck steinigen Bodens wurde bebaut. Dieser Bauer lenkt zwei Ochsen vor einem Holzpflug. Ein anderer Mann streute dann die Saat aus.*

Seife und als Brennstoff für Lampen. Man erntete die Oliven damals auf die gleiche Weise wie heute: Arbeiter schüttelten die Zweige, so daß die Oliven in Netze fielen. Die Früchte wurden mit einer Handmühle zerquetscht, dann preßte man mit einer Schraubpresse das Öl heraus.

Die meisten Bauern waren auf die Mitarbeit der Familie angewiesen, doch die reichen hatten auch Sklaven für die schwere Arbeit. In den Städten war die Wirtschaft jedoch von den Sklaven abhängig. Im 5. Jahrhundert v. Chr. hat es allein in Attika, dem Gebiet um Athen, wohl etwa 100 000 Sklaven gegeben, also fast zweimal soviel wie freie Bürger. Im allgemeinen wurden diese Sklaven gut behandelt. Einige wurden Ärzte, Lehrer oder Architekten, waren sehr gebildet und wurden so gut bezahlt, daß sie sich die Freiheit erkaufen konnten. Eine Ausnahme bildete der Sklave Pasion im 4. Jahrhundert v. Chr., der sich freikaufte und Bankier wurde. Er lieh der Stadt große Geldsummen, erhielt dafür das Bürgerrecht und hinterließ ein riesiges Vermögen.

„Atmende Besitztümer“

Doch normalerweise besaß ein Sklave keinerlei Rechte, er konnte weder heiraten noch Vermögen besitzen. Der Philosoph Aristoteles bezeichnete Sklaven als „atmende Besitztümer“ und „Werkzeuge, die zufällig lebendig sind“. Die unglücklichsten Sklaven arbeiteten in den Bergwerken von Laurion, südöstlich von Athen, wo man das Silber für die Münzen der Stadt förderte. Die Münzprägung war Anfang des 6. Jahrhunderts v. Chr. aus Lydien in Kleinasien übernommen worden. Die Vielfalt der Münzen bedeutete viel Arbeit für die Geldwechsler, von denen sich etliche zu Bankiers emporarbeiteten. Sie führten ihre Geschäfte auf kleinen Tischen aus, und noch heute lautet das griechische Wort für Bank *trapeza* oder Tisch.

Wählerisch *Mit erhobenem Hackmesser wartet ein Fischhändler geduldig, bis sich der Kunde überlegt hat, wieviel Fisch er für das Abendessen benötigen wird.*

Schuhmacher *Ein Junge läßt Maß für einen neuen Schuh nehmen.*

WERBEN UM DIE GUNST DER GÖTTER

An einem Frühlingsmorgen in Athen steht eine Gruppe dreijähriger Jungen mit Blumen im Haar vor einem Tempel auf der Akropolis. Ihre Familien warten in der Nähe. Aus dem Tempel treten weißgekleidete Priester und Flötenspieler. Die Priester geben den Jungen kleine Tonkrüge, aus denen sie zum erstenmal in ihrem Leben Wein nippen. Diese Zeremonie der Krüge war Teil des Anthesteriafestes, das im Frühling zu Ehren des Weingottes Dionysos gefeiert wurde.

Auch andere Lebensabschnitte der Kinder waren durch religiöse Rituale gekennzeichnet. Mit etwa zwölf Jahren opferten Mädchen ihr Spielzeug der Göttin Artemis. Dies war Teil einer Zeremonie, mit der sie das Ende der Kindheit feierten. Oft fand dieses Ritual am Vorabend der Hochzeit statt. Mädchen heirateten sehr jung, und zwar sobald ihre Väter Ehemänner für sie gefunden hatten. Oft waren diese doppelt so alt wie die Braut.

Bei einer Hochzeit wurden Zeus und Hera, die Schutzgötter der Ehe, angerufen. Bräutigam und Braut nahmen zunächst ein rituelles Reinigungsbad in einem bestimmten Fluß oder im Wasser aus einer heiligen Quelle. Am Tag der Hochzeit opferte die Braut nach altem Brauch eine Haarlocke. Es folgten weitere Opfer und Feiern sowohl im Haus der Braut als auch in dem des Bräutigams. Die Braut wurde, begleitet von ihrer Mutter, vom Bräutigam auf einem Wagen zu ihrem neuen Heim gefahren. Dort begrüßte ihre Schwiegermutter sie, die den Frischvermählten mit einer Fackel über die Schwelle leuchtete. Das Paar ging dann zum Herd, wo es niederkniete und mit Feigen, Nüssen und Zuckerwerk, Zeichen des Wohlstands, überschüttet wurde.

Für den einfachen Griechen stand bei der Religion die rituelle Handlung im Vordergrund, nicht so sehr die Moral. Die Gesellschaft maß der Moral große Bedeutung bei, doch die Motive für sittliches Verhalten waren in erster Linie sozialer Natur. Man übte gutes Benehmen um des guten Rufes willen, weniger aus Furcht vor Göttern und Göttinnen. Anbetung und Opfer wurden beinahe als eine Art Vertrag mit den Göttern angesehen, mit dem man sich ihrer Gunst versicherte. Die richtige Durchführung der Rituale war daher ein wesentliches Merkmal der griechischen Religion. Viele Zeremonien wurden nicht in einem Tempel oder Heiligtum von einem Priester oder einer Priesterin vorgenommen, sondern von gewöhnlichen Leuten im eigenen Haus.

Von Hestia, der Göttin des Herdes, glaubte man, sie beschütze den Mittelpunkt des Heims. Es war daher schon ein religiöser Akt an sich, daß man das Feuer in seinem Haus nicht ausgehen ließ. Am Eingang vieler Häuser stand eine Herme, eine Steinsäule mit einem menschlichen Kopf und einem Phallus. Sie war dem Gott Hermes geweiht und sollte das Haus schützen. Oft befand sich im Innenhof ein Altar für Zeus und Apollon, auf dem der Hausherr jeden Tag Speiseopfer darbrachte. Auf dem Land betete man Götter wie den bocksfüßigen Pan an, und jeder Ort, Brunnen oder Bach hatte seine Schutznymphe. Gebete für eine gute Olivenernte richtete man an Athene, Trauben waren das Geschenk des Dionysos, während Demeter für eine reiche Getreideernte sorgte. All diese Gottheiten, so glaubte man, lebten auf dem Olymp, dem höchsten Berg Griechenlands, dessen Gipfel den Himmel berührte. Doch obwohl sie ihre Götter und Göttinnen an diesem abgelegenen Ort auf dem Berg angesiedelt hatten, glaubten die Griechen, daß sie sich um die menschlichen Belange kümmerten und oft in das Leben der Städte und Menschen eingriffen.

Herrschaft mit dem Donnerkeil

Man glaubte, daß die Götter den Menschen im Aussehen und Charakter glichen und sich nur in einem wichtigen Punkt unterschieden: Sie waren unsterblich. Der oberste Gott war Zeus, der Herrscher über den Himmel. Bildhauer und Maler stellten ihn als reifen, bärtigen Mann dar, manchmal mit einem Donnerkeil in der Hand und auf einem Thron sitzend. Hera, Gemahlin und Schwester des Zeus, war die Schutzgöttin der Frauen und der Ehe. Zeus' Bruder Poseidon beherrschte das Meer. Äußerlich glich er Zeus, hielt jedoch einen Dreizack in der Hand und war manchmal von Delphinen umgeben. Weitere Gottheiten waren Ares, der Kriegsgott, Aphrodite, die Göttin der Liebe und der Schönheit, Hermes, der Götterbote, Hephaistos, der Gott des Feuers und der Schmie-

Schutz vor dem Bösen *Eine Frau gießt ein Trankopfer auf den Altar im Hof ihres Hauses, um sich den Schutz eines Gottes zu sichern.*

Letzte Reise *Ein Vasengemälde zeigt Männer in dunklen Gewändern, die den Leichnam eines Freundes zum Friedhof tragen. Eine bezahlte Klagefrau begleitet sie.*

Tod dem Ungeheuer *Perseus flieht mit dem Kopf der Medusa, deren Blick tödlich war. Die Göttin Athene, die ihm nachsieht, hatte ihm einen Bronzeschild geschenkt, den er während der Enthauptung als Spiegel benutzte.*

de, Athene, die Göttin der Weisheit und der Kunst, Demeter, die für die Fruchtbarkeit der Erde verantwortlich war, und Apollon, der Gott der Heilkunst und der Musik. Allen Göttern waren Heiligtümer und Tempel geweiht. Manche Gottheiten wurden mit bestimmten Städten in Verbindung gebracht, beispielsweise Athene mit Athen.

Die wichtige Rolle der Religion im Leben der Griechen kommt in den herrlichen Tempeln zum Ausdruck. Mit der Pracht der Tempelarchitektur ehrte man den jeweiligen Gott und demonstrierte gleichzeitig den Wohlstand und Rang der Stadtgemeinde, die ihn gebaut hatte.

In einem Raum im Inneren des Tempels stand eine Statue des Gottes, die manchmal verschwenderisch mit Gold und Elfenbein geschmückt war. Dieses Standbild war nicht für die Augen der Öffentlichkeit gedacht, sondern nur die Priester und Tempelbediensteten durften es sehen: Nie gewährte man einfachen Leuten den Zugang zum Innern des Tempels, das man als privaten Bereich der Gottheit betrachtete. Die Räume besaßen keine Fenster und wurden nur von Öllampen erleuchtet.

Alle wichtigen öffentlichen Zeremonien fanden vor dem Tempel im Freien statt. Sie wurden von einem Priester an einem Altar an der Ostseite des Tempels durchgeführt, einer geheiligten Stelle, die mit einem Stein gekennzeichnet war oder, wenn es sich um ein reiches Heiligtum handelte, mit einem Marmortisch.

Der Priester trug bei den Opferzeremonien einen langen Chiton und stand mit dem Rücken zum Tempel, dessen Türen geöffnet waren, so daß die Gottheit die Zeremonie beobachten konnte. Man führte Rinder, Schafe, Ziegen oder Schweine herbei, die mit Girlanden und vergoldeten Hörnern geschmückt waren. Rasch wurde jedem Tier die Kehle durchgeschnitten, danach der Körper zerlegt. Ein Teil des Fleisches wurde zum rituellen Brandopfer auf den Altar gelegt, und den Rest briet man für das gemeinsame Opfermahl.

Ein Fest für Athene

Jede Stadt feierte ein jährliches Fest für ihre Schutzgottheit. Athen zollte Athene mit den alle vier Jahre stattfindenden Großen Panathenäen Tribut. Mit einem neuen Gewand, einem Peplos, mit dem die alte Holzstatue der Göttin in einem Schrein nahe dem Parthenon, dem herrlichen Tempel der Athene, bekleidet werden sollte, zog eine Prozession zur Akropolis hinauf.

Der Parthenonfries, der heute im Britischen Museum in London ausgestellt ist, zeigt diese Prozession. An ihrer Spitze gehen Frauen mit Weingefäßen für die Trankopfer. Hinter ihnen führen Männer Schafe und Rinder, die geopfert werden sollen. Ein Priester und ein Kind halten den Peplos, bevor sie ihn der Göttin übergeben.

Die Griechen glaubten an ein Leben nach dem Tod, hielten es aber für weniger wert als das Leben auf der Erde und hatten es daher nicht eilig, ins Jenseits zu kommen. Leichnamen legte man Münzen in den Mund als Lohn für den Fährmann Charon, der die Seelen der Toten über den Fluß Styx in die Unterwelt, das Reich des Hades, übersetzte. Manche Toten wurden begraben, meist jedoch verbrannte man sie und begrub ihre Asche zusammen mit Besitztümern, von denen man glaubte, die Verstorbenen könnten sie im Jenseits verwenden. Auf das Begräbnis folgte der Leichenschmaus.

Heilende Hände *Hygieia schaut zu, wie ihr Vater Asklepios einem Patienten im Traum erscheint. Heilerfolge verbreiteten den Kult des Gottes.*

GEBET UM HEILUNG

Vom 5. Jahrhundert v. Chr. an verbreitete sich in der griechischen Welt der Asklepioskult. Asklepios war der Gott der Medizin. Kranke Pilger übernachteten in seinen Heiligtümern, vor allem auf der Insel Kos, in Pergamon in Kleinasien und in Epidauros. Der Gott erschien den Pilgern in ihren Träumen. Diese wurden dann von Priestern gedeutet, die eine Behandlung verordneten, meist bestimmte Ernährungsweisen, Gymnastik und Bäder. Daraus entwickelte sich ein System, das auf wissenschaftlicher Beobachtung beruhte und die Grundlagen der modernen Medizin legte.

Arzt und Lehrer *Der Eid des Hippokrates von Kos bestimmt noch heute die Ethik des Arztberufs.*

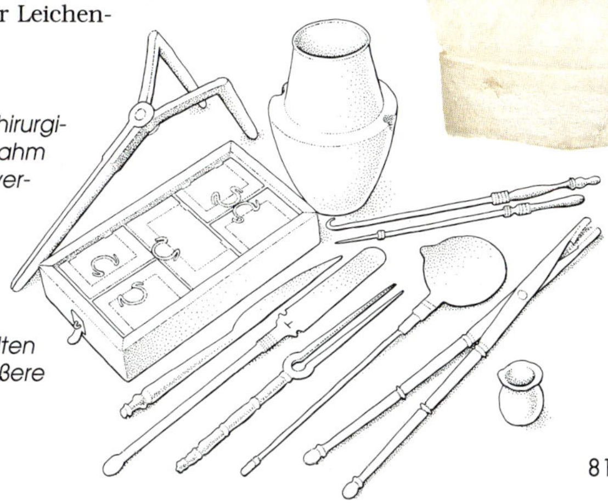

Besteck *Das chirurgische Können nahm zu. Allmählich verlor die Medizin die Elemente des Magischen, und anatomische Kenntnisse spielten eine immer größere Rolle.*

FÜNF TAGE SCHWEISS UND EHRE

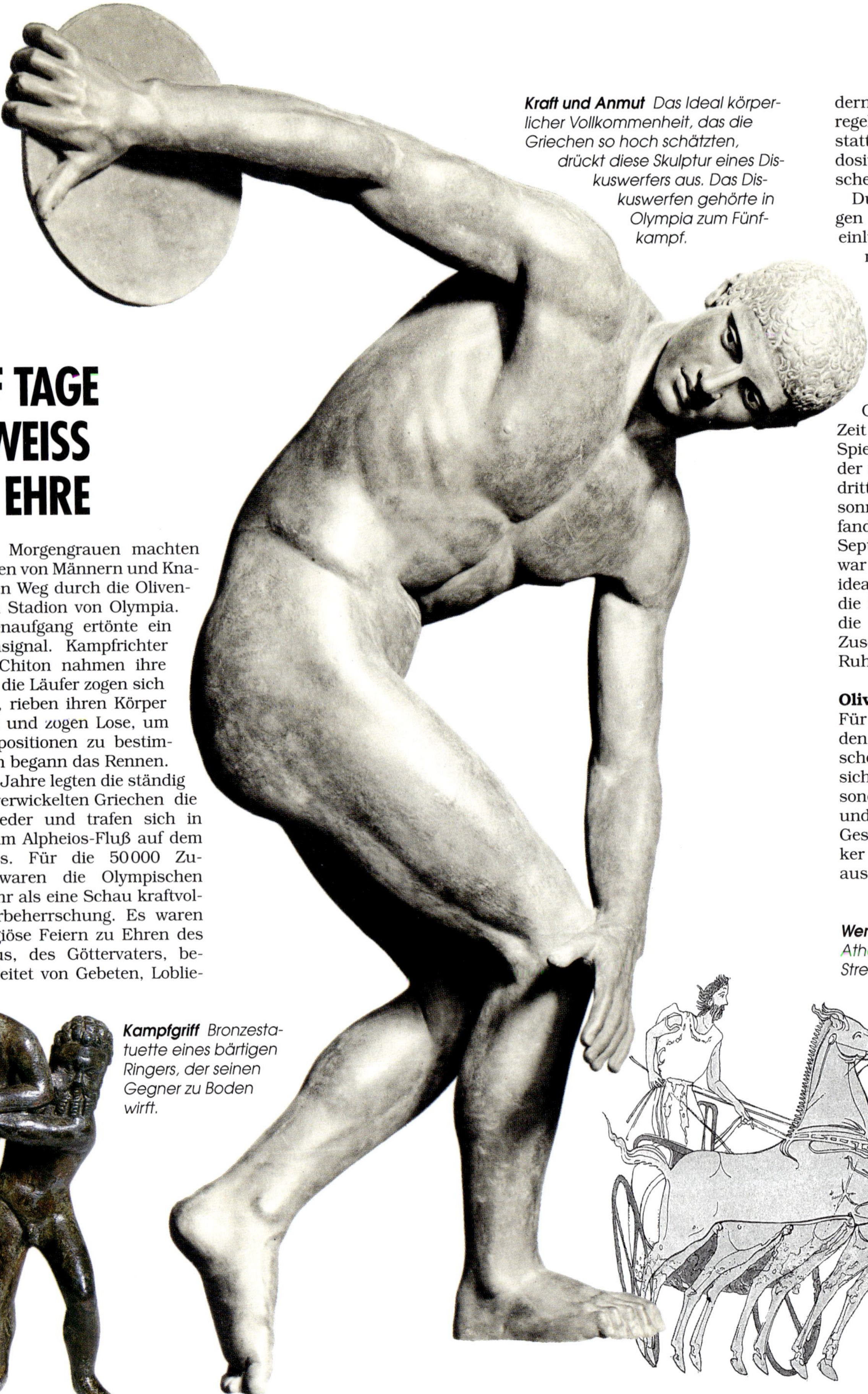

Kraft und Anmut *Das Ideal körperlicher Vollkommenheit, das die Griechen so hoch schätzten, drückt diese Skulptur eines Diskuswerfers aus. Das Diskuswerfen gehörte in Olympia zum Fünfkampf.*

Lange vor Morgengrauen machten sich Scharen von Männern und Knaben auf den Weg durch die Olivenhaine zum Stadion von Olympia. Bei Sonnenaufgang ertönte ein Trompetensignal. Kampfrichter im roten Chiton nahmen ihre Plätze ein, die Läufer zogen sich nackt aus, rieben ihren Körper mit Öl ein und zogen Lose, um ihre Startpositionen zu bestimmen. Dann begann das Rennen.

Alle vier Jahre legten die ständig in Kriege verwickelten Griechen die Waffen nieder und trafen sich in Olympia am Alpheios-Fluß auf dem Peloponnes. Für die 50000 Zuschauer waren die Olympischen Spiele mehr als eine Schau kraftvoller Körperbeherrschung. Es waren auch religiöse Feiern zu Ehren des Zeus, des Göttervaters, begleitet von Gebeten, Lobliedern und Opfern. Die Spiele fanden regelmäßig seit dem Jahr 776 v. Chr. statt, bis der römische Kaiser Theodosius sie 393 n. Chr. als heidnisches Treiben verbot.

Durch alle griechischen Städte zogen Boten, die freigeborene Bürger einluden, an den Spielen teilzunehmen. Die Athleten gingen nicht als Mannschaften, sondern als Einzelkämpfer in den Wettkampf. Frauen waren ausgeschlossen, sie durften nicht einmal zuschauen. Die Athleten kamen einen Monat vor Beginn der Wettkämpfe in Olympia an, so daß sie genügend Zeit zum Trainieren hatten. Die Spiele waren zeitlich so gelegt, daß der dritte Tag mit dem zweiten oder dritten Vollmond nach der Sommersonnenwende zusammenfiel. Sie fanden also immer im August oder September statt. Für die Athleten war diese heiße Jahreszeit nicht ideal, doch zu diesem Zeitpunkt war die Ernte bereits eingebracht, und die zahlreichen Bauern unter den Zuschauern konnten die Spiele in Ruhe genießen.

Olivenzweige für den Sieger

Für Athleten und Zuschauer wurden Zelte aufgeschlagen. Die Menschenmengen kamen nicht nur, um sich die Wettkämpfe anzuschauen, sondern auch, um Pferde zu kaufen und zu verkaufen oder Freunde und Geschäftspartner zu treffen. Politiker führten Gespräche mit Kollegen aus anderen Städten. Auch Schrift-

Kampfgriff *Bronzestatuette eines bärtigen Ringers, der seinen Gegner zu Boden wirft.*

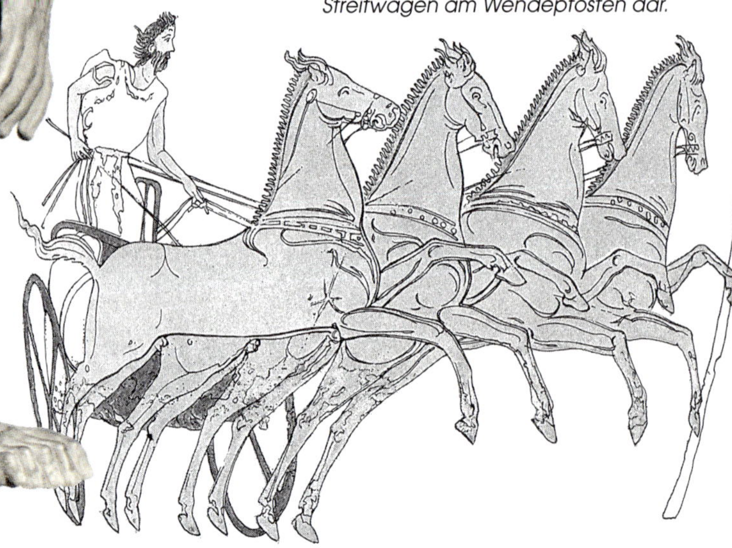

Wendemarke *Das Gemälde auf einer Athener Preisamphore stellt einen Streitwagen am Wendepfosten dar.*

steller wie etwa Herodot nutzten die Gelegenheit, vor einem Publikum aus ganz Griechenland aus ihren Werken vorzulesen.

Am Anfang dauerten die Spiele nur einen Tag, doch in klassischer Zeit waren daraus fünf geworden. Sie wurden von einem Ausschuß aus neun bis zwölf Personen geleitet, die die Teilnehmerlisten zusammenstellten, die Preise zuerkannten und die Siegerehrungen organisierten. Am ersten Tag brachte man Zeus Opfer dar und legte heilige Eide ab. Die Wettlaufteilnehmer schworen, fair zu kämpfen. Regelverstöße wurden mit Geldstrafen geahndet, und wenn ein Athlet nicht bezahlen konnte, mußten seine Familie und seine Heimatstadt dafür einstehen. Am Eröffnungstag fanden auch die Wettkämpfe der Knaben statt. Am zweiten Tag stürzten sich die Athleten und Zuschauer in die spannendste und gefährlichste Veranstaltung der Spiele, das Rennen mit dem Viergespann. Nachdem die Startschnur entfernt worden war, jagten bis zu 40 Wagen los und fuhren zwölf Runden. An den Wendepfeilern kam es oft zu Unfällen, und nur wenige Wagen erreichten das Ziel. Sieger war nicht der Lenker, sondern der Besitzer des Gespanns. Es folgte ein Pferderennen, bei dem die Reiter nackt und ohne Sattel oder Zaumzeug ins Rennen gingen.

Danach kam das Pentathlon, ein Fünfkampf aus Laufen, Weitsprung, Diskuswerfen, Speerwerfen und Ringen. Weitspringer hielten Blei- oder Steingewichte in der Hand, um mehr Schwung zu bekommen. Der Weitsprung bestand aus fünf Sprüngen in Folge ohne Anlauf. Am dritten und vierten Tag standen Wettläufe, Boxen und nochmals Ringen auf dem Programm. Eine Mischung aus Boxen und Ringkampf war das Pankration, bei dem Würge- und Drehgriffe erlaubt waren. Die Wettläufe fanden in einem 600 Fuß langen, mit Sand bedeckten Stadion statt. Die Startlinie aus Steinplatten mit Einkerbungen, die den Zehen als Halt dienten, kann man noch heute sehen.

Am fünften und letzten Tag erhielten die strahlenden Sieger ihre Preise: Kränze aus Zweigen vom heiligen Ölbaum in der Nähe des Zeustempels. Danach wurde zu ihren Ehren ein Siegesbankett veranstaltet. In ihren Heimatstädten erwarteten sie weitere Ehrungen wie Steuerfreiheit, kostenlose Mahlzeiten und Geldgeschenke. Für einen Sieger konnte auch eine Statue in Olympia aufgestellt werden.

Die Olympischen Spiele genossen zwar das größte Ansehen, doch war diese Veranstaltung nur eine von vielen, die Sportler aus der gesamten griechischen Welt anzogen. Ebenfalls alle vier Jahre fanden in Delphi die Pythischen Spiele statt. Die Isthmischen Spiele bei Korinth und die Nemeischen Spiele in Nemea in der Nähe von Argos wurden in zweijährigem Rhythmus abgehalten.

Außerdem hielten viele Städte ihre eigenen Spiele zu Ehren ihrer Schutzgottheiten ab. Athen ehrte Athene in seinem Großen Panathenäenfest, an dem Männer aus der gesamten Umgebung Athens teilnahmen. Die Sieger erhielten große Krüge mit Olivenöl, auf denen das jeweilige Rennen abgebildet war.

Kriegsopfer *Anmutig leidend, so wirkt die verwundete Amazone von Polyklet auf den Betrachter.*

SCHAUSPIELE ZU EHREN DES WEINGOTTES

Für die Griechen war ein Theaterbesuch ein festliches Ereignis. Die Menschen sahen in den schüsselförmig in Berghänge gehauenen Theatern an einem Tag drei Tragödien und zum Schluß eine Komödie. Ursprünglich saßen die Zuschauer auf Grashängen, doch später errichtete man Steinbänke. Vor den vorderen Sitzen befand sich die runde Orchestra, wo die Schauspieler auftraten und der Chor tanzte. Dahinter sah man die *skene*, ein Holzgerüst als Kulisse, wo sich auch die Umkleideräume befanden. Das Drama hatte einen religiösen Ursprung und leitete sich von Tänzen und Liedern zu Ehren des Dionysos, des Gottes der Fruchtbarkeit und des Weins, ab. Die Bühnenautoren wählten bekannte Stoffe für ihre Stücke, und das Publikum nahm regen Anteil an den Vorführungen. Alle Schauspieler waren Männer. Die besten Bühnenautoren waren Athener: Aischylos, Sophokles und Euripides bei den Tragödien und Aristophanes bei den Komödien. Am Ende eines Schauspielfestes erhielten die besten Autoren Efeugirlanden. Während der Festspiele ruhten in Athen alle geschäftlichen Tätigkeiten, und Gefangene wurden vorübergehend freigelassen, damit sie teilnehmen konnten.

Schreckensmaske
Solche bronzenen Masken trugen Schauspieler bei der Aufführung einer Tragödie.

Maske des Frohsinns
Die Terrakottamodelle zeigen Schauspieler mit Masken, die ihre Rolle betonten: ein Komiker und zwei Betrunkene.

WEIN, WEIB, GESANG – UND PHILOSOPHIE

Ungeachtet ihres Interesses an geistigen Dingen waren die Griechen ein Volk, das den Freuden des Lebens sehr zugetan war. Dank ihrer Sklaven und Diener hatten sie reichlich Freizeit, und die Bürger, vor allem die Männer, nutzten diese nach Kräften.

Zu Hause war die hauptsächliche Zerstreuung das Symposion, das Festmahl, an dem nur Männer teilnahmen. Man schätzte das gute Gespräch, und jedes Symposion begann mit einem ernsthaften Meinungsaustausch über Politik und Philosophie. Später wurde der Abend unter dem Einfluß von Speisen und Getränken heiterer.

Sänger, Schwerttänzer, Jongleure, Musikanten und Akrobaten führten ihre Künste vor. Häufig traten Sklavenmädchen auf, die man im Krieg gefangengenommen und wegen ihrer Schönheit und ihrer Fähigkeiten als Unterhalterinnen ausgewählt hatte. Oft verliebten sich die Männer in sie und hatten auch Kinder mit ihnen, doch es war ihnen nicht erlaubt, sie zu heiraten. Vasenmalereien zeigen diese Mädchen, wie sie mit Gästen tanzen und sich umarmen lassen und Männern, die angeheitert auf Sofas liegen, Wein reichen. Der Schriftsteller Xenophon beschreibt anschaulich eine typische Vorführung zur Unterhaltung der Männer: „Ein Mädchen spielt auf der Flöte, dann wird ein mit aufrechtstehenden Schwertern besetzter Reifen gebracht, über und durch den sie Saltos schlägt."

Ein beliebter Zeitvertreib war das Rätselraten. Wenn ein Gast ein Rätsel nicht lösen konnte, mußte er eine Schale Wein mit Salzwasser vermischt trinken. Die Gäste sangen Trinklieder, die auf der Lyra begleitet wurden. Man nannte diese Lieder Skolia, und oft waren ihre Themen politischer Natur. So besingt ein Skolion die beiden Griechen Aristogeiton und Harmodios, die im Jahr 514 v. Chr. Hipparchos, den Tyrannen von Athen, ermordeten.

Voller Grazie *Das schwingende Kleid läßt diese Statuette einer tanzenden Frau lebendig erscheinen.*

Wein, Gesang und Tanz gehörten zusammen. Bei dem jährlichen Fest zu Ehren des Weingottes Dionysos schickte jede der zehn Phylen Athens einen Chor aus 50 Knaben in einen Wettbewerb. Sie sangen, tanzten und trieben Possen, und ihre Familien sahen voller Stolz zu. Ein Fest ohne Musik war kein Fest. Pan, der bocksfüßige Gott, soll seine Flöte aus nebeneinandergereihten Schilfröhrchen von zunehmender Länge gemacht haben, die er mit Wachs und Schnüren zusammenband. Lyren hatten sieben Saiten, die mit Wirbeln oder Lederriemen zum Stimmen des Instruments verknüpft waren. Nach Homer ist der Gott Hermes der Erfinder der Lyra. Er nahm einen Schildkrötenpanzer, überzog die Öffnung mit Kuhhaut und setzte zwei Arme wie Hörner daran, die er mit einem Querstab zum Befestigen der Saiten verband.

Die Kithara entwickelte sich aus der Lyra und war ähnlich geformt, hatte jedoch einen Holzklangkörper, der einen tieferen, volleren Ton gab. Bei öffentlichen Anlässen fand man sie in den Händen professioneller Musiker. Trompeten hörte man vor allem in der Schlacht, während Tamburine und Becken bei Prozessionen und Tänzen zu Ehren des Gottes Dionysos geschlagen wurden.

Musikwettbewerbe waren ein wichtiger Teil des Großen Panathenäenfestes in Athen: Die Sänger und Flötenspieler standen auf Bühnen, und ihre Lehrer und die Juroren waren darunter versammelt.

Wie alle Eltern seit Menschengedenken beschenkten auch die Griechen gern ihre Kinder, oft mit kunst-

Angeheitert *Oft ging es bei den Griechen hoch her. Ein Vasengemälde zeigt zwei schwankende Männer, während sich ein dritter mit Wein bedient. Auf dem Becher (unten rechts) hilft eine Kurtisane einem jungen Mann, der sich übergeben muß.*

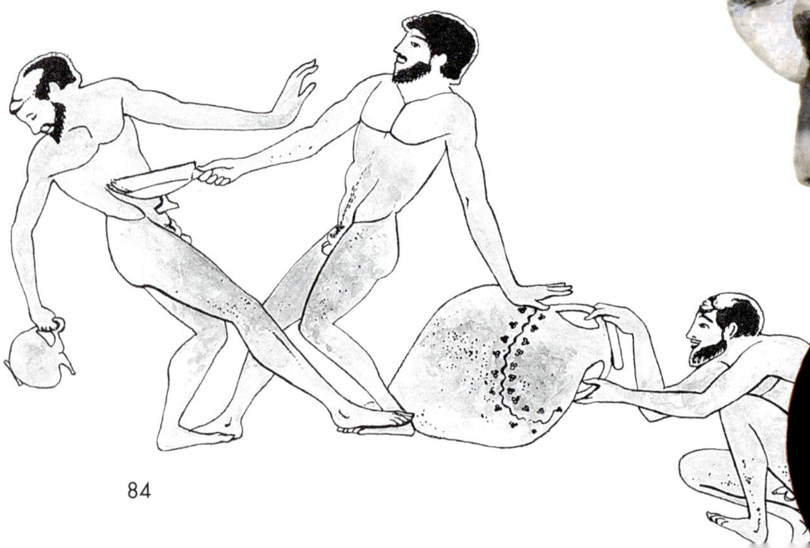

Zärtlicher Augenblick *Weinselig umarmt ein Gast bei einem Bankett ein Sklavenmädchen. Die philosophischen Gespräche sind vergessen.*

voll hergestelltem Spielzeug, das sie auf der Agora kauften. Einfachere Spielsachen wurden zu Hause angefertigt. In einer Komödie von Aristophanes berichtet ein stolzer Vater, wie gut sein Sohn bereits kleine Häuser, Schiffe, Wagen und Frösche aus Lederstücken basteln könne. Weitere Spielgeräte waren Schaukeln, Wippen, Drachen, Steckenpferde, Reifen mit Glöckchen, Spielzeugwagen, Kreisel und Räder, die man an Stäben ziehen konnte. Man fand auch winzige Möbel aus Blei, die vielleicht für hölzerne Puppenhäuser gedacht waren.

Kleinkinder spielten mit Rasseln, in denen sich Kieselsteine befanden; ein erhaltenes Exemplar hat die Form eines Schweinchens. Tonpuppen mit Gelenken fand man in Tempelruinen, wo sie geopfert worden waren, und in Kindergräbern. Vermutlich gab es auch Stoffpuppen und verschiedene Holzspielsachen, die jedoch wegen der Vergänglichkeit des Materials nicht erhalten sind.

Griechisches Hockey

Aus Schweinsblasen stellte man Bälle für Mannschaftsspiele her, die dem heutigen Hockey ähnlich gewesen sein mögen. Ein Steinrelief in einem Athener Museum zeigt zwei Spieler mit einem Stecken beim Ballabschlagen. Vasengemälde erinnern an Spiele wie Bockspringen, Huckepack und Blindekuh.

Eine hübsche Terrakottafigur stellt zwei Frauen dar, die ganz in ein Spiel vertieft sind, das man mit Knöcheln aus den Hinterfüßen von Schafen spielte. Man warf dabei fünf Knöchel einzeln in die Luft und versuchte dann, sie mit dem Handrücken aufzufangen. Brettspiele, die dem Historiker Herodot zufolge in Lydien in Kleinasien erfunden wurden, spielte man mit Spielsteinen und

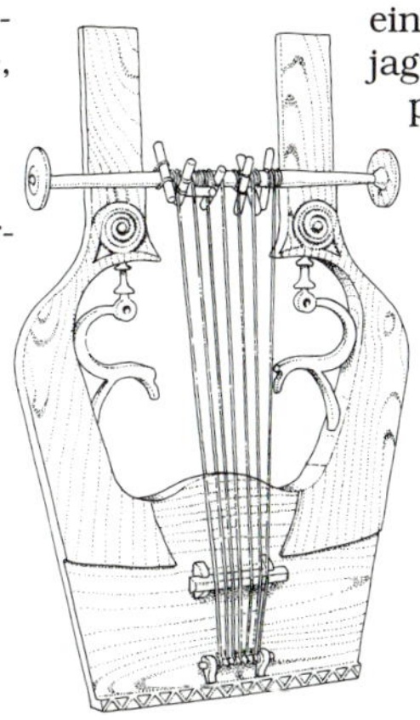

Klingende Saiten *Die Kithara hatte einen vollen Klang.*

Seht, was ich kann *Ein athenischer junger Mann beweist seine Geschicklichkeit, indem er einen Reif dreht und gleichzeitig ein abgedecktes Tablett hält.*

Würfeln aus Knochen und Glas. Meist gaben sich die Griechen einem solchen Zeitvertreib zu Hause mit ihren Freunden hin. Draußen auf dem Marktplatz konnten sie aus einer großen Vielfalt spannender öffentlicher Unterhaltungsformen wählen. Hierzu zählten spektakuläre Vorführungen, die Zauberer, Schwertschlucker, Taschenspieler und Feuerfresser zum besten gaben.

Tiere hielt man als Haustiere, benutzte sie jedoch auch für die Jagd und für grausame Kämpfe. Katzen scheinen als Haustiere weniger verbreitet gewesen zu sein als Hunde. Zahme Kraniche und Gänse stolzierten über die Höfe von bessergestellten Familien. Vornehme junge Männer hielten gern exotische Tiere wie Leoparden und Panther als Haustiere. Jungen Mädchen gab man als Liebesgeschenke Tauben, die oft mit Aphrodite, der Göttin der Liebe, in Verbindung gebracht wurden, und jungen Männern schenkte man Hasen. Katzen, Hunde und Hähne hetzte man gegeneinander, und die Zuschauer wetteten auf den Ausgang der Kämpfe. Auf einem Relief sieht man Jugendliche, die eine Katze gegen einen Hund kämpfen lassen.

Die Reichen gingen gern auf die Jagd, wozu sie je nach der Art der Beute verschiedene Hunderassen mitnahmen. Bei der Jagd auf Hirsche und Hasen gingen die Jäger einzeln oder zu zweit. Wildschweine jagte man jedoch in größeren Gruppen, die sich mit Wurfspießen, Netzen und Speeren ins Unterholz wagten.

BILDUNG DER SEELE

Die Griechen der Antike liebten die Musik bei öffentlichen und privaten Anlässen sowohl religiöser als auch weltlicher Art. Der Philosoph Platon sagte, die Erziehung setze sich aus zwei Teilen zusammen: einerseits aus turnerischen Übungen für den Körper und andererseits aus Musik für die Seele.

Man weiß nur wenig darüber, wie die Musik im antiken Griechenland klang. Es sind kaum Aufzeichnungen von Noten erhalten geblieben, und auch diese geben keinerlei Anhaltspunkte über die Tonlagen. Da die griechische Musik eng mit der Dichtung und dem Tanz verbunden war, war der Rhythmus sicher sehr wichtig. Die Musik bestimmte die Tanzschritte, und der Dichter verwob seine Worte mit der Musik. Gedichte wurden geschrieben, um dem Publikum vorgesungen zu werden.

Die Griechen hatten Lieder für jeden Anlaß: Liebeslieder und Gesänge zur Feier von Hochzeiten oder Geburten, Klagelieder bei einem Todesfall und Lieder, die eintönige Arbeiten begleiteten. Frauen tanzten offenbar gern. Doch nirgends sind sie beim Tanz mit ihren Ehemännern abgebildet.

Pfeifenpaar *Der Aulos aus Hartholz oder Knochen war das wichtigste griechische Blasinstrument und wurde stets paarig gespielt. Er war keine Flöte, sondern ähnelte eher unserer Oboe.*

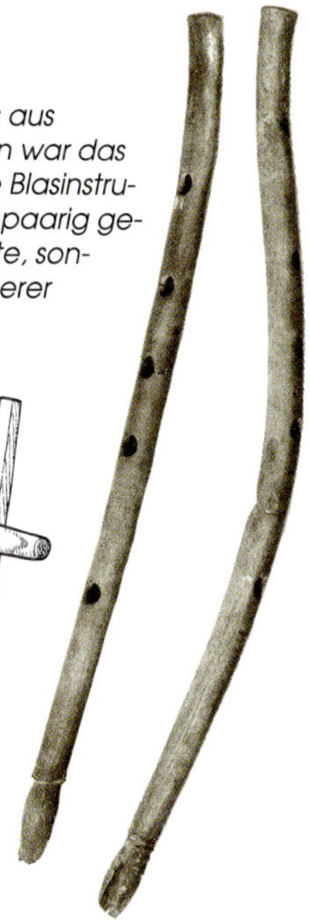

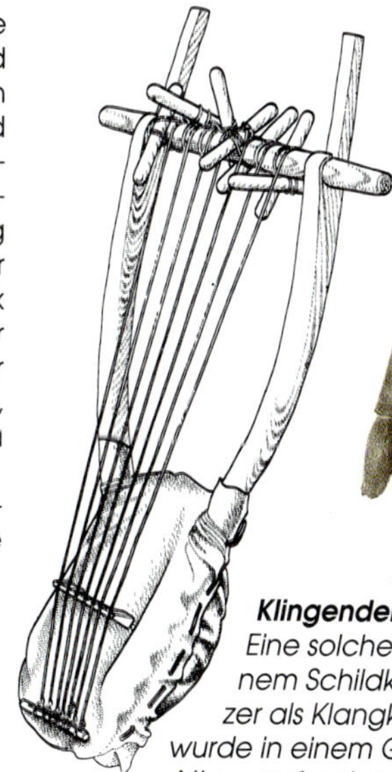

Klingender Panzer *Eine solche Lyra mit einem Schildkrötenpanzer als Klangkörper wurde in einem Grab in Athen gefunden.*

Musik und Bewegung *Ein Mädchen wirbelt zum Klang der Handklappern, während ein junger Mann den Aulos spielt. Die Terrakottafigur zeigt vermutlich einen Dichter, der seinen Vortrag auf der Lyra begleitet.*

STOLZE BÜRGER ROMS

Der Sage nach gründete Romulus 753 v. Chr. am Tiber die Stadt Rom. Am Anfang war sie kaum mehr als ein Dorf aus Lehmhütten auf dem Palatinhügel. Aus der Verschmelzung mit Siedlungen auf sechs benachbarten Hügeln entstand eine Stadt, die die Apenninenhalbinsel unter einer republikanischen Regierung vereinigte und sich über das Meer ausdehnte. Im Jahr 27 v. Chr. übernahm Augustus, der erste Kaiser, die Herrschaft. Unter ihm und seinen Nachfolgern wurden die Grenzen weiter vorgeschoben, bis sie ein riesiges Reich umfaßten, das sich von Spanien und Britannien bis nach Syrien und Judäa erstreckte.

Vier Jahrhunderte lang blühte das Reich, bis Heere aus der Provinz die Macht übernahmen. Kaiser Diokletian stellte die Ordnung wieder her, teilte aber 293 n. Chr. das Reich zwischen Ost und West. Der Westen konnte dem Ansturm der Goten und Wandalen nicht standhalten, und 476 n. Chr. wurde schließlich der letzte weströmische Kaiser von dem germanischen Heerführer Odoaker abgesetzt.

DAS RÖMISCHE REICH 753 V. CHR.–476 N. CHR.

PULSIERENDES HERZ EINES WELTREICHES

Unter dem dynamischen Kaiser Trajan, der von 98 bis 117 regierte, war Rom der Mittelpunkt der damals bekannten Welt, reich und mächtig, eine fortschrittliche Metropole mit einer Million oder mehr Einwohnern. Im Stadtzentrum säumten von Trajans adlergekrönter Siegessäule bis zum Kolosseum, der gewaltigen Arena, herrliche öffentliche Gebäude und Tempel die eleganten Plätze, Arkaden und Terrassen.

Es gab in Rom keine guten und schlechten Viertel. Statt dessen standen in der ganzen Stadt großzügige Villen neben bescheidenen Flachdachhäusern und Werkstätten. Große Wohnblocks waren oft vier bis fünf Stockwerke hoch, und meist befanden sich verschiedene Läden im Erdgeschoß.

Prachtentfaltung und Graffiti

Die Pracht der öffentlichen Gebäude in Rom ist hinlänglich bekannt. Doch die große Masse der Stadtbewohner lebte in schlechtbeleuchteten, spärlich eingerichteten Wohnungen, von denen die meisten gemietet waren. Mietskasernen und andere Wohnhäuser waren übersät mit Schildern, auf denen leerstehende Wohnungen angepriesen wurden. In der Regel waren diese Reklameschilder mit großen schwarzen Lettern geschrieben, während der Name des Vermieters als Blickfang in der letzten Zeile in roter Farbe prangte. Da die Wände auch von Ladenschildern und Wandkritzeleien bedeckt waren, wirkten die römischen Gebäude schmutziger, als es architektonische Studien oft vermuten lassen.

All diese Gebäude waren mit einem Netz von Abwasserkanälen verbunden, von denen die *cloaca ma-*

Mit Blick auf die Zukunft *Ein stolzer römischer Vater freut sich auf den Tag, an dem sein Sohn sieben Jahre alt wird. Dann geht er aus der Obhut der Mutter in die Hände des Vaters über, der ihn zu einem freien, tüchtigen römischen Bürger erziehen wird.*

xima das größte noch erhaltene Beispiel ist. Doch die meisten Haushalte waren nicht daran angeschlossen. In dem Fall trugen die Menschen ihr Schmutzwasser zu nahe gelegenen Abflußstellen oder schütteten es einfach aus den unverglasten Fenstern auf die Straße. Oft klagten unglückliche Bürger auf Schadenersatz, weil sie ein Opfer der Entsorgung geworden waren.

Glücksspiel und Klatsch

Die Römer lebten bevorzugt auf der Straße. Die Armen kochten sogar im Freien auf tragbaren Herden und Kohlepfannen. Fertige Speisen wurden auch in Garküchen verkauft, und für wenige Kupfermünzen konnten Sklaven und andere Angehörige der unteren Schichten ihre Mahlzeiten in den überfüllten, stickigen Tavernen einnehmen, die es in der Stadt in großer Zahl gab. Hier, wo die Arbeiter dicht gedrängt mit Würfeln spielten, an Fladen aus Käse und Hafermehl knabberten, wo sie billigen und dem römischen Geschmack entsprechend angewärmten Wein aus Kreta in sich hineinschütteten, blühte der Klatsch.

Der nie endende Lärm in Rom war entsetzlich. Knaben, die Würste, und Männer, die Erbsenbrei feilboten, priesen in den Straßen lautstark ihre Waren an, und ihr durchdringendes Geschrei vermischte sich mit dem von anderen Händlern, Schlangenbeschwörern, Kurtisanen, Gauklern und mit dem Gepolter der Karren auf dem Straßenpflaster.

Der römische Dichter Martial klagte, daß die Bürger bei Tagesanbruch vom lauten Brüllen der Schulmeister aus dem Schlaf gerissen würden. Den ganzen Tag über, so fuhr er fort, hämmerten die Kupferschmiede, und nachts setzten die Bäcker in der Stadt den ohrenbetäubenden Lärm fort.

Da der Arbeitstag schon früh begann, hatten viele Beamte und Geschäftsleute ihre Pflichten bereits um die Mittagszeit erledigt. Nach einer Pause zum Mittagessen kam die obligatorische Siesta während der größten Mittagshitze. Am Nachmittag widmete man sich gewöhnlich gesellschaftlichen Dingen. Man entspannte sich, besuchte eines der vielen öffentlichen Bäder oder die Gladiatorenspiele und Streitwagenrennen, oder man machte einen Einkaufsbummel.

Die Römer mögen begabte Baumeister gewesen sein, doch es gab auch zahlreiche minderwertige Gebäude. Die Mietshäuser, *insulae* genannt, also Inseln, waren besonders berüchtigt. Nur Holzbalken stützten ihre schweren Decken. Der Staatsmann Marcus Tullius Cicero, selbst Besitzer solcher Häuser, schrieb, zwei seiner Häuser seien eingestürzt, die Wände der anderen rissig. Nicht nur die Mieter, auch die Mäuse seien ausgezogen.

Feuerprobe

Die Angst vor einer Feuersbrunst plagte die Menschen ganz besonders. Da Kerzen, Öllampen und rauchende Fackeln nachts Licht spendeten, waren Unfälle häufig. Trotz der unmittelbaren Nähe des Tibers und eines fortschrittlichen Wasserleitungssystems gab es nur wenige Häuser mit eigenem Wasseranschluß.

Die Stadt hatte sieben Feuerwehren, doch deren Ausrüstung bestand nur aus Äxten, Eimern, Handpumpen und Haken, so daß die Angst groß war, wenn in der Nachbarschaft ein Feuer ausbrach. Die Wohlhabenden hielten sich Sklaven, denen man eingeschärft hatte, auf einen Wink hin die Wertsachen in Sicherheit zu bringen. Für die Ärmsten, die sich in den obersten Dachkammern der Mietshäuser drängten, wurde der Alptraum, dort eingeschlossen zu werden, nur allzuoft grausige Wirklichkeit.

Herren der westlichen Welt *Als Kaiser Trajan 117 starb, hatte das Römische Reich seine größte Ausdehnung erreicht. Es erstreckte sich von Britannien bis nach Nordafrika und von Spanien bis zum Kaspischen Meer. Römische Soldaten waren am Hadrianswall in Britannien und am Limes entlang der Rhein-Donau-Grenze stationiert, und sie unterhielten Garnisonen in ihren eroberten Provinzen.*

Die Welt in der Hand *Die Statue Romas (links), der bewaffneten Göttin des Krieges, Sieges und Reichtums, hält eine Kugel in der Hand – Symbol der Welt, die Rom über Jahrhunderte siegreich regierte.*

Hausmusik *Für Familienfeiern bestellte man Musiker und Schauspieler als Unterhalter. Auf diesem Fresko aus Pompeji spielt eine Frau Lyra und Harfe, während Schauspieler auf ihren Auftritt warten.*

Verteidigung des Reiches *Inmitten von Eis und Schnee war der Hadrianswall ein rauher Außenposten für die Soldaten. Die im Jahr 122 zum Schutz Britanniens vor den nördlichen Stämmen gebaute Befestigungslinie war 117 Kilometer lang.*

Feind des Reiches *Die Statue stellt einen Gefangenen aus Dakien dar, dem heutigen Rumänien.*

Garten der Erinnerung *In diesem Garten im Haus der Vettier in Pompeji zieht man Rosen, Veilchen, Hyazinthen und Sträucher, ähnlich denen, die dort in römischer Zeit wuchsen. Hilfreich waren dabei alte Gemälde.*

Wohnkultur *Diese Rekonstruktion eines römischen Schlafzimmers mit elegantem Sofa, Korbsessel, Schemel und Tischchen zeugt von Stil und Komfort. Eine Öllampe aus Ton (rechts) sorgte für Licht.*

Götter und Hüter *Dieses Heiligtum zeigt die Hausgottheit, flankiert von Laren oder Schutzgöttern. Die Bronzestatue eines der Laren (links) hält ein Trinkhorn und eine rituelle Weinschale.*

VILLEN UND SCHÖNE KLEIDUNG

VORNEHMER FAMILIENSITZ IM ANTIKEN POMPEJI

Ein Besucher am Vordereingang des Hauses der Vettier, der Villa eines reichen Kaufmanns, wartet auf Einlaß. Im Atrium, dem Innenhof mit Regenwasserbecken, plaudert der Herr des Hauses mit einem weiteren Gast. Um das Atrium gruppieren sich die Wohnräume, die Schlafzimmer sind im oberen Stock. Den hinteren Teil des Kalksteinhauses bildet das Peristyl, der Garten mit dem Säulengang, mit Brunnen, Sonnenuhren, Statuen, Blumen, Büschen, Wegen und – manchmal – schlüpfrigen Wandgemälden.

Im Gegensatz zu den armen Leuten, die auf verwanzten Matten in stickigen Mietwohnungen schliefen, lebten die wohlhabenden Römer in größter Eleganz. In den geräumigen Villen verrichteten Sklaven alle Hausarbeiten und eilten dienstbeflissen durch Korridore mit kühlen Marmorsäulen über mosaikglänzende Böden. Die Möbel bestanden aus Bronze, Elfenbein und kostbaren Hölzern. An den Fenstern hingen Vorhänge aus teuren Stoffen, und farbenfrohe Fresken belebten die Wände.

Wohlhabende Bürger besaßen oft zwei Häuser, ein Stadthaus und eine Landvilla, die ähnlich angelegt waren. Besucher kamen durch die Doppeltüren eines Vestibüls in das Atrium, das eigentliche Wohnzimmer der Familie. Hier fiel das Sonnenlicht durch eine Dachöffnung und spiegelte sich in einem Wasserbecken. Im Atrium befand sich auch oft das Heiligtum für die Hausgötter, die Laren und Penaten, die die Häuser vor bösen Geistern schützen sollten. Die gesamte Familie betete täglich an diesem Heiligtum.

Vom Atrium gelangte man in die Küche, das Eßzimmer, das Arbeitszimmer, die Schlafzimmer und andere Räume. Auf der Rückseite des Hauses befand sich ein von Säulen umgebener Garten, das Peristyl. Die Römer waren begeisterte Gärtner und liebten besonders Rosen. Wohlhabende Römer tranken Rosenwein und puderten ihren Körper mit getrockneten und zerriebenen Rosenblüten. Während die Behausungen der ärmsten Bürger höchstens von kleinen Blumenkästen an den Fenstern geschmückt wurden, besaßen die großen Vorstadtvillen Terrassen, die einen Ausblick über Rasenflächen, phantasievoll beschnittene Hecken und Wege zwischen Lorbeerbäumen, Zypressen und efeuumrankten Platanen gewährten. Die großen Landvillen hatten sogar ihre eigenen weitläufigen Weinberge, Olivenhaine und Obstgärten.

In den großen Privathäusern, die an das Wasserleitungssystem angeschlossen waren, plätscherten Springbrunnen. Einige Häuser verfügten sogar über eine Fußbodenheizung, das Hypokaustum. Es bestand aus Heizkesseln, aus denen heiße Luft in Hohlräume unter dem Fußboden geführt wurde. Die meisten Häuser wurden jedoch durch tragbare Bronzepfannen beheizt, in denen man Holzkohle verbrannte.

Die Möbelstücke der Römer waren oft schön gearbeitet, doch selbst die Häuser der Reichen wurden nur spärlich möbliert. Der wichtigste Einrichtungsgegenstand war das Bett, auf dem der Bürger nachts schlief und sich tagsüber niederlegte, um zu ruhen oder Gäste zu empfangen. Die teuersten Betten bestanden aus Holz und waren mit feinen Elfenbein-, Schildpatt- und

„Cave canem" – Vorsicht Hund! *Scharfe Wachhunde waren sehr beliebt. Die Römer ließen an ihren Häusern Mosaiken anbringen, die mögliche Diebe und Räuber vor dem Hund warnten.*

Goldeinlegearbeiten versehen und mit bunten Damastdecken bedeckt. Die Reichen hatten selbst in ihren Arbeitszimmern Betten, auf denen sie sich zum Lesen und Schreiben niederließen. Sie aßen auf Sofas in der gleichen halbliegenden Haltung.

Im Gegensatz zu den massiven Betten und Sofas waren die Tische sehr leicht und hatten oft einklappbare Beine. Stühle waren nicht üblich, doch saßen wohlhabende Frauen gern auf der *cathedra*, einem Stuhl mit geneigter Rückenlehne. Wertsachen bewahrte man in stabilen, verschließbaren Kisten auf, und nachts beleuchtete man die Villen mit Öllampen, Hängelampen und Kandelabern aus Bronze.

Die Römer verbrannten Olivenöl, eine kostspielige und nicht besonders helle Art der Beleuchtung, die viel Rauch entwickelte. Das war neben der Feuergefahr ein Grund dafür, daß die Menschen vor allem das Tageslicht nutzten.

Die ersten Bartstoppeln

Die meisten Männer standen bei Tagesanbruch auf und begaben sich oft sofort zum Barbier, der Eisenklinge und Wasser verwendete. Die erste Rasur eines jungen Mannes glich einem religiösen Ritual. Die abrasierten Bartstoppeln legte man in ein Glasfläschchen, das dann den Göttern zum Dank dafür geopfert wurde, daß aus dem Knaben ein Mann geworden war.

Die römischen Männer bevorzugten einen kurzen Haarschnitt, doch wurde das Haar auch künstlich gelockt, gefärbt und parfümiert, worüber jedoch die meisten Römer spotteten.

Tunika und Toga

Zu Hause trug der Mann eine wollene oder leinene Tunika über einem Hemd und einem Lendenschurz. In der Öffentlichkeit jedoch durfte ein römischer Bürger, nicht der Sklave, die Toga tragen, ein aus einem breiten Stoffstreifen bestehendes Gewand, das in fließenden Falten über die Tunika gelegt wurde. Allerdings war es keineswegs einfach, sich darin zu bewegen. Vor allem auf dem Land bevorzugten die Römer deshalb praktische Kleidung.

Römische Frauen trugen ein fließendes Kleidungsstück, die sogenannte Stola, über der Tunika. Sie wurde in der Taille mit einem Gürtel gehalten und war oft blau, grün, rot oder safrangelb gefärbt. Man trug sie mit einem Übergewand, und bald war sie für die römischen Frauen eine Art Nationaltracht, wie es die Toga für die Männer war. Die Unterwäsche war bemerkenswert modern: Auf vielen Mosaiken sieht man Büsten- und Hüfthalter. Für modebewußte Frauen war die tägliche Toilette eine wichtige und äußerst aufwendige Angelegenheit, wobei ihnen Sklavenmädchen halfen. Viel Zeit kosteten die kunstvollen Frisuren. Oft wurde das Haar auf dem Kopf aufgetürmt und mit einer Unzahl von Nadeln und Kämmen gehalten.

Perücken waren so beliebt, daß einige Porträtskulpturen abnehmbare Steinperücken erhielten, damit man modischen Veränderungen jederzeit Rechnung tragen konnte. Römische Prostituierte mußten von Gesetzes wegen eine gelbe Perücke tragen oder das Haar gelb färben. Mit dem Verfall der Sitten in der römischen Kaiserzeit übernahmen modische Damen diese verruchte Haartracht und trugen ihr Haar in den verschiedensten Gelbtönen.

Der beste Freund *Das auf einem Grabstein abgebildete Mädchen spielt mit seinem Lieblingstier, einer Hauskatze. Zu seinen Füßen steht ein Huhn.*

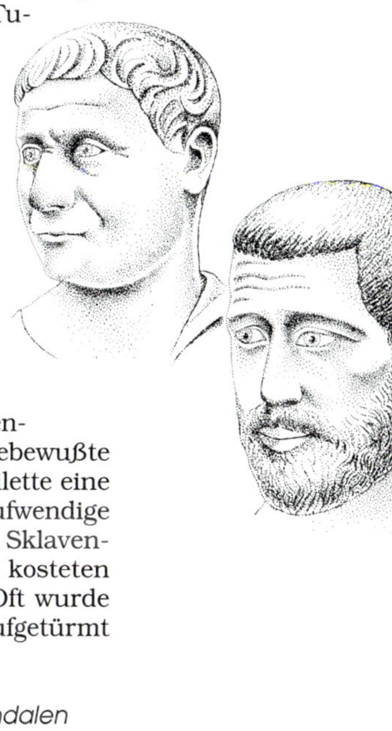

TITUSKOPF UND RINGELLOCKEN

In Rom achteten Männer wie Frauen sehr auf ihre Haartrachten, und die Frisuren änderten sich oft. Modebewußte Damen wie die drei Römerinnen (links) ließen sich das Haar von einer *ornatix*, einer Friseuse, kunstvoll gestalten. Im Gegensatz dazu waren die Frisuren der Männer einfacher und nicht so sehr den modischen Veränderungen unterworfen, obgleich Bärte im Lauf der Jahrhunderte immer wieder modern oder unmodern wurden. Mit oder ohne Bart suchten die Männer Friseure oder *tonsores* auf, um sich verschönern zu lassen.

Leichtfüßig *Offene Ledersandalen und stabile genagelte Straßenschuhe wurden von römischen Schuhmachern verkauft. Sandalen trug man meist im Haus und als Freizeitschuhe auf dem Land.*

Schminkkästchen *Die Römerin brauchte Kreide und weißes Blei für den Teint, Asche oder Antimon für die Augen und roten Ocker für die Lippen.*

Fit bleiben *Junge Frauen in zweiteiligen, bikiniähnlichen Kleidungsstücken halten sich mit Hanteln, einem Diskus und Gymnastikübungen in Form.*

„Mit diesem Ring" Viele römische Bräute trugen als Treueversprechen an ihren Ehemann einen goldenen Ring am Mittelfinger der linken Hand. Dieser Ring (oben) zeigt die Vereinigung der Hände, ein Trauungsritual. Außerdem schworen sich die Eheleute gegenseitig die Treue (rechts).

LERNEN FÜRS SPÄTERE LEBEN

Die Heiligkeit der Familie war einer der Eckpfeiler der römischen Gesellschaft. Die Menschen wurden ermuntert, früh zu heiraten und möglichst viele Kinder zu haben. Die meisten Eltern nahmen ihre Pflichten sehr ernst und bemühten sich, ihre Kinder zu ehrerbietigen Söhnen und Töchtern und zu vorbildlichen zukünftigen Bürgern zu erziehen. Einige Mütter und Väter allerdings gaben, wie der römische Historiker Tacitus zornig bemerkte, aus Bequemlichkeit ihren Nachwuchs in die Obhut von Dienstmädchen.

Traditionsgemäß waren die Eltern für die Erziehung eines römischen Kindes verantwortlich. Es gab kein öffentliches Schulsystem wie in Griechenland. Die Mutter spielte die wichtigste Rolle, solange das Kind noch klein war, und danach begann der Unterricht zu Hause, ursprünglich unter dem strengen Auge des Vaters als Lehrer. In späteren Jahren jedoch bürgerte es sich ein, einen Pädagogen einzustellen, einen Sklaven, der als Lehrer fungierte, oder das Kind auf eine gebührenpflichtige Schule zu schicken. Diese Schulen waren in der Regel klein und bestanden aus kaum mehr als einem einzigen Raum, oft ein Laden, der nur durch einen Vorhang von der Straße abgetrennt war.

Die Kinder kamen mit sieben Jahren in die Schule und lernten, mit einem Knochenstift auf Wachstafeln zu schreiben. Es wurde streng auf Disziplin geachtet, und ein aufmüpfiger Schüler lief Gefahr, häufig mit einem Rohrstock, einem Lederriemen oder einer Aalhaut geschlagen zu werden. Schließlich war das Ertragen von Schmerz ein gutes Training für die künftigen Soldaten des Reiches. Allerdings gab es für Kinder auch zahlreiche Vergnügen. Nach der Schule konnten die Schüler in die öffentlichen Bäder gehen, oder sie spielten mit Reifen, Bockspringen, Knöchelspiele oder Blindekuh. Hin und wieder sah man auch einen Jungen, der sich von einer Ziege oder einem Esel mit einem kleinen Streitwagen durch die Straßen ziehen ließ.

Zukünftige Hausfrauen

Kleine Mädchen spielten am liebsten mit Stoffpuppen. Sie gingen in eigene Schulen und erhielten eine elementare Ausbildung, die mit etwa zwölf Jahren, also mit dem Beginn der Pubertät, endete. Danach lernten sie, gute Hausfrauen zu werden. Für die Söhne reicher Eltern folgte auf die Grundschule eine zweite Ausbildungsstufe, doch hatten wie in jeder Gesellschaft der Antike die meisten Menschen keinerlei Schulbildung.

Wenn privilegierte römische Jugendliche mit 16 Jahren aus der Schule kamen, fand anläßlich ihrer Volljährigkeit eine feierliche Zeremonie statt. Auf dem Forum in Rom tauschten sie im Beisein ihrer Familie und Freunde die purpurgesäumte *toga praetexta* der Jugend gegen die einfache weiße *toga virilis* der Erwachsenen ein.

Auch im alten Rom war der Vater das Oberhaupt der Familie. Er hatte

***Eltern mit Kind** Auf diesem Sarkophag eines wohlhabenden Römers mit Namen Cornelius, hier mit seiner Frau und seinem einzigen Kind abgebildet, ist die Elternliebe rührend dargestellt. Große Familien waren das Ideal der Römer, doch die Kindersterblichkeit war hoch. Der Sarkophag eines Kindes (rechts) zeigt Jungen, die mit einer Rutsche und einigen Nüssen spielen, und einige Mädchen stehen in einer Reihe und werfen nacheinander Bälle an die Wand.*

Einfühlsame Krankenbehandlung *Diese Skulptur stellt einen Arzt und seinen jungen Patienten dar. Die meisten römischen Ärzte wandten die Kräutermedizin an. Ihr Arzneischrank enthielt Verbandsmaterial und stark aromatisierte Pillen sowie Tränke aus Tollkirsche, Krokus, Fenchel, Knoblauch, Bilsenkraut, Leinsamen, Malve, Senf, Rosmarin, Salbei und Wermut.*

die absolute Macht, nicht nur über seine Kinder, sondern auch über seine Frau, zumindest theoretisch. In Wirklichkeit übten die römischen Frauen großen Einfluß auf die Haushaltsführung und ihre Ehemänner aus.

Schleier für die Braut

Die Ehe war eine wichtige Einrichtung, und die Eltern suchten mit großer Sorgfalt die Partner aus. Die Braut trug ein traditionelles Hochzeitskleid, ihr Haar wurde in sechs Flechten geteilt, der Kopf mit einem orangefarbenen Schleier bedeckt. Die Zeremonie fand im Haus der Braut oder in einem Heiligtum statt, wo Opfer dargebracht wurden. Das Paar schwor sich gegenseitig Treue und Beistand und besiegelte die Verbindung, indem es sich die Hände reichte.

Nach der Zeremonie wurde die Braut in einer Prozession zum Haus ihres Ehemannes gebracht, wo sie die Türpfosten mit Fett bestrich und Wollfäden hinzufügte. Dann wurde sie über die Schwelle getragen. Diese Zeremonie kennzeichnete den Übergang von der Jungfrau zur Ehefrau. Viele Mädchen waren bei ihrer Hochzeit nicht älter als 14 oder 15 Jahre, manchmal sogar noch jünger. Über eine Schwangerschaft freute sich die junge Frau mit einigem Bangen, da es häufig zu Fehlgeburten kam und viele Frauen bei der Geburt eines Kindes starben. Eines von drei römischen Kindern starb bereits im Säuglingsalter.

Gleich nach der Geburt nahm der stolze Vater sein Kind in die Arme und hob es hoch, um seine väterliche Verbundenheit zu demonstrieren. Einige Tage später erhielt das Kind ein Amulett, die *bulla*. Dieses wurde ihm um den Hals gehängt, um böse Geister abzuschrecken.

Säge für den Chirurgen

Zauberei, Amulette und übernatürliche Heilungen spielten in der römischen Medizin eine wichtige Rolle. Die Chirurgen verwendeten eine Vielzahl von Instrumenten wie Skalpelle, Katheter und engzahnige Sägen, doch da es keine wirksamen Betäubungsmittel gab, muß jede Operation ein blutiger, qualvoller Alptraum gewesen sein.

Die Römer beteten Götter an, die denen der Griechen sehr ähnlich waren. So entsprach beispielsweise ihr oberster Gott, der bärtige „Himmelsvater“ Jupiter, dem griechischen Zeus. Ihre Venus, die Göttin der Liebe, erinnerte an Aphrodite, und Mars, der Kriegsgott, war mit dem griechischen Ares vergleichbar.

Die Tempel waren den traditionellen Göttern geweiht, doch viele Römer erlagen auch dem Zauber fremder Religionen, die sie mit der Ausdehnung des Römischen Reiches kennenlernten. So beteten sie zu der ägyptischen Göttin Isis, andere verehrten Mithras, den Stiertöter und persischen Gott des Lichts, oder Kybele, die asiatische Muttergöttin. Zwangsläufig wurde auch Christus bekannt. Seine eifrigsten Anhänger fand man zunächst meist unter Sklaven und armen Familien.

Eine Münze für den Fährmann

Um das Geheimnis des Todes angemessen zu würdigen, folgten viele Römer traditionellen Riten. Während den Armen nur das Massengrab blieb, betrauerte man reichere Bürger mit Stil. Der gesalbte Körper eines Familienoberhauptes wurde im Atrium auf ein Paradebett gelegt, wo ihm Freunde und Verwandte die letzte Ehre erwiesen.

Die Römer teilten den griechischen Glauben, daß die Seelen der Toten über den Fluß Styx in der Unterwelt übergesetzt würden, und deshalb legte man ihnen oft eine Münze für den Fährmann in den Mund. Bezahlte Klageweiber weinten und jammerten, während die von Musikanten angeführte *pompa*, der Trauerzug, den von Sklaven getragenen Sarg zum Ort des Begräbnisses oder der Verbrennung begleitete. Häufig wurden Porträts von den Ahnen der Familie mitgeführt, so daß diese im Geist ebenfalls anwesend waren. Oft waren auch Tänzer, Possenreißer und Gaukler dabei, außerdem jene Sklaven, denen der Tote in seinem Testament die Freiheit geschenkt hatte.

Trauermarsch *Auf den Arm gestützt, als ruhe er sich aus, wird ein verstorbener Römer auf einer Totenbahre zu seiner Beerdigung getragen.*

RÖMISCHE SCHREIBWEISE

Das lateinische Alphabet, das man im gesamten Römischen Reich benutzte, wurde schließlich zum Alphabet des Abendlandes. Ursprünglich hatte es allerdings nur 23 Buchstaben. Während des Mittelalters wurden aus dem römischen „i“ das „i“ und das „j“, und aus dem „v“ wurden „u“, „v“ und „w“.

Die meisten Erwachsenen schrieben auf Papyrus- und Pergamentrollen. Die Kinder wurden schon vor Beginn ihrer Schulzeit in den Grundbegriffen des Schreibens, Lesens und Rechnens unterrichtet.

In Wachs und Stein *Ein Mädchen (ganz oben) schreibt mit einem Knochengriffel auf einer mit Wachs überzogenen Holztafel. Die charakteristischen Buchstaben (oben) der Römer sind noch heute im Gebrauch.*

In Muße genießen Auf dem Sofa liegend, hört das Familienoberhaupt beim Essen seiner Frau beim Spiel auf einem Saiteninstrument zu. Die Kinder spielen zu ihren Füßen, während Sklaven eine reiche Auswahl an Fleisch, Fisch, Gemüse und Wein bringen.

FESTGELAGE UND BADEVERGNÜGEN

Rund 600 Straußenhirne und mit Goldkörnchen vermischte Erbsen waren zwei der Speisen, die bei einem Fest für den Kaiser Elagabal serviert wurden, und man sagt, er selbst habe bei einem anderen Fest so viele Rosen aus Öffnungen in der Decke herabhängen lassen, daß einige seiner Gäste daran erstickten. Die Extravaganz römischer Bankette ist legendär, und wenn auch längst nicht alle Gastgeber so verschwenderisch waren wie Elagabal, so zählten große Festgelage doch zu den schönsten Vergnügungen in jedem wohlhabenden Haushalt.

Während sich die Masse der Armen vornehmlich von Brot und einem *puls* genannten Weizenmehlbrei ernährte, machten die Reichen das Festefeiern zu einer Art Kunst. Ihre Bankette begannen meist am Nachmittag und zogen sich bis tief in die Nacht hin. Zwischen den Gängen traten Akrobaten, Tänzer, Zwerge, Musikanten und Clowns zur Unterhaltung auf.

Mit Pfauenfedern befächelt

Heere von Sklaven kümmerten sich um sämtliche Bedürfnisse. Sie nahmen den Gästen bei der Ankunft die Straßenschuhe ab und gaben ihnen Sandalen, sie schwenkten Fächer aus Pfauenfedern, um die Fliegen fernzuhalten, sie brachten parfümiertes Wasser zum Händewaschen und trugen herrlich anzusehende, köstliche Speisen zu einem großen Eßtisch in der Mitte des Raumes. Es war üblich, daß die schönsten Sklaven den Wein servierten und die Speisen vorlegten, während die Gäste es sich, oft zu dritt, auf einem Sofa bequem machten, indem sie den linken Arm auf ein Kissen stützten. Da soviel für das Wohl der Gäste getan wurde, ist es merkwürdig, daß die Besucher ihre eigenen Servietten mitbringen sollten. Ein verärgerter Gastgeber sagte über einen knausrigen Gast: „Hermogenes hat bis jetzt noch nie eine eigene Serviette zum Abendessen mitgebracht, doch es gelingt ihm stets, eine Serviette mit nach Hause zu nehmen."

Das Bankett fand im kerzenbeleuchteten Eßzimmer statt und begann erst, nachdem Jupiter und die Hausgötter angerufen worden waren. Im allgemeinen bestand es aus drei Gängen: der Vorspeise, dem Hauptgericht und dem Dessert.

Eierspeisen, Oliven, Kopfsalat und Feigen waren beliebte Vorspeisen, doch ansonsten hatte das römische Essen nur wenig mit den typisch italienischen Speisen von heute zu tun. So kannte man Tomaten und Teigwaren noch nicht, und Knoblauch wurde nur wenig verwendet. Statt dessen gehörte als wichtige Zutat zu vielen Speisen eine scharfe Soße von durchdringendem Geschmack, die man *liquidam* nannte. Sie wurde aus dem Saft und den Eingeweiden von Fisch gemacht und schmeckte ein wenig nach Sardellenpaste. Man verwendete sie zum Würzen zahlreicher gastronomischer Köstlichkeiten, von milchgenährten Schnecken über Spanferkel bis hin zu gesottener Gans.

Tischdienst Oft servierten Sklaven zunächst bei Banketten. Gefielen sie ihren Herren, wurden sie manchmal adoptiert und später freigelassen.

Haselmäuse als Delikatesse

Die Römer aßen besonders gern Haselmäuse, eine Delikatesse, für die spezielle Behälter gebaut wurden, worin man die schmackhaften Nagetiere züchtete, bevor sie mit Walnüssen, Eicheln und Kastanien in irdenen Töpfen gemästet wurden. Zum Essen, so empfahl der Feinschmecker Apicius, sollte man die Haselmäuse mit Schweinemett, Pfeffer, Pinienkernen und einem würzigen Sud füllen.

Viele römische Rezepte sind in dem Buch *Über das Kochen* von Apicius erhalten. Für ein Meeresfrüchtefrikassee empfahl er beispielsweise: „Man gebe den Fisch in eine Pfanne, füge Öl, Wein und Fleischbrühe hinzu. Man hacke Lauch und Koriander in kleine Stücke, forme kleine Fischklößchen, hacke gekochte Fischfilets und gebe gut gewaschene Seeigel hinzu. Wenn dies alles gekocht ist, zerstoße man sehr gründlich Pfeffer, Liebstöckel, Majoran, befeuchte es mit Fischsud und gebe es in die Pfanne. Wenn die Mischung kocht, brösele man etwas Brot zum Binden hinein und ver-

Klatschbörse *Barbiersalons waren eine Mischung aus Herrenclubs und Klatschzentren. Die Männer suchten sie nicht nur auf, um sich die Haare modisch schneiden zu lassen, sondern gingen auch hin, um die neuesten Gerüchte und Skandalgeschichten zu erfahren.*

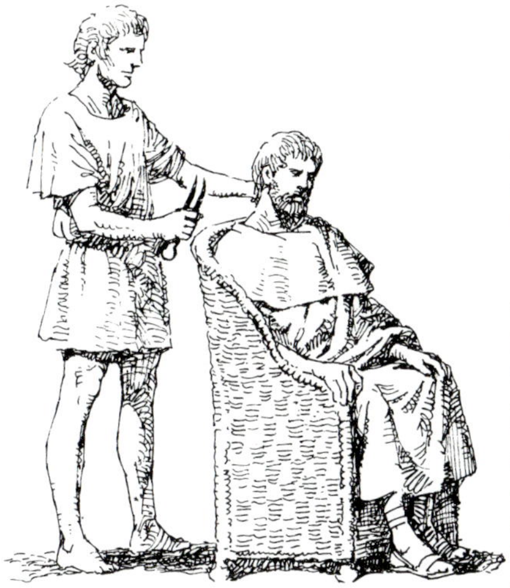

rühre alles gut. Zum Schluß bestreue man es mit Pfeffer und serviere das Gericht."

Bei Banketten wurden die Speisen kunstvoll arrangiert, um das Auge zu erfreuen. So garnierte man beispielsweise ein Wildschwein, indem man süße Kuchen in der Form von Ferkeln darum herumlegte. Es gab auch Überraschungen beim Essen: Schweine wurden manchmal als Ganzes serviert, und dann zog man ihnen gebratene Drosseln, Lerchen oder Nachtigallen aus dem Bauch. Begehrte Nachspeisen waren frische oder getrocknete Früchte und phantasievolles Backwerk. Die Speisen wurden auf Silbertabletts oder Steingut aus den beliebten gallischen Töpfereien serviert, und meist aß man mit den Fingern, obwohl es bereits Messer und Löffel gab, allerdings noch keine Gabeln. Rülpsen galt als höflich, und die Speisen wurden mit großen Mengen Weins hinuntergespült. Manchmal süßte man den Wein mit Honig, und fast immer mischte man ihn mit Wasser, denn unverdünnter Wein zeugte von unfeinem Geschmack.

Da sich manche Teilnehmer am Festgelage oft betranken und überaßen, rebellierte ihr strapazierter Magen mit ziemlicher Regelmäßigkeit. Sich zu übergeben wurde eine so alltägliche Sache, daß bestimmte Sklaven nur dazu abgestellt waren, die Sofas, Tische und Böden zu säubern. Die häßlichere Seite der römischen Natur zeigte sich auch in der Tatsache, daß für manche Banketts zur Unterhaltung Gladiatoren engagiert wurden, die kämpfen sollten, damit zum Vergnügen der Gäste Blut und Schweiß flossen. Manchmal artete eine Mahlzeit, bei der zuviel getrunken wurde, auch in eine wilde Orgie aus, wenn unzüchtig tanzende Mädchen die Männer lüstern machten.

Tafeln unter Rosen

Doch dies waren Exzesse. Im allgemeinen wurden die Bankette damals aus ähnlichen Beweggründen gegeben wie heute festliche Abendessen, nämlich um Speisen und gute Gesellschaft zu genießen. Klatsch war dabei besonders beliebt, und die Indiskretionen flossen so freizügig wie der Wein.

Der Brauch, eine Rose von der Decke hängen zu lassen, erinnerte daran, daß der Liebesgott Cupido dem Gott der Stille, Harpokrates, eine Rose schenkte, um ihn zu bewegen, die Seitensprünge Aphrodites nicht auszuplaudern. Wenn man eine Rose von der Decke hängen ließ, bedeutete dies, daß nichts von dem darunter Gesprochenen weitergesagt werden durfte. Daher stammt auch die lateinische Wendung *sub rosa*, „unter der Rose", was bedeutet, „im Vertrauen gesagt."

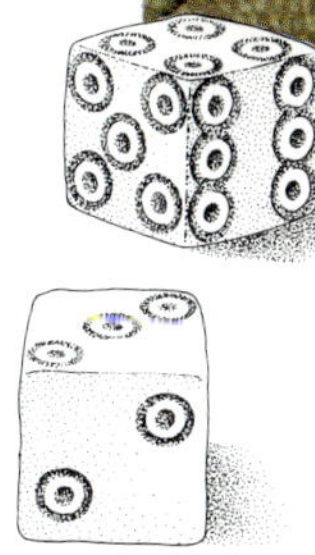

Hoher Einsatz *Nach geltendem Recht waren Glücksspiele verboten, dennoch spielten römische Männer in der Ungestörtheit der Bäder oder Tavernen häufig Würfelspiele. Nicht selten wurden dabei abenteuerlich große Summen gesetzt, und skrupellose Spieler spielten manchmal auch falsch, wie es die präparierten Würfel beweisen, die gefunden wurden.*

BADETAG

Mit ihren Sportstätten, Läden, Bibliotheken und Gärten waren die römischen Bäder beliebte Treffpunkte. Wohlhabende Bürger verbrachten oft den ganzen Tag dort, tauschten Neuigkeiten aus, spielten Brettspiele, trieben Sport oder ließen sich massieren. Selbst arme Leute konnten sich dieses Vergnügen leisten, denn die Eintrittsgelder waren gering.

Den Badenden boten sich mehrere Möglichkeiten: Warmluftraum, Schwitzbad, Warmwasserbad, Kaltwasserbad und Freibad. Seife gab es nicht. Statt dessen rieben die Badegäste ihre Haut mit Öl ein und schabten dies dann mit der *strigilis*, dem Schaber, ab. Die Bäder wurden im allgemeinen gemischt von Männern und Frauen besucht, und oft hatten die Behörden Grund einzuschreiten. Selten gab es ein Bad nur für Frauen, doch manche Bäder reservierten bestimmte Zeiten oder Tage für sie.

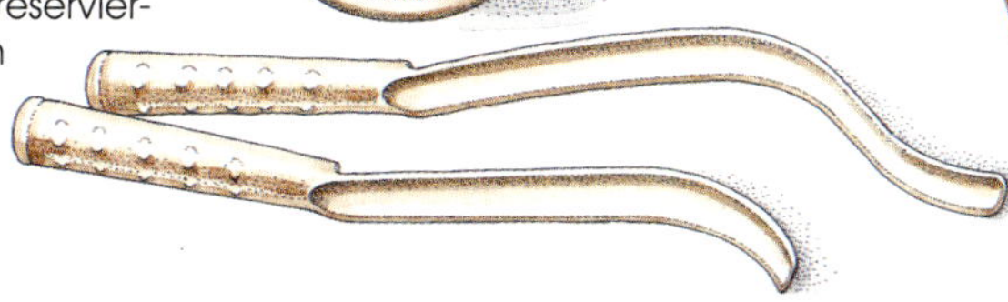

Körperpflege *Das Mosaik (oben) wünscht den Gästen „ein gutes Bad" und ermahnt sie, ihre Sandalen auszuziehen und beim Verlassen des Bades wieder anzuziehen. Der Flakon enthielt Öl für den Körper, mit den Bronzeschabern kratzte man die alte Haut ab.*

Bäder und Badende *Die Römer nutzten im südenglischen Bath (oben) die natürlichen warmen Quellen der Gegend für ihre Bäder. Der Lampendeckel zeigt zwei Damen im Bad, die die Forderung der Hygiene mit einem Plauderstündchen verbinden.*

KRÄMER, HANDWERKER UND SKLAVEN

Eine bunte Fülle von Geschäften belebte die Straßen und öffentlichen Plätze des antiken Rom. Hier hatten Bäcker, Metzger, Geflügel- und Fischhändler, Tavernenwirte, Barbiere, Parfümhersteller, Möbelhändler, Schmiede, Schuhmacher und zahllose andere ihre Läden. Manche Geschäfte waren Goldgruben, doch die meisten waren nichts weiter als enge, dunkle Buden, die an Hauswänden lehnten und sich in engen Gäßchen ebenso wie auf den großen überdachten Märkten breitmachten. Man warb mit gemalten Schildern, und die Waren wurden oft auf dem Straßenpflaster ausgelegt, so daß die ohnehin schon mit reisenden Händlern überfüllten Straßen fast unpassierbar wurden, bis schließlich Kaiser Domitian im 1. Jahrhundert alle Waren von der Straße verbannte.

Das Hauptgeschäftszentrum Roms war das große Forum mit einer riesigen Anzahl von Verkaufsständen, Läden und Treffpunkten. In diesem Viertel hatten auch die Geldwechsler ihre Geschäfte. Beim Geldverleihen konnte man gut verdienen, wenngleich es ein Erwerbszweig war, den die vornehmeren Römer mißbilligten, denn sie verachteten jede Art von Geschäftemacherei.

Dennoch konnten selbst Aristokraten manchmal der Verlockung leichter Gewinne nicht widerstehen. Es ging darum, sich Geld zu einem niedrigen Zinssatz zu leihen und es dann zu einem hohen Zinssatz weiterzuverleihen. Um der Spekulation während der Kaiserzeit entgegenzuwirken, wurde ein gesetzlicher Zinssatz festgelegt: zwölf Prozent im Jahr, also ein Prozent im Monat. Landbesitz war sehr viel ehrbarer, und auch durch ihn wurden einige Bürger zu Millionären. Der durch den Besitz zahlreicher Mietshäuser wohlhabend gewordene Politiker Marcus Crassus soll gesagt haben, ein Mann könne sich nicht reich nennen, solange er den Unterhalt einer Legion – etwa 6000 Mann – nicht aus seinem Jahreseinkommen bestreiten könne.

Die Banken gediehen in Rom, während ärmere Bürger ihre bescheidenen Ersparnisse in einem irdenen Sparschwein aufbewahrten. Die Grundwährungseinheit war eine Bronzemünze, der As. Ein Sesterz war vier Asse wert, ein Silberdenar 16 Asse. Ein einfacher Soldat erhielt einen Sold von 225 Denaren im Jahr. Ein kleiner Sack Weizen kostete einen halben Denar.

Buchführung *Bankiers, Steuereinnehmer und Geldverleiher arbeiteten viele Stunden in ihren Büros, um die täglichen Transaktionen sorgfältig in die Journale einzutragen (oben).*

Vespasian

Claudius **Iden des März** **Hadrian** **Julius Cäsar** **Vespasian**

Geprägte Geschichte *Römische Münzen zeigten die Köpfe der Kaiser oder Ereignisse wie den Mord an Cäsar.*

Träume von der Freiheit *Ein Ölflakon zeigt einen jungen Sklaven in einem seltenen arbeitsfreien Augenblick. Um den Hals trägt er eine Scheibe (links), auf der sein Name eingraviert ist, der seines Herrn und der Ort, an den er zurückzubringen ist, wenn man ihn auf der Flucht ergreift.*

Olivenöl für viele Zwecke

Von den Geschäften für den Tagesbedarf blühte das des Olivenölhändlers am besten, denn sein Produkt brauchte man zum Kochen, als Lampenöl und zur Körperreinigung. Im Jahr 300 gab es in Rom etwa 2300 Ölhändler. Große Töpfereien produzierten Millionen von Öl- und Weinkrügen, und auch Glaswaren wurden in Massenfertigung hergestellt, nachdem die Glasblasetechnik eingeführt worden war, möglicherweise von zugewanderten Syrern im 1. Jahrhundert.

Ein weiteres charakteristisches Handwerk war das des Mosaiklegers, der mit Hammer und Meißel aus Sandstein und Marmor farbige Würfel oder Täfelchen schnitt. Diese wurden zu mythologischen und Sportszenen, Tierbildern sowie Ornamenten zusammengesetzt und sollten die Fußböden römischer Häuser schmücken.

Natürlich war Rom nicht das einzige Handelszentrum der Apenninenhalbinsel. Modena war berühmt für seine Ziegelproduktion, Bergamo für Bronzewaren und Padua für Wolltextilien. Luxusartikel kamen von weiter her: Seide aus China, Papyrus aus Ägypten, Smaragde aus Skythien, Parfüm aus Arabien und Bernstein von der Ostsee.

Die römischen Geschäfte waren vom frühen Morgen bis Mittag und wieder vom späten Nachmittag bis zur Abenddämmerung geöffnet. Obwohl die Hausherrin manchmal auch selbst einkaufen ging, war dies doch im allgemeinen Aufgabe der Sklaven. Die meisten Ladenbesitzer waren selbst Sklaven oder ehemalige Sklaven, Mitglieder jener großen Schicht, die die täglich benötigte Arbeitskraft lieferte. Einige waren in Rom aufgewachsen, viele andere hatte man aus Britannien, Griechen-

BELEBTE STRASSE

Auf den Stufen eines öffentlichen Gebäudes beobachtet ein Kaufmann das morgendliche Treiben. Links von ihm wird eine hochrangige Dame von Soldaten beschützt in einer Sänfte zu den Bädern getragen. Überdachte Verkaufsstände säumen die Straßen und verlocken Kunden zum Kauf der Waren, von Obst und Blumen bis hin zu der neuesten Schmuckmode. Weiter entlang der Hauptstraße kommt man zu den hohen Bogen des großen Aquädukts, den Kaiser Nero erbauen ließ und der die Stadt zuverlässig mit Wasser versorgt.

Zu den öffentlichen Gebäuden, die den Platz umgeben, zählen Tempel, an deren Eingängen brennende Fackeln stehen, die anzeigen, daß die Tempel zum Gebet geöffnet sind. In der Mitte steht eine Säule, die einen öffentlichen Brunnen kennzeichnet, und einige Wände sind mit Gewerbezeichen oder Kritzeleien bemalt.

Schwerarbeit *Mit einem langstieligen Schieber nimmt ein Bäcker einen Brotlaib aus dem Ofen (links). Der Schmied (unten) stellt in seiner Schmiede Messer, Beile, Meißel und Sägen her.*

Warenangebot *Der Ladenbesitzer (links) deutet auf Brot, Öl und Wein in seinen Regalen. Die Straßen Roms waren gesäumt von kleinen offenen Verkaufsständen wie diesem.*

land, Ägypten, Nordafrika und aus anderen Ländern nach Rom gebracht. Zur Zeit Trajans, Anfang des 2. Jahrhunderts, bestand etwa ein Drittel der Bevölkerung Roms aus Sklaven, also rund 400 000 Menschen. Männer, Frauen und Kinder wurden wie Tiere öffentlich versteigert, und Schilder um ihren Hals priesen ihre Vorzüge.

Von den Sklaven erwartete man, daß sie alles taten, was man ihnen befahl, und wenn sie versagten, hatten sie grausame Strafen und sogar der Tod zu erwarten. Ein Koch, der ein mäßiges Essen zubereitet hatte, wurde manchmal vor allen Gästen ausgepeitscht, ein unbeholfenes Dienstmädchen im Ankleideraum ihrer Herrin mit Haarnadeln traktiert. Ein entlaufener Sklave oder *fugitivus* wurde, wenn man ihn wieder aufgegriffen hatte, auf der Stirn mit den Buchstaben FUG gebrandmarkt. Natürlich gab es auch humanere Herren. Der römische Schriftsteller Seneca mahnte, Sklaven menschlich zu behandeln, da sie vom gleichen Samen wie der Freie seien und auch die gleiche Luft atmeten.

Oft wurden Haussklaven mit wirklicher Zuneigung behandelt. Sie konnten für treue Dienste mit der Freiheit belohnt werden oder sich diese mit den Ersparnissen erkaufen, die sie von den empfangenen Löhnen zurückgelegt hatten. Selbst als Sklaven konnten sie Ärzte, Lehrer und in einigen Fällen sogar Regierungsbeamte werden.

In der Stadt ging es den Sklaven besser als auf dem Land. Dort arbeiteten sie auf den Feldern unter der Peitsche ihrer Aufseher, meist ein Opfer der sturen Verwalter, die nur auf höchste Gewinne aus waren.

Noch schlimmer war das Los der Sklaven, die in den römischen Minen nach Blei, Eisen, Kupfer und Silber gruben. Geschwächt vom Hunger, sahen diese lebenden Gespenster in den langen, dunklen unterirdischen Stollen monatelang kein Tageslicht und arbeiteten sich buchstäblich zu Tode.

AQUÄDUKTE UND LANDSTRASSEN

Waren für den Markt *Zur Erntezeit holperten ochsengezogene Wagen über die römischen Straßen, um Getreideladungen von den Landgütern zu den Märkten in die Städte zu transportieren (unten). Die Wagenführer benutzten Stachelstöcke, um die Ochsen anzuspornen. Oft verstopften die schwerfälligen Wagen die Straßen, und so machten die Römer bereits ihre Erfahrungen mit Verkehrsstaus.*

Meister im Straßenbau *Zuerst legte man ein Fundament aus hochkant gestellten Steinen, dann folgten flache Steine als Grundlage für den Schotter, darauf eine Schüttung aus Kies und Lehm oder Ziegelsplitt und Kalk und zum Schluß das Pflaster aus großen Steinplatten.*

Gerade und genau *Römische Landvermesser benutzten ein Instrument, das sie groma nannten, um ihre geraden Straßen und gitterförmigen Städte anzulegen und Baustellen zu vermessen.*

Tag für Tag flossen über eine Milliarde Liter frisches Wasser nach Rom, um die Bäder und Brunnen der Stadt zu versorgen. Diesen enormen Strom leiteten die elf großen Aquädukte – steinerne Wasserläufe, die oft auf mächtigen Bogen hoch über dem Boden verliefen – aus den Bergen in die Reichshauptstadt und speisten so deren riesiges Versorgungsnetz von Reservoiren, Zisternen und Leitungen.

Charakteristisch für die römischen Monumentalbauten war der Bogen, der auch die Aquädukte trug. Diese tragfähige Konstruktion wurde zum Bau von Gewölben und Kuppeln weiterentwickelt. Auch den Einsatz von Beton perfektionierten die Römer. Das Pantheon in Rom besitzt eine Kuppel von 43 Meter Durchmesser, die aus Betonguß besteht. Dieses gewagte Dach, das um 118 unter Kaiser Hadrian gebaut wurde, ist heute noch so sicher wie damals.

Die Römer waren auch meisterhafte Straßenbauer. Sie schufen ein Netz von breiten Straßen, die schnurgerade über Land führten und die entlegenen Gegenden des Reiches mit der Hauptstadt verbanden. Die erste große öffentliche Straße der Römer war die *Via Appia*, die 312 v. Chr. zwischen Rom und Capua gebaut und später bis nach Brundisium, heute Brindisi, im „Absatz" Italiens, verlängert wurde. Diese Straße benutzte man gern für Ausflüge, ob nun in der Sänfte getragen, zu Pferde oder in einem Wagen. Manche Wagen waren elegant mit seidenen Polstern ausgestattet und wurden von geschmückten Maultieren gezogen. Oft schickte man den Wagen Sklaven oder Hunde voraus, um einen Weg durch die Menschenmenge zu bahnen, während besonders prahlerische Römer eine Truppe afrikanischer Reiter vor sich hertraben ließen.

Straßen für die Legionen

Wo immer die Römer hinkamen, prägten sie mit ihren Straßen die Landschaft. So hatten sie in Britannien innerhalb von 40 Jahren nach der Eroberung ein 9600 Kilometer langes Verkehrsnetz gebaut. Aneinandergekettete Sklaven bildeten die Baukolonnen. Viele Straßen wurden jedoch auch von Soldaten gebaut, die die Militärlager und Städte einfach auf dem kürzesten Weg verbanden. Tatsächlich waren diese Straßen eher für marschierende Truppen als für Wagen ausgelegt.

Ein funktionierendes Nachrichtenwesen war der Schlüssel zur Macht. Etwa alle 20 Kilometer gab es Stationen, an denen Kuriere mit offiziellen Sendungen aus Rom die Pferde wechseln konnten. Doch die zunächst nur für die Legionäre gebauten Straßen förderten auch den Wohlstand der Zivilbevölkerung, indem sie das bunte Gemisch von Völkern und Provinzen durch die Bande des Handels miteinander verknüpften. Sie verbanden die Stadt mit dem

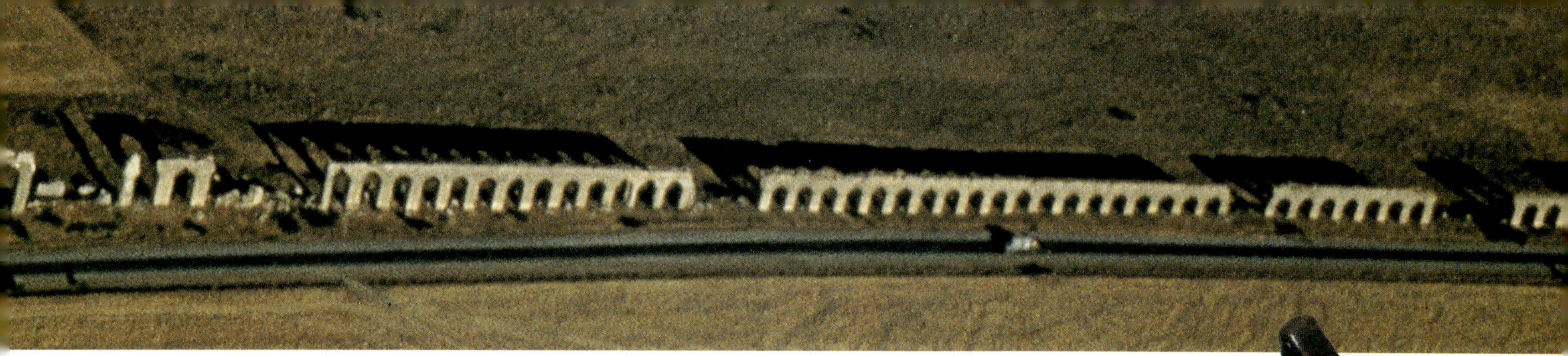

Technisches Meisterwerk *Ein großer Aquädukt, der über die Ebene Nordtunesiens verläuft (oben), führte der Stadt Karthago aus etwa 40 Kilometer entfernten Bergen Wasser zu. Die Steine wurden mit Kränen und Flaschenzügen aufeinandergesetzt.*

Land, und Güter wie Wein und andere landwirtschaftliche Produkte wurden auf ihnen in Wagen transportiert, von Maultieren mit großen Tragekörben getragen oder von Sklaven auf dem Rücken geschleppt. Bei Wagenverleihern konnte man in jeder größeren Stadt zwei- oder vierrädrige Kutschen mieten.

Oft konnte man ganze Haushalte auf der Straße sehen, wenn wohlhabende Bürger mit Bettzeug, Dienerschaft und Proviant von ihren Stadthäusern in die Ferien fuhren. Wenn es sehr heiß war, zogen sich die Reichen oft in ihre Villen im kühleren Bergland oder an der Küste zurück, etwa in die Bucht von Neapel. Hier gab es neben einigen beliebten Ferienorten auch die blühende Hafenstadt Pompeji, die an einem Sommertag im Jahr 79 vernichtet wurde, als der Vesuv mit elementarer Gewalt ausbrach und die Stadt unter riesigen Aschenmengen begrub. Der Schriftsteller Plinius war Augenzeuge der fürchterlichen Katastrophe: „Die Gebäude um uns herum begannen zu wanken, wir sahen, wie das Meer fortgesogen wurde, wie von einer Flutwelle wird die Erde verschlungen, man hörte Schreie."

Auf langen Reisen übernachteten die Menschen oft in einem der Gasthäuser am Weg, obwohl diese für Stechmücken, Lärm, fades Essen, schlechtes Wasser und das Krakeelen betrunkener Gäste berüchtigt waren. Im Land selbst lauerten Banditen und Wegelagerer den Reisenden auf, die malariaverseuchten Pontinischen Sümpfe an der *Via Appia* waren besonders gefährlich.

Auch für die Seereisenden war das Piratentum eine ständige Bedrohung, doch die schlimmsten Gefahren kamen vom Wetter. Zwischen November und März wurde die Schiffahrt eingestellt. Bei den Römern gab es noch keinen Tourismus im modernen Sinn. Aber man hatte schon Reiseführer und Landkarten, von denen einige auch die Entfernungen zwischen Städten und Gasthäusern angaben. Diplomaten, Soldaten, Kaufleute und andere Reisende schauten sich mit Begeisterung Sehenswürdigkeiten an und nahmen sich in fremden Ländern oft die Zeit, um die örtlichen Monumente zu besichtigen. Einige römische Besucher Ägyptens verewigten sich sogar mit Graffiti auf den Pharaostatuen.

Landarbeit *Dieses Bronzemodell zeigt einen Bauern mit seinem Rindergespann. Er bereitet den Boden für die Aussaat vor.*

Eiserne Sichel *Mit einer solchen Sichel wurde das Getreide geschnitten. Die Villen, in denen die Reichen den Sommer verbrachten, lagen inmitten blühender Bauernhöfe, weit weg von der mörderischen Hitze Roms und anderer Städte. Auf breiten, schnurgeraden Straßen reisten die Gutsbesitzer und ihre Familien zu ihren Landsitzen.*

Erntezeit *Dieses gallische Mosaik zeigt Arbeiter, die auf einem typischen Landsitz die Apfelernte einbringen. Die meisten Landvillen hatten ihre eigenen Obst- und Gemüsegärten.*

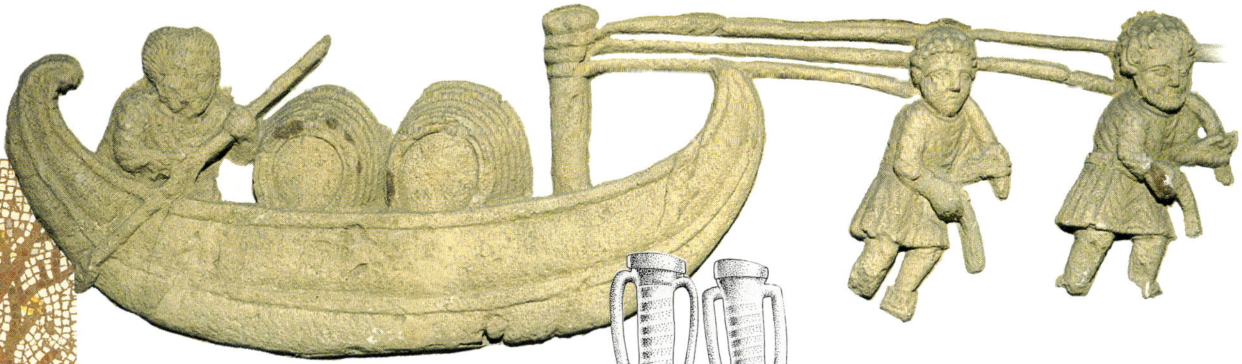

Weintransport *Auf kleinen, stabilen Lastkähnen wurden Weinfässer von den sonnigen Weinbergen Frankreichs und des Rheinlands zu den geschäftigen Häfen transportiert, wo sie auf größere Schiffe umgeladen wurden, die sie in alle Teile des weitläufigen Reiches brachten. Dieses Relief stammt aus Avignon in Südfrankreich.*

Krug und Flasche *Die römischen Amphoren fand man im Grab eines keltischen Stammesführers in Hertfordshire. Auch die kleineren Krüge enthielten den in Britannien beliebten Wein aus dem Süden.*

SIEGESZUG DER RÖMISCHEN LEGIONEN

Kein Volk der Antike nahm den Beruf des Soldaten so ernst, wie es die Römer taten. Die Sicherheit des riesigen Reiches mit seinen 60 Millionen Menschen hing von starken und tüchtigen Streitkräften ab, die stets kampfbereit waren. In der Glanzzeit des Reiches war die römische Armee eine erfolgreiche Kriegsmaschine, wie die Welt sie nie zuvor gesehen hatte.

Der größte Truppenverband der Armee war die Legion, die aus etwa 6000 Mann bestand, von denen fast alle Fußsoldaten waren. Zwar konnten zu einer Legion auch 100–200 Reiter zählen, die als Kundschafter, Standartenträger und Verfolger fliehender Feinde eingesetzt wurden, doch die Römer selbst waren keine begeisterten Reiter. Wenn sie Kavallerieregimenter aufstellten, nahmen sie dazu meist fremde Hilfstruppen wie Gallier und Thrakier.

Fremde Soldaten wurden außerdem als Speerwerfer, Schleuderer und Bogenschützen eingesetzt. Doch der Legionär, der römische Soldat schlechthin, mußte römischer Bürger sein, und man unterzog die Rekruten einer strengen Musterung, ehe sie in die Reihen der Legionäre aufgenommen wurden. Sie mußten mindestens 1,7 Meter groß sowie körperlich gesund sein und gute Augen haben. Ein Legionär verpflichtete sich

Schlachtgetümmel *Wenn römische Truppen auf den Feind trafen und es zum Nahkampf kam, ging es grausam zu. Die Männer kämpften Auge in Auge mit Schwertern und Lanzen, und die Pferde bäumten sich wild auf und trampelten oft die zu Boden gefallenen Soldaten zu Tode.*

Tödliche Waffe *Stoßspeere mit scharfen Eisenspitzen zählten ursprünglich zur Grundausrüstung der römischen Fußsoldaten. Die Speere wurden später durch Wurfspeere von unterschiedlichem Gewicht ersetzt.*

Antike Knobelbecher *Zum Marschieren trugen die römischen Soldaten stabile Sandalen. Lederschlaufen umschlangen den Fuß bis zum Knöchel. Die Nagelsohlen überstanden Hunderte von Kilometern, wenn die Truppen zu Krisenherden eilten.*

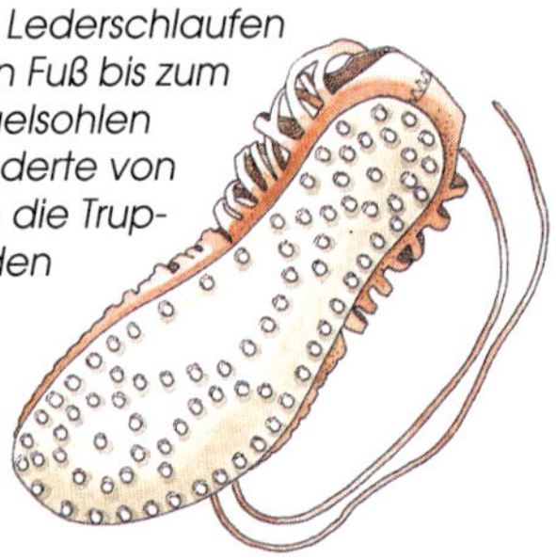

Geldkatze *Soldaten trugen ihr Geld in bronzenen Armbändern, die man erst abnehmen mußte, um an den Inhalt zu kommen.*

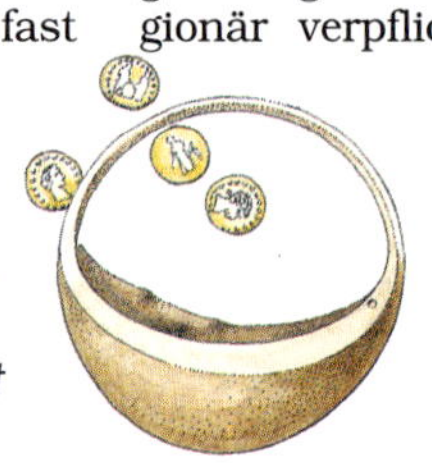

Gut gerüstet *Entschlossene Soldaten wie dieser Legionär entschieden über Aufstieg oder Sturz eines Kaisers. Der Soldat trägt einen Helm aus Bronze oder Eisen, einen Brustpanzer aus überlappenden Eisenbändern und einen Rock aus metallüberzogenen Lederstreifen, die genügend Bewegungsfreiheit im Kampf ließen.*

Schutzhelm *Kein Soldat ging ohne den stabilen Eisenhelm in die Schlacht.*

Tödliches Schwert *Die wichtigste Waffe der Legionäre war der gladius, das zweischneidige Kurzschwert. Es wurde vor allem dazu verwendet, den Gegner mit einem blitzschnellen Stoß hinter dem Schild hervor zu erstechen. Die Lederscheide war mit Medaillons und Szenen aus dem römischen Leben verziert.*

für 20 Jahre. Die Armee bestand nur aus Freiwilligen, gelockt von der Bezahlung, der Ehre oder der Hoffnung, den Lebensstandard zu verbessern. Durch die Armee konnte ein einfacher Pflügejunge oder Schmied zum Zenturio aufsteigen, der 100 Mann unter seinem Kommando hatte. Allerdings konnte kein Legionär von geringer Herkunft erwarten, zum Offizier befördert zu werden. Bildung, Wohlstand, Rang und gute Beziehungen waren die Schlüssel zum Aufstieg in die oberen Ränge.

Einmal aufgenommen, wurde der Rekrut in ein Lager zur Ausbildung geschickt. Das Training blieb während der gesamten Dienstzeit unvermindert hart. Die Soldaten wurden täglich auf dem Exerzierplatz von einem stockschwingenden Zenturio mit bellender Kommandostimme gedrillt.

Zur Übung griffen die Soldaten mannshohe Holzpfähle an, hieben auf sie mit den Schildbuckeln ein und traktierten sie mit ihren Schwertern. Neue Rekruten mußten solche Manöver mit doppelt so schweren Übungswaffen ausführen. Man verlangte von den Männern außerdem, daß sie in voller Kampfausrüstung liefen, sprangen und sich über Holzpferde schwangen. Im Sommer kam noch Schwimmen dazu. Es gab lange Märsche und Scheingefechte, mit denen die Soldaten auf die wirkliche Schlacht vorbereitet werden sollten.

Ein Leben lang marschieren

Zwar veränderte sich die Kampfausrüstung im Lauf der Jahre, doch im 1. Jahrhundert bestand die Grundausstattung eines Legionärs aus einem Eisenhelm, einer Körperrüstung aus Eisenbändern, einem Holzschild, zwei schweren *pila* oder Speeren und einem Dolch. Außerdem gehörten das charakteristische kurze Stichschwert, der *gladius*, und stabile Ledersandalen dazu. Marschieren war das Los der Legionäre. Bis zu 30 Kilometer legten sie am Tag zurück.

Die römischen Soldaten hatten sehr viel mehr zu schleppen als nur die Rüstung und ihre Waffen. Sie trugen darüber hinaus einen Korb, Pickel, Axt, Säge, Kochtopf, zwei Pfähle für die Palisaden, aus denen die Befestigung ihres Lagers bestand, und genügend Getreide für etwa 15 Tage.

Unter der „Schildkröte"

Im offenen Feldkampf war die Entschlossenheit der Legionäre furchteinflößend. Immer wieder triumphierte die römische Disziplin über die Angriffe mutiger, doch allzu leichtfertiger Barbaren. Auch bei ihren Belagerungen beeindruckten die Römer. Um Stadttore einzunehmen, bildeten jeweils 27 Legionäre die sogenannte Schildkrötenformation, die dicht zusammengerückt mit über die Köpfe gehaltenen Schilden vorwärts marschierte, so daß sie eine Art Panzer gegen feindliche Geschosse bildete. Ebenfalls für den Belagerungskampf benutzten die Römer bewegliche Türme, Rampen und Leitern mit riesigen Katapulten, *ballistae*, um den Feind mit Steinen und brennenden Pfeilen zu beschießen.

Jeder Sieg wurde pompös gefeiert, und zwar selbstverständlich in Rom, wo zu Ehren der siegreichen Feldherren und Truppen öffentliche Feiern stattfanden. Im Triumphzug wurden auch die Gefangenen vorgeführt. Feindliche Heerführer wurden öffentlich hingerichtet, Mißerfolge im Feld wurden gerügt. Falls eine Einheit in der Schlacht den Befehl verweigert oder sich als feige erwiesen hatte, verhängte man über sie die Strafe der „Dezimierung". Dabei wurde einer von zehn – *decem* – Soldaten durch das Los ausgewählt, um von seinen Kameraden grausam totgeprügelt zu werden.

Im ganzen Reich zählten Grenzpatrouillen, das Stellen von Eskorten sowie Lager-, Brücken- und Straßenbau zu den alltäglichen Pflichten. Die Legionäre verbrachten einen Großteil ihrer Zeit mit Arbeiten an den befestigten Lagern. Nach regelmäßigem Plan gebaut, enthielten die Festungen Kasernenbaracken, ein Hauptquartiersgebäude, Kornkammern, Latrinen, ein Lazarett, Waffenkammern usw.

EIN GOTT FÜR SOLDATEN

Mithras, der persische Gott des Lichts und der Weisheit, hatte viele Anhänger im Römischen Reich, besonders unter den römischen Soldaten. Oft ist er beim Töten eines heiligen Stiers dargestellt (rechts), dessen Blut die Welt befruchtete. Eine Zeitlang war der Mithraskult die wichtigste heidnische Religion im Römischen Reich und ein mächtiger Rivale des Christentums. Doch Kaiser Konstantin unterdrückte ihn im 4. Jahrhundert, nachdem er sich selbst zum Christentum bekannt hatte.

Wall gegen die Germanen

Zum Schutz gegen die Germanen errichteten die Kaiser Trajan und Hadrian im 1. und 2. Jahrhundert einen 548 Kilometer langen Grenzwall, der vom Rhein bis zur Donau reichte. Der Limes bestand aus einem etwa sechs Meter breiten Graben, der durch einen Palisadenzaun zusätzlich gesichert wurde. Wachtürme im Abstand von mehreren 100 Metern vervollständigten die Grenzbefestigung. Ein gut ausgebautes Straßennetz verband den Limes mit zahlreichen Kastellen im Hinterland. Kaiser Caracalla ließ später den Palisadenzaun teilweise durch eine 1,2 Meter dicke Steinmauer ersetzen.

In der Nähe der Kastelle entstanden bald Siedlungen mit Läden und Tavernen, wo Soldaten ihren Sold für Glücksspiele, Frauen und Wein ausgaben.

Truppentransport *Kriegsgaleeren brachten die Legionen zu Einsatzorten jenseits des Meeres. Außerdem patrouillierten schwerbewaffnete Truppenschiffe regelmäßig auf den Grenzflüssen Donau und Rhein.*

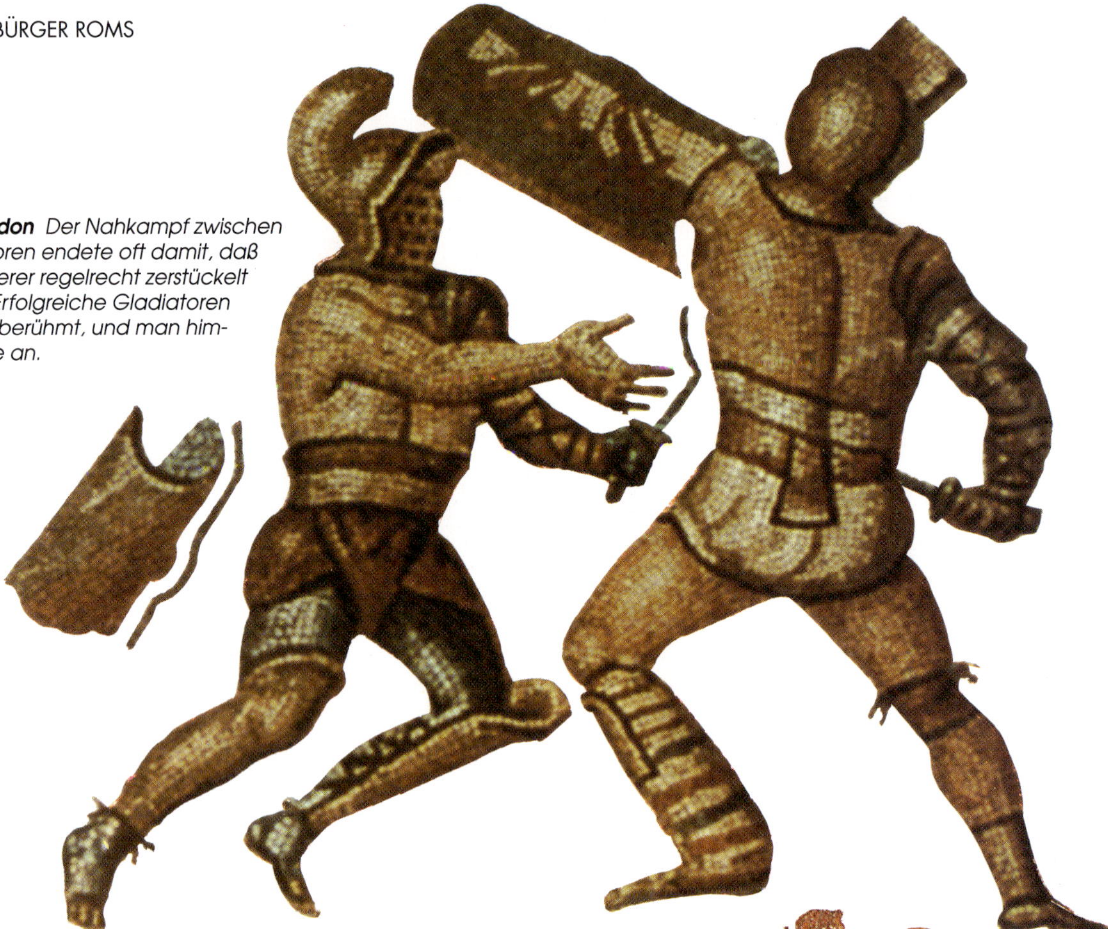

Kein Pardon *Der Nahkampf zwischen Gladiatoren endete oft damit, daß der Verlierer regelrecht zerstückelt wurde. Erfolgreiche Gladiatoren wurden berühmt, und man himmelte sie an.*

SPIELE AUF LEBEN UND TOD

Zu den beliebtesten Vergnügungen der Römer gehörten die Gladiatorenkämpfe. Diese Veranstaltungen fanden im Kolosseum statt, einem gewaltigen Gebäude aus übereinanderliegenden Bogenreihen mit 45000 Sitzplätzen und Stehplätzen für weitere 5000 Zuschauer. In unterirdischen Käfigen hielt man wilde Tiere. Hier gab es auch ein Wasserleitungssystem, mit dem man die Arena fluten konnte, um Seeschlachten darzustellen.

Das Gebäude besaß 80 Eingänge, so daß die Zuschauermassen ohne allzuviel Gedränge kommen und gehen konnten, und manchmal wurde gegen die grelle Sonne eine riesige Zeltplane über das Kolosseum gespannt. Für die Durchführung der schaurigen Spektakel scheute man keine Mühe. Das öffentliche Gemetzel der Gladiatorenkämpfe war ursprünglich ein religiöses Ritual, eine Art Opfer, das man bei Beerdigungen darbrachte. Als sich das Reich ausdehnte, lieferte ein ununterbrochener Strom von Kriegsgefangenen ständigen Nachschub für die Spiele. Dazu kamen verurteilte Verbrecher und Sklaven.

Von ausländischen Gefangenen erwartete man, daß sie mit ihren charakteristischen Waffen antraten. So kämpften die Thraker mit einem Krummsäbel und kleinen Schild, während die Samniten ein Kurzschwert und einen Helm mit großem Visier benutzten. Besonders Bedauernswerte waren nur mit Netz und Dreizack ausgerüstet.

Mit der Zeit wurden diese Schauspiele so beliebt, daß man Berufskämpfer ausbildete, die mit gekonnten Darbietungen widerwillige Gefangene aufwerten sollten. In der kaiserlichen Schule Trajans,

TRAINING DER GLADIATOREN

Von Wachen bei Tagesanbruch geweckt, versammeln sich Flavius, ein Gladiator an Kaiser Trajans Schule in Rom, und seine Kameraden zum Appell im Innenhof. In der Waffenkammer erhalten sie Helm, Lederknieschützer und leichte Übungswaffen.

Geübt wird in der schuleigenen Arena. Der Ausbilder, ein früherer Gladiator, Sieger zahlreicher Wettkämpfe, muß dafür sorgen, daß Flavius und seine Kameraden kräftig, ausdauernd und reaktionsschnell genug sind, um den Kaiser und die Massen in der Arena zufriedenzustellen. Den hervorragendsten Kämpfern widmet der Ausbilder die größte Aufmerksamkeit. Sie werden später einmal die Publikumslieblinge sein. Zahlreiche Graffiti auf Mauern in Pompeji erzählen, daß ein thrakischer Gladiator namens Celadus der damalige Held und Herzensbrecher der Mädchen und Frauen Pompejis war.

Während die Sonne steigt, schwitzt und flucht Flavius, als man ihm die Kunst des Parierens, Stoßens, Nachstoßens und Scheinangriffs einpaukt. Doch da sein Leben von seinem Können abhängen wird, hält er durch. Nach der Mittagspause nimmt er an einem Krafttraining teil, zu dem auch Gewichtheben gehört. Bei Einbruch der Dunkelheit kehrt er in seine Zelle zurück. Morgen erwartet Flavius ein Blutbad in der Arena.

Männer gegen wilde Tiere *Im Kolosseum fanden Kämpfe zwischen Verbrechern und wilden Tieren statt. Ein Gefangener kämpft gegen einen Leoparden, ein anderer gegen ein Wildschwein.*

Gesichtsloser Kämpfer *Der Bronzehelm (rechts) gab dem Gladiator ein finsteres, ja unheimliches Aussehen.*

dem *ludus magnus*, schliefen die meisten Gladiatoren in den fensterlosen Zellen einer Kaserne. Die besten Kämpfer wohnten zwar komfortabler, doch selbst sie wurden ständig überwacht, damit keiner flüchtete.

Auch einige freie Männer ließen sich wegen des Preisgeldes, das ein Viertel ihres Vertragslohnes ausmachen konnte, als Gladiatoren verpflichten, doch sie mußten für die Laufzeit des Vertrages Gehorsam schwören. Sowohl bei der Ausbildung als auch im Kampf standen Wachmänner bereit, die Peitschen und glühende Eisen schwangen, um unwillige Kämpfer in die Arena zu treiben.

Jede große Veranstaltung im Kolosseum begann mit einer Parade der Gladiatoren, die in Gold- und Purpurroben auf Streitwagen in die Arena einfuhren. Die Kämpferpaare wurden durch das Los bestimmt, und sie kämpften bis zum Tod vor den Augen der erregten Zuschauer. Ein Mann, der das Kleid und den Hammer des etruskischen Totendämons Charun trug, schaffte den toten Kämpfer fort. Ein verwundeter Unterlegener konnte den Veranstalter, etwa den Kaiser, um Gnade bitten. Dieser wartete das Urteil der tobenden Menge ab und zeigte dann durch ein Daumenzeichen an, ob der Mann leben oder sterben sollte. Noch grausamer als die Duelle zwischen ausgebildeten Gladiatoren waren die Massenexekutionen von Verbrechern und die Tierschauen, die ebenfalls in der Arena vorgeführt wurden. Bei diesen gräßlichen Schauspielen warf man wehrlose Menschen vor wilde Löwen und Bären. Auf dem Vormittagsprogramm standen gewöhnlich Tierschauen und Hinrichtungen, die oft vor halbleeren Rängen gezeigt wurden. Etwa um die Mittagszeit gab es eine Pause, während der man die verstümmelten Leichen wegschaffte und frischen Sand in der Arena verteilte, um sie für die Hauptvorstellung, die Gladiatorenkämpfe, am Nachmittag vorzubereiten.

Musik zu den Spielen Ein Trompetenstoß kündigt den Beginn der Kämpfe an. Zwischenspiele werden auf einer Wasserorgel gespielt, und Hornbläser feuern die Beteiligten an. In der Mitte des Mosaiks hält ein Ausbilder einen Gladiator zurück, der seinen Gegner zu Boden geworfen hat. Neben ihnen wehrt sich ein leichtbekleideter Netzkämpfer gegen seinen Angreifer.

Gefährliche Wagenrennen

Nicht alle römischen Spiele waren so grausam, doch auch die Wagenrennen entsprachen ganz dem Geschmack der Menschen, die Blutvergießen und Tod sehen wollten. Die Rennen fanden im Circus Maximus in Rom statt, einem langen, ovalen Stadion mit einer Bahn, die vom Innenraum durch eine Barriere abgeteilt war. Es gab Veranstaltungen für zwei-, drei- oder vierspännige Wagen.

Bis zu zwölf Streitwagen preschten aus den Starttoren hervor, um in dichten Staubwolken über die Bahn zu donnern. Zusammenstöße waren keine Seltenheit, vor allem an den Wendepunkten. Wenn ein Wagen umstürzte, konnte es geschehen, daß der Fahrer von seinen galoppierenden Pferden weitergeschleift oder von den übrigen Wagen überrollt wurde. Die Zuschauer feuerten ihre Mannschaften an und wetteten auf den Ausgang der Rennen. Man unterschied vier große Renngesellschaften durch die Farben ihrer Ställe: die Roten, Weißen, Blauen und Grünen. Streitwagenführer, die die Menge mitreißen konnten, wurden wie Helden gefeiert, obwohl sie das Rennen genaugenommen nicht unbedingt bis zu Ende fahren mußten. Der Sieg ging an den Wagen, der als erster durchs Ziel rollte, ob nun mit oder ohne Lenker.

Siegerehrung *Auf dem Höhepunkt der Wagenrennen treibt ein Agitator (unten rechts) die Pferde an, während ein Sparsor (oben links) Wasser auf die überhitzten Räder der Streitwagen spritzt. In der Mitte der Bahn zeigen Rennleiter mit Hilfe von auf Stangen befestigten Delphinfiguren und Eiern das Ende jeder Runde an. Palme und Kranz (Mitte) sowie eine Ehrenstatue (links) winken dem Sieger des Rennens.*

APPLAUS UND BUHRUFE IM THEATER

Wie die Wagenrennen, so wurden auch die ersten römischen Bühnenspiele im Rahmen religiöser Feste veranstaltet. Die Schauspieler trugen Masken, und alle Rollen wurden von Männern gespielt, außer im *mimus*, dem Possenspiel, wo Frauen auftraten und sich die Schauspieler nicht maskierten. Die meisten Zuschauer zogen Komödien und politische Satiren den Tragödien vor.

Maskierte Gesichter *Männer spielten auch Frauenrollen.*

Einer der beliebtesten Bühnendichter war Plautus, in dessen Komödien Sklaven ihre Herren herumkommandieren, angeberische Soldaten überlistet werden, habgierige Söhne ihre Eltern reinlegen und Personenverwechslungen zu Verwicklungen führen.

Es gab festgelegte Applausrituale. Mäßigen Beifall zollte man, indem man mit Finger und Daumen schnalzte, stärkeren Beifall, indem man klatschte, und echte Begeisterung drückte man aus, indem man einen Zipfel der Toga oder ein Taschentuch schwenkte.

Viele Aufführungen wurden von wohlhabenden Bürgern finanziert, die sich davon Beliebtheit erhofften. Manchmal machte das Publikum diese Hoffnung zunichte, indem es buhte, wo es eigentlich applaudieren sollte. Deshalb bürgerte es sich ein, einige Theaterbesucher zu bezahlen, damit sie laut klatschten.

Unmaskierte Gefühle *Wenn römische Schauspieler und Schauspielerinnen in komischen Possen auftraten, trugen sie keine Masken. Die Schwänke wurden auf grobgezimmerten Straßenbühnen aufgeführt.*

JENSEITS DER GRENZEN ROMS

Während Rom seine Grenzen immer weiter auszudehnen versuchte, mußten seine Legionen zwangsläufig mit den Volksstämmen zusammenstoßen, die weit über das nördliche und östliche Europa verstreut lebten. Dabei handelte es sich vor allem um Kelten, die damals westlich des Rheins siedelten, und Germanen, die östlich des Rheins zu Hause waren. Beide waren kriegerische Völker mit markerschütternden Schlachtrufen, schauerlichen Begräbnisriten und grausigen Opfern. Im 1. Jahrhundert v. Chr. besiegte Julius Cäsar die Kelten in Gallien und legte den Rhein als Reichsgrenze fest. Dann überquerte er im Jahr 55 v. Chr. den Ärmelkanal und unterwarf Britannien.

Weiter im Osten durchzogen nomadische Reiter die Steppen Zentralasiens. Etwa um das 7. Jahrhundert v. Chr. gründeten die Skythen ein Königreich nördlich des Schwarzen Meeres. Knapp 1000 Jahre später fegten die gefürchteten Horden des Hunnenherrschers Attila von der Mongolei westwärts und trieben die germanischen Stämme in Europa vor sich her, die über die brüchig gewordenen Grenzen in das Römische Reich eindrangen.

DIE EISENZEIT 800 V. CHR. – 400 N. CHR.

GRAUSIGE FUNDE IM MOOR

An einem Frühlingstag im Jahr 1950 fand man im Tollundmoor in Jütland den 2000 Jahre alten Körper eines Mannes aus der Eisenzeit. Er lag mit angewinkelten Armen und Beinen in dem dunkelbraunen Torf, als schliefe er friedlich. Seine Gesichtszüge waren erstaunlich gut erhalten. Bei näherer Untersuchung stellte man fest, daß dieser Mann keines natürlichen Todes gestorben war. Die Haut am Hals wies den Abdruck einer geflochtenen Lederschlaufe auf: Er war gehängt worden.

In den Moorgebieten Nordeuropas entdeckte man im Lauf der Jahre noch mehrere hundert Leichen von Menschen aus der Eisenzeit. Viele blieben durch chemische Einflüsse bemerkenswert gut erhalten, und nicht wenige wiesen Zeichen eines gewaltsamen Todes auf. Die meisten Funde machte man im Norden und in der Mitte Jütlands, wo auch der berühmte Tollundmensch entdeckt wurde.

Schilde als Schlitten

Eine weitere aufsehenerregende Entdeckung war die des sogenannten Grauballemenschen, den man 1952 nur 18 Kilometer vom Fundort des Tollundmenschen fand. Seine Kehle war vom einen bis zum anderen Ohr durchgeschnitten.

Was bedeuteten diese grausigen Funde? Und wer waren diese Menschen? Jütland war die Heimat des germanischen Volkes der Kimbern. Die antiken Schriftsteller beschrieben sie als große, blonde und blauäugige Menschen, zwar ein wenig einfältig, doch grimmig in der Schlacht. Einmal bedrohten sie sogar das mächtige Rom, als sie gegen

Heiliger Tanz *Diese anmutige Gestalt eines tanzenden Mädchens befand sich unter einer großen Zahl von Skulpturen der Kelten, die an der Loire lebten und diese Figuren zur Zeit der Eroberung Galliens durch die Römer vergraben haben. Vermutlich stellt die Statuette eine Pose aus einem rituellen heidnischen Tanz dar.*

Ende des 2. Jahrhunderts v. Chr. in Norditalien einfielen. Es heißt, daß die Kimbern beim Überqueren der Alpen ihre Schilde als Schlitten benutzten, um unter gellendem Geschrei die schneebedeckten Berghänge hinabzugleiten.

Zu jener Zeit wußte man nur wenig vom täglichen Leben dieser nordischen Riesen. Doch seit der Mitte des 1. Jahrhunderts v. Chr., nachdem Cäsar Gallien erobert hatte, flossen die Informationen reichlicher. Der römische Historiker Taci-

Streitwagen *Oft genügten schon der Anblick der keltischen Krieger mit ihrem wilden Haarschopf und die markerschütternden Schlachtrufe, um selbst den hartgesottensten römischen Soldaten das Blut in den Adern gefrieren zu lassen.*

tus verfaßte ein Buch mit dem Titel *Germania*, worin er deutlich zwischen den Germanen und ihren keltischen Nachbarn unterschied. Der Rhein, so sagte er, war die Trennlinie. Die Kelten hatten großen Einfluß auf die germanische Kultur. Dennoch erhielten sich die Germanen ihre Eigenart, vielleicht weil sie sich, wie Tacitus berichtete, nicht mit Angehörigen anderer Völker vermischten.

Die von Stammeshäuptlingen regierten Germanen waren anscheinend ein großzügiges und offenherziges Volk, das wie die Kelten gern feierte. Sie tranken ihr selbstgebrautes Bier und waren so leichtsinnig beim Würfelspiel, daß sich mancher Verlierer in die Sklaverei verkaufen mußte.

Die Toten, die man in den jütländischen Mooren fand, geben uns Aufschluß über die äußere Erscheinung der Germanen. So wurden viele Kleidungsstücke in gutem Zustand zutage gefördert. Tacitus schrieb davon, daß die Germanen oft bis auf einen kurzen Umhang nackt waren, und die Funde bestätigen dies. Offenbar trugen die Männer meist einen Schulterumhang aus Tierhäuten, der mit einer Brosche zusammengehalten wurde. Dazu kamen bei entsprechender Witterung Mütze, Mantel, Hose und Schuhe. Die Frauen kleideten sich aufwendiger. So blieben Röcke und Schals erhalten, die von großem Können in der Textilherstellung zeugen. Selbst Frisuren hatten durch die konservierende Wirkung des Torfmoores kaum Schaden erlitten. Ein faszinierender Fund war der verletzte Kopf eines Mannes, den man in Osterby in Schleswig in einen Umhang aus Tierhäuten gehüllt fand. Sein angegrautes Haar war an der rechten Kopfseite zu einem kunstvollen Knoten gebunden, ähnlich denen, die man auf römischen Skulpturen von germanischen Kriegern sehen kann. Tacitus schrieb, sie seien typisch für den Stamm der Sueben gewesen.

Doch wieso war der Kopf des Mannes verletzt? Das germanische Gesetz, das Tacitus beschrieb, sah verschiedene Strafen vor, die den grausigen Anblick der Moorleichen erklären können. So wurden Verräter und Deserteure an Bäumen aufgehängt. Feiglinge und Drückeberger preßte man unter einem Gittergeflecht in das Moor. Frauen, die die Ehe gebrochen hatten, wurden aus ihrem Haus geholt, entkleidet, kahlgeschoren und von ihren Ehemännern ausgepeitscht. Vor diesem Hintergrund ist es nicht schwer, die Moorfunde zu deuten, etwa die Schlinge um den Hals des Tollundmenschen.

In Windeby im Domlandsmoor fand man den nackten Körper eines 14jährigen Mädchens in seinem Torfgrab aus dem 1. Jahrhundert. Das Haar war abrasiert, die Augen verbunden. Der Körper war mit Zweigen und großen Steinen beschwert und wahrscheinlich im Moor versenkt worden.

Opfer für Mutter Erde

Im Haraldskjaermoor in Jütland lag die Leiche einer 50jährigen Frau, die offenbar lebendig begraben worden war. Dicht über ihren Knien und Ellbogen hatte man Holzhaken ins Fleisch getrieben, mit denen sie auf dem Torfboden festgemacht wurde. Außerdem hatte man dicke Zweige über ihre Brust gespannt, die ebenfalls an tief in den Torf geschlagenen Haken befestigt waren. Tacitus zufolge muß es sich bei all diesen Toten um hingerichtete Verbrecher gehandelt haben.

Doch es gibt noch eine andere Theorie: Einige Getötete könnten Opfer gewesen sein, die der Fruchtbarkeitsgöttin Nerthus, Mutter Erde genannt, dargebracht worden waren. In der Eisenzeit war es weit verbreitet, im Rahmen von Kulthandlungen wertvolle Gegenstände in Seen, Mooren und Wassertümpeln zu versenken, um die Götter gnädig zu stimmen. Vielleicht wurden auch Menschen geopfert. Auf diese Möglichkeit weist der Mageninhalt sowohl des Tollund- als auch des Grauballemenschen hin. Beide scheinen als letzte Mahlzeit eine Art Haferschleim aus Korn und Wildblumensamen zu sich genommen zu haben.

Die Tatsache, daß man in keinem der beiden Toten Sommer- oder Herbstnahrung fand, läßt vielleicht darauf schließen, daß die beiden im Winter geopfert wurden, um die Fruchtbarkeitsgöttin zu ehren und den Anbruch des Frühlings zu beschleunigen.

Die Gegner Roms *Keltische Stämme fand man im Westen bis nach Spanien, im Norden bis nach Britannien. Ihre Nachbarn jenseits des Rheins waren die Germanen. Nördlich des Schwarzen Meeres lebten Horden berittener Nomaden, die den Griechen als Skythen bekannt waren.*

Ein Zeitgenosse Christi *Die friedlichen Züge des Tollundmenschen, der nach dem Moor benannt ist, in dem man seine Leiche fand, strafen die brutale Art, auf die er vor fast 2000 Jahren umgebracht wurde, Lügen. Er wurde gehängt, und die Gerbsäure im Moor konservierte sogar den Lederriemen um seinen Hals. Die Moore Nordeuropas haben auch die Leichen vieler anderer Opfer aus der Eisenzeit erhalten.*

Soldat zu Pferde *Die riesigen Lederschilde verbargen die keltischen Reiter fast völlig. Diese stilisierte Figur aus dem 7. Jahrhundert v. Chr. fand man in Strettweg in Österreich.*

ABERGLAUBE UND KRIEGS-GESCHREI

Kämpfen war der Lebensinhalt der Kelten, sei es nun in Verbänden gegen feindliche Truppen oder in den lautstarken Streitereien, die immer wieder unter einzelnen Kriegern entbrannten. Trunken von starkem Bier und ruhmeslüstern, kämpften die Kelten mit einer wilden Begeisterung, die selbst die hartgesottenen Römer schreckte. Sie gaben wenig auf ihr Leben und zogen oft nackt bis auf einen Halsring in die Schlacht.

Rothaarige Rebellin

Gemessen an der Körpergröße der Bewohner der Mittelmeerländer, waren die keltischen Männer stattlich. Das Skelett eines bei Mailand gefundenen Kriegers maß erstaunliche 1,9 Meter. Selbst die Frauen waren streitbar. Boudicca, die aufständische Königin der Icener, die im Jahr 60 starb, wurde als hochgewachsene Frau mit rauher Stimme und leuchtendrotem Haar beschrieben, das ihr bis auf die Knie fiel.

Ammianus Marcellinus, ein römischer Schriftsteller, berichtete, daß der Kelte praktisch unbesiegbar sei, wenn seine Frau an seiner Seite kämpfe, die oft weitaus stärker sei als er und ebenso beherzt.

Keltische Krieger schnitten ihren Feinden oft die Köpfe ab und ließen diese grausige Beute von ihren Gürteln oder Sätteln baumeln oder spießten sie auf Lanzen. Unter Triumphgesang brachten sie die Köpfe dann heim zu ihren Bergfestungen und Häusern, wo sie sie als hochverehrte Trophäen an die Wand nagelten. In keltischen Heiligtümern, wie man sie bei Roquepertuse und Entremont in Südfrankreich fand, wa-

Stoß oder Wurf *Speere schleuderte man vom Streitwagen aus oder benutzte sie im Nahkampf. Die eiserne Speerspitze mit Bronzeverzierung (rechts) gehörte wohl einem Häuptling.*

GEFÜRCHTETE NAHKÄMPFER

Die keltischen Krieger waren mit Speeren und Schwertern bewaffnet. Sie trugen kunstvoll gearbeitete Helme und schützten sich mit Schilden, die oft mit charakteristischen Wirbeln, abstrakten Schlingen und Mustern verziert waren.

Die frühen Kelten zogen mit leichten Streitwagen in die Schlacht, die mit zwei Männern besetzt waren: dem in Leder gekleideten Wagenführer und einem Soldaten. Beide waren dazu fähig, während der Fahrt Speere zu schleudern, dann abzuspringen und sich mit Dolchen und Schwertern in den Nahkampf zu stürzen.

Im Lauf der Zeit wurden die Streitwagen durch die Reiterei ersetzt. Die gallischen Kelten waren für ihre Geschicklichkeit als Reiter bekannt und dienten später auch in der römischen Armee.

Oft zogen die Kelten mit blau angemalten Gesichtern in die Schlacht. Druiden überschütteten die Gegner mit Beleidigungen, begleitet von ohrenbetäubenden Schlachtrufen und dem Schmettern von Kriegstrompeten, die mit bronzenen Wildschweinköpfen verziert waren.

Prunkschild *Die meisten Schilde waren aus Holz oder Leder gefertigt, doch dieser Schild, den man in London fand, ist aus Bronze und viel zu kunstvoll verziert und zart für den Gebrauch. Vielleicht verwendete ihn ein Häuptling für zeremonielle Zwecke.*

Gehörnt *Ein Häuptling trug diesen Helm aus dem 1. Jahrhundert v. Chr.*

Scharf und spitz *Das Langschwert war die Hauptwaffe des Kriegers.*

ren die Schädel zahlreicher junger Männer in dafür vorgesehenen Nischen aufgestellt.

Wegen dieser Grausamkeit, die ihren kämpferischen und reiterlichen Fähigkeiten in nichts nachstand, waren die Kelten ein durchaus ebenbürtiger Gegner Roms. Ihre Schwäche lag jedoch in ihrem Mangel an Strategie und Disziplin und in den schwächenden Auswirkungen ihrer ständigen Fehden.

Die charakteristische keltische Siedlung war die Bergfestung, ein hochgelegener, befestigter Ort. Grasbewachsene Erdwälle, die diese Siedlungen umschlossen, gibt es noch heute zu Tausenden überall in Europa, von Ungarn bis Spanien. Man nimmt an, daß die ersten Gebäude der Kelten um 700 v. Chr. errichtet wurden, also etwa zu der Zeit, als sich der Gebrauch von Eisen durchzusetzen begann. Diese Festungen waren ursprünglich nur Zufluchtsorte, entwickelten sich aber später zu Siedlungen.

Zum Bau einer solchen Festung legte man zunächst einen flachen Graben um die ausgewählte Stätte herum an, wobei man Lücken für die Eingänge ließ. Dann wurde Erde für den Wall aufgehäuft und die Außenseite manchmal mit Steinen oder Holz verstärkt. Einige Festungen waren lediglich von Holzpfählen umgeben, während andere durch Steinmauern geschützt waren, dafür aber keinen Erdwall oder Graben hatten.

Später bauten die Kelten auch befestigte Städte oder *oppida* in Ebenen und Tälern. Meist wählte man jedoch wegen der leichteren Verteidigung Hügel, so bei Kelheim an der Donau. Der schwächste Punkt war das Tor, und dies schützte man oft durch labyrinthartig angelegte Mau-

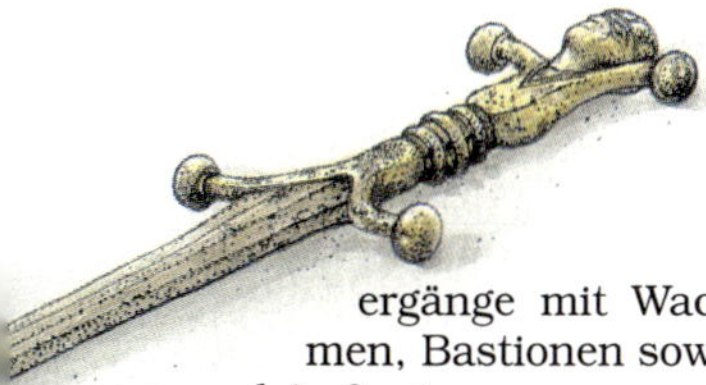

ergänge mit Wachtürmen, Bastionen sowie Innen- und Außentoren.

Neben der Welt der Menschen gab es bei den Kelten noch ein anderes, übernatürliches Reich, bevölkert von Göttern und Göttinnen, die ihre Gestalt jederzeit ändern konnten, um in das Leben der Menschen einzugreifen. Da diese Götter große Macht ausübten, war es notwendig, daß die Kelten sie sich mit Riten und Opfern gewogen hielten. Das Ausmaß, in dem der Glaube und die Mythen das tägliche Leben der Kelten bestimmten, beeindruckte selbst die Römer. Cäsar, der sie beobachtete, als er in Gallien Krieg gegen sie führte, erklärte: „Das gesamte gallische Volk neigt im höchsten Maße zu religiösem Aberglauben."

Die Kelten beteten ihre Götter in Form von gehauenen Steinbildern, Bronzestatuen, Holzschnitzereien und anderen Götterbildern an. Zu den mindestens 400 Gottheiten, die identifiziert werden konnten, zählen Cernunnos, der gehörnte Hirschgott, Sequana, die Göttin der Heilung, und Taranis, der Herr des Donners. Ihre Bilder wurden auf Waldlichtungen, Hügeln, an Quellen und in Holztempeln angebetet.

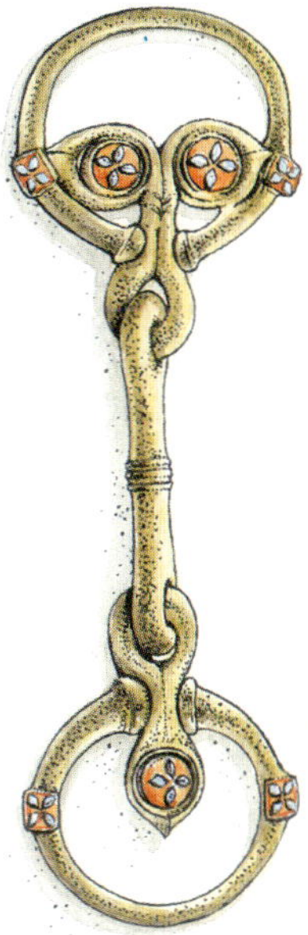

Pferdegebiß *Arbeit aus Bronze und Email*

Druiden als Wahrsager

Zwischen der irdischen Welt und dem Jenseits vermittelten die Druiden. Sie erzählten aus der Geschichte, legten das Gesetz aus, studierten den Himmel und unterrichteten die Söhne der Adligen. Vor allem aber deuteten sie die Omen, etwa Flug oder Gesang der Vögel, und brachten den Göttern Opfer dar.

Einige Berichte geben uns Einblick in ihre Riten. Der römische Schriftsteller Plinius beschrieb beispielsweise eine Opferzeremonie, bei der die als heilig geltende Mistel eine wichtige Rolle spielte. „Der Name, den sie dem Mistelzweig gegeben haben, bedeutet ‚Allheilmittel'. Nachdem sie alle Vorbereitungen für das Opfer und ein Festessen unter den Bäumen getroffen haben, führen sie zwei weiße Stiere herbei, deren Hörner verbunden sind. Der in ein weißes Gewand gekleidete Priester schneidet den Mistelzweig mit einer goldenen Sichel. Dann töten sie die Opfertiere und beten, daß Gott dieses Geschenk gnädig an jene zurückgeben möge, denen er es zugedacht hat."

Cäsar zufolge wurden auch Menschen geopfert. Die makabren Aspekte der keltischen Religion kann man zum Teil damit erklären, daß die Menschen an ein Leben nach dem Tod glaubten, wie reiche Grabbeigaben bezeugen.

Das keltische Jahr war in vier Abschnitte unterteilt, von denen jeder mit einem großen Fest begann. Das erste Fest, Imbolc, wurde nach dem heutigen Kalender am 1. Februar gefeiert. Es war der Göttin Brigit geweiht und feierte die Geburt der Frühlingslämmer. Das zweite, Beltane, fand am 1. Mai statt, und zwar zu Ehren von Belenus, dem Gott der Herden und der Ernte. Daraus entstand unser Maifeiertag. Lugnasad feierte man am 1. August. Es war Lug, dem Gott der Getreideernte, gewidmet. Samhain beging man am Vorabend des 1. November, in der Zeit, wenn die Geister sich den Lebenden offenbarten, die Toten umhergingen und übernatürliche Mächte mit Riten und Opfern gnädig gestimmt werden mußten. Dieses Fest lebt noch heute als Halloween fort, das in Großbritannien und Nordamerika gefeiert wird.

Weißes Pferd *Das Pferdebild auf einem Kreidehang bei Uffington in Südengland könnte der oft reitend dargestellten Göttin Epona gewidmet sein.*

Bärengöttin *Keltische Götter wurden oft Tieren zugeordnet, wie hier die Göttin Artio einem Bären.*

Waldgöttin *Die Figur auf einem Kessel könnte die Göttin Medb darstellen, der ein bestimmter Baum heilig war.*

VORLIEBE FÜR FESTE UND SCHMUCK

Das Feiern war gleich nach dem Kämpfen die größte Leidenschaft der Kelten, und beides gehörte zusammen. Nach einer Schlacht suchten die Krieger eine Gelegenheit, um sich mit ihren Taten zu brüsten, und bei den Festen, die sich oft über Tage hinzogen, konnten sie sowohl ihrem Hang zur Prahlerei als auch zur Völlerei freien Lauf lassen. Beim Fest wurden die Helden mit Fleischgerichten belohnt, oft mit ganzen Spanferkeln, den sogenannten Heldenportionen.

Die keltischen Adligen liebten Wein, den sie aus Italien oder Südfrankreich bezogen und aus bronzenen Krügen tranken. Das einfache Volk begnügte sich mit Gersten- oder Weizenbier, das mit Honig bereitet wurde. Der Durst der Kelten war bei Griechen und Römern legendär, und sicher trug das Trinken zu ihrem unsteten Temperament bei. „Wenn sie betrunken werden, fallen sie in Bewußtlosigkeit oder wahnsinnige Raserei", schrieb Diodor, ein Sizilianer aus dem 1. Jahrhundert v. Chr. Die Prahlereien betrunkener Krieger, die sich gegenseitig übertrumpfen wollten, führten oft zu Messerstechereien.

Zur gesitteteren Unterhaltung sangen Barden ihre Gedichte vor und begleiteten sich auf einer Art Lyra. Die Kelten liebten die Musik,

BAUERNHÄUSER AUS DER EISENZEIT

Das Strohdach des Rundhauses ruht auf einem Holzgerüst über Wänden aus Flechtwerk, das mit einer Mischung aus Lehm, Kalk, Stroh und Tierhaaren verputzt wurde. Drinnen kocht eine Frau über einem offenen Feuer Fleisch. Neben ihr befindet sich ein bienenstockförmiger Lehmofen. Wenn die Speisen fertig sind, wird sich die Familie um einen Tisch versammeln, der kaum mehr als eine erhöhte Holzplatte ist. Teller und Löffel bestehen ebenfalls aus Holz. Das einzige Metallbesteck ist der Dolch. An den Wänden hängen Werkzeuge wie Scheren und Sägen sowie Waffen.

Die Zeichnung (oben) von einer keltischen Behausung basiert auf einem rekonstruierten Gebäude auf den Kreidehügeln Südenglands. Das Haus, das 13 Meter im Durchmesser mißt, bildet das Herzstück eines bei Chalton in Hampshire nachgebildeten Bauernhauses aus dem Jahr 300 v. Chr. Das Projekt beweist die außergewöhnliche Stabilität eines so einfachen Hauses. Seit Jahren hat es den Elementen getrotzt, selbst Orkanen und Wolkenbrüchen.

Scharf *Diese Eisenklinge stammt von 550 v. Chr.*

Gezahnt *Zu den keltischen Werkzeugen zählten Sägen.*

Gebogen *Mit dieser Klinge zerlegte man Fleisch.*

Räder für Krieg und Frieden
Leicht, doch stabil gebaut, trug der zweirädrige Streitwagen zwei Krieger. Robustere Gefährte, ebenfalls mit Speichenrädern, dienten zum Personentransport und wurden bei der Arbeit auf dem Bauernhof, etwa bei der Ernte, eingesetzt.

und bei manchen Festen gab es Wettbewerbe im Musizieren und Dichten. Zu diesen beliebten Veranstaltungen, die im Freien stattfanden, gehörten auch Pferde- und Wagenrennen. Letztere waren ein Nervenkitzel, bei dem der Wagenführer in halsbrecherischer Weise auf der Deichsel balancierte. Raufereien waren bei diesen Festen streng verboten, denn sie standen unter dem Schutz der Götter, und Störungen des göttlichen Friedens wurden mit dem Tod bestraft.

Zum alltäglichen Zeitvertreib gehörte auch ein Spiel, das vermutlich mit dem heutigen Schach vergleichbar war. Manchmal spielte man um Einsätze, und auch Würfelspiele waren bei den Kelten sehr beliebt. Im Freien frönte man mit gebogenen Stecken und einem Satz Bällen einem dem Hockey ähnlichen Spiel. Zwar diente das Jagen noch immer der Nahrungsbeschaffung, doch es war auch ein beliebter Zeitvertreib. Die Wildschweinjagd auf Streitwagen war eine königliche Beschäftigung.

Abstrakte Muster auf einem Tongefäß

Salz aus den Alpen

Auch die Kelten konnten nicht immer nur feiern und Kriege führen. Wie andere Völker der Antike bebauten sie Felder, hielten Rinder- und Schafherden und züchteten Schweine. „Ihre Schweine dürfen frei herumlaufen", beobachtete der griechische Geograph Strabo, „und sie sind bekannt für ihre Größe, ihre Angriffslust und Flinkheit." Gepökeltes Schweinefleisch war einer der wertvollsten Exportartikel der Kelten in die Mittelmeerländer. Ein weiterer war das Salz selbst, das als Gewürz und Konservierungsmittel unentbehrlich war.

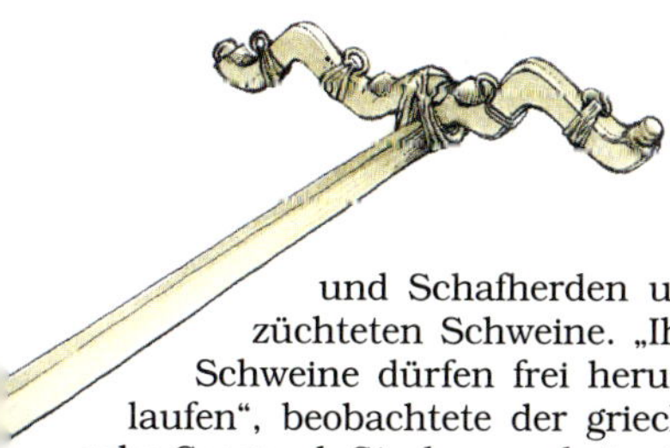

Einer der wichtigsten keltischen Fundorte in Europa liegt bei Hallstatt in den österreichischen Alpen, wo von etwa 700 bis 500 v. Chr. alte Salzbergwerke den Mittelpunkt eines großen und blühenden Gewerbes bildeten. Ausgerüstet mit Pickeln, Hämmern und Kiefernfackeln zum Leuchten, gruben sich die keltischen Bergleute bis zu 300 Meter tief in den Berg hinein. Wenn sie an Seilen in die Stollen hinabglitten, schützten sie ihre Hände mit Lederhandschuhen. In Rucksäcken aus Rindsleder brachten sie das kostbare Salz an die Oberfläche. Um mit ihren Nachbarn im Süden Handel zu treiben, stellten die Kelten eigene Münzen her, auf denen Kultbilder von Tieren und stilisierte Gesichter zu sehen waren. Beim Tauschhandel untereinander rechneten die Kelten jedoch gewöhnlich mit Naturalien. So waren Sklaven eine wichtige Währungseinheit. Einer irischen Rechenskala zufolge war eine gesunde und kräftige Sklavin drei Milchkühe wert.

Beeindruckend waren die Fähigkeiten der Schmiede. Mit eisernen Pflugscharen kultivierten die Kelten Land, das frühere Völker wegen der schlechten Entwässerung nicht bebauen konnten. Die Kelten waren das erste Volk, das seinen Pferden Hufeisen anpaßte, und sie erfanden eine Technik zum nahtlosen Schmieden von Eisenreifen für Wagenräder. Zu ihren Werkzeugen zählten eiserne Meißel, Handsägen, Scheren und Zangen. Außerdem stellten Kunsthandwerker herrlichen Schmuck und andere persönliche Gegenstände her. Das charakteristische Schmuckstück war ein goldener oder silberner Halsreif, der einen hohen Rang in der Gesellschaft symbolisierte. Auch kostbare Spiegel, Armbänder und Broschen sind erhalten. Typisch für die keltische Kunst sind verschlungene, halbabstrakte Formen, die an Weinranken, Zweige und Blätter erinnern.

Eitle Frauen und Männer

Strabo hielt die Kelten für Angeber, denn er schrieb, daß „zur Offenheit und Kühnheit ihres Temperaments die Züge kindischer Prahlerei und Putzsucht hinzugefügt werden müssen. Sie tragen goldene Schmuckstücke, Reifen um den Hals und Armbänder an Armen und Gelenken, und hochstehende Leute kleiden sich in gefärbte, mit Gold bestäubte Gewänder. Es ist diese Eitelkeit, die sie im Sieg so unerträglich und vollständig niedergeschlagen in der Niederlage macht."

Sicher verbrachten die Frauen Stunden vor ihren polierten Bronzespiegeln beim Waschen, Kämmen und Ordnen ihrer vollen Haarpracht, die das Ideal weiblicher Schönheit verkörperte. Die Kelten achteten peinlich auf Sauberkeit und wuschen sich mit Seife, einem Mittel, das nicht einmal die Römer benutzten. Danach salbten sie ihren Körper oft mit Öl und duftenden Kräutern. Als Rouge benutzten die Frauen eine Pflanze, die sie *ruan* nannten. Außerdem bemalten sie die Fingernägel und färbten die Augenbrauen mit schwarzem Beerensaft.

Die Männer scheuten keine Mühe, wenn es um ihr Aussehen ging. Das Haar wurde geflochten oder mit Kalklauge behandelt und zurückgekämmt, so daß es wie eine Pferdemähne aussah. Die häufigste Barttracht war der Schnurrbart, den man lang wachsen und über die Oberlippe hängen ließ, während die Wangen und das Kinn glattrasiert wurden.

Auch bei ihrer Kleidung liebten die Kelten auffallende Effekte. Die Männer trugen im Alltag Hosen, ein Kleidungsstück, das sie vermutlich von Reiternomaden wie den Skythen übernommen hatten. Die in Togen gekleideten Römer waren jedenfalls davon fasziniert. Darüber trugen sie mit Fransen versehene Leinenkittel und Mäntel, dicke im Winter und leichte für den Sommer.

Dieser Wollmantel, der *sagum*, war mit sehr bunten Streifen und Karos gemustert und manchmal zusätzlich mit Gold- und Silberstickerei geschmückt. Männer wie Frauen trugen das wertvolle Kleidungsstück, das im Römischen Reich mit einer Sondersteuer belegt wurde.

Die hochgewachsenen, buntgekleideten und mit Armreifen geschmückten Kelten mit ihren rotgoldenen Mähnen boten sicherlich einen exotischen Anblick, wenn sie durch die Straßen römischer Städte zogen. Selbst exotische Klänge brachten sie mit, denn sie hatten Glöckchen, eine letzte Eitelkeit, an die Säume ihrer Kleider geheftet.

Grabbeigabe *Vornehme Keltinnen wurden mit Schätzen wie diesem kunstvoll gravierten Bronzespiegel begraben.*

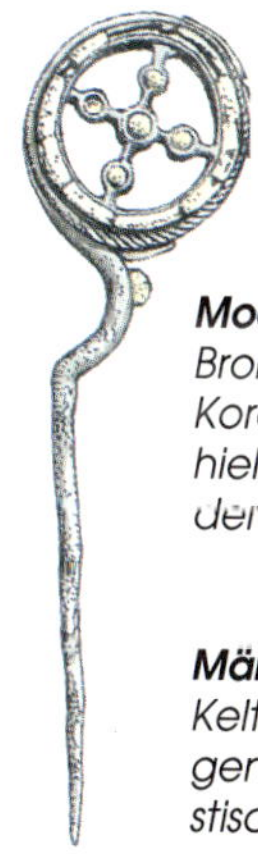

Modische Nadel *Bronzefibeln, oft mit Korallen besetzt, hielten Frauenkleider zusammen.*

Männerschmuck *Keltische Krieger trugen die charakteristischen Halsreifen aus Gold.*

REITER AUS DEN STEPPEN ASIENS

Die Steppen Zentralasiens boten in der Antike nomadischen Hirtenstämmen ein riesiges Weidegebiet. Diese Nomaden waren sehr mobile Menschen, die nach dem Rhythmus der Jahreszeiten lebten und den Wanderungen ihrer Schafe, Ziegen, Pferde, Rinder und Yaks folgten. Sie besaßen weder eine Schrift, noch bauten sie Städte aus Stein. Als Nomaden hatten sie keine Verwendung für sperrige und schwere Möbel, sondern besaßen leichten Hausrat, der meist aus Holz, Tierhäuten und Stoff bestand.

Was man von ihnen weiß, beruht auf Grabfunden und Texten von Beobachtern aus den seßhaften Völkern im Osten und Westen. Die Griechen kannten die asiatischen Nomaden unter dem Sammelbegriff Skythen, den sie später auf eine bestimmte Gruppe anwandten, die im 7. Jahrhundert v. Chr. ein Königreich nördlich des Schwarzen Meeres gründete.

In praktischen Hosen
Skythische Frauen bekam man nur selten zu Gesicht, denn sie hielten sich in den Wagen oder in kreisförmigen Zelten auf. Diese Zelte oder Jurten, die aus mit Filz bespannten Holzgerüsten bestanden, findet man noch heute in Zentralasien. Die Männer trugen Kaftane, eine spitze Kopfbedeckung und Hosen, eine Erfindung der asiatischen Reiter, die das Reiten bequemer machte. Außerdem führten sie Schwerter, Schilde und einen Bogen samt Köcher mit sich.

Von den Skythen, die in der Antike für ihre Grausamkeit berüchtigt waren, erzählte man sich, daß sie ihre Sklaven blendeten, um sie gefügiger zu machen, und daß sie aus Bechern tranken, die aus den Schädeln ihrer Feinde hergestellt waren.

Der griechische Historiker Herodot beschreibt viele Bräuche der Skythen, vor allem ihre Begräbnisriten mit der zeremoniellen Tötung der Ehefrauen, Diener und Tiere. Kö-

Treffsicher *Die Bronzefigur zeigt einen parthischen Krieger, der sich umdreht, um einen Pfeil auf einen Verfolger abzuschießen. Die Parther, ein Volk skythischer Herkunft, waren berühmt für ihre Reitkünste.*

Pferd beim Zureiten *Der Skythe, der einem gesattelten Pferd Fußfesseln anlegt, schmückt einen Vorratskrug.*

nige, so schrieb er, bestattete man in einer großen rechteckigen Grube. Der königliche Leichnam wurde einbalsamiert, sein Bauch aufgeschlitzt, ausgenommen, mit Weihrauch, Petersilie und Anis gefüllt und wieder zugenäht. Skythische Gräber, die man in Asien fand, bestätigen diesen Bericht größtenteils, so die einbalsamierten Leichname, die Skelette geopferter Pferde und die herrlichen Grabbeigaben. Die faszinierendsten Gräber dieser Art fand man in Pasyryk im Altai, einer Gebirgslandschaft in Zentralasien. In diese Gräber war Schnee eingedrungen und nie geschmolzen, so daß die Leichname und eine Fülle normalerweise verrottender Gegenstände nahezu unversehrt erhalten blieben. Vor allem die bunten Stoffe leuchteten noch wie zur Zeit ihrer Herstellung um das Jahr 500 v. Chr.

Hocker und Klapptisch

Neben Wandbehängen, herrlichen Satteldecken und reichverziertem Pferdegeschirr zählten zu den Funden von Pasyryk auch viele Haushaltsgegenstände, die uns ein Bild vom täglichen Leben der Menschen damals vermitteln. Die Nomaden saßen auf Matten und Kissen oder niedrigen Holzhockern mit Leder- oder Fellsitzflächen. Sie kannten ebenfalls schon Klapptische: Wenn man die Beine abgenommen hatte, diente die Tischplatte als Tablett, und die einzelnen Teile konnten für die Weiterreise leicht zusammengepackt werden.

Steinerne Öllampen spendeten in den Holzhütten und Zelten Licht. Hinweise auf die Speisen und Getränke der Nomaden fand man in irdenen Flaschen, die man in einem Grab entdeckte. Sie enthielten Reste gegorener Stutenmilch, den Kumys, und ein wenig Käse. Man fand auch Hanfsamen und Geräte zum Rauchen von Haschisch. Die Nomaden von Pasyryk trugen bestickte und mit Borten besetzte Hemden. Weiter fand man in den Gräbern prächtige Kaftane aus Zobelleder und Eichhörnchenfell, Filzstrümpfe und rote Lederstiefel. Dies müssen Kleidungsstücke von Stammeskönigen und deren Angehörigen gewesen sein.

Die erstaunlichste Entdeckung war der Leichnam eines Häuptlings, der von Kopf bis Fuß mit Tätowierungen von geflügelten Katzen, Greifen und anderen Fabeltieren bedeckt war. Der Mann war in einer Schlacht am Kopf verwundet und skalpiert worden. Doch für seine Bestattung hatte man eine Perücke auf seinen Kopf genäht, und am Kinn trug er einen falschen Bart aus schwarzgefärbtem Pferdehaar. Das Tätowieren und Skalpieren gehörte den klassischen Schriftstellern zufolge zu den verbreiteten Praktiken der asiatischen Barbaren.

Wissenschaftler glauben, daß die Nomaden von Pasyryk schließlich von einem Volk mongolischer Herkunft besiegt wurden, vielleicht von Vorfahren der Hunnen. Dieses wilde Volk kam aus der Mongolei und tauchte im 4. Jahrhundert plötzlich auf der Bühne der Weltgeschichte auf. Für die Menschen der Antike verkörperten die Hunnen den äußersten Schrecken Asiens. Ein antiker Schriftsteller schrieb: „Eine unförmige Masse, die aufragt, ist der Kopf. Unter der Stirn zwei Höhlen ohne Glanz, das sind ihre Augen.“ Attila, ihren Anführer, bezeichnete man als „häßlichen Zwerg“.

Pferde im Kampf *Diese Szene zierte einen goldenen skythischen Kamm, den man in einer Grabstätte aus der Zeit um 500 v. Chr. fand. Oft kämpften Skythen in den Armeen der griechischen Stadtstaaten.*

Fleisch unter dem Sattel

In hunnischen Gräbern fand man Beweise dafür, daß sich die Hunnen tatsächlich den Schrecken anderer Völker vor ihrem Aussehen zunutze machten, indem sie die Köpfe ihrer Kinder schon im Säuglingsalter bandagierten, um ihre Schädel zu deformieren. Die Hunnen waren stolz auf ihre Armut und entbehrungsreiche Lebensweise. Sie trugen nur grobes Leinen und Felle. Ihre Ernährung bestand angeblich aus Wurzeln und halbrohem Fleisch, das sie unter ihren Sätteln weichritten.

Doch so primitiv und ungeschlacht sie in mancher Hinsicht gewesen sein mögen, als Reiter waren sie unerreicht. Es gab keinen Geburtsadel, sondern man wählte die Häuptlinge ausschließlich aufgrund ihrer Fähigkeiten im Kampf. Leicht bewaffnet und auf Pferden, die filigraner gebaut waren als die europäischen, stürmten sie in lockerer Keilformation und mit fürchterlichem Kriegsgeschrei auf ihre Feinde zu. Nachdem sie mit tödlicher Sicherheit Speere geschleudert und Pfeile mit Knochenspitzen abgeschossen hatten, stürzten sie sich mit Schwertern in den Nahkampf.

Gewalttätig, unbeständig und den Römern zufolge betrügerisch beim Geschäftemachen, lebten die Hunnen ohne Heimat, Rechtssystem und festgefügte Religion.

Reinigungsritual *Als Teil ihrer Bestattungsriten stellten die Skythen dem griechischen Historiker Herodot zufolge kegelförmige Zelte auf, worin sie den Rauch von Hanfsamen inhalierten, die sie auf heiße Steine gelegt hatten. Laut Herodot genossen die Skythen den Rauch so sehr, daß sie vor Vergnügen heulten.*

Eleganter Sattel *Dieser Filzsattel, den man in einem sibirischen Grab fand, ist mit Applikationen verziert und mit Pferdehaaren und Pelz besetzt.*

WELT IM WANDEL

Mit dem Zerfall des Römischen Reiches setzte in ganz Europa eine gewaltige Völkerwanderung ein. Alle daran beteiligten Stämme und Völker, von denen einige bereits zum Christentum übergetreten waren, unterschieden sich durch Sprache, Kleidung und Ernährungsweise, doch war allen gemeinsam, daß sie von ihrer Umgebung, dem Land, den Flüssen und Meeren, lebten. Das Land wurde unter großen Mühen bearbeitet und durch Rodung der Wälder vermehrt. Und um das Jahr 1000 waren aus dem verwegensten der wandernden Völker, den Normannen, Siedler und Staatengründer geworden.

Als in West- und Mitteleuropa allmählich wieder Ordnung einkehrte, wuchs die Bevölkerung, bis im 14. Jahrhundert durch Agrarkrisen und Seuchen ein Rückgang zu verzeichnen war. In Asien wie in Europa nahm der Anteil der städtischen Bevölkerung vom 12. Jahrhundert an ständig zu, da Männer und Frauen aus der Abhängigkeit von ihren Grundherren in die Städte flüchteten, um freier leben zu können. Der Handel überschritt die Landesgrenzen. Wo sich Handelswege kreuzten, entstanden blühende Handelszentren und lebhafte Messen.

Das Alltagsleben auf dem Land folgte dem Rhythmus der Jahreszeiten. In den Städten wurde es von kirchlichen Festen bestimmt, und in Architektur, Kunst, Musik und Literatur spiegelte sich der Geist der bewegten Zeit. Über mehrere Generationen erbaute Dome wie die von Speyer und Magdeburg künden noch heute von der Macht des Glaubens, und alte Universitäten wie Bologna, Paris und Oxford bezeugen das mittelalterliche Interesse an Gelehrsamkeit. Diese wurde in den Ländern des Islam noch höher geschätzt, und im 10. Jahrhundert waren Städte wie Kairo, Córdoba und Bagdad für ihre Bibliotheken berühmt.

Die meisten Männer und Frauen bekamen jedoch nie eine Stadt zu Gesicht, und die wenigsten konnten lesen. Ihr Leben wurde von der Kirche geregelt. Anders als der Islam wurde die christliche Kirche von einer Hierarchie mit dem Papst in Rom an der Spitze geleitet. Die Kirche errichtete Mönchs- und Nonnenklöster, in denen das Leben strenger Disziplin unterworfen war. Christentum und Islam prallten aufeinander, besonders zur Zeit der Kreuzzüge, aber sogar innerhalb der christlichen Kirche kam es zu gewaltsamen Konflikten.

Das 15. Jahrhundert in Europa sah Ketzerei und Aberglauben, aber auch eine allgemeine Verbesserung der Lebensverhältnisse und die Freisetzung schöpferischer Kräfte in der Kunst. Drei Neuerungen trugen zur Einleitung einer neuen Epoche bei. Der Buchdruck, der bereits in China bekannt war, gelangte nach Europa, als Johannes Gutenberg bewegliche Lettern erfand. Das Schießpulver, eine weitere chinesische Erfindung, nahm den Rittern ihre überragende Bedeutung, die sie im Mittelalter besessen hatten. Und der Kompaß ermöglichte schließlich die Reisen der ersten europäischen Entdecker. Unter ihnen war Christoph Kolumbus, der 1492 Amerika entdeckte, das in Wirklichkeit bereits eine lange, den Europäern allerdings unbekannte Geschichte besaß.

DIE WELT VON BYZANZ

Das erste christliche Reich der Welt entstand im Jahr 330, als Kaiser Konstantin der Große Byzanz als Konstantinopel zur neuen Hauptstadt des Römischen Reiches ausrief. Die Stadt, die wie Rom auf sieben Hügeln erbaut war, erhob sich wie ein Amphitheater um den kaiserlichen Palast und die Hagia Sophia. Ein Küstenstrich mit zahlreichen befestigten Häfen schützte Städte, Dörfer, bäuerliche Anwesen und Obstgärten.

Das Oströmische oder nach abendländischer Sprachregelung Byzantinische Reich erreichte in der Regierungszeit Kaiser Justinians I. von 527 bis 565 seinen kulturellen und wirtschaftlichen Höhepunkt. Sein Reichtum und seine Kunstschätze zogen immer wieder Invasoren an, von arabischen Seeleuten bis zu persischen Soldaten, und im Jahr 1204 wurde Konstantinopel von den Teilnehmern des Vierten Kreuzzuges eingenommen und geplündert. 1261 gelang Kaiser Michael VIII. zwar die Rückeroberung der Stadt, doch der Niedergang des Reiches war nicht mehr aufzuhalten, und 1453 erlag Konstantinopel schließlich den Osmanen unter Muhammad II.

DAS OSTRÖMISCHE REICH 330–1453

ZWISCHEN EUROPA UND ASIEN

Jeder, der durch die belebte Hauptstraße Konstantinopels ging, mußte den Eindruck haben, die ganze Welt ziehe an ihm vorbei. Über mehr als drei Kilometer wand sich die Prachtstraße vom kaiserlichen Bezirk im Osten durch das Stadtzentrum und zweigte ab zum gewaltigen Goldenen Tor im Westen, dem Eingang für Reisende und Kaufleute von der Adriaküste und Nordgriechenland. In der Mittelstraße, der *mese*, wie sie eigentlich hieß, hörte man ein babylonisches Sprachengewirr, vor allem aber Griechisch, die Umgangssprache des Volkes. Die Menschenmassen wogten über das Marmorpflaster, schoben sich an eleganten Säulenhallen und zweistöckigen Arkaden vorüber und drängten sich um Geschäfte, in denen eine Fülle von Luxusgütern feilgeboten wurde.

Germanische Seeleute mischten sich unter Juden aus Palästina und Äthiopier. Wie die meisten Besucher waren sie auf dem Weg zu den Basaren im Freien, wo alles, von frommen Bildnissen bis zu Weintrauben, zu haben war, und zu den Arkaden, wo Schuhmacher und andere Lederhandwerker ihre Waren ausstellten.

Einige Kaufleute boten denjenigen, die es sich leisten konnten, Mäntel aus Seidenbrokat an. Ursprünglich war Seide ballenweise aus China herbeigebracht worden, bis zwei persische Mönche ein paar Seidenraupeneier in einem hohlen Bambusstengel in die Stadt geschmuggelt und damit den Grund-

Wächter des Reiches *Eine Elitetruppe stellte die Wache der byzantinischen Kaiser. Viele dieser Männer waren hochbezahlte ausländische Söldner. Der Militärdienst war für alle wehrfähigen Männer unter 40 Jahren Pflicht, und auf ihrem Höhepunkt war die byzantinische Armee ungefähr 120 000 Mann stark.*

stein zur Seidenherstellung in Konstantinopel gelegt hatten.

In den Straßen saßen Geldwechsler an Tischen, die mit Beuteln voller Gold- und Silbermünzen beladen waren. Unterhaltung boten Jongleure, Clowns, dressierte Affen und Redner an Straßenecken, während Dirnen und Taschendiebe ihrem Gewerbe nachgingen. Unter ihnen drängten sich die Söldner des Kaisers, während verurteilte Verbrecher auf Maultieren zu den Folterkammern oder Hinrichtungsplätzen gebracht wurden.

Hin und wieder bahnten Diener mit Knüppeln ihren wohlhabenden Herrinnen, die sich von Eunuchen in Sänften zu den eleganten Zeuxipposthermen tragen ließen, einen Weg durch die Menge. Reiche Kaufleute und Hofbeamte ritten im leichten Galopp auf prächtigen Schimmeln mit reichbestickten Satteldecken vorüber.

In krassem Gegensatz dazu standen die zahlreichen, über und über mit Geschwüren bedeckten Armen und Bettler, denn es gab nicht genug Hospitäler, Herbergen, Waisenheime und Arbeitshäuser, um die Kranken und Obdachlosen der Stadt, die etwa eine Million Einwohner zählte, unterzubringen. Vagabunden suchten Zuflucht unter den gedeckten Säulengängen, und im Winter ließen die Behörden die Zwischenräume zwischen den Säulen mit Brettern vernageln, um den kalten Wind abzuhalten.

Kaiserliches Bauprogramm

In den ärmeren Vierteln außerhalb des Stadtzentrums waren sanitäre Einrichtungen fast unbekannt, und die engen, mit Abfall übersäten Gassen, die überfüllten Gasthäuser und vollen Ställe begünstigten die Ausbreitung von Seuchen, die ihren tödlichen Tribut forderten. Es war nichts Ungewöhnliches, selbst im Schatten des kaiserlichen Palastes auf Leichen zu stoßen, in der Nähe des Ortes, wo die Parfümhändler ihre duftenden Stände aufbauten.

Um die Lage zu verbessern, ordnete Kaiser Justinian per Dekret an, jeden Tag Zehntausende von zusätzlichen Brotlaiben an die Hungernden auszuteilen. Außerdem setzte er ein ehrgeiziges Bauprogramm zur Errichtung öffentlicher Gebäude in Gang, wobei arbeitslose Bürger, Bauern und Einwanderer als Arbeitskräfte eingesetzt wurden. „Diejenigen, die körperlich gesund sind und ihren Lebensunterhalt nicht bestreiten können", erklärte er, „werden unverzüglich zu den Organisatoren der öffentlichen Bauten geschickt, zu den Vorstehern der Bäckereien und zu denen, welche sich um die Pflege der Gärten und öffentlichen Plätze kümmern. Wenn sie dieses ablehnen, werden sie aus der Stadt ausgewiesen."

Emsiges Treiben am Kai

Die neuen Bauwerke konnten das ständig wachsende Problem der Obdachlosigkeit, Armut und Arbeitslosigkeit allerdings nicht völlig lösen. Doch trugen sie dazu bei, Konstantinopel erheblich zu verschönern. Beeindruckend waren auch die aneinandergereihten, mit Seemauern umgebenen Häfen, wo die Kriegsschiffe, Fischerboote und Frachtschiffe anlegten, die täglich frisches Blut in die Arterien der Stadt pumpten. Auf den Kais drängten sich Seeleute, Segelmacher, Träger, Zimmerleute und Kalfaterer.

Gegen die ständig drohenden Angriffe war die Seezufahrt durch eine starke Sperrkette quer über die Bucht des Goldenen Horns geschützt. Dies und die dreifache Umwallung, 21 Kilometer lang und bis zu 7,5 Meter dick, 50 befestigte Tore, zahlreiche Wachtürme und der Graben, der die Stadt umgab, bestärkten die Einwohner in ihrem Glauben, sie stünden unter Gottes Schutz.

Das war auch gut so, denn Justinian führte oft Kriege, beispielsweise gegen Hunnen und Goten. Hinzu kam, daß bei Steuererhöhungen oder Mißernten Aufstände der Bürger drohten. Diese Proteste wurden häufig von den rivalisierenden politischen Parteien der Stadt ausgelöst, die aus den verschiedenen Gruppen des Hippodroms hervorgegangen waren und sich nach den Farben, die sie trugen, die Blauen oder die Grünen nannten. Diese kümmerten sich um viele Belange der Stadt, etwa die Erhaltung der Straßen und Stadtmauer, und trugen dem Kaiser auch Beschwerden vor.

Hirtenszene Dosen aus Elfenbein enthielten vielleicht das Brot für die Kommunion.

Christliches Reich *Auf seinem Höhepunkt im 6. Jahrhundert umfaßte das Byzantinische Reich fast alle Länder rund um das Mittelmeer.*

INTERNATIONALE WÄHRUNG

Zu Lande und zur See verbanden die Handelswege des Byzantinischen Reiches Asien, Nordafrika und Europa. Mehr als 700 Jahre lang war eine Goldmünze, von den Ausländern nach der Stadt Byzanz Besant genannt, die Grundlage der blühenden Wirtschaft. Der Besant bestand aus 4,2 Gramm reinem Gold und war von China bis Britannien internationale Handelsmünze. Die im 4. Jahrhundert von Konstantin I. eingeführte Münze behielt jahrhundertelang ihren Wert und galt bis zum 11. Jahrhundert als allgemeingültiges Zahlungsmittel.

Gekrönte Häupter *Zahlreiche byzantinische Goldmünzen tragen Abbildungen der Kaiser Anastasios I. (oben), Justin I. und Justinian I. (Mitte) sowie des Ostgotenkönigs Theodahad.*

Nächtlicher Fang *Fisch war ein Grundnahrungsmittel in Konstantinopel, und die Fischer mußten Tag und Nacht arbeiten. Hier holen sie ihr gutgefülltes Netz ein, während eine Lampe das Wasser beleuchtet.*

GOTTES LOB IN KIRCHEN UND HÄUSERN

Auf dem Kreuzzug erbeutete Bibel

Aufgeregte Bürger säumten den blumenbestreuten Weg, der zur Hagia Sophia, der Kirche der heiligen Weisheit, führte. Hymnen erklangen, während die Prozession feierlich heranzog. Sobald der Kaiser im weißen Gewand zu sehen war, warf sich das Volk vor ihm zu Boden. Es war Ostern, und der Kaiser, der Stellvertreter Christi auf Erden, war auf dem Weg, der alljährlichen Feier der Auferstehung Jesu vorzustehen. Der Innenraum der Kirche wurde beherrscht von dem reichverzierten goldenen Altar mit Einlegearbeiten aus Edelsteinen. Der Chorgesang aus Hunderten von Männerkehlen stieg zu der gewaltigen Kuppel auf. Der Duft nach Weihrauch vermischte sich mit dem Rauch von Tausenden von Kerzen.

Das Christentum war die Staatsreligion, und die Kirche verkörperte das Reich Gottes auf Erden. Die Hagia Sophia, deren Bau Kaiser Justinian I. in Auftrag gegeben hatte, erhob sich 55 Meter hoch und stellte alle anderen Kirchen der Stadt in den Schatten. 10000 Arbeiter hatten sie seit dem Jahr 532 in nur sechs Jahren errichtet. Die Untertanen teilten den Glauben Justinians, der wie jeder Kaiser bei den religiösen Feierlichkeiten im Jahresverlauf eine führende Rolle spielte. „Die größten Geschenke, die Gott den Menschen in seiner Liebe gemacht hat", stellte er fest, „sind das Priestertum und das Reich; denn das eine sorgt für die göttlichen Dinge, während das andere sich lenkend um die Belange des Menschen kümmert."

Jedes Haus wurde gesegnet und Gott geweiht. Jedes Fischerboot wurde vor dem Setzen des Segels gesegnet, und die Bauern ließen ihr Land und ihr Vieh segnen. Gedichte besangen Gottes Herrlichkeit. Fresken und Mosaiken stellten biblische Szenen dar. Mit gewaltigen Prozessionen feierte man die christlichen Festtage.

In Privathäusern, auf dem Markt, unter Arkaden und auf Basaren, an Straßenecken und überall, wo die Menschen die aktuellen Themen des Tages diskutierten, fanden hitzige Debatten über religiöse Fragen statt. Ein bekannter Chronist schrieb im 4. Jahrhundert: „Wenn ein Mann dir Geld wechseln soll, belehrt er dich zunächst, wie sich der Sohn Gottes von Gottvater unterscheidet; fragst du nach dem Brotpreis, bekommst du als Antwort, der Sohn sei dem Vater untergeordnet; und wenn du wissen willst, ob dein Bad bereitet ist, antwortet der Diener, daß der Sohn aus dem Nichts geschaffen wurde."

Vielfältiger Glaube

Im Mittelpunkt des Meinungsstreites, der die Stadt lange Zeit spaltete, stand das Wesen Christi. Für die orthodoxe Kirche hatte Christus eine menschliche und eine göttliche Natur. Diese Meinung wurde vom Kaiser und von den meisten wohlhabenden Bürgern und Geistlichen vertreten. Die sogenannten Monophysiten jedoch behaupteten, in Christus sei

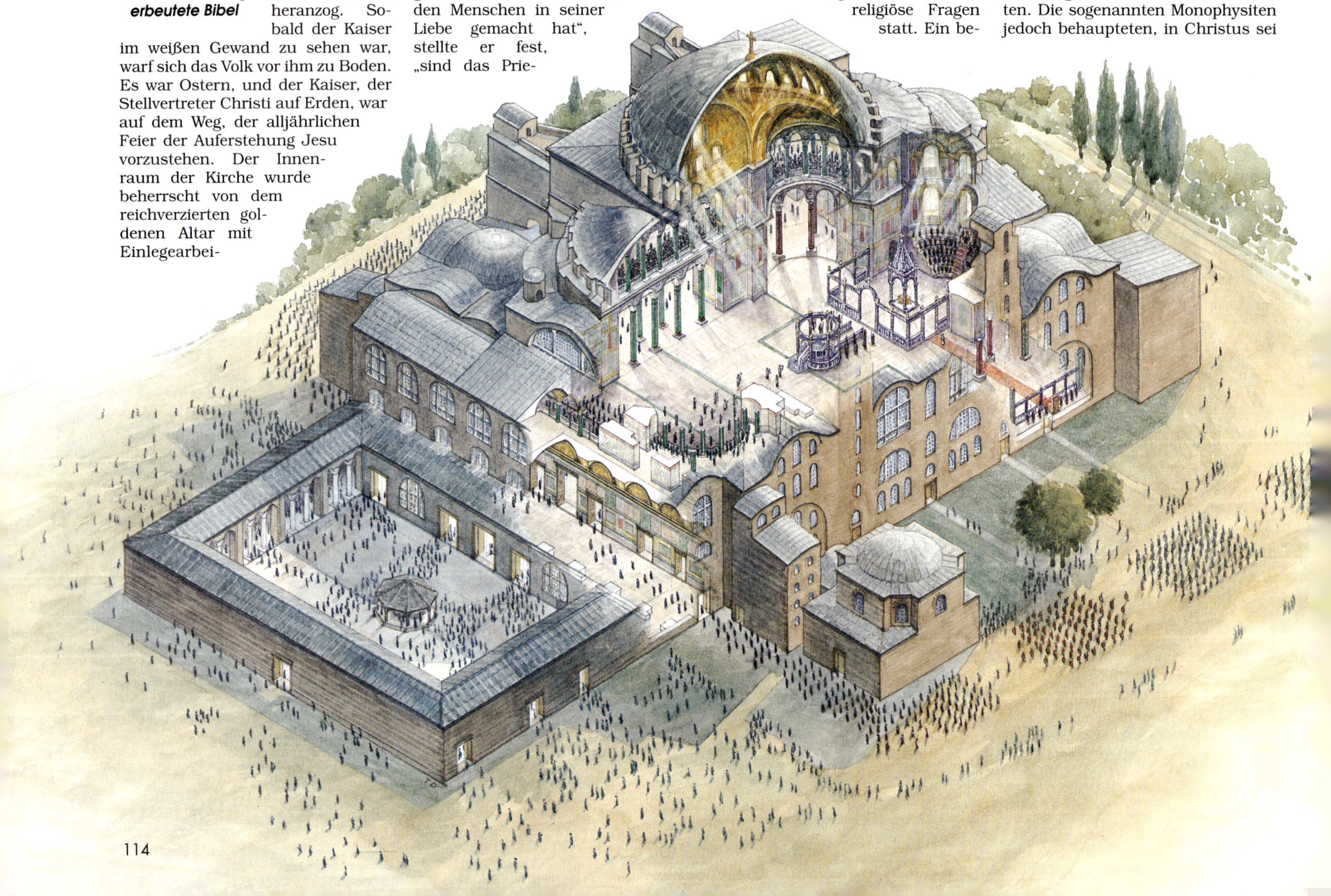

Der Gute Hirte *Christus hütet seine Herde. Mosaiken mit Darstellungen von Szenen aus dem Hirtenleben schmückten die Wände byzantinischer Gräber.*

nur die eine Natur des fleischgewordenen Wortes Gottes. Dieser Glaube hatte viele Anhänger unter den Sklaven, den Bauern und der ärmeren Bevölkerung. Zur Lösung des Problems berief Justinian 553 das Konzil von Konstantinopel ein, auf dem ein Kompromiß ausgearbeitet wurde. Der Meinungsstreit setzte sich dennoch fort.

Trotz des Einflusses des Christentums war Aberglauben weit verbreitet. Menschen aller Stände, darunter selbst der Kaiser, zogen Astrologen und Wahrsager zu Rate, und heidnische Riten spielten im Alltag der weniger Gebildeten eine große Rolle. Zur Feier der Weinlese huldigte die Bevölkerung auf dem Land Bacchus, dem römischen Gott des Weines. Allmählich wandelten die Priester die Bacchusfeste in Erntedankfeste um.

Jeden Monat stellten die Kirchen ein anderes Mosaik oder eine Heiligenstatue in eigens diesem Zweck geweihten Kapellen zur Schau. Und in den meisten Häusern hingen Ikonen über dem Bett, in einer Ecke des Wohnraumes oder einer winzigen Hauskapelle. Den geweihten Ikonen schrieb man Wunderkräfte zu; manche Menschen machten kaum einen Unterschied zwischen den Ikonen selbst und den Heiligengestalten, die sie darstellten. Das grenzte an Götzenverehrung und führte dazu, daß viele Ikonen von den Soldaten des Kaisers zerstört wurden. Der Streit dauerte mehr als ein Jahrhundert an und führte immer wieder zu Unruhen in Konstantinopel, bis Kaiserin Theodora 843 die Bilder erneut zuließ, jedoch unter der Voraussetzung, daß zwischen Gottesanbetung und Verehrung der Ikonen unterschieden werde. Verehrt wurden auch Gewand und Gürtel der Jungfrau Maria, die man als heiligste der vielen religiösen Reliquien Konstantinopels betrachtete.

Goldkopf *Die in Gold gefaßte Reliquie des Schädels von Johannes dem Täufer war, samt Hülle, ein Geschenk Bulgariens an Byzanz.*

Emailkunst *Ein Kreuz des 10. Jahrhunderts stellt die Jungfrau Maria im Gebet dar.*

Nach dem Kaiser erfreuten sich Mönche, Priester und Nonnen höchster Wertschätzung. Ein Mönch vor allem, Daniel, war im 5. Jahrhundert in Konstantinopel berühmt. Wie sein Lehrer, der heilige Simeon Stylites, lebte er auf einer schlanken, 20 Meter hohen Säule. Das Wort Stylit oder Säulenheiliger stammt von dem griechischen Wort *stylos*, Säule, ab.

Daniel erwählte im Jahr 460 im Alter von 51 Jahren die Säule als Lebensraum, und bis auf wenige Male, als Stürme ihn zum Verlassen der Säule zwangen, stand er dort fast nackt bis zu seinem Tod 33 Jahre später. In dieser Zeit wurde er von der Glut der Mittagssonne ausgedörrt, in Winternächten war er mit Eis bedeckt. Jeden Abend erklomm ein Schüler auf einer Leiter die Säule und brachte seinem darbenden Meister die einzige, einfache Mahlzeit des Tages. Einer der ergebensten Bewunderer Daniels, Kaiser Leo I., überredete ihn, ein kleines Dach über seinem Kopf anbringen zu lassen, um sich vor den schlimmsten Unbilden des Wetters zu schützen.

Musik und Mosaiken

Die Mehrzahl der Mönche lebte jedoch in Klöstern, die auch einige der besten Komponisten, Schriftsteller und Künstler des Reiches beherbergten. Sie lieferten den Text und die Noten für zahlreiche Hymnen, brachten eine Fülle hervorragend ausgeschmückter Manuskripte hervor und schufen die goldfarbenen Fresken und Mosaiken von Heiligen, welche die prächtig verzierten Kirchen schmückten. Von allen ihren Werken war keines eindrucksvoller als die Gestalt Christi als Herrscher der Welt, die in der Hauptkuppel vieler Kirchen prangt.

Der Glaube an ein Leben nach dem Tod war der Kern des religiösen Denkens in Byzanz. Die meisten gewöhnlichen Sterblichen wurden auf Friedhöfen außerhalb der Stadtmauern begraben, wo die Grabsteine oft ihre Porträts aufwiesen. Bei Begräbnissen trugen Familienmitglieder und Freunde schwarze Kleidung – weiße Trauergewänder waren dem Kaiser vorbehalten –, und man bestellte Klageweiber. An den Gräbern stimmte man nach dem Begräbnis dreimal rituelle Klagelieder an, am dritten, am neunten und am 40. Tag, nach einem Zeitplan, den die Astrologen des alten Babylon ausgeklügelt hatten. Bis zuletzt vermischte das Volk von Byzanz seinen orthodoxen Glauben, der sich in Liturgie und Lehre vom römischen Glauben unterschied, mit den Überresten der heidnischen Religion.

EINZUG IN DIE HAGIA SOPHIA

Kaiser, Patriarch und das Volk von Konstantinopel vereinigen sich im Gottesdienst in der Kirche Hagia Sophia. Der Kaiser, der als erster eintrifft, wird von kaiserlichen Gardisten eskortiert. Von der entgegengesetzten Seite der Kirche begleitet eine weitere Prozession die Geistlichkeit, die von einem Diakon mit Evangelium und Weihrauchfaß angeführt wird. Ihnen folgen der Patriarch und die übrigen Priester. Der

Kaiser und die Geistlichen treffen sich in der Vorhalle und ziehen in die Kirche ein – Kaiser und Patriarch durch das Hauptportal, die anderen durch die Seitenportale. Die im Hof wartende Menge strömt dann durch die Seitenportale in die Kirche, und die Frauen nehmen ihre Plätze auf den Galerien ein. Anschließend führt der Patriarch die Prozession an der runden Kanzel vorbei bis zum Raum um den Hauptaltar am östlichen Ende. Der Kaiser schreitet über einen Teppich zu seinem Thron an einer Seite der Kirche. Die Geistlichkeit nimmt ihre Plätze auf den terrassenförmig ansteigenden Sitzen mit dem Patriarchen in ihrer Mitte ein. Der Gottesdienst kann beginnen.

Silberarbeit *Christus und fünf Jünger zieren ein Weihrauchgefäß aus dem 7. Jahrhundert.*

Leben in schwindelnder Höhe *Der erste und berühmteste Säulenheilige war ein Syrer, der heilige Simeon Stylites. Er verbrachte 70 Jahre auf mehreren Säulen, jede höher als die vorige.*

VERGNÜGEN AUF DER RENNBAHN

Seit der Morgendämmerung hatten riesige Menschenmengen vor den Toren des Hippodroms ausgeharrt. Wagenrennen waren der Höhepunkt des sportlichen und gesellschaftlichen Lebens in Konstantinopel, und sobald sich die Tore öffneten, rissen sich Tausende um die Plätze auf den stufenförmig ansteigenden steinernen Sitzreihen. Der Eintritt war frei für jedermann, vom Kaiser bis zum geringsten Lastenträger. Frauen, mit Ausnahme der Kaiserin, hatten jedoch keinen Zutritt.

Bald trieben die Wagenlenker unter den anfeuernden Zurufen von etwa 60000 Zuschauern ihre Pferde über die Rennbahn. Siebenmal rasten die Wagen um die *spina*, die aus Monumenten gebildete Mittellinie der Rennbahn. Das Rennen ging über 2500 Meter, und der Gewinner erhielt als Belohnung eine Palme oder Krone aus der Hand des amtierenden Präfekten.

Tanzmädchen und Kampfbären

Vier Rennen fanden am Morgen statt und vier weitere am Nachmittag. Zur Abwechslung wurde in den Pausen Unterhaltung geboten. Alle kamen an die Reihe: Akrobaten, Jongleure, Clowns, Schauspieler, Komödianten, Sänger und Tanzmädchen in knappen Tuniken.

Das dem berühmten Circus Maximus in Rom nachgebaute Hippodrom war rund 500 Meter lang und 119 Meter breit. Neben Wagenrennen war es auch der Schauplatz von Tierhetzen und Bärenkämpfen sowie von Folterungen und manchmal Hinrichtungen unredlicher Beamter.

Aus kaiserlicher Perspektive *Aus seiner Loge beobachtete der Kaiser mit Interesse und Sachverstand die Wagenrennen. Sein Erscheinen wurde mit stürmischem Beifall begrüßt, gefolgt von Stille, wenn er die Zuschauer segnete. Wenn der Kaiser ein weißes Taschentuch fallen ließ, preschten vier Viergespanne in die Arena und rasten um die aus aufgereihten Monumenten gebildete Mittellinie.*

Der Kaiser machte dort wichtige Ankündigungen, und es war auch der Ort hitziger politischer Versammlungen und Ausgangspunkt von Aufständen.

Doch das Leben in Konstantinopel bestand nicht nur aus Nervenkitzel, sondern drehte sich bei den meisten Menschen im wesentlichen um ihr Zuhause und ihren Arbeitsplatz. Die Wohlhabenden lebten in zweistöckigen Holz- oder Steinhäusern ohne Mauerdurchbrüche auf der Straßenseite; die Fenster gingen auf Innenhöfe, die manchmal mit Mosaikfußböden ausgeschmückt waren. Die meisten Häuser waren um einen überdachten Innenhof gebaut, und Holztreppen führten zu den Hauptwohnräumen im Obergeschoß.

In den Innenräumen sorgten Teppiche, Kissen und Vorhänge für Farbe und Bequemlichkeit. Der Speiseraum war beherrscht von einem großen rechteckigen Tisch mit Holzbänken und Hockern, an dem die Mahlzeiten eingenommen wurden. Neben Messern, Gabeln und Löffeln benutzte man gewöhnlich auch die Finger. Es galt als höflich und hygienisch, die Schuhe auszuziehen, be-

vor man den Raum betrat und sich zum Essen niederließ. Im Haus bestimmte die Ehefrau. Bei ihrer Arbeit halfen ihr bezahlte Dienstboten und unbezahlte Sklaven, darunter Kinder unter zehn Jahren. Außerhalb des Hauses nahm sie nicht die gleiche gesellschaftliche Stellung ein wie ihr Mann. Ihr war es nicht gestattet, an Prozessionen oder Protestveranstaltungen teilzunehmen, und alle Frauen, auch die Kaiserin, mußten in der Öffentlichkeit das Gesicht verhüllen.

Viele Ehen wurden von den Eltern arrangiert, manchmal bereits, wenn die Kinder erst vier oder fünf Jahre alt waren. Das Gesetz verbot jedoch Eheschließungen für Knaben unter 14 und für Mädchen unter 12 Jahren. Eine Hochzeit war einer der Höhepunkte im Jahreslauf der Familie. Auf dem Weg zur Kirche ließen die Gäste und Freunde Rosenblütenblätter über das glückliche Paar niederregnen. Später, beim Hochzeitsmahl im Haus der Brauteltern, saßen Männer und Frauen an getrennten Tischen. Wenn sich die Neuvermählten zurückzogen, geleiteten die Gäste sie bis zum Brautgemach. Dort wurden sie am nächsten Morgen von den Gästen geweckt, die vor der Tür sangen.

Im Gegensatz dazu verlief das Leben der Armen eintönig und oft freudlos. Viele wohnten in winzigen Räumen in bis zu neun Stockwerke hohen Mietshäusern an engen Gassen. In Konstantinopel galten strikte Bauvorschriften: Für die gepflasterten Hauptstraßen war eine Mindestbreite von 3,6 Metern vorgeschrieben, während die Balkons der Privathäuser 4,5 Meter über dem Boden und 3 Meter von der gegenüberliegenden Wand entfernt sein mußten. Zu den luxuriösesten Bauten gehörten die öffentlichen Badehäuser, wo die badefreudigen Bürger häufig zweimal oder mehrmals täglich ein Bad nahmen. Um die Stadt verstreut lagen weitläufige Parks und ausgedehnte Gärten, wo man sich entspannen und Neuigkeiten und Klatschgeschichten austauschen konnte. Außer dem Hippodrom gab es Volksfeste und Theater, und in den verschiedenen Arenen fanden in regelmäßigen Abständen Reitturniere statt.

Die Gesetze waren streng. So verurteilte man gelegentlich Diebe zum Verlust einer Hand, und Brandstifter wurden manchmal bei lebendigem Leib verbrannt; Menschen, die Verleumdungen verbreiteten, wurde die Zunge gespalten, und auf Blutschande stand der Tod durch Ertränken. Die Todesstrafe wurde allerdings nur selten verhängt, und Haftstrafen waren fast unbekannt. Im 10. Jahrhundert erlaubte Kaiser Konstantin VII., daß Mörder und Verräter Mönche werden konnten und eine lebenslange Haftstrafe in Mönchsklöstern verbüßen durften. Prostituierte hielt man an, Nonnen zu werden.

Obgleich die Kaiser nicht über das Gesetz erhaben waren, konnten sie es zu ihren Gunsten ändern. Justinian tat das im Jahr 525, um Theodora zu heiraten, deren Vergangenheit als Kurtisane und Schauspielerin sie sonst daran gehindert hätte, Kaiserin zu werden. Vier Jahre später nahm Justinian im *Codex Justinianus* die Sammlung des geltenden römischen Rechts in Angriff, eine überragende Leistung, die 35 Jahre Arbeitszeit beanspruchte.

Mit seinen Reformen schaffte Justinian auch das Recht der Eltern ab, Kinder in die Sklaverei zu verkaufen. Überdies nahm er sich der Rechte der Frauen an und erlaubte den Ehefrauen den Besitz von Eigentum, der dem Wert ihrer Mitgift entsprach, gab den Müttern bei der Erziehung des Nachwuchses das gleiche Mitspracherecht wie den Vätern und gestattete Witwen die Vormundschaft über ihre Kinder. Diese neue Gesetzessammlung bildete die Grundlage des bürgerlichen Rechts im Reich bis zu dessen Untergang 900 Jahre später.

Beutegut *Das Bronzepferd ist eines von vier Pferden, die bis vor kurzem die Fassade der Markuskirche in Venedig schmückten und nun durch Kopien ersetzt sind. Ursprünglich wohl im Hippodrom in Konstantinopel, wurden sie von Kreuzfahrern nach Venedig verschleppt.*

AUFSTAND GEGEN STEUERERHÖHUNGEN

Eine hohe Besteuerung war die Hauptursache für die Unzufriedenheit in Konstantinopel und im Umland. In der Stadt zahlten die Menschen ihre Steuern in Gold, auf dem Land mit Naturalien wie Getreide.

Nachdem Justinian I. zur Finanzierung seiner Feldzüge gegen die Perser die Abgaben erhöht hatte, kam es im Januar 532 zu einem Volksaufstand in der Hauptstadt. Die Rebellion, die im Hippodrom von den Zirkusparteien ausgelöst wurde, verbreitete sich über die ganze Stadt, und die Aufständischen fühlten sich schon als Sieger. Geschäfte wurden geplündert und zahlreiche Gebäude, darunter auch der kaiserliche Palast, in Brand gesteckt und schwer beschädigt. Sogar die Hagia Sophia wurde zerstört. Der erste Gedanke des Kaisers galt der Flucht. Doch Kaiserin Theodora weigerte sich, mit ihm zu gehen, und erklärte, der Tod sei besser als Ehrlosigkeit. Mit neuem Mut schickte daraufhin Justinian seine Armee gegen die Rebellen. Ein paar Tage später wurden an die 30 000 Unruhestifter im Hippodrom niedergemetzelt, und der Aufstand war beendet.

Steuern in Naturalien *Die Bauern arbeiteten hart auf den Feldern. Die fälligen Abgaben konnten sie mit den Ernteerträgen bezahlen.*

MIT FLAMMEN UND SCHWERT IN DEN KAMPF

Mit größter Vorsicht schleppten die byzantinischen Truppen ihre Wunderwaffe auf die feindliche Festung zu. Sobald sie in Schußweite waren, schleuderten sie mit Hilfe von Katapulten Tontöpfe mit einer brennbaren Flüssigkeit, dem sogenannten griechischen Feuer, über die Zinnen auf die gegnerischen Streitkräfte. Die Gefäße explodierten beim Aufprall und ließen Flammen aufzüngeln, die Gesicht und Hände der Opfer versengten und sie manchmal bei lebendigem Leib verbrannten.

Immer wieder eroberten byzantinische Truppen feindliche Festungen mit Hilfe des Feuers; sie benutzten es ebenfalls zur Verteidigung ihrer eigenen Festungen und Städte. So wirksam das geheimnisvolle Feuer auch war, beim Transport über unwegsames Gelände konnte es leicht explodieren und die Träger verletzen oder töten. Nach einiger Zeit setzte das Landheer es deshalb nicht mehr ein, doch bis ins 13. Jahrhundert galt es als gefürchtetste Waffe der byzantinischen Seestreitkräfte. Es entzündete sich spontan, wenn es mit Wasser in Berührung kam, und brannte sogar auf dem Meer weiter.

Sturmangriff *Die langen Lanzen bildeten einen tödlichen Fächer, wenn die byzantinischen Reiter in dichter Formation angriffen. Die behelmten Soldaten waren im Nahkampf gefürchtet.*

Streng gehütetes Geheimnis

Zwar wurde das griechische Feuer in Konstantinopel hergestellt, wo die meisten Munitionsfabriken des Bytantinischen Reiches angesiedelt waren, doch es war keine byzantinische Erfindung. Es soll im 7. Jahrhundert von einem griechischsprachigen syrischen Flüchtling namens Kallinikos aus Heliopolis erfunden worden sein. Zu seinen streng geheimgehaltenen Bestandteilen gehörten anscheinend Naphtha, Schwefel, Salpeter, ungelöschter Kalk und Petroleum. 941 soll das griechische Feuer 10000 Schiffe zerstört haben, die der russische Fürst Igor ausgesandt hatte; die besiegten russischen Seeleute verglichen es mit „Blitzen vom Himmel". Im folgenden Jahrhundert setzte Kaiser Alexios I. Komnenos eine Flotte aus Pisa damit in Brand.

Auf dem Höhepunkt ihrer Kampfkraft war die kaiserliche Armee, zu der viele ausländische Söldner gehörten, 120000 Mann stark. Sie war in Regimenter mit 3000–4000 Mann eingeteilt, die zur Verteidigung verschiedener Militärdistrikte oder Provinzen entsandt wurden. In manchen Gegenden erwartete man von den Generälen die Aufstellung, Ausrüstung und Unterhaltung eigener Regimenter. Um Rekruten einen Anreiz zu bieten, bezahlte man viele in entlegenen Provinzen stationierte Soldaten mit Ackerland. Oft hatten sie Knechte und Sklaven, die ihnen auf ihren Parzellen zur Hand gingen. Außerdem erhielten sie Abgaben von den Bauern, die auf den Landgütern arbeiteten.

Die meisten Soldaten bekamen das Land auf Lebenszeit, doch um die Stärke der Armee zu erhalten, durften sie es manchmal an ihre Söhne weitergeben. Die neuen Besitzer wiederum mußten bereit sein, zu Pferde und gerüstet zur Verteidigung der Provinz anzutreten.

Das erste Militärhandbuch des Byzantinischen Reiches erschien im Jahr 590. Die Generäle wurden darin angehalten, offene Feldschlachten nach Möglichkeit zu vermeiden. Im Kriegsfall sollten sie das Leben der Gefangenen schonen und gefangene Frauen mit Höflichkeit und Respekt behandeln.

Die Byzantiner waren bahnbrechend auf dem Gebiet der psychologischen Kriegführung. Die Generäle hatten Anweisung, den Kampfgeist der Soldaten mit erfundenen Geschichten über die Siege anderer kaiserlicher Regimenter zu stärken, und es wurde ein verzweigtes Netz von Spionen und Kundschaftern aufgebaut. Agenten sorgten dafür, daß Briefe mit falschen und belastenden Informationen über feindliche Anführer von deren Leuten abgefangen wurden. Darüber hinaus begann man häufig mit Waffenstillstandsverhandlungen, auch wenn der Kaiser keineswegs die Absicht hatte, die getroffenen Vereinbarungen einzuhalten. Alle diese Taktiken verursachten Verwirrung und Verzögerungen, die den Byzantinern den Einsatz gut ausgebildeter Verstärkungstruppen ermöglichten. Diese bestanden aus Fußsoldaten, die mit

Mit Feuer und Leitern *Byzantinische Soldaten entwickelten verschiedene Techniken, um feindliche Festungen zu erstürmen. Dazu gehörte der Einsatz von Sturmleitern und von explosiver Flüssigkeit, die mit Hilfe von Handpumpen in Strömen auf die Verteidiger geschleudert wurde. Da sich die Leitern leicht umkippen ließen, kletterten die Belagerer auch an Netzen nach oben, die sie mit Enterhaken verankerten.*

Abschreckung *Sturz eines byzantinischen Kaisers: Sein Kopf wurde abgeschlagen, auf eine Eisenstange gesteckt und dem Volk gezeigt.*

RISKANTES AMT

Die meisten byzantinischen Kaiser kamen nicht durch Geburt oder natürliche Erbfolge an die Macht, sondern vielmehr durch sogenanntes göttliches Recht. Somit konnte sich praktisch jeder zu „Gottes Wahl" erklären und versuchen, den Thron an sich zu reißen, oft durch Mord. Die Strafe für einen Fehlschlag war die sofortige Hinrichtung, und selbst erfolgreiche Thronräuber wurden oft genug rasch vertrieben. Verschwörungen und Gegenverschwörungen folgten aufeinander und bereiteten einem Kaiser nach dem anderen ein gewaltsames Ende. Von den 88 Kaisern zwischen 324 und 1453 wurden nicht weniger als 29 hingemetzelt.

Pfeil und Bogen, Dolchen und kurzen, breiten Schwertern für den Nahkampf, aber auch mit Keulen, Schleudern, Wurfspießen und Speeren ausgerüstet waren. Reiter trugen Streitäxte, Lanzen, lange, breite Schwerter sowie Pfeil und Bogen, mit denen sie in vollem Galopp geschickt und treffsicher umgingen.

In der Schlacht erwiesen sich die Byzantiner stets als leidenschaftliche und wagemutige Kämpfer. Die Regimenter wurden von Standartenträgern angeführt, welche die Standarte, aber auch glückbringende Banner trugen. Schild an Schild marschierten die Infanteristen heran, ermutigt von Feldkaplänen und Männern, die zur moralischen Aufrüstung patriotische Verse vortrugen. So psychologisch aufgebaut, stürzten sich die Soldaten ungestüm auf den Feind und schrien: „Das Kreuz soll siegen."

Jahrhundertelang hatten die Byzantiner in der Furcht vor Invasionen gelebt. Das Risiko einer Belagerung war so groß, daß im frühen 8. Jahrhundert jedem Bürger befohlen wurde, Nahrungsmittel für mindestens drei Jahre zu horten. 1204 plünderten dann die Kreuzfahrer Konstantinopel und gründeten ein sogenanntes Lateinisches Kaiserreich, das mehr als 50 Jahre bestand, bis die Stadt von Kaiser Michael VIII. wieder zurückerobert wurde.

Byzanz erholte sich von dieser Katastrophe nie mehr und fiel 1453.

Abmarsch in den Krieg *Die flinken Fußsoldaten waren mit Pfeil und Bogen sowie mit Speeren bewaffnet.*

Der Sultan des Osmanischen Reiches, Muhammad II., zog mit einer zehnfachen Überlegenheit auf Konstantinopel zu. Um die über das Goldene Horn gespannte Kette zu umgehen, wurden etwa 70 osmanische Schiffe auf Rollen über Land transportiert und an der nördlichen Festungsmauer zu Wasser gelassen. In der Zwischenzeit lagen die Mauern unter Dauerbeschuß, und sieben Wochen später fiel die Festung. Kaiser Konstantin XI. starb im Kampf, und Muhammad II. ritt auf seinem Schimmel zur Hagia Sophia, die er als Moschee dem Ruhm Allahs widmete. Nach 1000 Jahren christlicher Herrschaft sollten diejenigen, die von der Christenheit als Ungläubige verdammt wurden, das Reich regieren.

NEUE HERREN IN EUROPA

Bis zum 4. Jahrhundert kannten die Römer die Germanen hauptsächlich als wehrpflichtige Bauern, die in den Grenzgebieten lebten und als Soldaten in römischen Diensten standen. Als jedoch im 5. Jahrhundert die Völkerwanderung in Gang kam, wurden zum erstenmal ganze germanische Stämme als Verbündete innerhalb des Reiches angesiedelt. Gegen die Verpflichtung zur Waffenhilfe wurde ihnen Land zur Verfügung gestellt. Diese Germanen unterstanden allerdings weiter ihren Fürsten und besaßen ihre eigene stammesrechtliche Verfassung, auch war ihnen die Ehe mit römischen Bürgern verboten.

Dadurch bildeten die Föderaten, wie man sie nannte, einen Fremdkörper, was durch Sprache und Religion noch verstärkt wurde. Die christlichen Römer waren Katholiken, die christlichen Germanen Arianer, die die Göttlichkeit von Jesus verneinten. Ein römischer Historiker vermerkte, das Römische Reich werde auf diese Weise zu einer „Wohnstätte der Barbaren". Allein Byzanz konnte später die Germanen als selbständigen Machtfaktor ausschalten. Rom dagegen war dem barbarischen Ansturm nicht gewachsen und zerfiel. An seine Stelle traten unabhängige germanische Reiche, die wiederum viel von der römischen Kultur übernahmen.

DIE VÖLKERWANDERUNG 4.–9. JAHRHUNDERT

AUF DER SUCHE NACH EINER HEIMAT

Der Hunger quälte die Hunnen zu Beginn des Jahres 375. Der Winter war lang und sehr kalt gewesen. Das Vieh hatte auf dem gefrorenen Boden keine Nahrung finden können und war verendet. Einen solchen Winter konnten die Hunnen nicht noch einmal durchstehen, und so verließen sie ihre asiatische Heimat und zogen raubend und plündernd nach Westen. Am Schwarzen Meer trafen sie auf die Ostgoten, ein germanisches Volk, dessen König aus Verzweiflung über den Einfall der wilden Steppenreiter Selbstmord beging.

Aus Furcht vor den Hunnen flohen die Ostgoten zu den Römern und baten dort zu Zehntausenden um Aufnahme ins Römische Reich. Diese Bitte wurde ihnen zwar gewährt, aber bald kam es zu Reibereien, und im Jahr 378 metzelten die Ostgoten in einer Schlacht fast die gesamte römische Armee nieder. Dies war der Anfang vom Ende des römischen Weltreiches.

Von da an drangen die Goten unaufhaltsam in Richtung Italien vor. Die Westgoten, die vom Balkan stammten, belagerten Rom und wandten sich dann nach Gallien und Spanien, stets auf der Suche nach Land und Nahrung. Dem ziellos wandernden Stamm hatten sich befreite Sklaven und andere Germanen angeschlossen, so daß das Volk auf 100 000 Menschen angewachsen war, als es sich 418 endgültig in Aquitanien niederließ und das Tolosanische Reich mit Toulouse

Westgote *Der Fußsoldat trägt ein Panzerhemd aus Stahlschuppen, die sich übereinanderschieben. Die Falten des Rocksaums erinnern an eine römische Tunika.*

als Hauptstadt gründete. Die Ostgoten waren über die Balkanhalbinsel ebenfalls nach Italien gezogen und hatten nach dreijähriger Belagerung Ravenna eingenommen.

Die Goten, die nun endlich eine Heimat gefunden hatten, bauten sich Holzhütten und behielten ihre Sprache und ihre Tracht aus Pelzwerk bei. Vornehme Männer, die dem König als Mundschenk, Marschall und Berater zur Seite standen, trugen hohe Stiefel aus Pferdehaut. Sie gingen zur Jagd und widmeten sich

Ostgotenpalast *Das Mosaik in Ravenna zeigt den Palast des Ostgotenkönigs Theoderich (oben). Statt der Vorhänge war ursprünglich Theoderich mit seinem Gefolge abgebildet.*

Schmuck *Diese merowingischen Fibeln, mit denen man Gewänder zusammenhielt, sind aus vergoldetem Silber und mit Almandinen verziert.*

Zwangsehe *Die thüringische Fürstentochter Radegunde an der Tafel des Merowingerkönigs Chlothar I., der sie zwang, ihn zu heiraten.*

nach den Mahlzeiten, bei denen oftmals Spaßmacher zu ihrer Belustigung auftraten, ausgiebig dem Würfelspiel.

Eine wichtige Stütze für die Herrschaft des Gotenkönigs war der Königshort, ein unermeßlich reicher Schatz aus Kriegsbeute und das Ergebnis ungezählter Raubzüge. Im Jahr 507 verloren die Westgoten ihr Reich nördlich der Pyrenäen an die Merowinger, und 711 unterlagen sie den über Gibraltar eindringenden Arabern, in deren Hände auch der Königshort fiel. Das Ostgotenreich in Italien wurde bereits 553 von Kaiser Justinian zerstört.

Hausen wie die Wandalen

Die Goten waren nicht das einzige germanische Volk, das sich in dieser bewegten Zeit auf Wanderschaft befand. Auf der Suche nach Land und Nahrung verließen die Angeln, Sachsen und Jüten um 450 ihre Heimat an der Nordsee, landeten in England, das die Römer bereits verlassen hatten, und verdrängten die dort lebenden Briten.

Auch die Wandalen, ein ursprünglich bäuerliches Volk, trieben Hunger und Abenteuerlust aus ihren Gebieten in Schlesien fort. Plündernd und brandschatzend zogen sie westwärts. Die Bewohner Galliens glaubten, daß mit dem Wandaleneinfall der Weltuntergang gekommen sei. 429 erreichten die Wandalen Nordafrika, die Kornkammer des Römischen Reiches, die Nahrung für alle versprach. Im Pendelverkehr setzten 80 000 Menschen mit all ihrer Habe, Vieh und Gerätschaften innerhalb von fünf Wochen über die Meerenge von Gibraltar über. Doch auch ihr Reich sollte bald untergehen.

Ähnlich wie die anderen Völker hatte es auch die Langobarden aus ihrer ursprünglichen Heimat in Skandinavien, das zu dieser Zeit vermutlich übervölkert war, in wärmere Gegenden gezogen. In Pannonien an der Donau gründeten sie ihr erstes, in Italien um Pavia dann ihr zweites Reich. Die Langobarden, die eigentlich Bauern waren, bildeten den letzten großen Zug der Völkerwanderung. Nicht selten umfaßte ihr Treck 100 000 Menschen, die Wagen mitführten und die Schafe, Rinder, Ziegen und Schweine vor sich hertrieben. Ihre wilden Krieger waren so ausgezeichnete Reiter, daß man ihnen nachsagte, daß sie in einem Gemetzel das Blut ihrer Feinde tränken und aus den Schädeln ihrer Opfer Trinkschalen fertigten. Ihr Gott hieß Odin, der ihrer Vorstellung nach über ein Heer von toten Kriegern befahl.

Auf der Wanderschaft *Zur Zeit der Völkerwanderung war Europa ein in unzählige Königreiche und Herzogtümer aufgesplitterter Kontinent.*

Das Italien, in das die Langobarden einfielen, war bereits ein verwüstetes, entvölkertes und ausgeplündertes Land, in dem zuvor schon andere Germanenstämme und zahlreiche Seuchen gewütet hatten. Und die chaotischen Zeiten waren noch lange nicht beendet, denn nun ermordeten die Langobarden die reichen Römer, die noch in Oberitalien ausharrten,und eigneten sich deren Besitz an. Intrigen, die nicht selten in Königsmord gipfelten, brachten in rascher Folge wechselnde Herrscher an die Macht. In diesen unsicheren Zeiten gewann allmählich die katholische Kirche, bei der viele Menschen Schutz suchten, einen großen Einfluß. Den endgültigen Untergang des Langobardenreiches besiegelte 774 der Frankenkönig Karl der Große.

Kunstfertigkeit *Diese aus dem 7. Jahrhundert stammende westgotische Gürtelschnalle zeigt einen Menschenkopf und zwei Löwen.*

BAUERN UND HERREN IM ALTEN ENGLAND

Mehr als 600 Jahre lang prägte die Lebensform der Angelsachsen das Land, das ihren Namen trägt: England ist das Land der Angeln. Da die Neuankömmlinge Bauern waren, war ihre Siedlungsform das Dorf. Die meisten heutigen englischen Dörfer gehen noch auf die angelsächsische Zeit zurück. Die landhungrigen Eindringlinge rodeten ausgedehnte Gebiete im britischen Waldland. Endungen von Ortsnamen wie -den, -ley, -hurst und -field weisen auf solche Rodungen hin.

Die von Grenzgräben und Umzäunungen umgebenen Dörfer waren aus Holz, Flechtwerk und Stroh erbaut. Der Grundherr dieser Region bewohnte einen geräumigen Herrensitz, um den sich die kleineren Häuser der freien Bauern gruppierten, während die Ärmsten, darunter auch die Leibeigenen, in elenden Hütten hausten.

Häuser mit Vorgärten
Die Gebäude der Angelsachsen waren, im Unterschied zu den runden Hütten der Kelten, rechteckige Blockhäuser, bei denen A-förmige Balken das Dach trugen. Manche hatten eingetiefte Sockel für Holzfußböden. Zweigeschossige Häuser baute man erst später. Die meisten Dorfbewohner besaßen kleine Gemüsegärten, und um ihre Häuser gruppierten sich Scheunen und Ställe. Dazu kamen oft Werkstätten von Webern, Metallhandwerkern, Schustern oder Tischlern. Auch Wassermühlen zum Mahlen von Getreide wurden weithin gebräuchlich.

Nach der Bekehrung zum Christentum wurde die Kirche zum Mittelpunkt des Dorflebens. Sie bestand entweder aus Holz oder aus Mauersteinen, die von römischen Ruinen stammten, und ihre Konstruktion war ziemlich einfach.

Zum Beackern des Landes führten die Angelsachsen einen schweren Räderpflug mit eiserner Pflugschar ein, mit dem man auch Böden bearbeiten konnte, die früher unbestellbar waren. Zum Ziehen brauchte man jedoch sechs oder acht Ochsen, und das Wenden am Ende jeder Furche war schwierig. Um die Anzahl der Kehren zu verringern, führte man die Langstreifenflur ein. Die englische landwirtschaftliche Längeneinheit *furlong* – 201 Meter – leitet sich von dieser Praxis ab. Das Wort bedeutete „eine Furche lang“, also die Strecke, die ein Ochsengespann ohne Pause pflügen konnte.

Das den einzelnen Bauern gehörende Ackerland war in zwei oder drei große Felder aufgeteilt, von denen jedes Jahr eines brachlag. Die Dorfbewohner nutzten gemeinsam das Weideland und hatten Zugang zum Wald, um sich mit Bauholz und Brennmaterial zu versorgen. Als Reich der Geächteten und Wölfe waren die Wälder noch immer unheimlich. Die Angelsachsen liebten die Wolfsjagd, und erst im 16. Jahrhundert waren die Wölfe auf den Britischen Inseln ausgerottet. In den

Porträt *Diese Münze zeigt König Alfred den Großen.*

Münzstempel *Noch lange nach der Regierungszeit Alfreds des Großen prägte man Münzen mit groben Stempeln. Dieser stammt aus dem 10. Jahrhundert.*

Alte Narben *Spuren der Pflüge der angelsächsischen Bauern kann man noch heute erkennen, obwohl die Felder seit langem Weideland sind.*

MÜHEVOLLE ARBEIT MIT DEM PFLUG

Bereits vor Morgengrauen sind Aelfstan und sein Sohn draußen in der Kälte eines Novembertages auf den Beinen. Ein ausgetretener Pfad führt zu dem Pferch, wo Edgar, der Ochsenhirte, die ganze Nacht gewacht hat, denn es sollen Geächtete in der Umgebung sein. Aelfstan legt den Ochsen das Joch an und spannt sie vor den Pflug. Die Tiere gehören seinem Grundherrn, ebenso das Land, das er heute bearbeiten muß. Den ganzen Tag geht Aelfstan hinter dem schlingernden eisenbeschlagenen Pflug, während der Junge die Zugtiere mit rauhen Schreien und Schlägen antreibt. Um die Mittagszeit bringt Aelfstans Frau dunkles Roggenbrot, Magermilchkäse und wäßriges Bier. Bis zur Abenddämmerung haben sie einen Morgen Land gepflügt. Zu Hause wärmen sich die Männer am Herdfeuer auf. Wieder gibt es Brot und Bier, diesmal mit einem Bohneneintopf aus einem eisernen Kochkessel. Beim verglimmenden Licht des Feuers legen sich alle erschöpft schlafen.

Schwere Feldarbeit *Die Bauern mußten täglich einen Morgen Land für ihren Grundherren pflügen.*

Wäldern konnten die Kinder auch Eicheln sammeln gehen, aus denen man in Jahren mit Mißernten grobes Brot backte, oder sie nahmen Vogelnester aus, um die eintönige Ernährung aufzubessern. Getreide und Milchprodukte waren die Hauptnahrungsmittel. Fisch und Pökelfleisch boten eine seltene Abwechslung, Frischfleisch allerdings war geradezu ein Luxus.

Ein Fest im Herrenhaus gehörte zu den größten Freuden im Leben eines Angelsachsen. Ale, das englische Bier, Wein sowie Met aus vergorenem Honig wurden reichlich aufgetischt, man erzählte Geschichten, fahrende Musikanten spielten auf, und die Gesellschaft vergnügte sich mit Spielen und Rätseln.

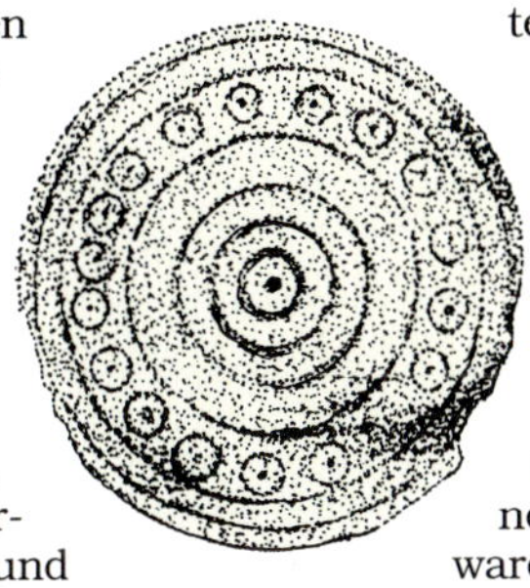

Spielzählgerät

Die Verbannung aus dem Metsaal war ein großes Unglück, wie man bei den angelsächsischen Dichtern lesen kann, denn sie bedeutete den Bruch des Bandes zwischen dem einfachen Mann und seinem Herrn. Dieses Band war lebenswichtig und stammte aus der Zeit, als die kämpfenden Männer von ihrem Anführer erwarteten, gut bewaffnet und bewirtet zu werden, und dafür bereit waren, für ihn im Kampf zu sterben. In ruhigeren Zeiten überlebte diese Bindung in anderer Form. Die freien Bauern leisteten dem Herrn Dienste, indem sie auf seinen Feldern arbeiteten und einen Teil der Ernte an ihn abgaben. Dafür gewährte man ihnen kleine Ackerflächen und gelegentlich die Bewirtung im Herrenhaus.

Geld oder Leben

Verwandtschaftliche Bindungen waren in der angelsächsischen Gesellschaft von großer Bedeutung. Ein Mörder durfte von den Verwandten des Opfers getötet werden. Doch nicht immer wurde als Rache Leben gegen Leben gefordert. Man konnte statt dessen auch Geld oder Land annehmen, wobei die Höhe des Schadensersatzes vom gesellschaftlichen Stand des Toten abhing. Jeder Mann hatte sein *wergild*, einen Preis für seinen Tod, der seine Stellung innerhalb der Rangordnung bestimmte. Nach den Gesetzen König Alfreds des Großen mußte im 9. Jahrhundert ein Mann, der mit der Ehefrau eines Adligen Ehebruch beging, dem Ehemann 120 Schilling zahlen, den Gegenwert von 20 Ochsen. Ein freier Bauer, dem seine Frau Hörner aufgesetzt hatte, erhielt dagegen nur 30 Schilling Schadensersatz. So grob diese Berechnungen auch erscheinen mögen, so waren sie doch ein Versuch, eine systematische Rechtsordnung aufzustellen. Als die Angelsachsen in einem Königreich geeint waren, wurde das Land in Grafschaften aufgeteilt, die zum Teil noch heute in kaum veränderter Form bestehen. Ein Grafschaftsgericht regelte die rechtlichen und verwaltungstechnischen Angelegenheiten.

Gerichtsverhandlungen wurden gelegentlich in Form eines Gottesurteils in der Dorfkirche entschieden. Ein Angeklagter mußte manchmal ein rotglühendes Eisen in der Hand halten. Dann wurde die Hand verbunden, und wenn die Wunde nach drei Tagen verheilt war, wurde der Mann freigesprochen. Die Rechtsprechung war sehr streng. Ein Beklagter, der einer Vorladung nicht nachkam, konnte von jedem Dorfbewohner ungestraft getötet werden.

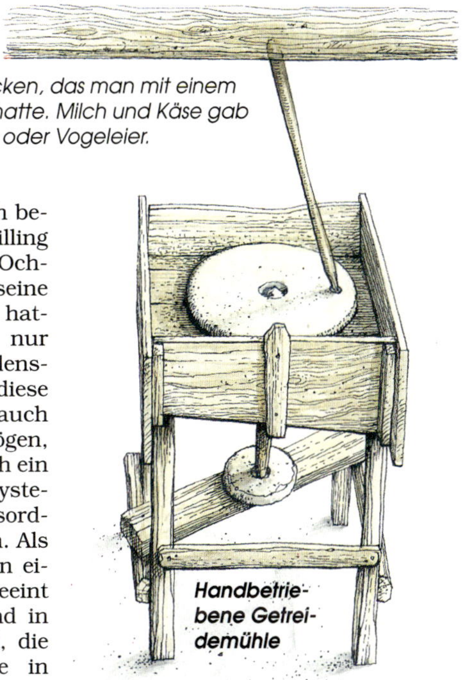

Das tägliche Brot *Die Mahlzeiten der Bauern waren einfach. Brot wurde aus Mehl gebacken, das man mit einem flachen runden Stein zermahlen hatte. Milch und Käse gab es täglich, manchmal auch Fisch oder Vogeleier.*

Handbetriebene Getreidemühle

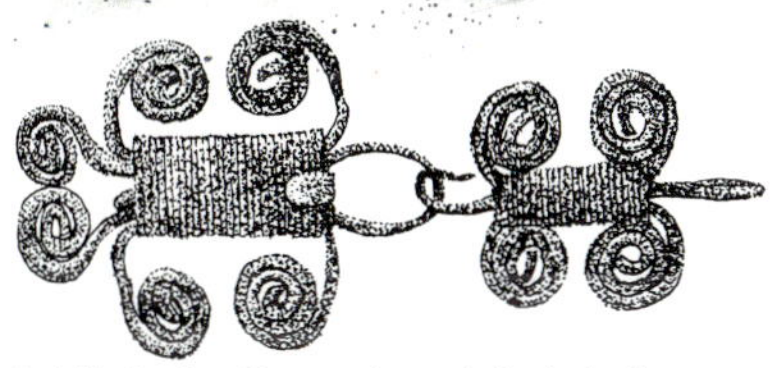

Schönheitspflege *Angelsächsische Frauen trugen oft eine kunstvoll gearbeitete Kleiderschließe mit Haken und Öse (oben). Sie kannten auch schon Pinzetten (unten), Ohrreiniger und Nagelfeilen.*

Angelsächsische Feuerstelle *Eine flache runde Feuerstelle in der Hausmitte ist das Hauptmerkmal in der Hütte einer angelsächsischen Familie. Neben der offenen Tür steht eine hölzerne fußbetriebene Drehbank. Diese Hütte befindet sich in einem rekonstruierten Dorf in West Stow in Ostengland.*

Arm des Gesetzes *Erhängen war die übliche Hinrichtungsart, die Strafe für Verbrechen wie Mord, Brandstiftung, Diebstahl und Verrat am Grundherrn. Wichtigere Fälle konnten vor den König kommen, dem ein Rat aus Adligen und Geistlichen zur Seite stand.*

MISSIONARE IM DIENST DES GLAUBENS

Karge Zellen *Mönche auf Inseln im wilden Atlantik lebten in winzigen Steinzellen, die auf den nackten Fels gebaut waren und wie Bienenkörbe aussahen.*

Daß man gerade am 25. Dezember das Fest der Geburt Jesu begeht, hat nichts mit den bekannten Tatsachen aus seinem Leben zu tun, sondern ergab sich zeitlich ganz einfach aus der Feier der Wintersonnenwende bei den heidnischen Völkern Europas. Und das Wort Ostern leitet sich keineswegs von einem biblischen Namen oder Vorkommnis ab, sondern von Eostre, einer germanischen Göttin, deren Fest im Frühling gefeiert wurde.

In der Tat sind zahlreiche scheinbar christliche Wörter, Sitten und Bräuche heidnischen Ursprungs. Sie stammen aus der Zeit, als sich eifrige Missionare um die rohen Völkerstämme kümmerten, die Rom beerbt hatten. Fast überall brachten Banden gesetzloser Krieger Tod, Chaos und Leiden mit sich. Einst von christlichen Kaisern regierte Gebiete fielen ins Heidentum zurück. Die frühen Kirchenväter trafen damals die weise Entscheidung, die angestammten Heiligtümer und Rituale nicht zu vernichten, sondern sie vielmehr für christliche Zwecke umzumünzen.

Irland, am nordwestlichen Rand Europas, entging den Wirren der Völkerwanderung, und seine Klöster bewahrten sowohl die klassische Gelehrsamkeit als auch den christlichen Glauben. Die Christianisierung Irlands wird dem heiligen Patrick zugeschrieben, einem Briten, der im 5. Jahrhundert eine Kirche in Armagh gründete. Die irischen Kelten entwickelten ihre ureigene, in den Traditionen ihres Landes verwurzelte Form des Christentums. Die meisten ihrer Klöster waren an leicht zu verteidigenden Orten gelegen, auf verlassenen Hügelfesten, befestigten Landspitzen oder kleinen Inseln, die freilich kaum Annehmlichkeiten boten, denn das irische Christentum legte großen Wert auf Genügsamkeit.

Die Mönche wohnten in winzigen Hütten aus Flechtwerk oder in Steinzellen. Zu ihrem Kloster gehörten noch eine kleine Kirche, ein Gästehaus, ein Refektorium, wo man die Mahlzeiten einnahm, vielleicht auch eine Schule, wo junge Mönche ihre ersten Lektionen auf Wachstafeln kritzelten.

Von den irischen Klöstern aus bekehrten die Missionare die Bevölkerung der Britischen Inseln, sie predigten den Pikten und Angelsachsen und tauften und firmten sie. Oft schrieb man den Mönchen wundertätige Kräfte zu, und das Heilen und Austreiben böser Geister gehörte zu ihrem Alltag. Um 563 gründete der Missionar Columban der Ältere ein Kloster auf der Hebrideninsel Iona, und von dort brachten seine Schüler den Glauben nach Northumbrien und auf das europäische Festland. Die Klöster gewährten Pilgern Gastfreundschaft, und es gab ein ständiges Kommen und Gehen geistlicher Besucher.

Der Tag eines Mönchs auf Iona bestand aus Gebet, Buße, Arbeit und Studium. Die Brüder trugen eine keltische Tonsur: Ihr Kopf wurde vorn bis zu einer Linie von Ohr zu Ohr geschoren, im Unterschied zu der bekannteren kreisrunden römischen Tonsur. Über einer weißen Kutte mit Kapuze und Ledersandalen trugen sie grobe wollene Gewänder. Die Gemeinschaft der etwa 150 Mönche versorgte sich selbst; die Brüder mußten also Vieh hüten, säen, Getreide mahlen und fischen. Mittwoch und Freitag waren dem Fa-

Musizierende Mönche *Unter der weniger asketischen Ordensregel des heiligen Benedikt pflegten die Klöster eine weltlichere Kultur und schufen Handschriften über Musik, Kunst und Literatur.*

Wachender Dämon Die frühchristliche Kirche bot allen Asyl. Der Türklopfer an der Kathedrale von Durham macht einen heidnischen Eindruck.

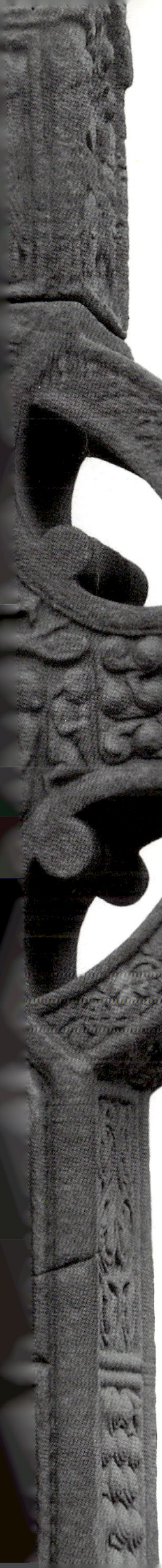

Steinkreuz Die Verschmelzung des Heidentums früherer Tage mit dem neueren Glauben des Christentums zeigt sich in der Gestaltung des keltischen Kreuzes. Der Kreis, eine heidnische Darstellung der Sonne, wurde mit dem Kreuz, dem Symbol der Passion Jesu, vereinigt.

sten vorbehalten. Am Samstag war Ruhetag, doch ab Samstagabend und den ganzen Sonntag widmeten sich die Mönche in besonderer Weise dem vorgeschriebenen Gebet. Der Glaube und die Hingabe der keltischen Missionare waren legendär, und einer von ihnen, Columban der Jüngere, gründete selbst in Burgund und Norditalien Klostergemeinschaften. Seine Mönchsregel war streng, Bestrafungen waren ebenfalls vorgesehen, etwa sechs Hiebe mit dem Rohrstock für Sprechen bei Tisch, Lachen während des Gebets oder falsches Singen, selbst wenn man husten mußte.

So streng die irische Tradition auch war, ganz weltfremd war sie nicht. Die illuminierten Handschriften zeigen die Liebe der Künstler zur Natur, besonders zu Tieren, die mit großer Ausdruckskraft dargestellt sind. Auch ein menschlicher Zug ist zu spüren, denn hin und wieder kritzelten erschöpfte Schreiber Klagen auf die Randleisten der Handschriften. „Zwanzig Tage bis Ostermontag, ich friere und bin müde", murrte einer. „Die Tinte ist schlecht, das Pergament knapp, der Tag dunkel", schrieb ein anderer.

Eine weniger asketische klösterliche Tradition gelangte von Rom nach Britannien. Es wird oft erzählt, wie Papst Gregor I. die Erleuchtung hatte, Missionare zu entsenden, nachdem er hellhäutige heidnische Sklaven gesehen hatte, die zum Verkauf standen. Als man ihm sagte, es seien Angeln, soll er geantwortet haben: „Nicht Angeln, sondern Engel." Im Jahr 596 schickte der Papst Augustinus und einige Mönche nach Kent, um die Engländer zu bekehren, und sie führten die Ordensregel des heiligen Benedikt ein, die weniger von strenger Askese geprägt war als die keltische Tradition.

Junger Mönch Dieser Novize der Benediktiner hat noch keine Tonsur wie sein Superior.

Ein halber Liter Wein am Tag

Klöster des Benediktinerordens verfügten meist über eine Mühle, einen Garten und eine Bäckerei. Die Mönche bekamen täglich zwei gekochte Gerichte, und der Verzehr von Wein wurde gebilligt. „Wir lesen, daß Wein für Mönche nicht geeignet ist", schrieb der heilige Benedikt, „aber weil wir heutzutage die Mönche davon nicht überzeugen können, wollen wir uns wenigstens darüber einig sein, daß wir nicht im Übermaß trinken sollten. Wir glauben, ein halber Liter Wein am Tag ist genug."

Differenzen zwischen der keltischen und der römischen Kirche wurden im 7. Jahrhundert zugunsten Roms beigelegt. Die englische Kirche richtete sich nach den Gepflogenheiten des Festlandes aus, und die reiche keltische Tradition war zum Untergang verurteilt.

Einsamer Schreiber Das Verzieren der Initialen und Randleisten einer einzigen Handschrift war oft das Lebenswerk eines Mönchs.

KÜNSTLER FÜR GOTT

In den frühen englischen und irischen Klöstern entfaltete sich die Buchmalerei zu einer einzigartigen Kunst. Die Schreiber paßten die Spiral- und Flechtbandornamente der heidnischen keltischen Kunst den heiligen Texten an. Die Malereien wurden in kräftigen Farben ausgeführt, Blattgold jedoch nicht verwendet. Auf der Insel Iona entstand das Evangeliar von Kells, ein Meisterwerk von 680 Seiten mit dem illuminierten Text der vier Evangelien. Im Kloster Lindisfarne vor der Küste Northumbriens entstand eine weitere Prachthandschrift der Evangelien.

Biblische Menagerie Die Buchmaler belebten ihre Malereien gern mit Bildern von Tieren und Fabelwesen.

SCHWIMMEN UND JAGEN IN AACHEN

Unterwegs *Karl der Große unternahm weite Reisen mit seinen Beamten. Zur Reisegesellschaft gehörten auch die capellani, Geistliche, die den Mantel, die cappa, des heiligen Martin hüteten, der zu den karolingischen Reichskleinodien zählte.*

„Weise im Rat, von edler Gestalt, strahlender Gesundheit, ungewöhnlicher Schönheit, mutig, schnell und stark“ – so beschrieben sich die Franken selbst in der Sammlung ihres Volksrechts aus dem 6. Jahrhundert. Zweifellos eine prahlerische Selbstdarstellung, doch die Geschichte der Franken widerlegt tatsächlich die überlieferte Vorstellung, die Menschen jener Zeit seien nur ungeschlachte Plünderer und Räuber gewesen.

Die Franken waren ein germanisches Volk, das zwischen dem 3. und dem 6. Jahrhundert vom Rheinland her Gallien erobert hatte und zum Christentum übergetreten war. Sie galten als hervorragende Krieger, oft sehr groß, mit blondem oder rotem Haar, das so nach vorn gekämmt wurde, daß der Nacken frei blieb. Hemd, knielange Hosen und darüber eine Tunika waren ihre charakteristische Bekleidung, die Unterschenkel wurden mit Bändern umwickelt. Krieger trugen einen Ledergürtel, an dem die typische Waffe hing, die sogenannte Franziska, eine Wurfaxt, mit gebogenem Blatt und Griff. Am Gürtel des Kriegers hingen außerdem Messer, Schere und Kamm sowie ein Schwert. Der gewöhnliche Soldat benutzte ein Schwert mit breiter Klinge, das er mit beiden Händen schwang.

Land für Kriegsdienst

Im Jahr 732 schlug Karl Martell, der Führer des fränkischen Adels, mit Hilfe seiner Ritter einen Angriff der Mauren zurück. Er hatte die bewaffneten Reiter angeworben und ihnen Land überlassen, nachdem sie sich im Gegenzug bei Bedarf zur Leistung von Kriegsdiensten verpflichtet hatten. Diese Landvergabe nannte man Lehen. Karl Martells Enkel Karl der Große, der 46 Jahre lang König der Franken war, zog gegen Langobarden, Sachsen, Awaren, Araber und andere ins Feld und schuf ein Reich, das von der Ostsee bis zum Mittelmeer reichte. Der Papst krönte ihn als unerschütterlichen Verteidiger des Glaubens am Weihnachtstag des Jahres 800 in der Peterskirche in Rom zum römischen Kaiser.

Das Reich Karls des Großen hatte fast die gleiche Ausdehnung wie der europäische Teil des Römischen Reiches und umfaßte den größten Teil der europäischen Christenheit. Weil ein eigentliches Verwaltungsnetz fehlte, setzte Karl Königsboten ein, die als Mittler zwischen ihm und den Grafen, Bischöfen und Äbten dienten, denen die direkte Verwaltung des ausgedehnten Reiches unterstand, und er vergab Lehen, um ein persönliches Treueverhältnis zu begründen.

Karl der Große und sein Hofstaat verbrachten viel Zeit damit, auf dem alten römischen

Rolands Horn *Mit dem Horn Olifant sollte Roland, ein Gefolgsmann Karls des Großen und Anführer der Nachhut auf dem Feldzug nach Spanien, Hilfe herbeirufen. Als er in einen Hinterhalt geriet, weigerte er sich, auf dem Horn zu blasen, bis es zu spät war. Als Karl der Große ankam, fand er ihn erschlagen vor.*

Fränkisches Recht *Eine illuminierte Handschrift stellt das weltliche Recht als Mann und die Autorität der Kirche als Frau dar. Die Hände über ihren Häuptern bedeuten die Hände Gottes, die höchste Autorität.*

Erntezeit *Eine fränkische Handschrift aus dem 9. Jahrhundert zeigt Bauern, die mit Sicheln das Korn des Grundherrn schneiden und Getreide worfeln.*

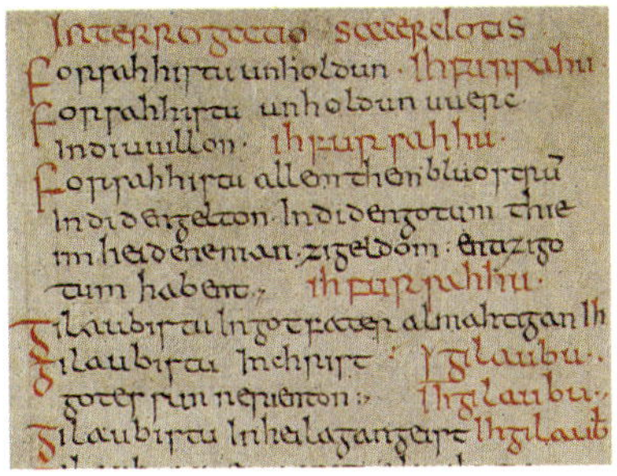
Interrogatio sacerdotis
Forsahhistu unholdun · ih forsahhu ·
Forsahhistu unholdun uuerc
indi uuillon · ih forsahhu ·
Forsahhistu allem them bluostrum
indi den gelton indi den gotum thie
im heidene man zi geldom enti zi go
tum habent · ih forsahhu ·
Gilaubistu in got fater almahtigan ih
Gilaubistu in christ · ih gilaubu ·
gotes sun nerienton · ih gilaubu ·
Gilaubistu in heilagan geist ih gilaub

Elegante Schrift *Die karolingische Minuskel wurde von Alkuin von York eingeführt. Ihre gerundete Form wurde zur Grundlage der heutigen Druckbuchstaben.*

Fränkische Krieger *Ritter zu Pferde bildeten das Rückgrat des Lehenssystems. Unter Karl dem Großen traten schwergepanzerte Reiter auf, die im Kampf Steigbügel zu Lenkung und Kontrolle des Pferdes verwendeten.*

Kelch des Herrschers *Bayern wurde 788 Teil des Frankenreiches, als Karl der Große den aufständischen Herzog Tassilo, den Besitzer dieses Kelches, absetzte.*

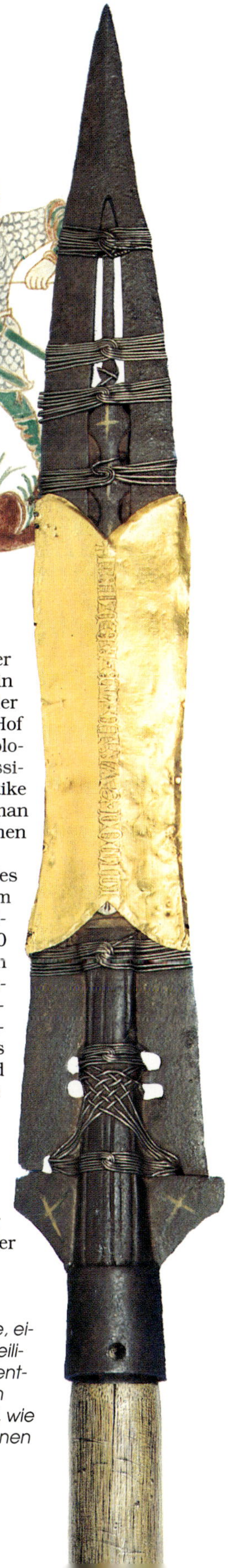

Heilige Waffe *Diese Lanze, eines der Heiligtümer des Heiligen Römischen Reiches, enthält einen Nagel, der vom Kreuz Christi stammen soll, wie die Inschrift auf der goldenen Scheide berichtet.*

Straßennetz von einer Residenz zur anderen zu reisen, denn das Reich hatte keine feste Hauptstadt. Sein bevorzugter Aufenthaltsort war die Pfalz, die er sich in Aachen erbauen ließ, ein wahres Wunderwerk seiner Zeit, mit einer achteckigen Kapelle, die mit Marmorsäulen aus Rom und Ravenna geschmückt war. Die Kaiserpfalz verfügte auch über eine gewaltige Audienzhalle, eine Bibliothek und ein marmornes Schwimmbad, das mit Wasser aus den Thermalquellen gespeist wurde. Durch Anzapfen der heißen Quellen konnte man den Palast mit einer luxuriösen Zentralheizung ausstatten. Dieser beeindruckende Gebäudekomplex muß das fränkische Volk, das kaum Steinbauwerke kannte, in Erstaunen versetzt haben.

Gesellschaften im Schwimmbad

Karl der Große war ein stämmiger Mann und über 1,8 Meter groß. Er hatte einen ungewöhnlich großen Kopf und eine Stimme, die für einen Menschen seiner Statur recht hell war. Er genoß das Schwimmen in seinem Bad, wo er auch Gesellschaften veranstaltete. Oft badeten mehr als 100 Leute mit ihm, aber niemand konnte es im Schwimmen mit ihm aufnehmen. Er ging sehr gern in den weiten Wäldern der nahe gelegenen Ardennen auf die Jagd. In seinen Eß- und Trinkgewohnheiten scheint er recht maßvoll gewesen zu sein. Auch zog er die einfache fränkische Tracht der römischen Kleidung vor, die er nur in Rom trug.

Ein Geistlicher aus dem 9. Jahrhundert beschreibt, wie Karl einmal einer Gruppe zu fein gekleideter Höflinge einen Streich spielte. Sie kamen von einer Messe in Venedig zurück und waren mit Seide, Pfauenfedern, purpurnen Bändern, Marderpelzen und Hermelinfellen geschmückt. So nahm Karl sie in der Kleidung, die sie gerade trugen, mit auf die Jagd und zog mit ihnen an einem regnerischen Tag durch sumpfiges Unterholz. Später verglich er den Zustand seiner Schaffellbekleidung mit ihrer erbarmungswürdigen Verfassung.

Heiteres Hofleben

Karl der Große war durchaus kein Kind von Traurigkeit. Es hieß, nur eine einzige unverheiratete Frau an seinem Hof habe seinen Annäherungsversuchen widerstanden. Er hatte mehrere Ehefrauen, von denen zumindest vier der Nachwelt bekannt sind. Einige Kirchenmänner beklagten die Nebenehen des Kaisers, doch an seinem Hof herrschte eine ausgeglichene und heitere Atmosphäre.

Karl der Große, der von Natur aus gesellig war, bewies auch echte christliche Frömmigkeit. Sein Biograph Einhard berichtet, daß er seine Kapelle zu Aachen morgens und abends aufsuchte und an den nächtlichen Stundengebeten und den Messen teilnahm. Bei den Mahlzeiten ließ er sich oft und gern ein theologisches Werk vorlesen. Er gründete Schulen für Grund- und höhere Bildung, die den Klöstern und Domen angegliedert waren. Die Hofschule in Aachen war ein Anziehungspunkt für die berühmtesten Gelehrten und wurde zum geistigen Mittelpunkt Europas. Zu dieser Schule gehörte auch der weithin berühmte Alkuin von York, den Karl der Große 782 an seinen Hof berief. Hier wurde Theologie gelehrt und die klassische Bildung der Antike wiederbelebt, so daß man von einer karolingischen Renaissance spricht.

Das Reich Karls des Großen wurde nach dem Tod seines Sohnes Ludwig des Frommen 840 unter dessen Nachfolgern aufgeteilt. Mit der Kaiserkrönung Ottos I. 962 erneuerte sich die karolingische Reichsidee. Das Reich, dessen Kernland Deutschland war, wurde als Heiliges Römisches Reich bezeichnet, und der Name drückt die Verschmelzung von christlichem Glauben und klassischer antiker Tradition aus, die Karl der Große angestrebt hatte.

KRIEGER AUF SCHNELLEN SCHIFFEN

„Von den Nordmännern und ihrer Wut erlöse uns, o Herr!“ Dieses Gebet sollen Christen im frühen Mittelalter überall an den Küsten Nordeuropas ausgestoßen haben. Bei allem Zweifel am Wortlaut, die Angst jedenfalls war echt. Die Wikinger erschienen gegen Ende des 8. Jahrhunderts urplötzlich auf der Bildfläche, und wohin sie sich auch wandten, war der Schrecken ihr Begleiter. Ihr Name leitet sich wohl von *vik* ab, was Bucht oder Fjord bedeutet, wo ihre Schiffe vor Anker lagen. Von dort brachen sie wegen der Übervölkerung ihrer kargen skandinavischen Heimat auf, weniger aus Raublust. Dennoch waren sie als Plünderer und Mordbrenner gefürchtet, wenn es auch einige Kaufleute und viele Kolonisten unter ihnen gab.

Panik brach aus, wenn die langen Kriegsschiffe mit ihren quadratischen Segeln und dem Drachenkopf am hohen Steven am Horizont auftauchten und die Flußmündungen aufwärts glitten. 200 Jahre lang waren die Embleme ihrer heidnischen Götter – Thors Hammer und Odins Rabe – Symbole für Brandschatzung, Vergewaltigung und Plünderung. Kirchen und Klöster waren bevorzugte Ziele, denn sie besaßen Gerätschaften aus Gold und Silber und waren meist schutzlos ausgeliefert. Der Angriff der Wikinger auf das reiche Kloster Lindisfarne in Nordengland 793 war einer der ersten Überfälle, dem viele folgten. Im nächsten Jahrhundert gehörten London, Paris, Hamburg, Lissabon, Cadiz und Pisa zu den geplünderten Städten. „Es gibt kaum ein Kloster, das respektiert wird, und alle Bewohner fliehen“, klagte der französische Mönch Ermentarius.

Löwenmaul *Der Bug eines Wikingerschiffes glich vielleicht diesem Pfosten aus einem Schiffsgrab in Oseberg in Norwegen.*

Das begrabene Schiff

Der Schlüssel zum Erfolg waren die Langschiffe der Wikinger, technische Wunderwerke des frühen Mittelalters, die Seetüchtigkeit und ungewöhnliche Eleganz vereinten. Ein einzigartiges Exemplar wurde 1880 aus einem Grabhügel in Gokstad in Norwegen ausgegraben. Das 23 Meter lange Schiff hatte einen Kiel aus einem einzigen Stück Eiche. Es war in Klinkerbauweise gebaut, wobei die Planken sich dachziegelartig überlappen. Unterhalb der Wasserlinie waren die Planken nicht genagelt, sondern mit Fichtenwurzeln an die Spanten gebunden, was dem Schiff die nötige Beweglichkeit verlieh, um bei schwerer See bestehen zu können.

Das in Gokstad entdeckte Schiff, das mit einem schweren Ruder gesteuert wurde, konnte man mit Hilfe eines Segels oder mit Rudern vorwärts bewegen. Sogar Teile des Segels waren erhalten; es bestand aus hellem Wolltuch, das rotgestreift oder kariert war. Das Schiff hatte 16 Paar Riemen, was auf eine Besatzung von 32 Mann schließen läßt. An der Reling um die Außenseiten konnten jedoch 64 Schilde aufgehängt werden. Also saßen entweder zwei Mann an einem Riemen, oder die Hälfte der Mannschaft ruhte sich aus, während die andere Hälfte ruderte. Das Langschiff wurde von den Wikingern fast wie ein lebendes Wesen verehrt, und die geschnitzten Tierköpfe am Steven verstärkten den Eindruck des Lebendigen.

Ungehörnte Krieger

Wikinger werden oft mit gehörnten Helmen dargestellt. In Wirklichkeit haben Archäologen solche Kopfbedeckungen niemals gefunden. In der Kunst erscheinende gehörnte Gestalten hatten wahrscheinlich reli-

Eisenhelm *Der Wikingerhelm hatte einen brillenähnlichen Schutz für Augen und Nase. Der Buckel auf dem Holzschild schützte die Hand.*

Axtträger *Ein berüchtigter Wikingerkönig, Erik I. Blutaxt, hieb sich mit einer solchen Axt den Weg zum norwegischen Thron frei und verdankt ihr seinen Beinamen.*

Wikingerausrüstung *Zu den wichtigsten Waffen des Wikingerkriegers gehörten ein Schwert, ein Speer und eine Streitaxt.*

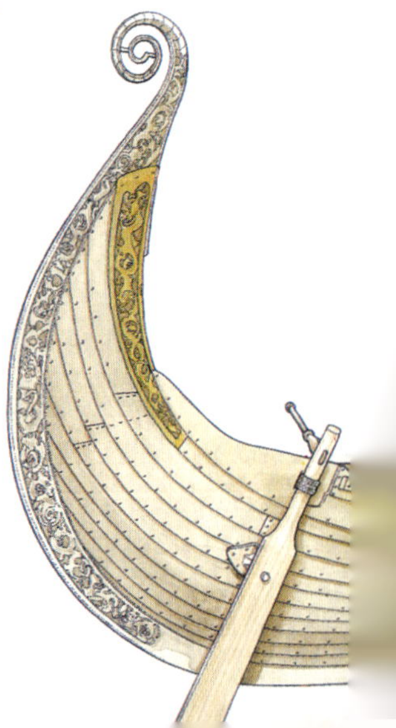

Über die Nordsee *Nachdem ihre Flotte in Langschiffen die Nordsee überquert hat, bereiten sich die nordischen Piraten im 9. Jahrhundert auf die Landung an der englischen Küste vor.*

Legendäres Langschiff *Das in Oseberg entdeckte Schiff wurde mit 15 Paar Riemen bewegt und mit einem Seitenruder gesteuert. Die Schnitzereien am Steven zeigen Fabeltiere.*

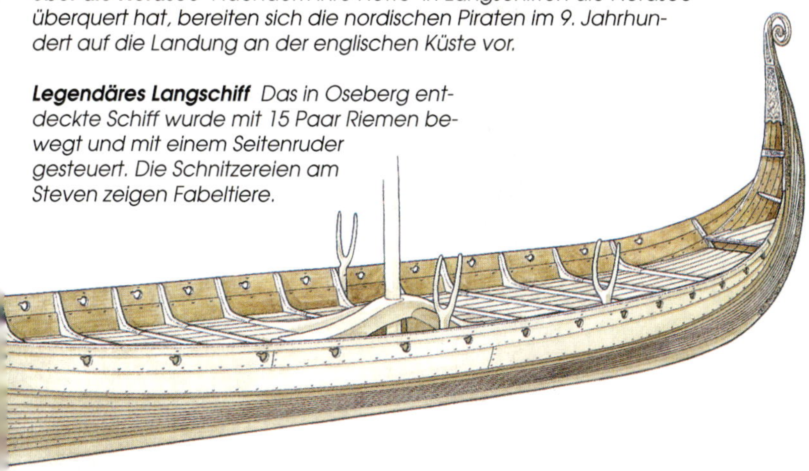

giöse Bedeutung. Die wenigen erhaltenen Helme sind abgerundet oder kegelförmig. Zum Schutz des Körpers trugen manche Krieger Kettenhemden; häufiger waren jedoch gepolsterte Lederwämser.

Pfeil und Bogen, Speere und runde hölzerne Schilde gehörten zur Ausrüstung des Wikingers. Die am höchsten geschätzte Waffe aber war das schwere Schwert, das vor allem als Hiebwaffe verwendet wurde. Die Wikinger benutzten auch eine Axt, die zunächst als Werkzeug und Waffe diente, bevor man spezielle Äxte als Kampfaxt entwickelte.

Unerschrockene Kämpfer

In der Schlacht kämpften die Wikinger mit furchterregender Wildheit. Am grimmigsten waren die Krieger, die man *berserkr* nannte: Von ihnen ist das Wort Berserker abgeleitet. Der Name bedeutet „Bärenhemdiger", denn die fanatischen Kämpfer waren nackt und trugen nur das Fell wilder Tiere. Oft waren sie mit Wolfspelzen bekleidet und haben damit vielleicht zur Entstehung der Sagen von Werwölfen beigetragen.

Bei ihren Überfällen schlugen die Wikinger im allgemeinen dort ein Lager auf, wo sie ihre Schiffe auf den Strand zogen, und errichteten dann rasch einen Schutzwall und Palisaden nach der Landseite hin. Wenn sie auf ernsthaften Widerstand stießen, griffen sie in einer viele Reihen tiefen Phalanx oder in einer keilförmigen Formation an, dem sogenannten Schweinekopf. Sie kämpften fast ausschließlich als Fußsoldaten. Reiter waren selten, doch setzte man erbeutete Pferde oft auf dem Marsch ein.

Es wäre falsch, wollte man die Wikinger ausschließlich als Spezialisten für Blitzangriffe betrachten. Im Gefolge ihrer Überfälle besiedelten sie ausgedehnte Landgebiete, z. B. die Gegend in Ost- und Nordengland, die als Danelaw, was soviel wie Gebiet des dänischen Rechts bedeutet, bekannt war. Dort hielten sich 200 Jahre lang ihre Bräuche und Gesetze. In Rußland traten die Wikinger vor allem als Kaufleute auf. Rußland verdankt sogar seinen Namen einer Gruppe schwedischer Wikinger, den Rus, die von den Slawen im 9. Jahrhundert aufgefordert wurden, ihr Land zu regieren.

Reiten mit den Walküren

Dennoch spielte der Krieg eine wesentliche Rolle im Leben der Wikinger. Im Kampf zu sterben war ruhmreich. Walküren ritten durch die Lüfte über den Schlachtfeldern und geleiteten die auserwählten Krieger in das Leben nach dem Tod, in Odins Walhall, wo sie den Tag mit freundschaftlichen Kämpfen und die Nächte mit ausschweifenden Festen verbrachten. Auch die Auffassung vom Tod als einer Reise war weit verbreitet. Schiffsbegräbnisse waren ein übliches Bestattungsritual. Voll ausgerüstete Schiffe wurden in Erdhügeln vergraben. Das Gokstadschiff barg den Leichnam eines toten Königs, der in einem kleinen Zelt, umgeben von seinen Waffen, auf dem Totenbett lag. Unter den Grabbeigaben fand man die Überreste von Pferden, Hunden und sogar von einem Pfau. Auch die Verbrennung mit dem eigenen Schiff auf offener See war ein alter Brauch.

RABE UND HAMMER

Die wichtigsten Gottheiten der Wikinger waren der einäugige Odin oder Wotan, der weise Herrscher der Götter, der einen Speer trug und dessen Symbol ein Rabe war, sowie Thor, der Donnergott, mit dem Hammer als Symbol. Freyr, der Gott der Fruchtbarkeit, liebte die Riesin Gerd, zürnte ihr aber, als sie ihn warten ließ. Deshalb wird er meist dargestellt, wie er ungeduldig an seinem Bart zupft. Die Walküren dienten Odin, während die Nornen das Los der Götter und auch der Sterblichen bestimmten.

Bronzestatuette des Gottes Freyr

Walküre als silberner Anhänger

SEEFAHRER HINTER DEM PFLUG

Nach vielen Tagen auf der sturmgepeitschten Nordsee kehrten die Wikinger von ihren Beutezügen durch ruhigere Gewässer heim in ihre kleinen Bauerndörfer entlang der Küste Skandinaviens. Doch zu Hause wartete keineswegs Müßiggang auf sie. Alle hatten auch an Land viel zu tun, denn eine typische Wikingersiedlung bestand aus mehreren Gehöften, und zwischen den Raubzügen über das Meer mußte man dort praktisch jede Stunde Tageslicht nutzen, um das Vieh zu versorgen und die Feldfrüchte anzubauen, die man während der langen und strengen nordischen Winter zum Überleben brauchte.

Als Schutz vor Sturm und Regen errichteten die Wikinger längliche Holzhäuser, die nicht viel mehr als scheunenähnliche Gebäude waren, in denen die Männer, Frauen und Kinder auf Strohsäcken schliefen. Zum Essen saß man auf groben Holzbänken. Der Fußboden aus festgestampfter Erde wurde mit Schilf bedeckt, und in der Mitte des Langhauses kochten die Frauen an einer großen Feuerstelle aus Steinen oder Lehm.

Schlittschuhe aus Knochen

Wegen der Kälte im Winter waren die Häuser fensterlos. In der Decke über dem Herdfeuer gab es ein einziges Loch als Abzug, so daß die Luft immer raucherfüllt war. In den Häusern herrschte ein Halbdunkel, das nur dürftig durch das flackernde Licht der an Eisenstangen befestigten Tranlampen erhellt wurde.

Haferbrei und Buttermilch

Ohne vorher etwas zu sich genommen zu haben, begaben sich die Männer schon im Morgengrauen auf die Felder, wo sie mehrere Stunden arbeiteten. Dann kehrten sie ins Dorf zurück und nahmen die erste Mahlzeit ein, meist einen Gersten- oder Haferbrei und Buttermilch mit Gersten- oder Roggenbrot.

Erst bei Einbruch der Nacht gab es wieder etwas zu essen, diesmal aber wesentlich reichhaltiger als am Morgen. Die Wikinger züchteten Rinder, Schafe, Ziegen, Schweine und Geflügel und vertilgten große Mengen von Fleisch, das entweder am Spieß gebraten oder in großen Kesseln gekocht wurde, manchmal zusammen mit Erbsen, Zwiebeln und Lauch. Fisch wickelte man in Blätter ein und garte ihn zwischen heißen Steinen. Die Wikinger aßen aus Holzschalen und -tellern mit Löffeln, Messern und mit den Fingern. Gabeln kannten sie nicht. Zum Abendessen tranken sie Bier aus Krügen oder Trinkhörnern.

An den langen, dunklen Winterabenden wurden Sagen erzählt, die von den Heldentaten des Volkes berichteten. Man vertrieb sich die Zeit mit Würfel- und Brettspielen. Musik machte man mit Harfen und Flöten aus Buchsbaumholz, während die Frauen mit Spinnrocken und Spindel Wolle spannen oder an Webstühlen, die aufrecht an der Wand lehnten, Stoffe fertigten.

Spiel und Sport waren bei den Wikingern ebenso grob und wild, wie sie es selber waren. Manche Sportarten glichen einer Art Schaukampf, bei dem die Männer ihren Mut, ihre Stärke und ihr taktisches Geschick beweisen konnten. Skifahren und Schlittschuhlaufen gehörten zu den angenehmen winterlichen Freizeitvergnügen. Skier und Schlittschuhe, die aus Knochen gefertigt wurden, benutzte man auch, um vereiste Seen und Flüsse zu überqueren.

Bei den Ballspielen ging es laut und ruppig zu, und wenn ein Wikinger einen anderen zu einem Ringkampf herausforderte, war jeder Griff erlaubt. Ähnlich war es bei den Schwimmwettkämpfen, die eher einer Schlacht als einem Wettrennen glichen. Die Krieger zogen einander unter Wasser und rangen dort, bis ihnen fast die Lungen barsten. Gewinner war derjenige, der am längsten unten bleiben konnte, bis sein Gegner aufgab und zum Atemholen an die Wasseroberfläche kam.

Die Wikinger genossen auch die Gefahr und die Aufregung eines Pferderennens, doch noch größer war ihre Begeisterung für Pferdekämpfe. Man band eine brünstige Stute fest und stachelte dann mehrere Hengste an, um die Stute zu kämpfen. Ein guter Pferdekampf zog immer viele Zuschauer an.

Als Alltagskleidung trugen die Wikingerfrauen ein leichtes Leinenunterkleid und darüber ein Gewand aus zwei Wollbahnen, die an der Schulter mit Trägern und bronzenen Spangen zusammengehalten wurden. Die Spangen dienten nicht nur als Schmuck, sondern man hängte auch wichtige Gegenstände wie Schlüssel, Messer, Kamm und Geldbörse daran auf.

Die Männer trugen Hemden aus Leinen oder Wolle und ein Obergewand. Der Schnitt ihrer wollenen Beinkleider reichte von der Röhrenform bis zur Pumphose, die unter dem Knie gebunden wurde. Für den Winter besaßen Männer und Frauen schwere Umhänge, die zugleich als Decken dienten. Ihre Schnürstiefel waren aus Leder und mit Pelz gefüttert, und auf See schützten geölte Tierhäute vor der Nässe.

Ein wichtiges Gebäude im Dorf war der Bootsschuppen, in den man im Winter die Schiffe zog. In manchen Siedlungen gab es auch ein Badehaus. Dort erhitzte man in einem Torffeuer Steine und ließ darauf Wasser verdampfen – eine frühe Form der Sauna.

Wenn die Männer auf ihre Raubzüge gingen, blieb die Bewirtschaftung der Höfe den Frauen überlassen. Der Abenteuergeist der Wikinger brachte es auch mit sich, daß viele in fremden Ländern ihr Leben ließen. So mancher Hof blieb dann ohne Herrn oder männlichen Erben, und die verwitweten Frauen wurden selbst Landbesitzer.

Wohnraum *Die Wände dieses rekonstruierten Raumes bestehen aus Holzbohlen und Flechtwerk mit Lehm. Beiderseits der Feuerstelle gibt es Bänke aus Erde zum Sitzen und Schlafen, an der Wand lehnt ein Webstuhl.*

Wikingerkamm

Spielbrett

Tafelgeschirr *Ein elegantes verziertes Becherglas, daneben eine einfache Schale aus Birkenholz*

Tranlampe

Eimer aus Eichenholz

DER FJORD – EIN SICHERES ZUHAUSE

In der Wikingersiedlung an der Fjordküste Norwegens herrscht geschäftiges Treiben. Soeben hat man ein Langschiff mit hohem Mast und geschwungenem, drachenförmigem Bug, das von einem Raubzug heimgekehrt ist, auf den Strand gezogen. Die Krieger mit ihren Speeren und Schilden gehen von Bord und streben einem der Knüppeldämme aus dicht aneinandergelegten Holzstämmen zu, die in die Siedlung führen. Am Landeplatz liegen auch zwei kleinere Schiffe, die als Fischerboote und Frachtschiffe dienen. Das rechte wird mit Fellen und anderen Erzeugnissen der umliegenden Bauernhöfe beladen, die in anderen Siedlungen verkauft werden sollen. Ganz links sieht man mehrere Zimmerleute, die an einem weiteren Langschiff arbeiten.

Die Bauernhäuser sind auch aus Holz gefertigt, wobei die senkrecht aufgestellten Bohlen zur besseren Wärmeisolierung häufig mit Lehm verputzt werden. Das Strohdach wird durch Lederstreifen verankert, die man mit Steinen beschwert hat. Oberhalb des Baches, der den Hang herunterplätschert, sammeln drei Männer Holz für das Schmiedefeuer. Der Schmied und seine Gehilfen benutzen das Wasser des Baches zur Kühlung des glühenden Eisens. Auf kleineren Gehöften war der Bauer gleichzeitig auch Schmied und stellte sich seine Gerätschaften, Nägel und Waffen selbst her. In der nordischen Mythologie war der Schmied eine heldenhafte Gestalt – der Gott Thor selbst wurde immer mit einem Schmiedehammer dargestellt.

Im Vordergrund befindet sich eine Pferdetränke, dahinter legen Frauen getrocknete Heringe als Wintervorrat in große Fässer ein. Über einer geöffneten Eingangstür liegt eine geschlachtete Kuh auf einem Holzgestell, ein Opfer an die Götter.

UNBEKANNTE VÖLKER AUS DEM OSTEN

Der germanischen Völkerwanderung nach Westen folgte im 6. Jahrhundert die slawische Völkerbewegung. Stämme und Völker aus dem Osten rückten in die Gebiete nach, die die Germanen aufgegeben hatten. Die Slawen gaben sich ihren Namen selbst. Das Wort bedeutet „die, die sprechen können“. Die Germanenstämme, auf die sie bei ihrem Zug trafen, waren für die Slawen „die Stummen“.

Die Westslawen, zu denen neben anderen die Polen, Sorben, Slowaken und Tschechen gehörten, siedelten im heutigen Polen, Böhmen und Mähren und in Pannonien an der Donau. Die Südslawen, zu denen man die Slowenen, Kroaten, Serben und Bulgaren zählt, fanden dagegen auf dem Balkan eine neue Heimat.

Zur gleichen Zeit waren die Awaren auf dem Balkan eingefallen und errichteten zwischen Theiß und Donau ein mächtiges Reich. Die Awaren waren ein wildes gelbhäutiges Reitervolk aus Asien. Die Männer flochten ihr schwarzes Haar zu langen Zöpfen, die von den Schläfen und vom Hinterkopf herabhingen. Sie trugen Pelz- oder Ledermützen, Harnische aus Leder und Stiefel aus Pferdehaut. Bei einem Angriff kreisten sie ihre Opfer auf ihren Pferden ein, töteten die Männer mit ihren Krummsäbeln und verschleppten die Frauen und Kinder. Die Ohren der Gefallenen wurden als Kriegstrophäen abgeschnitten und dem Anführer gebracht. Hatte man einen berühmten Mann gefangen oder getötet, so spießte man ihn stolz auf einen Pfahl.

Das nomadische Volk wohnte in Jurten, zeltartigen Filzhütten, die sie mit einem Ringwall aus Baumstämmen, Steinen und Erde umgaben. Hoch über den Jurten steckten auf langen Stangen weithin sichtbar Büffelhörner, aber auch gebleichte Menschenschädel. Die erschrockenen Byzantiner berichteten, daß die Awaren einen fürchterlichen Gestank verbreiteten, weil sie sich nie wuschen.

Auf dem Pferd ins Jenseits

Awarische Krieger wurden zusammen mit ihren Pferden bestattet. Den Toten gab man Waffen und Zaumzeug mit, häufig auch eine Wegzehrung. Je geachteter der Krieger war, um so aufwendiger die Grabbeigaben. Die Gräber der Frauen wurden mit kostbarem Schmuck ausgestattet. Die Toten trugen Ohrringe in den Ohren und in die Haare geflochten. Die Slawen übernahmen von den Awaren diese Bestattungsriten.

Mancherorts hatten die Awaren die Slawen unterworfen, manchmal waren sie ein Bündnis mit ihnen eingegangen, und in anderen Regionen gab es blutige kriegerische Auseinandersetzungen. 200 Jahre lang bestand das Reich der Awaren im Karpatenbecken, ehe es von den Franken Ende des 8. Jahrhunderts vernichtet wurde.

Auf dem Balkan praktizierten die Byzantiner und die Slawen eine Art friedliche Koexistenz. Die Byzantiner bewohnten die großen Städte wie Thessaloniki und Konstantinopel, während die Slawen in freien Dorfgemeinschaften lebten. Sie bewohnten rechteckige, in die Erde eingelassene Häuser mit Wänden aus Flechtwerk und stellten ohne Töpferscheibe, aber mit viel Geschick tönerne Schüsseln und Töpfe her.

Dieses ruhige Leben wurde immer wieder unterbrochen von kriegerischen Auseinandersetzungen und militärischen Machtdemonstrationen. Bei solchen Kleinkriegen belagerten die Slawen mehrfach Thessaloniki und versuchten die Stadt mit Hilfe von Steinschleudern, Rammböcken und fahrbaren Türmen einzunehmen. Gleichzeitig griffen sie

Handwerkskunst *Die Ungarn waren bekannt für ihre Schmiedearbeiten. Der Taschenbeschlag (oben) aus vergoldetem Kupferblech mit reichen Verzierungen wurde im 9. Jahrhundert angefertigt.*

Doppelköpfiger Gott *Dieses hölzerne slawische Kultbild mit mächtigen Schnurrbärten verehrten die Slawen auf einer Insel im Tollensesee bei Neubrandenburg.*

Thessaloniki von der See her in ihren fellbezogenen Einbäumen an. Doch solche Belagerungen der gut befestigten Stadt waren ebensowenig erfolgreich wie die Angriffe auf Konstantinopel.

Menschenopfer für den Kriegsgott
Einzelne slawische Stämme waren auf ihrem Zug nach Westen bis in den Norden Europas gelangt. Auf dem nördlichsten Zipfel der Insel Rügen errichteten sie ein Heiligtum, das zum Zentrum ihres Kultes wurde. Ein eingezäunter Tempel mit einem roten Dach und nur einem Eingang barg eine überlebensgroße Götterfigur mit vier Köpfen. Neben dem Gott stand ein Schimmel, ein lebendiges Pferd, das nur der eine Priester, der das Heiligtum bewachte und die kultischen Handlungen vornahm, reiten durfte. Diesem Priester war es nicht erlaubt, im Innern des Tempels zu atmen. Um Luft zu holen, mußte er jedesmal vor die Tür treten.

Da man das Pferd am Morgen zuweilen schweißbedeckt und schmutzig vorfand, vermutete man, daß der kriegerische Gott nachts darauf ausritt. Dem Götterbild wurden Wein und Honigkuchen geopfert, zuweilen aber auch Menschen, die man aus den Reihen gefangener Christen auswählte. Bei dem Festmahl, das sich dem Opfer anschloß, durfte niemand nüchtern bleiben.

Eine neue Schrift
Die Slawen, die sich vom 6. bis zum 8. Jahrhundert als zersplitterte und untereinander nicht organisierte Stämme von der Ostsee bis an die Adria über Europa verteilt hatten, gründeten erst im 9. Jahrhundert in rascher Folge eigene Staaten in Mittel-, Südost- und Osteuropa.

Eine größere Bedeutung erlangte das 830 entstandene Großmährische Reich, das zur Zeit seiner größten Ausdehnung böhmische, mährische und slowakische Gebiete sowie Teile von Polen umfaßte. Die byzantinischen Slawenapostel Kyrillos und Methodios missionierten die Bevölkerung und übersetzten biblische und liturgische Texte ins Slawische. Dazu schufen sie ein slawisches Alphabet, das die Grundlage der kyrillischen Schrift bildet. Ständige Auseinandersetzungen mit den Franken und dem Papst in Rom, die den Slawen ihren römisch-katholischen Glauben aufzwingen wollten, zermürbten das Großmährische Reich, und es wurde im Jahr 906 von den Ungarn erobert.

Die Ungarn waren ursprünglich im südlichen Uralgebirge und jenseits des Urals zu Hause. Ende des 9. Jahrhunderts stießen sie bis ins Karpatenbecken vor und besetzten dort rasch das Land, das von einem bunten Gemisch aus Awaren, Slawen und Germanen bewohnt war. Die Ungarn besiegten und unterwarfen diese Stämme und nahmen die Männer als Söldner mit auf ihre kriegerischen Streifzüge, die sie ins Frankenreich sowie nach Italien und Spanien führten. Im Gegensatz zu den Stämmen, die sie vorfanden, besaßen die Ungarn eine einheitliche Kultur. Männer und Frauen trugen mit Silber beschlagene Gürtel, Kopfschmuck und Stiefel. Sogar Hemdkragen und Pferdegeschirre waren mit silbernen Beschlägen verziert. Auch die Waffen der Ungarn waren eleganter und besser gearbeitet als die eher plumpen Säbel, Bogen und Lanzen der Awaren.

Im Jahr 955 jedoch wurden die Ungarn auf dem Lechfeld von Otto dem Großen vernichtend geschlagen, so daß sie danach ihre kriegerischen Züge in den Westen aufgaben. Unter ihrem König Stephan I. gründeten sie in der Tiefebene zwischen Donau und Theiß einen Staat und traten zum Christentum über.

Zahlungsmittel *Der slawische Münzschatz war in einem Keramikgefäß verwahrt (links). Silbermünzen wie diese wurden in Konstantinopel und Südrußland geprägt und zeugen von einem florierenden Fernhandel.*

Biblischer Schmied
Schmiede genossen bei den Slawen besondere Verehrung, denn aus ihren Werkstätten kamen lebenswichtige Geräte für den Bauern, Handwerker und Krieger. Die Illumination aus dem 9. Jahrhundert stammt aus der böhmischen Velislavbibel.

Haushaltswaren *Im Rand des Holztabletts sind Szenen aus dem Alltag eingraviert. Das Messer aus Eisen hat einen Horngriff.*

BURGEN, STÄDTE UND KIRCHEN

Europa besaß im Mittelalter eine festgefügte gesellschaftliche Ordnung. Der Hochadel, an der Spitze der König, herrschte über Land und Leute. Seine Vasallen, die Ritter, waren die Stütze seiner Macht. Sie lebten auf Burgen, von denen aus sie Krieg führten, Streit schlichteten und Recht sprachen. Einige von ihnen wurden Minnesänger und entwickelten die höfische Kultur zur vollendeten Kunst.

Das gemeine Volk dagegen hatte nur wenig Rechte und war zu Diensten und Abgaben an den Grundherrn verpflichtet. Eine Ausnahme bildeten die Bürger der im 12. Jahrhundert aufkommenden Städte. Sie waren frei, konnten Besitz erwerben und Handel treiben. Sie organisierten sich in Zünften und machten die Städte zu Zentren wirtschaftlicher und kultureller Blüte.

Eine überragende Bedeutung kam der Kirche zu. Gott zu dienen und neue Gläubige zu gewinnen gehörte zu ihren vordringlichsten Aufgaben. Man baute Kathedralen, deren Türme in den Himmel ragten, und richtete in den Klöstern Schulen ein, die sich zu Stätten der Gelehrsamkeit entwickelten. Der unerschütterliche Glaube an die eigene Sache mündete in die Kreuzzüge zur Rettung des Heiligen Landes vor dem Islam.

EUROPA
10.–15. JAHRHUNDERT

KRÄMERSINN UND KRIEGERMENTALITÄT

Die Lebenserwartung der Menschen im Mittelalter war nicht sehr hoch. Die Frauen starben häufig im Kindbett, und viele Männer verloren ihr Leben im Krieg. Das biblische Alter von 70 Jahren erreichte kaum jemand. Doch trotz der hohen Sterblichkeitsrate, immer wiederkehrender Hungersnöte und Seuchen nahm die Bevölkerung seit der Jahrtausendwende in Europa rasant zu. Allein im deutschen Sprachraum stieg sie bis zum 14. Jahrhundert von vier auf rund zwölf Millionen, in England von zwei auf fast fünf Millionen, und auch in Frankreich war die Entwicklung ähnlich.

Die meisten Menschen lebten weiterhin auf dem Land, in Abhängigkeit von ihren adligen Grundherren und deren bewaffnetem Gefolge. Der gesteigerte Lebensmittelbedarf führte zu neuen Anbaumethoden in der Landwirtschaft. Hatte man in der Vergangenheit das Land gewöhnlich jedes zweite Jahr brachliegen lassen, führte man nun die Dreifelderwirtschaft ein, bei der dem zweijährigen Getreideanbau ein Brachjahr folgte.

Neue Heimat im Osten
Wer es sich leisten konnte, arbeitete mit Pferden statt mit Ochsen auf

Minnelieder *Die Troubadoure zogen durch ganz Europa und trugen an den großen Höfen der Könige und Herzöge ihre Lieder vor. Sie sangen von der Dame ihres Herzens und der unerfüllten Liebe zu ihr. Als Begleitinstrument verwendeten sie die Laute, die die Mauren aus dem Vorderen Orient auf die Iberische Halbinsel gebracht hatten.*

dem Acker. Die Verbreitung des Pflugs führte zur intensiveren Nutzung des Bodens und brachte höhere Erträge. Mit der Zeit wurde das Land aber knapp, und so zogen deutsche Siedler ab dem 12. Jahrhundert zu Tausenden ostwärts, rodeten jenseits von Elbe und Oder Wälder und entwässerten Sumpfgebiete.

Auch die Städte erlebten im Mittelalter einen gewaltigen wirtschaftlichen und politischen Aufschwung. So lebten um die Mitte des 15. Jahrhunderts rund 15 Prozent der deutschsprachigen Bevölkerung in den Städten. Das bedeutete eine Verdreifachung der Stadtbewohner gegenüber der Zeit um 1200. Die größte deutsche Stadt war Köln mit rund 35000 Einwohnern, aber sie war immer noch klein im Vergleich zu Paris mit seinen über 200000 Einwohnern. Bestimmend für den Handel im Mittelmeerraum wurden die Seestädte Venedig, Genua und Pisa, wo vor allem Luxusgüter aus dem Orient umgeschlagen wurden. Der mittel- und nordeuropäische Handel dagegen konzentrierte sich auf Nord- und Ostsee, wo man eher mit Rohstoffen wie Holz, Pech und Teer sowie Getreide und Wolle handelte. Als Verbindung zwischen den beiden Wirtschaftsräumen dienten den Fernhändlern entweder die großen Flüsse, die mit flachen Lastkähnen über die heutigen Grenzen hinaus befahrbar waren, oder der beschwerliche und zeitraubende Landweg.

Dreh- und Angelpunkte des Fernhandels waren die Messestädte mit ihren großen Märkten. Hier trafen sich Händler und Reisende aller Länder, tauschten ihre Waren, Meinungen und Neuigkeiten aus. Hier entstanden ab dem 12. Jahrhundert auch die ersten Bankhäuser. Statt mit Bargeld wurde nun zunehmend mit Wechseln bezahlt.

Mönche als Chronisten

Das Straßennetz in Europa war kaum ausgebaut und in einem schlechten Zustand. Die großen Handelsrouten benutzten nicht nur die Kaufleute, sondern auch die Pilger. Sie reisten meist in Gruppen, um das Risiko eines Überfalls durch Räuber und Banditen zu verringern. Selbst zu Fuß brachten es damals die Menschen, die daran gewöhnt waren, weite Entfernungen zurückzulegen, auf eine Tagesleistung von 30 Kilometern.

Soldaten, Geistlichen, Kurieren des Königs und Handwerksburschen auf der Wanderschaft begegnete man ebenfalls sehr häufig. Manchmal reisten Mönche von einem Kloster zum anderen, um bestimmte Fertigkeiten zu lernen, Handschriften zu studieren oder nach längst verloren geglaubten Aufzeichnungen zu forschen. Es waren auch vornehmlich die Mönche, die die großen und kleinen Ereignisse – bedeutende Schlachten, Naturkatastrophen, Namen und Taten der Herrscher – Jahr für Jahr niederschrieben und zu Chroniken zusammenfaßten. Sie gehörten zu den wenigen Menschen im Mittelalter, die lesen und schreiben konnten.

Sehr friedlich ging es nicht zu im Mittelalter. Blutige Fehden, Überfälle, Plünderungen und Raufhändel waren an der Tagesordnung. Gegenseitige Zwistigkeiten waren oft wichtiger als Widerstand gegen einen gemeinsamen Feind. Der Versuch der Herrscher, die Fehde durch sogenannte Landfrieden zu verbieten, mißlang. Der König besaß nicht genügend Macht und verfügte auch nicht über die geeigneten Möglichkeiten, dem Fehdeunwesen des Adels ein Ende zu setzen.

Im 14. Jahrhundert geriet Europa in eine schwere Krise. Ständige Kriege, Hungersnöte, Mißernten und die große Pestepidemie führten zu großen Verlusten unter der Bevölkerung. Auch die Kritik an der Kirche nahm zu. Mancher Christ wagte es, die offizielle Lehrmeinung anzuzweifeln, und stellte fest, daß christliche Denkart und Lebensweise damals zunehmend voneinander abwichen.

Wertverlust *Mittelalterliche Münzen verloren recht schnell einen großen Teil ihres Wertes, weil man den Rand wegen seines Silbergehalts abschnitt. Der 1180 eingeführte englische Penny, der ein kleines Kreuz aufweist (oben), wurde 1247 durch einen Penny mit großem Kreuz (unten links) ersetzt, denn die längeren Balken des Kreuzes erschwerten das Abschneiden. Der sogenannte Sterling Penny (unten rechts) war ab 1279 im Umlauf.*

Lukratives Geschäft *Ein Geldverleiher holt für einen Kunden, der sich finanziell übernommen hat, einen Beutel mit Gold aus seiner Geldtruhe.*

Kontinent der Herrscher *Im Mittelalter gab es in Europa mehrere Dutzend Königreiche und Herzogtümer, die um die Macht stritten.*

Geteilte Gesellschaft *Im Mittelalter bestand ein großer Gegensatz zwischen der Lebensweise der Adligen und der Bauern. Während der Grundherr sich seinem Vergnügen, der Falknerei, widmete, mußte der Bauer die Schweine hüten.*

Teppich von Bayeux *Der Ausschnitt zeigt das Schiff des angelsächsischen Königs Harald.*

SUCHE NACH NEUEN HERAUSFORDERUNGEN

Zwischen dem 11. und 13. Jahrhundert kam es in Europa erneut zu einer Umverteilung der Macht. Die Normannen, die in den Jahrhunderten zuvor bereits als kriegerische Seefahrer von sich reden gemacht hatten und in der Normandie seßhaft geworden waren, nahmen England ein. Die Spanier begannen mit der Rückeroberung ihres von den Arabern besetzten Landes, und der Deutsche Orden eignete sich an der Ostsee Land an und gründete dort einen eigenen Staat.

15 Nächte lang war über dem Ärmelkanal ein Komet mit drei Schweifen zu sehen, den die angelsächsischen Truppen als schlechtes Omen deuteten. Zu Recht, wie sich bei der Schlacht von Hastings im Oktober 1066, nachdem das normannische Heer an der Südküste Englands gelandet war, herausstellte. In dieser Schlacht kämpften der Normannenherzog Wilhelm und seine Männer mit Keulen, Speeren, Pfeil und Bogen sowie Schleudern, während sich der angelsächsische König Harald und seine Truppen mit Streitäxten und Rundschilden sowie ebenfalls mit Pfeil und Bogen wehrten. Die normannischen Krieger trugen knielange Kettenhemden, die so geschlitzt waren, daß sie sich beim Sitzen im Sattel teilten.

Mischkultur *Diese mozarabische Bibel zeigt Moses mit dem Pharao. Mozaraber waren spanische Christen, die unter der Maurenherrschaft arabische Sitten angenommen hatten.*

Wilhelm der Eroberer sicherte seine Macht, indem er den Zuzug von Normannen aus der Normandie nach England förderte. Der englische Königshof blieb bis ins 15. Jahrhundert vollkommen französisch, was die Sitten und Gebräuche sowie die Sprache anging. Hauptsächlich deshalb, weil sich die normannische Oberschicht keinerlei Mühe gab, die Sprache der Angelsachsen zu verstehen oder gar zu lernen. Das nach normannischer Ansicht barbarische Angelsächsisch wurde unterdrückt und geriet als Schriftsprache bald völlig in Vergessenheit. Die normannische Eroberung veränderte die Organisation des Landes und das tägliche Leben der Menschen in England von Grund auf. Privater Grundbesitz wurde Eigentum der Krone; Volksversammlungen wurden abgeschafft und statt dessen alles der Gewaltherrschaft des Königs unterworfen.

Zwischen Kreuz und Halbmond

Während England von einer fremden Macht erobert und fortan regiert wurde, machten sich die christlichen

Mit Kreuz und Schwert *Das Fayencebild auf der Plaza d'Espagna in Sevilla zeigt die Einnahme Almerías durch christliche Heere.*

Spanier unter tätiger Mithilfe anderer europäischer Völker daran, ihr von den Mauren eingenommenes Land in der sogenannten Reconquista zurückzuerobern.

Im 10. Jahrhundert war Córdoba die Hauptstadt eines blühenden Kalifenreiches. Die Stadt hatte damals mehr als eine Million Einwohner, Hunderte von Moscheen, prächtige Paläste und Häuser mit Springbrunnen und Gärten. Der Kalifenhof förderte in großem Umfang Wissenschaften und Künste und trieb den Ackerbau voran. Man führte Eisen, Blei, Quecksilber, feine Stoffe und Leder aus, und es entstand eine leistungsfähige Porzellan- und Papierindustrie.

Die maurische Herrschaft war aber keinesfalls einheitlich, sondern zerfiel in etliche Teilreiche. Diese Schwäche nutzten die christlichen Staaten im Norden Spaniens zu zahlreichen Kriegen gegen die Araber. Der kastilische Adlige El Cid nahm Toledo und nach jahrelanger Belagerung auch die Stadt Valencia ein. Der Kadi von Valencia wurde dabei grausam auf dem Scheiterhaufen verbrannt, die Honoratioren der Stadt und ihre Familien wurden eingekerkert und ihrer Besitztümer beraubt. So war die Reconquista sehr oft nicht nur ein Sieg des christlichen Glaubens über den Islam, sondern auch der Sieg armer Spanier über wohlhabende Mauren. Gerade El Cid spielt in dieser Eroberungsgeschichte eine zwiespältige Rolle, da er wechselweise mit beiden Seiten paktierte.

Trotz dieser Siege verlief weiterhin eine muslimisch-christliche Grenze quer durch die Iberische Halbinsel. Kriegerische Berberstämme ließen als Verbündete der Muslime die Kämpfe mit den Christen oft in blutige Gemetzel ausarten. So befahl ein muslimischer Feldherr nach einer Schlacht, den toten und verwundeten Christen die Köpfe abzuschneiden und diese auf dem Schlachtfeld zu einer Pyramide von 24000 Schädeln anzuhäufen. Ein Ende fand die spanische Reconquista endgültig erst im 15. Jahrhundert durch die Ehe von Isabella von Kastilien mit Ferdinand II. von Aragón. Diese politische Heirat vereinigte die beiden katholischen Gebiete und ermöglichte den Aufbau eines modernen spanischen Staates.

Der Deutsche Orden, 1190 im Heiligen Land ursprünglich zur Krankenpflege der Pilger und Kreuzritter gegründet, sah seine vordringliche Aufgabe in der Bekehrung und Unterwerfung heidnischer Völker. 1226 erhielt der Orden vom Stauferkaiser Friedrich II. das Culmer Land östlich der Weichsel als Gegenleistung für seinen Kampf gegen die heidnischen Pruzzen. Das Gebiet bildete die Grundlage des Deutschen Ordensstaates, der von der Marienburg aus geleitet wurde.

Der Orden besaß einen straff organisierten Verwaltungsaufbau. An der Spitze stand der auf Lebenszeit gewählte Hochmeister. Ihm zur Seite standen fünf Großgebietiger. Zum Orden gehörten weiterhin Ritter- und Priesterbrüder, die die mönchischen Gelübde ablegen mußten, sowie nichtadlige Halbbrüder in dienenden Funktionen. Die Ordenstracht war der weiße Mantel mit dem schwarzen Kreuz.

Missionare, Ritter und Staatengründer
Aus den Ritter- und Priesterbrüdern des Deutschen Ordens, den einheimischen Pruzzen und den zugewanderten Bauern wurden im Lauf der Jahrhunderte die Preußen, eine Bevölkerung mit einem ausgeprägten Selbstbewußtsein.

WEHRHAFTE BURGEN AUS HOLZ

Nachdem die Normannen 1066 England erobert hatten, errichteten sie überall im Land hölzerne Burgen. Wilhelms Truppen brachten vorgefertigte Bauteile mit, die von den normannischen Zimmerleuten nur noch zusammengenagelt werden mußten. Auf einem aufgeschütteten Erdhügel wurde eine umzäunte Festung errichtet. Zu Füßen des Hügels lag ein befestigter Bereich, der ebenfalls von einem Palisadenzaun und oft auch von einem Wassergraben umgeben war. Solche Burgen konnte man innerhalb von 14 Tagen errichten. Im 12. Jahrhundert gab es bereits 500 davon auf englischem Boden. Als ruhigere Zeiten anbrachen, ersetzte man die Holzgebäude durch dauerhafte Steinhäuser. Für die Angelsachsen aber blieben die normannischen Burgen bedrohliche Wahrzeichen der neuen Herren.

KRIEGER, BURGHERR UND TURNIERHELD

Felsenfestung *Die Ritter bauten im Mittelalter ihre Burgen meist auf Bergkuppen in strategisch günstiger Lage. Auf diese Weise beherrschten sie das Umland und waren gleichzeitig vor überraschenden Angriffen ihrer Feinde geschützt.*

Die normannischen Ritter, die im Oktober des Jahres 1066 an der Südküste Englands landeten, waren robuste, hartgesottene Krieger, die wenig Sinn für die Feinheiten des Lebens hatten. Wegen ihrer kurzgeschorenen Haare, die in England das Kennzeichen eines Angehörigen des geistlichen Standes waren, hielten die Bewohner von Hastings sie für Priester. Freilich dauerte es nicht lange, bis die jungen Normannen die lange, lockige Haartracht des englischen Adels kopierten, was die Sittenwächter für weibisch hielten, und auch ihre Kleidung eleganter und aufwendiger wurde.

So wie sich Kleidung und Aussehen mit der Zeit veränderten, wandelten sich auch die Sitten und Lebensgewohnheiten des Ritters. Im Verlauf des Mittelalters entwickelte sich das Rittertum von einer reinen Kriegerkaste zu einem von höfischem Leben geprägten Stand mit hohen ethischen und moralischen Ansprüchen. Um in den Stand der Ritter aufgenommen werden zu können, mußte der Anwärter ab dem siebten Lebensjahr als Page bei einem Lehnsherrn auf dessen Burg Dienst tun. Er erhielt eine Ausbildung in Fechtkunst und Reiten. Im Alter von 14 Jahren wurde der Page zum Knappen befördert, leistete Botendienste und half einem bestimmten Ritter bei der Bewältigung seiner Aufgaben. Erst im Alter von ungefähr 21 Jahren wurde er offiziell zum Ritter geschlagen.

Zu den ritterlichen Tugenden gehörten Treue, Gerechtigkeit, Tapferkeit und Maßhalten sowie die Bereitschaft, die Armen und Schwachen zu schützen und ihnen zu helfen. Obgleich die rauhe Wirklichkeit diese Tugenden oft Lügen strafte, hielten sich viele Ritter bis zur Selbstverleugnung an die einmal akzeptierten Grundsätze.

Lehrzeit *Sieben Jahre diente ein Knappe seinem Ritter. So kümmerte er sich um dessen Pferd, pflegte die Ausrüstung und leistete wertvolle Botendienste.*

Ein wesentliches Element des ritterlichen Alltags stellten die Turniere dar. Diese begannen zunächst als Kampfspiele zwischen Angehörigen des Ritterstandes, die Mannschaften bildeten und blutige Scheinkämpfe durchführten. An einer solchen Veranstaltung nahmen 1180 in Lagny-sur-Marne in Frankreich mehr als 3000 Ritter zu Pferd teil. Bei Sonnenuntergang war der Turnierplatz übersät mit Toten und Verwundeten. Vergeblich wandte sich die Kirche gegen diese Art des Zeitvertreibs und versuchte, die Ritter für andere Dinge wie die Jagd zu begeistern.

Im Lauf der Zeit jedoch trat an die Stelle der blutigen Massenveranstaltungen der nach festen Regeln durchgeführte Tjost, der Zweikampf. Vor der versammelten Menschenmenge, die von wimpelgeschmückten Tribünen zuschaute, ritten zwei gepanzerte Ritter mit abgestumpften Lanzen in vollem Galopp aufeinander los. Und entsprechend den höfischen Gepflogenheiten überreichten die Damen ihrem bevorzugten Ritter ein persönliches Zeichen ihrer Gunst, zum Beispiel ein Taschentuch oder einen Ring.

Geflügel für die Tafel

Von der großen, aufregenden Welt der Turniere kehrten die Ritter und Edelleute auf ihre abgelegenen Burgen und befestigten Herrensitze zurück. Die Familien wohnten allmorgendlich dem Gottesdient bei, und als Zeitvertreib spielte man Schach oder mit Würfeln. Die Zubereitung der Speisen erfolgte in Küchen mit großen offenen Kaminen, wo man häufig das Fleisch am Spieß briet. Der Spieß wurde auf Feuerböcke gelegt und von Küchenjungen gedreht. Beliebt als Speisen

Tödlicher Hieb *Die Ritterturniere waren eine willkommene Übung für die Schlacht im Krieg. Der Zweikampf endete oft mit Verletzungen oder sogar mit dem Tod eines der Streiter. Zum Schutz trugen die Ritter Kettenhemden, Schild und Helm. Auch die Pferde waren gepanzert.*

war vor allem jede Art von Geflügel. So manche Burg besaß einen eigenen Taubenschlag oder Hühnerhof, während man Vögel mit Fallen jagte.

Zwar war noch immer der Festsaal der Mittelpunkt der Burg, doch begann man allmählich, gesonderte Räume für die Bewohner einzurichten. So ließ der Burgherr einen Teil des Saales durch große Vorhänge abschirmen und zum Privatgemach herrichten, das für ihn und seine Auserwählte bestimmt war.

Die Dorfbewohner lebten dagegen in ärmlichen Verhältnissen. Niedrige, fensterlose Katen aus Lehm und Grassoden unter einem strohgedeckten Dach schützten sie und ihr Vieh vor Kälte und Regen. Nach Einbruch der Nacht gaben in Talg getauchte, abgeschälte Binsen das nötige Licht. Die meisten waren unfreie Bauern, die Frondienste leisten mußten. Dazu gehörten die sogenannten Hand- und Spanndienste, das heißt, sie mußten an bestimmten Tagen für ihren Grundherrn die Felder bestellen sowie mit ihrem eigenen Gespann dessen Güter transportieren oder bei Bauarbeiten am Gutshof mitwirken. Dafür erhielten sie eine festgelegte Entlohnung in Form von Naturalien wie Geflügel, Eier oder Mehl. Wer es sich leisten konnte, befreite sich vom Frondienst, indem er ihn durch Abgaben an den Grundherrn ablöste. Diese Abgaben stammten meist

Ritterliche Gunst *Ein Ritter wirbt nach allen Regeln der höfischen Minne um die Gunst eines jungen Mädchens.*

Verdiente Pause *Eine Dienerin bringt einem Ritter, der seine Rüstung repariert, Pastete und Wein.*

aus dem Ertrag, den die Bauern selbst auf der Allmende, dem Land, das der Dorfgemeinschaft gehörte, erwirtschaftet hatten. Auf der Allmende weideten sie ihr Vieh, versorgten sich mit Brennholz und mästeten Schweine. Reges Leben herrschte in der Mühle und im Backhaus, das dem Grundherrn gehörte. Dorthin brachten die Dorfbewohner ihr Getreide, ließen es mahlen und davon Brot backen; als Gegenleistung mußten sie einen bestimmten Anteil abgeben.

Das Leben der Bauern war hart und entbehrungsreich. Zur Messezeit jedoch wurde die Eintönigkeit durch fahrende Gaukler unterbrochen: Akrobaten, Jongleure, Puppenspieler, Theaterleute, Wunderheiler und Geschichtenerzähler unterhielten die Dorfbewohner. Auch die kirchlichen Feste sorgten während des Jahres für willkommene Abwechslung.

Der Grundherr übte seine Herrschaft meist nicht direkt aus, sondern hatte Bevollmächtigte, die die Männer bei der Arbeit beaufsichtigten. Die Normannen regierten ihr Land mit großer Strenge, und sie führten in England die vom Festland stammende Praxis des Gottesurteils durch Zweikampf ein, bei dem zwei Freie einen Streit dadurch beilegten, daß sie so lange kämpften, bis einer besiegt war. Man war nämlich davon überzeugt, daß Gott demjenigen den Sieg gewähren werde, der tatsächlich im Recht war.

DER RITTERSCHLAG

Für Gilbert, der seit seinem siebten Lebensjahr zunächst als Page gedient und dann als Knappe bei einem Ritter Dienst getan hatte, war nun der lang erwartete Tag gekommen, an dem er zum Ritter geschlagen werden sollte. Am Vorabend hatte man ihn einem rituellen Reinigungsbad in Rosenwasser unterzogen, dann verbrachte er die ganze Nacht allein in der Kirche im Gebet. Am Morgen besuchte er die Messe. Im Anschluß an den Gottesdienst schritt er langsam und mit klopfendem Herzen vor den Augen der anwesenden Ritter auf den Altar zu, wo ihn der Priester mit dem Schwert, mit dem er gesegnet werden sollte, bereits erwartete.

Gilbert kniete nieder und empfing den Ritterschlag. Danach trat sein Herr vor und gab ihm einen leichten Schlag auf die Wange, bevor er dem Jüngling das Schwert umgürtete. An seinen Fersen wurden Sporen befestigt. Gilbert war nun in den Ritterstand erhoben. Er mußte seinem Lehnsherrn Heerfolge leisten, durfte auch an Ritterturnieren teilnehmen und konnte nun selbst Vasallen verpflichten.

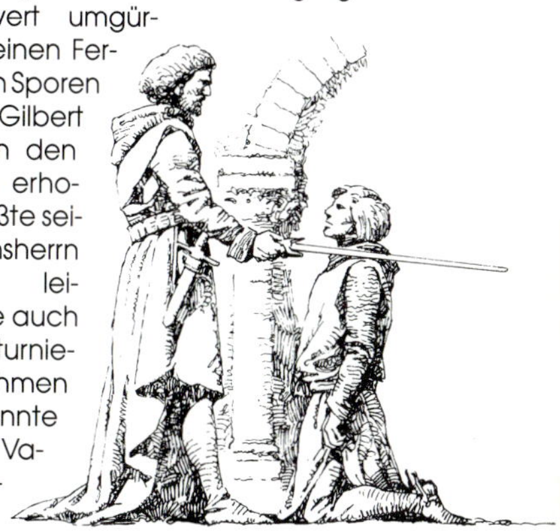

Kopfüber *Ein Ritter zieht sich unter Mühen sein Kettenhemd über. Es wog über 13 Kilogramm und bestand aus vielen tausend Kettengliedern.*

RITTER GEGEN BOGENSCHÜTZEN

Die waffenstarrenden Ritterheere mit ihren blitzenden Rüstungen und gepanzerten Pferden beherrschten die Kriegführung des Mittelalters. Gegen sie hatten die schlecht ausgebildeten und mangelhaft bewaffneten Fußtruppen keine Siegeschance in der Schlacht. Allein der Anblick eines Ritters in eisernem Harnisch und mit Helm flößte dem Feind Furcht und Schrecken ein. Bunte Wappen schmückten seinen Schild und Umhang und verliehen ihm die Aura der Unbesiegbarkeit.

Doch dem prächtigen Bild zum Trotz waren die Kriege und Gefechte im Mittelalter alles andere als ritterlich und hatten kaum etwas mit den festgelegten Turnierregeln zu tun. Die Ritter verübten bewaffnete Raubüberfälle auf benachbartes Gebiet, und unschuldige Menschen, die nicht im Schutz von Burgbefestigungen oder Stadtmauern lebten, wurden totgeschlagen und ausgeplündert. Eine gängige Form der Kriegführung war die Belagerung einer Burg oder einer Stadt. Gegenüber den Besiegten zeigten die Ritter oft kein Erbarmen.

Die Ritter waren die Kerntruppe des mittelalterlichen Heeres; die Fußtruppen wurden zurückgehalten und bildeten eine Sicherheitsreserve für den Notfall. Jeder Ritter wurde von einem Knappen und einem Pagen, häufig auch von einem Bogenschützen be-

Belagerung *Ein Belagerer zerrt an einer Steinwurfmaschine, einem riesigen Katapult, mit dem man Felsbrocken gegen die Stadtmauern schleuderte. Ein Bogenschütze zielt auf die angreifenden Ritter, während die Verteidiger einen Ausfall aus den Toren der belagerten Stadt versuchen. Schwerter und Streitäxte durchdringen gegnerische Rüstungen, Kettenhemden und Helme.*

gleitet. Der Angriff eines solchen Ritterverbandes war meist schlachtentscheidend. Dieser Vorteil konnte sich allerdings auch schnell ins Gegenteil verkehren. Der Ritter war nämlich im Kampf an sein Roß und seine schwere Rüstung gebunden und deshalb in seiner Beweglichkeit eingeschränkt. Sobald er nicht mehr im Sattel saß, war er aufgrund seines Eisenpanzers dem Gegner fast wehrlos ausgeliefert. Vielen Rittern, die auf das Gesicht gestürzt waren, schlug man mit Keulen den Helm mitsamt dem Schädel ein, und mancher, der auf den Rücken gefallen war, blickte in ein blankes Schwert, bevor sich das kalte Eisen durch sein Auge in das Gehirn bohrte.

Fußvolk gegen Panzerreiter

Das Zeitalter der großen, schwerbewaffneten und gepanzerten Ritterheere ging 1392 endgültig zu Ende, als eine europäische berittene Streitmacht von Janitscharen, hervorragend ausgebildeten osmanischen Fußsoldaten, besiegt wurde.

Vor der Entwicklung der Artillerie waren die Bogenschützen der gefürchtetste Gegner der Ritter. Es gab zwei Arten von Bogen: die Armbrust, die zumeist von den Heeren des Festlandes eingesetzt wurde, und den Langbogen, die bevorzugte Waffe der Engländer und Waliser. Die Armbrust war eine äußerst genaue Waffe, und der Bolzen konnte aufgrund seiner Geschwindigkeit und Wucht Rüstungen durchschlagen, an der andere Geschosse nur abprallten.

Mit dem Langbogen ließ sich eine weit höhere Zahl von Geschossen abschießen als mit der Armbrust. Ein geübter Bogenschütze brachte es auf bis zu zehn Pfeile in der Minute. Seine Reichweite jedoch betrug mit rund 250 Metern etwas weniger als die der Armbrust, und außerdem war er nicht so präzise.

Für den Bogenschützen wie auch für den gemeinen Fußsoldaten war das Leben auf einem Feldzug eine strapaziöse Angelegenheit. Auch ohne daß es zu militärischen Gefechten kam, konnte sich ein Tagesmarsch über fast 20 Kilometer erstrecken, wobei sich die Entfernung nach dem Durchhaltevermögen der Pferde und nicht nach dem der Soldaten richtete. Außerdem wurden die Soldaten einem harten militärischen Drill unterworfen; dazu gehörten Schnellgerichte, deren Strafen vom Auspeitschen bis zum Hängen reichten. Es wurden auch Geldbußen oder zusätzlicher Dienst für geringere Vergehen wie Diebstahl oder Einschlafen während der Wache verhängt.

Die Verpflegung beschränkte sich auf das Notwendigste, und die Lieferung des Nachschubs war ungewiß. Um an zusätzliche Nahrung zu kommen, mußten die Soldaten auf eigene Faust Streifzüge unternehmen. Der Sold eines Fußsoldaten während eines Feldzuges betrug kaum mehr als der tägliche Arbeitslohn eines Zivilisten, und oft war man mit der Zahlung im Rückstand. Die Soldaten mußten glühende Hitze im Sommer und bittere Kälte im Winter ertragen. Es war wahrscheinlicher, daß sie an Pest oder Ruhr als in der Schlacht starben.

Der Troß, der im Mittelalter jeden Feldzug begleitete, war oftmals nicht viel kleiner als das eigentliche Heer, das in der Schlacht kämpfte. In Dutzenden von Ochsenkarren und Pferdewagen transportierte man die Verpflegung und die Feldküche, die Zelte und die persönliche Habe der Soldaten. Außerdem begleiteten Dirnen und fliegende Händler den Feldzug, in der Hoffnung auf ein gutes Geschäft.

Und warum zogen trotz all dieser Gefahren und Beschwernisse so viele Männer in den Krieg? Die meisten ließen sich durch die Aussicht auf reiche Beute und Plünderungen blenden. Andere meldeten sich freiwillig, weil sie das Abenteuer suchten oder weil das Land, auf dem sie lebten, sie nicht mehr ernähren konnte. Für die meisten Fußsoldaten war der Kriegsdienst im Mittelalter indessen ein Teil ihres Dienstes, den sie ihrem Grundherrn leisten mußten.

Mit dem ausgehenden Mittelalter begann die große Zeit der Söldner, die gegen Bezahlung bereit waren, für jeden zu kämpfen, und die niemand anderen anerkannten als ihren Anführer.

Bewegliche Festung *Die Wagenburg, eine Reihe von Wagen, die mit einer Kette verbunden waren und von Bogenschützen verteidigt wurden, entwickelte sich im frühen 15. Jahrhundert in Böhmen.*

Sicherheitshelm *Die spitze Form des Visiers lenkte die todbringenden Geschosse ab.*

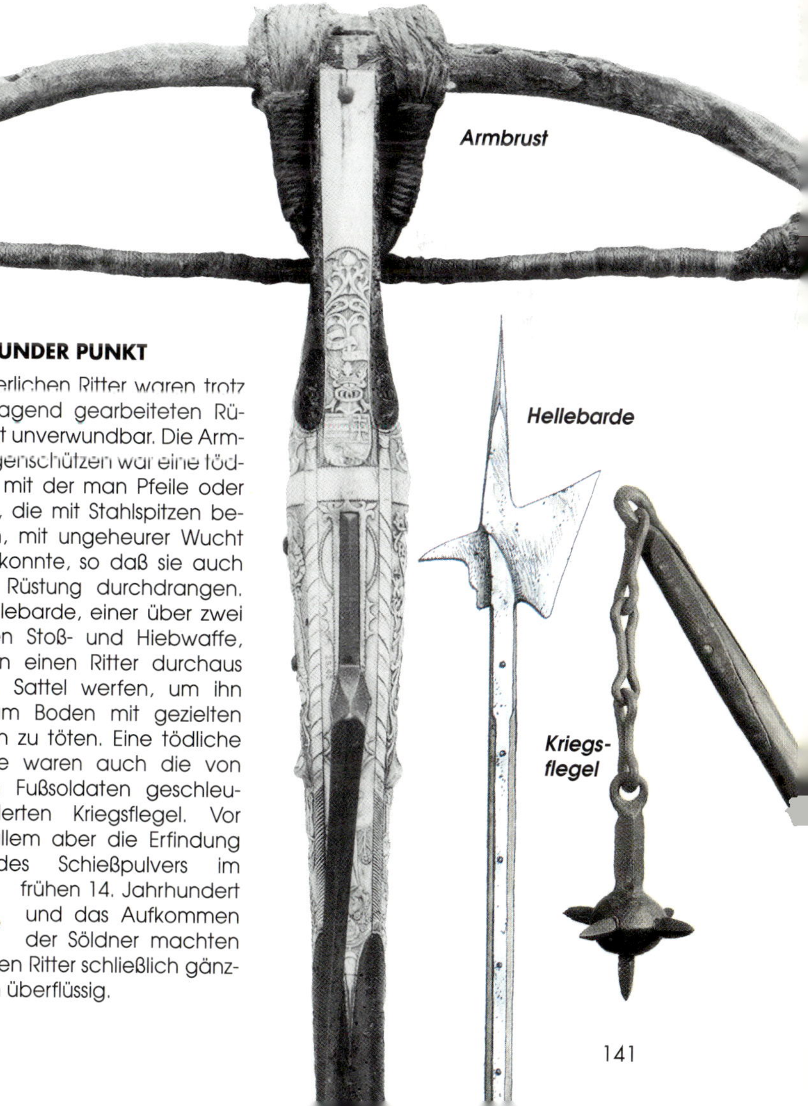

Armbrust

Hellebarde

Kriegsflegel

WUNDER PUNKT

Die mittelalterlichen Ritter waren trotz ihrer hervorragend gearbeiteten Rüstungen nicht unverwundbar. Die Armbrust des Bogenschützen war eine tödliche Waffe, mit der man Pfeile oder kurze Bolzen, die mit Stahlspitzen bewehrt waren, mit ungeheurer Wucht abschießen konnte, so daß sie auch die stärkste Rüstung durchdrangen. Mit einer Hellebarde, einer über zwei Meter langen Stoß- und Hiebwaffe, konnte man einen Ritter durchaus aus dem Sattel werfen, um ihn dann am Boden mit gezielten Hieben zu töten. Eine tödliche Waffe waren auch die von den Fußsoldaten geschleuderten Kriegsflegel. Vor allem aber die Erfindung des Schießpulvers im frühen 14. Jahrhundert und das Aufkommen der Söldner machten den Ritter schließlich gänzlich überflüssig.

Ort des Friedens *Im Herzen des Klosters lag der Kreuzgang. Dieser oft grasbewachsene Hof war von offenen Arkaden umgeben, in deren Schutz die Mönche mit gesenktem Haupt und ins Gebet vertieft auf und ab gingen oder sich zum Lesen zurückzogen.*

EIN LEBEN IN GEBET UND ARBEIT

Das mittelalterliche Kloster galt als Träger und Vermittler der christlichen Kultur des Abendlandes. Es war Archiv und Bibliothek, Hort vieler Kunstschätze, Zentrum des Handwerks und Bildungsstätte. Seine eigentliche Aufgabe bestand jedoch darin, Gott zu dienen und für ihn neue Gläubige zu gewinnen. Die Mönche mußten sich zu lebenslanger Armut, Keuschheit und bedingungslosem Gehorsam verpflichten. Viele von ihnen mußten ihr Leben lang in einem Kloster bleiben.

Einige Klöster machten sich einen Namen bei der Missionierung der Heiden, andere taten sich damit hervor, daß sie in großem Stil Land urbar machten oder landwirtschaftliche Techniken verbesserten. Manche Klöster, wie die auf der Insel Reichenau und in Fulda, wurden berühmt für ihre Malschulen, während Sankt Gallen in der Schweiz bis zum Aufstieg der Stadt Paris als bedeutendste Bildungsstätte nördlich der Alpen galt.

Fast alle Klöster boten dem Reisenden Gastfreundschaft, und in vielen wurden Kranke behandelt und gesund gepflegt. Im Mittelpunkt des Tagesablaufs im Kloster standen regelmäßige Gottesdienste, die mindestens fünf Stunden täglich in Anspruch nahmen. Im Sommer begannen sie um Mitternacht mit der Mette, die etwa eine Stunde dauerte; in den Wintermonaten begann der Nachtgottesdienst erst um 2 Uhr morgens in einer ungeheizten, nur von Kerzen erleuchteten Steinkirche. Bis zur Prim, dem ersten halbstündigen Gebet um 6 Uhr morgens, war noch Zeit zum Schlafen. Nach einem kargen Frühstück, das aus Brot und Wasser bestand, gingen die Mönche an die Arbeit. Um 9 Uhr morgens versammelten sie sich erneut zum Gebet, der Terz, anschließend trafen sie sich im Kapitelsaal und besprachen bis zu einem weiteren Gebet, der Sext um 12 Uhr, wichtige Tagesangelegenheiten.

Die Hauptmahlzeit des Tages wurde mittags eingenommen und bestand aus Suppe, Brot, Gemüse und Obst mit Käse oder Eiern. Auch Fleisch und Fisch kamen auf den Tisch, wenn nicht gerade Fastenzeit war. Während der Mahlzeit lauschten die Mönche einer Lesung aus der Heiligen Schrift, dann hielten sie eine Ruhepause bis zum Mittagsgebet, der Non, um ungefähr 14 Uhr. Die Arbeit am Nachmittag, die von der Vesper um 16 Uhr unterbrochen wurde, dauerte bis zur Abendmahlzeit um 18 Uhr, und der letzte Gottesdienst des Tages, die Komplet, folgte um 19 Uhr. Danach gingen die Mönche zu Bett.

Ein Mönch namens Benedikt

Der Vater des abendländischen Mönchtums war der heilige Benedikt von Nursia, der im Jahr 529 ein Kloster auf dem Monte Cassino, südlich von Rom, gründete. Seine Ordensregel wurde zur Grundlage des mönchischen Lebens. Sie teilte die Tageszeit in gleichmäßige Abschnitte ein, die Arbeit, Ruhe, Studium und Andacht gewidmet waren. Das Ideal des heiligen Benedikt war die Vorstellung von einer streng geregelten, aber barmherzigen Gemeinschaft, die sich von einer Welt voller Versuchungen abhob. Neue Orden mit anderen Regeln wurden gegründet, doch Benedikts Vorstellungen blieben die Grundlage ihrer Lebensweise.

Die meisten Mönche arbeiteten hart und verwalteten umsichtig die Klostergüter. Auch profitierten sie von den Stiftungen des Adels und der reichen Bürger, die ihre Sünden durch Schenkungen wiedergutzumachen hofften.

Große Abteien an den Ufern von Loire, Seine, Rhône, Rhein und Donau verfügten über eigene Transportflotten und trieben einen höchst gewinnbringenden Handel. Doch der materielle Erfolg erzeugte nur zu leicht Machtgelüste und Korruption und bedrohte das Streben der Mönche nach Demut und Armut.

Burgund – ein neues Zentrum

Die 910 gegründete Abtei von Cluny in Burgund wurde zum Ausgangspunkt für die Erneuerung des Klosterlebens in ganz Europa. Die Bedeutung von Cluny für die abendländische Kultur verkörperte die im 12. Jahrhundert erbaute gewaltige Basilika, die vier Jahrhunderte lang die größte Kirche der Welt war.

Die Anordnung der Klostergebäude richtete sich gewöhnlich nach

Strenge Sitten *Wenn Frauen den Schleier nahmen – ins Kloster eintraten –, mußten sie sich zuerst kahlscheren lassen (oben). Wenn ein Novize in die Bruderschaft aufgenommen wurde, zog ihm der Abt das Ordenskleid über den Kopf (unten).*

MÖNCHE BEI DER ARBEIT

Die Mönche eines Klosters gehörten zu einer Lebensgemeinschaft, die sich selbst versorgte. Die vielfältigen Aufgaben reichten von schwerer körperlicher Arbeit bis zu leichten Tätigkeiten. Laienbrüder standen ihnen als erfahrene Handwerker zur Seite oder bestellten entlegene Güter. Das Kloster war im Mittelalter überdies eine Herberge für Reisende, ein Hort der Bildung und Zufluchtsstätte für Arme und Kranke.

Arbeitsteilung *Ein Mönch hält die Axt, während der andere mit dem Hammer zuschlägt.*

Schlechte Gewohnheiten *Nicht jeder Mönch hielt sich streng an das Gelübde der Keuschheit. In dieser mittelalterlichen Darstellung wurden die Beine des Mönchs und seiner Geliebten zur Strafe in einen Schraubstock gesteckt.*

einem festgelegten Plan. Die Kirche war der größte Bau innerhalb der Klostermauern. Um sie herum gruppierten sich die Wirtschaftsgebäude wie Küche, Speisesaal und Schmiede. Etwas abseits lagen die Krankenstation und die Latrinen. Einige Klöster besaßen sogar ein eigenes Haus für den Abt, einen Schlafsaal für Laienbrüder, ein Gästehaus und die dazugehörigen Ställe für die Tiere der Reisenden. Darüber hinaus gab es noch einen Kellermeister, der für die Getränke zuständig war. Oftmals besaß das Kloster eine eigene kleine Brauerei oder verfügte über eigene Weinberge. Ein Verwalter kümmerte sich um die Geldangelegenheiten und führte die Bücher.

Selbstverwaltung der Mönche

An der Spitze des Klosters stand der Abt, der oft längere Zeit abwesend war, wenn er den Bischof oder den König aufsuchte, an Synoden teilnahm, abgelegene Güter besuchte oder Tochterklöster überprüfte. In Abwesenheit des Abtes führte der Prior die Amtsgeschäfte des Klosters. Weiter gab es einen Kantor, der für den Gesang und die Organisation der Zeremonien verantwortlich war. Der Bibliothekar hatte die Aufsicht über die Bibliothek und das Archiv. Außerdem führte er meist die Korrespondenz.

Außer der Gemeinschaft der Mönche gab es in größeren Klöstern oft Dutzende von Laienbrüdern, die zwar die Gelübde abgelegt hatten, aber keine klerikalen Weihen besaßen. Sie übernahmen meist die praktischen Arbeiten im Kloster.

Die Mönche, die Texte zum Studieren und bei Gottesdiensten brauchten, verbrachten viele Stunden damit, in mühsamer Handarbeit mit Feder, Tinte und Pergament Bücher zu kopieren. Die Bewahrung des geschriebenen Wortes war in jenen Zeiten, als noch kaum jemand lesen und schreiben konnte, von solcher Bedeutung, daß die Ordensregel des heiligen Benedikt den Mönchen den Besitz einer eigenen Schreibfeder zubilligte. Sie verfaßten auch neue Werke und dienten den weltlichen Herren als Schreiber. Vom Kopieren eines Textes bis zu seiner kunstvollen Ausgestaltung war es oft nur ein kleiner Schritt: Manche Klöster wurden berühmt für ihre prächtig ausgeschmückten Handschriften.

Geschnitztes Rätsel *Die mittelalterlichen Künstler hatten eine Vorliebe für originelle Motive und sprachen gern in Rätseln. Dieses Beispiel gotischer Holzschnitzkunst (unten) stammt aus der Kathedrale von Worcester in Mittelengland und entstand im 14. Jahrhundert. Es zeigt eine Frau, die mit einem Netz bekleidet ist, halb auf einer Ziege reitet, einen Fuß auf den Boden streckt und einen Hasen unter dem Arm trägt.*

Gottesdienst im Kloster *Während unten im Bild eine Prozession stattfindet, liest im mittleren Abschnitt ein Priester eine Messe. Eine Nonne läutet derweil die Glocken, und oben schauen drei Novizinnen aus dem Fenster.*

EIN LEBEN FÜR DEN GLAUBEN

Kurz nach 2 Uhr in der Nacht versammeln sich die Nonnen des Klosters in der Kirche zum ersten Gottesdienst, der Mette. Es ist tiefster Winter, die Kirche ist eiskalt, und der Atem friert vor dem Mund. Schwester Ursula, die schon 20 Jahre in dieser Klostergemeinschaft lebt, hat Mühe, sich zum Gebet niederzuknien. Das Rheuma wird von Jahr zu Jahr schlimmer, und die Heilkräuter aus dem Klostergarten bringen nur zeitweilig Linderung. Sie freut sich auf die Zusammenkunft am späten Vormittag im Wärmeraum. Dort steht ein Ofen, an dem man sich ein wenig aufwärmen kann. Es ist der einzige beheizte Raum des Klosters, und am liebsten würde Schwester Ursula den ganzen Tag dort verbringen. Doch sofort schämt sie sich ihrer Schwäche und nimmt sich fest vor, heute abend dem Pater zu beichten: „Pater, ich habe gesündigt."

PILGERZUG ZU HEILIGEN STÄTTEN

Viele der großen Wallfahrtszentren des Mittelalters waren schon von weitem sichtbar. Der erste Anblick der Kirchtürme am Horizont, die hoch über den Ortschaften aufragten, munterte die Lebensgeister der müden Pilger auf, wenn sie die Hügelkuppe überschritten oder aus dem Wald heraustraten. Sobald sie nahe genug am Ort waren, stürmte ihnen eine Schar Menschen entgegen, in der Hoffnung, ein gutes Geschäft machen zu können. Bettler säumten den Straßenrand, Besitzer von Herbergen warben lautstark um Kundschaft. Fliegende Händler verkauften Amulette und Andenken, Abzeichen aus Blei, die man an den Hut nähen konnte, oder kleine Metallgefäße, auf denen Bilder aus dem Leben der hier verehrten Heiligen eingeprägt waren und in denen man Wasser aus einer heiligen Quelle mitnehmen konnte.

Am Eingang zur heiligen Stätte wurden die Pilger von den Mönchen genauestens überprüft. Sie kontrollierten alle, die an ihnen vorüberzogen: die modebewußte Dame mit dem sittsam bedeckten Haar, die trotz der Reise bemerkenswert frisch und ausgeruht aussah; den Büßer, hager und zerlumpt, mit nackten, blutenden Füßen; die Krüppel und chronisch Kranken, die von hoffnungsvollen Verwandten in Sänften getragen wurden. Sobald sich die Pilger in der Kirche befanden, durften sie sich gruppenweise den geweihten Gegenständen nähern. Dies konnte ein kunstvoll gestaltetes Marmorgrabmal, ein kerzenerleuchteter Altar, auf dem die Spendengelder glitzerten, oder ein juwelenbesetzter Reliquienschrein sein, der einen Knochen oder einen persönlichen Gegenstand des Heiligen enthielt. Von einer abgesperrten und mit Holzläden versehenen Galerie aus behielten einige Mönche die Kostbarkeiten ständig im Auge. Den Gedanken der Wallfahrt übernahmen die Christen im 4. Jahrhundert von den Juden. Helena, die Mutter des römischen Kaisers Konstantin des Großen, unternahm im Jahr 330 als erste Christin eine Pilgerfahrt nach Jerusalem, wo sie angeblich die berühmteste aller christlichen Reliquien, das Kreuz Christi, entdeckt haben soll. Zahlreiche Christen folgten Helenas Beispiel und pilgerten ins Heilige Land. Eine Nonne namens Etheria lieferte in einem Bericht, den sie gegen Ende des 4. Jahrhunderts über eine Pilgerfahrt verfaßte, nicht nur Einzelheiten über Pilgerstätten in Ägypten, Syrien und Palästina, sondern wies auch auf ein funktionierendes Netz

Wundergefäß *Am Schrein des Erzbischofs von Canterbury, Thomas Becket, konnten die Pilger ein Gefäß kaufen, das angeblich das verdünnte Blut des Heiligen enthielt. Man war davon überzeugt, daß das Blut des im Jahr 1170 ermordeten und später heiliggesprochenen Erzbischofs von England Wunderheilungen bewirken konnte. Der Pilger hängte sich das Gefäß auf dem Heimweg um den Hals, und zu Hause stellte er es in seiner Kirche auf.*

Pilger zu Pferde *Für reiche Pilger, die sich ein Pferd leisten konnten, war die Pilgerfahrt eine durchaus gesellige Reise. Man lernte Leute aus aller Herren Länder kennen, erzählte sich spannende und amüsante Geschichten, tauschte Erfahrungen aus und erfuhr die neuesten Nachrichten aus aller Welt.*

Wunderdinge *Ein Krüppel auf Pilgerfahrt*

von 200 Pilgerherbergen und Führern hin. Der Erste Kreuzzug im Jahr 1096 gab der Idee der Pilgerfahrt ungeahnten Aufschwung. Die Rückeroberung Jerusalems von den türkischen Seldschuken löste ein wahres Wallfahrtsfieber ins Heilige Land aus. Zum Schutz der Pilger gründete man zahlreiche Ritterorden. Sie bestanden aus kampferprobten Mönchen und Rittern, den Soldaten Christi, wie man sie allgemein nannte. Die bekanntesten Ritterorden waren die Templer, die Johanniter und der Deutsche Orden.

Neben Jerusalem waren Rom und Santiago de Compostela im Nordwesten Spaniens die wichtigsten Wallfahrtsorte der abendländischen Christenheit. In Rom konnten die Wallfahrer die mutmaßlichen Grabstätten der Apostel Petrus und Paulus und anderer christlicher Märtyrer aufsuchen. Nach einem Pilgerführer aus dem 14. Jahrhundert konnte die Anrufung des heiligen Vitus und des heiligen Modestus die Vergebung eines Drittels aller im Leben begangenen Sünden erwirken, während ein Blick auf die Reliquie der heiligen Veronika – ein Taschentuch mit dem Abdruck des Antlitzes Christi – 3000 Jahre Fegefeuer tilgen konnte.

Die Muschel – Symbol der Pilger

Eine große Anziehung auf die Pilger übte Santiago de Compostela aus. Der Wallfahrtsort verdankt seine Bedeutung der Legende, daß sich in einem Sarkophag, den man um 830 in der Nähe des Dorfes fand, angeblich die Gebeine des Apostels Jakobus des Älteren befanden.

Durch die Entdeckung dieser Reliquien erhielt der Behauptungswille der spanischen Christen, die damals auf einen schmalen Landstrich im Norden der von Mauren beherrschten Iberischen Halbinsel beschränkt waren, einen ungeheuren Auftrieb. Eine erste aus Lehm erbaute Kirche über dem Grab wurde bald durch ein in Stein gemauertes Gotteshaus ersetzt. Die Wallfahrt dorthin war bald so berühmt, daß die Jakobsmuschel zu einem Symbol der Pilger wurde, die zum Grab des Apostels zogen.

Seeweg oder Landweg?

Das Heilige Land war weit entfernt von Europa und nicht einfach zu erreichen. Die meisten Pilger wählten den Seeweg. Die Reise war dann zwar teurer, dafür dauerte sie aber nicht so lang. In Venedig, dem bedeutendsten Einschiffungshafen, erließ der Senat der Republik eine Reihe von Verordnungen, um eine Überbelegung der Passagierschiffe zu verhindern. Außerdem war genau festgelegt, welche Waffen die Besatzung tragen durfte und wieviel Gepäck und Verpflegung jeder Pilger mitnehmen konnte. Die Schiffe fuhren zweimal im Jahr, einmal, um rechtzeitig vor Ostern im Heiligen Land anzukommen, das andere Mal, um vor Einbruch des Winters wieder in Venedig zu sein.

Die Pilger konnten aber auch den Landweg benutzen, der durch das weite Tiefland Ungarns und über die rauhen Berge des Balkans führte. Eine Reisegruppe vermochte die weite Strecke durchaus in sechs Monaten zu bewältigen. Während die Pilger selbst keine Waffen tragen durften, konnte eine bewaffnete Eskorte die Wallfahrer begleiten. Die Reisegesellschaft vergrößerte sich oft zusätzlich durch mitziehende Kaufleute, die ebenfalls Schutz suchten.

KURZ VOR DEM ZIEL

Als der Pilger Jacques sich in der Frühe zum ersten Gebet erhebt, hat er allen Grund, sich zu freuen. Es ist nur noch ein Tagesmarsch bis zum Ziel seiner Wallfahrt, dem Jakobsgrab in Santiago de Compostela.

Begonnen hatte die beschwerliche Reise vor drei Monaten, als er sich in Chartres einer Gruppe von Wallfahrern angeschlossen hatte. Unterwegs hielten sie hin und wieder an und beteten an den Kreuzen am Wegesrand für das Gelingen ihrer Reise. Am Ende des jeweils 30 Kilometer langen Tagesmarsches freute er sich auf ein warmes Essen und ein weiches Bett in einer Herberge.

Nun, am Morgen des letzten Tages, badet Jacques im nahen Fluß und knüpft damit an eine alte Sitte der Jerusalempilger an, die in einer Art Taufe in den Jordan eintauchten. Dann hebt Jacques einen Kalksteinbrocken vom Boden auf, den er auf den letzten Kilometern bis zum Jakobsgrab schleppen wird, sowohl als Symbol für seine Sündenlast wie auch als praktischen Beitrag zur Reparatur der dortigen Kirche.

Pilgerrast *Die Kirche von Conques in der Auvergne war einer der vielen Etappenorte auf dem Jakobsweg.*

Symbol *Pilger, die Santiago de Compostela besucht hatten, trugen zu Ehren des Schutzpatrons der heiligen Stätte, Jakobus des Älteren, Abzeichen in Form einer Jakobsmuschel an ihren Mützen.*

Gefährliche Reise *Die Gefahr für Leib und Leben auf der Straße zeigt ein Künstler aus dem 15. Jahrhundert. Bewaffnete überfallen eine Gruppe von Pilgern außerhalb der Stadtmauern, berauben sie ihrer Habseligkeiten und lassen sie einfach liegen. Den Pilgern riet man, in Gruppen und mit einer bewaffneten Eskorte zu reisen.*

KATHEDRALEN ZU EHREN GOTTES

Wenn sich im Mittelalter der Kaiser, ein Bischof oder später auch eine Stadt dazu entschloß, ein prächtiges Gotteshaus zu errichten, bedeutete dies für den Stifter oder die betroffene Gemeinde eine gewaltige Aufgabe, denn der Bau erforderte ungeheure Geldmittel und eine Vielzahl von Arbeitskräften. Kirchen wie der Dom zu Speyer oder das Ulmer Münster waren so überwältigend große Bauwerke, daß sie die umliegende Ortschaft klein erscheinen ließen. Die Kathedrale von Chartres etwa bot rund 5000 Menschen Platz. So wundert es kaum, daß die Fertigstellung eines solchen Gotteshauses oft mehr als ein Jahrhundert beanspruchte. Dennoch entstanden in Europa innerhalb von vier Jahrhunderten fast 500 Kathedralen.

Selbst in einer Zeit wirtschaftlichen Wohlstands war es äußerst schwierig, das Geld für den Kauf der Baumaterialien und den Lohn der Arbeiter zu beschaffen. Oft trugen der Bischof und sein Dom- oder Stiftskapitel die Hauptlast; sie zweigten Erlöse aus ihren Gütern ab und

Heben mit Muskelkraft *Um den Kran von Hand anzutreiben, brauchte man zwei starke Männer. Das Baugerüst wurde mit Lederriemen zusammen gebunden.*

DIE HOHE KUNST DER BAUHÜTTE

Die Errichtung einer Kathedrale stellte im Mittelalter eine Herausforderung an das handwerkliche Können der Menschen dar und verlangte großes technisches Verständnis. Steinmetzen bearbeiteten den Stein für die Mauern und das Maßwerk der Fenster und ließen ihrer Phantasie bei der Gestaltung der unheimlichen Wasserspeier oder der anmutigen Heiligengestalten freien Lauf. Ihre Arbeit bestand vornehmlich darin, die unbearbeiteten Steinquader mit Hammer und Meißel in die gewünschte Form zu bringen. Zum Schutz vor dem Staub trugen die Steinmetzen manchmal Masken aus feinem Drahtgeflecht vor den Augen und Tücher vor dem Mund. Aufgabe der Maurergehilfen war es, den gebrannten und gelöschten Kalk mit Sand zu vermengen und den so gewonnenen Mörtel in flachen Bütten auf der Schulter über wacklige, schmale Gerüste zu den Maurern auf die Baustelle hochzutragen. Währenddessen schnitzten Bildhauer aus Eichen- oder Lindenholz Chorgestühle und Altäre, und Glasmaler gestalteten die großen Fensterflächen mit leuchtenden Darstellungen von Szenen aus der Bibel.

Bei der Arbeit *Steinmetzen bearbeiten das grob behauene Material.*

Zement *Ein Arbeiter mischt Kalkmörtel an.*

führten Geldsammlungen bei königlichen und anderen Wohltätern durch. In Rouen in der Normandie bezahlte man den Südwestturm der Kathedrale, den sogenannten Butterturm, mit Einnahmen aus dem Ablaßhandel, welcher der Bevölkerung den Verzehr von Butter in der Fastenzeit erlaubte. Die Stadt Siena in Italien verlangte von jedem Besitzer eines Lasttieres die Lieferung einer Ladung Marmor im Jahr. Einige Wohltäter stifteten Steine, Bauholz oder Arbeitskräfte.

Architekten Gottes

Ungelernte Arbeitskräfte warb man am Ort an; viele meldeten sich freiwillig, weil sie göttliche Gnade als Lohn erhofften. Die eigentliche Arbeit jedoch blieb den Fachleuten überlassen. Man brauchte zahlreiche Zimmerleute, die zunächst Karren und Lastkähne für den Transport der Baustoffe auf die Baustelle anfertigten. Danach errichteten sie eine Bauhütte; oftmals war es nur ein einfacher Schuppen, der an eine bestehende Mauer gebaut wurde, wo die Steinmetzen auch in den kalten Wintermonaten meißeln konnten. Außerdem stellten sie Werkzeuge her und errichteten Gerüste, Plattformen, Rampen und Flaschenzüge.

An der Spitze der Bauhütte stand der Baumeister, der Architekt, Bauaufseher und Materialbeschaffer zugleich war. Er beaufsichtigte den Fortschritt der Arbeit im Steinbruch, der Bauhütte und auf der Baustelle, gleichzeitig war er Kontaktperson zum Schirmherrn. Erfolgreiche Baumeister waren wohlbestallte Persönlichkeiten, die bei den Mächtigen ein und aus gingen.

Kennzeichen der gewaltigen gotischen Dome im 12. und 13. Jahrhundert waren die hohen Fensterflächen. Diese schmückte man mit Glasmalereien von hohem künstlerischem Rang, wobei die intensiv leuchtende Farbwirkung nur mit den Farben Weiß, Blau, Gelb, Grün, Rot und Purpur erzielt wurde. Die Motive, die man für diese Fenster wählte, erläuterten den Menschen, die weder lesen noch schreiben konnten, die biblischen Geschichten oder zeigten alltägliche Szenen. Die Glasfenster von Chartres stellen 43 Handwerke der Stadt dar, so auch die Zunft der Faßmacher, deren Fenster Noah als den ersten Winzer zeigt.

Die Kathedralen schmückte man auch mit großartigen Skulpturen. In Wells in Westengland wies die Westfassade der Kirche 200 Statuen auf, und in Chartres gab es davon mehr als 2000. Während die mehr ins Auge fallenden Nischen Könige und Heilige zeigten, behandelten kleine Bildhauerarbeiten an unauffälligeren Standorten humorvolle Themen. So zeigt eine Skulptur in Wells einen von Zahnschmerzen geplagten Mann. Die Plastiken in Amiens verkörpern nicht nur die Tugenden, sondern auch die Laster. Die Feigheit ist als Ritter dargestellt, der vor einem Hasen flieht, und die Rebellion als ein Mann, der verächtlich nach einem Bischof mit den Fingern schnippt. Die Wände und Decken der Seitenkapellen versah man oft mit kostbaren Malereien. Von besonders großer Bedeutung war freilich die prächtige Ausgestaltung des Hochaltars. Als der italienische Maler Duccio di Buoninsegna im Jahr 1311 ein aus 92 Tafeln bestehendes Altarbild für den gotischen Dom in Siena vollendet hatte, feierte die ganze Stadt ein großes Fest.

Als größtes Bauwerk einer Stadt bot sich die Kathedrale als Ort für öffentliche Veranstaltungen an. Der Eingangsbereich diente oft als Nachrichtenbörse und als Treffpunkt für Arbeitsuchende, die Krypta als Nachtquartier für Pilger, und an den Mauern ließen sich zahlreiche Händler nieder. Vor allem aber war das Gotteshaus der Mittelpunkt des religiösen Lebens der Stadt und ein Ort der Andacht. Der Bischofspalast lag gewöhnlich daneben, und von dort aus wachte der Bischof über das weltliche Wohl seiner Diözese. Viele Priester fungierten beispielsweise als Schiedsleute bei dörflichen Streitigkeiten. Um sich ihren Lebensunterhalt zu sichern, bearbeiteten die meisten von ihnen ein Stück Land, das der Kirche gehörte. Die Priester, die an Werktagen ihre zermürbende Feldarbeit leisteten, hoben sich nur sonntags von ihren Gemeindemitgliedern ab, wenn sie in einfachen Meßgewändern ihr Amt ausübten.

Ehelich verbunden *Ein Priester legt die Hände eines Paares bei einer mittelalterlichen Trauung zum Zeichen der Zusammengehörigkeit ineinander (oben).*

Kirchlicher Alltag *Ein Priester betet vor dem Altar. Seine Aufgabe war es, die Dorfkinder im Gebet zu unterweisen, die Sakramente der Taufe und der Letzten Ölung zu spenden, bei der Eheschließung zu assistieren und die Beichte abzunehmen.*

Tor zum Himmel *Für die Menschen des Mittelalters bildeten die kunstvoll mit Figuren und Ornamenten ausgestalteten Portale der Kathedrale von Bourges nicht nur den Eingang zur Kirche, sondern symbolisierten darüber hinaus die Pforte zum Himmelreich.*

Zeitansage *Im Mittelalter kamen mechanische Uhren mit Schlagwerk auf, die man in die Kirchtürme einbaute. Sie gaben den Gläubigen weithin hörbar ein Zeichen, wann es Zeit zum Gottesdienst war. Die Kathedrale von Wells in Westengland besaß eine der ersten Räderuhren.*

KAUFLEUTE, HANDWERKER UND BÜRGER

„Stadtluft macht frei!“ lautete eine Redensart des Mittelalters. In einer Zeit, da die meisten Menschen als Leibeigene eines Feudalherrn an das Land gebunden waren, entwickelten sich die Städte zu einem Hort der Freiheit und Unabhängigkeit. Innerhalb der Stadtmauern herrschte eine lebhafte Geschäftigkeit, die sich vom Landleben stark unterschied. Die Bewohner einer Stadt unterstanden einem Bürgermeister und dem Stadtrat. Anstatt Fronarbeit zu leisten, um den Adel in seinen Burgen und Herrenhöfen zu unterhalten, zahlten sie dem Kaiser Steuern und brachten das Geld, das zur Verteidigung ihrer Stadt nötig war, aus ihren eigenen Reihen auf.

Wehrhafte Stadt *In mittelalterlichen Städten wie Cordes im Südwesten Frankreichs waren die Häuser so dicht aneinandergebaut, daß die engen Gassen im heißen Sommer kühlen Schatten spendeten und im Herbst und Frühjahr vor den heftigen Stürmen schützten. Zugleich erleichterten sie die Verteidigung, waren aber extrem durch Feuer gefährdet.*

Reigen der Eleganz *Im frühen 15. Jahrhundert gewannen Musik und Tanz an Beliebtheit. Die Tanzschritte und -figuren wurden immer kunstvoller, wie dieser Reigen vornehmer italienischer Bürger zeigt.*

Das Leben in den Siedlungen erfuhr im 12. Jahrhundert einen großen Aufschwung, als sich aus den Marktorten der Kaufleute und Handwerker die ersten Städte entwickelten. Die weltlichen oder geistlichen Herren verliehen den Orten in einer besonderen Gründungsurkunde die Stadtrechte. Manche Rechte kaufte man dem Kaiser oder Bischof auch ab, andere mußte man sich hart erkämpfen.

Unter den Städten Europas war Paris mit über 200 000 Einwohnern die größte. Paris war ein typisches Beispiel für viele größere Städte des Mittelalters. Es bestand anfänglich aus einer Ansammlung verstreut liegender Dörfer beiderseits der Seine, die sich nach und nach zusammenschlossen. Das erklärt die große Zahl von Kirchen und Abteien. Das zwischen den Ortschaften liegende Weideland, die Äcker und Sümpfe am Ufer der Seine wurden dann erst schrittweise bebaut.

Wie in vielen mittelalterlichen Städten waren auch in Paris die Brücken von großer Bedeutung. Sie waren kleine Handelszentren für sich mit eigenen Läden und Ständen, Zollstationen und Verkehrsknotenpunkte. Die Geldwechsler ließen sich auf einer Brücke nieder, die vom Jahr 1142 an als *Pont-au-Change* bekannt war.

Städtisches Nachtleben

Die dicken Mauern rund um jede Stadt dienten der Verteidigung, und die Tore wurden bei Einbruch der Nacht geschlossen, um ungebetene Gäste fernzuhalten. Eine Straßenbeleuchtung gab es damals noch nicht. Die Nachtwache patrouillierte mit flackernden Fackeln durch die Straßen, und Personen, die ohne triftigen Grund bei Nacht noch unterwegs waren, wurden hinter Schloß und Riegel gebracht. Bei Feuer schlug die Nachtwache Alarm.

Das rege Geschäftsleben begann pünktlich bei Tagesanbruch. Der Marktplatz mit der großen Kirche war der Mittelpunkt aller städtischen Aktivitäten. Er war auch der Punkt, an dem die Straßen von den Stadttoren aus zusammenliefen. Oft befanden sich die Läden der spezialisierten Händler am Anfang des Marktplatzes, wobei verwandte Gewerbe nahe beieinanderlagen. Dadurch erklären sich viele der heuti-

Gemischtes Badevergnügen *In mittelalterlichen Städten bedeutete Baden mehr als nur eine gründliche Körperpflege. Hier aß, trank und scherzte man miteinander und verbrachte oftmals den ganzen Tag in geselliger Runde zusammen.*

gen Straßennamen: Schuster- und Seilergasse, Korn- und Fischmarkt. Die Läden der Fischhändler und Gerber lagen wegen des durchdringenden Geruchs, den sie ausströmten, meist in den Außenbezirken der Stadt. An Markttagen wurde das Angebot der einheimischen Händler durch Waren ergänzt, die man vom Umland herbeibrachte.

Ertragreiche Ladenstraßen

Die Geschäfte waren im allgemeinen zur Straße hin offen. Holzläden, die man nachts aus Sicherheitsgründen herunterließ, konnte man tagsüber umklappen und als Ladentheke benutzen. Viele Waren wurden an Ort und Stelle hergestellt, und es gab viele Gewerbe, bei denen der Kunde seine eigenen Zutaten mitbrachte; so kam man beispielsweise mit seiner Abendmahlzeit zum Bäcker, der sie im Ofen für einen garte.

Die Händler hängten oft bemalte Schilder an den Geschäften auf, die auf ihr Gewerbe hinwiesen und etwa einen Stiefel oder einen Fisch zeigten. Der in manchen Ländern noch heute übliche blecherne Teller an Friseurgeschäften weist auf die Doppelrolle des Friseurs als Barbier und Bader hin. Es ist ein Relikt aus dem Mittelalter, als Symbole zur Information einer weitgehend des Lesens und Schreibens unkundigen Bevölkerung verwendet wurden.

Zu den Privilegien, die das Stadtrecht mit sich brachte, gehörte das Recht der Kaufleute und Handwerker, Gilden und Zünfte zu bilden, Vereinigungen, welche die Interessen ihrer Mitglieder wahrten und über die Beibehaltung bestimmter Normen wachten. Die einflußreichen Zünfte engten das Leben ein, taten aber auch viel Gutes: Sie unterstützten Witwen, Waisen und kranke Mitglieder, sie halfen bei der Errichtung von Kirchen und Schulen und leisteten ihren Beitrag zur Erhaltung der Brücken und der Stadtmauer. Bei enem Gang durch die Stadt mußten sich die Bürger vorsehen, denn der Schmutz war erschreckend. Die Menschen schütteten ihre Abfälle und ihr Abwasser einfach auf die Straße, wo es von Ratten und Fliegen wimmelte. Schweine stöberten in dem stinkenden Morast herum, und Pferde und Hunde ließen ihren Kot ungehindert fallen. Auch die Menschen verrichteten häufig ihre Notdurft auf den Straßen. Aufgrund dieser unhygienischen Verhältnisse waren die mittelalterlichen Städte eine ideale Brutstätte für ansteckende Krankheiten wie Pest und Cholera. Nur die wenigsten Städte besaßen ein Hospital, das aus hygienischen Gründen meist außerhalb der Stadtmauern lag.

Moriskentänzer *Der aus Spanien stammende Tanz kam im 15. Jahrhundert in Mode. Die Tänzer trugen Schellenbänder an den Beinen und Kappen.*

MESSEVERGNÜGEN

Ein großes Ereignis für die Stadtbewohner im mittelalterlichen Europa war die alljährliche Handelsmesse, die außerhalb der Stadtmauern stattfand und mehrere Tage dauerte. Die Landesherren förderten die Messen, weil sie zur Belebung des Handels beitrugen und ansehnliche Gewinne aus den Zöllen auf die verkauften Waren einbrachten. Auf einer solchen Messe geht es sehr heiter zu. Ein Stelzenläufer ragt aus der Menge hervor, Akrobaten machen ihre Kunststücke, und Musikanten ergötzen die Zuschauer. Ein Kaufmann stellt Tuche und Seiden aus, die aus China stammen, und ein anderer hat so viele Krüge mitgebracht, daß die Weinhändler der Stadt für das nächste Jahr versorgt sind. An anderen Ständen feilschen unter den wachsamen Augen berittener Aufseher Kunden um russische Pelze, französische Weine und italienisches Glas.

KOGGEN, KONTORE UND PIRATEN

Man schreibt das Jahr 1382. Nebelschwaden liegen über der Trave, die ersten herbstlichen Sonnenstrahlen spiegeln sich an der Wasseroberfläche. Von der Ostsee weht eine leichte Brise über die Hansestadt Lübeck. An den Hafenkais und auf der Werft herrscht bereits am frühen Morgen ein geschäftiges Treiben. Am Ufer liegt ein flacher Prahm, ein Flußschiff, das entladen wird. Es hat Salz aus Lüneburg an Bord. Mit einem von Muskelkraft angetriebenen Kran werden die schweren Salzfässer von Bord gehievt. Sie kommen auf hochseetüchtige Koggen, die die kostbare Fracht nach Danzig und Nowgorod bringen. Unweit entfernt lichtet eine Kogge den Anker und nimmt traveabwärts die Fahrt auf. Sie ist eines von etwa 25 Schiffen, die jährlich nach Bergen in Norwegen segeln, wo die Hanse ein Handelskontor besitzt. Im Laderaum stapeln sich Säcke voller Getreide und Braumalz sowie Tuchballen. Sofern man unbehelligt von Sturm und Piraten bleibt, wird die Kogge auf der Rückreise in ein paar Wochen einige Tonnen Stockfisch geladen haben.

Sichtbarer Reichtum *Die prächtige Fassade des 1420 fertiggestellten Rathauses von Brügge ist Ausdruck des Wohlstands der Stadt, die eines der bedeutendsten Zentren der Hanse war.*

Für die Fahrt haben sich mehrere Lübecker Kaufleute zusammengetan, um das wirtschaftliche Risiko im Fall eines Verlustes möglichst gering zu halten. Der Kapitän, dem das Schiff gehört, führt ein Viertel der gesamten Ladung auf eigene Rechnung mit. Vor der Fahrt hat man mit ihm die Frachttarife ausgehandelt und obendrein ein sogenanntes Opfergeld vereinbart, das der Schiffer nach der glücklichen Beendigung der Fahrt als Dank den Heiligen spenden muß.

Wappen der lübischen Nowgorodfahrer

Als das Schiff das offene Meer erreicht, passiert es eine andere Hansekogge, die gerade mit einer Ladung Bernstein aus Danzig den Lübecker Hafen ansteuert. Für die Fahrt, die mit dem Schiff nur vier Tage dauert, braucht man mit dem Fuhrwerk auf dem Landweg ganze zwei Wochen. Und Zeit ist Geld bei den Kaufleuten der Hanse.

Die Hanse war eine lockere Gemeinschaft von Handelsstädten unter der Führung Lübecks. Sie hatte keine vollstreckende Gewalt, keine geschriebene Verfassung und kannte als leitendes Organ allein den in unregelmäßigen Abständen einberufenen Hansetag. Die Hanse verfügte weder über ein eigenes Siegel noch über eigene Angestellte oder eine eigene einheitliche Währung, da sich die einzelnen Mitglieder das Recht der Münzprägung nicht nehmen ließen. Ihr Bündnis basierte auf dem gemeinsamen Interesse, sich die führende Stellung im Handel Nordeuropas zu sichern. Streitigkeiten legte man durch Kompromisse bei oder ahndete sie mit Geldbußen oder

Heringsfischer *Die in der Nord- und Ostsee gefangenen Heringe wurden auf den Märkten der Hansestädte verkauft. Zum Konservieren von vier Faß Heringen brauchte man ein Faß Salz.*

Königin der Hanse *Lübeck war für die Hanse die bedeutendste Hafenstadt. Hier legt ein Handelsschiff an, während zwei Männer die Laufplanke heranziehen, über die das Schiff entladen wird. Später wird man die Waren durch das links im Hintergrund sichtbare Holstentor in die Stadt bringen.*

Ausschluß aus dem Bund. Das gemeinsame Vorgehen machte die Hanse stark und ließ sie im Lauf der Zeit zu einem bedeutenden Machtfaktor in Europa werden. Sie scheute sich nicht, ausländische Mächte mit Handelssperren zu belegen oder Kriege zu führen.

In ihrer Blütezeit im 14. und 15. Jahrhundert gehörten dieser Gemeinschaft 200 See- und Binnenstädte an. Die Verbindungen reichten auf dem Landweg bis Italien, auf dem Seeweg bis nach Spanien und Portugal. Handelsflotten oder einzelne Schiffe transportierten die Waren, die aus ganz Europa kamen: Pelze und Wachs aus Rußland; Holz, Roggen und Bernstein aus Preußen; Pech und Teer aus Polen; Erze aus Ungarn; Pferde, Rinder, Butter und Salzheringe aus Dänemark; Kupfer und Eisen aus Schweden; Stockfisch und Tran aus Norwegen; Tuche und Wolle aus England, Schottland und Flandern; Hopfen und Malz aus Norddeutschland; Wein aus Frankreich; Gewürze, Feigen und Rosinen aus Portugal; Öl und Südfrüchte aus Spanien; Seidenstoffe, Schmuck und Blattgold aus Italien.

Aus den unzähligen Kaufmannsniederlassungen kristallisierten sich vier Hauptstützpunkte der Hanse heraus: die Kontore von Nowgorod, Bergen, London und Brügge. Diese Kontore erwarben wichtige Handelsprivilegien von den Herrschern des jeweiligen Staates und besaßen eine eigene Verwaltung sowie eine unabhängige Gerichtsbarkeit.

Warenlager und Badehaus

Das älteste Auslandskontor war der Peterhof in Nowgorod. Es glich einer kleinen Stadt, die von einer wehrhaften Palisade umgeben war, beherbergte Speicher und Wohnhäuser aus Holz und eine steinerne Kirche, die zusätzlich als Warenlager, Schatzkammer und Archiv diente. Die Kaufleute legten in Hallen ihre Waren für die russischen Käufer aus. Außerdem gab es im Kontor Speiseräume und Trinkstuben, eine Brauküche, ein Badehaus und ein Siechenhaus, ein Pfarrhaus sowie ein Gefängnis. Das Kontor war Fremden nachts verschlossen, und Frauen waren ohnehin nicht zugelassen.

Das enge Zusammenleben der Kaufleute, Gehilfen und Lehrlinge, die verpflichtet waren, bei ihrem Aufenthalt in Nowgorod im Kontor zu wohnen, war streng reglementiert. Die Kaufleute mußten Steuern für die Waren und Mieten für die Lagerhallen bezahlen und zusätzlich Wachdienst auf dem Hof verrichten, das Tor kontrollieren und auf das in der Kirche verwahrte sogenannte Ledergeld aufpassen, dessen Zahlungseinheit Marderfelle waren. Fast alle anderen Kontore der deutschen Hanse ähnelten dem in Nowgorod.

Mit der Eroberung des Nowgoroder Kontors 1494 durch Iwan III., der die eigene russische Kaufmannschaft fördern wollte, setzte der allmähliche Verfall der Hanse ein. Der letzte Hansetag fand im Jahr 1669 statt. Die frühere Bedeutung der Hanse findet man noch heute in den Namenszusätzen einiger deutscher Städte.

Spendenbüchse *Mit dem Geld aus dieser Hamburger Sammelbüchse aus dem 16. Jahrhundert konnten mittellose Angehörige Seeleute auslösen, die in Gefangenschaft geraten waren.*

Maßeinheiten *Die drei aus Kupfer hergestellten Gewichte stammen aus dem Mittelalter. Sie wiegen je nach Größe zwischen 88 und 245 Gramm.*

FREIBEUTER IN DER NORD- UND OSTSEE

Zu Beginn des Hundertjährigen Krieges 1338 versorgten die *vitailleurs* das französische Heer mit Lebensmitteln, bereicherten sich dabei aber schamlos. Den Ausdruck übertrug man auf die Schiffsbesatzungen, die in der Ostsee den Flotten und Häfen Proviant lieferten. Diese Vitalienbrüder oder Seeräuber kämpften zunächst gegen Dänemark als Hilfstruppen König Albrechts von Schweden, setzten dann aber auf eigene Faust den Krieg fort, kaperten und plünderten Schiffe und verwahrten die Beute. Die Piraten, deren Stützpunkt auf Gotland war, wurden 1398 durch den Deutschen Orden aus der Ostsee vertrieben und verlegten daraufhin ihre Tätigkeit in die Nordsee. Ihre Streifzüge richteten sich jetzt gegen Hanseschiffe, die nach Flandern und England unterwegs waren. Im Jahr 1401 wurden die Anführer der Piraten, Godeke Michels und Klaus Störtebeker, gefangengenommen und hingerichtet, und bald darauf hatte es auch mit der Seeräuberei ein Ende. Störtebeker aber lebt in vielen Legenden fort.

Piraterie *Mit einem solchen Schiff ging der Freibeuter Klaus Störtebeker (links) auf Streifzug.*

MONOPOL INNERHALB DER STADTMAUERN

Das Wort Bürger stammt von dem althochdeutschen Begriff *burgari* ab und bedeutete ursprünglich soviel wie Burgverteidiger. Die Burg – das konnte anfänglich eine Fluchtburg, ein kleiner Marktflecken, ein befestigter Herrenhof oder eine Handelsniederlassung sein – war der Ausgangspunkt der von Mauern umgebenen Stadt in Europa. Die feudale Adelsgesellschaft schaute mit Mißtrauen auf die Bürger, weil sie sich vom Land gelöst und ihrem Einfluß entzogen hatten, mit Bargeld und Waren handelten und allein durch Arbeit zu Reichtum und Macht gelangen konnten.

Boykott gegen Konkurrenten

Einen wesentlichen Bestandteil des städtischen Lebens stellten die Handwerker dar. Um ihre wirtschaftliche Existenz zu sichern und ihre Interessen gegenüber dem Stadtregiment besser vertreten zu können, schlossen sie sich in Berufsorganisationen, den sogenannten Zünften, zusammen. Die Stadtobrigkeit förderte die Gründung von Zünften, da sie auf diese Weise die einzelnen Gewerbe besser kontrollieren und auch leichter Abgaben auf die produzierten Waren erheben konnte.

Jedes Gewerbe wie etwa das der Schuster, Hutmacher, Hufschmiede, Korbflechter, Metzger, Bäcker und Harnischmacher hatte seine eigene Zunft. Diese Zünfte besaßen in einer Stadt das Gewerbemonopol, das heißt, nur sie durften ausschließlich die Ware ihres Gewerbes produzieren und verkaufen. Dieser Schutz vor wirtschaftlicher Konkurrenz stärkte die Zünfte erheblich und machte sie zu einem einflußreichen Machtfaktor innerhalb der Stadtmauern. Mit drastischen Maßnahmen sicherte man sich seine Monopolstellung: Handwerker, die nicht der Zunft angehörten und trotzdem ihren Beruf ausübten, wurden boykottiert. Man schloß einfach ihre Werkstatt, brandmarkte sie öffentlich als Pfuscher und zwang sie, die Stadt zu verlassen. Im späten Mittelalter erließen viele Zünfte in Absprache mit dem Stadtregiment ein generelles Zuzugsverbot für auswärtige Handwerker. Für die Käufer war das Gewerbemonopol der Zünfte allerdings von Nachteil, denn sie konnten nicht aus einem Warenangebot auswählen und mußten meist zu überhöhten Preisen kaufen. Wer Mitglied in einer Zunft werden wollte, mußte bestimmte Voraussetzungen erfüllen. Die Maßstäbe waren sehr streng. So mußte man von ehrlicher Herkunft und ehelicher Geburt sein, einen guten Leumund haben, über ein bestimmtes Vermögen verfügen und in der Lage sein, eine recht hohe Aufnahmegebühr zahlen zu können.

Eltern, die ihre Söhne in eine Lehre schicken wollten, mußten dem Handwerksmeister dafür ebenfalls eine nicht unerhebliche Summe zahlen. Die Ausbildung dauerte je nach Zunftgewerbe und regionalen Besonderheiten bis zu sieben Jahren. Während dieser Zeit erhielt der Jugendliche keinerlei Lohn, allerdings gewährte man ihm Verpflegung und Unterkunft im Haus des Meisters. Nach Abschluß der Ausbildung wurde der Lehrling zum Gesellen befördert und arbeitete im Tagelohn. Nach Ablauf weiterer Gesellenjahre erwartete man von ihm, daß er ein erstklassiges Probestück anfertigte, das sogenannte Meisterstück. Wenn er über genügend Fertigkeiten verfügte, nahm man ihn in die Zunft auf und erlaubte ihm die Führung eines eigenen Geschäfts und die Ausbildung von Lehrlingen.

Die Regeln, die bestimmten, was

Besiegelt *Jeder reiche Kaufmann hatte sein eigenes Siegel. Diese beiden zeigen die Jungfrau Maria mit dem Kind (oben) sowie das Lamm und die Fahne (unten).*

Nur die besten Stücke *Ein Bauer bringt Fleisch zum Metzger, der um den niedrigsten Preis feilscht.*

Auf engstem Raum *In der mittelalterlichen Stadt lagen die Läden der Schneider, Kürschner, Barbiere und Lebensmittelhändler dicht beieinander.*

Tuchmachermarkt *Ein kleiner Schrein am Ende der Straße der Tuchmacher soll für ehrlichen Handel sorgen.*

den Zunftmitgliedern erlaubt und was verboten war, legte die Zunftordnung fest. So war die Zahl der Gesellen und Lehrlinge begrenzt, die ein Handwerksmeister in seinem Betrieb beschäftigen durfte. Außerdem war ihm verboten, mehr als eine Werkstatt oder einen Verkaufsstand zu führen und einem anderen Meister die Beschäftigten abzuwerben. Die Zunftordnung regelte aber auch den Einkauf und die Zuteilung von Rohstoffen, legte die Art und Qualität der Produkte fest und verfügte Preis und Menge der produzierten Ware. Auf diese Weise garantierte die Zunft ihren Mitgliedern stetige und sichere Einkünfte und sorgte für ein hohes Qualitätsniveau der Waren.

Gefürchtete Beutelschneider

Das Leben in der Stadt hatte jedoch auch seine Schattenseiten, und die sozialen Unterschiede waren sehr groß. Viele kleine und mittellose Handwerker waren zu einem Leben als Gesellen verurteilt, ohne die Aussicht, je als Meister zugelassen zu werden. Die unteren Gesellschaftsschichten hatten keine Ausbildung und lebten in Armut. Sie fristeten ihr Leben als Zuhälter, Bettler, Diebe oder Schwindler. Besonders berüchtigt waren die Beutelschneider. Man nannte sie so, weil sie die Geldbeutel, die die Begüterten an ihren Gürteln trugen, abschnitten.

Die zu Reichtum und Ansehen gelangten Familien saßen im Stadtrat und bestimmten maßgeblich die städtische Politik mit. Einzelne Kaufleute wurden sogar von Kaiser und Fürsten umworben, die immer unter Geldmangel litten und bei ihnen Kredite zu hohen Zinsen aufnahmen, um ihre teuren Kriege und ihren luxuriösen Lebensstil zu finanzieren.

Viele Kaufmanns- und Handwerkerfamilien kümmerten sich auch um das öffentliche Wohl und machten sich um die Kunst und Kultur ihrer Stadt verdient. Man spendete Gelder für wohltätige Einrichtungen wie Hospitäler und Waisenhäuser, ließ prächtige Kirchen und öffentliche Gebäude erbauen, unterstützte Künstler und richtete prächtige Feste mit Musik und Tanz aus, die den höfischen Bällen in nichts nachstanden.

Ehe als Lebensversicherung

In der Familie hatte der Ehemann das Sagen. Seine Pflicht war es, den Haushalt zu überwachen, was auch bedeutete, daß er seine Ehefrau, Kinder und Dienstboten züchtigen durfte, wenn es ihm nötig erschien. Unterließ er dies, so konnte ihm das als Pflichtverletzung angelastet werden, und er wurde dem öffentlichen Gespött preisgegeben: Unter Begleitung einer trommelschlagenden Prozession wurde ein Mann, der den Ehemann darstellte, Hörner trug und rückwärts auf einem Esel saß, von einer Frau, die die Ehefrau darstellte, mit einer Suppenkelle geschlagen, während die Menge vor dem Haus des Opfers schrie und johlte.

Von den Frauen wurde erwartet, daß sie den Männern in der Familie gehorchten. Ihre wichtigste Aufgabe war die Verwaltung von Haus und Herd – Kochen, Putzen, Sorge für die Kinder sowie die Pflege der Kranken und Alten. Die wichtigste Entscheidung, die im Namen der Frau getroffen wurde, war die Wahl des Ehemanns, denn mit der Heirat hatte sie nach damaliger Ansicht ausgesorgt. Etwa ab dem neunten Lebensjahr wurden die meisten Mädchen von ihren Familien als Dienstboten in andere Haushalte gegeben. Doch auch in zahlreichen städtischen Berufszweigen waren Frauen tätig. Manche betrieben sogar ein eigenes Gasthaus oder eine kleine Taverne.

DRAKONISCHE STRAFEN

In den mittelalterlichen Städten sorgten meist besondere Gerichte für die Einhaltung der Gesetze. Die Bestrafung sollte dem Verbrechen angemessen sein. Kerkerhaft war selten, die Verhängung anderer Strafen erfolgte gewöhnlich unverzüglich und auf sehr drastische Art.

So war Erhängen eine weitverbreitete Strafe nicht nur für Mord, sondern auch für aufrührerisches Verhalten gegenüber der Obrigkeit. Eine Frau, die Nachbarn oder ihre Familie in der Öffentlichkeit schmähte, wurde als Zankteufel hingestellt und dazu verurteilt, ein Zaumzeug zu tragen, das ihre Zunge still hielt. Verleumdern wurden oftmals die Ohren gestutzt. Die Verwendung falscher Maße und Gewichte bestrafte man mit dem sogenannten Tauchstuhl. Ein Metzger, der Pferdefleisch als Wild verkaufte, oder ein Bäcker, der seine Brotlaibe mit Steinen beschwerte, um den Kunden, der die Ware nach Gewicht bezahlte, zu betrügen, wurde an den Pranger gestellt, wo ihn die Leute ungestraft verhöhnen und mit faulem Obst bewerfen konnten. Einen unehrlichen Brauer zwang man in der Öffentlichkeit, ungeheure Mengen seines eigenen Bieres zu trinken, der Rest wurde dann über ihn ausgegossen. Kleinere Vergehen dagegen bestrafte man mit Geldbußen.

Mutmaßliche Hexen mußten sich oft der Wasserprobe unterziehen. Das bedeutete, daß sie ins Wasser geworfen wurden. Wenn die Angeklagte an der Wasseroberfläche trieb, wurde sie für schuldig befunden und hingerichtet, wenn sie dagegen unterging und ertrank, galt sie für unschuldig, war aber tot. Hexen wie Ketzer verbrannte man auf dem Scheiterhaufen, nachdem man sie vorher qualvoll gefoltert hatte.

Gerechtigkeit *Dieben schlug man zur Strafe die Hand ab.*

Prügel für die Frau *Ein Ehemann hatte das Recht, seine Ehefrau zu züchtigen, wenn sie ihm den Gehorsam verweigerte. Ein solches Verhalten galt im Mittelalter als durchaus normal.*

WOHNEN UND ESSEN IM STADTHAUS

Sehhilfe *Die ersten Brillen in Europa wurden wahrscheinlich Ende des 13. Jahrhunderts in Venedig hergestellt.*

Bei den Häusern in mittelalterlichen Städten handelte es sich zumeist um zwei- oder mehrgeschossige Bauten mit vorkragenden oder gestaffelt übereinanderliegenden Stockwerken. Diese Bauweise vergrößerte den verfügbaren Raum in den Obergeschossen, machte aber die Gassen noch enger und nahm ihnen das Licht, was zu der düsteren Atmosphäre einer mittelalterlichen Stadt beitrug. Die einzelnen Grundstücke waren oft sehr schmal, aber lang, und an ihrem Ende lagen kleine Gärten oder Hinterhöfe. Im frühen Mittelalter, als die Städte noch nicht übervölkert und die dörflichen Traditionen noch sehr lebendig waren, hielten die Bewohner in den Höfen Schweine, Hühner und sogar Kühe. Ein dort ausgehobenes Loch diente oft als Abort, obgleich es in vielen Kaufmannshäusern Keller mit einer Kloakengrube gab.

Die Häuser hatten kein fließendes Wasser. Für Haushaltszwecke holte man das Wasser aus dem nahen Fluß, einer Quelle oder kaufte es von Wasserträgern auf der Straße. Auch Badezimmer gab es nicht; um ein Vollbad mit warmem Wasser zu nehmen, gingen die Menschen in ein öffentliches Badehaus.

Aus Sicherheitsgründen errichtete man die Küche mit der offenen Feuerstelle oft als eigenes Gebäude im Hof. Zur mittelalterlichen Küchenausstattung zählten Mörser und Stößel, Reisigbesen sowie Scheuersand zum Reinigen der Töpfe und Pfannen. Wer keinen eigenen Herd besaß, brachte seine Gerichte und Brote zum Bäcker, der sie in seinem Ofen backte.

Die Patrizier, die Angehörigen der städtischen Oberschicht, speisten sehr reichlich und hatten eine ausgesprochene Vorliebe für feines Gebäck, das man mit Obst oder pikanten Zutaten wie Käse, Aalstücken oder gehacktem Schinken füllte. Schon damals schätzte man französische Weine aus der Gegend um Bordeaux, die man in Lederschläuchen kaufte.

Beschwerliche Wehen *Im Mittelalter starben viele Frauen im Kindbett, doch in dieser Szene haben Mutter und Kind die Strapazen überlebt.*

Alltagsgeschirr *Der Tonkrug aus dem 14. Jahrhundert hat die Form eines Kopfes.*

Stilvoll *Um 1400 benutzte man Zinngeschirr zum Speisen.*

WOHNUNG UND LADEN UNTER EINEM DACH

Das Haus eines Kaufmanns im Mittelalter war Wohnhaus, Lager und Laden zugleich. Im Erdgeschoß stellen der Tuchhändler und sein Gehilfe gerade Waren aus. Der Laden ist zur Straße hin offen, nachts verschließt man ihn mit hölzernen Klappläden, die tagsüber nach unten geklappt werden und als Tisch für die Auslage der Waren dienen.

Im hinteren Teil des Hauses hängt ein Wasserkessel über einem offenen Feuer; der Rauch zieht durch die Ritzen zwischen Wänden und Dach ab. Eine Dienerin hält ein Auge auf den Topf, während die Amme den jüngsten Sproß der Familie wiegt. Im hinteren Teil des Hauses liegt die Spülküche. Im Schlafzimmer im ersten Stock verabreicht der Arzt der Ehefrau des Kaufmanns, die gerade entbunden hat, einen stärkenden Kräutertrank. Eine Statue der Jungfrau Maria an der Wand bezeugt die Frömmigkeit der Familie.

Die meisten Kaufmannshäuser waren Fachwerkbauten und deshalb äußerst feuergefährdet. Statt Glasfenstern, die sehr teuer waren, benutzte man Holzläden.

Wärmendes Feuer *Auf dieser Abbildung wärmt sich ein reicher Kaufmann, der in einen pelzgefütterten Mantel eingehüllt ist, am offenen Kaminfeuer auf, während seine Dienstboten das Abendessen – Fleisch und Brot – aus der Küche auftragen.*

Im Lauf der Zeit wurde die Einrichtung der Haushalte immer komfortabler. So schliefen im 13. Jahrhundert die wohlhabenden Bürger in Holzbetten, die mit gotischen Schnitzereien und bunten Malereien verziert waren. Man verwendete bestickte Bettdecken, Leintücher und Kissen. Um im Schlafgemach, das man mit anderen Familienmitgliedern teilte, ungestört sein zu können, hängte man Vorhänge von der Decke um das Bett. Aus dieser Tradition entwickelten sich die ersten Himmelbetten.

Trinkbecher und Haushaltsgefäße aus Glas gab es kaum, doch seit dem 14. Jahrhundert konnten sich begüterte Bürger Glasfenster in ihre Häuser einbauen lassen. Die kleinen Scheiben wurden in Bleiruten eingefaßt oder in einen eisernen Rahmen zwischen Holzsprossen eingesetzt, so daß man sie problemlos aus- und woanders wieder einbauen konnte. Von ganz besonderem Wert waren auch die Glasspiegel, die man für ein Vermögen aus dem Orient beziehen konnte. Andere Gebrauchsgegenstände aus Glas wie Brillen kamen gegen Ende des 13. Jahrhunderts in Europa auf; die Araber hatten bereits zwei Jahrhunderte zuvor erstmals Linsen aus Glas hergestellt.

Gobelins für die Wände

Vor allem die zunehmenden Kontakte mit dem Heiligen Land, die durch die Kreuzzüge zustande gekommen waren, veränderten die Mode und die Ausstattung der Häuser. Aufwendige und wertvolle Gobelins ersetzten in den Häusern der reichen Kaufleute allmählich die einfachen flanellartigen Stoffe als Wandbehang und als Bezüge für Kissen, Stühle und Bänke.

Auch die mittelalterliche Mode änderte sich grundlegend, als die Kreuzfahrer so kostbare Stoffe wie feine levantinische Baumwolle, edlen Musselin aus Mosul, gemusterten Damast aus Damaskus und durchsichtige Gaze aus Gaza mit nach Hause brachten. Sie gestalteten die Kleidung wesentlich phantasievoller, bunter und exotischer. So trugen die Männer statt den bisher üblichen weiten und unscheinbaren langen Gewändern nunmehr kurze und enganliegende Hosen, sogenannte Beinlinge, und zwängten ihre Füße in Schnabelschuhe. Das häufig pelzgefütterte Wams, mit langer, bis zum Knie reichender Schleppe versehen, wurde durch einen Stoff- oder Ledergürtel, der mit Gold oder Silber verziert war, zusammengehalten. Die Kleidung der Frauen war ebenfalls sehr körperbetont und erregte besonders das Mißfallen der Kirche und der Obrigkeit.

Kleidung als Statussymbol

Man verwendete vor allem farbige und gestreifte Stoffe. Besonderes Augenmerk galt den Ärmeln, die unterschiedlich lang sein konnten, aus verschiedenen Geweben angefertigt und oft mit Silberplättchen geschmückt waren. Die Säume der Gewänder wurden mit Schlitzen oder Zickzackmustern versehen. Ein im 14. Jahrhundert bei reichen wie armen Bürgern gleichermaßen beliebtes Kleidungsstück war die sogenannte Gugel, eine Kragenkapuze, die bis über die Schultern reichte und die man turbanartig auf dem Kopf zusammengeschlungen trug.

Die Kleidung wurde zunehmend zu einem Statussymbol. Reiche Bürger wetteiferten mit dem Adel um die teuersten und ausgefallensten Kleidungsstücke. Ein so offen ausgetragener Konkurrenzkampf bedrohte allerdings die strenge mittelalterliche Ständeordnung. Und so erließ man zahlreiche Gesetze, die es den Zünften und den Gilden genau vorschrieb, welche Kleider ihre Mitglieder tragen durften.

Saubere Sache *In einigen Häusern gab es bereits im Mittelalter Toiletten. Auf dem Bild ist eine Gemeinschaftslatrine zwischen den oberen Stockwerken zweier Häuser angebracht. Der Mann nutzt die Latrine im Erdgeschoß.*

Sicher *Ohne Schlüssel keine Sicherheit*

GEWÜRZE FÜR DIE KÜCHE

In der mittelalterlichen Küche wurde gern kräftig gewürzt, um den Geschmack leicht verderblicher Speisen zu verbessern, vor allem von Fleisch, das man in Speisekammern aufbewahrte, die nicht gerade sehr reinlich und kühl waren. Deshalb zog die Bürgersgattin zahlreiche Kräuter wie Knoblauch, Thymian, Petersilie und Schnittlauch im Garten. Als Speisegewürz benutzte man auch Salz, Pfeffer brachten die Kaufleute aus dem Orient mit. Beliebt war Zucker, den die Kreuzfahrer zusammen mit Zitrusfrüchten aus dem Heiligen Land eingeführt hatten, allerdings war er sehr teuer. Fisch war im Mittelalter eine weitverbreitete Speise, vor allem an Fastentagen, an denen es den Christen verboten war, Fleisch zu essen. Fisch wurde sehr oft mit Fenchel zubereitet, und auch Heringe waren eine beliebte und billige Kost, so daß man fast die Hälfte eines Jahres als Fischtage bezeichnen konnte.

Klappbesteck *Diesen Löffel konnte man zusammenklappen.*

DER SCHWARZE TOD GEHT UM

„Mein Bruder, mein Bruder! Oh, was soll ich sagen? Wohin soll ich mich wenden? Überall herrscht Trauer, überall herrscht Furcht. Ich wollte, ich wäre nie geboren oder ich wäre vor diesen Zeiten gestorben. Wann hat man es je erlebt, daß Häuser leer stehen, Städte verlassen sind, daß die Friedhöfe zu klein sind für die Toten und eine furchtsame, allgemeine Einsamkeit über der ganzen Erde liegt?"

Diese bittere Wehklage richtete der italienische Dichter Petrarca im Mai 1348 aus Parma an seinen Bruder, den einzigen Überlebenden einer Klostergemeinschaft, die einst aus 35 Personen bestanden hatte. Sie waren dem Schwarzen Tod zum Opfer gefallen, einer Pestepidemie, die im Jahr 1347 über Europa hereinbrach. Sie raffte viele der engsten Freunde Petrarcas hinweg, auch seine junge Angebetete Laura, die ihn zu seinen schönsten Gedichten angeregt hatte.

Den verschmutzten und engen Städten und Dörfern des Mittelalters waren Tod und Krankheit nicht fremd. Der Schwarze Tod jedoch war eine Heimsuchung von zerstörerischer Grausamkeit. Erste Berichte über die Pest stammten aus den Karawansereien entlang der Seidenstraße in Asien. Wahrscheinlich wurde die Pest durch Pelzballen eingeschleppt, die mit Flöhen, den Überträgern der Pest, verseucht waren. Die Krankheit breitete sich rasch in Kleinasien aus und forderte schätzungsweise 85 000 Opfer allein auf der Krim. Von dort gelangte sie im Jahr 1347 auf Handelsschiffen über die Hafenstädte des Mittelmeeres nach Europa.

Die häufigste Form der Erkrankung war die Beulenpest, die sich durch dunkel verfärbte, eitrige Schwellungen der Lymphdrüsen in den Leisten und Achselhöhlen bemerkbar machte. Fieber, Benommenheit sowie starke Kopf- und Gliederschmerzen waren weitere untrügliche Anzeichen der Krankheit. Weit bösartiger war die Lungenpest, die sich in Husten, schwarzblutigem Auswurf, Atemnot und bläulich verfärbter Haut äußerte und innerhalb weniger Tage zum Tod führte. Eine Rettung für die infizierten Personen gab es nicht.

Keine Glocken für die Toten

Italien gehörte zu den Ländern in Europa, in denen die Pest zuerst zuschlug. Als in Mailand die ersten Fälle bekannt wurden, ordnete man an, die betroffenen Häuser zuzumauern und sowohl Kranke als auch Gesunde darin dem Tod zu überlassen. Anfänglich, als man die Opfer noch gebührend bestattete, durften die Kirchenglocken nicht geläutet werden, weil man befürchtete, daß sich Panik ausbreitete. Später jedoch waren die Todesfälle so häufig, daß man die Leichen ohne großes Zeremoniell in Massengräber warf. „Von diesen Massengräbern ging ein solcher Gestank aus, daß kaum jemand sich in die Nähe der Friedhöfe wagte", berichtete ein englischer Mönch voller Grauen.

In Avignon, wo seit dem Jahr 1309 der Papst seinen Sitz hatte, wütete die Pest mehrere Monate lang und forderte schätzungsweise 50 000 Menschenleben. Da man zeitweise nicht wußte, wohin man die vielen Leichen bringen sollte, weihte der Papst kurzerhand das Wasser der Rhone, damit man die Toten einfach in den Fluß werfen konnte. Auf dem Land, wo die meisten Menschen lebten, erfuhr die Bevölkerung von der schrecklichen Seuche zunächst nur durch Erzählungen von Reisenden. Hatte die Pest dann das Nachbardorf erreicht und griff von dort auch auf das eigene Dorf über, war es zur Flucht oft zu spät.

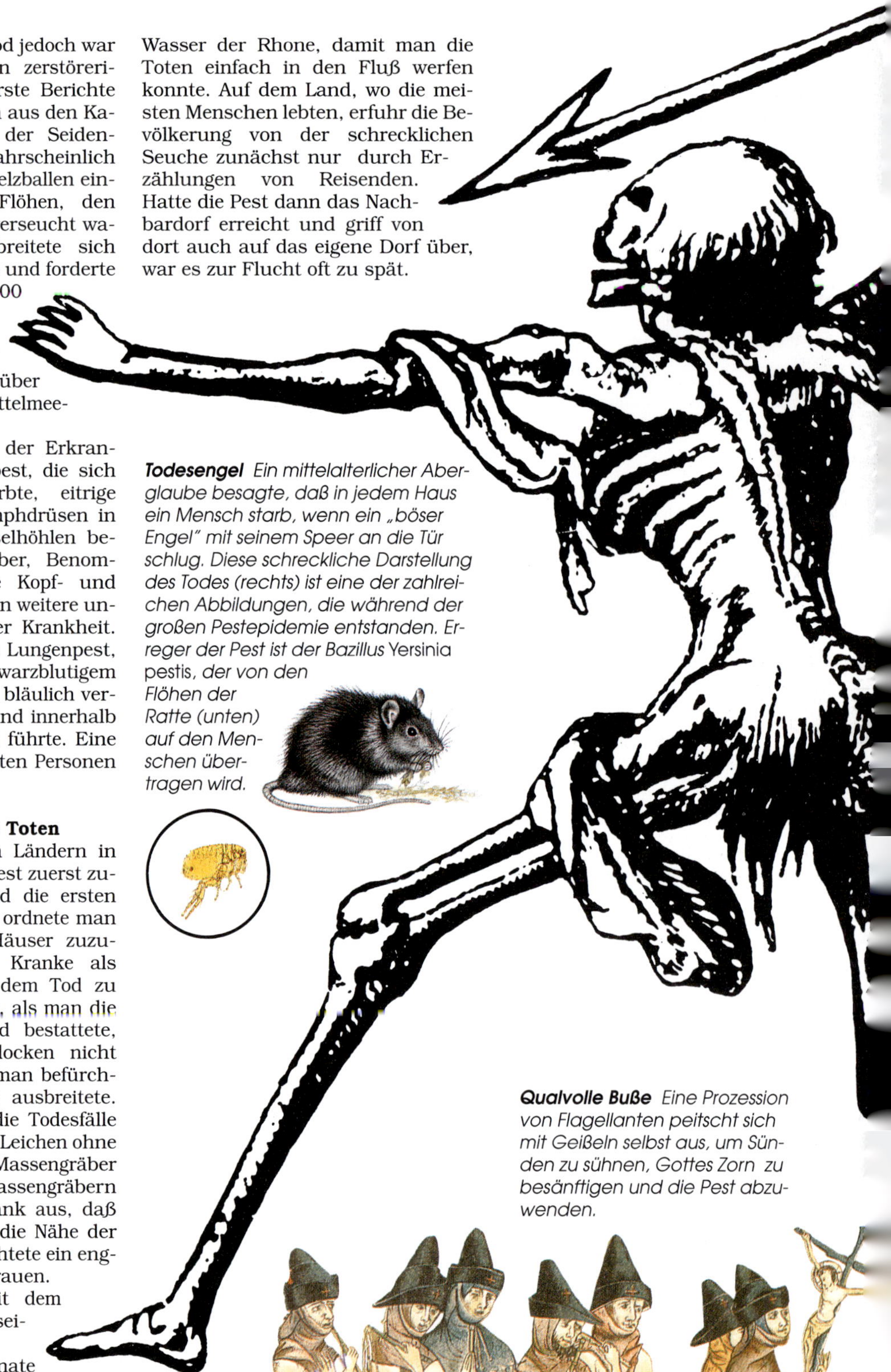

Todesengel *Ein mittelalterlicher Aberglaube besagte, daß in jedem Haus ein Mensch starb, wenn ein „böser Engel" mit seinem Speer an die Tür schlug. Diese schreckliche Darstellung des Todes (rechts) ist eine der zahlreichen Abbildungen, die während der großen Pestepidemie entstanden. Erreger der Pest ist der Bazillus* Yersinia pestis, *der von den Flöhen der Ratte (unten) auf den Menschen übertragen wird.*

Bestattung *Zu Beginn der Pestepidemie gab es noch Särge. Später, als die Zahl der Opfer stieg und Holz knapp wurde, hüllte man die Toten in Tücher und warf sie in Gruben.*

Qualvolle Buße *Eine Prozession von Flagellanten peitscht sich mit Geißeln selbst aus, um Sünden zu sühnen, Gottes Zorn zu besänftigen und die Pest abzuwenden.*

Als die schreckliche Seuche schließlich vorüber war, standen zahlreiche Häuser leer, Vieh blieb unversorgt, und die Früchte verrotteten auf den Feldern. Man schätzt, daß allein in Deutschland von den etwa 170 000 Dörfern und Weilern rund 40 000 entvölkert und viele von ihnen niemals wieder besiedelt wurden.

In Deutschland trieb der Schwarze Tod, in dem man ein Strafgericht Gottes sah, die Menschen in die Arme der Flagellanten oder Geißler, einer religiösen Gemeinschaft, die versuchte, Gottes Zorn durch Gebete und Selbstgeißelung zu besänftigen. Die Geißler zogen in Gruppen von einigen Hunderten von Stadt zu Stadt. Sie gingen meist in Zweierreihen hinter ihrem Meister und zwei Anführern her. Auf dem Marktplatz bildeten sie vor den neugierigen Blicken der Bevölkerung einen großen Kreis und legten sich mit entblößtem Oberkörper so auf die Erde, daß der Meister zwischen ihnen umhergehen und sie mit einer Geißel aus Lederriemen, an denen Nägel und Metallstücke befestigt waren, auspeitschen konnte. Zum Schluß schlugen sich die Flagellanten schließlich selbst mit den Lederpeitschen auf Brust und Rücken. Während dieser schmerzhaften Prozedur sangen sie unablässig im Chor und gerieten dabei in Ekstase.

Doch dem Schwarzen Tod entkam kaum jemand in Europa. In Florenz dezimierte die Seuche die Bevölkerung von rund 110 000 im Jahr 1338 auf 50 000 im Jahr 1351. In Wien raffte die Pest an manchen Tagen bis zu 1200 Menschen hinweg. Vorsichtigen Schätzungen zufolge belief sich die Zahl der Opfer auf 25 Millionen, das entsprach etwa einem Drittel der Gesamtbevölkerung Europas. Erst zu Beginn des 17. Jahrhunderts sollte der europäische Kontinent den Bevölkerungsstand aus der Zeit vor 1347 wieder erreichen.

Kein Erbarmen mit den Bauern *Zahlreiche Mißernten und das langjährige Elend des Schwarzen Todes führten dazu, daß sich in Frankreich ausgehungerte Bauern zusammenrotteten und gegen ihre Grundherren empörten. Dieser Aufstand wurde1358 vom Adel grausam niedergeschlagen,*

Entvölkerter Kontinent

Die Epidemie, die über fünf Jahre wütete, hatte weitreichende Folgen für Europa. Ganze Landstriche waren entvölkert. Es herrschte eine unbeschreibliche Armut unter den Überlebenden. Die Menschen erfaßte angesichts dieser Situation eine tiefe Mutlosigkeit. Das Wirtschaftsleben lag danieder. In der Landwirtschaft und im Handwerk fehlten die Arbeitskräfte. Weniger Menschen bedeuteten aber auch weniger Absatzmöglichkeiten für die Waren. Die Preise verfielen, und die Löhne stiegen wegen der sinkenden Zahl von Erwerbstätigen erheblich. Auch Recht und Gesetz galten nicht mehr viel. In Frankreich schlossen sich Straßenräuber und Bettler zu Räuberbanden zusammen, die die Bauern drangsalierten, in England trieben Outlaws, Gesetzlose, die in den Wäldern lebten, ihr Unwesen, und in Deutschland machten Raubritter die Straßen unsicher.

QUARANTÄNE GEGEN DIE PEST

Für die Ärzte war die Pest ein düsteres Geheimnis. Die mittelalterlichen Ärzte waren zwar im Sammeln von Kräutern bewandert und konnten bei harmlosen Gebrechen helfen, aber bei der Pest versagte ihre Kunst, denn mit dem Aderlaß, dem Allheilmittel der mittelalterlichen Medizin, war dem Schwarzen Tod nicht beizukommen.

Auf der Suche nach Schuldigen fand man in den Juden einen geeigneten Sündenbock. So behauptete man einfach, die Juden hätten die Brunnen vergiftet. Die verzweifelten Menschen glaubten den aus der Luft gegriffenen Anschuldigungen, und es kam zu grausamen Verfolgungen.

Eine Neuerung als Folge der Pest war die Einführung der Quarantäne. Schiffe, die aus dem Orient ankamen, wurden 40 – italienisch *quaranta* – Tage lang isoliert und ihre Besatzungen am Betreten des Festlandes gehindert. Diese Praxis sollte eine weitverbreitete Vorsichtsmaßnahme in den Hafenstädten werden.

Machtlos *Ein Arzt hält sich, während er einem Pestkranken den Puls fühlt, eine Duftkugel an die Nase.*

Elend *Auch Verkrüppelten konnte die mittelalterliche Medizin nicht helfen.*

WELT DES ORIENTS

Im 8. Jahrhundert schuf sich der 622 vom Propheten Mohammed gestiftete Islam einen Machtbereich, der sich von der Iberischen Halbinsel bis nach Indien erstreckte. In den im Namen Allahs eroberten Gebieten entwickelte sich eine eigenständige hochstehende Kultur, die auf dem gemeinsamen Glauben und der arabischen Sprache basierte und neue Kunstformen hervorbrachte, die Wissenschaften pflegte sowie ein umfassendes Gesetzeswerk schuf.

Die Eroberung der heiligen Stätten des Christentums in Palästina durch die Anhänger Allahs führte zu Jahrhunderte dauernden Kämpfen zwischen Muslimen und Christen, die ihren Höhepunkt in den Kreuzzügen des 12. und 13. Jahrhunderts erreichten. Der religiöse Eifer der Kreuzfahrer paarte sich mit der Gier nach Beute und der Hoffnung auf Reichtum und Landbesitz. Die christlichen Staaten, die im Heiligen Land entstanden, begünstigten jedoch auch den wirtschaftlichen und kulturellen Austausch zwischen Orient und Okzident. Arabische Gelehrsamkeit und orientalischer Geschmack beeinflußten die Lebensweise der Europäer. Mit der Zeit gelang es den Anhängern Allahs, die Kreuzfahrer zu vertreiben; im Jahr 1291 fiel der letzte christliche Stützpunkt, die Stadt Akko, an die Muslime.

DER ISLAM 7.–16. JAHRHUNDERT

DER KORAN – LEITFADEN FÜRS LEBEN

Man schreibt das Jahr 1350: Seit etwa 25 Jahren zieht der arabische Reisende Ibn Battuta durch die islamische Welt. In Bagdad stellt er fest, daß die Wände der 2000 Badehäuser der Stadt mit einer dichten schwarzen Substanz überzogen sind, einem natürlichen Asphalt, der Bestandteil von Erdöl ist. Auf den Malediven, wo er als Kadi tätig ist, versucht er vergeblich, die Mädchen davon abzuhalten, mit entblößtem Busen einherzugehen. Und in Timbuktu am südlichen Rand der Sahara stellt er überrascht fest, daß die Einwohner die Freitagsgebete so eifrig einhalten, daß die Sklaven ihren Herren schon früh am Tag Plätze in der Moschee reservieren müssen.

Wo auch immer seine Reise endet – der erste Weg führt Ibn Battuta, nachdem er mit steifen Gliedern vom Rücken seines Kamels gestiegen ist oder glücklich eine ächzende Dau verlassen hat, zur Moschee, die im Zentrum einer jeden muslimischen Stadt liegt. Der Hof der Andachtsstätte mit umlaufenden überdachten Galerien wirkt kühl und ruhig und hebt sich angenehm vom lärmenden

Quelle des Wissens *Ein muslimischer Mufti, ein Rechtsgelehrter, trägt einen Abschnitt aus dem Koran, dem heiligen Buch des Islam, vor. Der Koran enthält die Offenbarungen, die nach dem Glauben der Muslime dem Propheten Mohammed vom Erzengel Gabriel diktiert wurden, der von Allah inspiriert war.*

Treiben der Straßen ab, wo die Händler lautstark ihre Waren anpreisen. Nach wenigen Augenblicken hört man nur noch leises Gemurmel, wie es für einen Ort des Gebets angemessen ist, und das Plätschern des Brunnens inmitten des Hofes, dessen Wasser rituellen Waschungen dient.

An der Mekka zugewandten Seite der Moschee liegt der Betsaal. Dort, in der Nähe der reich mit Ornamenten verzierten Gebetsnische, läßt ein Mann eine Kette mit Perlen durch die Finger laufen und murmelt ein Gebet. Die Gläubigen gehen über kostbare Teppiche barfuß an ihm vorüber und respektieren seine fromme Versenkung.

Die Säulen des Islam

Für einen gläubigen Muslim wie Ibn Battuta gelten die fünf Hauptpflichten als unabdingbare Gebote: das Glaubensbekenntnis, daß es keinen Gott außer Allah gibt und Mohammed sein Prophet ist; das fünfmal täglich vorgeschriebene Gebet, das stets auf arabisch gesprochen wird und eingehalten werden muß, wo immer sich der Gläubige befinden mag; die Pflicht, Almosen zu geben, und die Pflicht, den alljährlichen Fastenmonat Ramadan einzuhalten, in dem der gläubige Muslim von Sonnenauf- bis -untergang weder essen noch trinken darf; das fünfte Gebot verlangt die Pilgerreise nach Mekka, die jeder Gläubige einmal in seinem Leben unternehmen soll. Denn in Mekka, im Hof der Großen Moschee, liegt das am höchsten verehrte Heiligtum des Islam, die Kaaba.

Aus der Koranschule der Moschee, die sich in einer Halle im Hof der Moschee befindet, dringt ein lauter und leiser werdender Chor schriller Stimmen: Eine Klasse von Schülern zitiert Abschnitte aus dem Koran. Sobald die Schüler den Koran beherrschen, dürfen die Klügsten von ihnen studieren. Zuerst die Grundlagenfächer Grammatik und Rhetorik. Anschließend können sich die angehenden Gelehrten den verschiedensten Wissensbereichen – von der Astronomie bis zur Musik – widmen. Die vornehmste aller Wissenschaften ist die Theologie, sie erfaßt alle Lebensbereiche der islamischen Gesellschaft.

Am Tor der Moschee spricht eine kleine Gruppe von Männern mit dem Imam, dem muslimischen Vorbeter, über religiöse Fragen. Der Imam ist kein Priester, sondern der Vorbeter bei den fünf vorgeschriebenen Gebeten, er hält eine Predigt nach den Freitagsgebeten und gibt den Menschen religiöse Anweisungen. Der Imam trägt einen Bart, der so geschnitten ist, wie es die Überlieferung von Mohammed selbst berichtet. Neben dem Koran sind nämlich die Worte und Taten des Propheten, die im *hadith* überliefert sind, die wichtigste Quelle des islamischen Gesetzes. Jahrhunderte nach dem Tod des Propheten, als sich der Islam immer weiter verbreitete, bemühten sich alle muslimischen Rechtsgelehrten, einen Verhaltenskodex zu schaffen, der jede Handlung und Empfindung in eine von fünf Kategorien einordnete: verpflichtend, erlaubt, neutral, nicht empfohlen oder verboten. Diese Verhaltensvorschriften beherrschen noch heute das Leben der Muslime ebenso wie vor 650 Jahren, als Ibn Battuta durch die Welt zog.

Bevorzugte Pilgerstätte *Die tunesische Stadt Kairuan ist neben Mekka, Medina und Jerusalem die vierte heilige Stadt des Islam und noch heute Ziel zahlreicher Pilger.*

Welt des Islam *Ein Jahrhundert nach dem Tod Mohammeds 632 erstreckten sich die islamischen Reiche von Spanien über Nordafrika bis Indien.*

Kamelkarawane *Diese farbenprächtige Miniatur, die im 13. Jahrhundert in Bagdad entstand, zeigt fromme Muslime, die sich, von Pauken- und Trompetenklängen und bunten Standarten begleitet, auf dem Pilgerzug befinden. Bevorzugtes Ziel der Wallfahrt war damals wie heute Mekka.*

Schönheit des Wortes *Die Texte des Korans sind stets in arabischer Schrift niedergeschrieben und zur Ehre Allahs prachtvoll ausgestaltet. Die eigens dazu ausgebildeten Schönschreiber, die nach den Vorschriften des Islam keine Porträts malen durften, verwandten ihr ganzes Können auf die ornamentale Verzierung und Ausschmückung der Handschriften.*

GESCHÄFTIGER ALLTAG IM BASAR

Zur Zeit der Herrschaft des Großen Kalifen Harun Ar Raschid zum Ende des 8. Jahrhunderts kam es bisweilen vor, daß ein Perlenhändler in Bagdad nur mit Mühe sprechen konnte. Nicht, weil ihm die Stimme versagt hätte, die er ja unablässig zum Verhandeln und Reden gebrauchte, sondern vielmehr, weil er gerade dabei war, eine neue Sendung Perlen zu prüfen, indem er sie in den Mund nahm und so ihren Geschmack testete.

Süß schmeckende Perlen aus Oman erzielten einen hohen Preis. Wenn sie dagegen salzig schmeckten, war es minderwertige Ware aus dem Roten Meer, die der Händler sofort in den hinteren Teil des Ladens verbannte. Immerhin handelte es sich bei beiden um echte Perlen – im Gegensatz zu manch anderen Angeboten, die, legte man sie ins Wasser, obenauf schwammen und damit eindeutig als Fälschungen erkennbar waren.

Der Laden des Perlenhändlers bestand möglicherweise nur aus einer Nische in einer Wand im Basar von Bagdad. Jede größere muslimische Stadt besaß ein solches Gewerbeviertel, oft überdacht und von der übrigen Stadt durch Mauern abgeschirmt. Im Basar boten unzählige Händler ihre Waren feil, Importe aus der ganzen arabischen Welt und aus fernen Ländern. Aus Arabien kamen gegerbte Tierhäute, aus dem Jemen Weihrauch, Indigo und Gelbwurz, aus Indien Sandelholz, Elfenbein und Sklaven. Aus Isfahan stammten zahlreiche Delikatessen und Gewürze wie Honig, Äpfel, Quitten, Safran, Salz und Fruchtgetränke.

Seide, Pelze und Falken

Aus Konstantinopel, der Hauptstadt des christlichen Oströmischen Reiches, wurden zubereitete Arzneimittel für die Apotheker und Lyren für die Händler mit Musikinstrumenten geliefert. Über die Seidenstraße kam aus China, einer der ältesten Kulturen der Welt, nicht nur glänzende, in wunderbaren Farbtönen eingefärbte Seide, sondern auch Papier und Tusche, Zimt für die Spezereienläden

Geistige Nahrung *Diesen Teller eines persischen Adligen aus dem 10. Jahrhundert ziert ein arabisches Sprichwort: „Nur die Bescheidenheit weist das Handeln eines edlen Mannes aus."*

Glückliche Heimkehr *Ein reicher Händler, begleitet von seinem Freund, kehrt anläßlich der Geburt seines Sohnes nach Hause zurück. Die Sklaven empfangen ihn an der Tür seines Palastes.*

Aufbruch in die Wüste *Ein Kaufmann besteigt sein Kamel, um die Wüste zu durchqueren. Tagelang kämpften sich Kamelkarawanen durch die Sandwüsten des Orients, ständig bedroht von Banditen und Naturgewalten. In gewissem Abstand boten Karawansereien Schutz.*

MARKT IM SCHATTEN DES MINARETTS

Der Duft der Gewürze, das Stimmengewirr feilschender Händler und Kunden und das Gebrüll von Tieren erfüllen den Basar, den es in jeder größeren muslimischen Stadt gibt. Hier, abgeschirmt von der mittäglichen Sonne, bieten die Händler ihren Kunden all das, wonach ihr Herz begehrt. Die zumeist männlichen Besucher schlendern umher, bleiben stehen, um sich zu unterhalten, Fruchtsaft zu trinken oder den Handwerkern bei der Arbeit zuzuschauen, die Metallarbeiten, Teppiche und Textilien mit leuchtenden Mustern herstellen. Hier gibt es Pfeilspitzen und Falken für die Jagd, kunstvoll geschnitzte Kämme für die Frauen sowie eine unglaubliche Fülle anderer Waren: vom Quecksilber bis hin zu Granatäpfeln, von wollenen Mänteln bis zum Safran. Zum Verkauf stehen sogar Pferde und Kamele aus Arabien, Kokosnüsse und Leopardenfelle aus Indien, Pfauen und Rhabarber aus China. Jenseits des Gewirrs der engen Gassen erhebt sich ein Minarett der Moschee, dessen Mauern mit kostbaren Steinmetzarbeiten versehen sind.

und feinstes Porzellan. Aus den skandinavischen Ländern wurden Pelze, Rüstungen und Falken eingeführt.

Da die Händler im Basar auf kleinstem Raum nebeneinander ihr Geschäft betrieben, war es für sie leicht, Qualitätskontrollen durchzuführen, indem sie sich gegenseitig aufmerksam beobachteten. Für die Kunden war es ebenso leicht, die Preise zu vergleichen und sich nicht übervorteilen zu lassen. Im Gegensatz zu christlichen Ländern, wo ein Händler nur geringes Ansehen genoß, war der muslimische Kaufmann ein hochgeschätztes Mitglied der Gesellschaft. Als junger Mann hatte der Prophet Mohammed selbst Kamelkarawanen durch die Wüste geschickt. Wegen seines ehrlichen Geschäftsgebarens erhielt er von seinen Stammesgenossen den ehrenvollen Beinamen *al-Amin*, der Vertrauenswürdige.

Sklavenhandel *Ein Kunde trifft seine Wahl unter schwarzen und weißen Sklaven, während ein Kaufmann mit der Waage die Münzen prüft.*

Über die hohen Qualitätsanforderungen des Basars wachte der Marktinspektor oder *muhtasib*. In einer Gesetzessammlung, die im 12. Jahrhundert in Sevilla entstand, wurden die Vorschriften bis in alle Einzelheiten festgelegt. So war es den Metzgern untersagt, blutige Fleischteile über den Ladentisch hinabhängen zu lassen, damit die Kleider der Passanten nicht beschmutzt würden. Olivenöl durfte nicht in der Nähe einer Moschee verkauft werden, weil durch verschüttetes Öl die Wände und Gänge der Andachtsstätte verschmiert werden konnten. Eierverkäufer mußten eine Schüssel mit Wasser bereithalten, damit die Kunden prüfen konnten, ob die Eier auf dem Wasser schwammen, denn nur dann galten sie als frisch. Tische, Gefäße und Böden in Lebensmittelläden mußten täglich gründlich gereinigt werden.

Handwerkskunst *In diesem Krug aus Syrien wurde Getreide aufbewahrt.*

Im Basar wurden die Waren nicht nur verkauft, sondern oft auch hergestellt oder bearbeitet. Gewerbebetriebe wie Gerbereien, die einen unangenehmen Geruch verbreiteten, wurden in den Außenbezirken der Stadt angesiedelt. Doch jeder tüchtige Handwerker nutzte die Gelegenheit, in einem Laden im Basar sein Können zu zeigen. Geschickte Schleifer stellten feine Duftfläschchen aus Bergkristall her; Lederwarenhersteller fertigten aus Häuten Schutzumschläge für den Koran; Goldschmiede verzierten metallene Schreibschatullen mit Gold und Halbedelsteinen.

Die Bedeutung des orientalischen Handels läßt sich daran erkennen, daß viele Begriffe des Wirtschaftslebens aus dem Arabischen stammen. Das Wort Tarif etwa leitet sich vom arabischen *ta'rif* ab, das soviel wie Information bedeutet. Der Begriff Magazin stammt von dem arabischen Wort *makhzahn*. Andere Wörter haben sich kaum verändert. Damast leitet sich von Damaskus ab, wo der Stoff produziert wurde, und Musselin kommt aus der persischen Stadt Mosul.

EIN VOLK VON WISSENSCHAFTLERN

Wenn der Gelehrte Al Kindi durch das Gewimmel der Straßen Bagdads zu den schattigen Kolonnaden und den mit zahlreichen Brunnen ausgestatteten Gärten des Hauses der Weisheit schlenderte, ließ seine geistesabwesende Miene nicht erkennen, wie aufmerksam er seine Umgebung studierte. Beim Anblick eines Mannes, der über einen Pflasterstein stolperte und hinfiel, kam ihm der Gedanke, eine wissenschaftliche Abhandlung über die *Ursache des Schwindels* zu schreiben. Und als er zum wolkenverhangenen Himmel über der Stadt aufblickte, fragte er sich, warum der Regen vorwiegend auf die fruchtbaren Flußtäler des Euphrat und Tigris, aber nur selten auf die Wüste niederging. Das Ergebnis war eine Studie über den Regen.

Al Kindi war einer der ersten Lehrer am Haus der Weisheit, das vom Kalifen Al Mamun 830 gegründet worden war. Es war eine Art Akademie der Wissenschaften, an der man neben Naturwissenschaften die griechische Philosophie studierte. Als Al Kindi 870 starb, gehörte das Wissen der alten Griechen bereits zum unverzichtbaren Bestand arabischer

Tempel der Gelehrsamkeit *Islamische Gelehrte studieren in der Bibliothek einer Moschee. Bereits im 9. Jahrhundert besaß die Hauptbibliothek von Córdoba rund 500 000 Bücher, und dies zu einer Zeit, als die reichsten christlichen Klöster nur einige Dutzend Bücher ihr eigen nannten.*

Orientierungshilfe *Das von den Griechen entwickelte Astrolabium war das wichtigste Navigationsinstrument in der islamischen Welt. Anhand einer Scheibe konnte der Benutzer feststellen, auf welchem Breitengrad er sich befand.*

Schachmatt *Im Abendland wurde das Schachspiel durch ein Buch bekannt, das im Jahr 1238 in Spanien aus dem Arabischen übersetzt wurde.*

Gelehrsamkeit. Die Werke der Philosophen Platon und Aristoteles wurden hier erstmals ins Arabische übersetzt, ebenso die mathematischen Studien des Ptolemäus, Euklid und Archimedes sowie die medizinischen Schriften des Hippokrates.

Einer der größten Universalgelehrten islamischer Wissenschaften war Ibn Sina, der von 980 bis 1037 lebte und in den christlichen Ländern unter dem Namen Avicenna bekannt wurde. Von ihm sind über 100 Werke erhalten, in denen er sich mit Philosophie, Medizin, Meteorologie und Mathematik beschäftigt. Ihm wird nachgesagt, er habe entdeckt, daß Tuberkulose ansteckend ist und wie sich Seuchen verbreiten. Er führte ein unstetes Wanderleben und verbrachte längere Zeit am Hof der persischen Bujiden in Hamadan. Avicenna galt jahrhundertelang in der westlichen wie auch in der arabischen Welt als die wissenschaftliche Autorität schlechthin.

Die muslimischen Ärzte, deren Kenntnisse weitgehend auf die der Griechen zurückgingen, glaubten, daß die Gesundheit eines Menschen vom richtigen Verhältnis der vier „Hauptsäfte“ des Körpers abhinge: Blut, Schleim, gelbe und schwarze Galle, die jeweils kennzeichnend waren für den Typ des Sanguinikers, Phlegmatikers, Cholerikers und Melancholikers. Die wichtigste Aufgabe des Arztes bestand nun darin, diese Harmonie der Säfte durch Arzneimittel, Ruhe oder Diät zu erhalten oder wiederherzustellen.

In der Augenheilkunde waren die Araber führend; das gleiche galt für die Knochenheilkunde. Ihr Wissen gaben sie in Lehrkrankenhäusern weiter, in denen festangestellte, bezahlte Arbeitskräfte tätig waren. In Bagdad praktizierten z. B. mehr als 1000 Ärzte; daneben gab es ein auf Geisteskrankheiten spezialisiertes Krankenhaus, wo unter anderem Musik zur Therapie gehörte.

Das Interesse der Muslime an der Astronomie wurde sowohl durch die Religion als auch durch die Handelsgeschäfte gefördert. Das Gebot, zu bestimmten Tageszeiten das Gebet in Richtung Mekka verrichten zu müssen, veranlaßte sie, einen genauen Kalender mit Tageszeiten zu berechnen sowie die Methoden der Richtungs- und Entfernungsmessung weiterzuentwickeln. Auf den Reisen durch weglose Gegenden orientierte man sich zuverlässiger am Stand der Sonne oder an den Sternen als an Sanddünen und Flußbetten, deren Verlauf ständig wechselte.

Zu den Wissenschaften, die von den Arabern hochgeschätzt wurden, gehörten Geschichte und Geographie. Einer der größten Historiker der islamischen Welt, Ibn Chaldun, der 1406 in Kairo starb, schrieb eine beachtenswerte Weltgeschichte. Die weitverzweigten Handelsbeziehungen erforderten umfangreiche geographische Kenntnisse. Im Jahr 1138 stellte der Gelehrte Al Idrisi eine umfassende Geographie der Welt zusammen; sie bestand aus einem Atlas, einem Lexikon und einem Modell der Erdoberfläche aus massivem Silber.

Saitenklänge *Die sanft klingende Laute wurde wahrscheinlich von Kreuzfahrern nach Europa gebracht.*

Kräuter für Heilkundige *Die Medizin gehörte zu den höchstentwickelten islamischen Wissenschaften. Diese Miniatur von 1199 zeigt Gärtner, die unter der Aufsicht eines Arztes (oben links) Heilpflanzen sammeln. Arabische Ärzte kannten die Heilkraft zahlreicher Pflanzen.*

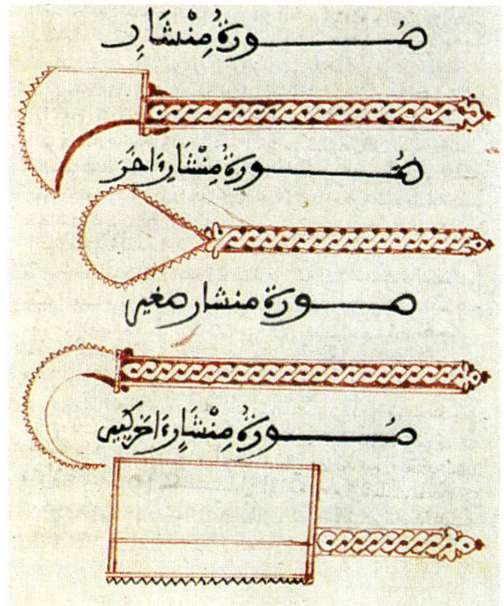

Chirurgische Instrumente *Der arabische Arzt verfügte über eine Vielfalt von Sägen und anderen Instrumenten. Allerdings war die Operation in der Regel der letzte Ausweg, da die Araber das Risiko einer Infektion kannten. Sie hatten aber auch religiöse Skrupel vor chirurgischen Eingriffen, da Muslime an eine leibliche Auferstehung glauben.*

MATHEMATIK – EINE SACHE VON NULLEN

Die Araber bezogen einen großen Teil ihres mathematischen Wissens von den Denkern der griechischen Antike. Sie verbesserten aber die griechischen Rechenmethoden, die auf den Buchstaben des Alphabets fußten, indem sie Ziffern benutzten, die arabische Schreiber aus Indien mitgebracht hatten. Außerdem setzten sie einen Punkt für die Null ein, eine Idee, die den Römern unbekannt war. Aus dem Punkt wurde mit der Zeit ein kleiner Kreis oder *sifr*, der Ursprung des modernen Wortes Ziffer.

Von der Arithmetik gingen die Araber zum abstrakteren Begriff der Algebra über. Im 9. Jahrhundert verfaßten sie darüber das erste Lehrbuch. Die Wurzel des Wortes Algebra ist das arabische *al-jabr*, das wörtlich „das Zusammenfügen von getrennten Teilen“ bedeutet. Noch heute erinnern manche unserer Ziffern an die alten arabischen Zahlzeichen.

1 2 3 4 5 6 7 8 9 10 0

RITTER UND PILGER ZUM RUHM GOTTES

Blutbad *Nachdem Richard Löwenherz 1191 Akko zur Kapitulation gezwungen hatte, ließ er – trotz Zusicherung freien Geleits – fast 3000 Sarazenen niedermetzeln. Die Miniatur von 1490 zeigt, wie der König dem Massaker beiwohnt.*

Im Jahr 1280 brach eine Gruppe von 43 Abenteurern aus Cornwall in das Heilige Land auf. Unter den Teilnehmern, die sich selbst als Kreuzfahrer bezeichneten, befanden sich zwei Frauen, zwei Gerber, zwei Kapläne, ein Müller, ein Schuster, ein Schneider, ein Schmied und ein Kaufmann; es handelte sich also keineswegs um eine militärische Truppe, sondern um Menschen, die um ihres Seelenheils willen die beschwerliche Pilgerfahrt auf sich nahmen. Damals gab es bereits seit zwei Jahrhunderten Kreuzzüge; doch ihr ursprünglicher Charakter hatte sich im Lauf der Zeit verändert.

Während der letzten beiden Jahrhunderte hatten mehr als ein halbes Dutzend großer militärisch organisierter Kreuzzüge stattgefunden, die von weltlichen und geistlichen Fürsten geführt wurden und das Ziel hatten, die heiligen Stätten der Christenheit im Vorderen Orient von den Ungläubigen zu befreien und vor ihnen zu schützen. Beim Ersten Kreuzzug gelang 1099 die Eroberung von Jerusalem. Dabei wurde die gesamte muslimische Bevölkerung dieser Stadt – viele tausend Einwohner – niedergemetzelt. Die siegreichen Kreuzfahrer gründeten das Königreich Jerusalem. Im Lauf der Jahrzehnte wechselte das Kriegsglück zwischen Muslimen und Christen, bis im Jahr 1244 Jerusalem den Christen endgültig verlorenging.

Siegel des Ritterordens der Templer

Neben den Feldzügen ins Heilige Land fanden auch bewaffnete und unbewaffnete Pilgerzüge statt, an denen sich Menschen aller Gesellschaftsschichten beteiligten, und im Jahr 1212 gab es sogar einen Kinderkreuzzug. Diese Massenkreuzzüge führten unweigerlich in die Katastrophe, und nur wenige Teilnehmer erreichten ihr Ziel. Ähnlich mag es auch den Pilgern aus Cornwall ergangen sein. Sie litten Hunger und Durst, wurden von Räubern überfallen und fanden oft keine Bleibe bei der einheimischen Bevölkerung in den Gebieten, die sie auf dem Weg zum Heiligen Land durchzogen. Manche versuchten, auf dem Seeweg von Südfrankreich oder Norditalien aus ins Heilige Land zu kommen, andere nahmen, wie schon die ersten Kreuzfahrer, den Landweg über den Balkan und Kleinasien. Die Motive derer, die die heiligen Stätten von den Muslimen befreien wollten, waren unterschiedlichster Natur. Manche trachteten auf diese Weise ihr Seelenheil zu retten, andere wollten irdische Reichtümer erlangen und Ruhm erwerben. Manche machten sich auch auf den Weg, um Schwierigkeiten in der Heimat – Familienstreit, Schulden, Kerkerstrafen oder anderen Verpflichtungen – zu entrinnen.

Transport *Eine geheimnisvolle Dame begleitet die Ritter.*

Kämpfen statt sündigen

Nicht allein das Heilige Land war Ziel der Kreuzfahrer. Ersatzweise winkte überall dort, wo es galt, gegen die Ungläubigen zu kämpfen, als Lohn die Vergebung der Sünden. So versprach im Jahr 1124 Papst Calixtus II. den Soldaten, die in Spanien gegen die Muslime kämpften, „die gleiche Vergebung der Sünden, die Wir den Verteidigern der Ostkirche gewährt haben." Zum Kreuzzug konnte jeder Krieg gegen die Feinde der christlichen Kirche erklärt werden: gegen Muslime ebenso wie gegen Heiden oder ketzerische Christen.

Die Christen aus dem Abendland wurden von der kulturell hochstehenden muslimischen Gesellschaft als barbarische Eindringlinge empfunden, wie es der Gelehrte und Krieger Usama ibn Munqid, der im 12. Jahrhundert lebte, ausdrückte: „Alle, die über die Franken gut Bescheid wußten, betrachteten sie als wilde Tiere, überlegen in nichts außer in Mut und Kampfeskraft, wie Tiere in Stärke und Angriffslust überlegen sind."

Im Lauf der Zeit paßten sich die Kreuzfahrer, die sich in ihrer neuen Heimat ansiedelten, der orientalischen Lebensweise an. Sie trugen nicht nur die locker fallenden Gewänder und offenen Sandalen, sondern auch Turbane und übernahmen mit Vergnügen Gewohnheiten

Aufbruch zu Tausenden *Nicht nur wohlgerüstete Ritter wagten die gefährliche Reise ins Heilige Land, sondern auch zahlreiche einfache Leute. Der Aufruf Papst Urbans II. zum Kreuzzug 1095 zeigte eine ungeahnte Wirkung. Noch bevor sich der Erste Kreuzzug organisierte, scharte Peter der Eremit, ein Wanderprediger von zündender Beredsamkeit, der aus Nordfrankreich stammte und auf einem Esel durch die Lande ritt, eine große Masse niederen Volkes um sich und zog mit ihnen gen Osten. Wie Heuschreckenschwärme fielen sie über die Länder her, die sie durchzogen. Oft mußten sich Soldaten dieser zügellosen Pilgerschar annehmen und sie in ihre Schranken weisen (links).*

Segnung der Kinder *Auf einem Kirchenfenster sieht man einen Priester, der Kinder für den Kreuzzug segnet.*

Zahlungsmittel *Die Kreuzfahrer benutzten sarazenische (links) wie byzantinische Münzen (unten).*

GEHEIMNISVOLLER IRRGARTEN

Irrgärten und Labyrinthe erfreuten sich bei den mittelalterlichen Menschen, für die jeder Teil der Schöpfung das Göttliche widerspiegelte, großer Beliebtheit. Man sah in ihnen ein Symbol für die Kirche, in deren Armen man nach einem sündigen Leben auf Irrwegen geborgen war. Die Reise der Seele zum Himmel, der Leidensweg Christi zum Kalvarienberg oder der Zug des Kreuzfahrers ins Heilige Land wurden in bedeutungsvollen verschlungenen Motiven dargestellt, entweder als Labyrinth mit Hecken oder Pflanzen im Garten oder als Einlegearbeiten auf einem Kirchenboden.

wie das Dampfbaden, das Shamponieren der Haare und den Gebrauch von Parfüm. Würzige Speisen und eisgekühlte Sorbets aus Fruchtsaft und Schnee von den Bergen des Libanon galten bald auch ihnen als kulinarische Köstlichkeiten. Musik, Tanz, Dichtung, Falkenjagd und Turnierkämpfe waren beliebte Beschäftigungen, denen man sich mit Eifer hingab. Diese Lebensweise hatte wiederum Rückwirkungen auf die alte Heimat in Europa, am ausgeprägtesten auf Mode und Körperpflege.

Taillierte Kleider und Zöpfe

Bereits im Jahr 1130 – innerhalb von nur einer Generation – hatten die europäischen Frauen neue, elegante Moden kreiert. An die Stelle schwerfälliger, den ganzen Körper umhüllender Gewänder traten nun Kleider, die in der Taille gerafft und so geschnitten waren, daß sie von der Schulter bis zur Hüfte eng am Körper anlagen und abwärts in Falten auseinanderfielen. Zöpfe bestimmten die Frisur, in die Perlen, Quasten und feine Stoffstreifen eingeflochten wurden. Adlige Männer legten ihre Haare in Wellen und trugen ihre Bärte geschnitten. Während die ersten Kreuzfahrer noch einen strengen sogenannten Kochtopfschnitt bevorzugt hatten, ließen sich nun die Nachfahren schulterlange wallende Locken wachsen.

Im 13. Jahrhundert war dann die militärische Kleidung der Kreuzfahrer im Stil ziviler und leichter geworden, und einige ihrer Merkmale übernahmen die Frauen für ihre Bekleidung. Beispielsweise lieferte das Kettenhemd mit Kapuze das Vorbild für eine Tuchhaube, die das Gesicht der Frauen umrahmte. Und ein Überwurf mit weitgeschnittenen Ärmeln und lockerer Taille über dem damals üblichen langen Gewand diente den Damen als schmückendes und wärmendes Bekleidungsstück zugleich.

Lauschige Gärten

Unverkennbar war auch der orientalische Einfluß auf den Gartenbau. In weiten Teilen Südeuropas wurden neue Pflanzen wie Zitrusfrüchte – Orangen, Zitronen, Melonen – eingeführt. Vor allem bei der Anlage von Gärten fand man Geschmack an der orientalischen Vorliebe für Bäder, Wasserbecken und Hecken an verschlungenen Wegen, die für die Muslime in ihrem Lebensraum nahe der Wüste ein willkommener Blickfang waren und darüber hinaus die ungetrübten Freuden des Paradieses symbolisierten.

Wasserdicht *Eine arabische Inschrift versichert: „Wir schließen keine Verträge, die nicht wasserdicht sind."*

WAGEMUTIGE RITTER IM HEILIGEN LAND

Im Kampf warf sich der Kreuzritter, der mit seiner Rüstung einem Panzer in Menschengestalt glich, mit voller Wucht auf seinen Gegner. Leichtfüßiges Taktieren während eines Gefechtes war nicht seine Sache. Die todbringende Lanze hielt er eng an seiner Seite, bis der geeignete Zeitpunkt gekommen war, um den Gegner mit einem gezielten Stoß niederzustechen.

Auch der Ritter zu Pferde litt unter der Unbeweglichkeit, die sein Panzer mit sich brachte. Seine Effektivität hing weitgehend vom Gelände und der Taktik des Gegners ab. Ein feindlicher Stoßtrupp, der sich das bewaldete und gebirgige Terrain zunutze machte und ebenso schnell verschwand, wie er gekommen war, konnte sich als verhängnisvoll erweisen, vor allem wenn den Europäern das ungewohnt heiße Klima des Orients noch zusätzlich zu schaffen machte. Oft waren sie auch durch fiebrige Erkrankungen geschwächt und mußten um die Gesundheit ihrer Pferde bangen.

Ein wirksamer Schutz des Kreuzritters war der Halsberg, ein Kettenhemd, das bis zum Knie reichte und zwischen den Beinen offen war, damit es beim Reiten getragen werden konnte. Es bestand aus unzähligen Maschen aus Eisendraht. Das Kettenhemd allein hätte nur unzureichenden Schutz geboten, deshalb trug man darunter ein gefüttertes Wams, das aus wattiertem Leder bestand. Beides zusammen schützte vor dem Hieb eines Schwertes oder dem Schlag einer Keule.

Im Heiligen Land trugen die Ritter einen hellen, weiten Überwurf, der die Sonnenhitze reflektierte und sie vor der Kälte der Wüstennächte schützte. Dem Schutz von Kopf und Hals dienten eine Helmhaube sowie ein mit Leder ausgekleideter Eisenhelm. Diese Ausrüstung, zu der noch ein mit Metall eingefaßter Holzschild, ein Gürtel mit Schwert und Dolch, eine Lanze und eine Axt oder Keule hinzukamen, brachte es mit sich, daß die gesamte Last eines Ritters auf dem Weg in die Schlacht mehr als ein Drittel seines eigenen Körpergewichts betrug. Derart beladen, blieb dem Ritter wenig Raum für einfallsreiche Geplänkel. Schlagen und Stoßen waren die wichtigsten Kampfmethoden.

Im Gegensatz hierzu trugen die muslimischen Krieger oder Sarazenen, wie die Kreuzfahrer ihre Feinde nannten, viel leichtere Rüstungen, die ihnen eine größere Beweglichkeit im Kampf verliehen. Zwar hatten sie auch Kettenhemden, doch waren diese von leichterer Machart. Im Gegensatz zu den gepanzerten Kreuzrittern konnten sie viel geschickter mit Pfeil und Bogen umgehen. Diese Waffe hatte eine Reichweite von bis zu 500 Metern, und schwere Pfeile konnten Kettenhemd und Wams aus knapp 150 Meter Entfernung durchbohren.

Triumph des Königs

Ritter zu Pferde waren die Elite der Kreuzfahrerheere. Der überwiegende Teil ihrer Streitkräfte bestand jedoch aus Fußvolk: bewaffneten Pilgern und regulären Soldaten, die mit Speer und Armbrust ausgerüstet waren. Wenn diese Männer von einem fähigen Oberbefehlshaber ein-

Uneinnehmbares Bollwerk Der Krak des Chevaliers *in Westsyrien war die mächtigste Burg der Kreuzfahrer. Sie fiel erst 1271 durch eine List in die Hände der Muslime.*

Angriff auf eine Festung *Während der Belagerung einer Burg setzten Angreifer und Verteidiger unterschiedliche Geräte ein. Einige Ritter sitzen in einem an einem Mast befestigten Korb, um die Burg aus der Höhe zu beschießen. Andere Belagerer unterminieren die Mauern. Rechts nähert sich ein Trupp der Festung; gleichzeitig rollt ein Sturmbock heran. Die Eingeschlossenen auf der Mauerkrone verteidigen sich mit Armbrüsten und Steinbrocken und behindern die Rammversuche mit Enterhaken und Puffer.*

Verteidiger des Islam *Die leichtbewaffneten sarazenischen Krieger waren den Kreuzrittern in ihren schweren Rüstungen überlegen.*

Kunstvolle Waffe *Das Schwert mit verziertem Griff und Scheide (rechts) gehörte dem Sultan von Granada.*

gesetzt wurden, konnten sie wirkungsvoll operieren. Dies bewies vor allem Richard Löwenherz in seiner letzten bedeutenden Schlacht im Heiligen Land, die im August 1192 in der Nähe von Jaffa stattfand. Zu dieser Zeit verfügte Richard nur noch über 2000 Fußsoldaten und genau 54 Ritter. Ihnen standen 7000 berittene Sarazenen gegenüber. Aber sie hatten Richards taktisches Geschick unterschätzt. Er schützte seine Frontlinie mit einer Reihe schildtragender Speerwerfer; dahinter stellte er zwei Reihen von Armbrustschützen auf, die ihre Pfeile im Wechsel abschossen. Die blitzenden Speerspitzen und die Geschosse der Armbrustschützen verwirrten die leichtbewaffneten muslimischen Reiter. Unschlüssig zusammengedrängt, bildeten sie ein willkommenes Ziel für Richard Löwenherz und seine Ritter, die den überraschten Gegner überwältigten.

Gefährliche Brandsätze

Dramatische Gefechte oder gewaltige Schlachten waren allerdings weniger typisch für die Kriegführung der Kreuzritter und Sarazenen als die lange, zermürbende Belagerung von Orten oder Festungen, deren Ausgang mehr vom Wetter, der Moral der Soldaten, von Krankheiten, Lebensmittelvorräten oder Verrat abhing als von taktischem Geschick. Dennoch entwickelten beide Seiten im Lauf der Zeit immer ausgeklügeltere Methoden für den Angriff und die Verteidigung von Befestigungsanlagen.

Mit Schleudern wurden nicht nur Steine verschiedenster Größe, sondern auch Brandgeschosse auf die Belagerten geworfen. Sie bestanden aus einem Gemisch von Erdöl, Löschkalk, Pech, Harz, Salpeter und Schwefel. Das Erdöl oder *naft* stammte aus natürlichen Sickerstellen, die überall im Vorderen Orient vorkommen, und besondere Brandeinheiten, die *naffatun*, geschützt durch feuerfeste Kleidung, waren ein wichtiger Bestandteil des sarazenischen Heeres. Mit Hilfe von Wurfmaschinen konnten auf diese Weise Gebäude oder Zelte des Gegners in Brand gesetzt werden. Für den direkten Kampf gab es kleine Brandsätze in Glas- oder Tongefäßen.

Grausame Kriegführung *Während der Belagerung von Nicäa in Kleinasien 1097 schlugen die Kreuzfahrer ihren Gefangenen die Köpfe ab und schleuderten sie in die Stadt.*

BELAGERUNG EINER BURG

Ein Kundschafter läuft atemlos zur Burg zurück und überbringt die alarmierende Nachricht, der Feind sei im Anmarsch. Der Befehlshaber der Festung sendet sofort berittene Boten aus, die Hilfe herbeiholen sollen, und schickt gleichzeitig Brieftauben mit Hilferufen aus. Dann beauftragt er seine Männer, aus der Umgebung Getreide und Vieh heranzuschaffen, um die eigenen Vorräte aufzufüllen und sie gleichzeitig vor dem heranrückenden Feind in Sicherheit zu bringen.

Schon beim Bau der Burg hat man strategische Gesichtspunkte berücksichtigt: Innerhalb der Mauern gibt es Wasser, und die Burg ist von einem freien Schußfeld umgeben. Der Kommandant muß auch die psychische Verfassung der Burgbewohner bedenken. Eine disziplinierte Ritterschaft wie die des Templerordens ist eher fähig, die Entbehrungen und Gefahren einer längeren Belagerung auf sich zu nehmen, als Zivilisten wie Frauen und Kinder.

Manchmal schleuderten die Angreifer tote Tiere in die belagerte Burg, um Krankheiten zu verbreiten – eine frühe Spielart der biologischen Kriegführung. Häufig versuchten sie mit Schleudern oder Rammböcken Breschen in das Mauerwerk zu schlagen. Mit Hilfe solcher Belagerungsmaschinen konnten bis zu 45 Kilogramm schwere Steine 50 Meter weit geschleudert werden.

HANDEL IM SCHWARZEN KONTINENT

An einem Sommertag um die Mitte des 11. Jahrhunderts lud der König von Gana zu einer Audienz. Aufmerksam hörte er sich die Beschwerden seiner Untertanen an und schlichtete Streitfälle. Er saß in einem Pavillon, um den zehn Pferde mit goldenem Zaumzeug standen, umgeben von Pagen, die goldverbrämte Schilde und Schwerter trugen, und von seinen Söhnen, in deren glänzendes Haar Goldfäden eingeflochten waren. Sogar die Wachhunde trugen goldene Halsbänder, an denen goldene Glöckchen hingen, die leise im Wind läuteten.

So beschreibt Al Bakri, ein arabischer Gelehrter aus dem maurischen Córdoba, der in Wirklichkeit niemals seine Heimat verlassen hat, seine geographische Reise nach Bilad al-Sudan, dem „Land der Schwarzen", wie die Araber das Gebiet südlich der Sahara nannten. In diese Gegenden Afrikas drang der Islam viel langsamer vor als entlang der Küste des Mittelmeeres.

Wertvolle Wüstenschiffe

Die arabischen Kamelkarawanen konnten auf einer Reise durch die Sahara pro Woche etwa 320 Kilometer zurücklegen und drangen dabei bis zu 1600 Kilometer weit nach Süden vor. Sie beförderten vor allem wertvolle Stoffballen und Salzblöcke; letztere dienten in der Wüste als Währung. Das Tauschgeschäft herrschte vor: Für die Ware aus dem fernen Norden erhielt man afrikanische Sklaven, feingearbeitete Lederwaren und Kolanüsse, aus denen ein anregendes Rausch- und Genußmittel gewonnen wurde.

Schutz vor Sonne und Sand *Seit ungezählten Jahrhunderten spendet die Oase Wüstenbewohnern und Reisenden das lebensnotwendige Wasser und mit ihrem reichen Pflanzenwuchs auch Schatten und Erholung.*

Weißes Gold *Das in der Sahara gewonnene Salz wurde in Bast verpackt.*

Harte Währung *Kupferbarren waren beliebte Zahlungsmittel.*

Tauschobjekt *Gegen Speerspitzen konnte man Waren eintauschen.*

Geldkette *Kaurischnecken galten als bare Münze.*

Reisen durch die Wüste *Muslimische Kaufleute wie dieser auf einer Miniatur des 13. Jahrhunderts durchquerten auf Kamelen die Sahara, um in fernen Reichen Afrikas Handel zu treiben.*

Als Sudan bezeichneten die Araber das Land südlich der Sahara, das sich vom Atlantik über die Region des Niger und des Tschadsees bis hin zum Roten Meer erstreckte. In den Tagen Al Bakris war Gana der führende Staat Westafrikas und umfaßte das Gebiet vom oberen Niger bis zum mittleren Senegal und nördlich bis in die Sahara. Im *Buch der Straßen und Königreiche*, wie Al Bakris geographisches Werk über Afrika heißt, wird berichtet, daß Gana sich des Besitzes von Steinbauten rühmen konnte, die in Afrika selten waren, und daß das Volk Toleranz übte und nicht nur Muslime wichtige Ämter bekleideten.

Mali gegen Gana

Im Jahr 1240 bereitete der mächtige muslimische Staat Mali dem Reich Gana ein Ende. Und als der maurische Reisende und Geograph Al Hasan Ibn Muhammad, der unter seinem lateinischen Namen Leo Africanus bekannt wurde, Anfang des 16. Jahrhunderts Mali besuchte, hatte auch dieses Reich seine Glanzzeit schon längst überschritten. Trotzdem stellte er fest, daß seine Bewohner „allen anderen Afrikanern an Geist, Höflichkeit und Fleiß überlegen waren.“ In der Hauptstadt Timbuktu bewunderte Al Hasan den königlichen Palast, der von spanischen Handwerkern ausgeschmückt worden war. Noch mehr erstaunte ihn der Prunk des Königs, der nur in Begleitung seiner Leibgarde von 3000 Reitern und Bogenschützen, die mit Giftpfeilen bewaffnet waren, seinen Palast verließ.

Zur Zeit des Leo Africanus hatte ein anderes westafrikanisches islamisches Reich den Zenit seiner Macht erreicht: Songhai, dessen Zentrum am mittleren Niger lag. Wie in Mali beruhte auch hier der wirtschaftliche Reichtum auf dem Handel. Das Songhaireich kontrollierte zeitweise den Salzhandel der Sahara und im Süden den Goldhandel. Es besaß darüber hinaus eine gute Verwaltung; so gab es Fachministerien für Finanzen, Land- und Forstwirtschaft und Justiz sowie eines für „weiße Menschen“, womit die Araber und Berber gemeint waren. Im Jahr 1590 unterwarf der Sultan von Marokko das Songhaireich.

Die islamische Wissenschaft blühte in all diesen afrikanischen Königreichen. Neben dem Islam wurden in diesen Ländern auch einheimische Religionen geduldet. Und manch einer, der gläubig eine Moschee besuchte, blieb dennoch alten Stammesriten verhaftet.

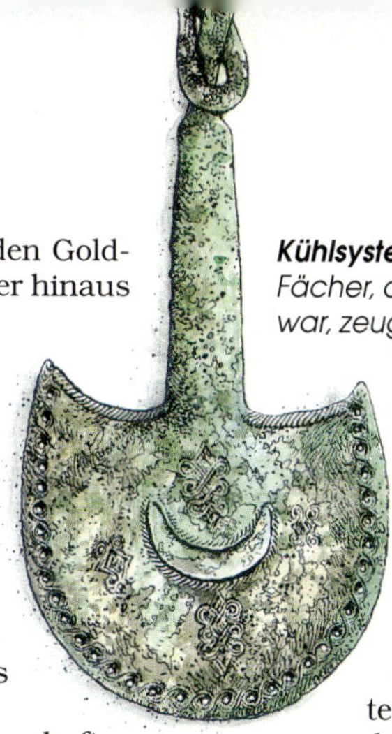

Kühlsystem Der reichverzierte Fächer, der mit Federn bestückt war, zeugt von der hohen Stellung seines Besitzers.

Porzellan gegen Elfenbein

Der Islam setzte sich auch in Ostafrika durch, wo sich arabische Kaufleute entlang der Küste des Indischen Ozeans ansiedelten. Die arabischen Siedlungen beschränkten sich auf die Küstenregionen und die vorgelagerten Inseln wie Sansibar, das Zentrum des Gewürznelkenhandels. Die Kaufleute trieben jedoch lebhaften Handel mit dem Hinterland, wo ihre Mittelsmänner feine Stoffe aus Indien und Porzellan aus China gegen Elfenbein, Sklaven, Gold, Kupfer und Eisen tauschten.

Nur ein Land Afrikas leistete der Expansion des Islam erfolgreichen Widerstand: Äthiopien, dessen Zentrum die Gebiete um den Blauen Nil bildeten, hatte sich schon Mitte des 4. Jahrhunderts zum Christentum bekehrt. Im 8. Jahrhundert geriet das äthiopische Reich jedoch durch die Flut der anstürmenden muslimischen Eroberer in die Isolation. Über 800 Jahre lang, bis es schließlich 1520 von einem portugiesischen Fischer besucht wurde, blieb Äthiopien fast vollständig vom orientalischen und abendländischen Christentum abgeschnitten. Im mittelalterlichen Europa war Äthiopien nur vage bekannt als das Reich des sagenumwobenen Priesterkönigs Johannes, von dem die Chronisten berichteten, er werde eines Tages die Muslime besiegen und den Kreuzfahrern zu Hilfe kommen. Als dann im 19. Jahrhundert die Europäer Äthiopien kolonisieren wollten, kamen sie jedoch nicht als christliche Brüder, sondern als feindliche Eindringlinge.

Ehrwürdige Felsen Die Kirchen von Lalibäla in Äthiopien wurden aus den Felsen herausgehauen, so daß sie wie freistehende Bauten wirken.

SIMBABWES GEHEIMNISVOLLE STEINE

Mehr als ein Jahrhundert nach ihrer Entdeckung sind die gewaltigen Ruinen in Simbabwe noch immer von Geheimnissen umwoben, so wie es ihre Erbauer zweifellos geplant hatten. Der Name bedeutet in der Shonasprache „Großer Ort“, eine treffende Bezeichnung für die einzigen bedeutenden Steinbauten im südlichen Afrika. Die Anlage besteht aus einem Festungspalast auf einem Berg und einem Tempel an seinem Fuß. Vermutlich wurde sie zwischen dem 11. und dem 16. Jahrhundert erbaut. Die Steinblöcke der Mauern sind so präzise behauen, daß sie ohne Mörtel aneinandergefügt werden konnten. Simbabwe war das Zentrum des Bantureiches Monomatapa, das vor allem Gold exportierte. Der Name bedeutet „Herren der Bergwerke“. Die Anlage diente nicht nur der Verteidigung, sondern auch als Begräbnisstätte und königliche Residenz, die so erbaut war, daß der als Gott verehrte König vor den Blicken des Volkes abgeschirmt war. Monomatapa geriet Anfang des 17. Jahrhunderts in die Abhängigkeit von den Portugiesen. 1894 wurde es britisches Protektorat und später Kolonie. Die Etikette am Königshof in Simbabwe war sehr streng. So mußten sich die Höflinge dem Monarchen auf dem Bauch kriechend nähern. Aber das königliche Leben hatte auch seine Schattenseiten. Sobald der König krank oder altersschwach wurde und nicht länger die Aura der Männlichkeit ausstrahlte, wurde er gezwungen, sich zu vergiften.

Tödliches Geschoß Solche Messer mit spitz zulaufenden Doppelklingen waren in Westafrika eine weitverbreitete Waffe.

Ring der Macht In Simbabwe baute man ellipsenförmige Grabanlagen mit hohen Granitmauern.

HERRSCHAFT DES KORANS

Um die Mitte des 11. Jahrhunderts fielen türkische Stämme aus Innerasien in Persien und Kleinasien ein und gründeten die Reiche der Seldschuken. Sie waren eifrige Anhänger des Islam und bildeten die Vorläufer einiger kriegerischer Turkvölker, die neue Impulse in die Länder brachten, die sie unterwarfen. Ein Jahrhundert später einte Dschingis-Khan die zerstreuten Mongolenstämme in den zentralasiatischen Steppen und schuf ein gewaltiges Weltreich, das von Bagdad bis nach Peking reichte. Zwei islamische Dynastien – die Osmanen in Kleinasien und die Safawiden in Persien – entfalteten im 16. und 17. Jahrhundert ihre Reiche zu höchster kultureller und künstlerischer Blüte. Zu jener Zeit fielen muslimische Mongolen in Indien ein und begründeten das Reich der Moguln, das sich durch Prunk, einzigartige Kunstwerke und eine glänzende Architektur auszeichnete.

ISLAMISCHE REICHE 11. – 17. JAHRHUNDERT

RAST FÜR MÜDE KARAWANEN

Schon aus der Ferne sichtbar, beherrschte die Karawanserei wie eine schutzverheißende Festung den Horizont der Wüste. Wenn sich die Reisenden ihr näherten, kamen sie sich fast zwergenhaft vor angesichts der hohen Mauern, die nur im oberen Stockwerk von Reihen kleiner Fenster und unten von Luftlöchern unterbrochen waren.

Die Karawanserei Ribat-i Sharaf lag in der Nähe der persischen Stadt Chorasan. Sie war im 12. Jahrhundert von Sandschar, dem letzten Seldschukenherrscher, gebaut worden und diente all denen als Raststätte und Schutz, die entlang der königlichen Straße nach Persien reisten. Die Seldschuken hatten zum Schutz des Handels in unwirtlichen Gegenden ein Netz von Karawansereien errichtet, die im Abstand einer Tagesreise voneinander entfernt lagen. Durch den großen, mit schweren Toren versehenen Eingang, den auch beladene Kamele ohne Mühe passieren konnten, gelangten die Reisenden in einen gepflasterten Innenhof, in dessen Mitte ein Brunnen erfrischendes Wasser spendete. Der Hof bot außer den zahlreichen Dienern und Trägern auch etwa 400 Eseln, Pferden oder Kamelen Platz. Außer den üblichen Einrichtungen einer Karawanserei wie Stallungen, Unterkünften, einer Zisterne für Regenwasser und einer Moschee gab es im oberen Stockwerk einen prachtvoll ausgeschmückten Audienzsaal. Hier empfing der Sultan, wenn er sich gerade dort aufhielt, seine Ehrengäste.

Die Preise für die Unterbringung waren unterschiedlich, und nur we-

Stolzer Krieger *Der indische Großmogul Aurangsib, hier als Krieger dargestellt, herrschte in der zweiten Hälfte des 17. Jahrhunderts.*

nige Herbergen boten Verpflegung an. Die Gäste mußten sich ihre Mahlzeiten selbst zubereiten. Nach dem Mahl konnten sie ein Bad nehmen. Ihre Waren und Habseligkeiten waren sicher in Kammern des Erdgeschosses verstaut. Die Unterkünfte lagen in dem von Arkaden gesäumten ersten Stock.

Wenn ein Reisender erkrankte, wurde er von einem dort ansässigen Arzt in einer eigens dafür eingerichteten Krankenstation betreut. Starb ein Gast auf Reisen, wurde er feierlich in einem Mausoleum beigesetzt, das zur Karawanserei gehörte.

Großer Einflußbereich *Um 1550 erstreckten sich die islamischen Reiche von Nordwestafrika bis nach Tibet. Vereint durch einen gemeinsamen Glauben, entwickelten sie eigenständige Regierungsformen.*

Hoch zu Roß
Die mongolischen Nomaden waren flinke, geschickte Reiter. Jagdhunde lernten, sich auf dem Rücken der Pferde zu halten.

Auf dem Diwan regieren

Die verzweigte Dynastie der Seldschuken, die von Seldschuk, dem Fürsten der türkischen Ogusen, abstammten, begründete eine Anzahl von Reichen, die vom 11. bis 13. Jahrhundert im Vorderen Orient, in Persien und Kleinasien existierten. Auch nachdem die Seldschuken seßhaft geworden waren, behielten sie viele ihrer nomadischen Sitten bei. Der Sultan traf seine Stammesfürsten am Eingang seines Zeltes, und im Innern des Zeltes ließ man sich auf Diwane entlang der Wände nieder, um die Geschäfte zu besprechen. Diese beiden Bräuche übernahm auch die Hofhaltung des späteren Osmanischen Reiches: Die Eingangspforte des Sultanspalastes hieß Hohe Pforte und bezeichnete die Regierung, während der Staatsrat Diwan genannt wurde.

Eines der wichtigsten Handelsgüter im islamischen Herrschaftsbereich waren Sklaven. Diese Tatsache prägte in sehr starkem Maß das Wesen der türkischen Gesellschaft. Da Menschen, die als Muslime geboren wurden, nicht als Sklaven behandelt und verkauft werden durften, rekrutierten die Türken vornehmlich junge christliche Männer für den Militär- und Beamtendienst. Sobald diese Rekruten die Palastschule besuchten, wurden sie zwangsweise zu Muslimen erzogen. Aber dadurch verloren sie noch lange nicht ihren Status als Sklaven.

Seit der Nomadenzeit und erst recht seit sie seßhaft geworden waren, pflegten die Türken enge Handelskontakte mit den benachbarten Reichen. Ein seldschukischer Händler, der mit einem tatarischen Kaufmann in der Hafenstadt Sudak auf der Krim Geschäfte machte, war wohl an Vieh oder Milchprodukten interessiert, die die Nomadenvölker in den Steppen des Nordens herstellten. Außerdem wollte er einige Felle – graues Eichhörnchen, Hermelin, Biber, Zobel, Fuchs und Wiesel – mit nach Hause nehmen. Dagegen bot der Seldschuke Süßwaren, Fisch, Trauben, Rosinen, Hefe und Sesam sowie Teppiche, bunte Mäntel, grobes Tuch und Seidenbrokat. Unterwegs bewahrten alle Reisenden im islamischen Einflußbereich streng die Achtung vor Quellen und Wasserläufen. Überall gab es Badeorte, die mit luxuriösen Einrichtungen und Trinkbrunnen ausgestattet waren. Einige Quellen waren den Pferden und anderen wertvollen Arbeitstieren vorbehalten.

Die Türken waren ein kriegerisches Volk. Sie liebten den Kampf und galten als wahre Meister der Reiterspiele. Um in Form zu bleiben, spielten seldschukische Soldaten mindestens einmal in der Woche Polo. Auch Bogenschießen war ein angesehener Sport.

Ende einer Invasion *1529 führte Sultan Sulaiman II. seine Truppen bis vor die Tore Wiens, konnte die Stadt jedoch nicht bezwingen.*

Heiliger Teppich
Das Bogenmuster dieses türkischen Gebetsteppichs muß nach Mekka weisen, wenn der Betende auf ihm kniet.

Vom Sklaven zum Sultan

Sultan Baibars I., der im 13. Jahrhundert Ägypten regierte, förderte in seinem Reich das Bogenschießen und entwickelte es zu einer großen Kunst. So ließ er in der Hauptstadt Kairo ein riesiges Feld speziell für Bogenschützen anlegen, auf dem mit Hilfe von Marmormarkierungen die erreichten Weiten gemessen werden konnten. Der Rekord soll damals bei 581 Metern gelegen haben.

Baibars war Mameluck und gehörte zur Schicht der freigelassenen Sklaven türkischer oder slawischer Abstammung, die als Söldner im Dienst des ägyptischen Herrschers standen. Im Jahr 1260 war er maßgeblich an der Ermordung des Sultans Kotus beteiligt und ließ sich von Offizieren, die ihm treu ergeben waren, selbst zum neuen Herrscher am Nil ausrufen. Die Mamelucken regierten bis 1517 das Land, ehe sie von den Osmanen gestürzt wurden.

DAS WELTREICH DES DSCHINGIS-KHAN

Der spätere Mongolenherrscher Dschingis-Khan hatte als Kind den tatarischen Namen Temüjin, was soviel wie Schmied hieß. Den Namen hatte er von seinem Vater bekommen, der bei der Rückkehr von einem erfolgreichen Feldzug gegen die verhaßten Tataren die Nachricht von der Geburt seines Sohnes erhielt. Er nannte ihn nach dem besiegten Tatarenführer Temüjin, entsprechend dem alten mongolischen Brauch, mit dem Namen des Sohnes an ein ruhmreiches Ereignis im eigenen Leben zu erinnern.

Temüjins kleines Volk besaß Pferde, Ziegen und Schafe, bewohnte aber nur ein unwirtliches Gelände, umgeben von anderen Mongolenstämmen und feindlichen Tataren. Die Mongolen lebten zerstreut, ohne gemeinsame Führung und waren daher militärisch machtlos. Temüjin sollte diesen Zustand bald ändern. Er lernte zu kämpfen, schloß kluge Bündnisse und besiegte seine Gegenspieler in zahllosen Gefechten. Sein Ansehen wuchs mit der Zeit so, daß sich ihm immer mehr einzelne Familienverbände und dann ganze Stämme anschlossen; andere unterwarf er und einte auf diese Weise schließlich die zentralasiatischen Mongolenstämme. Im Jahr 1206 nahm er den Namen Dschingis-Khan oder „Herrscher der Welt" an und galt von nun an als Vertreter Gottes auf Erden. Bis zu seinem Tod 1227 hatte Dschingis-Khan einen großen Teil Nordchinas erobert, und im Westen reichte sein Herrschaftsgebiet bis an das Kaspische Meer.

Tod auf Ehebruch und Völlerei

In dem weiten Reich der Mongolen galt das Wort des Dschingis-Khan, der von seinem Volk geliebt und verehrt wurde, uneingeschränkt, und seine Gesetzgebung war von unerbittlicher Strenge. Auf zahlreiche Vergehen stand die Todesstrafe. So konnte ein Mongole schon für geringfügige Delikte hingerichtet werden, wenn er beispielsweise die Schwelle der Jurte eines Befehlshabers betrat oder Häftlinge ohne Er-

Tragbare Hütten *Die Jurten waren zeltähnliche Behausungen, die aus Holzgerüsten bestanden, die mit Filz belegt waren.*

Nomadenleben *Eine Miniatur des 14. Jahrhunderts zeigt rastende Mongolen mit ihren Tieren am Lagerfeuer (oben). Auch heute überwintern die asiatischen Nomaden in traditionellen Jurten, während das Herdenvieh im sicheren Pferch steht (links).*

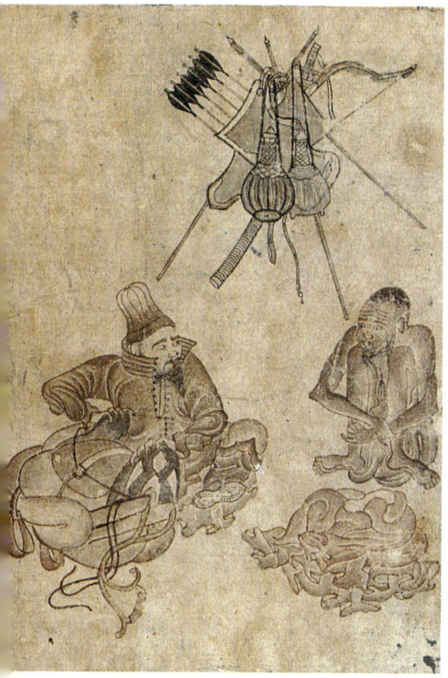

laubnis begünstigte. Auch Ehebruch und Völlerei wurden mit dem Tod bestraft.

Trotz der absoluten Macht des Herrschers blieben die Rechte des einzelnen durch einen Kodex traditioneller Gesetze geschützt. Außerdem tolerierte Dschingis-Khan fremde Religionen wie den Islam und den Buddhismus, mit denen die Mongolen durch ihre Eroberungszüge in Berührung kamen. Die Religion der altmongolischen Völker wurde vom Schamanismus, einer Mischung aus Magie und Zauberei, geprägt. Das menschliche Dasein war einer Hierarchie von guten und bösen Geistern untergeordnet. Über allem thronte der Himmelsgott Tengri; ihm unterstanden die anderen Götter wie die Erdmutter Etügen, die über die Fruchtbarkeit und Gesundheit der Herden und Feldfrüchte wachte.

Weißgekleidete Schamanen – Propheten und Priester zugleich –, die Stäbe und Trommeln als Amtssymbole trugen, hatten die Aufgabe, mit dem Jenseits in Verbindung zu treten. Sie taten dies, indem sie sich in Ekstase und Trancezustände versetzten. Öffentliche Gottesdienste kannten die Mongolen nicht. Sie verehrten die Götter und ihre Ahnen in ihren Jurten. Täglich brachte man Wein in einem besonderen Ritual den vier Himmelsrichtungen sowie dem Wind und der Sonne als Opfergabe dar. Die Mongolen glaubten außerdem daran, daß fließendes Wasser höhere Mächte verkörperte und deshalb nicht verunreinigt werden dürfe. Wer etwa dabei erwischt wurde, daß er sich während eines Gewitters mit Regenwasser wusch, wurde mit dem Tod bestraft.

Die Sozialordnung der Mongolen wurde durch Stammesverbände und die nomadisierende Lebensweise geprägt. Jeder Stamm verfügte über eine bestimmte Zahl von Zelten und eine angemessene Weidefläche für das Vieh. Die Stämme wiederum waren in Familienverbände unterteilt. Deren Mitglieder glaubten, sie seien die Nachfahren eines gemeinsamen Ahnen, darum durften sie nicht untereinander heiraten. Für die Frauen, die man von anderen Familien kaufte, zahlte man mit Tieren und Weideland oder mit Waren, jeweils dem Rang der Familien angemessen. Neben einer oder mehreren Hauptfrauen hatten reiche Männer oft noch Konkubinen. Wenn das Familienoberhaupt starb, gingen die Konkubinen in das Eigentum seines Sohnes und Erben über, der oft eine der Witwen heiratete. Damit war die Versorgung der Frauen und ihrer Kinder gesichert.

Die nomadische Lebensweise der Mongolen richtete sich nach den Jahreszeiten. Nachdem die Familien auf eigenen geschützten Weideflächen in den Tälern überwintert hatten, zogen sie im Sommer auf höher gelegene Steppen. Wie alle Hirten ernährten sich die Mongolen vor allem vom Fleisch ihrer Herdentiere wie Schafe, Rinder und Pferde sowie erbeuteter Tiere wie Füchse, Wölfe und Ratten. Das Fleisch wurde gebraten oder gekocht und von der Familie aus einem gemeinsamen Topf verzehrt. Während der Wanderungen legte der Reiter das Fleisch unter den Sattel seines Pferdes, um es mürbe zu machen und es roh essen zu können. Das wichtigste Getränk bei den Mongolen war Stutenmilch; durch Gärung entstand daraus der alkoholhaltige Kumys, der oft im Überfluß genossen wurde.

Vornehme und modebewußte Mongolinnen schminkten ihr Gesicht weiß; ursprünglich sollte auf diese Weise die Haut vor Sonne und Wind geschützt werden. Die Augenbrauen zeichneten sie schwarz nach, so daß sie in der Mitte zusammenliefen; sie färbten ihr Haar und trugen einen ausladenden, kunstvollen Kopfputz. Mongolische Prinzessinnen waren prunkvoll gekleidet in Roben aus chinesischer Seide und Kappen, die mit Goldfäden durchwirkt waren. Einfachere Frauen trugen meist Pluderhosen. Manchmal stopften sie die oberen Partien der Hosen mit Baumwolle aus, um die Hüften rundlicher erscheinen zu lassen. Kleine Nasen galten als Zeichen weiblicher Schönheit. Trotz ihres Hangs zu Schmuck und kostbaren Stoffen stellten die Mongolen keinen dieser Artikel selbst her, sondern führten sie aus den Gebieten um Samarkand und Buchara oder aus China ein. Goldene Ohrringe standen bei den mongolischen Frauen besonders hoch im Kurs. Sie wurden eigens aus dem Osten von Kamelkarawanen unter strenger Bewachung herbeigeschafft.

Goldene Ohrringe

Ende eines Weltreiches

Als Dschingis-Khan im Jahr 1227 auf einem Feldzug in Norchina starb, wurde er in seiner mongolischen Heimat in der Nähe des Flusses Onon begraben, an einem Ort, den er sich selbst ausgesucht hatte. Seinem Wunsch gemäß wurden jedes Lebewesen, dem der Beerdigungszug unterwegs begegnete, und die gesamte Vegetation am Weg gnadenlos vernichtet.

Unter den Söhnen und Enkeln Dschingis-Khans zerfiel das mongolische Weltreich in verschiedene Teilstaaten. Die Jahre mongolischer Überlegenheit waren damit gezählt, und am Ende des 15. Jahrhunderts waren die Reiche endgültig zerfallen. Die Mongolen kehrten zu ihrer Lebensweise als Nomaden und Hirten zurück und verschwanden wieder im Dunkel der Geschichte.

Volkssport Polo *Der Erfolg der Mongolen beruhte vor allem auf ihrer unübertroffenen Geschicklichkeit im Reiten. Spiele wie Polo galten als ideales Training für die Krieger.*

WILDE REITERHORDEN AUS ASIEN

Die Kinder der Mongolen lernten bereits reiten, bevor sie noch richtig laufen konnten; sie wuchsen von Kindesbeinen an im Sattel auf. Gut reiten zu können war entscheidend für einen mongolischen Jungen und seinen späteren Lebensweg. Dementsprechend war für dieses Volk das Pferd, mit dessen Hilfe sie das Riesenreich erobert hatten und nun kontrollierten, sein größter Schatz auf Erden. Darum zählte Pferdediebstahl mit zu den schlimmsten Verbrechen und wurde unnachsichtig mit dem Tod bestraft.

Um mit den entlegenen Gebieten ihres Reiches in Verbindung bleiben zu können, führten die mongolischen Herrscher, die Großkhane, ein Kuriersystem ein, das aus einem Netz von Stationen zum Pferdewechsel bestand und Nachrichten in wenigen Tagen über Hunderte von Kilometern übermitteln konnte.

Perfektes Nachrichtensystem

Da der Kurierreiter im Sattel aß und sogar schlief, schaffte er es, rund 160 Kilometer pro Tag zurückzulegen. So konnte er innerhalb weniger Tage Nachrichten befördern, deren Übermittlung auf normalem Weg Wochen gedauert hätte. Auf den Hauptstrecken gab es alle 40 Kilometer Raststationen. Glöckchen am Sattel der Reiter kündigten ihre Ankunft an. Essen und ein gesatteltes Pferd standen dann bereit, und nach wenigen Minuten sprengte der Kurier weiter. Mit Bandagen schützte er seinen Körper vor den Wundreiten sowie vor den eisigen Winden und der sengenden Hitze der Steppe. Insgesamt standen den Kurierreitern rund 250000 zähe und ausdauernde Steppenpferde zur Verfügung.

Das Pferd spielte auch im mongolischen Heer eine wichtige Rolle. Die Reiterei war eine straff organisierte Streitkraft, die mit einer Vielfalt von Waffen ausgerüstet war. Der leichte Kavallerist trug einen kurzen Bogen und zwei Köcher mit jeweils rund 30 Pfeilen. Unter ihnen befanden sich leichte Pfeile mit einer großen Reichweite sowie solche mit schweren Spitzen, die im Nahkampf eingesetzt wurden. Außerdem hatte er ein kleines Schwert, eine Axt, zwei bis drei Speere sowie einen Dolch, der an der Innenseite des linken Unterarmes festgeschnallt war, bei sich. Der schwere Kavallerist trug außerdem einen Eisenhelm und eine Rüstung, die sich aus verschiedenen Lederschichten zusammensetzte, die vom Kinn bis an die Knie reichten. Außerdem war er mit einem ledernen oder einem Schild aus lackiertem Weidengeflecht und mit Lassos ausgerüstet.

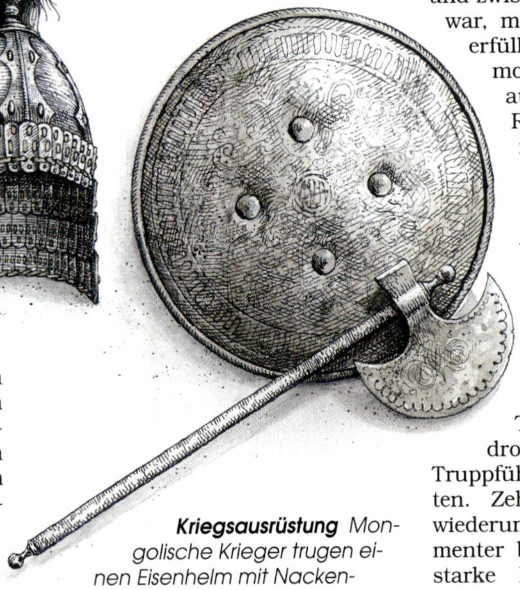

Kriegsausrüstung *Mongolische Krieger trugen einen Eisenhelm mit Nackenschutz sowie Lederschilde. Streitäxte wurden für den Nahkampf benutzt.*

Berittene Soldaten mußten Hosen tragen, die unterhalb des Knies geknöpft wurden. Viele trugen Hemden aus schwerer Rohseide, die den Aufprall der Pfeile auf den Körper mildern sollten. Alle Soldaten besaßen eine wasserdichte Satteltasche aus Leder, die vor dem Durchqueren eines tiefen Flusses aufgeblasen werden konnte. Diese Tasche enthielt saubere Kleider, Nadel und Faden, einen Angelhaken und eine Schnur, eine Hacke, einen Kochtopf und zwei Lederflaschen, die eine für Wasser, die andere für Milch. Die Essensrationen bestanden aus geräuchertem Fleisch, Hirse und Joghurt. Im Notfall konnte sich jeder Krieger selbst versorgen, wenn er in den Kampf geschickt wurde.

Jeder Mann ein Soldat

In der mongolischen Gesellschaft des 13. und 14. Jahrhunderts gab es nur wenige männliche Zivilisten. Jeder Mann, der körperlich gesund und zwischen 14 und 60 Jahren alt war, mußte militärische Pflichten erfüllen. Die Schlagkraft des mongolischen Heeres beruhte auf einer Kombination von Rüstung tragenden Lanzenreitern und berittenen Bogenschützen. Die straffe Organisation, die auf Zehnereinheiten aufgebaut war, verlieh dem Heer die notwendige Schnelligkeit und Beweglichkeit.

Die kleinste Einheit, der Trupp, bestand aus zehn Mann mit einem gewählten Anführer. Zehn Trupps bildeten eine Schwadron, deren Anführer die Truppführer aus ihrer Mitte wählten. Zehn Schwadronen bildeten wiederum ein Regiment, zehn Regimenter bildeten eine 10000 Mann starke Division. Die persönliche Garde des mongolischen Herrschers, bestand aus 10000 Elitekriegern: 7000 Leibgardisten, je 1000 Tag-

Kampfgetümmel *Welche Faszination die Kunst der Kriegführung auf die Mongolen ausübte, belegt diese Miniatur aus dem 15. Jahrhundert. Die Angreifer zu Pferde oder auf Kamelen schlagen ihre Feinde in die Flucht. Die Krieger sind mit Schwertern, Lanzen, Kriegskeulen oder Pfeil und Bogen bewaffnet.*

Schädelturm *Mit der Enthauptung von Gefangenen allein gaben sich die Mongolen nicht zufrieden: Sie schichteten die Köpfe der Toten an gut sichtbarer Stelle zu einem Turm auf, um künftigen Widerstand gegen die Eroberer im Keim zu ersticken.*

und Nachtwachen sowie 1000 Köcherträgern. Sie alle kleideten sich in schwarze Gewänder mit roten Aufschlägen und schwarze Lederrüstungen. Zaumzeug und Sattel ihrer Rappen waren ebenfalls rot.

Während der oft nur kurzen Zeiträume zwischen zwei Feldzügen bereiteten sich die mongolischen Krieger auf künftige Schlachten vor. Die Männer hielten ihre Waffen in Ordnung, während die Frauen für nahrhaftes Essen sorgten, und die Halbwüchsigen mußten für ihre Väter Stiefel und Mäntel aus Schaffell nähen.

Die Jagd war eine der Lieblingsbeschäftigungen Dschingis-Khans, in der er sich von klein auf geübt hatte. Und er führte diesen Sport auch in seinem Heer ein. Für die Krieger erfüllte das Jagen einen doppelten Zweck, nämlich während der langen Tage im Sattel gleichzeitig beweglich und wachsam zu bleiben. Das spektakulärste Ereignis war die alljährlich stattfindende große Jagd: Leoparden, Tiger, Eber, Hirsche und andere Wildarten wurden zusammengetrieben und weiträumig eingepfercht, um dann von den bewaffneten Reitern erlegt zu werden. Die Schreie der angsterfüllten, hungrigen Tiere sollten die jungen Rekruten gegen menschliche Schmerzensschreie auf dem Schlachtfeld abhärten.

Bis zum Beginn des 13. Jahrhunderts, als die mongolischen Reiterhorden in Nordchina eindrangen, waren ihnen Belagerungskriege unbekannt. Dschingis-Khan zwang danach seine chinesischen Gefangenen, Belagerungswaffen für den Einsatz gegen befestigte Städte zu bauen. So benutzten die Mongolen zum erstenmal Sturmleitern, Sturmböcke und massive Schilde. Während der erbittert geführten Gefechte dienten ihnen sehr oft auch Gefangene als menschliche Schutzschilde.

Neben dem gut funktionierenden Nachrichtendienst mittels Reiterstaffeln entwickelte Dschingis-Khan ein leistungsfähiges Signalsystem, durch das Befehle rasch an die Truppen übermittelt werden konnten. Am Tag wurden die Befehle mit Hilfe schwarzweißer Flaggen signalisiert. Nachts benutzte man Laternen und brennende Pfeile.

Grausame Kriegführung

Einer der wesentlichen Gründe, warum es Dschingis-Khan gelang, ein so großes Gebiet zu unterwerfen und zu regieren, war die Grausamkeit, mit der er seine Kriege führte. Um jeden Widerstand in den eroberten Landstrichen von vornherein bereits im Keim zu ersticken, schreckte er nicht davor zurück, seine Gegner massenhaft ermorden zu lassen. Als die persische Stadt Nischapur es wagte, sich ein zweites Mal gegen ihn zu erheben, ordnete er an, alle Bewohner zu enthaupten. Von den rund 100000 Einwohnern überlebten nicht einmal 50. Vielen Toten ließ er die Eingeweide herausnehmen, um festzustellen, ob sie Juwelen oder anderen Schmuck verschluckt hatten. Einmal befahl Dschingis-Khan sogar seinen Kriegern, einem gefangenen Prinzen, der nicht gestehen wollte, geschmolzenes Silber in Augen und Ohren zu gießen.

Gute Pflege *Ein prächtig gekleideter Krieger flicht die Schwanzhaare seines edlen Rosses.*

Kunstfertigkeit *Steigbügel verliehen dem Reiter Sicherheit, und die Verzierungen verwiesen auf die Vornehmheit des Eigentümers.*

LEBEN IM SATTEL

Steigbügel, die vermutlich aus China stammten, und Riemen, mit denen der Sattel befestigt wurde, gaben den mongolischen Reitern den nötigen Halt, um die Hände zum Führen der Waffen frei zu haben. Die Bogenschützen konnten die Pfeile sogar über ihre Schultern abschießen, während sie vorgaben, vor dem Feind zu fliehen, eine Taktik, die zuerst von der parthischen Reiterei im 2. Jahrhundert v. Chr. entwickelt wurde. Im Gegensatz zu den edlen Pferden der Kavallerie ritten die Kuriere auf ausdauernden, trittsicheren Steppenpferden. Diese kleinen Pferde wurden zu Tausenden auf den Weiden der Mongolei gezüchtet. Sie waren leicht zu halten, weil sie mit wenig Wasser und spärlichem Gras als Futter auskamen, und wurden nur alle vier Tage eingesetzt.

CHRISTLICHE SKLAVEN FÜR DEN SULTAN

Alle fünf Jahre schwärmten Regierungsbeamte aus, um im ganzen Osmanischen Reich junge Männer als Sklaven des Sultans auszuheben. Da Muslime nicht versklavt werden durften, suchten die Beamten in den christlichen Familien kräftige und intelligente Jugendliche im Alter zwischen 10 und 20 Jahren aus und zwangen sie, zum Islam überzutreten. Diese jungen Männer sollten keine gewöhnlichen Sklaven werden, sondern die Elite des Staates bilden. Sie erhielten in Konstantinopel, der Hauptstadt des Osmanischen Reiches, eine vorbildliche Ausbildung und stellten die Kerntruppe des osmanischen Heeres, konnten aber auch zu führenden Beamten aufsteigen. Wie auch immer ihre Aufgabe aussehen mochte, auf jeden Fall spielten sie eine tragende Rolle im mächtigen Staatsapparat, der jahrhundertelang das Reich regierte.

Im Zeichen des Halbmonds

Das Osmanische Reich, das zeitweise eines der größten islamischen Reiche war und bis 1918 Bestand hatte, wurde um 1300 vom türkischen Sultan Osman I. in Kleinasien gegründet. Im Jahr 1453 bezwang Sultan Muhammad II. Konstantinopel, die Hauptstadt und letzte Bastion des 1000jährigen Byzantinischen Reiches. Im Lauf der nächsten 150 Jahre eroberten die Osmanen fast den ganzen Balkan, den Vorderen Orient, Arabien und Ägypten sowie ganz Nordafrika. Ihr Reich erlebte im 16. Jahrhundert unter Sultan Sulaiman II., dem Prächtigen, seine höchste Blüte.

Diese Rekrutierungsmaßnahmen der Osmanen im Reich und auf Feldzügen unter der nichtislamischen

Gesellschaftliches Leben *Auf einem Empfang für Großkaufleute und Mitglieder der vornehmen Gesellschaft im Konstantinopel des 16. Jahrhunderts werden Kaffee, Tee und Kuchen serviert, während die Gäste sich unterhalten, würfeln oder der Musik lauschen.*

Bevölkerung wurden von den jungen Leuten mit gemischten Gefühlen aufgenommen. Manche wollten ihre Heimat und ihre christliche Lebensweise nicht aufgeben, andere begrüßten jedoch die Chance, einem kargen Leben zu entkommen und gesellschaftlich aufzusteigen.

Karriere auf Befehl

Die rekrutierten jungen Männer wurden nach Konstantinopel gebracht und mußten den muslimischen Glauben annehmen. Die Intelligentesten unter ihnen kamen an den Hof des Sultans, wo sie als Pagen dienten und die Palastschulen besuchten. Den Unterricht erteilten Eunuchen, die Türkisch, Persisch und Arabisch – die Sprache des Korans – ebenso wie Philosophie, Theologie, Literatur und Geschichte lehrten. Die jungen Männer lernten reiten, ringen, den Kampf mit dem Schwert sowie den Umgang mit Pfeil und Bogen. Fächer wie militärische Strategie und Taktik, Kunst und Recht ergänzten die Ausbildung.

Die Eunuchen hielten auf strenge Disziplin, und der Tagesverlauf war nach einem genauen Stundenplan geregelt. Die Zöglinge durften nur zu bestimmten Zeiten sprechen. Sie hatten keinen Kontakt zur Außenwelt, und es wurde ihnen nahegelegt, ihre Eltern und Verwandten zu vergessen. Die Ausbildung dauerte gewöhnlich, bis der Zögling das 25. Lebensjahr erreicht hatte. Dann wurden ihm bereits spezielle Führungsaufgaben anvertraut.

Die überwiegende Zahl der Jungen wurde für die Janitscharen, die „Neue Truppe", rekrutiert, eine von Sultan Murad I. um 1360 gegründete Eliteeinheit, die in Kriegszeiten den Kern des osmanischen Heeres bildete und in Friedenszeiten die Straßen der Hauptstadt bewachte.

Hier lebten die meisten Einwohner der Stadt in spärlich möblierten, einstöckigen Holzhäusern und schliefen auf groben Wolldecken und Matratzen auf dem Boden. Die Wände waren mit handgewebten Teppichen geschmückt, die aus Wolle bestanden und oft ein Grundgewebe aus Seide hatten. Nur bei den vornehmen Familien, die in geräumigen Steinhäusern mit Blick auf den Bosporus wohnten, lagen Teppiche auf den Fußböden. Bei heißem Wetter ersetzte man die Teppiche durch kühle Matten aus frischen Binsen. Im Winter wurden die Häuser der Reichen und Armen gleichermaßen mit Holzkohle beheizt, die in Kupferkesseln glühte.

Pascha in der Familie

Die tägliche Hauptmahlzeit in einer osmanischen Familie wurde am Abend eingenommen. Für die Wohlhabenden bestand sie zumeist aus Suppe, würzigen Reisgerichten mit Fleisch, weißem Käse, Obst, Brot und Marmelade, dazu gab es Tee. Die ärmeren Leute mußten sich häufig mit schwarzem Brot, Kutteln und Reis begnügen und aßen mit den Fingern von hölzernen Tellern. Danach gab es billigen Joghurt und als Getränk Wasser.

Der Mann als Familienoberhaupt konnte allein über seine Frau, Kinder und Angehörigen bestimmen. Wollte sich ein Mann von seiner Frau trennen, brauchte er ihr nur zu sagen, daß sie von nun an geschieden seien. Dem Mann stand es dann frei, sich eine andere Frau zu nehmen. Änderte er jedoch seine Meinung, konnte er die ursprüngliche Ehefrau erneut heiraten, indem er ihr einfach mitteilte, die Scheidung sei aufgehoben. Einer Frau hingegen stand ein solches Recht nicht zu.

Nach Einbruch der Dunkelheit waren die Straßen fast gänzlich verlassen, und die Stille wurde nur durch die Rufe der Nachtwächter unterbrochen. Tagsüber jedoch herrschte auf den Straßen ein reges Treiben. Viele Menschen waren unterwegs zu den Gewürz- und Lebensmittelmärkten oder dem von einer Mauer umgebenen großen Basar mit seinen rund 70 Straßen und 18 Toren. Die Marktinspektoren überwachten streng jeden Handel. Die benachbarten Badehäuser machten ebenfalls gute Geschäfte. Dort ließen sich die Männer Bart und Haare schneiden, während die Frauen ihre Haut pflegen, die Füße massieren und als Mittel gegen Falten Eigelb auf das Gesicht auftragen ließen.

Um eine Erfrischung zu sich zu nehmen und den Klatsch des Tages zu hören, besuchten die Männer eines der beliebten Kaffeehäuser. Die vornehmen Damen schlenderten durch die Straßen und über die Märkte und kosteten von den angebotenen Delikatessen.

Gebrauchskunst *Das islamische Verbot, einen Menschen bildlich darzustellen, führte dazu, daß Geschirr mit Blumen und abstrakten Mustern verziert wurde.*

TREUERGEBENE JANITSCHAREN

Die Janitscharen, eine bis zu 15000 Mann starke Elitetruppe und das Rückgrat des osmanischen Heeres, genossen gewisse Vorrechte. Sie waren bekannt für ihre absolute Loyalität gegenüber dem Sultan und für ihren fanatischen Glauben. Die Soldaten, die nicht heiraten durften, schworen sich feierlich den Treueid neben einem Tablett, auf dem der Koran und ein Zeremonienschwert lagen. Wie ihren Augapfel hüteten sie die kupfernen Suppenkessel, die in den Kasernen standen, denn sie galten als Standarten der Truppe. Fiel ein solcher Kessel in die Hände des Feindes, galt dies als furchtbare Schande. Ihre Blütezeit erlebten die Janitscharen unter Sultan Sulaiman II. zwischen 1520 und 1566. Der Sultan schätzte seine Elitetruppe so sehr, daß er selbst dem Ersten Regiment beitrat und zusammen mit den übrigen Soldaten seinen Sold beim Zahlmeister abholte.

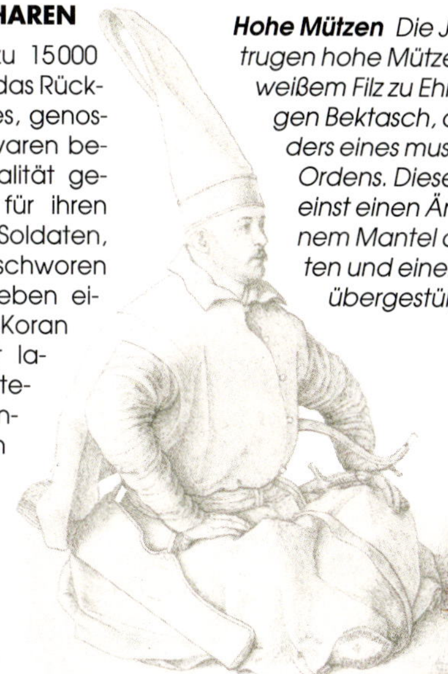

Hohe Mützen *Die Janitscharen trugen hohe Mützen aus weißem Filz zu Ehren des heiligen Bektasch, des Begründers eines muslimischen Ordens. Dieser hatte einst einen Ärmel von seinem Mantel abgeschnitten und einem Offizier übergestülpt.*

Halbmond *Das Symbol des Islam krönt ein osmanisches Feldzeichen.*

Derwisch *Die Mawlawiya, einer der zahlreichen Orden der Derwische, versetzten sich durch wirbelnde Bewegungen, Tanz und suggestive Musik in Trance. Die Derwische kamen in den meisten Fällen aus den unteren Bevölkerungsschichten.*

BLÜHENDE GÄRTEN FÜR DEN SCHAH

Als der persische Schah Abbas I., der Große, gegen Ende des 16. Jahrhunderts beschloß, für sein Reich eine neue Hauptstadt zu errichten, gelobte er, seinen Palast nicht durch Mauern und verschlossene Tore von den Untertanen abzuschirmen. Das Volk sollte wissen, wo und wie sein Herrscher lebte.

Die Wahl fiel auf die zentral gelegene persische Stadt Isfahan, die in rund 1500 Meter Höhe in einem weiten Becken umgeben von Bergen liegt. Schah Abbas I. ließ sie zu einer der prächtigsten Metropolen seiner Zeit ausbauen. Ein Bewässerungssystem sorgte dafür, daß in der Stadt eine üppige Vegetation gedieh. So begann im Jahr 1598 ein goldenes Zeitalter für Isfahan als Residenz der Safawidendynastie, die seit 1502 in Persien regierte. Mit dem Ausbau Isfahans war Schah Abbas I. bis zu seinem Tod im Jahr 1629 beschäftigt. Er wandelte den alten Palast in einen dreistöckigen Bau um und fügte eine riesige Zuschauertribüne an. Von den überdachten Balkonen hatte man einen herrlichen Ausblick auf eine ausgedehnte Parkanlage. Davor lag der Platz des Schahs, der gleichzeitig das Zentrum der Stadt bildete.

Schach im Kaffeehaus

Der Tag in Isfahan begann früh. Schon um 7 Uhr waren die Kaffeehäuser in der Altstadt und am Platz des Schahs mit Männern gefüllt, die schwarzen Kaffee schlürften, während dichter Tabakqualm in der Luft hing. Manche spielten Mühle oder Schach, andere unterhielten sich. Bis zum Mittag wimmelte es nur so von Menschen in der Stadt. Händler errichteten Zelte, Buden und Stände oder breiteten Obst und Gemüse, Arzneimittel und Gewürze einfach auf der staubigen Straße aus. Außerdem wurden Baumwolle und Lederwaren, Schmuck, Pelze, Seidenstoffe, eiserne Schlösser und Schlüssel, Werkzeuge, verschiedene Möbelstücke, Spinnräder, aber auch Pferde, Maulesel und Kamele zum Kauf angeboten. Die Rufe der Händler mischten sich mit denen der Käufer. Musik, die auf langen Kupfertrompeten und Trommeln gespielt wurde, klang von den oberen Rängen der Galerien herunter, die den viereckigen Platz umsäumten. Inmitten all diesen Lärms begrüßten sich alte Freunde, indem sie sich verbeugten und die rechte Hand auf die Brust legten. Durch die Menge zogen auch Jongleure, Marionettenspieler, Akrobaten und Tänzer. Wahrsager und Geschichtenerzähler hatten ein Plätzchen, wo sie ihre Zuhörer unterhielten.

Preisschießen auf einen Apfel

Allein der Platz vor dem Palast mußte frei bleiben. Dort fanden am Abend für den Schah und seinen Hofstaat Darbietungen statt: wilde Gladiatorenspiele und oft tödlich endende Kämpfe zwischen Löwen, Stieren, Bären und Widdern. Der Schah liebte auch Polo, sowohl als Zuschauer wie auch als Spieler. Wann immer er den Ball schlug, erklang eine Fanfare, und die Zuschauermenge applaudierte pflichtschuldig. War er jedoch nur Zuschauer, dann stand ein von Ochsen gezogener Karren bereit, um ihn zu dem Ort zu bringen, wo das Geschehen gerade

Isfahans Gärten Durch ein kunstvolles Bewässerungssystem schufen sich die Bewohner Isfahans eine immergrüne Stadt.

Kunst des Teppichknüpfens *Die Perser stellten wunderbare Teppiche aus Wolle und Seide her, die wegen ihrer prächtigen Farben und phantasievollen Ornamente berühmt waren.*

PARADIES IN WOLLE UND SEIDE

Das Handwerk spielte in der Wirtschaft Isfahans eine bedeutende Rolle. So fertigten rund 5000 Handwerker in 32 Werkstätten auf dem Gelände des Palastes die unterschiedlichsten Waren an. Die Stadt war berühmt für ihre handgewebten Teppiche und Läufer. Hauptsächlich wurden auf ihnen Pflanzen und Tiere aller Art in Gärten dargestellt. Das persische Wort für einen umfriedeten Garten heißt *pairi-daeza* und ist als Paradies in unseren Sprachschatz eingegangen. Der Lohn der Handwerker wurde alle drei Jahre erhöht, und wenn sie sich zur Ruhe setzten, zahlte man das Gehalt an ihre Kinder, von denen viele schon mit dem 13. Lebensjahr zu arbeiten begonnen hatten.

Musikliebendes Volk *Musikanten waren eine vertraute Erscheinung im Stadtbild Isfahans. Sie spielten für das Volk, aber auch bei Hof.*

am spannendsten war. Beliebt waren auch Wettbewerbe im Bogenschießen, bei denen eine Melone, ein Apfel und bei offiziellen Anlässen ein goldener Becher auf einen hohen Pfosten inmitten des Platzes des Schahs gelegt wurden. Berittene Bogenschützen galoppierten in Gruppen vorbei, drehten sich im Sattel um und schossen auf das Ziel.

Nächtliche Abenteuer

Wenn die Dunkelheit hereinbrach, wurde der Platz mit etwa 50000 Lampen beleuchtet, die die blauweißen Fliesen der Palastgebäude erstrahlen ließen. Zu dieser Tageszeit verkleidete sich Schah Abbas I. in einen Prinzen aus Tausendundeiner Nacht, um sich als einfacher Mann unter das Volk zu mischen. Er ging umher und fragte die Menschen, was sie vom Schah und seiner Regierung hielten.

Der Herrscher konnte zwar Kritik an seiner Person vertragen, ging jedoch gnadenlos mit allen höfischen Beamten um, die ungerecht waren oder sich der Korruption schuldig gemacht hatten. Abbas kostete auch die leckeren Süßigkeiten und Früchte, die auf den Basaren verkauft wurden. Wenn ein Händler ihm dabei ein zu knappes Maß gab, ließ er keine Gnade walten. So wurde einmal ein unehrlicher Bäcker ergriffen und im eigenen Ofen gebacken, und ein betrügerischer Metzger wurde an seinem eigenen Fleischspieß geröstet.

Hohe Mauern umgaben die Häuser der Vornehmen, die in herrlich angelegten Gärten und schattigen Platanenhainen lagen. Die meisten der etwa 500000 Einwohner Isfahans wohnten jedoch in Häusern, die aus an der Sonne getrockneten Ton- oder Lehmziegeln errichtet waren. Die Häuser hatten oft einen Innenhof mit einem Wasserbecken. Die Nahrung der Bevölkerung war eher bescheiden. Das Frühstück bestand meist aus Kaffee und einem Stück Brot; mittags gab es Quark, Konfitüre und Obst. Die Hauptmahlzeit gegen 7 Uhr abends bestand aus Kebab und Eiergerichten, zu denen ein sprudelnder Fruchtsaft getrunken wurde.

Nach dem Tod von Schah Abbas I. herrschte die Safawidendynastie fast noch ein Jahrhundert in Persien, ehe Isfahan dann im Jahr 1722 unter die Herrschaft der Afghanen geriet.

Helm des Schahs *Der für Schah Abbas I. hergestellte Prunkhelm aus Stahl und Gold hat ein verstellbares Nasenstück und ein feines Kettengewebe zum Schutz von Stirn und Hals.*

Kriegswaffen *Das gebogene Schwert, das in einer mit Leder überzogenen Scheide steckt, hat einen geschnitzten Elfenbeingriff. Der Schild besteht aus feinem Stahl mit Goldziselierungen.*

Gemeinschaftsproduktion *Robuste Helme wurden in großer Stückzahl für die Krieger des Schahs angefertigt.*

Häusliche Freuden *In seinem Reisepavillon verbindet ein Mogulprinz das Angenehme mit dem Nützlichen: Während ihn seine Konkubinen mit Leckerbissen füttern, bespricht er sich mit seinen Ratgebern.*

Gepflegte Schönheit *Eine Haremsdame frisiert ihr langes Haar während der morgendlichen Toilette.*

DIE MOGULN – HERRSCHER AUF REISEN

Jedesmal, wenn sich der Mogulkaiser Dschahangir auf einer Reise durch sein riesiges Reich befand, begleitete ihn sein gesamter Hofstaat. Für das tägliche Nachtlager benötigte man die unglaublich große Fläche von etwa 60 Quadratkilometern. Es dauerte einen halben Tag, bis der ganze Zug mit dem kaiserlichen Troß und allem, was dazu gehörte, an einem Zuschauer vorbeigezogen war. Dennoch konnte das gesamte Lager in rund vier Stunden auf- oder abgebaut werden.

Rote und weiße Zelte, Holzbauten sowie die Wege dazwischen wurden nach einem festen Plan errichtet. Die Händler und ihre Läden befanden sich stets am selben Ort des Lagers, so daß die Menschen genau wußten, wo sie ihre Einkäufe tätigen konnten. Im Zentrum befand sich die mit hohen Zäunen abgetrennte Hofhaltung Dschahangirs, der 22 Jahre lang, von 1605 bis 1627, das muslimische Reich der Moguln in Indien erfolgreich regierte. Etwa 100 Jahre zuvor hatten es mongolische Eroberer begründet.

In die Residenz des Kaisers, deren Durchmesser rund 275 Meter betrug, gelangte man durch ein elegantes Tor. Die Beamten und Höflinge mußten während einer Audienz einen genau festgelegten Abstand zum Herrscher einhalten: Je höher der Rang, desto näher durften sie beim Thron stehen. Die Menschen im Lager wurden mehrmals am Tag zum Gebet in eine aus Holzteilen zusammengesetzte Moschee gerufen. Die Höflinge wohnten in Pavillons, zu deren luxuriöser Ausstattung mit Seide bezogene Sitzmöbel sowie kunstvoll gefertigte Teppiche und Wandbehänge gehörten.

Ein Harem von 5000 Personen

Der Kaiser hielt öffentliche und private Audienzen. Allmorgendlich erschien er auf einem Balkon, um zu zeigen, daß er am Leben und wohlauf war. In seiner Nähe war in einem bemalten Zelt eine Auswahl seines 5000 Köpfe zählenden Harems untergebracht. Zum Lager gehörte auch eine Werkstatt für die Hofmaler, die die glanzvolle Herrschaft in Schrift und Bild festhielten. Die 3000 Diener des Lagers wohnten in Hunderten von Zelten; zu ihnen zählten an die 1000 Schwertkämpfer und Ringer, die an den Abenden mit Spielen zur Unterhaltung beitrugen, 500 Fackelträger sowie eine ganze Batterie von Wärtern für die Tierhaltung.

Anspruchsvoller Herrscher

Auf all seinen Reisen wurde der Kaiser mit frischem Obst aus Kabul und Kaschmir versorgt. Täglich traf er für sich und den engsten Kreis seiner Vertrauten eine Auswahl aus bis zu 1000 reichhaltigen Speisen. Jeden Tag brachten Boten Eis aus den schneereichen Gebirgen des Nordens, und das Trinkwasser für den Kaiser wurde eigens aus dem heiligen Fluß Ganges herbeigeschafft.

Zum Transport des kaiserlichen Lagers waren 500 Kamele, 400 Wagen, 100 Elefanten und Tausende von Trägern vonnöten. Die Haremsdamen reisten in Sänften oder in überdachten Sitzen auf dem Rücken von Elefanten. Dem eigentlichen Wanderlager folgte noch allerlei Volk mit Tausenden von Ochsen, die die notwendigen Versorgungsgüter transportierten.

Für den Brauch, mit dem gesamten Hof von Ort zu Ort zu ziehen, der

Belagerungstaktik *Geschützt durch lederne Wände, errichten Ingenieure einen überdachten Gang, durch den die Krieger vordringen und eine feindliche Festung erobern können.*

charakteristisch war für die Herrschaft der Moguln in Indien, gab es mehrere Gründe. Dschahangir zog umher, um mit eigenen Augen zu sehen, wie seine Heere Aufstände niederschlugen oder Eroberungen tätigten. Im Sommer reisten die Kaiser oft nach Kaschmir im Norden des Subkontinents, um der glühenden Hitze der indischen Sonne zu entfliehen. Und nicht zuletzt lag die Reiselust den Moguln wohl auch im Blut, denn immerhin stammten sie von den Nomaden des Dschingis-Khan ab. Ihre mongolische Herkunft wirkte sich auch auf die Kultur, Architektur und Kunst Indiens aus.

Wohin auch immer die Kaiser kamen, wurde der krasse Gegensatz zwischen dem üppigen Lebensstil der Oberschicht und den Lebensbedingungen der armen Bevölkerung Indiens deutlich. Die Inder bewohnten winzige, überbelegte Lehmhütten und besaßen kaum etwas. Sie trugen dünne, lange Baumwollhemden, und in kalten Nächten drängten sich ganze Familien um kleine Feuerstellen bei den Hütten.

Die Mogulherrscher hingegen gaben schon allein für die Anlage ihrer Grabstätten innerhalb verschwenderisch bewässerter Gärten ein Vermögen aus. Der Vater Dschahangirs, Akbar der Große, der von 1556 bis 1605 Indien regierte, wurde in einem Park in der Nähe von Agra im Norden Indiens beigesetzt. Die Pforte zum Mausoleum trägt die Inschrift: „Hier ist der Garten Eden. Tritt ein und wohne auf ewig darin."

In vielen Gartenanlagen floß frisches Quellwasser von Terrasse zu Terrasse oder sprang in sprühenden Fontänen himmelwärts. Künstliche Seen umgaben zahlreiche kleine Pavillons mit Kuppeldächern. Die Wege führten über Stufen oder zierliche Steinbrücken. Miniaturen der Herrscher und des Hofstaates, vorwiegend in satten Rot-, Gelb-, Gold- oder Orangetönen gemalt, waren ein beliebtes Motiv für die Ausgestaltung von Räumen, ebenso wie Gemälde von einheimischen Vögeln und Tieren aller Art.

Die Maler arbeiteten in Gruppen zusammen und teilten sich die Arbeit untereinander auf. So war ein Künstler beispielsweise auf das Zeichnen der Gesichter spezialisiert, während ein anderer für die Komposition des Gesamtwerkes zuständig war und ein dritter die Bilder ausmalte. Feine Pinsel, die aus den Schwanzhaaren von Eichhörnchen hergestellt waren, ermöglichten erst die feinen Konturen, und die glänzende emaillierte Oberfläche wurde dadurch erreicht, daß man die Bilder mit polierten Achatstücken sorgsam glättete.

Kostbare Waren *Muslimische Juwelenhändler bieten Schmuck auf mehreren mit Plüsch bezogenen Tabletts zum Kauf an.*

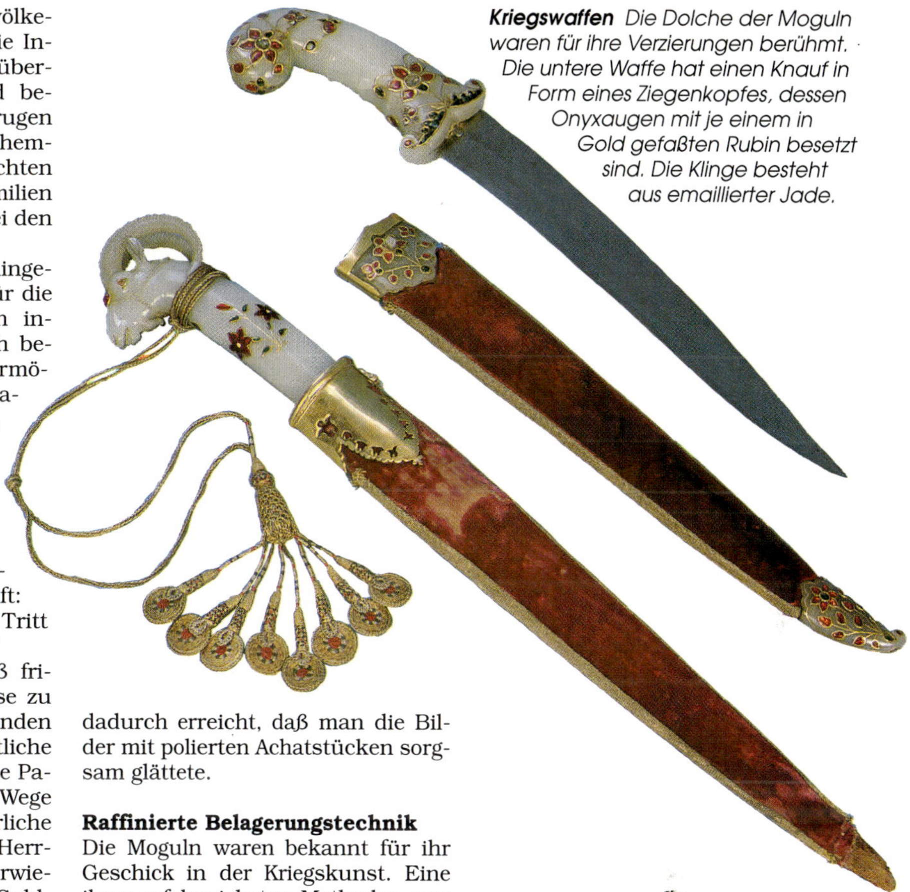

Kriegswaffen *Die Dolche der Moguln waren für ihre Verzierungen berühmt. Die untere Waffe hat einen Knauf in Form eines Ziegenkopfes, dessen Onyxaugen mit je einem in Gold gefaßten Rubin besetzt sind. Die Klinge besteht aus emaillierter Jade.*

Raffinierte Belagerungstechnik

Die Moguln waren bekannt für ihr Geschick in der Kriegskunst. Eine ihrer erfolgreichsten Methoden war der Einsatz des *sabat*, eines überdachten Ganges mit Lehm- und Bruchsteinwänden und einem Holzdach, das man mit Häuten abdichtete. Der *sabat* wurde weit außerhalb des belagerten Ortes begonnen und bis an dessen Mauern fortgebaut. Im Inneren war der Gang so breit, daß ein Dutzend Reiter nebeneinander reiten konnte, und so hoch, daß Krieger auf Elefanten bequem hindurchpaßten. Soldaten konnten den Feind mit Musketen und Kanonen durch Luken im Dach und in den Wänden beschießen. Akbar der Große benutzte mit durchschlagendem Erfolg einen solchen Gang im Jahr 1568, als er die Bergfestung Chittor in Zentralindien belagerte. Der Bau wand sich den steilen Berghang hinauf, so daß die Festungsmauern angegriffen werden konnten. Akbar ließ gegenüber den Verteidigern von Chittor keine Gnade walten und verschonte auch nicht jene 35 000 Menschen aus dem Umland, die sich in die Festung geflüchtet hatten. Sie alle wurden niedergemetzelt.

Grausame Warnung *Die mongolische Sitte, die Häupter ihrer getöteten Feinde zu Schädeltürmen aufzuschichten, behielten die indischen Mogulherrscher bei. Die Köpfe wurden in Mörtel und Gips eingelassen und öffentlich zur Schau gestellt.*

EUROPA IM AUFBRUCH

Eine faszinierende Mischung aus Handel und Gelehrsamkeit, Forschergeist und Rebellion, künstlerischer Blüte und religiöser Reform prägte in Europa den Übergang vom Mittelalter zur Neuzeit. Unter den Stadtstaaten Norditaliens entwickelte sich Venedig zur beherrschenden Seemacht im Mittelmeer, während in Florenz wohlhabende Handels- und Stadtherren zu Mäzenen großer Künstler und Architekten wurden. In Rom jedoch konnte die Prachtentfaltung der päpstlichen Hofhaltung die wachsende Verweltlichung der Kirche nicht verschleiern. Als Antwort darauf entstand unter dem Einfluß Martin Luthers und Johannes Calvins der Protestantismus. Die erste Bibel, die mit beweglichen Lettern, der Erfindung Johannes Gutenbergs, gedruckt wurde, ermöglichte die Verbreitung von Büchern in hohen Auflagen und eröffnete neue Bildungsmöglichkeiten. Abenteuergeist und Forscherdrang regten Kolumbus an, Segel zu setzen und über den Atlantik zu unbekannten Ufern aufzubrechen.

DER ALTE KONTINENT 15./16. JAHRHUNDERT

WOHLSTAND DURCH PLACKEREI

Vor dem Morgengrauen versammelten sich in den Hügeln des sächsischen Erzgebirges die Bergleute in einer kleinen Kapelle bei den Schachtgebäuden zu einer Morgenandacht. Im Schein der Hornlaternen stiegen sie dann in den Stollen hinab. Sie trugen grobgearbeitete Helme, Spitzhacken und Schaufeln und hatten Brot und Bier als Verpflegung dabei. Während sie gegen die Dunkelheit und die Feuchtigkeit ankämpften, horchten sie voller Furcht auf das Knarren der hölzernen Stempel und das Tröpfeln des Wassers, stets auf der Hut vor den ersten Anzeichen einer Katastrophe unter Tage, die ihrem Leben ein jähes Ende setzen konnte.

Im Erzgebirge wurden sowohl auf sächsischer wie auch auf böhmischer Seite vor allem Silber- und Eisenerze abgebaut. Aus dem Silber prägte man Münzen. In Joachims-

Machtvoller Feldherr *Die stolze Gestalt des berittenen Bartolomeo Colleoni zeugt von der Macht der Kondottiere, jener berühmten Heerführer, die im Sold der kriegführenden Stadtstaaten Italiens dienten. Die Republik Venedig ließ ihm im Jahr 1495 von Andrea del Verrocchio das berühmte Reiterstandbild errichten.*

thal stellte man den Taler her, der sich im 16. Jahrhundert in ganz Europa als Handelsmünze weithin durchsetzen konnte. So schuf der Bergbau Reichtum und förderte Handel und Gewerbe in Stadt und Land. Auch die Künste erlebten eine neue Blüte. Die Lebensverhältnisse der Menschen, besonders in den Städten, verbesserten sich spürbar.

Politik des Geldes

Einige Handelsfamilien wie die Medici in Florenz sowie die Fugger und Welser in Süddeutschland verfügten über so viel Reichtum und weltweite Verbindungen, daß sie das Monopol für ganze Wirtschaftszweige innehatten und aktiv in das politische Tagesgeschehen eingriffen. Einer der Mächtigsten seiner Zeit war Jakob Fugger, genannt „der Reiche“, der zu Anfang des 16. Jahrhunderts nicht nur für die päpstliche Kurie das Pfründewesen organisierte und den Ablaßhandel finanzierte, sondern auch 1519 die Wahl des Habsburgers Karl zum römisch-deutschen Kaiser durch Kredite erst möglich machte.

Wissen war damals von größter Bedeutung und besonders auch Kenntnisse über politische und wirtschaftliche Entwicklungen, die sich andernorts vollzogen. Die großen Handelshäuser unterhielten ihre eigenen Nachrichtendienste: Die Fugger schickten an die entferntesten Niederlassungen ihres Wirtschaftsimperiums Rundschreiben mit Handelsnachrichten; in Frankreich besaß Jacques Cœur, Kanzler König Karls VII. und Bankier des Hofes, sogar seine eigene, private Brieftaubenpost.

Die umwälzendste Neuerung dieser Zeit sollte jedoch nicht nur den Kaufleuten, sondern auch dem einfachen Volk Nutzen bringen. Um das Jahr 1450 druckte Johannes Gutenberg in Mainz das erste Buch mit beweglichen Lettern. Bis zum Ende des 15. Jahrhunderts verfügten mehr als 100 Städte in Europa – von Toledo über Oxford bis Stockholm – über eigene Druckereien. Nicht nur Bücher, auch Flugblätter vermittelten den Menschen die neuesten Informationen über wichtige Ereignisse in Europa und der Welt.

Ruf nach Reformen

Die schnelle Verbreitung von Gedanken und Erkenntnissen mit Hilfe der Druckkunst förderte das kritische

Handelsschiffe in Venedig *Kaufleute machten aus der Republik Venedig die mächtigste Seemacht des Mittelmeeres. Ein Gemälde aus dem Jahr 1495 von Vittore Carpaccio zeigt das rege Leben im Hafen der Lagunenstadt.*

Bewußtsein der Menschen. Vor allem die katholische Kirche mußte sich mit abweichenden Lehren und der Kritik an ihrer verweltlichten Amtsführung auseinandersetzen. Im Jahr 1517 soll der Augustinermönch Martin Luther angeblich seine 95 Thesen an die Tür der Schloßkirche zu Wittenberg angeschlagen haben, in denen er die Mißstände des Ablaßwesens anprangerte. Dieses Ereignis löste die Reformation aus. Innerhalb weniger Wochen war Luthers Kritik Hauptgesprächsthema in Europa und führte zu blutigen kriegerischen Auseinandersetzungen.

Überall wurde die Macht der Kirche durch die Herausforderung der weltlichen Herrscher geschwächt – derselben Herrscher, die sich gleichzeitig auf das Gottesgnadentum zur Legitimation ihrer Herrschaft beriefen. Zur Festigung ihrer Macht stellten die Landesherren immer größere Heere auf. Eine wachsende Zahl von wehrfähigen Männern wurde zum Militärdienst gepreßt, und wer davon verschont blieb, litt unter einer ständig steigenden Steuerlast.

Kriege und immer wieder aufflackernde Seuchen forderten ihren Tribut: Im Jahr 1500 war die Bevölkerung in Europa auf etwa 60 Millionen gesunken, das entsprach nur noch knapp zwei Dritteln der Gesamtbevölkerungszahl von 1300.

Zentren der Macht *Die Städte entwickelten sich in der Renaissance zu Zentren des Handels, der Kunst und der Wissenschaften.*

Während sich in manchen Gegenden in einer Atmosphäre sozialer Eintracht neue und blühende Gewerbezweige wie Schiffbau und Verlagswesen entwickeln konnten, erhob sich in anderen Gebieten das in Armut lebende Volk: Bauern revoltierten gegen den Adel und Handwerker gegen die städtische Oberschicht.

Vor dem Hintergrund eines im Aufbruch befindlichen Europa setzten die Bergarbeiter in Thüringen und Sachsen währenddessen ihre mühevolle Arbeit fort, die je den Tag im Morgengrauen begann und bis nach Sonnenuntergang dauerte. Als Ausgleich für ihre schwere Arbeit erhielten sie manche Privilegien. So mußten sie keinen Militärdienst leisten und weniger Steuern zahlen. Nur mit solchen Zugeständnissen gelang es den Landesherren, die Söhne der Bergleute im Land zu halten, um die ertragreiche Arbeit ihrer Väter fortzusetzen.

Neue Lebensart *Der große Reichtum der Handelsfamilien schlug sich in prunkvoller Kleidung und aufwendiger Lebensführung nieder.*

VENEZIANISCHE KAUFLEUTE UND GALEEREN

Geld und Arbeit *Die Münze Floren (oben) verdankt ihren Namen der Herkunft aus Florenz. Die Schauerleute Venedigs (links) mußten dafür allerdings Schwerstarbeit leisten.*

Herz einer Stadt *Leben und Treiben an der Rialtobrücke zu Beginn des 16. Jahrhunderts zeugen von der Bedeutung dieses einzigen Übergangs über den Canal Grande. Die Holzkonstruktion wurde zwischen 1588 und 1592 durch den heute noch erhaltenen Bogenbau aus Stein ersetzt.*

Schon früh am Tag versammelten sich die Kaufleute von Venedig im Rialto, dem geschäftigen Marktviertel der Handwerker und Einzelhändler, die den Kaufleuten als Nachrichtenübermittler dienten. Einen Geschäftsmann aus dem Rialtoviertel zu verbannen hieß ihn in den Bankrott zu stürzen. Denn in einem Zeitalter ohne Zeitung waren die Nachrichten, die auf der Rialtobrücke zusammenliefen und den Briefen der Agenten und Kommissionäre aus allen Teilen der Handelswelt entstammten, eine unschätzbare Quelle des Wissens und der Macht.

Geld- und Handelsgeschäfte waren der Schlüssel zum Wohlstand der Republik Venedig, der im frühen 15. Jahrhundert seinen Höhepunkt erreichte. Im Schutz der Lagunen hatte die Stadt mit Hilfe von Söldnertruppen ein geschlossenes Gebiet im östlichen Oberitalien erobert und ihre Herrschaft über das östliche Mittelmeer von der Adria über Griechenland bis Zypern ausgedehnt. Der Seehandel war Venedigs Lebensblut, und die Kaufleute und Bankiers der Stadt sorgten dafür, daß es zirkulierte.

Meister seines Fachs

Der venezianische Kaufmann lernte bereits als Kind lesen und schreiben. Anschließend schickte man ihn zu einem Meister der Rechenkünste, der ihn in Mathematik, Buchführung und anderen für das Geschäftsleben wichtigen Dingen unterwies. Danach verbrachte er einige Zeit als Lehrling in einem Handelsunternehmen. Manche erhielten noch eine Ausbildung im Rechtswesen und verbrachten einige Zeit am vielbeschäftigten Handelsgericht.

Viele angehende Kaufleute hatten die Mittelmeerhäfen und die Handelspartner Venedigs während ihres Militärdienstes aus eigener Anschauung kennengelernt. Nun arbeiteten sie über Agenten auf eigene Rechnung oder schlossen Verträge mit anderen Kaufleuten, wobei meist ein älterer Partner das Kapital stellte und der Neuling als Juniorpartner seine harte Arbeit einbrachte. Das Geschäft war schwierig und heikel. Der Kaufmann brauchte ein Gespür für die feinen Nuancen der Politik. Was hatten die Türken vor? Welche Risiken bestanden für die Schiffe? Wie sah es mit dem Frachtraum auf den Gewürzseglern aus, die nach Alexandria fuhren? Welche Frachtsätze würden festgesetzt? Welche Prioritäten würde die venezianische Regierung für dieses Jahr beschließen? Bestand im Osten Nachfrage nach florentinischen Tuchen, oder sollte man lieber Gold und Silber verschicken?

Nach Abwägung aller Risiken kauften die Geschäftsleute bei ihren Agenten in Alexandria Gewürze, Seidenstoffe und exotische Waren aus dem Orient, handelten mit Getreide und Wein, Alaun und seltenen Farbstoffen und verkauften sie an andere Agenturen in allen Teilen Europas.

Der Stolz der Republik

Ganz Venedig war am Wohlergehen seiner Werften interessiert, die die Grundlage der Seemacht bildeten. Die staatseigenen Werftanlagen erstreckten sich über 24 Hektar. Hier baute und reparierte man die venezianische Flotte, die sich aus Handelsschiffen ebenso wie aus Kriegsgaleeren zusammensetzte. Die Konstruktionen waren alle so genormt, daß die Teile für die Schiffe einer jeden Klasse stets verfügbar waren; die Fertigungsstätten konnten pro Woche ohne weiteres eine Galeere zusammenbauen.

In den Werften waren bis zu 16000 Menschen beschäftigt. Es herrschte eine strenge Disziplin. In der Morgendämmerung wurde zu Arbeitsbeginn eine halbe Stunde lang eine Glocke geläutet, ebenso um die Mittagszeit. Arbeiter, die sich verspäteten, büßten ihren Tageslohn ein. Ein Teil der Entlohnung bestand in Wein, der sechsmal am Tag zur Stärkung herumgereicht wurde. Die Arbeiter genossen besondere Vorrechte. So stellten sie die Wachen für den Staatsschatz, die Münze, die Bank und bei den Ratssitzungen und trugen den neugewählten Dogen bei der Prozession zur Amtseinführung.

Staatseigene Werften

Innerhalb des Werftbetriebes gab es Gießereien, Seilereien, Zimmermannswerkstätten und Magazine. Eine Seefahrtschule bildete Matrosen und Offiziere aus. Um die Vorrangstellung der staatseigenen Werften zu sichern, wurde der Schiffbau auf anderen privaten Werften in Venedig auf Schiffe von höchstens 94 Tonnen beschränkt.

Die zahlreichen auf der Werft beschäftigten Handwerker – Zimmerleute, Segelmacher, Seiler, Rudermacher, Schmiede, Kanonengießer, Kalfaterer – standen unter der Aufsicht der Zünfte. Diese waren für die Lehrlingsausbildung zuständig und bemühten sich um die Verbesserung des technischen Know-how. Auch kümmerten sie sich um die Witwen und Waisen sowie um die älteren und kranken Zunftmitglieder.

Männern, deren Gewerbe für Venedig lebenswichtig waren, war es verboten, die Stadt zu verlassen. Die Regierung selbst traf Vorkehrungen für die Versorgung mittelloser Kinder verstorbener Patrizier, während Waisenhäuser, die von reichen und mächtigen Bruderschaften betrieben wurden, elternlose Kinder einfacher Bürger aufnahmen. Diese Bruderschaften spielten auch eine große Rolle als Förderer der Künste, besonders der Musik, die zum Glanz Venedigs beitrug.

An der Spitze der Facharbeiter standen die Schiffbauer. Sie konstruierten die Schiffe, von deren Geschwindigkeit, Manövrier-, Lade- und Verteidigungsfähigkeit das Gelingen eines jeden Unternehmens abhing. Man führte Experimente durch, um auftauchende Probleme besser lösen zu können. So änderte man auf den Galeeren die Riemenzahl und auf den Segelschiffen die Anzahl der Maste und die Takelage, um die Reisegeschwindigkeit zu erhöhen.

Hochzeit mit dem Meer

Am 10. Januar eines jeden Jahres durchzog eine festliche Regatta die Kanäle Venedigs, bei der die Schönheit und Ausschmückung der Gondeln bewertet wurden. Es fanden auch Wettfahrten statt, die alle Venezianer, vom niedrigsten Schauermann bis zum Dogen selbst, mit großer Spannung verfolgten. Alljährlich am Himmelfahrtstag fuhr der Doge auf der prächtig verzierten Staatsgondel *Bucintoro* mit Gefolge zum Lido hinaus, um die Vermählung Venedigs mit dem Meer zu zelebrieren. Mit den Worten „Wir vermählen uns dir, o Meer" warf er einen goldenen Ring in die Fluten.

Was die begüterten Venezianer mit Handel verdienten, gaben sie für eine glanzvolle Lebensweise wieder aus, vor allem für Speisen, Schmuck und Kleidung. Zu öffentlichen Festen für fremde Würdenträger gehörten verschwenderische Schauspiele mit Tanz, Akrobaten und Clowns. Ein Gesetz beschränkte die Mitgift der Frau auf höchstens 1600 Dukaten. Doch die Ausgaben für die Hochzeitsfeierlichkeiten überstiegen diesen Betrag bei weitem. Auch wenn die Venezianerinnen noch nicht gleichberechtigt waren, so konnten sie doch, wenn sie eigenen Besitz hatten, auf eigene Rechnung Handel treiben.

Venezianisches Glas *Arbeiter in einer Glashütte (oben) und ein bemalter Glaspokal mit einem Frauenporträt.*

Krankenbesuche *Auf einem Majolikarelief ist die Krankenpflege in einer venezianischen Scuola dargestellt. Freunde und Bekannte besuchen die Patienten am Krankenbett. Scuolen waren Laienbruderschaften des wohlhabenden Mittelstandes, die wohltätige Zwecke mit religiösen Andachten verbanden. Sie unterhielten Hospitäler und Kirchen und ließen sie von den besten Künstlern Venedigs ausgestalten.*

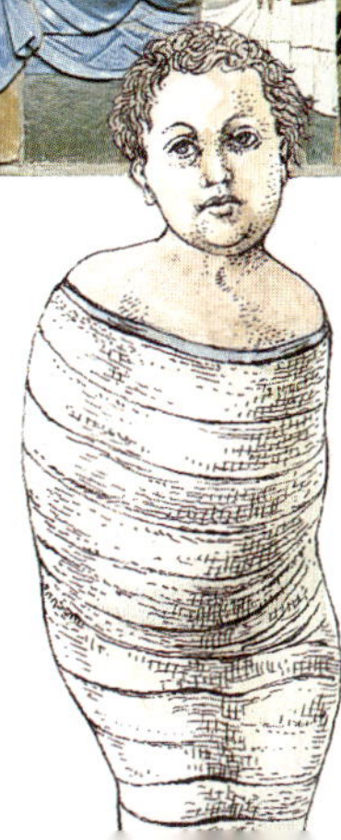

Wickeltechnik *Kleinkinder wurden in Tücher gewickelt, was angeblich ein gerades Wachstum förderte.*

Kleider machen Leute *Die Kleidung galt als Zeichen von Reichtum und Rang des Venezianers. Selbst im Alltag kleidete man sich so prachtvoll wie diese beiden jungen Spaziergänger.*

ROM IST EINE REISE WERT

Sacco di Roma *Am 27. Mai 1527 eroberten kaiserliche Söldner eigenmächtig Rom. Wochenlang plünderten und verwüsteten mehr als 20000 Landsknechte die Stadt. Etwa 13000 Römer starben, und das von Papst Leo X. geschaffene prächtige Rom versank in Schutt und Asche.*

Bei Einbruch der Dunkelheit bewegt sich ein unaufhaltsamer Strom von Reisenden auf Rom zu, darauf bedacht, die Stadttore noch vor der nächtlichen Schließung zu erreichen. Zwei Drittel aller Reisenden sind zu Fuß unterwegs, viele von ihnen tragen Stab und Bündel sowie die Jakobsmuschel, das Abzeichen, das sie als Pilger ausweist. Alljährlich strömen etwa 50000 Pilger aus aller Herren Länder in die Heilige Stadt, vor allem in der Fastenzeit und zu Ostern.

Zu denjenigen, die nicht um der heiligen Stätten willen nach Rom reisten, gehören vor allem Botschafter, die in geheimer Mission an den päpstlichen Hof unterwegs sind, bescheidene Priester, Mönche und Nonnen, die für ihre Pfarrgemeinde oder ihren Orden Geschäfte zu erledigen haben. Viele, die nach Rom ziehen, sind einfache Leute aus anderen Gegenden Italiens oder aus fremden Ländern, die ihr Glück in der Stadt machen wollen. Einige Reisende sind schon seit über einem Monat unterwegs.

Hirten, die Schafe, Ziegen und Rinder vor sich hertreiben, drängen sich neben schwerfälligen achträdrigen Karren, beladen mit Versorgungsgütern, Feuer- und Bauholz für die Ewige Stadt. Plötzlich wird die buntgemischte Menschenmenge unsanft beiseite geschoben, als eine lärmende und platzheischende Gesellschaft von 300 Bewaffneten, Wildhütern und Treibern die Straße entlangkommt, in ihrer Mitte ein dicklicher, in Lederstiefel und Jagdrock gekleideter Mann mit kurzsichtigem Blick: Papst Leo X. kehrt von einem Jagdausflug zurück.

Auferstanden aus Ruinen

Beim Passieren der Stadttore betreten Papst, Pilger und die anderen eine Stadt, die einer großen Baustelle gleicht. Nach dem katastrophalen Erdbeben von 1419 und Jahrzehnten der Vernachlässigung hatte es sich Papst Leo X. seit Antritt seines Pontifikats im Jahr 1513 zur Aufgabe gemacht, Rom zu einer

Pilgerzug *Die Pilger mußten einen Bußgang zu sieben Kirchen Roms machen (oben). Der Gang dauerte etwa acht Stunden und führte von den unbewohnten Gebieten um den Vatikan in ödes Sumpfland, wo die Pilger oft knietief im Morast wateten.*

Leben auf der Weide *Zu Beginn des 16. Jahrhunderts überwogen in Rom die unbebauten Flächen. Zwischen antiken Ruinen dehnten sich Weiden, Felder und große Palastgärten aus. Auf dem einst stolzen Forum (links) graste Vieh; Hirten und fahrendes Volk tummelten sich dort. Die Bevölkerung gab dem Gebiet den Spitznamen campo vaccino oder Kuhweide.*

Auf Kosten des Hauses *Drei arme Reisende auf dem Weg nach Rom erhalten eine kostenlose Mahlzeit und freie Unterkunft in einem Kloster (unten). Von Reisenden mit Geld erwartete man allerdings, daß sie zahlten.*

glanzvollen Metropole der Kunst, Architektur und Gelehrsamkeit zu erheben.

Seit die Kunst der Renaissance vor etwa 40 Jahren ihren Einzug in Rom gehalten hatte, nahm die Bautätigkeit unter den kunstsinnigen päpstlichen Vorgängern Leos X. einen mächtigen Aufschwung. Das mittelalterliche Rom wurde völlig umgestaltet, die Straßen befestigt und Ödland bebaut. Mit den Päpsten wetteiferten die Kardinäle und die römischen Adelsfamilien um die prunkvollsten Paläste und schönsten Kirchen. Ungeheure Summen – Kirchensteuern und Spendengelder aus allen christlichen Ländern – wurden zur Ausschmückung der Stadt verwendet. Hauptaufgabe der Künstler wie Bramante, Raffael und Michelangelo war jedoch der Neubau von Sankt Peter, der größten Kirche der Christenheit.

Inzwischen gab es nicht weniger als 236 Gasthäuser und Herbergen, wo man sich um die müden Reisenden kümmerte. An den Toren warteten Führer und Vermittler, um wohlhabende Besucher zu Gasthäusern in der Nähe des Pantheons zu führen. Ärmere Reisende fanden Unterkunft in den Holzhäusern im dichtbevölkerten Trastevere-Viertel. Mönche und Nonnen begaben sich in die christlichen Stadtklöster, die Diplomaten dagegen wohnten bei dem Kardinal, der die Interessen ihres Landes wahrnahm.

Diener der Kirche

Rom besaß keine nennenswerte Industrie, wenig Gewerbe, wenn man einmal von dem Luxushandwerk der Gold- und Silberschmiede absieht, und verfügte nur über einen geringen Handel, der die Bedürfnisse der Pilger und Besucher notdürftig befriedigen konnte. Mehr als ein Drittel der Bevölkerung der Stadt stand im Dienst der allmächtigen Kirche.

Der Haushalt des Papstes zählte fast 700 Personen; dazu gehörten seine persönliche Leibwache, die Schweizergarde, 27 Hausprälaten, 64 Kammerherren, 68 Kammerjunker, 265 Dienstboten und zahlreiche Priester. Der Unterhaltung dienten Musikanten, Zwerge und Hofnarren. Die Haushalte der Kardinäle, Bankiers und des römischen Adels standen diesem Prunk in nichts nach.

In dieser üppigen Umgebung frönte die römische Gesellschaft auf noch nie dagewesene Weise ihrem luxuriösen Leben. Die römische Familie Chigi warf das Tafelsilber nach jedem Festmahl in den Tiber und rühmte sich, daß kein bedeutender Gast je zweimal dasselbe Besteck benutzt habe. In Wirklichkeit allerdings, hieß es, habe man das Silber in einem speziell angebrachten Netz aufgefangen und später von den Dienstboten einsammeln lassen.

Der Aufwand, den die Kirche trieb, kam natürlich auch den römischen Kaufleuten, Krämern, Fleischern und Bäckern, den Prostituierten, Zuhältern, Taschendieben und Beutelschneidern zugute. Selbst die abgelegten Kleider und die Speisereste aus den großen Palästen boten ein besseres Leben, als den meisten Menschen in der Stadt oder auf dem Land in damaliger Zeit überhaupt möglich war.

Um die Bedürfnisse der Intellektuellen der Stadt kümmerte sich einer der führenden Humanisten Italiens, Iacopo Sadoleto, der mit seinen Gästen über eine Reform des christlichen Lebens diskutierte. In diesem erlauchten Kreis konnte man sogar etwas über den damals noch unbekannten Mönch Martin Luther erfahren, der bald das Feuer der Reformation entfachen sollte.

Diesem ausschweifenden und pulsierenden Leben setzte die Zerstörung Roms durch kaiserliche Söldner im Jahr 1527 ein jähes Ende. Die Pracht versank zwar nicht gänzlich, doch die Extravaganz der unvergleichlichen Renaissancestadt war dahin.

GABELN FÜRS ESSEN

Gabeln wurden in italienischen Haushalten erstmals im 11. Jahrhundert benutzt, vorwiegend für den Verzehr von Obst, um sich nicht die Finger zu beschmutzen. Um die Mitte des 15. Jahrhunderts benutzte man auch in anderen Ländern eine zweizinkige Gabel statt eines scharfen Messers, mit dem man bislang das Fleisch vom Teller aufgespießt hatte. Gabeln mit drei Zinken tauchten im frühen 19. Jahrhundert auf, und die vierzinkige Gabel ist noch nicht einmal ein Jahrhundert alt.

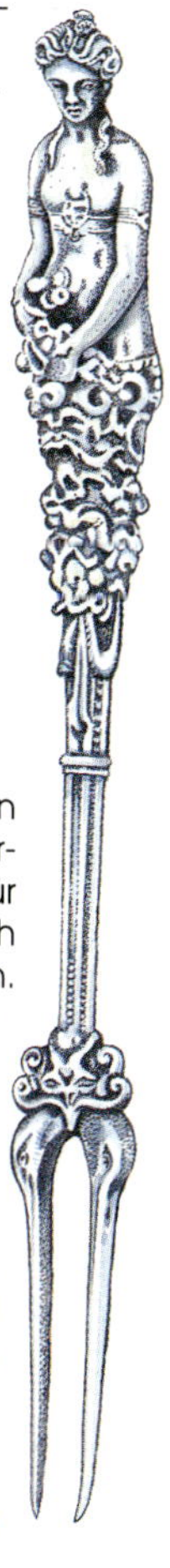

Römische Silbergabel

Bei der Arbeit
Auf einem Majolikateller ist die Kunst der Bemalung von zinnglasierter Töpferware dargestellt. Der Name Majolika stammt von der Insel Mallorca, dem Hauptumschlagplatz dieser Ware.

Am Brennofen *In einer Töpferei überwacht der Meister auf einem Hocker sitzend das Brennen der Majolika.*

FLORENZ – DIE STADT DER KÜNSTE

Zu Beginn des Jahres 1401 erfüllte die Bürger von Florenz gespannte Erwartung. Ihre Aufregung hatte nichts mit einem großen politischen Ereignis zu tun, sondern rührte von dem Wettbewerb um die Gestaltung der neuen Nordtür des Baptisteriums her. Die Geschichte dieses altehrwürdigen Bauwerkes auf dem Platz vor dem Dom reicht in das 7. Jahrhundert zurück, aber die Florentiner glaubten, es sei ein dem Mars geweihter Tempel gewesen und stelle ein Bindeglied zu ihrer römischen Vergangenheit dar.

Um Stolz und Einigkeit der Stadt zu betonen, brachte man an jedem Neujahrstag – damals der 21. März – alle im Jahr zuvor in der Stadt geborenen Kinder zur gemeinsamen Taufe in das Johannes dem Täufer geweihte Baptisterium. Die neue Nordtür hatten die Wollkaufleute gestiftet, in deren Hand der Handel lag, von dem das Wohlergehen der Stadt wie von keinem anderen abhing. Als eine der sieben großen Zünfte waren sie darauf erpicht, ihre Kirchen- und Staatstreue durch die Verschönerung des hochverehrten Bauwerkes unter Beweis zu stellen.

Gegen den starken Widerstand anderer Künstler errang der 21jährige Lorenzo Ghiberti den Sieg, selbst über den großen Filippo Brunelleschi, den Baumeister der Kuppel des Domes, die noch heute das Stadtbild beherrscht. Ghiberti arbeitete von 1403 bis 1424 an den beiden hohen Flügeln der Tür und schuf 28 vergoldete Bronzereliefs mit Szenen aus dem Leben Christi.

Trotz äußerlicher Einmütigkeit herrschte bei den Florentinern ein heftiges Konkurrenz-

Bekleidung der Armen *Stoffe für die Bekleidung wurden überwiegend aus Wolle gefertigt. Jeder dritte Einwohner von Florenz arbeitete in Tuchmanufakturen. Einmal im Jahr gaben wohlhabende Wollfabrikanten Kleider an Arme.*

Unter göttlichem Schutz *Jedes Jahr im Mai huldigte Florenz Merkur, dem römischen Gott der Kaufleute, der über dem Bild thront. Der Stich zeigt das Leben und Treiben auf der Piazza della Signoria. Unten gestaltet ein Bildhauer einen Kopf, und Gelehrte betrachten einen Globus. Links ist ein Uhrmacher bei der Arbeit. Jedes Handwerk besaß seine eigene Zunft. Die Wollzunft hatte sich das Lamm zum Zeichen gewählt, wie es das Medaillon (rechts) zeigt.*

denken. Kunstwerke, die von einer Partei geschaffen wurden, mußten die der Rivalen an Pracht übertreffen. Unter den wohlhabenden Patriziern herrschte schon seit Urzeiten Zwietracht, und sie trugen ihren Zwist weiter von Generation zu Generation. Innere Streitigkeiten durchschnitten soziale und wirtschaftliche Bande und trennten die Angehörigen der verschiedenen gesellschaftlichen Gruppierungen. Die Spaltung offenbarte sich sogar bei Prozessionen und Paraden. Macht und Einfluß der großen florentinischen Familien wie der Medici, die den Stadtstaat praktisch regierten, wurden an der Zahl ihrer Anhänger gemessen, die von den reichsten bis zu den ärmsten Mitgliedern der Kommune reichten.

Im 15. Jahrhundert wohnten die Patrizier nicht mehr in den befestigten Wohntürmen des Mittelalters. Sie lebten jetzt in luxuriösen Palästen, die von den besten Baumeistern Italiens errichtet worden waren. Die Patrizierfamilien beauftragten Künstler wie Masaccio, Fra Filippo Lippi und Sandro Botticelli, Gemälde für ihre Paläste und Altarbilder für die Kirchen zu malen. Wie die Handwerker waren auch die Künstler in Zünften organisiert. Bildhauer gehörten gewöhnlich zur Zunft der Steinmetzen, einer der 14 unbedeutenderen Zünfte. Maler dagegen waren durch die Verwendung von Pigmenten und seltenen Elementen Mitglieder der wichtigen Gilde der Ärzte und Apotheker. Man betrachtete sie in erster Linie als Handwerker. Sie lebten meist in den ärmeren Vierteln von Florenz. In ihren Werkstätten lernten die Lehrlinge, wie man Pigmente mahlt und mischt und Leinwand oder Wände für das Auftragen der Farbe vorbereitet. Als Gesellen vertraute man ihnen Atelierarbeiten an, die der höchstpersönlichen Hand des Meisters unwürdig waren.

Die Kunst der schönen Worte

Neben der Malerei und Bildhauerei gab es auch Nachfrage nach anderen Luxushandwerken, die den Status der Handwerkerzünfte aufwerteten. Für die Paläste brauchte man edles Mobiliar. Töpfer stellten Teller her, die mit dem Familienwappen geschmückt waren oder Szenen denkwürdiger Erfolge der Familie zeigten. Spezialwerkstätten fertigten Hochzeitstruhen für Bräute an, mit gemalten oder geschnitzten Szenen aus der Bibel oder dem klassischen Altertum.

Neben ihrer Liebe zum sichtbaren Prunk taten sich die aristokratischen Florentiner auch in der Dicht- und Redekunst hervor und veranstalteten Wettbewerbe, um die besten Dichter und Redner sowohl in Lateinisch als auch in Italienisch zu küren. Auf dem Gebiet der Musik komponierten und sangen die Florentiner Serenaden und Madrigale, um die Gunst einer Dame zu erringen. Sie entwickelten das religiöse Drama und führten nicht nur neue Dialogformen ein, sondern auch eine erstaunliche Vielfalt besonderer Effekte wie kunstvolle Wagen- und Wasserspiele.

All diese Pracht kostete viel Geld, und das mußte erarbeitet werden. In der Stadt gab es eine tiefe Kluft zwischen Arm und Reich. Die Arbeiter am unteren Ende der gesellschaftlichen Skala litten unter Armut und Mangel und waren durch harte Arbeit bei magerem Lohn gesundheitlich geschädigt. Die oft unmenschlichen Arbeitsbedingungen führten in den späteren Jahren des 14. Jahrhunderts mehrmals zu Aufständen.

Am Ende des 15. Jahrhunderts schließlich wandelte sich für kurze Zeit die Gesinnung der Florentiner: Unter dem Einfluß des Dominikanermönchs Girolamo Savonarola, der den Bürgern Buße predigte und zu einer sittlichen Erneuerung der Kirche und des Staates aufrief, wurden zahlreiche Kunstwerke in einem riesigen „Feuer der Eitelkeiten" verbrannt. Doch sein theokratischer Staat, den er für drei Jahre in Florenz errichtete, scheiterte. Im Jahr 1498 wurde Savonarola wegen Ketzerei zum Tod verurteilt und hingerichtet, und die Bürger von Florenz kehrten zu ihrer üppigen Lebensweise zurück.

SYMBOL EINER STOLZEN STADT

Seit den 30er Jahren des 15. Jahrhunderts herrschte die Bankiersfamilie der Medici in Florenz. Sie verdankte ihren Reichtum und Aufstieg zur Macht ihrem Geschick, mit Geld umzugehen. Auch unter den Mäzenen der Stadt nahm sie bald die erste Stelle ein. Die Flut der Aufträge unter den Medici zog die hervorragendsten Künstler an und machte Florenz zur Metropole der Renaissance. Die Künstler lösten sich von mittelalterlichen Traditionen und ließen sich von der griechischen und römischen Antike inspirieren. Donatellos „David" (rechts) war die erste in Bronze gegossene Aktgestalt seit dem Altertum. Sie galt als Symbol des über seine Feinde frohlockenden Florenz und stand für den Ruhm der Herrscherfamilie Medici, an deren Hof die Statue ihren Platz hatte. Diese Skulptur sollte etwa 70 Jahre später ein anderes Bildhauergenie zu einem Meisterwerk anregen: 1503 schuf Michelangelo Buonarroti seinen berühmten David.

Jugendlicher Sieger *David setzt seinen Fuß auf das Haupt des Riesen Goliath.*

RAUSCHENDE FESTE AN FÜRSTENHÖFEN

„Es gibt keinen Zusammenhang zwischen den Dingen, nichts ergibt mehr einen Sinn", klagte der englische Renaissancedichter John Donne. Diese Klage bezog sich nicht allein auf die Zustände in seinem Land. Überall im Europa des 15. und 16. Jahrhunderts wandten sich die Humanisten, die geistige Elite dieser Zeit, gegen den Verfall der Moral und die mangelnde Bildung unter den Geistlichen, gegen das sinkende Niveau an den Universitäten und gegen den allgemeinen Niedergang der Sitten.

Dem setzten die Humanisten ein neues Menschenbild entgegen: Der Mensch solle frei, gebildet, rein und sittlich sein. Die klösterliche Askese des Mittelalters stellte kein nachahmenswertes Vorbild mehr dar, sondern das bürgerliche Leben mit seinen Pflichten, aber auch mit seinen weltlichen Genüssen wurde zum Ideal erhoben.

Erasmus von Rotterdam und der englische Philosoph Thomas Morus entwarfen pädagogische Programme zur Erziehung und Bildung der Jugend. Die neuen Schulen sollten nicht mehr auf den geistlichen Stand und das Leben im Kloster vorbereiten, sondern sollten aus dem jungen Menschen einen weltgewandten Bürger machen, der sich im täglichen Leben zurechtfand. Thomas Morus entwarf in seinem Buch *Utopia* eine auf religiöse Toleranz gegründete Gesellschaft mit allgemeiner Schul- und Arbeitspflicht und Gütergemeinschaft. Erasmus' *Lob der Torheit*, das meistgelesene Buch in Europa zu Anfang des 16. Jahrhunderts, wandte sich gegen die Heuchelei, Völlerei und Unmoral der Mönche und Priester.

Einen Fehler allerdings hatte das Bildungsideal der Humanisten, es war ausschließlich der Oberschicht vorbehalten. Die Vorrechte der Geburt erschienen den Humanisten zwar sinnlos, sie ersetzten sie aber durch das Privileg der Bildung.

Mäzen und Bauherr

Ein Mensch, der genau den Vorstellungen der Humanisten entsprach, war König Franz I. von Frankreich, der in der Rolle des galanten Hofmannes, des Kunstmäzens und des toleranten Herrschers zugleich auftrat. Er förderte die französische Sprache und Dichtung, rief Leonardo da Vinci an seinen Hof und stiftete das Collège de France. Seine Schlösser an der Loire wie Amboise, Blois und Chambord oder Bauwerke wie der Louvre und Fontainebleau, mit denen Franz I. sich auch als bedeutender Bauherr hervortat, waren Ausdruck des neuen, auf das Diesseits gerichteten Lebensgefühls der Renaissance.

Aber diese Prachtentfaltung und die Blüte der Künste und Wissenschaften hatten auch ihre Schattenseiten. Korruption, Ämterkauf und Bestechung prägten die Atmosphäre am Hof, und eine Schar von Günstlingen beeinflußte den König, der fast schon wie ein absolutistischer Herrscher regierte. Seine kostspieligen Kriege gegen den Habsburger Karl V. wie auch die prächtigen Schlösser wurden durch ungeheuer

Höfische Etikette *Im Innenhof von Schloß Blois mit seinem durchbrochenen Treppenturm versammelt sich die Hofgesellschaft von König Franz I.*

Grüne Pracht *Das Renaissanceschloß Villandry wurde von einem Kabinettssekretär von König Franz I. errichtet. Es ist berühmt wegen seiner großartigen Gartenanlagen.*

Hirschjagd *Lucas Cranachs Darstellungen von Hirschen und Rehen sagte man nach, sie sähen so echt aus, daß Hunde sie anbellten.*

DIE ZEIT IN DER ROCKTASCHE

Die Wißbegierde der Menschen prägte das Zeitalter der Renaissance und brachte eine Reihe von Erfindungen hervor, darunter auch die Taschenuhr. Von dem Nürnberger Peter Henlein sind die ersten Exemplare überliefert. Ihm gelang es 1510, die Gewichte, die viel Platz einnahmen, durch einen Federantrieb zu ersetzen. Die Uhren hatten damals nur einen Zeiger und zeigten auch nur die Stunden an. Als Uhrengehäuse bevorzugte Henlein sogenannte Besamäpfel: durchbrochene Kapseln mit reichem Dekor. Diese modischen Dosenuhren trug man um den Hals. 50 Jahre später, schon nach Henleins Tod, kamen die „Nürnberger Eierlein" auf. Ihr Name geht allerdings nicht auf ihre Form zurück, sondern ist die Verballhornung des lateinischen Wortes *hora* für Stunde zu „Horlein" und „Örlein", bis schließlich „Eierlein" daraus wurde.

Hofleben *Eine heitere, verschwenderische und kunstsinnige Atmosphäre prägte das Hofleben unter Franz I., der glanzvolle Bälle und aufwendige Maskeraden über alles liebte.*

Musik *Das Virginal ist ein dem Spinett ähnliches Tasteninstrument. Die Abbildung zeigt ein doppeltes Virginal, auch „Mutter und Kind" genannt, das um 1580 von einem flämischen Künstler gebaut wurde.*

hohe Steuern finanziert, die man den Bürgern und Bauern abpreßte.

Der Baustil der französischen Schlösser und der italienischen Palazzi beeinflußte auch die Adligen an der Weser, die diese Bauwerke und den dort gepflegten Lebensstil bei ihren Feldzügen kennengelernt hatten. Durch die Erträge des fruchtbaren Landes reich geworden, bauten sie sich Renaissanceschlösser, wobei das Baumaterial aus den Sandsteinbrüchen des Weserberglandes kam. Die Häuser reicher Bürger und die Rathäuser in vielen Städten wurden ebenfalls im Stil der Weserrenaissance errichtet: Die Räume bekamen mehr Licht durch mehrgeschossige, verglaste Erker, die oft über einem Sockel errichtet wurden. Die Fassaden lockerte man durch Treppengiebel auf. Die Wehrhaftigkeit früherer Schlösser und Burgen wich in diesen Bauwerken einer verspielten Leichtigkeit.

Diese Schlösser waren häufig der Schauplatz rauschender Feste, mit denen Fürst und Adel sich selbst darstellten, aber zugleich auch ihre Herrschaftsposition legitimierten. Die meist mehrtägigen Festivitäten vereinigten alle Künste. Theater- und Ballettvorführungen wechselten sich ab mit Feuerwerken, Banketten, höfischen Aufzügen mit prächtigen Wagen, Konzerten und Schauturnieren der Ritter. Für diese Gesamtkunstwerke wurden eigens für alle Beteiligten aufwendige Kleider und Kostüme geschneidert. Monate im voraus fertigten Handwerker die Festrequisiten. Die Gemächer wurden geschmückt und dekoriert, und natürlich mußte vor allem für die Verköstigung der vielen Gäste gesorgt werden. Bei einem solchen Fest in Stuttgart, der Residenz der württembergischen Herzöge, wurden fast 200000 Liter Wein und 500 Liter Bier ausgeschenkt. Neben etlichen anderen Tieren wurden 91 Ochsen, 9 Schweine, 78 Stück Wild und 1772 Hennen geschlachtet. Zudem gab es noch zweieinhalb Tonnen Räucherlachs und acht Tonnen Heringe.

Aber nicht nur diese Verschwendung kennzeichnete die fürstlichen Höfe, sondern auch das Mäzenatentum. Der Maler Hans Holbein der Jüngere wurde von Heinrich VIII. an den englischen Hof geholt, sein Kollege Lucas Cranach der Ältere schuf bedeutende Kunstwerke für den Hof des sächsischen Kurfürsten Friedrich des Weisen, und Albrecht Dürer war Hofkünstler von Kaiser Maximilian I. Auch wenn diese Maler durch ihre Werke dem Auftraggeber zu Ruhm verhelfen sollten, so bekamen sie doch auch dank der meist sorgenfreien Position als Hofkünstler erst die Möglichkeit, außerhalb der Zwänge der Handwerkszunft zu arbeiten und die Kunstwerke zu schaffen, für die sie heute noch berühmt sind.

Porträt des Kaisers *Albrecht Dürer malte dieses Bild von Maximilian I. Der Kaiser zahlte dem Künstler, den er sehr schätzte, ein hohes Jahresgehalt für seine Dienste.*

NEUE ZEITEN DURCH BEWEGLICHE LETTERN

Das Medienzeitalter begann mit Büchern, deren Druck durch bewegliche Lettern erfolgte. Die Erfindung dieser Druckkunst verwandelte das menschliche Bewußtsein, machte die Werke der Dichter und Gelehrten zum erstenmal einer großen Anzahl von Lesern zugänglich und eröffnete Kommunikationsmöglichkeiten, die davor nicht vorstellbar waren.

Im 15. Jahrhundert, als die ersten gedruckten Bücher in Europa erschienen, betrug die durchschnittliche Auflage etwa 200 Exemplare. Bücher wurden noch immer nach mittelalterlicher Auffassung fast als eine Art Schatz betrachtet, hatten doch die handgeschriebenen Werke der Mönche mit ihren prächtigen Illuminationen manchmal beim Verkauf ihrem Besitzer einen Weinberg, eine Herde Rinder oder ähnlich wertvolle Dinge eingebracht. Selbst mit der Entwicklung des Buchdrucks, als man mehrere identische Exemplare ein und desselben Werkes herstellen und verkaufen konnte, blieben Bücher Besitztümer mit Ansehen und Wert.

Teamwork *Setzer am Setzkasten (links) und Drucker beim Schwärzen (hinten) und Pressen des Satzes auf Papier (rechts)*

Bibel in Farbe *Die feinen Illuminationen der Bibel Gutenbergs erfolgten von Hand.*

Bibel für einen halben Gulden

Als Martin Luther im Jahr 1522 das von ihm übersetzte Neue Testament in deutscher Sprache veröffentlichte, betrug die Erstauflage 3000 Exemplare. Jedes Buch kostete einen halben Gulden. Das entsprach etwa dem Wochenlohn eines Spitzenhandwerkers oder dem Preis von fast 14 Kilogramm Rindfleisch.

Europa hat den Buchdruck jedoch nicht erfunden. Die ersten gedruckten Texte entstanden bereits im 8. Jahrhundert in Ostasien; man schnitzte sie aus einem einzigen Holzblock. Ein mit beweglichen Lettern, also mit einzelnen Buchstaben gedrucktes Buch wurde im Jahr 1409 in Korea veröffentlicht.

In Europa schlug die Geburtsstunde des mit beweglichen Lettern gedruckten Buches im Jahr 1455, als Johannes Gutenberg in Mainz seine Bibel veröffentlichte. Dieses großformatige Werk mit 42 Zeilen pro Seite und einem vollendet ausgewogenen Schriftbild war so gestaltet, daß es einem handgeschriebenen Buch glich. Die Buchstaben ähnelten der gotischen Schrift, wie sie von den zeitgenössischen Schreibern verwendet wurde. Die in Metall gegossenen Lettern wurden zu Worten und Texten zusammengefügt, „gesetzt", geschwärzt und auf Papier abgezogen, also „gedruckt". „Künstliche Schrift" nannte Gutenberg seine Erfindung. Seine Bibel bestand aus zwei schweren Folianten mit zusammen 1282 Seiten, die jeweils etwa 2620 Buchstaben erforderten. Insgesamt dürften etwa drei Millionen Buchstaben verwendet worden sein.

Die Auswirkungen für die Zukunft waren gewaltig. Während es früher

PIONIERARBEIT

Vor Johannes Gutenberg hatte man in Europa Bücher nach einem langwierigen Verfahren gedruckt: Jede Seite – Text oder Bild – wurde in eine Holzplatte geschnitten und dann gedruckt. Die von Gutenberg entwickelte Methode, bewegliche Lettern zu verwenden, hatte den Vorteil, daß sich der Satz schnell zusammensetzen ließ und die Buchstaben wieder verwendbar waren. Das Verfahren förderte die rasche und umfangreiche Verbreitung von Nachrichten aller Art. Satz und Druckvorgang erfolgten in Handarbeit. Es sollte allerdings noch 350 Jahre dauern, bis schließlich die ersten Setzmaschinen und Druckerpressen eingeführt wurden.

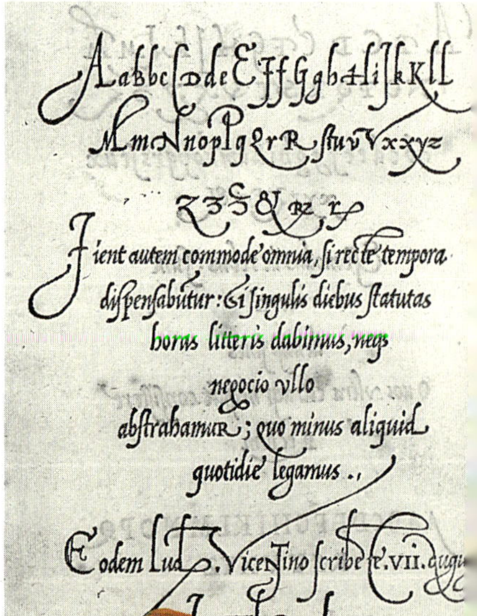

Kunstvolle Schrift *Der italienische Schriftkünstler und Drucker Ludovico Vicentino schuf Ende des 15. Jahrhunderts eine Drucktype – rechts eine Seite aus seinem Musterbuch* Operina *–, die die Entwicklung der Kursivschrift beeinflußte.*

Lesen lernen *Gedruckte Bücher förderten das Schulwesen. Ein Lehrer bleut seinem Schüler das Lesen mit der Rute ein; zwei andere Kinder üben mit und ohne Hilfe.*

Monate gedauert hatte, bis die Schreiber ein einziges Exemplar der Bibel mit der Hand geschrieben hatten, konnte nun eine größere Menge hergestellt werden. Einige der Gutenberg-Bibeln waren auf feinem Pergament aus Kalbs- oder Ziegenhäuten gedruckt, wie es die Schreiber von Handschriften seit Jahrhunderten verwendet hatten. Die anderen druckte man auf Papier, das nicht nur billiger war, sondern für die mit Druckerschwärze gefärbten Lettern auch eine bessere Oberflächenbeschaffenheit bot.

Die Papierherstellung entwickelte sich rasch zu einem Gewerbe, das bei der steigenden Massenproduktion von Büchern ebenso wichtig war wie das Druckereigewerbe selbst. Papier stellte man aus Leinenlumpen her, die gekocht, zu einem Brei gestampft und durch Pressen entwässert wurden.

Die Schwarze Kunst

In der Druckerwerkstatt wurde verschiedenen Fachhandwerkern ein hohes Maß an Zusammenarbeit abverlangt. Als erstes stellten in der Gießerei die Schriftgießer die Buchstaben her. Sie gossen das geschmolzene Metall in winzige Formen. Mit einem Manuskript als Vorlage nahm dann der Setzer die benötigten Typen aus dem Setzkasten und reihte sie in eine längliche Schiene, den sogenannten Winkelhaken. Anschließend wurde jede Zeile in eine seitengroße Platte mit Rahmen, die Druckform, eingepaßt. Wenn diese fertig gesetzt war, gab man sie an die Männer an der Druckerpresse weiter.

Als Druckerschwärze verwendete man Lampenruß oder pulverisierte Holzkohle mit einem Zusatz aus Leinsamenöl und strich diese Substanz auf die Typen. Das Papier feuchtete man zur Verbesserung des Abdrucks leicht an. Die Druckerpresse selbst arbeitete nach dem Spindelprinzip und wurde von Hand

Unterweisung in Anatomie *Der Forschergeist der Zeit bahnte der Wissenschaft neue Wege: Ärzte sezierten menschliche Leichen, um Kenntnisse über die Funktionsweise des Körpers zu gewinnen. Der flämische Arzt Andreas Vesalius veröffentlichte im Jahr 1543 ein bedeutendes Anatomiebuch.*

bedient. Ein Korrektor prüfte die Korrekturabzüge, und nach Fertigstellung des Drucks lieferte man die Seiten häufig direkt an den Buchhändler aus, der das Binden selbst besorgte.

Die Welt der Bücher

Um 1500 bestanden in etwa 270 europäischen Städten Druckereien, die bereits mehr als 40 000 verschiedene Bücher in einer Gesamtauflage von zehn Millionen Exemplaren gedruckt hatten. Die höchsten Auflagen erreichten religiöse Werke. Neben diesen Sammlungen bildeten griechische und lateinische Klassiker, Dichtungen und wissenschaftliche Werke die Grundlagen des Verlagsgewerbes.

Die Käuferschicht für Bücher bestand im wesentlichen aus Intellektuellen wie Ärzten, Professoren und Lehrern. Aldus Manutius, ein Drucker, der seit etwa 1493 eine Druckerei in Venedig betrieb, machte sich durch Grammatikausgaben sowie griechische und lateinische Klassiker im Taschenformat einen Namen. Diese Bücher waren so billig, daß auch der bescheidenste Gelehrte sie erwerben konnte. Mit Hilfe dieser Art Buch erwuchs eine neue Welle der Begeisterung für die klassische Gelehrsamkeit.

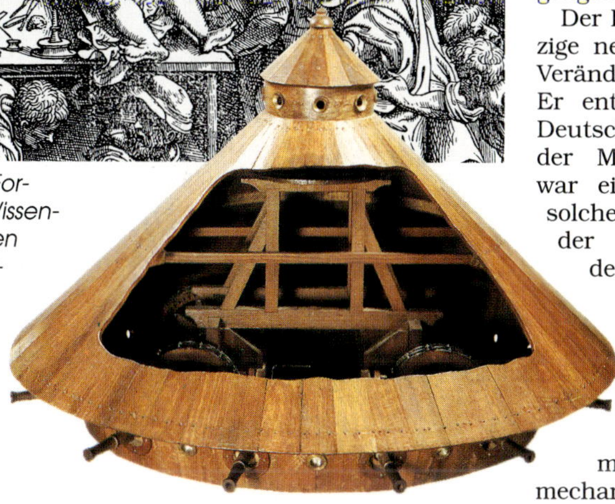

Gepanzertes Fahrzeug *Leonardo da Vinci war nicht nur einer der größten Maler seiner Zeit, sondern auch ein visionär begabter Ingenieur. Aufgrund von Zeichnungen in seinem Notizbuch wurde das Modell eines Panzerwagens angefertigt: Mit acht Personen besetzt und mit Schießscharten bewehrt, konnte es sich auf handbetriebenen Rädern fortbewegen.*

Neben der verschnörkelten gotischen Schrift wurden zunehmend einfachere und leichter lesbare römische Schrifttypen entwickelt, und die Palette der in Büchern behandelten Themen verbreiterte sich allmählich. Es erschienen Bücher über Etikette, Handbücher über Hygiene und Ernährung, Stadtführer sowie Berichte über große Entdeckungsreisen. Auch romantische Erzählungen waren sehr beliebt.

Vorsichtige Wissenschaft

Die Denker zur damaligen Zeit waren jedoch oft vorsichtig, bevor sie etwas drucken ließen. Der Astronom Nikolaus Kopernikus beispielsweise formulierte seine Berechnungen über das Sonnensystem und seine Entdeckung, daß sich die Erde um die Sonne dreht, bereits im Jahr 1530. Weil jedoch seine Erkenntnisse im Gegensatz zur damals herrschenden kirchlichen Lehre standen, die besagte, die Erde sei der Mittelpunkt des Universums, veröffentlichte er sein großes Werk *Über die Umläufe der Himmelskörper* erst im Jahr 1543, im Jahr seines Todes. Es heißt, er habe das erste Exemplar auf dem Totenbett entgegengenommen.

Der Buchdruck war nicht die einzige neue Industrie in diesem von Veränderungen geprägten Zeitalter. Er entwickelte sich aus einer in Deutschland verwurzelten Tradition der Metallverarbeitung. Nürnberg war ein besonderer Schwerpunkt solcher Tätigkeiten, ein bedeutender europäischer Handelsplatz, der von den Silber- und Kupferminen des Erzgebirges beliefert wurde. Mehr als 140 verschiedene Handwerke gediehen in dieser altehrwürdigen Stadt, darunter so geschätzte wie Büchsenmacher, Schlosser und Feinmechaniker.

Buchführung *Jakob II. Fugger inspiziert die Rechnungsbücher seines Augsburger Handelshauses.*

Kostbares Licht *Kerzen stellte man in Laternen, um die Flamme vor dem Wind zu schützen.*

KARGER LOHN FÜR HARTE ARBEIT

Das Tageslicht schwand allmählich, als sich Coll und Gib an einem lauen Frühlingsabend erschöpft in ihr Dorf zurückschleppten. Nach einem Tag voller Schinderei mit dem Pflug hinter einem Gespann schwerfälliger Ochsen kehrten sie heim. Ihnen blieben nur ein paar Stunden der Dunkelheit, um ihre müden Glieder auszuruhen, bevor die Sonne über einem neuen harten Arbeitstag aufging.

Zu Hause – das war für Coll und Gib ein Weiler im Schottischen Hochland, wo ein paar Dutzend Familien um die Kirche geschart lebten, das einzige Steingebäude in der Pfarrei. Jede Familie bewohnte eine Kate mit zwei Räumen. Im Garten zog man Kohl und Kräuter, hielt Hühner und ein oder zwei Schweine. Am Ende des Gartens stand der Abort, der gelegentlich umgestellt wurde, wenn der Geruch aus der offenen Grube zu penetrant wurde. Besaß die Kate keinen eigenen Brunnen, dann mußten die Frauen täglich das Wasser am Dorfbrunnen oder vom Fluß holen, wo sie auch die Wäsche wuschen. Die kur-

Waschgefäß *Bronzene Wasserkessel mit Tüllen zum Gießen hingen in den Küchen der bessergestellten Haushalte.*

Fliegender Händler *Um 1500 mußten Hausierer in ländlichen Gebieten so manchen Kilometer auf Schusters Rappen hinter sich bringen, um ihre Ware zu verkaufen. Die verbreitete Armut der auf dem Land lebenden Bevölkerung begünstigte diese Art des Handels.*

MENSCH UND TIER UNTER EINEM DACH

Mit dem Stab in der Hand kehrt das Familienoberhaupt nach einem anstrengenden Tag auf den Feldern in sein warmes Haus zurück. Das Fachwerk des Hauses besteht aus gebogenen Holzbalken, die, paarweise gegeneinandergestellt, mit Seilen zusammengebunden und fest im Boden verankert sind. Auf ihnen und den Querbalken ruht das Dach, das mit Schilf gedeckt ist und im First eine Öffnung enthält, durch die der Rauch des Herdfeuers abziehen kann. Die Wände bestehen aus Flechtwerk, das mit Lehm verputzt ist.

Die Kühe und Schweine sind im Stall untergebracht, der sich in einem mit Wänden aus Zweiggeflecht abgetrennten Teil des Hauses, direkt neben den Wohnräumen der Familie, befindet. Auch wenn es kalt ist, sind die Fensterläden meist geöffnet, damit Licht in diesen einzigen großen Raum fällt. Der Boden aus gestampftem Lehm ist mit Binsen bestreut. In der Mitte des Wohntrakts befindet sich ein Kamin aus Ziegelsteinen, vor dem die Hausfrau eine Mahlzeit bereitet, während die Kinder draußen die Hühner füttern. Dieser Haushalt ist verhältnismäßig wohlhabend, denn er hat einen Schornstein im Haus, eine Neuerung, die im 15. Jahrhundert in Europa aufkam. Eine roh gezimmerte Leiter führt auf den Speicher, wo die Vorräte für Mensch und Tier lagern.

zen Gänge dienten oft als Vorwand für ein Schwätzchen. Die Dorfbewohner bekamen den Gutsherrn, der in einiger Entfernung in einem großen, von einem Wassergraben umgebenen Fachwerkhaus lebte, kaum zu Gesicht. Doch mit dem Verwalter, der von Zeit zu Zeit erschien und dem Ortsgericht vorsaß oder Pacht und Abgaben eintrieb, waren alle nur zu gut vertraut. Und sie kannten ebenfalls den Charakter und die Schwächen des Pfarrers, der sie taufte, verheiratete, begrub und ihre Beichte hörte.

Dörflicher Dialekt

Die Dorfbewohner waren nach innen gekehrte, familienbezogene Menschen. Oft sprachen sie einen Dialekt, der sich schon von dem des nächsten Ortes unterschied. Sie nahmen lieber ihre Angelegenheiten selbst in die Hand, als sich auf die Rechtsprechung und den Schutz des Landesherrn zu verlassen, der ihnen unendlich weit entfernt schien. Sie hatten eine eigene gesellschaftliche Rangordnung, an deren Spitze der Schmied, der Zimmermann und der Müller standen. Ein paar Bauern verfügten zwar über ausreichenden Grundbesitz, viele jedoch waren zur Ergänzung ihres dürftigen Lebensunterhaltes aus eigenem Besitz auf Lohnarbeit angewiesen.

Neben seinem Land besaß der Bauer Vieh und eine bescheidene Ausrüstung, Saatgetreide und Heu, die er für den Tauschhandel nutzen konnte. War Gemeindeland vorhanden, hatte er das Recht, sein Vieh dorthin zu treiben. Nur wenige Bauern besaßen einen Pflug und ein Gespann.

In ländlichen Haushalten mußten schon Kleinkinder, sobald sie laufen konnten, einfache Arbeiten verrichten: Hühner füttern und Vögel mit Steinwürfen von den bebauten Feldern verscheuchen. Ein Junge, der gut mit seiner Schleuder umgehen konnte, brachte seiner Familie gelegentlich ein Kaninchen oder eine Krähe für den Kochtopf nach Hause.

Die Heirat junger Menschen wurde von den Eltern arrangiert. Die Ehe erforderte keine gegenseitige Zuneigung der Partner, obwohl man ihnen oft vor der Hochzeit die Möglichkeit gab, festzustellen, ob sie zueinander paßten. So war es den Verlobten erlaubt, nebeneinander im Bett zu liegen und zu plaudern, um sich gegenseitig kennenzulernen, während jeder von ihnen eingewickelt war, so daß sie keinen körperlichen Kontakt haben konnten. Die Bauern schufteten sechs Tage in der Woche von früh bis spät, doch ihre Sonntage und kirchlichen Festtage nutzten sie voll aus. Die jungen Männer spielten Fußball, rangen, kämpften mit Holzstangen und übten sich im Bogenschießen. In manchen Gebieten war der Karneval der beliebteste Feiertag, wenn die Dorfbewohner den königlichen Hof nachäfften, Könige, Königinnen und Höflinge wählten und ihre eigenen rauhen Maskeraden, Tänze und Feste abhielten.

Gegen Ende des Mittelalters verlief das Leben aller Bauern auf dem europäischen Kontinent, von Nordskandinavien bis Süditalien, weitgehend gleich. Von den allmächtigen Grundherren unterdrückt und von Krieg, Seuchen und Hungersnot bedroht, galt ihre Hauptsorge dem Auskommen der Familie.

Lustige Leute *Ein strammes Bauernpärchen, das auf dem heimatlichen Marktplatz in Nürnberg tanzte, regte Albrecht Dürer 1514 zu dieser Radierung an. Mit ihren locker fallenden, wenn auch hinderlichen Kleidern und leichten Schuhen wirbeln die Tänzer beschwingt im Kreis und schwenken Arme und Beine, so daß die Rockschöße flattern.*

Kinderspiele *Bauernkinder klettern wie auf einer Leiter über die ausgestreckten Beine der Freunde.*

Wormser Reichstag *Vor Kaiser Karl V., dem päpstlichen Nuntius sowie hohen Würdenträgern des Reiches und der Kirche sollte Luther 1521 seine Lehre widerrufen. Er lehnte ab, „weil gegen das Gewissen zu handeln beschwerlich und gefährlich" sei.*

GLAUBENSKRIEGE UND SEELENHANDEL

„Sobald das Geld im Kasten klingt, die Seele aus dem Feuer springt", versprach der Ablaßprediger Johann Tetzel im Namen der Kirche. Lediglich eine Geldspende sei erforderlich, und die eigene wie auch die Seele eines Verstorbenen entkämen dem Fegefeuer und flögen ins Paradies. Die von Todesfurcht und drohender Pestgefahr bedrängten Menschen glaubten tatsächlich, sich mit den Ablaßbriefen ein angenehmeres Leben nach dem Tod erkaufen zu können, wenn schon ihre irdische Existenz trostlos und erbärmlich war. Der Ablaßhandel war ein einträgliches Geschäft der Kirche, gegen das sich die Humanisten mit Abscheu wandten.

Die Menschen zu Beginn des 16. Jahrhunderts lebten in tiefer Glaubensunsicherheit. Viele flüchteten sich in apokalyptische oder mystische Strömungen. In der religiösen Mystik suchten die Menschen einen direkten Zugang zu Gott, den sie in der katholischen Kirche nicht mehr fanden, deren Vertreter alles andere als fromm oder gottesfürchtig waren. Päpste und Kardinäle prahlten mit ihren Mätressen, zeugten Kinder und bereicherten sich an kirchlichem Besitz. Viele Bischöfe hatten noch nicht einmal die Priesterweihe empfangen, weltliche Zerstreuungen wie die Jagd bildeten den Mittelpunkt ihres Lebens.

Vor diesem Hintergrund veröffentlichte der 34jährige Mönch und Theologe Martin Luther im Jahr 1517 seine 95 Thesen gegen den Ablaßhandel. Mit seinen anderen Schriften wandte sich Luther an das Volk und schrieb daher in der Sprache, die jeder verstand, nämlich in Deutsch. Der Buchdruck trug wesentlich dazu bei, die Lutherische Lehre mit Hilfe von Flugschriften schnell in ganz Deutschland zu verbreiten. Luther wandte sich gegen das ausschweifende Klosterleben und das Zölibat, gegen das Papsttum und das gesamte System der Kirche. Da auch der Papst ein Mensch ist, so Luther, sei er auch fehlbar, und selbst ein Konzil könne irren. Die einzig unfehlbare Instanz war für Luther die Bibel, deren Text er später ins Deutsche übersetzte, um sie jedermann zugänglich zu machen. Das wichtigste für den Christen war ihm ein fester Glaube, der neben der Gnade Gottes dem Menschen zum Seelenheil verhelfen konnte.

Die Bürger und Bauern wurden rasch zu begeisterten Anhängern dieser neuen Lehre. Mönche verließen ihre Klöster, und auch Pfarrer und ein Teil des Adels schlossen sich der reformatorischen Bewegung an. Kaiser und Papst hingegen versuchten mit allen Mitteln, Luthers Lehre zu verbieten und die Reformation zu hintertreiben. Als Luther auf dem Reichstag zu Worms 1521 seine Lehre nicht widerrufen wollte, verhängte der Papst den Bann und der Kaiser die Acht über ihn. Obwohl Luther auf die Wartburg in Thüringen gebracht wurde und nicht mehr öffentlich in Erscheinung trat, stieg die Zahl seiner Anhänger in den folgenden Jahren stetig an. 1530 wurde die Lehre allgemein anerkannt. Aus den protestierenden Katholiken waren Protestanten geworden.

Terror und Erwählung

Die Stadt Genf war in den 30er Jahren des 16. Jahrhunderts eine unabhängige Republik, in der die katholische Kirche nichts mehr zu sagen hatte. Der Bischof hatte die Stadt verlassen, und die Reformation hatte bereits Fuß gefaßt, als Johannes Calvin 1536 dort eintraf. Calvin, 1509 geboren, war ein Reformator der zweiten Generation. Der wichtigste Gedanke seiner Lehre war die Theorie von der Prädestination, die besagte, daß das Schicksal jedes Menschen vorherbestimmt sei. Einen Teil der Menschen hat Gott für die Seligkeit auserwählt, den anderen Teil für die Verdammnis. Der Mensch soll sein Schicksal nun aber nicht einfach unnütz und passiv ertragen, sondern ein tatkräftiges Leben führen. Je erfolgreicher der einzelne seinen Tätigkeiten und Geschäften nachginge, desto sicherer könnte er sein, zu den von Gott Erwählten zu gehören.

Calvin erließ einen neuen Katechismus und eine Reihe von Verordnungen, die für alle Bürger Genfs verbindlich waren. Luxus und Genuß waren bei Strafe verboten. Den Schneidern war es untersagt, ohne

Pariser Bluthochzeit *Die Greuel der Bartholomäusnacht waren der blutige Höhepunkt eines 40 Jahre währenden Bürgerkrieges in Frankreich.*

Käufliches Seelenheil *Der für den Neubau der Peterskirche in Rom bestimmte Ablaß gab den eigentlichen Anstoß für Luthers Kirchenkritik.*

Genehmigung des Magistrats neue Schnitte anzufertigen. Erlaubt war nur eine mönchisch anmutende Tracht ohne Zierat oder Schmuck. Den Männern war langes Haar verboten, den Frauen hochfrisierte Locken. Vorgeschrieben wurde auch die Anzahl der Gerichte bei den Mahlzeiten, dabei durften Wildbret, Geflügel, Pasteten und kandierte Früchte nicht verzehrt werden.

Reformator Johannes Calvin

Bei der Vernichtung seiner Gegner ging Calvin rücksichtslos vor. Er verdächtigte Unschuldige, fälschte Beweismaterial und ließ seine Feinde auf dem Scheiterhaufen verbrennen. Folter, Pranger, Verbannung und Gefängnis waren die schrecklichen Strafen, die verhängt wurden, wenn jemand den Gottesdienst nicht besuchte, zur Jungfrau Maria betete, die Heilige Schrift nicht kannte oder weltliche Lieder sang. Auf Ehebruch stand der Tod. Eine von Calvin eingesetzte Geheimpolizei überwachte das Privatleben jedes einzelnen.

Aus allen Ländern Europas hatten sich Menschen der reformatorischen Lehre angeschlossen und in Genf zusammengefunden. Die Stadt war ein protestantisches Rom geworden, das Verbindungen nach Schottland, Frankreich und den Niederlanden knüpfte und dort Kirchen gründete.

Die Hugenotten waren eine Glaubensgemeinschaft, die sich nach dem Genfer Vorbild an verschiedenen Orten in Frankreich bildete. Anhänger hatten die Hugenotten in allen Bevölkerungsschichten, sogar in den Familien des hohen Adels, die am Königshof verkehrten. Bereits 1560 war etwa ein Sechstel der Bevölkerung Frankreichs hugenottisch. Es gab im französischen Hochadel aber auch erbitterte Feinde der Protestanten, die die Hugenottenkriege anzettelten, die bis in die letzten Jahre des 16. Jahrhunderts hinein Frankreich verwüsteten und die Bevölkerung in zwei unversöhnliche Lager spalteten.

Schauriger Höhepunkt dieser Auseinandersetzungen war die Bartholomäusnacht. Der Hugenottenführer Gaspard de Coligny entzweite sich mit der Regentin Katharina von Medici, die den Hugenotten zuvor Religionsfreiheit zugesprochen hatte. Daraufhin beschloß Katharina von Medici, Coligny und die wichtigsten seiner Gefolgsleute ermorden zu lassen. Als Anlaß wählte sie die Hochzeit ihrer Tochter mit Heinrich von Navarra, zu der der hugenottische Adel fast vollständig in Paris versammelt war. Der Mordanschlag mißlang. Die Hugenotten forderten empört eine Untersuchung und Sühne. Die Antwort Katharinas war das Blutbad in der Nacht zum 24. August 1572, bei dem nahezu alle Führer der Hugenotten ermordet wurden. Danach begann die Jagd des Pöbels auf die vermeintlichen protestantischen Ketzer. In Paris fielen ihr 3000, in den Provinzen mehr als 10000 Menschen zum Opfer.

BAUERN GEGEN ADEL UND GEISTLICHKEIT

„Lasset eure Schwerter nicht kalt werden von Blut." Mit diesen Worten feuerte Thomas Müntzer, einer der vielen Anführer der Aufständischen im Bauernkrieg, seine Leute an. Zwischen 1524 und 1526 erschütterte dieser Krieg Süd- und Mitteldeutschland sowie Tirol. Nicht die Verteidigung der Reformation trieb die Bauern in den Kampf, sondern sie fochten für eine Verbesserung ihrer wirtschaftlichen und gesellschaftlichen Lage. Sie forderten die Freiheit der Jagd, des Fischens und der Holzung sowie eine unparteiische Rechtsprechung und die Abschaffung ungerechter Fronarbeiten, die Aufhebung der Leibeigenschaft und die Wahl des Pfarrers durch die Gemeinde. Anfangs hatten die Aufständischen großen Zulauf und konnten hie und da Erfolge erzielen. Furcht und Schrecken aber verbreiteten die Bauernhaufen, als sie begannen, Klöster und Burgen niederzubrennen, zu morden und zu plündern. Der Bund aus Adel und Reichsstädten warf den Aufruhr in blutigen Schlachten nieder.

Banner der Freiheit *Die Bauern zogen in den Krieg, um für verbesserte Lebensbedingungen und mehr Gerechtigkeit zu kämpfen. Den Bauernhaufen fehlten allerdings eine einheitliche Führung und die militärische Durchschlagskraft, um erfolgreich zu sein.*

Waffen der Bauern *Sie kämpften mit Dreschflegel, Sense, Mistgabel und Morgenstern gegen die Feuerwaffen und Geschütze der Obrigkeit.*

SEEFAHRER ERFORSCHEN FERNE WELTEN

Die Sonne brannte erbarmungslos auf die Kais des südspanischen Fischerhafens Palos, wo sich seit einer Woche Dockarbeiter abmühten, drei Schiffe, nämlich die *Santa María*, die *Niña* und *Pinta*, mit Vorräten für eine Reise ins Unbekannte zu beladen.

Die Männer rollten Fässer mit gesalzenem Hering und Landwein über die Planken auf die Schiffe. Sie trieben Schweine und Hühner an Bord und brachten sie in Ställen auf Deck unter. Sie trugen Körbe mit Glasperlen, Messingringen, Glöckchen und anderem billigem Plunder für Tauschgeschäfte herbei. Mit Flaschenzügen wurden große Kisten mit Takelausrüstung, Ketten und Senkbleien hochgehievt und durch Luken in den Schiffsbauch gesenkt. Kräne hoben Kästen voller Granitkugeln für die Kanonen hoch und setzten sie auf den Decks ab.

Währenddessen schaute der Anführer der Expedition, Christoph Kolumbus, der auf dem erhöhten Achterdeck der *Santa María* stand, gedankenvoll auf das emsige, laute

Vor dem Wind *Eine Flotte portugiesischer Kauffahrteischiffe, zu Kriegsschiffen umgerüstet, segelt zum Gefecht. Fock- und Großmast tragen rechteckige Segel, der Besanmast ein Dreieckssegel.*

Flaschenzug *Schweres Frachtgut wurde meist mit Flaschenzügen und Seilen an Bord der Schiffe gehievt.*

NEUE SCHIFFE FÜR UNBEKANNTE LÄNDER

Die großen Entdeckungsfahrten der Portugiesen und Spanier wurden überwiegend mit Karavellen durchgeführt, einem Segelschiffstyp mit zwei bis drei Masten und meist hohen Aufbauten. Die Takelage bestand aus querschiffs stehenden Rah- und Dreieckssegeln. Die Kombination erlaubte dem Schiff, Winde aus verschiedenen Richtungen für ein und denselben Kurs zu nutzen. Zur Navigation gebrauchte man Kompaß, Sextanten und Winkelmeßinstrument sowie Seekarten, auf denen Längen- und Breitengrade und damals bekannte Landmarken eingetragen waren. Auf offener See dienten bei Tag die Sonne und bei Nacht die Gestirne den Seefahrern als Anhaltspunkte.

Alte Seekarte und Logbuch

Registriergerät für Kursänderungen

Treiben hinunter. Die Vorbereitungen für seine Expedition hatten vor drei Monaten im Mai 1492 begonnen, nachdem er – ein italienischer Seefahrer aus Genua im Dienst der spanischen Könige Ferdinand von Aragón und Isabella von Kastilien – in Palos eingetroffen war und drei Schiffe ausgewählt hatte, die „gut mit Vorräten und Seeleuten ausgerüstet" waren.

Drei seetüchtige Schiffe zu finden war kein Problem. Doch Mannschaften anzuheuern war nicht so einfach. Die ortsansässigen Seeleute befürchteten, Kolumbus werde entweder vom Rand der Erde herunterfallen oder in eine Region mit ewiger Dunkelheit und immerwährendem Sturm geraten.

Durch Geld und Überredungskünste brachte Kolumbus schließlich etwa 100 Mann als Besatzung für die drei Schiffe zusammen. Die meisten von ihnen waren erfahrene Matrosen, darunter auch ein paar Schiffszimmerleute. Ein Viertel der Männer waren jedoch Sträflinge, denen man für die Anwerbung die Strafe erlassen hatte.

Am Freitag, dem 3. August 1492, kurz vor Sonnenaufgang, verließen die Schiffe Palos. Ihr Ziel war Westindien irgendwo westlich des Atlantiks. Die Reise sollte zum Höhepunkt aller Entdeckungsreisen des 15. Jahrhunderts werden. Die Bedingungen an Bord der *Santa María*, des Flaggschiffs, waren typisch für das Leben auf hoher See. Bei Morgengrauen trat die erste Wache des Tages zum Dienst an. Nach dem Frühstück, das aus gesalzenen Sardinen oder Sardellen, Schiffszwieback und Wein bestand, gingen die Matrosen mit Schrubbern und Eimern voll Meerwasser daran, die Decks zu scheuern. Die Beobachtungsposten nahmen ihre Plätze im Takelwerk und im Schiffsbug ein. Um die vorherrschenden Winde voll zu nutzen, wurden die Segel regelmäßig getrimmt. Man reinigte und kontrollierte die auf dem Deck montierten Kanonen. Die Taue wurden auf Verschleiß überprüft und Risse im Segeltuch genäht.

***Im Bau** Unter den Augen eines Schiffsbaumeisters behauen Zimmerleute einen Balken für ein Hochseeschiff des 15. Jahrhunderts. Andere Handwerker arbeiten an dem bereits zu Wasser gelassenen Schiffsrumpf.*

***Sanduhr** Früher benutzten die Seeleute Stundengläser als Uhren. Anhand der abgelaufenen Zeit berechneten sie den Kurs eines Segelschiffs.*

Schiffskompaß und Zirkel

Karge Mahlzeit auf hoher See

Derweil bereitete in der Kombüse, die regelmäßig von Ratten und großen Küchenschaben heimgesucht wurde, der Koch die Mittagsmahlzeit zu, die sehr oft nur aus Käse, Feigen und Mandeln bestand. Gleichzeitig plante er die einzige warme Mahlzeit des Tages, die abends eingenommen wurde und gewöhnlich aus Rind-, Schweinefleisch oder Huhn zubereitet war. Hierzu wurde der größte Teil der täglichen Weinration von 1,5 Litern pro Person serviert.

Die Wachen wechselten alle vier Stunden. Nachts rezitierte der diensthabende Schiffsjunge halbstündlich Gebete. Zusätzlich wurden dreimal täglich Andachten abgehalten. In ihrer Freizeit spielten die Männer Würfel- oder Kartenspiele. Gelegentlich angelten sie auch.

Auf der *Santa María* gab es nur wenige Kojen, und wenn es dunkelte, schliefen die Seeleute in voller Bekleidung auf Matten oder Segeltuchlaken auf oder unter Deck. Kolumbus, der als einziger über eine winzige Kabine im Achterdeck verfügte, hatte Schiff und Mannschaft ständig im Auge. Sein Logbuch gibt Auskunft über zahlreiche Einzelheiten der Expedition und über die Disziplin an Bord: „Der kleinste Fehler kann katastrophal sein", schrieb er, „ich muß immer auf alles ein Auge haben."

Kolumbus verließ sich nicht nur auf die mitgeführten Navigationshilfen. Zusätzlich maß er die Geschwindigkeit der *Santa María*, indem er die Meereswellen beobachtete, die sich am Schiffsrumpf brachen. Außerdem richtete er seinen Kurs nach dem Polarstern und berechnete die Position seiner kleinen Flotte nach der geschätzten Entfernung, die man jeden Tag zurücklegte.

Die Seefahrer erreichten die Kanarischen Inseln am 9. August und verbrachten dort fast einen Monat. Sie nahmen Vorräte an Bord und reparierten das Ruder der *Pinta*, das am dritten Tag auf See gebrochen war. Am 6. September setzten die drei Schiffe ihre Reise fort. Zehn Tage später gelangten sie in das Sargassomeer, ein von schwimmendem Seetang durchwachsenes Gewässer nördlich der Bermudainseln.

In der Nacht zum 7. Oktober dann hörten die Seeleute Vögel in der Luft, und am Morgen tauchten lang ersehnte Anzeichen im Wasser auf, die Landnähe signalisierten: ein paar Schilfhalme, eine Blume, ein Ast und ein Stock mit Schnitzereien. In der Nacht zum 11. Oktober sichtete Kolumbus „ein Licht wie eine Wachskerze". Vier Stunden später schließlich rief der Beobachtungsposten der *Pinta*, was alle bereits erwartet hatten: „Land! Land!" Die kleine Flotte hatte 36 Tage nach dem Verlassen der Kanarischen Inseln die Bahamas erreicht.

Im Morgengrauen wurde Kolumbus an Land gerudert. Er trug die spanische Flagge, während die Kapitäne der *Niña* und der *Pinta* Banner mit einem grünen Kreuz, zwei Königskronen und den Buchstaben „F" und „Y" für Ferdinand und Ysabel, Isabella, mit sich führten. Unter den Augen einer Gruppe neugieriger Eingeborener kniete Kolumbus nieder, küßte den Boden und ergriff im Namen der spanischen Majestäten Besitz von dem baumbewachsenen Land, das er als frommer Mann San Salvador, Heiliger Erlöser, nannte.

***Unter Segel** Die drei Schiffe des Kolumbus führten eine unterschiedliche Besegelung (von links): die* Pinta *mit quadratischen Segeln, das Flaggschiff* Santa María *und die* Niña *mit Dreiecks- oder Lateinersegeln.*

NEUE WELTEN LOCKEN

Spanische Konquistadoren, die in der Neuen Welt landeten, fanden Gold und Silber und staunten über Städte, Straßen, Tempel und Kanäle, die die Völker der Maya, Azteken und Inka errichtet hatten. Die Begegnung der europäischen Kultur mit den Kulturen auf dem amerikanischen Kontinent sollte das Leben der Menschen auf beiden Seiten des Atlantiks verändern. Abenteurer und Kaufleute dürsteten nach den Edelmetallen und Gewürzen, von denen sie sich Reichtum, Ansehen und Gunst bei ihren Herrschern erhofften. Forscher stießen auf unbekannte Nahrungsmittel, Arzneien, Bräuche und die Tier- und Pflanzenwelt anderer Klimazonen. Mit der Gründung von Kolonien kamen Siedler in das Land. Die einheimische Bevölkerung wurde versklavt oder ausgerottet und neue Sklaven aus Afrika herbeigeschafft. Schon bald gestalteten die Europäer die Neue Welt – sei es nun Süd- oder Nordamerika – nach ihrem Vorbild. Und von den heimischen Kulturen blieben nur geringe Spuren.

AMERIKA 11.–18. JAHRHUNDERT

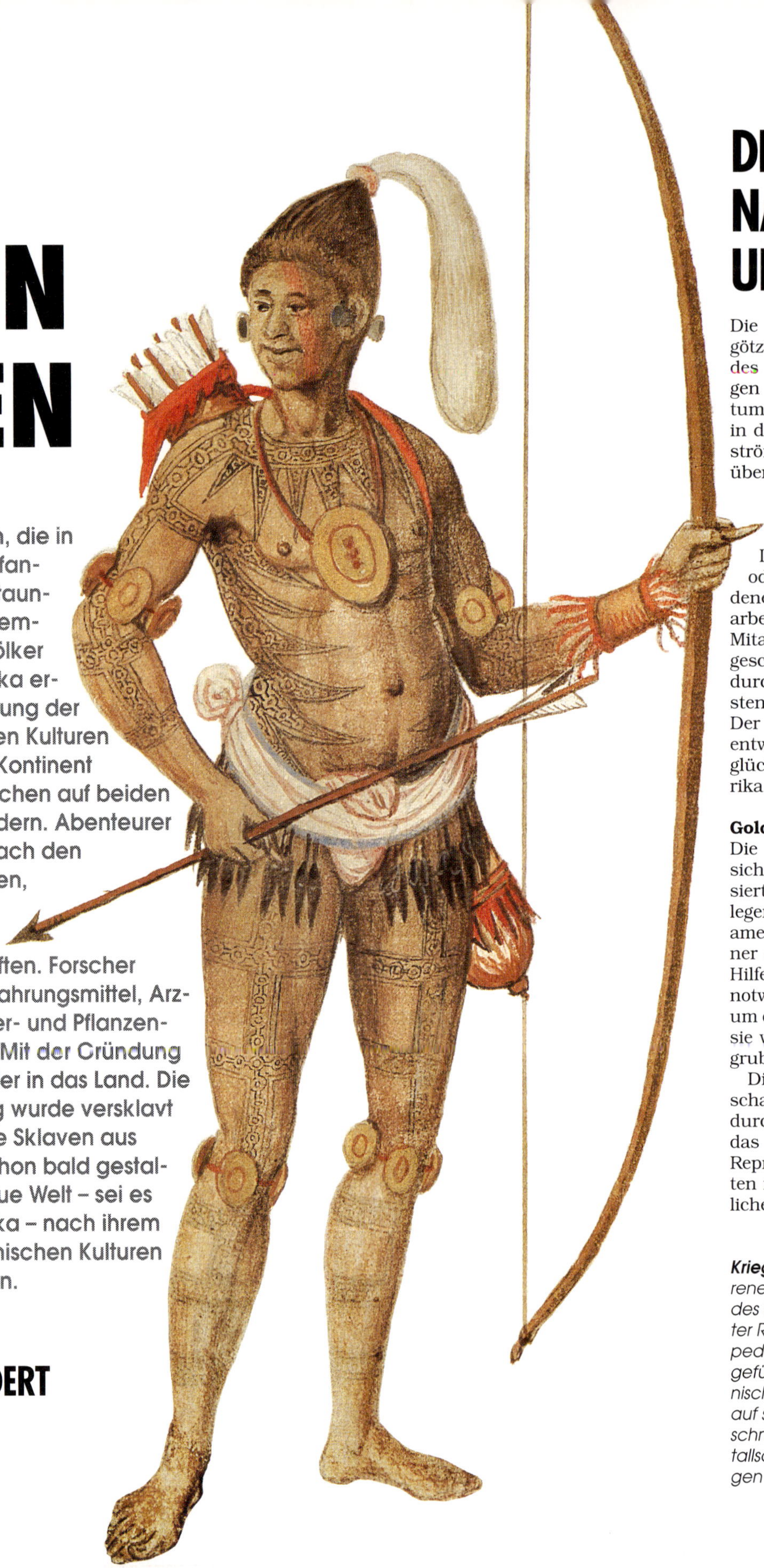

DIE JAGD NACH GOLD UND SEELEN

Die heimkehrenden Seefahrer ergötzten ihre spanischen Landsleute des 16. Jahrhunderts mit Erzählungen über den grenzenlosen Reichtum und das glitzernde Gold, das es in der Neuen Welt zuhauf gab. Bald strömten Wellen von Abenteurern über den Atlantik und überschwemmten die karibischen Inseln. Sie siedelten dort und versklavten die einheimischen Indianer, die sie als Goldwäscher oder auf riesigen Plantagen, auf denen Zuckerrohr angebaut wurde, arbeiten ließen. Als die Indianer die Mitarbeit verweigerten oder an eingeschleppten Krankheiten starben, durchkämmten die Europäer die Küsten Afrikas nach Arbeitskräften. Der Sklavenhandel, der sich daraus entwickelte, sollte Millionen von unglücklichen Afrikanern nach Amerika bringen.

Gold in den Anden
Die ergiebigsten Erzadern, für die sich die Spanier besonders interessierten, befanden sich oft in den entlegenen, gebirgigen Regionen Südamerikas. In Peru hatten die Indianer einen Ofen konstruiert, der mit Hilfe der kräftigen Gebirgswinde die notwendige Hitze erzeugen konnte, um die Silbererze zu schmelzen. Und sie waren es auch, die die Schächte gruben und das Gestein abtrugen.

Die spanischen Kolonisatoren beschafften sich ihre Arbeitskräfte durch das System der *encomienda*, das heißt, die lateinamerikanischen Repräsentanten der Krone gewährten ihren Favoriten das Recht, jährliche Arbeitsleistungen von den

Kriegsbemalung *Die stolzen Eingeborenenvölker fesselten die Phantasie des Künstlers John White, der Sir Walter Raleigh im Jahr 1585 auf einer Expedition begleitete. Die kunstvoll ausgeführten Tätowierungen dieses indianischen Kriegers aus Florida weisen auf seinen hohen Rang hin. Sein Kopfschmuck besteht aus Fellen, und Metallscheiben schmücken Brust, Ellbogen und Knie.*

Indianern zu verlangen. Unter der Führung eines örtlichen Häuptlings arbeiteten die Dorfindianer ein paar Monate lang in den entlegenen Bergwerken. Zwar wurden diese von Spaniern oder Portugiesen betrieben, doch bewahrten die Bergwerkssiedlungen weitgehend ihren indianischen Charakter: Die meisten Bergleute sprachen weiterhin ihre Eingeborenensprachen und behielten die althergebrachten Bräuche bei.

Schon in den ersten Jahren der Eroberung Südamerikas errichteten die Invasoren Städte mit anmutigen, arkadenverzierten Häuserblocks und großartigen Plätzen. In diesen oft zwischen den Überresten großer indianischer Städte erbauten Zentren der Kolonialregierung wurde der Handel abgewickelt. Auf den Marktplätzen tauschte man Ananas, Körbe voller Mais, auf Schnüre gereihte Pfefferschoten und handgewebte Tuche gegen Werkzeug und aus Europa importierte Fertigwaren. Das Hauptanliegen der Kolonialregierung jedoch, deren Einfluß vorwiegend in den Städten und kaum mehr an den Siedlungsgrenzen zu spüren war, galt jedoch dem Schutz des Handels mit Edelmetallen.

Banditenunwesen

In den Grenzgebieten arbeiteten Siedler und Regierungstruppen zusammen bei der Errichtung von *presidios* oder Forts. Die Kolonialmächte waren bei der Einführung ihrer eigenen Ordnung auf die Mithilfe der indianischen Verbündeten angewiesen, auch wenn in den meisten Fällen die Gesetze den Interessen der europäischen Oberschicht dienten. Doch selbst diese Kolonialherren hatten keine vollständige Kontrolle darüber, was sich weit entfernt von den Küstenregionen ereignete. Einige kriegerische Stämme wie die Aurakaner aus Chile leisteten bis zum Ende des 19. Jahrhunderts Widerstand gegen eine Besiedlung der Weißen, und Banditen trieben ihr Unwesen und plünderten Gold- und Silbertransporte.

Das *encomienda*-System setzte sich größtenteils in der landwirtschaftlichen Arbeit und in den Bergwerken durch. Während die reichen Großgrundbesitzer in den Städten lebten, kümmerten sich ihre Verwalter um die Haziendas. Währenddessen führten die Jesuiten-, Franziskaner- und Dominikanerorden einen erbitterten Kampf um das Seelenheil der Eingeborenen und gründeten von Brasilien bis Kalifornien Missionsstationen.

Zorn der Götter

Häufig errichteten die Missionare ihre katholischen Kirchen auf den Ruinen alter Tempel, um bei den Einheimischen den Glauben zu erwecken, die Geister der zornigen, abgeschafften Götter könnten im Schatten der christlichen Altäre nichts ausrichten. Die Indianer brachten viele heidnische Glaubenselemente in ihre scheinbar christianisierten Rituale ein. Der Großen Mutter Mais z. B. wurden an Mariä Geburt Opfergaben dargebracht, denn beide Festtage fielen auf ein und denselben Tag im September. Einer christlichen Hochzeitsfeier, die in einer Missionskirche stattfand, folgte oft eine Zeremonie im Dorf, bei der man den überlieferten Gottheiten Opfer darbrachte.

In Nordamerika führte das Aufeinandertreffen der Eingeborenen und der britischen und französischen Siedler zu einem anderen Ergebnis. Soweit die nordamerikanischen Indianer nicht epidemisch auftretenden Krankheiten oder der rücksichtslosen Siedlungspolitik zum Opfer fielen, entflohen sie dem Druck der Weißen und wandten sich nach Norden und Westen, so daß sich die aufeinandertreffenden Kulturen nicht so stark vermischten. Eine Folge der Kolonialisierung betraf jedoch Nord- und Südamerika in gleichem Maß: die Zwangseinwanderung zahlreicher Afrikaner als Sklaven, die zu einer tiefgreifenden Veränderung des sozialen Gefüges in den neuen Ländern führte.

Im Verlauf all dieser kulturellen und sozialen Umwälzungen in Nord- und Südamerika wurden Wörter und Begriffe zwischen den Sprachen der Neuen Welt und den Muttersprachen der Neuankömmlinge ausgetauscht, fremdartige Sitten und Bräuche übernommen und ein Zugehörigkeitsgefühl zur neuen Heimat entwickelt. All das führte im Lauf der Jahrzehnte, ja Jahrhunderte dazu, daß die europäischen Einwanderer und die verbliebenen Indianer vom eisbedeckten Norden bis zur Südspitze Argentiniens neue dauerhafte kulturelle Mischungen hervorbrachten.

Hohe Kultur *In Mittel- und Südamerika schufen die Maya, Azteken und Inka mächtige Reiche, bevor die Weißen kamen.*

Glanz des Goldes *Gold gab es in der Neuen Welt reichlich, von Kunsthandwerkern zu Schmuckstücken, Masken oder Kultgegenständen geformt. Die stilisierte Menschengestalt (links oben) trägt Hörner, und aus ihrem Mund sprießen Blumen. Die Brustscheibe (links) zeigt die Gestalt einer Frau mit den Gliedmaßen eines Laubfrosches.*

Sklavenarbeit *An der Pazifikküste Südamerikas waschen versklavte Eingeborene Gold, das sie bei den spanischen Aufsehern abliefern.*

Südfrüchte *Die in der Karibik heimische Ananas war den Europäern unbekannt, im Gegensatz zu der aus Südostasien stammenden Banane, die sie in Mittelamerika einführten. Beide Fruchtarten erfreuten sich bald auch in Europa großer Beliebtheit.*

OPFER FÜR DIE BLUTRÜNSTIGEN GÖTTER

Das Leben des Aztekenvolkes in Mittelamerika war von der Sonne geprägt, die als Ursprung und Mittelpunkt allen Seins verehrt wurde. Um dafür zu sorgen, daß die Sonne jeden Morgen „wiedergeboren“ werde, opferten die Priester alljährlich in den Tempeln der Aztekenhauptstadt Tenochtitlán Zehntausende von Menschen. Innerhalb von Sekunden wurde einem Opfer das Herz aus dem Leib gerissen und in einer Steinschale verbrannt, andere wurden zerstückelt. Ihre abgeschlagenen Köpfe spießte man auf lange Stangen und stellte sie neben den Totenschädeln unzähliger vorangegangener Leidensgefährten dem Volk zur Schau.

Bei der Einweihung des Tempels für den Sonnengott Huitzilopochtli sollen innerhalb von vier Tagen mindestens 20000 Menschen geopfert worden sein. Als die Spanier im Jahr 1519 in Tenochtitlán eintrafen, zählte einer der Konquistadoren in einem Tempelraum 136000 dicht an dicht liegende Totenschädel.

Der Jesuitenmissionar José de Acosta berichtete, daß die Aztekenpriester an bestimmten Festtagen junge Frauen mit Opfermessern enthauptet hätten. Im Texcocosee ertränkte man kleine Kinder, um den Regengott Tlaloc zufriedenzustellen, und andere Menschen wurden in den Maisfeldern gefoltert, bis ihre Tränen die Feldfrüchte der Bauern „bewässerten“.

Täglich beim Morgengrauen wurden die Bewohner Tenochtitláns von den Priestern mit dumpf dröhnenden Tempeltrommeln und dem durchdringenden Ton der Tritonshörner geweckt. Vom Herrscher bis zum niedrigsten Untertan schliefen alle Menschen auf dem mit Fellteppichen oder Binsenmatten belegten Fußboden. Die Arbeiter verließen ihre spärlich ausgestatteten Lehmhütten und paddelten in Kanus über das Kanalnetz der Stadt zu den Maisfeldern in der Umgebung oder den *chinampas*, kleinen, künstlichen Inseln aus Schlamm und Schilf, auf denen Gemüse angebaut wurde.

Inzwischen hatte sich in der Stadt ein lebhaftes Treiben entwickelt. Die Gerichtshöfe z. B. öffneten bei Tagesanbruch, und am Vormittag befaßten sich die Richter mit den täglich anfallenden Verbrechen. Dazu gehörte auch ständige Trunkenheit, die mit dem Tod bestraft werden konnte. Einfachen Leuten, die zum erstenmal dieses Vergehens überführt wurden, schor man in aller Öffentlichkeit den Kopf kahl. Ein Adliger, den man betrunken antraf, wurde ohne viel Federlesens hingerichtet. Zugeständnisse machte man einfachen Menschen über 60 Jahren, deren Arbeitsleben als abgeschlossen galt: Sie durften Alkohol trinken, soviel sie wollten. Das gängige alkoholische Getränk war ein stark wirkendes, apfelweinähnliches Gebräu, das Pulque hieß und aus dem gegorenen Saft der Agave hergestellt wurde. Diese vielseitige Pflanze lieferte außerdem Nähnadeln, Fasern für Seile, Kleidungsstücke und Sandalen. Während des Vormittags strebten Leute

Grausame Verehrung *Alljährlich im März häuteten aztekische Priester menschliche Opfer und stellten sich in Verehrung des Frühlingsgottes Xipe Totec in solch einer Haut zur Schau. Die Skulptur stellt einen Priester dar, der durch den geöffneten Mund eines Opfers spricht.*

Blutopfer im Tempel *Ein Aztekenpriester schwingt sein Messer, um dem menschlichen Opfer mit einem fachmännischen Schnitt das Herz aus dem Brustkorb herauszuholen und es dem Sonnengott darzubringen. Währenddessen schleifen die Helfer des Priesters die Leiche des zuvor hingemetzelten Opfers fort.*

aus allen Stadtteilen dem Markt entgegen, wo sie mit Nahrungsmitteln wie Tomaten, Truthähnen, Kakaobohnen und Avocados handelten. Sie schleppten ihre Waren durch die Straßen, die sich an den Kanälen entlangzogen. Transporte auf Rädern waren bei den Azteken nicht üblich.

Die kleinwüchsigen, dunkelhäutigen und schwarzhaarigen Männer trugen zumeist Lendenschurze, bunte Umhänge und Sandalen; die Frauen waren mit Baumwollhemden sowie knöchellangen Röcken mit bestickten Borten und verzierten Gürteln bekleidet. Manche färbten ihre Zähne schwarz oder scharlachrot, andere hatten feine blaue Tätowierungen auf der Haut. Verheiratete Frauen flochten ihr Haar zu zwei hornähnlichen Gebilden am Vorderkopf. Beide Geschlechter trugen Schmuck.

Übertroffen wurde der Schmuck der einfachen Leute durch die Jaguarfelle und Adlerkostüme der Krieger, deren prachtvoller Kopfschmuck aus den langen blaugrünen Schwanzfedern des Quetzals, des heiligen Vogels der Azteken und Maya, gearbeitet war. Fast ebenso auffällig waren die Umhänge der Adligen mit ihren schwungvollen Schlangen-, Schmetterlings- und Blumenmustern.

Zum Soldaten geboren

Vom Tag seiner Geburt an war ein männliches Kind für den Militärdienst vorgesehen. Seine Nabelschnur wurde mit Pfeilen und einem Schild begraben. Im Alter von zehn Jahren schnitt man dem Knaben die Haare so, daß sich eine Locke, ein *piochtli*, im Nacken ringelte. Die Locke durfte der Junge sich erst abschneiden, wenn er aus dem Kampf mindestens einen Gefangenen lebend als Tempelopfer mit heimgebracht hatte. Im Glauben, daß er durch seinen Tod zu den himmlischen Gefährten der Sonne gehöre, fügte sich der Gefangene gelassen in sein Schicksal. Gelegentlich wurden zwischen den Azteken und rivalisierenden Staaten, die ebenfalls ihren Göttern Menschenopfer brachten, rituelle Kämpfe, sogenannte Blumenkriege, ausgetragen. Ihr Ziel war, ohne offizielle Kriegserklärung möglichst viele Gefangene zu machen.

Tödlicher Irrtum

Die Azteken glaubten, daß der vergöttlichte, weißhäutige, bärtige Priesterherrscher Quétzalcoatl, „Grünfederschlange", im Jahr „des einen Schilfhalms" zurückkehren und eine Zeit höchster Blüte einleiten werde. Diese Weissagung führte zu dem tragischen Irrtum, daß der Herrscher Montezuma und sein Volk den spanischen Konquistadoren Hernán Cortes, weißhäutig und bärtig, und seine Gefährten für den wiederkehrenden Quétzalcoatl hielten, als diese – zufällig im Jahr „des einen Schilfhalms" – im November 1519 in das Reich der Azteken gelangten. Sie begrüßten die Spanier ehrfurchtsvoll in ihrer Hauptstadt Tenochtitlán und ahnten nicht, daß damit das Ende ihrer Kultur besiegelt war.

Todbringendes Messer *Das Opfermesser hat eine Klinge aus Chalcedon-Quarz und einen hölzernen, mit Türkisen und Muschelstücken besetzten Griff. Das Heft zeigt einen Adlerkrieger, der dem Sonnengott als Wächter dient.*

SCHLECHTE TAGE, GUTE JAHRE

Dem Jahr der Azteken lagen zwei verschiedene Kalender zugrunde. Der erste bestand aus einem Zyklus von 365 Tagen, der auf dem Auf- und Untergehen der Sonne beruhte und in 18 Abschnitte zu 20 Tagen eingeteilt war. Fünf „unheilbringende Tage" blieben übrig. Dieser Kalender bestimmte die Zeiten für das Pflanzen und Ernten. Der zweite Kalender bestand aus einem Zyklus von 260 Tagen und diente der Wahrsagerei als Grundlage. Jeder Tag wurde astrologisch als gut, schlecht oder mittelmäßig eingestuft. Wer an einem Glückstag geboren wurde, dem war Erfolg im Leben beschieden, den anderen dagegen nicht.

Die Sonnenjahre waren in Zyklen von 52 Jahren eingeteilt, an dessen Ende die Sonne sterben konnte. Geschah das nicht, brachten die Priester Dankesopfer dar, und Boten mit brennenden Fackeln trugen das „Neue Feuer" in das ganze Reich hinaus.

Tagesnamen *Jeder Tag im Zyklus des Sonnenkalenders der Azteken war nach einem Gegenstand, einem Tier oder einer Erscheinung benannt und einem bestimmten Gott zugeordnet.*

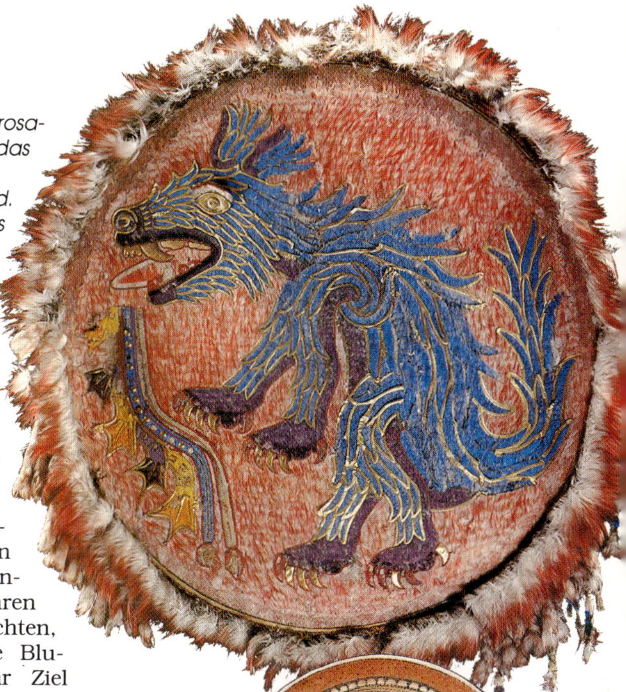

Kojotenschild *Das Mosaik aus rosafarbenen und blauen Federn, das ein kojotenähnliches Tier darstellt, schmückt einen Holzschild. Das mythische Lebewesen, das mit Blattgold hervorgehoben ist, war ein Symbol der Aztekenherrscher.*

Schönheit im Alltag *Selbst Gebrauchsgefäße verzierte man mit phantasievollen Mustern.*

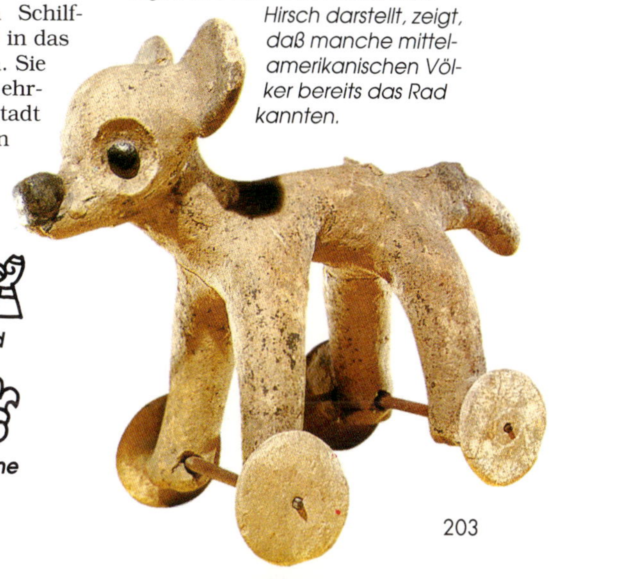

Spielzeug auf Rädern *Dieses Tontier, das um 1000 hergestellt wurde und möglicherweise einen Hund oder Hirsch darstellt, zeigt, daß manche mittelamerikanischen Völker bereits das Rad kannten.*

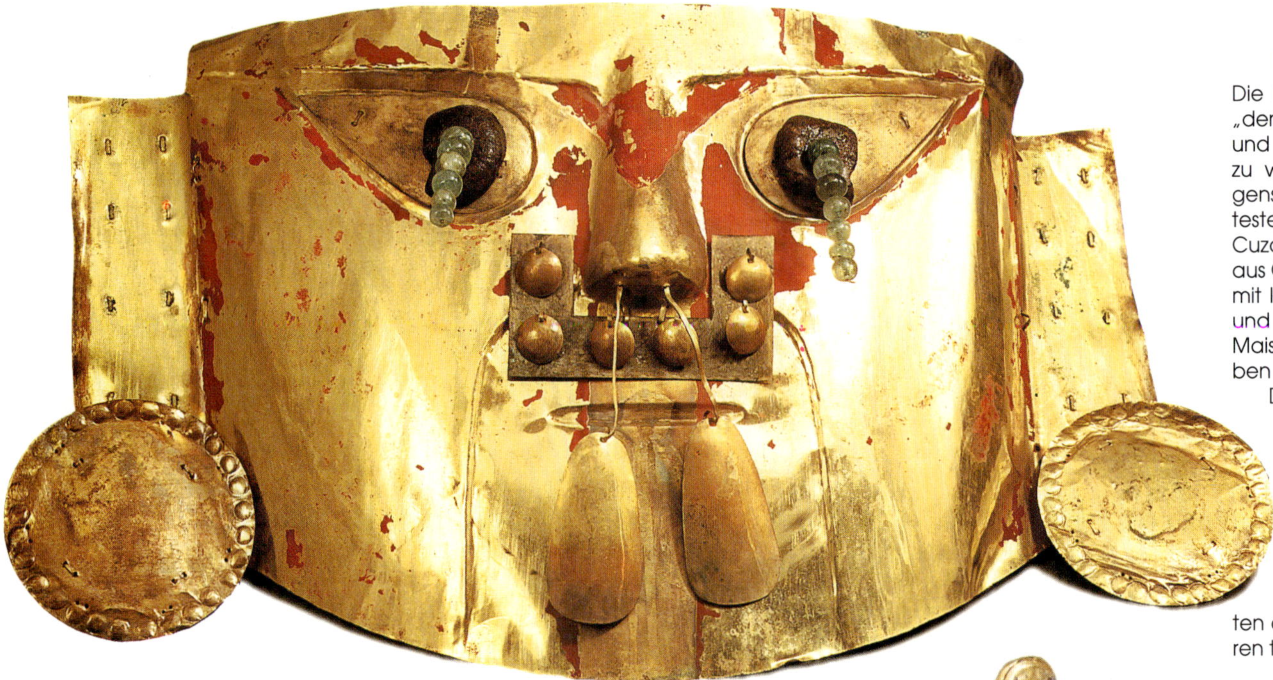

DER SCHWEISS DER SONNE

Die Inka verarbeiteten Gold, das sie „den Schweiß der Sonne" nannten, und Silber, die „Tränen des Mondes", zu wertvollem Schmuck und Kultgegenständen. Eine ihrer bemerkenswertesten Schöpfungen befand sich in Cuzco im Tempel der Sonne, ein ganz aus Gold und Silber gestalteter Garten mit lebensgroßen Figuren von Vögeln und Lamas und Nachbildungen von Mais mit silbernen Stengeln und Kolben aus Gold.

Die hochgeachteten Handwerker fertigten außerdem goldene Stiefel für Frauen an und aus Gold getriebene Vasen mit den verschiedensten Tiermustern. Daneben verwendeten die Inka auch Bronze, aus der sie Klingen für Streitäxte, Speerspitzen und Keulen herstellten. Die Arbeiten aus Edelmetallen oder Bronze waren teilweise massiv gegossen.

CUZCO – DIE BEHERRSCHERIN DER ANDEN

Gold für die Toten *Prächtige Totenmasken aus Goldblech schmückten die Mumien der peruanischen Herrscher. Solche Masken trugen Nasen- und Ohrschmuck, die Augen bestanden aus Juwelen. Manche Mumien erhielten auch noch aus getriebenem Gold gefertigte Arme und Hände (rechts).*

Über den Gipfeln der Anden bricht der Morgen an, als sich die „Prozession der lebendigen Toten" feierlich über den heiligen Platz von Cuzco bewegt, der im Hochland von Peru gelegenen Hauptstadt des Inkareiches. Auf Sänften werden die Mumien der verstorbenen Herrscher von den Palästen in den Vorhof des imposanten Tempels der Sonne getragen, wo man sie auf Schemeln absetzt.

Es ist Juni, der Monat des Sonnenfestes. Tagelang stehen die Mumien, mit ihren kostbarsten Gewändern bekleidet, im Mittelpunkt der Feierlichkeiten. Vor ihnen werden 100 weiße Lamas mit scharlachrotem und goldenem Zaumzeug der Sonne geopfert. Eine andächtige Menge verzehrt gebratenes Fleisch von jungen Lamas und trinkt *chicha*, ein aus Mais und Honig gebrautes alkoholhaltiges Getränk. Man tanzt und singt, bis die Dunkelheit hereinbricht. Zur Nacht stellt man die Mumien in Nischen des Tempels, um die Festlichkeiten am nächsten Tag fortzusetzen. Den Vorsitz bei den Feierlichkeiten führt der *sapa inca*, der unumschränkte Herrscher des Inkareiches. Die Untertanen dürfen ihm nicht ins Antlitz sehen, und die Adligen tragen bei einem Besuch im Palast Körbe auf dem Rücken, um ihren eigenen niederen Stand zu bekunden.

Nach dem Tod eines Herrschers wird sein Leichnam einbalsamiert, und seine Mumie wird in dem mit Schätzen gefüllten Palast, den er zu Lebzeiten bewohnt hat, auf den Thron gesetzt. Auch seine *coya*, die Herrscherin, wird, wenn sie stirbt, dort neben ihm ihren Platz finden. Sie war gewöhnlich die Schwester des *sapa inca*, denn obwohl ihm Hunderte von Gemahlinnen zustanden, unter denen zahlreiche Verwandte und andere Frauen aus vornehmen Familien der eroberten Gebiete waren, mußte die Hauptfrau gleichrangig sein, und das war nur bei einer Schwester der Fall.

Söhne der Sonne

Die Inka waren ursprünglich ein kleiner Gebirgsstamm, der um das Jahr 1000 in den Anden Perus siedelte. Ihren politischen und kulturellen Höhepunkt erreichten sie unter den Herrschern Pachacuti Inca Yupanqui und Topa Inca Yupanqui, die von 1438 bis 1493 regierten. Den beiden gelang es, Dutzende von Stämmen, die zum Teil andere Sprachen oder Dialekte hatten, zu einer stabilen und gutorganisierten Gemeinschaft von etwa zwölf Millionen Menschen zu vereinen, deren Herrscher als göttlicher Sohn der Sonne verehrt wurde und dessen Wort Gesetz war.

Menschliche Blasebälge *Da die Inka Blasebälge nicht kannten, fachten sie das Feuer zum Schmelzen des Metalls an, indem sie durch lange Zuckerrohrhalme bliesen. Die Öfen wurden an Hügelflanken errichtet, wo der Wind den Zug verstärkte.*

Schwindelnde Höhen *Brücken aus Seilen, verflochtenen Zweigen und Kletterpflanzen überspannten die tiefen Schluchten der Anden. Sie gehörten zu einem Straßennetz, über das Stafettenläufer an einem Tag Botschaften 80 Kilometer weit über gebirgiges Gelände befördern konnten. Das Schreiben war bei den Inka unbekannt, deshalb lernten die Läufer die Botschaften auswendig. Amtliche Inspektoren überprüften die Brücken regelmäßig.*

Cuzco, die 3500 Meter über dem Meeresspiegel liegende Hauptstadt der Inka, entwickelte sich von einem kleinen Flußdorf mit Lehmhütten zur bedeutendsten präkolumbianischen Stadt Südamerikas, beherrscht von prächtigen Palästen und Tempeln. Die Bauwerke wurden aus sorgfältig zugehauenen Steinblöcken ohne Mörtel errichtet, die so miteinander verbunden waren, daß in ein Loch des unteren Steins ein entsprechender Zapfen des darübergelegten paßte. Diese Konstruktion erwies sich als so elastisch, daß selbst starke Erdbeben den Bauten nichts anhaben konnten. Die technischen Fertigkeiten der Inka zeigten sich auch in der Errichtung eines etwa 24000 Kilometer langen Straßennetzes, das sich kreuz und quer durch das Gebirge zog und der straffen Verwaltung des Landes diente.

Brückeninspektor

Der Grundriß Cuzcos wies die Gestalt eines Pumas auf, eines Berglöwen. Die mächtige Feste Sacsayuamán im Norden der Stadt stellte den Kopf des Pumas dar, den Schwanz bildeten die langgestreckten öffentlichen Gärten im Süden. Im Herzen der Wildkatze lag der heilige Platz, auf dem der Tempel des Sonnengottes stand. Innerhalb der Stadt verlief ein Netz enger Pflasterstraßen, gesäumt von steinernen Kanälen, durch die frisches Gebirgswasser floß. Dieses System sorgte für erstklassige hygienische Verhältnisse.

Die Vororte, in denen die meisten Einwohner lebten, lagen außerhalb des Pumas. Ihre fensterlosen Häuser mit nur einem Raum bestanden aus Stein und Ziegelmauerwerk, die mit Lehm und Mörtel zusammengefügt waren. Viele waren hellrot oder gelb angestrichen und hatten kleine, niedrige Eingangstüren sowie steil abfallende, strohgedeckte Dächer und breite Dachrinnen, um die Mauern vor den Platzregen des Hochlandes zu schützen.

Gekocht wurde auf winzigen Lehmherden, und der Rauch zog einfach durch das Strohdach ab. Die beiden Hauptnahrungsmittel waren Mais, der im sonnigen Tiefland wuchs, und Kartoffeln, die im kühlen Hochland angebaut wurden. Fleisch lieferten vor allem Lamas und Alpakas; aber auch gebratene Meerschweinchen waren sehr beliebt, und fast alle Haushalte hielten eine ganze Reihe dieser Tiere. Zu den am meisten verzehrten Obstsorten gehörten Guaven und Kaktusfrüchte.

Mahlzeiten gab es zweimal am Tag, morgens und abends. Da man kaum Mobiliar besaß, hockte man mit übereinandergeschlagenen Beinen auf dem Lehmboden und aß mit Fingern oder Löffeln von Platten. Auch schlief man nachts auf dem Boden.

Hohe Kunst der Medizin

Die Inkapriester, die sich auch als Ärzte und Chirurgen betätigten, waren geschickt im Amputieren erkrankter Gliedmaßen und im Ausbrennen von Wunden zur Vorbeugung von Infektionen. Bei Menschen, die im Kampf oder durch Unfall einen Schädelbruch erlitten hatten, nahmen sie Schädelöffnungen vor, während der Patient mit der Droge Koka narkotisiert war.

Man sägte den Schädel mit einem rasiermesserscharfen Stück Obsidian auf, das in einen Holzgriff eingesetzt war und mit einer Bogensehne zum Rotieren gebracht wurde. Durch die Öffnung entfernte man Knochensplitter oder Fremdkörper. Dann wurde das Stück Schädeldecke wieder eingesetzt und die Wunde mit Bast verbunden.

Einige Chirurgen sollen sogar schon Bluttransfusionen vorgenommen haben. Zustatten kam den Inka dabei die Tatsache, daß sie wie alle südamerikanischen Indianer dieselbe Blutgruppe, nämlich null, Rhesusfaktor positiv, hatten.

Im Jahr 1530 registrierten die abergläubischen Inka eine Zunahme der bösen Vorzeichen, die das Ende des Reiches ankündigten. Tatsächlich überfiel zu dieser Zeit der spanische Konquistador Francisco Pizarro das Inkareich und eroberte es. Er ließ den letzten Inkakönig Atahualpa ermorden und zog im November 1533 in Cuzco ein.

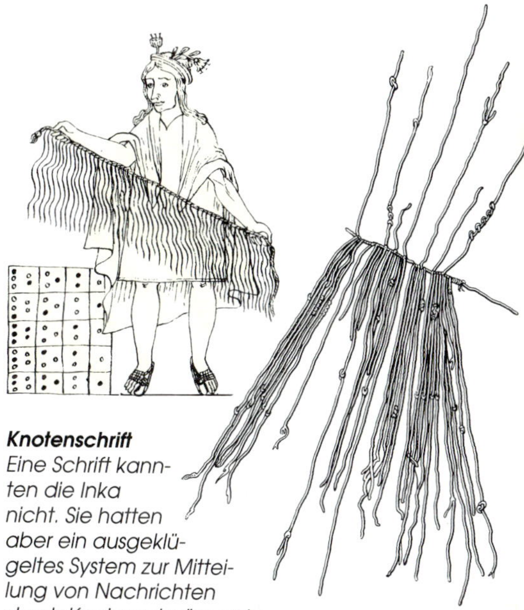

Knotenschrift
Eine Schrift kannten die Inka nicht. Sie hatten aber ein ausgeklügeltes System zur Mitteilung von Nachrichten durch Knotenschnüre entwickelt. Diese Schnüre, Quipu genannt, dienten als Register oder Mengenangaben. Von einem Strang hingen Schnüre von unterschiedlicher Länge und Farbe herab, in die man Knoten schlug; diese drückten Zahlen nach dem Dezimalsystem aus. Heute kann man das Quipu meist nicht mehr entziffern.

Helfende Hände
Zwei Frauen stützen einen betrunkenen Mann und führen ihn nach Hause. Die Inka tranken gern chicha, ein stark alkoholhaltiges Getränk aus Mais und Honig oder Zuckerrohr.

Zyklopenmauern *Ungleichmäßige Felsbrocken aus Granit wurden mit Steinwerkzeugen bearbeitet. Aus den behauenen Blöcken errichtete man die Mauern der Bauwerke.*

MIT PFEIL UND BOGEN AUF BISONJAGD

Rauch stieg in den noch dunklen Morgenhimmel empor, als die im Kreis sitzenden bemalten Krieger der Comanche die Steinpfeife herumreichten. Der oberste Medizinmann führte einen Adlertanz an, um einen jungen Mann namens *Zerbrichtetwas* – so genannt wegen seiner berüchtigten Ungeschicklichkeit – in das Mannesalter einzuführen. Die jungen Tänzer schüttelten ihr langes, offenes Haar und ihre verzierten Rasselstäbe. Jeder junge Krieger schwenkte seinen Fächer aus Adlerfedern in weitem Bogen durch den Morgennebel.

Die Tänzer beugten sich tief hinunter und erhoben sich wieder, sie sangen nicht, sondern schrien und ahmten das Gekreisch eines jungen Adlers nach, der flügge werden wollte. Stunde um Stunde tanzten sie, und der Medizinmann trieb sie mit schrillen Pfiffen auf seiner Pfeife aus Adlerknochen an. Das rhythmische Stampfen, das endlose Trommeln und die fieberhaften Schreie der Anwesenden erschütterten die nicht weit entfernt stehenden Tipis, die Indianerzelte.

Der Adlertanz endete in der Abenddämmerung. Nun galt *Zerbrichtetwas* als Mann und konnte seinen Platz bei der herbstlichen Bisonjagd einnehmen. Zur Feier des Tages brachten ihm seine Freunde und auch seine Verwandten ein schnelles Pony und einen Jagdbogen aus Elchgeweih.

Am nächsten Tag kamen Späher ins Dorf geritten und berichteten von einer riesigen Bisonherde und einem nahen Canyon, der als natürliche Falle dienen könne. Das Jagdfieber packte das ganze Dorf, und sofort begannen die Frauen der Comanche mit dem Abbau der Tipis, um sie näher an den Canyon zu verlagern. Eine Comanchefamilie besaß etwa 50 – 200 Pferde und leichtbewegliche Habe, deshalb waren häufige Wanderungen einfach zu bewerkstelligen.

Die Frauen nahmen die Bisonfellplanen von den Tipis und banden die Zeltstangen an die Lastpferde. Bisonfelle, die über die Zeltstangen gespannt wurden, bildeten auf diese Weise eine Tragfläche für den Hausrat.

Die Comanche gehörten

HÄUSER AUS LEDER

Eine Prärieindianerin, die in ihrem Tipi kniet, legt Steine in das Feuer, um sie zum Kochen zu erhitzen. Ein Kochtopf aus einem Bisonmagen hängt an Stangen und enthält eine Suppe aus Bisonfleisch, wilden Zwiebeln und Rüben. Ihr gegenüber bearbeitet ein Mann einen Jagdpfeil. Ein Kleinkind spielt auf einer Matte. An der Zeltwand lehnen Stühle und ein besticktes Kindertragbett.

Außerdem hängen an den Bisonfellwänden ein Topf, ein Bogen sowie ein Köcher mit Pfeilen und links ein Medizinbeutel. Bei kaltem Wetter werden die Felle am Eingang geschlossen, und man kann nur durch eine kleine Öffnung eintreten. Die Spitze des Tipis ist mit Holzstäben gesichert; die langen Stangen ragen aus Rauchklappen, die sich zum Lüften regulieren lassen.

Hemd eines Kriegers

Mokassins

Familienausflug *Eine Indianerfrau zu Pferde bereitet sich auf einen Zug über die Prärie vor; ihre Kinder sitzen hinter ihr auf einem schlittenähnlichen Traggestell. Die langen Stangen dienen als Zeltstangen für große Tipis. Die Puppe (rechts) zeigt, wie eine solche Frau gekleidet war.*

Verziertes Schuhwerk *Die Bärenkrallen- und Bisonschädelornamente auf diesen Mokassins bestehen aus einzeln aufgenähten, gefärbten Stachelschweinborsten. Das Kriegerhemd aus Bisonhaut besitzt ein aufgemaltes Streifenmuster, das die Anzahl der Kämpfe des Kriegers auflistet.*

wie die Stämme der Blackfoot, Cheyenne, Pawnee, Crow, Kiowa und Sioux zu den Prärieindianern, die auf der weiten Plateaulandschaft der Great Plains lebten, die sich von Kanada bis nach Mexiko erstreckt. Als Mitte des 16. Jahrhunderts der weiße Mann auf seinen Erkundungs- und Siedlungszügen nach Norden bis in das heutige Kansas vorstieß, bewohnte etwa eine Million Eingeborene die Präriegebiete im mittleren Westen. Sie lernten von den Spaniern das Pferd kennen und züchten, wodurch sich ihre Jagdgründe ausdehnten. Die Lebensgrundlage der Stämme bildete die Jagd auf den Bison. Diese in großen Herden lebenden Tiere wurden mit Pfeil und Bogen erlegt. Während die Männer und Jungen jagten, beschäftigten sich die Frauen und jungen Mädchen mit der Instandhaltung des Lagers.

Die nordamerikanischen Indianer hatten vielfältige Verwendungsmöglichkeiten für den Bison. Aus den Häuten machte man Kleider, Zeltplanen, Sättel, Decken, Boote und Schilde. Ein Schild aus rauchgegerbtem Bisonleder war so zäh, daß er die Kugel einer Handfeuerwaffe ablenken konnte. Bisontalg und -fett verwendete man zum Reinigen und Weichmachen von Häuten, als Medizin oder Nahrungsmittel.

Viele Stämme der Prärieindianer benutzten Bisonmägen als Kochtöpfe: Sie füllten den Magen mit Flüssigkeit und Fleisch, und sie legten glühende Steine hinein, um die Suppe zum Kochen zu bringen. Aus dem Bisonschädel konnte man eine Kappe machen, um den Geist des getöteten Tieres zu besänftigen, damit künftige Jagden erfolgreich verliefen. Im Lager in der Nähe des Jagdgrundes am Canyon machten die Frauen Feuer, und die Kinder sammelten Holz, um die lodernden Flammen in Gang zu halten. Die Jäger führten ihre beladenen Pferde in das Lager und gaben den Frauen große Stücke Bisonfleisch. Diese schnitten sie gegen den Faserverlauf in lange, dünne Streifen und achteten darauf, daß jeder Streifen nicht nur mageres Fleisch, sondern auch ein wenig Fett enthielt. Schließlich wurden die Streifen getrocknet, auf Gestellen über dem Feuer geräuchert und zu Pemmikan verarbeitet: Das Rauchfleisch wurde zerstoßen und mit Beeren, Fett und Nüssen vermischt. Die in Lederbeuteln aufbewahrte Mischung hielt sich monatelang und diente der Familie auf ihren Wanderzügen als Nahrung.

Während die Frauen das Fleisch räucherten und die Häute spannten, bereiteten sich die Männer auf ein Fest vor. Sie bemalten sich und pflegten ihr langes Haar. Kein Mann, der etwas auf sich hielt, wäre mit Haaren im Gesicht zu einem Fest gegangen; also gehörte es zu den Ritualen vor dem Fest, alle Bart-, Nasen- oder Augenbrauenhärchen auszuzupfen. Männer wie Frauen trugen zum Fest eine rote, gelbe und blaue Bemalung. Eine erfolgreiche Jagd konnte das Fleisch für mehrere Festwochen liefern. Am meisten schätzten die Indianer Zunge und Buckel des Bisons. Jede Nacht, wenn die Flammen emporstiegen, schlemmte das gesamte Lager. Diese Feste gaben den Menschen die Kraft, den langen und harten Winter bis zur Schneeschmelze im Frühjahr zu überstehen.

Jäger und Gejagte *Die Jagd auf Bisons war nicht ungefährlich. Die Jäger mußten gute Schützen und geschickte Reiter sein, die mit ihrem wertvollsten Besitz, den Pferden, perfekt eingespielt waren.*

Indianertanz *Ein Hidatsakrieger mit seinem Kopfschmuck aus Elstern- und Truthahnfedern und einer einzigen Adlerfeder vollführt einen rituellen Tanz. Er ist Mitglied des Hundebundes des Stammes, einer kriegerischen Brüderschaft mit eigenen Tänzen, Gesängen, Kennzeichen und Gewändern. Jeder dieser Bünde hatte seine eigenen Rituale. Die Besonderheit des Hundebundes war, Anweisungen zuwiderzuhandeln. Befahl man ihnen beispielsweise zu fliehen, griffen sie an. Der Bogen (oben) hat einen ledernen Griff mit Perlstickerei und bunten Fransen. Er wird aus elastischem Holz gefertigt und besitzt eine Bogensehne aus verdrillten Sehnen.*

Pfeife und Tabaksbeutel *Diese lange Pfeife ist für das rituelle Rauchen bestimmt. Sie ist mit Schnitzereien versehen und besitzt einen steinernen Kopf. In dem bestickten Lederbeutel wurde der Tabak aufbewahrt.*

Krieg und Frieden *Der Leidenschaft der Indianer fürs Kämpfen und Rauchen diente die Axt dieses Irokesen aus dem 18. Jahrhundert. Sie hat einen hohlen Stiel und einen Pfeifenkopf am Axtblatt. In der anderen Hand trägt der Mann eine Kampfkeule.*

Jagd mit Feuer *Indianische Jäger in Neuschottland entfachen Feuer, um das Wild aus seinem Versteck zu treiben. Dann nähern sie sich ihrer Beute zu Fuß oder mit dem Kanu, bis sie sie erlegen können. Ein anderer Mann breitet derweil Fische zum Trocknen aus.*

Biberfalle *Eisenfallen, mit denen man Biber fing, kamen im späten 18. Jahrhundert auf. Zum Ködern bestrich man sie mit Bibergeil, einem Drüsensekret dieser Tiere.*

IM LAND DER TRAPPER UND FALLENSTELLER

Der Junge vom Stamm der Algonkin kroch auf dem Bauch und gab seltsame Schnattertöne von sich, die ein Teil des Bibertanzes waren. Andere Jungen liefen umher wie Rebhühner oder machten zierliche Schritte wie ein Hirsch. Sie amüsierten sich damit, sich wie die Tiere zu verhalten, die sie eines Tages jagen würden, und spielerisch lernten sie so viel Wissenswertes über deren Gewohnheiten.

Die Algonkin lebten von der Jagd, ebenso wie die Cree, die Micmac und andere Indianerstämme des Waldlandes im heutigen Ostkanada. Ihre Bekleidung und Decken bestanden aus Biberpelz, während sie Hirschleder zu Mokassins verarbeiteten, die selbst in nassem Zustand weich und geschmeidig blieben. Sie aßen das Fleisch von Kaninchen und Hirschen, bei besonderen Gelegenheiten auch von Hunden. Stachelschweine, die zu sehr auf den Schutz ihrer scharfen Stacheln vertrauten, wurden mit einer Keule erlegt. Sie lieferten Fleisch und *quills*, die Borsten, die man färben und als Zierde auf Kleidungsstücke aufnähen konnte.

Wie bei allen Waldlandindianern waren die Lager der Algonkin klein und bestanden aus knapp 20 Personen, denn von der Tierwelt ihres Einzugsgebietes konnte sich gerade ein Familienverband ernähren.

Bei den Waldlandindianern blieb die schwere Arbeit den Frauen überlassen, weil die Männer für die Jagd gesund und gut ausgeruht sein mußten. Wenn die Frauen zum Arbeiten und die Männer zur Jagd zu alt waren, gingen sie freiwillig in die Wälder und suchten in der Einsamkeit den Tod. Sie wußten, daß in den langen Wintermonaten, wenn die Nahrung knapp war, nicht jeder satt werden konnte.

Der Handel der Indianer mit den Europäern florierte, denn in Europa bestand große Nachfrage nach Filzhüten. Filz, der aus Biberhaaren hergestellt wurde, blieb jahrelang formbeständig, selbst wenn er im Regen immer wieder durchnäßt wurde. Besonders wertvoll waren die Pelze, auf denen die Indianer so lange geschlafen hatten, bis die groben rötlichen Haare abgerieben waren und die weiche graue Unterwolle zum Vorschein kam.

Nicht alle Indianer in Kanada leb-

AUF BIBERJAGD

Die Temperaturen liegen weit unter dem Gefrierpunkt. Der Algonkintrapper erwacht in seinem Unterschlupf aus Fichtenzweigen vom Krachen und Ächzen der Eisdecke auf dem See. Er rollt sich aus seiner Biberpelzdecke und streift sich ein Wams aus Wolfspelz über. Dann zieht er sich Stiefel aus Beinfellen von Elchen an und bindet bärentatzenähnliche Schneeschuhe darüber. Zum Schluß nimmt er seine Axt auf, schultert sein Bündel und macht sich auf, um nach seinen Fallen zu sehen. Eine befindet sich unter dem Eis eines Teiches, den er im Sommer gekennzeichnet hat. Der Trapper zerhackt das Eis und entdeckt einen Biber, der in den Fangeisen festsitzt. Er häutet den Biber, steckt das Fell in sein Bündel und stellt die Falle wieder auf. Um seinen Geruch zu überdecken, besprengt er die Umgebung mit Tierfett. Später am Nachmittag erreicht er sein Lager. Mit einem schnellen Blick auf eine erhöht errichtete Plattform vergewissert er sich, daß sein Essensvorrat für den Winter noch vorhanden ist, sicher geschützt vor Tieren. An diesem Abend sortiert er beim Schein eines Holzfeuers die Häute, um sie den weißen Händlern, die bald im Lager eintreffen werden, zu verkaufen.

ten wie die Waldlandindianer. Die Irokesen an den Großen Seen waren beispielsweise Bauern und hatten Städte mit bis zu 3000 Einwohnern. Sie pflanzten Mais, Kürbis sowie Tomaten und legten reichliche Vorräte für den Winter an. Bei ihnen brauchten die Alten nicht fortzugehen. Die alten Frauen besaßen sogar die Macht, Häuptlinge auszuwählen und abzusetzen.

Die Haida, Indianer an der Pazifikküste, lebten in einer Gegend mit großem Fischreichtum, vielen Tieren und nahrhaften Wildpflanzen. Hier war die Versorgung so einfach, daß den Menschen Zeit dazu blieb, reichverzierte, aus Zedernbast gewebte Kleidung anzufertigen und große Totempfähle zu schnitzen und zu bemalen, auf denen die Stammeslegenden dargestellt waren. Die Haida-Indianer hatten kaum Verwendung für Besitztümer, außer zum Verschenken. Ihr gesellschaftliches Ansehen beruhte darauf, daß sie ihren persönlichen Besitz verschenkten. Sie entwickelten darin eine solche Kunstfertigkeit, daß sie regelmäßig Geschenkfeiern, sogenannte Potlachs, veranstalteten.

Dudelsack in der Wildnis

Als die Sonne über dem Lager der Algonkin unterging, hob einer der Männer den Kopf und lauschte. Er lief zum nahen Fluß, wo gerade zwei Kanus auftauchten. Im Bug des ersten stand, an die Sitzbänke gestützt, ein mit einem Kilt bekleideter Dudelsackpfeifer, dessen Pfeifen durch den Wald schrillte.

Die stämmigen Paddler, die sich in ihrer französischen Muttersprache Voyageurs nannten, trugen bunte Schärpen als typisches Abzeichen. Als sie ans Ufer stießen, standen sie auf, hoben einen Mann aus dem Kanu und trugen ihn an Land. Dieser Mann mit seinem beeindruckenden Zylinderhut und Anzug war ein Händler der Northwest Company. Feierlich grüßte er die Indianer und überreichte jedem Mann ein Päckchen Tabak und den Frauen ein Stück buntgemusterten Stoff.

Pelze – das Gold des Nordens

In Kanada gab es zwei große Pelzhandelsgesellschaften. Die Northwest Company, eine Handelsgesellschaft der Schotten und Franzosen, schickte ihre Kanuflotten von Montreal in das Land der fallenstellenden Indianer. Die andere, die britische Hudson's Bay Company, errichtete Stützpunkte an den Wasserwegen, die in die Bucht mündeten. Dort warteten die Händler der Gesellschaft auf die Indianer mit ihren Waren.

Das Leben in solchen Faktoreien war angenehm; bei üppigen Mahlzeiten kamen Wildgans und Schneehuhn sowie köstlicher Biberschwanz auf den Tisch. Viele Männer der Hudson's Bay Company hatten sogar ihre Familien aus Großbritannien bei sich oder, was üblicher war, hatten sich indianische Frauen genommen, die auch als Dolmetscherinnen dienten. Demgegenüber war das Leben der Bediensteten der Northwest Company hart und arbeitsreich, geprägt von tagelangen anstrengenden Kanufahrten flußaufwärts und eintöniger Verpflegung, die ausschließlich aus Pemmikan, der indianischen Trockennahrung, bestand.

Erleichtert registrierte der Angestellte der Northwest Company das gesunde Aussehen der Indianer. Einige Tage zuvor hatte er entlang dem Fluß mehrere Gerüste mit Bestattungsplattformen gesehen, die hoch angebracht waren, um die Leichname vor räuberischen Tieren zu schützen. Wo so viele Plattformen standen, waren ganze Familien an Seuchen gestorben. Die indianische Medizin war gegen eingeschleppte Krankheiten ebenso machtlos wie die Europäer. Zum Glück war dieses Lager verschont geblieben. Händler und Trapper saßen nun im Kreis, und vor ihnen lag eine lange, aber aufregende Nacht des Feilschens.

Handelseinig *Eine Tabakspfeife geht von Hand zu Hand, während Trapper und Indianer bis tief in die Nacht Geschäfte tätigen. Felle wechseln beispielsweise gegen Schüsseln oder Tücher den Besitzer.*

Vermögen in Pelzen *Zwei Abenteurer, Pierre-Esprit Radisson (stehend) und Médard Chouart Groseilliers (sitzend), machten sich im Jahr 1659 auf die Suche nach der „Bucht des Nordens", wo es nach Angaben der Indianer von Pelztieren nur so wimmeln sollte. Sie fanden zwar die Bucht nicht, kehrten aber mit 60 Kanus voller Felle heim. Elf Jahre später ging aus diesem Geschäft die Hudson's Bay Company hervor.*

DAS BITTERE LOS DER SKLAVEREI

Arg mitgenommen von einem tropischen Hurrikan auf der langen Seereise von der Westküste Afrikas fuhr ein niederländisches Sklavenschiff langsam in den Hafen der brasilianischen Stadt Pernambuco ein. Im frühen 16. Jahrhundert erlebte die dortige Zuckerindustrie eine Blütezeit, und die Pflanzer gaben bereitwillig ihre Golddublonen für den Kauf afrikanischer Sklaven aus.

Gleichzeitig mit dem Gewinn, der sich für die an der Expedition finanziell beteiligten Kaufleute im fernen Amsterdam auf ein kleines Vermögen belaufen würde, berechnete der Kapitän des Schiffes auch die Verluste der Reise. Jeder sechste Schwarze der Sklavenfracht war unterwegs einer Krankheit oder dem Hungertod erlegen. Einige waren über Bord gesprungen, um einem Leben in Unfreiheit zu entgehen.

Das „süße Gold", der Zucker, hielt die Wirtschaft in Gang. Prächtig gekleidete Pflanzer und Fabrikbesitzer, die durch die eleganten Viertel der portugiesischen Kolonie des Seehafens spazierten, waren der sichtbare Beweis, daß die Kolonialherren sich ein Leben in Luxus und Bequemlichkeit leisten konnten.

Währenddessen arbeiteten die Sklaven Tag und Nacht, schnitten Zuckerrohr und luden Holz auf Ochsenkarren, die über unbefestigte Wege in die Fabriken holperten. Dort mahlten andere Sklaven das Rohr, um den zuckerhaltigen Saft zu gewinnen, der dann in Kesseln über Feuer raffiniert wurde.

In den knappen Stunden der Freizeit bauten die Sklaven Feldfrüchte und Kräuter an. Letztere gelangten oftmals in die Hände von ebenfalls versklavten Wunderheilern und Schamanen, die mittels einer Mischung aus Medizin, Zauber und Religion eine gewisse Macht ausübten. Einige dieser Wunderheiler besaßen einen so guten Ruf, daß verschleierte Damen aus dem Herrenhaus sie heimlich aufsuchten und ihnen Liebestränke und andere Zaubermittel abkauften.

Im Land des Tabaks

In Nordamerika, in der britischen Kolonie Virginia, war der Tabak die Grundlage des Wohlstandes. Während die Plantagenbesitzer sich Herrenhäuser von schloßartigen Ausmaßen errichteten, mußten ihre Sklaven Wälder roden, Felder urbar machen und riesige Flächen mit Tabak bepflanzen. Diese Sklaven, überwiegend Schwarze aus Afrika, konnten einen gewissen eigenen Lebensstil entwickeln. So feierten sie Feste, etwa Hochzeiten, Kirchen- oder Erntefeste. Dann versammelten sich alle Sklaven der Plantage, brieten ein Schwein und tranken Apfelwein und Whiskey in Strömen. Dazu sangen und tanzten sie bis tief in die Nacht hinein.

Viele Elemente der afrikanischen

Tabakstadt *Der Hafen von Baltimore wurde 1729 als Verschiffungshafen für Tabak gegründet. Als ein Künstler ihn 13 Jahre später malte, gab es dort bereits 100 Einwohner (oben). Die einheimischen Indianer kauten gern Tabakblätter oder rollten sie zu einer Zigarre zusammen (rechts), weil sie die leicht berauschende Wirkung des Nikotins für gesundheitsfördernd hielten.*

Zuckersklaven *Indianer ernten und verarbeiten auf einer spanischen Plantage Zuckerrohr zu „weißem Gold".*

Musikkultur überlebten in der Neuen Welt und entwickelten sich weiter. Selbstgebaute Schlaginstrumente erinnerten an die Trommelklänge Westafrikas. Die Afroamerikaner brachten ihr eigenes musikalisches Erbe in das Christentum ein, das sie mit der Zeit annahmen. Getragene Kirchenlieder hörten sich völlig anders an, wenn sie sich zu Spirituals wandelten, bei denen sich gemeinsamer Gesang, Rufe und Antworten abwechselten. In vielen bei der Arbeit gesungenen Liedern erklangen lange Seufzer der Sehnsucht nach Freiheit.

Die Sklaven auf den Plantagen entstammten zumeist verschiedenen Stämmen. So entstanden Dialekte, die englische und afrikanische Begriffe vermischten. Auf den Inseln vor der Küste von North und South Carolina sowie Georgia arbeiteten die Sklaven nach dem Akkordsystem. Sie erhielten eine bestimmte Aufgabe als Tagesarbeit zugeteilt und durften nach deren Beendigung ihre eigenen Äcker bestellen. Bei diesem System, das vorwiegend auf Reis- und Baumwollplantagen angewendet wurde, brauchte man nur wenig Aufsichtspersonal. Deshalb hatten die Arbeiter kaum Kontakt zu englischsprachigen Menschen. Und es entwickelte sich dort ein abwechslungsreicher Dialekt, das *gullah*, das afrikanischen Satzbau mit einem fremdartig gefärbten Englisch verband.

In den Herrenhäusern der weißen Plantagenbesitzer waren oft Dutzende von Sklaven pausenlos bei der Arbeit, polierten das Silber, schüttelten die Betten auf und putzten das Haus, während die feinen Damen sich ihre zahlreichen Unterröcke für den abendlichen Ball zurechtlegten. Die Herren aus Virginia rühmten sich ihrer Tanzkunst, und eine Dame mußte ihre Röcke festbinden, um die lebhaften Quadrillen bei den ländlichen Festlichkeiten zu bestehen. Luxuriöse Abendgesellschaften spielten eine große Rolle bei den vornehmen Familien des Landes.

Pferderennen und Hahnenkämpfe

Wenn die jungen Herren nicht gerade liebenswürdige Nichtigkeiten mit den Schönen der Nachbarschaft austauschten, amüsierten sie sich bei Pferderennen oder Hahnenkämpfen. Obwohl die geschäftstüchtigsten Plantagenbesitzer riesige Vermögen besaßen, konnten sie es manchmal nicht verhindern, daß die Söhne sich in kostspielige Abenteuer verstrickten und die Familie ruinierten. Ganze Plantagen konnten an einem Abend beim Spiel den Eigentümer wechseln. Für Tabakkönige, Zuckerbarone und Baumwolladel bestand das Leben aus einem Reigen exquisiter, aristokratischer Vergnügen in angenehmer, landlicher Umgebung. Ihre Dienstboten und Sklaven lebten dagegen in bitterer Armut und Unfreiheit.

ZWÖLF STUNDEN PLACKEREI

Auf dem Weg in die Plantagen sangen die schwarzen Sklavenarbeiter und -arbeiterinnen schwermütige Lieder. Am Ende des Tages, der zwölf Stunden und länger dauern konnte, schleppten sie sich mühsam in ihre Hütten. Sie gingen vorüber am großen Haus ihrer weißen Herren, deren Bequemlichkeiten mit der Arbeit ihrer Sklaven bezahlt wurden.

Für die männlichen Sklaven war das Leben nicht nur hart, sondern auch einsam, denn nur wenige konnten innerhalb einer Familie leben. Sklavinnen mußten sich nach getaner Feldarbeit um ihre Kinder kümmern. Sonntags gingen sie zum Markt und verkauften die wenigen Erzeugnisse aus eigenem Anbau.

Tabak für Europa *Um den in Europa heißbegehrten Tabak für den langen Transport über den Atlantik haltbar zu machen, wurden die Blätter der Pflanze über einem Holzkohlenfeuer geräuchert.*

Drangvolle Enge *Das Zuhause war für den Sklaven ein enger Raum in einer armseligen, strohgedeckten Hütte, die sich mehrere Menschen teilen mußten. Im Hintergrund sieht man das Herrenhaus.*

Zechgelage *Die feingekleideten Kapitäne der Schiffe, mit denen man Sklaven in die Neue Welt transportierte und Zucker und Tabak nach Europa brachte, feiern eine erfolgreiche Reise mit ausgiebigen Trinkgelagen. Man raucht Pfeife, tanzt ausgelassen und läßt so manche Schale Grog kreisen.*

SIEDLER AUS DER ALTEN WELT

Im Jahr 1607 erreichten nach der langen Fahrt über den Atlantik drei englische Schiffe die Küste von Virginia. Auf ihnen drängten sich 105 Abenteurer, die in der Neuen Welt ihr Glück machen wollten. Sie überquerten die Chesapeake Bay bis hin zur Mündung des James River und gründeten dort Jamestown, die erste ständige englische Siedlung auf nordamerikanischem Boden.

Andere Gründungen in Virginia und entlang der Küste Neuenglands folgten. Bis zum Ende des 17. Jahrhunderts waren zahlreiche dauerhafte Siedlungen entstanden, deren Lebensweise sich von der ihrer Heimat England ebenso unterschied wie von der der amerikanischen Eingeborenen in der Umgebung.

Hier florierte die Landwirtschaft, und früh erwachte der Wunsch nach Selbstverwaltung und einer gewissen Unabhängigkeit vom englischen Mutterland: In Jamestown trat 1619 zum erstenmal auf amerikanischem Boden eine Volksversammlung zusammen, um öffentliche Angelegenheiten zu regeln. Auch begann man eigene Münzen zu prägen, die erste im Jahr 1632.

Amerikas erste Münze

Doch der Start in der Neuen Welt war alles andere als leicht gewesen. Die ersten Siedler waren immer wieder von Hungersnöten und Seuchen bedroht, weil sie sich als Europäer nur schwer den neuen Lebensbedingungen anpassen konnten. Viele von ihnen kamen aus der Stadt und wußten nicht, wie man Getreide anbaut und Wild jagt. Sie versuchten es den Indianern nachzutun und mit ihren Schwertern Fische zu stechen, doch sie stellten sich zu ungeschickt an. Schließlich bettelten sie die Indianer an, ihnen Mais, Früchte und Wild zu verkaufen. Die Indianer machten damit gute Geschäfte, denn die Natur bot allen, die sie zu nutzen verstanden, Nahrung in Hülle und Fülle.

Die Indianer legten beispielsweise gezielt Feuer, um das lästige Unterholz zu beseitigen. Diese Brände begünstigten die Entstehung von Wäldern mit Beerensträuchern, großen Walnußbäumen und Eichen. Offene Lichtungen lockten Wild an. Als die Einheimischen jedoch keine Nahrungsmittel mehr zum Verkauf entbehren konnten, nahmen sich die Siedler den Proviant mit Gewalt. Nun kam es zu kriegerischen Auseinandersetzungen, und die Siedlung Jamestown mußte befestigt werden.

Tod den Fremden *Indianer überfallen 1622 Jamestown und metzeln die Bewohner nieder, weil die Weißen ihnen oftmals feindselig begegneten und ihnen die Lebensgrundlage raubten.*

Die Indianer fühlten sich von den Siedlern bedrängt und überfielen 1622 Jamestown. Doch die Kolonisten ließen sich dadurch nicht mehr vertreiben, denn der Anbau des gewinnbringenden Tabaks hatte sich bereits als Erfolg erwiesen. Die Engländer in der alten Heimat murrten zwar, als die ersten Schiffe aus der Neuen Welt einliefen und statt des erwarteten Goldes Holz mitbrachten. Aber nachdem die ersten Fässer mit Tabak an den Kais abgeladen waren, wurde die kleine Kolonie eine feste Größe in der englischen Politik.

Ankunft der Pilgerväter

In den Anfangsjahren der Kolonie überquerten nur sehr wenige Frauen den Atlantik. Die meisten kamen als vertraglich verpflichtete Dienstboten, die bis zu sieben Jahre bleiben mußten. Oder sie folgten dem Heiratsangebot eines Siedlers, den sie nicht einmal kannten.

Im Norden, an der Küste von Massachusetts, legte im November 1620 die *Mayflower* an. An Bord befanden sich die Pilgerväter, fromme Engländer, die von der Anglikanischen Kirche um ihres Glaubens willen verfolgt wurden und nun eine neue Heimat suchten, wo sie frei leben konnten. Doch sie waren schlecht vorbereitet auf das Leben in der Wildnis. Nach einigen Erkundungsfahrten entlang der Küste gingen sie schließlich, bewaffnet nur mit der Bibel und stark im Glauben, von Bord. Sie schlossen den *Mayflower Compact*, mit dem die erste von freien Männern gewählte Selbstregierung auf nordamerikanischem Boden geschaffen wurde. Doch vorrangig mußten sie lernen, ihre Lebensgrundlage der Natur abzuringen. Da sie keine Angelhaken besaßen, betrieben sie den Fischfang mit Speer und Netz. Obwohl einige der Flüchtlinge gelernte Weber waren, fehlte es an Spinnrädern und Webstühlen. Bärenfelle, die man den Indianern abhandelte, ergänzten die wenigen von zu Hause mitgebrachten Decken.

Strenge Sitten

Die Kinder sausten im Winter auf Schlitten aus gebogenen Kiefernbrettern die schneebedeckten Abhänge hinunter, obgleich sich die asketischen Puritaner gegen Freizeitvergnügungen jeglicher Art wandten. In Massachusetts Bay verbot man im Jahr 1646 Shuffleboard und Kegeln. Tanzen ließ sich zwar nicht abschaffen, doch Musik galt im allgemeinen als überflüssig.

Im Lauf der Jahre legten die Siedler die Gewohnheiten der Alten Welt ab und paßten sich den Gegebenheiten der Neuen Welt an, ja sie begannen allmählich, sich in Nordamerika heimisch zu fühlen.

TROCKENFLEISCH UND POPCORN

Die Siedler, die von den Britischen Inseln nach Nordamerika auswanderten, paßten sich notgedrungen den Lebensverhältnissen an, die sie in der Neuen Welt vorfanden. Sie übernahmen auch einige Ernährungsgewohnheiten der Indianer. Zu diesen gehörten Getränke aus Beeren und Kräutern sowie Pemmikan, eine Mischung aus zerstoßenem getrocknetem Fleisch und Beeren, die man im Winter und auf Reisen verzehrte. Mit der Zeit lernten die Kolonisten auch die einheimischen Nahrungsmittel schätzen, darunter Truthahn, Popcorn, gerösteten Kürbis und Maisbrot mit Eichelöl. Die Siedler bevorzugten gebraute Getränke, besonders *flip*, der aus Bier bestand, das man mit Melasse oder Kürbis süßte und mit einem Schuß Rum versetzte.

Tafelgeflügel *Der nordamerikanische Truthahn galt bei den Siedlern als Delikatesse und wurde Bestandteil ihres herbstlichen Erntedankfestes.*

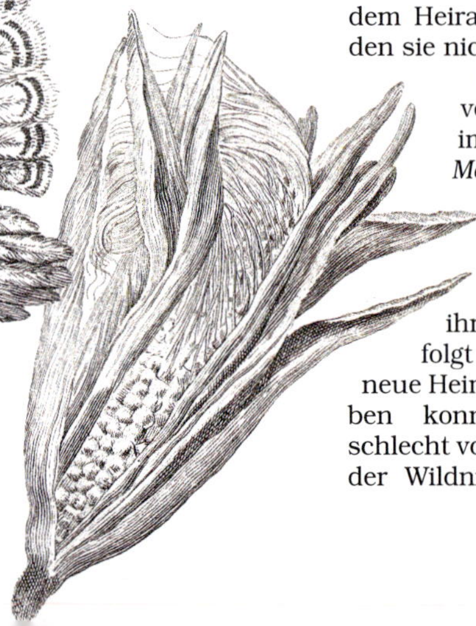

Mais *Erhitzte Maiskörner springen zu Popcorn auf.*

NEUE HEIMAT IN DER NEUEN WELT

Der für den puritanischen Siedler typische breitkrempige Hut aus Biberfilz mit dem hohen Kopfteil schützt den Dachdecker vor der Sonne, als er eine weitere Lage Schilf auf ein Haus in der befestigten Siedlung packt. Andere Häuser sind mit Holzschindeln gedeckt, die ebenso wie die Wände, Fußböden und Decken aus dem Holz der nahen Wälder gefertigt sind, die für den Ackerbau teilweise gerodet werden müssen. Mitten in der Siedlung steht ein Holzbock, auf dem ein Baumstamm mit einer großen Zweimannsäge in Bretter zersägt wird.

Palisaden umgeben die Siedlung zum Schutz gegen Überfälle der Indianer. Mit Musketen bewaffnete Soldaten bewachen die Residenz des Gouverneurs, über der die englische Fahne mit dem Georgskreuz weht. Am Ende der abschüssigen Hauptstraße oberhalb der Flußmündung liegt das Fort. Das Untergeschoß wird als Kirche genutzt, wo die Puritaner sonntags ihre Gottesdienste abhalten.

Auf der anderen Seite des Flusses arbeiten Bauern auf den Feldern, die schon gerodet worden sind. Ein Gesetz, das die Selbstversorgung der Kolonie gewährleisten soll, schreibt vor, daß jeder körperlich taugliche Mann einen Jahresbedarf an Getreide anbauen muß. Einen Teil des Tages verbringen die Siedler auch damit, Hühner zu füttern, Schafe auf die Weiden zu bringen sowie die Kühe und Schweine der Dorfgemeinschaft zu hüten.

Die meisten der frühen Siedlungen liegen in der Nähe eines Wasserlaufs, wo man die Güter des alltäglichen Bedarfs aus England ausladen und Waren wie beispielsweise Fässer mit Tabak für die Rückreise einladen kann. Da man Metalle und Fertigwaren einführen muß, machen die Siedler es wie die Indianer und verwenden statt der wertvollen und seltenen Eisennägel selbstgefertigte Holznägel, um Tische und Bettstellen zusammenzuhalten. An Winterabenden schnitzen die Männer Holzteller, Löffel und andere nützliche Gerätschaften.

Besen *Dieser Besen besteht aus zu Spänen aufgespaltenem Holz.*

Milchtopf *In diesem Topf wurden Milchgetränke aufgehoben.*

Weinkrug *Darin bewahrte man Wein oder Sherry auf.*

Phantasiemuster *Gebrauchsschale aus rotem Ton*

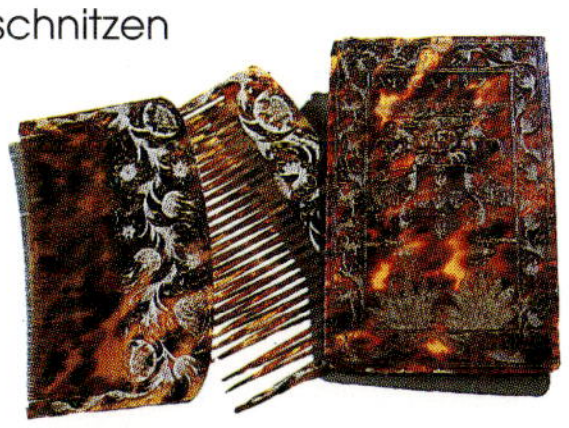

Haarpflege *Das Schildpattetui mit zwei Kämmen stammt aus Jamaica.*

RIESEN-REICHE IN ASIEN

Je mehr Verbindungen China über seine Grenzen hinweg mit der Außenwelt unterhielt, um so mehr Begehrlichkeiten erweckte es bei anderen Völkern. Immer wieder drangen wilde Nomaden aus Zentralasien in das kulturell hochstehende China ein. Einige kamen nur wegen der Beute, andere, um das Land – oder wesentliche Teile davon – jahrzehnte- oder gar jahrhundertelang zu beherrschen. Jedoch keiner von ihnen vermochte, dem Land seinen Stempel aufzudrücken. Sie alle gerieten in den Sog der chinesischen Kultur oder wurden, wie die Mongolen im 14. Jahrhundert, vertrieben.

Auch Chinas Nachbar Japan, selbst ein hochentwickelter Kulturstaat, spürte die chinesische Überlegenheit. Durch die Chinesen kam der Buddhismus nach Japan, die Japaner übernahmen auch die Schrift, das Währungssystem und zahlreiche Verwaltungseinrichtungen der Chinesen. Dennoch blühte unter der Herrschaft der Schogune eine charakteristische japanische Kultur.

DER FERNE OSTEN 3.–18. JAHRHUNDERT

REIS IM REICH DER MITTE

Von oben betrachtet, sah die chinesische Landschaft wie ein Flickenteppich aus, in dem größere und kleinere Landstücke ineinander verschachtelt waren. Kein Fleckchen Boden wurde verschenkt. Bis etwa zum Jahr 1000 hatte man jeden Zipfel Land, der sich zum Anbau von Feldfrüchten eignete, kultiviert und sogar die Berghänge für Ackerland terrassiert.

Grund und Boden galten als die beste Investition für alle – sowohl für Arme als auch für Reiche. Die meisten Familien besaßen ein wenig Land. Es war fast eine heilige Verpflichtung für einen Vater, seinen Söhnen Land zu vererben. Starb ein Mann, wurden seine Felder unter seinen Söhnen aufgeteilt, so daß immer kleinere Äcker entstanden, die schließlich nicht einmal mehr groß genug waren, um die Familie des Besitzers zu ernähren.

Die kleinen Ländereien boten keinen Anreiz für die Entwicklung von Ackerbaugeräten, die die schwere Arbeit der Bauern erleichtert hätten. Selbst wo es Pflüge gab, mußten diese oft von Menschen gezogen werden, weil die Mittel für die Anschaffung und den Unterhalt eines Rindes oder eines anderen Zugtieres fehlten.

Die große Mehrheit der Chinesen lebte auf dem Land, und das Leben drehte sich um ihr Heimatdorf und um den jährlichen Kreislauf von Säen und Ernten.

Nahrung für das Volk

Die chinesischen Regierungen waren sich der lebenswichtigen Bedeutung

Blühendes Leben *Eine Mutter mit ihren drei lebhaften Kindern charakterisiert die wachsende Bevölkerung Chinas, die dem Land mehrere Städte mit über einer Million Einwohnern bescherte, und das zu einer Zeit, als Europa wenige Städte aufwies, die mehr als 100 000 Einwohner hatten.*

des Getreides für die Wirtschaft des Landes sehr wohl bewußt. So verpflichtete Kaiser Shih Tsung im Jahr 1727 das Volk zweier südlicher Provinzen dazu, ihr Land „mit Dingen wie Longanfrüchte, Zuckerrohr, Tabak und Indigo" zu bepflanzen, und er fuhr fort: „Sie dürfen die Landwirtschaft nicht aus Gewinnsucht vernachlässigen. Plantagen und Obstgärten sollen nur bewirtschaftet werden, wenn man Land und Arbeitskräfte erübrigen kann."

Im Norden des Landes bauten die Bauern Weizen, Gerste und Hirse an. Im Süden überwog der Reisanbau, und die Reisfelder waren leuchtendgrüne Farbtupfer in der weiten Landschaft. Reispflanzen benötigen fruchtbaren Boden, und sie müssen im Lauf der Wachstumsperiode unterschiedlich bewässert werden. Bewässerungsanlagen mit Schöpfrädern, Schleusen und Dämmen sorgten daher für ein regelmäßiges Wachstum. In manchen Gegenden konnte zweimal jährlich geerntet werden.

Im Verlauf ihrer Geschichte befanden sich die chinesischen Bauern ständig auf einer Gratwanderung zwischen Überleben und Verhungern, und es wurde nichts verschwendet. Die offenen Abwasserrinnen in den Dörfern leitete man auf die Äcker. Schweine und Hühner durchstöberten die Dörfer nach Nahrung, und ihr Kot war so wertvoll, daß man ihn als Dünger für die Felder verwendete.

Kein Zutritt für böse Geister

Dörfer baute man in der Regel auf unfruchtbarem Boden. Die Häuser wurden aus Schlammziegeln oder verputztem Flechtwerk errichtet. Sie standen dicht aneinander, damit kein Land verschenkt wurde. Nur wenige Häuser hatten Fenster, denn diese hätten bösen Geistern leichten Zutritt ermöglicht – ganz zu schweigen von der Kälte.

Für die meisten Menschen endete die Welt am Dorfrand. Sie arbeiteten auf den nahe gelegenen Feldern, feierten im Dorf ihre Feste und beteten dort auch ihre Götter an. So war es durchaus die Regel, daß ein Mann in dem Haus, in dem er geboren wurde, seine Jugend verbrachte und dort starb und ihm seine Frau nach der Hochzeit auch dorthin folgte.

Eine der wenigen Gelegenheiten, das Dorf zu verlassen, war der Gang zum Markt, dessen Besuch meist einen mehrstündigen Fußmarsch erforderte. Es gab Märkte von unterschiedlicher Bedeutung, und die weniger wichtigen Markttage wurden so gelegt, daß sie nicht mit den bedeutenderen Märkten in der gleichen Gegend zusammenfielen. Hausierer reisten von Markt zu Markt, wo sie ihr Lager auffüllten und Dinge verkauften, die sie anderswo erstanden hatten.

Guter Fang *Figur eines bärtigen Fischers aus Jade mit einem dicken Fisch an einer Reuse*

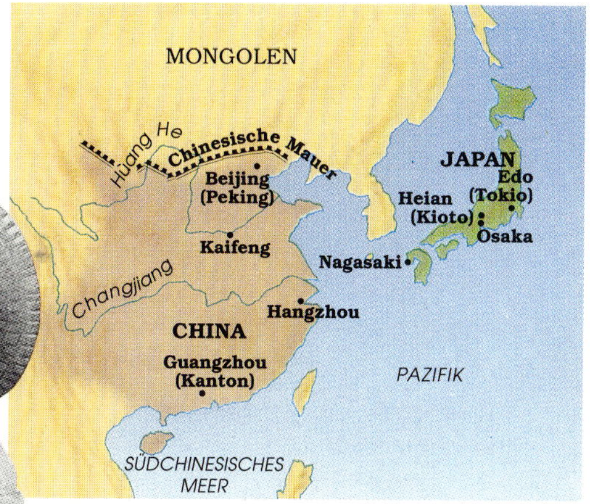

Nachbarn *China, das „Reich der Mitte", und Japan, das „Reich der aufgehenden Sonne", waren die mächtigsten Staaten Asiens.*

Leben auf dem Wasser

Im Reich der Mitte gab es auch eine Bevölkerungsgruppe, die auf dem Wasser wohnte. Diese Menschen lebten in flachkieligen Sampanen und Dschunken. Einige von ihnen verdienten ihren Lebensunterhalt auf den Flüssen, Seen und Kanälen durch Fischen oder Fährtätigkeiten. Andere befuhren die Küsten, fischten ebenfalls und trieben Handel.

Für die obersten Behörden des Landes besaßen die Menschen, die auf dem Wasser lebten, einen minderen Rang. Ihnen war es beispielsweise verwehrt, in den öffentlichen Dienst einzutreten. Einige wurden gar mit Waffengewalt gezwungen, die gefährliche Arbeit der Perlenfischerei auszuüben. An einem beschwerten Seil wurden sie ins Wasser gelassen, und wenn sie Glück hatten, zog man sie wieder heraus, bevor ihnen die Luft ausging.

Beengte Millionenstädte

Im 12. Jahrhundert, als man in Europa gerade die ersten Städte gründete, gab es in China bereits einige große Metropolen. In Kaifeng lebte etwa eine Million Menschen. Hangzhou hatte eine Bevölkerung von weit über einer Million und war zu damaliger Zeit die wohl größte und wohlhabendste Stadt der Welt.

Die Städte waren von Mauern umgeben, deren Tore nachts aus Sicherheitsgründen geschlossen wurden. Innerhalb der Mauern war das Leben beengt. Die Menschen bewohnten kleine Häuser oder Wohnungen, zu denen schmale Gäßchen führten. Um die hygienischen Verhältnisse war es nicht zum besten bestellt. Die meisten Gebäude waren einstöckig und um einen Innenhof gebaut. Es gab jedoch auch mehrstöckige Häuserblocks. Reisende nächtigten in städtischen Gasthöfen, von denen einige über 1000 Personen gleichzeitig beherbergen konnten.

Schützende Stadtmauern *An einem der Stadttore Kaifengs herrscht reges Treiben, wie es auf dieser Schriftrollenzeichnung aus dem 12. Jahrhundert dargestellt ist. Eine Kamelkarawane verläßt die Stadt durch das Tor. Ein schwerer Eselkarren ist gerade angekommen und hält vor einem Laden. Rechts daneben befindet sich das Büro eines Briefschreibers.*

Vor dem Heiligtum *Eine Mutter schaut mit ihrer Tochter zu, wie die männlichen Familienmitglieder am Hausaltar beten und die Zeremonien durchführen.*

LEBEN MIT DEN TOTEN

In China spielte der Ahnenkult eine große Rolle, und so besaß jede Familie ihre eigene Götterwelt. Die Toten brauchten die Anbetung der Lebenden, damit ihre Seelen im Jenseits Nahrung hatten. Umgekehrt benötigten die Menschen im Diesseits die geistliche Hilfe der Toten. Ein männlicher Nachkomme war für das Leben im Jenseits unentbehrlich, da nur Menschen, die Söhne hinterließen, nach ihrem Tod zu Göttern werden konnten. So wurde die Geburt eines Jungen mit Erleichterung begrüßt, sowohl wegen der Vorteile, die er in diesem Leben bringen würde, als auch wegen der Segnungen, die sich der Vater im nächsten Leben von ihm erhoffte. Da die Ahnen angebetet wurden, bedeutete der Tod nicht das Ende, sondern den Beginn einer Beziehung zwischen den Menschen. Die Rituale um den Tod waren aufwendig und kostspielig.

Für die Söhne und Töchter war die Trauerzeit eine schwere Prüfung. Nach dem Tod eines Elternteils mußten die Kinder 27 Monate lang Kleider aus Sackleinen tragen. Sie durften kein Fleisch essen, kein Porzellan benutzen, sich nicht rasieren und mußten sexuell enthaltsam leben.

Von den Trauernden erwartete man, daß sie auf dem Grab eine rohe Hütte zimmerten. Darin mußten sie während der Trauerzeit wohnen und den Boden mit ihren Tränen benetzen.

Im Frühling und Herbst gab es Grabpflegefeste. Dann besuchten Familien die Gräber ihrer Vorfahren, um Unkraut zu entfernen, die Grabsteine neu zu bemalen, die Seelen der Verstorbenen anzubeten und ihnen Speiseopfer darzubringen. Danach aß man die Opfer auf, weil man glaubte, die Toten hätten sie bereits zu sich genommen. Auf diese Weise beteiligte sich die ganze Familie – die der Gegenwart und die der Vergangenheit – an dem Mahl.

SÜSSER KUCHEN FÜR DIE HAUSGÖTTER

In der chinesischen Familie herrschte eine strenge soziale Ordnung. Von der jüngeren Generation erwartete man, daß sie der älteren diente und gehorchte. Schon innerhalb einer Generation ehrten die jüngeren Menschen die geringfügig älteren. Jeder hatte in der Beziehung zu seinen Mitmenschen seinen festgelegten Platz, und jeder war zufrieden mit der ihm zukommenden Stellung, die sich mit zunehmendem Alter verbesserte.

Das Alter war jedoch nicht das einzige Merkmal, nach dem sich der Rang bestimmte. Auch das Geschlecht spielte eine Rolle. Die Frauen standen sozial tiefer und besaßen weniger Rechte als die Männer. Söhne erbten das Vermögen ihrer Väter, während Töchter bei ihrer Heirat nur eine kleine Mitgift erhielten. Ein Mann konnte mehrere Frauen heiraten. Doch von einer Witwe erwartete man, daß sie nicht mehr heiratete. Nur Männer konnten sich scheiden lassen. Eine Frau war erst an das Haus ihres Vaters gebunden und dann an das ihres Ehemannes. Nur wenige Frauen vermochten mangelnde Lebenserfahrung durch eigene Initiativen auszugleichen, denn sie lernten nur selten lesen und schreiben.

Bandagierte Füße

Besonders eine traditionelle Maßnahme bekräftigte die untergeordnete und abhängige Stellung der Frau. Den kleinen Mädchen wurden bereits im Alter von etwa fünf Jahren die Füße in der Weise bandagiert, daß der Rist brach und der Fuß umknickte. Dieser schmerzhafte Prozeß ließ die Füße sehr klein erscheinen, und kleine Füße galten in China als schön. Doch die Frauen bewegten sich nur unter Schmerzen und konnten sich nicht weit vom Haus entfernen.

Nur selten kam eine Heirat durch gegenseitige Zuneigung zustande. Die Eltern stifteten die Ehe. Hatten zwei Familienväter sich geeinigt, daß ihre Kinder heiraten sollten, tauschten sie Geschenke aus. Am Tag der Hochzeit wurde die Braut von ihren Eltern ins Haus des Bräutigams geleitet. Zu den wichtigsten Zeremonien gehörte sogleich die Anbetung der Ahnen und Hausgötter des Ehemannes. Eine Schwiegertochter nahm, da sie sowohl jung als auch eine Frau war, den untersten Rang in der Familie ein. Sie stand direkt unter der Autorität der Schwiegermutter. Vom ersten Tag ihrer Ehe an übernahm die junge Frau den ihr zugewiesenen Teil der Pflichten in der Haushaltsführung und bei der Zubereitung der beiden täglichen Hauptmahlzeiten, die in einem Wok, einem schalenförmigen Topf, gekocht wurden.

Begeisterte Teetrinker

Neben dem Essen war auch das Trinken wichtig. Wer es sich leisten konnte, trank Tee, der nicht nur gut schmeckte, sondern dem man auch heilende Wirkung zuschrieb, da er mit gekochtem Wasser zubereitet wurde.

Die chinesische Medizin besaß seit dem 2. Jahrhundert einen hohen Standard. Sie basierte auf der Naturphilosophie und strebte nach Harmonie zwischen den beiden entgegengesetzten Kräften Yin und Yang. Zu den Heilmethoden zählten unter anderen die Akupunktur und die Moxibustion. Bei der Moxibustion legten die Ärzte pulverisierte Blätter auf die erkrankte Körperstelle, zün-

Großfamilie *Die Chinesen pflegten enge Familienbande, und die Verwandten kamen oft in großer Zahl zusammen. Auf dieser Schriftrolle verabschiedet ein Hausherr seine zahlreichen Gäste am Gartentor des Hauses.*

deten die Pulver an und drückten dann in die sich bildende Blase. Züchtige Damen benutzten eine Puppe, um dem Arzt ihre körperlichen Beschwerden zu zeigen, denn sie durften sich vor einem fremden Mann nicht entkleiden.

Während eines Jahres feierten sowohl Familien als auch das Volk immer wieder Feste. Besondere Anlässe waren eine Hochzeit oder die Geburt eines Sohnes. Das größte Fest im Land war Neujahr. Ehe das alte Jahr zu Ende ging, mußte der Gott des Hausofens besonders günstig gestimmt werden. Er hatte die Familie das ganze Jahr über bespitzelt und stieg am Jahresende in den Himmel auf, um dort Bericht zu erstatten. Vor seinem Aufstieg in den Himmel boten ihm die Menschen süße, klebrige Kuchen an. Sie hofften, daß er dann den Mund nicht öffnen könnte oder, falls doch, nur süße Dinge sagen würde.

Diagnosepuppe

Am ersten Tag des neuen Jahres stellten sich die jüngeren Familienmitglieder in der Reihenfolge ihres Alters auf, um dem Familienoberhaupt ihren Respekt zu bezeigen. Wer nicht verheiratet war, erhielt kleine Geldgeschenke in roten Umschlägen, denn Rot war die Glücksfarbe.

Dann beteten alle die Götter des Haushaltes an – die Ahnen, den Herdgott, die Türgötter, den Gott des Bodens, auf dem das Haus stand, den Brunnengott und eine große Zahl anderer Gottheiten. Man machte den Geistern Geschenke, so daß sie keine Unannehmlichkeiten bereiteten und das Glück des neuen Jahres nicht verdarben.

Außerdem wurden an diesem Festtag alle Scheren, Messer und Besen weggeschlossen, und es durfte nicht geflucht werden, da dies dem Glück schaden konnte. Am ersten Tag des Jahres fügte jeder seinem Alter ein Jahr hinzu.

Auch die Geburtstage der Tempelgötter boten Anlässe zum Feiern. In den Dorftempeln konnten oft taoistische und buddhistische Götter sowie Naturgottheiten unter einem Dach angebetet werden, denn die Chinesen hingen meist mehreren Religionen gleichzeitig an. Wenn ein Gott Geburtstag hatte, brachten ihm die Menschen Obst, Weihrauch und nachgemachtes Geld dar. Im Frühjahr wurden in einigen Gegenden Fruchtbarkeitsriten durchgeführt, und die Menschen streuten Reis über die Götter der Erde und über die Frauen. In vielen Teilen Chinas feierten die Menschen den fünften Tag des fünften Monats eines Mondjahres mit Drachenbootrennen.

Badevergnügen *Diese Szene auf einer Seidenmalerei zeigt Damen des Kaiserpalastes beim Baden ihrer Kinder. Die Jungen sind kahlgeschoren.*

Kopflehne aus Porzellan

DAS WEISSE GOLD

Das Ursprungsland des Porzellans ist China. Echtes Porzellan fertigte man ab dem 10. Jahrhundert. Es besteht aus einem Gemisch von Kaolin, Feldspat und Quarz, das bei hohen Temperaturen gebrannt wird. Künstlerisch hoch entwickelt waren Glasuren und Schmelzfarben über der Glasur. Aus Porzellan wurden sowohl schmucklose Gebrauchsgegenstände wie auch farbenprächtige Dekorationsstücke hergestellt.

Teller und Teeschale

Fließende Schrift *An diesem chinesischen Schriftzeichen erkennt man, daß mit dem Pinsel verschieden dicke Striche gezogen werden können. Der linke Teil des Zeichens bedeutet „Reis" oder „Reiskorn" und der rechte Teil „grün" oder „jung". Zusammengefaßt bedeuten sie das Wesentliche oder rein.*

MIT PINSEL, LEIM UND KOHLENSTAUB

Die Ausdehnung des chinesischen Reiches brachte Verständigungsprobleme mit sich, wenn Menschen aus verschiedenen Landesteilen Nachrichten austauschen wollten. Die regionalen Sprachunterschiede waren sehr groß. Doch die Chinesen hatten eine Schrift entwickelt, die es jedem, der lesen und schreiben konnte, ermöglichte, sich überall verständlich zu machen.

Die chinesischen Schriftzeichen stellen Begriffe optisch dar; sie sind kein akustisches Spiegelbild von Lauten. Das bedeutete, daß man Begriffe überall auf dieselbe Weise schriftlich wiedergeben konnte, ganz gleich, in welcher Form das Wort dafür gesprochen wurde. Ähnlich verhält es sich mit den Zahlzeichen: Die Ziffer 5 kann jeder lesen, der Zahlen kennt, egal, wie das entsprechende Wort heißt. Die frühesten schriftlichen Zeugnisse reichen in die Mitte des 2. Jahrtausends v. Chr. zurück. Zunächst entstanden Bilder von einfachen Gegenständen oder Tätigkeiten. Später kamen Bilder abstrakter Begriffe und Ideen hinzu, um auch komplizierte Gedankengänge darstellen zu können. Um 220 gab es über 9000 standardisierte Schriftzeichen, und heute sind es etwa 50 000.

Die hoch angesehenen Kalligraphen oder Schönschreiber malten die Zeichen mit spitz zulaufenden Pinseln aus Pferde-, Wolfs- oder Hasenhaaren und verwendeten Tusche aus mit Tierleim vermischtem Kohlenstaub, der in festen Platten aufbewahrt wurde.

Zu Anfang schrieben sie auf Holz- oder Bambusstreifen, die man in Form von „Büchern" zusammenheften konnte, oder auf Seidentücher, die zur Aufbewahrung zu-

Schriftzeichen *Das Symbol für einen Fisch war zunächst ein naturalistisches Bild mit Kopf, Schwanz und Flossen, woraus sich mit der Zeit ein abstraktes Zeichen entwickelte.*

Pinsel und Tusche *Die Werkzeuge des Kalligraphen sind selbst Kunstwerke. Pinselgriffe können, wie dieser, aus Porzellan bestehen. Ein Himmelspferd ziert die Tuschtafel.*

Wasservogel *Kalligraphen und Künstler benutzen solch einen Tropfer in Form einer Ente, um Wasser auf die Tafel zu träufeln, auf der sie die Tusche mischen.*

Pinselstriche *Eine Kalligraphin malt vor dem Text die Blumenverzierung. Sie hält den Pinsel senkrecht. Nur die Spitze berührt das Papier, und sie bewegt ihren Arm frei, um den fließenden Charakter der Schrift zu wahren.*

sammengerollt wurden. Zu Beginn des 2. Jahrhunderts erfanden die Chinesen das Papier, das sie aus Bambus, Hanf oder Rinde herstellten.

Gelehrte Werke

Viele Jahrhunderte lang wurden mit Hilfe der Schrift nur nützliche Dokumente angefertigt: Regierungsberichte, Wörterbücher und Bücher über Medizin, Astronomie, Mathematik und Landwirtschaft sowie über die Geschichte des Landes.

Mit der Zeit entwickelte sich jedoch aus den ersten Anfängen im 12. Jahrhundert v. Chr. eine chinesische Literatur, vor allem auf dem Gebiet der Poesie. Klassische chinesische Gedichte erreichten in der T'angzeit im 7./8. Jahrhundert eine hohe Blüte.

Im Gegensatz zur Dichtkunst galten Romane lange Zeit als unschicklich, und doch kursierten sie unter der Hand. Märchen und kurze Erzählungen über Übernatürliches, romantische Liebe sowie über wahre und erfundene Helden tauchten ebenfalls während der T'angdynastie auf.

Die Ursprünge der beliebten chinesischen Prosa lagen bei den Erzählern auf den Marktplätzen, die ihre Geschichten mündlich weitergaben. Später entstanden Handbücher, aus denen die Geschichtenerzähler ihre Stichworte nahmen. Daraus entwickelten sich Romane. Es war kein Problem, Bücher in größerer Zahl herzustellen, denn die Chinesen hatten die Drucktechnik von Holzschnitten bereits im 8. oder 9. Jahrhundert erfunden.

Welt im Ebenmaß *Chinesische Landschaftsmaler versuchten, einen harmonischen Eindruck von der Natur zu schaffen, indem sie stilisierte Formen und zarte Farben wählten; selbst die Menschen sind Teil dieser Harmonie.*

Welt der Oper

Eine andere Form der Unterhaltung war das Bühnenspiel. Es war immer ein Musiktheater ähnlich einer Oper mit Orchester. Meist bildete ein einfaches Tuch den Hintergrund der Bühne, und nur selten wurden Requisiten benutzt. Die Existenz eines Berges deuteten die Schauspieler mit Gesten an, und wenn einer einen Reiter zu spielen hatte, so hielt er eine Peitsche in der Hand. Die Kostüme waren aufwendig und leuchtend bunt. Es gab Opernformen, bei denen die Gesichter der Schauspieler mit charakteristischen Farben bemalt wurden, die die Art der jeweiligen Rolle kennzeichneten.

Harmonische Malerei

In China erlebten Malerei und Töpferei zu allen Zeiten und immer wieder Höhepunkte und ebenso die Kunst des Schreibens und der Schauspielerei. Die Kalligraphie beeinflußte die Malerei: Die Künstler legten wie die Schönschreiber großen Wert auf Ausgewogenheit in ihren Werken. Nur selten wandten sie die Perspektive an, denn mehr als der naturgetreue Maßstab zählte die Harmonie.

Einige Gemälde zeigten das tägliche Leben realistisch, andere waren stark stilisierte expressionistische Werke. Die Künstler neigten zur Spezialisierung: auf Vögel, Blumen, Bambusrohr oder phantasievolle Berglandschaften. Schüler übten oft jahrzehntelang, um nur eines dieser Motive zu beherrschen.

In der Zeit vom 10. bis 13. Jahrhundert erreichte das chinesische Porzellan seine höchste Vollendung. Fabriken im ganzen Land stellten elegant geformte, doch schlichte Schalen, Krüge und Vasen her, deren Glasierungen eine Reinheit und Tiefe besaßen, an die spätere Porzellanhersteller nicht heranreichten.

Meisterwerk aus Porzellan *Das Körbchen, die fließenden Schals und die ausdrucksvollen Hände dieser buddhistischen Figur, die das Erbarmen symbolisiert, zeugen vom handwerklichen Geschick des Künstlers.*

Warten auf die Muse *Ein Gelehrter entspannt sich in seinem komfortablen Zimmer und meditiert. Auf dem Tisch im Hintergrund liegt ein Bündel von Schriftrollen und Schreibutensilien.*

Teeservice *Diese Porzellankanne und -tasse aus dem 18. Jahrhundert sind kunstvoll mit Blättern und Lotusblüten bemalt. Der Teller aus dem 14. Jahrhundert zeigt einen Drachen.*

Schutz vor Feinden *Die chinesische Mauer erstreckt sich in Nordchina von Turkestan bis zum Pazifik. Der Hauptbau mit den Zweigmauern mißt etwa 6250 Kilometer. Nach der Reichseinigung im Jahr 221 v. Chr. wurden die einzelnen Anlagen verbunden und erweitert. In der Mingzeit, nach der Vertreibung der Mongolen im Jahr 1368, wurde die Mauer in Ziegel und Stein ausgebaut und erhielt ihre heutige Form.*

PUPPENSPIELER UND ZAUBERER IN TEEHÄUSERN

Als Marco Polo Ende des 13. Jahrhunderts Hangzhou besuchte, berichtete er, es sei eine „edle, herrliche“ Stadt. Ihre Bewohner seien schöne Menschen, die höflich zu Fremden seien und mit Vorliebe kalte Bäder nähmen. Die Inhaber der vielen tausend Handwerksbetriebe der Stadt lebten sehr vornehm: Ihre Häuser seien reich mit kunstvollen Schnitzereien verziert, und ihre Frauen trügen edle Seide und schmückten sich mit teuren Juwelen.

Obwohl in den Städten zahlreiche Bettler, Gauner und Verbrecher ihr Unwesen trieben, zog es die Menschen vom Land immer wieder dorthin, in der Hoffnung auf bessere Verdienstmöglichkeiten, größere Handelsvorteile und Karrierechancen. Außerdem war das städtische Leben abwechslungsreicher. So konnte man in Hangzhou öffentliche Gärten und Teehäuser aufsuchen oder durch die Vergnügungsanlagen bummeln, wo die Menschen Musik hörten und tanzten. Sie konnten auch Puppenspielern, Seiltänzern, Akrobaten, Zauberkünstlern und Schlangenbeschwörern zusehen. In den Vergnügungsanlagen gab es Weinlokale und Bordelle. Auch Arme nahmen manchmal an den Vergnügungen teil. Meist jedoch waren sie diejenigen, die die Dienste leisteten, an denen sich die Wohlhabenden erfreuten.

Der Stadtbevölkerung stand ein reichhaltiges Angebot an Lebensmitteln und anderen Waren zur Verfügung. Die Vielfalt der Angebote beeindruckte Marco Polo. Auf Hangzhous Märkten, so sagte er, „gibt es immer große Mengen von Fleisch aller Art sowie Wild, wie Rehbock, Rothirsch, Damwild, Hasen, Kaninchen, Rebhühner, Fasanen, Hühner, Wachteln, Truthähne, Kapaune und unzählige Enten und Gänse.“

Handwerkervereinigungen kümmerten sich um die Interessen ihrer Mitglieder und halfen, die Geschäfte zu regeln, selbst in kleinen Städten. Sogar Händler, die Weihrauch und Silber, Kerzen und Fliegenwedel für die Priester verkauften, hatten ihre eigenen Gilden.

Beamtenlaufbahn

Die Städte waren sowohl Regierungs- als auch Geschäftszentren. China wurde zwar von einem Kaiser regiert, der absolute Macht besaß, doch die täglichen Regierungsgeschäfte lagen in den Händen von Beamten. Die Residenz des Kaisers und der Reichsregierung wechselte im Lauf der Jahrhunderte mehrfach den Ort. Hauptstadt waren unter anderen Kaifeng, Nanjing, Hangzhou und seit dem Jahr 1403 Beijing.

Die meisten Beamten waren in der Hauptstadt tätig, andere hatten Posten in der Kommunalverwaltung. Das Land war in Provinzen aufgeteilt, an deren Spitze je ein Gouverneur stand. Die Provinzen wiederum gliederten sich in Präfekturen, für die Präfekte verantwortlich waren, und die Präfekturen setzten sich aus Bezirken zusammen.

Die Beamten auf Bezirksebene nannte man „Vater- und Mutterbeamte“, denn sie hatten für die etwa 20000 Menschen in ihrer Obhut die volle Verantwortung. Sie fungierten als Polizeichef, Magistrat, Steuereinzieher, Leichenbeschauer, Detektiv, Wasserbausachverständiger, Sozialarbeiter, Landwirtschaftsberater, Revisor und religiöser Führer.

Die Laufbahn eines Beamten war gekennzeichnet von regelmäßig stattfindenden Prüfungen. Sie begann mit der Prüfung für die unterste Verwaltungsebene

Wandervorstellung *In den chinesischen Straßen wimmelte es von Unterhaltungskünstlern aller Art. Auf dieser Schriftrolle aus dem 14. Jahrhundert ist ein tragbares Puppentheater dargestellt, das ein großes Publikum von Menschen aller Altersstufen anzieht. Ein Trommler ruft die Menge zusammen und begleitet die Spiele der beiden Puppen. Die Puppenspieler befinden sich hinter einem Vorhang. Ganz links steuert ein Mann entschlossen auf zwei Männer zu, die glauben, einen besseren Ausblick zu haben, wenn sie auf den beiden Holzbehältern stehen. Rechts neben ihnen eilen andere Schaulustige herbei: Frauen, Kinder und Männer.*

und erreichte den Höhepunkt mit der Abschlußprüfung für die Beamtenlaufbahn in der Reichsregierung. Prüfungsgegenstand war die Staatsdoktrin des Philosophen Konfuzius, die seit der Handynastie bis zum Ende des Kaisertums im Jahr 1912 verbindlich war.

Nur ganz wenige der Beamtenanwärter kamen bis zu der letzten Prüfungsstufe; und selbst die, die es schafften, hatten noch keine Garantie dafür, als Lohn für ihre Ausdauer einen Posten bei der Regierung zu erhalten. Denn Stellen wurden nach Lust und Laune der höheren Beamten vergeben und nach dem unergründlichen Ratschluß des Kaisers. Außerdem belasteten Intrigen und Parteipolitik das Leben im öffentlichen Dienst.

Schuld und Sühne

Wenn ein Kandidat die Prüfer mit seinen Kenntnissen zufriedengestellt hatte, konnte er beispielsweise bei der Gerichtsbarkeit eingesetzt werden. Die Strafen für Verbrechen aller Art waren bis ins Detail festgelegt, und das Ziel war es, die Strafe so genau wie möglich dem Verbrechen anzupassen.

Bösewichte, die man zu körperlicher Züchtigung verurteilt hatte, mußten je nach der Schwere ihres Vergehens mit einer unterschiedlichen Anzahl von Stockhieben rechnen, die wiederum mit verschieden schweren Stöcken verabreicht wurden. Auch für die Vollstreckung der Todesstrafe, zu der Schwerverbrecher verurteilt wurden, gab es verschiedene Möglichkeiten: In leichteren Fällen wurde der Delinquent erdrosselt, in sehr schweren Fällen starb er den sogenannten langsamen Tod und wurde in Scheiben geschnitten.

Warten in der Todeszelle

Alle Todesurteile mußten vom Kaiser unterschrieben werden. In der Praxis sprach er häufig Amnestien aus, oder er wandelte die Todesurteile in Zuchthausstrafen um. Verurteilte Kriminelle profitierten auch davon, daß nur an wenigen Tagen im Jahr Hinrichtungen stattfinden durften. Während des gesamten Frühlings und Sommers beispielsweise durfte kein Todesurteil vollstreckt werden, ebensowenig an buddhistischen Feiertagen. So wurde das Urteil in der Regel gemildert, oder der Delinquent entging der Strafe.

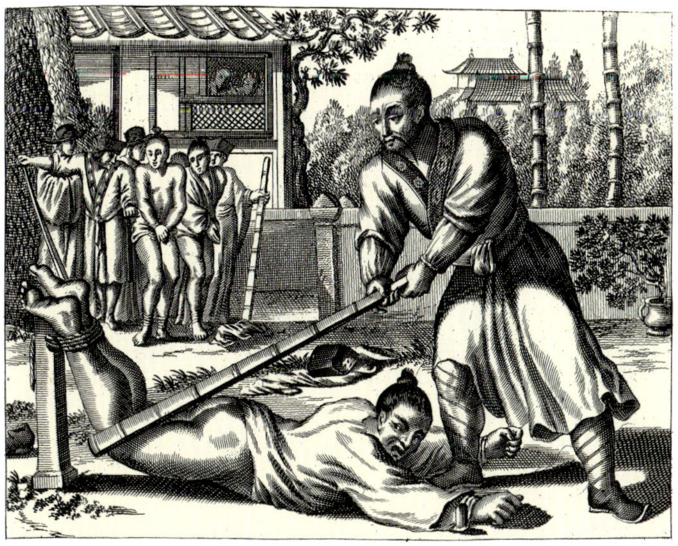

Gerechte Strafe *Diese niederländische Radierung aus dem 17. Jahrhundert zeigt eine häufig ausgeübte Form des chinesischen Strafvollzugs: ein Delinquent erhält Stockschläge. Körperliche Züchtigung und Folter gehörten zum chinesischen Justizwesen.*

DIE SAMURAI – TREUE GEFOLGSLEUTE

Im mittelalterlichen Japan mußten die einfachen Menschen in ständiger Angst leben, plötzlich enthauptet zu werden. Ein Samurai durfte sich nämlich einem Menschen nähern und ihm nach einem kurzen Warnschrei mit seinem scharfen Schwert den Kopf abschlagen, nur um „Übung im Töten" zu bekommen. Er lief keinerlei Gefahr, strafrechtlich verfolgt zu werden. Im 16. Jahrhundert wurde diese Lizenz zum Töten der Samurai sogar – in leicht abgewandelter Form – gesetzlich verankert: Der Krieger mußte vor der Tat lediglich in seiner Ehre verletzt worden sein und anschließend die Behörden davon unterrichten.

Samurai waren ursprünglich bewaffnete Begleiter der kaiserlichen Familie und des Adels. Ab dem Ende des 12. Jahrhunderts, als die Schogune, ursprünglich Heerführer, zu den wirklichen Herrschern Japans aufstiegen, wurden sie deren Gefolgsleute. Die Macht des Kaisers war nahezu vollständig auf den Schogun übergegangen. Die folgenden Jahrhunderte waren von immer wieder aufflammenden erbitterten Kämpfen zwischen rivalisierenden Adelsfamilien um das Schogunat gekennzeichnet. Dieser Zeit folgte im 17. und 18. Jahrhundert eine lange Friedensperiode, die der politischen und kulturellen Entwicklung Japans förderlich war. Damals dienten die Samurai ihren Herren eher als Verwalter denn als Krieger.

Schale für die Teezeremonie

Unbedingte Ergebenheit gegenüber seinem Herrn war der wichtigste Grundsatz im Ehrenkodex der Samurai. Keiner von ihnen durfte einen Befehl anzweifeln oder auch nur zögern, ihn auszuführen. Oft opferten sich die Krieger in der Schlacht als lebendige Schutzschilde für ihren Herrn.

Von einem Samurai erwartete man Todesverachtung und daß er sich selbst eher den Tod gab, als eine Schmach oder Niederlage hinzunehmen. Eine traditionelle Methode des Selbstmordes war das Harakiri, was soviel wie „Bauchaufschneiden" heißt. Hierfür war ein strenges Ritual vorgesehen: Der Samurai machte zunächst einen waagrechten Schnitt von links nach rechts quer über den Unterleib und führte dann das Messer scharf nach oben. Diese Form des Selbstmordes war äußerst schmerzvoll, und manchmal beendete ein Helfer die Todesqualen, indem er dem Samurai mit einem Schwert den Kopf abschlug.

Die wichtigste Aufgabe eines Samurai war es zu kämpfen. Ein Krieger in voller Rüstung bot einen ehrfurchtgebietenden Anblick. Seine Rüstung bestand aus sechs Hauptteilen: Helm, Maske, Körperrüstung, Oberschenkel- und Armteilen, Panzerhandschuhen sowie Beinschützern. Sie war aus starken Lederstreifen oder lackierten Eisenschuppen gefertigt und mit farbenprächtigen Schnüren versehen. Vor allem der Helm sah beein-

Zum Töten gerüstet *Vom gehörnten Stahlhelm bis zu den lackierten eisernen Beinschützern zeugt diese Rüstung aus dem 18. Jahrhundert nicht nur von der Kampfkraft der Samurai, sondern auch von der Handwerkskunst der Waffenschmiede.*

Mächtiger Krieger
Schon das Aussehen eines Samurai in voller Rüstung sollte abschreckend wirken und bei einem kleinmütigen Gegner Furcht erzeugen.

WAFFENSCHMIED

Von allen japanischen Handwerkern waren die Schwertschmiede (rechts) die geachtetsten. Die Geheimnisse ihrer Kunst wurden nirgendwo schriftlich festgehalten, sondern vom Meister an den Schüler weitergegeben. Die Schmiede im „Reich der aufgehenden Sonne" arbeiteten in einer fast religiös anmutenden Atmosphäre; sie trugen ähnliche Gewänder wie die Priester und reinigten sich mit täglichen Waschungen.

Todbringende Kunstfertigkeit *Die Handwerkskunst, mit der das Heft und die Scheide eines Schwertes verziert sind (unten), steht der Sorgfalt, die auf die Herstellung der Klinge verwendet wurde, in nichts nach. Das Schwert, das vom Taillengürtel hängt, hat eine lackierte Scheide, die das Familienwappen trägt und mit Seide umwickelt ist, um die Waffe vor Beschädigungen durch die Rüstung zu schützen. Auch das Heft ist mit Seide überzogen. Am unteren Ende des Heftes befindet sich ein Schutz für die Hand des Trägers.*

druckend aus: Mit den seitlich herausragenden Hörnern oder Geweihen verlieh er dem Samurai fast das Aussehen eines riesigen Hirschkäfers, was den Feind einschüchtern sollte. Eine „Kopftasche" gehörte zur Ausrüstung. Sie wurde benutzt, um den abgeschlagenen Kopf des Feindes aufzunehmen.

Mann gegen Mann

Bogen und Pfeile, die vom Pferderücken aus in vollem Galopp abgeschossen wurden, ergänzten die Ausrüstung. Doch der wertvollste Besitz des Samurai waren seine Schwerter. Ihre Hefte und Scheiden waren kunstvoll verziert und die einschneidigen, leicht gebogenen Klingen rasiermesserscharf und außerordentlich hart.

Samurai kämpften immer Mann gegen Mann. Sie führten ihre Schwerter mit größter Geschicklichkeit, die sie in jahrelangem Training erworben hatten. Viele Samurai übten mit Holzschwertern. Sportliche Wettbewerbe wie das Kendo haben hier ihren Ursprung. Vor einem Angriff rief ein Krieger seinen Namen und trug ausführlich die Heldentaten seiner Ahnen vor, um die Herzen der unwürdigen Gegner mit Schrecken zu erfüllen.

Bis zum 16. Jahrhundert konnten die Samurai von ganz unterschiedlicher familiärer Herkunft sein. Adlige Ritter kämpften neben einfachen Bürgern oder Bauern. Doch von dieser Zeit an bildete sich ein strenges Klassensystem in Japan heraus, und nur noch Adlige durften Schwerter tragen.

Samuraifamilien machten etwa sechs Prozent der Bevölkerung aus. Sie heirateten nur innerhalb ihres Standes. Härte und Disziplin machten das Los einer Samuraifrau und mutter nicht leicht. Man erwartete von ihr, daß sie ihren Kindern schon mit der Muttermilch die Ideale der Kriegerkaste eingab.

Ab dem 16. Jahrhundert lebten die Soldaten oft getrennt von ihren Familien in den Burgen und Villen ihrer Herren. Sie wurden mit Reis bezahlt. In Kriegszeiten betrug ihre Ration einen knappen Liter ungekochten Reis täglich. Die Gewohnheit der Soldaten, Reis zu essen und täglich drei statt zwei Mahlzeiten einzunehmen, verbreitete sich auch unter den Bauern, die zuvor meist von Hirse und Weizen gelebt hatten.

Friedlicher Ruhestand

Im Alter gaben Krieger manchmal ihre Schwerter ab und traten in buddhistische Klöster ein. Seit dem 14. Jahrhundert fand die buddhistische Schulrichtung des Zen Eingang in Japan. Die Lehre besagt, daß die „sitzende Versenkung" zur Erleuchtung führt und daß alles Sein, das Heiligste und das Weltlichste, eine Einheit bildet. Das Zen wurde hier vor allem deshalb heimisch, weil die schwierigen Meditationsübungen von den Samurai als Mittel der Selbstdisziplin benutzt wurden.

Japanische Gärten mit ihren kunstvollen Arrangements von Steinen, Büschen und Brücken verdanken der Zentradition sehr viel, und die Zeremonie des Teetrinkens, die als Zenritual begonnen hatte, verbreitete sich im 15. Jahrhundert in ganz Japan. Sie fand in einem spärlich eingerichteten, schlichten Pavillon statt, der Ruhe ausstrahlen sollte. Eine umfangreiche Etikette bestimmte die Art und Weise, wie der pulverförmige grüne Tee und das heiße Wasser zu handhaben und zu trinken seien.

Der Samurai ließ seine Schwerter vor dem Pavillon zurück, trat durch eine niedrige Tür ein und setzte sich schweigend zu den anderen Gästen. Wenn man ihm die Teeschale reichte, nahm er sie in beide Hände, bewunderte ihre Beschaffenheit und schlichte Form und trank drei Schlückchen.

Stolze Festung *Die hochgetürmte Burg in der Stadt Himeji stammt aus der Mitte des 14. Jahrhunderts. Von hier aus regierten die Kriegsherren mit den Samurai. Innerhalb solcher Burgen gab es Gärten, Repräsentations- und Wohnräume, Stallungen und manchmal auch einen buddhistischen Tempel.*

Göttlicher Wind *Im Jahr 1281 versuchten die Mongolen unter dem Großkhan Khubilai, der auch Kaiser von China war, in Japan einzufallen. Doch ihre Flotte wurde durch Sturm zerstört. Eine Malerei aus dem 17. Jahrhundert zeigt, wie der göttliche Wind „kamikaze" herbeieilt.*

ANGST VOR FEUER UND FREMDEN

In den heißen, schwülen Sommern war das Leben in den japanischen Häusern sehr angenehm. Unter den hochgebauten Bodenbrettern der vornehmen Villen, die inmitten großzügig angelegter Gärten lagen, floß ein Bach, so daß kühle Luft zirkulieren konnte. Riesige Dächer, mit Zypressen- oder Kiefernrindeschindeln gedeckt, spendeten reichlich Schatten.

Man tat alles Erdenkliche, um die drückende Schwüle zu bekämpfen. Wer es sich leisten konnte, ließ sich eisgekühlte Getränke schmecken sowie Sorbets aus zerstoßenem Eis mit Kräutergeschmack. Das Eis hatte man in den kalten Wintermonaten in Form von Eisblöcken in Erdkellern für den Sommer eingelagert.

Bei kalter Witterung war es jedoch in allen Häusern, selbst in denen der vornehmsten Leute, höchst unangenehm. Nahezu ungehindert durchdrang kalter Wind die dünnen Wände, die oft nur aus Schiebetüren oder Sichtblenden bestanden. Im Inneren schützten auch Vorhänge und verschiebbare Wände kaum vor Kälte.

Kleine Braunkohlepfannen waren die einzige Heizung in den Häusern der Wohlhabenden, so daß die Menschen trotz der warmen Kleidung, die sie auch im Haus in vielen Schichten übereinandertrugen, oft genug vor Kälte zitterten. Ärmere Leute konnten sich wenigstens um den Herd kauern, der in den Boden ihrer schachtelähnlichen Hütten eingelassen war, die mehr an Unterstände erinnerten als an Wohnhäuser.

Der provisorisch wirkende Charakter vieler Gebäude spiegelte die allgegenwärtige Bedrohung durch plötzliche Naturkatastrophen wider, wie Stürme, Erdbeben und Tsunamis, riesige Meereswellen, die durch ein Seebeben oder einen Vulkanausbruch am Meeresboden des Pazifiks ausgelöst werden. Auch verheerende Brände waren keine Seltenheit. Sie wurden durch fliegende Funken von den Kohlepfannen und durch Unfälle beim Umgang mit Kerzen und Öllampen verursacht. Aus diesem Grund besaßen Adlige ein etwas abseits ihrer Villa liegendes Lagerhaus aus Stein oder Lehm, worin sie Urkunden und Kostbarkeiten aufbewahrten.

Auch Stadtbewohner waren auf Brände vorbereitet. In nahezu jeder Straße gab es wachturmähnliche Feuermelderhäuser sowie feuerfeste Lagerhäuser, Wasserbecken und Feuerwehrfahrzeuge.

Im Jahr 1603 übernahm Ieyasu Tokugawa das Schogunat. Damit begann eine zweieinhalb Jahrhunderte währende Friedensperiode. Die Residenz wurde in Edo, dem heutigen Tokio, errichtet; die Zentralregierung unterwarf den Handel mit Ausländern strengen Beschränkungen und verfolgte seit 1641 eine starre Politik gegenüber Ausländern. Hauptsächlich Niederländern war nur noch gestattet, Handelsbeziehungen zu unterhalten, um wissenschaftliche Kenntnisse ins Land zu holen.

Kein Tee für Bauern

Während dieser Zeit, der sogenannten Edoperiode, nahm zwar die Bevölkerung in den Städten ständig zu, doch die große Masse der Menschen waren nach wie vor Bauern und Landarbeiter. Ihr Leben war hart und eintönig. Sie mußten hohe Abgaben leisten, und oft wurden sie Opfer von Überschwemmungen und Hungersnöten. Feste wie das Neujahrsfest boten ein wenig Erholung und Abwechslung

Das Leben der Bauern war durch eine Reihe von Vorschriften reglementiert. Sie durften ihre Dörfer nicht verlassen und ihr Land nicht verkaufen, und es war ihnen verboten, seidene Kleidung zu tragen, wie sie die Adligen und die Samurai trugen. Außerdem durften sie keinen Tee und keinen Sake, einen sherryähnlichen Reiswein, trinken, wenngleich dieses Gesetz bei festlichen Anlässen übertreten wurde. Sie mußten sich in Leinen und Baumwolle kleiden und bauten Reis an, den sie ablieferten

Hartes Tagewerk *Einfache Maschinen aus Bambus oder Holz nahmen den japanischen Bauern einen Teil ihrer harten Arbeit ab. Auf dieser Tuschzeichnung gehen Bauern gebückt unter der Last von Kornballen zu den Dreschern. Im Gebäude bedienen Männer eine Mühle, die Reis enthülst.*

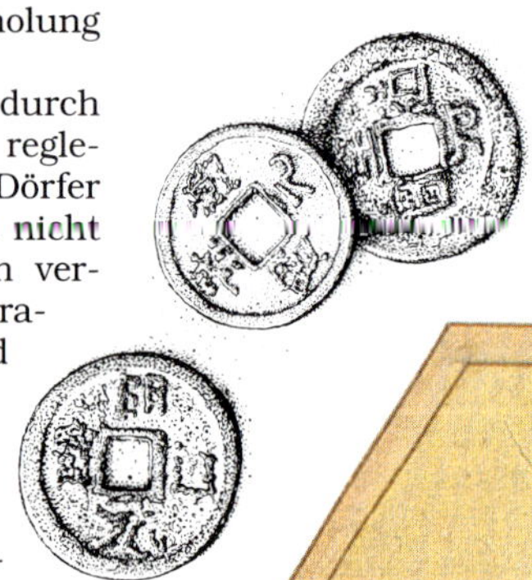

Lochmünzen *Die Geldstücke aus China konnten mit einer Schnur aneinandergereiht werden.*

Goldgewicht *Von den Chinesen übernahm man in Japan die Geldwirtschaft. Auf dem Bild aus dem 18. Jahrhundert werden Goldmünzen von Beamten gewogen und gutgeschrieben.*

oder verkauften, sowie Hirse und Weizen für den eigenen Verzehr.

Getreide und handwerkliche Erzeugnisse transportierte man über ein Straßennetz. Der wichtigste Handelsweg, 480 Kilometer lang, verband Kioto mit Edo und war zu jener Zeit eine der verkehrsreichsten Straßen der Welt. Auf ihr zog ein unablässiger Strom von Kaufleuten, Regierungsbeamten, Pilgern, Priestern und Ärzten. Die Menschen reisten zu Pferd oder zu Fuß, und Fußgänger brauchten rund 20–30 Tage, um die Strecke zwischen den beiden Städten zurückzulegen. Die wenigen Fahrzeuge auf Rädern dienten zum Transport schwerer Güter. Immer wieder mußte man an Kontrollpunkten halten, wo Agenten des Schoguns die Reisenden überprüften und feststellen konnten, ob und wie viele bewaffnete Männer lokaler Fürsten unterwegs waren.

Die japanische Gesellschaft war nach Ständen geordnet. An erster Stelle standen die schwertschwingenden Samurai sowie Priester, Gelehrte und Künstler. Dann kamen, trotz ihrer Armut, die Bauern, denn sie produzierten Nahrung. Ihnen folgten die Handwerker und – an letzter Stelle – die Kaufleute, da sie nichts Produktives leisteten. Die Gesellschaftsordnung fußte unter anderem auf den Lehren des chinesischen Philosophen Konfuzius, die religiösen Charakter besaßen: Danach führen Ehrfurcht und Gehorsam zu Harmonie in Familie, Gesellschaft und Staat. Neben dem Konfuzianismus und dem ebenfalls aus China überkommenen Zenbuddhismus, der durch Meditation zur Disziplin und zur Erleuchtung führen will, hingen viele Japaner dem einheimischen Schintoismus an, einer alten Religion mit Geister-, Ahnen- und Heldenkult sowie Verehrung der Naturkräfte. Das heute noch regierende Kaiserhaus leitet seine Abstammung von der schintoistischen Sonnengöttin Amaterasu ab.

In der Küche *Zwei japanische Frauen aus dem 18. Jahrhundert, deren Haar sorgfältig frisiert ist, sind mit häuslichen Verrichtungen beschäftigt. Die eine putzt Gemüse, die andere trocknet Geschirr ab.*

HINTER DEN BAMBUSLÄDEN

Die Häuser aller Japaner, ob arm oder reich, waren nur spärlich eingerichtet. Die Menschen bewahrten ihre Habseligkeiten in Kisten auf, von denen einige mit dem Saft des Lackbaumes lackiert waren, der ihnen eine glänzende, doch strapazierfähige Oberfläche verlieh. Die Menschen schliefen auf rechteckigen Strohmatten, saßen auf runden Strohkissen und benutzten manchmal freistehende, konkav geformte Ellenbogenstützen. Niedrige Tische vervollständigten die Einrichtung. Die Beleuchtung war einfach und bestand aus Harzkerzen, die nur wenig Licht spendeten, oder aus Öllampen. Arme Leute besaßen gar keine Kerzen oder Lampen und kaum Möbel.

Die japanischen Speisen waren ebenfalls sehr einfach. Reis war und ist das Grundnahrungsmittel, Gemüse und Obst kommen hinzu. Meeresfrüchte sind nach wie vor der wichtigste Eiweißlieferant. Die Japaner legen allerdings großen Wert auf eine schmackhafte und gesunde Zubereitung der Speisen und dünsten deshalb die Zutaten nur leicht. Auch das Aussehen der Mahlzeiten hält man für wichtig.

Schmuckstück *Dieser rotlackierte hölzerne Reiseimer beweist die unerreichte Geschicklichkeit japanischer Handwerker in der Lackveredelung.*

Made in Japan *Solche schmucken Kannen sind in Europa gefragt. Diese hier ist mit Messing verziert worden.*

Teeservice *Zu einer richtigen Teezeremonie gehört schlichtes Porzellan.*

GEISHAS, SUMORINGER UND GO

Die Anweisung „Rauchen verboten!" ist keineswegs eine Erfindung des 20. Jahrhunderts. Europäische Händler brachten den Tabak Ende des 16. Jahrhunderts nach Japan, wo sich sein Genuß rasch in allen Gesellschaftsschichten verbreitete. Doch die Behörden verboten bald den Anbau, den Verkauf und das Rauchen dieser Pflanze, weil die Feuergefahr in den japanischen Holz- und Bambushäusern sehr groß war. Allerdings zeigte dieses Verbot wenig Wirkung: Tabak wurde weiterhin – nun illegal – angebaut, und vor allem bei den jungen Leuten aus dem Adel und dem Kaufmannsstand erfreute sich die lange Pfeife größter Beliebtheit.

So reglementiert die Gesellschaft während der Edoperiode auch gewesen sein mag, boten sich doch genug Möglichkeiten für die Leute, die sich vergnügen wollten und Unterhaltung suchten, vor allem unter den privilegierten Klassen. In jeder der großen Städte Kioto, Edo und Osaka gab es lizenzierte Bezirke, die nur dem Vergnügen und der Unterhaltung dienten und wo allerlei Arten von Lastern toleriert wurden.

Kunst der Unterhaltung

Hier gab es Theater, Kneipen, öffentliche Bäder und Geishahäuser, wo alle Werte der Bescheidenheit und der Ordnung, die Konfuzius lehrte, über Bord geworfen wurden. Hier dominierte die Luxusliebe der Kaufleute über den strengen Samuraikodex. Erholungsuchende Städter und Fremde entspannten in der Gesellschaft von Geishas. Geishas heißen in Japan Damen, die die hohe Schule der Unterhaltung beherrschen. Sie konnten singen, tanzen und eine geistreiche Konversation führen. Ihre Ausbildung begann oft schon im Alter von sieben Jahren. Die gebildeten unter ihnen waren gefeierte Damen der Gesellschaft. Nicht alle waren gleichzeitig Kurtisanen: Die Männer bezahlten zwar für ihre Unterhaltungskünste, schliefen jedoch nicht unbedingt mit ihnen.

Spiel und Musik *Ein Tafelbild zeigt drei Frauen, die* sugoroku, *ein Brettspiel, spielen. Eine vierte musiziert auf einer* shamisen, *einem lautenähnlichen Saiteninstrument. Solche Unterhaltungen waren weit verbreitet. Neben den Damen steht ein Tablett mit Tee.*

Im Geishahaus vergnügten sich die Männer auch beim Kartenspiel oder beim Go, einem Brettspiel mit kieselähnlichen Spielsteinen. Wie die Hofdamen jener Zeit trugen auch die Frauen der „fließenden Welt", wie die Vergnügungsviertel genannt wurden, den Kimono, ein losefallendes Gewand mit langen Ärmeln. Gewöhnlich bestanden in der japanischen Gesellschaftsordnung strenge Vorschriften darüber, was die Angehörigen der verschiedenen sozialen Schichten hinsichtlich der Farben, Kleidungsstücke und Frisuren tragen durften. Seide war beispielsweise ausschließlich dem Adel vorbehalten. Doch in der „fließenden Welt" trugen die Menschen, was sie wollten.

Ende des 16. Jahrhunderts war das Wort *kabuka* groß in Mode. Es bedeutete ausschweifend, bizarr oder sogar im erotischen Sinn überspannt. Der Begriff kehrt wieder in der Bezeichnung für eine Form des japanischen Theaters, des volkstümlichen *kabuki*.

Schauspiel mit Tanz

Als Begründerin des *kabuki*-Theaters gilt die Tänzerin Okuni, die um 1600 in Kioto auftrat. Sie trug Parodien von buddhistischen Gebeten vor, wobei sie Männer in Frauenkleidern und Frauen in Männerkleidern tanzend begleiteten. Aus Okunis sinnlichen und erregenden Vorführungen entwickelte sich *kabuki* zu einem realistischen Theater mit Musik, Tanz, Pantomime und viel Pathos. Schauspieler in kostbaren Kostümen agierten inmitten kunstvoller Kulissen und hatten großes Vergnügen an übertriebenen Posen.

Zwei andere Formen des Theaters waren in Japan ebenfalls beliebt: das

Stilvoll *Das lackierte Picknickköfferchen enthielt eine Flasche für Sake und Fächer für Speisen.*

Schlachtengesang *Blinde Priester erzählten zur Musik der* heike biwa *Geschichten von uralten Familienfehden. Die Rückseite dieses Instruments besteht aus Kastanienholz, die Vorderseite aus Quittenholz und die Saiten aus Seide.*

Puppentheater und No. Das Puppentheater erreichte den Höhepunkt seiner Popularität im 18. Jahrhundert.

Das No hat sich aus älteren Vorläufern, der Pantomime bei buddhistischen Tempelfesten, entwickelt und erhielt seine klassische Form im 14. Jahrhundert. Es besitzt eine bis heute überlieferte mystische Form als Einheit von Wort, Tanz, Musik und Darstellung und war dem Adel und den Samurai vorbehalten. In ihm verbanden sich gesungene Verse mit der Musik von Flöten und Trommeln und stilisierten Bewegungen. Die ausschließlich männlichen Darsteller trugen reichbestickte Kimonos und Holzmasken.

Eine No-Maske

Während sich ehrbare Bürger den Verführungen der „fließenden Welt" hingaben, loteten Geschichtenerzähler die ewige Spannung aus, die zwischen den Pfaden der Pflicht und denen der Liebe herrschte. Seit langem fesselten Liebesgeschichten die japanischen Erzähler und Schriftsteller. Ein Klassiker unter den Romanen war *Die Geschichte des Prinzen Genji*, den die Dichterin Murasaki Shikibu Anfang des 11. Jahrhunderts verfaßt hatte. Sie schildert darin die Liebesabenteuer eines Prinzen am kaiserlichen Hof. Da mit der Zeit immer mehr Menschen lesen lernten, wuchs der allgemeine Hunger nach Lesestoff aller Art, von philosophischen und wissenschaftlichen Abhandlungen bis zu klassischen Dichtungen und trivialen Schriften.

Eine andere beliebte Art der Unterhaltung zu jener Zeit waren Besuche von Ringkämpfen der uralten Sportart Sumo, die ursprünglich in Heiligtümern und Tempeln ausgetragen wurden. Später fanden diese Wettbewerbe, die stets ihren rituellen Charakter wahrten, während der jährlichen Erntefeste statt. Zu den zeremoniellen Elementen zählte beispielsweise, daß man vor Beginn des Kampfes Salz auf den Boden streute als Symbol für die Reinigung, aber auch, um den Ringern eine bessere Bodenhaftung zu geben.

Damals wie heute waren die Sumokämpfer unerhört gewichtige, aber gleichzeitig erstaunlich leichtfüßige Männer. Mehrmals im Jahr fanden in großen Stadien Turniere statt, die mit einer Parade von Ringern in langen Lendenschurzen begannen. Die Ringer kämpften in einem erhöhten kreisförmigen Areal. Mit 48 verschiedenen Griffen konnte der Gegner zu Boden oder aus dem Ring geworfen werden.

Fernöstliche Unterhaltung

Die Liebe der Japaner zur Unterhaltung beeindruckte die Europäer, die ab dem 16. Jahrhundert Japan besuchten. „Die Menschen von Kioto", schrieb ein früher Reisender aus Portugal, „sind gut gekleidet, wohlhabend und lieben fortwährende Entspannung, Amüsements und Zerstreuung. Sie veranstalten beispielsweise gerne Picknicks, um den Anblick der Blumen und Gärten zu genießen. Sie laden sich gegenseitig zu Festessen, Komödien, Schauspielen, Schwänken und ihrer Art von Konzerten ein."

Die Europäer waren auch fasziniert von den feinen Manieren der Japaner. Ein englischer Schriftsteller notierte, daß sie kleine Gabeln zum Essen benutzten, um die Speisen nicht mit den Fingern zu berühren. Er beschrieb weiter, wie sie die Strohmattenböden in ihren Häusern sauberhielten: Sie gingen entweder barfuß ins Haus, oder sie benutzten für draußen eine Art Überschuhe.

Die Japaner hingegen fanden ihre ausländischen Gäste roh und ungehobelt und bezeichneten sie als Barbaren. Sie machten sich lustig über ihre langen, spindeldürren Beine, ihre vorstehenden Nasen und blassen Gesichter mit Bartwuchs und Schnurrbärten.

Handelslizenz *Bis zur Mitte des 19. Jahrhunderts kontrollierte Japan den Außenhandel streng. Sowohl einheimische als auch ausländische Schiffe mußten als Lizenz ein „rotes Siegel" besitzen, das der Schogun ausstellte.*

Fremder Einfluß
Dieser japanische Helm mit Eisenplatten aus der Zeit um 1600 zeigt europäische Formen. Die Japaner kopierten auch Rüstungen ihrer ausländischen Besucher.

Ringkämpfe *Sumoringkämpfe ziehen viel Publikum an. Die besten Ringer wurden von ihren Anhängern ebenso verehrt wie Geishas und Schauspieler. In dieser Szene aus dem 18. Jahrhundert verfolgt eine Gruppe von Ringern gebannt die Vorstellung ihrer beiden Kollegen, die für den Kampf im Ring Gürtel mit langen Fransen tragen. Schiedsrichter achten darauf, daß die Regeln eingehalten werden.*

HÄNDLER UND MISSIONARE

Die Portugiesen kamen 1542/43 als erste Europäer nach Japan. Ihnen folgten spanische, niederländische und britische Seefahrer, die an den Küsten Handelsniederlassungen gründeten. Mit den ersten Händlern kamen christliche Missionare ins Land, vor allem Jesuiten, die Kirchen bauten und Priesterseminare gründeten.

Doch im 17. Jahrhundert führte die Angst vor Überfremdung zur Abschottung gegenüber allem Fremden. Die Schogune schlossen die Häfen für Ausländer und verfolgten die Christen. In den Jahren 1637/38 erhoben sich über 30 000 von ihnen. Der Aufstand endete in einem fürchterlichen Massaker. 1641 wurde Japan für alle Ausländer geschlossen. Eine Ausnahme bildeten die Niederländer, die in Nagasaki eine Niederlassung unterhalten durften.

EUROPA NIMMT GESTALT AN

Als sich die Ideen des Humanismus und der Renaissance von Italien aus über ganz Europa ausbreiteten, begann auch für andere Länder eine neue Zeit. Der Überseehandel brachte Spanien, England und den Niederlanden wirtschaftliches Wachstum und Wohlstand. Diese goldenen Zeiten führten zu einer Hochblüte der Kunst, die die Kulturen der Welt bereicherte.

Doch natürlich war nicht alles Gold im täglichen Leben der einfachen Menschen. Es gab Hungersnöte und Seuchen sowie grausame Kriege um Macht und Glauben, die ihren traurigen Höhepunkt im Dreißigjährigen Krieg erreichten.

Im Zeitalter der Aufklärung im 18. Jahrhundert machten Wissenschaft, Literatur, Medizin und Technik große Fortschritte, während die Bildungsreisen wohlhabenden Mitteleuropäern die mediterranen Wurzeln der abendländischen Kultur näher brachten.

DER ALTE KONTINENT 16. – 18. JAHRHUNDERT

WOHLSTAND, KRIEGE UND REVOLUTIONEN

Sowohl England als auch die Niederlande erlebten im 16. und 17. Jahrhundert goldene Zeitalter. Unter Königin Elisabeth I., die im Jahr 1558 den englischen Thron bestieg, gab es große Unterschiede zwischen dem Lebensstil der Menschen in der Stadt und auf dem Land. Alle verband jedoch das Bewußtsein, Engländer zu sein und einer Nation anzugehören, insbesondere in Krisenzeiten wie dem Jahr 1588, als die spanische Armada das Land bedrohte. Dieses Zusammengehörigkeitsgefühl kam auch in William Shakespeares Theaterstücken und der Begeisterung des Publikums zum Ausdruck, denn es war die hohe Zeit der Bühne, der Schauspieler, der Musik und der Kostüme.

Ein zerstrittener Kontinent

Im Vergleich zu anderen europäischen Staaten war England klein. Als Elisabeth 1603 starb, hatte das Land weniger als 5 Millionen Einwohner. In Frankreich hingegen lebten 16 Millionen, in Italien 13 und in Spanien und Portugal 11 Millionen Menschen.

Für die Republik der Vereinigten Niederlande mit etwa drei Millionen Einwohnern begann eine Ära des Wohlstandes, nachdem sie im Jahr 1609 die Unabhängigkeit von Spanien erlangt hatte. Hier spiegelte sich das tägliche Leben nicht auf der Bühne wider, sondern in Gemälden von Städten und Dörfern, vom Inneren der Häuser, ihren Bewohnern und deren Besitz.

Europa war noch immer sowohl religiös als auch politisch zerrissen, denn nach der Reformation und der Spaltung der Kirche in Katholiken und Protestanten hatten nicht mehr alle Menschen dasselbe christliche Bekenntnis. Die erbitterten Religi-

Einmannbetrieb *Der Geist des freien Unternehmertums trug zur Verbreitung des Straßenhandels bei. Dieser Händler bietet ein Paar Augengläser feil. Zu seinem Sortiment zählen Bürsten, Kämme, Ringe und Messer.*

onskriege im 16. und 17. Jahrhundert gipfelten im Dreißigjährigen Krieg, dessen Ursache im unüberbrückbaren Gegensatz zwischen Protestanten und Katholiken lag und der bald einen großen Teil Mitteleuropas überzog. Die Söldnerheere zertrampelten Kornfelder, zerstörten Städte und entvölkerten ganze Landstriche.

Macht durch Zentralisation

Mitte der 40er Jahre des 17. Jahrhunderts hatten sich die kriegführenden Mächte so verausgabt, daß sie 1648 den Westfälischen Frieden schlossen: Die evangelischen Bekenntnisse wurden ebenso anerkannt wie die Souveränität alter und neuer Staaten; die Landkarte Europas hatte sich damit grundlegend verändert.

Unter dem französischen König Ludwig XIV. löste Frankreich Spanien als vorherrschende Macht in Europa ab. Die wirtschaftliche Stärke verlagerte sich nun vom Mittelmeer in den Norden. Im Gegensatz zu Elisabeth von England, die jährliche Rundreisen im Königreich unternahm, verließ Ludwig in seinen späteren Jahren seine Lieblingsresidenz Versailles nur selten. Dort empfing er bis zu seinem Tod im Jahr 1715 nur Höflinge, Schmeichler und seine Geliebten. Von den einfachen Leuten, die für ihn nur als Steuerzahler Bedeutung hatten, war er weit entfernt.

Erster Diener des Staates

Auch die deutschen Fürstentümer gewannen in dieser Zeit an Macht und Prestige. So verschaffte sich der prunkliebende und machtbewußte brandenburgische Kurfürst Friedrich 1701 die Würde des Königs in Preußen, krönte sich selbst in Königsberg und baute Berlin zur Residenz aus. 1740 kam Friedrich II. – später der Große –, der sich selbst den „ersten Diener des Staates" nannte, an die Regierung. Er fand einen vorzüglich verwalteten und militärisch wohlgerüsteten Staat vor und machte Brandenburg-Preußen durch mehrere Kriege zu einer der führenden Mächte Europas. Friedrich rühmte sich seiner aufgeklärten Ideen, schaffte die Folter ab, sorgte für den Landausbau und förderte Handel und Industrie.

In jenen beiden Jahrhunderten demonstrierten absolutistische Herrscher ihre Machtfülle und zögerten nicht, ihre Landesgrenzen ohne Rücksicht auf Verluste zu erweitern. Sie eroberten Gebiete, in denen Menschen anderer Nationalität mit einer eigenen Sprache und Kultur lebten, und unterwarfen sie ihrer Herrschaft. Die Bemühungen, die direkte Kontrolle über ferne und manchmal weit verstreut liegende Gebiete zu zentralisieren und das Staatswesen absolutistisch auszubauen, führten zu Aufständen. In den Jahren 1648/49 gab es in unterschiedlichen Teilen Europas insgesamt sechs verschiedene Revolutionen.

Doch der Aufbau der Staaten belastete die Menschen in allen europäischen Ländern gleichermaßen auf unerträgliche Weise: Die hohen Steuern verschlangen den größten Anteil des kärglichen Einkommens, der Hunger schlug ihnen auf den Magen, und die endlosen Kriege bedrohten ihre Existenz. Das Leben war kurz und hart. Nur einer von vier Säuglingen erlebte seinen ersten Geburtstag, und nur die Hälfte von ihnen wurde 20 Jahre alt. Der Gegensatz zwischen Arm und Reich nahm ständig zu. Während die Bauern und kleinen Handwerker zusehends verarmten, bildete sich auf der anderen Seite mit den selbständigen Unternehmern eine einflußreiche Minderheit, und der landbesitzende Adel sicherte seine gesellschaftlich und rechtlich privilegierte Stellung.

Die gebildeten Menschen in allen Ländern fühlten sich immer mehr zu Kunst und Wissenschaften hingezogen. Barock, Rokoko und Aufklärung bestimmten weithin die Geisteshaltung. Aberglaube galt als verpönt. Das erklärte Ziel der Philosophen und Staatstheoretiker war es, eine bestmögliche Gesellschaftsordnung zu schaffen. Obwohl Europa aufgeteilt war, war es sich doch seiner grundsätzlichen Einheit bewußt.

Musketier *Bewaffnet mit einer Handfeuerwaffe, der Muskete, bildeten die Söldner den Kern der stehenden Heere des 17. und 18. Jahrhunderts.*

Europa der souveränen Mächte *Um die Mitte des 16. Jahrhunderts war Europa in verschiedene Staaten unterteilt, die alle von Monarchen regiert wurden. Obwohl es oft unüberbrückbare Gegensätze zwischen den Staaten gab, existierten mehr oder minder enge verwandtschaftliche Beziehungen zwischen den herrschenden Dynastien.*

Zweiklassengesellschaft *Das Gemälde von einem niederländischen Dorffest zeigt den sozialen Unterschied zwischen dem traditionellen Bauerntum und der Herrschaft. Die lauten, derben Bauern in ihrer Alltagskleidung feiern auf althergebrachte Weise. Unbefangen essen, trinken und tanzen sie, während die elegant gekleidete Gesellschaft (links) in distanzierter Haltung hinzutritt.*

IM LAND DER BLÜHENDEN TULPEN

Zwei Ladungen Weizen, vier Ladungen Roggen, zwölf fette Schafe, 500 Liter Wein, ein Bett, ein Anzug, vier Ochsen, acht Schweine, vier Fässer Bier, zwei Fässer Butter, ein silbernes Trinkhorn und 1000 Pfund Käse: all dies galt in den Niederlanden in den 30er Jahren des 17. Jahrhunderts als angemessener Preis für eine Tulpenzwiebel namens *Viceroy*.

Die Sucht nach Tulpen, die mit ihrer Blütenpracht im 16. Jahrhundert die europäischen Gärten erobert hatte, war fast auf ihrem Höhepunkt, und die Niederländer hatten ein neues und einträgliches Geschäft gefunden: die Produktion von hochwertigem Saatgut für Zierpflanzen und von Tulpenzwiebeln zum Export. Der niederländische Boden eignet sich so gut für die Tulpenzucht, daß das Land bis zum heutigen Tag führend in diesem Gewerbe ist.

Für die Niederlande brach nun eine Zeit des Wohlstandes an. Die Jahrzehnte des spanisch-niederländischen Krieges endeten 1648 mit der Teilung des Gebietes: Die südlichen, überwiegend katholischen Provinzen verblieben bei Spanien, während die sieben nördlichen, reformierten Provinzen die Republik der Vereinigten Niederlande bildeten. Dieser jungen Republik eröffneten sich nun grenzenlose Perspektiven. Da sich in den Niederlanden eine relativ große Bevölkerung auf kleiner Fläche drängte, mußten die Menschen die Land- und Bauwirtschaft rationell betreiben. Sie bauten Deiche und Entwässerungskanäle, um ihre Anbauflächen zu vergrößern und die Bedrohung durch das Meer und die Flüsse einzudämmen.

Zuflucht für Flüchtlinge

Auch im Handel und in der Industrie suchte die Bevölkerung nach Betätigungsfeldern. Amsterdam profitierte vom Niedergang Antwerpens, dessen Zugang zum Meer die Niederländer blockierten. Die Stadt entwickelte sich zu einem der bedeutendsten Handelszentren Europas. Ihre Bevölkerung stieg von 50 000 Einwohnern im Jahr 1612 auf 200 000 im Jahr 1660 an. Glaubensflüchtlinge aus den südlichen Provinzen, aus England, französische Hugenotten und andere, die von der religiösen Toleranz der Niederlande angezogen wurden, brachten dringend benötigtes Kapital sowie ihre Fähigkeiten ins Land und gründeten alle Arten von Geschäften, darunter auch eine florierende Textilindustrie.

Jüdische Kaufleute aus Spanien und Portugal, die oft zwangsweise getauft worden waren, sogenannte Marranen, siedelten sich ebenfalls in Amsterdam an und kehrten zum Judentum zurück. Sie trugen wesentlich zum internationalen und multikulturellen Charakter der Metropole bei. Der Anfang des 17. Jahrhunderts aufkommende Aktienhandel führte zur Gründung der Amsterdamer Börse und Wechselbank, dem Nervenzentrum des europäischen Geldmarktes.

Weil kein einzelner Kaufmann reich oder einflußreich genug war, um selbständig in entlegenen Teilen der Erde Handel treiben zu können, wurden Beteiligungsfirmen gegründet, die Finanzmittel sammelten. Der mächtigste dieser Konzerne, die 1602 gegründete Vereinigte Ostindische Kompanie, schuf sich ein Imperium in Ostasien, wo sie sich das Gewürzmonopol sicherte. Neben den großen Seglern der Vereinigten Ostindischen Kompanie lagen im Hafen von Amsterdam noch viele andere Schiffe, besonders jene langsamen, schwerfälligen Kolosse, die zwar nur wenige Matrosen erforderten, dafür aber große Gütermengen transportieren konnten, und dies zu einem geringeren Preis als die Konkurrenz. Damit wurden die Niederlande zur bedeutendsten Seefahrernation der damaligen Welt.

Den Charakter der niederländischen Gesellschaft prägte nicht die kleine Schar Privilegierter, die in der Regierung und Verwaltung des Landes und der Städte wirkte, sondern die große Mittelklasse von Bürgern,

Vollbeladen nach Hause *Niederländische Handelsschiffe waren stets bereit, ihre Kanonen auf die handeltreibende Konkurrenz zu richten, um die Vorrangstellung ihres Heimatlandes als See- und Handelsmacht zu sichern. Aus Europa nahmen sie Getreide und einheimische Waren mit, die sie in Übersee gegen Gewürze, Porzellan und andere Kostbarkeiten eintauschten.*

Arm und Reich *Das Leben der einfachen Leute war Gegenstand der großen Kunst in den Gemälden der niederländischen Meister des 17. Jahrhunderts. Hier ein Bild von Jan Bruegel, das eine flämische Bauernfamilie zeigt, die wohlhabenden Besuch empfängt. Umgeben von ihren Kindern, wärmt sich die Mutter an der Feuerstelle, über der ein großer Kessel mit der Familienmahlzeit darin hängt.*

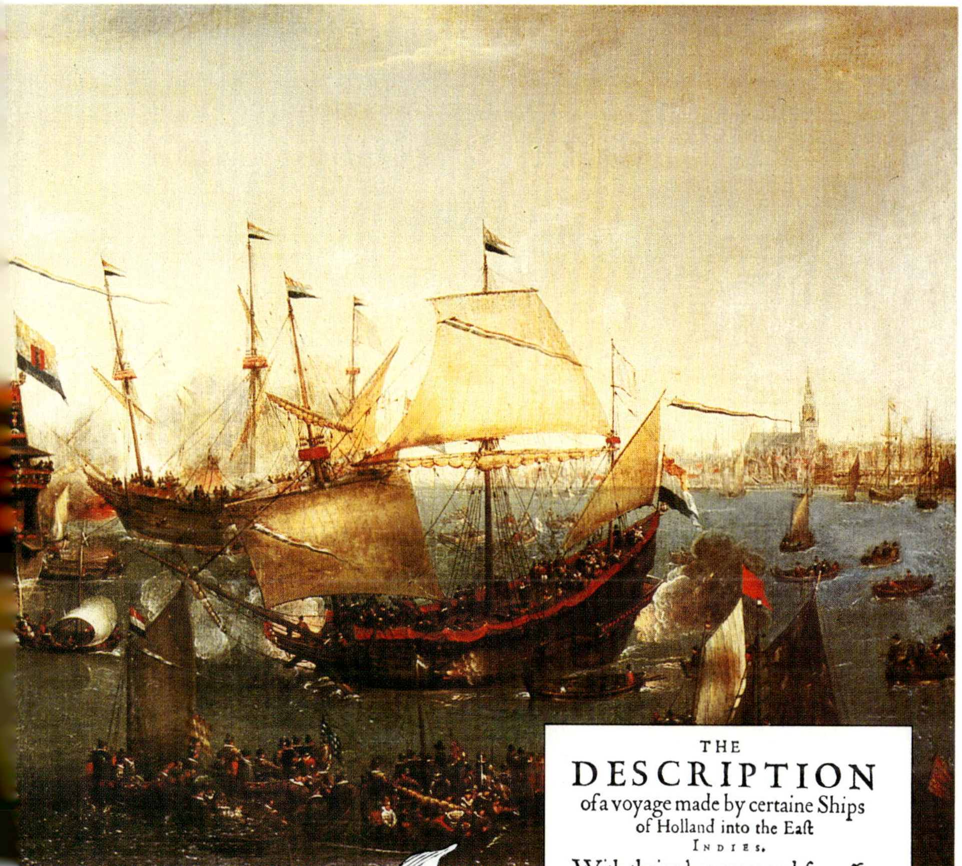

die für ihre harte Arbeit, Sparsamkeit und Nüchternheit bekannt waren. Sie bauten sich entlang den Grachten hohe, schmale Häuser mit vielen Fenstern und einem Balken am Giebel, an dem sie Waren oder Möbel in die oberen Stockwerke zogen. Die Familien lebten in den mittleren Etagen, während das Erdgeschoß als Werkstatt oder Kontor diente und der Dachboden als Lagerraum. Die Zimmer waren geräumig, und manchmal waren die Böden mit schwarzen und weißen Marmorplatten gefliest. Wer das nötige Geld besaß, kaufte schwere Holzmöbel mit reichen Schnitzereien und zierte seine Wände mit Gemälden holländischer und flämischer Meister. 1640 staunte ein englischer Besucher, daß selbst in den Läden von Metzgern, Bäckern und Schustern Gemälde hingen. Die Niederländer liebten „realistische" Gemälde, in denen ihr Alltag idealisiert wurde: gepflegte Wohnungen, Arbeiter, die sich im Gasthaus vom Alltag erholten, und Schlittschuhläufer auf den Grachten. Oft sah man Bilder von Hausmusikszenen mit Spinetten, Lauten und Geigen oder von Hausbibliotheken.

Bei Hochzeiten und öffentlichen Feierlichkeiten ging es recht lautstark zu, ebenso auf der jährlichen *kermis*, dem Tag, an dem man die Gründung der Gemeindekirche feierte. Bei den Festen spielte das Essen eine wichtige Rolle. Daheim aßen die Menschen Gersten- oder Roggenbrot, Bohnen, Rüben und geröstete Zwiebeln. Eingelegte Heringe waren ein Grundnahrungsmittel. Man aß aber auch gerne Salzfleisch und Speck. Das Nationalgericht war *hutsepot*, ein Eintopf aus gehacktem Rind- oder Hammelfleisch.

Niederländische Frauen besaßen in dieser Zeit viele Rechte im Vergleich zu ihren Schwestern im übrigen Europa. Mädchen genossen eine Ausbildung, die es ihnen ermöglichte, später ein Geschäft selbständig zu führen. Witwen konnten den Platz ihres Mannes in den Handwerksgilden einnehmen.

Die reformierten Niederländer waren tief gläubig. Ihr Tag begann mit einem Gebet und einer Bibellesung, und die fromme Familie bildete den Kern jeder Kirchengemeinde.

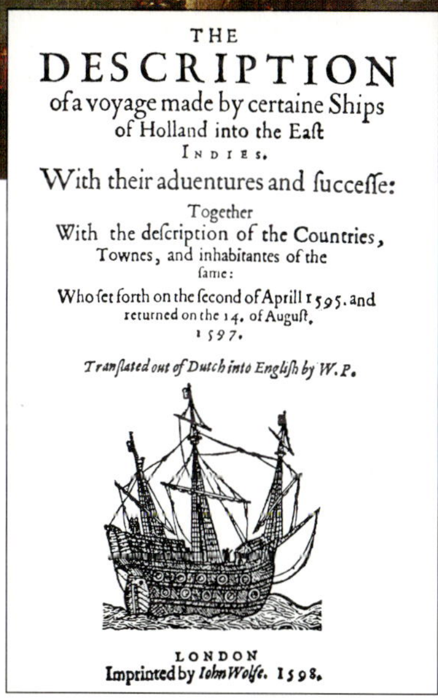

THE
DESCRIPTION
of a voyage made by certaine Ships of Holland into the East Indies.
With their aduentures and succeße:
Together
With the description of the Countries, Townes, and inhabitantes of the same:
Who set forth on the second of Aprill 1595. and returned on the 14. of August, 1597.
Translated out of Dutch into English by W. P.

LONDON
Imprinted by *Iohn Wolfe.* 1598.

Reiseführer *Die Niederländer brachen als erste die portugiesische Vormachtstellung im einträglichen Gewürzhandel mit dem Orient. Dieser Bericht (links) von der ersten niederländischen Reise nach Ostindien interessierte auch englische Kaufleute.*

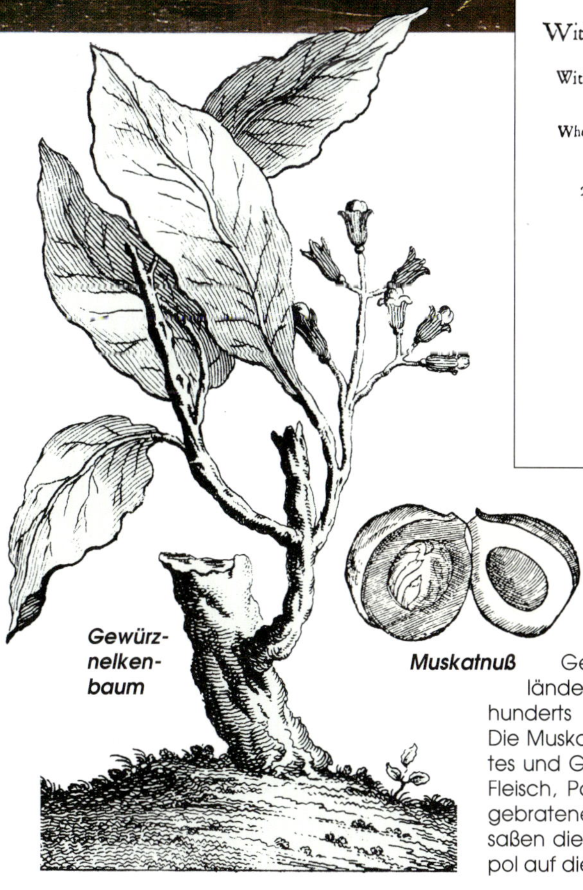

Gewürznelkenbaum

Muskatnuß

ORIENTALISCHE DÜFTE

Die Europäer fanden Geschmack an verschiedenen Gewürzen aus fernen Ländern, wie Muskatnüssen und Gewürznelken, die die Niederländer gegen Ende des 16. Jahrhunderts aus Westindien mitbrachten. Die Muskatnuß diente wegen ihres Duftes und Geschmacks zum Würzen von Fleisch, Pasteten, Soßen, Gemüse und gebratenen Speisen. Lange Zeit besaßen die Niederländer eine Art Monopol auf die Einfuhr von Muskatnüssen.

Honoratioren *Amsterdamer Kaufleute und Stadtälteste, wie die Vertreter der Stoffhändler auf diesem Gemälde von Rembrandt, waren nicht nur Geschäftsleute und Amtsträger, sondern auch Kunstmäzene.*

FOLTER IM NAMEN DER INQUISITION

Kirchenglocken läuteten, und Messen wurden gelesen für die Seelen derer, die nun in einem Autodafé sterben sollten. Der Ausdruck stammt aus dem Portugiesischen und heißt soviel wie „Akt des Glaubens". Er bezeichnet die Aburteilung und anschließende Verbrennung eines Ketzers und wurde keineswegs als ein grausames Ritual angesehen, sondern als eine feierliche Zeremonie, als eine Erhöhung der wahren Kirche, um die Gläubigen zu unterweisen und die Gottlosen abzuschrecken.

Inquisitionstribunal *Die Verhandlungen vor dem Inquisitionstribunal – wie hier auf der Plaza Mayor in Madrid – waren Schauspiele, zu denen das Volk aller Stände herbeiströmte. Sie wurden unter den Augen des spanischen Königs durchgeführt und dienten der Unterhaltung wie auch der Abschreckung.*

Vor dem letzten Akt

Die beschuldigten Männer und Frauen kamen in einer gespenstisch anmutenden Prozession aus ihren Gefängnissen, angeführt von Standartenträgern der Inquisition, denen Trommler, Trompeter, Männer mit Kreuzen, Fahnen und brennenden Kerzen sowie Priester und Mönche folgten.

Die Angeklagten trugen ein Büßerhemd, das *sanbenito*, eine Tunika mit einem roten Kreuz. Einige der Männer hatten kahlrasierte Köpfe, während andere – in einem Anflug grausiger Ironie – die *coroza*, eine spitze Narrenkappe, trugen. Den Schluß der Prozession bildeten Richter und Beamte, und ganz am Ende schritt der Inquisitor mit dem Bischof der Stadt. Die Kirchenmänner rezitierten laut und für alle vernehmlich das katholische Glaubensbekenntnis. Menschen säumten die Straßen, standen vor den Eingängen geschlossener Läden oder schauten voller Ehrfurcht von den Fenstern ihrer Häuser aus dem Zug zu. Einige knieten still nieder, andere brüllten Beleidigungen, und viele folgten der Prozession zu dem Ort, an dem der letzte Akt stattfinden sollte.

Auf einer riesigen Plattform befanden sich stufenförmig angeordnete Reihen von Bänken für die Angeklagten sowie ein Altar und ein Podium für das Inquisitionsgericht.

Nach einer Messe folgte die öffentliche Verlesung der Namen der Angeklagten und der Verbrechen, deren sie beschuldigt wurden. Schließlich wurden die Urteile verkündet. Einige erwartete nur die Schmach, das *sanbenito* eine bestimmte Zeit tragen zu müssen, oder die Auspeitschung, und wieder andere wurden zu Gefängnisstrafen verurteilt. Solche, die mit der Todesstrafe zu rechnen hatten, übergab man den weltlichen Gerichten, da die Kirche nicht töten durfte.

Spanischer Jagdhund *Zur Zeit König Philipps II. waren die Windhunde zur Jagd wohlgerüstet. Sie trugen Kettenhemd, Stahlpanzer und eine Samtdecke. Im Kampf gegen Hirsche leistete der Panzer dem Hund oft gute Dienste, behinderte ihn jedoch auch in seiner Beweglichkeit.*

Tod in den Flammen

Nachdem der Form Genüge getan war, geleiteten Beamte die Bedauernswerten zum Stadtrand. Dort waren Brandpfähle an Scheiterhaufen aufgerichtet. Jene, die im letzten Moment der Ketzerei abschworen, wurden gnadenhalber erdrosselt, ehe man sie verbrannte. Die übrigen erlitten bei lebendigem Leibe den Flammentod.

Die spanische Inquisition wurde im 15. Jahrhundert als eine staatliche Institution gegründet, um die Reinheit des Glaubens zu verteidigen. Zu jener Zeit hatten die christlichen Spanier das Land weitgehend den islamischen Mauren entrissen. Die Inquisition richtete sich vor allem gegen die vielen Juden und Muslime, die man gezwungen hatte, das Christentum anzunehmen, und die man nun verdächtigte, daß sie ihren alten Glauben wieder praktizierten.

Die Inquisition zensierte Bücher und ging allen berechtigten und unberechtigten Anschuldigungen nach, die Hinweise auf eine Abweichung vom rechten Glauben gaben. Die Anzeigen erfolgten geheim oder anonym, manchmal durch Nachbarn, die alte Rechnungen begleichen wollten. Oft wurden aus harmlosen Äußerungen oder Verhaltensweisen Verstöße gegen den Glauben konstruiert.

Die Untersuchungshaft konnte auf unbestimmte Zeit in die Länge gezogen werden. Geständnisse wurden durch die Folter erpreßt. Doch nicht nur die Inquisition bediente sich der Folter. Zu jener Zeit war sie in den meisten Teilen Europas gesetzlich erlaubt.

Spanien gehörte im 16. Jahrhundert zu den herausragenden Mächten Europas. Von Madrid aus beherrschten die Habsburger, deren Familienmitglieder auf zahlreichen

Starrsinn oder Reue *Die von der Inquisition Verurteilten trugen verschiedene Tuniken, die es den Zuschauern ermöglichten, den reuevollen Ketzer, der einen Rosenkranz hält (unten), von dem uneinsichtigen (links) zu unterscheiden.*

europäischen Thronen saßen, ein riesiges Reich, das die halbe Welt umspannte. Der im 16. Jahrhundert durch den Überseehandel erworbene immense Reichtum lenkte allerdings von der Tatsache ab, daß die spanische Wirtschaft unter den Kriegen litt, die König Philipp II. um die Niederlande, gegen die Osmanen und gegen England, seinen großen Rivalen zur See, führte. Philipps Feldzüge brachten große Erfolge, wie den Seesieg bei Lepanto über die Osmanen im Jahr 1571, führten aber auch zu katastrophalen Fehlschlägen wie der Vernichtung der Armada vor der Küste Englands im Jahr 1588.

Das Landheer und die Seestreitkräfte wurden von hohen spanischen Edelleuten befehligt. Diese Aristokratie, die von der Vorstellung der Reinheit des blauen Blutes besessen war, stand in dem Ruf, die stolzeste der Welt zu sein – von den Granden, die bei Hof den Ton angaben, bis hinunter zu den Hidalgos, dem niederen spanischen Adel. Die spanische Hofetikette – Vorbild für die europäischen Dynastien – war sehr streng; charakteristische Merkmale der Mode waren die in dunklen Farben gehaltenen Kleider und die Kröse, eine steife Halskrause.

Soll und Haben *Trotz der Reichtümer aus der Neuen Welt drückten das spanische Volk hohe Steuern. Der Steuereinnehmer (links) überprüft Zahlungen. Minderwertige Kupfermünzen kennzeichnen den Verfall der Währung.*

Obwohl Philipp II. im Jahr 1561 Madrid zu seiner Hauptstadt erhob, war die andalusische Metropole Sevilla mit rund 150 000 Einwohnern die größte Stadt Spaniens. Ein beträchtlicher Teil des spanischen Handels mit der Neuen Welt wurde über den Guadalquivir abgewickelt und bescherte der Stadt Reichtum. Flußabwärts entlud man unvorstellbare Gold- und Silberschätze aus Südamerika, und aus Ostindien kamen die Segelschiffe mit dem teuren und an den Fürstenhöfen so begehrten Tabak und Kakao.

Sherry und Schokolade

Die Bürger Sevillas wohnten in Villen mit angrenzenden Terrassen. Die reichsten unter ihnen führten angesehene gesellschaftliche Salons. Die Männer saßen auf Hockern und Stühlen, während die Frauen durch eine Holzwand von ihnen getrennt waren. Sie saßen in maurischer Art auf Matten und Kissen und plauderten bei eisgekühltem Orangensaft und der überaus beliebten Schokolade über den neuesten Klatsch. Männer und Frauen tranken mit Vorliebe Sherry. Dieser in Eichenfässern gereifte Dessertwein, der einmal einer der erfolgreichsten Exportartikel Spaniens werden sollte, wurde in der nahe gelegenen Region um die Stadt Jerez de la Frontera angebaut.

Der Wohlstand des spanischen Adels beruhte zu einem großen Teil auf den ausgedehnten Schafzuchtbetrieben, deren Herden von Hirten jedes Jahr auf bestimmten Routen zu entfernten Sommerweiden gebracht wurden. Die allmächtige Zunft dieser Herdenbesitzer verfügte über privilegierte Weiderechte, die alle Rechte der örtlich betroffenen Bauern außer Kraft setzten. Die riesigen Herden schädigten den Boden nachhaltig, vertrieben die Bauern von ihren Feldern und ließen eine verödete und menschenleere Landschaft zurück.

Trotz der großen Standesunterschiede verband die Spanier eine gemeinsame Leidenschaft: der Stierkampf. Der seit dem Mittelalter in Spanien durchgeführte Stierkampf zu Pferd war zur Zeit Philipps II. ein beliebter Zeitvertreib für den Adel und das Volk. Die Kampfspiele fanden von Ostern bis Oktober an allen Sonn- und Feiertagen statt.

Wiederverwendung *Das Minarett einer Moschee aus dem 12. Jahrhundert in Sevilla ist zum Glockenturm der Kathedrale umgebaut worden.*

MAURISCHE SPUREN

Die islamischen Mauren, die die Iberische Halbinsel im 8. Jahrhundert fast ganz erobert hatten, herrschten hier sieben Jahrhunderte lang. Sie brachten eine blühende Kultur hervor und hinterließen bleibende Spuren in der Architektur des Landes. In ihren Palästen und Moscheen waren die Zimmer unter ineinandergreifenden Bogen, die an Palmzweige erinnerten und von Säulen getragen wurden, fächerförmig von innen nach außen angelegt. Die Böden und Innenräume waren mit farbenprächtigen Mosaiken gefliest und die Decken holzgetäfelt. Die Gebäude lagen inmitten von Gärten mit von Pfirsich- und Granatapfelbäumen umstandenen Wasserbecken, in die sich künstliche Kaskaden ergossen. Als die christlichen Spanier das Land zurückeroberten, wurde vieles von dem, was der Islam geschaffen hatte, zerstört. Moscheen wurden in Kathedralen umgewandelt. Man baute Kirchen neben sie oder – wie in Córdoba – mitten in sie hinein. Maurische und christliche Bauelemente verschmolzen zu einem neuen Stil.

STEIFE MODE UND LUSTIGE MUSIKANTEN

Die Engländer zur Zeit Königin Elisabeths I. legten großen Wert auf Äußerlichkeiten. Ihr Erscheinen mußte immer untadelig sein, und für ihre Garderobe verschuldeten sie sich manchmal sogar sehr hoch, denn sie kündete von ihrem Stand und ihrem Einfluß. Die Erfolgreichen eines jeden Standes versuchten, ihr Ansehen dadurch zu steigern, daß sie die Kleidung der nächsthöheren Klasse trugen. Außerdem gaben die Engländer viel Geld für elegantes Geschirr, Wandbehänge, Teppiche und Möbel aus, für prächtig ausstaffierte Kutschen, teure Pferde und kunstvoll gearbeitetes Beiwerk. Es war wichtig, sichtbar über Einfluß und das Recht zu verfügen, bei Hof erscheinen zu dürfen.

Die Königin und die eleganten Hofdamen trugen Kleider, die von Juwelen und Stickereien strotzten und deren Röcke über ein ausladendes Gestell drapiert waren. Diese Reifröcke verbreiteten sich von Spanien aus, wie vieles andere, was als modisch galt. Man trug sie mit einem engen Korsett, das die Brust flach drückte, so daß der Rock noch weiter erschien. Ein hoher, drahtverstärkter Kragen vervollständigte die Garderobe der perfekten Dame. Auch die Männer waren extravagant gekleidet. Sie trugen Strümpfe mit reichverzierten Strumpfbändern unter puffigen kurzen Pluderhosen und Wämser, die manchmal Schlitze hatten, so daß die leuchtenden Farben des daruntergetragenen Stoffes durchschimmerten. Die Pluderhosen wurden mit einem Füllstoff ausgestopft, den man *bombast* nannte, was soviel wie „Schwulst" bedeutet. Halskrause, Schwert, Degen, Mantel und Hut sorgten für den letzten Schliff. Sowohl Herren- als auch Damenschuhe waren liebevoll aus weichem Leder, Seide oder Samt gearbeitet, und sie hatten Sohlen und Absätze aus Kork.

Fiedler auf einem Fest

Doch die Kleidung allein genügte noch nicht, Haltung und Benehmen waren ebenso wichtig. Ein vollendeter Höfling wies viele Fähigkeiten auf und kannte die Regeln des guten Tons. Er beherrschte den Turnierkampf ebenso wie die Kunst der geistreichen Plauderei und des galanten Kompliments. Damen und Herren mußten vorzüglich tanzen, musizieren und singen können, um bei Hof oder Gesellschaften des hohen Adels zugelassen zu sein.

Der Bevölkerung spielten gewöhnlich fahrende Musikanten, Gaukler oder Schauspieltruppen in den Straßen oder Gasthöfen auf. Theater mit Bühne und Zuschauerraum hatten ihren Ursprung in einem von Balkonen umgebenen Innenhof einer Herberge. Wo einst Wagen und Gerätschaften standen, ragte jetzt eine Bühne aus den Stallungen. Daraus entwickelte sich der elisabethanische Theaterbau: ein dachloser Hof mit Bühne, umgeben an drei Seiten von Stehplätzen, dem Parkett, und einem Dreiviertelkreis mehrerer übereinanderliegender Ränge mit Sitzplätzen.

Die Vorstellungen fanden am Nachmittag statt, weil es kein Licht für Abendvorstellungen gab. Um die Bühne drängten sich plaudernd, scherzend und allerlei Naschwerk verzehrend die Zuschauer, so daß die Schauspieler ihre Texte laut und deklamatorisch vortragen mußten. Vor allem Shakespeares große Dramen *Hamlet, Romeo und Julia* und *König Lear* beherrschten die Szene.

Taschenspieler und Kampfhähne

Wenn eine Vorstellung zu Ende war, blieben die Zuschauer noch im Theater und schlenderten umher, um Broschüren, Kräuter, Obst und Kuchen zu kaufen, während nun Taschenspieler und Akrobaten die Bühne mit Beschlag belegten. Bei den städtischen Behörden waren die Schauspielhäuser verrufen, und zwar nicht nur, weil sie Treffpunkte für zwielichtige Gestalten, sondern auch Brutplätze für Krankheiten waren. Die Theater blieben im Sommer geschlossen, da dann das wohlhabende Publikum die Stadt verließ und die Schauspieler auf Tournee gingen.

Außerhalb Londons gab es keine ständigen Theater, doch Gasthöfe, Dorfwiesen und Marktplätze boten alles, was vagabundierende Schauspieltruppen brauchten, die seit dem Mittelalter durch das Land zogen, um Volksmärchen aufzuführen. In den Gasthöfen und Bierhäusern spielte man Brettspiele wie Backgammon und Dame. Im Freien gab es Bahnen für Boule und Kegeln.

Zu den rauheren Vergnügen zählten Stier- und Bärenhetze sowie Hahnenkämpfe. Diese blutigen Kämpfe zwischen speziell gezüchteten Kampfhähnen mit Metallsporen und geschärften Schnäbeln ließen sich ohne viel Aufwand und billig in kleinen, geschlossenen Arenen veranstalten, den sogenannten Cockpits. Jedes Jahr am Fastnachtsdienstag durften Schuljungen ihre eigenen Kampfhähne mit in die Schule bringen und sie im Schulhof kämpfen lassen. Bei der Stier- und Bärenhetze wurden englische Doggen auf die angeketteten Tiere losgelassen. Bei jeder Vorführung wurden mehrere Hunde getötet, und die to-

STRASSENSPORT

Auf der Straße kämpft eine Meute Jugendlicher in einem Fußballspiel, bei dem praktisch alles erlaubt ist, um einen groben Lederball. Das Haar der Jungen ist kurz geschnitten, und sie tragen die flachen Wollkappen der Lehrlinge. Es gibt keine festen Tore: Ziel des Spieles ist es, den Ball möglichst nicht in die stinkende Gosse fallen zu lassen und ihn von einem Punkt der Stadt zu einem anderen zu schaffen. Bald schon nutzen viele Burschen das Spiel dazu, alte Rechnungen zu begleichen, so daß es schließlich zum Streit mit blutigen Nasen ausartet. Die Menschen aus den umliegenden Häusern werfen erbost mit Stöcken oder Steinen nach den Spielern. Namhafte Zeitgenossen nannten das Spiel einen „teuflischen Zeitvertreib, eine blutige und mörderische Sache". Selbst Königin Elisabeth versuchte, es zu verbieten, doch ohne großen Erfolg.

bende Menge schloß fieberhaft Wetten auf das Durchhaltevermögen der einzelnen Hunde ab. Auch bei Wettkämpfen unter Männern floß Blut, wenn sie mit Keulen und dicken Stöcken aufeinander eindroschen. Öffentliche Hinrichtungen waren ebenfalls ein Publikumsmagnet. Für die Menschen im Elisabethanischen England waren Schmerz und Blutvergießen durchaus alltäglich.

Musik im Barbiersalon
Zu den heiteren Arten der Unterhaltung zählten Musik und Tanz. Die Engländer galten damals als außergewöhnlich musikalisches Volk. In vielen Familien sang man vier-, sechs- oder gar achtstimmig und spielte mehrere Instrumente. Die Menschen sangen nach dem Abendessen, manchmal gemeinsam mit den Dienstboten. Jeder, der von sich behauptete, eine Ausbildung genossen zu haben, mußte Noten lesen und ein Instrument spielen können. Beliebt waren Laute, Viola und Blockflöte, vor allem zum Spielen der Madrigale. Bei Hof liebte man Tänze wie die Pavane und den Coranto, während das niedere Volk Gigue, Hornpipe und Moriskentänze bevorzugte.

Die Menschen im Elisabethanischen England waren so musikbegeistert, daß einige Barbiere sogar Lauten in ihren Geschäften hatten, auf denen die Kunden während der Wartezeit spielen konnten. Auch beim Kartenspielen verbrachte man etliche Mußestunden. Das 52-Karten-Blatt mit Pik, Karo, Herz und Kreuz war eine französische Erfindung, die im späten Mittelalter nach England kam. Moderne Kartenspiele zeigen noch heute in Anlehnung an die damalige Mode die prunkvollen Trachten, die im 16. Jahrhundert am englischen Königshof getragen wurden.

Ein weiteres aus Frankreich importiertes Spiel war Tennis, das mit Schlägern in einem überdachten und von Wänden umschlossenen Hof gespielt wurde. König Heinrich VIII. spielte Tennis, und in seinen Palästen ließ er Tennisplätze anlegen, darunter einen im Hampton Court, der noch heute benutzt wird.

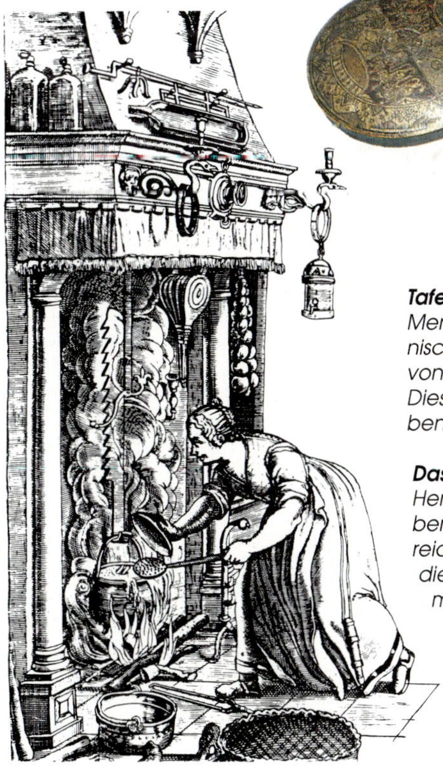

Tafelgeschirr *Die Menschen im Elisabethanischen England aßen aus Schalen, von Schneidbrettchen und Holztellern. Diese dünnen Buchenholzscheiben benutzte man für süße Nachspeisen.*

Das Essen kocht *Die Küche mit dem Herd war in den Häusern der Wohlhabenden das Reich der Köchin. Es gab reichlich Schweine und Schafe, und die pottage, ein Eintopf aus Hammel- oder Schweinefleisch, der in einem riesigen Kessel mit Karotten, Zwiebeln und Kräutern gekocht wurde, zählte zu den Nationalgerichten. Die ärmeren Leute lebten hauptsächlich von Getreide und Käse.*

GEMÜTLICHES HEIM

In der Werkstatt im Erdgeschoß des Fachwerkhauses eines Schuhmachermeisters arbeiten Gesellen und Lehrlinge. In der Küche gegenüber wirkt die Hausfrau. Daneben geht eine Tür in einen Hof mit einer Toilette. Eine hölzerne Treppe führt in das Obergeschoß mit Schlaf- und Eßzimmer. Die Butzenscheiben der Fenster lassen zwar Licht in die Räume, aber hindurchblicken kann man nicht. Das Eßzimmer, in dem der Meister und ein Freund gerade speisen, hat eine kunstvolle Eichenholzverkleidung, die Schutz vor Kälte und Feuchtigkeit bietet. In der Ecke sieht man ein belüftetes Speisenkabinett, den Vorläufer unseres Küchenschranks. Einige der besten Zinnteller und besondere Stücke des Tongeschirrs sind auf dem Schrank und dem Kaminsims aufgestellt. Eine Stiege führt zum Dachboden, wo der Schusterlehrling auf einem einfachen, niedrigen Bett schläft.

Das Aufkommen der Ziegelschornsteine im 16. Jahrhundert veränderte den Hausbau grundlegend. Die Feuerstellen schwelten nun nicht mehr in der Mitte einer großen Halle, aus der der Rauch in dicken Schwaden durch ein Loch im Dach abziehen konnte. Statt dessen baute man in die Wände der einzelnen Zimmer Kamine ein. Jedes dieser Zimmer diente nun einem bestimmten Zweck: Es gab Wohn- und Eßzimmer sowie einen Salon. Da durch die Schornsteine und das in vielen Gegenden geltende Verbot von Holzdächern zugunsten von Blei- oder Ziegeldächern auch das Brandrisiko gemindert war, konnte die Küche in das Haupthaus integriert werden.

Eichenmöbel *Eine mit Einlegearbeiten verzierte Truhe für Bettwäsche und ein dazugehöriger Schemel*

AM HOF DES SONNENKÖNIGS

Sogar die Morgendämmerung nähert sich Versailles respektvoll. Sanft berühren die ersten warmen Strahlen der Sonne den Großen Kanal und die zahlreichen Brunnen im Park und tauchen dann zögernd die endlosen Alleen in ein mildes Licht. Sie erwärmen den hellen Stein und die roten Ziegel der 580 Meter langen Schloßfassade, lassen die Dächer golden aufblitzen, ehe sie schließlich den berühmten Spiegelsaal in ein glitzerndes Lichtermeer verwandeln.

Pünktlich um 7 Uhr morgens zum Sonnenaufgang erhebt sich der Erste Kammerdiener im königlichen Schlafzimmer, räumt seinen Schlafplatz fort und wendet sich zu den goldbestickten Vorhängen, die das königliche Bett umschließen: „Sire, es ist Zeit."

Dann läßt er den königlichen Leibarzt und den Leibchirurgen eintreten, die hinter den Vorhängen verschwinden, um Rat zu erteilen und vielleicht eine Medizin zu verordnen. Erst wenn diese beiden wieder zurücktreten, wird die Tür geöffnet, um den Ersten Diener des Schlafgemachs hereinzulassen, der die Vorhänge zurückzieht und Seiner Allerchristlichsten Majestät König Ludwig XIV. von Frankreich einen guten Morgen wünscht.

Dies war der Augenblick des *petit lever*, des kleinen, informellen Aufstehens, zu dem nur die engsten Freunde, Verwandten und Beamten des Hofes zugelassen sind. Danach begleiten blutsverwandte Prinzen und ein oder zwei besonders geschätzte Höflinge Seine Majestät zum Nachtstuhl, wo er zu den Anwesenden leutselig über Staatsangelegenheiten plaudert oder wichtigen Anliegen Gehör schenkt.

Abgesehen von ein oder zwei Stunden mit einer Geliebten, ist dies für den König der letzte einigermaßen private Augenblick des Tages, denn nun folgt das *grand lever*, zu dem sich die weniger bedeutenden Adligen in die königlichen Gemächer drängen, während der König rasiert wird, frühstückt und mit Hilfe zweier Herzöge sein Hemd anzieht. Kammerdiener helfen ihm in seine Kniehosen, Strümpfe, Schuhe und den Mantel. Anschließend werden ihm sein Degen und seine Schärpe kniend überreicht.

Nun ist alles bereit für den Gang zur Hofkapelle. Durch die scheinbar endlosen Korridore, Galerien und Gemächer mit ihrem barocken Interieur hallt das Klopfen des königlichen Stockes und kündigt das Kommen des Monarchen an, und überall im Schloß erschallt der Ruf: „Meine Herren, der König!" Nur das Rascheln von Seide unterbricht die nachfolgende Stille, als Ludwig XIV. vorüberschreitet und alle im Hofknicks versinken oder sich tief verbeugen.

„Der Staat bin ich."

So stellte sich dem Beobachter der Tagesbeginn des bedeutendsten und glanzvollsten Herrschers des 17. Jahrhunderts dar. Am Hof von Versailles drehte sich alles um die Person Ludwigs XIV., des Sonnenkönigs. Selbstbewußt und ohne jede Skrupel behauptete der absolutistische Herrscher von sich: „Der Staat bin ich." Von seinem Schloß in Versailles aus, Inbegriff barocker Baukunst und Sinnbild grenzenloser Machtfülle, regierte er Frankreich. Dort traf er sich mit seinen Beratern und Ministern, empfing Berichte, lud Botschafter ein und fällte, oftmals aus einer Laune heraus, Entscheidungen, die das Leben der Menschen in ganz Europa einschneidend veränderten.

Zugang zu dieser höfischen Welt von Versailles erhielt man vor allem durch adlige Abstammung, doch öffneten einem auch Schönheit, Mut und Talent die Türen. Audienzen bei Seiner Majestät hatten meist Einladungen zu Banketten und Bällen und den Zutritt zu einer der zahlreichen Cliquen bei Hof zur Folge. Mit etwas Glück erhielt man sogar ein lukratives Amt.

Königliche Spazierfahrt *An goldenen Sommernachmittagen gefiel es Ludwig XIV., sich in der Gesellschaft seiner zahlreichen Höflinge durch die weitläufigen Gärten von Versailles fahren zu lassen. Nur der König trägt einen Hut. Seine Begleiter sind respektvoll barhäuptig.*

Baustelle *Es dauerte über 30 Jahre, bis der Traum Ludwigs XIV. von einem grandiosen Palast als Residenz verwirklicht war. Bis zu 36 000 Menschen arbeiteten an der Fertigstellung des barocken Schlosses mit seinen weitläufigen Parkanlagen. Der Umzug des königlichen Hofes von Paris nach Versailles machte aus dem unbedeutenden Dorf den glanzvollen Mittelpunkt Europas.*

Der Sonnenkönig *Bereits im Alter von 15 Jahren hatte Ludwig XIV. seiner Zeit den Stempel aufgedrückt und den Namen gefunden, unter dem er in die Geschichte eingehen sollte. Im Hoftheater trat er gern als Sonnenkönig in dem Ballett* La Nuit *auf.*

Es gab rund 7000 Hofbeamte, die sich mit etwa ebenso vielen Hofsoldaten um den beschränkten Platz im Schloß stritten. Es wimmelte von Dienern, Priestern, Gärtnern, Schriftstellern, Musikern, Gelehrten, Ärzten und anderen Leuten, die um die Gunst Ludwigs XIV. warben und die von dieser Glitzerwelt geblendet waren.

Versailles war daher hoffnungslos überfüllt. Selbst in den Küchen und Lagerräumen war jedes kleine Fleckchen heiß begehrt. Zwar war der Palast mit Kunstschätzen vollgestopft, doch gab es beklagenswert wenige sanitäre Einrichtungen. Oft mußte Parfümieren das Waschen ersetzen, und obwohl es in den Höfen Toiletten und in den Salons Nachtstühle gab, so war ihre Anzahl doch für einen solchen riesigen Haushalt völlig unzureichend. Gelegentlich konnte es geschehen, daß selbst der vornehmste Aristokrat plötzlich hinter den Treppenvorhängen verschwand. Ludwig kleidete sich sehr extravagant, und von seinem Hof erwartete er, daß man es ihm gleichtat. Auch die Speisen bei Hof waren mit großem Aufwand zubereitet und sehr opulent. Der König verabscheute Gabeln und aß mit dem Messer und den Fingern. Das ahmten die Höflinge selbstverständlich nach, allerdings durften sie erst essen, wenn der König sein Mahl beendet hatte. Trotz aller Etikette bei Hof herrschte in Versailles immer ein offenes Haus für Gäste, die auf der Durchreise waren.

Schmuck, Kleider, Perücken, die zahllosen Vergnügungen sowie der Unterhalt von Kutschen und Dienern waren außerordentlich kostspielig, und um diesen Aufwand finanzieren zu können, ließen sich die Höflinge einiges einfallen. Sie ersuchten den König um Geschenke und Pensionen oder versuchten, durch Intrigen Einfluß zu gewinnen und auf Kosten anderer Geschäfte zu machen. Neid und Mißgunst unter den Höflingen waren an der Tagesordnung.

Gänzlich anders sah das Leben der einfachen Leute und der Bauern in Frankreich aus. Sie wohnten in grob verschindelten Hütten auf festgestampftem Erdboden und finanzierten mit ihren Steuern den höfischen Luxus und den aufwendigen Staatshaushalt. Außerdem hatten sie traditionell Abgaben an den Grundherrn zu entrichten. Zu den Leistungen, die von Ort zu Ort verschieden waren, zählten Gespanndienste, Naturalienabgaben und Gebühren für den Betrieb von Mühlen oder Keltereien. Und zu all diesen erdrückenden Lasten kam noch der Zehnt für die Kirche.

Staatskarosse *Bei großen offiziellen Empfängen benützten die habsburgischen Herrscher prachtvoll und aufwendig gestaltete Zeremonienwagen (rechts).*

Gartenkunst *Die Franzosen waren Meister in der Anlage von künstlichen Gärten mit kleinen Pavillons, gestutzten Hecken, Wasserspielen und Blumenbeeten.*

JEDEM HERRSCHER SEIN SCHLOß

Der aufwendige Lebensstil am Hof Ludwigs XIV. fand viele Nachahmer in Europa. Selbst die kleinsten Provinzfürsten wetteiferten um die schönsten, größten, teuersten und prächtigsten Schlösser, Gärten und Parkanlagen, in denen sie verschwenderische Feste feierten. Die Grafen von Schaumburg bauten beispielsweise die kleine Stadt Bückeburg zur Residenz aus, und die hohenlohischen Grafen machten das abgelegene Schillingsfürst zu ihrem Versailles.

In Wien hielten die habsburgischen Herrscher in großem Stil Hof. Doch dies reichte Kaiser Leopold I. noch nicht. Er gab den Auftrag, vor den Toren Wiens Schloß Schönbrunn errichten zu lassen. Prinz Eugen von Savoyen, österreichischer Feldherr und Staatsmann, schien diese Bauwut nicht sonderlich zu beeindrucken, denn er ließ sich Anfang des 18. Jahrhunderts das Belvedere, eine der glanzvollsten Schöpfungen der Barockarchitektur, als Sommerresidenz erbauen.

KÄMPFEN FÜR SOLD UND EHRE

Mit dem Aufbau einer regulären Armee durch König Gustav II. Adolf von Schweden um das Jahr 1615 brach für die Kriegführung die moderne Zeit an. Doch das Los des einfachen Soldaten verbesserte sich dadurch nicht, denn er mußte weiterhin unter harten Bedingungen in blutigen Feldzügen kämpfen und sterben.

Gustav Adolf setzte seine Armee im Dreißigjährigen Krieg ein, der als Konflikt zwischen katholischen und protestantischen Fürsten des römisch-deutschen Reiches begann und sich zu einem Kampf um die Vorherrschaft in Europa entwickelte. Seine Söldnertruppen rekrutierten sich aus Mangel an einheimischen Männern vor allem aus Schotten, Iren und Deutschen. Sie wurden gedrillt und erhielten zur besseren Kennzeichnung auf dem Schlachtfeld Uniformen und Regimentsinsignien. Die Einführung einer leichteren, nur 1,2 Meter langen Muskete machte die Stütze für den Lauf überflüssig. Die berittenen Soldaten lernten, in vollem Galopp die Pistolen zu laden.

Soldat und Waffe *Selbst im Zeitalter der Muskete behielt die Pike ihre Bedeutung. Oft folgte auf eine Eröffnungssalve der Musketiere ein An-*

Höhere Feuergeschwindigkeit *Um 1610 ersetzte die Steinschloßmuskete den Luntenschloßmechanismus, bei dem eine langsam brennende Lunte den Schießzündsatz zündete. Wenn man den Abzug eines Steinschlosses zog, wurde ein Feuerstein freigesetzt, der auf ein Stahlplättchen am Pfannendeckel schlug. Dabei entstanden Funken, die in der Zündsatzpfanne das Schießpulver entzündeten und damit die Kugel aus dem Musketenlauf trieben.*

Anwerbung *Im Europa des 17. Jahrhunderts gab es nicht genügend Freiwillige, so daß man Soldaten oft mit Gewalt werben mußte. Die Anwerber waren nicht besonders wählerisch, und sie trieben Diebe und Betrunkene oder Müßiggänger zusammen.*

Die Zeit des Dreißigjährigen Krieges war von religiöser Intoleranz und äußerster Grausamkeit geprägt. Endlose Kämpfe verwüsteten große Teile Mitteleuropas. Die durchziehenden Armeen brachten die Pest und andere Krankheiten mit sich, die sich oft noch verheerender auswirkten als das Schlachtgetümmel selbst. Die außergewöhlich kalten Winter brachten zusätzliches Elend. Über die Greueltaten marodierender Soldaten wußte der Schriftsteller Johann Jakob Christoffel von Grimmelshausen in seinem Buch *Der Abentheuerliche Simplicissimus Teutsch* zu berichten: „Unser Magd ward im Stall dermaßen traktiert, daß sie nicht mehr daraus gehen konnte. Den Knecht legten sie gebunden auf die Erd, steckten ihm ein Sperrholz ins Maul und schütteten ihm einen Melkkübel voll garstigen Mistlachenwasser in Leib: das nannten sie ein Schwedischen Trunk."

Schwertkämpfer im Galopp

Als der Dreißigjährige Krieg seinem Ende zu ging, nahm der englische Bürgerkrieg seinen Anfang. Bei diesem Konflikt, der 1642 begann, standen sich König Karl I. und das Parlament unversöhnlich gegenüber. Am Anfang hatte Karl I. die militärische Übermacht, weil im Ausland als Söldner dienende Aristokraten zu seiner Unterstützung hinzueilten. Doch das Parlament besaß die größeren finanziellen Mittel. Bis zu jener Zeit hatte England keine nennenswerte Berufsarmee gehabt. Streitkräfte wurden nach Bedarf aufgestellt.

Die Soldaten beider Seiten waren wenig diszipliniert, da vor allem die unteren Ränge in erster Linie des Soldes und der Beute wegen zur Armee gestoßen waren, obwohl es mit der Bezahlung oft haperte. Plünderungen und Ausschreitungen der Soldateska waren an der Tagesordnung. Nach Mißerfolgen der Parlamentstruppen gegenüber den Royalisten ergriff Oliver Cromwell, ein Landadliger, Mitglied des Unterhauses und strenger Puritaner, der sich im Heer hochgedient hatte, die Initiative. Er organisierte die Parlamentsarmee um, und diese *ironsides* genannte Truppe aus militanten Puritanern schaffte aufgrund ihrer straffen Zucht und alttestamentarischen Frömmigkeit den militärischen Umschwung. Cromwell stellte Infanterie- und Kavallerieregimenter auf und bewaffnete sie mit Steinschloßmusketen, die leichter und sicherer waren als die mit einem Luntenschloß. Die Soldaten kleidete er mit regulären roten Uniformen ein, so daß man Freund und Feind leicht unterscheiden konnte. Rot blieb die Standardfarbe der britischen Armee, bis im Jahr 1902 zur besseren Tarnung das erdfarbene Khaki eingeführt wurde. Cromwell beschrieb seine Soldaten als „aufrichtige, nüchterne Christen". Keiner von ihnen war ein Söldner in herkömmlichem Sinn. Nach Cromwells Siegen, der Hinrichtung König Karls I. im Jahr 1648 und der Gründung des Commonwealth entwickelte sich die Armee zu einem Berufsheer, das auch nach der Wiedereinsetzung der Monarchie 1660 bestehen blieb.

Wenige Jahrzehnte später ging auch Frankreich zu einem stehenden Heer über. Freiwillige wurden angeworben, oft allerdings mit fragwürdigen Methoden, die die Freiwilligkeit relativierten. Das Offizierskorps rekrutierte sich aus dem Adel. Die weiträumig geführten Türkenkriege in Südosteuropa und der Spanische Erbfolgekrieg zu Ende des 17. und beginnenden 18. Jahrhunderts erforderten mächtige Armeen. Die großen Feldherren der Zeit wie der in österreichischen Diensten stehende Prinz Eugen von Savoyen, der Fran-

griff der Pikeniere, die mit wehenden Fahnen vorrückten. Die Pikeniere handhabten ihre Waffe nach genauen Regeln.

zose Henri Turenne oder der englische Herzog von Marlborough, John Churchill, pflegten nicht nur die Kriegskunst, sondern beachteten auch wirtschaftliche Aspekte bei der Truppenführung, denn eine wohlversorgte Truppe war schlagkräftiger.

Marlborough war nicht nur einer der größten Feldherren seiner Zeit, er war auch ernsthaft am Wohlergehen seiner Leute interessiert, was zwar sinnvoll, aber zu einer Zeit, in der man sich wenig um die Not der Unterprivilegierten kümmerte, keineswegs selbstverständlich war. So entwarf er Marschpläne, die die Soldaten vor der Mittagshitze bewahrten, und gestattete ihnen, ohne Gleichschritt unter Trommeln zu marschieren. Allerdings mußten alle in ihrer Formation bleiben. Er sorgte dafür, daß sie ihren Sold sowie Essensrationen und Uniformen pünktlich erhielten. Gleichzeitig war er ein strenger Befehlshaber. Er bestimmte, daß jeder Soldat, der auch nur ein Ei von einem der Bauern stahl, die Nahrungsmittel ins Lager brachten, gehenkt werden sollte. Auch Plünderer und Marodeure endeten am Galgen. Marketenderinnen, die den Truppen folgten – waren sie nun mit Soldaten verheiratet oder Prostituierte –, wurden für Vergehen wie Leichenfledderei ausgepeitscht. Doch trotz solcher Strenge war die Behandlung der Soldaten in der englischen Armee weit weniger hart als die in der preußischen Armee König Friedrich Wilhelms I. Seine Truppen wurden in Manövern gedrillt. Sie mußten in einem Tempo von bis zu 120 Schritt pro Minute marschieren. Mit rigorosen Übungsmethoden gingen schwere Strafen für die Mißachtung von Befehlen einher. Oft bekam ein ungehorsamer Soldat in einem festgelegten Zeitraum bis zu 1500 Peitschenhiebe, oder man zwang ihn zum Spießrutenlaufen.

Schlachtgetümmel *Strenge Disziplin, neue Waffen und methodischer Drill gewährleisteten, daß es in der Kriegführung des 17. Jahrhunderts keine Pausen gab. Ein zeitgenössischer Künstler stellt ein Schlachtgetümmel dar, an dem Infanterie und Kavallerie beteiligt sind.*

Heimkehr aus dem Krieg *Entlassene Soldaten, von denen viele im Krieg verwundet oder verstümmelt worden waren, mußten sich oft auf den Straßen ihrer Heimat mit Betteln durchschlagen.*

ARME BAUERN UND REICHE HERREN

Für die Menschen auf dem Land war das Leben im Europa des 18. Jahrhunderts hart. Die meisten lebten in Dörfern, Weilern oder auf Einzelgehöften und bestritten ihren Lebensunterhalt direkt oder indirekt von der Landwirtschaft. Die bäuerliche Bevölkerung war anfällig für Krankheiten wie Pocken, Grippe und Tuberkulose. Für Frauen bestand ein hohes Risiko, im Kindbett zu sterben. Die Armen quälte der Hunger, sie zitterten im Winter vor Kälte in ihren schäbigen Kleidern und schliefen auf Strohsäcken, die sie auf die Böden ihrer engen Hütten legten.

Zäune für den Besitz

In vielerlei Hinsicht hatte sich seit dem Mittelalter nur wenig verändert: Das Leben verlief noch immer nach dem Rhythmus der Jahreszeiten und richtete sich nach dem alten Kalender von kirchlichen Feiertagen und Jahrmärkten.

Heimarbeit *Dieses Spinnrad aus Jersey (oben) hat eine waagrechte Spindel, auf die das gesponnene Garn aufgewickelt wird. Solche Räder benutzte man häufig in Bauernhäusern (rechts). Eine Frau sitzt beim Kochen an einem stark qualmenden Küchenfeuer. Daneben steht ein Backofen. Die Mutter des Hauses sortiert die Wäsche auf dem Tisch. Haushaltsgeräte hängen an den Wänden.*

Statt echter Medizin gab es allerlei Heilmittel zweifelhafter Wirksamkeit, und der Aberglaube blühte. Abends wurden am Herdfeuer überlieferte Märchen von Geistern, Kobolden und Elfen erzählt.

Zu Beginn des 18. Jahrhunderts existierte immer noch die althergebrachte Dreifelderwirtschaft. Auf großen, offenen Feldern bewirtschaftete jeder Bauer eine bestimmte Anzahl von Flurstücken und ließ die anderen brachliegen. Der Gutsherr besaß Hunderte solcher Streifen, während sich der ärmste Bauer mit zwei oder drei begnügen mußte. Keine Hecken oder Mauern begrenzten die Schläge. Doch im Lauf der Zeit kamen neue und profitablere Formen des Ackerbaus wie beispielsweise die des Fruchtwechsels auf. Die Landeigentümer gingen dazu über, die Felder mit Hecken oder Zäunen zu umfrieden. Trat eine Krise auf wie Preisverfall oder Mißernte, verloren die kleinen Bauern als erste ihr Stückchen Land. Es gab nun immer weniger gemeinschaftliches Weideland, auf dem sie ihre zwei oder drei Kühe grasen lassen konnten. Auch das uralte Recht, Holz und anderes Brennmaterial zu sammeln, wurde abgeschafft. Die Bauern sanken zu Pächtern eines Großgrundbesitzers hinab oder verdingten sich als Landarbeiter. Der typische Landmann, der sich und seine Familie durch die traditionelle Bewirtschaftung des Bodens ernähren konnte, verschwand. Wer nun Landwirtschaft betrieb, mußte Kapital besitzen und Geschäftssinn entwickeln. Doch trotz der Nachteile für den Bauernstand brachte die neue Art der Landwirtschaft der Gesellschaft einige Vorteile, weil die Qualität und Menge der Nahrungsmittel erheblich zunahmen. Zu den ertragssteigernden Neuerungen zählten leistungsfähigere Pflüge und eine Sämaschine, die der Engländer Jethro Tull im Jahr 1701 erfunden hatte. Seine Konstruktion streute die Saat in geraden Reihen aus, was das Unkrautjäten einfacher machte, und bedeckte die Aussaat mit Erde, so daß sie vor den Vögeln geschützt war.

Diese Maschinen brachten den Großgrundbesitzern enorme Gewinne ein, und dennoch blieben die Löhne erbärmlich gering. Der Reich-

Wandernde Arbeiter *Saisonarbeiter zogen mit ihren Familien auf der Suche nach Arbeit von Ort zu Ort. Sie besaßen ihre eigenen Werkzeuge und führten auch ihren Hausrat mit sich.*

Festzurren der Ladung *Mit einer Stange und einem Seil machen Transportarbeiter eine Ladung Wollballen auf einem Wagen fest, während eine Frau Bierfässer verstaut.*

tum der Grundherren fand seinen Ausdruck in repräsentativer Lebensgestaltung. Prächtige Herrenhäuser oder Schlösser entstanden, und ganze Landstriche wurden in weitläufige Parkanlagen verwandelt.

Landschaft als Park

Der Begründer des gepflegten romantischen Stils der Parkarchitektur in der zweiten Hälfte des 18. Jahrhunderts war Lancelot Brown. Er machte das Land für seine Zwecke tauglich, indem er das Terrain durch Baumgruppen und Rasenhügel belebte, die sanft zu gewundenen Gewässern abfielen. Hierfür wurden Flüsse eingedämmt und ganze Berge von Erde bewegt.

Macht und Einfluß auf dem Land lagen in den Händen des Großgrundbesitzers. Er verbrachte die meiste Zeit mit der Verwaltung seines Besitzes, ritt durch seine Ländereien, um mit den Pächtern zu reden und die Züchtung von Nutztieren und Feldfrüchten sowie neue Landwirtschaftstechniken zu besprechen. Er war nicht nur Gutsherr, sondern übte auch die Pflichten eines örtlichen Friedensrichters aus. Ihm wurden die Dorfbewohner vorgeführt, die man beim Wildern oder einem anderen Gesetzesbruch ertappt hatte. Wildern war ein beliebter, wenn auch illegaler Sport, dem viele Landbewohner frönten, nachdem die Einzäunung der Ländereien sie um die Waldschnepfen und Forellen gebracht hatte, die sie früher in den Wäldern und Bächen hatten fangen dürfen. Der Großgrundbesitzer ging oft auf die Jagd. Auf seine harten Arbeitstage im Sattel folgten zumeist ebenso harte Trinkgelage und manchmal auch wilde Ausschweifungen. „Fuchsjagd, Trinken, das Krakeelen unzüchtiger Lieder und die Hurerei waren die größten Vergnügen dieser Menschen", schrieb Hochwürden Robert Knipe, als er sich an die zügellosen Edelleute seiner Kindheit in Nordengland erinnerte.

Nach dem Großgrundbesitzer und den Gutsherren waren in ländlichen Gebieten die Geistlichen die wichtigsten Persönlichkeiten. Ihnen trugen die Gemeindemitglieder ihre Kümmernisse und Sorgen vor in der oft berechtigten Hoffnung, bei ihnen ein offenes Ohr zu finden und praktischen Rat zu erhalten.

Ländliches Vergnügen *Nach Abschluß der Ernte feierten die Bauern meist ein Fest mit Gesang, Tanz und oftmals auch mit derben Scherzen.*

FREI UND DOCH ABHÄNGIG

Das nordhessische Dorf Leimbach bestand um die Mitte des 17. Jahrhunderts aus ganzen sechs Bauernhöfen. Einen der Höfe bewirtschaftete der Bauer Valentin Hooss. Die Familie bestand aus den Eltern, neun Kindern – vier waren kurz nach der Geburt gestorben – und einer Anzahl von Knechten und Mägden.

Zusammen mit seinen Nachbarn nutzte Hooss drei Viertel der Anbaufläche von 236 Hektar als Ackerland und nur ein Viertel als Grünland. Entsprechend klein war daher auch der Viehbestand von 28 Stück. Weizen und Roggen gediehen recht gut und sicherten der Familie ein leidliches Auskommen. Doch die Verwüstungen des 1648 zu Ende gegangenen Dreißigjährigen Krieges hatten tiefe Spuren hinterlassen.

Obwohl Hooss den Hof an seine Söhne weitervererben konnte, durfte er auf seinem Besitz nicht nach eigenem Gutdünken schalten und walten, denn der größte Teil des Ackerlandes war entweder zeitlich befristetes Pachtland oder gehörte dem Grafen von Ziegenhain, einem adligen Grundherrn, der einen Tagesritt entfernt lebte. Für die Nutzung des herrschaftlichen Bodens mußte Hooss genau festgelegte Abgaben zahlen sowie Fahr- und Spanndienste leisten. So mußte er dem gräflichen Hof stets einige Pferde im Monat kostenlos zur Verfügung stellen.

Nach Luft schnappen *Vor interessiertem Publikum erzeugt der Chemiker Antoine Lavoisier mit einer Pumpe in einer Glasglocke ein Vakuum, um zu beweisen, daß der Vogel in dem Glas zunächst ohnmächtig wird und schließlich stirbt, wenn er keinen Sauerstoff zum Atmen erhält.*

KRITISCHER GEIST AUF NEUEN WEGEN

Seit dem 17. Jahrhundert genoß die Wissenschaft ein ständig wachsendes Ansehen. Die Gelehrten gaben sich nicht mehr damit zufrieden, den Denkweisen dogmatischer Glaubenssätze oder gar des Aberglaubens zu folgen, sondern sie wogen, prüften und experimentierten nach den Grundsätzen der Vernunft, die nun im Zeitalter der Aufklärung der wichtigste Maßstab wurde.

Der Schwerpunkt der Aufklärung lag im 18. Jahrhundert in Frankreich. Hier wurde die Idee geboren, das komplette Wissen der Menschheit systematisch und umfassend zu ordnen und in einer Enzyklopädie zu veröffentlichen. Dieses 35bändige Werk, das zwischen 1751 und 1772 erschien, wurde von Denis Diderot und Jean d'Alembert herausgegeben und von rund 200 Wissenschaftlern aller Disziplinen verfaßt. Zu ihnen gehörten so erlauchte Geister wie Voltaire und Jean-Jacques Rousseau, aber auch Techniker und

Spiegelfernrohr

FORSCHERDRANG UND ERFINDERGEIST

Am Landsitz Bowood House in Wiltshire in Südengland kann man Einblicke gewinnen in den Lebensstil einer adligen Familie des 18. Jahrhunderts. Einer der schönsten Landschaftsgärten mit künstlichem See und Wasserfall sowie einer Einsiedlerhöhle empfängt den Besucher. Hinter der herrlichen Orangerie befindet sich ein kleiner Raum, das Laboratorium. Hier entdeckte Joseph Priestley 1774 den Sauerstoff, den er durch Erhitzen von Quecksilberoxid erhielt. Diese Entdeckung, die der französische Chemiker Antoine Lavoisier weiterentwickelte, offenbarte, daß die Luft um uns herum kein stoffloses Nichts ist, sondern eine Mischung der beiden sich ergänzenden Gase Sauerstoff und Stickstoff. Lavoisier bewies in einer Reihe glänzender Versuche, daß sich Sauerstoff bei einer Verbrennung mit der brennbaren Substanz vereinigt. Er gab dem Element den Namen, da er fälschlicherweise davon ausging, daß Säuren stets Sauerstoff enthielten. Er zeigte auch, daß Wasser kein Element, sondern eine Verbindung von Wasserstoff mit Sauerstoff ist.

Große Beachtung schenkte man auch den Ballonfahrten der Gebrüder Montgolfier. Der Heißluftballon hielt sich bei seinem Flug 1783 acht Minuten in der Luft und landete zwei Kilometer vom Startplatz Versailles entfernt.

Schon mehr als ein Jahrhundert zuvor hatte der Italiener Galileo Galilei das erste Fernrohr gebaut, das nun den neugierigen Naturforschern Einblick in das Reich der Sterne gewährte. Auch die Welt im kleinen tat sich der Forschung auf, nachdem der Niederländer Antonie van Leeuwenhoek gegen Mitte des 17. Jahrhunderts das erste Mikroskop konstruiert hatte.

Zu den Erfindungen, die dem Alltagsleben der Menschen zugute kamen, zählten 1720 die Geburtszange, 1733 der erste Kinderwagen und 1780 die ersten maschinell hergestellten Zahnbürsten sowie die Produktion von reißfesten Stahlseilen. Bereits 1714 hatte der deutsche Universalgelehrte Gottfried Wilhelm Leibniz die Verwendung von Fleischextrakt propagiert und damit als erster den Wert der Konservennahrung erkannt.

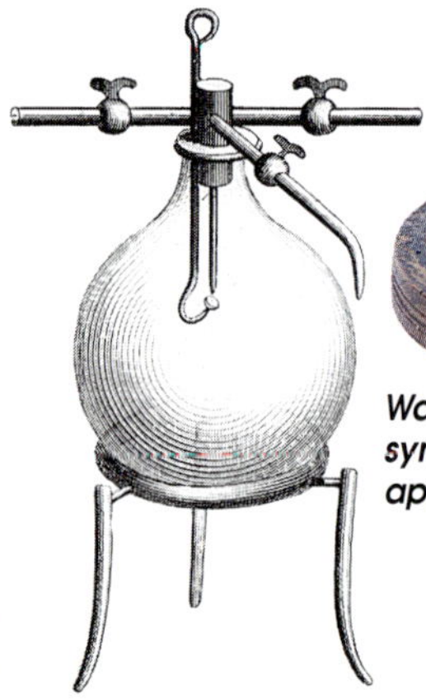

Wassersyntheseapparat

Neue Mode *Karikatur auf die Halbbildung der feinen Gesellschaft: Ein Edelmann hält das Teleskop verkehrt, ein anderer starrt verständnislos auf den Globus.*

Handwerker, die mit großer Akribie den technischen Fortschritt der Zeit darstellten. Die aufgeklärte Weltsicht der Enzyklopädisten enthielt so viel gegen Adel und Kirche gerichtete Stoßkraft, daß sie zum Wegbereiter der Französischen Revolution wurde.

England hatte sich bereits im 17. Jahrhundert, während der revolutionären Kämpfe um die Freiheitsrechte, zu einem Zentrum der europäischen Aufklärung entwickelt. Die *Royal Society*, die König Karl II. im Jahr 1660 in London gründete, machte sich das ganze umfassende Gebiet der Wissenschaft zum Thema und regte während des gesamten 18. Jahrhunderts sowohl die praktische als auch die theoretische Forschung an. Das Britische Museum und die Botanischen Gärten in Kew, einem Vorort von London, wurden beide 1759 gegründet, während 1793 der erste öffentliche Zoo im *Jardin des Plantes* in Paris eröffnet wurde.

In ganz Europa spürte man den gleichen wissenschaftlichen Impuls. Der Deutsche Daniel Fahrenheit entwickelte die nach ihm benannte Temperaturskala. Der schwedische Astronom Anders Celsius setzte die Celsiusgrade fest. Sein Landsmann, der Naturforscher Carl von Linné, schuf die Grundlage der modernen biologischen Systematik.

Die Wissenschaftler waren von den bahnbrechenden Erkenntnissen ebenso fasziniert wie von den kleinen Entdeckungen im täglichen Leben. Als der englische Chemiker Joseph Priestley seine *Einführung in die Theorie und Praxis der Perspektive* verfaßte, konnte er der Versuchung nicht widerstehen, in einem Zusatz die Vorzüge eines Radiergummis zu beschreiben: „Diese Neuheit ist für alle, die zeichnen, von größtem Nutzen. Mr. Nairne verkauft ein würfelförmiges Stück von etwa anderthalb Zentimetern für drei Schillinge, und er sagt, es wird einige Jahre lang halten."

Im Zeichen der Aufklärung entwickelten sich auch Sprachwissenschaft und Literatur. Erste Wörterbücher entstanden, die zur Standardisierung der Rechtschreibung beitrugen. In der deutschen Literatur ist die Zeit eng mit dem Namen Gotthold Ephraim Lessing verknüpft, der 1780 *Die Erziehung des Menschengeschlechts* zu Vernunft und Toleranz propagierte und ein Wegbereiter der deutschen Klassik wurde. Auch das Leseinteresse nahm in Deutschland deutlich zu. Die Zahl der Neuerscheinungen stieg von 1200 Buchtiteln 1764 auf rund 5000 im Jahr 1788. Zentren des deutschen Buchhandels waren Berlin und Leipzig.

Die Männer der Aufklärung trugen gepuderte Perücken, die im allgemeinen kleiner und kompakter waren als die hochaufgetürmten Modelle der vorangegangenen Jahre. Sie kleideten sich in schlichtem Rock und Kniehose. Nur in den untersten Gesellschaftsschichten trug man lange Hosen.

Als Kopfbedeckung war der Dreispitz verbreitet. 1715 stellte ein Pariser Fabrikant ein neues modisches Accessoire vor: den zusammenklappbaren Regenschirm.

Die Frauen der Aufklärung, die sich zwar mit Mikroskopen und neuen chemischen Theorien auskannten, unterwarfen sich dennoch dem Modediktat von engen Korsetts und neuartigen Reifröcken, die hinten und vorn flach, doch an den Seiten so weit ausgestellt waren, daß ganze Treppenaufgänge umgestaltet werden mußten.

Ihr Haar trugen modebewußte Damen in aufgetürmten Frisuren, die oft über einen Meter hoch waren und mit Pferdehaar ausgestopft und von Drahtgerüsten gehalten wurden. Sie waren mit Straußenfedern und Bändern geschmückt und manchmal auch mit Modellbauernhöfen, Schlachtenszenen oder Schiffen verziert.

Musikalisches Neuland

Für musikalischen Genuß sorgten in der zweiten Hälfte des 18. Jahrhunderts Orchesterwerke in erweiterter Besetzung, denen das Publikum gebannt lauschen konnte. Zu den bisherigen Instrumenten kamen neue hinzu wie Oboe, Klarinette und Klavier. Joseph Haydn und Wolfgang Amadeus Mozart gelten als die Schöpfer und Vollender der klassischen Sinfonie. Beide Komponisten perfektionierten die Orchestermusik, und um etwa dieselbe Zeit wurden auch die ersten Ballette aufgeführt.

In der Medizin erzielte man Fortschritte durch die genaue Erforschung der Anatomie, das heißt des Körperbaus und der Form der Lebewesen, indem man Leichen sezierte. Ein wichtiger Durchbruch im Kampf gegen die Pocken gelang dem englischen Arzt Edward Jenner 1796, als er die Wirksamkeit des Impfstoffes aus Kuhpockenviren beim Menschen entdeckte. Zwar bekämpfte man die Seuche bereits seit längerer Zeit mit einem Impfstoff aus Menschenpockenviren, doch war das Verfahren risikoreich und nicht sehr wirksam. Jenner hörte eines Tages, wie eine Milchmagd über die Pocken sagte: „Ich kann mich an dieser Krankheit nicht anstecken, denn ich hatte schon einmal die Kuhpocken." Mit dem Kuhpockenserum der Melkerin impfte er daraufhin einen achtjährigen Knaben. Als er ihn später mit Menschenpocken infizierte, erkrankte der Junge nicht. Die Schutzimpfung mit Kuhpockenviren verbreitete sich rasch und hat sich als eine der erfolgreichsten Leistungen auf medizinischem Gebiet erwiesen.

Ideale Form *Die Geigen von Antonio Stradivari sind von höchster Qualität: hier ein Instrument aus dem Jahr 1716.*

Aufgeputzt *Wer sich der neuen italienischen Kunst der Oper hingab, erwartete nicht nur schönen Gesang, sondern auch prächtige Kleidung.*

Privatvorstellung *Eine Schauspielerin wird in einer Loge des Theaters von ihrem vornehmen und wohlhabenden Gönner und seinen Freunden empfangen.*

WEIMAR – RESIDENZ UND MUSENHOF

Ländliches Idyll *Goethe nannte Weimar scherzhaft eine Residenz, die 1000 Poeten und einige Einwohner hat. Die Ansicht stammt aus dem Jahr 1798.*

Das Leben veränderte sich entscheidend im Deutschland des 18. Jahrhunderts. Bürgerliche Berufe wie Hofmeister, Gelehrter und Beamter schufen einen Mittelstand, der sich zu einer Bildungsklasse entwickelte. Das Bürgertum schob sich nun wirtschaftlich und gesellschaftlich in den Vordergrund, verdrängte die höfische Kunst und prägte einen eigenen Geschmack. Die bürgerliche Intelligenz war Wegbereiter neuer geistiger Strömungen, vor allem der Aufklärung, deren Ideale von Humanität und Toleranz Eingang in alle Lebensbereiche fanden. Im Schulsystem forderten beispielsweise fortschrittliche Pädagogen nicht nur eine umfassende Volksbildung, sondern auch eine die natürlichen Fähigkeiten des Kindes fördernde Erziehung. In Berlin wurde 1747 die erste Realschule gegründet – so benannt, weil neben Latein, Deutsch und Französisch auch reale Fertigkeiten wie Mathematik und berufliche Fachkenntnisse vermittelt wurden.

Voltaire war bei seinem Aufenthalt in Preußen aufgefallen, daß „niemand etwas anderes als Französisch spricht. Deutsch ist für Soldaten und Pferde da." Nun fand die deutsche Sprache Eingang in die Universitäten, in Literatur und Bühnenkunst. Christian Wolff, Professor in Halle, behandelte selbst philosophische und wissenschaftliche Themen nicht mehr auf lateinisch, sondern auf deutsch, und Lessing machte die deutsche Sprache literaturfähig. Selbst auf der Opernbühne hörte man deutsche Texte. Darüber hinaus entstand mit dem Sololied eine bürgerliche deutschsprachige Musikkultur. Es gab öffentliche Konzerte, die in großen Sälen dargeboten wurden. Das Große Konzert im Leipziger Gewandhaus, 1781 ins Leben gerufen, ist bis heute erhalten.

Einen herausragenden Platz im gesellschaftlichen Leben des Bürgertums nahmen um die Jahrhundertwende die von Frauen geführten Salons ein. Hier wurde zwanglos, unterhaltsam, witzig und originell über Themen der Literatur, Kunst und Philosophie diskutiert. Berühmt waren die Salons von Karoline Schlegel-Schelling in Jena und Rahel Varnhagen von Ense in Berlin. Zutritt hatte jeder, vorausgesetzt, er besaß Bildung, Talent und Fähigkeiten.

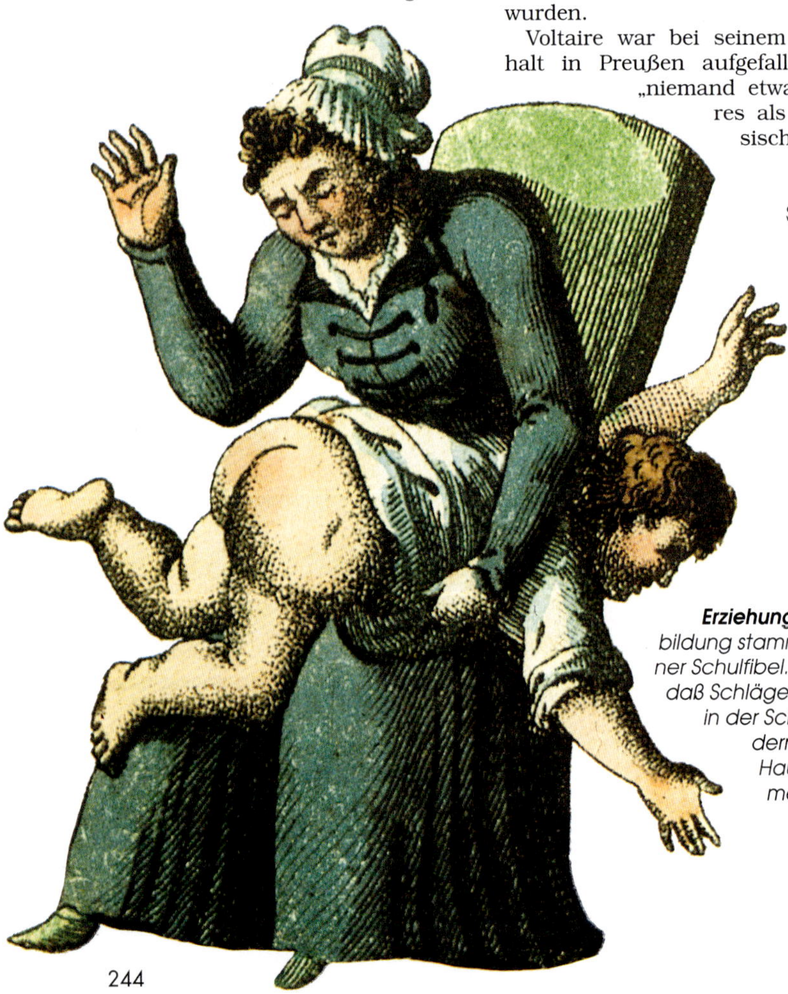

Erziehung *Die Abbildung stammt aus einer Schulfibel. Sie zeigt, daß Schläge nicht nur in der Schule, sondern auch zu Hause allgemein üblich waren.*

Stadt oder Dorf?

Deutschland bestand im 18. Jahrhundert aus über 300 Staaten. Einer davon war das Herzogtum Sachsen-Weimar-Eisenach mit seiner Residenzstadt Weimar, die zugleich zentraler Marktplatz für die agrarisch-ländliche Umgebung war. 1786 lebten hier gut 6000 Menschen. Fast ein Drittel der Einwohner waren Dienstboten oder Gelegenheitsarbeiter, ebenso viele gehörten dem Handwerkerstand an; die führende Schicht setzte sich aus Beamten, Hofbediensteten und Angehörigen akademischer Berufe zusammen. Sie bildeten den Mittelstand und prägten das Gesicht der Stadt.

Warum wurde ausgerechnet Weimar, „dieses unselige Mittelding zwischen Stadt und Dorf", so Johann Gottfried Herder, Zentrum der deutschen Literatur, wo Goethe und Schiller die deutsche Klassik zu ihrer höchsten Blüte führten? Es lag an der Aufgeschlossenheit, der Toleranz und den weitgespannten Interessen der herzoglichen Familie. Sie

Schillers Räuber *Die Besetzungsliste stammt von der Uraufführung 1782 in Mannheim, die Schiller über Nacht berühmt machte.*

zeigte sich offen gegenüber den künstlerisch-literarischen Zeitströmungen und ihren bürgerlichen Vertretern und lud jene Dichter nach Weimar ein, über die man damals in Deutschland sprach. Zusammen mit Künstlern, Gelehrten und Literaten, die vom regen Geistesleben der Stadt angezogen wurden, begründeten sie den Ruf Weimars als Musenhof.

Hier waren sie aber nicht mehr, wie früher üblich, Teil der Hofgesellschaft, sondern gingen ihrer beruflichen Tätigkeit nach, wenn auch im Staatsdienst. Der erfolgreiche Dichter Christoph Martin Wieland machte den Anfang. Er nahm 1772 das Angebot der Herzoginmutter Anna Amalia an, Erzieher des Erbprinzen Karl August zu werden. Daneben fungierte Wieland als Herausgeber des *Teutschen Merkur*, den er zu einer der angesehensten deutschen Literaturzeitschriften gestaltete. Drei Jahre später lud Herzog Karl August Johann Wolfgang Goethe nach Weimar ein. *Götz von Berlichingen*, vor allem aber *Die Leiden des jungen Werthers* hatten den Dichter berühmt gemacht. Der Roman von der enttäuschten Liebe eines jungen Mannes, der daraufhin den Tod wählt, traf das Lebensgefühl der jungen Generation. Deutschland ergriff ein regelrechtes Werther-Fieber: Man fühlte, lebte, litt – und starb wie Werther. Sogar eine junge Dame der Weimarer Hofgesellschaft suchte, mit dem *Werther* in der Hand, den Tod in der Ilm. Kein Wunder, daß von der Obrigkeit das Werk als Bruch aller Sittlichkeit sowie als Rechtfertigung des Selbstmords verstanden und darum vielerorts verboten wurde. Ein Schicksal, das auch Schillers *Räubern* zuteil wurde. Das Stück machte den Dichter ebenfalls über Nacht in ganz Deutschland berühmt, wurde aber gleichfalls als Bedrohung der bestehenden Ordnung angesehen.

Schon bald übertrug der Herzog Goethe eine Reihe von Staatsaufgaben, die ihn bis zum Geheimen Rat aufsteigen ließen. Darüber hinaus übernahm Goethe die Leitung des Hoftheaters. Hier fanden die Uraufführungen seines *Egmont* und *Torquato Tasso* statt sowie die von Schillers Dramen *Wallenstein*, *Maria Stuart*, *Die Jungfrau von Orleans* und *Wilhelm Tell*.

Goethe empfahl dem Herzog, die Leitung des herzoglichen Kirchen- und Schulwesens dem Philosophen Johann Gottfried Herder zu übertragen. 1776 zog Herder nach Weimar, wo er unter anderem zwei Volksliedersammlungen herausgab, die zu den Wegbereitern der Romantik zählen. Mit Schiller schließlich, der 1799 endgültig nach Weimar übersiedelte, wurde die sogenannte Weimarer Klassik Wirklichkeit.

Goethe, Schiller und die anderen bürgerlichen Geistesgrößen, die hier lebten, wirkten und lehrten, verliehen dem Weimarer Hof Glanz und der Residenzstadt internationale Geltung. Dennoch blieb das Herzogshaus der Mittelpunkt, und das Standesbewußtsein hatte sich trotz aller bürgerlichen Kontakte erhalten, wie die Verleihung des Adelsprädikats an Schiller und Goethe verdeutlichte: Der Herzog erhob sie in seinen Stand, und die Dichter verstanden die Auszeichnung auch in diesem Sinn. Aus den bürgerlichen Heißspornen von einst waren standesgemäße Adlige geworden.

Kaffeehäuser *Sie waren ein beliebter Treffpunkt der Bürger, wo sogar Frauen zugelassen waren. Die Formen waren zwanglos, nur der gegenseitige Gedankenaustausch zählte.*

Hausmusik *Sie wurde in jedem gutbürgerlichen Heim gepflegt. Klavier und Flöte waren die am meisten gespielten Instrumente.*

UMWERFENDE MODE

Aus einer Dormeuse, die dem nächtlichen Schutz empfindlicher Haargebilde diente, entwickelte sich eine elegante Haube aus feinem weißem Leinen: Reich verziert mit Rüschen, Bändern, Spitzen oder Stickerei, war sie der Kopfschmuck der Bürgersfrau im 18. Jahrhundert und löste die Rokokofrisuren ab. Der Dreispitz war die vorherrschende Kopfbedeckung des Herrn. Ende des Jahrhunderts kam dann in Großbritannien der Zylinder auf, bei dessen erstmaligem Anblick Frauen in Ohnmacht fielen, Kinder aufschrien, Hunde bellten und ein Junge sich den Arm brach, als er von der Menge, die zusammengelaufen war, umgeworfen wurde. So jedenfalls stand es im Polizeibericht, denn der Träger und Schöpfer dieses „glänzenden Bauwerks auf dem Kopfe" mußte sich vor Gericht wegen Erregung öffentlichen Ärgernisses verantworten. Die *Times* stellte das Gebilde jedoch sofort als Hut mit großer Zukunft vor – womit sie recht behielt. Schon bald gehörte der Zylinder zur Ausstattung des bürgerlichen Herrn.

Hutmode *Die Frau kam im 18. Jahrhundert „unter die Haube", und dem Mann stand als neuester Hutschmuck der Zylinder sehr gut zu Gesicht.*

Cokes Reise *Thomas Coke, der spätere Earl of Leicester, war 18 Jahre alt, als er sich 1770 auf seine große Bildungsreise durch Europa begab. Einem Maler in Rom posiert er für einen Kostümball. Die Säulen, die Landschaft und die Statue sind typisch für ein klassisches Porträt.*

Arznei für die Reise *Der Reisende führte sein eigenes Arzneikästchen mit sich, das unter anderem Riechsalz und schmerzstillende Lösungen enthielt.*

Information *Reiseführer gehörten für die bildungsbeflissenen Touristen dazu.*

SEHNSUCHT NACH DEM SÜDEN

Müde und mit schmerzenden Gliedern stiegen drei Reisende aus ihrer Kutsche und starrten besorgt auf das Gebirgsmassiv um den Paß Mont Cenis, das letzte und schwierigste Hindernis auf ihrer Reise durch Frankreich nach Italien. Mit etwa 2130 Meter Höhe war er einer der gefährlichsten und gefürchtetsten Pässe in den Alpen. Ein steiler, schmaler Pfad begann oberhalb des Dorfes Lanslebourg und verlief in schwindelerregender Höhe noch ungefähr 72 Kilometer durchs Gebirge, um endlich in die Ebene, die nach Turin führt, zu münden.

In einem Winter gegen Ende des 18. Jahrhunderts befanden sich die drei Reisenden – ein junger englischer Adliger, sein Lehrer und ein Diener – auf einer Bildungsreise, die sie nach Italien führte und die die Ausbildung junger Leute aus vornehmem Hause abschloß. Besonders Engländer pflegten diese Art des Reisens, aber auch manche Deutsche, unter ihnen der Dichter Johann Wolfgang Goethe, vertieften so ihre Bildung. Zu Tausenden erforschten sie den Kontinent, um Sprachen zu erlernen, fremde Lebensweisen kennenzulernen und Kunstwerke zu sehen. Nach Monaten oder manchmal erst nach zwei oder drei Jahren kehrten sie, durch ihre Studien gebildet und reich an Erfahrungen, heim.

Während die Reisenden im Dorfgasthof ein Zimmer bezogen, brachte man ihre Kutsche in einen Schuppen, wo sie für den Transport über den Paß zerlegt wurde. Am nächsten Morgen band man die Einzelteile der Kutsche auf die Rücken von Maultieren. Bergführer geleiteten sie sicher über steil abfallende, felsige Pfade, eisbedeckte Hänge und Brücken, die über reißende Bergbäche führten.

Die Touristen, von Kopf bis Fuß warm eingepackt in Bärenfellmützen, Pelzmuffen, pelzgefütterten Stiefeln und Mänteln, wurden in sänftenähnlichen Korbstühlen an langen Stangen von flinken Trägern befördert. Reisende verglichen diese Träger oft mit Bergziegen.

Auf dem berüchtigten Sankt-Gotthard-Paß waren die Bedingungen noch schlimmer. Dort waren die Reisenden gezwungen, ihre Sänften zu verlassen und auf allen vieren über eine hohe, schlüpfrige Brücke zu kriechen, von der sie der starke Wind hinab in die Felsschlucht zu blasen drohte. Doch ganz gleich, welchen Weg die Reisenden wählten, es kostete sie immer rund zwei Tage, bis sie die friedliche Sicherheit der italienischen Seen erreicht hatten.

Trotz aller Mühen und Gefahren galt die Alpenroute als sicherer als die Reise mit dem Schiff, wo die Bildungsbeflissenen fürchten mußten, Piraten oder Unwettern zum Opfer zu fallen.

Die Bildungsreise begann in London, wo die Reisenden eine Postkutsche nach Dover bestiegen. Zum Reisegepäck zählten Pistolen, Teleskope, ein gutbestücktes Arzneikästchen, Kleidung, aufblasbare Badezuber mit Blasebalg und nützliche Reiseführer.

Die Überfahrt von Dover nach Boulogne dauerte bis zu sechs Stunden. Dort angekommen, verloren die Touristen keine Zeit und mieteten eine Kutsche für die einwöchige Reise nach dem über 250 Kilometer entfernt gelegenen Paris. Dort ermunterte der Lehrer seinen Zögling, Skizzen von den wichtigsten Sehenswürdigkeiten zu machen, wie vom Louvre, der Kirche Notre-Dame und dem Schloß von Versailles. Nebenher veranstaltete er ein Frage-und-Antwort-Spiel über die Kultur und Geschichte der Hauptstadt und ihrer Einwohner. Die Schüler

Touristenattraktion *Eine Gruppe Bildungsreisender betrachtet ehrfürchtig die Überreste des Castor- und-Pollux-Tempels auf dem Forum Romanum. Anblicke wie dieser entschädigten für die Beschwernisse der abenteuerlichen Reise.*

Ein Sammler und seine Schätze *Ein Kunstsammler in der Galerie seines Schlosses. Er ist umgeben von den Gipsabgüssen Dutzender antiker Kunstwerke, die er auf seinen Reisen besichtigt hat.*

Souvenir *Ein Fächer zeigt die Sehenswürdigkeiten der Stadt Rom.*

aber erkundigten sich viel lieber bei den Kammerdienern nach modischen Schneidern und Perückenmachern. Die eitleren jungen Herren trugen rot-gelbe Samtanzüge mit weißem Seidenfutter, Hemden aus schäumender Brüsseler Spitze, seidene Halskrausen, weiße Seidenstrümpfe und Pumps mit Spangen und roten Absätzen. An der Seite trugen sie Degen mit goldenen Griffen.

Nach den Pflichtbesuchen von Kunstgalerien, Theatern und Konzerten verschwand so mancher in einem Bordell oder Spielhaus. Sie nahmen Fecht-, Reit- und Tanzunterricht und fanden immer noch Zeit, die Kunst der koketten Konversation zu erlernen. Ein zeitgenössischer Beobachter schrieb, daß viele dieser Reisenden mit „den Manieren eines Tanzlehrers und der Moral einer Hure“ heimkehrten. Von Paris aus reisten die Touristen manchmal nach Marseille, wo im Hafen die fast nackten, kahlgeschorenen, an die Bänke der königlichen Schiffe geketteten Galeerensklaven eine zweifelhafte Attraktion boten. Oder sie reisten über die Alpen direkt nach Italien, wo sie so berühmte Städte wie Pisa, Florenz und Venedig aufsuchten. Venedig trachtete man, nach Möglichkeit rechtzeitig zum Karneval zu erreichen. Dort schauten die Besucher den Gondelwettfahrten in den Kanälen und den Stierjagden durch die Straßen und über die Plätze der Stadt zu. Die Krönung jeder Italienreise war Rom. Hier traf man auf alles, was ein bildungshungriges Herz begehrte.

Viele der unerfahrenen jungen Leute fühlten sich zur *Piazza di Spagna* hingezogen, dem Revier der skrupellosen Kunstfälscher und Händler. Doch es gab auch zuverlässigere Altertumskenner, die angeheuert wurden, um den Touristen die Sehenswürdigkeiten der Ewigen Stadt wie die Katakomben zu zeigen und um eine Sitzung bei dem Gesellschaftsmaler Pompeo Batoni zu arrangieren, der sie vor antiken Ruinen wie den Caracallathermen oder dem Forum Romanum porträtierte. Die Bildung war aber erst vollkommen, wenn die Reisenden die antiken Städte Herculaneum und Pompeji an der Bucht von Neapel besucht hatten. Diese Ruinen beeindruckten sie mehr als alles andere auf ihren Reisen. Die Skizzen und Souvenirs, die sie von dort mit nach Hause brachten, hatten einen großen Einfluß auf die Architektur der Häuser in England sowie auf die Innengestaltung und die Einrichtung der Räume. Baumeister wie die beiden Brüder Robert und James Adam verwandelten große englische Landhäuser in klassizistische Schlösser mit antikisierenden Stilelementen. Der Töpfer Josiah Wedgwood stellte zarte Vasen mit griechischen Figuren in weißem Kameenrelief auf unglasiertem Hintergrund her. Inspiriert von den Gemälden eines Nicolas Poussin und Claude Lorrain, schuf der Gärtner Lancelot Brown Parkanlagen und Gärten als Nachbildungen natürlicher Landschaften.

Normalerweise wählten die Touristen für die Heimreise den Weg durch Deutschland, wo sie sich um die Weihnachtszeit am Kerzenlicht der Christbäume erfreuten, die man damals in England noch nicht kannte. Gegen Ende des 18. Jahrhunderts waren jedoch die Tage der großen Bildungsreisen gezählt. Die Französische Revolution und die Napoleonischen Kriege setzten den anstrengenden Vergnügungstouren in Europa ein Ende. Statt dessen brach im 19. Jahrhundert die Zeit der Reisen in den Orient an.

Touristennepp *Italienische Händler verhökerten mit viel Geschick gefälschte Meisterwerke an naive Touristen. Kopien alter Meister wie Tizian, Raffael und Botticelli erzielten horrende Preise.*

LEIBEIGENE DES ZAREN-REICHES

Im 9. Jahrhundert gründeten Wikinger den ersten russischen Staat mit Kiew als Zentrum. Gut 100 Jahre später verbreitete sich das Christentum über die regen Handelskontakte mit Byzanz im ganzen Reich und wurde zur Staatsreligion erhoben. Es folgten Jahrhunderte mongolischer Invasionen, bis mächtige Herren von Moskau aus erneut einen riesigen russischen Staat aufbauten. Im Jahr 1547 nahm Iwan IV. als erster Herrscher dieses Staates offiziell den Zarentitel an.

Zar Iwan, bekannt unter dem Beinamen „der Schreckliche", gründete eine autokratische Herrschaftsform, die dem russischen Volk schwere Bürden auferlegte und die freien Bauern zu Leibeigenen machte. Selbst unter Zar Peter dem Großen, der versuchte, sein Reich nach westlichem Vorbild umzugestalten, litten die Menschen unter der unvermindert strengen Herrschaft. Überdies setzten ihnen das harte Klima und der Mangel an fruchbarem Boden sehr zu. Doch bei all diesen Sorgen schöpften die Russen Kraft aus ihrer Gottesfürchtigkeit, und sie versuchten bei fröhlichen Festen den beschwerlichen Alltag zu vergessen.

RUSSLAND 15.–18. JAHRHUNDERT

LEBEN IN EINEM RAUHEN LAND

Im16. Jahrhundert traf man an vielen Stellen des riesigen russischen Reiches mit seiner abwechslungsreichen Landschaft auf kleine Gruppen von zusammengedrängten Holzhäusern. Es waren Dörfer aller Größen, von einem Dutzend Häusern bis zu mehreren hundert, und sie lagen in Waldlichtungen und an Flußufern, wo die Bauern jene Bedingungen vorfanden, die zum Leben notwendig waren.

Die Bäume lieferten ihnen Brennholz, Baumaterial für ihre Häuser und Rinde, aus der sie Schuhe herstellten. Die Wälder waren voll von Hirschen, Elchen und Bären, die Fleisch gaben und deren Felle man verkaufen konnte. In den Flüssen wimmelte es von Fischen, und Beeren und Pilze gab es im Überfluß. Oft brachten die Bauern ganze Wagenladungen verschiedenster Pilze aller Größen und Farben zum Verkauf in die Stadt. Man konservierte sie durch Trocknen oder legte sie für die kalten Wintertage sauer ein. Man baute auch Gemüse an, vor allem Kohl für die Suppe, die ein wichtiger Teil der Ernährung war.

Doch das Leben der Bauern war trotzdem sehr hart. Extremes Klima, unfruchtbarer Boden und eine nur kurze Anbausaison von vier oder fünf Monaten führten dazu, daß fast jede dritte Ernte ein Mißerfolg war.

Der Weg in die Leibeigenschaft
Die Bauern bebauten das Land zumeist in Gemeinschaftsarbeit, entweder als Großfamilien – Vater, Mutter, Kinder und verheiratete Söhne

Aus Fell und Rinde *Russische Bauern hielten den groben Kittel über ihren ausgebeulten Hosen mit einem Gürtel zusammen. Ihre Strümpfe bestanden aus Lumpen, die sie mit Schnüren über den Schuhen aus Rinde zusammenbanden. Ein westlicher Besucher stellte fest: „Ihr Haar ist bis zu den Ohren abgeschnitten, und winters wie sommers bedecken sie ihren Kopf mit einer Pelzkappe. Ihre Bärte lassen sie einfach wachsen."*

mit deren Frauen und Kindern – oder zusammen mit anderen Familien. Das Oberhaupt der Großfamilie, meist der Vater, war der *bolschak*. Er hatte in allen Familienangelegenheiten das letzte Wort und organisierte die Arbeit auf dem Bauernhof. Wenn er starb, wählte die Familie einen Nachfolger, meistens den ältesten Sohn.

Bis zum 16. Jahrhundert konnten die russischen Bauern frei von Ort zu Ort ziehen. Sie bebauten das gepachtete Land so lange, bis sich die Ernteausfälle allzusehr häuften, und zogen dann weiter, um anderswo neu anzufangen. Das Los der Bauern änderte sich jedoch unter Iwan dem Schrecklichen. Iwan stützte seine Herrschaft auf eine Elite von Adligen, denen er für ihre Ergebenheit Land schenkte – mitsamt den Bauern, die dort lebten.

Zur rechtlichen Unfreiheit kam die soziale und wirtschaftliche Abhängigkeit. 1649 wurde die Leibeigenschaft gesetzlich verankert – zu einer Zeit, als sie im übrigen Europa schon fast verschwunden war. Damals waren über 90 Prozent der russischen Bevölkerung – ungefähr zwölf Millionen Menschen – Leibeigene. Da es schwierig war, sich allein von der Landwirtschaft zu ernähren, hatten viele Bauern noch eine zweite Einkommensquelle: Entweder waren sie als Handwerker tätig, oder sie betrieben Handel. Diese Art von Zusatzverdienst war damals in allen Gesellschaftsschichten üblich.

Handelsmärkte waren ein wichtiger Bestandteil des russischen Lebens. Die Kaufleute zogen mit Schlitten, Wagen und manchmal auch mit Lastkähnen von Ort zu Ort, um auf dem Dorfplatz ihre Waren – Felle, Tuch, Honig, Salz – anzubieten. Den Platz und die Aufmerksamkeit mußten sie sich mit den Gauklern und Quacksalbern teilen, wie sie auf allen Märkten zu finden waren.

Das Reisen in Rußland war langwierig und beschwerlich. Die riesigen Entfernungen und die langen, harten Winter, auf die im Frühjahr lang anhaltende Überschwemmungen folgten, behinderten den Bau eines gut funktionierenden Straßennetzes. Sooft es nur möglich war, reisten die Menschen in Booten auf den Flüssen.

In den Städten fuhren die Menschen in Pferdekutschen aller Art. Die meisten Kutschen waren mit kunstvollen Schnitzereien verziert und bunt bemalt. Eines der am häufigsten benutzten Fahrzeuge war die Droschke, eine leichte, ein- oder zweispännige Pferdekutsche, die für schnelles Reisen gebaut war. Im Winter konnte sie in einen Schlitten umgebaut werden, indem man einfach die Räder durch Kufen ersetzte. Die größere Troika, die von drei Pferden gezogen wurde, stellte hohe Ansprüche an das Können des Kutschers.

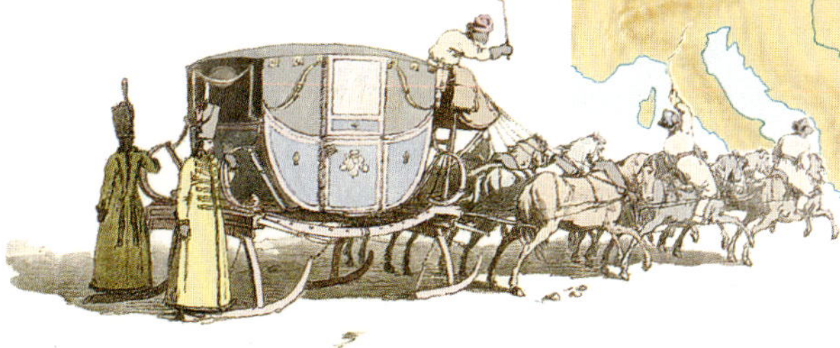

Winterreise *Wohlhabende Leute reisten in geschlossenen Kutschen mit seidenbezogenen Sitzen, von denen einige für den langen, schneereichen Winter auch zu Schlitten umgebaut werden konnten.*

Riesenreich *Unter Peter dem Großen war das weite Land mit seinen unendlichen Ebenen und Wäldern nur sehr dünn besiedelt.*

Tiefkühlkost *Wintermärkte im Freien, wie dieser in Sankt Petersburg, gab es in jeder größeren Stadt Rußlands. Sie wurden von Adligen, Kaufleuten und Bauern gleichermaßen besucht. Bei Temperaturen unter dem Gefrierpunkt verkauften die Händler ihre tiefgefrorenen Waren: Fisch, Fleisch, Butter, Geflügel und Eier. Die Lebensmittel wurden aus dem ganzen Land zum Markt gebracht, und nach dem Einkauf zog man die erworbene Ware schließlich auf kleinen Schlitten nach Hause.*

Schlichte Behausungen *Die Wohnhäuser der Bauern waren aus Holzstämmen gebaut. Die Lücken zwischen den Stämmen verschloß man mit Moos, um die Kälte abzuhalten. Die Bewohner dieser Häuser eines nordrussischen Dorfes sind wohlhabend genug, um sich Schornsteine leisten zu können. Es gab jedoch auch viele Häuser, aus denen der Qualm vom Holzfeuer im Herd durch unverschlossene Ritzen in den Holzwänden oder durch Klappen über den Fenstern abziehen mußte. Eine Frau benutzt einen mit einem Gewicht versehenen Balken, um Wasser aus einem holzeingefaßten Brunnen zu ziehen. Inmitten all der Härte des Landlebens fanden die Russen Trost in der Religion, und jedes Haus hatte eine Ecke, die für Ikonen reserviert war.*

STÄDTE UND DÖRFER AUS HOLZ

Holz war das wichtigste Baumaterial in Rußland und die Axt das unentbehrliche Werkzeug dafür. Kirchen, Geschäfte, Häuser, Paläste und öffentliche Bäder bestanden vollständig aus Holz, und sogar beim Straßenbau verwendete man es.

Die meisten Russen errichteten ihre Häuser aus bereits vorgefertigten Teilen, die sie am gewählten Standort rasch und ohne Schwierigkeiten zusammenfügen konnten. Die Bauteile gab es auf den zahlreichen Märkten der Städte und Dörfer zu kaufen. Die Zimmerleute markierten und numerierten eine riesige Auswahl von Stämmen und Balken aller Längen und Breiten für die problemlose Montage. Der Kunde gab einfach die Anzahl der benötigten Räume und ihre Größe an und bestellte die erforderlichen Teile.

In Städten, die vollständig aus Holz erbaut waren, wie Kiew, Moskau und Nowgorod, waren Brände eine ständige Bedrohung. Es gab spezielle Wachtürme, auf denen Männer nach Bränden Ausschau hielten, stets bereit, bei Tag mit schwarzen Lederflaggen und nachts mit Fackeln Alarm zu geben. Doch trotz all dieser Vorsichtsmaßnahmen kam es nur allzuoft zu Feuersbrünsten. Allein in Moskau gab es im 16. und 17. Jahrhundert 30 Großbrände. Um die zerstörten Gebäude rasch wieder aufbauen zu können, richteten Zimmerleute in den einzelnen Stadtteilen kleinere Lager ein, wo sie Holzersatzteile für Häuser stapelten. Bewohner, deren Haus beschädigt worden war, konnten in solch einem Lager sofort Ersatzteile wie Balken, Dachschindeln, Türen oder Fensterrahmen kaufen.

Westlich des Urals gab es in Rußland nur wenig Stein, dafür aber genügend Wälder, die Holz im Überfluß lieferten. Deshalb entwickelten die Russen schon seit frühester Zeit außerordentliche Fertigkeiten als Zimmerleute. Es war für sie ein leichtes, eine *izba*, ein bescheidenes

Straßen aus Baumstämmen *Moskau bestand im 17. Jahrhundert überwiegend aus Holzbauten. Die Hauptstraßen waren ebenfalls aus Eichenbrettern gefertigt, die auf Holzfundamenten verlegt waren. Darunter lagen unterirdische, mit Birkenrinde dicht verbundene Holzrohre, die das Tauwasser oder den Regen ableiteten. Das Gemälde (rechts) zeigt solche Holzstraßen im Herzen von Moskaus Geschäftsviertel. Auf der rechten Straßenseite sitzen Gefangene, deren Beine in Schraubstöcke gezwängt sind, und betteln um Nahrung, während links zwei Särge mit Leichen darin stehen. Die Glocken läuten, um Verwandte herbeizurufen, die die Toten zum Begräbnis abholen sollen.*

Begabte Holzarbeiter *Im 17. Jahrhundert war die Holzbearbeitung das mit Abstand am weitesten verbreitete Handwerk im russischen Reich. Fast alle Bauern waren notgedrungen auch Zimmerleute und stellten – neben dem Bau und der Instandhaltung ihrer Häuser – alle Arten von Gebrauchsgegenständen her. Die abgebildete Trinkschale und der bemalte Bier- oder Honigkrug mit Deckel sind wahre Volkskunstwerke.*

Trautes Heim *In der* izba, *dem Holzhaus der Bauern, spendete ein Ofen aus Lehm oder Ziegeln Wärme. Der Ofen diente außerdem zum Kochen und Backen, und die Familie samt Großmutter und Kleinkindern schlief auf seiner Plattform oder auf Bänken, die um ihn herum angebracht waren. Die meisten Häuser bestanden aus zwei oder drei Zimmern, doch es gab auch größere Wohnhäuser. Die Anordnung der Räume hing von der Lage des Ofens ab. Während des langen russischen Winters ließ man den Hauptofen den ganzen Tag und die ganze Nacht brennen, und größere Häuser verfügten über zusätzliche kleinere Öfen zum Beheizen der kleineren Räume. Um die Wohnungen so warm wie möglich zu halten, wurden die meisten Häuser mit niedrigen Decken und kleinen Fenstern gebaut.*

Schnellbauweise *Durch die Verwendung von bereits vorgefertigten Holzteilen und auf Länge geschnittenen Stämmen konnte ein Holzhaus innerhalb eines Tages fertiggestellt werden.*

Häuschen mit zwei oder drei Zimmern, zu bauen; sie hatten aber auch keine Schwierigkeiten, ein so großes und imposantes Anwesen wie den Kolomenskoepalast bei Moskau zu errichten, der aus über 250 ineinander verschachtelten Wohnungen mit insgesamt 3000 Fenstern bestand, deren Scheiben im Sonnenlicht funkelten. Sie bauten außerdem zahlreiche wunderschöne Holzkirchen, von denen viele noch heute stehen.

Künstler mit der Axt

Bei all diesen Holzbauten wurden weder Nägel, Dübel noch Schrauben verwendet. Die Zimmerleute waren so geschickt, daß sie – wie Tolstoi einmal bewundernd bemerkte – sogar einen Löffel mit der Axt schnitzen konnten.

Das wichtigste Bauholz war Kiefer, aber auch andere Nadelbäume sowie Kastanie, Eiche und Buche wurden verwendet. Die Stämme für eine *izba* waren bis zu neun Meter lang und maßen bis zu 30 Zentimeter im Durchmesser. Sie wurden waagrecht verlegt, und an den Enden und Ecken konnte man sie auf verschiedene Weisen ineinanderfügen und verbinden. Die Fugen zwischen den Stämmen wurden mit Moos und Flechten abgedichtet, so daß weder Wind noch Feuchtigkeit eindringen konnte.

Die Dächer der Häuser waren so steil gebaut, daß der Schnee herabrutschte. Bei einigen Gebäuden war der Fußboden auf Stelzen deutlich über die Erde gelegt, oder er lag auf erhöhten Holz-, Ziegel- oder Steinfundamenten. Dann führte eine überdachte Treppe zu den Räumlichkeiten.

Jede Hütte hatte ihre dekorativen Schnitzereien, sogenannte Holzstickereien. Die Enden der waagrechten Balken, Dachsparren und Firstbalken waren mit phantasievollen Motiven versehen. Oft spiegelten die Ornamente an den Hauseingängen, Giebeln und Fensterrahmen den aktuellen Baustil der Städte wider und imitierten die Steinmetzarbeiten von Stadtgebäuden. Es gab kunstvoll gearbeitete Balustraden, Ziergiebel und in die Wände eingelegte geschnitzte Holzvertäfelungen. Größere Häuser besaßen oft herrliche Parkettböden, die aus vielen verschiedenen Hölzern bestanden.

Peter der Große, der 1689 Zar von Rußland wurde, lehnte die traditionellen russischen Baumaterialien rundweg ab. Er verabscheute Moskau mit seinen Holzhäusern und seinem asiatischen Aussehen und wünschte sich eine neue, nach Westen ausgerichtete Hauptstadt, deren Einflüsse er auf das seiner Meinung nach rückständige Rußland übertragen wollte.

Der Ort, den der Zar für seine neue Hauptstadt wählte, die Sankt Petersburg heißen sollte, war nicht gerade ideal und einladend. Die Gegend im Newadelta am Finnischen Meerbusen war sumpfig und schwer zugänglich. Der Fluß war die Hälfte des Jahres zugefroren, von naßkalten Nebeln heimgesucht, und wenn das Eis schmolz, trat er häufig über die Ufer: Während der Bauarbeiten stand die neue Stadt oft meterhoch unter Wasser. Um Fundamente für die Steingebäude zu legen, mußten Tausende von Holzstapeln im Sumpf verankert werden. Die Winter waren hart und grausam. Zur Kälte kamen die wilden Tiere. Wolfsrudel zogen auf der Suche nach Nahrung durch die Straßen und fielen Menschen an. 1715 fraßen sie sogar eine Frau bei lebendigem Leib. Doch trotz dieser schwierigen Bedingungen und des enormen Umfangs des Projektes entstand eine herrliche Stadt aus Steingebäuden. Die Arbeiten begannen im Jahr 1703. Als der Zar Sankt Petersburg 1712 zur neuen Hauptstadt Rußlands erklärte, lebten bereits etwa 34 000 Menschen in der Stadt. Sie war noch nicht ganz fertiggestellt, als Peter der Große im Jahr 1725 starb, doch es war bereits genug geschaffen, um Europa zu beeindrucken.

OPFER FÜR DIE NEUE HAUPTSTADT

Der Bau der neuen Hauptstadt Sankt Petersburg forderte von der russischen Bevölkerung große Opfer. Zar Peter der Große ließ mehr als eine Million Menschen, vornehmlich Bauern und Soldaten, aus allen Teilen des russischen Reiches zwangsweise an die Newa bringen, um das ehrgeizige Projekt zu verwirklichen. Man schätzt, daß 100 000 – 200 000 von ihnen die Strapazen nicht überlebt haben. Es hieß, die Stadt sei auf einem Fundament aus Menschenknochen errichtet.

Tausende von Steinmetzen, Ingenieuren, Schmieden, Zimmerleuten und ungelernten Arbeitern schufteten jahrelang täglich vom Morgengrauen bis zum Sonnenuntergang für eine magere Tagesration. Die Männer waren in feuchten, schmutzigen Hütten untergebracht. Sie mußten schlechtes Wasser trinken und waren unterernährt, so daß Skorbut, Ruhr und Malaria an der Tagesordnung waren. Sie erhielten nur wenige Werkzeuge und keine Schubkarren und mußten das Erdreich, das sie mit ihren bloßen Händen aushoben, in Säcken transportieren.

Holzkonstruktionen *Für den Neubau der Isaak-Kathedrale in Sankt Petersburg benutzte man Holzgerüste und -rampen wie zu Zeiten Peters des Großen.*

Gotteshäuser in Holz *In Kischi auf einer Insel im Onegasee im Norden Rußlands errichtete man 1764 die Pokrowkirche, die vollständig aus Holz besteht. Ihre neun verschindelten Kuppeln repräsentieren die neun Engelschöre.*

Symbol des Glaubens *Auf diesem Kruzifix aus dem 18. Jahrhundert ist die Kreuzigung Jesu dargestellt. Auf den Kreuzbalken befinden sich Johannes und die drei Marien.*

WERTVOLLE IKONEN

Zu den wichtigsten Besitztümern der russischen Christen zählen die Ikonen – auf Holz gemalte Heiligenporträts und Bilder von religiösen Szenen. Die am häufigsten dargestellte Gestalt der Ikonenmalerei war die Jungfrau Maria. Eine Ikone war viel mehr als nur ein Gemälde, sie wurde als heiliger Gegenstand betrachtet. Ikonen wurden auf Märkten und in Geschäften verkauft. Sie hingen in jeder Kirche, jedem Adelspalast, jedem Bauernhaus, in zahlreichen Ställen und vielen Amtsstuben. Ohne den Segen einer Ikone war keine Veranstaltung vollständig.

Madonna mit Kind *Man glaubte, daß solche Ikonen Wunder bewirken könnten.*

Verehrter Held *Der heilige Georg als Drachentöter ist ein beliebtes Ikonenmotiv (links).*

KUPPELN UND IKONEN FÜR DEN GLAUBEN

Wladimir I., Großfürst von Kiew, war ein kluger Herrscher. Im Gegenzug für seine militärische Unterstützung des byzantinischen Kaisers Basileios II. forderte er dessen Schwester Anna zur Frau. Bedingung dieser Abmachung, die seine Macht erheblich stärkte, war der Übertritt zum Christentum. Die Taufe und die Hochzeit fanden 988 statt. Die russische Bevölkerung folgte dem Beispiel ihres Herrschers und nahm den neuen Glauben an, der sich rasch im Reich ausbreitete. Innerhalb eines halben Jahrhunderts entstanden allein in Kiew fast 400 Holz-, Ziegel- und Steinkirchen. Die christlichen Gotteshäuser wurden zu den markantesten Punkten von Städten und Dörfern, und sie fielen dem Besucher schon von weitem ins Auge, wenn sich die Sonne in den glänzenden Kuppeln ihrer Türme spiegelte.

Die Kirchturmkuppeln hatten einen großen symbolischen Wert. Einzelne Kuppeln standen für Gott als Oberhaupt der Kirche. Drei Kuppeln repräsentierten die Dreifaltigkeit, und fünf standen für Christus und die vier Evangelisten. Neun Kuppeln stellten die neun Engelschöre dar, und zwölf kleinere Kuppeln, die sich um eine größere gruppierten, symbolisierten Christus und die zwölf Apostel.

Ein Himmel voller Zwiebeltürme

Jede Kuppel trug ein Kreuz. Anfänglich waren die Kuppeln der Kirchen im byzantinischen Stil gebaut, doch schon bald kamen Türme mit zwiebelförmigen Kuppeln auf. Man sagte, diese Form solle die Gebete der Gläubigen einfangen und direkt zum Himmel leiten. Ein praktischer Grund war jedoch, daß der Schnee leichter von ihnen abrutschen konnte. Die Kirchen waren die wichtigsten Gebäude in Rußland, und in und vor ihnen fanden bedeutende Veranstaltungen statt. Oft versammelten sich die Menschen vor der Kirche zu einem Gottesdienst unter freiem Himmel, wobei sie durch die offenen Türen auf die heiligen Gegenstände blicken konnten. In den Kirchen gab es keine Sitzplätze: Die Russen glaubten, in Gottes Gegenwart stehen zu müssen. Umgekehrt durfte man aber umhergehen und sogar während der Gottesdienste miteinander plaudern.

Neuigkeiten an der großen Glocke

In Rußland ließen die Kirchenglocken „die Erde durch ihre Vibrationen erbeben", wie es ein Besucher Moskaus im 17. Jahrhundert ausdrückte. Die Glocken wurden sowohl vor und während der Gottesdienste geläutet als auch täglich bei oder sogar vor Tagesanbruch. Man läutete, um Reisende vor Schneestürmen zu warnen, Menschen zu Beerdigungen, Hochzeiten oder anderen Festen zu rufen und um Feiertage, Katastrophen und siegreiche Schlachten zu verkünden.

Die Glocken der russischen Kirchen waren aus Eisen, Kupfer, Bronze oder Silber hergestellt, und einige davon waren von enormer Größe. So erzählte man sich, daß die Glocke im Turm der Rostower Kirche noch in über 30 Kilometer Entfernung zu hören war. Für eine Nichte von Peter dem Großen wurde sogar eine 200 Tonnen schwere Glocke gegossen.

Die orthodoxe Kirche übte ab dem 17. Jahrhundert einen großen Einfluß auf das Leben der Russen aus. Die Gesetze der Kirche waren für jeden frommen Bürger bindend, und jeder Beruf und jedes Geschäft hatte seinen eigenen Schutzheiligen. So berichtete um die Mitte des 17. Jahrhunderts ein deutscher Diplomat, daß es allein in Moskau über 2000 Klöster, Kirchen und Privatkapellen gab und daß jeder wohlhabende Bürger eine Kapelle baute und eigens dafür einen Priester einstellte und unterhielt.

Feiern vor der Fastenzeit

Weihnachten und Ostern wurden ausgiebig gefeiert, und dazwischen lagen lange Fastenzeiten. Vor allem die Osterfeierlichkeiten erstreckten sich über viele Tage, und die Vorbereitungen dazu begannen bereits Ende Januar, mitten im kalten russischen Winter. Vor Beginn der Fastenzeit, mit der man sich auf das Osterfest vorbereitete, feierte man nochmals eine Woche lang Fastnacht. In dieser sogenannten Butterwoche vertilgten die Russen ungeheure Mengen an Essen und Trinken.

Zu den besonderen Speisen dieser Woche zählten *blini*, kleine, in Butter gebackene Pfannkuchen aus Buchweizenmehl. *Blini* symbolisierten für die Russen die Sonne, schöne Tage und glückliche Ehen, und man aß sie zu Wodka. Es gab auch Unmengen von kleinen Kuchen, einige in der Form von Vögeln mit Johannisbeeren als Augen.

Während der Fastnachtswoche liefen maskierte Gestalten durch die Straßen, unterhielten Schauspieler und Tanzbären das Volk. In zahlreichen Städten vergnügten sich die Leute auf Eisbahnen mit Schlittenfahren, genossen das berauschende Gefühl, auf Schiffschaukeln durch die Luft zu schwingen, und probierten an den vielen eigens für die Feiertage errichteten Verkaufsbuden die verschiedensten Speisen und Tee aus dem Samowar.

In größeren Städten fanden Schlittenumzüge durch die Hauptstraßen statt. Ein Beobachter schrieb, daß während der Butterwoche etwa 7000 Schlitten durch Moskau zogen. Die Theater waren den ganzen Tag bis in die Nacht hinein geöffnet, und es wurden Vorstellungen in russischer, französischer, deutscher und italienischer Sprache gegeben.

Am letzten Tag der Butterwoche begann das große Fasten – eine siebenwöchige Bußzeit, während der die Menschen unter anderem nur Fisch, Gemüse, Pilze und Tee zu sich nehmen durften. Fleisch, Milch, Butter, Zucker und Eier dagegen waren verboten. An Ostern endete das Fasten, und die Menschen feierten erneut ein großes Fest, wobei vor allem Eier verziert, verschenkt und gegessen wurden.

Obwohl das Christentum eine große Rolle im Leben der Russen spielte, hielten viele an ihren heidnischen Glaubensformen fest. Vor allem das Leben der Bauern war von den alten überlieferten Vorstellungen geprägt. Die heidnischen Götter des Windes, der Sonne, des Frostes und der Mutter Erde halfen ihnen oft besser, ihr Leben zu meistern, als es der christliche Glaube allein vermochte.

Bartsteuer *Im Kampf gegen die alten russischen Traditionen verbot Peter der Große dem Adel, weiterhin Bärte zu tragen. Wer sich dennoch nicht rasierte, mußte eine Steuer von 50 Rubel zahlen und zum Beweis ein Medaillon tragen (unten).*

WILLKÜR DER ZAREN

Die Allmacht der Zaren bestimmte das alltägliche Leben der russischen Bevölkerung mindestens ebensosehr wie die Religion. Die Zaren waren Despoten, grausam und unberechenbar. Jegliche Nachricht war zensiert, die Menschen wurden überwacht, und eine allmächtige Geheimpolizei terrorisierte die Bevölkerung. Viele Russen wurden sogar dafür bezahlt, Übeltäter zu verraten.

Menschen jeden Ranges konnten ohne Grund zur Folter oder Hinrichtung verurteilt werden. Eine verbreitete Strafe waren Schläge mit der Knute, einer Peitsche aus mehreren Lederstreifen, die an einem kurzen Holzgriff befestigt waren.

Prügelstrafe *Die Bauern konnten wählen, ob sie lieber geschlagen werden oder eine Geldstrafe bezahlen wollten. Meist wählten sie Schläge.*

Schlittenschanze *In den schneereichen Wintermonaten bauten die Russen künstliche Eisschanzen von über zehn Meter Höhe zum Schlittenfahren.*

FEIERN BEI WODKA UND BALALAIKA

Ein Großteil des russischen Lebens spielte sich auf den riesigen Jahrmärkten ab, die unter freiem Himmel stattfanden und oft monatelang dauerten. Hier trafen sich Menschen der verschiedensten Völker des Zarenreiches in ihren bunten Landestrachten, um ihre Geschäfte abzuwickeln, Unterhaltung und Zerstreuung zu suchen und Neuigkeiten auszutauschen.

Der größte Jahrmarkt dieser Art fand im Sommer in Nischni Nowgorod, dem heutigen Gorki, statt. Während des Marktes stieg die Bevölkerung der Stadt von 50 000 auf über 250 000 an. Tausende von Kaufleuten aus ganz Europa kamen dort zusammen, und einige von ihnen brauchten fast ein Jahr für die Hin- und Rückreise. Stets wurden sie mit der typisch russischen Gastfreundschaft empfangen, die keinen Unterschied zwischen Verwandten, Freunden und Fremden machte.

Die Russen liebten zu allen Zeiten das Vergnügen. Sie feierten gerne Feste und veranstalteten ausgiebige Trinkgelage. Sowohl die reichen Zaren als auch die armen Bauern hatten viel Freude am Musizieren, dem Tanz, dem Theater, an Straßenfesten, Spielen und Basaren.

Einige reiche Landbesitzer veranstalteten regelmäßig Feste für 100 oder 150 Gäste aus allen Gesellschaftsschichten. Adlige öffneten die Gärten ihrer Stadt- und Landhäuser und boten großzügig Erfrischungen, Musik, Tanz und alle Arten von Unterhaltung. So konnten die Gäste,

Kosakensprünge *Die Tänze der Kosaken bestanden aus spektakulären Luftsprüngen und abwechselndem Füßewerfen aus der Hocke.*

Klingende Saiten *Zwei geschnitzte Pferdeköpfe zieren diese Balalaika, ein altes russisches Musikinstrument mit drei Saiten.*

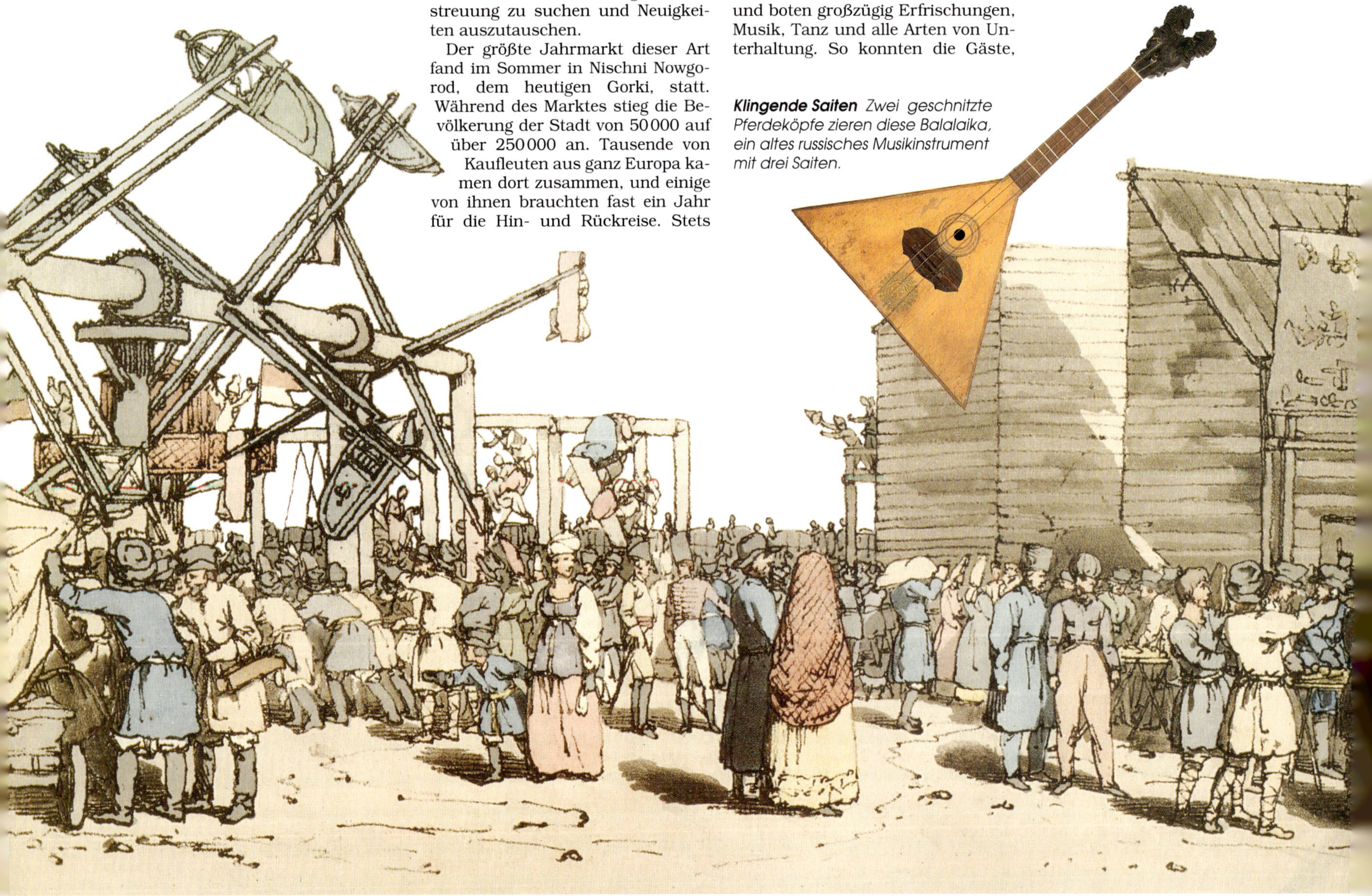

Frühlingsfest *In fast allen Städten Rußlands fanden jedes Jahr große Jahrmärkte statt, wie beispielsweise dieser Ostermarkt. Während die Schiffschaukel hoch in die Luft schwingt, unterhalten Clowns und Akrobaten auf einer Plattform das Publikum mit ihren Späßen und Kunststücken. In dem bunten Treiben mischen sich Leibeigene in ihrer ärmlichen Kleidung mit Soldaten in Uniform, Kaufleuten und jungen Mädchen.*

wenn sie Lust dazu hatten, in den künstlich angelegten Seen der Parks angeln. Graf Grigorij Orlow, einer der Geliebten Katharinas der Großen, öffnete sein Stadthaus täglich für alle – sogar für Leibeigene.

Die Gäste saßen an langen Tischen, um sich Kuchen, Konfekt, Nüsse, Mandeln, Pistazien, Feigen, getrocknete Aprikosen, Pilze und Kaviar schmecken zu lassen. Dazu floß der Wodka in Strömen.

400 Tote bei einer Winterparty

William Coxe, ein englischer Geistlicher, der im 18. Jahrhundert mehrere Reisen nach Rußland unternahm, berichtete von einem Fest im Winter unter freiem Himmel, das ein russischer Geschäftsmann veranstaltete: „Am Ende des Festplatzes befand sich eine große, gut gefegte Eisfläche für Schlittschuhläufer. Daneben standen zwei Maschinen, die wie die Schaukelgeräte beim Bartholomäusmarkt aussahen."

Auf diesen Maschinen, die Coxe sah, konnte man lustige Fahrten machen. Eine hatte „vier Schlitten, in die sich die Leute setzten und dann mit großer Geschwindigkeit gedreht wurden. Die andere hatte vier Holzpferde, deren Reiter auf die gleiche Weise herumgewirbelt wurden." Auch die mutigeren Gäste konnten ihre Unerschrockenheit unter Beweis stellen. Der Gastgeber hatte zwei über sechs Meter hohe Pfähle errichten lassen, auf denen jeweils ein Geldstück lag, als Lohn für diejenigen, die hinaufstiegen und es herunterholten. Die mit Wasser eingeriebenen Pfähle waren bei diesen kalten Temperaturen sehr schnell mit Eis überzogen, und das erschwerte die Bedingungen.

Die Kälte und der enorme Alkoholkonsum forderten allerdings einen hohen Preis. Von den 40 000 Gästen, die dieses Fest besuchten, erlebten 400 den nächsten Morgen nicht. Sie starben an Unterkühlung, nachdem sie im Freien bei Minusgraden betrunken eingeschlafen waren.

Die Russen machten aus ihren Trinkgelagen ein dreitägiges Ereignis: Den ersten Tag tranken sie, den zweiten waren sie betrunken, und den dritten brauchten sie zum Ausnüchtern.

Ein Sekretär der britischen Botschaft in Sankt Petersburg beschrieb, wie er 1714 nach einem Dutzend Bechern ungarischen Weines und einem Viertelliter Branntwein, den er in zwei Zügen leeren mußte, die Besinnung verlor. Doch keiner bemerkte sein peinliches Versagen, denn „die übrigen Gäste lagen bereits schlafend auf dem Boden und waren nicht in dem Zustand, sich über meine geringe Übung im Trinken Gedanken zu machen."

Um die Mitte des 17. Jahrhunderts übernahm der Staat das Monopol für alkoholische Getränke. Die Menschen gingen fortan in staatliche Wirtshäuser, wo keine Speisen verkauft wurden, und tranken Wodka bis zur völligen Betäubung.

Der Alkoholkonsum wurde zu einem nationalen Problem, doch als die orthodoxe Kirche versuchte, es unter Kontrolle zu bringen, bedrohte dies eine der größten Steuereinnahmequellen des russischen Staates, und so ging das Trinken ohne Maß und Verstand weiter. Wenn Zar Peter der Große ein Fest veranstaltete, durften seine Gäste nicht sagen, sie könnten nichts mehr trinken, gemäß dem alten russischen Sprichwort, daß ein Fest nur dann fröhlich war, wenn jeder der Gäste auch betrunken war.

Musik für alle

Musik und Tanz spielten eine große Rolle im Leben der russischen Bevölkerung, auch wenn sich mancher Herrscher anfangs damit schwertat. So verbot Zar Alexej Mitte des 17. Jahrhunderts den Russen zu tanzen, zu singen und Musikinstrumente zu spielen. Erst als er 1670 zum zweitenmal heiratete, spielte ein Orchester zum Tanz auf und sang ein russischer Chor. Damit war der Bann gebrochen, und bald erklang in Rußland wieder Musik.

Reiseberichte aus Rußland erzählen von der Liebe der Menschen zur Musik und der Begeisterung, mit der sie sangen. So sangen sie ihren Pferden vor und auf der Straße, wenn sie ihre Waren verkauften. Kutscher sangen mehrstimmige Lieder, wenn sie ihre Wagen lenkten, und Soldaten sangen im Chor, wenn sie marschierten. Selbst Zar Iwan der Schreckliche war der Musik zugetan und ordnete in den 50er Jahren des 16. Jahrhunderts den Musikunterricht in allen Schulen an.

Zarin Elisabeth machte sich um die Musik verdient, als sie im 18. Jahrhundert die Oper und das Ballett in Rußland einführte. Sie ließ überlieferte Volkslieder sammeln und veröffentlichen und lud begabte Sänger aus dem Zarenreich und fremden Ländern an den russischen Hof nach Moskau ein.

Die Reichen veranstalteten unablässig Bälle, vor allem während der Wintermonate. Eine irische Dame, die Rußland im 18. Jahrhundert bereiste, berichtete: „Man tanzte bis zum Umfallen." Und einem deutschen Reisenden fiel es auf, mit welcher „Leichtigkeit und körperlichen Anmut" die russischen Bauern tanzten. „Ganz besonders die Kosaken tanzen voller Leidenschaft."

Schwitzen wird zum Volkssport

Auch für Dampfbäder waren die Russen zu begeistern. Fast jedes Dorf besaß ein eigenes öffentliches Bad, das die Dorfbewohner mindestens einmal in der Woche aufsuchten. Viele große Stadtpaläste der Adligen verfügten über eigene Badehäuser, in denen man dem Dampf duftende Kräuter und kostbare Essenzen zusetzte.

In Moskau besuchten sich Regierungsbeamte gegenseitig in ihren Badehäusern, wo sie Staatsangelegenheiten diskutierten, während sie fast bis zur völligen Erschöpfung schwitzten. Dann tauchten sie in ein Becken mit eiskaltem Wasser. Wer die öffentlichen Bäder besuchte, kühlte sich nach dem Dampfbad in einem nahe gelegenen Fluß oder Bach ab. Der englische Rußlandreisende Anthony Jenkinson notierte verblüfft: „Man muß sehen, wie sie aus ihren Badehäusern kommen, schweißtriefend und dampfend, und dann, ohne zu zögern, selbst im kältesten Winter splitternackt in den Fluß springen."

Kneipenbummel *Von alters her tranken die Bauern Kwaß, ein Gebräu aus vergorenem schwarzem Roggenbrot, Malz oder Früchten.*

Die moderne Welt

Erst seit der Zeit der großen Entdeckungsreisen im 15. und 16. Jahrhundert konnte man von einer Welt sprechen, die die ganze Erdkugel umfaßte. Es dauerte freilich noch weitere Jahrhunderte, bis man diese Welt geographisch im wesentlichen kannte. Getrieben von wirtschaftlichen Interessen und missionarischem Eifer, gründeten die europäischen Mächte Kolonien in Afrika, Amerika und Asien. China und Japan blieben noch lange Zeit isoliert. Australien und Neuseeland, wohin die ersten Reisenden im 18. Jahrhundert gelangten, waren zunächst wenig attraktiv.

In Nordamerika wurde ein neues Zeitalter eingeleitet, als 13 Kolonien gegen das Mutterland Großbritannien revoltierten und sich dem Prinzip der Freiheit und dem Streben nach menschlichem Glück verpflichteten.

Die Französische Revolution, die im Namen des Volkes ausgerufen wurde, war ein Kampf gegen das Gottesgnadentum der absolutistischen Herrscher und für die Gleichheit der Menschen. Die Aristokratie und die Geistlichkeit büßten ihre Sonderrechte ein, und viele Benachteiligungen des einfachen Volkes wurden behoben, als man die Ideale der Freiheit, Gleichheit und Brüderlichkeit auf die Fahnen schrieb.

Die dritte, die industrielle Revolution im 19. Jahrhundert, die ihren Anfang in Großbritannien nahm, sollte weitreichende wirtschaftliche, soziale und politische Folgen haben. Mit der Konstruktion von Maschinen, die menschliche Arbeitskraft ergänzten oder ersetzten, vollzog sich ein Wandel der Arbeit. Mit diesem Prozeß einher ging eine bisher nicht gekannte Zunahme der europäischen Bevölkerung. Sie stieg in wenigen Jahrzehnten um mehr als das Doppelte von etwa 200 Millionen auf 430 Millionen Menschen. Im Verhältnis zur Weltbevölkerung, die sich in diesem Zeitraum ebenfalls verdoppelte, blieben die Europäer jedoch in der Minderheit.

Alle drei Revolutionen brachten dauerhafte Veränderungen im Alltagsleben der Menschen mit sich und forderten ihren Preis. Die Industrialisierung führte zur Ausbeutung der arbeitenden Bevölkerung und zur Entstehung des sozial völlig ungesicherten Proletariats. Vor diesem Hintergrund entstanden Gewerkschaften und politische Parteien. Die rasante Industrialisierung schädigte überdies die Umwelt, verdunkelte den Himmel und verschmutzte die Flüsse. Auf lange Sicht gesehen wurde der Lebensstandard der Menschen jedoch angehoben.

In großen Teilen der Welt setzte sich im Lauf der Zeit die Demokratie durch. Allen Männern wurde das Wahlrecht gewährt, allerdings noch nicht den Frauen. Im 19. Jahrhundert entstanden Frauenbewegungen, die zunächst vergeblich für Gleichberechtigung und Eintritt in das Berufsleben stritten.

Selbst Rußland, das bis zum Jahr 1917 von den Zaren selbstherrlich regiert wurde, hatte die Bauern 1860 aus der Leibeigenschaft entlassen, und die Industrialisierung hatte auch hier eingesetzt. Rußland sollte überdies die erste Nation sein, die im 20. Jahrhundert tiefgreifende Revolutionen erlebte, deren Auswirkungen die ganze Welt betrafen. Der Aufstieg der Vereinigten Staaten von Amerika zu einer Weltmacht und zum Vorreiter und Verteidiger der Demokratie brachte ebenfalls große Veränderungen mit sich.

FÜR NEUE IDEALE

Die amerikanische Revolution vereinte Menschen aus 13 verschiedenen britischen Kolonien. Ihre Unabhängigkeitserklärung im Jahr 1776 stürzte sie in einen Krieg mit dem Mutterland, und eine neue Nation mit einem eigenen Nationalbewußtsein entstand. Seite an Seite mit den amerikanischen Rebellen kämpften französische Soldaten, obwohl ihr Heimatland noch immer unter der Regierung eines absolutistischen Monarchen stand.

Doch bald herrschte auch in Frankreich Revolution. Sie begann am 14. Juli 1789 mit der Erstürmung der Bastille durch aufgebrachte Bürger und endete im Jahr 1799, als Napoleon die Macht an sich riß und mit seinen Armeen ganz Europa zu unterjochen drohte. Doch der Kaiser scheiterte am Widerstand der europäischen Völker und mußte 1815 ins Exil gehen. Das revolutionäre Gedankengut – Freiheit, Gleichheit, Brüderlichkeit – war nicht mehr zu unterdrücken und bestimmte von nun an die Entwicklung Europas.

ZEIT DER REVOLUTIONEN 1776 – 1815

IM NAMEN VON FREIHEIT UND GLEICHHEIT

Die Neuzeit begann mit zwei Revolutionen, die durch das Gedankengut der Aufklärung vorbereitet und durch schlimme Mißstände ausgelöst wurden. Gleich nach ihrem Ausbruch entwickelten sie ein Eigenleben, das die gesellschaftlichen, politischen und kulturellen Verhältnisse grundlegend veränderte.

Der Unabhängigkeitskampf in Nordamerika und die Französische Revolution erhoben die Menschen- und Bürgerrechte zum zentralen Programm. Die eine Revolution war das Vorspiel für die andere, denn die Franzosen des Ancien régime, der Zeit der absolutistischen Herrschaft, unterstützten die Amerikaner gegen die Briten. Und doch waren die historischen Entwicklungen der beiden Länder so unterschiedlich, daß schließlich ein jedes seine eigenen Wege ging.

Der nordamerikanische Unabhängigkeitskampf vereinte so verschiedene Gesellschaftsgruppen wie Geschäftsleute in Boston und Plantagenbesitzer in Virginia gegen die Armee der britischen Krone. Im Verlauf des Ablösungsprozesses begründeten sie eine neue nationale Identität, obgleich sie auf Gedankengut zurückgriffen, das seine Ursprünge in Großbritannien hatte und das sich auch eine Minderheit der Bevölkerung dort zu eigen gemacht hatte.

Durch Gewalt zur Freiheit

Bei der Französischen Revolution ging es nicht um die Unabhängigkeit bestimmter Gebiete, sondern um die Emanzipation des Volkes. Zunächst zerbrachen die alten Standesunterschiede unter der Herrschaft radikaler Revolutionäre. Später allerdings, nach der Revolution,

Tatkräftige Frau *Das französische Mädchen, im einfachen Kleid und mit einem Säbel bewaffnet, steht für die vielen mutigen Frauen, die an der Französischen Revolution teilgenommen und neben den Männern auf den Barrikaden gekämpft haben.*

wurden neue Standesunterschiede eingeführt, als Napoleon sein Kaisertum begründete.

Sinnbild der amerikanischen Revolution war das Sternenbanner, in Frankreich wurde das Lied der Marseillaise zum Symbol der neuen Ordnung. Die Amerikaner mußten keinen König töten, denn Georg III. blieb auf dem britischen Thron. Die Franzosen jedoch brachten ihren König und ihre Königin auf die Guillotine. Die Revolution versank schließlich in einer Schreckensherrschaft und fraß ihre eigenen Kinder.

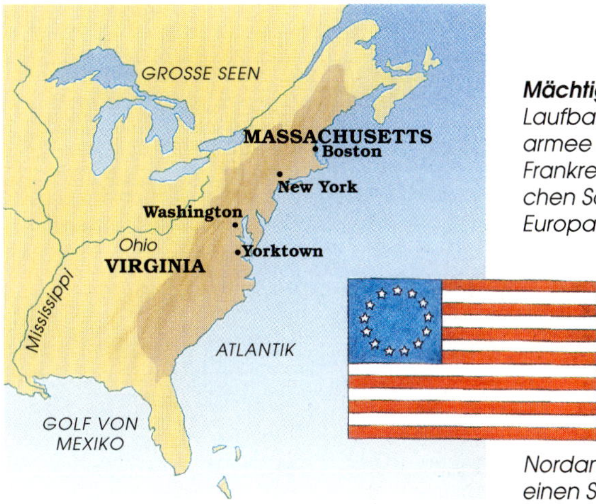

Mächtiger Korse Napoleon, der seine Laufbahn als Offizier der Revolutionsarmee begann, dehnte die Macht Frankreichs nach zahlreichen siegreichen Schlachten über einen Großteil Europas aus (rechts). Mit der Niederlage im Rußlandfeldzug 1812 setzte der Zusammenbruch seines Reiches ein.

Flagge der Freiheit Das Sternenbanner von 1777 (links) trug für jeden der 13 Staaten an der Ostküste Nordamerikas einen Streifen und einen Stern.

Billiges Brot für alle

Tatsächlich erwies es sich als ein schwieriges Unterfangen, aus jahrelang geknechteten Untertanen mündige Staatsbürger zu machen. Die Abschaffung der Feudalordnung und die Befreiung der Bauern im Jahr 1789 lösten zwar den größten Teil der Bauern und Landarbeiter, die über die Hälfte der französischen Bevölkerung ausmachten, aus den drückenden Fesseln der adligen Knechtschaft, doch gab es immer noch beträchtliche Unzufriedenheit unter den Menschen, die sich mehr von der Entwicklung versprochen hatten. In Paris und anderen Städten stellten die Wortführer der Revolution auch weiterhin die drängende Frage, was Freiheit bedeute, „wenn eine Klasse eine andere verhungern lassen kann."

Einige Revolutionäre versuchten, diese Fragen konkret zu lösen, indem sie 1790 ein Gesetz durchbrachten, das jedem Bürger eine Tagesration Brot zu einem niedrigen Preis zubilligte. Eine weitere Errungenschaft war die Festsetzung von Höchstpreisen, denn durch die Ausgabe von Papiergeld hatte sich der Wert der Währung derart verschlechtert, daß die Preise ins Uferlose zu steigen drohten.

Schnelle Truppe Während des nordamerikanischen Unabhängigkeitskrieges wurde eine Truppe von freiwilligen Bürgern, den sogenannten Minutemen, aufgestellt. Diese Truppe verpflichtete sich zum Heeresdienst auf Abruf, um den Vorstoß der Briten zu verhindern.

Dienen fürs Vaterland

Eine der bemerkenswertesten Folgen der Revolution war – noch vor den Napoleonischen Feldzügen – die Einführung der allgemeinen Wehrpflicht: „Vom heutigen Tag an bis zu dem Tag, an dem die Feinde vom Boden der Französischen Republik vertrieben werden", verkündete das Wehrgesetz von 1793, „sind alle Franzosen dauernd zum Wehrdienst verpflichtet. Die jungen Männer ziehen in den Kampf; die Verheirateten schmieden Waffen und tragen Lebensmittel herbei; die Frauen fertigen Zelte und Kleider und dienen in den Lazaretten."

Worte, die die Welt veränderten Bereits im vorrevolutionären Frankreich waren die Ideen von Freiheit, Gleichheit und Brüderlichkeit nicht unbekannt und wurden von Menschen aller Gesellschaftsschichten diskutiert.

Mit Hingabe verteidigten die Soldaten die junge Republik, und ebenfalls begeistert dienten sie später in Napoleons Armee, um, berauscht von den Ideen der Revolution, Europa zu erobern. Allerdings regte sich bald Widerstand gegen die Machtpolitik des Korsen. Manche der unterjochten Völker begehrten gegen die Fremdherrschaft auf und entwickelten ein ungeahntes Nationalgefühl. In Spanien z.B. vertrieben Guerillakämpfer und irreguläre Einheiten der einheimischen Bevölkerung die französischen Soldaten aus dem Land.

Nach dem Sturz Napoleons und seiner Verbannung auf die Insel Sankt Helena stellte man die alte Ordnung wieder her. Die Ideen der Revolution jedoch blieben lebendig. In Frankreich kam es 1830 und 1848 erneut zu Revolutionen, die auch in anderen Teilen Europas Aufstände auslösten.

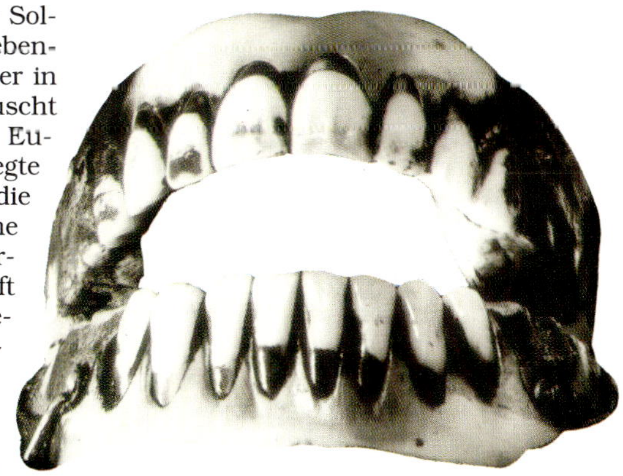

GEBISS VON DEN TOTEN

Leichenschänder fielen über die Schlachtfelder her, um den Gefallenen die Zähne auszureißen. Sie verkauften diese an Zahnärzte, die daraus Gebisse anfertigten. So waren Gebisse (oben) aus Zähnen vom Schlachtfeld bei Waterloo sehr begehrte Prothesen.

Der erste Schuß *Der erste Zusammenstoß im nordamerikanischen Unabhängigkeitskrieg fand am 19. April 1775 auf dem Dorfplatz in Lexington, Massachusetts, statt. Die Miliz der Kolonisten feuerte in die geschlossenen Reihen der Briten.*

Kriegssymbole *Den Helm (unten) aus hartem Leder mit dem Abzeichen des heiligen Georg trug ein britischer Infanterist in Lexington. Das Pulverhorn mit einem Plan der Verteidigungsanlagen in Charles Town, South Carolina (links daneben), trug sein amerikanischer Widersacher bei sich.*

REBELLION GEGEN DIE STEUERN

Die amerikanische Revolution begann in den Haushalten der Kolonisten. Britische Zölle auf Zucker, Madeira und Tee verärgerten die Siedler in den 13 Kolonien an der Atlantikküste Nordamerikas dermaßen, daß sie in den 60er Jahren des 18. Jahrhunderts Boykotte veranstalteten und damit eine Nation von Teetrinkern in Kaffeefreunde verwandelten. Man organisierte sich in patriotischen Vereinigungen, trank ausschließlich Zichorienkaffee, Kräutergetränke und niederländische Schokolade und verwendete statt des besteuerten Zuckers Melasse, Honig oder Ahornsirup zum Süßen.

Die Bostoner Patrioten, die sich als Indianer verkleideten und eine Schiffsladung fernöstlichen Tees im Hafen versenkten, gingen als Anführer der berühmtesten Steuerrevolte in die Geschichte ein. Damen der Gesellschaft und einfache Hausfrauen, die damals keinen Einfluß auf die öffentliche Politik ausübten, setzten die Boykotte auf andere Weise durch. Die *Töchter der Freiheit* plünderten die Lagerhäuser von Kaufleuten, die zollpflichtige britische Güter gelagert hatten. Dann verbrannten sie die importierten Waren in riesigen Feuern und zogen damit scharenweise neue Anhänger auf ihre Seite. Feine Damen kleideten sich in selbstgewebte Stoffe statt in importierte Seiden und Spitzen. Die Städte unterstützten Spinnwettbewerbe, um Garn für die selbstgefertigten Textilien zu beschaffen. Gruppen von über 70 Frauen ließen oftmals gemeinsam ihre Spinnräder in einem zentral gelegenen Versammlungshaus schnurren. Patriotisch gesonnene Männer trugen Immergrünzweige oder Kokarden an ihrem Dreispitz, um nicht als Anhänger der Briten angepöbelt zu werden.

Zusammenbruch der Autorität

In diesen Zeiten des Umbruchs zerbrachen viele Formen der Autorität. Eltern beklagten sich zunächst, daß die Kinder nicht mehr gehorchten; dann versuchten sie, ihre Kinder zu Bürgern zu erziehen, die in der Lage waren, ihre hart erkämpften Freiheiten zu nutzen. Jugendliche forderten ein Mitspracherecht bei der Wahl ihres Ehepartners. Die Zahl vorehelich gezeugter Kinder wuchs. Gesetze, die während und nach der Revolution erlassen wurden, erleichterten überdies eine Scheidung.

Auch die Schulen veränderten sich. Zwar lernten immer mehr Menschen lesen und schreiben, aber man legte weniger Wert auf griechische und römische Klassiker – es sei denn, es ging um deren Lehren von Demokratie, Freiheit und Gerechtigkeit. Eine neue Generation junger Lehrer, unter ihnen viele Frauen, verfaßte neue Schulbücher. Ganze Schulen schlossen sich zusammen und führten Schauspiele von Schlachten und heroischen Taten revolutionärer Männer auf.

Die amerikanischen Christen stellten die Autorität der Staatskirche in Frage und forderten Glaubensfreiheit für jeden einzelnen. Viele patriotische Geistliche predigten von der Kanzel gegen das autoritäre Verhalten König Georgs III. auch in Glaubensfragen und rechtfertigten die Rebellion.

In Boston riß ein Pöbelhaufen das Haus des Königlichen Steuereinnehmers nieder und zündete es an. Im Hafen von New York brach eine aufgebrachte Volksmenge in den Wagenschuppen des Vizegouverneurs ein, stahl seine Kutsche, setzte eine Puppe als Abbild des Gouverneurs hinein und zog so durch die Straßen. Dabei stießen sie auf einen anderen Zug, der einen Galgen mit sich führte. Schließlich wurde die Puppe vor den Fenstern des Amtssitzes des Vizegouverneurs gehängt, gesteinigt

FREIE MEINUNGSÄUSSERUNG

Nachrichten über die Ankunft von Schiffen und wochenalte Berichte aus Großbritannien füllten die schmalen Spalten der ersten Zeitungen im kolonialen Amerika. Ab etwa 1760 erschienen jedoch lebendige Artikel, durchsetzt von revolutionären Gedanken, die in erregten Leserbriefen diskutiert wurden. Die Kolonisten griffen diejenigen an, die „sich gegen die Freiheit der Kolonien verschworen", und nannten Beamte der Krone „schmutzige, trunksüchtige, verseuchte Haufen von Dieben und Bettlern."

Die Zeitung von Pennsylvania brachte in ihrer Ausgabe vom 8. Juli 1776 (rechts) den Wortlaut der Unabhängigkeitserklärung. Der Nachrichtenhunger der Kolonisten war unersättlich. Jede Zeitung ging von Hand zu Hand und erreichte bis zu 20 Leser. Postreiter brachten sie in die entferntesten Winkel der Kolonien. Flugschriften lagen in Gasthäusern aus und klebten an den Wänden. Das Pamphlet *Common Sense* von Thomas Paine wurde 1776 mit 500 000 verkauften Exemplaren Amerikas erster Bestseller.

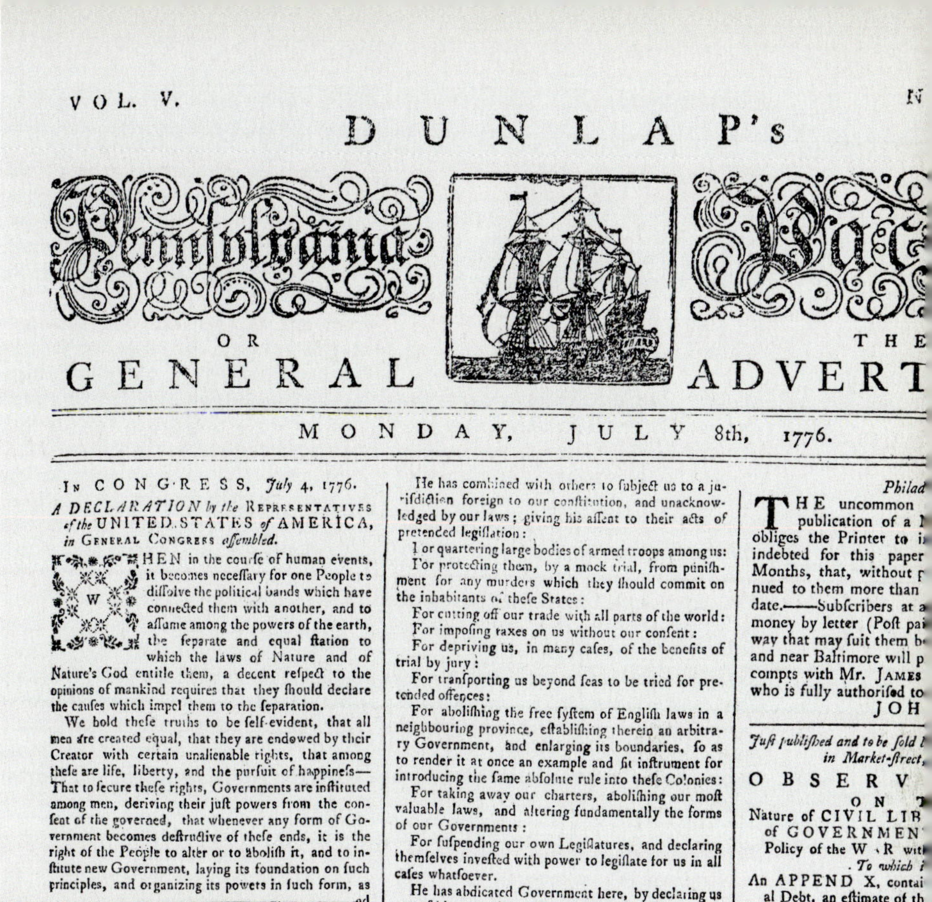
VOL. V. N

DUNLAP's

Pennſylvania Pac[ket]

OR THE

GENERAL ADVERT[ISER]

MONDAY, JULY 8th, 1776.

IN CONGRESS, July 4, 1776.

A DECLARATION by the REPRESENTATIVES of the UNITED STATES of AMERICA, in GENERAL CONGRESS aſſembled.

WHEN in the courſe of human events, it becomes neceſſary for one People to diſſolve the political bands which have connected them with another, and to aſſume among the powers of the earth, the ſeparate and equal ſtation to which the laws of Nature and of Nature's God entitle them, a decent reſpect to the opinions of mankind requires that they ſhould declare the cauſes which impel them to the ſeparation.

We hold theſe truths to be ſelf-evident, that all men are created equal, that they are endowed by their Creator with certain unalienable rights, that among theſe are life, liberty, and the purſuit of happineſs—That to ſecure theſe rights, Governments are inſtituted among men, deriving their juſt powers from the conſent of the governed, that whenever any form of Government becomes deſtructive of theſe ends, it is the right of the People to alter or to aboliſh it, and to inſtitute new Government, laying its foundation on ſuch principles, and organizing its powers in ſuch form, as

He has combined with others to ſubject us to a juriſdiction foreign to our conſtitution, and unacknowledged by our laws; giving his aſſent to their acts of pretended legiſlation:

For quartering large bodies of armed troops among us:

For protecting them, by a mock trial, from puniſhment for any murders which they ſhould commit on the inhabitants of theſe States:

For cutting off our trade with all parts of the world:

For impoſing taxes on us without our conſent:

For depriving us, in many caſes, of the benefits of trial by jury:

For tranſporting us beyond ſeas to be tried for pretended offences:

For aboliſhing the free ſyſtem of Engliſh laws in a neighbouring province, eſtabliſhing therein an arbitrary Government, and enlarging its boundaries, ſo as to render it at once an example and fit inſtrument for introducing the ſame abſolute rule into theſe Colonies:

For taking away our charters, aboliſhing our moſt valuable laws, and altering fundamentally the forms of our Governments:

For ſuſpending our own Legiſlatures, and declaring themſelves inveſted with power to legiſlate for us in all caſes whatſoever.

He has abdicated Government here, by declaring us out of his protection and waging war againſt us.

He has plundered our ſeas, ravaged our coaſts, burnt our towns, and deſtroyed the lives of our people.

He is, at this time, tranſporting large armies of foreign mercenaries to compleat the works of death, deſolation and tyranny, already begun with circumſtances of cruelty and perfidy, ſcarcely paralleled in the moſt barbarous ages, and totally unworthy the Head of a civilized nation.

He has conſtrained our fellow citizens taken captive on the high ſeas to bear arms againſt their country to become the executioners of their friends and brethren, or to fall themſelves by their hands.

He has excited domeſtic inſurrections amongſt us, and has endeavoured to bring on the inhabitants of our frontiers, the mercileſs Indian ſavages, whoſe known rule of warfare, is an undiſtinguiſhed deſtruction of all ages, ſexes and conditions.

In every ſtage of theſe oppreſſions we have petitioned for redreſs in the moſt humble terms: Our repeated petitions have been anſwered only by repeated injury. A Prince whoſe character is thus marked by every act which may define a tyrant, is unfit to be the ruler of a

Philad

THE uncommon publication of a
obliges the Printer to i
indebted for this paper
Months, that, without
nued to them more than
date.——Subſcribers at a
money by letter (Poſt pai
way that may ſuit them b
and near Baltimore will p
compts with Mr. JAMES
who is fully authoriſed to
JOH

Juſt publiſhed and to be ſold
in Market-ſtreet,

OBSERV
ON
Nature of CIVIL LIB
of GOVERNMEN
Policy of the W R wit
. To which i
An APPEND X, contai
al Debt, an eſtimate of th
Public by the taxes, and a
Income and Expenditure
Heu miſeri cives; non Hoſt
——Veſtras Spes uritis.
By RICHARD PR
*** This learned, judicio
the thanks of the Common C
of the City of London preſen
for this his much admired in
Civil Liberty—And for wh
united thanks of America.

NOW to be diſpoſe
reaſonable terms for re
(giving ſecurity if required) b
at the Trap, Philadelphia Co
he has now on hand, amou
pounds, or thereabouts.——A
leaſe of the Houſe and Stores
N. B. As ſaid MURRAY in
that part of the country, he
him to ſend in their accompts

To be SOLD by PU
at Capt. Kendal Cole's, n
Jerſey, on Monday, the 8
Ten o'clock in the morning
BETWEEN ſixty and ſev
part of which will conſiſt
yed heifers; the remainde
ung cattle, and cows and ca
ce the conditions of ſale w

Ph
To be SOLD by P
on Monday the 22d inſtant,
the evening, at the London
A CERTAIN lot or p
the north ſide of Mulber
Third and Fourth-ſtreets, i

und verbrannt. Scharen von Lehrlingen, Handwerkern und Seeleuten schlossen sich diesem aufrührerischen Treiben an. Die revolutionäre Gewohnheit, königstreue Beamte und Bürger zu teeren und zu federn, übernahmen die Aufständischen von den rituellen Bestrafungen, die Seeleute auf hoher See über Missetäter verhängten.

Lokale Milizen patrouillierten in den weiträumigen Gebieten der Kolonien, weil die Amerikaner zuwenig reguläre Truppen besaßen. Diese Milizen mußten, ebenso wie die schlecht ausgerüsteten Streitkräfte der Kolonie, ihren Bedarf an Lebensmitteln und Waffen gewöhnlich selbst beschaffen. Die Versorgung mit Feuersteinen, Schießpulver, Munition und Proviant konnte leicht den gesamten Sold kosten.

Während des Unabhängigkeitskampfes wurde in ganz Nordamerika, wo es kaum Gießereien gab, das Metall knapp. Hausfrauen leisteten ihren Beitrag zu den Kriegsanstrengungen und sammelten Hausrat aus Zinn und Blei, der der Herstellung von Gewehrkugeln dienen sollte. Standbilder des Königs und andere Symbole der Macht der britischen Krone aus Metall wurden niedergerissen und zu Munition verarbeitet. Mädchen gingen von Haus zu Haus und sammelten Lumpen für Verbandsmaterial und Decken für Soldaten. Aus Hafenstädten kam Segeltuch für Zelte.

Während die Männer monatelang im Krieg blieben, übernahmen Frauen und Kinder ihre Aufgaben daheim. Die Frauen beschafften das Lebensnotwendige. All die kleinen und großen Veränderungen im Alltagsleben summierten sich, und die Rebellen, aus denen bald stolze Amerikaner werden sollten, sahen sich selbst und die Welt in einem neuen Licht.

In den sieben Jahren, die zwischen der Verabschiedung der Unabhängigkeitserklärung am 4. Juli 1776 und der Unterzeichnung des Friedensvertrages in Paris 1783 vergingen, kam es in der Welt der amerikanischen Kolonisten zu grundlegenden politischen und gesellschaftlichen Veränderungen. Der Kampf um die Unabhängigkeit warf viele Traditionen über Bord. Vor allem die Energie und der Überschwang der jungen Menschen, nicht die Vorsicht der Älteren, nährten die Flammen der Revolution.

Bis zum bitteren Ende *Gefangene amerikanische Soldaten wurden von den Briten auf alten Schiffen wie der Jersey (unten) in Haft gehalten, die vor Brooklyn vor Anker lag. Etwa 11 000 Gefangene starben im Rumpf dieses Schiffes an Unterernährung und Krankheiten.*

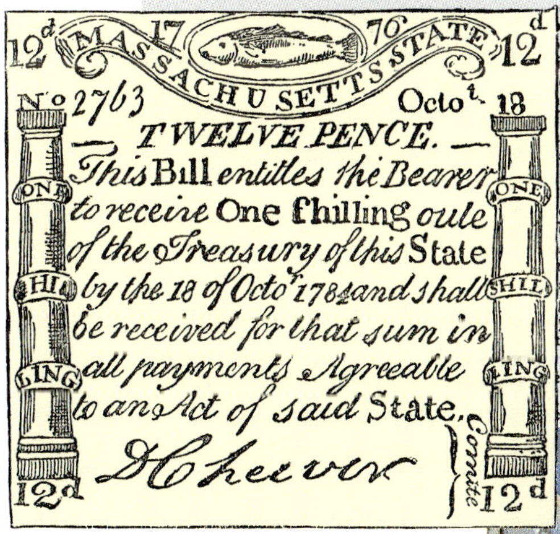

Rebellengeld *Schon vor Kriegsausbruch gaben die amerikanischen Kolonien eigenes Papiergeld aus. Die Schillingnote aus Massachusetts (oben) stammt von 1776.*

Rebellenbaum *Markante Bäume in Städten und Dörfern dienten den Rebellen als Treffpunkt. Der Pöbel versammelte sich dort oft, um Beamte der Krone, die die verhaßten britischen Steuergesetze durchsetzen wollten, zu lynchen.*

TERROR IM ZEICHEN DER GUILLOTINE

Am 14. Juli 1790 tanzten Tausende von Menschen in Paris auf den Ruinen der Bastille, des alten Gefängnisses. Abends schoß Feuerwerk in den Himmel empor. Alles war hell erleuchtet, und auf riesigen Pavillons wehte das neue Symbol Frankreichs, die Trikolore. Paris versank in einem Freudentaumel, denn was hatte die Stadt, was hatte das französische Volk nicht alles in dem einen Jahr erreicht, seit die verhaßte Bastille gestürmt worden war?

Die alten Vorrechte des Adels hatte man abgeschafft und den Kirchenbesitz zum Nationaleigentum erklärt. Die Nationalversammlung hatte eine feierliche Erklärung der Menschenrechte verabschiedet. König Ludwig XVI. durfte nicht länger in Versailles residieren. Er mußte in die Tuilerien im Herzen der Stadt übersiedeln. Ohne Begeisterung trug er die rotblaue Kokarde der Stadt Paris; er bat nur darum, den neuen Farben Frankreichs das königliche Weiß hinzufügen zu dürfen. Etwas Wichtiges allerdings hatte man in diesem einen Jahr versäumt: Man hatte nicht viel unternommen, um die drängende Lebensmittelknappheit zu beseitigen. Doch nichts konnte dem elektrisierenden Gefühl des Aufbruchs in eine neue Zeit Einhalt gebieten.

Die verschiedenen Viertel von Paris waren damals noch mehr oder weniger eigenständig, und weil die Nachrichtenübermittlung nur mündlich erfolgte, konnte es geschehen, daß in einem Bezirk südlich der Seine ein heftiger Aufstand tobte, von dem die Menschen in den nördlichen Stadtteilen erst Tage später etwas erfuhren. Diejenigen, die auf dem laufenden sein wollten, fanden sich deshalb an den traditionellen Versammlungsorten wie den Tuilerien ein, die seit den Anfangstagen der Revolution zu einer Art außerparlamentarischer Versammlungsstätte und Informationsbörse geworden waren. Zwischen Buchläden und kritzelnden Flugschriftenschreibern schlenderten die Menschen umher, hielten hier und da inne, hörten Politikern zu, ließen sich von Straßensängern unterhalten und von Lästermäulern mit prickelnden Geschichten amüsieren.

Manche besuchten auch das nahe gelegene Palais Royal mit seinen zahlreichen Cafés, wo politische Ansichten heftig diskutiert wurden. Darüber hinaus gab es zahlreiche Cafés und Hinterzimmer, in denen sich die verschiedenen politischen Gruppierungen – Königstreue, gemäßigte Girondisten, radikale Jakobiner und Unabhängige – zu ihren Sitzungen trafen.

In dieser Welt des Umbruchs sagte man allen Relikten aus der Vergangenheit Lebewohl. Wer etwas auf seine republikanische Gesinnung hielt, trennte sich ohne große Umschweife von der aristokratischen Mode, den Allongeperücken, den seidenen Strümpfen und vor allem den Kniehosen oder *culottes*. Man wurde ein Sansculotte, einer „ohne Hose", wie die Republikaner genannt wurden, und trug entsprechend dem neuen Zeitgeist lange, blauweißrot gestreifte Hosen, *pantalons*, eine kurze wollene Jacke, Holzpantinen und eine rote Freiheitsmütze, die sogenannte Jakobinermütze.

Erinnerung *Dieser Teller zeigt die Erstürmung der Bastille. Es stellte sich jedoch heraus, daß dort nur noch sieben Gefangene untergebracht waren.*

Ein Staat von Bürgern

Es gab neben modischen Neuheiten allerdings noch eine Reihe anderer Veränderungen, und zwar im alltäglichen Umgang miteinander, in der Sprache, im Kalender und in der Art der Anrede. „Monsieur" und „Madame" klangen zu sehr nach Unterwerfung und wurden durch Gesetz in „Bürger" und „Bürgerin" umgeändert. Auch das Siezen schaffte man ab, denn so redeten die Dienstboten ihre Herrschaft an. Jeder sollte mit dem lockeren Du angeredet werden.

Hunger *Die Revolution versagte bei der Ernährung des Volkes. Der Winter 1794/95 brachte eine Hungersnot. Vor einer Bäckerei stehen Menschen nach der täglichen Brotration an.*

Trikolore *Sie wurde das Symbol der neuen Republik.*

Wer weiterhin die alten Formen benutzte, geriet in den Verdacht, mit dem Adel zu sympathisieren.

Ortsnamen, in denen Namen von Mitgliedern des Königshauses oder von Heiligen vorkamen, wurden gestrichen. Extreme Anhänger der Revolution gaben ihren Kindern klassische oder revolutionäre Namen wie *Brutus*, *Fructidor* oder *République*. Gott wurde offiziell durch den Kult des Höchsten Wesens ersetzt, und die Kathedrale Notre-Dame benannte man in Tempel der Vernunft um. Den christlichen Kalender hob man ganz auf und erklärte 1793 zum Jahr eins des neuen Zeitalters. Das Jahr wurde in zwölf Monate mit jeweils 30 Tagen eingeteilt, mit Namen wie *Brumaire*, der Nebelmonat, oder *Florial*, der Blumenmonat. Man führte ein metrisches System für Maße ein. Zwar stieß dieses zunächst auf Widerstand, doch bald sollte es sich weltweit durchsetzen.

Gerade als sich die Pariser Bürger über die ausschweifenden Revolutionsfeste in der Stadt lustig machten, schlug die revolutionäre Energie in Fanatismus und Terror um. Maximilien de Robespierre und andere radikale Führer veranstalteten seit 1793 unbarmherzige Säuberungsaktionen unter den Bürgern.

Tötungsmaschine *Im Jahr 1789 schlug der Arzt Joseph Guillotin vor, Hinrichtungen aus humanitären Gründen nicht mehr mit dem Handbeil zu vollziehen, sondern mit einer Maschine. Diese trennte durch ein herabfallendes messerscharfes Beil den Kopf vom Rumpf. 1791 wurde das erste Gerät gebaut. Im April 1792 enthauptete man mit der Guillotine das erste Opfer, einen Straßenräuber. Bis zum Ende der Schreckensherrschaft während der Französischen Revolution hatten etwa 17 000 Menschen ihr Leben unter dem Fallbeil lassen müssen.*

ZUSCHAUER AM SCHAFOTT

Damit seine Feinde schneller hingerichtet werden konnten, widerrief Robespierre am 10. Juni 1794 das Recht der Gefangenen auf Selbstverteidigung und ließ den Geschworenen nur die Wahl zwischen Freispruch und Todesstrafe. Die Zahl der Opfer schwoll flutartig an. Aus der Menge der regelmäßigen Zuschauer bei Hinrichtungen hoben sich besonders die *tricoteuses*, die Strickerinnen, hervor, Frauen, die Tag für Tag strickend am Schafott standen und zusahen, wie die Köpfe rollten. Weil sie die Todgeweihten, die Furcht erkennen ließen, verspotteten, nannte man sie die „Furien der Guillotine".

Verdächtig war jeder. Nach der Devise „Wer nicht für uns ist, ist gegen uns" übte der sogenannte Wohlfahrtsausschuß in Paris eine grausame Diktatur aus. Aus den düsteren Zellen der Conciergerie und anderen Gefängnissen wurden täglich Dutzende von Personen über die Rue Saint-Honoré zur Guillotine transportiert. Große Teile der Bevölkerung stumpften ab und schauten kaum auf, wenn die Schinderkarren mit den Delinquenten vorüberholperten. Nur die Hinrichtungen König Ludwigs XVI. und seiner Gemahlin Marie Antoinette brachten das Volk von Paris auf die Beine.

Andere Todesfälle machten ebenfalls von sich reden: der Tod des Revolutionsführers Georges Jacques Danton im April 1794, der bis zum letzten Atemzug fluchte, Robespierres gequälter Schrei, als der Henker die Bandage von seinem zerschmetterten Kiefer riß, und die Todesangst der Madame Dubarry, der gealterten Geliebten Ludwigs XV. Im allgemeinen arbeitete die Guillotine schnell und zuverlässig. Sanson, einer der Henker von Paris, sprach davon, 22 Menschen in 36 Minuten enthauptet zu haben.

Doch nicht nur Paris versank im Blut, auch in den Departements verfolgte der Wohlfahrtsausschuß die Gegner Robespierres. In der Vendée und der Bretagne führte man einen regelrechten Ausrottungskrieg gegen die Royalisten und die gemäßigten Kräfte.

Sechs Jahre nach dem Sturm der Bastille war Frankreich revolutionsmüde. Als Reaktion auf Terror und Diktatur schuf man im September 1795 eine neue Verfassung. An der Spitze der Regierung standen fünf Direktoren, doch auch sie konnten den Staatsbankrott nicht aufhalten. Erst der Staatsstreich Napoleons 1799 brachte die Wende.

Prädikatswein *Ein Winzer, der sein Produkt in Revolutionskrügen verkaufte, erhielt ein Zertifikat für Patriotismus.*

Fall des Tyrannen *Die Revolution machte auch nicht vor ihren Wortführern halt. So wurde der Advokat Maximilien de Robespierre, der selbst Tausende von Menschen auf die Guillotine gebracht hatte, im Juli 1794 öffentlich enthauptet.*

König unter Druck *Am 6. Oktober 1789 zog der Pöbel von Paris nach Versailles und zwang den König zur Rückkehr in die Stadt. Die Leute schwenkten die abgeschnittenen Köpfe der Wachen, die sich ihnen in den Weg gestellt hatten (links).*

Gute Nachrichten *Zu den Festen, die die Revolution eingeführt hatte, gehörte das Fest des Höchsten Wesens. Auf dem Marsfeld errichtete der Künstler Jacques Louis David einen Berg, auf dem ein „Freiheitsbaum" und eine Herkulesstatue standen.*

Freundlicher Empfang *Napoleons Soldaten werden in der Stadt Frankfurt bejubelt, als sie gegen Österreich marschieren (oben).*

Mit Stil *Im Feld benutzte der Herzog von Wellington Teller und Becher aus massivem Silber. Sein Besteck führte er in einem flaschenförmigen Etui mit sich.*

MIT NAPOLEON SIEGEN UND STERBEN

In einer Frontlinie, selbst einer 1000 Mann starken, zu stehen und auf den Ansturm der Napoleonischen Regimenter zu warten, das war für den einzelnen Soldaten eine fürchterliche Erfahrung. Artillerie, die aus einer Entfernung von knapp einem Kilometer feuerte, streckte mit einer einzigen Salve ganze Reihen nieder. Die Geschütze der Verteidiger antworteten, doch der Infanterie, bewaffnet mit Musketen, die bei einer Entfernung von mehr als 90 Metern kaum noch Wirkung zeigten, blieb nichts anderes übrig, als zu warten und den Vormarsch der feindlichen Kolonnen zu beobachten, deren Bedrohlichkeit durch Trommelwirbel gesteigert wurde.

Stets in vorderster Reihe marschierten die stämmigen, schnurrbärtigen Männer der kaiserlichen Garde, jeder von ihnen ein altgedienter Unteroffizier, der sein Handwerk in zahllosen Schlachten gelernt hatte. Nachdem sich die Reihen wieder geschlossen hatten, verdoppelte sich das Gewehrfeuer der leichtbewaffneten Plänkler an den Flanken. Die Kavallerie streifte umher und suchte eine Lücke, in die sie einen Keil treiben konnte, um die gegnerischen Linien aufzubrechen. Als sich schließlich die Formationen auf etwa 65 Meter genähert hatten, feuerten auch die Schulter an Schulter stehenden Verteidiger die ersten Salven ab. Laden, zünden, zielen, feuern. Ein guter Soldat konnte drei Schuß in der Minute abgeben. Das war etwa die Zeit, die ihm verblieb, bevor sich die Bajonette der Angreifer und der Verteidiger kreuzten.

Was dann folgte, war der erbitterte Kampf Mann gegen Mann, Zustechen und Feuern, begleitet von den Schreien der Verwundeten und dem

MANN GEGEN MANN

Auf dem Schlachtfeld des frühen 19. Jahrhunderts endeten die vom Feldherrn geplanten Truppenbewegungen oft in einem unübersichtlichen Handgemenge und blutigen Gemetzel, bei dem es sogar den Generälen schwerfiel, ihre eigenen Truppen von denen des Feindes zu unterscheiden, wie in der Schlacht von Borodino, einem Dorf westlich von Moskau, am 7. September 1812 (oben). Nach einem verheerenden Artilleriefeuer beider Seiten kam es zu einem grausamen Nahkampf, als Napoleon seine Truppen in mehreren Wellen von einem nahe gelegenen Hügel gegen die russische Verteidigung schickte. Am Ende des Tages hatte Napoleon etwa 30 000 Mann verloren. Die verlustreiche Schlacht ebnete dem Korsen endgültig den Weg nach Moskau.

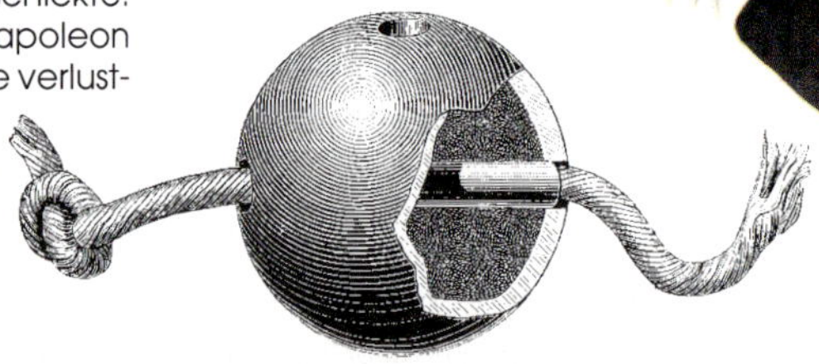

Tödlicher Ball *Handgranaten bestanden in damaliger Zeit aus hohlen, mit Schießpulver gefüllten Eisenkugeln.*

beißenden Pulverdampf. Dann riß die Wucht der anstürmenden Bataillone die Kämpfenden fort bis hinter die feindliche Linie. Die große Manövrierfähigkeit und die hohe Durchschlagskraft verhalfen den Napoleonischen Armeen zu den überlegenen Siegen bei Marengo, Austerlitz, Jena, Auerstedt und Wagram.

Auf dem Weg zur Macht

Im August 1799 hatte General Napoleon seine Armee in Ägypten verlassen und war auf schnellstem Weg nach Frankreich gesegelt, um die Macht zu übernehmen. In Paris stürzte er am 9. November das regierende Direktorium und errichtete eine Militärdiktatur. Während sich die europäischen Mächte gegen Frankreich verbündeten, reorganisierte Napoleon die französische Armee. Zusätzlich zu den Freiwilligen der Nationalgarde und den Wehrpflichtigen warb er Veteranen, emigrierte Royalisten und sogar Offiziere des alten Regimes an. Es war eine neuartige Armee, die weniger durch brutale Disziplin zusammengehalten wurde als vielmehr durch einen glühenden Patriotismus und die persönliche Ergebenheit gegenüber dem Korsen.

Als sich Napoleon im Jahr 1804 zum Kaiser der Franzosen krönte, verfügte er über hervorragende Generäle, ein erfahrenes Offizierskorps und eine schlagkräftige Armee, die in Europa ihresgleichen suchte. Die Stärke des kaiserlichen Heeres lag vor allem in der zielstrebigen Beharrlichkeit, mit der es die Kernstreitmacht des Feindes bekämpfte und vernichtete, noch bevor es das Land besetzte oder sich um den Nachschub kümmerte.

Aber genau diese Stärken enthielten bereits den Keim des späteren Untergangs. In den hart zuschlagenden, schnell vorrückenden Armeen hatten langsame Versorgungskolonnen keinen Platz. Zum wirtschaftlichen und auch strategischen Konzept Napoleons gehörte es, daß seine Truppen sich aus dem Land, das sie erobert hatten und besetzt hielten, versorgen sollten. Diese unnachgiebige Politik war jedoch nicht geeignet, sich bei der unterworfenen Bevölkerung beliebt zu machen. Zum Tod im Gefecht kam nun auch noch der Hunger.

Auf der Iberischen Halbinsel trafen die Franzosen auf unerwartet harten Widerstand. Und das ganze Elend des Krieges trat zutage, als die französische Armee unter Marschall André Masséna im Winter 1810 gegen Lissabon vorrückte, wo die Briten und Portugiesen sich unter General Arthur Wellesley, dem späteren Herzog von Wellington, verschanzt hatten. Die französischen Soldaten, die auf einem felsigen, sturmgepeitschten Höhenzug über dem Tejo Stellung bezogen, boten ein trauriges Bild. Die Mannschaften trugen nur noch Lumpen, die kaum noch an die einst so strahlenden Uniformen erinnerten. Einige besaßen wenigstens noch Stiefel, die sie von den Leichen gefallener Husaren gestohlen hatten.

Sie alle erhielten Auftrieb durch die Hoffnung, daß Lissabon mit seinen Reichtümern von ihnen eingenommen werden könnte, sobald Marschall Masséna Wellington und sein Korps ins Meer getrieben hätte. Doch die erschöpften Franzosen besaßen nicht mehr die notwendige militärische Durchschlagskraft. Als sie sich schließlich im März 1811 zurückziehen mußten, waren zwei Drittel von ihnen Opfer von Krankheiten geworden oder an Hunger und Entkräftung gestorben. Die nachrückenden Briten hatten leichtes Spiel. 1812, als Napoleon gegen Rußland zog, feierten die Verbündeten die Befreiung Madrids.

VERSORGUNG AUS DEM LAND

Napoleon begann den Rußlandfeldzug im Juni 1812 mit einer Armee von etwa 610000 Mann; als er im September in Moskau einzog, waren es nur noch 11000 Soldaten. Drei Monate später erreichten noch 5000 völlig erschöpfte und zerlumpte Gestalten die preußische Grenze. Der Winter, Hunger und mangelnde Ausrüstung führten zum katastrophalen Ende der ruhmreichen Großen Armee. Bereits innerhalb von zwei Wochen nach dem Überqueren der russischen Grenze hatten die französischen Truppen sämtliche Lebensmittelrationen aufgezehrt und mußten durch Landstriche vorrücken, die die Russen verlassen hatten. Einem französischen Infanteristen war es gelungen, eine halbverhungerte Mähre und Federvieh zu organisieren (oben).

Rauhe Behandlung *Die Feldärzte trachteten damals meist danach, Wunden rasch zu nähen und Gliedmaßen zu amputieren. Die Versorgung verbesserte sich erst durch die Bemühungen Florence Nightingales (links).*

Nach der Schlacht *Auf dem Schlachtfeld von Austerlitz, dem Schauplatz von Napoleons Sieg über die österreichischen und russischen Streitkräfte im Jahr 1805, liegen Tote und Sterbende zwischen zerschmetterten Lafetten und zerbrochenen Waffen (unten).*

Balanceakt *Eine der gefährlichsten Aufgaben auf See war das Einholen eines Segels bei Wind und Regen. Ein Ausrutscher bedeutete den sicheren Tod, denn ein Schiff unter Segel konnte nicht beidrehen, um jemand zu retten, der über Bord gegangen war.*

„KLAR SCHIFF ZUM GEFECHT!"

Höchste seemännische Leistungen und hervorragender Umgang mit den Geschützen machten die britische Marine zum unumschränkten Herrn der Weltmeere. Diese Fähigkeiten erwarb man sich durch eine harte und oft brutale jahrelange Schule. Die Nachrichtenverbindung zwischen den Schiffen steckte noch in den Kinderschuhen, und jedes Schiff, ob klein oder groß, war daher eine Welt für sich. Schiff und Besatzung lebten nach dem Willen des Kapitäns, der eine fast uneingeschränkte Autorität über die Mannschaft besaß.

Erbärmliches Leben an Bord

Die Sehnsucht nach dem großen Abenteuer mußte sehr stark sein, bevor ein Mann sich freiwillig zur Marine meldete. Die Heuer war lächerlich gering. Seit dem 17. Jahrhundert hatte man die 26 Schilling Monatsheuer für einen tüchtigen Seemann nicht erhöht. Die Kost bestand meist aus gepökeltem Rind- oder Schweinefleisch, Erbsbrei und Schiffszwieback und war nicht sonderlich appetitanregend, obgleich ein guter Koch aus diesen dürftigen Zutaten recht wohlschmeckende Mahlzeiten bereiten konnte. Das Essen spülte man mit beängstigend großen Mengen Bier oder Rum, manchmal auch Wein hinunter. Zur Vorbeugung gegen Skorbut nahm man Obst und Gemüse mit, das jedoch auf den langen Fahrten oft bald schon verdarb.

Wer die Marinelaufbahn einschlug, lebte gefährlich. Der Feind war dabei im allgemeinen das geringere Problem der Seeleute. In den 22 Jahren zwischen 1793 und 1815, in denen Großbritannien Krieg mit Frankreich führte, erlitten 344 britische Schiffe Schiffbruch, verbrannten oder explodierten durch Unachtsamkeit. Nur zehn Schiffe gingen im Kampf verloren.

Viele Seeleute kamen durch Unfälle ums Leben. Was kaum überrascht, da man die Männer auf den oberen Rahen zu Aufgaben heranzog, die einem Trapezkünstler alle Ehre gemacht hätten, und das nicht nur bei gutem Wetter, sondern auch in dunkler Nacht und bei tosendem Sturm. Außerdem kam es nicht selten vor, daß sich bei hohem Seegang ein Geschütz losriß, mit seinen zwei Tonnen Gewicht über das Deck rollte und alles niederwalzte, was sich ihm in den Weg stellte. Nur wenige Seeleute konnten schwimmen. Knochenbrüche, andere Verletzungen und Seuchen waren weit verbreitet.

Im Vergleich zu Unfall und Krankheit waren die Verluste an Menschenleben durch Kriegshandlungen bei den britischen Seeleuten gering und sogar niedriger als bei den Franzosen. Das war teilweise darauf zurückzuführen, daß die Franzosen bei Seegefechten im allgemeinen auf die Maste und die Take-

Blutbad auf hoher See *Zersplitterte Masten, zerfetzte Segel und Seeleute, die im Wasser um ihr Leben kämpfen, waren die Folgen einer Seeschlacht vor Ushant in der Bretagne, bei der die Briten 1794 die Franzosen schlugen.*

Widerwillig *Unwillige Männer werden mit rüden Methoden von Werbern zum Dienst in der Marine gepreßt.*

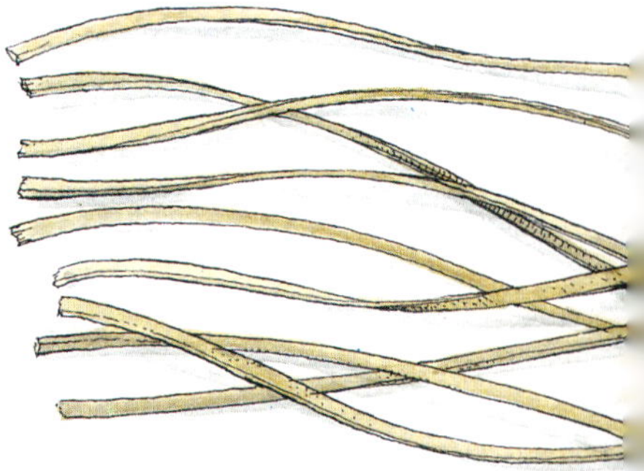

lage schossen, um die feindlichen Schiffe bewegungsunfähig zu machen, während die Briten eher dazu neigten, Breitseiten gegen den Schiffsrumpf abzufeuern, und so die Zwischendecks in eine Hölle aus umherfliegenden Eisenteilen und Holzsplittern verwandelten.

Gefährliche Langeweile

Ein Großteil des Dienstes der britischen Marine bestand darin, Transportzüge zu begleiten und sicher an ihren Bestimmungsort zu bringen sowie französische Häfen zu blockieren. Solche Aufgaben empfanden die Seeleute als langweilig und zeitraubend; sie konnten dazu führen, die tatendurstigen Schiffsbesatzungen zu demoralisieren.

Das Ende der Langeweile nahte, wenn der Befehl ertönte: „Klar Schiff zum Gefecht!" Er löste ein hektisches Treiben auf dem Schiff aus: Zwischenwände wurden abgebaut, Bänke und Messetische verstaut und alle unwichtigen Gerätschaften in den Rumpf gebracht oder über Bord geworfen. Die langen Geschützdecks wurden geschrubbt und mit Sand bestreut, damit die nackten Füße der Kanoniere guten Halt fanden, Pulverträger rannten mit Ladungen umher, Scharfschützen kletterten in den Ausguck und stellten sich an der Reling auf.

Die Geschützbedienungen gingen in Kampfstellung, mit bloßem Oberkörper und Halstüchern über den Ohren. Man hörte ein dumpfes Rollen und Poltern beim Ausfahren der Kanonen aus den Geschützpforten. Dann verbreitete sich gespanntes Schweigen auf und unter Deck. Die feindlichen Kriegsschiffe glitten langsam und wie von Geisterhand gesteuert aufeinander zu. Die Geschützführer schauten an ihren Kanonenrohren entlang durch die Luken auf das spiegelglatte Wasser, bis sich plötzlich und erschreckend nah der dunkelrote Rumpf eines französischen Kriegsschiffes aus den feuchtglänzenden Wellen hob und sich die Mündungen der Geschütze dicht an dicht gegenüberlagen. Eine Offizierspfeife schrillte, und unter dem wuchtigen Aufprall einer Breitseite verwandelte sich die geordnete Szene in ein Chaos.

Der Bau eines Rumpfes für ein Schiff mit 74 Geschützen erforderte 2000, mindestens 100 Jahre alte Eichen. Der Untermast, dessen Fuß in den Kiel eingelassen war, bestand aus mehreren, mit Eisenringen verklammerten Tannen. Die oberen Teile der Masten und die Rahen wurden im allgemeinen aus einzelnen Tannenstämmen hergestellt. Ein Kriegsschiff dieser Bauart hatte die Aufgabe, möglichst nah an den Feind heranzukommen. Dazu brauchte man eine Mannschaft von etwa 600 Leuten. Einige unter ihnen – Geschützoffiziere, Segelmacher und Zimmerleute – waren Spezialisten, andere, wie die Toppsgasten, waren Vollmatrosen. Der Rest der Seeleute bestand aus ungelernten Hilfskräften, die die Taue ziehen oder aufrollen und die Decks schrubben mußten. Außerdem gab es ein Kommando königlicher Marineinfanteristen an Bord. Auf vielen britischen Schiffen lebten auch Frauen, die manchmal mit Besatzungsmitgliedern verheiratet waren. Bei Kampfhandlungen brachten sie Schießpulver zu den Geschützen und pflegten die Verwundeten.

Die Schiffsbesatzung, außer den Offizieren, wohnte auf den Batteriedecks; jeder Seemann bekam einen 36 Zentimeter breiten Decksstreifen für seine Hängematte zugewiesen und einen Platz an einem der Tische zwischen den Kanonen, wo er seinen Schiffszwieback aß, Grog trank und die wachfreie Zeit verbrachte. Das Leben an Bord bot keinerlei Raum für Privates, und bei rauhem Wetter, wenn das Schiff in den Wellen stampfte, war es die reine Hölle. Doch trotz aller Entbehrungen blickten die Seeleute mit Sehnsucht und voller Stolz auf jene harten Jahre zurück, die sie auf dem Meer verbracht hatten.

Freizeit *Das Leben eines Seemannes bestand nicht nur aus Härte. Auf Deck (rechts) schlenderten Offiziere unter dem Sonnensegel, während im Hafen oft Prostituierte an Bord kamen (unten).*

Ein Rumfaß

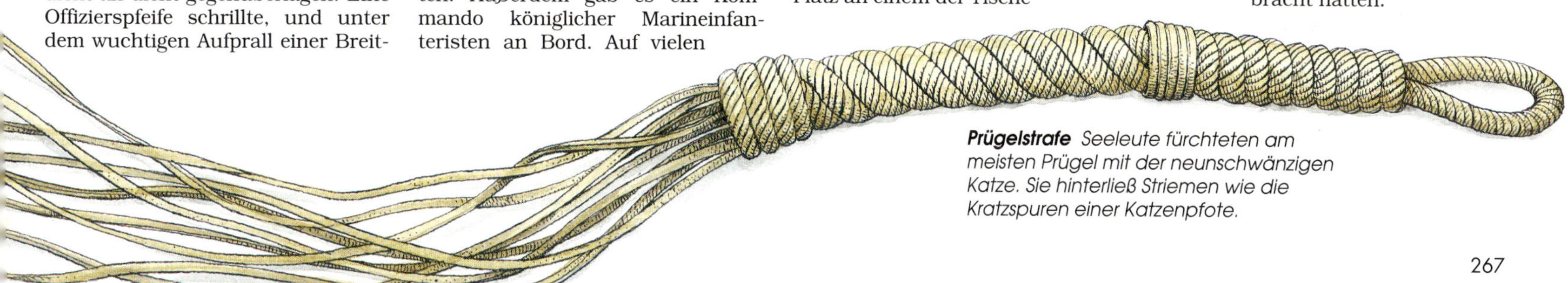

Prügelstrafe *Seeleute fürchteten am meisten Prügel mit der neunschwänzigen Katze. Sie hinterließ Striemen wie die Kratzspuren einer Katzenpfote.*

MIT VOLLDAMPF IN DIE ZUKUNFT

Während in Nordamerika und in Frankreich die Revolution tobte, vollzog sich in Europa eine Revolution ganz anderer Art, die zwar weniger spektakulär ablief, deren Auswirkungen aber die Menschen, ihr Leben und ihre soziale Lage ebenfalls tiefgreifend ändern sollten. Sie begann in Großbritannien und wurde als industrielle Revolution bekannt.

Der Begriff bezeichnet den Übergang von der Agrar- zur Industriegesellschaft. Fleiß, harte Arbeit, Sparsamkeit und nüchternes Gewinnstreben über den Eigenbedarf hinaus schafften das notwendige Privatkapital für Investitionen zum Bau von Fabriken. Bedeutende Industriezweige wurden die Textil- und Schwerindustrie und der Bergbau. Wesentlicher Wegbereiter dieser Entwicklung war die Erfindung der Dampfmaschine. Mit der Mechanisierung der Arbeit gingen fortschreitende Arbeitsteilung, Massenproduktion und Serienfertigung einher.

Die Entwicklung von Wirtschaft und Technik im 19. Jahrhundert trug entscheidend zum Wohlstand der Menschen bei, führte aber auch zur Verelendung der Masse der ungelernten Arbeitskräfte, die am Ende der sozialen Skala stand und die Last des Fortschritts wie keine andere Gesellschaftsschicht spürte.

EUROPA
18./19. JAHRHUNDERT

WUNDER DER NEUEN TECHNIK

Die Geschichte der Dampfmaschine beginnt bei den Griechen. Etwa um das Jahr 60 beschrieb Heron von Alexandria, wie man mit Hilfe von erwärmter Luft oder Wasserdampf und ohne sichtbares Eingreifen des Menschen Tempeltore öffnen und Hörner blasen könne. Mit solchen Vorführungen beeindruckten Priester die Mitglieder ihrer Gemeinde und flößten ihnen Ehrfurcht ein.

Doch sollte es noch rund eineinhalb Jahrtausende dauern, bis der Engländer Thomas Newcomen aus Dartmouth in Devon die erste Maschine mit Kolben und Zylinder konstruierte. Im Jahr 1712 setzte er sie ein, um Wasser aus einem überfluteten Bergwerk in Staffordshire abzupumpen. Bis 1775 waren ungefähr 100 dieser Maschinen allein in den Kohlebergwerken entlang dem Tyne-Fluß und weitere 60 in den Erzbergwerken in Cornwall im Einsatz.

Ein erfolgreiches Duo
Nun lag die Nutzung der Dampfmaschinen zum Antrieb anderer Maschinen nicht mehr fern. Der größte Pionier auf diesem Gebiet war James Watt, ein Feinmechaniker aus Greenock, der von 1769 bis 1780 Erfindung an Erfindung reihte, um die Betriebsfähigkeit der Dampfmaschine zu verbessern. Im Jahr 1774 kam er nach Birmingham und tat sich mit dem reichen Fabrikanten Matthew Boulton zusammen.

Boulton und Watt meldeten Patente an und bauten eine Anzahl Pumpen für Bergwerke und Brauereien. Beide waren sich jedoch bewußt, daß wirklicher Erfolg nur mit der Entwicklung von Antriebsmaschinen für die aufblühende Textilindustrie in Großbritannien zu er-

Frauenarbeit *Um die Mitte des 19. Jahrhunderts waren mehr als eine Million Arbeiter in der britischen Textilindustrie beschäftigt. Die Webstühle wurden vielfach von Frauen bedient, die unter den langen Arbeitszeiten und unter ungesunden Bedingungen zu leiden hatten.*

Triumph der Dampfkraft *Die im Jahr 1830 eröffnete Eisenbahnlinie von Liverpool nach Manchester war die erste, die sich ganz auf Dampflokomotiven verließ und einen großen Anteil am Personenverkehr bewältigte.*

Fortschrittsorientiert *Die schattierten Gebiete zeigen europäische Kohlereviere und das schwedische Eisenerzabbaugebiet um das Jahr 1850.*

ringen war, deren Maschinen bis dahin durch Wasserkraft oder mit Tieren angetrieben wurden. Watt war nicht der einzige, der auf diesem Gebiet große Entwicklungsmöglichkeiten sah, doch seine Konstruktionen schufen den Durchbruch in das Maschinenzeitalter. Neben den Verbesserungen der Dampfmaschine fand er noch Zeit für andere Erfindungen. So entwickelte er eine Maschine, die Briefe kopierte, und einen Apparat, der Gewebe trocknete. Er maß die Leistung einer Maschine und definierte sie in Pferdestärken: Ein PS leistet eine Maschine, wenn sie in einer Sekunde 75 Kilogramm einen Meter oder ein Kilogramm 75 Meter hoch hebt.

Die Suche nach einer Dampfmaschine mit Eigenantrieb war mindestens ebenso alt wie die Nachfrage nach einer Maschine, die andere Maschinen antrieb. Dem Franzosen Nicolas Joseph Cugnot gebührt das Verdienst, im Jahr 1770 das erste Dampfautomobil konstruiert zu haben. Das erste Dampfschiff baute der Amerikaner Robert Fulton. Er unternahm mit ihm 1807 die erste Fahrt auf dem Hudson River von New York nach Albany. Aus diesen bescheidenen Anfängen entwickelten sich innerhalb eines Menschenalters die Eisenbahn und die Dampfschiffahrt.

Billige Waren, die von dampfangetriebenen Maschinen hergestellt und mit dampfangetriebenen Transportmitteln preisgünstig ausgeliefert würden, sollten, so dachte und plante man, eine bessere Welt schaffen, aus der Mühsal und Plackerei verbannt wären. Doch die Entwicklung verlief anders. Die Industriellen strebten nach einer stets weiteren Ausdehnung des Marktes und waren daran interessiert, die Waren immer billiger zu verkaufen. Ein möglichst niedriger Preis für die Waren ließ sich aber nur erzielen, wenn man den Arbeitslohn auf ein Minimum begrenzte und billige Arbeitskräfte, ungelernte Arbeiter, Frauen und Kinder, heranzog. Die wirtschaftliche und soziale Lage der lohnabhängigen Arbeiter verschlechterte sich gravierend; die Kluft zwischen Arbeit und Kapital vertiefte sich zunehmend.

Karl Marx, der in Großbritannien im Exil lebte und die Probleme der Industrialisierung und auch das Elend und die Unzufriedenheit sah, die sie in der Arbeiterschaft erzeugten, hielt eine gesellschaftliche und politische Revolution für unausweichlich. Gemeinsam mit Friedrich Engels entwickelte er die kommunistische Theorie vom Weg in eine bessere Welt: Die Arbeiterschaft führt den Klassenkampf gegen die Eigentümer des Kapitals und errichtet die Diktatur des Proletariats als Übergangsstadium zur klassenlosen Gesellschaft des Sozialismus.

Die Geschichte nahm am Ende einen anderen Verlauf. Ein Wandel der Verhältnisse setzte in der Tat allmählich ein. Er wurde erreicht, als Arbeitszeiten und Arbeitsbedingungen unter dem Druck von Gewerkschaften gesetzlich geregelt wurden.

Helden der Arbeit *So idealisiert der Maler William Belle Scott mit seinem Bild die Arbeiter in Newcastle (oben).*

Energiewunder *Die Dampfmaschine von James Watt konnte andere Maschinen antreiben.*

Zukunftsaussichten *Dieses Bild von 1830 schildert, wie der Künstler die Verkehrsprobleme der Zukunft sieht: Dampfflugzeuge steigen über einem explodierenden Dampfautomobil und einem Mann auf Stelzen mit Dampfantrieb in die Luft, während Damen in einem Gefährt in den Abgasen eines anderen fast ersticken.*

MASCHINEN FÜR ACKERBAU UND ERNTE

Erntedank *Die Landbevölkerung war darauf angewiesen, den alljährlichen Wettlauf mit dem Wetter und der Zeit zu gewinnen. Zur Feier einer sicher eingebrachten Ernte fand ein Erntedankfest statt, dem manchmal ein lärmender Festzug vorausging.*

Der Bedienstetenmarkt war ein großes Ereignis im Jahreslauf der Landbevölkerung. Es war eine Messe, auf der Landarbeiter und Dienstboten für ein Jahr Arbeit bei festem Lohn sowie Verpflegung und Unterkunft angeworben wurden. Die Arbeiter standen auf der Straße und trugen an ihrem Revers oder Hutband ein Abzeichen, das auf ihren Beruf hinwies: Schäfer, Pferdeknecht, Viehknecht, Milchmädchen. Die Mädchen hatten sich mit fröhlichen Bändern geschmückt, und die Männer trugen auffallende Halstücher.

In der zweiten Hälfte des 18. Jahrhunderts verbesserten neue Maschinen und wissenschaftliche Methoden des Fruchtwechsels und der Auswahl von Feldfrüchten schrittweise die Produktivität der Landwirtschaft. Hand in Hand mit der industriellen Revolution vollzog sich eine Art Agrarrevolution. Doch länger als bei den Fabrikarbeitern verlief das Leben auf dem Land nach althergebrachter Weise. Fortschrittliche Menschen betrachteten die Bedienstetenmesse als entwürdigend, in Wirklichkeit aber ermöglichte sie den Knechten und Mägden, ihre künftigen Herren in Augenschein zu nehmen.

Auf dem Bauernhof wohnten die Männer oft in Unterkünften über den Ställen, während die Frauen im Bauernhaus untergebracht waren. Auch Wanderarbeiter halfen aus, wenn es die Saison erforderte. Zur Erntezeit arbeiteten Männer, Frauen und Kinder oft 16 Stunden am Tag und bis spät in die Nacht hinein auf dem Feld, um die Ernte einzufahren. Das Getreide wurde mit einer Sichel oder Sense geschnitten, wobei die Schnitter in einer gestaffelten Reihe über das Feld gingen. Es war eine mühsame Arbeit, denn das Stroh zerkratzte die Haut in der heißen Sonne, und oft kam es zu Streitigkeiten, besonders wenn ein Schnitter dem anderen versehentlich in die Quere kam und den Arbeitsrhythmus störte.

Den Männern folgten die Frauen und Kinder, die das Getreide aufsammelten und in Garben banden. Die Garben stellte man in sogenannten Puppen zusammen und ließ sie in Sonne und Wind trocknen, bis man sie in die Scheune brachte. Dort schichtete man das Getreide zu Mieten auf, wo es unter einem Strohdach oder einer Plane weiter trocknete. Die Arbeit eines ganzen Jahres hing vom guten Wetter während der Ernte ab. Feuchtes Klima, das die Gefahr von Fäule und Mehltau mit sich brachte, hatte oft genug katastrophale Folgen.

Die Dampfmaschine hielt auch auf dem Bauernhof ihren Einzug, konnte aber den Ackergaul nie ganz verdrängen. Zu den besten Hauspferderassen, die man im 19. Jahrhundert in Europa züchtete, gehörten das Suffolk-Punch, der Percheron, Ardenner, Belgier und Schleswiger. Diese kräftigen und schweren Kaltblüter mit ihrem ruhigen Temperament setzte man zum Pflügen, Eggen und Ziehen schwerer Lasten ein.

Hartes Leben auf dem Hof

Nachdem es kaum mehr Gemeindeweideland gab, war die einfache Landbevölkerung dazu gezwungen, ihre Hauskuh abzuschaffen, so daß die Bauern schließlich die alleinigen Produzenten von Käse, Butter und Milch waren. Auf manchen Höfen bestand die Möglichkeit, Käse selbst herzustellen. Der Arbeitsraum lag zum Teil vertieft im Boden, um eine gleichmäßige Temperatur für den Reifeprozeß des Käses zu gewährlei-

Kühle Lage *Der Raum, in dem die Milch verarbeitet wurde, lag meist auf der Nordseite des Hofes.*

Einfach und praktisch *Neben dem Melkschemel steht ein Tisch für Käse.*

Lastwagen *Jede Gegend in Großbritannien hatte ihren typischen Wagen, mit dem schwere Lasten befördert wurden. Dieses Gefährt aus den westlichen Midlands hat breite Räder und einen tiefgezogenen Kasten.*

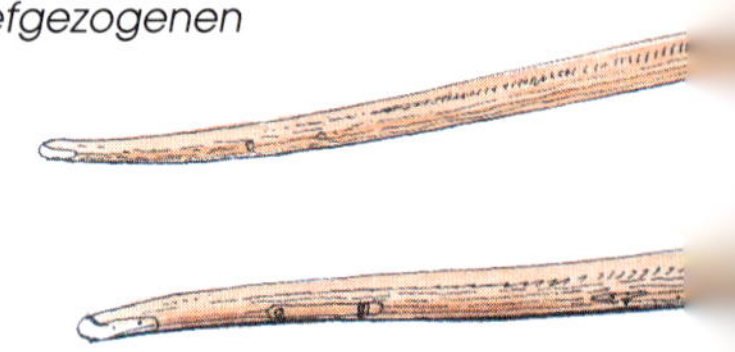

Wunderwerke der Technik *Gutsbesitzer besichtigen die neuesten Landmaschinen: Dampfpflüge, Rübenschnitzler, Kreiselpflüge und andere Geräte.*

HOCH ZU ROSS

In Preußen nahmen die Junker, die adligen Grundbesitzer Ostelbiens, eine dominierende Stellung ein. Sie besaßen ausgedehnte Ländereien östlich der Elbe und residierten wie kleine Fürsten auf ihren Gütern. Ihnen gehörten ganze Dörfer mitsamt den dort lebenden Bauern. Bis zur Bauernbefreiung 1807 konnten sie über ihre Untertanen zu Gericht sitzen, ihnen vorschreiben, wen sie heiraten durften, ob sie Arbeit bekamen und wieviel Abgaben sie zahlen mußten.

Stolzer Landbesitzer *Der ostelbische Junker reitet über seine Ländereien und inspiziert die Bauern bei der Ernte.*

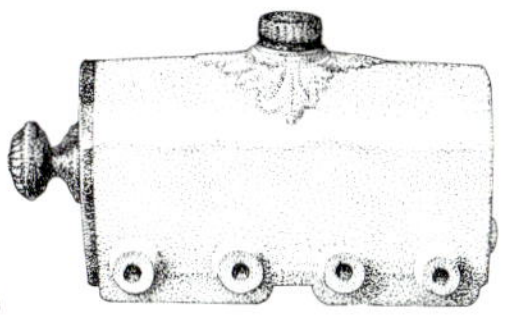

Milchbar *Steingutflasche zum Säugen von Ferkeln*

sten. Man hatte jahrhundertelang die Höhlen von Cheddar in Südwestengland für diesen Zweck genutzt, doch 1856 gelang es Joseph Harding, ein Verfahren zu entwickeln, das die Herstellung von Cheddarkäse auf dem Bauernhof erlaubte.

Die Milchkühe wurden am frühen Morgen und späten Nachmittag gemolken. Dabei saß die Kuhmagd auf einem Melkschemel. Metalleimer, die in großen Mengen in den Fabriken hergestellt wurden, trugen zur Verbesserung der Hygiene bei. Vom Bauernhof brachte man die Milch in großen Fässern mit einem Ponywagen in nahe gelegene Dörfer und Städte. Ab 1850 transportierte man sie mit der Eisenbahn in die Großstädte und verwendete eine Kühlvorrichtung mit kaltem Wasser.

Der Arbeitstag der Frauen auf dem Bauernhof war lang und sehr anstrengend. Nach dem Pflügen und Eggen sammelten Kolonnen von Frauen und Mädchen Steine von den Feldern. Sie jäteten Unkraut und pflückten Obst in den Obstgärten. Im Winter putzten sie mit kältesteifen Fingern Futterrüben für das Vieh. „Sie kamen schlammbespritzt bis zu den Knien und durchnäßt nach Hause", schrieb ein Zeitgenosse, „und hatten dann noch die Hausarbeit vor sich, Waschen, Kochen, Stopfen und alle anderen Arbeiten, die anfallen, wenn man eine große Familie zu versorgen hat."

Die britische Landwirtschaft erlebte zwischen 1850 und 1870 eine Blütezeit, als die Anwendung moderner Techniken und Düngemittel zusammen mit einer besseren Entwässerung und Mechanisierung für Rekorderträge sorgte. Eine Reihe von nassen Sommern minderte dann allerdings den Ertrag. Zur Krise kam es, als große Mengen Weizen aus den riesigen Anbaugebieten der USA nach Europa verschifft und zu Preisen verkauft wurden, die nicht nur der britischen, sondern der ganzen europäischen Agrarwirtschaft große Konkurrenz machten. Frankreich und das Deutsche Reich führten hohe Schutzzölle ein, um die Einfuhr von amerikanischem Weizen zu erschweren.

Vor allem das Deutsche Reich war bis weit in die zweite Hälfte des 19. Jahrhunderts ein Agrarland. Preußen bildete die Kornkammer des Reiches. Einen großen Anteil an der Modernisierung der Landwirtschaft hatte Friedrich Wilhelm Raiffeisen, der nach dem katastrophalen Hungerjahr 1847 Hilfsvereine auf dem Land gründete, die sich später zu genossenschaftlichen Spar- und Darlehenskassen für die Bauern entwickelten.

Arbeitserleichterung *Ab 1840 setzte man dampfgetriebene Dreschmaschinen ein, so daß viele Bauern und Knechte nicht mehr mit dem Flegel dreschen mußten.*

Schutz *Landarbeiter trugen beim Säen Handschuhe. Pferde, die Rasenmäher zogen, hatten Überschuhe an, um Hufabdrücke zu vermeiden.*

Schwergewichtig *Zu den Haushaltsgeräten aus Eisen gehörten die Bratpfanne und das Bolzenbügeleisen.*

Stolz und Freude der Hausfrau *So manche Küche im 19. Jahrhundert besaß einen gußeisernen Herd. Solche Herde waren in den verschiedensten Ausführungen lieferbar, wie es die Seite eines Katalogs zeigt.*

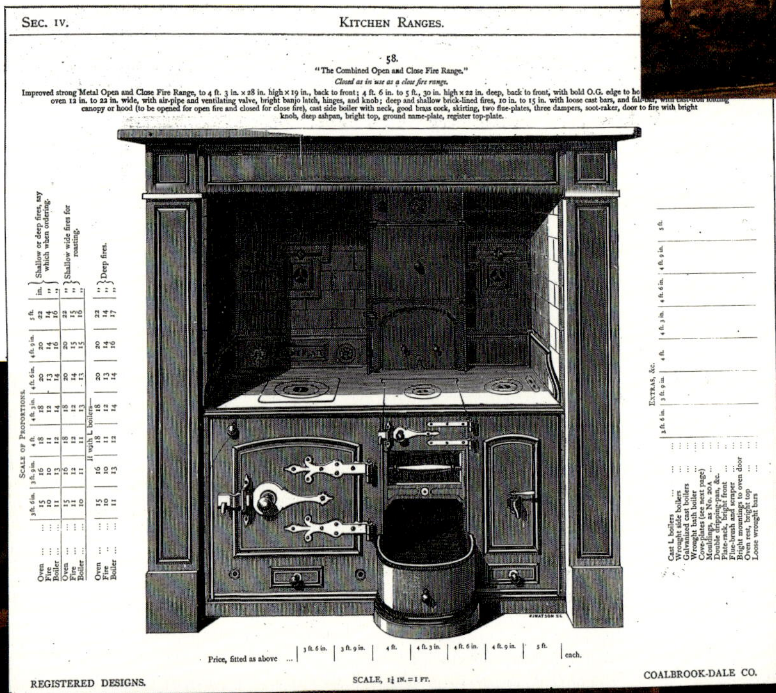

Das neue Zeitalter *Um 1780 liegen Rauchwolken über Südwales: In Hochöfen und Fabriken wird Erz zu schmiedbarem Eisen veredelt.*

Hüttenwerk *Dieses schwedische Hüttenwerk von 1781 arbeitete noch mit Holzkohle, während die Engländer bereits mit Koks feuerten.*

ELEND UNTER TAGE UND IN EISENHÜTTEN

Am 7. Juni 1842 legte Anthony Ashley Cooper, später Earl of Shaftesbury, dem britischen Unterhaus einen Gesetzentwurf vor. Stumm hörten die Abgeordneten seinen Vortrag, in dem er berichtete, daß Frauen und Kinder 13 Stunden täglich unter Tage arbeiten mußten und daß die Anwerbung bereits im Alter von sieben Jahren und in manchen Gebieten sogar schon mit vier Jahren erfolgte.

Anfänglich verrichteten die Kinder leichtere Arbeiten wie das Bedienen der Wetter- oder Belüftungstüren. Doch sobald man sie für kräftig genug hielt, spannte man sie mit Ketten vor Förderwagen, die sie durch knapp 60 Zentimeter hohe und rund 180 Meter lange Kohleflöze zogen. Ashley zitierte Sarah Gooder, eine achtjährige Wettertürwärterin in der Kohlegrube von Gawber: „Es macht mich nicht müde, aber ich muß ohne Licht arbeiten. Ich habe Angst. Ich bin nicht gern in der Grube." Und die 38jährige Isobel Wilson berichtete: „Ich war Kohleträgerin und habe durch die Anstrengung schon fünf Fehlgeburten hinter mir. Mein letztes Kind wurde an einem Sonnabendmorgen geboren, und in der Nacht davor mußte ich noch schwer arbeiten."

Aufgrund dieser erschütternden Berichte verabschiedete das britische Parlament trotz energischer Proteste seitens der Bergwerksbetreiber ein Gesetz, das Frauen und Kindern unter zehn Jahren das Arbeiten unter Tage verbot.

Ein derart rücksichtsloser Einsatz der menschlichen Arbeitskraft war die wohl schwerwiegendste Folge der industriellen Revolution. Doch der Bergbau war die Schlüsselindustrie, und der Fortschritt forderte seinen Preis. „In unserer Zeit gibt die Kohle den Ton an", bemerkte ein zeitgenössischer Wirtschaftsexperte treffend. Die Kohleproduktion in Europa verdreißigfachte sich zwischen 1770 und 1870, und allein in Großbritannien wuchs die Zahl der in den Kohlegruben beschäftigten Arbeiter von 216000 im Jahr 1851 auf 495000 im Jahr 1881.

Der Einsatz unter Tage war Schwerstarbeit, und in den Gruben herrschten unmenschliche Bedingungen. Im Black Country, einem Industriegebiet in Mittelengland, wurden die Arbeiter wegen der knapp unter der Erdoberfläche liegenden Flöze an einer Kette bis zum Streb, dem Abbauraum, abgeseilt. Die Zahl der tödlichen Unfälle in den kleinen Gruben betrug durchschnittlich 800 im Jahr. Die größte Gefahr bestand, wenn die Gesteinsmassen über der Lagerstätte einstürzten. Einzige Warnung vor einer solchen Katastrophe war das Geräusch der brechenden Stützbalken, bevor das herabfallende Gestein in die Tiefe polterte und alles unter sich begrub. Zu Explosionen kam es, wenn sich das in den Schächten entstandene Grubengas durch einen Funken entzündete und die Kohleschächte verwüstete.

Grabstein aus Gußeisen

Schornsteine und Fördertürme

In der unmittelbaren Nachbarschaft der Bergleute des Black Country lebten und schufteten die Eisenhüttenarbeiter. Gemeinsam schufen sie eine Landschaft, die Fremden Furcht einflößte. Überall erhoben sich die öden Abraumhalden der Eisenhütten. Sie wuchsen sehr rasch und nahmen nicht einmal dann ab, wenn man den Abraum als Baumaterial für die Trassierung von Eisenbahnstrecken verwendete. Dazwischen lagen die Koksöfen, die schwarzen Qualm und Flammen ausstießen, als sei die Erde selbst in Brand gesetzt. Bis weit in das Land hinein erstreckten sich die Fördertürme der Zechen. Doch im Mittelpunkt standen die rund um die Uhr befeuerten Hochöfen für die Roheisenproduktion, die von endlosen Eisenbahnwaggons mit Koks versorgt wurden. Der größte Stolz der britischen Eisenindustrie war das Revier Coalbrookdale in Mittelengland. Dort hatte Abraham Darby im Jahr 1709 erstmals den leistungsfähigeren Koks und nicht mehr Holzkohle als Brennstoff für seine Hochöfen verwendet.

Wie in Mittelengland, so entstanden auch in Belgien, Lothringen, Schlesien, an Ruhr und Saar und in Sachsen in wenigen Jahrzehnten riesige Industriegebiete, die die Landschaft verunstalteten, den Himmel verdunkelten und die Luft verpesteten.

Sicherheitslampe *1815 wurde eine Öllampe für Bergleute erfunden, die mit einem Gewebe aus Metalldraht umgeben war. Das verhinderte die Entzündung von Grubengas.*

Unmenschlich *Kinder, die an kohlebeladene Loren gekettet waren, zogen und schoben diese durch die Flöze.*

DER PREIS DES FORTSCHRITTS

Die Menschen des 19. Jahrhunderts waren stolz auf die industrielle Leistungskraft ihrer Nationen, die aus rückständigen Agrarländern moderne Industriestaaten machte.

Für diesen Fortschritt mußte man jedoch einen hohen Preis zahlen. Über Jahrzehnte hinweg schufteten Frauen und Kinder neben den Männern in den Stollen unter Tage. Ein Beobachter aus dem 18. Jahrhundert wußte von einer Frau zu berichten, die einen Korb mit 77 Kilogramm Kohle erst durch einen 137 Meter langen Stollen und dann über Leitern noch 36 Meter hoch schleppen mußte. Für 24 solcher Runden während einer zehnstündigen Schicht erhielt sie einen Hungerlohn. Selbst nach Abschaffung solcher Mißstände blieb die Arbeit hart und gefährlich. Die Bezahlung der Bergleute war allerdings immer noch besser als in den meisten anderen Berufen. In einem alten englischen Bergmannslied heißt es: „Junge Bergarbeiter verdienen Gold und Silber, Fabrikarbeiter dagegen nur Messing. Einen Spindelreiniger würde ich nicht heiraten, solang es so viele Bergarbeiter gibt."

Entspannen *Ein Spiel mit Wurfringen war ein beliebter Zeitvertreib der Bergleute. Doch freie Zeit gab es nur an Sonn- und Feiertagen.*

16 STUNDEN SCHWERARBEIT AM TAG

Der Wecker vom Dienst klopfte vor Sonnenaufgang an die Fenster der Reihenhäuser der Arbeiter in den Industriestädten Großbritanniens. Magere, blaßgesichtige Kinder wurden aus den Betten gezerrt und hasteten mit Frauen und Männern auf die kalten Straßen. Viele der Kinder gingen barfuß. Alle liefen zwischen den rußgeschwärzten Reihen von Backsteinhäusern zur mehrgeschossigen Fabrik einer Spinnerei.

Eine Glocke oder Sirene gab das Zeichen zum Beginn oder Ende der Arbeit, die im frühen 19. Jahrhundert bis zu 16 Stunden am Tag dauerte. Die Menschen arbeiteten in einer beengten, stickigen Umgebung. Der Lärm der Maschinen verhinderte jede Unterhaltung, und der Baumwollstaub setzte sich in ihren Lungen fest und machte sie krank.

In Manchester, dem Mittelpunkt der europäischen Textilindustrie, produzierten die Baumwollspinnereien nicht nur hochwertige Stoffe, sondern auch, wie ein Arzt es nannte, „eine degenerierte Menschenrasse, verkümmert, geschwächt und demoralisiert, Männer und Frauen, die nicht alt, und Kinder, die nie erwachsen werden sollten." Arbeitsschutzmaßnahmen kannte man damals noch nicht. Friedrich Engels, der Mitbegründer der kommunistischen Lehre, schrieb, daß man „in Manchester viele verstümmelte Menschen sieht; der eine hat einen Arm ganz oder teilweise verloren, der andere einen Fuß, wieder ein anderer ein halbes Bein; es ist, als lebe man inmitten einer Armee, die gerade von einem Feldzug zurückgekehrt ist."

Fabrikgeld *Eine Wertmarke für Arbeiter*

Moderne Sklaverei

Die Verelendung der Kinder war eine der schlimmsten Folgen der Industrialisierung. Kinder wurden bereits im Alter von sechs oder sieben Jahren in den Fabriken beschäftigt. Die Unternehmer holten sie zu Dutzenden aus den Armenhäusern der Gemeinde. Sie wurden kaum besser als Sklaven behandelt und bekamen nur karge Rationen zu essen. Man setzte den ausgehungerten Kindern oft nur eine Mahlzeit aus ranzigem, halbverdorbenem, nach altem Fisch schmeckendem Speck und ungeschälten Rüben vor und als Abendessen eine fettige Brühe aus Resten vom Vortag. Nachdem sie 16 Stunden am Tag ohne größere Pause gearbeitet hatten, durchstöberten sie abends die Müllhalden nach etwas Eßbarem.

Während der Arbeitszeit waren die Kinder den Aufsehern ausgeliefert, die sie ständig mit ihren Peitschen schlugen. Zu den Bestrafungen gehörte, daß man sie an den Armen über den stampfenden Maschinen aufhängte. Eine solche Grausamkeit war jedoch die Ausnahme. Normale Strafen waren Entlassung oder Geldbußen wegen Nachlässigkeit, Fluchens und Unfugs. Bei Unpünktlichkeit wurde der Lohn gekürzt. Ein Fabrikarbeiter, der fünf Minuten zu spät kam, konnte bis zu einem Viertel seines Tageslohns einbüßen.

Die Reformierung der Fabrikarbeit setzte in den 30er Jahren des 19. Jahrhunderts in Großbritanien ein. Auf Betreiben des Reformpolitikers Anthony Ashley Cooper wurde 1833 ein Gesetz erlassen, das die Arbeit von Kindern unter neun Jahren in Textilfabriken verbot, die Arbeitszeit für Neun- bis Dreizehnjährige auf 48 Wochenstunden und für Vierzehnbis Achtzehnjährige auf 68 Wochenstunden beschränkte. In Deutschland war es zuerst Preußen, das 1840 die Fabrikarbeitszeit von Jugendlichen zwischen dem 9. und 16. Lebensjahr auf achteinhalb Stunden täglich begrenzte.

Überwachung und Kontrolle

Nicht alle Fabrikbesitzer allerdings waren Unmenschen. Der Unternehmer und Reformer Robert Owen führte erstmals in seiner Spinnerei im schottischen New Lanark soziale Verbesserungen ein. Im Jahr 1800 verringerte Owen den Arbeitstag für alle Beschäftigten generell auf zehneinhalb Stunden und schaffte die körperliche Züchtigung ab. Statt dessen führte er ein Kontrollgerät zur Überwachung der Arbeiter ein. Dabei handelte es sich um einen kleinen, vierseitigen Holzklotz, der neben jeder Maschine aufgehängt wurde. Die nach außen zeigende Farbe zeigte an, wie der Arbeiter sich führte: Weiß bedeutete ausgezeichnet, Gelb stand für mäßig gut, Blau war neutral, und Schwarz wies auf „übermäßige Ungehörigkeit" hin. Owen richtete überdies einen Laden ein, wo die Arbeiter Waren des täglichen Bedarfs zu niedrigen Preisen gegen Wertmarken kaufen konnten; außerdem gründete er eine Schule.

Auch der westfälische Industrielle und liberale Politiker Friedrich Harkort bemühte sich um soziale Einrichtungen. So schrieb er 1844: „Allein von Herzen verachte ich jede Schaffung von Werten und Reichtum, die auf Kosten der Menschenwürde begründet ist."

Unbeschwert *Das Bild junger Fabrikarbeiterinnen, die ihre Mittagspause an einem Brunnen verbringen, idealisiert das Leben der arbeitenden Bevölkerung im 19. Jahrhundert.*

Neue Arbeitsweise

Was den Arbeitern in den Textilfabriken auf die Dauer am meisten zu schaffen machte, war die strenge Reglementierung des Fabrikalltags. Das ihnen abverlangte Arbeitstempo war mörderisch und wurde von den Aufsehern, die die Maschinen einstellten, diktiert. Die industriellen Arbeitsmethoden verlangten eine völlige Umstellung gegenüber früheren Zeiten, als die Spinnerinnen das Baumwollgarn noch mit dem Spinnrad spannen und die Weber es in Heimarbeit auf Handwebstühlen verwoben.

Auch die Weber hatten ein hartes Los. Sie waren den reisenden Tuchkaufleuten ausgeliefert, die den gesamten Herstellungsprozeß kontrollierten und die Preise diktierten. Um ihre kinderreichen Familien ernähren zu können, mußten alle von frühester Jugend an mitarbeiten. Doch hatten die Heimarbeiter wenigstens ab und an Zeit für Gartenarbeit oder die Schweine- und Geflügelhaltung, die zu ihrem Lebensun-

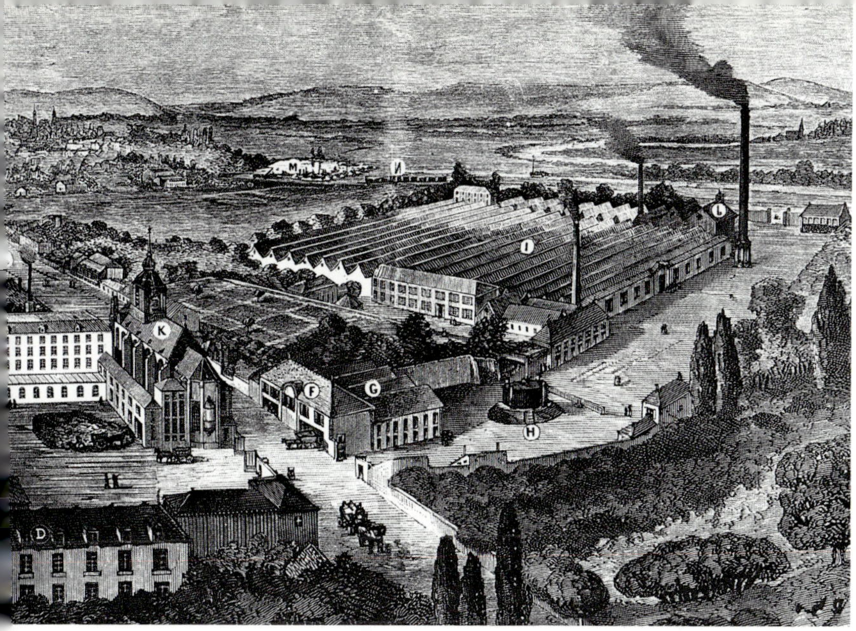

Blühende Industrie *Die lothringische Stadt Nancy war im 19. Jahrhundert Zentrum der französischen Textilproduktion. In der Spinnerei (links) und der Weberei (rechts) wurden für ganz Europa hochwertige Baumwollstoffe hergestellt.*

terhalt beitrug. Die Fabrikarbeiter dagegen waren dem Unternehmer vollständig ausgeliefert.

Die fabrikmäßige Produktion von Textilien begann im 18. Jahrhundert mit den ersten Spinnmaschinen. Im Jahr 1785 wurde erstmals eine Dampfmaschine der Firma Boulton und Watt zum Antrieb in einer Spinnerei genutzt. Für die Wasserversorgung der Maschinen sorgten die Flüsse, an denen diese modernen Fabriken standen. Die britische Textilindustrie wurde mit Rohbaumwolle von den Sklavenplantagen der Vereinigten Staaten von Amerika beliefert, die in Liverpool landete. Um 1830 bestand die Hälfte der britischen Exporte aus Baumwollerzeugnissen. Da die neuen Baumwollkleider viel leichter zu waschen und zu trocknen waren als die bis dahin üblichen Wollkleider, verbesserte sich überdies die Hygiene deutlich.

Drückende Enge *Um 1850 litten zahlreiche Städte Europas an Übervölkerung. Die meisten Familien lebten auf engstem Raum zusammen und mußten zusätzlich Heimarbeit annehmen, um alle Mitglieder satt zu bekommen.*

STROHSÄCKE UND WASSERSUPPE

Not und Armut waren weit verbreitete Begleiterscheinungen der industriellen Revolution. Vor allem die schlesischen Weber, die auf Heimarbeit angewiesen waren, lebten unter den unwürdigsten Bedingungen. Ein Leinenweber in Langenbielau verdiente wöchentlich etwa 22 Groschen, ein Baumwollweber einen Taler. Das reichte nicht zum Leben und nicht zum Sterben. Die Kinder mußten früh mitverdienen, so daß die wenigsten regelmäßig zur Schule gingen und die meisten weder schreiben noch lesen konnten. In den armseligen Behausungen gab es kaum brauchbares Mobiliar, außer alten Kisten, die als Tische und Stühle benutzt wurden. Mit Stroh und Holzspänen füllte man die Betten. Die Nahrung bestand aus Hafermehl und Wasser zum Frühstück und Mehl und Wasser mit etwas Magermilch als Hauptmahlzeit. Die Kinder stöberten auf den Märkten nach eßbaren Abfällen. Das Elend war so schlimm, daß es 1844 in Schlesien zu einem Aufstand der Weber kam, der allerdings blutig niedergeschlagen wurde.

Kinderarbeit *Kinder konnten mit ihren flinken Fingern gut gerissene Fäden verknoten und wegen ihrer Kleinheit unter die Maschinen kriechen und sie ölen (links).*

Zufallsentdeckung *1856 wurden chemische Farben entwickelt. Die Flaschen enthalten die Originalfarbstoffe Alizarin, Krapprot, und Mauvein, Anilinpurpur. Mit gefärbten Fäden webte man auf automatischen Webstühlen, die der Franzose Joseph-Marie Jacquard im Jahr 1805 erfunden hatte (rechts).*

RITT AUF DEM DAMPFROSS

Am 7. Dezember 1835 wurde in Deutschland unter großem öffentlichem Interesse das Eisenbahnzeitalter eingeläutet. Ein Kanonenschuß kündigte die Abfahrt des mit 200 Personen besetzten Zuges an, dessen Reise gerade neun Minuten dauerte. Die sechs Kilometer lange Strecke führte von Nürnberg nach Fürth. Im Stuttgarter Morgenblatt war am nächsten Tag über die erste Eisenbahnfahrt zu lesen: „Gegen acht Uhr waren bereits die meisten Aktionäre und Direktoren sowie die zur Feierlichkeit geladenen Gäste von nah und fern versammelt. Man betrachtete lange Zeit den soliden Bau der Bahn, die zum Teil elegant gebauten Passagierwagen, neun an der Zahl; aber die freudigste und nicht erschöpfende Aufmerksamkeit widmete man dem Dampfwagen selbst."

Mit diesem spektakulären Ereignis begann eine ungeahnte wirtschaftliche Entwicklung in Deutschland. Der Eisenbahnbau wurde in der Folgezeit zu einem der bestimmenden Faktoren des industriellen Wachstums. Drei Jahre später wurde die von Privataktionären finanzierte Strecke Berlin–Potsdam eingeweiht. Sie verband die preußische Hauptstadt mit dem Sommersitz des königlichen Hofes. Obwohl sich König Friedrich Wilhelm III. nicht zur Teilnahme an der Jungfernfahrt überreden ließ, erkannte man am preußischen Hof die zukunftsträchtige Bedeutung der Eisenbahn: „Diesen Karren, der durch die Welt rollt, hält kein Menschenarm mehr auf."

Im Jahr 1839 wurde dann die über 100 Kilometer lange Fernverbindung Leipzig–Dresden eröffnet, die das mitteldeutsche Industrierevier an die Elbe anband und damit eine Verbindung zur Nordsee schuf. 1850 gab es in Deutschland bereits ein Eisenbahnnetz von rund 6000 Kilometern, im Jahr der Reichsgründung 1871 waren es 19000 Kilometer und am Vorabend des Ersten Weltkrieges, im Jahr 1914, rund 62000 Kilometer, fast doppelt soviel wie in Großbritannien, dem Mutterland der Lokomotive.

Hallo Dienstmann! *Gepäckträger sorgten für den reibungslosen Transport der schweren Koffer und Kisten der Reisenden.*

Trillerpfeife

Doch nicht jeder Zeitgenosse teilte die überschwengliche Meinung der englischen Schauspielerin Fanny Kemble, die bei ihrer ersten Bahnfahrt das Gefühl hatte zu fliegen. So warnten Jäger davor, daß Füchse und Fasane durch den Qualm der Lokomotive umkommen würden. Andere fürchteten, den Passagieren blühe ein ähnliches Schicksal, wenn der Zug einen Tunnel passierte. Doch überwiegend war die Bevölkerung von der neuen Art des Reisens begeistert.

Der Eisenbahnverkehr erforderte von Betreibern und Benutzern ein bis dahin nicht gekanntes Maß an Regelmäßigkeit und Pünktlichkeit. Aus diesem Grund stellte man auf den Bahnhöfen Uhren auf, die die sogenannte Eisenbahnzeit anzeigten und an der sich die Menschen orientieren konnten.

Vielen Menschen bot die Eisenbahn erstmals die Möglichkeit, andere Gegenden des Landes kennenzulernen. Landbewohner besuchten Städte, Stadtbewohner fuhren an die See oder in die Berge. 1841 mietete der englische Laienprediger Thomas Cook einen Zug und beförderte die 570 Mitglieder einer Gesellschaft von Leicester zu einer Versammlung in Loughborough. Das war die Geburtsstunde des Reiseunternehmens *Thos. Cook & Son*, das bald weltweit tätig werden sollte.

Die Bahnhöfe boten in ihren Hallen den Reisenden in Läden und Kiosken die verschiedensten Dienstleistungen. Nicht zuletzt gehörte dazu der Bahnhofsbücherstand. „Die Eisenbahn hat bewirkt, daß sich die Zahl der gedruckten und veröffentlichten Bücher wenigstens verdop-

ANKUNFT UND ABFAHRT

Die Hektik und Fülle im Bahnhof sowie die Aufregung vor einer Eisenbahnfahrt zeigt das Gemälde von William Frith aus dem Jahr 1862. Auf dem Londoner Bahnhof Paddington küßt eine Mutter ihren schulpflichtigen Sohn zum Abschied, junge Damen halten ein Schwätzchen, zwei Kriminalpolizisten nehmen einen Verdächtigen fest (rechts), und ein bärtiger Mann – ein Selbstporträt des Künstlers – streitet mit einem Droschkenkutscher über den Fahrpreis (Mitte).

Der Stolz auf die Eisenbahn wurde kaum durch die Unannehmlichkeiten der Reise gedämpft. In den ersten Jahren reisten die Passagiere der dritten Klasse in offenen Waggons ohne Sitzgelegenheiten oder Wetterschutz, gefährdet durch Funkenflug. Die Fahrgäste der zweiten und ersten Klasse fuhren in zugigen, unbeleuchteten Wagen, die der alten Postkutsche glichen. Das Gepäck wurde wie früher auf dem Dach verstaut.

Für das neue Verkehrsmittel bauten Architekten in den Städten riesige Bahnhöfe in allen Stilarten der Vergangenheit, bereichert durch die Eisen- und Glaskonstruktionen der Moderne.

Auf der Hut *Vorarbeiter mit auffälligen Armbinden (oben) warnten beim Bau einer Eisenbahntrasse die Streckenarbeiter vor möglichen Gefahren.*

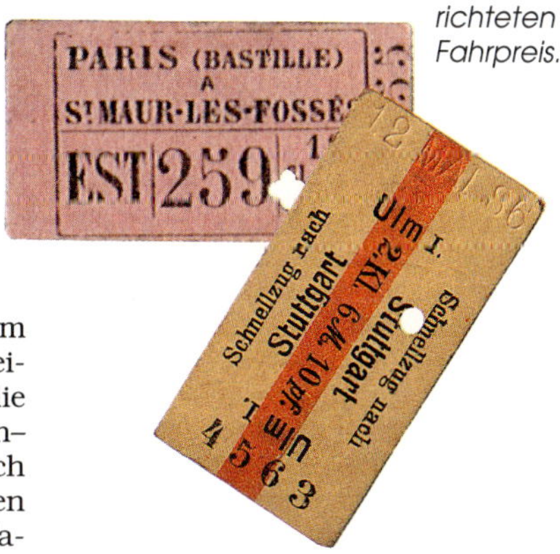

Die Fahrkarten, bitte! *Ein Stück bedruckter Karton diente als Nachweis für den korrekt entrichteten Fahrpreis.*

pelt hat", schrieb ein Passagier im 19. Jahrhundert. Zu den tiefgreifendsten Wandlungen gehörte die Ausdehnung der Wohn- und Industrieregionen im Einzugsbereich der Eisenbahn. An den wichtigen Strecken entstanden zahlreiche Fabriken, die direkte Gleisanschlüsse erhielten. Unbedeutende Kleinstädte wuchsen rasch zu wichtigen Eisenbahnknotenpunkten wie Wolfenbüttel oder Gießen.

Ein neues Phänomen enstand: der Pendelverkehr. Der Wohnort brauchte nicht mehr direkt an der Arbeitsstelle zu liegen. Von Nachteil war, daß die Landschaft durch die Anlage der Trassen und die umfangreichen Erdbewegungen verunstaltet wurde. Tausende von Häusern mußten weichen, als man in den Städten begann, Schienen zu verlegen und große Bahnhöfe zu bauen. Die preußische Hauptstadt Berlin, Schwerpunkt des deutschen Eisenbahnnetzes, erhielt ab 1850 eine Stadt-, Ring- und Vorortbahn. Die Zahl der beförderten Personen im Großraum Berlin nahm in der Zeit von 1866 bis 1913 von 13 Millionen auf 1,235 Milliarden zu.

Hausarbeit *Eine Schiffersfrau wäscht an Bord des Lastkahns ihre Wäsche und hängt sie zum Trocknen auf. Binnenschiffer nahmen ihre Angehörigen als Besatzungsmitglieder an Bord, um sie um sich zu haben und weil sie gelegentlich mit zupacken konnten.*

VERBINDUNGEN ÜBERS WASSER

Vor dem Aufkommen der Eisenbahn war der Gütertransport auf dem Wasserweg leichter als über Land. Große Flüsse wie der Rhein und die Elbe wurden von Lastkähnen befahren. Ein Teil des Güterverkehrs wurde in Form der sogenannten Kettenschiffahrt abgewickelt. Ein Kahn fuhr an der Spitze und hatte die miteinander vertäuten Schiffe im Schlepptau.

Da die Flüsse jedoch nur für einen kleinen Teil Deutschlands Verkehrsmöglichkeiten boten, ging man um die Mitte des 19. Jahrhunderts daran, ein engmaschiges Kanalnetz zu bauen, wie es Großbritannien und Frankreich bereits seit einiger Zeit besaßen. Einer der ersten Kanäle, die man im 19. Jahrhundert fertigstellte, war der Ludwigs-Donau-Main-Kanal. Der 1846 dem Verkehr übergebene Wasserweg schuf die Verbindung zwischen Rhein und Donau, Nordsee und Schwarzem Meer. Auf seinen 173 Kilometern waren 100 Schleusen zu überwinden, das Kanalbett war knapp 16 Meter breit und 1,5 Meter tief. Doch der Kanal erwies sich als ein Fehlschlag, da durch die vielen Schleusen der Warentransport nur sehr langsam vorankam. Zu einem großen Erfolg und einem rauschenden Fest wurde dagegen im Jahr 1895 die prunkvolle Eröffnung des Kaiser-Wilhelm-Kanals, des heutigen Nord-Ostsee-Kanals. Der Kanal, der für die deutsche Flotte von erheblicher strategischer Bedeutung war, verbindet die Ost- mit der Nordsee. Dieser meistbefahrene Schiffahrtsweg der Welt kann bei einer Tiefe von elf Metern sogar von Ozeanriesen passiert werden.

Verkehrswege *Die imposante Eisenbrücke überspannt im niederländischen Culemborg den Rhein.*

UNTERWEGS ZU NEUEN UFERN

Im Bauch eines Riesen *Die im Jahr 1859 fertiggestellte* Great Eastern *war 210 Meter lang und konnte 4000 Passagiere aufnehmen. Angetrieben wurde sie durch Schiffsschrauben und Schaufelräder. Sie war 40 Jahre lang das größte Schiff der Welt.*

Zwischen 1840 und 1914 verließ jeder zehnte Europäer seine Heimat und suchte in der Fremde ein neues Auskommen. 50 Millionen Menschen ergossen sich über die Welt. Ein großer Teil landete in Australien, Neuseeland und anderen Ländern. Die meisten jedoch wählten Amerika zu ihrer neuen Heimat.

Die ersten Auswanderer in die USA fuhren mit Segelschiffen und mußten damit rechnen, 35 Tage oder mehr auf See zu verbringen. Als die Dampfschiffe aufkamen, verringerte sich die Reisedauer auf zwölf Tage. Die Dampfschiffe waren so groß, daß sie ohne weiteres gut 1000 Passagiere zu niedrigen Tarifen befördern konnten.

Die erste große Auswanderungswelle des 19. Jahrhunderts ging von Irland aus: Zahllose Mißernten bei einem explosiven Bevölkerungswachstum und die seit 1845 epidemisch auftretende Kartoffelfäule zwangen Millionen von Iren, ihr Zuhause zu verlassen. In den zehn Jahren zwischen 1841 und 1851 verließen rund eineinhalb Millionen Iren ihre Heimat in Richtung Amerika. Unter ihnen waren die Vorfahren später so berühmter Männer wie Henry Ford und John F. Kennedy.

Die ersten Dampfer wurden durch riesige, seitlich am Schiffsrumpf angebrachte Schaufelräder angetrieben. Der Bedarf an Schiffsraum veranlaßte den Ingenieur Isambard Kingdom Brunel, Dampfschiffe von bisher nicht gekannter Größe zu konstruieren. Im Jahr 1838 lief sein Raddampfer *Great Western*, das mit 72 Meter Länge damals größte Dampfschiff, aus dem Hafen von Bristol aus und eröffnete den transatlantischen Linienverkehr. Sechs Jahre später lief die ebenfalls von Brunel gebaute *Great Britain* vom Stapel, das erste hochseetüchtige Schiff der Welt, dessen Rumpf aus Eisen bestand und das von einer Schiffsschraube angetrieben wurde. Sein letztes und berühmtestes Werk war das für damalige Vorstellungen gigantische Dampfschiff *Leviathan*, das später den Namen *Great Eastern* erhielt.

Bald boten die Dampfschiffe Passagieren der ersten Klasse Luxusreisen in entfernte Länder an. Sie beförderten außerdem auch massenweise Güter in alle Welt. Vor allem aber zwangen wirtschaftliche Not und politische Verfolgung viele Menschen, ihr Heil in der Fahrt nach Übersee zu suchen.

Kühne Konstruktion *Die* Great Eastern *geht der Vollendung entgegen (oben). Die Werftarbeiter schlossen sich in einem Interessenverband zusammen (rechts).*

Tod auf der Überfahrt

Auswanderer, die in den großen europäischen Hafenstädten Liverpool, Amsterdam, Antwerpen, Bremen und Hamburg auf ihre Schiffspassage nach den USA warteten, mußten sich mit einer ganzen Reihe wuchertreibender Hoteliers, trickreicher Schiffsmakler und betrügerischer Kaufleute auseinandersetzen, die ihnen schlechte Lebensmittel und Ausrüstungsgegenstände verkauften. Bevor die Auswanderer an Bord gehen konnten, wurden sie einer oberflächlichen medizinischen Untersuchung unterzogen. Ein Zeitgenosse berichtete, daß die Ärzte der Auswanderungsbehörde hinter einem kleinen Fenster standen und die vorüberziehenden Menschen fragten: „Geht es Ihnen gut? Zeigen Sie Ihre Zunge." Inzwischen wurden ihre Fahrkarten abgestempelt. Auf diese Weise gerieten zahlreiche Kranke, die an Pocken, Typhus oder anderen Seuchen litten, unter die gesunden Passagiere. Alljährlich starben Hunderte auf See.

Manche Kapitäne von Auswandererschiffen regierten an Bord wie Diktatoren. Sie kümmerten sich mehr um ihr Frachtgut als um die mitreisenden Menschen. Bevor die Ware nicht sicher im Laderaum verstaut war, durfte kein Passagier aufs Schiff. In manchen Fällen machte der Dampfer bereits Fahrt, während Männer, Frauen und Kinder noch an Bord kletterten.

Auf dem Schiff waren die meisten Passagiere unter Deck in engen Kojen untergebracht. Nur schmale Gänge führten zwischen den Schlafplätzen und den Kisten mit ihren Habseligkeiten hindurch. Oft genug schliefen die Menschen zu viert in einer knapp vier Quadratmeter großen Koje. Leute, die sich völlig fremd waren, lebten auf engstem Raum zusammen. Täglich sollten Lebensmittel und Wasserrationen ausgeteilt werden. Doch oft genug stockte die Verteilung wegen Korruption und Unfähigkeit.

Manche Schiffsbesatzungen beschimpften oder mißhandelten die Passagiere, die nach ihren Rationen anstanden oder die Kombüsen benutzen wollten, wo es Kochherde

gab. Die Menschen starrten vor Dreck, denn Waschen bedeutete, den Trinkwasservorrat zu reduzieren. Ein Ire, der im Oktober 1850 nach New York fuhr, verfaßte einen Bericht über die entsetzlichen Zustände an Bord: Fünf Tage lang wurden keine Essensrationen ausgeteilt; für eine höflich formulierte Beschwerde an den Kapitän erhielt er vom Maat einen Schlag ins Gesicht. Solche Zustände veranlaßten die britische Regierung, die Auswanderungsbedingungen zu verbessern. Ein 1855 erlassenes Gesetz bestimmte, daß jedes Schiff mit mehr als 300 Passagieren, das Großbritannien verließ, einen Arzt an Bord haben sollte und daß Aufsichtsbeamte für erträgliche Lebensbedingungen auf den Schiffen sorgen mußten.

Ferne Orte *Eine britische Auswandererfamilie kommt in ihrer neuen Heimat Südaustralien an. Eine lange und beschwerliche Schiffsreise liegt hinter ihr. Der Vater schaut nachdenklich aus dem Fenster und fragt sich, was die Zukunft für sie bereithält.*

STÜRMISCHE NACHT AN BORD

Ein Wimmern aus der Koje unter ihm weckte Karl aus einem unruhigen Schlaf. Das Schiff schlingerte heftig im Sturm. Das Gepäck glitt auf dem Passagierdeck hin und her; irgendwo fielen Töpfe und Pfannen scheppernd zu Boden; ein Baby schrie. Karl fühlte, wie sich Wilhelmine und ihre drei Kinder schutzsuchend an ihn klammerten. Doch er konnte kaum etwas erkennen, denn es brannte keine Laterne, und die Luken waren mit Latten verschlossen. Sie alle waren in der übelriechenden Hölle des Zwischendecks eingesperrt.

Karl war Bauer in Pommern gewesen, der nach einer Mißernte von seinem Hof vertrieben worden war. Mit dem Erlös aus dem Verkauf seiner Schweine und Hühner konnte er die Schiffspassage für sich und die Familie auf einem Paketschiff nach New York bezahlen. Ein Onkel hatte ihm ein wenig Geld geliehen, das er in sein Jackenfutter eingenäht hatte. An Bord befanden sich noch weitere 500 Passagiere. Um die Mittagszeit ließ der Sturm nach, und die Menschen standen in Schlangen an, um sich auf einem Öfchen in der Kombüse etwas Eßbares zu kochen. In der nächsten Nacht war die See ruhiger. Karl spielte mit den Kindern Domino, und Wilhelmine setzte ihnen Hafergrütze vor, die sie mit ein paar Bröckchen gesalzenen Schweinefleisches verzehrten. Im Zwischendeck begann ein jüdischer Geiger zu spielen, und ein Paar tanzte auf dem engen Raum zwischen den Gepäckkisten.

Schwimmende Promenade *Das Gemälde hält das unbeschwerte Leben der eleganten viktorianischen Gesellschaft im Bild fest: Unter einem Sonnendach aus Flaggen aller Nationen lustwandeln die Passagiere der Luxusklasse an Deck eines Schiffes.*

Delikatessen *Speisekarte der Schiffahrtsgesellschaft Norddeutscher Lloyd aus dem Jahr 1891 (rechts). Nur mit erstklassigem Service und gehobenen Gaumenfreuden konnten die Gesellschaften Passagiere in dem harten Konkurrenzkampf beeindrucken.*

FÜR FORTSCHRITT UND WACHSTUM

Großbritannien, der Wegbereiter der industriellen Revolution, hatte in den ersten 50 Jahren des 19. Jahrhunderts einen selbst von Optimisten kaum für möglich gehaltenen wirtschaftlichen Aufschwung genommen. Die auf Kohle, Eisen und Dampfkraft beruhende Leistungsfähigkeit der britischen Volkswirtschaft versprach auch für die Zukunft Arbeit und Wohlstand für alle. Dem Bedürfnis nach Repräsentation und einem unerschütterlichen Glauben an den Fortschritt entsprang der verlockende Wunsch, die großen Errungenschaften des Zeitalters in einer Ausstellung aller Welt sichtbar zu machen. In Großbritannien fand die Idee begeisterte Unterstützung durch Prinz Albert, den Gemahl der Königin Viktoria. Der Prinz schlug vor, die Ausstellung nicht auf Großbritannien zu beschränken, sondern mit möglichst vielen Staaten zusammen zu veranstalten. Dies, so erklärte er, werde „ein lebendiges Bild des Entwicklungsstandes darbieten, an dem die gesamte Menschheit nun angelangt ist, und ein neuer Ausgangspunkt sein, von dem aus alle Nationen ihre künftigen Bemühungen steuern können."

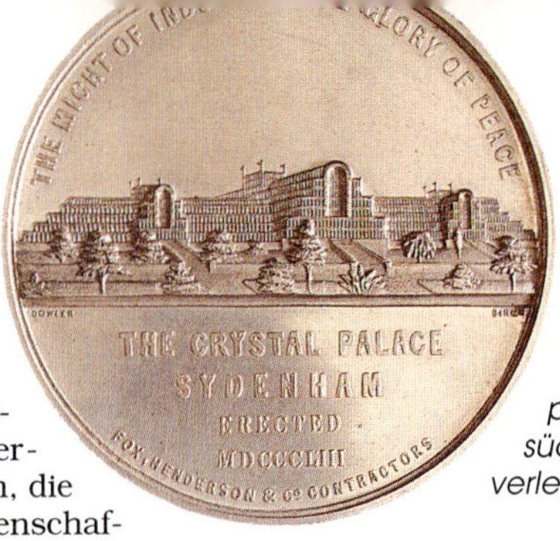

Kristallpalast *Nach dem Ende der Weltausstellung wurde der Palast vom Hydepark nach Sydenham, südöstlich von London, verlegt (links).*

Die Ausstellung, die man für das Jahr 1851 plante, sollte im Londoner Hydepark stattfinden. Der Plan stieß aber auch auf Kritik. Ein Abgeordneter des britischen Parlaments, alarmiert durch die Vorstellung von Menschenmengen, die in die Hauptstadt einfallen würden, warnte vor den Gefahren, die den Londonern drohten: Kriminalität, Krankheit, finanzieller Fehlschlag und Konkurrenz ausländischer Erzeugnisse; nicht zuletzt erhoben sich warnende Stimmen, die den Zorn des Allmächtigen fürchteten.

Was aber die Organisatoren am meisten beschäftigte, war die Tatsache, daß man die Ausstellungsräumlichkeiten innerhalb eines knappen

IM BANN DER WELTAUSSTELLUNG

Im Westflügel (unten) des Kristallpalastes zieht ein Strom von Besuchern staunend an den Errungenschaften der britischen Industrie vorbei. Von der Decke hängen als Dekoration Modelle von Drachen und exotischen Vögeln herab, die dem Geschmack der damaligen Zeit entsprechen. Gegenstände, die mit japanischem Lack überzogen sind, locken am Stand von *Spiers and Son* ein interessiertes Publikum an, während ein massives keltisches Kreuz die wichtige Rolle des Christentums in der Gesellschaft bestätigt. Zu den weiteren Ausstellungsstücken gehören Bücher für Blinde, die in Brailleschrift verfaßt sind, sowie eine Maschine, die 2700 gefalzte Umschläge pro Stunde herstellt, und eine 2,4 Kilometer lange Papierrolle. In der Abteilung Schöne Künste befinden sich zahlreiche kleine Figuren, die dank moderner technischer Verfahren massenweise für die viktorianischen Haushalte produziert werden können.

Ticket in die Zukunft *Der Eintritt in die Pariser Weltausstellung im Jahr 1889 kostete einen Franc (links).*

Turm aus Stahl *Attraktion der Pariser Weltausstellung 1889 war ein 300 Meter hoher Eisenturm, der die Welt in Staunen versetzte. Die Stahlkonstruktion hatte der französische Ingenieur Gustave Eiffel entworfen. Weltweit warb ein buntes Plakat mit diesem Turm (links). Die Ausstellung, die zum 100jährigen Jubiläum der Französischen Revolution stattfand, verzeichnete insgesamt 25 Millionen Besucher. Die Weltausstellung im Jahr 1900 fand erneut in Paris statt. Wer Lust und Geld hatte, konnte in einem Ballon in die Luft aufsteigen und Paris aus der Vogelperspektive bewundern.*

Jahres erst schaffen mußte. Zum Glück stellte sich der richtige Mann zur richtigen Stunde ein: Joseph Paxton, der Landschaftsgärtner des Herzogs von Devonshire, entwarf eine riesige mehrschiffige Halle, die besonders hell und elegant wirkte, weil die ganze Konstruktion nur aus Eisenstreben und Glas bestand. Die Zeitschrift *Punch* nannte das Gebäude Kristallpalast.

Die Welt unter Glas

Das ungewöhnliche Bauwerk war mit seinen 563 Metern mehr als dreimal so lang wie die St.-Pauls-Kathedrale. Das Querschiff erreichte eine Höhe von 33 Metern und umschloß drei alte Ulmen. Die schlanken Eisensäulen waren mehrfach übereinander angeordnet und bildeten den Rahmen für ungefähr 83 700 Quadratmeter Glas. Das Gebäude erstreckte sich über etwa 7,6 Hektar des Hydeparks.

Am 1. Mai 1851 eröffnete Königin Viktoria die erste Weltausstellung im Beisein zahlreicher Besucher aus dem Ausland und Zehntausender ihrer Untertanen. Von Mai bis Oktober betrachteten staunende und tief beeindruckte Menschen die aus vielen Ländern zusammengetragenen Ausstellungsstücke, die in verschiedenen Abteilungen angeordnet waren: Rohmaterialien, Maschinen, Fabrikate und schöne Künste.

Tausende strömten tagtäglich in den Kristallpalast. Die englische und die französische Eisenbahn arbeiteten zusammen und richteten einen Fährdienst ein, der die Strecke zwischen Paris und London in elf Stunden bewältigte. Ausflugszüge brachten Land- und Fabrikarbeiter herbei, die nie zuvor ihre heimatlichen Grafschaften verlassen hatten.

Zu den beliebtesten Ausstellungsstücken gehörten der Kohinoor-Diamant aus Indien, der in einer Art Vogelkäfig gesichert war, ein Springbrunnen aus Kristall und zwei auffallende Skulpturen: die *Kämpfende Amazone* des Deutschen August Kiß und der *Griechische Sklave* des Amerikaners Hiram Powers.

Beeindruckend waren auch die Lokomotiven, Schiffsmotoren und dampfbetriebenen landwirtschaftlichen Maschinen, die den Fortschritt der Technik dokumentierten. Andere industrielle Wunderwerke der Ausstellung waren ein Dampfhammer, der so präzise arbeitete, daß er nicht nur einen 500-Tonnen-Schlag ausführen, sondern auch ein Ei aufschlagen konnte, eine Druckpresse mit einer Leistung von 10 000 Seiten pro Stunde, eine Zigarettenmaschine, die 80 Zigaretten pro Minute herstellte, und ein Kopiergerät, das ganze Schriftstücke telegrafisch übermitteln konnte. Der amerikanische Chemiker Charles Goodyear stellte zahlreiche Produkte vor, die aus vulkanisiertem Gummi bestanden. Mit diesem neuartigen Material konnte man beispielsweise Kleidungsstücke wasserdicht machen. Krupps riesige Stahlkanonen und der in Amerika hergestellte Colt fanden ebenfalls viel Interesse beim Publikum.

Als die Ausstellung, die auch international ein riesiger Erfolg war, nach fünfeinhalb Monaten am 15. Oktober ihre Pforten schloß, hatten sie mehr als sechs Millionen Menschen besucht.

Kurze Rast *Arbeiter vor dem Kristallpalast gönnen sich eine wohlverdiente Pause. Das Gebäude wurde 1850/51 innerhalb von neun Monaten errichtet. Insgesamt arbeiteten mehr als 2200 Menschen an dem Bau.*

Präzision *Dieses Mikroskop war auf der Weltausstellung zu sehen.*

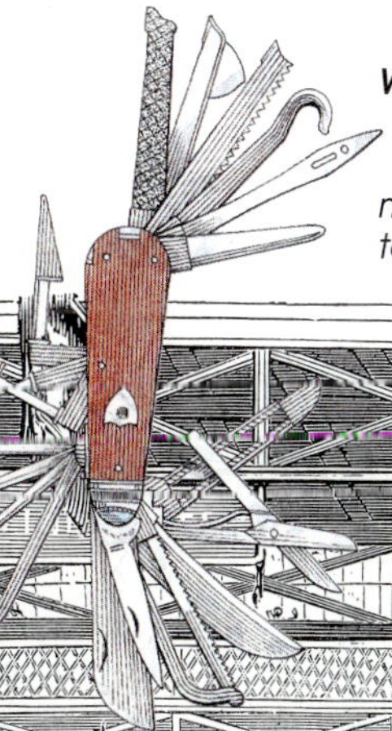

Werkzeug *Ein vielseitiges Taschenmesser machte Furore.*

BÜRGERTUM UND ARBEITS-WELT

Mit der Entwicklung von Eisenbahnen und Maschinen gingen bedeutende Veränderungen in der Lebensweise der Menschen einher. Nie zuvor lebten so viele Menschen in Städten. Mit dem explosionsartigen Wachstum der Industrie und der Arbeiterschaft entstanden neue Probleme durch zu knappen Wohnraum und mangelnde Infrastruktur, die zur übermäßigen Verbreitung von Krankheiten und Kriminalität beitrugen. Das Elend in den rasch wachsenden Vororten und Slums der Industriestädte stand in krassem Gegensatz zu dem Leben des Geldadels und des gutbetuchten Bürgertums in luxuriösen Stadtwohnungen oder pompösen Villen. Eine bürgerliche Mittelschicht etablierte sich und gewann mehr und mehr an Einfluß. Insgesamt entwickelte sich ein neuer, urbaner Lebensstil.

Die rasante Entwicklung des Verkehrswesens erhöhte die Mobilität von Menschen und Waren. Man reiste und bezog Erzeugnisse ferner Länder, während das in bessergestellten Kreisen meist mit viel Liebe und Geld eingerichtete Heim als sicherer Hafen in einer stürmischen Welt galt. Ein breitgefächertes städtisches Kulturleben – von Theater und Musik über Varieté bis zur Kneipe – bot den Menschen Unterhaltung und Abwechslung.

EUROPA
19. JAHRHUNDERT

ZWISCHEN ARM UND REICH

Als Königin Viktoria im Jahr 1837 den britischen Thron bestieg, lebten die meisten ihrer Untertanen auf dem Land. Die Worte eines Kirchenliedes aus dem 19. Jahrhundert – „Der Reiche in seinem Schloß, der Arme davor, so schuf Gott sie, hoch oder niedrig, und gab ihnen ihre Stellung“ – beschrieben die althergebrachte Ordnung. Doch schon lange bevor Viktoria ihr Amt antrat, war die soziale Ordnung erheblich ins Wanken geraten.

Vor allem die Auswirkungen der industriellen Revolution veränderten das Gesicht der Gesellschaft der europäischen Industrienationen. Die Aussicht auf Arbeit in den Fabriken zog die Menschen in die Städte und förderte deren Wachstum. Es entstanden riesige Ballungszentren und weite Industrielandschaften, in denen viele Menschen auf engem Raum ein Aus- und Unterkommen suchten. Diese Tendenz der Verstädterung war vor allem in Großbritannien zu beobachten. So lebten bereits 1861, 24 Jahre nach der Thronbesteigung Viktorias, 62 Prozent der britischen Bevölkerung in den Städten. In Deutschland verlief dieser Prozeß der Landflucht in ähnlicher Weise, jedoch mit einigen Jahrzehnten Verspätung. So wohnte 1890 im Deutschen Reich knapp die Hälfte der Bevölkerung in den großen städtischen Ballungsräumen.

Geburtsadel und Geldadel

Durch die Auswirkungen der industriellen Revolution verteilte sich auch der Reichtum innerhalb eines Landes anders als früher. Der adlige Junker und Rittergutsbesitzer war zwar immer noch reich, doch es gab inzwischen eine neue Schicht, die zum Teil noch mehr Vermögen besaß: die Fabrikanten. Sie lebten in herrschaftlichen Häusern mit Blick

Achtbarer Bürger *In den Wertvorstellungen der bürgerlichen Welt galt der Familienvater als respektvolles Oberhaupt im Haus und als angesehene Stütze der Gesellschaft.*

auf die Fabriken und Bergwerke, die sie gegründet hatten. Gleichzeitig fristeten die ungelernten Arbeiter ein karges Leben in den heruntergekommenen Vorstadtsiedlungen.

Die bei weitem bemerkenswerteste gesellschaftliche Veränderung jedoch war das Aufkommen einer bürgerlichen Mittelschicht. Diese umfaßte zum einen den bisherigen Mittelstand, die selbständigen Kleinunternehmer, Kaufleute, Handwerker und Gewerbetreibenden, und zum anderen das sich etablierende Bürgertum, vor allem Staatsbeamte und das Heer der Angestellten in Industrie und Wirtschaft.

Sparsam und pflichtbewußt

Den Mittelstand genau zu definieren ist nicht ganz einfach; doch allgemein kann man sagen: Wer wenigstens einen Dienstboten im Haus beschäftigte, der gehörte zum Mittelstand. Dennoch fühlte sich die Gouvernante aufgrund ihrer Bildung ebenso dazugehörig wie der Arzt, bei dem sie angestellt war. Kolonialwarenhändler und Bürobedienstete beanspruchten ebenfalls, zu dieser vielschichtigen Klasse zu zählen. Das tatkräftige und selbstbewußte Besitzbürgertum legte großen Wert auf Eigeninitiative, Arbeit, Sparsamkeit und Pflichtbewußtsein. Der Wohlstand offenbarte sich in dem Bedürfnis nach häuslichem Prestige und überladen ausgestatteten Wohnungseinrichtungen.

Im Mittelpunkt der bürgerlichen Familie stand der keinen Widerspruch duldende und Autorität ausstrahlende Familienvater, der von seinen Kindern Respekt erwartete und zu dem seine Gattin voller Verehrung aufblickte, während der „höchste Stolz“ der Ehefrau, wie die Zeitschriften es ihr damals suggerierten, ihre „süße Bescheidenheit“ war. Die Modediktate von Paris unterstrichen die dekorative Wirkung und Hilflosigkeit der Ehefrau, denn die umständliche Kleidung erschwerte jede Art von Arbeit.

Ganz andere Sorgen hatte man in den Elendsvierteln der großen Städte, wo bis zu 30 Prozent der Bevölkerung lebten. Die Slums waren das traurige Erbe der frühen Jahre der industriellen Revolution, als man sich über den Wohnungsbedarf der wachsenden Arbeiterschaft und der Zuwanderer in die Städte kaum Gedanken gemacht hatte. Als man endlich die Beseitigung der Slums in Angriff nahm, war damit den Ärmsten der Armen nur wenig geholfen. Sie zogen einfach weiter und pferchten sich in andere Elendsquartiere. Sozial eingestellte Arbeitgeber, die für ihre Belegschaft Häuser errichten ließen oder die Arbeitsbedingungen verbesserten, waren selten.

Erst allmählich verbesserten sich für die Arbeiterschaft die Wohnsituation und der Standard der Wohnungseinrichtungen. Eine typische Familie in einem ländlichen Vorort von Hamburg war die eines Bauarbeiters, der im Winter im Schlachthof arbeitete. Sie wohnte in einem Haus mit Gärtchen zur Miete, wo sie ein Schwein und zwei Ziegen hielt. Fleisch und Obst standen bei ihr selten auf dem Speisezettel. Die Mutter war Hausangestellte in einer Familie der Mittelschicht; mit ihrem Lohn ließ sich die halbe Miete bestreiten. Trotzdem mußten alle fünf Kinder zum Einkommen der Familie beitragen.

Wandel der Kleidung *Zu Beginn des 19. Jahrhunderts bevorzugte man in der Mode antikisierende, klassizistische Formen (rechts). Um 1860 galt die Krinoline als modern (rechts unten).*

Nationalstaaten *Im Jahr 1871 hatte die politische Landkarte Europas bereits jene Form angenommen, die bis zum Ausbruch des Ersten Weltkrieges 1914 unverändert bleiben sollte.*

Im Omnibus *Szene in einem Londoner Bus: Neben der ängstlichen Mutter mit Kindern sitzen ein junges Fräulein und ein zeitunglesender Herr.*

Pompöser Zierat *Den nach dem österreichischen Maler Hans Makart benannten Strauß konnte man in fast jeder gutbürgerlichen Wohnung finden.*

GEBORGENHEIT IM KREIS DER LIEBEN

Obgleich der Mittelstand in den Industrienationen Europas in mancher Beziehung Unterschiede aufwies, hatte er eines gemeinsam: die Überzeugung von der Unantastbarkeit des Zuhauses. Das traute Heim war ein Tempel des Friedens, eine Oase der Ruhe und Geborgenheit, wo die Fährnisse der Welt keinen Zutritt haben sollten.

Sarah Ellis, eine zeitgenössische Beobachterin, schrieb: „Wenn der Vater heimkehrt, sollte sich ihm das Heim als Ort der Ordnung, Harmonie und Gemütlichkeit darbieten." Der französische Philosoph Maximilien Littré meinte, das Privatleben sollte sich hinter verschlossenen Türen abspielen; niemand dürfe Einblick in die private Häuslichkeit haben oder enthüllen, was dort vorging. Und in Deutschland beklagte ein bürgerlicher Geist die großen Fenster, die „den Raum seiner inneren Ruhe berauben, ihn zu stark mit der Außenwelt verbinden".

Die Zimmer eines Hauses oder einer Wohnung jener Zeit waren überladen mit dunklem Mobiliar, gemusterten Teppichen und geprägter Tapete. An den Wänden hingen Fotografien der Familie in geschnitzten Rahmen und Öldrucke berühmter Gemälde. Auf jeder freien Fläche stand allerlei Nippes. Kaminsimse, Tische und Klaviere verhüllte man mit schweren Überwürfen und Spitzengardinen.

Der bürgerliche Mittelstand verfügte über genug Geld, um es für die neuen, dekorativen Industrieerzeugnisse auszugeben. Der bürgerliche Lebensstil erwies sich als so prägend, daß er auch in die Schlösser und Herrenhäuser der Aristokratie einzog; selbst an den königlichen Höfen pflegte man gemütliche, bürgerliche Häuslichkeit.

Ein Leitbild der Zeit war der Typ des erfolgreichen Selfmademans. Diese Männer, die dem Fortschritt um jeden Preis huldigten, materialistisch und zugleich, zumindest nach außen hin, moralisch dachten und handelten, veränderten im 19. Jahrhundert die Gesellschaft in Europa. Zu Hause, in ihrem kleinen Reich, führten sie ein unumschränktes Regiment. Ihre Ehefrauen besaßen keinerlei Rechte und hatten nur Pflichten im Haushalt zu erfüllen. Immer mehr gingen die gutsituierten Bürger dazu über, den Wohnbereich von dem des Berufes zu trennen. Villenviertel entstanden fern von den Industriezentren. Statt eine aktive Rolle im Geschäft der Familie zu spielen, sollten die Frauen in den exklusiven Villenvororten der europäischen Metropolen ausschließlich in Küche und Kinderzimmer wirken.

Die heiligste Aufgabe der Frau war es jedoch, ihren ehelichen Pflichten nachzukommen und eine gute Mutter zu sein. Große Familien waren wünschenswert. Empfängnisverhütung war unbekannt, über sexuelle Dinge redete man nicht, sie galten als „unanständig und schmutzig", und viele Bräute hatten nur eine verschwommene Vorstellung von der Hochzeitsnacht und von dem, was dann geschah. Als Folge davon besaß die durchschnittliche Familie um die Mitte des 19. Jahrhunderts sechs Kinder, manche hatten zehn oder sogar mehr.

Bürgerliche Familienfeier *Kindergeburtstage wurden in bürgerlichen Kreisen in einer etwas steifen, oft patriarchalisch anmutenden Atmosphäre gefeiert.*

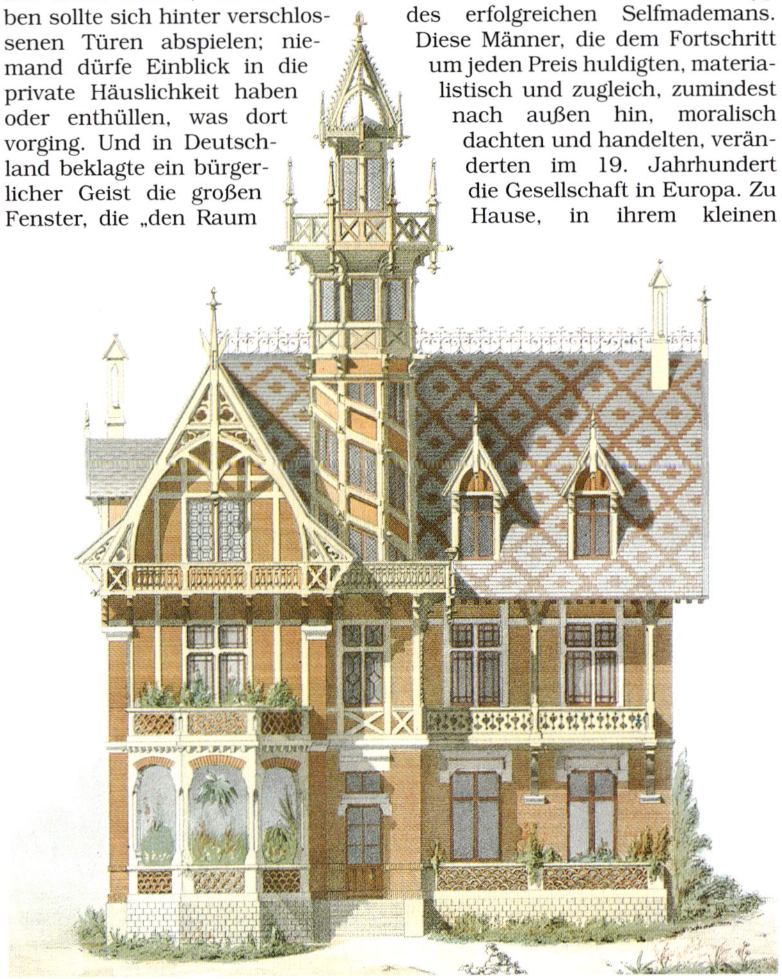

Historisierende Architektur *Stilelemente der Vergangenheit – hier eine französische Villa im Stil der Neugotik – prägten die Architektur in der zweiten Hälfte des 19. Jahrhunderts.*

Gehorsam gegen den Vater

Zwar war die Mutter für die Erziehung der Kinder zuständig, zumindest solange sie klein waren, doch die Autorität besaß der Vater. Den Sprößlingen wurde von Kindesbeinen an eingeschärft, daß es ihre Hauptaufgabe sei, den Eltern Freude zu machen; wie Gott, so mußte man auch die Eltern lieben, verehren und fürchten – Gefühle, die man notfalls mit dem Rohrstock einbleute.

Spielzeug wie Puppenhäuser, Kaufläden, Zinnsoldaten und kleine Dampfmaschinen sollte nicht nur Vergnügen bereiten, sondern hatte auch erzieherischen Wert und diente der Vorbereitung auf künftige Rollen als Erwachsene: Es gab Puzzles von Landkarten und Herrschern und für Mädchen Papierschnittmuster für Puppenkleider.

Schon früh wurde den Kindern eingeimpft, wie sie sich zu benehmen hatten. Von den Jungen erwartete man, daß sie mutig waren und nicht weinten, und von den Mädchen, daß

Modell *Der kostbare Stoff und prachtvolle Stil der Kleider dieser französischen Puppe aus dem Jahr 1875 sind ein Spiegelbild der Erwachsenenmode. Gesicht und Hände sind aus Porzellan.*

sie sich für die Dinge im Haus halt interessierten. In Gegenwart von Erwachsenen hielten Kinder sich mit Äußerungen zurück, und wer frech und vorlaut war, erhielt eine Ohrfeige oder gar eine Tracht Prügel. Konfirmationen, Kommunionen und Kindergeburtstage waren große Familienfeste, zu denen die Großeltern, die meist die Paten waren, erschienen, aber auch die entfernt lebenden Tanten und Onkel wurden eingeladen.

Um die Jahrhundertmitte wurde Schulbildung breiteren Bevölkerungsschichten allgemein zugänglich. Viele Familien aber konnten sie nicht nutzen, denn der Verdienst der arbeitenden Kinder war ein wesentlicher Bestandteil des Familieneinkommens. Dennoch brachten viele Arbeiterfamilien beträchtliche Opfer, um ihren begabten Kindern den Schulbesuch zu ermöglichen.

Blick auf den Hinterhof

Die Erwachsenen bildeten sich in Sonntagsschulen und Fortbildungsvereinigungen weiter. Die Lehrkräfte, die selbst dem Bürgertum entstammten, prägten die Arbeiterschaft mit ihren eigenen Wertvorstellungen von Häuslichkeit. Der Platz der Arbeiterfrau, so betonten sie, sei daheim als Haushälterin und Wächterin der Moral, bewandert in der Kindererziehung, im Nähen, Kochen und Putzen, und dem Mann jederzeit eine treue Ehefrau.

Die kleinen Häuschen der Handwerker waren oft gemütlich und blitzblank. Erinnerungsstücke an große Ereignisse – Kaisers Geburtstag, Flottenparade oder auch Sedansfeiern – schmückten die Wohnstuben, die nur zu ganz besonderen Anlässen betreten werden durften.

Doch diese kleinbürgerliche Idylle war weit entfernt von der Alltagswelt der Arbeiterklasse. In der Regel lebte eine Arbeiterfamilie auf engstem Raum zusammen; meist bestand die Wohnung nur aus einem dunklen und unfreundlichen Zimmer mit Blick auf den Hinterhof, das in den wenigsten Fällen beheizt werden konnte. Ein Familienleben war unter solch unwürdigen Bedingungen nicht möglich. In diesem Raum spielte sich das ganze Leben vor den Augen der Familienmitglieder ab. Morgens standen Eltern und Kinder gemeinsam auf, wuschen sich notdürftig und gingen zur Arbeit. Abends ging man, ungewaschen und ohne ausreichend gelüftet zu haben, wieder zu Bett. Die Kleinen schliefen bei den Eltern oder großen Geschwistern, die übrigen mußten auf dem Fußboden übernachten.

Romantische Stimmung *Im Jahr 1820 malte Caspar David Friedrich die Kreidefelsen auf Rügen. Das Bild trug dazu bei, ihn zum wohl berühmtesten Künstler der deutschen Romantik zu machen.*

Traumwelt *Eine der bekanntesten Gestalten aus Grimms Märchen ist Dornröschen (oben). Die Märchenfiguren (rechts) gehören zu Schneeweißchen und Rosenrot.*

DIE WELT DER ROMANTIK

Etwa zwischen 1780 und 1840 blühte in Deutschland die literarisch-künstlerische Bewegung der Romantik. Ihre Vertreter wandten sich gegen die vernunftbetonte Denkweise der Aufklärung und des Klassizismus. Statt dessen stellten sie die Empfindsamkeit und das individuelle Gefühl, die Phantasie und das subjektive Erleben in den Mittelpunkt ihres Denkens. Die wahren, tieferen Gefühle und Werte auszudrücken, wie sie sich vor allem in der Natur und der Religiosität offenbarten, war ihr Bestreben, und ihre Sehnsucht galt der Verschmelzung mit dem Unendlichen. Das Symbol dieser romantischen Poesie wurde die „blaue Blume" des Dichters Novalis.

Darüber hinaus entdeckte man die deutsche Volksdichtung als Teil der deutschen Seele. So stellten Clemens Brentano und Achim von Arnim die Volksliedersammlung *Des Knaben Wunderhorn* zusammen, und die zwischen 1812 und 1815 veröffentlichten *Kinder- und Hausmärchen* der Brüder Grimm dürften wohl noch heute in keinem Haushalt fehlen.

Auch die bildenden Künstler, denen sich ebenfalls in der Natur göttliches Wirken offenbarte, verschrieben sich der Romantik. Sie wandten sich vor allem der Landschaftsmalerei zu. Die poetischsten und stimmungsvollsten Landschaftsdarstellungen schuf der Greifswalder Maler Caspar David Friedrich.

SERVICE MIT HÄUBCHEN UND SCHÜRZE

***In Stellung** Unter den Dienstboten herrschte eine strenge Rangordnung. Jeder Bedienstete – vom angesehenen Hausverwalter bis zum niedrigsten Spülmädchen – besaß seine eigene Kleidung, wie es die Fotografie der Dienstboten eines wohlhabenden Haushalts zeigt.*

STÄNDIG IM DIENST

Im Haus eines reichen Fabrikanten in der zweiten Hälfte des 19. Jahrhunderts sind in der Morgendämmerung bereits über 20 Dienstboten wach und verrichten ihre Arbeit. Das Spülmädchen steht oft als erste gegen 5 Uhr auf, säubert den Küchenherd, macht Feuer und stellt die ersten Kessel mit Wasser auf; auch für die Stubenmädchen beginnt der Tag sehr früh. Sie stauben in den Wohnräumen ab, räumen auf und zünden im Winter die Feuer in den Öfen an.

Ein Hausmädchen weckt die Hausherrin mit einer Tasse Tee, während ein Diener dem Herrn des Hauses heißes Rasierwasser zusammen mit der Morgenzeitung bringt. Inzwischen wecken die Kindermädchen die Kinder und lassen sie im Kinderzimmer frühstücken. Danach versammeln sich Familie und Personal zum gemeinsamen Gebet. Dann begeben sich die Erwachsenen zu einem ausgiebigen Frühstück.

Für die Dienstboten geht die Arbeit jedoch ohne Pause weiter. Sie kämpfen einen endlosen Kampf gegen den Schmutz. Am Tisch steht die Köchin und bereitet eine Pastete vor, wobei ein Küchenmädchen ihr die Zutaten reicht. Andere Hausmädchen waschen das Geschirr ab; ein Lakai putzt das Familiensilber, und ein anderer poliert die Schuhe der Herrschaften. Ein Gärtnersjunge liefert derweil das bestellte Gemüse am Dienstboteneingang ab. Unterdessen verlassen der Hausherr und seine Gattin das Haus, um mit der Kutsche auszufahren.

In einem Büro neben dem überdachten Eingang befragen der Hausverwalter und die Haushälterin ein neues Dienstmädchen. Im Raum darüber hält die Gouvernante in dem gemütlich möblierten Schulzimmer ihre täglichen Unterrichtsstunden ab. Die Tochter des Hauses übt im Salon ein wenig auf dem Klavier. Die Dienstboten haben ihre Zimmer unter dem Dach. Zu den Bediensteten, die außerhalb des Hauses arbeiten und zum Teil über den Ställen ihre Unterkunft haben, gehören der Gärtner, der Kutscher und der Pferdeknecht, die gerade neben der Kutsche auf die Herrschaft warten.

Kleiner Plausch *Der Ortspolizist ist auf eine Tasse Tee in den Gesinderaum gekommen. Lautes Lachen ertönt, als eines der Dienstmädchen das affektierte Benehmen der Hausherrin nachahmt. Sogar die Katze scheint sich zu amüsieren.*

Was die Hausarbeit betraf, so konnten sich die wohlhabenden Familien in der zweiten Hälfte des 19. Jahrhunderts nicht beklagen. Nie zuvor erledigte eine so große Zahl von Dienstboten die täglichen Arbeiten im Haushalt. Während der Hausherr seine ganze Aufmerksamkeit den Geschäften widmete, pflegte die Hausherrin das gesellschaftliche Leben mit Besuchen und Abendeinladungen, verrichtete aber auch wohltätige Aufgaben.

In einem durchschnittlichen bürgerlichen Haushalt waren in der Regel drei Dienstboten beschäftigt: Köchin, Stubenmädchen und Hausmädchen. Die Zahl der Angestellten gab Aufschluß über den gesellschaftlichen Status einer Familie. Je höher die Einkünfte waren, desto mehr Dienstboten beschäftigte man. Die ganz großen Häuser verfügten über einen Stab von bis zu 50 Bediensteten. Neben den Mädchen für Haus, Küche und Kinderzimmer gab es einen obersten Hausverwalter, einen Küchenchef, eine Haushälterin, einen Butler, zahlreiche Lakaien, Stalljungen, Pferdeknechte, Gärtner und viele andere. Die meisten Dienstboten waren junge Mädchen und Frauen. Ihre Zahl wuchs ständig.

Weiße Strümpfe mit Wadenpolster

In der Hierarchie der weiblichen Bediensteten stand die Haushälterin an oberster Stelle. Sie kümmerte sich um das weibliche Personal, besaß die Schlüsselgewalt und bewohnte ein eigenes Zimmer. Lakaien wurden paarweise eingestellt. Sie waren in der Größe sorgfältig aufeinander abgestimmt. Neben vorzüglich geschneiderten Anzügen und weißen

Arbeit am Waschtag
So schwer der Griff der neuen Mangel auch zu drehen ist, erleichtert sie doch die Arbeit gegenüber dem Auswringen von Hand.

Handschuhen trugen sie manchmal auch weiße Strümpfe, die mit falschen Waden ausgepolstert waren, damit ihre Beine eine schönere Form erhielten.

Unter der strengen Führung der Hausherrin und der vorgesetzten Angestellten arbeiteten die Dienstboten Hand in Hand gleich einer gut gedrillten Truppe. Die größten Anforderungen an die organisatorischen Fähigkeiten stellten aufwendige Abendgesellschaften. Wenn die Gäste eintrafen, mußten Gläser, Porzellan und Kerzenleuchter glänzen, die Schürzen makellos sauber und die Frisuren der Damen untadelig sein.

Zwischen den Aufgabenbereichen der einzelnen Dienstboten gab es klare Abgrenzungen. Das Hausmädchen verrichtete zumeist die Schmutzarbeit; in größeren Haushalten unterschied man gelegentlich zwischen höheren und niedrigeren Hausmädchen. Stubenmädchen, die man nach ihren guten Manieren und ihrem angenehmen Äußeren auswählte, empfingen Besucher und servierten bei den Mahlzeiten.

Karriere als Spülhilfe

„In Stellung gehen" war das normale Geschick eines jungen Mädchens, das seinen Lebensunterhalt verdienen mußte. Im Alter von 12 oder 13 Jahren arbeitete es vielleicht im Haushalt eines benachbarten Ladenbesitzers. Nach ein oder zwei Jahren rückte es auf und wechselte in den Haushalt eines vornehmen Herrn. Das junge Hausmädchen erhielt von den verschiedensten Seiten jede Menge Ratschläge für sein Verhalten. Zeitschriften und Flugschriften, die manchmal von religiösen Gesellschaften veröffentlicht wurden, schärften ihm ein, es habe mit seinem Schicksal zufrieden zu sein; es dürfe nicht mit seinesgleichen klatschen oder zu viele Gedanken an den Lohn verschwenden.

Zwar waren die Löhne der Dienstboten niedrig im Vergleich zu denen der Fabrikarbeiter, doch dafür erhielten die Bediensteten freie Unterkunft und geregelte Verpflegung. Um 1897 konnte in Deutschland ein „Mädchen für alles" zwischen 45 und 80 Taler im Jahr verdienen, ein Kindermädchen um die 50 Taler, und eine gute Köchin erhielt zwischen 60 und 100 Taler jährlich; hinzu kamen die Trinkgelder. Ein Mädchen fing vielleicht als Spülhilfe an, und auf seinem beruflichen Weg rückte es zu einer Stellung als Küchenmädchen, Köchin oder sogar Haushälterin auf. Beim Personal, das außerhalb des Hauses beschäftigt wurde, konnte sich ein Junge vom Gärtnersgehilfen bis zum herrschaftlichen Gärtner hocharbeiten.

Wenig Urlaub

Für Freizeit und Urlaub gab es keine Regeln. In seltenen Fällen wurden im Jahr zwei Wochen Urlaub gewährt. Manche Herrschaft gab pro Monat einen Tag, sonntags einen halben Tag und einen Abend in der Woche frei. Selbst die bescheidensten Haushalte des bürgerlichen Mittelstandes beschäftigten mindestens ein Dienstmädchen. In diesen Haushalten gab es für die Bediensteten nichts zu lachen. Als „Mädchen für alles", die man oft aus dem Arbeitshaus holte, waren sie überarbeitet und den Launen des Hausherrn ausgeliefert, der seine Autorität mit strenger Disziplin ausübte.

Bügeln und Plätten *Das schwere gußeiserne Bügeleisen erhitzte man auf dem heißen Herd oder am Feuer.*

Kleines Schwätzchen
Zwei junge Dienstmädchen machen während der Arbeit eine kleine Pause und halten ein Schwätzchen. Das eine trägt seine Arbeitskleidung; seine Gefährtin hat sich zum Ausgang umgezogen, da sie Besorgungen für den Haushalt machen muß.

BOULEVARDS UND BISTROS AN DER SEINE

Verwunschene Pfade, die sich zwischen Grotten, Seen und Wasserfällen an sorgfältig gepflegten Rasenflächen entlangschlängelten – so präsentierte sich dem Spaziergänger der beliebte Park Bois de Boulogne in den 60er Jahren des 19. Jahrhunderts. Der weitläufige Park, der im Herzen von Paris liegt, war ein beliebtes Ausflugsziel der Pariser Bevölkerung. Kaiser Napoleon III., der während seines Londoner Exils den Hyde Park schätzengelernt hatte, machte ihn der Seinemetropole zum Geschenk. Er gelobte, wenn er je wieder den französischen Thron besteigen werde, wolle er den Pariser Bürgern ein ähnliches Erholungsgebiet zur Verfügung stellen.

Während der 18jährigen Herrschaft Napoleons III. erfuhr Paris Umbauten größten Ausmaßes. Unter der planerischen Leitung von Baron Georges Eugène Haussmann, dem Präfekten des Departements Seine, erfolgten der Abriß von etwa 20 000 Häusern in den überwiegend ärmeren Vierteln des Zentrums und der Durchbruch breiter Boulevards und Straßen, die vom Arc de Triomphe ausgingen und die Stadt großzügig erschlossen.

An den neuen Straßenzügen entstanden repräsentative Wohnhäuser und öffentliche Bauten: Brücken über die Seine, Bahnhöfe an Verkehrsknotenpunkten sowie Parkanlagen. Der Louvre und die Tuilerien wurden erweitert, ebenso der Justizpalast, und man erbaute das prächtige Opernhaus. Die zahlreichen Stadtpaläste des Adels und des Großbürgertums sowie die eleganten mehrgeschossigen Wohnhäuser mit Läden im Erdgeschoß belebten die Stadt. Ende der 60er Jahre des 19. Jahrhunderts bewunderte ganz Europa die Geschäfte von Paris, die nachts ihr Licht auf die Straßen warfen und die Menschenmenge mit einem goldenen Netz umgarnten.

Stadtleben *Im kaiserlichen Paris pulsierte das Leben dank einer weitblickenden Stadtplanung.*

Im Park *Während die Pariser Bürger am Sonntag auf den breiten Boulevards lustwandeln, ihre elegante Kleidung zur Schau stellen und mit ihrer Begleitung plaudern, üben Jungen und Mädchen Seilspringen und Tanzen; einer der Jungen spielt mit seinem Reifen.*

Nicht weniger bunt als die Geschäfte waren die vielen Cafés und Restaurants, wo die moderne Gasbeleuchtung cremefarbene Wände und verzierte Spiegel, gemalte Engel mit Schalen in der Hand und vergoldete Nymphen mit Obstkörben aufleuchten ließ. Gedämpftes Gelächter, das aus den Séparées der Cafés drang, verriet, daß sich die Kokotten und ihre betuchten Galane vorzüglich unterhielten.

Die wohlhabenden Pariser Bürger gingen ungezügelt ihrem Vergnügen nach. Sie eilten von üppigen Banketten zu glitzernden Bällen. Und fehlte es einmal an Anregungen, so lieferte sie der Kaiser selbst. Seine Vorliebe für Masken- und Kostümbälle verwandelte das Leben in den Tuilerien in einen ungehemmten Festtaumel.

Auch außerhalb des Hofes herrschten Üppigkeit und Extravaganz. Die Industriemagnaten und der alte wie der neue Adel wetteiferten untereinander und mit dem Hof in der Pracht ihrer Häuser und Inneneinrichtungen: Menier, der Schokoladenkönig, ließ sich ein Herrenhaus in barockem Stil errichten. Boni de Castellane, Angehöriger einer alten Familie, der eine amerikanische Millionenerbin geheiratet hatte, ließ in seinem Palast ein Treppenhaus nach dem Vorbild von Versailles einbauen.

Im Juli zogen die vermögenden Pariser, die ein Schloß oder eine Villa besaßen, mit Kind und Kegel aufs Land, wo sie bis Weihnachten auf die Jagd gingen. Im Januar oder Februar reiste man dann mit der Eisenbahn an die Riviera, um dem Winter zu entfliehen und das milde Mittelmeerklima zu genießen.

Diese Reiselust hatte man den Briten abgeschaut, die die Riviera bereits vor den Franzosen entdeckt hatten. Der britische Adel liebte allerdings noch mehr das Landleben und hielt sich nur zwischen April und Juli in London auf. Dann wurden die großen Stadthäuser in Belgravia und Mayfair aufgeschlossen, und in dieser Zeit stellte man seine Söhne und Töchter bei Hof vor. Die Londoner Gesellschaften und Bälle waren freilich im Vergleich zu denen in Paris biedere Veranstaltungen.

Pariser Mode macht Schule *Ganz Europa blickte nach Paris, wenn es um Mode ging. 1875 gehörten Turnüren, Gesäßpolster aus Daunenkissen, zum modischen Kleid.*

Genauere Betrachtung *Opernbesucher benutzen ihr elfenbeinernes Opernglas nicht nur zum Betrachten der Sänger und des Balletts, sondern auch, um neugierige Blicke in das Publikum zu werfen.*

Der letzte Schrei *Vornehme Damen, die in die Oper ausgeführt werden, halten Fächer in der Hand, die ein reizvolles Accessoire sind und gegen die Hitze der Gaslampen helfen.*

Treffen beim Pferderennen *Eine Attraktion des Bois de Boulogne in Paris ist die Pferderennbahn, wo sich die Herren und Damen der feinen Gesellschaft treffen.*

VERGNÜGLICHE STUNDEN

Der begüterte junge Pariser während der Zeit des Zweiten Kaiserreiches steht im Lauf des Vormittags – etwa um 10 Uhr – auf und kleidet sich sorgfältig an, denn das Halstuch muß richtig sitzen, und Seidenhut und Stiefel haben tiefschwarz zu schimmern. Nach einem leichten Frühstück im Lieblingscafé schlendert er auf den schattigen Wegen des Bois de Boulogne zur Rennbahn Longchamps am Ufer der Seine, einem gernbesuchten Ort modebewußter Herren. Den Mittagsimbiß nimmt er im Club ein, verbringt eine oder zwei angenehme Stunden bei einer befreundeten Schauspielerin, und wenn die Schatten auf dem Gras allmählich länger werden, kehrt er in den Bois zurück, denn nun fahren die Berühmtheiten der Stadt dort in prunkvollen Kutschen die imposante Straße entlang. Er genießt den Anblick der Damen der Gesellschaft. Unter ihnen taucht gelegentlich eine der legendären Kurtisanen auf, etwa die schöne Cora Pearl, die, wie das Gerücht weiß, für eine einzige Nacht in ihrer Gesellschaft eine Million Franc verlangt habe. Wenn die Dämmerung hereinbricht und die Lichter an den Boulevards aufstrahlen, beschließt der junge Mann, den Abend im Theater zu verbringen. Er erinnert sich lächelnd an Jacques Offenbachs Operette *Orpheus in der Unterwelt* mit dem wilden Cancan, der die Stadt elektrisiert hat, und bei diesem Gedanken beschleunigt er seine Schritte.

BLUT UND EISEN EINIGEN DEUTSCHLAND

Etappenquartier *In schlammbespritzten Stiefeln und ohne Rücksicht auf die kostbare Einrichtung entspannen sich Soldaten in einem Schloß vor Paris während des Krieges 1870/71. Die Frauen überwinden nur mit Mühe ihre Scheu vor den Eindringlingen.*

Man schreibt das Jahr 1860. In einem Heidelberger Gasthaus sitzen Studenten in gemütlicher Runde zusammen und lassen die Bierkrüge kreisen. Die Stimmung ist ausgelassen, und man singt Studenten- und patriotische Lieder. Das Gespräch kommt unweigerlich auf die Politik und auf die Frage, wer denn nun Deutschland regiere, die Provinzfürsten, der preußische König oder die Großdeutschen in Wien. Die Ansichten der jungen Leute sind verschieden, doch in einem Punkt, gleich ob konservativer, liberaler oder republikanischer Gesinnung, ist man sich einig: Das Volk der Dichter und Denker braucht ein Vaterland, Deutschland muß eine Nation werden. Was den Franzosen und Engländern zusteht, darf den Deutschen nicht verwehrt werden.

Damals war Deutschland ein Flickenteppich aus 39 Einzelstaaten, die, notdürftig durch den Deutschen Bund zusammengehalten, einer ungewissen Zukunft entgegengingen. Die Stimme der Nation hatte im Revolutionsjahr 1848/49 ein leidenschaftliches Votum für den Zusammenschluß der deutschen Lande und für eine monarchische Regierungsform mit parlamentarischen Elementen abgegeben. In der Paulskirche in Frankfurt am Main trat die erste deutsche Nationalversammlung zusammen und bot dem König von Preußen die Krone eines konstitutionellen Kaisertums an. Friedrich Wilhelm IV. jedoch lehnte sie entschieden ab, weil er am Gottesgnadentum der Monarchie festhielt.

Deutschland oder Preußen?

In Preußen, wo der Liberalismus versagte, sollte der konservativ-autoritäre Regierungsstil des Ministerpräsidenten Otto von Bismarck Erfolg haben. Im Jahr 1866 schlug Preußen Österreich, seinen Rivalen im Kampf um die Vormacht in Deutschland, und übernahm die Führungsrolle in einem Land, das im weiteren Verlauf durch Bismarcks Politik des „Eisens und Blutes" geeint wurde. Im siegreichen Feldzug gegen Frankreich 1870/71 wußte er die Deutschen hinter sich. Als preußische Kanonen noch Paris beschossen, wurde der preußische König Wilhelm I. am 18. Januar 1871 im Spiegelsaal des Schlosses von Versailles zum Deutschen Kaiser ausgerufen. Die Armee hatte für einen Triumph gesorgt, von dem viele Deutsche seit Jahrzehnten nur geträumt hatten.

Mit der Entstehung des Deutschen Reiches im Jahr 1871 festigte Preußen seine militärische und wirtschaftliche Vormachtstellung in Deutschland. Militärische Umgangsformen beherrschten künftig das öffentliche und private Leben: Ein Mann galt wenig, wenn er nicht wenigstens den Rang eines Reserveoffiziers innehatte. Ein Feldwebel genoß höhere Wertschätzung als ein Staatsdiener, der keinen Militärdienst geleistet hatte. Und ein Industrieller war mit sich zufrieden, wenn ein paar hochnäsige Leutnants auf einem Ball in seinem Haus erschienen.

Mit dieser Entwicklung ging ein allgemeiner wirtschaftlicher Aufschwung einher. Die Biedermeieridylle wich einer neureichen und teilweise aufgesetzten Pracht der oberen Gesellschaftsschichten, während die arbeitende Klasse, die in Mietskasernen hauste und am Arbeitsplatz ausgebeutet wurde, um soziale Verbesserungen kämpfen mußte. Kaiser Wilhelm II., in prachtvoller Uniform, wurde der Hauptdarsteller in einem Schauspiel, das viele als leeren Schein empfanden.

Lokalkolorit *Trachten, die die Heimatverbundenheit zeigten, gehörten zur lebendigen Tradition.*

Der Hauptmann von Köpenick

Deutschland, das wegen seiner Gelehrsamkeit und seines Erfindergeistes in aller Welt berühmt war, stellte sich nunmehr der Öffentlichkeit in einem ganz anderen Licht dar. Die Ehrfurcht vor Uniformen erreichte im Jahr 1906 einen krönenden Höhepunkt, als sich der mittellose und vorbestrafte Schuster Wilhelm Voigt die Uniform eines Hauptmanns anzog und Soldaten von der Straße weg befahl, das Rathaus von Köpenick, einem Vorort von Berlin, zu be-

Gesittetes Vergnügen *Reisen an die See gehörten zu den beliebten Vergnügen des Bürgertums. Moral und Anstand verboten es den Damen allerdings, im Badeanzug am Strand herumzulaufen. Zum Umkleiden gab es Badekarren, in denen sie sich, fern aller zudringlichen Männerblicke, ins Meer hinausfahren ließen.*

EHRENSACHE

Duellieren war unter den Studenten ein beliebter Sport. Mit dem Schlagen von Mensuren sollte die Feigheit besiegt werden. Ohne mit der Wimper zu zucken, hatte man den Säbelhieb zu erwarten. Augen und Körper waren geschützt, nur das Gesicht blieb frei. Wenn jemand verletzt wurde, griffen die Sekundanten ein, und ein Arzt oder Medizinstudent versorgte die Wunde. Die Wunden wurden mit Alkohol betupft und nicht sehr sorgfältig genäht, so daß eine Narbe zurückblieb. Die Mitgliedschaft in den schlagenden Verbindungen galt auf Lebenszeit. An den geselligen Abenden tauchten schmißverzierte Alte Herren mit ihren Verbindungsmützen auf, sangen Studentenlieder, unterhielten die Jungen mit alten Geschichten und nötigten sie zum Biertrinken.

Karikatur *„Ich glaube, ich habe mein Studium fast beendet. Ich werde nicht mehr betrunken."*

Männlichkeit *Duellierende Studenten üben sich in der Mensur und stellen ihren Mut und ihre Tapferkeit unter Beweis.*

setzen, um sich einen Paß zu verschaffen. Er nahm den Bürgermeister fest und beschlagnahmte die Gemeindekasse. Niemand kam auf die Idee, die Befehle des „Hauptmanns von Köpenick" anzuzweifeln und sich seinen Befehlen zu widersetzen. Als die Posse nach wenigen Stunden vorüber war, lachte ganz Europa über die Deutschen und ihre Befehlsgläubigkeit.

In seiner sozialen Gesetzgebung dagegen war Deutschland sehr fortschrittlich und damals unerreicht. In den 80er Jahren verabschiedete der Reichstag die Gesetze zur Kranken-, Unfall- sowie zur Invaliditäts- und Altersversicherung, die bis heute die Basis unserer Sozialversicherung bilden. Mit diesem Schritt beabsichtigte Bismarck, die Arbeiterschaft stärker an den Staat zu binden.

Spielzeug *Solche aus Holz gefertigten Hampelmänner waren damals ein beliebtes Spielzeug für Kinder.*

Naturverbundenheit *Mit der fortschreitenden Industrialisierung Hand in Hand ging die Sehnsucht nach einer unverdorbenen, reinen Natur. Um 1895 entstand die Wandervogelbewegung, die sich rasch unter den Jugendlichen verbreitete. Man unternahm oft wochenlange Wandertouren durch Deutschland, übernachtete in Jugendherbergen, pflegte das deutsche Volkslied und suchte in der Natur seine Freiheit (links).*

MASSENELEND, NOT UND VERZWEIFLUNG

Im Jahr 1841 fand ein Arzt in Liverpool bei einem Hausbesuch eine kranke Frau mit ihrem kleinen Kind in einem Keller auf einem Strohlager vor. „Der Keller", berichtete er, „hatte weder Licht noch einen Luftschacht, und die Luft war entsetzlich. Ich mußte auf umherliegenden Backsteinen über den Boden gehen, denn der Fußboden stand völlig unter Wasser."

Die Bewohner der städtischen Elendsviertel, die zu den untersten Schichten der Gesellschaft im 19. Jahrhundert gehörten, lebten unter menschenunwürdigen Verhältnissen. Der stetige Strom von Zuwanderern in die aufstrebenden Industriestädte brachte eine ungeheure Wohnungsnot mit sich. Besonders schlimm war die Situation in Großbritannien.

Arbeitshausgeld

In Liverpool lebten 20 000 Menschen in Kellern, deren Fußböden häufig so naß waren, daß man die Türen aus den Angeln hob und sie auf Ziegelsteine legte, um sich einigermaßen trockenen Fußes bewegen zu können. Und von einer Londoner Behausung, die aus nur einem Raum bestand, berichtete eine besorgte Mutter: „Sehen Sie nur das große Loch; der Hausbesitzer will es nicht reparieren. Ich muß jede Nacht aufbleiben und aufpassen, denn das Loch liegt über einer Jauchegrube. Und die Ratten kommen herauf, manchmal 20 gleichzeitig, und wenn wir nicht Wache hielten, würden sie das Baby auffressen."

Um die Nachfrage nach Wohnraum einigermaßen zu befriedigen, verfielen die Hausbesitzer auf die Idee, die ohnehin schon kleinen Wohnungen in noch kleinere zu unterteilen. Die baufälligen Gebäude hatten undichte Dächer, verrottetes Gebälk und zerbrochene Fenster, die man mit Ölleinwand, zerrissenem Sackleinen oder Packpapier notdürftig flickte. Zwei oder drei Familien, manchmal sogar mehr, teilten sich häufig einen einzigen Raum.

Andere europäische Großstädte kämpften ebenfalls mit dem Problem der Elendsquartiere und der Überbevölkerung. 1882 schrieb ein Pariser Arzt über die trostlose Lage in der Seinemetropole: „Aus einem Raum haben sie zwei gemacht. Sie haben 20 Betten in Räume gestellt, in denen es zuvor nur zehn gegeben hat. In den viel zu engen Höfen hat man Schuppen gebaut; so ist alles höchst gefährlich vollgestopft."

In Berlin versuchte man dem Problem der starken Zuwanderung durch den Bau von Mietskasernen Herr zu werden. Nach dem Vorbild preußischer Militärkasernen entstanden bereits in den 20er Jahren des 19. Jahrhunderts in Berlin fünf solcher Mietshäuser. Sie waren ohne großen Aufwand in kürzester Zeit erbaut worden. Das sogenannte Lange Haus war 63 Meter lang, hatte fünf Stockwerke und 150 Wohnungen zu je 24 Quadratmetern. Die Wohnungen, die an dem kahlen und dunklen Längsflur lagen, bestanden nur aus einem Raum. Die Miete betrug bei einem durchschnittlichen Jahresverdienst von etwa 80 Talern immerhin 35 Taler. Billiger lebte man nur noch in den feuchten und ungesunden Kellerwohnungen, in denen 1861 insgesamt zehn Prozent der Berliner Bevölkerung hausten.

Kinder im Schornstein

Die Straßen in den Städten waren mit Tierkot und den täglichen Abfällen aus den Haushalten übersät und stanken zum Himmel. Wer keine Arbeit mehr fand, wurde Straßenfeger und reinigte die Gassen und Wege. Die zerlumpten Gestalten in der Gosse waren ein gewohnter Anblick im städtischen Alltag.

Zum Straßenbild gehörte auch der Schornsteinfeger, der mit seinen jugendlichen Helfern von Haus zu Haus ging. Kletterjungen begannen im Alter von fünf Jahren mit der Arbeit und blieben so lange dabei, bis sie zu groß waren und nicht mehr durch einen Schornstein steigen konnten. Die Kleinen stammten aus den ärmsten Gegenden und wurden von den Schornsteinfegern angelernt, in die engen Schlote zu klettern und sie zu säubern. Von dieser Arbeit kehrten sie oft mit blutüberströmten Armen und Knien zurück. Der Meister rieb die offenen Wunden nur mit Salzwasser ein und schickte sie dann auf den nächsten Schornstein. Einer ungewöhnlichen Tätigkeit gingen die Kotsucher nach. Sie verkauften den gesammelten Hundekot, der alkalihaltig war und eine reinigende Wirkung besaß, für einen Hungerlohn eimerweise an Gerbereien.

Neben denjenigen, die das Glück hatten, ein Dach über dem Kopf zu besitzen und Arbeit zu haben, gab es Tausende von Landstreichern und Obdachlosen, die unter Eisenbahnbrücken oder in Parks nächtigten und deren Zahl mit der wirtschaftlichen Lage schwankte. In manchen Städten erhielten sie im Winter, wenn die Temperatur unter den Gefrierpunkt sank, einen Laib trockenes Brot und Unterkunft in einem Nachtasyl. Am 30. Januar 1895 beispielsweise hielten sich allein in einer der zahlreichen sogenannten Wärmehallen in Berlin 4000 Ob-

Straßenleben *Um sein Leben nicht im Elend des Arbeitshauses fristen zu müssen, verkauft das kleine Mädchen auf den Straßen der Londoner Innenstadt Blumen.*

Waschtag *In den meisten Arbeiterfamilien wurde die Wäsche in einem kleinen Zuber in der Wohnung gewaschen und noch tropfnaß zum Trocknen im Zimmer aufgehängt. Feuchte Wände, Schimmelpilze und eine ungesunde Luft waren die Folge.*

dachlose auf. Trotzdem verhungerten und erfroren viele von ihnen, und kein Mensch nahm davon Notiz.

Angesichts der schlechten sanitären Verhältnisse waren die Slums ideale Brutstätten für Krankheiten wie Typhus, Tuberkulose und Cholera. In Hamburg kam es im Jahr 1892 zu einer furchtbaren Choleraepidemie, die sich fast über das ganze Stadtgebiet verbreitete. Innerhalb von nur zwei Monaten starben über 8000 Menschen. Das benachbarte Altona, das über eine bessere Wasserversorgung als Hamburg verfügte, blieb von der Seuche verschont.

Doch es bedurfte keiner Seuchen, um nicht alt zu werden. In Deutschland war damals bei 40 Prozent der arbeitenden Bevölkerung Tuberkulose die Todesursache. Und in Großbritannien starben um die Mitte des 19. Jahrhunderts mehr als die Hälfte aller Kinder, bevor sie das fünfte Lebensjahr erreicht hatten.

Angesichts dieser bedrückenden Lebensumstände und dieser Hoffnungslosigkeit suchten viele Menschen Trost und Vergessen im Alkohol. Auf der anderen Seite gab es aber auch zahlreiche private Organisationen, die sich für die sozial Schwachen einsetzten. Eines dieser Hilfswerke war die Heilsarmee, die William Booth 1878 in London gründete. Sie kümmerte sich um Verwahrloste und kämpfte gegen den Alkoholmißbrauch. Doch um die Grundprobleme zu lösen, bedurfte es staatlicher Hilfe. Ein Schritt nach vorn erfolgte, als die Stadtverwaltungen Gesundheitsbehörden einrichteten und gleichzeitig die Wasserversorgung und Abwasserbeseitigung erheblich verbesserten.

Häuserschluchten *Enge, düstere Gassen bestimmten das Bild der ärmlichen Wohngegenden in den europäischen Großstädten.*

Dämon Alkohol *Im Alkohol sahen viele Menschen aus den unteren Schichten den letzten Ausweg aus dem Elend. Diese Bilderfolge aus dem 19. Jahrhundert zeigt den Weg in die Trunksucht und warnt vor ihren verheerenden Folgen: Der Vater genehmigt sich einen Schluck und drängt die Mutter ebenfalls dazu (oben). Dann hat die Trunksucht ihn gepackt (Mitte). Im Vollrausch verprügelt er schließlich seine Frau (unten).*

EIN BETT FÜR ALLE

Berlin gehörte zu den Großstädten Europas, die durch die Zuwanderung der Landbevölkerung aus den Nähten zu platzen drohten. 1880 drängten sich über 1,3 Millionen Menschen auf der Suche nach Arbeit, Brot und Unterkunft in der Stadt. 60000 von ihnen waren sogenannte Schlafgänger. Dabei handelte es sich um Personen, die als Untermieter kein eigenes Zimmer, sondern nur einen Schlafplatz gemietet hatten.

Das System der Schlafgänger funktionierte im Prinzip so, daß sich mehrere Personen eine Schlafstelle teilten und die Betten umschichtig benutzt wurden. Ging der Bäckergeselle nachts zur Arbeit, so legte sich der Fabrikarbeiter in das oftmals noch warme Bett, das er am Vormittag dann wiederum für seinen erschöpften Nachfolger räumen mußte. Die Wohnungen waren ständig überfüllt, und es herrschte eine drangvolle Enge. Das Elend war so groß, daß eine Familie teilweise bis zu 34 Schlafgänger aufnahm, um ihr schmales Einkommen etwas aufzubessern. Bei den Schlafgängern handelte es sich meist um junge, unverheiratete Fabrikarbeiter und Handwerksgesellen. Ein Drittel von ihnen waren Mädchen und Frauen.

EINBRECHER, TASCHENDIEBE UND RÄUBER

Als die Verbrecher Owen Haggerty und John Holloway im Jahr 1807 vor dem Newgategefängnis in London wegen Mordes gehängt wurden, drängten sich mehr als 40000 Zuschauer um den Galgen. Nach der Hinrichtung kam es unter den Menschen zu einer Panik. Als die Menge sich schließlich zerstreut hatte, gab es 28 Todesopfer zu beklagen, und es waren ungefähr 70 Personen ernsthaft verletzt worden.

Eine öffentliche Hinrichtung durch Erhängen war eines der großen und beliebten Schauspiele des frühen 19. Jahrhunderts. Die Wohlhabenden bezahlten viel Geld für einen der Fensterplätze in Häusern, die am Richtplatz lagen. Einige der Schaulustigen fanden auch billigere Aussichtsplätze auf den Dächern. Unter der Zuschauermenge trieben Taschendiebe ihr Unwesen. Charles Dickens beobachtete 1849 eine Hinrichtung und schrieb darüber einem Freund: „Das Benehmen der Leute war so unbeschreiblich widerlich, daß ich noch nach einiger Zeit fast das Gefühl hatte, in einer Stadt von Teufeln zu leben."

In den Gefängnissen herrschten damals grauenvolle Zustände. Alle Gefangenen, egal, was man ihnen vorwarf, waren dort zusammengepfercht: Menschen, die auf ihre Gerichtsverhandlung warteten, überführte Schwerverbrecher, einfache Bürger, die ihre Schulden nicht bezahlen konnten, Schwachsinnige und Frauen, die manchmal sogar ihre Kinder bei sich hatten. Schuldner waren in einer besonders schlimmen Situation. Menschen, die aus der Not heraus Schulden machten, und kleine Unternehmer, die sich verkalkuliert hatten, waren auf ein ausgeklügeltes Kreditsystem angewiesen. Wenn ein Glied in der Kette zerbrach, drohten unweigerlich der Ruin und der Weg ins Elend.

Leben mit Ratten

Die Gefangenen wurden in schmutzigen, feuchten Zellen gehalten, ihr Lager bestand aus verrottetem Stroh, und Ratten und Läuse verursachten zusätzliche Qualen. Die Wärter betrieben die Gefängnisse wie eigene Geschäftsunternehmen, stellten den Insassen Essen und Trinken sowie Privilegien wie sauberes Stroh und das Abnehmen der Fußschellen gegen Geldzahlung in Rechnung. Wer nicht über genügend finanzielle Mittel verfügte, litt Hunger und Durst.

Ab 1820 ging man in den europäischen Staaten daran, einige der gravierendsten Mißstände zu beseitigen. Man verbesserte die hygienischen Verhältnisse und schaffte die Fußschellen ab. Außerdem sollte jeder Sträfling ein eigenes Bett, wenn nicht sogar eine Einzelzelle erhalten. Doch die Reform brachte auch neue Pein.

In Europa wurden vor allem zwei Haftsysteme angewendet. Die Einzelhaft bedeutete, daß ein Sträfling während der gesamten Strafzeit keinerlei Kontakt zu seinen Mitgefangenen hatte. Bei der weniger strengen Schweigehaft wurden die Gefangenen nur nachts in ihre Einzelzelle eingeschlossen; tagsüber durften sie zwar mit anderen Häftlingen zusammenkommen und arbeiten, es war ihnen jedoch strikt verboten, sich mit ihnen zu unterhalten. Eintönigkeit und Einsamkeit, besonders in der Einzelhaft, führten zu einer großen Zahl von Fällen geistiger Umnachtung und einer hohen Selbstmordrate.

Im Gefängnis von Pentonville in London wurde die Isolationshaft praktiziert. Jede der 520 Zellen war vier Meter lang und zwei Meter breit mit einem kleinen Fenster in der Außenwand. Jede Zelle enthielt einen Gasofen, Tisch und Hocker sowie eine Hängematte mit Matratze und Decken. Die Sträflinge arbeiteten von 6 Uhr früh bis 7 Uhr abends, mit Pausen für die Mahlzeiten und ein wenig Bewegung im Gefängnishof. Bei dieser Gelegenheit waren sie maskiert, damit sie einander nicht erkennen konnten.

Treppen zur Hölle

Oft mußten die Gefangenen stumpfsinnige und völlig sinnlose Tätigkeiten verrichten, beispielsweise die berüchtigten Tretmühlen bedienen, gewaltige, sich drehende Räder mit Querleisten, auf denen sie stundenlang nach oben steigen mußten, nur um die Trommel in Bewegung zu halten. Im Lauf eines

Recht und Gesetz *Ein Anwalt plädiert hochmütig und erfolglos, wie es Honoré Daumier dargestellt hat.*

Gelernt ist gelernt *Vor einem Londoner Bücherstand lernt Oliver Twist, eine Romanfigur von Charles Dickens, von jungen Taschendieben die nötigen Tricks.*

Polizeiwaffe *Der einfache, hölzerne Schlagstock eines Londoner Bobbys*

POLIZEIARBEIT

Um der wachsenden Kriminalität Herr zu werden, führte die französische Polizei neue Methoden einer systematischen Verbrechensaufklärung ein. 1817 richtete man ein Detektivbüro ein, das unter der Leitung von Eugène Vidocq, einem ehemaligen Dieb, stand. Seine Untergebenen rekrutierten sich ebenfalls weitgehend aus früheren Kriminellen. Dieser ungewöhnliche Mitarbeiterstab bewährte sich im Lauf der Jahre, da die Detektive selbst aus dem Milieu kamen und alle Schliche und Tricks kannten.

Sichere Spur *Mit Fingerabdrücken ließen sich Verdächtige eindeutig identifizieren.*

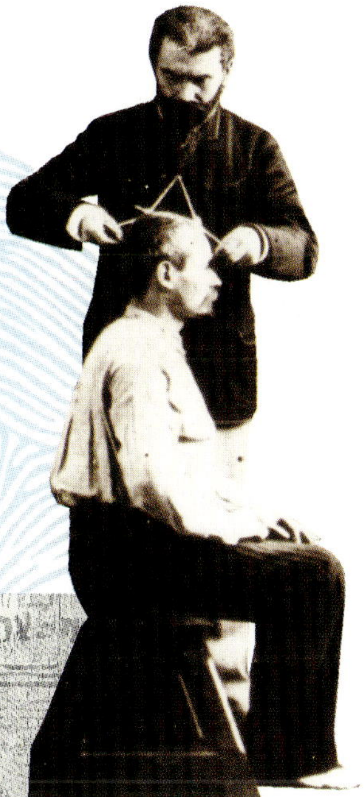

Körpermaße *In Frankreich ermittelte und registrierte man bei Straffälligen erstmals die genauen Körpermaße, um die Täter besser identifizieren zu können.*

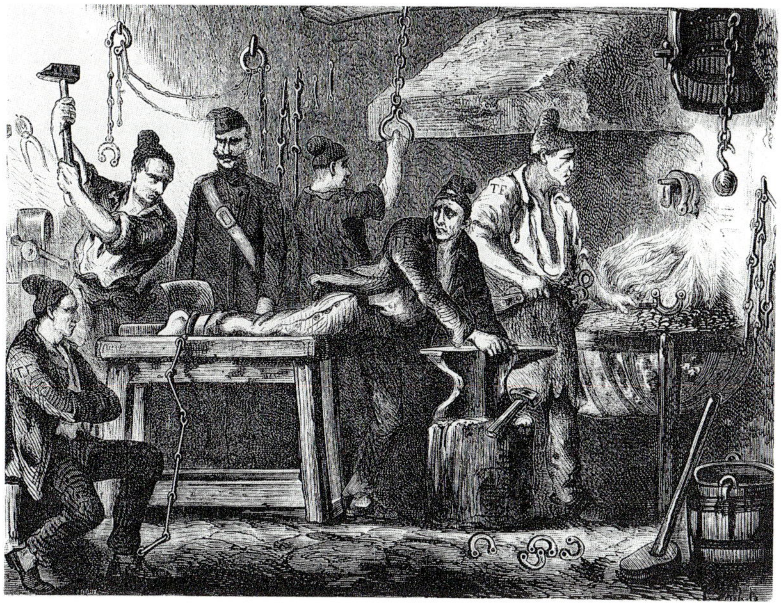

In Ketten *Zu langen Haftstrafen verurteilte Verbrecher wurden sehr häufig in Eisen gelegt. Die Ketten schmiedete man den Verurteilten direkt an die Füße oder Hände, so daß an Flucht kaum zu denken war.*

Krimineller Typ *Im 19. Jahrhundert gab es zahlreiche Theorien, die davon ausgingen, daß Kriminelle typische Gesichtszüge aufwiesen (oben).*

Tages stieg ein Gefangener mehrere tausend Stufen. Nützlichere Arbeiten wie Steineklopfen, Mattenflechten und Wergzupfen waren dagegen selten.

Allgemein üblich war es jedoch, die Häftlinge in Gefängnissen auszupeitschen. Es gab auch schalldichte und stockdunkle Arrestzellen, in die die Gefangenen gesteckt wurden, wenn sie sich bestimmter Vergehen schuldig gemacht hatten. Dazu zählten Aufsässigkeit, Aufbegehren gegenuber den Gefängniswärtern oder unerlaubtes Sprechen im Gefängnishof.

Mit dem raschen Anwachsen der städtischen Bevölkerung stieg auch die Zahl der kriminellen Delikte sprunghaft an. Einbrecher, Taschendiebe und andere Gauner hatten Hochkonjunktur. Die heruntergekommenen Stadtviertel boten Verbrechern vorzügliche Verstecke. Um diesem kriminellen Treiben Einhalt zu gebieten, sahen sich die Stadtverwaltungen gezwungen, eine gutorganisierte Polizeitruppe zu schaffen, die für Recht und Ordnung sorgte und den besorgten Bürger vor Übergriffen schützte.

Ab 1829 führten die Städte in Großbritannien Polizei nach dem Muster der Londoner Ordnungshüter ein. Die ersten dieser Polizisten waren bei der Bevölkerung nicht sehr beliebt, einerseits weil sie aus Gemeindesteuern bezahlt wurden, andererseits weil man befürchtete, sie könnten sich allzu militärisch aufführen. Um diese Besorgnis zu zerstreuen, bewaffnete man die mit Zylinderhüten ausgestatteten sogenannten Bobbys nur mit Schlagstöcken und einer Rassel, mit der sie im Notfall Hilfe herbeiholen konnten. Später wurde die Rassel durch eine Trillerpfeife ersetzt.

Im Deutschen Reich wurde der Schutzmann mit seiner Pickelhaube, Kaiser-Wilhelm-Bart und Säbel zum vertrauten Anblick in den Straßen. Er begriff sich weniger als Freund und Helfer der Bürger, sondern vielmehr als das strenge Auge des Gesetzes, dem man Respekt entgegenzubringen hatte.

Pech gehabt *Ein zerlumpter Junge, der beim Klauen erwischt wurde, wird von einem Polizisten in Zivilkleidung abgeführt.*

NACHRICHTEN ÜBER DRAHT UND KABEL

Im Juli 1837 wohnten Direktoren der Londoner und Birminghamer Eisenbahngesellschaft der Vorführung eines neuen elektrischen Telegrafensystems bei. Man erklärte ihnen, das Gerät mit seinen vier Nadeln könne fünf Wörter in einer Minute übertragen.

Die Entfernung, welche die telegrafierten Wörter zurücklegten, betrug bescheidene 1,5 Kilometer, obgleich die beiden Konstrukteure, Charles Wheatstone und William Fothergill Cooke, 30 Kilometer Leitungen verlegen mußten, damit die Wörter an ihrem Bestimmungsort ankamen. Der Eisenbahningenieur Robert Stephenson schickte das erste, entsprechend knappe Telegramm: „Bravo!"

Die Idee eines elektrischen Telegrafiesystems beschäftigte in jenen Jahren auch eine Reihe anderer Wissenschaftler wie Carl Friedrich Gauß in Deutschland und Samuel Morse in den USA. Die Methoden revolutionierten die Nachrichtentechnik.

Die Eisenbahngesellschaften waren die ersten, die die Bedeutung dieses neuen Kommunikationsmittels erfaßten und es praktisch nutzten. So entwickelten sie ein Signalsystem, mit dessen Hilfe man einen sicheren Abstand zwischen den Zügen einhalten konnte. Außerdem konnte man die Ankunft eines Zuges genau im voraus an die nächste Station melden.

In den ersten Jahren der Telegrafie verliefen die Drahtleitungen oberirdisch an Masten. Im Jahr 1847 entwickelte der englische Chemiker und Physiker Michael Faraday ein Verfahren, Leitungen zu isolieren, um sie unterirdisch oder auf dem Meeresboden zu verlegen. Das erste Kabel zwischen London und Paris wurde 1851 in Betrieb genommen. Nach mehreren vergeblichen Versuchen in den folgenden Jahren gelang es schließlich im Juli 1866, die erste transatlantische Kabelverbindung herzustellen. Ende der 60er Jahre zogen sich 180 000 Kilometer Telegrafendrähte kreuz und quer durch Europa.

Mit Hilfe des Telegrafen konnten Nachrichten mit einer bisher nicht gekannten Geschwindigkeit verbreitet werden. Der Herausgeber der *Times* verglich die Verlegung des transatlantischen Kabels mit der Entdeckung der Neuen Welt durch Christoph Kolumbus. Der Telegrafendienst veränderte den Beruf des Journalisten entscheidend. Ende der 50er Jahre erhielten 120 Provinzzeitungen in Großbritannien über Telegrafenleitungen täglich die neuesten Nachrichten aus dem Parlament. Die Nachrichtenagentur, die Paul Julius Reuter 1849 in Aachen gegründet und 1851 nach London verlegt hatte, versorgte die internationale Presse in aller Welt mit aktuellen Berichten. Es bildete sich ein weitverzweigtes Netz von Korrespondenten im In- und Ausland, die sich der neuen Technik der Nachrichtenübermittlung bedienten und unmittelbar vom Ort des Geschehens berichteten.

Die schwarze Einpennybriefmarke

Hallo Vermittlung!

Als Ergänzung zur Telegrafie entwickelten verschiedene Ingenieure in den 60er Jahren des 19. Jahrhunderts ein elektrisches Telefon zur Übermittlung von Tönen und Worten. Durchschlagenden Erfolg errang aber erst das von Alexander Graham Bell in Boston konstruierte elektromagnetische Telefon, das im Jahr 1876 eine Entfernung von 8,5 Kilometern akustisch überbrückte.

Bereits ein Jahr später unternahm die Deutsche Reichspost mit dem

Ab geht die Post *Eilige Briefeschreiber hasten zum Postamt, um noch rechtzeitig die 6-Uhr-Post am Abend zu erwischen. Ein Polizist mit Zylinder (links außen) verfolgt das Geschehen aufmerksam. Einige Zeitungsjungen bemühen sich, die Morgenausgaben der Tageszeitungen rechtzeitig zum Postzug zu bringen.*

Bellschen Apparat erste Versuche. Dieses von den Ingenieuren und Erfindern Thomas Alva Edison und David Edward Hughes weiterentwickelte Telefon verbreitete sich schnell. Erste Ortsnetze entstanden 1881 in Berlin und im elsässischen Mülhausen; 1887 erfolgte der Bau einer Leitung zwischen Hamburg und Berlin. In den ersten Jahren mußte man ziemlich laut in den Apparat schreien, um sich verständlich zu machen. Die Fernsprechteilnehmer wurden durch die „Fräulein vom Amt" miteinander verbunden, die in Telefonzentralen an Klappenschränken saßen. Bald hatten viele Länder Fernsprechnetze, und das Telefonieren hielt Einzug auch in die privaten Haushalte.

Klatsch aus aller Welt

Allein in Großbritannien gab es um die Mitte des 19. Jahrhunderts zwölf überregionale Tageszeitungen, neben acht Wochenzeitschriften und ein paar hundert lokalen Zeitungen. Für die sensationslüsternen Berichte sorgte die Sonntagszeitung *Das Todesurteil*. Das 1840 erstmals veröffentlichte Blatt übertraf mit seinen Reportagen über schreckliche Schlachten, blutrünstige Morde, grauenhafte Seuchen, Hungersnöte und entsetzliche Unglücksfälle alles bis dahin Dagewesene. Menschen, die sich nicht für die aktuellen Ereignisse interessierten, lasen Familienzeitschriften, die eine Mischung von Tatsachenberichten und Abenteuerromanen boten und Artikel über Kindererziehung sowie erbauliche Dichtung brachten. Die *Gartenlaube* war bei den deutschen Lesern so beliebt, daß ihre Auflage 1875 knapp 400000 Exemplare erreichte.

Zu den einfachsten Wegen der Nachrichtenübermittlung gehörte die Briefpost, die 1840 in Großbritannien durch die Einführung eines einheitlichen und billigen Portosystems eine neue Entwicklung nahm. Im ganzen Land bestand für alle Entfernungen für Briefe nur ein einziger Portosatz zu einem Penny, der im voraus mit dem Kauf einer aufklebbaren Marke entrichtet werden mußte. Nun war der Tag nicht mehr fern, an dem jedes Haus einen Kasten bekam, in den der Bote die Briefe werfen konnte. Andere Nationen übernahmen dieses Beförderungssystem. Die Menge der Briefsendungen nahm so zu, daß beispielsweise in London am Ende des Jahrhunderts die Post bis zu zwölfmal täglich zugestellt wurde.

Das alltägliche Leben *Die Erfindung der Fotografie um 1840 bedeutete, daß man naturgetreue Abbilder von der Wirklichkeit auf chemischem Weg auf Glasplatten oder Papier bannen konnte. Die ersten Kameras waren unförmige Geräte (rechts), die Geschicklichkeit in der Handhabung erforderten. Der Fotograf (oben) brauchte damals einen Handwagen für seine Ausrüstung. 1888 kam die erste Rollfilmkamera für jedermann auf den Markt.*

REKLAME AUF DEM VORMARSCH

Hand in Hand mit der schnellen Verbreitung von Nachrichten und der wirklichkeitsnahen Berichterstattung entwickelte sich ein neuer Wirtschaftszweig, die Reklame. Anzeigen von Firmen, Institutionen oder Privatpersonen bedeuteten für die Presseunternehmen eine wichtige Einnahmequelle. Auch mit Hilfe von Plakaten wurde für die verschiedensten Produkte oder Veranstaltungen geworben. In den 80er Jahren des 19. Jahrhunderts ermöglichte das neue Verfahren der Farblithographie den billigen Druck farbiger Plakate, wie beispielsweise solche für das Pariser Nachtlokal *Moulin Rouge* (links).

Männer und Jungen trugen große Plakate an Stangen, mit denen sie für den Verkauf bestimmter Produkte warben, die Eröffnungen von Ausstellungen ankündigten oder Wahlergebnisse bekanntgaben (ganz links). Politische Berichte und Kommentare füllten die Titelseiten vieler Zeitungen.

SONNTAGS-AUSFLUG INS GRÜNE

„Sonntags ist das ein gar zahlreich Gewimmel. Da zieht sich nachmittags oft die Wege her ein fast ununterbrochen Gewinde von Menschen, die gar gern einmal den bedrückenden Mauern in Häusern und Straßen, der Welt von Stein und Staub und rasselndem Lärm entronnen sind. Der Wege sind genug gebahnt und der Stege genug gebaut, ob ihr zu Fuße pilgert oder bequem hindurch kutschieren mögt. Wer jetzt nur kann, spaziert je öfter, je lieber hinaus in den Wald, um mit Leib und Seele zu genießen der fröhlichen, sonnigen, herrlichen Zeit!"

Mit diesen poetisch-heiteren Worten schildert um die Jahrhundertwende ein Bericht einen Spaziergang in den Auwäldern rund um Leipzig. Sonntagsspaziergänge gehörten für viele im Wilhelminischen Deutschland zum regelmäßigen, wenn nicht einzigen Vergnügen. Oft wurden sie zu regelrechten Ausflügen ins Grüne ausgedehnt. Sie dauerten meist den ganzen Tag. Wer es sich leisten konnte, fuhr mit dem Kremser, einem offenen viersitzigen Wagen mit Verdeck, hinaus in die noch unberührte Natur.

Kaffee für zehn Pfennig

Die Herren waren zünftig gekleidet mit Wickelgamaschen, Rucksack und Stock, die Damen trugen Sonnenhüte oder schützten sich mit kleinen Sonnenschirmen vor der Hitze, und die Kinder tobten ausgelassen auf den Wiesen und Weiden herum. In der näheren und weiteren Umgebung der Städte gab es zahlreiche Ausflugslokale. Sie lagen meist an einem See oder Fluß, wo man auch baden konnte. Nicht wenige dieser Gartenwirtschaften lockten die Ausflügler mit dem Schild „Hier können Familien Kaffee kochen." Im Schatten großer Kastanien konnten kleine Leute, die nicht viel Geld besaßen, an den Tischen sitzen, ihre mitgebrachten belegten Brote oder den selbstgebackenen Kuchen essen und sich für zehn Pfennig ihren Kaffee selbst brühen, Geschirr und heißes Wasser inbegriffen.

Wer mitten in der Großstadt lebte, besuchte an den heißen Sommertagen oft den zoologischen Garten, wo man durch die grünen Anlagen promenierte, Bekannten begegnete und die wilden und exotischen Tiere bestaunte. Anschließend traf man sich in der Gartenwirtschaft auf ein Bier oder eine Limonade.

Eine Attraktion besonderer Art war zu jener Zeit der Rummelplatz. Er bot den Menschen die Möglichkeit, der Enge, Hektik und dem grauen Alltag der Großstadt zu entfliehen. Jung und alt strömten zu Tausenden auf die Jahrmärkte und ließen sich von der bunten Glitzerwelt gefangennehmen. Man bestaunte die berühmte Dame ohne Unterleib, gruselte sich vor monströsen Menschen, ließ sich die Zukunft vorhersagen, fuhr Karussell und Geisterbahn und amüsierte sich bei den Schaukämpfen der Ringer.

Schrebergartenidylle

Viele Großstädter verbrachten ihre wenigen Mußestunden auch in ihrem kleinen Schrebergarten, den sie sich im Lauf der Jahre mit viel Liebe und unter großen Mühen und Aufwand angelegt hatten. Dieses Stückchen Grün wurde für viele Familien zu einem zweiten Zuhause. Hier baute man auf ein paar Quadratmetern seine Kartoffeln und sein Gemüse an, hegte und pflegte seine Obstbäume und die gepflanzten Zierblumen. Die Laubenkolonie lud zu heiterer und unbeschwerter Geselligkeit unter Gleichgesinnten ein. Hier feierte man sonntags bei Bier und im Schein der bunten Lampions beschauliche Sommerfeste.

Ein beliebter Treffpunkt nach Feierabend war das Wirtshaus, wo sich Angestellte und Arbeiter auf ein Glas Bier trafen, ihre Alltagssorgen vergessen und in einer angenehmen Umgebung eine Kleinigkeit essen konnten. In Frankreich ging man ins Bistro und in Großbritannien ins Pub. Die Pubs waren oft geschmackvoll ausgestattet und strahlten Wärme und Behaglichkeit aus: Mahagonieinrichtungen und poliertes Messing machten einen Teil der Anziehungskraft aus, ebenso die Reize der Kellnerinnen. In Deutschland hatte fast jedes Lokal überdies noch seinen Stammtisch. Dieser Platz war für die Honoratioren des Ortes – Bürgermeister, Arzt, Apotheker, Lehrer – reserviert. Hier diskutierte man bei einem Schoppen leidenschaftlich über Politik und Sport, spielte Karten und tauschte interessante Neuigkeiten aus.

Bockspringen und Balltreten

Für diejenigen, die ihre knapp bemessene Freizeit aktiv gestalten wollten, bot der Sport eine Vielzahl an Möglichkeiten. Nach der alten Devise *mens sana in corpore sano* – ein gesunder Geist in einem gesunden Körper – widmeten sich viele Deutsche der Leibesertüchtigung. Vor allem das Turnen erfreute sich einer

Häusliche Harmonie *Mädchen und Jungen aus gutem Haus mußten Klavier oder ein anderes Instrument spielen können. An Hausmusikabenden lauschten dann die Familie und geladene Gäste andachtsvoll dem Vorspiel der jungen Leute (oben).*

Am Tresen *Das helle Licht, die Wärme und üppige Ausstattung machten das Pub zu einer willkommenen Zuflucht für die unteren Gesellschaftsschichten. Zu den Kunden, die sich im Jahr 1882 um die Theke eines Londoner Pubs drängen (rechts), gehören eine junge Mutter mit ihrem Baby und ein Kind, das man zum Kauf einer Flasche Schnaps geschickt hat. Vor dem Tresen drängen sich einige kleine Angestellte, die bei einem Gläschen Gin und einem Glas Porterbier ihre Sorgen vergessen wollen.*

Kunstgalerie *Das Gemälde des französischen Künstlers Honoré Daumier zeigt einen kunstbeflissenen Bürger beim Stöbern in einer Kunsthandlung.*

großen Beliebtheit. Ende des 19. Jahrhunderts gab es im Deutschen Reich etwa 7000 Turnvereine mit ungefähr einer halben Million Mitgliedern.

Die bürgerliche Prüderie des Wilhelminischen Zeitalters machte die körperliche Ertüchtigung jedoch nicht gerade einfach. Jungen und Männer mußten beim Geräteturnen halblange Kniehosen oder unbequeme Matrosenanzüge tragen. Mädchen und Frauen war das Turnen anfänglich wegen allzu leichter Kleidungsstücke sogar ganz untersagt. Man fürchtete, daß die ungezwungene Begegnung der beiden Geschlechter auf dem Sportplatz die Grenzen von Sitte und Anstand verletzen könnte. Sportarten wie Roll- und Schlittschuhlaufen durften die Damen nur in knöchellangen Kleidern ausüben.

Nicht weniger beliebt war das in den 60er Jahren aus Großbritannien übernommene Fußballspiel. „Man spielt es auf einem freien, ebenen Platz, und die Spieler bilden zwei Parteien zu je elf Personen", heißt es etwas naiv in einer Abhandlung aus dem Jahr 1900. „Das Spiel ähnelt in vielen Beziehungen dem Tennis, nur mit dem Unterschied, daß der Ball nicht mit den Händen, sondern bloß mit den Füßen gestoßen werden darf." Der erste deutsche Fußballverein wurde 1878 in Hannover gegründet.

Zauber des Varietés

Aber es gab auch eine Reihe von Vergnügungen, die nicht im Freien stattfanden. Wer sich die Ausgabe leisten konnte, besuchte eine Theater- oder Opernvorstellung. Andere Vergnügen boten Kabaretts, Laterna-magica-Vorführungen, in denen auf Glas gemalte Bilder auf einen Schirm projiziert wurden, und Varietédarbietungen, in denen neben Akrobatik, Ballett, Zauberei und Tierdressuren auch Musik- und Tanznummern gezeigt wurden. Berühmt für seine Varietés war die französische Seinemetropole Paris. Das 1867 eröffnete *Folies-Bergère* wurde der Vorläufer der beliebten Revuetheater. Hier begeisterten schöne Mädchen in gewagten Kostümen mit ihren Tanz- und Gesangsnummern die ausschließlich männlichen Besucher. Das Publikum durfte während der Vorstellungen rauchen sowie trinken und sang die Refrains der Lieder lauthals mit.

In Berlin zogen die berühmten Revuepaläste *Wintergarten* und *Scala* die vergnügungssüchtigen Städter mit ähnlichen Programmen in ihren Bann. Volkstümlicher und derber waren die Singspielhallen. Dort traten Berufskomiker auf und rissen mit ihren oft schlüpfrigen Witzen das Publikum zu lautem Gelächter hin.

PICKNICK MIT KIND UND KEGEL

Versprach der Sonntag sonnig und warm zu werden, so beschloß die Familie, einen Ausflug ins Grüne zu unternehmen und ein Picknick zu machen. Die Mutter packte eine Tasche voll appetitlicher Eßwaren – Buletten, hartgekochte Eier, Kartoffelsalat, Brot, Kuchen, Limonade – zusammen. Und dann zog man mit Kind und Kegel los und suchte sich ein schattiges Plätzchen, wo man die mitgebrachten Leckereien in Ruhe und mit Genuß verzehren konnte. Wohlhabende Bürger benutzten einen eigens dafür vorgesehenen, mit Leder ausgeschlagenen Picknickkorb aus geflochtener Weide mit Porzellangeschirr, Silberbesteck und Vorratsdosen. Wer es sich leisten konnte, erkundete die Heimat mit einem Fahrrad. Ausgerüstet mit Kettenantrieb und luftgefüllten Reifen, war es weitaus brauchbarer als die unbequemen Vorgängermodelle mit Hartgummibereifung.

Picknickkorb für zwei

Plakat mit einer Werbung fürs Fahrradfahren

Opernabend *Bürger, die etwas auf sich hielten, gingen regelmäßig ins Theater oder in die Oper.*

DIE MEDIZIN – AUF DEM WEG DER BESSERUNG

Wer sich in der ersten Hälfte des 19. Jahrhunderts einem chirurgischen Eingriff unterziehen mußte, brauchte viel Mut. Der mit verbundenen Augen auf einer Bahre festgebundene Patient war bei vollem Bewußtsein und konnte nur hoffen, daß der Chirurg es kurz machte. „Ein halbes Dutzend mal hin und her, und das Bein liegt im Sägemehl", berichtete ein Beobachter von einer Beinamputation im Jahr 1846. Das Entfernen von Gliedmaßen dauerte damals ungefähr 28 Sekunden. Ein paar Chirurgen rühmten sich, Amputationen sogar schon in 19 Sekunden geschafft zu haben.

Trotz aller Schnelligkeit erwiesen sich die mit einer solchen Operation ohne Narkose verbundenen Schocks und Schmerzen oft als tödlich. Lebensgefahr bestand aber auch durch Blutvergiftung und Wundbrand. Bis in die 40er Jahre des 19. Jahrhunderts hielten Mediziner eine Überlebensrate von 60 Prozent bei schweren chirurgischen Fällen für zufriedenstellend. Nur wenige Chirurgen hatten eine Ahnung von Hygiene. Die einzige Vorsichtsmaßnahme vor einer Operation bestand darin, daß sie einen blutbespritzten Kittel überzogen und die Instrumente kurz mit einem Lappen abwischten.

Mangelhafte Versorgung

Viele der großen Hospitäler in den europäischen Großstädten wie das Hôtel-Dieu in Paris, das Santo Spirito in Rom, das St. Bartholomew's in London oder die Charité in Berlin waren Gründungen der vergangenen Jahrhunderte und nicht mehr auf dem neuesten Stand. Alle Reformversuche zu Beginn des 19. Jahrhunderts hatten wenig gefruchtet. Auf den überfüllten Krankenstationen drängten sich die Patienten ungewaschen und zum Teil noch in der Kleidung, in der man sie eingeliefert hatte. Die Verpflegung war unzureichend und kaum geeignet, Kranke zu Kräften kommen zu lassen und gesund zu machen. Alkohol konnte man sich überdies ohne große Schwierigkeiten besorgen.

Und doch war die Beachtung von hygienischen Grundsätzen bei der medizinischen Behandlung oder die Verwendung von Betäubungsmitteln nichts Neues. Ärzte im alten Indien und in Ägypten hatten bereits darauf hingewiesen, wie wichtig es ist, daß man die Hände vor dem Berühren des Patienten gründlich reinigte. Und Opium und Laudanum verwendete man beispielsweise seit Jahrhunderten in einigen Teilen der Welt erfolgreich als Narkosemittel. Um 1830 führte James Esdaile, ein Chirurg im Dienst der Ostindischen Kompanie, schmerzfreie Operationen bei Patienten durch, die unter Hypnose standen.

Etwa um die Mitte des 19. Jahrhunderts begannen die Chirurgen zunächst Äther und dann Chloroform zur Linderung der Schmerzen einzusetzen und die Patienten vor der Operation zu betäuben.

Ein erster entscheidender Schritt im Kampf gegen die Verbreitung von Infektionskrankheiten in Hospitälern gelang 1846 dem ungarischen Arzt und Gynäkologen Ignaz Philipp Semmelweis in Wien: Er beobachtete, daß das Kindbettfieber, dem viele junge Mütter zum Opfer fielen, von Ärzten verbreitet wurde, die, ohne ihre Hände gewaschen zu haben, von einem Bett zum anderen gingen und die Patientinnen unter-

Nachtasyl *Das Obdachlosenasyl auf diesem Bild von 1871, vor dem auch Frauen und Kinder Schlange stehen, bietet Unterkunft für eine Nacht. Doch selbst hier finden nicht alle Bedürftigen einen Platz und müssen dann im Freien nächtigen.*

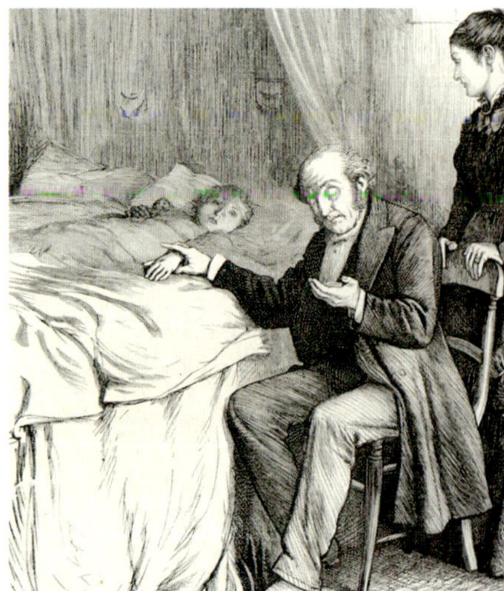

Hausbesuch *Der Arzt mißt den Puls des Patienten. Dieser fühlt sich durch die Zuwendung gestärkt, auch wenn das Wissen über Krankheiten damals noch sehr begrenzt war.*

Tödlicher Besuch „König Cholera", wie ihn eine zeitgenössische Karikatur darstellt, klopfte oft an die Tür und brachte Tausenden von Menschen, vor allem in den Städten, den Tod.

suchten. Er wies nach, daß die Infektion durch Übertragung bestimmter Mikroorganismen hervorgerufen wurde und daß unzureichende Hygiene die Ursache dafür war. Semmelweis entwickelte die ersten erfolgreichen Desinfektionsmethoden, doch das Unverständnis vieler seiner Ärztekollegen verzögerte die allgemeine Anerkennung seiner Erkenntnisse.

Erst in den 60er Jahren setzte die systematische Erforschung der Ursachen von Infektionskrankheiten ein. So entdeckte der Pariser Apotheker Philippe Joseph Henri Lemaire die bakterienvernichtenden Eigenschaften der Karbolsäure. Joseph Lister, ein englischer Chirurg, entwickelte auf dieser Tatsache eine Methode der antiseptischen Wundbehandlung. Als nicht weniger bedeutend erwiesen sich die seit 1877 durchgeführten Untersuchungen des französischen Chemikers Louis Pasteur über die Bakterien des Milzbrandes, die eine neue Ära in der Erforschung ansteckender Krankheiten begründeten. Er griff Edward Jenners Idee der Schutzimpfung auf und entwickelte weitere Impfstoffe zur Bekämpfung von Infektionskrankheiten.

Auch die Krankenpflege wurde erheblich verbessert. Bahnbrechend wirkte auf diesem Gebiet die Engländerin Florence Nightingale, die ihr Leben der praktischen Krankenpflege widmete. Während des Krimkrieges Mitte des 19. Jahrhunderts bekämpfte sie die Mißstände in den Feldlazaretten erfolgreich und trug dazu bei, daß die Erkrankungen an Typhus, Ruhr und Cholera erheblich zurückgingen. Außerdem reformierte sie die Ausbildung der Krankenschwestern und verschaffte dem Beruf ein Ansehen, das er bis dahin nicht gehabt hatte.

Mikroskop Es läßt Bakterien sichtbar werden.

Erfolge gegen Seuchen

Dennoch bedeuteten Krankheiten wie Diphtherie, Syphilis und Tuberkulose noch immer für jede Familie eine ständige Bedrohung. Auf diesem Gebiet erzielten seit den 80er Jahren die Forschungen und Entdeckungen großer Männer wie Robert Koch, Emil Behring, Paul Ehrlich, Émile Roux und Alexandre Yersin weltweit Erfolge.

Die meisten Kranken pflegte man zu Hause. Zur Behandlung gehörten damals altbewährte Hausmittel wie Umschläge, Einreibungen und Aufgüsse. Die Frauen brachten ihre Kinder in der Regel zu Hause zur Welt. Ihnen stand meist eine Hebamme hilfreich zur Seite, die allerdings nicht immer die beste Ausbildung besaß. Es gab sehr viele Totgeburten, und jedes sechste Neugeborene starb wenige Tage nach der Entbindung. Auch viele Mütter überlebten die Geburt ihres Kindes nicht.

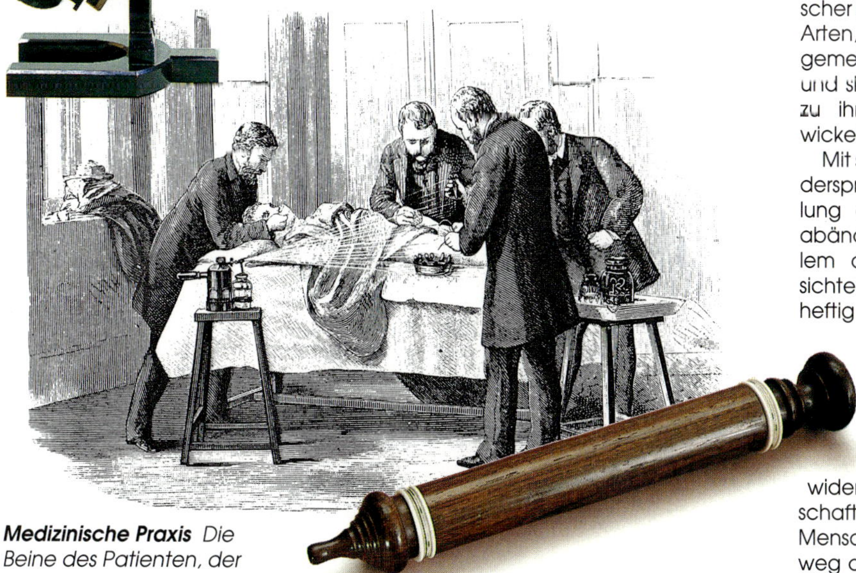

Medizinische Praxis Die Beine des Patienten, der auf dem Operationstisch liegt, werden mit Karbolsäure eingesprüht, die man damals als Antiseptikum verwendete. Mit dem hölzernen Stethoskop aus den 30er Jahren horchte der Arzt Herz und Lunge seiner Patienten ab.

Demonstration Ein Umzug der Heilsarmee wird von einer aufgebrachten Menschenmenge angegriffen, obwohl sich gerade diese Organisation der Verwahrlosten und Alkoholiker annahm. Solche Erfahrungen machte die Heilsarmee anfänglich oft.

GESPRÄCHSSTOFF

Im 19. Jahrhundert kommt es nicht nur zu gewaltigen politischen, ökonomischen und sozialen Veränderungen, sondern auch zu folgenreichen wissenschaftlichen Erkenntnissen. 1859 erscheint in Großbritannien das Buch *Über die Entstehung der Arten* von Charles Darwin. Der britische Naturforscher stellt darin die These auf, daß alle Arten, folglich auch der Mensch, eine gemeinsame Abstammung besäßen und sich nur durch natürliche Auslese zu ihrer gegenwärtigen Form entwickelt hätten.

Mit seiner Theorie gerät Darwin in Widerspruch zur bisher geltenden Vorstellung der Wissenschaft von der Unabänderlichkeit der Arten und vor allem der des Menschen. Seine Ansichten werden in der Öffentlichkeit heftig diskutiert. Das Buch ist bereits am Erscheinungstag vergriffen. Vor allem die Kirche sieht in Darwins Lehre einen Angriff auf die geheiligten Werte des Glaubens, weil sie der biblischen Schöpfungsgeschichte widerspricht. Auch viele Wissenschaftler lehnen die Theorie, daß der Mensch vom Affen abstamme, rundweg ab. Doch Darwins These von der „Entwicklung durch Auslese" und vom „Überleben des Stärksten" findet ihre Anhänger und beginnt sich in den folgenden Jahren durchzusetzen.

ZWISCHEN OST UND WEST

Im 19. Jahrhundert erstreckte sich das russische Reich von der Ostsee bis zum Pazifik und von der Arktis bis zum Hindukusch. Es gab sehr viele weitblickende Russen, die erkannten, daß ihr Land trotz seiner gewaltigen Größe ein rückständiger Staat war und es grundlegender Änderungen bedurfte. Reformen wurden allerdings durch die Verschiedenartigkeit der Nationalitäten, die unter der Krone des Zaren lebten, erschwert.

Die österreichisch-ungarische Monarchie stand als Vielvölkerstaat vor ähnlichen Problemen. Eine für alle Volksgruppen zufriedenstellende Lösung hätte unweigerlich den Zusammenbruch der k. u. k. Monarchie bedeutet. Beide Reiche suchten daher ihre Macht um jeden Preis zu bewahren und mußten ihre Herrschaft über eine unzufriedene multinationale Bevölkerung zunehmend mit Gewalt und Zwang ausüben.

OSTEUROPA
19. JAHRHUNDERT

VIELE VÖLKER IN EINEM RIESENLAND

Gegen Ende der 70er Jahre des 19. Jahrhunderts saß eine Gruppe junger russischer Idealisten beieinander und plante eine neue Zukunft für ihr riesiges Reich. Die Männer trugen Bärte und waren mit den typischen weiten Hosen und Stiefeln der Bauern bekleidet, während die Mädchen ausgebleichte Baumwollröcke und rauhe, zerknitterte Bauernjacken trugen. Männer wie Frauen rollten sich ihre Zigaretten aus grobem Tabak. Als der Qualm dicker wurde und die Wodkaflasche kreiste, wurden die Diskussionen hitziger und ihre Theorien schwärmerischer.

Obwohl die jungen Leute die Kleidung der Bauern trugen, entstammten sie alle gutgestellten bürgerlichen Familien der Stadt und hatten keinerlei Berührung mit der harten Wirklichkeit des bäuerlichen Lebens in Rußland. Außerdem konnte keiner von ihnen für sich in Anspruch nehmen, das russische Volk zu kennen, denn Rußland war die Heimat von mehr als 200 verschiedenen Völkern und Volksgruppen.

Bunte Mischung

Zu diesen gehörten finnische und slawische Völker an der Ostsee, deutsche Volksgruppen im Baltikum und an der Wolga, eine griechische Volksgruppe auf der Krim, Nomadenstämme, die durch die öden Weiten Sibiriens zogen, sowie Roma in Bessarabien. Ihre Religionen waren ebenso verschieden wie ihre nationale Abstammung. Im eigentlichen Rußland herrschte die russisch-orthodoxe Kirche. Die Armenier und Georgier pflegten von alters her ihren eigenen christlichen Glauben. Die mongolischen Völker Zentralasiens waren Buddhisten oder hingen

Überall und nirgends zu Hause *Der Rom mit seinem zahmen Pavian gehört zu jener Gruppe von Fahrenden, die keine Grenzen kannten und immer wieder durch die weiten Landstriche des zaristischen Reiches zogen.*

Naturreligionen an, während die Kasachen der Steppen Muslime waren.

Alle Zaren standen vor dem Problem, einen so ausgedehnten, rückständigen Vielvölkerstaat zu regieren. Auch mußten sie Rußland, zumindest in wirtschaftlicher Hinsicht, dem sich rasch entwickelnden industrialisierten Europa anpassen. Das extreme Klima und die gewaltigen Entfernungen hatten die Kommunikation in Rußland schon immer erschwert. Das seit Jahrhunderten bestehende System der Leibeigenschaft, das die Menschen in Unfreiheit beließ und an die ländlichen Gebiete fesselte, verhinderte, daß Arbeitskräfte für die industrielle Entwicklung in genügender Anzahl verfügbar waren. Erst mit dem beschleunigten Ausbau des Eisenbahnnetzes seit etwa 1870 wurden Rußlands Bodenschätze und natürliche Reichtümer in verstärktem Maß genutzt. Dazu gehörten mineralische Rohstoffe im Ural, Kohle im Donezbecken, Erdöl im Kaukasus und ausgedehnte Nutzholzwälder und Grasebenen mit fruchtbarem Boden im Herzen Rußlands.

Glühende Patrioten

Nach dem Untergang der Napoleonischen Armee im Jahr 1812 besannen sich die Russen auf ihren Patriotismus und entdeckten ihren Nationalstolz. Viele junge Russen sahen in der Rückbesinnung auf die eigenen Wurzeln und auf das Slawentum die Lösung aller Probleme. Der Bauer in seiner orthodoxen Frömmigkeit und einfachen Denk- und Lebensweise erschien ihnen als Verkörperung der alten, fundamentalen Traditionen Rußlands. Sie betrachteten die Dorfgemeinschaft, den Mir, als eine charakteristische russische Einrichtung, die Grundlage eines neuen Wirtschaftssystems werden könne, mit welchem man die egoistischen, kapitalistischen Prinzipien der Industrieländer umgehen könne.

Die Wurzeln der Dorfgemeindeordnung reichten bis in das 17. Jahrhundert zurück. Sie fußte auf dem gemeinsamen Besitz am Grundeigentum und der solidarischen Haftung der Gemeinde für die von ihr aufzubringende Kopfsteuer. Da jedes Mitglied die gleichen Lasten zu tragen hatte, besaß es auch den gleichen Anteil am Gemeindeland. Freizügigkeit existierte nicht. Kein Bauer durfte den Bezirk ohne Erlaubnis der Gemeinde verlassen. Mit der Aufhebung der Leibeigenschaft im Jahr 1861, wovon der Gemeinbesitz unberührt blieb, lockerten sich der Familien- und Gemeindeverband. Diese Verhältnisse trugen unter anderem zur Verarmung der bäuerlichen Bevölkerung bei.

Gemeinde als Vorbild

Zahlreiche junge Reformer sahen in der alten Gemeindeordnung ein taugliches Muster für eine Reform der Verwaltung und für eine Verfassung des autokratischen Staates. Im weiteren Verlauf des 19. Jahrhunderts setzten junge Radikale ihre Versuche fort, das Bewußtsein der bäuerlichen Massen zu wecken, in der naiven Hoffnung, sie könnten die Bauern zum Ideal einer neuen gesellschaftlichen Ordnung bekehren. Die meisten Landbewohner standen solchen Visionen jedoch mißtrauisch gegenüber und beharrten auf der überlieferten Lebensweise

Nach der Ermordung des reformwilligen Zaren Alexander II. im Jahr 1881 erlitten die Reformbestrebungen einen herben Rückschlag. Radikale Revolutionäre entwickelten neue politische Theorien. Sie richteten ihre Aktivitäten nun auf das wachsende industrielle Proletariat in den Fabrikbezirken und Städten.

Mit spitzer Feder

Trotz großer Rückständigkeit, Unterdrückung und Zensur erlebte die russische Kultur im 19. Jahrhundert eine ungeahnte Blütezeit. Zu ihren Repräsentanten gehörten die Komponisten Michail Glinka, Modest Mussorgski und Pjotr Tschaikowski. Zu internationalem Ruhm kam auch Rußlands Literatur. Der Dichter Alexandr Puschkin begründete um das Jahr 1820 die neurussische Literatursprache. Ihm folgten wenige Jahre später Schriftsteller wie Michail Lermontow und Nikolai Gogol. Sie wiederum ebneten drei anderen großen Dichtern Rußlands den Weg, Lew Tolstoj, Fjodor Dostojewski und Iwan Turgenjew, die mit ihren Werken dem russischen Roman einen festen Platz in der Weltliteratur sicherten. All diese Schriftsteller setzten sich mit großem Engagement mit den Streitfragen ihrer Zeit auseinander und gaben die Ängste und die Unruhe der russischen Bevölkerung wieder.

In den Sielen *Das Leben der Bauern und Arbeiter bestand aus hartem Frondienst. Das Gemälde aus dem Jahr 1873 zeigt Burlaken, russische Treidler, die an der Wolga ein Schiff flußaufwärts ziehen.*

Vielvölkerstaaten *Im 19. Jahrhundert beherrschten Rußland und Österreich-Ungarn Osteuropa.*

Tatarin *In Rußland lebten sehr viele muslimische Tataren.*

Jakute *Die Jakuten in Nordostsibirien lebten überwiegend von der Jagd.*

Kritische Geister *Im späten 19. Jahrhundert forderten viele russische Studenten wie diese Kommilitonin (rechts), die die politischen, ökonomischen und gesellschaftlichen Probleme des Riesenreiches erkannten, ihre Landsleute dazu auf, Reformen in die Wege zu leiten.*

LANDLEBEN UNTER DEN ZAREN

Auf einem Rittergut in Zentralrußland sitzt ein Großgrundbesitzer in der frühen Morgensonne auf der Veranda seines Hauses und schlürft ein Glas Tee, während seine Leibeigenen zur Arbeit eilen. Als der letzte von ihnen schwerfällig den Pfad zu einem mühevollen Arbeitstag auf den Feldern hinuntergeht, lehnt sich der Herr behaglich zurück und freut sich auf sein Mittagessen. Vielleicht beginnt er mit einer Platte kalter Vorspeisen, die er mit einem oder zwei Gläsern Wodka hinunterspült. Dann folgt die unvermeidliche Kohlsuppe, der Borschtsch, anschließend Stör, Spanferkel oder Hammelrücken, begleitet von Fleischpasteten, Törtchen und Kartoffelkuchen.

Nach dem Mittagessen genehmigt sich die Herrschaft ein wohlverdientes Schläfchen, und selbst die Dienstboten schnarchen in ihren Unterkünften. Am späten Nachmittag inspiziert der Gutsbesitzer zu Pferde oder in einer Kutsche die Felder, bespricht mit dem Verwalter den Fortgang der Feldarbeit oder hört sich die Beschwerden und Bitten seiner Leibeigenen an. An den langen Abenden vertreibt man sich vielleicht gemeinsam mit einem Nachbarn beim Kartenspiel, einer Pfeife und einem Gläschen Wodka die Zeit.

Im Gegensatz zu den anderen Monarchien Europas bestand Rußlands Aristokratie bis auf wenige Familien nicht aus einem Geburtsadel, sondern der russische Adelsstand wurde durch den Zivil- oder Militärdienst erworben, war aber erblich und auf die ganze Familie ausgedehnt. Die Beförderung in den Stand des Adels erfolgte automatisch ab einem bestimmten Rang in der Armee oder Beamtenschaft und unabhängig von der Herkunft. Das hatte zur Folge, daß in Rußland die überwiegende Zahl der Adligen kaum mehr besaß als den Titel. Es gab nur etwa 1400 Familien altadliger Herkunft und mit wirklichem Reichtum, die jeweils mehr als 1000 Leibeigene besaßen. Der durchschnittliche Gutsbesitzer verfügte höchstens über zehn Leibeigene. Er lebte auch nicht in einem Schloß. Sein Gutshof war oftmals kaum mehr als eine Ansammlung von Holzhäusern. Er selbst und seine Familie wohnten in einem bescheiden ausgestatteten Haus mit Veranda. Ein Gemüsegarten lieferte die Grundnahrungsmittel wie Kohl, Zwiebeln und rote Bete, und im Obstgarten wuchsen Kirschen, Äpfel und Birnen. Gewöhnlich gab es auch ein kleines Gartenhaus, wohin sich der Hausherr in aller Ruhe zum Rauchen zurückziehen konnte.

Mußestunden *Zeitvertreib im Kreis der Lieben prägte das Leben des Landadels. Die Familie auf dem Bild von Ilja Repin könnte aus der Szene eines Schauspiels von Anton Tschechow stammen.*

Sommerfrische *Im Sommer verließen wohlhabende Familien ihre Stadtwohnungen und zogen in die Datschas, die Sommerhäuser auf dem Land.*

Diese Gutsbesitzer, die ihre weit entfernt wohnenden Nachbarn nur über schlechte Straßen erreichen konnten, wandten sich als Abwechslung von der Langeweile täglicher Routinearbeit oft dem Alkohol zu. Auf der endlosen Suche nach Zeitvertreib lauerten sie manchmal sogar Reisenden an der Straße auf, um sie mehr oder weniger zwangsweise für ein paar gesellige Stunden nach Hause zu entführen.

Sommer auf dem Land

Für die kleine Zahl reicher Familien verlief das Leben ganz anders. Sie verbrachten wenig Zeit auf ihren Gütern, wo sie zumeist nur im Sommer mit einem großen Troß von Dienerschaft, Freunden und Verwandten, französischen Hauslehrern und englischen Gouvernanten wohnten, um der drückenden Hitze in Moskau oder Sankt Petersburg zu entgehen. Man liebte den Zeitvertreib im Freien, ging auf die Jagd nach Elchen, Bären und Wölfen, vergnügte sich mit Schießen, Angeln, Schwimmen, veranstaltete Picknicks und sammelte Pilze und Beeren.

Verspieltes Leben *Gustave Dorés Zeichnung karikiert die Macht der russischen Grundbesitzer: Sie versetzen ihre leibeigenen Bauern beim Kartenspiel.*

Sobald der Herbst mit seinen Stürmen kam, zogen die Familien zurück in die Stadt, wo sie das glanzvolle Gesellschaftsleben genossen, das sich am Hof des Zaren abspielte. Oder sie verbrachten eine Zeit im Ausland, in den mondänen europäischen Kurbädern und Spielkasinos, wo manche von ihnen ganze Güter samt den dort lebenden Leibeigenen verspielten.

Die Leibeigenen, zu denen nicht nur Bauern, sondern auch städtische Arbeiter, Händler und Diener gehörten und die etwa 20 Millionen der insgesamt 36 Millionen Einwohner Rußlands ausmachten, waren ihren Besitzern vollständig ausgeliefert. Es kam häufig vor, daß sie auf dem Marktplatz verkauft und ihre Familien auseinandergerissen wurden. Viele von ihnen lebten unter elenden Bedingungen. In den Hütten der Ärmsten bedeckte eine dicke Schmutzschicht den Boden. In die Fenster hatte man Schweinsblasen gespannt, die kaum Licht hereinließen und den Wind nicht abhielten. Tüchtige Leibeigene wie Kutscher oder Handwerker waren ein wertvoller Besitz und wurden entsprechend gut behandelt. Ein Leibeigener, der aufsässig war und die anderen aufhetzte, konnte ausgepeitscht, für 25 Jahre in die Armee gesteckt oder sogar nach Sibirien verbannt werden. Der Leibeigene mußte dem Grundbesitzer einen Ausgleich für das kleine Stückchen Land zahlen, das er für sich selbst bestellen durfte, entweder indem er Frondienst leistete oder einen Leibzins in Geld oder in Naturalien zahlte.

Seit Anfang des 19. Jahrhunderts, als die Leibeigenschaft fast in ganz Europa aufgehoben worden war, bestanden auch in Rußland Bestrebungen, sie zu beseitigen. In den westlichen Reichsgebieten an der Ostsee wurde sie auf Initiative der dortigen deutschstämmigen Ritterschaft von Zar Alexander I. im Jahr 1816 aufgehoben. Doch erst 1861 erfolgte die endgültige Freigabe der Leibeigenen durch Zar Alexander II.

Die Lebensverhältnisse der Masse der nun freien Bauern wendeten sich allerdings nicht zum Besseren. Da der Adel eine Bodenreform verhinderte und die Bauern für ihr Land überhöhte Ablösesummen zahlen mußten, gerieten sie erneut in die Abhängigkeit von ihren ehemaligen Herren. Ihnen stand auch nur die Hälfte ihrer bisherigen Nutzfläche zu, und die war zu gering bemessen, um darauf eine Existenz zu begründen. Das führte zu unbeschreiblicher Not, und Zehntausende von Bauern, die unzureichend ernährt waren und in katastrophalen hygienischen Verhältnissen lebten, fielen gegen Ende des Jahrhunderts Krankheiten, Epidemien und Hungersnöten zum Opfer.

Bier statt Champagner

Viele Gutsbesitzer erwiesen sich als unfähig, die Landwirtschaft gewinnbringend zu betreiben. So stellte einer von ihnen, der der guten alten Zeit nachtrauerte, treffend fest: „Früher haben wir keine Bücher geführt, aber Champagner getrunken. Jetzt führen wir Bücher und müssen uns mit Bier begnügen.“ In den ersten 30 Jahren nach der Befreiung der Leibeigenen wechselten 20 000 Güter den Besitzer, weil die Gutsherren nicht wirtschaften konnten und ein Leben in der Stadt bevorzugten.

Schuhe aus Rinde *Russische Bauern aus einem Ort an der Wolga gehen mit Holzrechen zur Feldarbeit. Sie tragen Gamaschen und Schuhe aus Birkenrinde. Die Aufnahme stammt aus der Zeit um 1880.*

In Ketten *Viele Oppositionelle, die sich gegen das zaristische System wandten, wurden nach Sibirien verbannt. Diejenigen, die zu Zwangsarbeit verurteilt waren, wurden an ihr Arbeitsgerät, hier Schubkarren, angekettet.*

Patriarchalische Familie *Alteingesessene Kaufmannsfamilien wie diese hier aus Nischni Nowgorod (unten), einer Stadt östlich von Moskau, waren sehr religiös und jeglichem Wandel abgeneigt. Traditionell tragen die Männer Zylinderhüte und lange schwarze Mäntel, die Frauen bunte Seiden- und Brokatkleider.*

Für den Haushalt *Gegenstände für den täglichen Bedarf auf dem Bauernhof wurden aus Holz und Ton gefertigt: eine Schaufel zum Beerensammeln und zwei mit Bast umwickelte Tongefäße (rechts).*

GESCHICHTEN AUS DEM WIENERWALD

Obwohl Revolution und Kriege den Glanz Österreichs erheblich beschädigt hatten, gerieten die Menschen ins Schwärmen, wenn sie sich an die Redoutensäle der Hofburg in Wien erinnerten. Die cremefarbenen, goldverzierten und blumengeschmückten Wände erhoben sich bis zu der reichbemalten Decke, von der Reihen von Kronleuchtern herabhingen, an denen ein paar tausend Kerzen erstrahlten. In ihrem Schein funkelten Diamanten, Smaragde und Rubine auf schneeweißen, üppigen Dekolletés und schimmerten auf kostbaren Seidenkleidern. So prachtvoll die Ballkleider der Damen auch sein mochten, gegen die Kleidung der Herren waren sie nur blasse Schatten. Husaren stolzierten mit purpurfarbenen Tschakos und pelzverbrämten Umhängen einher. Offiziere in den silbernen und grünen Uniformen der Schützen oder dem Königsblau und Safrangelb der leichten Kavallerie wetteiferten mit Ungarn in engen blauen, goldbestickten Reithosen und Polen, die eine Kopfbedeckung aus Astrachanpelz mit diamantengeschmückten Zweigen trugen. Überall glitzerten Orden, nickten Federn, und alles drehte sich gleitend und tanzend zum Klang der Walzer von Johann Strauß, die die Räume mit einem Zauber erfüllten, der dem Funkeln der Lichter in nichts nachstand.

Verheißungsvoll *Reklame eines Feinbäckers in Wien*

Die Pracht der gesellschaftlichen Ereignisse im Wien des 19. Jahrhunderts war jedoch nur einer der zahlreichen Glanzpunkte einer in vieler Hinsicht einmaligen Metropole Europas. Am Schnittpunkt zwischen Orient und Okzident hatte die Stadt schon früh einen unwiderstehlichen Charme und eigenwilligen Charakter entwickelt. Zu der Weltoffenheit Wiens trugen viele Völker bei: Deutsche und Ungarn lebten Seite an Seite mit Tschechen und Slowaken; in den Straßen der Stadt traf man Juden aus Galizien und fahrende Roma vom Balkan, begegnete stolzen Polen, emigrierten Russen und heißblütigen Italienern. Die Kulisse zu diesem bunten Leben bildeten die prachtvollen Barockbauten und die zahlreichen Stadtparks, überragt vom Turm des gotischen Stephansdoms, dem Wahrzeichen der Stadt.

Wien war von der Mitte des 12. Jahrhunderts bis zum Jahr 1918 die Residenz der Habsburger, die bis 1806 auch die Herrscher des Heiligen Römischen Reiches Deutscher Nation stellten. Die Donaumonarchie war ein riesiges Reich und erstreckte sich vom Mittelmeer im Westen bis nach Galizien und zur Ukraine im Osten und vom Erzgebirge im Norden bis nach Montenegro im Süden.

Am Ende der Napoleonischen Kriege 1814/15 richteten sich die Augen der Weltöffentlichkeit auf Wien, als sich die Fürsten fast aller europäischen Staaten dort zu einem Kongreß trafen, um die alte Ordnung in Europa wiederherzustellen, die durch die Wirren der Französischen Revolution und Napoleons Herrschaft zerstört worden war.

Der Kongreß tanzt

Niemand ging dabei mit größerem diplomatischem Geschick zu Werk als der charmante Staatsmann Österreichs, Fürst Klemens von Metternich. So gelang es ihm mit Erfolg, liberale und freiheitliche Ideen im Keim zu ersticken und ein System der Zensur und Geheimpolizei zu schaffen. Es bestand, wie es ein Wiener formulierte, aus „einer stehenden Armee von Soldaten, einer sitzenden Armee von Beamten, einer knienden Armee von Priestern und einer kriechenden Armee von Informanten."

Doch die Teilnehmer wußten auch die angenehmen Seiten des Kongresses zu schätzen. Es verging kaum ein Tag, an dem nicht einer der anwesenden Herrscher zum Ball lud. Musik und Tanz erfüllten Wien in diesen Monaten. Als ein Diplomat gefragt wurde, wie der Kongreß vorankomme, antwortete er nur: „Er kommt nicht voran, er tanzt."

Doch nicht nur die fremden Fürsten wußten die gemütliche Atmosphäre Wiens und seiner Umgebung zu schätzen. Auch die eigenen Bürger fuhren am Wochenende in den nahe gelegenen Wienerwald, um sich zu entspannen und Erholung zu suchen. Oder sie machten sommerliche Ausflüge in die beliebten Heurigen, die Weinlokale zwischen den Weinbergen. Die Leute gingen in den Volksgarten und lauschten den Musikkapellen, oder sie begaben sich in den Prater mit seinem Riesenrad, wo kaiserliche Hoheiten, der Adel und das wohlhabende Bürgertum in Kutschen mit vergoldeten Speichen auf und ab paradierten.

Ebenso geschätzt waren die Kaffeehäuser der Stadt. Jeder hatte sein Lieblingslokal, ob es das *Kaiserbrundl* war, mit hohen Spiegeln und roten Plüschalkoven, oder das *Central*, wo die Schriftsteller ein und aus gingen. Man bestellte einen Mokka, eine Melange, halb Kaffee und halb Milch, oder einen Einspän-

Mit Musik *Selbst Picknicks in den Hügeln des Wienerwaldes wurden musikalisch untermalt.*

Großstadtimpressionen *Auch an regnerischen Herbstabenden drängten sich die Wiener auf der eleganten Ringstraße, der Flaniermeile der k. u. k. Monarchie, um zu sehen und gesehen zu werden.*

ner, schwarzen Kaffee mit einer Schlagsahnehaube, bevor man sich der schwierigen Aufgabe der Gebäckauswahl widmete. Wiener Gebäck erlangte bald Weltruf. Es gab die Sachertorte aus Schokoladenbiskuit mit Aprikosenkonfitüre, ungarische Dobostorte mit Karamelüberzug und die verschiedenen Strudelarten, vom Apfel- bis zum Kirschstrudel.

Im Jahr 1848 kam es in Wien, wie auch in Deutschland, zu einer Revolution, die blutig niedergeschlagen wurde. Fürst Metternich mußte gehen, und der erst 18jährige Franz Joseph I. bestieg den Thron, den er bis 1916 innehaben sollte. Die versprochenen Reformen blieben aber ohne durchgreifende Wirkung. Im Jahr 1857 begann man eine großangelegte Stadterweiterung. Die Festungswerke wurden niedergerissen und an deren Stelle eine knapp 60 Meter breite und fünf Kilometer lange Ringstraße angelegt, die zwei Drittel der Innenstadt umschließt. Die Prachtstraße hat drei Fahrbahnen, die durch zwei Baumalleen voneinander getrennt sind. Dort ließen sich die Großen der Finanzwelt und der Industrie prächtige Wohnsitze errichten, und die öffentliche Hand erstellte repräsentative Bauten wie das Burgtheater, die Oper, das Rathaus und das Parlament. Zu den neuen Sternen am Wiener Kulturhimmel gehörten die Komponisten Gustav Mahler und Anton Bruckner, die die von Mozart und Beethoven begründete Vorrangstellung Wiens in der Musik wahrten, der Dramatiker Arthur Schnitzler, der umstrittene Jugendstilmaler Gustav Klimt sowie Sigmund Freud, der Vater der Psychoanalyse.

Eleganz *Becher und Kelche aus farbigem Glas mit eingeschliffenen Mustern aus der Zeit*

Schöpfer der Musik *Der Wiener Komponist Franz Schubert (links am Klavier) war oft Mittelpunkt lebhafter Hausmusikgesellschaften.*

Tragödin
Die Schauspielerin Sophie Schröder begeisterte am Wiener Burgtheater.

ZEIT DES BIEDERMEIER

Das Leben in einem Haus des frühen 19. Jahrhunderts war vom Biedermeier geprägt, einem Stil zwischen Romantik und Realismus während der Jahre von 1815 bis 1848, der sich durch schlichte und zweckmäßige Formen für Dekorationen, Möbel und Mode auszeichnete. Der Stil verdankt seinen Namen einer Parodie auf das Spießertum des Schullehrers Gottlieb Biedermeier, der in sich nur den Wunsch nach Ruhe und Beständigkeit verspürte und jede intellektuelle Anstrengung und Diskussion mied.

Alte Tradition *Das Wiener Stadtleben ist ohne das Kaffeehaus nicht denkbar. Hier fand nicht nur ein Teil des gesellschaftlichen Lebens statt, sondern hier debattierte man auch in gemütlicher Atmosphäre über die neuesten politischen Ereignisse, löste die sozialen Fragen der Zeit, las einfach nur die Zeitung oder entspannte sich, ohne etwas zu tun.*

Bequeme Sitzgelegenheit
Eine geschwungene Chaiselongue im Biedermeierstil

HEIMAT IM JÜDISCHEN SCHTETL

In dem flachen, weiten Grenzland im Westen Rußlands nach Litauen und Polen hin mit den ausgedehnten Wäldern und wogenden Kornfeldern tauchen vor dem Horizont hier und da verstreut liegende, oft zerfallene Städtchen auf: Es sind die Schtetl, das Zuhause der osteuropäischen Juden. Hier bewahrten sie ihre eigene Lebensweise, die sich seit dem Mittelalter kaum verändert hatte.

Bis zu den drei Teilungen Polens zwischen Rußland, Preußen und Österreich in den Jahren 1772, 1793 und 1795 hatte es nur wenige Juden im russischen Reich gegeben, da sie dort kein Siedlungsrecht besaßen. Doch mit der Auflösung des polnischen Staates kam plötzlich die Mehrheit der polnischen Juden, rund eine Million, unter zaristische Herrschaft.

Die Russen machten sich diese Volksgruppe rasch zunutze und nahmen ihre Dienste als Geschäftsvermittler, Handwerker und Händler in Anspruch. Um aber eine Ausbreitung der Juden über das Reich zu verhindern, verfügte Zarin Katharina II. 1791 die Einrichtung eines jüdischen Sperrbezirks. Sie beschränkte das Wohnrecht der Juden auf 15 Gouvernements und verbot ihnen, auf dem Land zu siedeln. Zusammengedrängt in Kleinstädten, durften sie nur unter ihresgleichen leben: So entstand das Schtetl.

Ärmliche Orte *Straßen mit Kopfsteinpflaster und Holzhäusern bestimmen das Bild des Schtetls von Kaunas in Litauen. Schtetl ist ein jiddisches Wort und heißt soviel wie Stadt.*

Religiöse Pflicht *Beim Morgengebet trägt der orthodoxe Jude die Gebetsriemen an Kopf und Arm mit zwei Kapseln, die auf Pergament geschriebene Bibeltexte enthalten.*

Buntes Markttreiben

In diesem Gebiet, das sich von der Ostsee bis zum Schwarzen Meer erstreckte, waren die Holzhäuser der Schtetl von krummen Gassen und ungepflasterten, morastigen Straßen umgeben, über die das Abwasser durch offene Rinnen lief. Die Menschen, die dort lebten, kämpften tagtäglich gegen Armut, Hunger und Unterdrückung. Und doch machte sich das pulsierende, unverwüstliche Leben des Schtetls, an jedem Markttag mit seinem Lärm, seinen Gerüchen und Farben bemerkbar, wenn die Bewohner ihre Buden und Stände aufstellten.

Wenn der Markt in vollem Gang war und sich Juden und Bauern aus den angrenzenden Gebieten dort drängen, war der Lärm ohrenbetäubend. Zum Klang der Stimmen, die auf russisch und jiddisch feilschten, gesellten sich die Schreie der Esel, das Muhen der Kühe, das Gackern der Hühner, übertönt vom Meckern der Ziegen, die überall anzutreffen waren, auf die Dächer sprangen und am Strohdach rupften oder träge in der Sonne lagen. Manchmal kam eine Gruppe Straßenmusikanten herbei und spielte ihre fröhlichen alten Weisen.

Alles, was die jüdische Lebensweise bewahrte und bereicherte, lag nahe beieinander: das rituelle Badehaus und der Friedhof, wo die Menschen den Gräbern der toten Vorfahren ihre Ehrerbietung erwiesen. Die größeren Städte verfügten über eine Talmudschule und ein jüdisches Hospital. Der Mittelpunkt des jüdischen Lebens war die Synagoge, wo sich die Männer dreimal täglich, angetan mit den Gebetsmänteln und den Gebetsriemen um Stirn und Arme, zum Gebet einfanden.

Obgleich es auch einige jüdische Kaufleute gab, die in größeren Städten wie Moskau und Sankt Petersburg erfolgreich Karriere machten, waren die meisten Juden kleine Handwerker und Händler, unter ihnen Holzarbeiter, Weber, Schneider, Fuhrleute, Glaser, Flickschuster und Blechschmiede. Es gab auch Milchhändler wie Tewje aus Anatewka, die Hauptfigur einer Erzählung des jiddischen Humoristen Scholem-Aleichem aus dem Jahr 1894, des Sohnes eines russischen Ladenbesitzers im Schtetl.

Der tägliche Kampf ums Überleben wurde verschärft durch die ständige Bedrohung von antisemitischen Ausschreitungen. Einige Städtchen im Zarenreich waren fast ausschließlich jüdisch bewohnt. In anderen jedoch, wo Juden und Rus-

Heiliges Licht *Der Chanukkaleuchter hat acht Kerzen für das achttägige Tempelweihefest und zwei zum Anzünden.*

sen nebeneinander lebten, bedurfte es oft nur eines geringfügigen Anlasses, um den brüchigen Frieden in offene Feindschaft umschlagen zu lassen. Vorurteile, nachbarschaftlicher Neid oder die Suche nach einem Sündenbock für Not und Krankheit entluden sich in einem gewalttätigen Antisemitismus mit Plünderungen und Verfolgungen. Während solcher Pogrome wurden Tausende von Juden ermordet und noch mehr ihres Eigentums beraubt.

Juden waren im Zarenreich von vielen Berufen und Gewerben ausgeschlossen und in ihren Möglichkeiten, sich außerhalb des Schtetls weiterzubilden, stark eingeschränkt. Aber es gab Wege, das Gesetz zu umgehen. Wer Geld hatte, konnte den zuständigen Beamten bestechen, um die notwendige Aufenthaltserlaubnis zu erlangen.

Aufgrund eines Erlasses von Zar Nikolaus I. aus dem Jahr 1827 unterlagen sämtliche jüdische Jungen ab dem zwölften Lebensjahr einer 25jährigen Dienstpflicht beim Militär. Allerdings hatten betuchte Eltern die Möglichkeit, ihre Kinder freizukaufen. Im allgemeinen widersetzten sich die Juden jedoch den zaristischen Versuchen, sie zur Anpassung, Bekehrung zum Christentum oder zur Aufgabe ihrer traditionellen Lebensweise zu bewegen.

Bürde der Kindererziehung

Für den Juden war Armut kein Grund, nicht zu heiraten. Kinderlosigkeit galt aber als Tragödie. Doch konnten die Erziehung der Söhne und die Verheiratung der Töchter eine ungeheure finanzielle Belastung darstellen. Es war oft nicht leicht, das Geld für die Aussteuer und Mitgift der Tochter sowie für den Schulbesuch des Sohnes aufzubringen. Der ausgeprägte Drang nach Wissen führte dazu, daß bereits die dreijährigen Jungen sechs Tage in der Woche bis zu zehn Stunden täglich in der Elementarschule lernten. Armut hielt kaum einen jüdischen Jungen davon ab, zur weiteren Ausbildung das Lehrhaus und die Talmudhochschule zu besuchen. Wohlhabende Juden verheirateten gelegentlich ihre Töchter mit vielversprechenden Studenten, die sie beim Studium finanziell unterstützten.

Der Heiratsvermittler hatte eine wichtige Aufgabe im Leben des jüdischen Schtetls. Er sammelte Informationen über die heiratswilligen Paare, durchleuchtete den familiären Hintergrund, wobei Tugenden und Vorzüge oft übertrieben, Unzulänglichkeiten und Mängel dagegen häufig verschwiegen wurden.

Der Weg nach Palästina

Versuche in den 50er und 60er Jahren, die den Juden auferlegten Beschränkungen zu lockern, machte die Ermordung des reformwilligen Zaren Alexander II. 1881 zunichte. Es kam erneut zu schlimmen Pogromen gegen die Juden. Auswege aus der verzweifelten Lage suchten die jüdische Arbeiterbewegung, die sich von einem radikalen gesellschaftlichen Wandel auch eine Verbesserung der Lebenssituation der Juden erhoffte, und die zionistische Bewegung, die die Errichtung einer „nationalen Heimstätte im Land der Väter" anstrebte.

Ende des 19. Jahrhunderts lebten mehr als fünf Millionen Juden in Rußland. Bis zum Jahr 1910 war ein Drittel aller Juden Osteuropas ausgewandert, die meisten von ihnen in die USA, wo sie ein neues Leben beginnen wollten.

Festtag *So sah der jüdische Maler Marc Chagall, 1887 in Rußland geboren, eine jüdische Hochzeit. Er verlieh dem Bild mystische Züge, denn die Leiden im Schtetl wurden durch fröhliche Feste kaum gemildert.*

Volkstracht *Zur Frauenkleidung in Polen gehörte ein buntes Mieder (links).*

Mütze *Jungen trugen eine Scheitelkappe oder eine Pelzmütze.*

KLEIDERVORSCHRIFTEN

Seit dem Mittelalter waren die Juden im Zarenreich gezwungen, eine bestimmte Tracht zu tragen, die von Gebiet zu Gebiet verschieden sein konnte. In Polen trugen die Männer Kaftane, knöchellange Gewänder mit langen Ärmeln; in Litauen waren sie mit langen Tuniken aus schwarzer Seide bekleidet, mit breiten Seidenschärpen um die Taille, während die Frauen Seidengewänder unter Pelzumhängen trugen. Besonders die Juden in Polen hielten lange an dieser Tradition fest.

Mit Fiedel und Harfe *Straßenmusikanten hielten die tief verwurzelten musikalischen Traditionen der jüdischen Bevölkerung im Schtetl lebendig.*

KRIEGER, SKLAVEN UND SIEDLER

Jahrhunderte bevor die ersten Europäer nach Schwarzafrika kamen, gab es südlich der Sahara blühende Kulturen. In Westafrika entwickelten sich vom 8. Jahrhundert an mächtige Königreiche, deren Bewohner von arabischen Händlern zum Islam bekehrt wurden. Erst im 15. Jahrhundert ließen sich Europäer an der Küste Westafrikas nieder und begannen mit Gold, Elfenbein und Sklaven zu handeln.

Das afrikanische Binnenland war Europäern bis zum 19. Jahrhundert weitgehend unbekannt. Seine riesigen Flächen bestanden aus Wüste oder Urwald; das Klima und die damit verbundenen Krankheiten waren für Europäer tödlich. Lediglich an der Südspitze des Kontinents gelang es ihnen, Siedlungen zu gründen. Eine erste niederländische Niederlassung war 1652 Kapstadt. Auf der Suche nach geeignetem Ackerland und Bodenschätzen sowie getrieben von christlichem Bekehrungseifer und Abenteuerlust drangen die europäischen Siedler in der Folgezeit immer weiter ins Landesinnere vor. Das führte schließlich dazu, daß große Teile Afrikas zwischen verschiedenen europäischen Mächten aufgeteilt wurden.

AFRIKA 15.–19. JAHRHUNDERT

PRACHT IN GOLD UND BRONZE

An Festtagen strömte eine große Schar von Edelleuten, Beamten, Priestern, Sklaven und Handwerkern zum imposanten Palast in Benin, der Hauptstadt des gleichnamigen westafrikanischen Königreiches, das seine Blütezeit im 17. Jahrhundert erlebte. Die Stadt war von einer fünf Kilometer langen Mauer umgeben, und jede ihrer 30 Prachtstraßen, die rechtwinklig zueinander verliefen, hatte eine Breite von über 30 Metern.

Die Wohnhäuser aus Holz und Lehm waren geräumig, und der königliche Palast glich einem Labyrinth aus Wohnungen, Innenhöfen, Altären und Galerien. Hier lebte als unumschränkter Herrscher der *oba*, der König, den das Volk als weltlichen Vertreter der Götter Benins verehrte.

In feine Gewänder gehüllt und mit riesigen Korallenketten geschmückt, verbrachte der *oba* von Benin die meiste Zeit damit, bestimmte festgelegte Rituale durchzuführen, Opfer darzubringen oder sich in der Gesellschaft seiner mehr als 100 Frauen zu erholen. Bei besonderen Anlässen ging dem *oba* ein Edelmann voraus, der Kolanüsse, die man zur Anregung kaute, an die Bevölkerung verteilte. Zu diesen freudigen Ereignissen wurde viel Palmwein getrunken.

Der *oba* unterhielt eine große, disziplinierte Armee und regierte mit Hilfe von Häuptlingen unterschiedlicher Rangordnung, die die alltäglichen Staatsgeschäfte regelten. Dieses System bot wirksame Kontrollmöglichkeiten, um einen Machtmißbrauch zu verhindern. Europäische Besucher waren von der politischen und gesellschaftlichen Stabilität des Landes beeindruckt.

Der regelmäßige Handel mit den Portugiesen begann im 15. Jahrhun-

Fingerspitzengefühl *Um eine Melodie zu erzeugen, schlägt man bei diesem in Afrika weitverbreiteten Musikinstrument dünne Metallstäbe mit den Daumen an. Die reichverzierte, flache Schale verstärkt den Klang.*

dert, als Benin bereits eine florierende Wirtschaft besaß. Das Warenangebot reichte von Werkzeugen und Waffen bis hin zu solchen Delikatessen wie gebratenen Eidechsen. Die Portugiesen kamen auf der Suche nach Gold – das es in Benin jedoch nicht gab –, akzeptierten aber bereitwillig Sklaven, die sie dann als Tauschobjekte für ihre Geschäfte mit jenen afrikanischen Königreichen benutzten, die Gold anzubieten hatten.

Krieger und Beamte

Eines der westafrikanischen Königreiche, die vom Sklavenhandel profitierten, war der im 17. Jahrhundert gegründete Staat der Aschanti. Reich an Gold und schlagkräftig im Kampf, drangen die Aschanti von ihrer Hauptstadt Kumasi aus vor und kontrollierten schon bald den Großteil der Fläche des heutigen Ghana. Ihre Gefangenen verkauften sie an europäische Sklavenhändler.

Bis zum 19. Jahrhundert hatten die Gefechte mit den Briten den Aschanti großen Ruhm als Krieger eingebracht, aber auch ihre Errungenschaften in Friedenszeiten waren beeindruckend. Das Aschantireich hatte eine staatliche Verwaltung, der arabische Schreiber angehörten; ein Kuriersystem brachte die Befehle des Königs in jeden Teil des Landes. Die öffentliche Bekanntgabe neuer Gesetze erfolgte alljährlich beim großen Jamswurzel-Erntefest, wenn alle Provinzfürsten zusammenkamen, um mehrere Tage lang an religiösen Feierlichkeiten teilzunehmen.

Weiße Besucher waren verblüfft über die Mengen an Gold, mit denen sich die Häuptlinge der Aschanti schmückten. Ein Reisender schrieb darüber: „Ihre Handgelenke waren mit Armreifen und rohen Goldklumpen derart schwer beladen, daß sie sie auf dem Kopf eines Knaben abstützen mußten. Lebensgroße, aus Gold gegossene Wolfs- und Widderköpfe hingen an ihren Schwertern. Wohin das Auge blickte, wurde es von Gold und Silber geblendet."

Die Aschanti waren auch für ihre Reinlichkeit bekannt. Die breiten Straßen von Kumasi wurden regelmäßig gefegt und die Hauswände aus rotem und weißem Lehm poliert. Bedeutende Gebäude verfügten im Inneren über Toiletten, deren Abflußrohre täglich mit kochendem Wasser gesäubert wurden.

Die Religion war eine alles durchdringende Macht, nicht nur in den westafrikanischen Königreichen, sondern auch bei den abgeschiedenen Urwaldstämmen und den Hirtenvölkern Zentral- und Ostafrikas. Obwohl die Formen der Gottesverehrung unterschiedlich waren, glaubten die meisten Afrikaner an einen gütigen Schöpfer, den rangniedrigere Gottheiten beeinflussen konnten – beispielsweise, um die Ernteerträge oder die Fruchtbarkeit zu erhöhen. Die Geister der Tiere und Ahnen wurden häufig kunstvoll dargestellt, und zahlreiche kultische Handlungen wie Tänze, Riten und das Tragen von Masken dienten der Geisterbeschwörung. Wahrsager, die durch ihre Kräuter und Beschwörungsformeln heilen oder Unglück bringen konnten, wurden mit Ehrfurcht behandelt. Fetischen und Amuletten – in Westafrika als *juju* bekannt – sprach man weithin magische Kräfte zu. Und nach den ersten Bekehrungen und christlichen Taufen durch europäische Missionare trugen manche Häuptlinge als Zeichen der Macht ein Kruzifix, ähnlich ihren eigenen Fetischen.

Bronzefigur *Die Bewohner von Benin waren Meister in der Kunst des Bronzegießens. Ihre Reliefs und Figuren, wie dieser Flötenspieler, vermitteln einen Eindruck vom Leben am Hof.*

Königreiche und Kolonien *Die Europäer glaubten, mit Siedlungen wie der Kapkolonie, die 1847 bereits bis zum Oranje-Fluß reichte, die Zivilisation nach Schwarzafrika gebracht zu haben. Doch es gab dort bereits Jahrhunderte zuvor hochentwickelte Kulturen und mächtige Stämme.*

Gold wert *Das einzige Zahlungsmittel der Aschanti war Goldstaub. Die Gewichte zum Abwiegen des Goldstaubs wurden aus Bronze gegossen und stellten Tiere und Pflanzen oder auch Menschen dar.*

Landleben *Die meisten Afrikaner lebten in kleinen Dorfgemeinschaften, die versprengt im Grünland oder in den Wäldern lagen. Ihre Häuser bestanden aus Lehm oder Schlamm und Stroh und waren eingezäunt.*

Palaver *Im 18. Jahrhundert bezeichneten die Portugiesen mit diesem Wort die endlos langen Verhandlungen der afrikanischen Eingeborenen.*

DER LANGE WEG INS ELEND

An den Hälsen aneinandergekettet und von den Fesseln wund und blutig gescheuert, wurden die im Inneren Ostafrikas gefangengenommenen Sklaven in einem Gewaltmarsch zur Küste am Indischen Ozean gebracht. Wagten die Sklaven, sich über die unmenschliche Behandlung zu beschweren, so brachte man sie häufig dadurch zum Schweigen, daß man ihnen ein Stück Holz zwischen die Zähne schob.

Verdächtigte man Sklaven eines geplanten Fluchtversuchs, dann wurden sie am Hals mit einer schweren Astgabel gefesselt, deren offenes Ende durch eine Eisenstange gesichert war. Sklaven, die krank oder zu schwach waren, um mit der Kolonne Schritt zu halten, wurden auf der Stelle getötet oder einfach am Wegesrand liegengelassen. Und wenn die Karawane einen Landstrich durchqueren mußte, in dem Hungersnot herrschte, ließ man ganze Gruppen von Sklaven erbarmungslos zurück, so daß sie – oftmals noch immer aneinandergekettet – qualvoll verhungern mußten.

Der Marsch zur Küste dauerte in der Regel drei Monate – eine Tortur, die für die Sklaven um so schlimmer war, als sie die mitgeführten Tauschwaren selbst tragen mußten. In Ostafrika wurden von den Anfängen des Sklavenhandels bis zur Mitte des 19. Jahrhunderts schätzungsweise zwei Millionen Schwarze versklavt, doch auf jeden, der den Sklavenmarkt von Sansibar erreichte, kamen vier oder fünf, die unterwegs starben. Rechnet man die während der Überfälle in den Dörfern getöteten Afrikaner hinzu, dann war der Preis an Menschenleben für einen Sklaven noch beträchtlich höher.

Der ostafrikanische Handel lag großenteils in den Händen von Arabern und Afrikanern, die an der Küste lebten, und wurde von den Untertanen des Sultans von Sansibar organisiert, einer Insel unmittelbar vor der Küste Ostafrikas, die das Ziel der meisten Sklavenkarawanen war. Ursprünglich war die Sklaverei eine Begleiterscheinung des Elfenbeinhandels gewesen; Sklaven wurden für den Transport der Elefantenstoßzähne zur Küste gebraucht.

Später stieg der Bedarf an Sklaven, und man schickte Überfallkommandos aus, die Dörfer im Landesinneren angriffen. Alle Männer, Frauen und Kinder, die nicht flohen, wurden zusammengetrieben. Wer zu alt oder gebrechlich war, um verkauft werden zu können, wurde abgeschlachtet. Selten setzten die Sklavenhändler bei diesen Überfällen ihr eigenes Leben aufs Spiel. Zumeist stachelten sie einen Häuptling auf, das Dorf eines anderen Stammes anzugreifen, stellten ihrem Verbündeten Feuerwaffen, Pulver und bewaffnete Männer zur Verfügung und holten sich später die Gefangenen. Eine Folge dieser Taktik war der verheerende Anstieg von Stammeskriegen, die das Elend, das der Sklavenhandel mit sich brachte, noch vermehrten. Riesige Gebiete wurden entvölkert. In Gegenden, die wenige Jahre zuvor noch dicht besiedelt waren, konnten Reisende nun wochenlang unterwegs sein, ohne einem einzigen lebenden Menschen zu begegnen.

Der Marsch zur Küste endete in den Häfen von Kilwa, Lindi oder zumeist jener Stadt, die die Afrikaner Bagamoyo – „wirf dein Herz fort“ – nannten. Zum Transport nach Sansibar wurden die Sklaven in Dauen, kleine Küstenschiffe, gepfercht. Der erste Schub – Zweiergruppen von Erwachsenen mit jeweils einem Kind dazwischen – kam auf den Schiffsboden. Wenn der Platz vollständig ausgefüllt war, wurde nur wenige Zenti-

Sklavenschiff *Die Sklavenhändler benutzten eine Dau, um ihre menschliche Fracht nach Sansibar zu transportieren. Die Überfahrt dauerte drei Tage.*

Afrika ohne Afrikaner *Sklavenhändler brannten Dörfer nieder, raubten die Ernte und ließen die Leichen ihrer Opfer überall verstreut zurück. Am schlimmsten war die Entvölkerung in Ost- und Südafrika, wo die Sklavenhändler auch Jugendliche und Frauen mitnahmen.*

Werkzeuge der Sklaverei *Sobald die Sklaven die Häfen der afrikanischen Küste erreicht hatten, wurden sie in schwere Ketten gelegt und in Verschlägen eingepfercht, wo sie auf die Ankunft der Schiffe warteten.*

Unterwegs nach Amerika *Europäische Sklavenhändler betrieben an der Westküste Afrikas ein blühendes Geschäft. Während der Erschließung Nord- und Südamerikas wurde eine riesige Anzahl von Menschen über den Atlantik transportiert, um auf Zucker-, Tabak- und Baumwollplantagen zu arbeiten.*

Es werde Licht *Missionare benutzten primitive Projektionsapparate für ihre biblischen Botschaften.*

Dem Tod entronnen *Entsetzt verhindert hier ein europäischer Reisender, daß ein junger afrikanischer König eine seiner Frauen aus einer Laune heraus mit einem Stock zu Tode prügelt.*

meter über ihren Körpern ein Zwischendeck eingelegt, und man verstaute darauf die nächste Gruppe, bis das Oberdeck erreicht war.

Sklaven, die auf den unteren Decks an Hunger starben, konnten während der Überfahrt nicht herausgeholt werden und blieben zwischen den Lebenden liegen. Das Einlaufen der Sklavenschiffe in Sansibar war ein grausiges Schauspiel, bei dem die Leichen zusammen mit den halbverhungerten und an Ruhr erkrankten Überlebenden entladen wurden. Manche von ihnen brachen kurz darauf in der Zollstation oder auf der Straße tot zusammen.

Nach der Überfahrt wurden die Sklaven etwas besser behandelt. Man brachte sie für einige Tage in den Häusern der Händler unter, und sie bekamen endlich Nahrung und Wasser, damit sie sich erholen konnten und auf dem Sklavenmarkt einen nicht so ausgezehrten Eindruck machten. Dennoch waren Europäer, die den Markt besuchten, entsetzt über den Zustand der angebotenen Sklaven: abgemagerte, völlig entmutigte Kreaturen mit eingefallenem Brustkorb, hohlen Wangen und hervorquellenden Augen. Manche von ihnen waren so schwach, daß sie nicht mehr stehen konnten.

Menschen als Ware

Der Markt fand in der abendlichen Kühle statt, und die Sklaven wurden halbkreisförmig in Gruppen von Männern, Frauen und Kindern aufgestellt. Dazwischen standen die arabischen Händler, redeten auf die Käufer ein, feilschten mit ihnen und diskutierten die guten und schlechten Eigenschaften der Gefangenen, so als handle es sich um Vieh. War man sich einig geworden, wurden einige der Sklaven fortgebracht, um auf den Plantagen ihrer neuen Herren in Sansibar oder als Dienstboten in den Küstenstädten Ostafrikas zu arbeiten.

Anderen stand die Tortur einer zweiten, noch längeren Reise nach Mauritius, Arabien oder in die Karibik bevor, und der Alptraum der Verschiffung begann erneut. Wer jedoch die schrecklichen Qualen des Sklaventransportes überlebte, fand am Ende seiner Reise vielleicht ein einigermaßen erträgliches Leben. Der Koran schrieb eine humane Behandlung der Sklaven vor, und jenen, die in die Häuser oder auf die Plantagen von Arabern kamen, erging es wahrscheinlich besser als ihren Leidensgenossen, die auf den Baumwollfeldern in den Südstaaten der USA arbeiten mußten.

Durch Berichte europäischer Forschungsreisender wurde die Welt auf den ostafrikanischen Sklavenhandel aufmerksam. Dennoch fand erst zu Beginn dieses Jahrhunderts der Handel mit afrikanischen Sklaven ein Ende.

REISE INS UNBEKANNTE

Um das Innere des afrikanischen Kontinents zu erforschen, trotzten europäische Entdecker des 19. Jahrhunderts den kaum bekannten Gefahren afrikanischer Flüsse und Urwälder, Wüsten und Steppen. Nur wenige von ihnen reisten alleine. Die meisten wurden von Führern und zahlreichen Trägern begleitet, die ihre umfangreiche Ausrüstung trugen: Proviant, Zelte, Feldbetten, Medizinschränke, Werkzeug, Seile, Faltboote, Gewehre und Munition. Bei ihrer Bekleidung vertrauten die Forschungsreisenden auf die Vorzüge von Flanellstoffen und Wollsocken. Kniehohe Lederstiefel schützten die Beine vor Schlangenbissen und Moskitostichen. Eine helmähnliche Kopfbedeckung oder ein Strohhut, an dessen Krempe ein Schleier befestigt war, hielt die große Hitze und lästige Insekten ab. Eine Sturmlaterne und ein zusammenklappbarer Schreibtisch dienten dazu, allabendlich Notizen ins Reisetagebuch einzutragen.

Vieh auf dem Exerzierplatz *Die Festung, die die am Kap stationierte Garnison beherbergte, wurde 1679 fertiggestellt und sollte die Siedlung vor Angriffen der Hottentotten schützen. Da es dazu aber niemals kam, nutzte man sie als Zentrum des geselligen Lebens. Gelegentlich diente der Exerzierplatz auch als Viehweide.*

DER WEISSE TRAUM VON SÜDAFRIKA

Den Blick durch ein Fernrohr auf den großen Tafelberg gerichtet, der von einem weißen Wolkenschleier eingehüllt ist, stemmt sich Jan van Riebeeck an der Reling der *Drommedaris* gegen die Wogen des Atlantiks. Der Niederländer ist voller Erwartung, zugleich aber auch voller Zweifel: Wird das Kap der Guten Hoffnung seinem Namen gerecht werden? Wird es ihm gelingen, den Auftrag der niederländischen Vereinigten Ostindischen Kompanie auszuführen, an der Südwestspitze Afrikas eine Niederlassung zu gründen und niederländische Auswanderer dort anzusiedeln?

Die Kaphalbinsel war um die Mitte des 17. Jahrhunderts eine schöne, aber wilde Landschaft. Die zerklüfteten Berge im Hinterland wurden von sanften, üppig bewachsenen Tälern gesäumt und von Flüssen und Bächen durchzogen. An den Hängen grasten Antilopen, und Löwen durchstreiften den dichten Busch.

Kurz nachdem van Riebeeck, seine Frau und seine Leute im April 1652 am Kap gelandet waren, begannen sie mit der Errichtung eines Forts, das dem Schutz ihrer Wasser- und Versorgungsstation dienen sollte. Die Direktoren der Vereinigten Ostindischen Kompanie waren sich der strategischen und wirtschaftspolitischen Bedeutung des Kaps für ihre Flotte bewußt, insbesondere seit die diplomatischen Beziehungen zu England immer gespannter wurden.

Ein weiterer Grund für den Bau des Forts waren die Hottentotten. Die Eingeborenen, die sich selbst *Khoi-Khoin* nannten, waren den fremden See- und Kaufleuten, die in ihr Land eingedrungen waren, stets mißtrauisch und feindselig begegnet. Van Riebeeck beschrieb sie als primitiv, unzuverlässig und gewissenlos. Ungeachtet seiner eigenen Vorbehalte befolgte der niederländische Kommandant jedoch die Weisung seiner Vorgesetzten, die Hottentotten gerecht zu behandeln. Ihre Besitzansprüche auf das Land erkannte er allerdings nicht an.

Lange Zeit war das Fort, das später durch eine sternförmige Festung ersetzt werden sollte, der Mittelpunkt des Lebens am Kap, und es gab nur wenige andere Gebäude in der Siedlung. Noch 1656 existierten außer dem Fort lediglich eine Schmiede, einzelne kleinere Befestigungsanlagen und ein paar verstreute Unterkünfte für die Handwerker der Handelskompanie. Später baute man Häuser aus Lehm und Flechtwerk, Stein oder Holz; Möbel wurden je nach Ansehen und Stellung des Besitzers vor Ort gezimmert oder aus den Niederlanden eingeführt. Der neue Kommandant forderte aus der Heimat Saatgut und Jungpflanzen an, und trotz anfänglicher Schwierigkeiten wurden die Erträge zusehends größer, so daß es schon bald mehr als genug zu essen gab. Nach zehn Jahren erstreckten sich die Pflanzungen bereits über eine Fläche von 18 Hektar, und man baute eine Vielzahl von Früchten und Gemüse an, wie Süßkartoffeln, rote Bete, weiße Rüben, Kohl, Salat, Gurken, Kürbisse, Blumenkohl, Möhren, Bohnen und Erbsen. Es gab Mais- und Tabakplantagen, und bald wurde am Kap auch Wein angebaut und gekeltert.

Van Riebeeck wußte, daß er das Vertrauen der Eingeborenen gewinnen mußte, denn für die Entwicklung der Siedlung war es wichtig, Vieh von ihnen zu erwerben, aus dem die Handelskompanie eigene Herden züchten konnte. Der Kommandant knüpfte daher gute Beziehungen zu den Eingeborenen und nahm sogar ein Hottentottenmädchen in sein Haus auf, das er Eva nannte.

Die Hottentotten, die in der Nähe des Forts lebten, nutzten die Gelegenheit und betrieben schon bald einen florierenden Handel mit den niederländischen Siedlern. Um ihre Vorteile aus dem Geschäft mit den Europäern zu sichern, versuchten die Eingeborenen, jeglichen Kontakt zwischen den Stämmen des Binnenlandes und den Niederländern zu unterbinden, und verbreiteten wahrhaftige Schauermärchen über die Siedler, damit sich ihre Konkurrenten von der Niederlassung fernhielten.

Das Handelsmonopol der Hottentotten von der Kaphalbinsel wurde schließlich durch Eva gebrochen, die

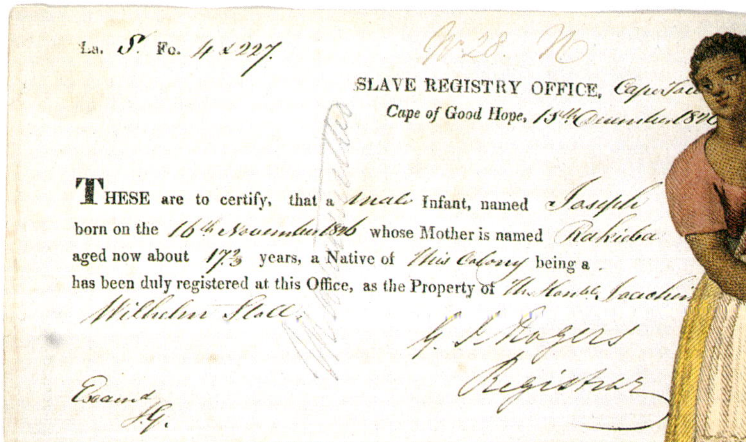

La. S. Fo. 4 & 227

SLAVE REGISTRY OFFICE,

Cape of Good Hope,

THESE are to certify, that a male Infant, named Joseph

born on the 16th whose Mother is named

aged now about 17½ years, a Native of this Colony being a .

has been duly registered at this Office, as the Property of

Registrar

In Fesseln geboren *Sklavenbesitzer mußten die Kinder, die ihre Sklavinnen zur Welt brachten, registrieren lassen, um ihr Besitzrecht zu belegen. Viele Sklaven erhielten von ihren weißen Herren neue Namen. Dabei waren biblische und Monatsnamen als Vornamen sehr beliebt.*

Anpassung *Einige der Hottentotten arbeiteten für die niederländischen Siedler und übernahmen deren Kleidungsstil und Lebensart, aber auch ihre Krankheiten. 1713 brach in der Kapsiedlung eine Pockenepidemie aus, an der Hunderte von Hottentotten starben, da sie weniger widerstandsfähig waren als die Europäer.*

Stadt der Schwarzen *Bevor die weißen Siedler kamen, waren weite Teile des Kaps von Eingeborenen bewohnt. Als Europäer im frühen 18. Jahrhundert den Oranje-Fluß überquerten, stießen sie auf eine Stadt, die so groß wie Kapstadt war.*

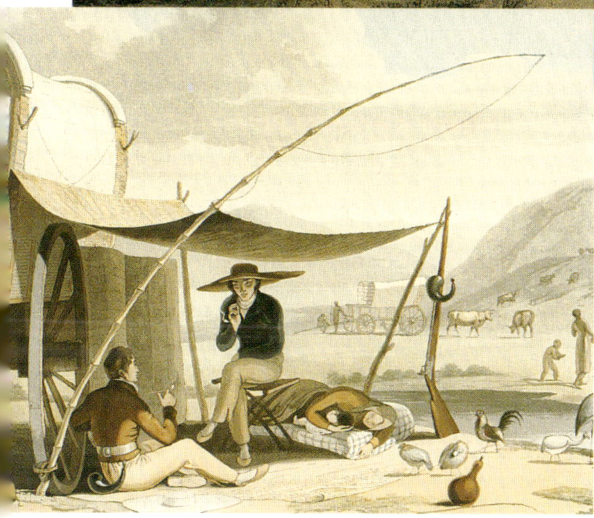

Bei der Rast *Bereits zu Beginn des 18. Jahrhunderts gab es einige niederländische Siedler, die als sogenannte Trekburen außerhalb der Grenzen der Kapkolonie das Leben umherziehender Viehzüchter führten.*

einem Stamm aus dem Binnenland zugehörte. Bereits nach kurzer Zeit nahm dieser Stamm nun regelmäßige Handelsbeziehungen zu den Niederländern auf, zog näher an das Fort und ließ sein Vieh auf dem Weideland der Halbinsel grasen. Mit der Zeit wurde das Land in der Umgebung aber knapp, und so kam es im Mai 1659 trotz der guten Beziehungen zu einem Aufstand der Eingeborenen, die erfolglos versuchten, die niederländischen Siedler wieder zu vertreiben.

Van Riebeeck hatte von der Handelskompanie die ausdrückliche Anweisung erhalten, die Eingeborenen am Kap nicht zu versklaven. Sklaven aus anderen Regionen waren dagegen durchaus zulässig, und so hatte der Kommandant die Handelsgesellschaft bereits wenige Wochen nach seiner Ankunft ersucht, ihm Sklaven zu schicken, die beim Bau des Forts und bei der Landbestellung eingesetzt werden sollten. Die Gesellschaft jedoch konnte keine Sklaven entbehren. 1658 führte dann das Schicksal eine Fracht von etwa 75 Sklaven ans Kap, die der niederländische Segler *Amersfoort* von einem portugiesischen Sklavenschiff erbeutet hatte. Von diesen Sklaven schickte man 21 Männer und 22 Frauen zur Arbeit auf die Felder und in die Gärten, während der Rest den Beamten der Handelskompanie zugeteilt wurde. Noch im selben Jahr trafen weitere 228 Sklaven ein, die man an der westafrikanischen Küste gekauft hatte, doch starben viele von ihnen kurz darauf an Krankheiten.

Krankheit war nur ein Teil des Leids, das die Sklaven im Dienst ihrer niederländischen Herren erwartete. Erniedrigungen, Mißhandlungen und Demütigungen trieben viele zur Flucht. Van Riebeeck gestattete den Sklavenhaltern sogar, entlaufene Sklaven, die wieder eingefangen worden waren, in Ketten zu legen. Der zweite Fluchtversuch eines Sklaven konnte zur Folge haben, daß man ihm die Ohren abschnitt, die rechte Hand abhackte oder seine Nasenspitze abschlug.

Die Angst der Weißen vor einem Aufstand spiegelte sich in einem Gesetz wider, das Zusammenkünfte von mehr als zwei Sklaven verschiedener Besitzer strikt untersagte. Die Sklaven mißachteten die Vorschriften und Verbote jedoch häufig und trafen sich zu Glücksspiel, Hahnenkämpfen, Trinkgelagen und zum Opiumrauchen. Nur auf diese Weise konnten sie ihr tristes Dasein ertragen und ihr Heimweh betäuben.

In den ersten Jahren, als es in der Kapsiedlung erheblich mehr Männer als Frauen gab, heirateten mehrere niederländische Siedler Sklavinnen. Später wurde die Sklavenunterkunft der Handelsgesellschaft zum führenden Bordell der Kolonie.

Als van Riebeeck die Halbinsel 1662 verließ, um Gouverneur von Malakka zu werden, war das Kap fest in der Hand der Niederländer. Ihre Siedlung sollte nach seiner Abreise weiter an Größe und Bedeutung zunehmen.

Weintransport *Schon im frühen 19. Jahrhundert erfreuten sich Weine aus der Kapkolonie bei Käufern in Übersee besonderer Beliebtheit – selbst Napoleon trank Kapwein in seinem Exil auf Sankt Helena.*

CHAKAS WILDE KRIEGER

Strenge Disziplin und eine Rechtsprechung, die keine Gnade kannte, prägten um 1820 das Reich der Zulu unter ihrem Herrscher Chaka. Der unberechenbare und unerbittlich grausame Zulukönig regierte als absoluter Monarch und war Herr über Leben und Tod in den zahllosen Dorfgemeinschaften, aus denen sich das Zulureich zusammensetzte.

Auf Ehebruch und etliche andere Vergehen stand die Todesstrafe. Die Schuldigen wurden von Kriegern zu einer Hinrichtungsstätte in der Nähe des königlichen Dorfes gebracht und dort erschlagen oder gepfählt.

Chaka war jedoch auch ein geborener Führer, ein militärisches Genie, und sein Ansehen reichte weit über die Grenzen des Zulureiches hinaus, das er durch seine Eroberungskriege geschaffen hatte. Er stattete seine Krieger mit schweren Stoßspeeren, Keulen und Ochsenhautschilden aus. Die Angriffstaktik seiner Armee erwies sich als überaus wirkungsvoll. Die sogenannte Stierkopfformation verband einen Frontalangriff auf die feindliche Stellung mit gleichzeitigen Ablenkungsmanövern an den Flanken durch Einheiten der schnellsten Läufer. Sobald der Feind umzingelt war, fielen die Zulukrieger über ihre Gegner her. Ein Dorf nach dem anderen mußte sich den Zulu ergeben. Die Strategie und Stärke von Chakas Armee vereinte Tausende von Dörfern, zwang aber auch Tausende ihrer Bewohner zur Flucht.

Einer Legende nach war Chaka der uneheliche Sohn von Senzangakona, dem Häuptling der Zulu, als diese noch ein unbedeutender Stamm waren, und Nandi, einer Frau aus dem Langeni-Klan. Die spätere Heirat der beiden fand nicht die Zustimmung der Zulu, und so wurden Chaka und seine Mutter schon bald von ihnen verstoßen. Später jagte auch der Langeni-Klan die beiden davon. Chaka vergaß diese Demütigungen seiner Kindheit niemals und nahm später schreckliche Rache, indem er seine Untertanen grausam unterdrückte.

Den Mittelpunkt der Zulugesellschaft bildete der Kral. Diese Siedlungsform bestand aus Hütten, die im Kreis angeordnet waren und zum

Festornat *Ein junger Zulu hat sich für eine Tanzzeremonie geschmückt.*

KAMPFSPIELE IM KRAL

Es ist ein heißer Sommertag im zerklüfteten Bergland der Zulu. Während die Erwachsenen auf der Jagd oder auf dem Feld sind, vernachlässigen die im Kral zurückgebliebenen Jugendlichen für kurze Zeit ihre Pflichten und vergnügen sich mit Kampfspielen und Tänzen. Vor der grasgedeckten Hütte ihres Vaters, an der Ochsenschädel hängen, die man den Familienahnen geopfert hat, üben sich zwei junge Männer in der Kunst des Stockkampfes. Neben dem Viehgehege in der Mitte des Krals schlagen zwei andere Jugendliche ihre Trommeln aus Kuhhaut und kündigen damit den Beginn eines Tanzes an.

Im Hintergrund bereiten sich einige junge Männer mit Stöcken und Schilden darauf vor, kriegerische Tänze vorzuführen, die sie ihren Vätern abgesehen haben. Vom Rhythmus der Trommeln mitgerissen, fangen auch einige Mädchen an zu tanzen und singen eine einfache Melodie. Dabei scheinen sie völlig vergessen zu haben, daß sie noch Wasser vom Fluß holen und das Abendessen vorbereiten müssen, bevor die Erwachsenen zurückkommen.

Dorfgebräu *Zur Herstellung eines bierartigen Getränks kochten die Zulu ein Gemisch aus getrockneter und gemahlener Hirse, Malz und Wasser. Ein bis zwei Tage danach setzte dann die Gärung ein.*

Schutz vor wilden Tieren von einem Dornenverhau umschlossen wurden. Das alltägliche Leben spielte sich auf dem Platz in der Mitte des Krals ab. Hier befand sich das Viehgehege, hier wurden Werkzeuge und Kleidung hergestellt sowie das Essen zubereitet. Die Hütten der Ehemänner lagen stets am gegenüberliegenden Ende vom Kraleingang, und die Hütten der Frauen waren entsprechend ihrer Stellung an den Seiten angeordnet.

Jede Hütte hatte die Form eines Bienenkorbes mit einem niedrigen, bogenförmigen Zugang und einer herausnehmbaren Tür aus Rutenflechtwerk. Rauch von der Feuerstelle im Inneren konnte durch eine Öffnung im Dach entweichen. Die hierdurch verursachte Rußschicht an der Decke hielt Ungeziefer und Insekten fern. Der Fußboden bestand aus einer Mischung aus der schlammigen Erde eines Ameisenhügels und Kuhdung. Mitunter setzte man tierisches Fett zu, damit der Boden glänzte.

Die Hütten waren überaus sparsam ausgestattet. Die Zulu saßen auf Ziegenfellen und schliefen auf Binsenmatten und unter Tierhäuten. Ihr Hauptnahrungsmittel war Hirse, bei ausreichend guten Ernteerträgen auch Mais. Das Getreide

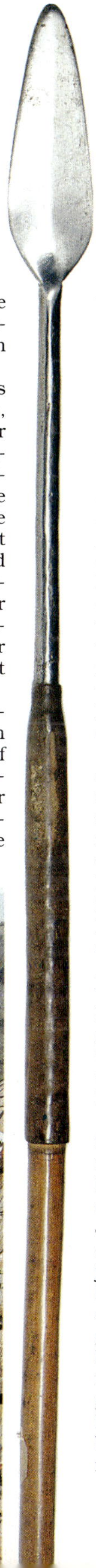

Wiederverwendung *Chaka entwickelte den assagai, den schweren Stoßspeer. Dieser ersetzte den traditionellen Wurfspeer, den die Krieger im Kampf nur ein einziges Mal benutzen konnten.*

wurde zunächst auf einem ausgehöhlten Stein zu Mehl gemahlen. Anschließend bereitete man daraus einen klumpigen Brei, der mit den Fingern gegessen wurde. Beliebt war auch *amasi*, ein Getränk aus saurer Milch. Die Sitten der Zulu verlangten aber manchmal den Verzicht auf dieses Getränk. So glaubten sie, daß verschiedene Ereignisse, wie etwa die Monatsblutung der Frau oder das Berühren von Toten, eine Verunreinigung bewirkten, von der man sich nur durch gewisse Verhaltensweisen wieder reinigen könnte, und dazu gehörte der Verzicht auf *amasi*.

Die gut organisierte Gesellschaft der Zulu wies Männern und Frauen feste Rollen zu. Zulufrauen akzeptierten ihre untergeordnete Stellung von frühester Kindheit an. Ein Ritual bestimmte den Zeitpunkt, ab dem die Mädchen zunehmend Frauenpflichten übernehmen mußten, wie Feldarbeit und verschiedene Aufgaben im Haushalt, während die Jungen das Vieh hüteten. Kräutersammler und Jäger mußten sich von den Frauen und Mädchen fernhalten.

Eheschließungen mußten im Zululand vom König genehmigt werden, und der erlaubte seinen Kriegern meist erst im Alter von weit über 30 Jahren zu heiraten, wobei die Frauen bis zu 15 Jahre jünger waren. Wenn ein Zulumann heiratete, verließ er den Kral seines Vaters und gründete seine eigene Familie, die er oftmals durch weitere Frauen und Kinder vergrößerte. Die Anzahl von Ehefrauen, die ein Mann haben durfte, richtete sich nach der Anzahl von Rindern, die er als *lobola*, als Brautpreis, aufbringen konnte – eine Regelung, die aus dem Mangel an Männern hervorgegangen war, den Kriege und Jagdunfälle verursacht hatten. Durch die Kontrolle über die Eheschließungen in seinem Reich hatte der König großen Einfluß darauf, wie viele Kinder geboren wurden und wer sie bekam. Innerhalb der Familie war der Ehemann die alleinige Autorität bei Streitigkeiten.

Letzter Ruhm *Im Jahr 1879 vernichteten Cetshwayos Krieger eine britische Streitmacht, aber die britische Vergeltung besiegelte schließlich den Untergang des Zulureiches.*

Ältere Frauen erlangten häufig großen Einfluß in den Familien ihrer Söhne, und innerhalb der Königsfamilie hatten Ehefrauen oder nahe weibliche Verwandte mitunter einflußreiche Positionen als Haushaltsvorstand inne.

Königsmord und Machtwechsel

Bei seinem Aufstieg zur Macht beseitigte Chaka jeden, der ihm den Thron hätte streitig machen können, übersah dabei jedoch seinen Halbbruder Dingane, einen klugen, aber verschlagenen Mann. Im September 1828 wurde Chaka von Dingane und einem anderen Halbbruder, Mhlangane, erstochen.

Dingane verfügte allerdings nicht über die militärischen Fähigkeiten Chakas. Nachdem er 1838 in der Schlacht am Blutfluß von den Buren vernichtend geschlagen worden war,

Seitenwechsel *Viele Zulu flohen nach Süden, wo sie unter dem Schutz der Briten standen und später gegen andere Schwarzafrikaner kämpften.*

floh er aus dem Zululand und starb später im Exil. Nach Dinganes Niederlage gründeten die Weißen im Süden eine kleine Siedlung namens Natal, die sich unter burischer und später britischer Herrschaft vergrößerte und die Macht der Zulu weiter schwächte.

Unter König Cetshwayo zeichneten sich erneut Konflikte mit den Briten ab. Der Versuch des neuen Königs, die Zuluherrschaft mit Waffengewalt wiederherzustellen, führte 1879 zum endgültigen Niedergang der militärischen Macht und schließlich zur Aufteilung des Zulureiches in 13 Stammesgebiete ohne König.

Bergauf *Auch das steilste und unwegsamste Gelände bewältigten die Ochsengespanne.*

LAGERLEBEN IN DER WILDNIS

Über dem von der Sonne verbrannten Buschland bricht der Tag heran. Im Lager der Siedler wirft sich ein stämmiger Mann seinen Mantel über die Schultern, zieht die Plane seines Wagens ein Stück zur Seite und späht hinaus ins Freie. Aus Angst vor einem nächtlichen Überfall hat er in seinen Kleidern geschlafen.

Seine Frau ist bereits auf den Beinen und bereitet das Frühstück vor. Ihre steife Haube, das Kleid aus Chintz und die vielen Unterröcke wirken in dieser Umgebung fremd und unpraktisch. Noch immer steigt Rauch aus den kreisförmig angeordneten Feuerstellen auf, die die Buren am Abend zuvor aufgeschichtet haben, um die Löwen fernzuhalten.

Bald wird überall im Lager gefrühstückt: frischgebackenes Brot, Mais und Wild, das vom Vortag übriggeblieben ist. Die jungen Männer werden losgeschickt, um die Schafe und Rinder zu hüten, während die älteren Männer auf die Jagd gehen, die Weiterreise besprechen und notwendige Reparaturen an der Ausrüstung vornehmen. Am Ende des Tages versammeln sich die Familien zu einem Dankgebet und setzen sich dann zusammen ums Feuer. Bevor sie schlafen gehen, legen sie nochmals Feuerholz nach, und die Wachen beziehen ihre Posten.

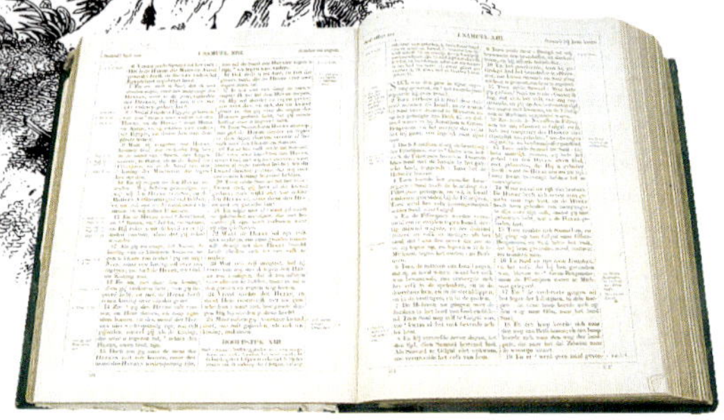

Göttliche Eingebung *Die Bibel war oft das einzige Buch, das eine strenggläubige protestantische Siedlerfamilie in ihrem Besitz hatte.*

MIT BIBEL, GEWEHR UND PLANWAGEN

Im Jahr 1835 machten sich mehrere Gruppen von Familien aus der östlichen Kapregion Südafrikas mit Ochsengespannen, bepackt mit ihrem gesamten Hab und Gut, auf den Weg. Sie wollten ins Landesinnere, das auf Karten noch kaum erfaßt war. Man bezeichnete sie später als *voortrekkers*, was soviel wie vorwärts Ziehende bedeutet, und ihre Wanderung wurde als der Große Treck bekannt.

Diese Siedler waren Buren, also Nachkommen der seit dem 17. Jahrhundert in Südafrika eingewanderten niederländischen und deutschen Siedler. Sie waren erbost, weil sie sich durch die Briten in ihren Rechten beschnitten fühlten. Der Kampf um gutes Weideland war hart, und die Buren glaubten, daß das britische Rechtssystem den von ihnen geschätzten unabhängigen Lebensstil bedrohte und ihnen das Recht nahm, sich zu verteidigen. Darüber hinaus war der Tauschhandel, wie ihn die Buren betrieben, im Untergang begriffen, da Bargeld eine immer bedeutendere Rolle in der Wirtschaft spielte. Entscheidend war auch, daß die Sklaverei abgeschafft wurde und die Briten Land, das sie zuvor gemeinsam mit den Buren erobert hatten, an die Eingeborenen zurückgaben. Obwohl die meisten Buren bereit waren, die neuen Gegebenheiten hinzunehmen, widersetzten sich einige Tausend den Maßnahmen der britischen Kolonialverwaltung.

Diese glaubten, außerhalb des britischen Machtbereichs ihren eigenen Staat gründen zu können. Fälschlicherweise gingen sie davon aus, daß weite Landstriche nördlich des Oranje-Flusses und östlich der Drakensberge durch Kriege entvölkert und sie den Überlebenden als Ver-

Belastbar *Die Planwagen wurden von Ochsengespannen gezogen, die in der Lage waren, auch sehr schwere Lasten zu befördern.*

Kampfbereit *Die voortrekkers waren keine Berufssoldaten, sondern größtenteils Jäger, Viehzüchter oder Bauern. Sie griffen nur dann zu den Waffen, wenn Gefahr drohte.*

bündete willkommen waren. In Wirklichkeit hatten die innerafrikanischen Konflikte das Land aber keineswegs überall menschenleer zurückgelassen.

Als der Treck zusammengestellt wurde, stellte sich heraus, daß in der Kapkolonie kein protestantischer Pfarrer bereit war, die Siedler auf ihrem Zug zu begleiten. Die Kirche stand der Expedition ablehnend gegenüber und befürchtete, daß sie zu Gottlosigkeit und verwilderten Sitten führe. So waren die Pioniere auf Missionare und Laienprediger angewiesen.

Der Planwagen, der von Ochsen gezogen wurde, diente ihnen zur Fortbewegung, zum Transportieren ihrer Habe, als Behausung und als Festung. Ein typischer Planwagen war etwa viereinhalb Meter lang und einen Meter breit. Im Wageninneren standen eine große Holzkiste, die als Kutschbock diente, und ein Bettgestell mit Matratze. Hühnerkörbe und Kochgeschirr wurden auf einem Holzgitter am hinteren Ende des Planwagens dicht unter den Wagenboden gehängt. An steilen Berghängen nahm man die Hinterräder der Wagen ab, band Zweige an die Achsen und ließ sie so wie Schlitten ins Tal gleiten.

Ziegendarm und Leguanfett

Militärisches Können war für die Buren sehr wichtig, da sie in Gebiete vordrangen, auf die afrikanische Eingeborenenstämme Anspruch erhoben. Sie bildeten eine richtiggehende Volksarmee. Wenn sie andere angriffen oder sich verteidigten, mußte die ganze Familie, einschließlich der Dienerschaft, mitkämpfen.

Da es auf ihrer Wanderschaft weit und breit keinen Arzt gab, waren sie gezwungen, sich selbst medizinisch zu versorgen. Mit der Zeit sammelten sie tatsächlich einen beeindruckenden Wissensschatz über die Heilwirkung von Kräutern und anderen Pflanzen an, die im offenen südafrikanischen Grasland wuchsen.

Einige medizinische Praktiken waren allerdings überaus merkwürdig. So wurden einem Mann drei Finger mit Hammer und Meißel amputiert und anschließend ein Verband aus Spinnweben und Zucker aufgelegt. Und einem anderen, der sich das Bein mit einer Axt verletzt hatte, legte man ein Aloeblatt und eine Münze auf die Wunde. Dann wurde eine Ziege geschlachtet, und der bedauernswerte Mann mußte einen Aufguß aus dem Inhalt der Gedärme trinken.

Hexenschuß wurde mit Geier- oder Leguanfett behandelt, aufgesprungene Hände und rauhe Gesichtshaut rieb man mit Ziegenfett ein. Bei Masern mußten die Patienten einen Aufguß aus Ziegenkot trinken. Trotz dieser ungewöhnlichen Behandlungsmethoden erfreuten sich die Siedler einer erstaunlich guten Gesundheit. Dies war zumindest teilweise auf ihre Hygiene zurückzuführen. Abfälle und Exkremente wurden gründlich beseitigt und die Wasserstellen stets vor Verunreinigungen durch Tiere oder Menschen geschützt.

Frauen stehen ihren Mann

Die Frauen waren robust und an Entbehrungen und Gefahren gewöhnt. Zusammen mit ihren älteren Töchtern mußten sie die Mahlzeiten für die Familie unter den schwierigsten Bedingungen zubereiten, oftmals ohne Feuerholz. Sie kochten in einem Topf über dem offenen Feuer und legten zum Backen glühenden Kuhdung auf den Topfdeckel. Sie bereiteten das Fleisch zu, backten Brot und Pfannkuchen und stellten ihre eigene Seife aus Laugenblumen und dem Fett von Schafschwänzen her. Außerdem mußten sie die Wäsche waschen und ausbessern. Dabei waren Nähnadeln besonders wertvolle Artikel und wurden manchmal monatelang von einer Frau zur anderen weitergegeben. Wenn sie abbrachen, spitzte man sie jedesmal mit einer Feile an, bis sie nicht mehr länger als ein Fingernagel waren.

Waren ihre Männer krank oder verletzt, übernahmen die Frauen die Zügel des Ochsengespanns. Wenn der Treck steile Berge hinauf- oder hinunterfuhr, mußten sie häufig die kleinen Kinder oder Teile der Ausrüstung tragen oder sogar helfen, die schweren Wagenräder anzuschieben oder abzustützen. In Ermangelung von Lehrern brachten sie ihren Kindern selbst das Lesen bei. Diese Frauen bewiesen viel Zähigkeit, Mut und Härte. So zog eine Witwe ohne jede fremde Hilfe neun Kinder groß. Ihre Erziehung kannte nur zwei Mittel: Kraftausdrücke und den Lederriemen.

Ort der Tränen *Bei einem Überraschungsangriff der Zulu auf ein Burenlager in Natal im Jahr 1838 fanden 500 Buren und ihre Diener den Tod. Gewöhnlich bildete man eine Wagenburg, um sich gegen die Angriffe der Eingeborenen zu schützen. Die Zwischenräume zwischen den Wagen füllte man zur Deckung mit Zweigen und Gestrüpp aus. Auch das Vieh wurde ins Innere der Wagenburg getrieben.*

Mit vereinten Kräften *Da die Gewehre beschwerlich zu laden waren, benutzte man mehrere zugleich. Der Mann schoß, während Frau und Kinder das nächste Gewehr nachluden.*

STADT IM DIAMANTEN-FIEBER

Alltag in der Diamantengräberstadt Kimberley: Diebe und Vagabunden durchstreifen den Ort. Männer kämpfen verbissen um ihre Claims, jenes Stück Land, auf dem sie nach Diamanten schürfen. Viele von ihnen sterben für die kleinen glitzernden Steine, die eines Tages den Hals reicher Frauen zieren werden. Das Leben der Digger, so nannte man die Besitzer der kleinen Claims, war ein ewiges Auf und Ab von unvorstellbarem Reichtum, zerstörten Träumen und verzweifeltem Neuanfang. Nur wer skrupellos und hartnäckig war, konnte hier überleben.

Auch die Natur war unerbittlich. Die sengende Sonne Südafrikas schien alle Feuchtigkeit und Energie wie ein Schwamm aufzusaugen, und der Wind legte einen feinen roten Staub auf Zelte, Tiere und Menschen.

Kimberley, die Stadt der Diamantenschürfer und -händler, war aus dem kleinen Ort Colesberg Kopje hervorgegangen, einer Siedlung aus einem Dutzend schäbiger Zelte und Baracken. Gegründet und nach seiner Heimatstadt benannt hatte den Ort ein Mann namens Fleetwood Rawstorne im Jahr 1871, als er an jenem Hügel sein Claim absteckte, das einmal als Big Hole, als großes Loch, bekannt und zur reichsten Diamantengrube der Welt werden sollte. Dieses kaum beachtete Ereignis sollte das Leben zahlloser Menschen grundlegend verändern.

In jenen Zeiten konnte ein Digger am Morgen noch arm und am Nachmittag desselben Tages bereits ein reicher Mann sein. Dann brachte er seinen Fund zu einem der vielen Diamantenhändler in der Nähe der Schürfstellen, der den Stein begutachtete und wog. Man äußerte Zweifel und beschimpfte sich gegenseitig, bis schließlich der Händler dem Digger ein Bündel Banknoten in die Hand drückte.

Der glückliche Digger mag dann in einen der vielen Saloons gegangen sein, wo die Männer mit Brandy den Staub aus ihren Kehlen spülten und wo man ihnen das Geld aus der Tasche zog.

Ein zeitgenössischer Bericht beschreibt die Gäste eines typischen Saloons in der Diamantengräberstadt: „An der Bar mischten sich Polizisten unter die Fische, die sie zu fangen hofften, und zechten mit ihnen: gescheiterte Vorarbeiter; mit Schmuck behängte und nach Parfüm stinkende Glücksspieler; betrunkene Rechtsanwälte; streitsüchtige und hitzköpfige irische Patrioten; ein paar kraftlose Schauspieler, ungewaschen und unverfroren; Zeitungsreporter mit schiefen Absätzen; Stellungslose unbekannter Herkunft."

Bescheidene Verhältnisse *Die ersten Unterkünfte bei den Schürffeldern waren Zelte und Planwagen. Da die Zelte aber häufig vom Wind umgeweht wurden, ersetzte man sie schon bald durch Holzkonstruktionen, über die man Planen spannte.*

Glanz und Elend der Digger

Der Alltag der Diamantensucher war geprägt von Habgier, Furcht und Schrecken und einer ungeheuren Anspannung. Manche Digger mühten sich wochenlang ab, ohne einen Diamanten zu finden, verarmten und mußten schließlich von Almosen leben.

Doch es gab auch zahlreiche Erfolgsgeschichten. Diamantengräber, die fündig geworden waren, wollten, daß alle Welt davon erfuhr. Manche von ihnen teilten großzügig Zigarren aus und zündeten sie zuweilen sogar mit Banknoten an. Einer der Digger, der sein Glück mit einer der vielen Bardamen feiern wollte, bestand darauf, daß sie zuerst ein Bad in Champagner nehmen solle.

Später lud er seine Freunde zu einer Fahrt auf einem Karussell in der Stadt ein. Er bestieg eines der Holzpferde, schwenkte eine Whiskyflasche und rief den Vorübergehenden unanständige und beleidigende Bemerkungen zu. Er wußte, daß sein Geld bald restlos verbraucht sein würde, doch das kümmerte ihn nicht. Im Moment war er reich, und nur der Augenblick zählte.

Auch wenn die Digger gern ein Glas mit Freunden tranken, so waren sie sich des mörderischen Konkurrenzkampfes und des Neids ihrer Kollegen durchaus bewußt. Argwöhnisch bewachten sie daher ihre Claims, manchmal sogar rund um die Uhr. Die Arbeiter, die sie zum Graben anstellten, stahlen oft genug von den glitzernden Steinen und verkauften sie in der Stadt, wo der Schwarzhandel mit Diamanten blühte.

Obwohl auf Schwarzhandel harte Strafen standen, brachte die Versuchung, schnelles Geld zu machen, eine Reihe raffinierter Schmuggelmethoden hervor. So versteckten Arbeiter die Diamanten in Zahnlöchern, in Schnittwunden an den Beinen, die sie sich selbst beigebracht hatten, oder sogar unter ihren Fußnägeln. Einige verschluckten die Steine und warteten, bis sie auf natürlichem Weg wieder zum Vorschein kamen. Um den illegalen Handel mit Diamanten einzudämmen, schuf man eine Diamantenpolizei und zwang die schwarzen Grubenarbeiter, in eingezäunten Lagern zu wohnen. Dennoch wurden bis zu 50 Prozent der Diamantenfunde von gerissenen Banditen beiseite geschafft.

Vom Berg zum Krater *Die Diamantengräber verwandelten Colesberg Kopje in die größte von Menschenhand geschaffene Grube der Welt.*

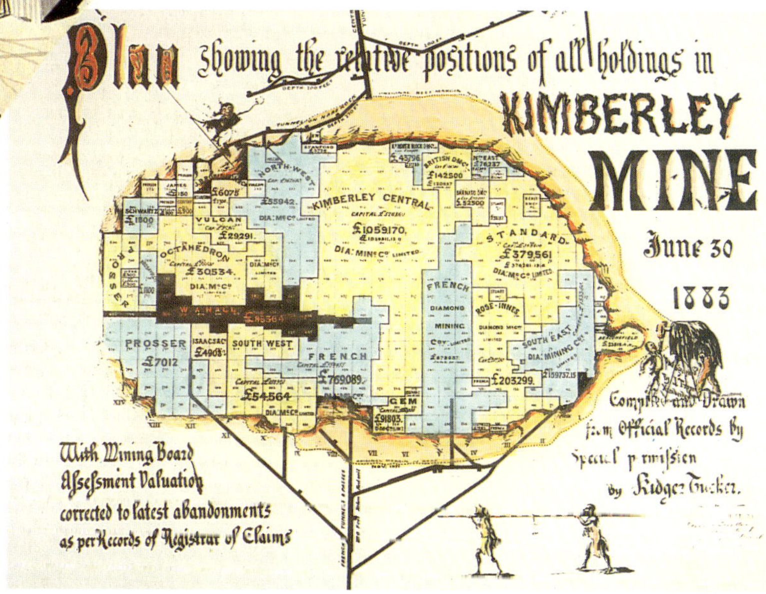

Schwarz auf weiß *Der Lageplan zeigt die einzelnen Claims im Big Hole. Mit der Zeit wurden viele davon durch Gesellschaften aufgekauft. Diese Entwicklung kann man an den größeren farbigen Flächen ablesen.*

AUF DIAMANT GEBAUT

Kimberley im Juli 1873. Nur zwei Jahre nachdem das Diamantenfieber ausgebrochen ist, sind die Zelte und die provisorischen Hütten verschwunden. An ihrer Stelle stehen jetzt Geschäfte und Wellblechhäuser. Das Big Hole, an dessen Rand die Stadt gebaut ist, wird von Tag zu Tag größer. Fährt man mit einem Ochsenkarren die Hauptstraße hinauf, so passiert man zunächst Danziger & Co., einen Diamantenhändler, der mit großen Lettern über der Tür die erfolgreichen Digger anzulocken versucht. Für bessere Preise ist allerdings Koefoed's bekannt, die Konkurrenz, die mit einer roten Fahne auf sich aufmerksam macht. An der Ecke zu einer Seitenstraße gibt es noch einen dritten Diamantenhändler, Tonesca's.

Gegenüber von Tonesca's befindet sich Norris's Hotel, ein beliebter Treffpunkt der Digger, wo es reichlich billigen Brandy gibt. Wer sich mit Vorräten und Proviant eindecken will, der geht zu Wallace & Co., einem mit zwei Fahnen geschmückten Laden, der direkt an einen großen Platz grenzt.

Die Arbeit in der Grube war äußerst hart. Schon auf dem Minengelände am Grubenrand mußte ein Arbeiter aufpassen, daß er nicht zwischen all dem Gepäck, den Zelten, Wagen, und Werkzeugen ausrutschte und in die Tiefe stürzte. Auf einer schaukelnden Strickleiter stieg er dann vorsichtig in seinen Claim hinab und war dabei von einem Gewirr aus Stahlseilen und ausgefransten Stricken umgeben, das an ein Spinnennetz erinnerte.

Die Diamantengräber hatten allen Grund, vorsichtig zu sein, denn es kam vor, daß Seile rissen und die in der Grube arbeitenden Männer von herabfallendem Geröll getroffen wurden, was so manchen das Leben kostete. Als die Diamantengrube immer tiefer in die Erde reichte, häuften sich solche Unfälle, weil nun das Geröll in Säcke oder Eimer gefüllt wurde, die man dann an Seilen über den Grubenrand nach oben zog.

In der ersten Zeit hatten die Digger noch Holzrampen gebaut, auf denen das diamanthaltige Geröll in Karren nach oben geschoben wurde. Zuweilen hatten sie sogar Tunnel gegraben, die von außerhalb der Grube zu ihren Claims führten. Später benutzten einige der Digger dann Leitern oder legten Stufen und Terrassen an, um von ihren Claims zum Grubenrand zu gelangen, der sich nun bereits 25 Meter über ihren Köpfen befand. Andere bauten primitive Seilwinden und später auch kleine Seilbahnen.

Kimberley verfügte schon bald über ein Geschäftszentrum, da Ladenbesitzer, Bar- und Hoteleigentümer sowie Vertreter vieler anderer Berufsstände in Scharen herbeiströmten, um die Bedürfnisse der rasch anwachsenden Bevölkerung zu befriedigen.

Am Ende eines langen Arbeitstages stürzten sich die Diamantengräber ins Nachtleben von Kimberley und gingen in eine Bar oder zum Tanz. Auch die Wochenenden waren alles andere als langweilig. Eine Pferderennbahn am Stadtrand zog zahllose Wetter an, und die Gewinne betrugen mitunter bis zu 1500 Pfund. Man veranstaltete Picknicks am Flußufer, ging auf die Jagd oder spielte Kricket oder Football.

An jedem Sonntag fanden Gottesdienste statt. Obwohl sie nicht sehr fromm waren, hielten die Digger dies für ein notwendiges Zugeständnis an Sitte und Anstand. Und so schrubbten sie sich sonntags den Schmutz der ganzen Woche von der Haut, zogen ihre saubersten Kleider an und gingen in eine Kirche, die sie aus Flechtwerk und Lehm gebaut hatten. Dort saßen sie dann mit sauberen Gesichtern und brummenden Schädeln vom Zechgelage der letzten Nacht und sangen stockend fromme Lieder im Chor.

HINDU UND BRITEN

Der langgestreckte Gebirgszug des Himalaja, der Indien von Zentralasien trennt, ist fast unüberwindlich. Dennoch konnten immer wieder Eindringlinge über die Gebirgspässe Afghanistans bis in das fruchtbare Tiefland im Norden Indiens vorstoßen. So eroberten Muslime ab dem 11. Jahrhundert weite Teile Nord- und Mittelindiens, gründeten 1526 das Mogulreich und beherrschten Ende des 17. Jahrhunderts beinahe das ganze Land. Zu dieser Zeit hatten auch bereits Kolonisten aus Portugal, den Niederlanden, Großbritannien und Frankreich Stützpunkte in Indien errichtet, und bis in die Mitte des 18. Jahrhunderts kämpften Franzosen und Briten um die Vormacht.

Nach dem Sieg der Briten regierten die Abenteurer und Kaufleute der Ostindischen Kompanie. Sie wiederum wurden von Zivilbeamten und Offizieren abgelöst, die die britische Kolonialverwaltung stützten. Die Briten bildeten eine eigene Schicht innerhalb der indischen Gesellschaft, die sich an der Lebensart und den Moralvorstellungen Großbritanniens orientierte und die fast keinen Kontakt zu den Millionen von Indern hatte, deren Leben sie bestimmte.

INDIEN
17. – 19. JAHRHUNDERT

Idealbild *Nur wenige Frauen führten ein so glanzvolles Leben wie die hier von einem westlichen Künstler dargestellte höfische Tänzerin.*

UNBERÜHRBARE UND PRIESTER

Trotz der Herrschaft wechselnder Eroberer veränderten sich die Grundstrukturen der indischen Gesellschaft nicht. Das Leben war weiterhin von dem bestimmt, was für die Menschen wirklich zählte: das Einsetzen des Monsunregens, die Horoskope, die Gunst der Götter, die jährlich wiederkehrenden Feiern, die Pflichten gegenüber der eigenen Kaste und der Familie, die geistige Reinheit und vor allem der unaufhörliche Kreislauf von Geburt, Heirat und Tod.

Diese Strukturen wurden bereits um 1500 v. Chr. festgelegt, als arische Eroberer aus dem Iran in Indien einfielen und die dunkelhäutigen drawidischen Ureinwohner unterwarfen. Aus der arischen Bezeichnung für die Indusregion, die Heimat der frühesten Zivilisation Indiens, entstanden die Namen Hindu, ein anderes Wort für Inder, und Indien. Die Arier, deren Nachkommen die heutigen Inder und Iraner sind, führten ihre eigene Ordnung in Form eines Kastensystems ein, das die Hindugesellschaft, dem Bau des menschlichen Körpers vergleichbar, in vier Kasten einteilte. Die Brahmanen, Priester und Gelehrte, bildeten den Kopf; die Kriegerkaste stellte die Arme dar; die Bauern und Kaufleute waren der Bauch; die Arbeiter und Leibeigenen verkörperten die Beine. Eine fünfte Kategorie bestand aus den Parias, die keinen Platz in diesem Kastensystem hatten und als Unberührbare galten. Sie waren meist Weber, Korbflechter,

Gerber, Wäscher, Straßenkehrer und Töpfer. Die Kastenzugehörigkeit war ein ererbter Status, der sich auf ein System von Pflichten bezog, das jedem eine bestimmte Rolle zuwies und unabhängig von Wohlstand und Macht Gültigkeit hatte.

Das Gesetz der Kaste

Die häufigste Siedlungsform in Indien waren Dörfer und nicht die Stadt. Das Zusammenleben der Menschen beruhte auf gemeinsamen Traditionen, auch wenn jede Region ihre eigenen Sitten und Gebräuche aufwies.

Die äußere Struktur vieler Dörfer ergab sich aus den dort ansässigen Kasten. Jede Kaste hatte ihren eigenen abgetrennten und durch eine Mauer geschützten Bereich, in dem ihre Mitglieder wohnten und ihrem ererbten Berufsstand nachgingen.

Die Beziehungen zwischen den Dorfbewohnern wurden durch die Kastengesetze bestimmt. Je höher die Kaste eines Hindu, desto bedrohter fühlte er sich durch die Anwesenheit von Menschen niederer Kasten, durch die er unrein werden konnte. Während die Unberührbaren am Dorfrand leben mußten, wohnten die Krieger und die Brahmanen in der Nähe des Tempels, neben dem großen, schattenspendenden Baum des Dorfes oder beim Dorfbrunnen, was das Leben für sie bequemer machte.

Streng geregeltes Leben

Auch das häusliche Leben verlief nach strengen Regeln, die das Verhältnis zwischen den Geschlechtern und zwischen Jung und Alt festlegten. Innerhalb der Großfamilie wurden Besitz und Einkommen geteilt, doch kannte jeder seinen Platz in der strikten Altershierarchie, an deren Spitze der Familienälteste stand. Die Loyalität gegenüber der Familie kam vor der Loyalität zur Kaste. Aufgrund familiärer Interessen wurden oft schon Kinder einander zur späteren Heirat versprochen.

Die Behausungen waren einfach. Auf der Veranda an der Vorderseite hielten sich die Männer auf, und in dem angrenzenden vorderen Raum wurden die meisten Arbeiten verrichtet. Der hintere Raum war den Frauen und der Nahrungszubereitung vorbehalten. Da die Nahrung eine Quelle geistiger Reinheit bedeutete, waren alle Tätigkeiten, die mit der Zubereitung und dem Verzehr in Zusammenhang standen, mit verschiedenen Vorsichtsmaßregeln belegt, um eine Verunreinigung zu verhindern. So galten beispielsweise offene Türen als unrein. Die vegetarische Kost der Hindu basierte auf gekochtem Reis, Weizen oder bei ärmeren Leuten auf Hirse. Es gab häufig Hülsenfrüchte, gebratenes oder eingelegtes Gemüse und Zwiebeln. Zum Essen nahm man die Finger der rechten Hand, die unreine linke Hand durfte nicht benutzt werden. Man setzte sich im Schneidersitz auf den Fußboden, der mit einer Schicht Kuhdung überzogen war, was ihm Heiligkeit verlieh, da die Kuh als reines Tier galt. Die Einrichtung bestand aus einer einfachen Schlafstelle, die noch vielen anderen Zwecken diente, einer eisenbeschlagenen Truhe für den Familienschmuck und die Festtagsgewänder sowie Behältern für das Getreide.

Der Kreislauf von Tod und Wiedergeburt stand im Mittelpunkt der hinduistischen Philosophie des Karmas. Naturgottheiten mußten günstig gestimmt werden. Bäume, Schlangen und Kühe waren heilig, da sie als Spender von Leben und Tod galten.

Zentren der Macht *Jahrhundertelang herrschten die Radschputen, eine Adels- und Kriegerkaste, im Nordwesten Indiens. Britische Siedler kamen auf dem Seeweg über die Hafenstädte ins Land.*

Schiwa *Sein Tanz symbolisiert die Zerstörung der Welt. Neben Brahma, dem Schöpfer, und Wischnu, dem Erhalter, ist er ein Hauptgott des Hinduismus.*

Religiöse Körperbeherrschung *Im Hinduismus, der Religion der Hindu, hat man große Achtung vor den Fakiren, die als heilig gelten. Sie führen ein Leben der Entsagung und Enthaltsamkeit und verharren oftmals stundenlang in äußerst unbequemen Körperhaltungen.*

Dorfgemeinschaft *Das Treiben in einem indischen Dorf zeigt dieses Modell eines Basars. Die im Dorf selbst hergestellten Güter wurden gegen Geld oder gegen andere Waren eingetauscht. Jede Kaste trug dazu bei.*

DAS SÜSSE LEBEN DER KÖNIGSSÖHNE

Im Jahr 1806 reiste James Tod, ein 24jähriger Hauptmann der bengalischen Armee, die von der britischen Ostindischen Kompanie unterhalten wurde, in politischer Mission in den Nordwesten Indiens. Die Ostindische Kompanie hatte gerade einen ihrer größten politischen Widersacher, die Marathen, besiegt und so die militärische Kontrolle über den Großteil Nordindiens errungen. Tods Mission bestand nun darin, die zahlreichen dort ansässigen Könige und Fürsten, die das als Radschputana bekannte Gebiet beherrschten, für die Briten zu gewinnen.

Was Tod hier vorfand, war eine Kriegerkaste aus königlichen Sippen, die sich Radschputen, Königssöhne, nannten und behaupteten, von der Sonne und dem Mond abzustammen. Ihre Vorfahren waren vermutlich Skythen, Hunnen und andere Nomadenstämme, die zwischen dem 4. und dem 7. Jahrhundert aus Zentralasien nach Indien gekommen waren. Diese kriegerischen Stämme gründeten eigene Königreiche und wurden innerhalb kurzer Zeit in das kulturelle Gefüge Hindustans, also Nordindiens, eingegliedert. Während der folgenden 1000 Jahre herrschten die Radschputen über weite Teile Nord- und Mittelindiens und trugen als Fürsten Titel wie Maharadscha oder Radscha.

Die Radschputen waren ein stolzes, kriegerisches Volk, das einen strengen ritterlichen Kodex befolgte, der dem europäischer Ritter des Mittelalters ähnelte. Sie sahen sich als die Verteidiger des Hinduismus gegen die muslimischen Eroberer, die vom Westen her in das Land drangen. Doch ein Großteil ihrer Gewalt war gegeneinander gerichtet, und ein Radschputenherrscher bekämpfte den anderen.

Die Radschputenfürsten errichteten große Festungen zur Unterbringung und zum Schutz ihrer Angehörigen. Jeder Herrscher erweiterte und verschönerte diese Gebäude, so daß riesige befestigte Paläste entstanden. Hinzu kamen neue Garten- und Sommerpaläste, Tempel, Jagdunterkünfte und Ehrengrabmäler, Zeugnisse eines Lebensstils, der selbst in Friedenszeiten ihre Kriegerkultur widerspiegelte.

Den Radschputen war die Loyalität gegenüber ihrem Sippenführer das wichtigste. Seine Edelleute kamen zum *durbar*, zur fürstlichen Audienz, und zahlten Goldmünzen als Tribut an ihn. Genauso hielten sie es wiederum mit ihren eigenen Gefolgsleuten und diese es wieder mit ihren Untertanen.

In der Palastfestung lebten die Männer in der *mardana*, einem offenen Bereich mit einer öffentlichen Empfangshalle für den *durbar*. Die Frauen wohnten im hinteren Teil des Palastes in einer abgeschlossenen Welt hinter Mauern und bewachten Türen. Zu dieser *zanana*, den Frauengemächern, war allen Männern, mit Ausnahme des Herrschers und seiner nächsten Angehörigen, der Zutritt untersagt.

Andere Teile des Palastes nutzte man, um Nahrungsmittel, Waffen und Kriegsgerät zu lagern, die königlichen Schätze und Staatsjuwelen aufzubewahren sowie die Pferde, Kamele, Elefanten und Ochsen unterzubringen. Darüber hinaus mußte ein Heer von Gefolgsleuten, Soldaten und Dienern untergebracht werden. Diese wurden aus allen Kasten rekrutiert: von den Brahmanen, den Priestern des Palastes, bis hin zu dem ursprünglichen Stammesvolk der Region, dessen Angehörige als Wachen und Fußsoldaten dienten und alle niederen Arbeiten verrichten mußten.

Auch wenn prächtige Wandmalereien die öffentlichen Räume schmückten, war der Palast ansonsten eher sparsam ausgestattet. Tod berichtete, daß es keine Stühle oder Sofas gab, aber Räume, wo „die bemalten und vergoldeten Decken von gedrehten Säulen getragen wurden und die Wände vollständig aus Spiegeln, Marmor oder Porzellan bestanden." Tods Berichten zufolge war der bevorzugte Zeitvertreib der Radschputen die Jagd auf Wildschweine, Löwen und Tiger. „Es würde selbst einen englischen Fuchsjäger erschrecken, wenn er die Radschputen sähe, wie sie auf ihren Rössern galoppieren, die jedes Hindernis wie eine Antilope überspringen, während die Jäger ihre Lanzen in der Luft schwingen oder in den Steinbügeln hängen, um auf das Wildschwein zu zielen. Die königliche Küche zieht bei solcher Gelegenheit ins Freie um, und an einer ausgewählten Stelle wird die Mahlzeit zubereitet, an der alle teilnehmen, denn Wildschwein ist die Leibspeise der Radschputen."

Erziehung zum Krieger

Die Jagd stellte nur eine der vielen Möglichkeiten dar, mit denen der Radschpute die Lebensweise des Kriegers nachahmte. „Alles, was ihn umgibt, erinnert an Kriegswaffen und Kämpfe", berichtete Tod. „Turnierreiten, Speerwerfen und Bogenschießen sind beliebte Zeitvertreibe. Der junge Radschpute wird bereits frühzeitig in diese kriegerischen Übungen eingeführt. Noch bevor er die Kraft hat, ein Schwert zu schwingen, muß er mit seinem Krummsäbel auf den Köpfen von Lämmern und Zicklein üben, damit er sich an den Anblick von Blut gewöhnt."

Das Leben der Radschputenfrauen von Stand und ihrer Gefolgschaft war weitaus weniger frei. Ihre Welt war auf die *zanana* beschränkt, wo die Hauptfrau des Fürsten, die Maharani, über alle Nebenfrauen, Konkubinen, weiblichen Verwandten und Bediensteten, Kinder und Eunuchen, die kastrierten Bewacher der Frauen, herrschte. Selbst wenn sie vom Palast in die Sommerresidenz umzogen, an Ausflügen oder auch an einer Jagd teilnahmen, blieben Radschputenfrauen stets in ihrem Harem und somit den neugierigen Blicken der Männer verborgen. Die Anlässe, denen sie mit Freude entgegensahen, waren die vielen religiösen Feste und die Hochzeiten, die zwischen den Sippen vereinbart wurden und deren fröhliches Treiben sich über Tage hinzog. Dann konnten die Frauen durch die durchbroche-

Militärischer Pomp *Ein Radscha reitet auf seinem Schlachtroß in einem feierlichen Aufzug. Vor ihm marschiert seine Leibgarde mit Lanzen. Die Träger seiner Standarten, zu denen ein Zeremonienschirm gehört, folgen ihm.*

Oberste Kaste *Der Prinz und seine Gemahlin standen an der Spitze der Radschputengesellschaft.*

Prunk *Sogar dieser Fliegenwedel hat einen kostbaren silbernen Griff.*

nen Marmorwände ihrer Räume nach unten schauen und dem Fest der Männer zusehen, bevor sie in den Frauengemächern ihre eigene Feier abhielten. Am achten Tag eines solchen Festes war dann alle Zurückhaltung einer grenzenlosen Ausgelassenheit gewichen.

Freitod statt Knechtschaft

Tods Aufzeichnungen sind voller Geschichten über die Tapferkeit der Radschputen und über die furchtbaren Opfer, die sie um ihrer Ehre willen erbrachten. Die schrecklichste Geschichte ist die vom Massenselbstmord der Frauen von Chitor. Die alte Radschputenhauptstadt Chitor wurde im Verlauf ihrer 1000jährigen Geschichte insgesamt dreimal geplündert, und jedesmal verbrannten Tausende von Frauen in unterirdischen Höhlen, während ihre Männer im Kampf starben. Zum letztenmal fiel Chitor im Jahr 1568 nach einer Belagerung durch die Moguln, eine Herrscherdynastie mongolischer Abstammung, die sich das Radschputenreich allmählich unterwarf.

Nach dem Fall von Chitor mußten die Könige von Radschputana die Vormachtstellung der Moguln anerkennen. Die neuen Herrscher beeinflußten die Radschputen in vielen Bereichen ihres Lebens. Später, unter britischer Kolonialherrschaft, übernahmen sie eine Reihe europäischer Sitten und Gewohnheiten, obwohl sie ihre Titel oft bis in die heutige Zeit behalten haben.

WITWENVERBRENNUNG

Wenn ein hoher Radschpute starb, erwartete man von seinen Witwen, daß sie sich bei seiner Verbrennung in die Flammen des Scheiterhaufens warfen. Das furchtbare Zeremoniell galt als der höchste Treuebeweis einer Frau, die man nach diesem Opfertod hoch verehrte. Obwohl Witwenverbrennungen im 19. Jahrhundert von den Briten verboten wurden, kommen sie gelegentlich noch heute vor.

Gedenken *Diese Hände wurden in die Palastmauern gemeißelt, um die verbrannten Witwen zu ehren.*

Königlicher Zeitvertreib *Die Radschputen waren für jede Art von Sport, vor allem aber für die Jagd zu begeistern. Das Gemälde aus dem 18. Jahrhundert zeigt einen Herrscher mit Jagdfalken und Gefolge bei der Reiherjagd (links).*

Niedere Kaste *In dieser Gruppe stehen ein Kleinbauer und ein Lehrer.*

Für Männer verboten *In der zanana vertrieben sich die Frauen die Zeit mit Geplauder und Spielen. Nur die Eunuchen hatten Zutritt.*

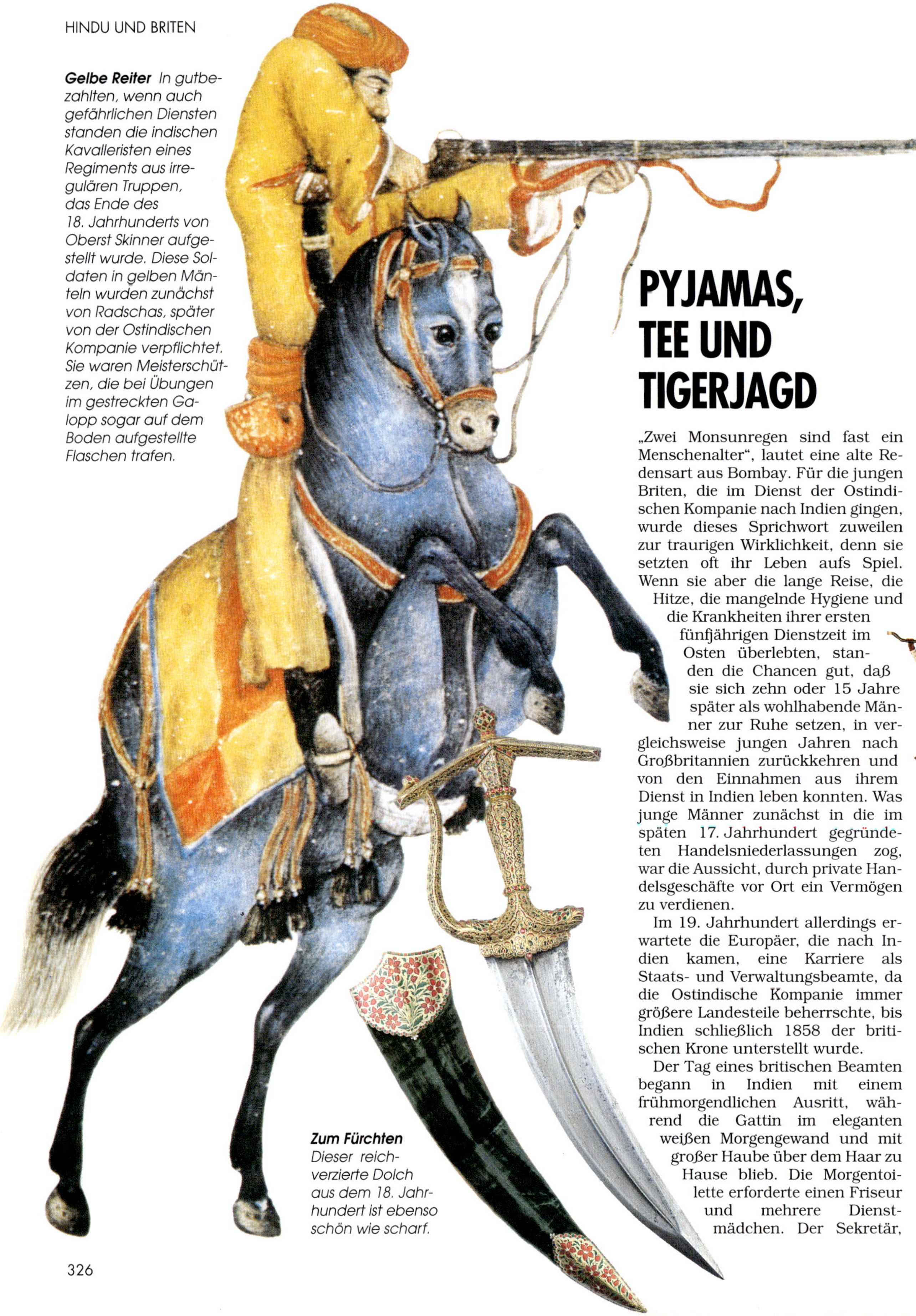

Gelbe Reiter *In gutbezahlten, wenn auch gefährlichen Diensten standen die indischen Kavalleristen eines Regiments aus irregulären Truppen, das Ende des 18. Jahrhunderts von Oberst Skinner aufgestellt wurde. Diese Soldaten in gelben Mänteln wurden zunächst von Radschas, später von der Ostindischen Kompanie verpflichtet. Sie waren Meisterschützen, die bei Übungen im gestreckten Galopp sogar auf dem Boden aufgestellte Flaschen trafen.*

PYJAMAS, TEE UND TIGERJAGD

„Zwei Monsunregen sind fast ein Menschenalter“, lautet eine alte Redensart aus Bombay. Für die jungen Briten, die im Dienst der Ostindischen Kompanie nach Indien gingen, wurde dieses Sprichwort zuweilen zur traurigen Wirklichkeit, denn sie setzten oft ihr Leben aufs Spiel. Wenn sie aber die lange Reise, die Hitze, die mangelnde Hygiene und die Krankheiten ihrer ersten fünfjährigen Dienstzeit im Osten überlebten, standen die Chancen gut, daß sie sich zehn oder 15 Jahre später als wohlhabende Männer zur Ruhe setzen, in vergleichsweise jungen Jahren nach Großbritannien zurückkehren und von den Einnahmen aus ihrem Dienst in Indien leben konnten. Was junge Männer zunächst in die im späten 17. Jahrhundert gegründeten Handelsniederlassungen zog, war die Aussicht, durch private Handelsgeschäfte vor Ort ein Vermögen zu verdienen.

Im 19. Jahrhundert allerdings erwartete die Europäer, die nach Indien kamen, eine Karriere als Staats- und Verwaltungsbeamte, da die Ostindische Kompanie immer größere Landesteile beherrschte, bis Indien schließlich 1858 der britischen Krone unterstellt wurde.

Der Tag eines britischen Beamten begann in Indien mit einem frühmorgendlichen Ausritt, während die Gattin im eleganten weißen Morgengewand und mit großer Haube über dem Haar zu Hause blieb. Die Morgentoilette erforderte einen Friseur und mehrere Dienstmädchen. Der Sekretär, Kaufmann oder Beamte arbeitete dann in seinem Büro, bis er mittags zum Essen nach Hause kam. „Man hat uns in England häufig berichtet, daß einem die Hitze in Bengalen den Appetit nimmt“, schreibt Eliza Fay, die um 1800 in Bombay lebte, in einem Brief nach Hause. „Ich muß gestehen, daß ich hierfür bislang noch keinen Beweis gefunden habe. Ganz im Gegenteil, ich glaube noch niemals gesehen zu haben, daß irgendwo ähnlich große Mengen verzehrt wurden. Hier unsere Speisekarte: Suppe, gebratenes Huhn, Curry und Reis, Hammelpastete, Lammrücken, Reispudding, Törtchen, sehr guter Käse, frische Butter, bestes Brot, ausgezeichneter Madeira.“

Dem Mittagessen folgte eine Ruhepause, nach der die Herren gewöhnlich in ihre Büros zurückgingen. Später kamen sie wieder mit den Da-

Mit Stil *Vier Träger und zwei Männer zum Geleit sind nötig, um einen Offizier in einer Sänfte zu befördern.*

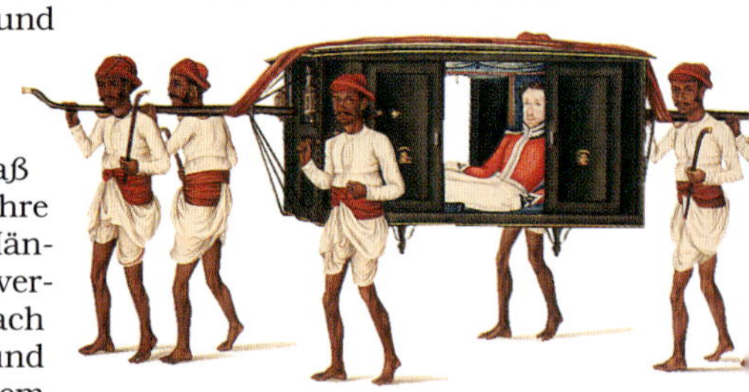

Zum Fürchten *Dieser reichverzierte Dolch aus dem 18. Jahrhundert ist ebenso schön wie scharf.*

men zusammen, um nach indischer Sitte in der abendlichen Kühle Luft zu schöpfen. Manche gingen zu Fuß oder ritten zu Pferde, andere fuhren in ihren Kutschen aus. Nach der Promenade folgten die Tee- oder Kaffeestunde und der Besuch bei Freunden und Bekannten. Besucher, die aufgefordert wurden, ihren Hut abzulegen, wußten, daß dies eine Einladung zum Abendessen bedeutete, das selten vor 10 Uhr am Abend begann.

Mußestunden *Britische Offiziere ruhen sich auf der Terrasse vor ihrem Bungalow aus. Der Diener hat Kaffee gekocht, den er jetzt serviert.*

Lieblingssport *Ein britischer Beamter kehrt mit seinen Jägern und Trägern und seiner Beute von der Tigerjagd zurück. Die Tiger wurden gewöhnlich vor die Flinten der Jäger getrieben, die auf Elefanten saßen.*

Europäer und Inder führten in der Regel ein getrenntes Leben, doch kam es gelegentlich auch vor, daß ein reicher Inder eine Einladung zum *nautch* aussprach: eine Abendgesellschaft mit Darbietungen von indischen Sängern, Tänzern und Musikanten, die die meisten Europäer allerdings äußerst unmusikalisch fanden. Der Heimweg in den frühen Morgenstunden stellte kein Problem dar, da viele der Gäste Sänften mit Trägern und einem Fackelträger zum Leuchten besaßen.

Die Memoiren des Briten William Hickey schildern eine Gesellschaft mit extravagantem Lebensstil, in der Korruption weit verbreitet war. Um britische Sitten mit indischen Methoden zu ermöglichen, hielt man sich Scharen von Dienern. Hickey, der Junggeselle war, zahlte 63 Bedienstete aus, als er 1808 Kalkutta verließ. Das gesellschaftliche Leben der Briten in Kalkutta litt unter einem chronischen Mangel an europäischen Frauen. In Bengalen gab es im Jahr 1800 nicht mehr als 250 britische Frauen, aber etwa 4000 Männer. Einmal im Jahr trafen aus Großbritannien ganze Schiffsladungen von Frauen in Kalkutta ein. Diese suchten einen Ehemann und waren dank der ausgestellten Sondergenehmigungen meist bereits nach wenigen Tagen verheiratet. Nach der Öffnung des Sueskanals 1869 war der Seeweg von Großbritannien nach Indien um einiges kürzer geworden. Als Folge davon kamen mehr und mehr britische Frauen nach Indien, um dort zu leben. Doch viele britische Kaufleute heirateten Inderinnen und übernahmen von den Indern unter anderem die Pyjamas und die Wasserpfeife.

Mordprozeß *Um Opfer und Tatwaffe gruppieren sich ein britischer Beamter und zwei Anwälte, ein Polizist, der den Angeklagten festhält, und ein bärtiger Priester, der die Ermordete verführt hat.*

Ebenso wichtig wie die Verwaltungsbeamten waren für die Ostindische Kompanie die Armeeoffiziere, die ihre indischen Söldner mit großem Erfolg in den Kampf führten. Die Truppen machten sich verschiedene indische Praktiken zu eigen und nahmen als Rekruten vor allem Inder aus hohen Kasten auf. Doch sie setzten auch strenge europäische Maßstäbe der Disziplin.

Wie Heuschreckenschwärme

Der Brite Albert Hervey kam 1833 als 16jähriger Kadett der Ostindischen Kompanie nach Südindien und diente während der folgenden 40 Jahre als Offizier. Immer wieder wurde sein Regiment zusammen mit den Familien der Armeeangehörigen, ihrem gesamten Gepäck, dem Vieh, den Zivilisten, die der Truppe folgten, und den vielen einheimischen Dienern Hunderte von Kilometern weiter zu einem neuen Stützpunkt geschickt. Dies bedeutete meist wochenlange Truppenmärsche mit Tausenden von Menschen, die wie ein Heuschreckenschwarm durch das Land zogen. Manchmal nahm das Regiment als Teil einer Streitmacht auch an Kämpfen gegen Aufständische teil. Wenn solche Armeen ins Feld rückten, waren ihre Marschkolonnen mehrere Kilometer lang. „Ein Vormarsch in Indien ist ein bemerkenswerter und einzigartiger Anblick“, schrieb Hervey in seinen Memoiren. „Die unzähligen Menschen in Bewegung, der Troß mit dem Gepäck, die Menge an Vieh, die Truppeneinheit, die klein ist im Vergleich zum Gefolge: Es ist dieser gewaltige Aufmarsch von Menschen, der das Ganze zu einem so erregenden Schauspiel macht.“

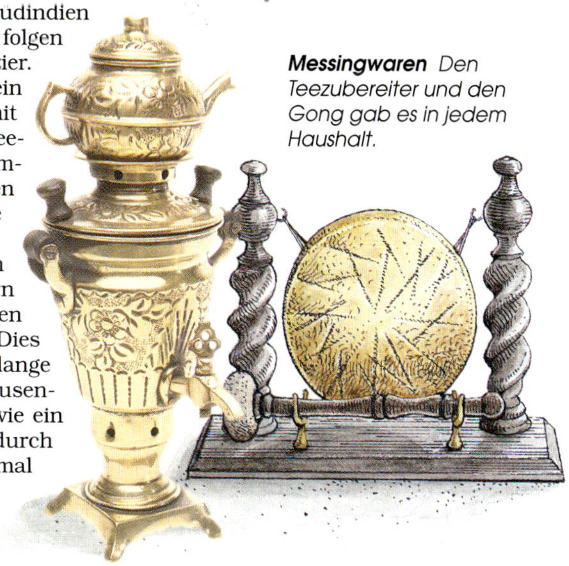

Messingwaren *Den Teezubereiter und den Gong gab es in jedem Haushalt.*

DAS GROSSE SÜDLAND

Ermutigt durch Berichte von frühen Entdeckern der pazifischen Inselwelt, erteilte die britische Regierung 1768 einer wissenschaftlichen Expedition unter dem Kommando von Leutnant James Cook den Auftrag, nach dem legendären Großen Südland zu forschen, das schon lang die Phantasie der Menschen beflügelte. Niederländische Seefahrer hatten Australien bereits ein Jahrhundert vorher erreicht und weite Teile der Westküste auf Karten erfaßt, aber die Briten glaubten, daß ein noch größerer Kontinent existierte. Cooks Expedition widerlegte diese Theorie.

Knapp 20 Jahre nach Cooks Ankunft begannen britische Kolonisten, Australien zu besiedeln, und vertrieben die Aborigines, die Ureinwohner des Kontinents, aus den fruchtbarsten Landstrichen. Mitte des 19. Jahrhunderts führten europäische Siedler dann in Neuseeland erbitterte Kämpfe bei der Landnahme. Sie brachten ihre Sitten, aber auch verheerende Krankheiten auf die Inseln im Südpazifik, wo die traditionelle Lebensweise der Urbevölkerung zunehmend durch die Europäer bedroht wurde.

DER FÜNFTE KONTINENT 18./19. JAHRHUNDERT

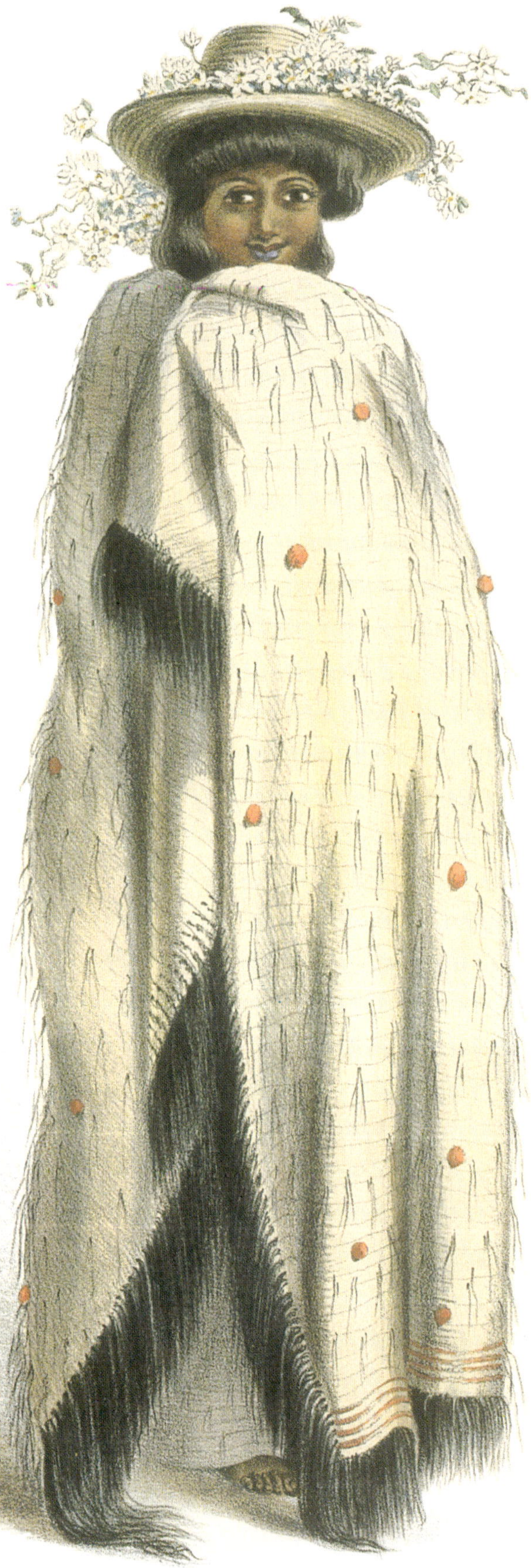

DAS WIEDERGEFUNDENE PARADIES

Am 18. Juni 1767 bei Sonnenuntergang ließ der Kapitän der *Dolphin*, Samuel Wallis, vor der Küste der polynesischen Insel Tahiti Anker werfen. Am nächsten Morgen erwachten seine an Skorbut erkrankten Männer und er inmitten eines Paradieses, wo schöne und gastfreundliche Menschen lebten, deren Ungezwungenheit und Heiterkeit die erschöpften Seeleute entzückten.

Ein Jahr später erlag auch der französische Entdecker Louis-Antoine de Bougainville dem Zauber Polynesiens. Bougainville nahm einen Tahitianer, Ahutou, mit zurück nach Paris, dem man dort große Aufmerksamkeit schenkte, denn man sah in ihm das Ideal des „edlen Wilden" verkörpert.

Europäer waren erstmals 1520 nach Ozeanien gekommen, als drei spanische Schiffe unter dem Kommando von Ferdinand Magellan das Gebiet auf dem Weg zu den Philippinen durchquert hatten. Während der nächsten beiden Jahrhunderte entdeckten spanische und niederländische Seefahrer zahlreiche Inseln, obwohl ihr eigentliches Interesse aber dem Großen Südland galt, das angeblich im Südpazifik zu finden sein sollte.

Ozeanien besteht aus Zehntausenden von Inseln, wovon allerdings nur etwa 3000 einen eigenen Namen tragen. Die Inseln lassen sich in drei große Regionen unterteilen: Polynesien, die vielen Inseln; Melanesien, die schwarzen Inseln; Mikronesien, die kleinen Inseln. Die Bewohner dieser drei Inselgruppen unterscheiden sich im Aussehen stark voneinander und sprechen Hunderte von verschiedenen Sprachen.

Sittenwandel *Der europäische Hut, den dieses Maorimädchen zu seiner traditionellen Kleidung trägt, symbolisiert die vielen Veränderungen, die die Europäer im Südpazifik ins Leben der Urbevölkerung brachten. Allerdings förderte der Kleiderzwang bei den Eingeborenen auch die Ausbreitung europäischer Krankheiten.*

In ihrer Lebensweise ähnelten sie einander dagegen in vieler Hinsicht. Sie lebten vom Fischfang, und auf den gebirgigen Inseln und den Korallenatollen bauten sie Süßkartoffeln, Bananen, Kürbisse, Brotfruchtbäume, Yams und eine tropische Pflanze mit eßbarem Wurzelstock namens Taro an.

Die Ozeanier schnitzten kunstvolle Götterbilder und Ahnenfiguren aus Holz. Auf den Osterinseln errichteten die Eingeborenen an der Küste riesige Statuen menschlicher Köpfe, die sie aus dem Vulkangestein gehauen hatten.

Die Bewohner der pazifischen Inseln waren erfahrene Bootsbauer, die große Entfernungen mit ihren Booten zurücklegten und sich dabei ausschließlich auf natürliche Navigationshilfen wie Sonne, Mond und Sterne, Strömungen und den Vogelflug verließen. Für häufig befahrene Routen fertigten die Mikronesier eine Art von Seekarten an, bei denen zusammengebundene Stöcke die Routen und Strömungen zeigten, während kleine Muscheln und Steine die Inseln darstellten.

Sträflinge und Missionare

1768 schickte die Royal Society in London eine Expedition unter James Cook nach Tahiti, um eine Sonnenfinsternis beobachten zu lassen. Nachdem er diese Aufgabe erfüllt hatte, segelte Cook im Geheimauftrag der Admiralität nach Südwesten. Er umfuhr Neuseeland, segelte anschließend westwärts und fertigte eine Seekarte von der Ostküste Australiens an, bevor er nach Großbritannien zurückkehrte. Auf seiner zweiten Reise, die 1772 begann, steuerte Cook als erster Europäer Tonga und Neukaledonien an. Der Entdecker wurde im Februar 1779 bei seiner dritten Reise von Hawaiianern getötet.

Europäische Kolonisten und Missionare folgten den Seefahrern in den Pazifik. Die Besiedlung des fünften Kontinents begann im Januar 1788, als elf britische Schiffe mit etwa 730 Strafgefangenen an der Ostküste Australiens vor Anker gingen und die Stadt Sydney gegründet wurde. Entlaufene Sträflinge der australischen Kolonie waren die ersten weißen Siedler auf vielen Pazifikinseln.

Schockiert von Berichten über Kannibalismus, Menschenopfer und Kindermord auf den Inseln des Südpazifiks, entsandte die Londoner Mission im Jahr 1797 Missionare dorthin. Sie schafften die traditionellen Riten und Bräuche ab, zerstörten religiöse Kultstätten und verbrannten Götterbilder. Zuweilen trafen die Missionare bei ihrer Ankunft weiße Männer an, die mit den Eingeborenen lebten, und taten es diesen dann gleich.

Bis 1870 hatte sich das Christentum im Pazifikraum durchgesetzt, doch nahm die Zwangsmissionierung zum Teil schlimme Formen an. So verboten amerikanische Missionare den Hawaiianern beispielsweise, sonntags zu kochen, schrieben ihnen aber gleichzeitig die Teilnahme an fünf Gottesdiensten vor. Auf Mangareva zwang ein französischer Priester die Bewohner, eine riesige Kirche zu bauen. Wal- und Robbenfänger begannen am Ende des 18. Jahrhunderts im Pazifik zu jagen, und Kaufleute, die mit Holz und neuseeländischem Flachs handelten, lösten einen großen Zustrom von Europäern zu Beginn des folgenden Jahrhunderts aus. Durch neue Regelungen bei der Landverteilung und durch staatlich geförderte Einwanderungen dehnten sich die Siedlungen in Australien stark aus, und bis 1850 hatten die Kolonisten Melbourne, Perth, Adelaide, Wellington und andere Städte, die noch heute bedeutend sind, gegründet. Die Ureinwohner des Südpazifiks wurden nach und nach ihrer Territorien beraubt, bis zu Beginn des Ersten Weltkrieges sämtliche Inseln Ozeaniens unter fremder Herrschaft standen.

__Gefahren auf See__ Der britische Freibeuter und Entdecker William Dampier geriet 1699 mit einem kleinen Boot nördlich von Australien in einen heftigen Sturm.

__Südsee__ Australien und die südpazifischen Inseln wurden wahrscheinlich einstmals von Völkern besiedelt, die aus Südostasien kamen.

__Inselspringer__ Die Ozeanier verwendeten ausgehöhlte Baumstämme zum Bau ihrer Boote, mit denen sie auch große Entfernungen zurücklegen konnten.

__Schöpfergott__ Die Hauptgottheit der Völker Polynesiens war Tangaroa, der als der Ahne der ersten Inselbewohner, aber auch als Gott der Seefahrer und des Meeres verehrt wurde.

__Heidnisches Ritual__ Die Eingeborenen auf Tahiti glaubten noch 1774, als Cook die Insel besuchte, die Götter durch Menschenopfer besänftigen zu können. Die Opfer wurden gefesselt und erschlagen.

NOMADEN AUS DER TRAUMZEIT

Die Aborigines, die Ureinwohner Australiens, führten ein einfaches Leben, das auf ihrem starken Glauben gründete. Sie waren überzeugt, daß es früher eine sogenannte Traumzeit gegeben hatte, ein goldenes Zeitalter, in dem die Erde erschaffen worden und von übernatürlichen Wesen bevölkert war. Alle Menschen, so glaubten sie, waren mit diesen Wesen und dem Land, das sie erschaffen hatten, eng verbunden. Berge, Wasserstellen und andere besondere Orte der Aborigines wurden als das Werk oder die Verkörperung dieser Traumzeitwesen betrachtet.

Die Aborigines waren Nomaden, die weiterzogen, sobald das Nahrungsangebot an ihrem Lagerplatz knapp wurde. Ihre Wanderungen richteten sich nach den Jahreszeiten, also nach dem Reifen der Pflanzen, die sie aßen, und dem Zug der Vögel und Fische. Bei gutem Wetter lagerten die Aborigines an einem Feuer im Freien und schützten sich mit einem Wall aus Gestrüpp gegen den Wind. In kalten oder regnerischen Nächten oder an Lagerplätzen, wo sie länger blieben, errichteten sie niedrige Hütten aus Rindenstücken, Gras oder Palmwedeln, die sie an einem Gerüst aus jungen Bäumen festbanden. In Südaustralien bauten die Aborigines auch vereinzelte Steinhütten, und an der Küste dienten Walrippen als Dachsparren. In den größeren Behausungen fanden bis zu zehn Menschen Platz, die um eine in der Mitte errichtete Feuerstelle schliefen.

Als Jäger und Sammler waren die Aborigines auf die Natur angewiesen, und deshalb kannten

Jagdbumerang

Vielseitig *Diese flache Speerschleuder der Aborigines, die auch als Teller dienen konnte, verfügt außerdem über eine Schneide.*

Jagdpartie *Ein englischer Maler hat diese Szene festgehalten: Der Fischer holt gerade aus, um mit dem Speer auf seine Beute zu zielen. Das Feuer gibt Wärme und hält Moskitos fern.*

VON BERUF JÄGER

Die Aborigines waren erfahrene Jäger und meisterhafte Spurensucher. Die Jagd war Männersache. Mit Bumerangs, Wurfkeulen und Speerschleudern erlegten sie Känguruhs und andere Tiere. Mit ihren Steinäxten konnten die Aborigines hohle Baumstämme öffnen, um an Bienenstöcke zu gelangen, und stufenartige Kerben in Stämme schlagen, um Opossums, Koalas, junge Vögel und Vogeleier aus den Bäumen zu holen. Mit ihren Kanus aus Baumrinde fuhren sie zum Fischen und benutzten dabei Angeln mit Haken, Speere oder Netze. Sie tauchten nach Krebsen, Muscheln und Meeresschildkröten und fingen Fische hinter Steindämmen, die sie gerade unterhalb der Flutlinie errichtet hatten.

Feindlicher Zusammenstoß *Die stolzen und eigenständigen Aborigines widersetzten sich den europäischen Neuankömmlingen, die versuchten, ihr Land zu erforschen und zu besiedeln. Doch letztendlich unterlagen ihre Speere den Waffen der Europäer.*

Innenansicht *Die Aborigines stellten bei ihren Bildern von Tieren oder Menschen manchmal auch die Knochen und inneren Organe dar.*

Mit Gesang und Tanz *Von einem* korrobori, *einem Stammesfest der Aborigines, waren Frauen und Kinder ausgeschlossen. Europäer waren nur selten Zeugen.*

Gleichberechtigung *Dieses bebilderte Plakat zeigt den Aborigines, die ja nicht lesen konnten, daß Mörder jeglicher Rasse verurteilt wurden.*

sie das Land und seine Nahrungsquellen sehr genau. An manchen Stellen brannten sie das Unterholz nieder, um den Wuchs von Nutzpflanzen zu fördern, neue Weideflächen für das Wild zu schaffen und ihr eigenes Weiterziehen zu erleichtern. Die Jagd war die Domäne der Männer, während die Frauen, die in getrennten Gruppen zogen, die kleinen Tiere sowie

Früchte, Knollen und Samen, die den Großteil ihrer Ernährung ausmachten, sammelten. Das Werkzeug der Frauen war ein kräftiger Stock von bis zu zwei Meter Länge, mit dem sie Knollen, Eidechsen und Larven aufstöberten.

Auch wenn man während des Tages von Zeit zu Zeit etwas aß, fand die Hauptmahlzeit doch abends am Lagerfeuer statt, wo man sich ausruhte und Geschichten erzählte. Die meisten Speisen wurden einfach nur geröstet. Aber manche Knollen und Samen mußten die Frauen mühsam zerkleinern, einweichen und backen, um die darin enthaltenen Gifte zu entfernen. Die Familien teilten sich das vorhandene Essen, und Alte und Kranke wurden gut versorgt. In fruchtbaren Gegenden, wo die Nahrungsbeschaffung leicht war, fanden die Aborigines Zeit für Spiele. Es gab Ballspiele und Schlammschlachten, begleitet von großem Gelächter, und Spiele, bei denen einzelne Aborigines die Mimik und Gestik ihrer Freunde imitierten.

Wenn es Nahrung im Überfluß gab, schlugen Hunderte von Aborigines gemeinsam ihr Lager auf und blieben wochenlang zusammen, um Waren und Neuigkeiten auszutauschen. An besonderen Tagen fanden dann Gruppentänze zur Darstellung von Jagd- und Kriegsereignissen, *korroboris*, statt. Diese Tänze wurden häufig von einem hölzernen Blasrohr, dem *didgeridoo*, begleitet, das einen andauernden Brummton erzeugte.

Bei den Zusammenkünften der Ältesten wurden Geschichten erzählt, gelegentlich aber auch Beleidigungen ausgetauscht, was dann am nächsten Tag zu einem Kampf mit Speeren und Schilden führte. Obwohl die Männer diese Kämpfe erbittert austrugen, unterlagen sie festen Regeln. Sie endeten erst, wenn einer der Teilnehmer ernsthaft verletzt oder sogar getötet wurde. Die Zusammenkünfte dienten zudem dazu, junge Männer bestimmten Riten zu unterziehen, die die Schwelle von der Kindheit zum Mannesalter markierten, und sie in die Geheimnisse des Landes und den Stammeskult einzuführen. Bei vielen Stämmen war das Einritzen der Haut Bestandteil dieser Riten, mitunter diente es allerdings lediglich der Zierde.

Wichtige Personen bei diesen Riten waren die Wahrsager. Diesen weisen und ehrwürdigen Männern sprach man große spirituelle Kräfte zu sowie die Fähigkeit, in die Lüfte fliegen, in die Erde eintauchen, Regen bringen, mit Geistern sprechen und Krankheiten heilen zu können.

Zu den Aufgaben der Wahrsager zählte es, die Ursachen von Verletzungen, Krankheit oder Tod festzustellen. Die Aborigines glaubten, daß all dies nur das Werk von mißgünstigen Menschen oder Geistern sein konnte, und der Wahrsager mußte den Schuldigen finden, damit er seine Strafe bekam. Denn nach der Auffassung der Aborigines hatte jedes Ereignis in ihrem Leben eine Bedeutung und nichts konnte durch Zufall geschehen.

NEUER ADEL IN DER STRAFKOLONIE

An einem strahlenden Septembermorgen des Jahres 1819 meldeten die Beobachtungsposten im Hafen von Sydney die Ankunft britischer Schiffe. Als eines nach dem anderen am Kai festmachte, hatten sich die meisten Bewohner der Siedlung dort bereits eingefunden.

Schiffe bedeuteten Neuigkeiten, selbst wenn sie neun Monate alt waren: so lange dauerte die Reise von Großbritannien nach Australien. Sie brachten Briefe von zu Hause und Waren für das Vorratslager der Kolonialverwaltung und die Kaufläden. Und was vielleicht noch wichtiger war, Schiffe bedeuteten neue Arbeitskräfte und Bedienstete. Mit einem dieser Schiffe kam aber auch John Thomas Bigge, ein britischer Regierungsbeauftragter, der das Finanzgebaren der Kolonie Neusüdwales und die Zustände, die dort herrschten, überprüfen sollte.

Die Menschenmenge, die in der Sonne am Ufer stand, bot einen farbenfrohen Anblick. Das kräftige Rot und das Marineblau der Garnisonsuniformen kontrastierten mit der gelben Sträflingskluft, die durch einen aufgedruckten Pfeil gekennzeichnet war. Die ehemaligen Sträflinge, die zwar ihre Strafe abgesessen hatten, denen es aber an Geld oder dem Willen fehlte, nach Großbritannien zurückzukehren, waren recht unterschiedlich, wenn auch eher ärmlich gekleidet. Da und dort leuchtete der weiße Putz einer Siedlerfrau oder das bunte Kleid eines Dienstmädchens auf.

Wider Willen *Außerhalb der Kaserne von Sydney wartet ein neu eingetroffener Trupp von Sträflingen aus Großbritannien auf einen Arbeitgeber.*

Am Rand der Menge lungerten ein paar Aborigines herum. Sie hatten zwar das Elend, das europäische Krankheiten über die Urbevölkerung gebracht hatten, überlebt, ruinierten nun aber ihre Gesundheit und ihr Leben durch ihre neuentdeckte Leidenschaft für den Alkohol.

Meckernde Ziegen und herrenlose Hunde trugen zu dem allgemeinen Durcheinander bei. Straßenverkäufer boten lautstark Fisch, Austern, Kuchen und Fleischpasteten feil. Diese Szene stand in völligem Gegensatz zu früheren Zeiten, als beim Anlegen der Schiffe halbverhungerte Menschenhorden sehnlichst auf das Eintreffen von Nahrungsmitteln gewartet hatten. Obwohl es sich um eine Strafkolonie handelte, hatte sich Sydney zu einer Stadt entwickelt, die sich selbst versorgte und wo man nicht länger mit Waren bezahlte, sondern mit Münzgeld und Schuldscheinen.

Unternehmergeist und Vergnügen

Dennoch klagte der Regierungsbeauftragte Bigge über die zahllosen Mißstände in der Stadt. Er mißbilligte das Maß an Freiheit, das man den Sträflingen zugestand, und verurteilte die Korruption unter den Offizieren. Er bemängelte außerdem den Straßenbau, für den Arbeitskolonnen abkommandiert wurden, die aus besonders widerspenstigen Strafgefangenen bestanden.

Bigges Bericht an die britische Regierung bewirkte weitreichende Ver-

Sitz der Macht *Nach zehnjähriger Bauzeit wurde 1845 das Gebäude der Kolonialverwaltung in Sydney fertiggestellt.*

KLEINSTADTIDYLL IN SYDNEY

Wie dieser Blick auf Sydney zeigt, hat sich die Siedlung 1842 bereits zu einer größeren Stadt nach britischem Muster entwickelt. Die stattlicheren Gebäude sind zwischen 1810 und 1820 entstanden. Dazu gehören die elegante Kirche Saint James und die nahe gelegene Sträflingskaserne, die beide von dem ehemaligen Strafgefangenen und Architekten Francis Greenway entworfen wurden. Die Offiziere leben in einfachen Wohngebäuden, von denen einige zum Schutz vor der Sonne mit Veranden ausgestattet sind. Auf den umliegenden Hügeln stehen Windmühlen, in denen der Weizen zu Mehl gemahlen wird. Denn der Brotbedarf der rasch anwachsenden Bevölkerung der Kolonie läßt sich längst nicht mehr mit handbetriebenen Mühlen decken.

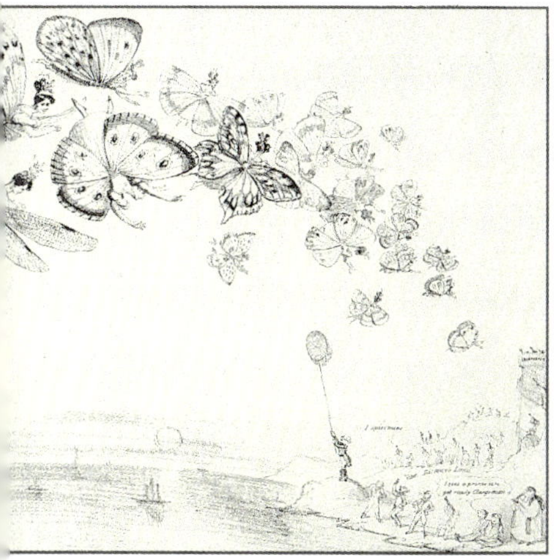

Ins Netz gehen *Diese Karikatur spottet über den Versuch, ledige Frauen nach Australien zu locken.*

Weihnachten unter Palmen *Aus Gewohnheit zogen die Siedler bei einem Weihnachtsessen noch ihre europäische Festtagskleidung an, obwohl das Christfest mitten im australischen Sommer im Freien gefeiert wurde.*

Sonnenschutz *Ihre vornehme Blässe versuchten die Frauen durch Sonnenschirme zu bewahren.*

Klebrig *Der allgegenwärtigen Fliegen und anderer Insekten versuchte man mit Fliegenpapier Herr zu werden.*

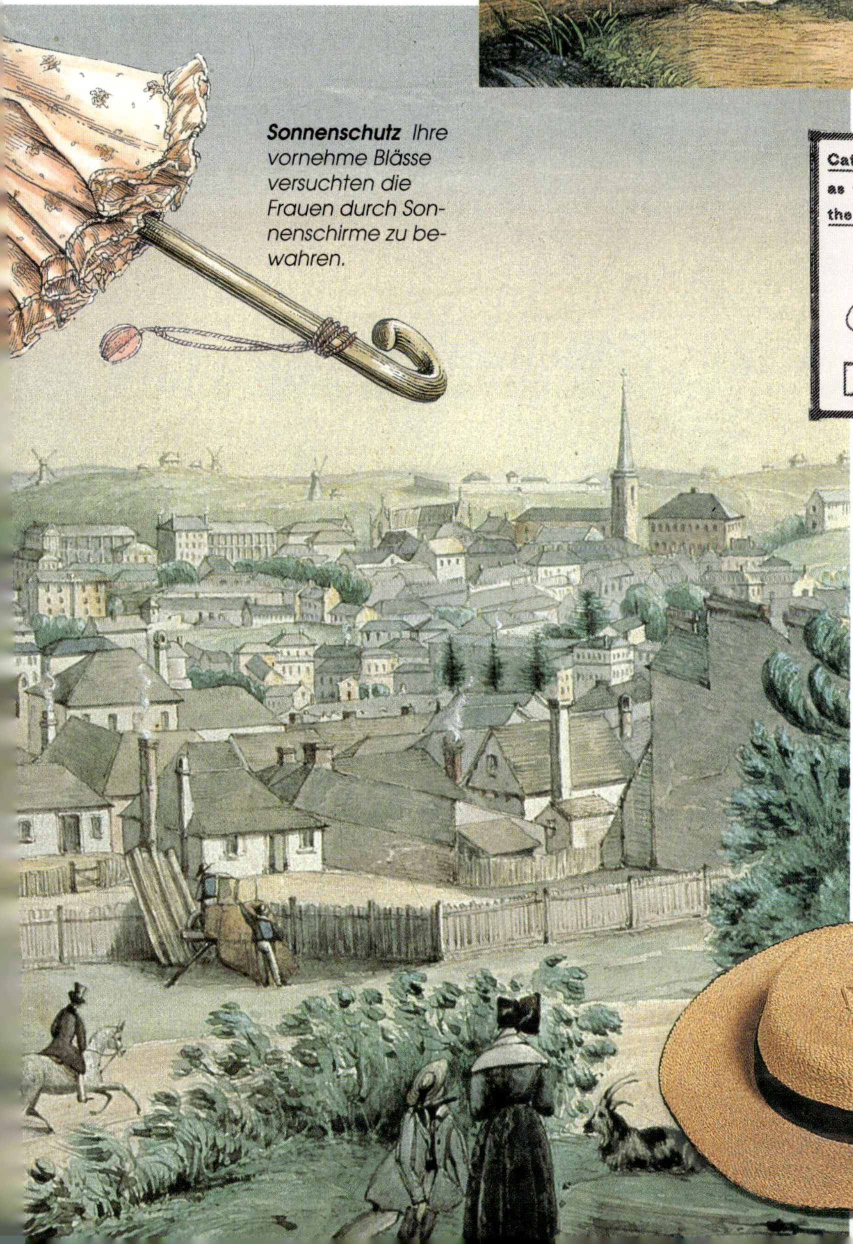

änderungen. Die Einwanderung freier Siedler wurde gefördert und der Handel mit anderen Ländern ermöglicht. Obwohl man noch für 20 weitere Jahre Sträflinge in die Kolonie brachte, wuchs die Stadt trotz dieses Makels sprunghaft. Die Grundstückspreise und Mieten schnellten empor, und Übervölkerung, Bodenspekulation und Bauschwindel waren weit verbreitet.

Sydneys Gesellschaft war erstaunlich wohlhabend. Die Kaufleute, meist ehemalige Sträflinge, hatten eine gute Nase für Profit. Man gründete Banken und Brauereien, Textilfabriken und Gießereien. Unternehmer importierten Dampfmaschinen, Pumpen und mechanische Webstühle. Die Stadt war noch immer stark von der Einfuhr europäischer Waren abhängig, und um diese bezahlen zu können, mußte Australien exportieren. In den 20er Jahren des 19. Jahrhunderts wurden die früheren Hauptexportgüter, Wal- und Robbenprodukte sowie Seegurken, die in China als Delikatesse galten, zunehmend durch Wolle ersetzt.

Die Bevölkerung von Sydney imitierte das Leben der britischen Gesellschaft. Selbst wenn der einzige Anspruch, den viele Leute auf eine vornehme Herkunft erheben konnten, ihrem kommerziellen Erfolg entsprang, benahmen sich die Reichen dennoch wie Aristokraten. Lebemänner veranstalteten Kricketspiele und Pferderennen mitten in der Woche, wenn andere Menschen ihrer Arbeit nachgingen, und ihre Frauen besuchten sich gegenseitig in ihren Kutschen.

Die ehrbareren Mitglieder der unteren Gesellschaftsschichten machten die Kirche zum Mittelpunkt ihres sozialen Lebens oder traten einer Organisation bei, die sich gegen den Alkoholmißbrauch einsetzte. Rauhere Naturen verbrachten ihre Abende in den Kneipen oder den illegalen Schnapsläden. Dort wurden die Zeitungen für die Analphabeten und die Armen laut vorgelesen, illegale Wetten angenommen und die Ergebnisse verbotener Hundekämpfe und anderer zweifelhafter Belustigungen verbreitet.

Mit wachsendem Wohlstand und Selbstvertrauen nahmen nach und nach auch die Unabhängigkeitsbestrebungen der Kolonie Neusüdwales zu.

Erkennungszeichen *Ein gebürtiger Australier trug einen breitkrempigen Hut aus Palmbast mit Hutband.*

WELLBLECH, WOLLE UND STACHELDRAHT

Der erschöpfte Pionier, der seine wenigen Schafe mit Hilfe eines Hundes vor sich hertrieb, war am Ende seiner langen Reise über die Blauen Berge angekommen. Vor ihm lagen weite Ebenen, neue Weideflächen, wo er als Schafzüchter ein Stück Land abstecken und von der weltweiten Nachfrage nach bester australischer Wolle profitieren wollte.

Sirupspender

Er trug billige Kleider aus grober Baumwolle und Sackleinen, die der Sträflingskluft ähnelten. Die Hosenbeine hatte der Mann zum Schutz gegen Schlangen und Morast unten mit Schnur zugebunden, seine Füße steckten in derben Stiefeln. Ein breitkrempiger Hut aus geflochtenen Palmblättern schützte sein Gesicht vor der brennenden Sonne, ein großes Baumwollhalstuch Nase und Mund vor den Staubwolken, die das Vieh aufwirbelte.

Wenn ein solcher Schafzüchter freies Land erreichte, schnitzte er zuerst im weiten Umkreis Zeichen in die Rinde der Bäume, um das von ihm beanspruchte Gebiet zu markieren. Es war wichtig, daß es dort eine dauerhafte Wasserstelle für die Schafe gab. Nachts kam die Herde zum Schutz vor den Aborigines in einen Pferch. Denn die Aborigines glaubten, daß das Land und alles, was es hervorbrachte, seit der Traumzeit ihnen gehörte, also auch die Merinoschafe der Schafzüchter.

Jenseits der Blauen Berge

Östlich der Blauen Berge war nach 25 Jahren europäischer Besiedlung das Land knapp geworden. Das beste Land rund um die Seehäfen befand sich in den Händen der etablierten Grundbesitzer, und so gab es für jüngere Söhne, die nichts erbten, für ehemalige Strafgefangene und andere Besitzlose nur einen Ort, wohin sie gehen konnten: den Busch. Dort hofften sie, ihren Lebensunterhalt als Kleinbauern, Holzfäller, Pferde-, Vieh- oder Schafzüchter bestreiten zu können.

Zur gleichen Zeit, als der Wollhandel im frühen 19. Jahrhundert einen weltweiten Aufschwung erfuhr, stellte sich nämlich heraus, daß große Gebiete im Inneren Australiens zur Haltung riesiger Herden von Merinoschafen geeignet waren, die man Ende des 18. Jahrhunderts eingeführt hatte. Die Route über die Blauen Berge, die 1813 entdeckt worden war, machte dieses Land zugänglich, und obwohl die britische Regierung keine finanzielle Unterstützung gewährte, trieben Schafzüchter ihre Herden über die Berge und eigneten sich ohne eine behördliche Genehmigung das Land an.

Zunächst war der australische Busch ein Terrain, wo es keine Regierung gab und keine Obrigkeit, die die Landnahme der Schafzüchter regelte. Doch schon bald mußte die britische Regierung erkennen, daß die Flut der Schafzüchter, die sich Land nahmen, nicht aufzuhalten war und daß der Absatz der australischen Wolle die Kolonie endlich wirtschaftlich unabhängig machte. Die Schafzüchter mußten nun zehn Pfund im Jahr an die Regierung entrichten und hatten so ihr Stück Land gepachtet.

Nachdem sie das Land in Besitz genommen hatten, schlugen die Schafzüchter dort Zelte auf oder bauten sich einfache Blockhütten. Die Fußböden bestanden zumeist nur aus dem gewachsenen Erdreich, bestenfalls legte man Holzbretter darüber. In manchen Gegenden feuchtete man auch die Erde von Termitenhügeln an und stampfte sie fest, wodurch der Boden so hart wie Beton wurde. An einem Ende der Hütte befand sich eine Feuerstelle aus unbehauenen Steinen. Einrichtungsgegenstände fertigten die Schafzüchter aus Buschholz, Baumstämmen und Packkisten.

Die einzige Beleuchtung am Abend boten Blechdosen, die mit Hammeltalg gefüllt waren. Als Docht diente ein Stück Bindfaden. Unerläßlich war der Besitz eines Feuerzeuges, mit dem man Funken schlagen und trockene Rinde entzünden konnte.

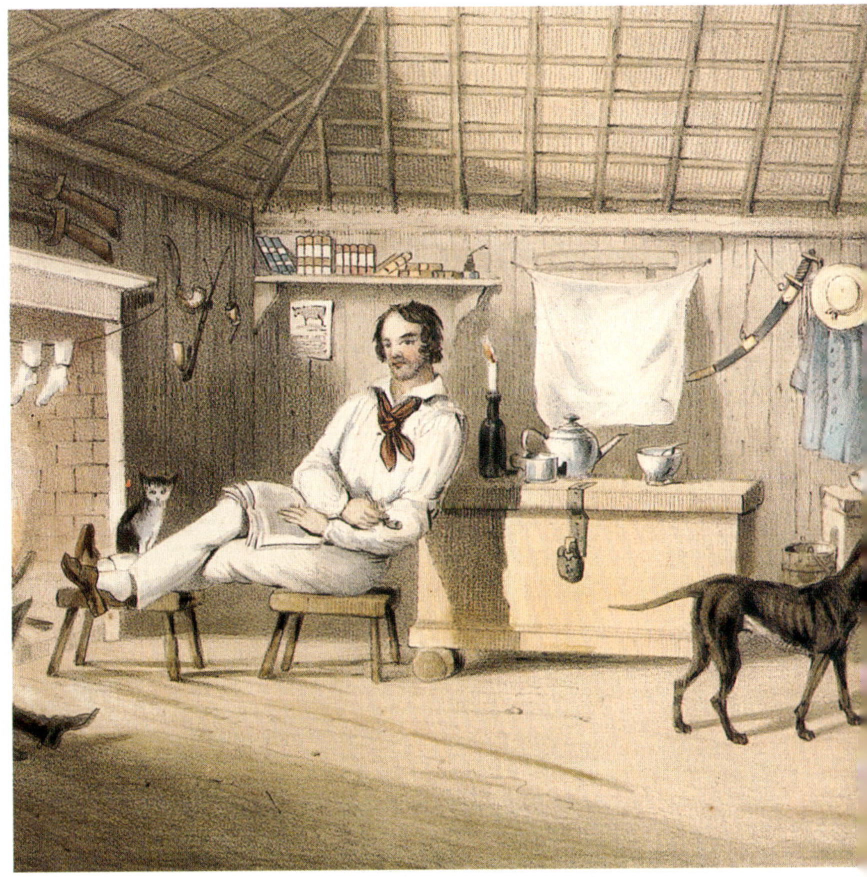

Heim und Festung *Wände aus Hartholzbrettern schützten die Schafzüchter vor Angriffen der Aborigines. Im Inneren zierten Bilder aus Zeitschriften und Jagdtrophäen die Wände.*

Für die Mahlzeiten brachten Schafzüchter, die neu eintrafen, Mehl, Tee und Zucker mit; später wurde Sirup ein unentbehrlicher Bestandteil der Vorratskammer. Man verwendete diese Zutaten, um Abwechslung in die fleischreiche Kost zu bringen, die häufig aus drei Mahlzeiten mit Schaffleisch bestand. Das Mehl nahm man zur Zubereitung von Fladenbrot, das auf der Asche eines offenen Feuers gebacken und meist mit Fett

Weißes Gold *Hochwertige Merinowolle brachte Australien die wirtschaftliche Unabhängigkeit, und die Schafscherer, die monatelang übers Land von einer Schaffarm zur nächsten zogen und ihre Dienste anboten, wurden zu Volkshelden.*

oder Wildhonig bestrichen gegessen wurde.

Früchte aßen die Schafzüchter im allgemeinen nicht, da sie fälschlicherweise glaubten, daß sie Ruhr verursachten. Die wenigsten waren gewillt, von den Aborigines etwas über die Wildfrüchte, Wurzeln und Beeren zu lernen, die man bedenkenlos essen konnte und die sehr nahrhaft waren, und so führte die einseitige Ernährung der Siedler häufig zu Hautausschlägen oder sogar zu Skorbut.

Die erste Zeit im Busch war hart, aber bald schon verdienten die Schafzüchter an den ersten Wollschuren Geld und konnten es sich leisten, Schäfer einzustellen und ihr Land wirtschaftlicher zu nutzen. Nach und nach bauten sie ihre Unterkünfte aus und zogen Holzzäune um die Koppeln. Pumpen verbesserten die Wasserversorgung, und mit dem um 1870 eingeführten Stacheldraht konnte ein Schafzüchter seinen gesamten Besitz einzäunen.

Der Mangel an Arbeitskräften war ein ernsthaftes Problem. Die Aborigines wurden als Grenzreiter angestellt und waren immer wieder wochenlang unterwegs, um die Zäune zu kontrollieren und auszubessern.

Auch Wanderarbeiter zogen von Farm zu Farm. Zu ihnen gehörten Viehtreiber, die die Herden bei Dürre in andere Weidegebiete brachten, Zureiter, Schafscherer, Zimmerleute, Hufschmiede und Steinmetzen.

In gleichem Maß, wie ein Gebiet nach dem anderen zu Wohlstand kam, waren Neuankömmlinge gezwungen, immer weiter in den australischen Busch vorzudringen. Konserven und später auch Kühlschränke machten eine Rinderzucht im großen Stil wirtschaftlich lohnenswert, und Gebiete, die so groß waren wie das Bundesland Hessen, wurden zu einzelnen Viehzuchtstationen. Die Herden zogen frei umher und vermehrten sich beliebig, bis es Zeit war, sie mit Pferden zusammenzutreiben und in die Schlachthöfe zu bringen.

In der Hoffnung, daß dem Pflug der Regen folgte, versuchten manche Männer, in Gegenden mit geringen jährlichen Niederschlägen Landwirtschaft zu betreiben. Sie sollten jedoch leidvoll am eigenen Leib erfahren, daß nach Jahren mit ausreichenden Regenfällen oftmals lange Trockenperioden kamen, so daß ihr Vieh einging und die Feldfrüchte verdorrten. Völlig verschuldet mußten sie schließlich ihre Farmen verlassen, mit keiner anderen Habe als den Kleidern, die sie am Körper trugen, und das Land den Banken übereignen.

Neuer Reichtum *Die zu Geld gekommenen Farmer bauten größere Häuser mit Holzfußböden, verglasten Fenstern und besser ausgestatteten Zimmern. Um die Feuergefahr zu verringern, befand sich die Küche außerhalb des Haupthauses, oft in der Hütte, in der man zuvor gelebt hatte.*

In der Mine *Goldsucher, die im australischen Busch lebten, hausten in baufälligen Holzverschlägen.*

Zunftgerecht *Die Handscheren der wandernden Schafscherer mußten regelmäßig gesäubert und geölt werden.*

Praktisches Baumaterial *Wellblech kam Mitte des 19. Jahrhunderts nach Australien und wurde gern verwendet, weil es leicht und haltbar war. Zunächst nahm man es für Dächer, dann auf dem Land auch für die Wände von Wohnhäusern und für Regenwassertanks.*

TIPPELBRÜDER IM HINTERLAND

Manche Einwohner Australiens, meist Männer, gelegentlich aber auch Frauen, wollten sich nirgendwo niederlassen. Sie zogen als Vagabunden über Land und trugen all ihren weltlichen Besitz in einem Bündel mit sich. Dieses Bündel war in ein wasserdichtes Tuch geschnürt, das zudem noch als Unterlage oder Dach dienen konnte. Darin befanden sich Decken und Kleidungsstücke. Zuoberst wurde ein Beutel mit Proviant, Tabak und einer Blechtasse aufgepackt. Gelegentlich lagen ein zerfleddertes Buch und einige verblaßte Fotografien als Überbleibsel aus einem anderen, besseren Leben mit im Reisebündel.

Die Vagabunden zogen von einer Schaffarm zur nächsten und legten manchmal bis zu 60 Kilometer am Tag zurück, auf der Suche nach Gelegenheitsarbeiten als Viehtreiber oder Holzhacker, wofür sie Verpflegung und einen geringen Lohn bekamen. Selbst wenn es keine Arbeit gab, erhielt der Vagabund meist genügend Fleisch, Mehl, Zucker und Tee, um bis zur nächsten Farm zu kommen. Schafzüchter, die einem Tippelbruder nichts zu essen gaben, mußten durchaus damit rechnen, daß ihr Wald in Brand gesetzt, ihre Zäune zerstört und ihre Schafe gestohlen wurden.

Obwohl ihr Dasein ein ständiger Kampf ums Überleben war, hätten wohl nur wenige Vagabunden ihre Freiheit gegen ein geregeltes und ruhigeres Leben in der Stadt eintauschen wollen.

LAND DER LANGEN WEISSEN WOLKE

Die Maori kamen im 14. Jahrhundert von Polynesien nach Neuseeland, das sie „Land der langen weißen Wolke“ nannten. Sie brachten Ratten, Hunde und eine Reihe eßbarer Pflanzen mit. Hierzu gehörte die Süßkartoffel, die für die Maori von so großer Bedeutung war, daß eine ihrer Gottheiten über sie wachte.

Das Grundnahrungsmittel aller Maori war ein stärkehaltiger Brei aus dem Wurzelstock des Farnkrauts, der zuvor getrocknet, in Wasser eingeweicht, geröstet und dann gestampft wurde, um die Fasern genießbar zu machen. Darüber hinaus verzehrten sie Seetang, junge Farnwedel und Binsenpollen, aus denen sie Kuchen backten.

Maorikrieger

Die Maori im Norden legten auf Lichtungen am Rand des Urwaldes ausgedehnte Gärten an, die sie mit Zäunen und Steinmauern eingrenzten. Bevor sie ihr Gemüse pflanzten, bearbeiteten die Männer den Boden mit Grabstöcken, und die Frauen zerkleinerten die Erdschollen.

Als eiweißhaltige Kost verspeisten die Maori Meeresfrüchte, Fledermäuse, Ratten und zuweilen auch die Leiber ihrer Feinde. Der über drei Meter große, flugunfähige Moa, ein Riesenstrauß, und ein Dutzend anderer Vogelarten waren um 1800 durch die Jagd bereits ausgerottet, doch gab es auf Neuseeland noch immer genügend Beutetiere für die Maori.

Die Flüsse waren reich an Aalen und Süßwasserkrebsen, und die Küstenbewohner sammelten Seevogeleier, Langusten und Seeigel. Sie fischten mit bis zu 800 Meter langen und zehn Meter tiefen Netzen, die sie auf einer Plattform ins Meer brachten, die zwischen zwei großen Kanus befestigt war. Nahrungsvorräte wurden zum Schutz vor Tieren in erhöhten Lagerhäusern aufbewahrt.

Bei kalter Witterung trugen die Maori, die sich sonst nicht bekleideten, Röcke und große zottige Umhänge aus Flachs. Das Gesicht und die Oberschenkel der Männer waren oftmals tätowiert, wobei die Maori die Muster mit Knochensticheln in die Haut ritzten und mit Ruß einfärbten. Auch Frauen trugen häufig Tätowierungen am Kinn und auf den Lippen. Halsketten mit den Zähnen von Haifischen, Hunden oder gar verstorbenen Verwandten dienten als Schmuck, ebenso wie Federn oder Fischbeinkämme im Haar.

Ansehen und Geltung spielten bei den Maori eine außergewöhnlich wichtige Rolle, und Beleidigungen oder begangenes Unrecht wurden unerbittlich geahndet. Die Kränkung eines Stammesmitgliedes wurde als Beleidigung des ganzen Stammes betrachtet und forderte Vergeltung. Man überfiel den feindlichen Stamm und schlug sich mit Keulen. Dies wiederum wurde von den Angegriffenen gerächt. Ständige Fehden waren die Folge; doch es kam selten zu offenen Schlachten, denn am ehrbarsten war es, wenn man seine Feinde ohne eigene Verluste beseitigte, beispielsweise indem man sie bei den Friedensverhandlungen niedermetzelte.

Da Kriege ein fester Bestandteil ihres Lebens waren, errichteten die Maori neben ihrem friedlichen offenen Dorf, das *kainga* hieß, immer auch eine befestigte Siedlung,

Musikinstrument *Diese Flöte zeigt die Holzschnitzkunst der Maori, für die Musik sehr wichtig war. Sie fertigten auch aus Knochen Flöten und Pfeifen und eine Art Trompete aus dem Gehäuse großer Meeresschnecken.*

Formsache *Wenn sich zwei Maori trafen, tauschten sie zunächst ein Grußwort aus und drückten dann ihre Nasen gegeneinander. Die Vorratshütte des Dorfes, vor der sich die Begrüßungsszene abspielt, steht erhöht auf Pfählen, außerhalb der Reichweite von diebischen Hunden, Ratten und flugunfähigen Vögeln.*

Kriegerische Drohgebärden *Die Maori zogen mit großen Kanus von bis zu 21 Meter Länge in den Kampf. An Bug und Heck waren die Boote, die etwa 20 Krieger transportieren konnten, kunstvoll mit Schnitzereien verziert. Mit ihren rollenden Augen und der herausgestreckten Zunge boten die Maorikrieger einen furchterregenden Anblick. Auf den langen, aus Federn geknüpften Bändern, die am Bootsheck angebracht waren, konnten sich die Luft- und Wassergeister ausruhen, denen sich die Maori bei einer Seefahrt anvertrauten.*

die sie *pa* nannten. Diese war von Palisaden und Erdwällen umgeben und befand sich an einer strategisch günstigen Stelle. Manche Maori zogen in die *pa*, wenn sie einen Angriff befürchteten, und kehrten in die *kainga* zurück, sobald die Gefahr vorüber war.

Die Häuser der *kainga* waren zur aufgehenden Sonne und zum Dorfplatz hin ausgerichtet. Jede *kainga* hatte ein Versammlungshaus, das wie die Häuser der bedeutenden Familien Giebelaufsätze, Pfosten, Türumrandungen und rotbemalte Vertäfelungen aus Holz besaß, die manchmal kunstvoll mit geschnitzten Ahnenfiguren verziert waren. Das Maorihaus bestand aus einem einzigen Raum und einem Vorbau, in dem die Frauen ihre täglichen Arbeiten verrichteten. Die Maori aßen im Freien oder in dem offenen Vorbau, wo das Essen über einem Feuer gebraten oder, in Blätter gewickelt, in einem Erdofen gegart wurde.

Nägel gegen Kartoffeln

Die Ankunft der Europäer setzte der traditionellen Lebensweise ein jähes Ende. Fremde Nahrungsmittel wurden eingeführt und bestimmten zunehmend den Speisezettel der Maori. Mit den europäischen Siedlern kamen erstmals auch Eisenwaren nach Neuseeland. Die Maori tauschten von Beginn des 19. Jahrhunderts an Kartoffeln gegen Eisennägel, Angelhaken und anderes Gerät ein. 1830 versorgten sie Schiffe mit Schweinen und Obst und tauschten ihren Flachs gegen Wolldecken, Beile, Messer und Kleidung ein.

Werkzeuge aus Eisen, das den Maori zuvor völlig unbekannt gewesen war, ermöglichten den Eingeborenen auch feinere Schnitzereien, womit die Versammlungshäuser reich verziert wurden. Die jungen Mädchen gefielen den Europäern, und viele Wal- und Robbenfänger heirateten Maorifrauen. Nach kurzer Zeit forderten die Stammeshäuptlinge Feuerwaffen, und es dauerte nicht lange, bis sich die Maoristämme mit Musketen bekriegten. Das Unheil, das diese Kriege anrichteten, und die Ausbreitung europäischer Krankheiten waren ein fruchtbarer Boden für die Friedensbotschaft christlicher Missionare. 1840 traten die Maori ihre Oberhoheit an Königin Viktoria ab, und Neuseeland wurde der britischen Kolonie Neusüdwales in Australien unterstellt. Mit der systematischen Besiedlung der Inseln standen dem Leben und der Kultur der Maori neue Zerreißproben bevor.

Verziertes Paddel *Die Maori schmückten ihre Paddel mit Schnitzereien.*

AUF WALFANG UND ROBBENJAGD

Ende des 18. Jahrhunderts berichteten Seeleute erstmals von einer riesigen Anzahl Wale in den Gewässern um Neuseeland und von großen Robbenkolonien an den Küsten der neuseeländischen Südinsel. Nur 30 Jahre danach waren die Robben durch Robbenfänger aus der ganzen Welt schon fast ausgerottet, und die Jagd auf Pottwale erreichte ihren Höhepunkt. Auf der Nordinsel hatten Walfänger Siedlungen und Walfangstationen gegründet, von denen viele unter dem Schutz der Maori standen. Im Tausch gegen Gewehre versorgten die Maori die Walfänger mit frischem Wasser, Proviant und Männern. Die jungen Maorikrieger waren ausgezeichnete Seeleute und wurden häufig auf Walfangschiffen angeheuert. Etwa 50 Jahre nachdem die ersten Robbenfänger eingetroffen waren, gab es bereits 2000 weiße Siedler auf Neuseeland. Die Lebensweise der Maori hatte sich durch die Wal- und Robbenfänger noch schneller verändert.

Jagd auf den Wal

Göttliche Gabe *Die Maori glaubten, daß das Schnitzen eine Fähigkeit der Götter war und geschnitzte Gegenstände Kraft verliehen.*

Fischbeinkamm

Statussymbol *Häuptlinge und Priester trugen Beile mit Jadeklingen als Zeichen der Macht.*

FERNOST UND DER WESTEN

Ende des 18. Jahrhunderts war China mit einer Bevölkerung von 300 Millionen Menschen, einer komplexen Verwaltung und einer über 2000 Jahre alten Tradition die beherrschende Macht Asiens. Die Nachbarstaaten Vietnam, Korea und Japan hatten sich das Reich der Mitte schon lange zum Vorbild genommen. Doch bis in die 70er Jahre des 19. Jahrhunderts verlor China stark an Einfluß und steuerte ins Chaos. Japan hingegen öffnete sich dem Westen und führte als Zeichen seiner Modernität eine Verfassung nach europäischem Muster ein.

Fremde Seemächte drangen im 18. und 19. Jahrhundert in die Inselwelt Südostasiens vor. Um 1800 kontrollierten die Niederländer bereits weite Teile des heutigen Indonesien. Die Briten gründeten einen Handelsstützpunkt auf der Insel Singapur, und die Franzosen schufen trotz erbitterter Widerstände in Indochina ihr eigenes Kolonialreich.

ASIEN
19. JAHRHUNDERT

GEHEIMBÜNDE IN DER LÖWENSTADT

Als der britische Kolonialbeamte Stamford Raffles 1819 auf der kleinen, sumpfigen Insel Singapur landete, lebten dort 150 Menschen. Ein Jahr später war die Bevölkerung auf 5000 angewachsen und nach einem weiteren Jahr auf 10000. Die Direktoren der Ostindischen Kompanie setzten großes Vertrauen in Raffles' Urteilskraft, als sie ihm die Vollmacht gaben, Singapur dem Sultan von Johore abzukaufen. Und sie sollten nicht enttäuscht werden: *Singhapura*, die Löwenstadt, beherrschte schon bald den gesamten Schiffsverkehr der Region.

Von Anfang an mischten sich die verschiedensten Rassen und Völker in Singapur. Malaien strömten ebenso auf die Insel wie Thai, Europäer, Javaner und Araber. Die größte und einflußreichste Gruppe bildeten die Chinesen, und die wohlhabendsten von ihnen unterstützten die Einwanderung weiterer Landsleute, indem sie ihnen Kredite für Geschäftsgründungen gewährten.

Die Neuankömmlinge brachten Kultur und Religion ihrer Heimatländer mit nach Singapur. Sie bauten dort eine armenische Kirche, eine Kathedrale, einen prachtvollen chinesischen Tempel und eine Moschee. Bald gab es die ersten Tageszeitungen, einen Billardclub und eine Segelregatta.

In ihren frühen Tagen war die Stadt ein turbulenter und zuweilen auch gefährlicher Ort. 1823, vier Jahre nach Raffles' Eintreffen, kam es zu Aufständen in Singapur. Der erste große Brand ereignete sich 1830, und ein organisierter Verbrecherring trieb bereits um 1843 sein Unwesen. Tiger oder Krokodile forderten angeblich Tag für Tag minde-

Tracht und Tradition *Der kahlgeschorene Kopf und der Zopf der Chinesen waren ursprünglich ein Zeichen ihrer Unterwerfung unter die Mandschuherrscher. Männer wie Frauen trugen Fächer und ein langes seidenes Gewand, das später als Damenkleid übernommen wurde.*

Gebrauchskunst *Auf Java stellten die Frauen Batikstoffe her. Dabei wurden die Farben nacheinander im gewünschten Muster aufgetragen, wobei man die übrigen Flächen jeweils mit Wachs abdeckte. Andere Künste waren die Schattenspiele und Tänze, die von Orchestern begleitet wurden.*

stens ein Opfer, und britische Zuwanderer gründeten einen Jagdverein, um die Raubtiere zur Strecke zu bringen.

Weniger erfolgreich waren die Briten, wenn es darum ging, die chinesischen Geheimbünde, die für Prostitution und organisiertes Verbrechen verantwortlich waren, zu bekämpfen. Ihren Ursprung hatten diese Geheimsekten in China als Verschwörerbanden gegen die herrschende Mandschudynastie. In Singapur fanden sie genügend Gefolgsleute unter den jungen Einwanderern, denen sie Schutz und Arbeit als Gegenleistung für absoluten Gehorsam boten. Oft setzten sie sich mit brutaler Gewalt durch. In den 50er Jahren des 19. Jahrhunderts wurden etwa 500 chinesische Christen von ihren nichtchristlichen Landsleuten umgebracht, und ein zehntägiger Bandenkrieg zwischen verfeindeten Geheimbünden forderte 600 Todesopfer.

Die Insel wurde zusehends wohlhabender, obwohl man auf ihrem schlechten Boden vergebens versucht hatte, Gewürznelken, Baumwolle, Kaffee und Zucker anzubauen. Aber Singapur war ein Freihafen, wo keine Zölle und kaum Steuern erhoben wurden, wo alles aus fremden Ländern kam und für Orte bestimmt war, die wiederum weit entfernt lagen. Europa schickte Fabrikwaren; aus Indien kamen Pfeffer, Opium und Baumwollstoffe; China lieferte Tee, Porzellan und Trockenfisch und Indonesien Sago, Rattan und Kautschuk.

Jenseits der großen Seehäfen

Um 1860 war die Bevölkerung der Insel bereits auf 100000 Menschen angewachsen. Die Öffnung des Sueskanals 1869 gab dem Handelsverkehr weiteren Auftrieb, und ab den 70er Jahren des 19. Jahrhunderts konnten mit den aufkommenden Dampfschiffen auch sperrige Güter wie Bleche und Nutzholz über große Entfernungen transportiert werden. So war der Handel der Region nicht länger von kleinen Ladungen mit wertvollen Gewürzen abhängig, und am Ende des 19. Jahrhunderts war Singapur der siebtgrößte Hafen der Welt geworden.

Außerhalb von Singapur und den anderen großen Hafenstädten Südostasiens verlief das Leben in völlig anderen Bahnen. Im Hinterland wurden für die Bedürfnisse des westlichen Marktes riesige Zuckerrohr-, Kaffee- und Tabakplantagen angelegt, auf denen häufig importierte Arbeitskräfte beschäftigt waren. Die Ernteerträge dieser Plantagen füllten die Lagerspeicher in den großen Hafenstädten. Jenseits der Dörfer, die kaum von westlichen Einflüssen berührt wurden, erstreckten sich Wälder und Hochlandgebiete, deren Bewohner nichts von der neuen Welt ahnten, die ihnen immer näher rückte.

Hochzeitsfoto *Diese junge Braut posiert in traditionellem javanischem Putz auf einem europäischen Stuhl.*

Schiffahrtswege *Im Südchinesischen Meer gab es eine Reihe großer Häfen, wie Guangzhou, Batavia und Singapur, die von Schiffen vieler Nationen angelaufen wurden.*

Zähmung des Löwen *Siedler vieler Nationalitäten schauen hier hinunter auf den „Löwen" Singapur. Die Stadt hatte sich Mitte des 19. Jahrhunderts bereits zu einem blühenden Handelszentrum mit westlich anmutenden Gebäuden und einem großen Hafen entwickelt.*

Fernab der Heimat *In asiatischen Städten wie Saigon und Rangun ließen Kolonialverwalter Alleen, Plätze und Gärten im damaligen Stil ihrer Heimatländer anlegen und säumten sie mit Verwaltungsgebäuden, Kirchen und Villen. Diese Straße in Saigon könnte sich auch in einer französischen Provinzstadt befinden.*

DIE FREMDEN TEUFEL IN SHANGHAI

Teeproduktion *Im frühen 19. Jahrhundert strömten Teehändler nach China, um den Teebedarf westlicher Länder zu decken. Das Bild zeigt alle Stationen von der Ernte über das Verpacken des Tees in Kisten bis zum Verkauf und dem Verladen der Ware auf Dschunken.*

Um sich zu Beginn einer Audienz beim Kaiser von China korrekt zu verhalten, mußte man den *kotau* machen, also als Zeichen der Unterwürfigkeit auf die Knie fallen und mit der Stirn auf den Boden schlagen. Lord Macartney, der 1793 als Leiter einer britischen Abordnung nach China kam, weigerte sich, dies zu tun. Nach langen Diskussionen gestattete der Kaiser seinem Gast, sich statt dessen zu verbeugen. Lord Macartney aber mußte mit leeren Händen wieder gehen.

Dabei hatte Lord Macartney den Auftrag, die Handelsbeziehungen zu China auszuweiten. In Großbritannien war die industrielle Revolution in vollem Gang, und die Unternehmer warteten nur darauf, ihre Waren auf dem riesigen chinesischen Markt absetzen zu können. Die Chinesen hatten allerdings keinerlei Interesse an Handelsgeschäften mit dem Westen. Nach seiner eigenen Auffassung regierte der Kaiser ein Land, in dem es alles gab, was man zum Leben brauchte. Alle Ausländer hielt er für Barbaren und alles, was Macartney anbieten konnte, für minderwertig im Vergleich mit Chinas eigenen Erzeugnissen.

Trotzdem hatten die Abendländer keineswegs die Absicht, China zu verlassen. Sie blieben nicht nur, weil sie ihre eigenen Produkte an die Chinesen verkaufen wollten, sondern auch, weil zu Hause in Europa und Amerika die Kunden nach chinesischen Waren verlangten: nach Tee, Seide, Rhabarber, Porzellan, Lackarbeiten und vielen anderen kunsthandwerklichen Gegenständen.

Im frühen 19. Jahrhundert war Guangzhou der einzige Hafen Chinas, der für ausländische Schiffe offen war. Die engstirnigen Vorschriften der chinesischen Führung bestimmten das Leben der Kaufleute, die in einem engbegrenzten Bezirk wohnen und arbeiten mußten, wo auch ihre Waren lagerten. Frauen war dort der Aufenthalt nicht erlaubt, so daß die Familien der Kaufleute zwangsläufig im 100 Kilometer entfernten Macau zurückbleiben mußten.

Zuerst bezahlten die westlichen Kaufleute die chinesischen Waren mit Silber, doch dann stellten sie fest, daß Opium, das in China seit langem zu medizinischen Zwecken benutzt wurde, weitaus erwünschter war. Schon zu der Zeit, als der Kaiser von China Lord Macartney empfing, kamen britische Schiffe mit Opium aus Indien nach China,

Vom Westen unberührt *Noch 1873 kam es vor, daß eine Frau mit traditionell zusammengeschnürten Füßen einem professionellen Schreiber eine Nachricht diktierte.*

und die Sucht breitete sich rasch aus. Als die chinesische Regierung Schritte unternahm, die Opiumeinfuhr zu unterbinden, führte dies zu einem Krieg mit Großbritannien, der 1842 mit der Niederlage der Chinesen endete.

Zur Finanzierung des Opiumkrieges erhöhte die Regierung die Steuern, was bei der Bevölkerung zu Armut und Unzufriedenheit führte und Unwillen gegenüber der herrschenden Mandschudynastie erzeugte. Die Mandschuherrscher hatten die chinesischen Männer gezwungen, sich als Zeichen ihrer Untertänigkeit die vorderen Kopfhaare abzurasieren und am Hinterkopf einen langen Zopf wachsen zu lassen. Rebellierende Untertanen schnitten nun ihre Zöpfe ab. Während des gesamten 19. Jahrhunderts kam es zu Aufständen und Überfällen von außen, die die Macht des ehemals so stolzen Mandschureiches schwächten.

In den 40er Jahren des 19. Jahrhunderts wurden weitere Häfen für den Außenhandel geöffnet. Die Regionen nahe diesen Handelszentren erfuhren durch westliche Einflüsse einen entscheidenden Wandel. Landarbeiter strömten aus den umliegenden Gegenden herbei, um hier zu arbeiten. Eine neue Klasse von Geschäftsleuten und Ingenieuren entstand, und einige wenige Chinesen kamen zu großem Wohlstand. Weitaus mehr Chinesen, die durch den Krieg und Armut aus der Bahn geworfen worden waren, wurden angeheuert oder verschleppt, um für geringen Lohn als Kulis in malaiischen Zinnminen, auf kubanischen Zuckerrohrplantagen oder beim Eisenbahnbau in Kanada zu arbeiten.

Von den 60er Jahren des 19. Jahrhunderts an führten die Chinesen allmählich westliche Technologien ein. Sie stellten Gewehre her, bauten Dampfschiffe, Telegrafenleitungen und Eisenbahnlinien, eröffneten Kohleminen und Textilwerke. Sprachenschulen wurden gegründet und Studenten in westliche Länder geschickt. In den Geschäften tauchten Waren aus dem Westen auf: Petroleumlampen und Streichhölzer, Seife, Konserven und Nähmaschinen. Zuweilen widersetzten sich die Chinesen den neuen Einflüssen der „fremden Teufel“, wie sie die Ausländer nannten. Beispielsweise zerstörten sie in der Nähe von Shanghai eine von den Briten erbaute Eisenbahnlinie, weil sie die Gräber der Vorfahren zerstörte.

Christliche Missionare kamen in wachsender Zahl und errichteten Schulen und Hospitäler. Die Missionare waren jedoch immer stärkeren Feindseligkeiten ausgesetzt – nicht nur wegen der in Umlauf gesetzten Gerüchte, daß westliche Ausländer Kinder umbrachten. Kirchenversammlungen, an denen Männer und Frauen teilnahmen, richteten sich gegen die chinesische Tradition, die vorschrieb, die Geschlechter bei öffentlichen Zusammenkünften voneinander zu trennen. Darüber hinaus gab es Befürchtungen, daß die Missionare die soziale Ordnung störten, denn die zum Christentum bekehrten Chinesen nahmen nicht mehr an den örtlichen Festen und den Zeremonien zur Ahnenverehrung teil.

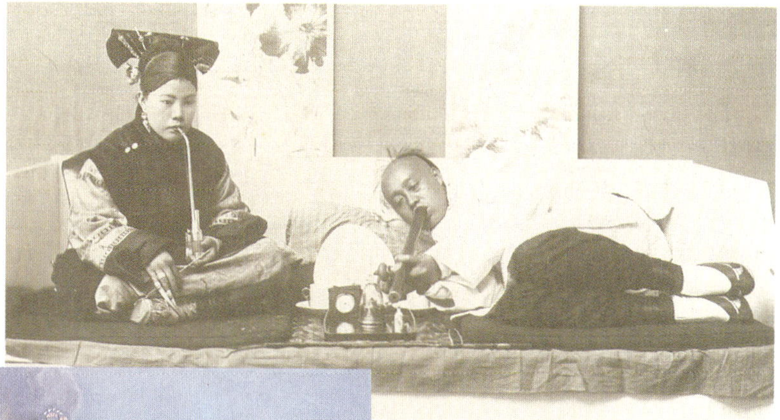

Droge des Vergessens *Der Mann rechts auf dem Foto inhaliert durch eine lange Pfeife die Dämpfe einer Mischung aus frischem Opium und Opiumasche, die er zuvor erhitzt hat. Seine Begleiterin raucht Tabak aus einer wassergekühlten Metallpfeife.*

Opiumkrieg *Ein britisches Dampfschiff feuert 1841 vor der chinesischen Küste auf Dschunken.*

DER FEIND CHINAS

Die Opiumpfeife war in allen Gesellschaftsschichten bei Männern und Frauen verbreitet, insbesondere in den Städten, wo ein Großteil der Bevölkerung süchtig war. Die Abhängigkeit führte zu Gliederschmerzen, Schläfrigkeit und Zittern. Die Droge schwächte die Wirtschaft, da die Süchtigen schlechter arbeiteten und ihr Geld fast ausschließlich für Opium ausgaben. Das Opium kam meist aus Indien.

Flagge zeigen *Auf einem bemalten Fächer aus dem 18. Jahrhundert wehen die Fahnen vieler Länder vor den Handelsniederlassungen in Guangzhou, wo westliche Kaufleute ihren Geschäften nachgingen.*

Demütigung *Ein Gesetzesbrecher, der nur kleinerer Vergehen schuldig war, mußte zur Strafe tagsüber einen Holzkragen tragen, mit dem er sich weder hinlegen noch essen konnte.*

BAHNHÖFE IM REICH DES SCHOGUNS

Als japanische Passagiere die ersten Eisenbahnzüge bestiegen, die in ihrem Land verkehrten, zogen viele von ihnen die Schuhe aus, so wie sie es gewohnt waren, wenn sie ein Haus betraten. Bestürzt mußten sie dann mit ansehen, wie ihre Schuhe zurückblieben, während der Zug aus dem Bahnhof rollte. Merkwürdige Zwischenfälle wie dieser ereigneten sich immer wieder, als Mitte des 19. Jahrhunderts der westliche Fortschritt in Japan Einzug hielt.

Über 200 Jahre lang hatte sich Japan gemäß dem Grundsatz seiner Regierungspolitik gänzlich vom Rest der Welt abgekapselt und lediglich eine kleine niederländische Handelsniederlassung in Nagasaki, im Süden des Landes, geduldet. In der ersten Hälfte des 19. Jahrhunderts kamen Händler aus Europa und Amerika in wachsender Zahl in den Fernen Osten, und Japan war letztlich gezwungen, sich dem Handel zu öffnen und ausländische Schiffe anlegen zu lassen. Zur gleichen Zeit waren Gelehrte und Intellektuelle in Japan daran interessiert, ihre Kontakte zum Westen zu verstärken.

Dieses neue Zeitalter, das das Ende der Isolation bedeutete, brach 1853 mit dem Eintreffen des amerikanischen Gesandten Kommodore Matthew C. Perry an. Kurz darauf öffnete Japan seine Häfen für den Außenhandel und orientierte sich zunehmend an der westlichen Lebensweise. Weitere Veränderungen der alten Ordnung sollten 1868 folgen, als der letzte militärische Herrscher oder Schogun gestürzt wurde. An seine Stelle trat ein Kaiser, der seiner Regierung den Titel Meidschi gab, was erleuchtete Regierung heißt. Mit ihm begann die Meidschi-Ära, die für ihre Reformen bekannt wurde: Der Feudalismus mit seinen Privilegien für den Adel wurde abgeschafft, Beschränkungen im Außenhandel aufgehoben, und Christen, zuvor Opfer von Verfolgung und Folter, durften ihre Religion ausüben.

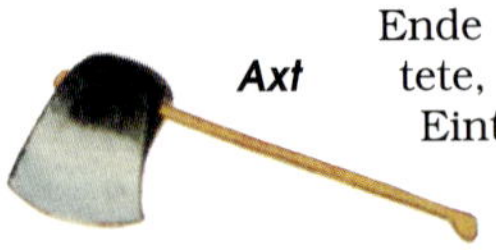

Axt

Nach westlichem Vorbild

Um westliche Länder kennenzulernen, reisten Gruppen japanischer Männer und Frauen in die Vereinigten Staaten von Amerika und nach Europa. Sie informierten sich ausführlich über die staatlichen Institutionen, wählten dann das System aus, das ihnen am besten erschien, und übertrugen es auf japanische Verhältnisse. Japan arbeitete eine Verfassung nach preußischem Vorbild aus und übernahm die französische Rechtsordnung.

Die Japaner versuchten mit vereinten Kräften, die technologische Kluft zwischen ihrem eigenen Land und dem Westen zu überwinden. Man holte Ausländer ins Land und zahlte ihnen horrende Gehälter, damit sie ihre Kenntnisse aus den Bereichen Landwirtschaft, Maschinen-

__Industrielle Revolution__ Yokohama, das um 1850 noch ein kleines Fischerdorf war, hatte sich 1870 zum wichtigsten Hafen Japans entwickelt. Auf der neuen Eisenbrücke konnte man zu Fuß oder zu Pferde von einem Teil des Hafens zum anderen gelangen.

Kamera

Schirm

Gewehr

Telegrafentaste mit Draht

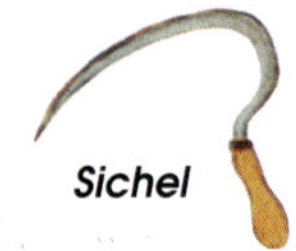

Sichel

__Gastgeschenke__ Zu den Mitbringseln des amerikanischen Gesandten gehörten der erste Fotoapparat, den man in Japan sah, Werkzeuge und das neue Telegrafensystem.

ALS DIE GEISHAS GEIGE SPIELEN LERNTEN

Kommodore Perry kam nach Japan mit vier Kanonenbooten und einem Brief des amerikanischen Präsidenten an den Kaiser. Er versicherte ihm zwar seine friedlichen Absichten, gab aber gleichzeitig durch versteckte Gewaltandrohungen zu verstehen, daß die USA fest entschlossen waren, sich Zutritt zu Japan zu verschaffen.

Von Anfang an zeigten die Japaner großes Interesse an den Neuankömmlingen. Perry berichtete, wie sie seinen Männern überallhin folgten, jeden Bestandteil ihrer Kleidung genau untersuchten und unbedingt einen ihrer Knöpfe haben wollten.

Perry seinerseits war beeindruckt von den Kindern mit ihren kahlgeschorenen Köpfen, die sich von klein auf zu beugen hatten, von den geschwärzten Zähnen der Frauen und von den beleibten Sumoringern. Von der japanischen Küche mit ihrer fischreichen Kost hielt er nicht viel. Binnen kurzer Zeit waren westliche Errungenschaften bei reichen Japanern groß in Mode. Nähmaschinen wurden importiert, um Kleider im westlichen Stil anzufertigen. Männer trugen stolz ihre westlichen Anzüge, Frisuren und Schuhe zur Schau, und Kaufleute, die sich nicht vom Kimono trennen wollten, setzten zumindest einen ausländischen Hut auf. Töchter wohlhabender Familien lernten Gesellschaftstänze, Geishas, die in den Teehäusern die Gäste mit Tanz und Musik unterhielten, nahmen Geigenstunden, und Baseball erfreute sich allgemeiner Beliebtheit.

Hacke

Kelle

Wolkenkratzer *Tokios erstes Hochhaus hatte Theater, Restaurants und Läden. Besucher mußten ihre Schuhe am Eingang abstellen.*

bau und Technologie weitergaben. Der Bau der ersten Eisenbahnlinie war ein großes Ereignis, und schon bald gab es Dampfschiffe, Telegrafenämter und ein Postwesen. Die Städte veränderten ihr Gesicht, da immer mehr Geschäfte mit Ziegelmauern zwischen den traditionellen Häusern aus Holz und Bambus errichtet wurden. 1890 bekam Tokio sogar ein Hochhaus mit zwölf Stockwerken und einem Fahrstuhl.

Vor allem die Industrialisierung war das große Ziel der neuen politischen Führung Japans. Die Regierung eröffnete Textilwerke, Minen und Fabriken, in denen Glas, Ziegelsteine, Zement und Fliesen hergestellt wurden. Unternehmer entwickelten aus einzelnen Industriezweigen unabhängige Konzerne, so daß mächtige Familienimperien entstanden.

Mit Trommelschlag zur Schule

Eine bessere Bildung gehörte ebenfalls zu den Zielen der Meidschireformer. Man holte Lehrer aus dem Ausland, um das Niveau von Wissenschaft und Technologie auf einen hohen Stand zu bringen. In den Schulen der Provinzstädte unterrichteten europäisch gekleidete Lehrer in Schulgebäuden westlicher Bauart, die oft gut für den Unterricht ausgerüstet waren. Morgens um sieben rief eine Trommel die Kinder in die Schule. Und obwohl es für die Kinder ungewohnt war, nicht am Boden hocken zu dürfen, sondern auf Bänken an Schultischen sitzen zu müssen, waren sie doch aufmerksam, gehorsam und gelehrig. Mittags marschierten sie vom Schulgelände, in einer Abteilung die Jungen, in einer anderen die Mädchen, und begaben sich dann still nach Hause zum Mittagessen. Anschließend erledigten sie ihre Hausaufgaben.

Pariser Schick *Frauen von Regierungsbeamten und Damen der kaiserlichen Familie waren begeistert von der ausländischen Kleider- und Hutmode. Manche fanden die westliche Kleidung aber so unbequem, daß sie schnell wieder davon abkamen.*

Frauen der oberen Schichten rückten in der japanischen Gesellschaft stärker in den Vordergrund, da sie nun an der Seite ihrer Ehemänner ausländische Besucher nach europäischem Vorbild bewirteten. Die meisten westlichen Sitten beeinflußten allerdings nur die Familien der Höflinge, Geschäftsleute und Beamten. Sie rührten nicht an die Wurzeln der japanischen Kultur, zu denen etwa die japanische Religion des Schinto, das No-Spiel, die Teehäuser und Sumokämpfe gehörten und die trotz des technologischen Fortschritts weiterbestanden.

Die ländlichen Gegenden waren weniger von Veränderungen betroffen als die geschäftigen Städte. Abseits der Hauptverkehrswege waren die Straßen sehr schlecht, und viele Dörfer und Siedlungen lagen fernab von der Hauptstadt, den Häfen und den aufstrebenden Provinzstädten.

In solch abgelegenen Orten hatten die Armen fast nichts anzuziehen und lebten unter primitiven, wenn nicht erbärmlichen Verhältnissen. Ein westlicher Besucher, der Japan in den 70er Jahren des 19. Jahrhunderts bereiste, berichtete von Kindern, die an Haut- und Augenkrankheiten litten, und beschrieb den armseligen Zustand der Häuser, wo sich die Menschen während der bitterkalten Winter in Steppdecken wickelten und an qualmenden Feuerstellen zusammendrängten.

Auf dem Land *Wohnhaus und Scheune befanden sich oftmals unter demselben, tief nach unten gezogenen Strohdach. Wenn der Wasserlauf bei starken Regenfällen überfloß, versank die Straße im Morast.*

Zeitalter der Dampfloks *Bald nach dem Eintreffen der Amerikaner plante man in Japan den Bau einer Eisenbahnstrecke. Die erste Bahnlinie wurde 1872 eröffnet und verlief zwischen Tokio und Yokohama. Sie beförderte schon kurz darauf zwei Millionen Passagiere im Jahr.*

DAS NEUE AMERIKA

Zu Beginn des 19. Jahrhunderts lebten und arbeiteten die Menschen in den Vereinigten Staaten von Amerika, die sich gerade die Unabhängigkeit von Europa erkämpft hatten, vorwiegend auf dem Land. Als das Jahrhundert voranschritt, zogen viele Amerikaner in die Städte, die mit ihrem verbesserten Transport- und Kommunikationswesen und den neuen industriellen Verarbeitungsmethoden der Fabriken das Leben der Menschen beeinflußten und neue Gewohnheiten, Ideen und Verhaltensmuster mit sich brachten.

Aber nicht alle Amerikaner wanderten in die Städte ab. Viele machten sich auf den Weg nach Westen, um dort ihr Glück zu versuchen. In den Südstaaten entstand eine Gesellschaft, die sich auf Sklaverei und Baumwollanbau gründete. Von 1861 bis 1865 herrschte Krieg zwischen den Südstaaten als den Befürwortern und den Nordstaaten als den Gegnern der Sklaverei. Der Norden siegte, und bis zum Ende des 19. Jahrhunderts wurde der Nordosten Amerikas zur treibenden Kraft, die die Wirtschaft und den Lebensstil der Nation entscheidend prägte.

USA, KANADA 19. JAHRHUNDERT

PIONIERE – UNTERWEGS IN DEN WESTEN

Auf dem nackten Boden der engen Blockhütte ist gerade genügend Platz für einen Tisch, ein halbes Dutzend Stühle und ein paar Vorratskisten. An den kahlen Wänden stehen Betten oder primitive Pritschen für die Familie. Einige einfache Töpfe, Kessel, Eimer, Schüsseln und Besteck sind die einzigen Küchenutensilien. Um die Hütte herum stehen ein paar heruntergekommene Nebengebäude. Bäume oder Gras wachsen hier nicht. Die Blockhütte, die schwedische Siedler bereits in der ersten Hälfte des 17. Jahrhunderts eingeführt hatten, wurde zur üblichen Behausung in den neubesiedelten Regionen der eben gegründeten USA.

Zwei Drittel der Bevölkerung verdienten noch in den 30er Jahren des 19. Jahrhunderts ihren Lebensunterhalt durch Ackerbau. Sie nutzten das Sonnenlicht, so gut es nur ging, standen im Morgengrauen auf und legten sich kurz nach Sonnenuntergang schlafen. In der typischen ländlichen Farm ging die Frau des Hauses auf engstem Raum ihren Pflichten nach. Dabei wurde sie unterstützt von ihren älteren Töchtern oder, in wohlhabenderen Familien, von einer jungen Frau aus der Nachbarschaft, die für spezielle Arbeiten angestellt wurde. Bevor gußeiserne Herde eingeführt wurden, kochte man in schweren Töpfen und Pfannen, die direkt auf der Glut standen oder über der Feuerstelle hingen.

Hier wusch sich die Familie auch, das heißt, für gewöhnlich begnügte man sich damit, Hände und Gesicht

Fallensteller *Der Pelztierjäger mit seiner Waschbärmütze verkörperte den Unternehmungsgeist, der Amerikas Ausdehnung nach Westen zugrunde lag. Diese sogenannten Trapper stellten Fallen für Tiere, deren Felle sie dann verkauften.*

Mähmaschine *Mit Hilfe der Mitte des 19. Jahrhunderts eingeführten Erntemaschine, die über eine feste und eine bewegliche Messerreihe verfügte, konnten die Farmer die riesigen Prärieflächen schneller und mit weniger Arbeitskräften bewirtschaften und ihr Getreide billiger produzieren.*

Pflug *Statt einer gußeisernen hatte dieser Pflug eine Schar aus Stahl und durchschnitt so mühelos den harten Prärieboden.*

Besiedelung des Kontinents *Während des gesamten 19. Jahrhunderts zogen Siedler und Goldsucher westwärts, und rasch wachsende Städte wie Chicago und San Francisco traten in Konkurrenz mit New York. In Kanada entstanden Großstädte wie Winnipeg.*

mit Wasser zu benetzen. Seife wurde kaum benutzt, und auch gebadet wurde nur einmal alle paar Wochen. Aber die Wäsche, die steif von Schmutz und Schweiß war, mußte gewaschen werden, und das bedeutete, daß die Frauen einen ganzen Tag pro Woche, gewöhnlich den Montag, damit zubrachten, die Wäsche in einem riesigen Kessel zu kochen, anschließend aufzuhängen, zu stärken und zu bügeln.

Die Frauen verspannen Flachs, Baumwolle sowie Wolle und webten Stoffe. Sie nähten, änderten und besserten die Kleidung ihrer Familie aus. Einen Großteil ihrer Zeit verbrachte die Farmersfrau damit, das Essen zuzubereiten. Doch trotz all ihrer Anstrengungen war die bäuerliche Kost eintönig. Mais und Schweinefleisch waren fast überall im ländlichen Amerika die Hauptnahrungsmittel. Mitte des 19. Jahrhunderts gab es dann mehr Obst und Gemüse.

Mit Dampfschiff und Eisenbahn

Doch es zeichneten sich Veränderungen ab. Zwischen 1830 und 1860 nahm das Ackerland um mehr als das Doppelte zu, wobei vor allem in den Staaten am Mississippi, in Illinois, Iowa, Arkansas und im Osten von Texas, weitere Flächen unter den Pflug genommen wurden. Die Siedler dieser neuen Gebiete kamen meist aus den unmittelbar im Osten angrenzenden Staaten, einige auch aus weiter entfernten Gegenden, wo der Boden weniger fruchtbar war.

Die unzähligen Neuankömmlinge erreichten ihr Ziel auf unterschiedliche Weise. Die meisten kamen zu Fuß und mit Pferden, hatten ihren Besitz auf Wagen oder Handkarren geladen und trieben ihr Vieh vor sich her. Zu dieser Zeit konnten die Pioniere bereits den geschotterten National Highway bis Ohio benutzen. Tausende andere kamen mit Dampfschiffen auf dem Ohio, dem Mississippi, den Großen Seen oder auf den künstlich angelegten Kanälen nach Westen. In den 50er Jahren des 19. Jahrhunderts nahmen viele Zuwanderer die Eisenbahn, um zu den fruchtbaren Prärien und Flüssen des neuen Westens zu gelangen.

Die Siedler bewohnten zunächst Zelte, Schuppen und Blockhütten und benutzten die einfachen Werkzeuge und Utensilien, die sie mitgebracht hatten; schwereres Gerät hatten sie zurückgelassen. Dennoch fanden die in den Staaten an der Ostküste entwickelten neuen Ackerbaugeräte ihre größten Absatzmärkte häufig im Westen. So eigneten sich die von Pferden gezogene Erntemaschine und der Stahlpflug besser für die schweren Böden des Westens als für die sandige Erde des Ostens. Um 1860 wurden allein in einer Fabrik etwa 10000 Stahlpflüge jährlich hergestellt. Fabrikarbeiter und Farmer hatten somit einen dauerhaften Bund geschlossen, der das Gesicht der ländlichen Regionen und der Städte Amerikas verändern und der beiden Seiten nutzen sollte.

Gußeiserner Herd *Industriell gefertigte, mit Holz befeuerte Herde aus Gußeisen ersetzten die offenen Feuerstellen in den Häusern der Pionierfamilien. Sie erleichterten das Kochen und Heizen.*

Heimat in der Einöde *Da es keine Backsteine und kaum Nutzholz gab, bauten viele Pioniere – wie diese Familie 1890 in Nebraska – ihre Häuser aus Grassoden. Ihr Wasser mußten die Siedler aus dem Brunnen ziehen, und von den nächsten Nachbarn wohnten sie oft viele Stunden entfernt.*

HERRSCHAFT UND FRON IM TIEFEN SÜDEN

Auf einer Reisplantage in South Carolina zieht ein reicher Pflanzer einen Gast in ein gelehrtes Gespräch über Literatur und Kunst. Am anderen Ende des Zimmers spielt seine Tochter auf der Harfe und singt dazu. Mahagonimöbel stehen auf dicken Teppichen; Gemälde und kunstvoll gebundene Bücher zieren die Wände; Kronleuchter strahlen an der Decke, und wertvolles Silber und Porzellan schimmern hinter den Scheiben der Vitrinen.

So sah es in den 50er Jahren des 19. Jahrhunderts in unzähligen Gutshäusern der Südstaaten aus, wo die Plantagenbesitzer ihre Gäste verschwenderisch bewirteten, weil es ihre gesellschaftliche Stellung so verlangte. Viele dieser herrschaftlichen Häuser dienten hauptsächlich zum Vorzeigen und wurden durch die Einkünfte aus den Baumwoll- und Reisplantagen und den Zuckerrohrpflanzungen in Louisiana finanziert, die alle von Sklavenarbeit abhängig waren.

Nicht alle Pflanzer lebten jedoch in solchem Luxus. Viele wohnten in einfachen Holzhäusern oder sogar nur in Blockhütten. Oft widmeten sich diese einfachen Leute mehr der Schweine- und Rinderzucht als der Landbestellung. Es gab aber auch Plantagenbesitzer, die ungern arbeiteten und ihre Zeit mit Pferderennen, Jagdausflügen, Tanzveranstaltungen, Trinkgelagen und Liebschaften verbrachten. Doch weitaus häufiger war der hart arbeitende, gewissenhafte Pflanzer, dessen ungeteilte Aufmerksamkeit seinen Feldern, Arbeitskräften und Geschäftsbüchern galt. Auf Plantagen mit weniger als 30 Sklaven überwachten die Besitzer meist persönlich den Anbau und die Ernte und gingen täglich auf die Felder, um die Antreiber und Vorarbeiter, die oft auch Sklaven waren, zu kontrollieren. Auf größeren Ländereien stellten die Pflanzer gewöhnlich einen erfahrenen weißen Aufseher ein, gaben ihm aber ausführliche schriftliche Anweisungen, wie er die Sklaven zu behandeln und die Plantage zu führen hatte.

Für ihre profitgierigen Herren mußten die Sklaven meist in Trupps und unter härtesten Bedingungen arbeiten. Von einer Glocke oder einem Horn geweckt, waren sie bereits im Morgengrauen auf den Feldern, wo sie säten, Unkraut jäteten, Zäune zogen, die Ernte einbrachten, die Felder düngten, Gräben aushoben, den Boden hackten und Land rodeten.

Die Sklaven hatten nur eine kurze Mittagspause. Sie arbeiteten, bis es dunkel wurde, und gingen dann zu ihren Blockhütten zurück. Oft bestellten sie nach der Feldarbeit noch ihre eigenen kleinen Gärten, in denen sie Gemüse anbauten, damit sie etwas mehr zu essen hatten als den einen Sack Maismehl und die drei oder vier Pfund fetten Speck, die jeder Sklave pro Woche bekam. Die Frauen mußten ebenfalls aufs Feld, kochten aber auch, putzten und versorgten die Kinder, die dann etwa

Herrenhaus *Manche Plantagenbesitzer in den Südstaaten errichteten ihre Häuser nach antiken Vorbildern. Dieses elegante Haus wurde Mitte des 19. Jahrhunderts gebaut.*

Sklavenauktion *Nachdem keine Sklaventransporte mehr aus Afrika nachkamen, kauften und verkauften Plantagenherren in den Südstaaten ihre schwarzen Arbeiter bei Versteigerungen zu immer höheren Preisen. Verschuldete Weiße benutzten Sklaven sogar als Zahlungsmittel. Plakate kündigten die Auktionen öffentlich an.*

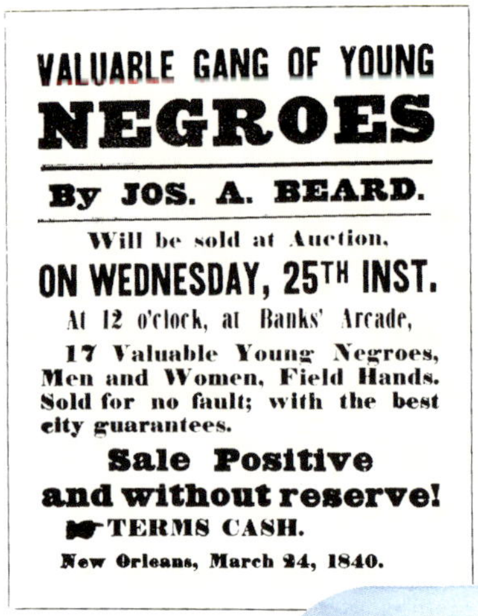

VALUABLE GANG OF YOUNG
NEGROES
By JOS. A. BEARD.
Will be sold at Auction,
ON WEDNESDAY, 25TH INST.
At 12 o'clock, at Banks' Arcade,
17 Valuable Young Negroes, Men and Women, Field Hands. Sold for no fault; with the best city guarantees.
Sale Positive and without reserve!
TERMS CASH.
New Orleans, March 24, 1840.

Sklaventrupp *Die Sklaven, die wie Vieh zu den Plantagen ihrer neuen Besitzer getrieben wurden, trugen ihre wenigen Habseligkeiten mit sich.*

Züchtigung *Vor den Augen ihres Zigarre rauchenden Besitzers bindet man eine Sklavin fest und peitscht sie aus, während ihre Familie zusehen muß. Auf diese Weise bestrafte man Drückebergerei und Ungehorsam.*

vom zehnten Lebensjahr an mit auf den Feldern arbeiten mußten.

Nicht alle Sklaven auf den Plantagen waren Feldarbeiter. Viele wurden im Herrenhaus als Dienstmädchen, Köchinnen, Wäscherinnen, Diener oder Kutscher beschäftigt. Diese Haussklaven erhielten bessere Kleidung und nahrhaftere Kost als die Feldsklaven und sahen sich daher als Elite unter den schwarzen Zwangsarbeitern.

Die weißen Herren ließen ihre Sklaven öffentlich auspeitschen, in Ketten legen oder in Gefängnisse sperren. Das Familienleben der Schwarzen wurde durch die Sklaverei völlig zerstört. Sklavenbesitzer konnten Familien beim Verkauf auseinanderreißen, so daß Kinder von ihren Eltern und Männer von ihren Frauen getrennt wurden und sich niemals wiedersahen.

Viele Sklaven, die nicht bereit waren, die unmenschlichen Zustände auf den Plantagen zu ertragen, flohen in die Nordstaaten oder nach Kanada. Eine große Zahl von ihnen

Auf der Flucht *Entlaufene Sklaven wurden von Hunden und Reitern gehetzt. Um einen entflohenen Sklaven zurückzufordern, brauchte der Besitzer einfach nur zu sagen: „Das ist er!"*

reisten auf den illegalen Fluchtwegen der sogenannten Underground Railroad, der „Untergrundbahn". Dies war ein Geheimbund von Bürgern und Kirchenmitgliedern, der entlaufenen Sklaven bei der Flucht half, ihnen Nahrung, Kleidung und Unterkunft gab und es ihnen ermöglichte, ein neues Leben zu beginnen.

Heimliche Flucht nach Norden

Sklaven flohen meist im Schutz der Dunkelheit und verkleideten sich mit falschen Bärten, Perücken und Schleiern oder versuchten, sich das Gesicht mit Puder weiß zu färben. Die Underground Railroad war in den 40er und 50er Jahren des 19. Jahrhunderts am aktivsten, als etwa 1000 Sklaven pro Jahr – Männer, Frauen und Kinder – auf ihren Fluchtwegen durch 14 nördliche Bundesstaaten entkommen konnten, darunter Illinois, Indiana und Ohio, deren südliche Grenzen eine grobe Trennungslinie zwischen Norden und Süden bildeten. Selten reisten die entflohenen Sklaven mit der Eisenbahn, meist waren sie zu Pferd oder mit Wagen unterwegs und wurden von Führern begleitet. In diesem Geheimbund betätigten sich etwa 3000 Leute, und er hatte noch erheblich mehr Anhänger.

Zu ihnen gehörte auch die Schriftstellerin Harriet Beecher Stowe. Ihre Erfahrungen mit den Flüchtlingen gaben ihr die Anregung zu ihrem packenden, gegen die Sklaverei gerichteten Roman *Onkel Toms Hütte*, der von 1851 bis 1852 zunächst als Fortsetzungsgeschichte in einer Zeitung erschien. Die Botschaft des Buches rüttelte das Gewissen der Nation wach und machte die Sklaverei zu einem wesentlichen Punkt der Auseinandersetzung im Bürgerkrieg.

Einer der Gründe für die Entrüstung der Autorin war ein 1850 erlassenes Gesetz, das besagte, daß jeder, der einem entlaufenen Sklaven half, mit bis zu sechs Monaten Gefängnis und hohen Geldbußen bestraft werden konnte. Polizisten drohte eine Geldstrafe von 1000 Dollar, wenn sie sich weigerten, einen Flüchtigen zu verhaften und zu seinem Besitzer zurückzubringen. Wurde ein entflohener Sklave gefangengenommen, durfte er nicht zu seinen Gunsten aussagen, und ihm wurde das Recht auf ein Schwurgerichtsverfahren verweigert.

Greueltaten in Kapuzentracht

Das Gesetz, das alle Liberalen ablehnten, wurde von geldgierigen Prämienjägern ausgenutzt, die man für jeden Sklaven, den sie wieder einfingen, gut entlohnte. Selbst nachdem die Sklaverei 1865 offiziell abgeschafft worden war, litten Schwarze noch immer unter Rassentrennungsgesetzen und unter Organisationen wie dem Ku-Klux-Klan.

Der 1866 in Tennessee als Verein für Kriegsveteranen aus den Südstaaten gegründete Klan gestaltete sich ein Jahr später nach politischen und rassistischen Grundsätzen um und verfolgte das Ziel, die Vorherrschaft der Weißen im Süden beizubehalten. Bei ihren brutalen nächtlichen Übergriffen peinigten und töteten die Klanmitglieder in ihrer weißen Kapuzentracht skrupellos schwarze Freigelassene.

Ihre Greueltaten wie Mord und Verschleppung führten allerdings dazu, daß der Klan 1869 aufgelöst und zwei Jahre später durch ein Bundesgesetz verboten wurde, das es untersagte, einem Bürger, egal ob er weiß oder schwarz war, seine Bürgerrechte zu verwehren.

Elend bei Tag und Nacht *Eine Gruppe von Arbeitern einer Zuckerrohrplantage macht unter der sengenden Sonne eine kurze Pause. Nach einem anstrengenden zwölfstündigen Arbeitstag kehrten die Schwarzen erschöpft zu ihren Hütten zurück. Sklavenunterkünfte waren gewöhnlich eingeschossige Block- oder Ziegelsteinhütten mit nur einem Raum, in dem aber oft mehrere Familien unter menschenunwürdigen Verhältnissen zusammenleben mußten (rechts).*

BLAURÖCKE GEGEN GRAUE REBELLEN

Im April des Jahres 1861 brach in den Vereinigten Staaten von Amerika Krieg zwischen den Südstaaten, die sich selbst Rebellen oder Konföderierte nannten, und den Nordstaaten, der Union, aus. Beide Seiten waren voller Begeisterung für diesen Krieg, an dem Soldaten im Alter zwischen 18 und 30 Jahren teilnahmen, die von Abenteuerlust und Patriotismus erfüllt waren. Als das Kriegsfieber ausbrach, wurden die jungen Freiwilligen von allen Menschen, die ihnen nahestanden, angefeuert, in den Kampf zu ziehen. Insbesondere Frauen – Ehefrauen, Schwestern, Mütter und Freundinnen – taten ihre patriotische Gesinnung kund.

Mehr als die Hälfte der Rekruten für die Sache der Konföderierten und fast 50 Prozent der Unionstruppen waren Bauernsöhne und kamen von Farmen. Doch erheblich mehr Yankees, wie die Nordstaatler abwertend genannt wurden, als Südstaatler waren im Ausland geboren: Etwa ein Viertel war deutscher oder irischer Abstammung. Bis Kriegsende hatten auch fast 180 000 Schwarze, zumeist Sklaven aus dem Süden, in den Reihen der Union gekämpft.

Blauer und grauer Rock *Während die Soldaten der Union gewöhnlich blaue Uniformen trugen, zogen die Konföderierten Grau vor. Beide Seiten kämpften mit Musketen und Bajonetten.*

Das Leben der Bürgerkriegssoldaten war hart. Die Winter verbrachten sie in Blockhütten, Zelten oder Gräben und wärmten sich an qualmenden Lagerfeuern. Oft war die einzige Beleuchtung eine Kerze, die auf einem Bajonett an der Wand befestigt oder in den Boden gedrückt wurde. Auf dem Vormarsch ernährte sich die Unionsarmee vorwiegend von Kaffee, Pökelfleisch und Schiffszwieback. Das waren harte, viereckige Weizenkekse, die man oft auch „Zahnbrecher“ oder „Blechkekse“ nannte. Die Südstaatler tranken statt Kaffee ein Gebräu aus Eicheln, Erbsen oder getrockneten Äpfeln. Die üblichen Zuteilungen umfaßten in beiden Armeen Kartoffeln, Zucker, Essig, Bohnen, Reis, Salz und andere Gewürze. Versorgungsschwierigkeiten führten allerdings dazu, daß kaum ein Soldat jemals seine volle Ration erhielt. In Paketen von zu Hause oder bei fliegenden Händlern, die der Truppe folgten, bekamen die Soldaten auch Kuchen und Süßigkeiten. Vor allem die Unionstruppen, die hauptsächlich auf dem Gebiet der Südstaaten kämpften, beschlagnahmten bei Farmern Schweine, Hühner, Rinder, Äpfel und Mais.

Langeweile war die schlimmste Plage der meisten Truppen, die einen Großteil ihrer Zeit damit zubrachten, sich mit Exerzierübungen, Paraden und Appellen auf den Kampf vorzubereiten. Abwechslung boten Gottesdienste und religiöse Erweckungsversammlungen, ebenso Glücksspiel und die Lektüre von Zeitungen oder Groschenromanen. Die Soldaten sangen auch gerne und führten Theaterstücke und Parodien auf. Alkohol jedoch war knapp. Wenn es ihn aber gab, zerstörte er die Moral der Truppen mehr als der Feind.

Die wichtigste Waffe beider Armeen war der Vorderlader, eine zielgenaue, aber schwerfällige Waffe mit einer Reichweite von 550 Metern. Der einfache Soldat des Bürgerkrieges fürchtete sich

Zwischen den Gefechten *Die Bürgerkriegssoldaten verbrachten mehr Zeit mit Exerzier- und Truppenübungen als in Schlachten. Die Offiziere des Geheimdienstes der Union (oben) hatten genug Zeit, um es sich vor einem Zelt im Wald bequem zu machen. Konföderierte Soldaten (rechts) hatten ebenfalls Muße, um ein Schwätzchen zu halten, Karten zu spielen und einen Eintopf zu kochen.*

vor der Schlacht, die das reine Chaos war. Der Qualm der Gewehre und Kanonen trübte die Sicht, und die Augen der Kämpfenden tränten. Die Luft war von Rufen, Schreien, Gebrüll, Detonationen, Hornsignalen und Trommelschlägen erfüllt. Die Offiziere forderten ihre Männer auf, ruhig zu bleiben. Aber viele hatten Angst, und Scharen von Fahnenflüchtigen entfernten sich von dem Gemetzel. Die Angst war oftmals am größten zu Beginn einer Schlacht, wenn die Männer ihre Stellung bezogen. Ihre Kehlen waren ausgetrocknet, die Körper schweißgebadet, und ihr Atem stockte.

Kriegsgemetzel im Süden

Bei zahlreichen Gelegenheiten wurde unerbittlich Mann gegen Mann gekämpft. Die Soldaten beider Seiten waren mit Bajonetten ausgerüstet, doch wurden sie nur selten benutzt. Die übliche Waffe für den Nahkampf war das Gewehr, das man wie eine Keule schwang. Beide Armeen metzelten ihre Gegner ohne Gnade nieder.

Derweil kümmerten sich die Menschen in New York oft wenig um das Kriegsgeschehen und strömten zu den neuen Warenhäusern am Broadway, um dort ausländische Lebensmittel und Weine, Hüte, Seidenkleider und Tuche zu kaufen. Andere Nordstaatler dagegen besannen sich eines Besseren und traten Kirchengruppen und Wohltätigkeitsorganisationen bei, um die Männer in den blauen Uniformen mit Hilfsdiensten, Lesestoff, geistigem Beistand und warmer Kleidung zu versorgen. Auf den Farmen wiederum trugen die hohen Preise für Agrarprodukte wie Getreide und Fleisch dazu bei, daß die Bauern ihre Schulden tilgen und die fehlenden Arbeitskräfte durch Landwirtschaftsmaschinen ersetzen konnten.

Schiffszwieback

Für den Süden, den Hauptschauplatz des Krieges, waren die Folgen weitaus schmerzhafter. Übergriffe plündernder Truppen bedrohten das Leben der Zivilisten, von denen Tausende flohen. Andere blieben und fügten sich der Yankeeherrschaft. Nahrungsmittel, Kleidung, Medikamente und Rohstoffe waren wegen der Seeblockade der Union und des Zusammenbruchs des Transportwesens knapp. In einigen Städten im Süden kam es aufgrund der Lebensmittelknappheit zu Krawallen. Die mit Messern und Beilen bewaffneten Randalierer stürmten die Läden und Lagerhäuser, um sie zu plündern. Weitaus stärker als die Union litt die Konföderation unter der Geldentwertung. Die Regierung in Richmond, die Banknoten drucken ließ, um ihre riesigen Ausgaben finanzieren zu können, trieb die Preise in absurde Höhen. Im Jahr 1863 hatte das Geld nur noch ein Zehntel seines ursprünglichen Wertes.

Auf das Leben der vier Millionen Sklaven in den Südstaaten hatte der Krieg zunächst kaum Auswirkungen, und viele von ihnen arbeiteten bis Kriegsende auf den Feldern. Doch schon vor der Erklärung zur Sklavenbefreiung vom 1. Januar 1863 waren Sklaven zu den Unionstruppen übergelaufen. Viele von ihnen gingen als Arbeiter, Holzfäller, Köche, Sanitäter oder Offiziersburschen in den Dienst der Unionstruppen und bekamen dort zum erstenmal Geld für ihre Arbeit. Zahllose Sklaven strömten voller Begeisterung zu den Yankeetruppen. Je weiter die Nordstaatler nach Süden vorrückten, desto mehr schwarze Sklaven wurden zu Freigelassenen.

Kriegsende und Sklavenbefreiung

Gegen Ende des Krieges war das System der Sklaverei in den Südstaaten zusammengebrochen, auch wenn man die Sklavenhaltung noch nicht überall offiziell verboten hatte. Während der letzten Kriegsmonate, und noch für lange Zeit danach, machten sich viele ehemalige Sklaven auf den Weg, um ihre neue Freiheit zu erproben und Freunde und Verwandte zu suchen, von denen man sie getrennt hatte. Das Leben und die Wirtschaft in den Südstaaten wurden dadurch weiter zerrüttet. Die größte Aufgabe war die Entscheidung darüber, welche Rolle die befreiten Sklaven künftig spielen sollten. Niemand ahnte, wie lange diese Frage ungelöst bleiben würde.

TOD IM LAZARETT

Trotz aller Anstrengungen der Truppenärzte starben mehr Soldaten beider Seiten an Krankheiten als auf dem Schlachtfeld. Mehr als die Hälfte der insgesamt 620000 Kriegsopfer starben an Ruhr, Typhus, Fleckfieber, Malaria oder Masern.

Die hygienischen Verhältnisse in den Lagern waren empörend, selbst nach damaligen Begriffen. Kaum besser waren die Zustände in den Feldlazaretten, wo die Verletzten an entzündeten Wunden und an Blutvergiftung starben. Bauchverletzungen waren ein sicheres Todesurteil, und Operationen wurden mit primitivsten Mitteln durchgeführt.

Wenn sie nicht an der Front waren, nahmen sich viele Offiziere Mätressen, während die Unteroffiziere und Mannschaften zu Prostituierten gingen. Geschlechtskrankheiten wurden so zu einer wahren Plage bei den Truppen.

Notoperation *Zu den Instrumenten der Lazarettärzte gehörten eine Säge zum Amputieren, eine zweiseitige Säge für Schädeloperationen und ein Skalpell für chirurgische Schnitte.*

Säge

Skalpell

Amputationssäge

In der Hölle des Lagers *Unionssoldaten waren zwischen Februar 1864 und Mai 1865 ohne ausreichende medizinische Versorgung, Nahrung oder Unterkunft in einem konföderierten Militärlager in Georgia interniert. Ungefähr 13000 Nordstaatler kamen dort qualvoll ums Leben.*

Militärmusik *Patriotische Lieder und Balladen wurden von den Frontsoldaten wie von den Daheimgebliebenen auf beiden Seiten gesungen und gespielt. Die Männer dachten oft an ihre Familien, wobei rührselige Plakate das Heimweh noch verschlimmerten.*

Papiergeld *Um die Geldmenge für den Krieg zu erhöhen, setzten die Nordstaatler 1862 die grüne Eindollarnote in Umlauf.*

COWBOYS – EIN LEBEN IM SATTEL

Zureiter *Ungezähmte Pferde wurden von Cowboys zugeritten, die einen Großteil ihres Lebens im Sattel verbrachten. Ihre Ausrüstung, also Stiefel, Zaumzeug und Sättel, kostete mehr als die Pferde, auf denen sie ritten.*

Der Rancher und der Cowboy sind die Hauptfiguren der amerikanischen Geschichte im 19. Jahrhundert. Ihre legendäre Zeit brach nach dem Bürgerkrieg an. Der Schauplatz der Geschichten, die sich um die Cowboys rankten, waren die Great Plains, das Flachland zwischen den Rocky Mountains und dem Mississippital. In den späten 60er und den 70er Jahren des 19. Jahrhunderts erlebte die Rinderzucht auf freien Weidegründen dort in der Prärie eine kurze Blüte. Zu den Cowboys in Texas gehörten viele Bürgerkriegsveteranen der Konföderierten, aber auch Schwarze und Mexikaner. Als sich die Nachricht verbreitete, daß mit Rinderherden, die auf Regierungsland grasten, gute Profite zu erzielen waren, strömten Oststaatler, Schotten, Engländer und sogar Franzosen und Deutsche als Rinderzüchter, sogenannte Rancher, in die Prärie und machten den texanischen Viehzüchtern Konkurrenz.

Mexikanisches Brandzeichen

Aus Mexiko kamen das Lasso, die ledernen Beinschützer, der breitkrempige Hut, die Stiefel mit hohen Absätzen, das Brandeisen und das *round-up*, das Zusammentreiben, Zählen und Kennzeichnen der Rinder im Herbst und Frühjahr. Die meisten Rinder, die in den Great Plains gehalten wurden, waren mexikanische *longhorns*, eine robuste, hochbeinige Rasse, die ohne Unterstand und Trockenfutter durch die kalten Winter kam. Die klassische Viehzucht in der Prärie begann Ende der 60er Jahre des 19. Jahrhunderts, als texanische Rancher erfuhren, daß es im Norden der Vereinigten Staaten von Amerika an Fleisch und Kuhhäuten mangelte, und sie daraufhin die ersten Herden von jeweils 2000–3000 Tieren zur nächstgelegenen Verladestation an einer der neuen Eisenbahnlinien trieben, die durch die Great Plains führten.

Ein solcher Viehtrieb oder Trail brach zeitig im Frühjahr von Texas

BEIM VIEHTRIEB IN DER PRÄRIE

Am ersten Tag des Viehtriebs kriecht der Cowboy vor Tagesanbruch aus der Schlafstelle in der Holzbaracke. Er zieht seine Kleider und seine gut eingefetteten Lederstiefel an und kontrolliert seinen Revolver. Nach einem Frühstück mit Speck und Bohnen gibt der Anführer das Zeichen zum Aufbruch. Der Cowboy hält Ausschau nach verirrten Rindern, feindlichen Indianern und Viehdieben. Mittags machen die Männer eine kurze Rast, um zu essen und die Rinder grasen zu lassen. Nach einer Strecke von bis zu 30 Kilometern wird bei Sonnenuntergang das Lager aufgeschlagen. Nach dem Abendessen übernimmt der Cowboy für zwei Stunden die Wache und reitet um die schlafende Herde. Um wach zu bleiben, kaut er ein Stück Kautabak. Wenn seine Wache vorbei ist, legt er sich zum Schlafen auf die Erde, mit Decken und einer Zeltplane gegen die kalte, regnerische Prärienacht geschützt.

Alles friedlich *Obwohl sie den Ruf hatten, Orte der Gesetzlosigkeit zu sein, wurden Westernstädte wie Dodge City streng von Kaufleuten kontrolliert, die Geschäfte machen wollten und daher für Ordnung sorgten. Feuerwaffen waren dort verboten.*

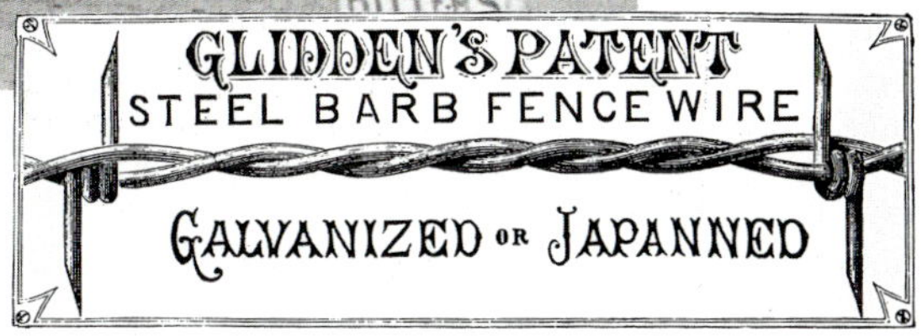

Zaunkriege *Stacheldraht, mit dem die Farmer ihr Weideland einzäunten, löste erbitterte Kämpfe mit den Viehbaronen aus, die zuvor ihre Herden nach Belieben über Land getrieben hatten.*

auf. An der Spitze der Kolonne fuhr der Koch mit dem Proviantwagen. Die Essensvorräte bestanden vorwiegend aus Dosentomaten, Mehl, Bohnen, Kaffee, Speck, Dörrobst und Zwiebeln, Krügen mit Essig und kleinen Fässern mit Sirup. Hinter dem Koch und seinem Wagen kamen die *wranglers* mit den Ersatzpferden, gefolgt von den Rindern. Die Cowboys ritten in einer bestimmten Formation an der Spitze, den Flanken und hinter der Herde, um sie in die gewünschte Richtung zu treiben. Es gab Augenblicke großer Anspannung, etwa wenn Stürme aufzogen und die Rinder in Panik flüchteten oder wenn Indianer angriffen. Jeder Viehtrieb hatte seine bangen Momente, wenn es einen Fluß zu durchqueren galt und die Rinder ans andere Ufer schwimmen mußten.

Am Ende des Weges lagen die geschäftigen Städte mit den Verladebahnhöfen. Dort wurden die Herden in Pferche getrieben und an Viehhändler verkauft, die sie in den Mittleren Westen oder zu den Schlachthöfen in Chicago und Milwaukee transportierten. Die Cowboys wurden mit 100 Dollar oder mehr in ihren Taschen entlassen. Sie verloren keine Zeit und machten sich auf zu den Bars oder Saloons, den Tanzlokalen, Spielhöllen und Bordellen.

Um die Mitte der 70er Jahre des 19. Jahrhunderts kam dann die Eisenbahn nach Texas, und die Viehherden brauchten nicht mehr 2500 Kilometer weit zu den Verladestationen getrieben zu werden. Doch Rinder aus Texas wurden weiterhin nach Norden gebracht, meist um den dortigen Viehbestand zu erhöhen. Nachdem die Bisonherden ausgerottet und die Indianer in Reservate abgedrängt worden waren, konnte man in der nördlichen Region Rinder halten, und die Viehzucht verbreitete sich allmählich über die Grenzen von Texas hinaus.

Während der 80er Jahre des 19. Jahrhunderts verwandelte die steigende Nachfrage nach Rindfleisch im Osten und in Europa die Herden des Westens in bares Geld. Der schnelle Umsatz lockte Geschäftsleute an, die Viehzuchtfarmen errichteten. Als jedoch immer mehr Rinder auf den Plains weideten, sanken die Viehpreise, da der Bedarf des Marktes nun ausreichend gedeckt war.

Ein ebenso großes Problem war die Überweidung der Grasländer. Ab einer bestimmten Anzahl von Tieren pro Hektar wurde das Gras für die Herden knapp. Der harte Winter von 1886/87 mit Temperaturen unter dem Gefrierpunkt, als Tausende von Rindern erfroren, bedeutete das Ende des Viehzuchtparadieses. Die Viehzucht ging weiter, doch sie veränderte sich stark. Die Rancher mußten ihre Herden zusätzlich mit Trockenfutter versorgen und die Anzahl der Rinder pro Hektar Weideland verringern.

Aus dem freien Cowboy wurde allmählich ein angeheuerter Arbeiter, der mehr Zeit mit dem Ausbessern von Zäunen verbrachte als mit dem Einfangen von Ochsen. Schafe, die sich für rauhe Klimazonen besser eignen als Rinder, begannen, auf die Weidegründe vorzudringen. Ein Zeitalter war zu Ende gegangen, aber eine Legende war geboren.

Schwarzer Cowboy *Der ehemalige Sklave Nat Love gehörte zu den etwa 5000 schwarzen Cowboys des Wilden Westens. Er war als Revolverheld bekannt.*

„Zu Tisch!" *Ein Koch bereitet an seinem Wagen eine Mahlzeit für die Cowboys zu. Das Essen wurde mit schwarzem, sehr starkem Kaffee hinuntergespült.*

Viehtrieb *Cowboys, die immer wieder mit Viehdieben, Indianern, Stürmen und in Panik geratenen Herden fertig werden mußten, trugen durch ihre tägliche Arbeit dazu bei, Amerika mit Rindfleisch zu versorgen (links).*

WEITES LAND UND KEINE HEIMAT

Eine Entfernung von etwa 3200 Kilometern trennt den Missouri von der Pazifikküste der USA. Bevor 1869 die erste Eisenbahnlinie fertiggestellt wurde, die quer durch den nordamerikanischen Kontinent verlief, war der Weg äußerst beschwerlich. Pelztierjäger, Entdecker und Indianer hatten schon lange die Überlandrouten benutzt, die von den besiedelten Gebieten der Vereinigten Staaten quer durch den Kontinent führten, doch das waren harte Männer, die

Abschied *Familien, die ihre Farmen und Häuser verkauft hatten, um die Reise nach Westen finanzieren zu können, verließen ihre alte Heimat und Verwandte, die dort zurückblieben, nur schweren Herzens.*

kaum mehr als ihre Kleider, die sie am Körper trugen, ihre Gewehre und ein paar Tauschwaren bei sich hatten. Erst in den frühen 40er Jahren des 19. Jahrhunderts zogen die ersten Siedlergruppen in Wagenkolonnen Richtung Westen.

Die meisten Pioniere waren Farmer aus dem Mittleren Westen, die auf der Suche nach billigem Land, nach Abenteuer oder nach einer zweiten Chance waren. Am Ende des Jahrzehnts zog es viele nach Kalifornien, die hofften, dort als Goldschürfer schnell reich zu werden.

Bettdecke *Die Frauen nutzten die langen Tage im Planwagen, um aus Stoffresten sogenannte Quilts zu nähen.*

Die Zahl der Pioniere stieg schon bald sprunghaft an. 1843 erreichten etwa 1000 Amerikaner auf der Überlandroute Oregon. Zwischen 1849 und 1860 kamen weitere 53000 in Wagenkolonnen hierher, während 200000 die Abzweigung nach Kalifornien nahmen. Insgesamt zogen vor dem Bürgerkrieg mehr als 250000 Menschen auf dem Landweg zur Pazifikküste.

Die Trails, wie die Überlandrouten hießen, nach Oregon und Kalifornien begannen beide an einem der drei Fährübergänge am Missouri: Independence, Saint Joseph oder Council Bluffs. Die kleinen Planwagen beförderten den Proviant und die Kleidung der Familie, Gerätschaften für den Ackerbau, Waffen, Kinderspielzeug und Bücher, Haushaltsutensilien, liebgewonnene Möbelstücke, wertvolle Besitztümer, wie Porzellan, Leinen und Silberwaren, und all jene Menschen, die nicht zu Fuß laufen konnten oder wollten.

Die Garderobe der typischen Pionierfamilie beschränkte sich auf das Nötigste. Männer nahmen drei oder vier Hemden aus Baumwolle, Leinen oder Wolle mit, außerdem Baumwollsocken, mehrere Hosen und einen Mantel aus grober, dicker Baumwolle.

Eine Frau brauchte zwei oder drei Kleider aus Baumwolle oder Wolle, zwei oder drei Unterröcke aus Leinen, mehrere Schürzen, ein Halstuch und einen warmen Schal. Zum Schutz gegen die Sonne trugen die Pioniere Palmbasthüte und Sonnenbrillen mit grünen Gläsern.

Ein Fall von Kannibalismus

Da die Reise zwischen vier und fünf Monaten dauerte, mußten die Wagenkolonnen zeitig im Frühjahr aufbrechen, wenn sie in den Bergen nicht vom Schnee überrascht werden wollten. Die Reisegruppen wa-

Rast *Die holprigen Wege machten die Fahrt in den leichten Planwagen zur Qual. Frauen und Kinder litten am stärksten unter Müdigkeit und schmerzenden Gliedern und benötigten dringend die Ruhepausen während der langen Fahrten.*

Wohnwagen *Leichtgebaute Planwagen waren monatelang das Heim der gesamten Familie. Sie hatten ein wasserdichtes Dach aus Leinwand, das über rundgebogene Zweige gespannt war. An den Seiten waren allerlei Gerätschaften befestigt.*

Uhr auf Reisen *Viele Pioniere nahmen Familienerbstücke wie diese messingverzierte Uhr auf ihren Wagen mit nach Westen. Zuweilen fand sich sogar ein Klavier im Gepäck.*

Für unterwegs *Die Pioniere gaben den Anstoß für ein einträgliches Geschäft: die Veröffentlichung von „Wegbeschreibungen für Planwagen".*

Tor zum Westen *Tausende von Pionieren fuhren auf dem Oregontrail über den South Pass, einen Gebirgspaß, der durch die Rocky Mountains führt. Hier kam es immer wieder zu regelrechten Staus. Auf weniger überfüllten Streckenabschnitten fuhren die Planwagen nebeneinander, um den Staubwolken zu entgehen.*

ren häufig bestens organisiert, ein Trailführer wurde gewählt, und Richtlinien, die das Verhalten der Teilnehmer regelten, wurden erstellt. Dennoch blieb 1846 eine Gruppe von Emigranten, die auf dem Weg nach Kalifornien war, hinter dem Zeitplan zurück und saß nach frühen Schneestürmen hoch oben in der Sierra Nevada fest. Als endlich Hilfe kam, waren bereits 40 Mitglieder des Wagenzuges gestorben. Von den übrigen 47 waren einige nur deshalb am Leben geblieben, weil sie Menschenfleisch gegessen hatten.

Der erste Abschnitt der Route, den alle benutzten, verlief durch die Hochebenen von Kansas und Nebraska und dann am südlichen Flußarm des flachen Platte River entlang. Hier war der von tiefen Wagenspuren deutlich markierte Weg eben. Nachdem sie vom Missouri aus in 40 Tagen rund 800 Kilometer zurückgelegt hatten, durchquerten die Wagen den Platte River und fuhren in nordwestlicher Richtung nach Fort Laramie, einem bedeutenden Stützpunkt der Pelztierjäger. Hier bekamen die Pioniere gewöhnlich zum erstenmal die stolzen und kriegerischen Prärieindianer zu Gesicht. Allerdings starben auf dem Zug nach Westen etwa 30mal mehr Menschen an Krankheiten – Cholera in der Prärie und Zeckenfieber in den Bergen – als durch Indianerüberfälle.

Blick zurück mit Stolz

Einige der Pioniere trafen jedoch tatsächlich auf Angreifer, insbesondere im westlichen Abschnitt der Route. In späteren Jahren, als die Indianer aufgebracht waren über die Anmaßung der Weißen und darüber, daß sie Krankheiten verbreiteten und die Büffel abschlachteten, nahmen ihre Angriffe an Zahl und Brutalität zu.

Noch vor dem Ende der 50er Jahre des 19. Jahrhunderts waren die Routen verbessert worden, und als die Ära der Überlandtrails in den 80er Jahren des 19. Jahrhunderts schließlich zu Ende ging, erinnerten die alten Routen nach Westen beinahe schon an moderne Highways, denn überall entlang der Strecke gab es Geschäfte, die Proviant, Unterkunft, Fähr- und Reparaturdienste anboten.

Die meisten Pioniere erinnerten sich noch ihr Leben lang an die harte Zeit, die sie auf dem Trail verbracht hatten. In Kalifornien und Oregon gründeten sie Pioniervereine, um die Erinnerung an ihre Erlebnisse zu bewahren und an folgende Generationen weiterzugeben.

MIT DER FAMILIE IM PLANWAGEN

Es ist 4 Uhr morgens und noch dunkel, als die Pionierfrau aufwacht und leise aus dem Planwagen ihrer Familie steigt. Sie zündet ein Feuer an, setzt Wasser auf und bereitet das Frühstück zu: Kaffee, gebratener Speck, heiße Bohnen und frisches Brot. Ihr Mann steht eine Stunde später auf, ißt und spannt dann die Ochsen an. Um 7 Uhr ist die Wagenkolonne bereits unterwegs. Während der Mann und die beiden ältesten Söhne neben dem Ochsengespann laufen, sitzt die Frau im Planwagen, paßt auf die beiden jüngeren Kinder auf und näht.

Der Wagenzug setzt nach einer kurzen Mittagspause seine Fahrt bis zur Abenddämmerung fort und legt so täglich etwa 25 Kilometer zurück. An einem bewaldeten Hang wird das Lager für die Nacht aufgeschlagen. Nachdem die Frau Wasser aus einem nahe gelegenen Bach geholt und Brennmaterial gesammelt hat, macht sie sich daran, einen Eintopf über dem offenen Feuer zu kochen. Nach dem Abendessen ist Schlafenszeit. Die Eltern ziehen sich in den Planwagen zurück, die Kinder und andere Mitreisende in Zelte. Morgen ist Waschtag, und die Frau wird die Wäsche, auf der sich Staub, Schweiß und Schmutz von zwei Wochen angesammelt haben, einweichen, kochen und auf dem Waschbrett kräftig schrubben.

Brennmaterial *Eine Pionierfrau hat in der baumlosen Prärie getrocknete Bisonfladen für ein Feuer gesammelt.*

SCHNELLES GELD UND KURZES GLÜCK

An einem kalten, klaren Januarmorgen des Jahres 1848 bemerkte James Marshall, ein Aufseher, der für den Sägewerksbesitzer John Sutter arbeitete, etwas Glitzerndes auf dem Grund des Ablaufkanals von Sutters neuer Sägemühle am American River in Kalifornien.

Marshall faßte in das eiskalte Wasser und holte ein gelbes Klümpchen heraus, das etwa halb so groß wie eine Erbse war. Rasch sammelte er einige weitere Stücke ein und inspizierte sie genau. Schon lange hatte er vermutet, daß es am Fuß der Sierra Nevada, dem Hochgebirgszug, der Kalifornien durchzieht, Gold gab. Aber handelte es sich bei diesen Klümpchen tatsächlich um Gold, oder war es nur wertloser Glimmer, sogenanntes Katzengold? Er legte seinen Fund auf eine harte Unterlage und schlug mit einem Stein darauf. Das Material war formbar; es mußte Gold sein. Das spröde Katzengold wäre in Stücke zersprungen.

Er legte die Klümpchen in seinen ausgebeulten weißen Filzhut und eilte davon, um sie den anderen Arbeitern zu zeigen. „Jungs“, rief er, „ich glaube, ich habe eine Goldmine gefunden!“ Eilig liefen die Männer hinunter zum Ableitungskanal und sammelten noch mehr Goldbröckchen. Als sie bis zum übernächsten Tag fast 85 Gramm beisammenhatten, machte sich Marshall auf den Weg zu seinem Arbeitgeber, um ihm von dem Fund zu berichten. Sutter lieh sich eine Apothekerwaage, und hinter verschlossenen Türen prüften die Männer die gelben Klümpchen auf jede nur erdenkliche Weise. Es konnte keinen Zweifel geben: es war Gold. Trotzdem machte sich Sutter Sorgen. Würden seine Arbeiter bleiben? Oder würden sie auf der Stelle ihre Werkzeuge fallen lassen und auf Goldsuche gehen? Sutter rang Marshall und seinen Leuten das Versprechen ab, noch sechs Wochen wie gewohnt weiterzuarbeiten und Stillschweigen über ihre Entdeckung zu bewahren.

Auf nach Kalifornien *Als der Goldrausch seinen Höhepunkt erreichte, machten sich Karikaturisten über die Glücksritter lustig, die alle möglichen und unmöglichen Mittel nutzten, um nach Kalifornien zu kommen.*

Goldwäsche *Ein Goldsucher füllt seine flache Schüssel mit Sand und Kies aus dem Fluß und schwemmt sie mit Wasser aus, damit sich schwere, goldhaltige Stücke absetzen.*

Prüfstelle *Die Goldgräber brachten ihren Fund zur nächsten Prüfstelle, wo der Goldgehalt festgestellt wurde. Manchmal war der Goldanteil gering, aber einige glückliche Goldsucher wurden unwahrscheinlich reich. So fand etwa eine Gruppe von vier Männern an einem einzigen Tag Gold im Wert von 50000 Dollar.*

Golddollar *Viele Goldgräber verschmähten dieses Zahlungsmittel und nahmen lieber ihre eigenen Nuggets.*

ENTTÄUSCHTE HOFFNUNG

Bei Tagesanbruch wickelt sich der Goldsucher aus seinen Decken und zieht seine durchweichten Jeans, sein Flanellhemd und seine festen Stiefel an. Er ißt schnell ein paar Pfannkuchen, trinkt einen Becher Kaffee und eilt dann an den Fluß. Dort wäscht er verbissen den ganzen Tag Sand und Kies aus. Die Hoffnung, Gold zu finden, war der Grund, weshalb er seine Arbeit in einem Schlachthof in Chicago aufgegeben hat und nach Kalifornien gekommen ist. Immer wieder füllt er eine flache Schale mit Sand und Kies aus dem Flußbett, schwemmt sie mit Wasser aus und hofft auf Gold – aber vergebens. Bei Sonnenuntergang kehrt er dann enttäuscht und erschöpft ins Lager zurück.

Es half nichts. Bis Mitte April hatten bereits viele Männer Sutters Ranch verlassen, und innerhalb weniger Monate war die Nachricht von Marshalls Goldfund über Kontinente und Ozeane hinweg um die ganze Welt gegangen. Ende 1848 schürften rund 6000 Männer an den großen Flüssen und Wasserläufen, die von der Sierra Nevada zum Pazifik fließen, nach Gold. Im darauffolgenden Jahr kamen die *forty-niners*, die 49er, wie man die ersten Goldsucher des Jahres 1849 nannte. Bis Ende des Jahres 1849 hatten fast 90000 Goldsucher und Glücksritter Kalifornien auf dem Land- oder Seeweg erreicht.

Das klassische Zeitalter des kalifornischen Goldrausches dauerte kaum länger als zwei Jahre. Als das Jahr 1850 zu Ende ging, war das am leichtesten zugängliche Gold bereits abgeschürft, und in der darauffolgenden Zeit erforderte die Goldsuche Eigenkapital der Abenteurer, genaue Kenntnis der Goldvorkommen und große Geschicklichkeit bei der Goldwäsche. Zudem waren die Orte, an denen geschürft wurde, übervölkert. Im Oktober 1850 arbeiteten etwa 57000 Männer an den Flüssen im Westen der Sierra Nevada.

Dann wurden es allerdings schnell weniger. Viele Goldsucher verließen die Region, um ihr Glück in den aufstrebenden kalifornischen Städten San Francisco und Sacramento zu versuchen. Andere gingen dorthin zurück, wo sie hergekommen waren. Ein Drittel der Goldsucher, unter denen es kaum Frauen gab, kam aus dem Ausland: aus Großbritannien, Frankreich, Mexiko, Australien und Chile. Alle Schichten der Gesellschaft waren vertreten: von Farmern über Hufschmiede, Zimmerleute, Maschinisten und Kaufleute bis zu Anwälten, Ärzten, Lehrern, Künstlern und Staatsbeamten.

Alle, die auf dem Landweg nach Kalifornien kamen, etwa die Hälfte aller Goldsucher, waren durch die Strapazen der Reise abgehärtet; diejenigen, die mit dem Schiff eintrafen, waren dagegen nach der wochenlangen Seereise kraftlos und aufgedunsen und litten dementsprechend. Die Goldsucher lebten in sogenannten Camps, die aus einer Ansammlung von Zelten, Hütten aus Zweigen und Baracken aus Baumstämmen oder groben Brettern bestanden. Glücklicherweise waren die kalifornischen Winter mild. Aber sie waren auch verregnet, und die Männer wurden oftmals naß bis auf die Haut.

Diebe, Trinker, falsche Freunde

Weil sie fest entschlossen waren, schnell reich zu werden und dann nach Hause zurückzukehren, zählte für die Männer nur eines: Goldstaub und Nuggets, also Goldkörner, zu finden. Die tägliche Arbeit wurde lediglich von einer kurzen Mittagspause unterbrochen. Die ungesunde Ernährung und der hohe Alkoholkonsum der Goldsucher führten zu Skorbut, Ruhr und anderen Erkrankungen. Einige Männer hielten die Zubereitung von Mahlzeiten für Zeitvergeudung und bezahlten lieber Köche, häufig Chinesen, die für sie kochten.

Obwohl die Claims zumeist von mehreren Männern gemeinsam bearbeitet wurden, war der Zusammenhalt unter den Goldgräbern nur schwach. Am Anfang gab es wenig Kriminalität in den Goldgräbersiedlungen. Die Männer ließen ihren Besitz unbewacht zurück, wenn sie auf ihren Claims arbeiteten. Doch dieser Zustand hielt nicht länger als bis zur Mitte des Jahres 1849 an. Danach, als der Wettbewerb um die begrenzten Schätze immer härter wurde, nahmen kleinere Diebstähle, aber auch schwerere Verbrechen stark zu. Deshalb bildeten die Goldsucher ihre eigene Polizeitruppe und ihr eigenes Gericht, um Recht und Ordnung durchzusetzen.

Die verhängten Strafen reichten von der Ausweisung aus der Siedlung über Auspeitschen bis hin zum Tod durch Erhängen. Die Strafen wurden sofort vollzogen; es gab keine Gefängnisse für die Verurteilten. Anschließend gab einer der Goldgräber eine Runde aus, und danach gingen alle zurück an ihre Arbeit.

Die meisten kalifornischen Goldsucher wurden nicht reich. Die ersten Goldgräbergruppen hatten das meiste Glück. Einige verdienten bis zu 500 Dollar am Tag – und das zu einer Zeit, als der Durchschnittslohn eines Facharbeiters in den amerikanischen Bundesstaaten im Osten zwei Dollar am Tag betrug. Die Goldsucher, die Ende des Jahres 1849 nach Kalifornien kamen, hatten selten das gleiche Glück wie ihre Vorgänger. Aber auch diejenigen, die nach Monaten harter Arbeit und großer Gefahr kaum Gold gefunden hatten, waren stolz darauf, in einem legendären Kapitel der amerikanischen Geschichte eine Rolle gespielt zu haben.

Teamarbeit *Ein Mann schaufelte Erde und Gestein in eine lange Holzrinne auf einer Wippe. Ein zweiter Goldgräber goß Wasser in die Rinne, die dann von einem dritten hin und her gewippt wurde.*

Aufforderung zum Tanz *In einem Rock und einer Damenjacke übernimmt ein stämmiger, bärtiger Mann den weiblichen Part beim Tanz, der jeden Samstagabend im Camp stattfand, denn in den Goldgräbersiedlungen herrschte Frauenmangel.*

FEUERROSS UND SPRECHENDE DRÄHTE

„Ich kam mir vor wie eine Portion Eier, die zu Rührei verschlagen wird. Mein ganzer Körper wurde unaufhörlich durchgeschüttelt und durchgerüttelt." So beschrieb ein Reisender seine Fahrt in einer der Postkutschen, die im Wilden Westen verkehrten. Für mehr als ein halbes Jahrhundert war die Pferdekutsche das wichtigste Beförderungsmittel auf den Überlandstrecken im amerikanischen Westen, und selbst nachdem die Eisenbahn die Ost- und die Westküste verband, spielten Kutschen noch immer eine entscheidende Rolle für die abgelegenen Gebiete.

Wells, Fargo & Company ist der Name, den man für alle Zeit mit den Postkutschen des Westens in Verbindung bringen wird. Das Unternehmen wurde 1852 für den Geld- und Briefverkehr zu den kalifornischen Goldgräbersiedlungen gegründet, und während der kommenden Jahre folgten die Routen der Postkutschen den Wegen der Goldsucher.

Bereits in den 70er Jahren des 19. Jahrhunderts hatte Wells, Fargo im gesamten Westen eine Monopolstellung im Transportwesen. Das klassische Transportmittel der Gesellschaft war eine vier- oder sechsspännige Pferdekutsche, die ein flaches Dach und vorn einen offenen Kutschbock besaß. Außer Post und Gepäck beförderten die Kutschen auch Passagiere unterschiedlichster Herkunft. Der steife Schulmeister oder Bibelprediger mußte sich womöglich damit abfinden, die Kutsche tagelang mit ungehobelten Goldsuchern, aufgeputzten Bardamen oder Kautabak spuckenden Cowboys zu teilen. „Passagiere, die vor lauter Whiskey durchdrehen und gleichzeitig völlig übermüdet sind, müssen oftmals an ihren Plätzen festgebunden werden", schrieb ein Reisender. „Die Mahlzeiten, die sie während der zehnminütigen Pausen hinunterschlingen, sind einfach abscheulich."

Bewaffnete Wachen und Banditen

Die Straßen waren holprig, die Hitze oftmals unerträglich, und nachts durften die Laternen nicht angezündet werden aus Angst vor Indianern, die häufig Postkutschen, die ihr Gebiet durchquerten, überfielen.

Trotz der bewaffneten Begleiter, die neben dem Kutscher herritten, wurden Postkutschen regelmäßig von Wegelagerern überfallen. Zu ihnen gehörte auch Charles E. Bolton, genannt „Black Bart". Er begann seine verbrecherische Laufbahn 1877 und trug immer einen Mehlsack mit zwei Augenschlitzen über dem Kopf. Barts Gewohnheit war es, in den ausgeraubten Kutschen einen Fetzen Papier mit einem selbstverfaßten Gedicht zu hinterlassen.

Eine ähnlich turbulente Geschichte wie Wells, Fargo & Company hatte der Pony Express, der mit seinen Ponystaffeln Postgüter in Rekordzeiten zwischen Saint Joseph in Missouri und der 3200 Kilometer entfernten Stadt Sacramento in Kalifornien beförderte. Obwohl dieses Unternehmen in den Jahren 1860 und 1861 nur knapp 18 Monate bestand, sollte es zu einer unsterblichen Legende des Wilden Westens werden.

REITER DES PONY EXPRESS

In den frühen 60er Jahren des 19. Jahrhunderts wurden „junge, drahtige Burschen, nicht über achtzehn", als reitende Boten für den neugegründeten Pony Express gesucht. Sie mußten ausgezeichnete Reiter sein und bereit, „täglich den Tod zu riskieren". Waisen wurden daher bevorzugt. Zu denen, die sich meldeten, gehörten auch der junge William F. Cody, der später als Buffalo Bill berühmt wurde, und der legendäre Wild Bill Hickok.

Überlandkutsche *Zwischen acht und 14 Passagiere fanden in den Postkutschen von Wells, Fargo Platz. Ihr Gepäck wurde auf das Dach geladen. Die Kutschen legten durchschnittlich acht Kilometer in der Stunde zurück.*

Am Bahnhof *Beim Pfeifen der Lokomotive kamen Reisende und Zuschauer eilig auf den Bahnsteig gelaufen. Die Bewohner der Orte, in denen die Eisenbahn hielt, interessierten sich für jeden, der mit dem Zug abfuhr oder ankam.*

Bis zu 200 Reiter galoppierten in waghalsigem Tempo auf den Streckenabschnitten zwischen den einzelnen Stationen, die etwa 8–32 Kilometer auseinander lagen und wo innerhalb von nur zwei Minuten die Pferde und die Reiter ausgewechselt wurden. Durch dic ncuc Telegrafenlinie von Küste zu Küste wurde der Pony Express bald überflüssig. Bis 1861 gab es bereits ein landesweites Telegrafennetz, und die „sprechenden Drähte", wie sie die Indianer nannten, trugen Nachrichten mit einer Geschwindigkeit durch das Land, die kein reitender Bote jemals erreichen konnte.

Darüber hinaus sorgten Schiffe auf den Flüssen und den neuangelegten Kanälen für bessere Verkehrsverbindungen innerhalb der rasch wachsenden Nation. Mit seinem Dampfschiff *Clermont* begründete der Ingenieur Robert Fulton 1807 den ersten regelmäßigen Passagierverkehr, und später bewegten sich prächtige Dampfer, die wie schwimmende Paläste aussahen, auf dem Mississippi, der mit seinen über 40 Nebenflüssen zu einer der Hauptverkehrsadern des Landes wurde.

Für den Mississippi, wo Sandbänke ein Problem darstellten, baute man eine neue und besondere Art von Dampfschiffen: zweistöckige, flach im Wasser liegende Raddampfer mit großen seitlichen Schaufelrädern. Der Mississippiraddampfer im Zuckerbäckerstil war mit allem Luxus ausgestattet: dicken Teppichen, vergoldeten Spicgcln und reichverzierten Holzverkleidungen. Gefährliche Wettfahrten zwischen konkurrierenden Raddampfern, bei denen es oft genug zu Bränden, Schiffbruch oder gar zu Zusammenstößen kam, gehörten zu den größten Spektakeln der damaligen Zeit.

Morsetaste

Es war die Dampflokomotive, die schließlich den Raddampfer verdrängte. Bis zum Jahr 1860 war der Eisenbahnbau in vollem Gang, und man hatte bereits etwa 48 000 Kilometer Schienen verlegt.

Nach dem Bürgerkrieg begann eine Ära, in der das Schienennetz hektisch erweitert wurde, eine Entwicklung, die durch die Fertigstellung der ersten transkontinentalen Linie weiteren Auftrieb erhielt. Am 10. Mai 1869 trafen die von der Central Pacific und der Union Pacific gebauten Strecken in Promontory im Bundesstaat Utah zusammen, und die Gleise der beiden Gesellschaften wurden durch einen goldenen Schienennagel miteinander verbunden. Die Reisezeit von Küste zu Küste verkürzte sich hierdurch von Wochen, die sie zuvor gedauert hatte, auf wenige Tage. Gleichzeitig erhöhte sich die Sicherheit durch Erfindungen wie etwa die Druckluftbremse, die alle Bremsen eines Zuges gleichzeitig auslöste. Auch der Komfort wurde größer, nachdem George Pullman 1864 den ersten Schlafwagen gebaut hatte, mit verstellbaren Plüschsitzen, einer verbesserten Heizung, herunterklappbaren Betten und Waschräumen. Später kamen noch Speisewagen hinzu.

Schwimmende Kasinos *Die gutausgestatteten Flußdampfer waren für ihre Passagiere bekannt, die häufig die ganze Nacht am Pokertisch saßen, Whiskey tranken und um hohe Einsätze spielten. Diese Atmosphäre inspirierte Mark Twain, der selbst Lotse auf diesen Raddampfern gewesen war, zu seinen Erzählungen.*

Entlang den im Bau befindlichen Eisenbahnlinien schossen Siedlungen aus dem Boden. Manche von ihnen verschwanden ebenso rasch, wie sie entstanden waren, aber viele entwickelten sich auch zu dauerhaften Gemeinden. Auf ihren Bahnhöfen herrschte weiterhin eine erwartungsvolle Atmosphäre. Denn hier traten Neuankömmlinge aus dem Osten geradewegs in die rauhe Wirklichkeit des Wilden Westens, und ein armer Farmersjunge bestieg vielleicht den Zug, der ihn an den unbekannten, weit entfernten Ort brachte, wo er sein Glück machen sollte.

LEBEN MIT FUCHSOHR UND FEDER

Der Himmel überspannte die Prärie wie ein riesiges blaues Gewölbe. Ein furchterregendes Kreischen zerriß die Stille, doch der drahtige, dunkelhäutige Reiter drehte sich nicht einmal um. Er kannte das Geräusch gut. Es war nur einer der zweirädrigen Pferdewagen, mit denen man im Westen Kanadas Lasten beförderte. Das Kreischen kam von den Achsen, die niemals geschmiert wurden, weil sich der Präriestaub sonst daran festgesetzt und die Radnaben abgeschliffen hätte.

Der Reiter gehörte ebenso zum kanadischen Westen wie der weite Horizont und der blaue Himmel. Im Jahr 1812, vor mehr als 70 Jahren, war sein Vater der Armut seiner Heimat, des schottischen Hochlandes, entflohen. Er und andere Schotten hatten den Atlantik überquert und waren vom Gebiet um den Sankt-Lorenz-Strom aus immer weiter Richtung Westen über die großen Ebenen gezogen, um sich schließlich am Red River niederzulassen – dort, wo im Jahr 1870 die Stadt Winnipeg entstehen sollte, die nur drei Jahre später bereits 2000 Einwohner haben würde.

Wie die schottischen und französischen Pelztierjäger der Region hatte auch der Vater dieses Reiters eine Indianerin zur Frau genommen. Die Kinder aus diesen Verbindungen bildeten eine neue Volksgruppe, die Métis. Der Name bedeutet „verkohltes Holz“ und ist eine Anspielung auf ihre dunkle Hautfarbe.

Wendige Jäger

Als junger Mann hatte sich der Reiter, wie die meisten Métis, vom Ackerbau ernährt. Er war auch auf Bisonjagd gegangen und zusammen mit anderen Métis draufgängerisch in die riesigen, in panischer Angst flüchtenden Herden von über 100000 Tieren geritten. Jeder Jäger nahm einen zu Boden stürzenden Bison ins Visier, setzte ihm im vollen Galopp seinen Karabiner an die Schulter und drückte ab. Noch immer im vollen Galopp füllte er dann neues Pulver in den Lauf, nahm eine der Bleikugeln, die er vorher in den Mund gesteckt hatte, stieß die Ladung nach unten und schoß den nächsten Bison.

Jetzt aber führte dieser Métis ein ruhigeres Leben. Er war Farmer und hatte eine Frau und Familie. Wenn er nachts vor seiner Tür stand und nach oben blickte, dann war der unvorstellbar weite Himmel über der Prärie von Millionen von Sternen

Jagdsaison *Zweimal im Jahr sammelten sich die Métis und machten sich auf die Suche nach den immer kleiner werdenden Bisonherden.*

FRÜHLING IN DER BLOCKHÜTTE

Es ist spätes Frühjahr, und ein Métis sitzt vor seiner Blockhütte und bessert sein Fischernetz aus. Die Hütte ist aus waagrecht verlegten Vierkanthölzern gebaut und hat ein Schindeldach mit einem gemauerten Schornstein. An der Seite der Hütte hängen Schneeschuhe für den Winter. Dort stehen auch Regenfässer, eine Axt, Zaunpfosten, ein Holzstapel und ein Hackklotz. Im Inneren der Hütte sitzt die Frau des Métis am Fußende des Bettes und näht. Auf dem Bett liegen eine Indianerdecke und ein Bisonfell. In einem gußeisernen Topf kocht das Essen über dem lodernden Feuer. An der Wand über der Feuerstelle hängen die Muskete und das Pulverhorn des Jägers, an der Seite neben der Tür sein Fellmantel und ein Hut.

Versandhandel *Zusammen mit anderen europäischen Artikeln kam auch der Versandhauskatalog mit der Eisenbahn in den Westen Kanadas. Aus dem „Wunschbuch“, wie sie es nannten, bestellten die Indianer Haushaltsutensilien.*

Zweifach verwendbar *Dieser einfache Karren wurde von Pferden oder Ochsen gezogen. Er ließ sich aber mühelos zerlegen und auch als Floß benutzen.*

Mountie *Die Fransen an den Jacken dieser Männer leiteten das Regenwasser ab, das sonst durch die Nähte eingedrungen wäre.*

übersät. Es schien ihm, als hätte es hier einmal ebenso viele Bisons gegeben, wie Sterne am Himmel standen.

Die letzten Bisonherden

Aus Bisonfellen machte man warme Mäntel, Zelte und Decken für die kanadischen Winter, in denen die Temperaturen bis 50 °C unter den Gefrierpunkt fallen. In Streifen geschnitten, ergaben die Häute aber auch haltbare Treibriemen für die Fabriken im Osten. Pemmikan, getrocknetes Bisonfleisch, das mit Beeren und Fett gestampft und anschließend in einem Sack aus Bisonmagen gelagert wurde, war ein haltbarer Dauerproviant, der sich ohne Kühlung monatelang aufbewahren ließ. Bisonhaar wurde zu Seilen verarbeitet, und aus Sehnen machte man Schnur.

In früher Zeit waren die Bisons so zahlreich, daß es Tage dauern konnte, bis eine einzige Herde vorbeigezogen war. Doch bis 1884 hatten die Bisonjäger die Herden fast vollständig ausgerottet. Mit der brandneuen Eisenbahn kamen auch Farmer in den kanadischen Westen. Die vorwiegend mit Hilfe chinesischer Tagelöhner 1885 fertiggestellte Eisenbahn erschloß die zuvor weitgehend unberührten Ebenen, in denen sich während der folgenden zwei Jahrzehnte über eine Million Siedler niederlassen würde.

Die Eisenbahn beförderte den Weizen, der auf dem Prärieboden prächtig gedieh, und brachte im Gegenzug neues Landwirtschaftsgerät wie etwa dampfbetriebene Dreschmaschinen. In einem Land, in dem die Farmen groß und Arbeitskräfte knapp waren, brauchte der Métisfarmer Maschinen; aber er wußte, daß er sich dazu für viele Jahre bei der Bank verschulden mußte. Noch bildeten Métis und Indianer eine Mehrheit in den Ebenen, aber es war abzusehen, daß dies nicht so bleiben würde. Indianer wurden bereits in Reservate abgedrängt, um das Land für europäische Kolonisten freizumachen. Geschwächt durch Krankheiten und Whiskey, die die Europäer mitgebracht hatten, und durch Hunger entmutigt – ihr Hauptnahrungslieferant, der Bison, war ausgerottet –, leisteten die Indianer keinen Widerstand.

Die ersten Unterkünfte der Siedler waren Grashütten. Doch diese Hütten waren eng und während der Schneeschmelze schrecklich feucht. Bald ersetzten die Siedler sie daher durch Blockhäuser.

Whiskeygeschäfte *Weiße Händler übervorteilten die Indianer beim Tauschhandel mit falschem Whiskey. Das Gebräu bestand aus Alkohol, Tabakflüssigkeit und Wasser und war mit Ingwer aromatisiert.*

Jenseits der Grashütten, weit draußen in der offenen Prärie, standen die Tipis der Cree-Indianer. Diese hohen Stangenzelte, die nun, da es keine Bisonhäute mehr gab, aus Leinwand bestanden, hatten oben bewegliche Lüftungsklappen. Dem offenen Feuer in der Mitte jedes Tipis wurde von außen durch einen Erdtunnel Frischluft zugeführt.

Berittene Polizei

Zwischen den Grashütten und den Tipis patrouillierten bewaffnete Reiter. Sie gehörten zu einer kleinen Einheit von insgesamt etwa 300 Männern, die bei jedem Wetter Hunderttausende von Quadratkilometern überwachten. Es handelte sich dabei um *mounties*, Männer einer Militär- und Polizeieinheit. Sie waren an Posten stationiert, die überall im Westen verstreut lagen. Sie bekämpften Händler, die versuchten, die Schwächen der Indianer auszunutzen, sorgten in den Städten und Indianerreservaten für Ruhe und Ordnung und unternahmen lange Patrouillenritte zu einsamen Farmen und entlegenen Siedlungen. Viele junge Kanadier, die auf der Suche nach einem aufregenden und abenteuerlichen Leben waren, gingen zu den *mounties*.

Ein Termin für die Trauung

Die meisten Métis waren Christen, aber sie hielten an einigen religiösen Praktiken ihrer indianischen Vorfahren fest. Viele von ihnen trugen unter ihrem Mantel einen Medizinbeutel über der Schulter, in dem sich ein Stück Tierknochen, das Ohr eines Fuchses und eine Feder befanden. Sie hatten den Beutel von ihren indianischen Müttern bekommen, und er sollte sie vor Unheil bewahren. So war es für die Métis immer ein zwiespältiges Gefühl, wenn der Pfarrer ihren Farmen einen Besuch abstattete. Aber der Pfarrer kam nicht nur, um mit den Métis über ihren Indianerglauben zu sprechen. Oftmals war eine bevorstehende Hochzeit der Anlaß für seinen Besuch.

Die meisten Métisfarmer hatten sich nie um eine offizielle Trauungszeremonie gekümmert. Aber nun veränderte sich das Leben im Westen. Die größere Freiheit von früher in Erinnerung, konnten die Métis keinen Gefallen an der strengen Ordnung der Kirchen finden. Dennoch sahen viele widerwillig ein, daß es an der Zeit war, sich anzupassen.

HOFFNUNG AUF EIN BESSERES LEBEN

Bärtige Männer beugten sich unter der Last riesiger Seekisten voller Hausrat. Frauen mit Kopftüchern drückten Säuglinge und quengelnde Kinder an sich. Abgemagerte Jugendliche in schlechtsitzenden, selbstgenähten Kleidern balgten sich auf den Landungsbrücken. Tausende von Einwanderern aus Irland, Skandinavien, Deutschland, Ungarn, Italien und Polen quollen aus den Schiffen auf die Hafenkais von New York, Philadelphia und Boston. Schiffseigner verdienten ein Vermögen an ihrer menschlichen Fracht, die sie in jeden freien Winkel ihrer Schiffe stopften. Zwischen dem späten 19. Jahrhundert und dem frühen 20. Jahrhundert kamen rund 13 Millionen Emigranten aus der Alten Welt, von denen die meisten kein Wort Englisch sprachen, in den riesigen Schmelztiegel Nordamerika. In den betriebsamen Städten an der Ostküste drängten sich die Neuankömmlinge in Mietskasernen aus Backstein, die hoch über die schmalen Straßen ragten. Arbeitskolonnen lebten monatelang in Camps, die hastig in der Nähe von Sümpfen aufgeschlagen wurden, und gruben Kanäle, die Amerikas Flüsse mit den Seehäfen verbanden.

„Willkommen an Land!" *Erschöpft und verstört klammern sich die Einwanderer in die Neue Welt nach den Strapazen der Atlantiküberquerung an ihren wenigen Habseligkeiten fest.*

Irische Invasion

Iren verließen ihr Land wegen der großen Hungersnot, die durch die Kartoffelfäule ausgelöst worden war, oder wurden von neuen Grundbesitzern aus der Heimat vertrieben. Die Männer arbeiteten als Pferdekutscher oder auf den unzähligen Baustellen, und viele ihrer Frauen fanden eine Anstellung als Köchin, Kinderfrau oder Wirtschafterin. Männer wie Frauen arbeiteten in den Textil- und Schuhfabriken in den Städten im Nordosten der Vereinigten Staaten. Ihr 12- bis 14stündiger Arbeitstag begann vor Sonnenaufgang. An den Wänden der Fabrikhallen konnten die Emigranten Schilder lesen mit Aufschriften wie: „Waschen nur außerhalb der Arbeitszeit erlaubt!" oder „Achtung! Zeit ist Geld." Wenn mittags die Fabriksirene heulte, kamen Kinder an die Fabriktore gelaufen und brachten ein warmes Essen für ihre Väter, Brüder und Schwestern.

Häufig führten Kurseinbrüche an der Börse dazu, daß Fabriken monatelang geschlossen wurden, und ganze Städte hungerten, bis sich die Räder wieder drehten. Die Unternehmer versuchten unaufhörlich, noch mehr Arbeitsleistung aus ihren Beschäftigten herauszupressen, und mit zunehmender Industrialisierung schlossen sich die Arbeiter in Gewerkschaften zusammen.

Da Ausschreitungen, Hetze und staatliche Benachteiligung das Leben für die Juden in Polen, Österreich-Ungarn und Rußland unerträglich machten, kamen auch sie in die Neue Welt. In Lower Manhattan, einem Stadtviertel von New York, waren die Straßen von den Rufen der Hausierer erfüllt, die auf ihren Karren Töpfe und Pfannen, Obst, Kleidung und Schnürsenkel feilboten. Die Kinder durchwühlten Müllberge nach Lumpen und brauchbaren Gegenständen. Sie suchten die Bahngleise nach Kohlen ab und die Straßen nach Feuerholz. Sie verkauften Zeitungen an Straßenkreuzungen und verdienten damit oftmals ein Viertel des Familieneinkommens. Aber sie zweigten auch ein paar Cents für Schokolade oder einen Kinobesuch ab. In den überfüllten Kinos, den *nickelodeons*, konnte man für nur fünf Cent, also für einen Nickel, einen Stummfilm sehen.

Die heißen Nächte machten das Schlafen in den überfüllten Mietwohnungen, wo oft noch an Kostgänger untervermietet wurde, unmöglich. Ganze Familien nahmen ihr Bettzeug und schliefen auf den Dächern. Am Abend verwandelte sich der Küchentisch in eine Werkstatt, wo die Frauen in Heimarbeit Papierblumen, Knopfleisten und Manschetten anfertigten. Betrügerische Auftraggeber prellten sie dabei oft um ihren Lohn unter dem Vorwand, die Arbeit sei mangelhaft ausgeführt.

In den Kohlerevieren und Fabrikstädten des Bundesstaates Pennsylvania nahmen auch slawische Emi

Patriotismus *Unter den Blicken ihrer Lehrerinnen salutieren Einwandererkinder in einer New Yorker Gewerbeschule vor dem Sternenbanner.*

Stadt großer Erwartungen *Mit seinen ersten Wolkenkratzern erschien New York den Neuankömmlingen im späten 19. Jahrhundert wie die Erfüllung eines Traumes. Doch schon bald mußten sie feststellen, daß das Leben der kleinen Leute hart war. Für viele endete der Traum als Enttäuschung.*

Harte Arbeit *Um ihre Miete bezahlen und ihre Familien ernähren zu können, schufteten Einwanderer bis spät in die Nacht in Kleinbetrieben wie dieser Schneiderwerkstatt. Ihr Lohn reichte kaum zum Leben.*

Straßenmarkt *Die Einwanderer bildeten nationale Gemeinschaften mit eigenen Stadtvierteln in den amerikanischen Städten und behielten ihre Sitten, wie den Markttag, bei.*

granten möglichst viele Kostgänger in ihren kleinen Holzhäusern auf. Riesige Töpfe mit Borschtsch – ein herzhafter russischer Eintopf mit roter Bete oder Kohl, der mit saurer Sahne gereicht wird – brodelten ständig auf dem Herd, damit die Berg- und Metallarbeiter zu jeder Tages- und Nachtzeit eine Mahlzeit vorfanden, wenn sie müde und hungrig von ihrer Schicht nach Hause zurückkehrten.

Die Einwanderer lebten bescheiden und schickten soviel Geld wie möglich an ihre Familien daheim. Für Notzeiten zahlten sie geringe Beiträge an Vereinigungen, die für Kranke, Witwen und Waisen sorgten und für Beerdigungen aufkamen. Andere Einwanderer bezahlten mit ihren ersten Ersparnissen die Überfahrt in die Neue Welt für ihre Frauen, Geschwister und Eltern.

Vom Bettler zum Millionär *Gelockt von der Aussicht auf Arbeit, Geld und ein gutes Leben, machten sich viele Iren in Lumpen auf in die Neue Welt. Sie hofften, reich zurückzukehren.*

Von Küste zu Küste *Einwandererfamilien aus allen Ländern reisten in unbequemen Eisenbahnwagen quer durch Amerika, um an der Westküste im sonnigen Kalifornien ein neues Leben zu beginnen.*

Ihr Zusammengehörigkeitsgefühl half den Einwanderern, sich gegen die unmenschlichen Bedingungen der frühen Industrialisierung zur Wehr zu setzen. Bei drohenden Fabrikschließungen oder Lohnkürzungen wurde zu Streiks aufgerufen, oder es fanden Massenproteste statt. Gewerkschaftszeitungen für Textil- und Bergarbeiter erschienen in allen Sprachen der Einwanderer.

Riesige Kornkammer

In den weiten Ebenen, wo Skandinavier Weizen anbauten und Schweine züchteten, standen riesige Getreidesilos entlang den Bahngleisen. Ursprünglich hatten die armen Kleinbauern aus Schweden und Norwegen lediglich davon geträumt, auf ihren Farmen genügend Nahrung für sich und ihre Familien produzieren zu können. Doch die Fruchtbarkeit des Bodens und die großen Anbauflächen, die ihnen von der Regierung überlassen wurden, führten dazu, daß die Emigranten auch Getreide zum Verkauf anbauten. In guten Jahren füllten sie ihre Vorratskeller mit eingemachtem Gemüse und Käselaiben. In schlechten Jahren vernichteten Heuschrecken das Getreide, und die Familien mußten bis zur nächsten Ernte im Kaufladen anschreiben lassen. Viele Farmer im Westen bildeten Genossenschaften, um gemeinsam ihr Getreide und ihre Molkereiprodukte zu vermarkten und um bei den Eisenbahngesellschaften günstige Frachttarife zu erkämpfen.

In New York und Chicago ließen sich besonders viele Emigranten nieder, aber auch in Kleinstädten und auf dem Land, wo viele gebürtige Amerikaner über den Akzent und die Sitten der Einwanderer spotteten. Doch durch harte Arbeit und Beharrlichkeit gelang es vielen Emigranten, in ihrer neuen Heimat Fuß zu fassen.

Fahrkarte *Emigranten nach Kalifornien konnten im Zug ermäßigt reisen.*

GLANZ UND ELEND DER GROSSEN STADT

Zu Beginn des 19. Jahrhunderts, drei Jahrzehnte nachdem die Vereinigten Staaten ihre Unabhängigkeit erkämpft hatten, betrug die Gesamtbevölkerung des Landes etwa dreieinhalb Millionen. Am Ende des Jahrhunderts lebte allein in der Stadt New York die gleiche Anzahl Menschen. Hier war das Tor zum nordamerikanischen Kontinent, und hier entfaltete sich der Glanz, den die Wunder der Technik ermöglichten: die Dampfmaschinen, die „dienstbaren Geister" des 19. Jahrhunderts, und die Elektrizität, die das Leben der Menschen im 20. Jahrhundert entscheidend verändern sollten.

Um 1900 konnte man das sprunghafte Anwachsen und den zunehmenden Reichtum New Yorks an seinen fünf- und sechsstöckigen Mietshäusern ablesen, die man immer noch höher bauen mußte, weil die Grundstücke immer knapper und teurer wurden.

Ein gutsituierter Handwerker oder Geschäftsmann erhob Anspruch auf eine Wohnung mit elektrischem Licht, einem Gasanschluß für den Küchenherd, fließendem kaltem und warmem Wasser und einer Heißluft- oder Dampfheizung, die mit einem kohlebefeuerten Kessel im Keller betrieben wurde. In den ärmeren Wohnvierteln der Arbeiter lebten dagegen bis zu 40 Familien zusammengedrängt in einem fünfstöckigen Gebäude und teilten sich einen einzigen Abort im Hinterhof.

Kleidung von der Stange

Der Geschäftsmann im wohlhabenden Teil der Stadt stand früh auf und zog ein langärmliges Unterhemd und eine lange Unterhose an, darüber ein Baumwollhemd mit abnehmbarem Kragen und Manschetten, eine Wollhose ohne Bügelfalten, geknöpfte Stiefeletten aus Leder und Stoff, ein Halstuch, eine Weste und ein schlichtes Jackett. Seine Gattin trug ein Unterhemd, dunkle Baumwollstrümpfe, knielange Unterhosen, ein Korsett und einen Unterrock, darüber einen bodenlangen Rock und eine Hemdbluse oder ein Kleid.

Arbeiter trugen grobe Baumwollhemden und -hosen oder durchgehende Arbeitsanzüge und Mützen anstelle der steifen Melonen, die ihre Chefs bevorzugten. Mit Ausnahme der ganz reichen Leute trug jeder Konfektionskleidung, die in Fabriken hergestellt und für die allerorten geworben wurde. Die Frauen besaßen jedoch oftmals eine Nähmaschine zum Ausbessern von Kleidungsstücken, und manchmal nähten sie die Garderobe für sich und ihre Kinder selbst mit Hilfe der überall erhältlichen Schnittmuster.

Eine Mittelstandsfamilie hatte ein oder zwei Hausmädchen angestellt, die 80 – 90 Stunden in der Woche arbeiteten und dafür kaum mehr als ihre Verpflegung bekamen. Frauen, die nicht berufstätig waren, versorgten ihren Haushalt allein und mußten dabei oftmals mehrere Kinder in den engen Mietwohnungen großziehen.

Fast jeder Amerikaner konnte es sich leisten, zum Frühstück gebratenen Speck, Eier oder Haferbrei, Krapfen, Kekse, Rindfleisch, Kartoffeln, Brot mit Butter und Marmelade zu essen, und dazu trank er Kaffee. Butter und Eier aus örtlichen Molkereien wurden in den Eisschrank gestellt. Zu jener Zeit war das allerdings lediglich eine isolierte Holzkiste, die oben ein blechverkleidetes Fach hatte, in das man Stangeneis legte, das die Eismänner auf ihren Schultern jedem ins Haus brachten. Die Hauptmahlzeit bestand aus Fleisch und Kartoffeln sowie Obst und Gemüse aus Gärtnereien, die am Stadtrand lagen. Fertigprodukte wie Corn-flakes und Pudding sowie Fleisch-, Obst- und Gemüsekonserven erfreuten sich wachsender Beliebtheit.

Obwohl die New Yorker die meisten Nahrungsmittel noch immer

Personenaufzug *Mit der Erfindung des Fahrstuhls erhielt der Bau von Hochhäusern starken Auftrieb, denn man brauchte keine Treppen mehr zu steigen. Diesem frühen hydraulischen Lift folgte schon bald der elektrische Aufzug.*

Hautpflege *Da Stadtbewohner mehr Wert auf Sauberkeit legten, warb man für Seife.*

Konsumrausch *Begüterte Frauen strömten in die Warenhäuser, wo es zu festen Preisen und mit höflicher Bedienung alles gab, was die Familie brauchte. Großeinkäufe konnte man sich ins Haus bringen lassen.*

Berufstätige Frauen *In den 70er Jahren des 19. Jahrhunderts trug die Schreibmaschine dazu bei, daß sich die Rolle der Frau stark veränderte.*

Kindheit im Elendsviertel *Ein kahlgeschorenes Kind steht verloren unter einer Wasserpumpe in dem dunklen, schmutzigen Treppenhaus einer Mietskaserne.*

Straßenszene *Das Leben der Familien, die in engen Mietskasernen hausen mußten, spielte sich hauptsächlich auf der Straße ab.*

in kleinen Familiengeschäften kauften, tauchten bereits die ersten großen Ladenketten auf.

Eine andere Neuheit waren Kaufhäuser. In diesen vier- oder fünfgeschossigen Verkaufspalästen wurden die oberen Stockwerke nur von einigen wenigen Säulen getragen, so daß viel Platz für großzügig angelegte Gänge und Ladentheken blieb. Riesige Glasfenster ließen das Tageslicht herein. Im Erdgeschoß befanden sich Schaufenster mit eindrucksvoll arrangierten Auslagen. Elektrische Fahrstühle brachten die Kunden von einem Stockwerk zum anderen, wo Scharen von Angestellten beschäftigt waren.

Auf den Straßen fuhren bereits elektrische Straßenbahnen, und ab 1904 hatte New York auch eine Untergrundbahn. An schönen Sonntagen machten sich viele New Yorker Familien auf in die großen öffentlichen Parks, wo sie auf schattigen Wegen unter hohen Bäumen spazierengingen oder den Musikkapellen zuhörten. Bei heißem Wetter strömten die Menschen an den Strand von Coney Island, um im Meer zu baden, Hot dogs zu essen und eine Fahrt mit der Achterbahn oder dem Riesenrad zu wagen. Manche, die Bewegung an der frischen Luft suchten, bedienten sich eines anderen Wunders der Technik: des Niederrads, eines Vorläufers unseres heutigen Fahrrads.

Reklame *Als sich Werbung zum großen Geschäft entwickelte, wurden Markenprodukte Teil des amerikanischen Alltags.*

Kabelgewirr *Der rasche Ausbau des Telefonnetzes führte zu einem Gewirr von Drähten über den New Yorker Straßen (rechts). Die Kabel rissen 1888 bei einem Schneesturm und wurden unterirdisch verlegt.*

DIE ZWEI GESICHTER NEW YORKS

Am Ende des 19. Jahrhunderts stellte sich New York als eine Stadt der Gegensätze dar. Die Finanz- und Geschäftsviertel der Innenstadt zeigten all ihre städtische Pracht mit Hochhäusern, in denen Büroangestellte an Schreibmaschinen saßen und wo ständig die Telefone klingelten. In den lärmenden Straßenschluchten herrschte reger Verkehr.

Im Gegensatz dazu standen die trostlosen, heruntergekommenen Fabrik- und Elendsviertel am Stadtrand mit ihren schmutzigen Kneipen, ausbeuterischen Kleinbetrieben und verwohnten Mietskasernen. In diesen Vierteln dominierten Ungeziefer, Diebe und Straßengangs. Prostituierte gingen ihrem Gewerbe nach, und Verderbtheit und Verbrechen griffen rasch um sich.

A–Z DES TÄGLICHEN LEBENS

Im Lauf der Jahrhunderte ist es dem menschlichen Erfindungsgeist immer wieder gelungen, das Leben angenehmer zu gestalten und die Mühen des Alltags zu erleichtern. Diese Auswahl stellt 100 Dinge des täglichen Lebens vor, die wir heute für selbstverständlich erachten. Einige sind durch puren Zufall entstanden, andere hingegen systematisch entwickelt worden.

Alkohol
Destillierter Alkohol wurde erstmals um das Jahr 1100 erzeugt, als man an der medizinischen Hochschule von Salerno in Italien Wein oder Bier erwärmte und den Dampf kondensieren ließ, so daß eine Flüssigkeit mit erhöhtem Alkoholgehalt entstand. Man nannte die Flüssigkeit *aqua vitae*, Lebenswasser, und hielt sie für ein medizinisches Wundermittel gegen Wassersucht, Gicht, Zahnschmerzen und die Pest, das zunächst nur äußerlich angewandt wurde. Das Wort Alkohol leitet sich vom arabischen *al-kuhl* her, das ursprünglich eine Substanz zum Färben der Augenlider bezeichnete.

Ende des 15. Jahrhunderts war Alkohol ein Genußmittel geworden, und die ersten Verbote gegen Alkoholverkauf wurden erlassen. 1493 warnte ein Nürnberger Arzt: „Jetzt da es sich jeder zur Gewohnheit gemacht hat, *aqua vitae* zu trinken, muß man lernen, es gemäß seines eigenen Vermögens zu trinken, wenn man sich wie ein Ehrenmann benehmen will." Der Branntweinausschank an Sonntagen wurde daraufhin eingeschränkt. Vom 16. Jahrhundert an wurden in Nordeuropa dann auch Whiskey aus Getreide, Gin aus Wacholder und Wodka aus Kartoffeln gebrannt sowie Rum aus Zuckerrohrmelasse von den Westindischen Inseln.

Antiseptika
Die keimtötende Wirkung bestimmter Substanzen war schon in früher Zeit bekannt. Die Ägypter verwendeten Honig, Myrrhe und verschiedene Gewürzpflanzen. Die Indianer nahmen Honig und Sesamöl, und die alten Griechen desinfizierten offene Wunden mit Urin, Wein oder Essig. Die Araber brannten Wunden aus, um Entzündungen zu verhindern. 1867 verwendete Joseph Lister Karbolsäure für die erste antiseptische Operation.

Bäder
Die Hochkulturen des Orients kannten bereits um 2000 v. Chr. Dampfbäder. Im antiken Griechenland nahmen die Männer nach ihren sportlichen Übungen ein Dampfbad, während die Frauen Duftbäder bevorzugten, von denen man glaubte, daß sie der Gesundheit und der Haut zuträglich wären.

In den Wohnhäusern wohlhabender Bürger gab es schon die ersten privaten Badezimmer. Die Römer übernahmen die Sitte der Griechen und bauten riesige öffentliche Badeanstalten, die Thermen, in denen bis zu 1600 Menschen Platz fanden.

Die Germanen hatten Badestuben, in denen ein steinerner Herd erhitzt und dann mit Wasser übergossen wurde. Auch im Mittelalter gab es öffentliche und private Bäder. Die Reinigung des Körpers stand später nicht mehr im Vordergrund, dafür besuchte man zunehmend Heilbäder, besonders Mineralbäder. Im 18. Jahrhundert entstanden die ersten Seebäder. In Deutschland entwickelten sich richtige Schwimmbäder erst nach 1870.

Ballspiele
Um 5000 v. Chr. spielten die Ägypter ein Kegelspiel mit Steinen, und die Perser kannten 550 v. Chr. bereits ein Spiel, das dem Hockey ähnlich war. Im 3. Jahrtausend v. Chr. gab es in China eine Art Fußball, und die Griechen benutzten in der Antike eine mit Luft gefüllte Schweinsblase für ein ähnliches Spiel.

Fußball kam vermutlich mit den römischen Legionen Julius Cäsars nach Britannien und erfreute sich dort schon bald großer Beliebtheit. Im 9. Jahrhundert spielten die Maya Zentralamerikas *pok-a-tok*, bei dem ein Kautschukball nur mit dem Gesäß, den Knien oder Hüften getroffen werden durfte. Für die Maya war das Spiel Teil eines religiösen Kultes: Verlierer wurden zuweilen den Göttern geopfert.

Die Kreuzfahrer brachten aus dem Heiligen Land ein tennisähnliches Spiel mit, das sie bei den Sarazenen gesehen hatten. Vom 15. bis 17. Jahrhundert erfreute es sich vor allem in Frankreich größter Beliebtheit. Golf wurde im 15. Jahrhundert in Schottland und auf den Eisflächen in den Niederlanden gespielt.

Betten
In früher Zeit diente eine ausgehobene Erdgrube, die mit Gestrüpp gefüllt war, den Menschen als Schlafstelle. Jäger und Sammler deckten sich mit Tierfellen zu. Die Eskimo schliefen auf Gemeinschaftsbetten und wärmten sich mit Fellen. Das erste erhöhte Bett bestand aus vier Astgabeln, die in den Boden gesteckt wurden und einen Holzrahmen trugen, der mit Lederriemen bespannt war. Darüber legte man Tierhäute und hatte so eine Schlafunterlage. Die Ägypter hatten im 2. Jahrtausend v. Chr. Holzbetten mit Nackenstützen; die Unterlage bestand aus langen, mehrfach zusammengefalteten Leinentüchern.

Das Korbballspiel kann als ein Vorläufer des heutigen Basketballs gelten.

Die Griechen schliefen auf verzierten Bronzebetten, die mit Lederriemen bespannt waren und auf denen reichbestickte Tagesdecken lagen. Ihre Kopfkissen waren mit Wolle, Federn oder Pflanzenfasern gestopft. Die Römer erfanden die ersten Matratzen aus Heu, Wolle und Federn.

Am Ende des Mittelalters baute man riesige Holzbetten mit Baldachinen, doch bis ins 17. Jahrhundert besaßen nur wohlhabende Leute ein Bett. Unter Ludwig XIV. wurde das Bett zum prunkvollen Repräsentationsmöbel, an dem Besucher empfangen wurden und von dem aus der König seine Staatsgeschäfte führte. In Bauernhäusern gab es fest eingebaute Wandbetten, die man durch Türen oder Vorhänge schließen konnte. Erst im 19. Jahrhundert entstand in den Häusern ein von den anderen Zimmern getrennter Schlafraum.

Bibliotheken
Die ersten Bibliotheken, die vor 4000 Jahren in Ägypten und Mesopotamien entstanden, beherbergten handgebrannte Tontafeln und Papyrusrollen, die von Schriftgelehrten und Beamten benutzt wurden.

Die Bibliothek von Alexandria in Ägypten, die im 3. Jahrhundert v. Chr. gegründet wurde, verfügte über etwa 700 000 Schriftrollen und Papyri. In Konkurrenz zur alexandrinischen Bibliothek entwickelte sich die Bibliothek von Pergamon auf dem Gebiet der heutigen Türkei. Als die neidischen Alexandriner die Papyrusausfuhr nach Pergamon untersagten, nahmen die dortigen Bibliothekare statt dessen Pergament, das aus getrockneten Tierhäuten hergestellt wurde. Im Gegensatz zu Papyrus hatte Pergament den Vorteil, daß es sich auf beiden Seiten beschreiben ließ.

Im Mittelalter traten an die Stelle von Schriftrollen Bücher, die in Schränken aufbewahrt oder auf Pulten ausgelegt wurden und oft angekettet waren. Während der Reformationszeit entstanden viele öffentliche Bibliotheken als Folge der Auflösung von Klöstern. Die erste organisierte wissenschaftliche Gebrauchsbibliothek der Neuzeit war die Universitätsbibliothek in Göttingen, die 1735 gegründet wurde.

Bier
In Mesopotamien braute man schon vor fast 5000 Jahren Bier aus Broten, die man aus gemälztem Getreide backte. Die Ägypter tranken große Mengen Bier; Mütter gaben ihren Kindern sogar jeden Tag Bier mit in die Schule. Ein Papyrus aus der Zeit um 1400 v. Chr. warnt: „Betrinkt euch nicht in den Schenken, wo es Bier gibt, denn eurem Munde könnten Worte entfahren, von denen ihr anschließend nichts mehr wißt."

Diese tönerne Grabbeigabe aus Ägypten zeigt einen Bierbrauer.

In der griechischen Antike gelangte Bier in den gesamten Mittelmeerraum, und auch die Germanen kannten das Getränk. Im 8. Jahrhundert verbesserte man in Europa den Geschmack des Biers durch die Zugabe von Hopfen. Vor allem in den Klöstern wurde Bier gebraut. Private Brauereien in den Städten gab es erst ab dem 13. Jahrhundert in Deutschland.

Brettspiele
Um 3000 v. Chr. kannten die Mesopotamier zahlreiche Brettspiele, für die meist Würfel gebraucht wurden. Ein rechteckiges Brett mit gemusterten Spielfeldern, das auf das Jahr 2600 v. Chr. datiert wird, hat man in den sumerischen Königsgräbern von Ur gefunden. Es gehörten sieben schwarze und sieben weiße Spielfiguren sowie drei weiße Würfel und drei aus Lapislazuli dazu. Die Würfel hatten die Form einer Pyramide.

Backgammon ist vermutlich das älteste Brettspiel, das heute noch gespielt wird. Die Ägypter spielten eine Art Backgammon auf einem Brett mit 30 Quadraten. Die Römer verringerten die Zahl der Vier- oder Dreiecke auf 20 und machten das Spiel in Skandinavien, Deutschland und England bekannt. Schach ist aus dem indischen Kriegsspiel Tschaturanga entstanden, das man im 6. Jahrhundert spielte. Die Perser übernahmen das Spiel, was man heute noch an dem Begriff „schachmatt" ablesen kann, der sich von dem persischen Ausruf „schah mat", „der König ist tot", ableitet.

Briefumschläge
Die Babylonier schützten ihre Schrifttafeln durch eine dünne Schicht Ton, die fest darumgewickelt und erhitzt wurde. Andere frühe Kulturen steckten ihre Aufzeichnungen auf Stoff, Tierhäuten oder Binsen in Umschläge des gleichen Materials.

Um Briefe vor unbefugten Lesern zu schützen, versiegelte man sie mit Bienenwachs, ab dem 15. Jahrhundert mit Siegellack aus China und ab dem 17. Jahrhundert mit Mehlkleister. In das weiche Material drückte der Absender sein Siegel. Anfang des 19. Jahrhunderts erfand ein Engländer die Kuverts und ließ sie in großen Mengen herstellen. Doch der Verkauf der Briefumschläge ging nur zögerlich voran, da der Empfänger die zusätzliche Postgebühr entrichten mußte.

Brillen
Im 1. Jahrhundert hielt sich Kaiser Nero einen Smaragd als Sonnenschutz vors Auge. Die Eskimo tragen zum Schutz gegen das Sonnenlicht angepaßte Holzgestelle mit zwei schmalen Augenschlitzen. Die früheste bildliche Darstellung eines Menschen, der eine Brille als Sehhilfe benutzt, zeigt ein Fresko aus der Mitte des 14. Jahrhunderts in einem Kloster in der Nähe von Venedig.

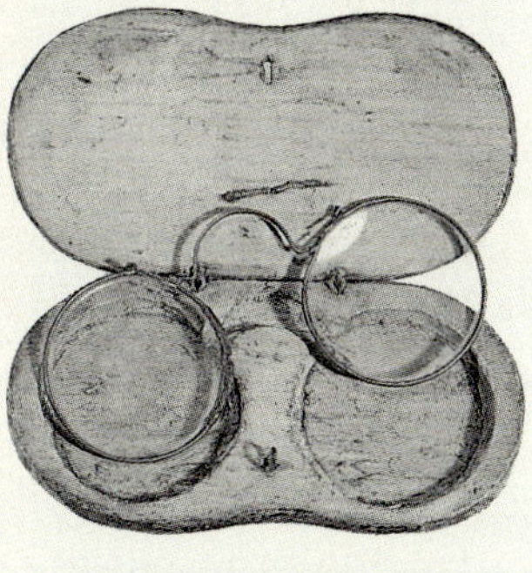

Im 16. Jahrhundert bewahrte man Brillen in Holzetuis auf.

Schriftlichen Zeugnissen zufolge gab es am Ende des 13. Jahrhunderts in Venedig und in China Brillen mit konvexen Gläsern. Im 15. Jahrhundert kannte man in Italien auch bereits konkave Linsen zur Korrektur von Kurzsichtigkeit. Miteinander verbundene Brillengläser gab es in unterschiedlichen Stärken, und der Kunde des Brillenmachers probierte so lange, bis er ein passendes Paar gefunden hatte.

Erst ab dem 17. Jahrhundert wurden Brillen auf der Nase getragen, vorher hatte man sie sich mit der Hand vor die Augen gehalten, an der Mütze oder an einem Stirnreif befestigt.

Brücken
Einfache Brücken in Form von Baumstämmen, die über einen Bachlauf führten, gab es vermutlich schon Jahrtausende vor unserer Zeitrechnung. Größere und komplexere Brücken baute man in Babylonien und in Ägypten um 600 v. Chr. Die hölzerne Euphratbrücke in Babylon aus dieser Zeit hatte eine Breite von sechs Metern und eine Länge von 115 Metern und ruhte auf acht Pfeilern. Steinerne Brücken waren ein wesentlicher Bestandteil des römischen Straßennetzes. Erst im späten 18. Jahrhundert aber konnten durch die Erfindung des Stahls die Spannweiten der Brücken erheblich vergrößert werden.

Drachen
Die Chinesen ließen bereits im 5. Jahrhundert v. Chr. Drachen steigen. Die Niederländer brachten sie um 1600 aus dem Fernen Osten mit nach Europa. Angeblich wurden 1066 in der Schlacht von Hastings Drachen zur Nachrichtenübermittlung verwendet.

Im 19. Jahrhundert experimentierte man mit bemannten Flugdrachen. Die Erfindung des Kastendrachens durch den Australier Lawrence Hargrave im Jahr 1893 inspirierte die Gebrüder Wright zu ihrem Doppeldeckerflugzeug.

Drehbank
Antike Möbelstücke und Gebrauchsgegenstände weisen zuweilen Bearbeitungsspuren von einer Drehbank auf. Um das Werkstück wurde ein Seil geschlungen, in einen Bogen eingespannt und mit einer Hand in Drehbewegungen versetzt. Die andere Hand führte das Werkzeug auf einer Auflage zur Bearbeitung heran. Im Mittelalter kamen Drehbänke auf, bei denen eine Tretkurbel ein Antriebsrad in Bewegung versetzte, so daß sich das Werkstück ständig drehte. Der Vorteil hierbei war, daß der Dreher beide Hände frei hatte.

Empfängnisverhütung
Künstliche Methoden der Empfängnisverhütung gab es schon vor der Antike. Frauen schützten sich mit Stoffstückchen und Schwämmchen, die mit säurehaltigen spermienabtötenden Substanzen getränkt waren. Männer verwendeten Tierdärme und später auch getränkte Leinensäckchen und Blinddarmmembranen als Präservative. Kondome aus Gummi gibt es erst seit Ende des 19. Jahrhunderts.

Fabriken
Als sich Venedig zu Beginn des 16. Jahrhunderts im Krieg mit den Türken befand, wurden im Waffenlager der Venezianer 100 Kriegsgaleeren in 100 Tagen gebaut. Die Normung von Teilen wie Achtersteven und Ruder ermöglichte eine Serienproduktion. Fabriken entstanden vom späten 18. Jahrhundert an, als Wasserräder und Dampfmaschinen in Garnspinnereien Verwendung fanden. Elektrische Förderbänder wurden erstmals in den 70er Jahren des 19. Jahrhunderts in den Schlachthöfen von Chicago eingesetzt. Doch erst in den 20er Jahren unseres Jahrhunderts perfektionierte Henry Ford die Fließbandarbeit und verkürzte damit ganz erheblich die Zeit, die man für den Zusammenbau eines Autos benötigte.

Farben
Die Felsbilder in den Höhlen von Lascaux zählen zu den ältesten Malereien, die man kennt. Steinzeitkünstler malten hier 15000 Jahre v. Chr. ihre Jagdtiere. Ihre Farben waren Eisenoxide in Rot- und Brauntönen und Holzkohle.

Die ersten farbigen Drucke sind Spielkarten aus dem 15. Jahrhundert, dabei sind die Farben allerdings noch nicht übereinander gedruckt. Bis zum Ende des 19. Jahrhunderts, als in Deutschland die Herstellung rein synthetischer Farben gelang, wurden Farben aus Naturstoffen gewonnen.

Federhalter
Von etwa 500 v. Chr. bis ins Mittelalter verwendete man zum Schreiben Metallfedern aus Kupfer- oder Bronzeblech und danach bis ins 19. Jahrhundert fast ausschließlich angespitzte Federkiele, die man in ein Tintenfaß tauchte.

Schreibfedern, an denen ein Tintenbehälter befestigt war, wurden bereits vor der Mitte des 17. Jahrhunderts hergestellt, Füllfederhalter, wie wir sie kennen, jedoch erst seit etwa 1810.

Fenster
Obwohl wohlhabende Römer im 1. Jahrhundert zumindest einige ihrer Fenster verglasen ließen, blieben Glasfenster lange Zeit ein Luxus.

Im Mittelalter gab es meist nur Fensterläden, mit denen die Fensteröffnungen in der Nacht und bei schlechtem Wetter geschlossen werden konnten. Bis zur Verbreitung von Glas spannte man gewachstes Pergament, geölte Leinwand oder sogar Kuhplazenta vor die Fenster, damit wenigstens etwas Licht in die Räume kam, ohne daß es allzusehr zog.

Erst ab dem 17. Jahrhundert, als man auch größere Fensterscheiben herstellen konnte, fanden Glasfenster zunehmend Verbreitung.

Feuerwehr
Bereits die Assyrer und die Ägypter hatten eine organisierte Feuer-

Im Barock gab es solche hölzernen Feuerspritzen.

wehr. Im antiken Rom gab es Löschmannschaften, die Brände mit einfachen Wasserpumpen und in Essig getauchten Tüchern bekämpften.

Im mittelalterlichen Europa hatten die Städte Feuerwehren, die Feuerspritzen benutzten und mit langen Rechen ausgerüstet waren, um brennendes Stroh von den Dächern ziehen zu können.

Zu wesentlichen technischen und organisatorischen Verbesserungen brachte es im 17. Jahrhundert die niederländische Feuerwehr, die das Löschwasser zudem noch direkt aus den Grachten pumpte. Beim großen Brand von London hingegen, der 1666 einen Großteil der Stadt zerstörte, zeigten sich die Folgen mangelhaften Löschgeräts.

Feuerwerk
Bereits im 9. Jahrhundert benutzten die Chinesen als Militärsignale und bei Feierlichkeiten Feuerwerkskörper, die sie aus Schwarzpulver, einer Mischung aus Salpeter, Schwefel und Holzkohle, herstellten.

Die ersten Europäer, die Feuerwerkskörper anfertigten, waren die Italiener, die sie im 16. Jahrhundert bei Theateraufführungen benutzten. Zu Beginn des 17. Jahrhunderts waren Lustfeuerwerke mit einer Abfolge von Figuren und Bildern zum Höhepunkt bei Krönungen, königlichen Hochzeiten und Siegesfeiern geworden.

Für ein Feuerwerk im Green Park von London, mit dem 1749 der Aachener Frieden und das Ende des Österreichischen Erbfolgekrieges gefeiert wurde, komponierte Händel seine *Feuerwerksmusik*. Im 18. Jahrhundert entdeckte man, wie man durch die Zugabe von metallischen Salzen farbige Feuerwerke herstellen kann. Mitte des 19. Jahrhunderts wurde die Leuchtkraft durch die Zugabe von Magnesium und Aluminium erheblich gesteigert.

Fingerabdrücke
Die britische Kolonialverwaltung in Indien machte sich 1877 erstmals die Identifizierung durch Fingerabdrücke zunutze, um zu verhindern, daß Ruhegelder doppelt bezogen werden konnten. Am Ende des 19. Jahrhunderts wurde das Verfahren durch den englischen Wissenschaftler Sir Francis Galton und den Polizisten Edward Henry verbessert, um Kriminelle besser identifizieren zu können. Scotland Yard richtete 1901 eine Abteilung für Fingerabdrücke ein.

Flaggen
Schon im 5. Jahrhundert v. Chr. zogen chinesische Krieger Seidenflaggen in Form von Drachen auf, die drohend im Wind flatterten und die Truppen in den Kampf führten. Die römische Feldstandarte war ein purpurrotes Tuch, das *vexillum*, das an einer Lanze hing.

Im frühen Mittelalter hatte jeder König und jeder Feldherr seine eigene Fahne für das Schlachtfeld. Diese Feldzeichen und Fahnen wurden nach und nach durch Nationalflaggen ersetzt. Die erste echte Nationalflagge war die Fahne der Niederländer im 17. Jahrhundert.

Etwa von 1400 bis zur Entwicklung elektrischer Signalgeber benutzte man Flaggen zur Nachrichtenübermittlung auf See. Ende des 18. Jahrhunderts wurden die ersten Signalbücher und Flaggenalphabete erstellt. Die einfarbigen Flaggen, die als Not- und Warnzeichen verwendet wurden, haben die längste Tradition: die rote Flagge für Feindesgefahr, die schwarze für Piraterie, die gelbe für die Pest und die weiße Flagge als Zeichen für Friede oder Kapitulation.

Frisuren
Ägyptische Frauen trugen kleine Salbkegel auf dem Kopf, aus denen parfümiertes Fett auf die Haare floß. Griechische und römische Frauen benutzten Lockenwickler aus Terrakotta. Um 100 bleichten sich die Römerinnen die Haare oder ließen sich Perücken aus dem langen blonden Haar von germanischen Frauen fertigen.

Im Mittelalter ließen die Männer das Haar länger wachsen. Die Frauen verbargen es vom 14. bis ins 16. Jahrhundert unter Hauben oder steckten es auf. Von 1750 an trugen die adligen Damen die Haare zu ungeheuren, mit Draht gestützten Gebilden aufgetürmt. Männer versteckten ihr eigenes Haar um 1700 unter aufwendigen langen Perücken, später in Haarbeuteln. Erst nach der Französischen Revolution verschwanden falsche Locken, Puder, Zöpfe und Perücken.

Vor der Französischen Revolution waren aufgetürmte Frisuren beim Adel in Mode.

Gabeln
Obwohl man um 100 in Byzanz kleine vergoldete Gabeln zum Essen benutzte, dauerte es noch bis zum 11. Jahrhundert, bis zweizinkige Gabeln in Italien in Gebrauch kamen. Im europäischen Bürgertum gab es im 16. Jahrhundert bereits einige Haushalte, die Gabeln besaßen, doch wurden sie erst viele Jahre später auch von ärmeren Leuten benutzt. Jahrhundertelang haftete Gabeln ein merkwürdiges Stigma an. Vor allem die Kirche widersetzte sich dem Gebrauch von Gabeln, da das dreizinkige Gerät als ein Werkzeug von Teufeln und Hexen galt.

Gärten
Im 15. Jahrhundert v. Chr. legten die Ägypter streng symmetrische Gärten an. In Babylon gab es im 6. Jahrhundert v. Chr. terrassenartige Gartenanlagen wie die Hängenden Gärten der Semiramis. Ein römisches Fresko in einer Villa aus dem 1. Jahrhundert v. Chr. zeigt Granatäpfel, Mohn, Veilchen, Rosen und eine Eiche. In byzantinischen Gärten gab es künstliche Bäume aus Silber und Gold sowie mechanische Vögel.

Im Mittelalter gehörten die meisten Gärten zu Klöstern, wo Heilkräuter und Gemüse angebaut wurden. Die italienische Renaissance brachte regelmäßige Ziergärten mit Wasserbecken, Hecken, Beeten und Laubengängen hervor. Die Kunst streng gegliederter Gärten erreichte ihren Höhepunkt am Ende des 17. Jahrhunderts in Versailles bei Paris, wo die Gärten mit Skulpturen, in Form geschnittenen Bäumen und Sträuchern, hohen Hecken und Baumalleen angelegt wurden. Etwa zur gleichen Zeit konzentrierten sich die Niederländer mehr auf die Anlage von Haus- und Ziergärten, in denen sie vor allem Tulpen anpflanzten.

Schon ab 1730 jedoch stellte man in England dem Konzept der streng gegliederten Gärten eine neue Gartentheorie entgegen. Man versuchte durch Ausholzungen und Anlage von Alleen die Grenzen zwischen dem Garten und der freien Landschaft zu durchbrechen. Im 19. Jahrhundert wurden die englischen Gärten das maßgebliche Vorbild für öffentliche Parks, die erstmals der gesamten Bevölkerung zugänglich waren.

Geld
Zahlungsmittel in der einen oder anderen Form gab es bereits in der Steinzeit. Von 1500 v. Chr. bis ins 19. Jahrhundert waren Kaurischnecken ein bedeutendes Zahlungsmittel in vielen Gebieten in Asien und Afrika. In frühgeschichtlicher Zeit gelangten Kaurischnecken auf dem Handelsweg bis nach Nordeuropa.

Münzen mit festem Wert kamen um 700 v. Chr. in Lydien in Kleinasien auf. Zunächst waren die Münzen bildlos und bestanden aus dem Gold-Silber-Gemisch, das in den Flüssen vorkam. Später prägte man eine Löwengestalt in kleine bohnenförmige Stücke dieses Metalls und versah sie mit einem Prägestempel, der das Gewicht angab.

Die Griechen prägten große Mengen an Münzen. Zuerst trugen sie den Kopf von Gottheiten, doch ab dem 4. Jahrhundert v. Chr., als Alexander der Große erstmals Münzen mit seinem eigenen Porträt anfertigen ließ, war es üblich, sie mit dem Bildnis des regierenden Herrschers zu versehen. Diese Gewohnheit übernahmen die Römer, und sie ist auch heute noch weit verbreitet.

Papiergeld hat seinen Ursprung im 9. Jahrhundert in China. Die ersten europäischen Banknoten wurden 1661 in Stockholm ausgegeben.

Glücksbringer
Das Leben der alten Ägypter wurde stark von Amuletten und Talismanen bestimmt. Dazu gehörte der Skarabäus, ein Mist-

Der Skarabäus wurde in Ägypten als Amulett getragen und verehrt.

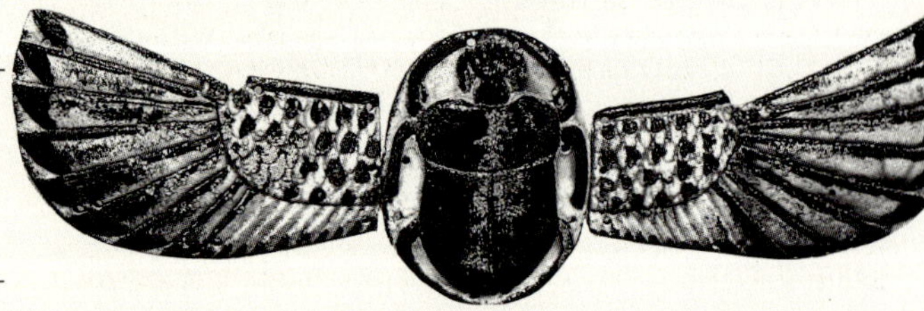

käfer, der als eine Gestalt des Sonnengottes verehrt wurde und dem man schöpferische Kräfte zusprach. Das Henkelkreuz symbolisierte ewiges Leben.

Viele Gegenstände hatten dem Volksglauben nach die Macht, Gesundheit oder Glück zu bringen. Unverwundbar wurde man durch eine Gewehrkugel, die schon einmal abgeprallt war. Der Schlangenstein war ein farbiger, glasähnlicher Stein, den man für ein Zaubermittel gegen Schüttelfrost, Keuchhusten und Alpträume hielt. Man glaubte, daß er aus erstarrtem Schlangenspeichel bestand.

Auf Schalen oder andere Gegenstände aufgemalte Augen sollten den bösen Blick abwenden. Auch geweihte Gegenstände wie Reliquien können als Glücksbringer dienen. Viele Kulturen kennen den Brauch, Zitate, Zaubersprüche oder Heiligennamen aufzuschreiben und – eingenäht in ein Ledertäschchen oder in einem Medaillon – um den Hals zu tragen.

Die Winde karikiert die Hosenträger, die um 1795 in Paris aufkamen.

Hosen

Lange vor Christi Geburt trugen zentralasiatische Reiterstämme lose herabhängende Beinkleider. Die Hosen fanden ihren Weg nach Nordeuropa, wo Julius Cäsar auf sie aufmerksam wurde, als er 55 v. Chr. in Britannien landete. Die Römer blieben allerdings bei ihrer Toga, denn sie hielten Hosen nur für Barbaren und Sklaven geeignet.

Im 18. Jahrhundert wurden die eng anliegenden Hosen, die man im Mittelalter und im 16. Jahrhundert getragen hatte, von Kniehosen abgelöst; und am Ende des Jahrhunderts kamen locker sitzende Hosen auf. Moderne Männerhosen kamen im frühen 19. Jahrhundert in Mode. Um 1850 forderte eine amerikanische Frauenrechtlerin knöchellange Hosen unter knielangen Röcken für Frauen. Die Idee konnte sich jedoch nicht durchsetzen. Gegen Ende des Jahrhunderts trugen Frauen dann Hosenröcke und Knickerbocker, aber nur beim Radfahren und anderen sportlichen Aktivitäten.

Hunde

Hunde, die ältesten Haustiere des Menschen, stammen alle von einer Wolfsart ab. In der Steinzeit, vor rund 15 000 Jahren, wurden Wolfsjunge als Wachhunde und zur Spurensuche abgerichtet.

In Mesopotamien ging man im 3. Jahrtausend v. Chr. mit großen, doggenähnlichen Hunden auf die Löwenjagd. Die alten Ägypter züchteten die erste reine Hunderasse, einen Windhund. Bereits im 7. Jahrhundert v. Chr. setzten die Assyrer Kampfhunde in Schlachten ein. Auch die Kreuzfahrer des Mittelalters und die spanischen Eroberer in Südamerika hatten Kampfhunde.

Man begegnete Hunden aber auch mit Argwohn. Sie galten als geistersichtig, als unrein und als Vorboten für Unheil und Tod.

Joch

Schon um 300 v. Chr. zogen Ochsen, die unter ein Joch gespannt waren, Pflüge in Mesopotamien und China. Die frühesten Joche wurden den Tieren um den Hals gelegt und mit Lederriemen an den Hörnern festgebunden. An den Enden des Jochs waren Seile befestigt, die seitlich nach hinten liefen und an denen der Pflug oder Schlitten hing.

Später kamen Joche auf, die aus Holzbalken angefertigt und in der Mitte bogenförmig ausgespart waren, so daß sie auf die Schultern der Ochsen paßten. Dadurch brauchten die Tiere die Lasten nicht mehr allein mit den Nackenmuskeln zu ziehen, sondern konnten die volle Körperkraft einsetzen. Bis zum Ende des 19. Jahrhunderts hatten Kuhmägde Holzjoche, um ihre Milchkübel vom Hof oder vom Feld zur Molkerei zu tragen.

Kaffee

1512 verbot der Statthalter von Mekka den Kaffegenuß aus religiösen Gründen. Dennoch verbreitete sich von Mekka aus die Sitte des Kaffeetrinkens in der gesamten islamischen Welt. Nach Wien kam der Kaffee bei der Belagerung durch die Türken. Anfang des 17. Jahrhunderts gelangte das neue Getränk nach Rom und Venedig, und schon um die Jahrhundertmitte gab es in vielen größeren Städten Europas die ersten Kaffeehäuser.

Das erste deutsche Kaffeehaus stand 1677 in Hamburg. Friedrich der Große ging in Preußen streng gegen die Unsitte des Kaffeegenusses vor, konnte aber nicht verhindern, daß das braune Getränk sich immer größerer Beliebtheit erfreute.

Kalender

Frühe Kulturen richteten sich nach den 29tägigen Mondphasen; doch bereits um 3000 v. Chr. hatten sumerische Schriftgelehrte das Jahr in 12 Monate mit jeweils 30 Tagen eingeteilt.

Die Ägypter stellten einen Kalender auf, dem ein Jahr mit 365 Tagen zugrunde lag und dessen Unterteilung sich nach der alljährlichen Nilüberschwemmung richtete. Im Jahr 46 v. Chr. wurde der ägyptische Kalender von Julius Cäsar modifiziert, der einen zusätzlichen Tag in jedem vierten Jahr hinzufügte und damit das Schaltjahr schuf.

Im Jahr 8 v. Chr. wurde der August nach Kaiser Augustus benannt. Bis dahin hatte dieser Monat Sextilis, der Sechste, geheißen. Sextilis hatte jedoch nur 30 Tage, einen weniger als der nach Julius Cäsar benannte Juli. Da es Augustus nicht hinnehmen mochte, übertroffen zu werden, verfügte er, den August um einen Tag zu verlängern und den Februar auf 28 Tage zu verkürzen.

Im Lauf der Jahrhunderte zeigte sich, daß der Julianische Kalender kleine Ungenauigkeiten aufwies und Kirchenfeste wie Ostern, dessen Zeitpunkt sich vom ersten Frühlingsvollmond aus berechnet, von Jahr zu Jahr auf einen früheren Zeitpunkt fielen. Papst Gregor XIII. korrigierte 1582 diese Abweichungen, indem er für dieses Jahr zehn Tage aus dem Kalender strich und festlegte, daß ein Jahrhundertjahr nur dann ein Schaltjahr ist, wenn die ersten beiden Ziffern durch 4 teilbar sind: so zählen 1600 und 2000 beispielsweise als Schaltjahre, 1900 jedoch nicht.

Kanalisation

Die Stadt Mohenjo Daro am Indus im heutigen Pakistan hatte um 2500 v. Chr. das erste Abwassersystem der Welt. Die häuslichen Abwässer liefen durch Tonrohre in geschlossene Kanäle, die sich am Straßenrand befanden, und wurden zu den Feldern außerhalb der Stadt geleitet.

In Rom führten Abwasserleitungen von den Häusern in einen überwölbten Kanal, die *cloaca maxima*, die vom Forum bis zum Tiber verlief. Dieser Kanal ist noch heute, mehr als 2500 Jahre später, in Gebrauch. Im Mittelalter wurden die Abwasserkanäle vernachlässigt, was immer wieder zu Epidemien führte. Erst in der zweiten Hälfte des 19. Jahrhunderts erhielten die Städte in Europa vernünftige Abwassersysteme, von denen die meisten auch heute noch bestehen.

Katzen

Im alten Ägypten trauerte die gesamte Familie, wenn eine Hauskatze starb. Tote Katzen wurden einbalsamiert und in besonderen Grabgewölben beigesetzt. Das Töten einer Katze, auch wenn es aus Versehen geschah, konnte mit dem Tode bestraft werden. Die Katzen waren heilig, und der Sonnengott Re wurde in manchen Gegenden Ägyptens in Gestalt einer Katze verehrt.

Auch Römer, Chinesen und südamerikanische Indianer verehrten Katzen sehr. In der nordischen Mythologie fährt Freyja mit einem Katzengespann durch die Luft. Im mittelalterlichen Europa achtete man die Tiere dagegen weniger, da man sie für die Vertrauten von Hexen hielt und außerdem glaubte, daß der Teufel die Gestalt eines schwarzen Katers annahm.

Während der Inquisition Ende des 15. Jahrhunderts wurden Tausende von Katzen getötet, oft indem man sie einmauerte. Im Aberglauben spielt die Katze auch heute noch eine große Rolle: Schwarze Katzen kündigen Unglück oder einen Todesfall an. In ein neues Haus jagt man zuerst eine Katze, damit sie Unheil auf sich zieht, von dem die Bewohner dann verschont bleiben sollen.

Kautschuk

Die Maya und die Azteken Mittelamerikas spielten mit Bällen, die aus einer Substanz bestanden, die aus der Rinde eines heimischen Baumes tropfte. Sie fertigten daraus auch elastische Schuhe und unzerbrechliche Flaschen. 1736 nahm ein französischer Naturforscher die Substanz mit nach Europa. Der Brite Joseph Priestley schlug 1770 vor, Kautschuk als Radiergummi zum Ausradieren von Bleistift zu verwenden. Ende des 18. Jahrhunderts wurden aus Kautschuk Schläuche und luft- und wasserdichte Gewebe hergestellt, und 1839 vulkanisierte Charles Goodyear den Kautschuk, indem er ihn mit Schwefel durchsetzte. Der so entstandene Gummi war robuster, elastischer und unlöslich.

In ihren Spielen imitieren Kinder oft die Welt der Erwachsenen: Hier sind sie Soldaten.

Kinderspiele

Die ersten ausführlichen Beschreibungen von Kinderspielen stammen aus dem antiken Griechenland, wo Kinder Steine über das Wasser hüpfen ließen, Verstecken, Tauziehen, Bockspringen und Blindekuh spielten. Zahllose Generationen haben diese Spiele fast unverändert weitergegeben. Bis zum 18. Jahrhundert kamen für Jungen Murmelspiele und Kricket hinzu, für Mädchen Himmel und Hölle und Seilspringen.

Im alten Ägypten gab es Kinderspielzeug, wie Löwen und Krokodile aus Holz, deren Mäuler sich mit Schnüren bewegen ließen. Griechische und römische Kinder spielten mit Steckenpferden, Reifen und Kreiseln. Im 18. Jahrhundert begann man, Spielzeug außer wie bisher aus Holz und Ton auch aus Metall und Papier herzustellen. Zinnsoldaten, Bilderbogen und Guckkästen, Puppenhäuser und kleine Bauernhöfe wurden beliebt, ebenso wie pädagogisches Spielzeug, beispielsweise bebilderte Alphabetkarten.

Im 19. Jahrhundert weitete sich die Spielzeugproduktion stark aus, und zu den althergebrachten Spielsachen kamen industriell gefertigtes Holzspielzeug, Spieldosen, Modelleisenbahnen und Kaleidoskope hinzu.

Kinderwagen

Obwohl man Kinder schon in der Antike in einfache Holzkarren setzte, erforderte die Entwicklung von Kinderwagen, so wie wir sie heute kennen, feste Straßen und Bürgersteige, die es aber vor dem 18. Jahrhundert nicht gab. Anfang des 18. Jahrhunderts wurde in Großbritannien der erste Kinderwagen gebaut. Er hatte die Form einer Muschelschale, ein Klappverdeck, ein Untergestell aus bronzenen Schlangen und vier Räder. Wie alle frühen Kinderwagen war er für ein Kind gedacht, das bereits sitzen konnte, und wurde gezogen. Die ersten modernen Kinderwagen, in denen Säuglinge liegen konnten, gab es Ende des 19. Jahrhunderts.

Kompaß

Die Chinesen entdeckten im 11. Jahrhundert, daß eine Eisennadel,

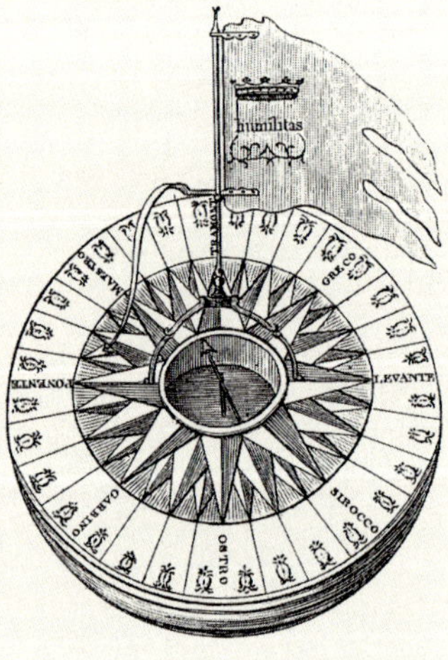

Dieser Kompaß mit Windrose wurde im 15. Jahrhundert angefertigt.

die man mit einem Magneteisenstein – ein Mineral, das von Natur aus magnetisch ist – abrieb, nach Norden zeigte, wenn man sie in einem Strohhalm in einer Schüssel mit Wasser schwimmen ließ. Kompasse dieser Art wurden im 12. Jahrhundert von chinesischen Seefahrern benutzt und kamen dann vermutlich durch die Araber nach Europa. Im 13. Jahrhundert befestigten italienische Seefahrer eine leicht drehbare Magnetnadel dann auf einer freien Spitze und kombinierten sie mit der Windrose. Das große Zeitalter der Entdeckungen war noch auf solch einfache Kompasse angewiesen.

Konserven

Das Prinzip der Konservenherstellung wurde 1804 von dem Pariser Koch Nicolas Appert entwickelt. Er füllte die Nahrungsmittel in Weißblechdosen, erhitzte sie in kochendem Wasser und verlötete sie dann, damit der Inhalt nicht verdarb.

1812 gründete Appert die erste Konservenfabrik der Welt, die nach diesem Prinzip arbeitete. Fleisch-, Suppen- und Gemüsekonserven wurden zwischen 1812 und 1814 im Krieg zwischen Großbritannien und den Vereinigten Staaten von Amerika an die britische Marine geliefert und erwiesen sich als überaus hilfreich.

In Amerika setzten sich Konserven erst durch, nachdem im Bürgerkrieg beide Seiten mit Millionen von Konservendosen versorgt worden waren. Große Fleischverarbeitungsbetriebe, die sich der neuesten Techniken der Konservenfabrikation bedienten, entstanden in den 80er Jahren des 19. Jahrhunderts in Chicago, das 1900 das größte Fleischverarbeitungszentrum der Welt war.

Kran

Die erste eindeutige Beschreibung eines Krans stammt von dem römischen Baumeister Vitruv um etwa 20 v. Chr., doch hatte Archimedes bereits im 3. Jahrhundert v. Chr. den Flaschenzug erfunden. Eine einfache Winde gab es bereits im 5. Jahrhundert v. Chr. in Griechenland. Angetrieben wurden die Kräne der Römer von Treträdern, die Sklaven mit ihrem Körpergewicht in Bewegung versetzten. Der Mastenkran, so wie er heute benutzt wird, mit einer drehbaren Säule und einer Laufrolle am Ende eines langen Arms wurde im 14. Jahrhundert in Italien entwickelt.

Krankenhäuser

Sowohl die Römer als auch die Griechen hatten Krankenstationen mit ärztlicher Versorgung. Im Oströmischen Reich wurde um das Jahr 370 ein öffentliches Hospital eröffnet. Im mittelalterlichen Europa beschränkte sich die medizinische Betreuung von Kranken dagegen auf die Klöster, denen Krankenstationen angegliedert waren. Die Araber waren zu dieser Zeit erheblich weiter. Im 13. Jahrhundert verfügte das Mansurische Krankenhaus in Kairo über geräumige Krankensäle, wo Springbrunnen für Kühlung sorgten und Musikanten und Geschichtenerzähler die Kranken unterhielten. Im Hôtel-Dieu in Paris hingegen teilten sich jeweils sechs Patienten ein Bett.

In Epidemiezeiten errichtete man isolierte Pesthäuser. Vom Ende des 14. Jahrhunderts bis ins 17. Jahrhundert wurden dort diejenigen untergebracht, die sich mit dem Schwarzen Tod infiziert hatten. Später belegten Syphilis- und Geisteskranke diese Häuser. Zuvor hatte man die Geisteskranken in Narrenkäfige, Kirchenkrypten oder Türme in der Stadtmauer gesperrt. Erst seit der Aufklärung hielt man seelische Krankheiten für heilbar.

Ab dem 18. Jahrhundert waren die Hospitäler Ausbildungsstätten für Ärzte und Krankenschwestern. Die katastrophalen Zustände in den meisten Krankenhäusern Europas wendeten sich aber erst während des 19. Jahrhunderts zum Besseren.

Kühlung

Bereits in früher Zeit wußte man, daß man Nahrungsmittel mit Hilfe von Eis haltbar machen konnte, und vermutlich erkannten schon die Neandertaler in der Eiszeit, daß Fleisch frisch blieb, wenn sie es im Eis liegenließen.

Im 16. Jahrhundert konnte man Kälte mit einer Mischung von Salpeter und Schnee erzeugen. Viele Jahrhunderte hindurch wurde Eis aus großen unterirdischen Lagerhäusern täglich an die Haushalte ausgeliefert, wo man leichtverderbliche Nahrungsmittel in Kühlkisten aufbewahrte. In den 60er Jahren des 19. Jahrhunderts wurden in Australien und den Vereinigten Staaten von Amerika die ersten Kühl- und Gefriermaschinen entwickelt. Der Haushaltskühlschrank ist eine Erfindung des 20. Jahrhunderts.

Helle Straßenbeleuchtung gab es erst Ende des 19. Jahrhunderts.

Lampen

Die ersten einfachen Lampen gab es schon in der Steinzeit. Sie bestanden aus offenen Gefäßen mit Talg, in die Moosstücke, Binsen oder aufgewickelte Grasbüschel als Docht getaucht wurden. Talglampen und aus Binsen und Talg hergestellte Kerzen waren noch bis zur industriellen Revolution in Gebrauch.

Im 1. Jahrhundert entwickelten die Römer Öllampen aus Keramik. Außer Talgkerzen gab es auch Bienenwachskerzen, die zwar heller brannten und weniger qualmten, dafür aber auch teurer waren. Im späten 18. Jahrhundert begann man, Walratöl für Kerzen zu benutzen. Walfischtran wurde auch zusammen mit Pflanzenöl für Öllampen genommen.

Gaslampen, die man bereits im späten 18. Jahrhundert in Europa entwickelte, wurden 1885 durch die Erfindung des Glühkörpers wesentlich verbessert. Er bestand aus Baumwolle, die mit Metalloxiden präpariert war, und gab ein helles Licht, wenn er durch die Gasflamme erhitzt wurde.

1879 stellten sowohl Thomas Edison in den USA wie auch Joseph Swan in Großbritannien die ersten Glühbirnen her, luftleere Glaskugeln, in denen ein dünner Glühfaden leuchtete, wenn Strom hindurchfloß.

Landkarten

Die erste bekannte Landkarte, die sich auf einer Tontafel aus Mesopotamien befindet, wurde um 3800 v. Chr. angefertigt. Die erste Weltkarte wurde um 600 v. Chr. in Babylonien erstellt. Sie zeigt die Erde als eine von Wasser umgebene Scheibe, mit Babylon als Zentrum. Die alten Griechen stellten sich die Welt als Kugel vor und zeichneten auf ihren Landkarten Orientierungslinien sowie Längen- und Breitenkreise ein. Die Römer verbesserten die Methoden der Griechen und fertigten Wegekarten an, auf denen die Städte deutlich markiert waren.

Erst im 15. Jahrhundert brachte die zunehmende Seefahrt wieder einen Fortschritt bei der Entwicklung und Herstellung von Karten.

Längenmaße

Die Ägypter bauten ihre Tempel und Pyramiden nach einer Längeneinheit, die von ihrem Pharao stammte. Die königliche Elle war die Länge seines Unterarms vom Ellbogen bis zur Spitze des Mittelfingers. Eine Standardelle wurde aus einem Granitblock angefertigt und als Grundlage für weitere Meßstäbe aus Stein oder Holz verwendet. Auch andere Längenmaße, die bei frühen Hochkulturen Verwendung fanden, waren am menschlichen Körper gemessen: Fuß, Spanne, Handbreit, Schritt.

Leim

2000 v. Chr. wurde bereits Holzkohlenteer zum Kleben und Abdichten beim Schiffbau verwendet. Die alten Ägypter kochten Leim aus Tierhäuten, Knochen und Sehnen. Auch das erste Pflaster ist im alten Ägypten verwendet worden. Schriftliche Überlieferungen erwähnen Packungen und Pflaster aus Myrrhe, Öl und Honig, die auf Leinen gestrichen wurden.

Leuchttürme

Der erste bekannte Leuchtturm war der von Pharos vor der Küste von Alexandria, der als eines der Sieben Weltwunder galt. Er wurde im 3. Jahrhundert v. Chr. erbaut und war über 100 Meter hoch. Das Leuchtfeuer trug er vermutlich erst seit dem 1. Jahrhundert. Die Römer bauten überall an den Küsten ihres Reiches Leuchttürme, vom Schwarzen Meer bis zum Atlantik.

Der erste Leuchtturm der Nord- und Ostseeküste wurde 1220 vor Travemünde errichtet.

1868 wurde diese Mausefalle, bei der die Tiere in ein Wasserbecken stürzen, patentiert.

Die offenen Leuchtfeuer der frühen Leuchttürme wurden mit Holz oder Kohle unterhalten. Erst 1823 wurde ein stark verbesserter Leuchtapparat konstruiert. Auch die Freiheitsstatue von New York ist ein Leuchtturm, der 1886 erbaut wurde.

Löffel

Frühe Völker hatten Löffel aus Knochen, Stein oder gebranntem Ton. Im alten Ägypten und später im antiken Griechenland gab es dann bereits Löffel aus Holz. Im Mittelalter benutzte man Löffel zum Umrühren der Speisen in der Küche und um bei Tisch kleine Fleischportionen aus der gemeinsamen Schüssel zu schöpfen. Seit der Mitte des 17. Jahrhunderts gehört der Löffel neben dem Messer und der Gabel zum individuellen Tischbesteck.

Mausefallen

In einem Buch mit hebräischen Parabeln aus dem 13. Jahrhundert sind verschiedene Arten von Mausefallen abgebildet. Die deutsche Ausgabe dieses Buches zeigt einen Metallapparat mit einer langen Feder und gezackten Backen sowie eine Holzkonstruktion, bei der die Maus vom oberen Teil der Falle erschlagen wird.

Etwa zur gleichen Zeit benutzten die Italiener Käfige aus Flechtwerk und Holz. Der Köder wurde an einem Hebel befestigt, der ein Fallgitter am Eingang auslöste, so daß die Maus im Käfig gefangen war. Im 15. Jahrhundert waren italienische Bankiers vertraglich dazu verpflichtet, die Pfandgegenstände ihrer Kreditnehmer vor Mäusen zu schützen.

Messer

Messer aus Feuerstein wurden von Steinzeitmenschen zum Erlegen und Zerteilen ihrer Beutetiere verwendet. Bronzemesser waren schon vor 3000 v. Chr. in Gebrauch. Die Römer stellten Spezialmesser zur Anfertigung von Schuhen her und im 1. Jahrhundert auch bereits Klappmesser.

Im Mittelalter brachten die Gäste ihre Messer zum Essen mit. Erst ab dem 16. Jahrhundert wurde es Sitte, ein Eßbesteck aufzulegen und Messer für den Gebrauch bei Tisch zu fertigen.

Messer mit abgerundeter Spitze kamen im 17. Jahrhundert auf, nachdem der französische Kardinal Richelieu angeordnet hatte, die Spitzen sämtlicher Messer in seinem Haushalt abzuschleifen, weil er es nicht länger ertragen konnte, wie seine Gäste nach dem Essen mit ihren spitzen Messern in den Zähnen herumstocherten. Ab etwa 1669 waren spitze Messer in Frankreich verboten.

Mühlen

Wassermühlen wurden schon von den Römern im 1. Jahrhundert v. Chr. gebaut. Windmühlen tauchten erstmals vermutlich im 7. Jahrhundert in Persien auf und wurden ab dem 12. Jahrhundert auch in Europa gebaut. Die ersten Mühlen waren Bockwindmühlen, deren Mühlenhaus auf einem Bock montiert war, so daß die gesamte Mühle in den Wind gedreht werden konnte. Später wurde die Turmwindmühle entwickelt, bei der sich nur die Kappe mit dem meist vierflügeligen Windrad drehen ließ.

Mühlen verwendete man nicht nur zum Mahlen von Getreide, sondern auch zum Sägen von Holz, zur Papierherstellung und zum Mahlen von Ölfrüchten.

Nachrichtenübermittlung

Buschtrommeln, Rauchzeichen und Leuchtfeuer waren frühe Signal- und Warnsysteme, die man über große Entfernungen hin sehen konnte.

Ein verbessertes System erfand Ende des 18. Jahrhunderts der Franzose Claude Chappe. Seine Flügeltelegrafenlinie bestand aus einer Kette von Türmen, die mit beweglichen Holzarmen ausgestattet waren, die zur Nachrichtenübermittlung in unterschiedliche Positionen gebracht werden konnten.

Der erste brauchbare elektromagnetische Telegraf wurde 1837 in Großbritannien erfunden. Zur gleichen Zeit entwickelte der Amerikaner Samuel Morse seinen Übertragungscode aus Punkten und Strichen und den dazugehörigen Schreibtelegrafen.

Nägel

Die frühesten Nägel, die aus der Zeit um 3500 v. Chr. stammen, wurden in der Skulptur eines Bullen in Mesopotamien gefunden. Im Mittelalter wurde die Herstellung von Nägeln zu einem Handwerksberuf, und die Nagelmacher zogen Eisenstangen durch eine Reihe abgestufter Locheisen, bis der gewünschte Durchmesser erreicht war, und klopften dann das eine Ende als Nagelkopf flach. Die erste brauchbare Maschine zur Massenproduktion von Nägeln ließ Ezekiel Reed 1786 in Amerika patentieren.

Papier

Die ersten papierähnlichen Beschreibstoffe waren Tierhäute und Papyrus, den die Ägypter schon 3000 v. Chr. aus dem Stengelmark der Papyrusstaude herstellten.

Die Erfindung des eigentlichen Papiers wird, möglicherweise zu Unrecht, dem chinesischen Hofbeamten Ts'ai Lun zugeschrieben, der im Jahr 105 eine Mischung aus Lumpen, Hanf, Maulbeerbast und alten Fischernetzen mit Wasser zu einem Faserbrei zerstampfte, diesen auf einem Bambussieb verteilte und abtropfen ließ. Anschließend trocknete er den entstandenen Bogen und erhielt dadurch einen glatten Beschreibstoff – das Papier.

Die Kunst der Papierherstellung kam erst Jahrhunderte später in den Westen, nachdem die Araber 751 bei einer Schlacht zwei chinesische Papiermacher gefangengenommen hatten, die das lange gehütete Geheimnis verrieten. Im 12. Jahrhundert gründeten die Araber in Spanien die erste europäische Papiermühle.

Im Verlauf des 19. Jahrhunderts trat an die Stelle von Hadern zunehmend Holz als Rohstoff zur Papierherstellung.

Parfüm
Die Griechen benutzten Parfüm zu medizinischen Zwecken und tadelten übermäßigen Gebrauch. Männern wurde es schließlich verboten, Parfüm zu benutzen. Die Römer waren besessen von Parfüm und gingen überaus verschwenderisch damit um. Die französische Parfümindustrie geht auf Katharina von Medici zurück, die ihren Hofkosmetiker im 16. Jahrhundert von Italien an den französischen Hof mitgebracht hatte.

Perücken
Obwohl bereits die Männer im alten Babylon Perücken trugen, war ihre Blütezeit erst 3000 Jahre später im Europa des 17. und 18. Jahrhunderts. Schon um 1680 gab es große, kunstvolle Perücken mit raffinierten Locken, die manchmal bis zur Taille reichten. Im Verlauf des 18. Jahrhunderts wurden die Perücken kleiner, und man band die falschen Haare nach hinten und puderte sie.

Pferde
Um 2000 v. Chr. domestizierten Nomaden aus den zentralasiatischen Steppen die Nachfahren des frühesten Pferdes, *eohippus.* Die Griechen und später die Römer veranstalteten Streitwagen- und Pferderennen.

Während man sich in Europa auf eher primitive Pferde verließ, die oftmals recht widerspenstig waren, züchtete man in Nordafrika die sanfteren und folgsameren Araberpferde schon seit dem 2. Jahrhundert. Araberpferde kamen im Mittelalter mit zurückkehrenden Kreuzfahrern nach Europa, wo sie mit den heimischen Pferden gekreuzt wurden, so daß die modernen Rassen entstanden.

Postwesen
Das Wort Post leitet sich vom lateinischen *posta* der Römer für „Station" zum Pferde- und Botenwechsel ab. Privatleute mußten sich im allgemeinen ihre eigenen Kuriere suchen oder die staatlich angestellten Boten bestechen, damit sie ihre Briefe mitnahmen.

Nach dem Untergang des Römischen Reiches brach das von Kaiser Augustus aufgebaute Nachrichten- und Verkehrsnetz zusammen. Seit dem 12. Jahrhundert entwickelten sich in Europa sogenannte Botenanstalten. Im 15. Jahrhundert richtete Franz von Taxis im Auftrag von Kaiser Maximilian I. das erste organisierte Nachrichtenwesen in weiten Teilen Deutschlands und Mitteleuropas ein, aus dem später die Thurn-und-Taxissche Post hervorging. Diese frühe Post beförderte erst im 16. Jahrhundert auch Privatbriefe.

1819 führte Preußen eine Schnellpost ein, und 1824 verkehrten Postdampfschiffe in der Ostsee. Die ersten Briefkästen ließ Ludwig XIV. in Paris aufstellen. Briefmarken gab es erstmals 1840. Seit 1869 konnte man Korrespondenzkarten verschicken, die seit 1872 Postkarten hießen.

Im 19. Jahrhundert hatten die teuren Puppen Porzellanköpfe.

Puppen
Im antiken Griechenland spielten die Kinder mit Tonpuppen. Ein Mädchen behielt seine Puppen bis zur Hochzeit und opferte sie dann der Göttin Artemis.

Während des Mittelalters hatten die Kinder meist Puppen aus Stroh, Lumpen oder Ton. Im 15. Jahrhundert gab es in Nürnberg den ersten Puppenmacher. Puppen waren jetzt aus Holz, aber noch steif, im Barock hatten sie dann bewegliche Glieder.

Bis zum 19. Jahrhundert bestanden die Körper von Puppen gewöhnlich aus Leder oder Stoff. Nach 1850 verwendete man dagegen Gummi, das mit Sägemehl gefüllt war. Arme, Hände und Füße wurden wirklichkeitsgetreuer gebildet, und die Köpfe bestanden häufig aus Porzellan, an dem echtes Haar befestigt war.

Rasiermesser
Die alten Ägypter benutzten zum Rasieren Klingen aus Feuerstein, während Männer in Europa um 1000 v. Chr. Rasiermesser aus Bronze verwendeten. Etwa zur gleichen Zeit nahmen die Ureinwohner Amerikas scharfe Klingen, die sie aus einem Stein namens Obsidian fertigten. Als in der Frührenaissance eine hohe Stirn zum weiblichen Schönheitsideal gehörte, wurde das Rasiermesser auch für Frauen zu einem Gegenstand, den sie täglich benutzten.

Postkutschen ersetzten vom 18. Jahrhundert an die Postreiter.

Rätsel
In fast allen Kulturen hat das Erraten magische oder kultische Bedeutung. Geht diese Bedeutung verloren, wird das Rätsel zum Spiel, das der Unterhaltung dient.

Zu den sprachlichen Rätseln zählen die Akrostichen, die ihren Ursprung im antiken Griechenland haben. Bei einem Akrostichon ergeben die Anfangsbuchstaben von Versen oder Strophen einen Namen oder Spruch, wenn man sie von oben nach unten liest. Die Kreuzworträtsel sind im 19. Jahrhundert in Großbritannien aus dem Akrostichon entstanden. Die Chinesen erfanden das Tangram, bei dem schwarzes Papier in sieben geometrische Figuren geschnitten wird, die sich zu unzähligen Silhouetten von Menschen, Schiffen, Häusern oder Vögeln zusammenlegen lassen.

Reiseführer
Die Hinweise auf Tempel, Schlachtfelder und andere historische Stätten geben dem ersten Reiseführer einen recht modernen Charakter. Er wurde im 2. Jahrhundert von dem griechischen Schriftsteller Pausanias für Reisende, die nach Griechenland fuhren, verfaßt.

Der Reiseführer *Mirabilia Romae* über die Sehenswürdigkeiten Roms erschien 1475 und wandte sich an Rompilger. Der erste gedruckte Reiseführer beschrieb den Weg zu dem Wallfahrtsort Santiago de Compostela und war von einem Mönch verfaßt worden. Karl Baedekers erster Reiseführer, *Die Rheinreise*, erschien 1839 und übernahm das Bewertungssystem der Sehenswürdigkeiten mit Sternen von einem englischen Reiseführer.

Reisepaß
Schriftstücke, die ein freies Geleit garantierten, wurden bereits im 1. Jahrhundert v. Chr. unter dem römischen Kaiser Augustus ausgegeben. Englische Reisepässe wurden erstmals im 15. Jahrhundert schriftlich erwähnt. Es handelte sich dabei um handgeschriebene Passierscheine, die es dem Besitzer gestatteten, den Hafen zu passieren, um ins Ausland zu reisen. Noch vor dem Ersten Weltkrieg herrschte außer in Rumänien, Rußland und der Türkei Paßfreiheit. Erst später wurde zur Überwachung des Reiseverkehrs der Paßzwang eingeführt.

Rollschuhe
Der Niederländer Vanlede konstruierte die ersten Rollschuhe und ließ sich seine Erfindung 1790 in Paris patentieren. Die erste Rollschuhbahn wurde um 1810 in London eröffnet, und Rollschuhlaufen wurde rasch zu einem beliebten Volkssport. Weltmeisterschaften im Rollschnellauf, Rollkunstlauf und Rollhockey gibt es jedoch erst im 20. Jahrhundert.

Scheren
Die älteste Art von Schere, die aus zwei durch eine Feder verbundenen Bronzeklingen bestand, war schon um 500 v. Chr. weit verbreitet. Die Römer verwendeten neben solchen Pinzettenscheren auch bereits Scharnierscheren aus Bronze und Eisen. Scheren für den Hausgebrauch, beispielsweise als Lichtputzscheren zum Kürzen des Kerzendochts, kamen im 15. und 16. Jahrhundert auf. Nach 1800 wurden die Schneiden durch die Verwendung von Stahlguß kräftiger.

Schirme
Die ersten Schirme dienten nicht als Regen-, sondern als Sonnenschutz. Altägyptische Pharaonen sind unter Zeremonienschirmen dargestellt. Im alten China waren die mehrstöckigen Schirme ein Herrschaftssymbol und durften nur von der kaiserlichen Familie oder hohen Staatsbeamten benutzt werden. Diese Schirme bestanden aus Goldstoffen und waren mit Edelsteinen besetzt. Römische Frauen benutzten vermutlich die ersten Regenschirme und bevor-

zugten purpurrote Modelle. Bis zum 16. Jahrhundert gab es dann offensichtlich kaum Schirme, und sie kamen erst wieder durch geistliche Würdenträger in Gebrauch. Erst im 19. Jahrhundert wurden Sonnen- und Regenschirme zu Gebrauchsgegenständen für alle Schichten.

Schlüssel
Unter den Überresten eines Palastes bei Ninive im heutigen Irak, der um 2000 v. Chr. erbaut wurde, befindet sich eine Tür mit einer hölzernen Schließvorrichtung. Die Ägypter fertigten vor 4000 Jahren einfallsreiche Schlösser und Schlüssel aus Holz an. Die Römer benutzten Eisenschlösser und Schlüssel aus Bronze.

Türschlösser aus dem Mittelalter und der Renaissance hatten mitunter zusätzliche Einbruchsicherungen, wie etwa scharfe Messerklingen, die Dieben die Fingerkuppen abtrennen konnten, wenn sie sich an dem Schloß zu schaffen machten.

1848 konstruierte der amerikanische Erfinder Linus Yale das Zylinderschloß, dessen Prinzip auf das ägyptische Schloß zurückgeht.

Schmerzmittel
Über die arabische Medizin wurde die schmerzstillende Wirkung der Hanfpflanze in Europa bekannt. Die Chinesen, aber auch die Griechen nahmen Opium. Etwa zur gleichen Zeit kauten die Indianer Südamerikas die Blätter des Kokastrauches.

Salicin, eine Art natürliches Aspirin, kommt in einigen Weidenarten vor, und seine schmerzlindernde Wirkung war bereits im Mittelalter bekannt. Die Baumrinde wurde bei Zahnschmerzen gekaut, und aus den Blättern und Wurzeln bereitete man einen Sud, der gegen verschiedene Beschwerden half. Lachgas zur Schmerzbetäubung wurde erstmals 1844 in Amerika beim Zähneziehen verwendet.

Seide
Lange war die Seidenherstellung eines der am besten gehüteten Geheimnisse der Welt. Das um 3000 v. Chr. entdeckte Verfahren der Chinesen, feinstes Garn aus Seidenraupenkokons zu spinnen, und die Seidenraupenzucht breiteten sich über Korea nach Japan aus. Rohseide und Seidengewebe gelangten über die Seidenstraße von China über Zentralasien nach Indien und in das Gebiet des Römischen Reiches. Später wurden auch in Italien Seidenraupen gezüchtet. Führende Seidenmanufakturen entstanden im 17. Jahrhundert in Frankreich.

Seife
Ein Rezept aus Mesopotamien, das auf das Jahr 3000 v. Chr. datiert wird, beschreibt eine Reinigungslösung, die sich aus 1 Teil Öl und 5$^{1}/_{2}$ Teilen Pottasche zusammensetzt. Die Ägypter wuschen sich mit Soda und Duftölen, während sich die Griechen und Römer mit einer Paste aus Olivenöl und Bimsstein einrieben, die anschließend mit einem Schabeisen aus Bronze zusammen mit dem Körperschmutz und dem Schweiß entfernt wurde.

Die Gallier benutzten Reinigungspasten aus tierischem Fett und Pottasche, um ihrem Haar einen roten Glanz zu verleihen, bevor sie in den Kampf zogen. Diese wurden von den Römern übernommen, die feststellten, daß sich damit auch Hautkrankheiten kurieren ließen. Seife tauchte dann erst wieder im 9. Jahrhundert auf, als Marseille ein Zentrum der Seifenproduktion wurde. Um 1250 gab es in London Seifensieder, die große Blöcke einfacher Seife herstellten und den Kunden im Laden ein Stück davon abschnitten.

Sicherheitsnadeln
Bronzebroschen, die heutigen Sicherheitsnadeln sehr ähnlich waren, sogenannte Fibeln, gab es in Westeuropa bereits um 1200 v. Chr. Römische Männer und Frauen benutzten kunstvoll verzierte Fibeln, um ihre Umhänge und sonstigen Kleidungsstücke zusammenzuhalten. Mit dem Aufkommen geknöpfter Kleidungsstücke im Mittelalter wurden die Fibeln überflüssig.

Speiseeis
Das Herkunftsland der Eiscreme könnte durchaus China gewesen sein, denn Marco Polo brachte Ende des 13. Jahrhunderts Rezepte zur Herstellung von Milcheis mit nach Venedig.

Im 17. Jahrhundert hatte sich Speiseeis in Frankreich durchgesetzt, nachdem Katharina von Medici zuvor italienische Eismacher an den französischen Hof gebracht hatte.

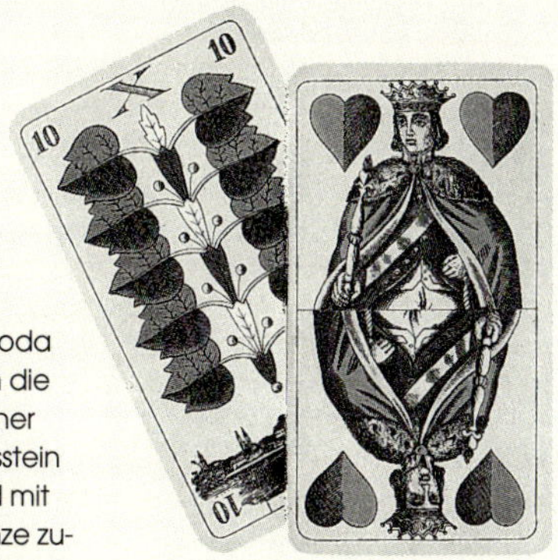

Die Motive auf Spielkarten sind seit Jahrhunderten unverändert.

Spiegel
Die alten Ägypter benutzten Spiegel aus poliertem Kupfer. Plinius der Ältere erwähnt im 1. Jahrhundert Glasspiegel mit Zinnunterlage, die die Phönizier erfunden haben sollen.

Im frühen 14. Jahrhundert verbesserten die Venezianer die Reflexionseigenschaften der Spiegel, indem sie Zinnfolie und Quecksilber auf der Rückseite von Glasstücken auftrugen, die man aus einer zuvor geblasenen Glaskugel herausschnitt.

Spielkarten
Spielkarten, die in China erstmals im 7. und 8. Jahrhundert erwähnt wurden, gab es davon unabhängig auch in Europa. Ende des 13. Jahrhunderts wurden in einigen Städten Verbote gegen das Kartenspiel erlassen. Die ältesten Kartenspiele wurden von Hand auf Papier gezeichnet oder gemalt, und erst im 15. Jahrhundert gab es Holzschnitte, später auch Stahlstiche und Steindrucke auf den Spielkarten. Auch diese frühen Spielkarten hatten bereits vier Farbzeichen, und die Bildkarten As, König, Dame und Bube oder Reiter waren die gleichen wie in heutigen Kartenspielen.

Pik oder Schippe symbolisierte die Schwerter der Edelleute, Herz die Schilde der Kreuzritter und Karo oder Eckstein die Bodenplatten, mit denen die Handelsbörse der Kaufleute gepflastert war. Das schwarze Kleeblatt oder Kreuz stand für das bäuerliche Leben.

Spinnrad
Schafwolle wurde bereits in frühester Zeit von Hand mit Hilfe einer Spindel zu Fäden versponnen. Das Spinnrad, mit dem die Arbeit erheblich schneller ging, wurde jedoch erst während des 13. Jahrhunderts in Europa bekannt. Das Spinnen galt als Frauenarbeit, und das Spinnrad blieb ein unerläßliches Gerät, bis in den 60er Jahren des 18. Jahrhunderts in England die erste mechanische Spinnmaschine erfunden wurde. Diese Feinspinnmaschine beschleunigte die Garnherstellung, denn sie verspann Garn auf acht oder mehr Spulen gleichzeitig. Da die aufgebrachten Arbeiter befürchteten, die Maschine könne sie ersetzen, kam es wiederholt zu Aufständen, wobei die Spinnmaschinen zerstört wurden.

Dieses Spinnrad ist in einer Handschrift des 14. Jahrhunderts abgebildet.

Steigbügel
Steigbügel wurden erstmals im 2. Jahrtausend v. Chr. von indischen Kriegern benutzt. Es handelte sich dabei um Schlaufen, in die die barfüßigen Reiter ihren großen Zeh steckten. Um 400 v. Chr. hatten die Chinesen sie so weit abgewandelt, daß der ganze Fuß mit dem Stiefel in den Steigbügel paßte. Die Einführung der Steigbügel in Europa im 8. Jahrhundert hatte einen starken Einfluß auf die Kriegführung. Zusammen mit dem Sattel gaben Steigbügel den Reitern erheblich mehr Halt, so daß die Krieger lange, schwere Lanzen benutzen konnten.

Stoffarben
Spuren von Indigo, einem blauen Farbstoff, der aus der Indigopflanze gewonnen wird, hat man in Bekleidungsstücken gefunden, die vor fast 5000 Jahren in Ägypten gewebt wurden. Safran, Kurkuma und Henna benutzten die Ägypter, um Stoffe gelb und orange einzufärben.

Zur Zeit der Römer hatte sich das Färben von Stoffen zu einem einträglichen Geschäft entwickelt. Ein purpurroter Farbstoff, den die Phönizier aus den Trompeten- und Purpurschnecken aus dem Mittelmeer gewannen, wurde als römische Reichsfarbe übernommen; die Herstellung unterlag strengen Kontrollen.

Koschenille, eine Schildlaus aus Mexiko und Mittelamerika, war das Ausgangsmaterial für einen scharlachroten Farbstoff. Der in Europa angebaute Färberwaid ergab einen dauerhaften blauen Farbstoff, bevor im 18. Jahrhundert der aus dem Fernen Osten eingeführte Indigo den Färberwaid ablöste.

Straßen
Die größten Straßenbauer der Antike waren die Römer, die ausgezeichnete Kenntnisse in der Landvermessung und im Bauwesen besaßen. So war das gesamte Römische Reich von der Nordsee bis zu den fernen Grenzen am Rand der Sahara mit einem Straßennetz versehen, das um 100 bereits eine Gesamtlänge von etwa 80000 Kilometern hatte.

Lange vor den Römern reisten Bernsteinhändler der Bronzezeit auf festen Routen vom Baltikum in den Mittelmeerraum. Weiter östlich gab es gute Verbindungsstraßen zwischen China und Persien, Syrien und Kleinasien.

Der Straßenbau erreichte erst wieder im 19. Jahrhundert den römischen Standard, als es geteerte, gepflasterte und geschotterte Straßen gab.

Streichhölzer
Die ersten Versuche, Streichhölzer herzustellen, reichen bis in das Jahr 1680 zurück, als man Holzstückchen in Schwefel tauchte und an Phosphor rieb, bis sie sich entzündeten. Dennoch wurde bis ins 19. Jahrhundert zum Anzünden eines Feuers im allgemeinen ein Feuerstein benutzt.

Stühle
Stühle mit hohen Rückenlehnen wurden stets nur von hochrangigen Persönlichkeiten benutzt, während das gemeine Volk auf Schemeln, Bänken oder auf dem Boden saß.

Das blieb bis zum Mittelalter so. Geschwungene Polsterstühle wurden im Frankreich des 18. Jahrhunderts zu einer beliebten Sitzgelegenheit, und Schaukelstühle tauchten in Großbritannien und Amerika in der ersten Hälfte des 19. Jahrhunderts auf.

Tee
Ein chinesisches Buch erwähnt bereits um 2700 v. Chr. den Teestrauch, und Tee fand in den folgenden Jahrhunderten überall in China Verbreitung. Die Teesteuer bildete um 1000 v. Chr. eine Haupteinnahmequelle des Kaisers von China.

Nach Europa gelangte der Tee 1610 durch die Niederländer und war schon bald ein beliebtes Getränk. 1660 kam er nach England. Dort war das Teetrinken um 1770 trotz hoher Preise und Steuern weit verbreitet, während es sich in Deutschland erst im 19. Jahrhundert durchsetzte.

Teller
Ton- und Keramikteller fertigte man bereits sehr früh an. Im 13., möglicherweise schon im 7. Jahrhundert kannten die Chinesen die Porzellanherstellung. Nachdem Porzellan auf dem Handelsweg im Westen bekannt geworden war, versuchten die Europäer jahrhundertelang hinter das Geheimnis dieses Verfahrens zu kommen, was aber erst Johann Friedrich Böttger 1708 gelang. 1710 wurde die Porzellanmanufaktur Meißen gegründet.

Toiletten
Die Babylonier und Ägypter, die Kreter und die Römer leiteten ihr Abwasser in Ablaufkanäle, während man in mittelalterlichen Klöstern Aborte über Wasserläufen baute. Der Inhalt der Nachttöpfe wurde üblicherweise auf die Straße geschüttet. Um 1800 aber hatte ein Viertel aller Häuser fortschrittliche Spülaborte.

Totenkult
Die ältesten Bestattungen kennt man aus der Altsteinzeit um 200000 v. Chr. – 40000 v. Chr. Den Toten wurden Steinwerkzeuge und Speisen mitgegeben. Zuweilen bettete man Verstorbene auch auf Blumen. Es gab bereits Bestattungsplätze, wo mehrere Gräber nebeneinanderlagen. Seinen Höhepunkt erreichte der Totenkult im alten Ägypten, wo kunstvoll ausgeführte Gräber und Pyramiden für die Pharaonen, ihre Frauen und andere hochstehende Persönlichkeiten, deren Leichen man mumifizierte, gebaut wurden. Manche Naturvölker verbrennen, verstümmeln oder fesseln die Leiche aus Furcht vor dem Toten.

Einige afrikanische Stämme räucherten die Leichname ihrer Verstorbenen und brachten sie an den Ort, wo der Tod eingetreten war. Die australischen Aborigines aßen ihre Toten, in der Hoffnung, daß deren gute Eigenschaften auf sie übergingen.

Türen
Sehr früh verschlossen Menschen die Eingänge ihrer behelfsmäßigen Behausungen mit Tierhäuten, Gewebe oder einem Flechtwerk aus Zweigen. Als diese Unterkünfte festen Siedlungen wichen, wurden auch die Türen stabiler. In Rom sind die gewaltigen Bronzetüren des Pantheons noch heute, nach mehr als 1800 Jahren, erhalten. Große Holztüren, durch die Karren und Vieh hindurchpaßten, hatten kleinere Durchgänge für die Fußgänger ausgespart.

Uhren
Sehr früh gab es bereits Sonnenuhren, die als Taschensonnenuhren bis in die Neuzeit überlebten. Die alten Ägypter hatten um 2000 v. Chr. Wasseruhren, die auch von den Griechen verwendet wurden: Wasser floß von einem Gefäß in ein anderes, und durch den steigenden Wasserspiegel konnte man ablesen, wieviel Zeit vergangen war. Exakte Zeitmessungen waren damit allerdings nicht möglich.

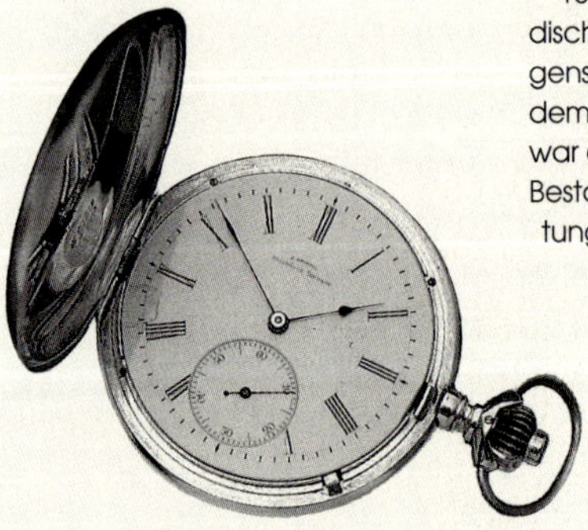

Solche Taschenuhren trug man im 19. Jahrhundert an einer Uhrkette.

Um im 18. Jahrhundert ein Mieder zu schnüren, brauchte man Hilfe.

Gegen Ende des 13. Jahrhunderts wurden in Klöstern die ersten Turmuhren installiert. Sie markierten die Stunden durch das Absinken eines Steins am Ende eines Seils, das sich langsam abwickelte. Wenn der Stein einen bestimmten Punkt erreichte, läutete ein Mönch die Glocken zum Gebet.

Die älteste bekannte Taschenuhr, die von einem Federzug angetrieben wurde, stellte Peter Henlein 1510 in Nürnberg her. Sie war nicht übermäßig genau, denn sie hatte nur einen Zeiger und ging außerdem zumeist vor oder nach.

1657 kombinierte der niederländische Astronom Christian Huygens den Uhrenmechanismus mit dem Pendel. Etwa von 1700 an war die Standuhr ein wesentlicher Bestandteil der Wohnungseinrichtung wohlhabender Bürger.

Unterwäsche
Im Altertum trug man keine Unterwäsche, wie wir sie heute kennen. Um sich gegen Kälte zu schützen, zog man mehrere gleiche Kleidungsstücke übereinander an. Griechische Frauen wickelten ein Leinentuch um die Brust. Im Mittelalter trugen Männer und Frauen aller Stände unter ihrem Obergewand ein langes Kittelkleid, das von der Tunika der Römer abstammte. Außerdem trugen Männer einen sogenannten Bruch, eine kurze Unterhose, an der die Beinlinge, die man anstelle von Hosen trug, festgebunden wurden.

Im 15. und 16. Jahrhundert schnürten sich Männer und Frauen die Taille mit Eisenkorsetts ein oder trugen enge Mieder, die mit Fischbein verstärkt waren. Im 19. Jahrhundert waren Frauen ebenfalls so stark zusammengeschnürt, daß gebrochene Rippen und punktierte Lungen keine Seltenheit waren. Erst ab 1920 gab es Büstenhalter und elastische Hüftgürtel mit Strumpfhaltern.

Wärmflaschen
Der Vorgänger der Wärmflasche war der Bettwärmer, der in Europa seit dem 15. Jahrhundert benutzt wurde. Diese langstielige Deckelpfanne wurde mit glühenden Kohlen gefüllt und zum Anwärmen des Bettes zwischen die Bettdecken geschoben.

Gegen Ende des 18. Jahrhunderts kamen wassergefüllte Bettwärmer auf, die mit einem Schraubdeckel verschlossen wurden. Etwa ab 1820 verzichtete man auf den langen Griff, und irdene Flaschen traten an die Stelle der Metallgefäße. Wärmflaschen aus Gummi gibt es seit den 90er Jahren des 19. Jahrhunderts.

Webstuhl
Die Herstellung von Stoffen auf einem Webstuhl war bereits um 5000 v. Chr. in Kleinasien und in Palästina bekannt. Um 700 v. Chr. waren senkrecht stehende Webstühle in Gebrauch, bei denen die Kettfäden gestrafft wurden. Bis zum Mittelalter gab es kaum Verbesserungen.

1733 ermöglichte die Erfindung des Weberschiffchens, daß ein einziger Arbeiter unterschiedlich breite Stoffe in schneller Folge weben konnte. Von 1787 an gab es mechanische Webstühle, die mit Dampfkraft angetrieben wurden. 1805 erfand der französische Seidenweber Joseph-Marie Jacquard den Jacquardwebstuhl, bei dem durch Lochkarten bewegte Haken die Kettfäden anhoben. Dadurch wurde es möglich, die komplizierten Jacquardmuster zu weben.

Wein
Die Sumerer im Zweistromland betrieben Weinbau bereits im 4. Jahrtausend v. Chr. Im 2. Jahrtausend v. Chr. kam der Weinbau über die Phönizier nach Griechenland.

Die Griechen liebten Wein, dem sie mitunter ein Stück Teig, das mit Honig verknetet war, hinzufügten. Die Römer tranken zu allen festlichen Gelegenheiten Wein, verdünnten ihn aber für gewöhnlich. Sie brachten den Wein nach Südwestdeutschland, Britannien und nach Gallien, wo bereits im 1. Jahrhundert in Burgund und Bordeaux Weinbau betrieben wurde.

Im Mittelalter wurden in Europa große Mengen an Wein konsumiert, da aber die Fässer, in denen er aufbewahrt wurde, nicht luftdicht waren, mußte der Wein jung getrunken werden. Erst ab etwa 1750, als Weinflaschen mit Korken aufkamen, war es möglich, Wein über längere Zeiträume zu lagern.

Werbung
Die ältesten Formen der Werbung sind Anzeigen für Bücher, die es im 15. Jahrhundert gab. Anfangs hatten die sogenannten Intelligenzblätter, die nur Inserate veröffentlichten, das Monopol auf Annoncen, erst im 19. Jahrhundert wurden Anzeigen auch in Zeitungen aufgenommen. Litfaßsäulen, die im 19. Jahrhundert erstmals aufgestellt wurden, brachten die ersten großformatigen Plakate hervor.

Zahnbürsten
Lange bevor es Zahnbürsten gab, wurden Zahnstocher zum Säubern der Zähne benutzt. Im 3. Jahrtausend v. Chr. verwendeten die Sumerer Zahnstocher aus Gold. Theokrit empfiehlt im 3. Jahrhundert v. Chr. ein Zahnpflegemittel aus verbrannten Hasen und Fledermäusen. Römerinnen putzten ihre Zähne mit Marmorpulver. Die Zahnbürste war seit Mitte des 18. Jahrhunderts bekannt, fand aber erst im 20. Jahrhundert weite Verbreitung.

Zahnersatz
Die ersten falschen Zähne, von denen man weiß, gehörten einem Etrusker um 1000 v. Chr. Etruskischer Zahnersatz, meist Brücken und Prothesen, war in hervorragender Goldschmiedearbeit gefertigt. Im Mittelalter rissen sogenannte Zahnbrecher ihren Patienten lediglich kranke Zähne aus, sorgten aber nicht für Zahnersatz.

Zahnheilkunde
Zahnärzte gab es bereits im 2. Jahrtausend v. Chr. in Ägypten, und sumerische Tontafeln, die man im Euphrat gefunden hat, geben Ratschläge gegen Zahnverfall. Um 400 v. Chr. entwickelte Hippokrates eine Zahnheilkunde, die sich auf wissenschaftliche Beobachtung stützt.

Nach dem Niedergang Roms übernahmen die Araber die Führung in der Zahnheilkunde und begannen, Goldfüllungen zu verwenden. Im Europa des Mittelalters führten die Bader, Barbiere und Zahnbrecher die meisten Zahnbehandlungen durch.

Erst im 19. Jahrhundert erkannten die Amerikaner, daß Bakterien die Ursache für Zahnverfall waren.

Zeitungen
Die ersten Zeitungen waren handgeschriebene Berichte und amtliche Bekanntmachungen, die von einer Person zur nächsten weitergegeben wurden.

Gedruckte Zeitungen tauchten erstmals im frühen 17. Jahrhundert auf, wie die *Aviso Relation oder Zeitung* aus Wolfenbüttel von 1609 und die *Relation* des Straßburger Druckers Johann Carolus aus demselben Jahr. Diese Zeitungen erschienen zunächst wöchentlich und richteten sich dabei nach dem Verkehrsplan der Postreiter und Postwagen.

Die erste Tageszeitung der Welt kam 1650 in Leipzig heraus und stellte ihr Erscheinen erst 1918 ein. Die Zeitungen durften nur mit Genehmigung des Landesfürsten publiziert werden und wurden vorzensiert. Nachdem 1848 die Pressefreiheit beschlossen worden war, gab es etliche Zeitungsneugründungen in Deutschland, die Vorzensur der Zeitungen wurde aber erst 1874 abgeschafft.

An Litfaßsäulen schlug man im 19. Jahrhundert Bekanntmachungen an.

Zement
Die Phönizier erfanden vermutlich den ersten wasserfesten Mörtel, der aus Kalk und dem Mehl gebrannter Ziegel hergestellt wurde.

150 v. Chr. stellten die Römer fest, daß Vulkanasche, mit Kalk und Wasser vermischt, zu einem betonartigen Material aushärtete. Wenn man Kies, zerstoßene Steine, Sand und Wasser hinzufügte, wurde die Mischung nach dem Trocknen so hart wie Fels. Solcher Beton erlaubte es den Römern, ihr Straßennetz, ihre Abwasserkanäle und Aquädukte zu bauen.

In Großbritannien ließ Joseph Aspdin 1824 synthetisches Zement patentieren: eine Mischung aus Kalkstein und Ton, die stark erhitzt und anschließend zu Pulver gemahlen wurde.

Zentralheizung
Die Römer entwickelten die erste Zentralheizung, die Hypokaustenheizung. In einen Zwischenboden unter dem Fußboden wurden die warmen Abgase eines Holzfeuers geleitet, das in einem separaten Heizraum brannte. Auch die Wände konnten mit der Warmluft beheizt werden. Die Steinluftheizung im Mittelalter funktionierte ähnlich: Steine, die man zuvor im Feuer erhitzt hatte, gaben allmählich ihre Wärme an die Luft ab.

Das moderne Prinzip der Warmwasserheizung wurde 1716 für ein Gewächshaus in Großbritannien entwickelt. Bald übernahm man die Idee für Wohnhäuser. Um diese Zeit wurde auch die Dampfheizung erfunden, die aber erst im 19. Jahrhundert weitere Verbreitung fand.

Zigaretten
Die Indianer Mittelamerikas rollten Tabak in Maisblätter. Die Spanier brachten diese Zigaretten mit, die sich in Nordafrika, Griechenland, der Türkei und Rußland verbreiteten. Mitte des 19. Jahrhunderts waren Zigaretten dann in Italien, Frankreich, Großbritannien und Österreich bekannt. Nach dem Krimkrieg Mitte des 19. Jahrhunderts lernten die britischen und französischen Soldaten die orientalischen Zigaretten kennen und brachten das Zigarettenrauchen in ihren Heimatländern in Mode. 1862 entstand in Dresden die erste deutsche Zigarettenmanufaktur.

Zigarren
Die Maya rauchten bereits seit 1000 Jahren Zigarren, als Europäer erstmals sahen, wie sie Tabakblätter rollten, in den Mund steckten und anzündeten.

Im 16. Jahrhundert begann hauptsächlich aus Kuba die Ausfuhr von Tabakblättern nach Frankreich, Spanien, Portugal und später auch England. Doch erst im 19. Jahrhundert wurden die Zigarren zu einer wirklichen Konkurrenz für die Tabakpfeife. Anfang des 20. Jahrhunderts entschied allerdings die Zigarette diesen Wettstreit eindeutig für sich.

Zucker
Wie man aus Zuckerrohr festen Zucker gewinnen kann, wußte man in Indien bereits im 4. Jahrhundert. Überall sonst war Honig zur damaligen Zeit das übliche Süßmittel für Speisen und Getränke. Der Anbau von Zuckerrohr und die Raffinationsmethoden breiteten sich mit den Arabern nach Westen aus, die die Pflanze im 8. Jahrhundert in Südeuropa einführten.

Während des gesamten Mittelalters blieb weiterhin Honig der übliche Süßstoff. Dann nahm Kolumbus auf seiner zweiten Reise Zuckerrohr von den Kanarischen Inseln, wo es die Spanier anbauten, mit in die Karibik, wo die Anbaubedingungen ideal waren. In nördlichen Breitengraden blieb Zucker eine teure Importware, bis der deutsche Chemiker Andreas Marggraf in den 40er Jahren des 18. Jahrhunderts ein Verfahren entwickelte, mit dem sich Zucker aus Zuckerrüben herstellen ließ.

REGISTER

Die **fett** gedruckten Seitenzahlen verweisen auf einen Haupteintrag, die *kursiv* gedruckten Seitenzahlen auf eine Bildunterschrift. Die Umlaute Ä, Ö, Ü werden wie A, O, U behandelt.

A

B

F

G

H

I

J

K

N

O

P

T

BILDNACHWEIS

DIE ANTIKE WELT **12** J. D. Lajoux. **13** o. r. Malcolm Porter, M. l. J. Oster/Musée de l'Homme, Paris, M. Vana Haggerty, M. r. Ivan Lapper, u. r. Vana Haggerty. **14** o. Jean Vertut, u. l. Richard Bonson, u. M. Richard Bonson, nach einer Illustration in *The First Civilisations*, Giovanni Casselli (Macdonald 1983). **14/15** Ivan Lapper. **15** l. Hans Hinz, o. r. Gino D'Achille, u. r. Richard Bonson, nach einer Illustration in *Early People* (Eyewitness Guides, Dorling Kindersley 1989). **16** l. Ivan Lapper, M. Richard Bonson, nach einer Illustration in *The First Civilisations*, Giovanni Casselli (Macdonald 1983), r. Musée des Antiquities Nationale, Paris/RMN. **17** o. Jean Vertut/ Begovan Collection, u. l. Archiv für Kunst und Geschichte, r. Jean Vertut. **18** o. Malcolm McGregor, nach einer Illustration in *Excavations at Hacilar*, James Mellaart (Edinburgh University Press 1970), u. Richard Bonson. **19** Richard Bonson. **20** Erich Lessing/Magnum. **21** o. l. Richard Bonson, o. r. Malcolm Porter, M. Emmett Bright, M. r. Museum of London, u. MH. **22** l. aus *The Emergence of Man; The First Cities* © 1973, Time-Life Books Inc./Aldo Durrazzi, M. Malcolm McGregor, r. Edward Williams/Ashmolean Museum, Oxford. **23** l. Edward Williams, o. r. BM, M. r. Richard Bonson, u. r. Gino D'Achille. **24** l. Claus Hansman, r. Steve Smith. **25** o. r. Musée du Louvre, Paris/RMN, M. r. Richard Bonson, u. l. Hirmer Verlag, München, u. r. BM. **26** o. Ivan Lapper, u. Edward Williams, nach einer Illustration in *Further Excavations at Mohenjo-Daro*, E. MacKay (Archaeological Survey of India). **27** r., u. M. Edward Williams, nach einer Illustration in *Further Excavations at Mohenjo-Daro*, E. MacKay (Archaeological Survey of India), u. l. National Museum Delhi. **28** Roger Wood. **29** o. r. Malcolm Porter, l. BM, M. r. MH, u. r. BN/Librairie Hachette. **30** von oben nach unten: BM, BM, MH, BM. **31** von oben nach unten: Musée Guimet, Paris/Librairie Hachette, Erich Lessing/Magnum, BM, BM. **32** o. r. Musée du Louvre, Paris/RMN, u. l. Librairie Hachette, u. r. Richard Bonson. **33** o. MH, M. l. MH, M. r. Richard Bonson/BM, u. r. BM. **34** o. Brian Delf, nach einer Illustration in *Rapport sur le Fouilles de Deir el Medinah*, B. Bruyere (Cairo 1939), M. Richard Bonson, nach einer Illustration in *Ancient Egypt* (Eyewitness Guides, Dorling Kindersley 1990), u. MH. **35** o. l. Egypt Exploration Society, o. r. BM, M. BM, u. BM. **36** o. BM, u. l. Richard Bonson, nach einer Illustration in *Ancient Egypt* (Eyewitness Guides, Dorling Kindersley 1990), u. r. BM. **37** o. l. Richard Bonson, M. r. MH, u. r. BM. **38** BM (2). **38/39** o. BM, u. MH. **39** BM. **40** o. F. L. Kennet/Robert Harding, George Rainbird Collection, M. l. Erich Lessing/Magnum, u. Gino D'Achille. **40/41** BM. **41** l. Richard Bonson (2), r. BM. **42** EA. **43** o. l. EA, u. l. EA, o. r. Malcolm Porter, M. r. Richard Bonson, u. r. EA. **44** l. Richard Bonson, nach einer Illustration in *The First Civilisations*, Giovanni Casselli (Macdonald 1983), r. Richard Bonson. **44/45** Ivan Lapper. **45** l. EA, o. r. Richard Bonson, M. r. C. M. Dixon, u. Richard Bonson. **46** Ricard Bonson/EA. **46/47** EA. **47** EA (5). **48** o. Alton S. Toby, M., u. l. EA, u. r. Richard Bonson. **49** o. l. Richard Bonson, u. l. Alison Frantz, Dept of Classics, University of Cincinnati, M. r. Luise Roberts, u. r. Gino D'Achille. **50** Oriental Institute, University of Chicago. **51** o. l. Richard Bonson/Erich Lessing/Magnum, o. r. Malcolm Porter, u. M. Mansell Collection, London, u. r. Musée du Louvre, Paris. **52** M. Steve Smith, u. r. ET. **52/53** BL. **53** M. l. Erich Lessing/Magnum, u. l. Sonia Halliday. **54** o. Nathan Benn/Woodfin Camp Assoc., u. Musée du Louvre, Paris/RMN – Larrieu. **55** o. Grose Thurston Partnership, M. l. Edward Williams/D. Harris/Israel Museum, Jerusalem, M. r. D. Harris/Israel Museum, Jerusalem, u. Erich Lessing/Magnum. **56** o. ET, l. Musée du Louvre, Paris/RMN. **56/57** Musée du Louvre, Paris/RMN. **57** o. r. MH, u. M. Richard Bonson, u. r. BM. **58** BM. **58/59** BM. **59** o. l. Edward Williams/MH, M. r. Gino D'Achille, u. r. Reader's Digest. **60/61** Ivan Lapper. **61** o. l. Erich Lessing/Magnum, u. r. MH. **62** l. Erich Lessing/Magnum, r. Terence Dalley. **63** l. Musée du Louvre, Paris/RMN, M. Gino D'Achille, r. William MacQuitty. **64** The Metropolitan Museum of Art, New York. **65** o. l. Institute of History and Philology, Academia Sinica, Taipei, o. r. Malcolm Porter, u. l. William MacQuitty, u. r. Andromeda. **66** o. l. Royal Ontario Museum, o. r. BM, M. Wan-Go H. C. Weng/Ezekiel Schloss Collection. **67** o. r. Royal Ontario Museum, u. l. Wan-Go H. C. Weng/Nelson-Atkins Museum of Art, u. M. Museum of Fine Arts, Boston, Denman Waldo Ross Collection, u. r. Richard Bonson/BM (2). **68** o. Shaanxi Archaeological Corporation, Shaanxi, M. Richard Bonson, nach einer Illustration in *Science and Civilisation in China*, Joseph Needham (Cambridge University Press 1965). **68/69** St. Louis Art Museum. **69** o. Andromeda, M. l. Society for Anglo-Chinese Understanding, M. r. Pitt Rivers Museum, Oxford. **70** l. Institute of History and Philology, Academia Sinica, Taipei, M. Privatsammlung, r. Robert Harding Picture Library. **71** o. l Luise Robert, M. Museum of Fine Arts, Boston, Archibald Gary Coolidge Fund, u. l. aus *A History of Far Eastern Art*, Sherman Lee (Abrams), u. M. Andromeda, r. M. H. Hackforth-Jones/Robert Harding Picture Library. **72** Museum of Fine Arts, Boston, Francis Bartlett Fund. **73** o. r. Malcolm Porter, M. r. Richard Bonson, u. l. Mansell Collection, u. M. Luise Roberts, u. r. Robert Harding Picture Library. **74** o. l. Bildarchiv Preußischer Kulturbesitz, o. r. Ancient Art & Architecture Collection, u. l. Gino D'Achille. **74/75** Ivan Lapper. **76** J. Pierpont Morgan Collection/Wadsworth Atheneum. **76** o. Grose Thurston Partnership, M. MH, u. von links nach rechts: Richard Bonson/BM, BM, BM, Richard Bonson/BM. **77** von links nach rechts: Edward Williams; Städtische Galerie Liebighaus, Frankfurt; Frederico Garolla/Museo Archeologico Nazionale, Taranto; Museum of Fine Arts, Boston, H. L. Pierce Fund. **78** o. L. A. East, u. Musée du Louvre, Paris/RMN. **78/79** BN. **79** M. Museo Mandralisca/Scala, r. Ashmolean Museum, Oxford. **80** o. Richard Bonson, nach einer Illustration in *The Horizon Book of Ancient Greece* (American Heritage 1965), u. Bibliothèque Nationale, Paris. **80/81** BM. **81** o. r. ES, M. r. Sergio Rossi/Museo Ostiense, u. r. Edward Williams/EA. **82** l. Fitzwilliam Museum, Cambridge, M. Mansell Collection, r. Richard Bonson. **83** l. The Metropolitan Museum of Art, o. r. EA, M. Ivan Lapper, u. M. BM, u. r. Staatliche Museen, Berlin. **84** o. BM, u. l. Richard Bonson, u. M. K. Oehrlein/Martin von Wagner Museum, Universität Würzburg, u. r. Richard Bonson. **85** o. l. Ashmolean Museum, Oxford, u. l. Edward Williams, o. M. Edward Williams, o. r. BM, u. M. Musée du Louvre, Paris/RMN, u. r. BM. **86** Giraudon. **87** o. Malcolm Porter, M. Leonard von Matt, u. l. Erich Lessing/Magnum, u. M. P. Zigrossi/Vatican Museo Greg. Profano, Rom, u. r. Brian Brake/John Hillelson Agency. **88** o. l. Mauro Pucciarelli, u. l. Steve Smith, M. MH, o. r. Edward Williams/Museum of London, M. r. Peter Clayton, u. r. Scala. **89** o. l. Ancient Art & Architecture Collection, o. r. G. Dagli Orti, M. Edward Williams, Josephine Powell, u. l. Museum of London, u. M. G. Dagli Orti, u. r. Erich Lessing/Magnum. **90** o. l. BM, o. r. BM, u. Giraudon. **90/91** Edward Williams/Musée du Louvre, Paris. **91** o. l. Giraudon, o. r. Scala, M. r. V. & A., u. r. Mansell Collection. **92** o. Musei Vaticani, Rom/Icona, u. C. M. Dixon. **93** o. l. Richard Bonson, o. M. Gino D'Achille, o. r. C. M. Dixon, Würfel: Edward Williams, M. l. G. Dagli Orti, M. r. Neil Holmes, u. l. Edward Williams, u. r. BM. **94** l. L. A. East, o. r. Scala, M. r. BM, u. r. Musée du Petit Palais, Paris. **95** o. Ivan Lapper, M. St. Germain-en-laye/RMN, u. l. Musées Departementaux de la Seine-Maritime/François Dugue, u. r. Archivi Alinari. **96** M. Museum of London, u. l. Erich Lessing/Magnum, u. r. Josse/Librairie Hachette. **96/97** Brian Brake/John Hillelson. **97** o. l. Ancient Art & Architecture Collection, o. r. BM, u. l. Erich Lessing/Magnum, u. M. C. M. Dixon, u. r. Edward Williams. **98** o. Scala, u. von links nach rechts: Edward Williams, Edward Williams, MH, Edward Williams, G. M. Kam/Rijksmuseum, Nijmegen. **98/99** Scala. **99** o. Woodmansterne/Museum of London. **100** o. Städtisches Museum, Bad Kreuznach, M. Roger Wood, u. BM. **100/101** Roger Wood. **101** o. l. BM, o. r. Erich Lessing/Magnum, M. Musei Capitolini, Rom/Scala, u. BM (2). **102** Musée Archeologique, Orleans/Bulloz. **103** l. Richard Bonson, nach einer Illustration in *The Celtic World*, Barry Cunliffe, o. r. Malcolm Porter, M. r. Lars Bay/Silkeborg Museum, u. r. Landesmuseum Johanneum. **104** BM (3). **104/105** Richard Bonson. **105** o. Georg Gerster/John Hillelson Agency, M. l. Richard Bonson/BM, M. r. S. Rebsamen/Historisches Museum Bern, u. r. Erich Lessing/Magnum. **106** o. Malcolm McGregor, u. l. Museum of London (3). **106/107** Richard Bonson/National Museum of Wales. **107** o. l. Richard Bonson, o. r. BM, M. r. Richard Bonson, u. r. BM. **108** BM. **109** o. l. Werner Forman Archive, o. r. Lee Boltin, u. l. Gino D'Achille, u. r. Lee Boltin

WELT IM WANDEL **112** Hans Hinz. **113** o. Malcolm Porter, M. Richard Bonson/BM, u. l. BM, u. r. Werner Forman Archive. **114** o. Werner Forman Archive, u. Terence Dalley nach Zeichnungen von Rowland Mainstone in *Hagia Sophia* (Thames and Hudson 1988). **115** o. Scala, Rest: Werner Forman Archive (5). **116** Photo Studio Rapuzzi. **116/117** Geoffrey House. **117** BN. **118** Biblioteca Nacional, Madrid. **119** o. l. Gino D'Achille, o. r. Biblioteca Nacional, Madrid, u. Rapho. **120** E.R.L./Sipa icono. **121** l. G. Dagli Orti (4), o. r. Malcolm Porter, u. r. Ziolo/Artephot/Oronoz. **122** o. l. L. A. East, o. M. Richard Bonson/York Archaeological Trust, o. r. Jim Hancock, u. Colour Centre Slides. **123** o. M. Richard Bonson, o. r. Patrick Thurston, restliche Zeichnungen: Robert Micklewright (3). **124** o. Anthony Weir/Janet and Colin Bord, u. Scala. **124/125** Eric Meacher. **125** o. l. Richard Bonson, o. r. Scala, u. l. Librairie Hachette/BN, u. r. Trinity College, Dublin. **126** o. BN, M. Benediktinerstift St. Paul, St. Paul im Lavanttal, u. l. Artephot/Brumaire – C.D.R.I, u. r. Österreichische Nationalbibliothek, Wien. **127** o. l. Domstift Merseburg, o. M. Stiftsbibliothek St. Gallen, u. M. Bildarchiv Preußischer Kulturbesitz, u. r. Kunsthistorisches Museum, Wien. **128** u. l. Eivik I. Johnson/Universitetets Oldsaksamling, Oslo, o. M. Ove Holst/Universitetets Oldsaksamling, Oslo, M. Gino D'Achille, Waffen: Edward Williams. **128/129** o. Universitetets Oldsaksamling, Oslo, u. Edward Williams, nach einer Illustration in *The Ship*, Bjorn Landstrom *(Allen and Unwin)*. **129** l. The Pierpont Morgan Library, u. M. National Museum, Reykjavic, u. r. S. Hallgren/ATA Stockholm. **130** u. r. Arhus University Museum, Moesgard, Rest: Patrick Thurston. **130/131** Ivan Lapper. **131** o. r. National Museum of Ireland, M. Edward Williams, u. l. Ove Holst/Universitetets Oldsaksamling, Oslo, u. r. Lars Westrup/Lund Historiska Museum. **132** l. Dr. Zdenek Vána, r. Claus Hansmann. **132/133** Klaus Göken/Bildarchiv Preußischer Kulturbesitz. **133** o. Dr. Zdenek Vána, u. Klaus Göken/Bildarchiv Preußischer Kulturbesitz (2). **134/135** El Escorial, Madrid/MAS. **135** o. l. L. A. East, gezeichnete Münzen: Richard Bonson/BM, o. r. Malcolm Porter, M. E. T. Archive/BL, u. G. Dagli Orti. **136** o. G. Dagli Orti, u. Charles Lenars. **136/137** G. Dagli Orti. **137** o. DORKA, u. Richard Bonson. **138** o. r. Musée du Louvre, Paris /RMN, u. l. Universitätsbibliothek Heidelberg (Ms Manesse Cod. 848f 149). **138/139** Universitätsbibliothek Heidelberg (Ms Manesse Cod. 848f 52r). **139** o. Universitätsbibliothek Heidelberg (Ms Manesse Cod. f395 & f256v), u. Gino D'Achille. **140** o. The Pierpont Morgan Library (Ms. 638 f28), u. The Pierpont Morgan Library (Ms. 638 f23). **141** o. HP, u. von links nach rechts: Richard Bonson; The Metropolitan Museum of Art; Richard Bonson; Musée de L'Armée, Paris. **142** l. MH, o. r. Bodleian Library, Oxford, M. r. Studio Ethel/Bibliotheque Saint-Genevieve (Ms 143), u. r. Bibliotheque de Dijon (Ms 170 f59r). **143** o. l. BL, o. r. BL, u. l. Royal Commission for Historic Monuments, u. r. Gino D'Achille. **144** o. Southampton City Museums, u. l. BL, u. r. The Mansell Collection. **145** o. Scala, M. David Lees, u. The National Gallery, London. **146** o. BL, u. Österreichische Nationalbibliothek, Wien. **147** l. MH, o. r. BN, M. r. BN, u. r. Science Museum, London. **148** l. ET, r. Dominique Martinez. **149** l. Giraudon, M. Claus Hansmann, r. Ivan Lapper. **150** l. Everts/IFA-Bilderteam, o. r. Archiv für Kunst und Geschichte, u. r. Archiv für Kunst und Geschichte. **151** o. l. Bildarchiv Preußischer Kulturbesitz, M. r. Claus Hansmann, u. l. Claus Hansmann, u. M. Museum für Hamburgische Geschichte, u. r. Bildarchiv Preußischer Kulturbesitz. **152** o. l. Public Record Office, London, o. r. BN, u. BN. **153** l. Museo Civico Medievale, Bologna, M. r. Librairie Hachette/BN, u. r. Bibliotheque St. Genevieve, Paris/BA. **154** o. l. BN, u. l. Steve Smith, o. r. Bodleian Library, Oxford, M. r. The Museum of London. **154/155** Richard Bonson. **155** o. l. The Pierpont Morgan Library, u. r. BN. **156** l. Bibliotheque Royale, Brüssel, M. Sarah Fox-Davies, r. Peter Ward. **156/157** o. Privatsammlung, u. ME. **157** o. BN, u. l. BL, u. r. Weidenfeld Archives. **158** HP. **159** o. l. Roger Wood, o. r. Malcolm Porter, M. r. BN, u. l. BN. **160** o. BN, M. Freer Gallery of Art, Smithsonian Institution, Washington D. C., u. BN. **160/161** Ivan Lapper. **161** o. BN, u. The Metropolitan Museum of Art. **162** o. BN, u. MH (2). **163** o. r. BN, M. r. Horniman Museum/Godfrey New, u. l. BN, u. r. Luise Roberts. **164** o. BN, M. Richard Bonson/Public Record Office, London, u. BN. **164/165** BN. **165** o. r. Caisse Nationale de Monuments Historiques, Paris, M. L. A. East (2), u. r. Topkapi Museum, Istanbul. **166** BN. **166/167** Julia Temple/Susan Griggs. **167** l. Mansell Collection, M. Museo del Ejercito, r. BN. **168** o. Victor Englebert/Susan Griggs, u. l., u. M. Pitt Rivers/Museum, Oxford, u. Zeichnungen: Richard Bonson/Royal Museum of Central Africa, Brüssel. **168/169** BN. **169** o. l. Richard Bonson/Professor Thurston Shaw, o. r. BL, u. l. BM, Department of Ethnography, u. r. Gino D'Achille. **170** Red Ford Museum, Delhi/Laurie Platt Winfrey Inc. **171** o. l. Cultural Relic Publishing Company, Peking, o. r. Malcolm Porter, u. l. Erich Lessing/Magnum, u. r. Sonia Halliday. **172** o. Richard Bonson, M. Roland & Sabrina Michaud/John Hillelson. **172/173** o. Topkapi Museum, Istanbul, u. V & A. **173** BM. **174** o. Richard Bonson, u. Chester Beatty Library, Dublin/BA. **174/175** BL. **175** o. Topkapi Museum, Istanbul, M. Gabriele Mandel University Selcukide Konya/Mandel Khan Foundation. **176** Chester Beatty Library, Dublin. **177** o. r. BL/Laurie Platt Winfrey Inc., M. r. Historisches Museum, Wien, u. l. Richard Bonson/John Carswell, u. r. Sonia Halliday. **178** o. r. Victoria & Albert Museum/BA, M. r. New York Public Library (2), u. l. Museum of Fine Arts, Boston, u. r. Aldus Archive, Syndication International. **179** l. BM, o. r. William MacQuitty, M. r. Royal Armouries/Godfrey New, u. r. New York Public Library, Spencer Collection. **180** o. Prince of Wales Museum, Bombay/Laurie Platt Winfrey Inc., u. l. BL. **180/181** Chester Beatty Library, Dublin. **181** o. l. V & A, o. r. Erik Pelhame/The National Trust, u. r. Bodleian Library, Oxford. **182** Adam Woolfitt/Susan Griggs. **183** o. l. Scala, o. r. Malcolm Porter, u. r. Scala. **184** o. l. aus *The Age of the Renaissance* (Thames and Hudson, London), o. r. L. A. East (2), u. Scala. **185** o. r. BL, M. r. V & A, u. l. Scala, u. M. Richard Bonson. **186** o. Gino D'Achille. **186/187** A. De Luca/Galleria Doria Pamphili, Rom. **187** o. l. Gabinetto Nazionale delle Stampe, Rom, u. l. Scala, u. r. Edward Williams. **188** o. V & A, u. l. V & A, u. r. Scala. **189** o. l. BL, u. l. Scala, r. Scala. **190** o. l. Jean-Louis Charmet/Explorer, o. r. Perdereau-Thomas, u. l. R.M.N., u. r. Erich Lessing/Magnum. **191** o. G. Dagli-Orti, M. Germanisches National Museum, Nürnberg, r. Erich Lessing/Magnum. **192** o. HP, M. Bodleian Library, Oxford, u. r. BL. **192/193** Öffentliche Kunstsammlung, Kunstmuseum Basel. **193** o. Öffentliche Kunstsammlung, Kupferstichkabinett Basel, M. Scala, u. Keiser/Herzog Anton Ulrich-Museum. **194** o. l. Grose Thurston Partnership, o. r. Richard Bonson, M. r. BM, u. Museum Boymans-Van Beuningen, Rotterdam/BA. **195** o. Giraudon/BN, u. Kunsthistorisches Museum, Wien. **196** o. Bildarchiv Preußischer Kulturbesitz, u. Musée Cantonal des Beaux-Arts, Lausanne. **197** o. l. Claus Hansmann, u. r. Bildarchiv Preußischer Kulturbesitz, M. l. Bildarchiv

Preußischer Kulturbesitz, u. Hänel/Transdia (5). **198** o. MH, u. l. Zeichnungen: Edward Williams, u. l. Foto: Adam Woolfit. **198/199** Richard Bonson. **199** o. Mansell Collection, l. MH, u. r. Aldus Archive, Syndication International. **200** MH. **201** o. r. Malcolm Porter, M. MH (2), u. l. BM (2), u. r. Pierpont Morgan Library, New York. **202** o. Museum für Völkerkunde, Basel/Werner Forman Archive, u. Biblioteca Nazionale, Florenz/Scala. **202/203** BM Department of Ethnography. **203** o. r. Museum für Völkerkunde, Wien, M. Edward Williams/Werner Forman Archive (2), u. l. Luise Roberts, nach einer Illustration in *The Aztecs of Mexico*, G. C. Valliant (Pelican), u. r. Lee Boltin. **204** o. MH, u. l. Christopher Donnan, u. r. Lee Boltin. **205** o. l. Aldus Archive, Syndication International, o. M. Royal Library Kopenhagen, o. r. Edward Williams/American Museum of Natural History, M. l. Royal Library Kopenhagen, M. r. Museum für Völkerkunde, Berlin, u. r. South American Pictures. **206** o. Steve Smith, nach einer Illustration in *America's Fascinating Indian Heritage* (Reader's Digest 1978), u. l. Gino D'Achille/National Anthropological Archives, Smithsonian Institute, Washington, u. M. Bradford Collection/Werner Forman Archive, u. r. Buffalo Bill Historical Center/Werner Forman Archive. **206/207** o. Museum für Völkerkunde Berlin/Werner Forman Archive, u. Werner Forman Archive. **207** o. r. MH, u. l. New York Public Library, Rare Book Division, u. M. Museum für Völkerkunde, Berlin/Werner Forman Archive, u. r. Edward Williams/Peabody Museum, Harvard University. **208** o. l. Library of Congress, Washington, o. r. BL. **208/209** o. Montreal Military & Maritime Museum, u. C. Smyth, *Indians Bartering*, Public Archives of Canada. **209** u. l. Royal Ontario Museum, u. r. Buffalo Bill Historical Center, Cody. **210** o. Maryland Historical Center, M. r. ME, u. r. Aldus Collection, Syndication International. **210/211** Privatsammlung. **211** o. CAA/Gibbes Museum of Art, u. Saint Louis Art Museum. **212** o. l. The Granger Collection, o. r. BL, u. ME (2). **213** o. Ivan Lapper, u. r. American Museum in Britain, Bath (5). **214** National Palace Museum, Taiwan. **215** o. l. Metropolitan Museum of Art, New York, o. r. Malcolm Porter, u. Beijing Museum. **216** l. BL. **216/217** Metropolitan Museum of Art, New York. **217** o. l. Julius/American Museum of Natural History, o. r. Freer Gallery of Art, Smithsonian Institute, Washington, M. Percival David Foundation (3). **218** o. l. W. M. Cai, o. r. W. M. Cai, M. l. BM, M. Percival David Foundation, u. l. Werner Forman Archive, u. r. Ch'en Chih-Mai, *Chinese Calligraphers and their Art* (Melbourne University Press). **219** o. Wan-Go H. C. Weng, M. r. Percival David Foundation, u. l. Nelson-Atkins Museum of Art, u. r. Tablett: Richard Bonson/Percival David Foundation, u. r. Percival David Foundation, **220** o. l. Michael Nichols/Magnum. **220/221** Zhu Junbi, Chinese *Street Scenes in Times of Peace* (Taiping fenghuit tu)/The Art Institute of Chicago. **221** Privatsammlung. **222** o. l. Richard Bonson, o. r. V & A/Ian Thomas, u. l. James A. Michener Collection, Honolulu Academy of Arts, Hawaii, u. r. Okura Shukokan Museum/Laurie Platt Winfrey. **222/223** Christie's Colour Library. **223** o. Werner Forman Archive, u. Kennin-Ji Tempel, Kyoto. **224** M. Richard Bonson. **224/225** o. Narai-Ji, Kyoto National Museum/Andromeda, u. International Society for Educational Information. **225** o. National Museum, Tokio, M. r. Werner J. Koppitz Collection/Ernest Coppolino, u. Munsterberg Collection, New York. **226** o. Hikone Castle Museum/Andromeda, u. l. Kunitochi College of Music, u. r. Suntori Museum of Art, Tokio. **227** o. l. Zefa/Orion, o. r. Kiyomizudera Tempel, Kyoto, M. r. L. J. Anderson Collection/Werner Forman Archive, u. l. MH. **228** Privatsammlung. **229** o. l. ME, o. r. Malcolm Porter, u. Prado, Madrid/BA. **230** Kunsthistorisches Museum, Wien. **230/231** Aldus Archive, Syndication International. **231** Aldus Archive, Syndication International (3). **232** o. Archiv für Kunst und Geschichte, u. ORONOZ. **233** o. l. BL (2), o. r. Gerry Clyde/MH, u. l. Prado, Madrid/MAS, u. M. L. A. East. **234** o. Fotomas Index, u. Ivan Lapper. **235** o. r. Brian Delf. u. l. The Accomplisht Lady's Delight, 1677, u. M. Museum of London, u. r. Richard Bonson. **236** Royal Collection, St. James's Palace © Her Majesty the Queen. **236/237** RMN. **237** l. BN/Bullor, o. r. Kunsthistorisches Museum, Wien, M. r. Claus Hansmann. **238** l. Mansell Collection. **238/239** Royal Armouries/Godfrey New (7). **239** o. r. National Gallery, London/BA, u. r. BM. **240** u. l. Richard Bonson/Bolton Museum and Art Gallery, u. r. Museum of Rural Life, Reading. **240/241** Arthur Lockwood. **241** o. r. G. Dagli Orti, u. BL. **242** o. Tate Gallery, London/BA. M. r. ET, u. Jean-Loup Charmet. **242/243** Museum of the History of Science, Oxford. **243** o. Ashmolean Museum, Oxford, M. Archiv für Kunst und Geschichte, u. r. V & A. **244** o. Archiv für Kunst und Geschichte, u. l. Archiv für Kunst und Geschichte, r. Bildarchiv Preußischer Kulturbesitz (2). **245** o. Archiv für Kunst und Geschichte (2), u. Klaus Maßem. **246** o. l. Holkham Hall, Norfolk/BA, M. Society of Apothecaries/Godfrey New, Bücher: David Sheppard, u. r. Royal Collection, St. James's Palace © Her Majesty the Queen. **247** o. l. Towneley Hall Art Gallery and Museum, Burnley/Bridgeman Art Library, o. M. V & A, u. Fotomas Index. **248** J. Atkinson. **249** o. r. Malcolm Porter, Rest: BL (3). **250** M. Richard Bonson (2), u. BL. **250/251** A. Vasnetsov/Novosti. **251** u. l. Weidenfeld Archives, r. Loukomski. **252** o. l. Brian Delf, u. l. MH, u. M. MH. **252/253** MH. **253** o. r. Richard Bonson/Novosti, u. r. BL. **254** o. BL (2), M. Horniman Museum/Godfrey New. **254/255** BL. **255** BL.

DIE MODERNE WELT **258** BN/Bulloz. **259** Karten: Malcolm Porter, Flagge: Edward Williams, M. r. Bulloz, u. l. Fred Sieb, u. r. Wellcome Institute. **260** o. National Army Museum, London, r. Richard Bonson/Wallis and Wallis Military Heritage Museum, Lewes. **261** o. r. Library Company of Philadelphia, M. Culver, u. l. Library of Congress, Washington, u. r. John Carter Brown Library at Brown University. **262** o. r. ME, M. Edward Williams, u. l. Jean-Loup Charmet. **262/263** o. Richard Bonson, u. BM. **263** o. l. HP, u. l. BN, o. r. Richard Bonson/Musée de Mognenan Portets, u. r. Jean-Loup Charmet. **264** von oben nach unten: Historisches Museum, Frankfurt; V & A; Musée de l'Armée, Paris; ME. **264/265** Chateau de Versailles, Paris/BA. **265** o. Anne S. K. Brown Military Collection, Brown University Library, M. ME. **266** o. l. National Maritime Museum, Greenwich, u. l. ET, r. National Maritime Museum, Greenwich. **266/267** Richard Bonson/Pitkin Pictorials. **267** o., M. National Maritime Museum, Greenwich, u. Richard Bonson/Pitkin Pictorials. **268** Ann Ronan Picture Library. **269** o. l. Ann Ronan Picture Library, M. National Trust, o. r. Malcolm Porter, M. r. Science Museum, London, u. r. BM. **270** o. BM, M. Fine Art Photographic Library, u. Edward Williams/Wenderton Antiques. **270/271** o. Richard Bonson, u. ET. **271** o. Archiv für Kunst und Geschichte, u. r. Museum of Rural Life, Reading, Zeichnungen: Robert Micklewright. **272** o. l. Richard Bonson, o. M. Ironbridge Gorge Museum Trust, o. r. Welsh Industrial & Maritime Museum, u. National Museum, Stockholm/Statens Konstmuseer. **273** o. l. Ironbridge Gorge Museum Trust, u. l. ET, u. M. MH, u. r. Tyne & Wear Museum. **274** r. Edward Williams, o. l. L. A. East, u. l. Manchester City Art Gallery. **274/275** Edimedia. **275** o. r. Mansell Collection, u. l. Ann Ronan Picture Library, u. M. MH, u. r. Martin Cameron. **276** u. l. ME, M. Patrick Thurston. **276/277** Royal Holloway & New Bedford College, Surrey/BA. **277** o. r. Roger Viollet, M. l. Edward Williams, M. La Vie du Rail, Paris; Jiri Horut/Verkehrsmuseum Nürnberg, u. r. Kollektion Nederlands Spoorwegmuseum, Utrecht. **278** u. l. Brunel University Library, u. M. TUC Library, London. **278/279** o. Ann Ronan Picture Library, u. ET Archive. **279** M. ET, r. Fred Olsen. **280** o. ET, M. Jean-Loup Charmet. **280/281** o. Roger Viollet, u. Mansell Collection. **281** l. Jean-Loup Charmet, M. Edward Williams, r. Mansell Collection. **282** ME. **283** o. M. ME (2), o. r. Malcolm Porter, u. l. The Museum of London, u. r. Bildarchiv Preußischer Kulturbesitz. **284** Bibliotheque Historique, Paris/Studio des Grands Augustins. **284/285** Harrogate Museums & Art Gallery. **285** l. V & A, Rest: Archiv für Kunst und Geschichte (3). **286** o. Grose Thurston Partnership, u. HP. **287** von oben nach unten: HP; Marshall Cavendish/Ray Duns; Edward Williams; BA. **288** Kunstmuseum Düsseldorf. **289** o. l. BA/Musée Carnavalet, Paris/Giraudon, o. M. Christie's Colour Library, o. r. Richard Bonson/Marshall Cavendish/Dennis Barnard, u. l. ME, u. r. Bulloz/Musée Carnavalet. **290** o. Jörg P. Anders/Bildarchiv Preußischer Kulturbesitz, u. Privatsammlung. **291** o. l. Archiv für Kunst und Geschichte, u. l. Claus Hansmann, o. r. Staatliche Graphische Sammlung München/Julia Graf, M. r. Archiv für Kunst und Geschichte, u. r. Claus Hansmann. **292** l. David Sheppard, u. r. ME. **292/293** Tate Gallery, London. **293** u. l. Collection Sirot Angel, Paris, r. HP (3). **294** o. r. Roger Viollet, u. l. ME. **294/295** Museum of London. **295** o. l. Harlingue-Viollet, o. M. Roger Viollet, o. r. Edimedia, u. l. HP, u. r. ME. **296** M. National Postal Museum, London, u. l. Museum of London, u. r. Barnaby's Picture Library. **296/297** David Sheppard/John Frost. **297** o. r. HP, M. r. MH, u. r. Jean-Loup Charmet, u. l. Barnaby's Picture Library. **298** Jean-Loup Charmet. **298/299** Museum of London. **299** o. l. Musée du Petit Palais, Paris/Bullor, o. r. Marshall Cavendish/Dennis Barnard, M. r. Jean-Loup Charmet, u. r. Ivan Lapper. **300** o. Royal Holloway & Bedford New College, Surrey/BA, u. ME. **301** o. l. BN, o. r. Mansell Collection, M. von links nach rechts: Jean-Loup Charmet; Wellcome Institute, London; Science Museum, London. **302** aus *Russia in Original Photographs*, Marylin Lyons (Routledge & Kegan Paul 1977). **303** o. r. Malcolm Porter, M. l. I. Repin/Novosti, M. r. BL (2), u. r. Novosti. **304** o. r. Society for cultural relations with the USSR, u. l. Popperfoto. **304/305** BL. **305** o. r. HP, M. Collection Raoult, Musée de l'Homme, Paris, u. l. Collection Raoult, Musée de l'Homme, Paris, u. r. Richard Bonson/H. V. Opolovnikiv, *Wooden Architecture of Russia* (Thames and Hudson 1989). **306** M. Werner Forman Archive, u. Lichtbildwerkstätte Alpenland/Graphische Sammlung Albertina, Wien (2). **306/307** Städtisches Museum, Wien/BA. **307** o. l. BA, o. r. ET, M. Marshall Cavendish, u. r. Museen der Stadt Wien. **308** o. Bildarchiv Preußischer Kulturbesitz, M. Collection Raoult, Musée de l'Homme, Paris, u. Edward Williams/Jewish Museum, New York. **309** o. r. © 1992 ADAGP, Paris and DACS, London/Privatsammlung/BA, u. l. Chloe Obolensky, *The Russian Empire*, u. M. V & A, u. r. aus *A History of Jewish Costume*, A. Rubens (Weidenfeld 1973). **310** Royal Geographical Society, London. **311** o. l. BM Department of Ethnography, o. r. Malcolm Porter, u. l. Octopus Picture Library, u. M. Frans Lanting/Bruce Coleman, u. r. BM Department of Ethnography (4). **312** M. r. Edward Williams, u. Mansell Collection. **312/313** Royal Geographical Society, London. **313** o. M. Edimedia, M. The David Livingstone Centre, Blantyre. **314** o. l. South African Cultural History Museum, Cape Town, M. Eckley Dykman/Library of Parliament, Cape Town, u. r. Africana Museum, Johannesburg. **315** o. David Sheppard, M. Africana Museum, Johannesburg, u. Eckley Dykman/Library of Parliament, Cape Town. **316** BL (2). **316/317** Ivan Lapper/Aubrey Elliot, *Zulu, Heritage of a Nation* (Struik 1991): **317** l. BM Department of Ethnography/Godfrey New, o. r. National Army Museum, London, M. r. William Fehr Collection, Cape Town. **318** o. l. Mansell Collection, M., u. Voortrekker Museum, Pietermaritzburg. **319** o. l. Peter Newark's Historical Pictures, u. l. Voortrekker Museum, Pietermaritzburg, u. r. Africana Museum, Johannesburg. **320** Africana Museum, Johannesburg. **320/321** David Thorpe. **321** o. r. Cape Archives, Cape Town, M. DeBeers. **322** Paul Mellon Collection, Yale Center for British Art. **323** o. r. Malcolm Porter, M. l. ME, M. r. MH, u. Peabody Museum of Salem/Mark Sexton. **324** u. l. Marshall Cavendish/Lyndon Parker, u. r. Mansell Collection. **325** o. r. Douglas Dickins, u. l. National Museum, New Delhi, u. M. Mansell Collection, u. r. V & A. **326** l. BL India Office Library, M. Wallace Collection, r. ET. **326/327** Fine Art Photo Library. **327** o. r. ET, o. l. The National Army Museum, Chelsea, u. M. Marshall Cavendish/Ray Duns, u. r. Richard Bonson/Marshall Cavendish/Ray Duns. **328** Mitchell Library, State Library of NSW. **329** o. l. Rex Nan Kivell Collection, National Library of Australia, Canberra, o. r. Malcolm Porter, M. MH, u. l. BM, u. r. BM/Werner Forman Archive. **330** Mitchell Library, State Library of NSW, Sydney. **330/331** o. Richard Bonson/Axel Poignant, u. Axel Poignant. **331** o. r. Werner Forman Archive, M. ET, u. r. Mitchell Library, State Library of NSW, Sydney. **332** Mitchell Library, State Library of NSW, Sydney (2). **332/333** o. Dixson Galleries, State Library of NSW, Sydney, M. Richard Bonson, u. Mitchell Library, State Library of NSW, Sydney. **333** o. La Trobe Collection, State Library of Victoria, Melbourne, M., u. Privatsammlung. **334** l. Privatsammlung. **334/335** o. National Library of Australia, Canberra, u. National Gallery of Victoria, Melbourne. **335** o. r. ET, M. l. Privatsammlung, u. l. Privatsammlung (2), u. M. The La Trobe Library, Victoria, Australia, u. r. Government Printing Office Collection, State Library of NSW. **336** o. r. Mitchell Library, State Library of NSW, Sydney, o. l. ET, u. l. Pitt Rivers Museum, Oxford. **337** l. BM Department of Ethnography/Goodfrey News, o. r. ME, u. M. Schüssel: Axel Poignant Archive; Kamm: Richard Bonson, u. r. Axel Poignant Archive. **338** Martyn Gregory Gallery. **339** o. l. BA, o. M. Privatsammlung, o. r. Malcolm Porter, u. l. APA Photo Agency, Singapore, u. r. Popperfoto. **340** o. Berry-Hill Galleries, New York, u. Popperfoto. **340/341** Laurie Platt Winfrey/Rafi Y. Mottahedeh/Otto Nelson. **341** o. Topham, M. National Maritime Museum, Greenwich, u. Popperfoto. **342** o. Kanagawa Prefectural Museum, Zeichnungen: Laurie Platt Winfrey. **343** o. l. Laurie Platt Winfrey, o. r. Popperfoto, u. l. Laurie Platt Winfrey, u. r. BM/Andromeda. **344** ME. **345** o. l. Ann Ronan Picture Library, o. M. Richard Bonson/Deere and Company, o. r. Malcolm Porter, u. l. HP/Bettman Archive, u. r. Old Sturbridge Village Collection/Henry E. Peach. **346** u. r. Privatsammlung, Rest: PN (3). **346/347** Chicago Historical Society. **347** PN (3). **348** o. PN, u. HP/Bettman Archive (2). **348/349** New York Public Library. **349** o. Richard Bonson/PN. Instrumente: Armed Forces Institute of Pathology, u. r. Library of Congress, Dollar: L. A. East. **350** l. HP/Bettman Archive, o. r. Vanessa Marsh. **350/351** W.H.D. Koerner. **351** o. l. PN (2), o. r. HP/Bettman Archive, u. r. PN. **352** o. Harald Sund © 1974 Time-Life Books Inc./Oregon Historical Society, l. Art Collection Missouri Historical Society, u. PN. **352/353** Harald Sund © 1974 Time-Life Books Inc./Oregon Historical Society. **353** o. l. Harald Sund © 1974 Time-Life Books Inc./Oregon Historical Society, o. M. Denver Public Library, r. HP, u. Utah State Historical Society. **354** o. l. Granger Collection, M. l. Library of Congress, r. PN, u. L. A. East. **355** l. California State Library, r. Granger Collection. **356** o. HP/Bettman Archive (2), u. PN. **357** o. Metropolitan Museum of Art, New York, u. l. Richard Bonson, u. r. ME. **358** M. r. Archives of Ontario, u. l. Steve Smith/Manitoba Museum of Man and History, Winnepeg, u. r. Archives of Ontario. **358/359** Royal Ontario Museum. **359** o. Lorne Coulson, u. l. RCMP Archives, u. r. New York Historical Society. **360** M. ME, u. Jacob A. Riis Collection, Museum of the City of New York. **360/361** Eno Collection, New York Public Library. **361** o. l. Laurie Platt Winfrey/New York Historical Society (2), o. M. HP, o. r. PN, u. PN (2). **362** o. r. ME, M. Smithsonian Institution, Washington, u. l. Bettman Archive, u. r. PN. **362/363** PN. **363** o. l. Bettman Archive, M. Los Angeles County Museum of Art, u. l. Hershey Foods Corporation/James McInnis, u. M. Robert Opie Collection, u. r. New York Historical Society. **364** l. Historia-Photo, r. Kraft/Bildarchiv Preußischer Kulturbesitz. **365** o. Claus Hansmann, u. Bildarchiv Preußischer Kulturbesitz. **366** Claus Hansmann (2). **367** Historia-Photo. **368** Historia-Photo (3). **369** Historia-Photo. **370** Claus Hansmann (2). **371** Historia-Photo. **372** Archiv für Kunst und Geschichte (2). **373** Bildarchiv Preußischer Kulturbesitz.

BA = The Bridgeman Art Library. BL = The British Library. BM = The British Museum. BN = Bibliotheque Nationale, Paris. EA = Ekdotike Athenon, Athen. ET = ET Archive, London. HP = The Hulton Picture Company, London. MH = Michael Holford, London. ME = Mary Evans Picture Library, London. PN = Peter Newark's American Pictures, Bath. RMS = © Réunion des Musées Nationaux, Paris. V & A = The Victoria and Albert Museum.

Die Figuren auf dem Buchumschlag und auf den Seiten 2–9 stammen von Malcolm McGregor.